# Kancelliets Brevbøger Vedrørende Danmarks Indre Forhold: 1576-1579...

Denmark. Kancelliet, Denmark. Rigsarkivet

# KANCELLIETS BREVBØGER

## VEDRØRENDE DANMARKS INDRE FORHOLD.

### I UDDRAG

UDGIVNE VED

## L. LAURSEN

AF

### RIGSARKIVET.

## 1576—1579.

KØBENHAVN.

I KOMMISSION HOS C. A. REITZEL.

TRYKT HOS NIELSEN & LYDICHE.

1900.

# FORORD.

Paa Grund af det ekstraordinært store Antal Breve fra Aarene 1578 og 1579 har det ved Udgivelsen af nærværende Bind ikke været muligt at overholde den oprindelige Plan, hvorefter hvert Bind skulde omfatte 5 Aar, men man har maattet lade sig nøje med 4 Aar, da Bindet ellers vilde blive aldeles uforholdsmæssig tykt. Forhaabentlig vil det dog kunne lykkes i de følgende Bind igen at naa de 5 Aar.

Rigsarkivet. i Dec. 1900.

*L. Laursen.*

# 1576.

**2. Jan. (Sørø Kloster).** Kvittans til Hendrich Randtzov til Bredenborg, Statholder i Holsten og Embedsmand paa Segeberg Slot, paa Regnskabet for hans Afgift af Segeberg Slot og Kloster fra 1. Maj 1575 til 1. Maj 1576, ialt 3500 Dlr.; heraf har han afkortet 2464 Dlr. 14 Sk. lybsk for 4928 Mk. 14 Sk., som Kongen blev ham skyldig i sidste Aars Regnskab, og betalt Dr. Jochim Brinck 454 Dlr. 13 Sk. for hans Pension, Fetalje, Klædning og Fortæring »paa Rigsdagen til Flensborg og Rendsborg«; Resten, 581 Dlr. 5 Sk. lybsk, har han nu betalt Rentemester Christoffer Valckendorff. For det Korn og andet, han blev skyldig i sidste Aars Regnskab, den Kalk, han havde i Forraad, og Oppebørslen for rodhugget Skov i Aar skal han med det første gøre Regnskab. Sj. R. 11, 191.

**3. Jan. (—).** Til Malthi Jenssen, Landsdommer i Nørrejylland, Jørgen Schram og Niels Jonssen. Da Biørn Anderssen har begæret Kronens Rettighed i 1 jordegen Bondegaard i Lemdrup[1] til Mageskifte for 1 Gaard i Horstued i Sønder Herred og andet Gods, hvis denne Gaard ikke kan forslaa, skulle de straks besigte begge Parters Gods, ligne det og indsende klare Registre derpaa. J. T. 1, 201.

**4. Jan. (—).** Aabent Brev, at Lorentz Rap herefter skal beride Anduorschouf Klosters Skove og paase, at ingen skyder eller ødelægger Dyr der; griber han nogle heri, skal han anholde dem og levere dem til Lénsmanden paa Roskildegaard, men ere de ham for stærke, saa han ikke kan faa fat i dem, skal

---

[1] Lendrup, Slet H.

1

han se at faa at vide, hvem de ere, og meddele Lensmanden det;
ligeledes skal han paase, at ingen hugger i Skovene uden Tilladelse
af Prioren i Anduorschouf eller Anvisning af Skovfogderne. Da
flere Bønder trods Forbudet holde Geder, skal han se at faa at
vide, hvem Gederne tilhøre, og melde Lensmanden det. Han skal
i aarlig Løn af Prioren i Anduorschouf Kloster have 15 Dlr. og 1
Hofklædning og til Underholdning 3 Pd. Mel, 3 Pd. Malt, ¹/₂ Td.
Smør, 5 levende Svin, 1 levende Okse, ¹/₂ Oksekrop, 10 levende
Faar, 1 Td. Sild, 1 Td. Torsk, ¹/₂ Td. Gryn og 1 Td. Salt samt
til en Klipper 20 Læs Hø og 20 Læs Halm aarlig og 1 Spand
Havre hver Nat; han skal bo i det lille Hus i Ingelstrup. Sj. R.
11, 191 b.

**5. Jan. (Sørø Kloster).** Til M. Ifuer Bertilssen, Abbed i Soer.
Da Soer Klosters Bønder i Brangstrup have klaget over at være
satte for højt i Landgilde, skal han med det første lade Oldinge
komme paa Brangstrup Mark, lade dem nedsætte Landgilden for
de Bønder, der ere satte for højt i Forhold til deres Ejendom, og
forhøje den for dem, der maatte være satte for lavt, og siden lade
den forandrede Landgilde indskrive i Jordebogen. Sj. T. 13,
109 b.

— Befaling til Eggert Ulfeldt at lade Borgemestre og Raad i
Nestued faa noget fra Valsøegaard til Nestued Minde nedført
Tømmer, som Kongen har givet dem til en af Byens Kirker.
Sj. T. 13, 110.

**6. Jan. (—).** Skøde til Jacob Jørgenssen paa den Kro-
nens Grund i Ringsted, hvorpaa den nu af Anders Reff beboede
Gaard staar; der skal herefter ikke svares nogen Jordskyld af Jor-
den, men han skal opføre god Købstadsbygning derpaa, saa der
kan svares Kronen og Byen sædvanlig Tynge deraf. Sj. R. 11,
192 b.

**7. Jan. (—).** Befaling til Hr. Jørgen Løcke at optage Jfr.
Anne Hansdatter i Mariagger Kloster og skaffe hende Bolig
og Underholdning ligesom de andre Klosterjomfruer smstds. J.
T. 1, 201 b¹.

**8. Jan. (—).** Til Peder Oxis Arvinger. Da Fru Mette
Rossenkrandtz, Peder Oxis Enke, — i Anledning af Ordren til Ar-
vingerne om straks efter Peder Oxis Begravelse at overlevere

---

¹ Tr.: Dsk. Mag. VI. 173.

Inventarium, Jordebøger, Breve, Registre og andet paa
Vordingborg, Junxhofuit og Leckinge Slotte til Eyller
Grubbe, Rigens Kansler — har berettet, at Peder Oxis Kister og
Skrin endnu staa forseglede og ikke kunne opbrydes, fordi Fru
Anne Frantz Banners er syg og alle Arvingerne skulle være til Stede
ved Opbrydningen, og derfor paa egne og de andre Arvingers Vegne
har begæret Henstand endnu i nogen Tid, bevilger Kongen dem
Henstand til Fastelavns Søndag [4. Marts], til hvilken Tid de be-
stemt skulle overlevere Inventarium og andet og gøre Regnskab for
alt, hvad Peder Oxe bliver skyldig. Sj. T. 13, 110[1].

**9. Jan. (Sørs Kloster).** Forleningsbrev for Jep Nielssen
i Rugsted[2] paa Kronens Part af Tienden af Hørby Sogn mod
aarlig at svare 2 Pd. Korn og 3 Tdr. Havre til Anduorschouf Kloster.
Udt. i Sj. R. 11, 193.

— Befaling til Chrestopher Valckendorp straks at betale
Johan de la Ru, Skibshøvedsmand, 200 Dlr., som Kongen har
bevilget ham for det, han mener at have faaet for lidt i Løn efter
Møntens Omsættelse, saa han ikke skal have behov yderligere at
søge Kongen derom. Sj. T. 13, 111.

**10. Jan. (—).** Aabent Brev, hvorved det forbydes alle,
som ikke ere Lodsejere, at hugge i den til Opnøre By i Halm-
sted Herred liggende Skov, da denne nu forhugges stærkt baade
af Borgere og Bønder, der hugge uden Tilladelse, og af de om-
liggende Byer, der ikke have anden Ret til at hugge dér end for
nogle Skovbraaders Vedligeholdelses Skyld; Lodsejerne skulle saa
herefter vedligeholde disse Braader. Hugger nogen i Skoven uden
at være Lodsejer eller have Tilladelse dertil, skal han staa til Rette
som for ubjemlede Varer og straffes. Sk. T. 1, 80 b.

**11.[3] Jan. (—).** Til Byfogden i Ydstedt. Pouel Pløme, Bor-
ger i Lubeck, har berettet, at hans Søn, en ung Dreng, for nogen
Tid siden har faaet 7 Tdr. Kød og 2 Tdr. Aal i Betaling af nogle
Borgere i Ydstedt og af Uforstandighed har villet udføre det af Ri-
get, hvorfor Byfogden har beslaglagt det paa Færgebroen som for-
brudt Gods. Da Kongen nu har eftergivet Poul Pløme denne Sag,
skal Byfogden lade ham faa Godset og lade al videre Tiltale mod
ham og Sønnen falde. Sk. T. 1, 80. Orig.

---

[1] Tr.: Ryge, Peder Oxes Levnet S. 340 f. T. har: 10.    [2] Rosted, V. Flakkebjærg H.    [3] Sk.

**13. Jan. (Sørø Kloster).** Følgebrev for Abbeden i Ringstedt Kloster til Kronens Bønder i Vrangstrup. Udt. i Sj. T. 13, 111.

— Befaling til M. Ifuer Bertilssen, Abbed i Soer Kloster, og Bent Gregerssen, Abbed i Ringsted Kloster, om herefter at tilsige Adelens Bønder i Alsted og Ringsted Herreder lige saa fuldt som Kronens Bønder til at befordre Kongens Fadebur, naar Kongen selv rejser dér forbi, hvilket hidtil som Regel ikke har fundet Sted, skønt Adelens Tjenere i Følge Recessen ere pligtige at befordre Kongens Fadebur og Adelen som Regel faar Vogne i Klostrene, naar den forlanger det. De skulle tiltale de Adelsbønder, der ikke møde. Sj. T. 13, 111.

**14. Jan. (—).** Befaling til M. Ifuer Bertilssen, Abbed i Soer, herefter at holde 3 færdige Postvogne i Soer Kloster, ligesom der holdes i Ringstedt Kloster, da den for nylig foretagne Overførelse af Pligten til at holde Postvogne i Klosteret fra dette til Bønderne har vist sig at være til stort Besvær for disse. Udgiften til Postvogne og Hestehold skal han lade indskrive i Regnskabet. Sj. T. 13, 111 b.

**20. Jan. (Frederiksborg).** Til Chrestopher Valckendorpf. Da Knud Skriver, forhen Borgemester i Kiøpnehafn, er bleven Kongen en stor Sum Penge skyldig og hverken hans Enke eller Børn ere i Stand til at betale dem, har Kongen eftergivet dem Halvdelen af Gælden, hvorfor Chrestopher Valckendorpf skal give Kvittans derfor. Sj. T. 13, 112.

— Aabent Brev, at Kirkeværgerne for Søluitzborg Kirke i Aar maa oppebære Kronens Part af Korntienden af Yfuethofte, Fielckinge og Østerløv Sogne i Blekinge til Istandsættelse af Kirken, der efter Borgemesters og Raads Beretning er saa bygfalden, at de ikke formaa at istandsætte den uden Kongens Hjælp; Borgemester og Raad skulle paase, at Tienderne anvendes udelukkende til Kirkens Istandsættelse, og Kirkeværgerne skulle gøre dem Regnskab derfor. Sk. R. 1, 141.

— Til Chrestopher Giøe, Mouritz Podebusk og andre Oluf Mouritzens Arvinger. Da de til Kongens store Forundring trods gentagne Skrivelser endnu ikke have fuldgjort Oluf Mouritzens Regnskab af Helsingborg Slot og betalt hvad de blive skyldige, befales det dem straks at betale hvad de efter Regnskabet maatte blive skyldige. Sk. T. 1, 81.

**20. Jan. (Frederiksborg).** Forleningsbrev for Knud Grubbe paa Haldstedt Kloster og Sørup Birk paa Laaland, som Peder Oxe sidst havde dem i Forlening. Han skal aarlig til hver 1. Maj svare 1000 Dlr. i Afgift af Haldstedt Klosters Avl og den visse Rente, gøre Regnskab for al den uvisse Rente, hvoraf han selv maa beholde Halvdelen, og tjene Riget med 2 geruste Heste. Da der allerede er oppebaaret og brugt en Del af Renten, skal der i hans Afgift afkortes saa meget, som det oppebaarne kan beløbe sig til. Hans Forleningsaar skal regnes fra sidste 1. Maj. F. R. 1, 499.

— Tilladelse for Reichardus Vederbor, Borger i Helsingør, og hans 3 Medredere til i de næste 3 Aar at besejle Havnene Stoppen og Refuit paa Island, som Hans Grønneuoldt i Hamborg og hans Medbrødre pleje at besøge, og drive Handel der, uden Afgift, men mod at tilføre Indbyggerne gode Varer til en rimelig Pris. Ville de efter de 3 Aars Forløb vedblive at handle paa disse Havne, skulle de være nærmest til at faa dem mod at svare samme Afgift, som andre ville give. N. R. 1, 136 b.

**21. Jan. (—).** Til Abbederne i Ringstedt og Soer Klostre og Prioren i Anduorschouf. Da Kongen har bragt i Erfaring, at Adelen tværtimod Recessens Bestemmelser ofte forbyder sine Tjenere at befordre Kongens Fadebur, naar Kongen rejser forbi Klostrene, finder han det ikke ubilligt, at Adelen og dens Folk heller ikke faa Vogne, naar de komme til Klostrene, og forbyder dem derfor herefter at laane Adelen eller andre Vogne, med mindre de have kgl. Pasbord eller ere Raader eller andre, der rejse i Kongens Ærinde og efter Kongens Ordrer og derfor skulle have Vogne. Sj. T. 13, 112 b.

— Til Chrestoffer Valckendorp. Da Kongen om en 3 Uger vil have Jacob Tømmermand til Gudlandt for at sammenhugge et Hus af Fyrretømmer, skal Chrestoffer Valckendorp sende ham did, saa snart der sejler Skib, og skaffe ham 12 ugifte eller unge gifte Tømmermænd med fra Kiøbnehafn; Kongen vil give Jacob Tømmermand selv 1 Dlr. om Ugen og Tømmermændene, der følge med ham, 7 Sk. om Dagen og fri Kost, ligesom de faa her paa Slottet, men vil ingen følge med for den Dagløn, skal Chrestoffer Valckendorp blive enig med dem om en rimelig Dagløn og underrette Chresten Munck derom. Til den Tid, da Jacob Tømmermand mener at kunne have Huset sammenhugget, skal han sende

Skibe did, som kunne indtage det og føre det til Nykiøbing i Otz Herred. Sj. T. 13, 113.

**24. Jan. (Frederiksborg).** Til Steen Bilde. Kongen, der med det første vil anlægge en Papirmølle, beder ham straks sende sin Papirmager herover for at bese Forholdene dér, hvor Papirmøllen skal sættes, og lade ham blive her nogle Uger, indtil Kongen kan faa forskrevet en anden fra Tyskland, for at anvise Tømmermændene, hvorledes de skulle bære sig ad med Arbejdet. Kongen vil ikke beholde Papirmageren længere, end Steen Bilde tillader. Sj. T. 13, 113 b [1].

— **(Sorø Kloster)** [2]. Aabent Brev, at Jørgen Jenssen, Guldsmed i Kiøpnehafn, i de næste 2 Aar maa være fri for Skat, Hold, Vagt og al anden borgerlig Tynge. Sj. R. 11, 193 [3].

**25. Jan. (—)** [2]. Aabent Brev, at Hendrich herefter skal beride Leyre, Udleyre og Brendthued [4] Skove, Skovene i Voldborg Herred, Høgeberg [5], Afuenstrup og Skioldenes Skove til Ellebro Dam og Borgeveyle samt de i Roskilde Len liggende Kirke- og Præsteskove og paase, at ingen skyder eller ødelægger Dyr der; griber han nogle heri, skal han anholde dem og levere dem til Lensmanden paa Roskildegaard, men ere de ham for stærke, saa han ikke kan faa fat i dem, skal han se at faa at vide, hvem de ere, og melde det til Lensmanden; ligeledes skal han paase, at ingen hugger i Skovene uden Tilladelse fra Lensmanden paa Roskildegaard eller Anvisning af Skovfogderne. Han skal af Roskildegaard have 15 Dlr. og 1 Hofklædning i Løn og 3 Pd. Mel, 3 Pd. Malt, $^1/_2$ Td. Smør, 5 levende Svin, 1 levende Okse, $^1/_2$ Oksekrop, 10 levende Faar, 1 Td. Sild, 1 Td. Torsk, 1 Fjerd. Gryn og 1 Td. Salt til Underholdning samt til en Klipper 20 Læs Hø og 20 Læs Halm aarlig og 1 Spand Havre hver Nat. Han skal bo i Serckeløsse [6]. Sj. R. 11, 193 b.

— **(Frederiksborg).** Mageskifte mellem Duebrødre Hospital [i Roskilde] og Kronen. Sj. R. 11, 194 b. (Se Kronens Skøder.)

— Til Chrestopher Valckendorp, Rentemester. Da M. Claus Plum, Kongens Hofskrædder, har berettet, at han i Lybke og an-

---

[1] Tr.: Dsk. Mag. 3. R. I. 140. Nyrop, Strandmøllen S. 1. Nyrop, Den danske Boghandels Hist. I. 106.   [2] Dateringen kan ikke være rigtig; rimeligvis er Sorø Kloster en Fejlskrift for Frederiksborg.   [3] Tr.: O. Nielsen, Kbhvns Dipl. II. 359 f.   [4] Bregentved, Voldborg H.   [5] Højbjærg, Ringsted H.   [6] Særløse, Voldborg H.

densteds har udtaget Saien og Arrask for 313 Dlr., hvilket skal
være brugt til Hofklædning sidste Aar, skal Chrestopher Valckendorp undersøge denne Sag og, hvis Regnskabet viser, at Tøjet er
udleveret efter Kongens Befaling og underskrevne Hofseddel og ikke
allerede er betalt, gøre op med M. Claus og betale ham. Sj.
T. 13, 114.

**25. Jan. (Frederiksborg).** Befaling til Chresten Munck, Befalingsmand paa Gullandt, at skaffe Kongen 50 Bjælker, 27
Al. lange, 100 Sparrer, 20 Al. lange og 1 Fod tykke i den store
Ende, 80 Bjælker, 12 Al. lange og 1 Fod tykke i den lille Ende,
100 Sparrer, 17 Al. lange, 20 Tylter stort og smaat Tømmer til
Hanebjælker og Løsholt, til at forbinde Sparreværk med og til
Skillerum og 2000 Lægter til Bygningen paa Krogen og sørge
for, at det kan være rede, saa Kongen kan lade det hente inden
Paaske. Sj. T. 13, 114 b.

**26. Jan. (—).** Befaling til Chrestopher Valckendorp at sende
ovenstaaende Brev til Chresten Munck med et paalideligt Bud og
ved første Lejlighed samt bestille Skibe til at hente Tømmeret,
saa dette kan komme til Helsingøer til Paaske. Udt. i Sj. T. 13, 115.

**1. Febr. (—).** Befaling til Hendrick Mogenssen, Tolder i Helsingøer, at bestille det paa vedlagte Register opførte til Byggeriet paa Krogen, betale de opførte Poster og indskrive Udgiften
i sit Regnskab. — Register: Han skal i Embden bestille saa mange
Mur- og Tagsten, som kunne faas dér, og betale dem, købe det til
Byggeriet nødvendige Bly i Sundet, købe al den jydske og skaanske
Kalk, som kommer i Sundet, og betale Fragten for Kalken og for
de Mursten, som Kongens Undersaatter føre did; endvidere skal han
betale Tømmermænd, Murmestre, Stenhuggere, Pligtskarle og Gravere, købe det til Sundet kommende Ege- og Fyrretømmer, som
M. Hans Bygmester mener kan bruges til Slotsbygningen, og betale
det samt betale de Dragere, der losse de hugne Sten, som overføres fra Stengravene med Prammen og Gallejen, og give Jesper
Snedker 30 Dlr. for at panele det underste Kammer paa den lille
Karnap. Sj. T. 13, 115 b[1].

— Befaling til samme at betale Villom Hendrichssen,
hos hvem Kongen har ladet udtage 11 1/4 Al. sort, fint Engelst,
6 gl. Dlr. for hver Alen og indskrive det i sit Regnskab. Orig.

---

[1] Tr.: Dsk. Samlinger V. 139.

**3. Febr. (Frederiksborg).** Befalinger til Biørn Kaaes, Jørgen Marsuin og Eyller Grubbe at møde i Kiøbnehafn 6. Febr. for at høre de lybske Sendebuds Ærinde, da disse Sendebud nu have ventet længe og Kongen af forskellige Grunde lige saa lidt nu som tidligere kan give dem Avdiens. Sj. T. 13, 116 b.

**5. Febr. (—).** Anmodning til M. Niels Nielssen, Kannik i Roskilde, om ikke alene selv at give M. Chrestopher Knopf sin Stemme til Kantorembedet, men ogsaa arbejde for hans Valg hos sine Medbrødre i Kapitlet og med det første skaffe Kongen Besked derpaa; da M. Chrestopher ved sin Tjeneste hos Kongen er forhindret i personlig at være til Stede ved Kapitlet og besørge alle Kantorforretningerne, skal M. Niels i hans Fraværelse besørge Forretningerne. Sj. T. 13, 117 b.

**6. Febr. (—).** Befaling til Hendriich Mogensen, Tolder i Helsingiøer, at overskrive 200 Dlr. til Embden, saa Kongens Gartner Eggert Appelmend kan faa dem dér. Orig.

— **(U. St.).** Til Kapitlet i Roskilde Domkirke. Kongen, der gerne vil have sin Hofprædikant M. Christopher Knopf befordret til det ledige Kantordømme i Roskilde Domkirke, har forhandlet derom med nogle af Prælaterne i Kapitlet, nemlig Niels Kaaes, Kansler, Hans Skougaardt og Casper Passelick, der ogsaa have givet deres Samtykke til M. Christoffers Valg, saafremt deres Medbrødre i Kapitlet ville gaa ind derpaa; Kongen beder derfor nu disse give M. Christoffer deres Stemmer. M. Christoffer vil dels selv kunne udføre sit Arbejde, dels lade det besørge ved andre, og han kan jo, da han for det meste er hos Kongen og altsaa i Nærheden, selv komme til Roskilde en Gang om Ugen; der er skrevet til Hofprædikant M. Niels Kolding om i M. Christophers Fraværelse at besørge Kantorens Forretninger. Sj. T. 13, 117.

**7. Febr. (Hørsholm).** Aabent Brev, hvorved Kongen eftergiver Fru Pernille Oxe, Otte Rudtz Enke, — der hos Rentemesteren ikke kan faa endelig Kvittans for Korsør Len, fordi en Del af de Registre og Kvittanser, som Skatter og anden Hjælp ere oppebaarne og igen udgivne efter, er frakommet hende — alle de Registre og Kvittanser, som hun mangler, og fritager hende for alt yderligere Krav. Sj. R. 11, 195.

**9. Febr. (Ibstrup).** Befaling til Chrestopher Valckendorpf at antage denne Brevviser, Sander Uhr, der har tilbudt Kongen sin Tjeneste, som Skibshøvedsmand, hvis han vil tjene som saadan og nøjes med 30 eller 60 Dlr. i aarlig Løn. Sj. T. 13, 118 b.

**10. Febr. (Ibstrup).** Mageskifte mellem Jørgen Daa og Kronen. Sk. R. 1, 141 b. (Se Kronens Skøder.)

**11. Febr.** (—). Forleningsbrev for M. Christoffer Knopf, Kongens Hofprædikant, der af Kapitlet i Roskilde er kaldet til Kantor smstds., paa Kantordømmet, saaledes som M. Olluf Offessen hidtil har haft det; hermed dog hans Rente og Kannikedømme i Aarhus Domkirke uforkrænket. Naar han ikke længere er i Kongens daglige Tjeneste, skal han residere ved Domkirken og gøre Tjeneste som Kantor. Sj. R. 11, 195 b.

— Befaling til Hr. Bertel Søfrenssen, Prior i Anduorskouf Kloster, straks at lægge Vollerup Hovedgaard med det øvrige paa vedlagte Seddel opførte Gods, som Kongen har faaet til Mageskifte af Jørgen Daa, ind under Klosteret, lade Oldinge sætte Vollerup Hovedgaard for en rimelig Landgilde, lade denne indskrive i Jordebogen og bortfæste Gaarden. Kongen har tilladt Jørgen Daa at blive paa Vollerup til førstkommende 1. Maj (dog skulle Bønderne svare Hr. Bertel og ikke ham) og i den Tid at faa fri Ildebrændsel til Nødtørft, hvorfor Hr. Bertel skal lade ham blive og give Bønderne Ordre til at tilføre ham Ildebrændsel; ligeledes har Kongen laant Jørgen Daa N hundrede Vogne af Klosterets Bønder til at flytte hans Gods 2 Mil fra Vollerup og tilladt, at Hr. Bertel maa indrømme Jørgen Daa et eller to Kamre paa Gaarden til at flytte hans Gods ind i, indtil det kan blive afhentet. Sj. T. 13, 122.

**12. Febr.** (—). Til Jens Kaaes, Øverste. Da Bønderne, der for nogen Tid siden fik Ordre til hver 40 at holde og lønne en Knægt, have klaget over, at dette ikke alene er dem til stor Besværing paa deres Næring, men at de ogsaa lide stor Skade af de hos dem liggende Knægte, har Kongen fritaget dem for herefter at holde disse Knægte og befaler derfor Jens Kaaes, der har Knægtene i Befaling, at drage omkring i Nørrejylland og Fyen, lade Knægtene samles paa et bestemt Sted i hvert Stift, forkynde vedlagte aabne Brev for dem og aftakke dem. Hvis Knægtene have nogen Løn til gode hos Bønderne, skal han give Lensmændene Ordre til at sørge for, at den bliver betalt. Sj. T. 13, 119.

— Lignende Befaling til Albret Bruck, Rigens Profos, om at drage omkring i Sjælland, Skaane og Smaalandene og aftakke Knægtene. Udt. i Sj. T. 13, 120.

**12. Febr. (Ibstrup).** Aabent Brev til de af Bønderne i Nørre-
jylland og Fyen holdte Knægte, at Kongen har befalet Jens Kaaes,
Øverste, at aftakke dem, hvorfor de skulle rette sig efter hans
Ordrer desangaaende. Sj. T. 13, 119 b.

— Befaling til alle Kongens Lensmænd og Fogder [i Nørre-
jylland og Fyen] at samle de af Bønderne i deres Len holdte
Knægte paa det Sted i Stiftet, som Jens Kaaes angiver, for at
Knægtene dér kunne blive aftakkede. Have nogle af Knægtene
noget til gode hos Bønderne, skulle de sørge for, at dette straks
bliver betalt. Sj. T. 13, 120 b.

— (Hørsholm)[1]. Til Chrestopher Valchendorff. Peder Joens-
sen, Borger i Landzkrone, der en Tid har haft Toppedals Fi-
skeri i Norge for en aarlig Afgift af 6 Læster Laks og 120 Spege-
laks, har berettet, at Afgiften i de sidste Aaringer er bleven forhøjet
med 1 Læst Laks, hvilket tillige med tilstødt Armod har medført,
at han er bleven Kongen 2¹/₂ Læst Laks skyldig, som han nu be-
gærer at faa eftergivne. Kongen har eftergivet ham Halvdelen
deraf og befaler Chrestopher Valchendorff at kvittere ham derfor.
Sj. T. 13, 123.

**13. Febr. (Ibstrup).** Tilladelse for Hr. Jesper N., Sogne-
præst i Ermelunde[2] paa Møen, til i et Aars Tid at oppebære
Kronens Part af Tienden af Magleby Sogn til sin Underhold-
ning. Udt. i Sj. R. 11, 196.

— Aabent Brev, at Jacob Møller, Borger i Malmøe, der er
gaaet i Borgen for et Hendrich Kreuett, Borger i Hamborg, til-
hørende Skib, kaldet Saluator, og nu skal betale Kongen Pengene,
til Gengæld maa beholde ovennævnte Skib og enten selv bruge det
eller sælge det. Skibet maa herefter bruges baade øst- og vestpaa,
men det forbydes under Skibs og Godses Fortabelse at lade Ham-
borgere faa Part deri. Sj. R. 11, 196 b.

— Aabent Brev, hvorved Kongen — i Anledning af, at nogle
af Borgerne i Bogensø nu med gode Folks Hjælp ville begynde at
genopbygge deres By, der for kort Tid siden næsten blev helt øde-
lagt ved Ildebrand — paabyder, at alle Bygninger, der efter
denne Dag opføres i Bogensø, skulle behænges med
Tegltag og ikke tækkes med Straatag; bygger nogen nye Huse og

---

[1] Dateringen er næppe rigtig, men det har ikke været muligt at afgøre, om det er
Datoen eller Dateringsstedet, der er forkert.    [2] Elmelunde.

tækker dem med Straatag, skulle, hvis de ikke inden 3 Aar blive behængte med Tegl, baade Huse og Jord være forbrudte, den ene Halvdel til Kronen, den anden til Byen. Det befales Borgemester, Raad og Byfoged at paase dette Paabuds Overholdelse. F. R. 1, 80 [1].

**13. Febr. (Ibstrup).** Aabent Brev, at Borgerskabet i Bogensø, der for nogen Tid siden har lidt stor Skade ved Ildebrand, og alle, der herefter tage Borgerskab i Bogensø, maa være fri for Skat og al anden kgl. Tynge i de næste 5 Aar. F. R. 1, 80 b.

— Forleningsbrev for Hr. Hans Jesperssen, Sognepræst i Bogensø, paa Afgiften af Kronens Part af Korntienden af Hiadstrup Sogn i de næste 3 Aar. Udt. i F. R. 1, 81.

**14. Febr. (—).** Til Niels Kaaes, Kansler, Peder Biilde, Biørn Kaaes, Eyller Grubbe, Jørgen Marsuin og Peder Munck. Kongen laante i sidste Fejde en stor Sum Penge af sin Svoger, Kurfyrsten af Saxen, og Rigsraadet gik i Borgen for Pengene. Da Tiden for Laanet er udløben nu til førstkommende Paaske, men Kongen formedelst de mange andre Udgifter ikke kan skaffe saa mange Penge til den Tid, har Kurfyrsten tilbudt at lade Pengene staa endnu en Tid mod at faa Forsikring for dem, hvilket Tilbud Kongen ogsaa vil modtage. Da en Del af de Rigsraader, der tidligere gik i Borgen, nu er død og der skal laves en ny Forskrivning, beder Kongen dem gaa i Borgen for sig til Kurfyrsten og straks erklære sig herom; Kongen vil stille dem et rimeligt Underpant, ligesom der blev stillet de første Forlovere. Sj. T. 13, 121.

**15. Febr. (Hørsholm).** Tilladelse for Peder Munck, Admiral, til nu at udføre til Skibs til Tyskland 100 Øksne, som han har staldet paa sit eget Foder paa Møen, uden at behøve at lade dem drive gennem de almindelige Toldsteder; dog skal han svare sædvanlig Told, 1 Dlr. af hver Okse, til Sisemesteren i Stege. Sj. R. 11, 197.

— Aabent Brev, hvorved Hans Anderssen, Borger i Kiøpnehafn, fritages for Sise af 2 Læster Rostockerøl, hvad enten han indfører dem til Kiøpnehafn eller køber dem dér. Udt. i Sj. R. 11, 197 b [2].

— Forleningsbrev for M. Hans Fyrverper paa det

---

[1] Tr.: Secher, Forordninger II. 1 f.    [2] Tr.: O. Nielsen, Kbhvns Dipl. II. 360.

Hus ved Østerport i Kiøpnehafn, som Frederich Teltmager boede
i. Sj. R. 11, 197 b[1].

**15. Febr. (Hørsholm).** Til Chrestopher Valckendorp. Michel
Vrager har berettet, at han paa sin egen Bekostning har optaget
de Sten, som vare paa en ved Helsingør sunken Pram, en hel Hob
Gods fra et under Anholt sunket Skib og noget Skyts under Gul-
land, men samtidig klaget over, at han saa godt som intet har faaet
eller faar for det, han optager, skønt han efter sin Bestalling skal
have Halvdelen af det optagne Gods. Da det ikke er mere end
rimeligt, at han faar Betaling for sit Arbejde, skal Chrestopher Val-
ckendorp undersøge denne Sag og betale ham en rimelig Sum
for det optagne Gods. Sj. T. 13, 123 b.

— Befaling til samme at betale Caspar Paslich 100 Dlr.,
som Kongen har givet denne for det, han har fortæret ud over sine
Maanedspenge paa Rejsen og under sit Ophold i Kolling. Sj. T.
13, 124.

— Forleningsbrev for Hr. Oluf Hanssen, Kapellan ved
Vor Frue Kirke i Aarhus, paa St. Nicolai Alters Vikarie i Aar-
hus Domkirke, som er ledigt efter Hr. Rasmus Pederssen. Udt. i
J. R. 1, 341.

**16. Febr. (Frederiksborg).** Aabent Brev, hvorved Kongen, der
formedelst den Uskikkelighed, som fandt Sted, havde forbudt[2] Folk
at bo i de udenfor Kiøpnehafn liggende Huse og Boder
paa den Undtagelse[3] nær, at de Folk, der havde Haver, maatte
holde en gammel Mand eller Kvinde til at have Tilsyn med disse,
nu af Hensyn til, at dette Forbud volder Ejerne af disse Huse og
Boder stor Skade, og at fattige Folk, der ikke formaa at svare stor
Husleje inde i Byen, kunde have stor Hjælp af disse Huse og Bo-
der, tillader Borgerne i Kiøpnehafn at holde Folk i disse
paa den Betingelse, at Ejerne skulle møde paa Raadhuset med de
Folk, de ville have til at bo i Husene, gaa i Borgen for dem til
Borgemestre og Raad for, at de ville opføre sig tilbørligt, lade deres
Navne indføre i Stadsbogen og, hvis der kommer Klager, staa til
Rette derfor. De, der bo i disse Huse og Boder, maa ikke ud-
tappe og sælge Øl og skulle efter Evne deltage i den borgerlige
Tynge ligesom de i Byen boende Borgere. Borgemestre og Raad

---

[1] Tr.: O. Nielsen, Kbhvns Dipl. II. 360.    [2] Se Kanc. Brevbøger 1571—75 S. 580.
[3] Se smstds. S. 605.

skulle paase, at alt gaar tilbørligt til, straffe alle, der forse sig, og ikke se gennem Fingre med nogen, saafremt de ikke ville staa til Ansvar derfor og have dette Brev forbrudt. Sj. R. 11, 198[1].

**16. Febr. (Frederiksborg).** Til Erich Løcke. Hoslagt sendes ham en Kopi af det, som er blevet forhandlet ved Mødet i Kolding mellem Kongens Tilforordnede og de holstenske Raader angaaende Forstranden ved Riibe, med Ordre til at underrette Borgemestre og Raad [i Ribe] derom. Da det ved denne Forhandling er blevet gjort gældende, at Hertug Hans den ældres Undersaatter, der blive gifte i Nørrejylland, maa svare Told af det Fæ, som de faa i Medgift, sendes der ham en Kopi af det, som Kongen desangaaende har bevilget Hertug Hans, men han skal dog alvorligt befale sine Fogder at paase, at ikke under det Skin mere Fæ, end Medgiften er, fritages for Told. J. T. 1, 202.

**17. Febr. (—).** Til Chrestoffer Valckendorp. Da Borgemester Marcus Hess i Kiøbnehafn efter Kansler Niels Kaaes's Beretning ikke længere vil besejle de ham overdragne Havne paa Island paa samme Vilkaar som hidtil, men forlanger, at Kongen skal tage hver 6. Tønde lutret Svovl i Afgift, vil Kongen hellere selv besejle Havnene, da denne Afgift kun kan beløbe sig til en ganske ringe Ting. Chrestoffer Valckendorp skal derfor straks til Foraaret lade to til denne Sejlads passende Skibe gøre i Stand og i Tide bestille Fetalje og andre Varer, der skulle sendes did, og Folk til Brug paa Skibene. Sj. T. 13, 124.

— Befaling til samme at medgive Kasten Køning, der skal rejse udenlands for at antage Bøsseskytter, 300 Dlr. til dette Brug. Sj. T. 13, 124 b.

— Til samme. Da Dr. Albrit Knoppert efter Kongens Befaling straks skal begive sig paa en Rejse til de fleste Universiteter i Udlandet og i den Anledning vil faa Brug for en ikke ringe Sum Penge baade til Foræringer til de højlærde og til Tæring og andre Udgifter, skal Chrestopher Valckendorp overveje, hvor mange Penge der behøves, og skaffe dem, saa Dr. Albrit intet skal mangle. Sj. T. 13, 125[2].

**18. Febr. (—).** Aabent Brev, at Thyge Brade til Knudstrup indtil videre skal have 500 gl. Dlr. i aarlig Løn mod at

---

[1] Tr: O. Nielsen, Kbhvns Dipl. I. 460 f. (efter en Afskrift). Secher, Forordninger II
[2] Tr.: Rørdam, Kbhvns Universitets Hist. 1537—1621 I. 626.

at være Kongen tro og efter Evne og Vilkaar lade sig bruge, naar Kongen behøver ham. Sj. R. 11, 199 b[1].

**18. Febr. (Frederiksborg).** Aabent Brev, hvorved Kongen bevilger, at Borgemestre og Raad i Lybeck i de næste 10 Aar aarlig maa være fri for at svare Told af 100 Foder Vin af den Vin, som de lade deres Fuldmægtige bestille og føre gennem Øresund; dog maa de ikke, saafremt de ikke ville have Brevet forbrudt, under det Skin fri Vin, der ikke tilhører dem selv, for Told. Sj. R. 11, 199.

— Befaling til Hendrich Mogenssen, Tolder i Helsingøer, i de næste 10 Aar aarlig at lade Borgemestre og Raad i Lybeck føre 100 Foder Vin toldfrit gennem Sundet, men paase, at der ikke under det Skin føres Vin, tilhørende andre, igennem, og tage sædvanlig Told af den Vin, som Borgemestre og Raad i Lybeck føre igennem ud over de 100 Foder. Sj. T. 13, 125 b.

— Til Christopher Valckendorp. Hoslagt sendes ham en Skrivelse fra Borgemestre og Raad i Lybeck og en Supplikats fra Folmer Mutter i Lybeck angaaende 307 Mk. lybsk, som Hans Nielssen paa Kongens Vegne i Lybeck skal have laant af Folmer Mutter, med Ordre til at undersøge Sagen og, hvis det forholder sig rigtigt, betale Folmer Mutter Pengene eller give ham tilbørlig Besked derpaa. Sj. T. 13, 125 b.

**19. Febr. (—).** Til Eyller Grubbe, Rigens Kansler. Kongen har nu eftergivet Fru Ide Munck, Hr. Olluf Nielssens Enke, de to Sager, som Eyller Grubbe paa Kongens Vegne har tiltalt hende for, den ene for de Svin, som hendes Tjenere imod Forbudet havde inddrevet i Kronens Enemærkeskov Delhofuit og siden igen taget ud uden Eyller Grubbes Tilladelse, og den anden for det Træ, som hun trods Forbudet har ladet »Kronen afhugge og bortført«, — dog paa den Betingelse, at hendes Tjenere skulle betale sædvanlig Oldengæld for Svinene, og at Sagerne igen skulle staa aabne, hvis Fru Ide paany forser sig. Eyller Grubbe skal derfor lade Forfølgningen falde. Sj. T. 13, 126.

— Følgebrev for Thyge Brade Jensissøn til Bønderne i Viillandtz Herred, som Holger Brade sidst havde i Værge. Sk. R. 1, 144.

**23. Febr. (—).** Til de højlærde i Kiøbnehafn. Da Kongen,

---

[1] Tr.: Dsk. Mag. II. 196 f. Hofman, Efterretn. om danske Adelsmænd III. 8.

der tidligere har meddelt dem, at han af udenlandske Kurfyrster og Fyrster er bleven advaret om, at mange tage Forargelse af en af Dr. Niels Hemingsen for nogen Tid siden udgivet Bog, hvori skal findes nogen Caluinische Lærdom angaaende Alterens Sakramente, nu paany af udenlandske Fyrster er underrettet om, at Kirkerne og Skolerne her i Riget ere stærkt mistænkte for at lære anderledes om denne Artikel end i Kongens Faders Tid, fordi Dr. Niels Hemingsen ikke aabenbart har tilbagekaldt sin Lære, skulle de straks kalde denne for sig, befale ham at tilbagekalde det forargelige i Bogen skriftlig og paa Latin og erklære sig saaledes herom, at Kirkerne og Skolerne her i Riget kunne blive befriede for al Mistanke. De skulle gennemse Bogen og sende Kongen den, inden den udkommer. Sj. T. 13, 127. Orig. i Konsistoriets Arkiv, Pk. 190[1].

**23. Febr. (Frederiksborg).** Livsbrev for Hans Køen paa Kroen i Giedisbye paa Falster, uden Afgift. Han skal holde Kroen i Stand og skaffe den vejfarende Mand Underholdning for en rimelig Betaling. Han maa efter Anvisning af Lensmanden paa Nykiøping eller dennes Fuldmægtig faa den Ildebrændsel, han behøver, i Kronens Skove til en rimelig Pris. F. R. 1, 500.

— Gavebrev til Axel Gyldenstiern paa det Inventarium, som han har modtaget paa Øe Kloster og skulde levere fra sig, til Erstatning for at han, der siden har haft Voergaard i Forlening, paa egen Bekostning har bygget noget derpaa. J. R. 1, 341 b.

**25. Febr. (—).** Aabent Brev, at Stephan Hennyngk, der for sin Religions Skyld har maattet forlade Nederlandene og nu vil bosætte sig i Danmark, maa bosætte sig i Kiøpnehafn eller Helsingør, søge sin Næring dér som andre Undersaatter her i Riget og være fri for Skat, Hold, Vagt og al anden borgerlig Tynge i 1 Aar efter dette Brevs Datum; dog maa han ikke indføre nogen ny Lærdom, som strider mod den augsborgske Konfession og den her i Riget fastsatte Kirkeordning. Sj. R. 11, 200[2].

— Tilladelse for Marcus Hæes, Borgemester i Kiøpnehafn, til i de næste 3 Aar at besejle Havnene Hannefiord[3] og Vapenfiord[4] for Sønden paa Island og drive Handel dér mod

---

[1] Tr.: Kirkehist. Saml. I. 244. Rørdam, Kbhvns Universitets Hist. 1537—1621 IV. 267 f.
[2] Tr.: O. Nielsen, Kbhvns Dipl. II. 360 f.    [3] Havnefjord.    [4] Vopnafjord.

at svare sædvanlig Told, som er 1 Portugaløs af hvert Skib, han lader løbe did, tilføre Indbyggerne gode Varer til en rimelig Pris og bruge ret Maal og Vægt. Vil han efter de 3 Aars Forløb vedblive at handle paa disse Havne, skal han være nærmest til at faa dem mod at svare samme Afgift, som andre ville give. N. R. 1, 137 b.

**26. Febr. (Frederiksborg).** Aabent Brev, at Mette Skuldt, Sebastian Swendis Enke, maa bosætte sig i hvilken Købstad i Riget, hun lyster, og være fri for Skat, Vagt, Hold og al anden borgerlig Tynge, saa længe hun sidder som Enke. Udt. i Sj. R. 11, 200 b.

**28. Febr. (—).** Til Borgemestre og Raad i Kiøbnehafn. Da der trods det tidligere Forbud[1] endnu findes mange Betlere i Byen, der altid løbe omkring paa Gaderne og forfølge enhver god Mand, der gaar paa Gaden, med uafladelig Trygleri og Betlen, hvilket ikke alene er besværligt, men ogsaa vækker Spot hos de fremmede, der komme til Byen, befales det dem alvorligt en Gang for alle at gøre Ende paa dette Tiggeri, give dem, der maa bede om Almisse, et Tegn og foreholde dem, at de ikke maa løbe efter nogen paa Gaden, men skulle bede om deres Brød ved Dørene. De skulle paase, at der herefter ingen Uskikkelighed finder Sted, saafremt de ikke selv ville staa til Rette. Sj. T. 13, 127 b[2].

**1. Marts (—).** Til Chrestoffer Valckendorp. Kongen har i sidste Fejde faaet et til 2800 Dlr. vurderet Skib af nogle Dantzigere og erindrer, at han sidste Aar har givet Befaling til at betale disse Dantzigere, men ser nu af den af deres Fuldmægtig Jacob Skønau paany gjorte Anfordring, at det endnu ikke er sket, fordi der blev tilbudt dem nogle Sild, som de ikke kunde tage til den anslaaede Pris. Da de have ventet saa længe paa Betaling og krævet den saa tit, skal Chrestoffer Valckendorp nu enten betale dem med Penge eller paa anden Maade stille dem tilfreds. Sj. T. 13, 128.

— Befaling til samme at forhandle med Marcus Hess, Borgemester i Kiøbnehafn, om at overlade Kongen de 8 Kobberstykker, han har ladet støbe, og betale ham med Jærnstykker, Penge og andre Varer. Sj. T. 13, 128 b[3].

---

[1] Se Kanc. Brevbøger 1571—75 S. 266.   [2] Tr.: O. Nielsen, Kbhvns Dipl. I. 462 (efter en Afskrift). Secher, Forordninger II. 4 f.   [3] Tr.: O. Nielsen, Kbhvns Dipl. IV. 616 f.

**1. Marts (Frederiksborg).** Forleningsbrev for Thyge Brahe Jenssissøn paa Villandtz Herred, saaledes som hans Broder Holgier Brahe sidst har haft det i Værge. Han skal aarlig svare 300 gl. Dlr. i Afgift af den visse Rente og gøre Regnskab for al den uvisse Rente, hvoraf han selv maa beholde Halvdelen, dog forbeholder Kongen sig alene Vrag og Told. Sk. R. 1, 144 b.

**2. Marts (—).** Forleningsbrev for Olluf Stercke i Sirslef paa Kronens Part af Tienden af Ølsted Sogn mod en aarlig Afgift af 6 Pd. Korn til Frederichsborg Slot. Udt. i Sj. R. 11, 200 b.

— Befaling til Biørn Kaas og Hans Skoufgord at besigte 3 Gaarde i Østre Odersløf, 2 Gaarde og 1 Fæste i Vestre Odersløf, 1 Gaard i Skolshøye[1] og 3 Gaarde i Gedinge i Malmøe Len, som Knud Uldfeld begærer til Mageskifte for noget af sit Gods i samme Len. Udt. i Sk. T. 1, 81 b.

**4. Marts (—).** Forleningsbrev for Jens Seuerenssen, der hidtil har været Skolemester i Kolding og nu vil rejse udenlands for at studere videre, paa Afgiften af Korntienden af Brød[2] og Huessel[3] Sogne til hans Underholdning, uden Afgift. Udt. i J. R. 1, 341 b.

**5. Marts (—).** Aabent Brev, at Hans Mule, Borger i Othense, toldfrit maa uddrive de Øksne, som Kongen har ladet stalde paa Ladegaardene i Sjælland, og som Hans Mule i Aar har købt af Kongen; han skal af hver Lensmand tage Bevis for, hvor mange Øksne han faar, certificere hos Kongens Toldere, hvor mange Øksne han lader drive gennem hvert Toldsted, og maa kun udføre de Øksne toldfrit, som han har faaet af Kongen. Udt. i Sj. R. 11, 201.

— Til Biørn Kaas. Han har berettet, at Jens Holgerssens Bønder, som han paa dennes Barns Vegne har i Forsvar, besvære sig over at maatte svare dobbelte Penge. Da Kronens Bønder svare, eftersom Mønten nu er omsat, skal han heller ikke tage mere af Jens Holgerssens Bønder. Sk. T. 1, 82.

**6. Marts (—).** Skøde til Lic. Casper Passelick. Sj. R. 11, 201. (Se Kronens Skøder.)

**8. Marts (Borsholm).** Kvittans til Hans Mule paa 10,183 Dlr., som han har betalt Kongen for de Øksne, han i Aar har

---

[1] Skälshög. Torna H.  [2] ? Brande, Nørvangs H.  [3] Hvejsel, samme H.

faaet paa Kiøpnehafns, Draxholm og Frederichsborg Slotte.  Udt. i
F. R. 1, 81.

**9.**[1] **Marts (Frederiksborg)**.  Til Christopher Valckendorp.  Mor-
ten Nielssen, Hospitalsmester i Helsingøer, har berettet, at han
kræves for 44 Dlr. for hans Part i noget Tiendekorn, som hans
Broder Jens Jæger, forhen Borgemester i Kallundborg, skulde være
Kongen skyldig, og han har begæret at maatte blive fri for at betale
disse Penge, da Kongen har eftergivet hans Broders Enke den Part,
hun skulde betale, og har forskaanet de Borgere i Kallundborg, der
have modtaget Korn, for at svare dertil.  Kongen har opfyldt hans
Begæring og befaler Chrestopher Valckendorp enten at tilbagelevere
ham Jens Jægers Haandskrift eller give ham Kvittans for hans Part.
Sj. T. 13, 151.

**10. Marts (—)**.  Aabent Brev, at Michel Jenssen, der
har lovet at tjene Kongen som Vrager, skal opsøge i Stran-
den i alle Len alt det Kobber, Tin, Bly og andet, som han kan
finde med sine Redskaber.  Hvad han finder skal han lade føre til
Kiøpnehafns Slot, hvor saa alt det fremmede Gods, som der ikke
kommer Ejermænd til, i Lensmandens Overværelse skal deles i to
lige store Parter, hvoraf den ene skal tilfalde ham, den anden Kro-
nen; dog skal Michel Jenssen være villig til, hvis Lensmanden til
Kongens Brug vil beholde noget af det Michel Jenssen tilfaldende
Gods, at afstaa dette for en rimelig Pris.  For det Gods, han op-
tager af Kronens, vil Kongen betale ham i Forhold til Arbejdets og
Bekostningens Størrelse.  Kongen vil aarlig give ham 7 Al. Engelst
til en Klædning. Sj. R. 11, 202.

**11. Marts (—)**.  Mageskifte mellem Ifuer Lunge til Tiers-
beck og Kronen. J. R. 1, 342. (Se Kronens Skøder.)

**12. Marts (—)**.  Ekspektancebrev for Hr. Severin Grøn-
beck, Slotspræikant paa Frederichsborg, paa det første Vikarie,
som bliver ledigt i en af Domkirkerne her i Riget; dog tidligere
udgivne Ekpektancebreve hermed uforkrænkede.  Udt. i Sj. R.
11, 203.

— Stadfæstelse paa en af Borgemestre og Raad i Kiøpne-
hafn godkendt Skraa for Snedkerne i Kiøpnehafn. Sj. R.
11, 203.  Orig.  (Se O. Nielsen, Kbhvns Dipl. II. 361 ff.)

— Aabent Brev, at Johan Jørgenssen, Borger i Nestved,

---

[1] Brevet er indført mellem Breve af 9. Maj, saa Marts er maaske en Fejlskrift for
Maj.

som Kongen har forskaanet for Borgemesterembedet, i de næste 2 Aar maa være fri for Skat, Vagt, Hold og al anden borgerlig Tynge. Udt. i Sj. R. 11, 209.

**12. Marts (Frederiksborg).** Befaling til Eyller Grubbe, der har Nestuidt i Befaling, at indsætte en uberygtet Dannemand til Borgemester i Nestuidt i Stedet for Johan Jørgenssen, der formedelst Alderdom og Skrøbelighed har begæret og faaet sin Afsked, og tage ham i Ed. Sj. T. 13, 129.

— Forleningsbrev for Steen Bilde paa Herritzvad Kloster i Skaane, saaledes som han nu selv har det i Værge. Han skal aarlig til 1. Maj paa egen Bekostning indlevere til Rentekammeret 1000 gl. Dlr. i Afgift af Klosterets Avl og visse Rente og gøre Regnskab for al den uvisse Rente, hvoraf han selv maa beholde Halvdelen, dog forbeholder Kongen sig alene al Sise, Told og Vrag; hans Forlening skal regnes fra 1. Maj 1575. Han skal tjene Riget med 4 geruste Heste. Sk. R. 1, 148 b.

— Til Hendrick Brade. Borgemester og Raad i Halmsted have klaget over, at Byfogden Suen Hald ikke kan forliges med dem og lægger en Del af Borgerne for Had, hvilket synes at skyldes, at hans Fader for nogen Tid siden er bleven henrettet der ved Byen, ligesom ogsaa over, at han fortaler og forulæmper Borgemester og Raad og ikke var svoren Borger, førend han blev Byfoged. Da Hendrick Brade har Byen i Befaling, skal han undersøge denne Sag, indsætte en uberygtet Dannemand af Borgerne til Byfoged, tage ham i Ed og befale Suen Hald straks at gøre sit Regnskab klart paa Rentekammeret. Sk. T. 1, 82.

— Befaling til Christen Munck straks at overlevere Emmicke Kaas til Gielskouf Viisborg Slot og Gulland med Inventarium, Jordebøger, Breve, Registre og andet. Udt. i Sk. T. 1, 82 b.

**13. Marts (—).** Befaling til Frantz Lauritzen, Foged paa Draxholm, at sende det Rug og Malt, han har i Forraad, til Kiøbnehafn og for Bøndernes Regning fragte Skuder til at føre det did. Udt. i Sj. T. 13, 129.

**14. Marts (—).** Befaling til Hendrick Mogenssen, der tidligere har faaet Ordre til at bestille Mursten i Nederlandene til Bygningen paa Krogen, om desforuden at købe de Klinker og Sten, som de til Sundet og Helsingøer kommende ballastede Skibe have inde, og dem, der ellers kunne faas, samt al den Kalk,

2*

som kommer i Sundet, betale det og indskrive det i sit Regnskab. Sj. T. 13, 129 b[1].

**14. Marts (Frederiksborg).** Forleningsbrev for Vilhelm Dresselberg, Sekretær, paa Degnedømmet i Lunde Domkirke, som er ledigt efter M. Hendrich Brochhus[2]. Naar han ikke længere er i Kongens daglige Tjeneste i Kancelliet, skal han residere ved Domkirken. Sk. R. 1, 145 b.

— Lignende Brev for Niels Paaske paa det Kannikedømme, som M. Henrich havde i Lund. Udt. i Sk. R. 1, 146.

— Lignende Brev for M. Peder Hansen Riiber, Skolemester paa Frederiksborg, paa det Vikarie, som M. Henrich havde i Lund. Udt. i Sk. R. 1, 146.

— Ekspektancebrev for M. Peder Lauritzen paa det første ledige Vikarie i Lunde Domkirke; dog tidligere udgivne Ekspektancebreve hermed uforkrænkede. Sk. R. 1, 146.

— Forleningsbrev for Emicke Kaas til Gielschouf paa Visborg Slot med Gulland, saaledes som Chresten Munck sidst har haft det i Værge. Han skal aarlig til 1. Maj gøre Regnskab for al vis og uvis Rente, holde Slottet i Stand og, hvis der skal istandsættes noget paa Slottets Befæstning eller der mangler Skyts, Lod, Krudt eller andet paa Arkeliet, gøre sit bedste for at afhjælpe Manglerne; skal der derimod bygges noget særligt, eller mangler der saa meget, at han ikke kan betale det af Slottets Indkomst, skal han i Tide underrette Kongen derom, for at denne selv kan træffe de nødvendige Foranstaltninger. Han skal underholde Slotsfolkene efter den derom gjorte Skik. Han skal i aarlig Løn have 500 Dlr., 2 Amer Vin og 3 Læster Rostocksøl for sin egen Person, Klæder og Penge til 12 Karle og Foder og Maal til 12 Heste samt Fjerdedelen af alt Sagefald og Gaardfæstning. Han maa ikke holde Skibe eller bruge noget Købmandsskab der paa Landet, som kan skade Borgerne eller Bønderne. Sk. R. 1, 146 b.

— Følgebrev for samme til Borgerne i Viisby og Bønderne paa Gulland. Sk. R. 1, 147 b.

— Til Axel Veffert og Eiller Kraufse. Da Knud Steenssen har bevilget Kronen Liungbygaard med mere Gods i Sjælland til Mageskifte for Krogagger Gaard og Gods paa Langeland og saa meget af Anduorschouf Klosters Gods smstds., at det kan veje op

---

[1] Tr.: Dsk. Samlinger V. 139 f.      [2] ɔ: Henrik Bruchofen.

mod hans Gods, skulle de, eftersom en tidligere Befaling til gode
Mænd om at besigte Godset endnu ikke er udført og Knud Steens-
sens Hustru Fru Anne Lunge ligeledes er villig til at fuldbyrde Mage-
skiftet, besigte begge Parters Gods, ligne det og indsende klare Re-
gistre derpaa. F. T. 1, 57.

**14. Marts (Frederiksborg).** Aabent Brev til alle, som besøge
Fiskerlejerne Nybe, Sebersund, Stafuendt, Øland, Gøl [1] og Nørreholm,
at Kongen har befalet E r i c h  R u d, Embedsmand paa Olborghus,
og sin Salter O l u f  M a t z e n at salte 60 Læster S i l d og mere til
Kongens Slottes og Orlogsskibes Behov, hvorfor de fra Mandag Af-
ten til Onsdag Aften skulle have Eneret paa at købe Sild; Lens-
manden skal paase, at alle Ned-, Bundgarns- og Vodkarle tilbyde
Kongens Salter alle de Sild, de fange i den Tid, og ikke, som tid-
ligere, holde sig af Vejen med dem, og skal lade dem straffe, der
ikke ville komme i Land med deres Sild og optælle dem, førend
Købedagene ere forbi. Forser nogen sig herimod, skal han have
forbrudt de Sild, han har med at fare, og desforuden straffes.
Kongens Salter skal betale sædvanlig Pris for Sildene. J. T. 1,
202 b.

— Lignende Brev, medgivet Jens Morthenssen paa Moelberg [2].
J. T. 1, 203.

— Befaling til Erich Rud at ›h a a n d h æ v e‹ de to kgl. S i l d e-
s a l t e r e, der nu sendes til N y b e og M o l b i e r g [2], og skaffe dem
fri Ildebrændsel, saa længe de ere dér, samt hvad andet de behøve
til Fiskeriet. J. T. 1, 201 b.

— Til Niels Jonssen. M. Peder Thøgersen har berettet, at
Løvens [3] og Alstruppe Sogne i Viiborg Stift ere ledige, og at
han har sat en af Kapellanerne i Viiborg, ved Navn Hr. P e d e r
Pederssen, til at prædike i Sognene, for at han mulig kunde
faa Kaldelse til disse Sogne, hvilket Sognefolket ogsaa har givet
ham, men paa det Vilkaar, at han skal forsørge (›forse‹) den af-
døde Præsts Hustru. Da Sognene imidlertid ikke bør gaa i Arv
med Præstekonen og der er en anden Præst, der vil fortrænge
Hr. Peder fra Sognene ved at ægte den afdøde Præsts Hustru, skal
Niels Jonssen indsætte Hr. Peder til Præst i Sognene, da han er
duelig og er kaldet af Sognefolkene. J. T. 1, 204.

**15. Marts (—).** Til Chrestopher Valckendorp. Da H e n d r i c h

---

[1] J. T. har urigtigt: Bøll.   [2] Muldbjærg, Fleskum H.   [3] Lovns, Gislum H.

Norby, der i Følge sit Forleningsbrev paa Nykiøbing Slot og
Len selv skal beholde Fjerdeparten af Oldengælden og al
anden uvis Rente, er bange for, at Chrestopher Valckendorp
alligevel skal gøre Indsigelse herimod, naar han møder med sit
Regnskab, fordi Oldengælden for 1575 var oppebaaren, førend
Hendrich Norby fik sit Forleningsbrev, forbydes det Chrestopher
Valckendorp at gøre ham nogen Hinder derpaa, da Hendrich Norby,
og ikke Peder Oxes Arvinger, skal aflægge Regnskab for et helt
Aars Indkomst. Sj. T. 13, 130.

**15.**[1] **Marts (Frederiksborg).** Befaling til Hendrick Mogenssøn,
Tolder i Helsingiør, at betale Johan Foxal i England 600 gl.
Dlr. for nogle Stykker grønt Engelst, som Kongen har købt af
denne. Orig. Sj. T. 13, 129 b.

— Forleningsbrev for Hendrich Jurckens paa Hune-
uadtz Syssel for Norden paa Island, som Kongens Sysselmænd
tidligere have haft det. Han skal aarlig til St. Hans Dag svare 17
gl. Dlr., 1 fri Mand og 55 Skatter Vadmel paa Bessestad Gaard og
gøre Regnskab for Halvdelen af alt Sagefald under 13 Marks Sager,
for alle 13 Marks Sager og for Orbodemaal. N. R. 1, 138 b.

— Forleningsbrev for Hendrich Jerickens paa Thing-
øre Kloster i Huneuadtz Ting paa Island mod aarlig at svare 150
gl. Dlr. i Afgift. N. R. 1, 139.

**16. Marts (—).** Til Chresten Vind, Embedsmand paa Kiøbne-
hafns Slot. Kongen har tilladt Jørgen Ibssen i Kongens Liungby
at fiske i Liungby Sø med Tene, men ikke med Vod, Garn eller
andre Redskaber; gør han alligevel det, skal Chresten Vind tage Falds-
maal af ham for ulovligt Fiskeri. Sj. T. 13, 130 b.

— Befaling til Chrestopher Valckendorp om af Kiøbnehafns
Slot at skaffe Dr. Peder Sefuerenssen, Kongens Livlæge, frit
Foder og Maal samt Hø og Strøelse til 2 Vognheste, saa
ofte han er til Stede i Kiøbnehafn. Sj. T. 13, 130 b.

**18. Marts (—).** Til samme. Da Hendrich Thode har be-
rettet, at han har en 100 Dlr. til gode, som han har fortjent under
Frantz Brockenhus, og at Pengene findes i sidstnævntes Afregning,
skal Christopher Valckendorp undersøge dette, og hvis Kongen er
Hendrich Thode noget skyldig, betale det. Sj. T. 13, 131.

**20. Marts (—).** Til Erich Løcke. Da Kongen har bevilget, at

--------

[1] Brevet er i Sj. T. dat.: 15. Febr., men indført mellem Brevene fra Marts.

Cornelius Ockessen igen maa faa sit Skib og Gods, som af Storm og Uvejr er drevet paa Land i Riiberhus Len, skal Erich Løcke lade ham faa det, naar han møder med dette Brev, og være ham behjælpelig med at faa Bønder til at bringe det flot, dog skal Cornelius Ockessen selv betale Bønderne for deres Arbejde. J. T. 1, 203.

**21. Marts (Frederiksborg).** Til Biørn Kaas og Hans Skougordt. Da Greers Holgerssen, der havde faaet Befaling til at aflægge dem Regnskab for sit Værgemaal for Jens Ulstandtz Barn, ikke, som Aftalen var, er mødt i Kiøpnehafn sidste Faste-lavns Søndag eller har ladet nogen møde for sig for at aflægge Regnskab, men stadig trækker Tiden ud, og da det kan befrygtes, at Barnet vil komme til at lide uforvindelig Skade, hvis Regnskabs-aflæggelsen trækker længere ud, befales det dem at forfølge Greers Holgerssen med Rigens Dele og kræve ham for den Guldkæde, som Kongen gav salig Jens Ulstand, for Registre og Inventarium over alt det, som fandtes efter Jens Ulstand og Fru Lissebet, for Jens Ulstandtz og Fru Lissebets Signeter, for Jens Ulstandtz egenhændig underskrevne Gældsbog, for alt det, som efter den af ham og Peder Gyldenstierne underskrevne udskaarne Skrift er tilskiftet ham paa hans Brodersøns Vegne efter Fru Citzele Ulstand, for Inventarium over det, han har modtaget paa Skabersøø, for den Fortegnelse, som i Jørgen Tidemandtz, Jacob Mouritzens og andre gode Mænds Nærværelse blev optaget over det Boskab og de Gangklæder, som bleve sendte fra Bahus til Skabersøø, og for alt andet, som Greers Holgerssen skal staa til Regnskab for. Sk. T. 1, 83 b.

— Befaling til Hans Skougardt at lade hugge 1200 Birke-og Elletræer, saa store og tykke som muligt, i sit Len og lade dem føre ned til Ladestedet, saa de kunne overføres med Pramme eller andre Skibe; Træerne skulle lægges i Grundvolden under Ring-muren [paa Krogen?]. Udt. i Sk. T. 1, 83.

— Aabent Brev, at Borgerskabet i Suinborg, der er takseret til at bidrage 250 Dlr. til Riber Bys Befæstning, hvilke skulde have været betalte til sidste St. Mikkels Dag, indtil videre maa være fri for at udrede disse Penge, da det nu har be-gyndt at bygge et nyt Raadhus og anvendt stor Bekostning derpaa. F. R. 1, 81 b.

— Til Fru Karrine Holger Rosenkrantzis. Da det Aar, i hvilket Kongen havde forlenet hende med Biugholms Len efter hendes Husbondes Død, udløber nu til 1. Maj, men Kongen ikke ved, hvorvidt hendes Husbonde har overtaget Slottet med Sæden og fuld Avl eller ej, befales det hende nu at lade Vaarsæden til Slottet saa, og Kongen vil da, hvis hendes Husbonde ikke har overtaget Slottet med Vaarsæd eller fuld Avl, siden lade hende stille tilfreds for Sæden. J. T. 1, 203 b.

**22. Marts (Frederiksborg).** Aabent Brev, at en under Korsør Slot liggende Havn, kaldet Hørishafn, der for nogen Tid siden er bleven forbudt som ulovlig, alligevel maa blive ved Magt, da det vil være de omkringboende Bønder til stort Besvær, om den skal være forbudt. De omkringboende Bønder maa indtil videre udføre de Varer, de have at sælge, og indføre hvad de have behov til deres Huses Brug i denne Havn, og Eyller Krausse, Embedsmand paa Korsør Slot, skal indsætte en tro Karl til at oppebære den Told, som skal svares dér, og maa selv beholde Tolden, saa længe han har Korsør Len kvit og frit[1], men derefter skal han gøre Kronen Regnskab for den. Der maa ikke drives ulovligt Købmandskab i Havnen eller udføres Staldøksne derfra. Sj. R. 11, 209[2].

— Aabent Brev, at Borgemester og Raad i Korsør, der ikke have noget for deres Umage, maa indtage et Stykke Jord af Byens Overdrev og indtil videre gøre sig det saa nyttigt som muligt, dog maa de ikke indtage mere, end Lensmanden anviser dem, eller saa meget, at det kan skade Menigmands Græsgang eller hindre Adelvejen. Sj. R. 11, 210.

— Til Eyller Krafse. Borgemester og Raad i Kaarsøer have begæret Tilladelse til at kræve Bropenge til en Færgebros Vedligeholdelse af de Købmænd, der føre Heste eller Øksne over, saaledes som Skik er andensteds i Riget; da Kongen imidlertid ikke vil besvære nogen med noget, som ikke hidtil har været Skik, skal Eyller Krafse paa Kongens Bekostning en Gang for alle lade lave en god, fast Færgebro ved Kaarsøer og lade hugge Tømmer dertil i Lenets Skove eller bestille det fra Norge; Kongen vil betale ham hvad han lægger ud. Da der er mange andre Broer og Veje i Lenet og en almindelig Landevej for alle, der skulle ind i eller ud af Riget, skal han sørge for, at de Broer, der ikke ere i Stand eller ere farlige at komme over, og de daarlige Veje blive satte i Stand med det første. Sj. T. 13, 131 b.

---

[1] Se Kanc. Brevbøger 1571—75 S. 593.   [2] Tr.: Secher, Forordninger II. 5 f.

**22. Marts (Frederiksborg).** Til Christen Vind. Da der i Kiøp-
nehafns Len staar mange Gaarde øde og Kongen kan tænke sig, at
ingen vil have dem, fordi de ere daarlig behandlede, og fordi Lens-
mændene dér som andensteds kræve ubillig Indfæstning for den
Fordels Skyld, de selv have deraf, skal Christen Vind, efterdi dette
Forhold jo gaar ud over Kronen, idet denne ikke faar Ægt, Arbejde
eller anden Rettighed af Gaardene og disse forfalde mere og mere
og Jorden skærpes og fordærves af Mangel paa Dyrkning, gøre sig
Flid for at skaffe Bønder til de øde Gaarde og, eftersom
Gaardene ere, enten bortfæste dem for en rimelig Indfæst-
ning eller helt uden Indfæstning. Da en Del Bønder i Le-
net have klaget over at være satte for højt i Landgilde og over at
lide stor Skade af Dyr, der opæde og nedtræde deres Korn, hvilke
Klager efter Kongens Mening særlig ere berettigede i Skovegnene,
hvor Bønderne ikke have saa megen Jord til deres Gaarde som paa
Heden, skal han, hvor der er saa stort Misforhold til Stede, at
Gaardene kunne befrygtes at ville blive øde, lade Oldinge sætte
Gaardene for en rimelig Landgilde, men han maa i denne Sag ikke
rette sig efter Bøndernes Klager, men efter det, han selv erfarer.
Den Restance i Lenet, som han mener at Bønderne med Tiden
kunne udrede, skal han med det første indkræve, medens Kongen
derimod af den anden Restance, som han mener, at Bønderne ikke
kunne udrede, og som beløber sig til $5\frac{1}{2}$ Læst 2 Pd. $1\frac{1}{2}$ Skp.
Rug og Mel, $6\frac{1}{2}$ Læst $2\frac{1}{2}$ Skp. Byg, $1\frac{1}{2}$ Læst $2\frac{1}{2}$ Td. $1\frac{1}{2}$
Fjerd. Brød, 1 Td. Øl, $1\frac{1}{2}$ Td. Aal, $182\frac{1}{2}$ Td. Havre, $2\frac{1}{2}$ Fjerd.
Smør, 32 Lam, 1 Faar, 3 Svin, 41 Gæs, 61 Høns, $2\frac{1}{2}$ Side Flæsk,
$27\frac{1}{2}$ Mk. $7\frac{1}{2}$ Sk., har eftergivet alt med Undtagelse af Rug, Mel
og Byg, hvorfor han alvorligt skal lade Bønderne tiltale, indtil de
udrede dette. Sj. T. 13, 132.

— Befaling til Hendrich Moenssen, Tolder i Helsingøør, at
købe alle Slags Urtefrø til Kongen af de første Skibe, der komme
i Sundet, og siden sende Frøet hid. Orig.

**23. Marts (—).** Befaling til samme om til Paaske at betale
Dirich Dynniker 40 Dlr. for hans Arbejde paa Krogen fra
sidste St. Mikkels Dag til Paaske og for denne Tid give ham samme
Kostpenge som hidtil. Orig.

**24. Marts (—).** Gavebrev til Hans Paaske, Kongens Byg-
mester, paa et Stykke Jord og Byggested udenfor Helsingør
paa Sandet syd for den Vej, som gaar fra Helsingør ud imod

Slottet, og mod nord ned imod Stranden, dog skal der være en fri Gade mellem Jorden og Stranden. Han maa bygge Bolværk i Stranden, saa langt han lyster, naar det kun ikke skader Gaden. Der skal ingen Jordskyld svares af Jorden, men der skal opføres god Købstadsbygning derpaa. Hvis Ejendommen i Fremtiden skal sælges, skal den først tilbydes Kronen. Sj. R. 11, 210 b.

**24. Marts (Frederiksborg).** Gavebrev til Hendrich Dreyer, Kongens Klejnsmed, paa et Stykke Jord og Byggested udenfor Helsingør paa Sandet nord for den Vej, som gaar fra Helsingør ud imod Slottet. Der skal ingen Jordskyld svares deraf, men der skal opføres god Købstadsbygning derpaa. Hvis Ejendommen i Fremtiden skal sælges, skal den først tilbydes Kronen. Sj. R. 11, 211.

— Befaling til Christopher Valchendorph at levere Anthonius, Kongens Apotheker, der skal rejse udenlands for at købe Speceri, Sukker og Urter til Kongen, 1200 Dlr. til dette Brug og de nødvendige Tærepenge til Rejsen og tage Forpligtelse af ham om, at han vil ramme Kongens Bedste ved Købet, skaffe ferske Urter og, hvis noget af Speceriet ikke er godt, da selv beholde det. Kongen vil ikke længere give Apothekeren eller hans Svend Kostpenge, men hans Aarsløn skal Christopher Valchendorph fremdeles betale ham. Sj. T. 13, 133 b.

**25. Marts (—).** Til Hans Skougordt. Coruitz Viffert har for nogen Tid siden begyndt at opkaste til en Teglovn i Bierre Herred og at samle Tømmer til en Lade, hvilket endnu ligger dér. Da det baade for Bøndernes og anden Lejligheds Skyld er bedre at holde Teglovn dér end nord for Helsingborg, skal Hans Skougordt straks lade Teglovnen lave, hvor den er begyndt, saa han til Sommer kan begynde at brænde Sten i den. Kongen vil betale Coruitz Viffert det af denne samlede Tømmer. Sk. T. 1, 83.

**27. Marts (Ringsted Kloster).** Følgebrev for Bendt Gregerssen, Abbed i Ringsted Kloster, til Borgerne i Ringsted; han skal tilskikke Borgemester og Byfoged, naar det gøres behov. Udt. i Sj. R. 11, 212.

— Aabent Brev, hvorved det forbydes herefter at bruge Skrædderembede i Ribe uden at være i Lavet og have aflagt Borgered og uden at holde tilbørlig borgerlig Tynge, da Kongen har bragt i Erfaring, at mange Skrædere drage fra Landsbyerne til Ribe og bruge Skrædderi dér, skønt de fleste af dem ikke ere gode for deres Haandværk, ikke ere optagne i Lavet og ej heller holde borgerlig Tynge. Det paalægges Borgemestre og Raad at paase dette Forbuds Overholdelse, saafremt de ikke selv ville staa til Rette. J. R. 1, 343 b[1].

**30. Marts (Nyborg).** Til Eggert Ulfeldt. Da nogle B ø n d e r i Lamidstrup have klaget over, at deres Gaarde ere satte for højt i Landgilde, og flere Gaarde i Byen af den Grund staa øde, skal han med det første lade Oldinge sætte Gaardene for en rimelig Landgilde og indskrive denne i Jordebogen. Sj. T. 13, 134.

**31. Marts (—).** Til Søfren Skriver, Tolder i K o l d i n g. Da Borgemestre og Raad i Kolding have berettet, at deres B y k i r k e er kommen i stor Gæld ved Byggeriet paa den, idet den Hjælp, som Kongen tidligere har givet dem, og det, de selv have udlagt, ikke have kunnet forslaa, skal han yderligere l e v e r e K i r k e v æ r - g e r n e 3 0 0 D l r. af Tolden til at betale Gælden med og indskrive dem i sit Regnskab. J. T. 1, 203 b.

**1. April (—).** Befaling til nedennævnte A d e l i g e at møde i Roschiille Lørdag den 12. Maj, forsynede med gode Klæder, for at følge Kongen paa en Rejse u d e n l a n d s; de skulle hver lade sig gøre en Fløjlspaltzrock og medtage en Kuskvogn, en Kuskdriver og en Dreng, men ikke mere; naar de møde, skulle de faa nærmere Besked. — Steen Brade Otthissøn, Tyge Brade Jenssissøn, Niels Krabbe, Johan Urne, Otthe Thott, Johan Lindenav Christopherssøn, Henrich Brade, Peder Brade, Gabriel Sparre, Aage Brade, Hack Ulstandt, Knud Grubbe, Oluf Daae, Henning Giøe, Morthen Venstermandt, Absolon Giøe, Eyler Brochenhus, Mogens Gyldenstierne, Henrich Gyldenstierne C[hristoffers]søn, Ofue Lunge Ifuerssøn, Ofue Lunge Christopherssøn, Kield Jul, Anders Malthessen, Hans Johanssen, Mogens Gøye, Themme Rossenkrantz, Marquor Rotsteen, Ifuer Munck, Benedictz von Alefeld, Ofue Jul Nielssøn, Giord Pederssøn, Johan Rudt, Albrecht Friis, Jørgen Friis, Hartuig Høghen, Niels Friis, Jacob Huitfeldt, Mogens Giøe, Axel Brade, Lauritz Brochenhus, Knud Biilde Steenssøn, Hanibal Gyldenstierne, Jacob Sefeldt, Mogens Biilde, Erick Lunge, Axel Gyldenstierne, Hans Rostrup, Erick Lange, Falck Gøye, Knud Ulfeldt, Luduig Munck, Thomis Fassie, Niels Krabbe Keldtzsøn, Manderup Parsberg, Predbiørn Gyl-

---

[1] Tr.: Secher, Forordninger II. 6.

denstierne, Knud Rudt, Hans Lange, Thyge Krabbe, Johan Skougardt og Jacob Rostrup. Sj. T. 13, 134 b.

**2. April (Nyberg).** Pantebrev til Axel Jul, Landsdommer i Nørrejylland, paa 2 Gaarde og 1 Bol i Volstrup[1] i Ørum Sogn, 1 Gaard, kaldet Vestergaard, i Gleesborig, 1 Gaard i Lande[2], 3 Gaarde og 1 Bol i Hammeløf, 1 Gaard i Bønderup i Hermid[3] Sogn, 1 Gaard og 1 Bol i Hellum i Hellum Herred, 1 Gaard, kaldet Vestergaard, og 1 Gaard og 1 Bol i Suin[4] By for 1933 Dlr., som han har laant Kronen. P. 344[5].

— Til Adel, Prælater, Kanniker, Provster, Præster, Købstadmænd og Bønder over hele Riget. Kongen har tidligere bestemt, at der aarlig skal holdes en almindelig Herredag Hellig Trefold. Søndag og var til Sinds i Aar personlig at sidde Retterting, men da der forskellige Steder i Riget hersker Sygdom og Pestilens, særlig i Kiøbnehafn, er han bleven bange for, at Sygdommen yderligere skal udbrede sig, hvis der holdes en stor Forsamling paa ét Sted, og har derfor befalet nogle Raader og gode Mænd i Forening med Landsdommerne i hvert Land at høre de Sager, som ikke ere Herredstings- eller Landstingssager, og til den Ende at møde i N. Hellig Trefold. Søndag [17. Juni]. Det befales derfor alle, som have udtaget eller herefter udtage Stævninger, at møde for disse Raader og gode Mænd. Ingen Sager maa indstævnes, som ikke i Forvejen ere paadømte paa Herredsting eller Landsting. — Peder Gyllenstern, Hr. Jørgen Lycke, Jørgen Rossenkrantz, Erick Rudt og Biørn Anderssen samt Landsdommerne Axel Juel, Palle Juel og Malthi Jenssen skulle forhøre Sagerne fra Jylland i Viborg. — Jacob Ulfeldt, Jørgen Marsuin, Axel Viffert og Landsdommer Morten Brock skulle forhøre Sagerne fra Fyen i Odense. — Niels Kaaes, Peder Bilde, Eyller Grubbe, Peder Munck og Landsdommer Herluf Skafue skulle forhøre Sagerne fra Sjælland, Laaland, Falster og Møen i Ringsted. — Biørn Kaaes, Hans Skougaardt, Jørgen Bylde og Arild Uggerup skulle forhøre Sagerne fra Skaane, Halland, Blekinge og Bornholm i Lund. Sj. T. 13, 135.

— Befaling til Stiftslensmændene over hele Riget om at lade ovenstaaende Brev forkynde paa alle Herredsting i deres Stift. Udt. i Sj. T. 13, 136 b.

---

[1] Ulstrup, Nørre H., Randers A.   [2] Læen, samme H.   [3] Hemmed, samme H.   [4] Sim, Hellum H.   [5] Udenfor Godset i Hellum Herred er skrevet: Dette Gods udi Hellum Herred have Axel Juls Arvinger ikke, men udi Erich Rudz Tid er igen annammet til Olborghus.

**2. April (Nyborg).** Befaling til Landsdommerne om at lade ovenstaaende Brev forkynde paa Landstingene og siden opbevare det vel. Sj. T. 13, 136 b.

— Til Bønderne over hele Riget, hvem de end tjene. Da den store Gæld, som Riget har paadraget sig i sidste Fejde, skal endelig afbetales i Aar, have Danmarks Riges Raader, da der ingen anden Udvej er til saa hurtig at afbetale Gælden, bevilget Kongen en almindelig Skat og Landehjælp af Bønderne, saaledes at hver 10 jordegne Bønder skulle lægges i Læg sammen og give 40 enkelte Dlr.; den, der staar for Gaarden, skal selv udgive de 4 Dlr., og bor der flere jordegne Bønder paa Gaarden, skulle de svare efter Lensmandens Tykke og deres Formue; hver 10 Bønder, som ikke have frit, jordegent Gods, men have fæstet deres Gaarde og bruge Avl, skulle lægges i Læg og give 20 enkelte Dlr.; overalt skal den rige hjælpe den fattige; hver Smed, Skomager, Skrædder, Murmester, Tømmermand, Kæltring og Møller, som bor paa Landsbyerne og bruger Avl, skal give 4 enkelte Dlr., og de, som ikke bruge Avl, 2 enkelte Dlr.; Pebersvende og Tjenestedrenge, som have Kornsæd, skulle hver give 2 enkelte Dlr. og hver Husmand og Inderste 1 Dlr.; de Ugedagsmænd, der bo for Kongens egne Slotte, Klostre og Gaarde, skulle give 1 enkelt Dlr.; kun Adelens egne Ugedagsmænd, der bo osv. og have været fri fra Arilds Tid, skulle være fri for at svare Skatten. Lensmændene skulle være personlig til Stede, naar Skatten skrives, og ikke lade deres Fogder eller Skrivere skrive den; de skulle, hvis de ikke selv ville staa til Rette derfor, paase, at alt gaar ligeligt til, og at kun de regnes for Ugedagsmænd, der ere det. Skriveren skal ingen Penge have for at skrive Skatten. Skatten skal være ude inden førstkommende Juledag, og de, der ikke betale inden den Tid, skulle deles og tiltales derfor. Sj. T. 13, 136 b.

— Befaling til Lensmændene[1] i Jylland, Fyen, Langeland, Taasinge, Smaalandene, Sjælland, Møen, Skaane, Halland, Blekinge og Bornholm straks at forkynde ovenstaaende Brev i deres Len, lægge Bønderne i Læg, indkræve Skatten og inden Jul sende den til Kiøbnehafns Slot til Rentemesteren, ledsaget af klare Registre og Mandtal. Sj. T. 13, 138.

— Aabent Brev, at Bønderne i Halland og Blekinge

---

[1] De opregnes alle med deres Len.

indtil videre **k u n** skulle **s v a r e  h a l v  S k a t**, naar andre give hel
Skat. Udt. i Sj. T. 13, 139 b.

**2. April (Nyborg)**. Til **K ø b s t æ d e r n e** over hele Riget. Da
den udenlandske Gæld, som Riget har paadraget sig i sidste Fejde,
skal tilbagebetales helt i Aar, have Danmarks Riges Raader, da der
ingen anden Udvej er til saa hurtig at afbetale Gælden, bevilget
Kongen en almindelig **S k a t** af **B ø n d e r** og **B o r g e r e**, hvorfor det be-
fales hver Købstad inden Jul at sende N Dlr. til Rentekammeret.
(I de fynske og jydske Breve: De, der have udgivet noget til Riber
Bys Befæstning, skulle kræve dette tilbage fra dem, der have oppe-
baaret det, og bruge det til denne Skat.) — Register: I Sjælland:
Kiøbnehafn 10,000 Dlr.; Kiøge 1200; Roskyld og Helsingøer hver
800; Stege og Nestuedt hver 600; Skelskøer 500; Slagelse og Kal-
lundborg hver 400; Korsøer 300; Prestøe 200; Heddinge, Vording-
borg, Nykiøbing i Otz Herred og Holbeck hver 150. I Smaalandene:
Naxskouf 800; Nykiøbing p. F., Stubbekiøbing, Mariboe og Rudkiø-
bing hver 200; Nystedt 100 og Saxkiøbing 50. I Fyen: Othense
2500; Suinborg og Assens hver 600; Kerteminde 500; Nyborg 400;
Faaborg og Medelfart hver 300. I Jylland: Olborg 2500; Ribe
2000; Aarhus 1800; Randers og Horsens hver 1200; Viiborg 800;
Kolding 600; Vedle 500; Tiistedt og Nyekiøbing p. M. hver 400;
Skafuen 350; Vorde og Lemuig hver 300; Sebye 250; Holstedbro og
Grindoe hver 200; Ebbeltoft 150; Hofbroe, Skifue, Høring og Ma-
ri[a]ger hver 100. I Skaane: Malmøe 6000; Landtzkrone 1000;
Ystedt 800; Trelborg 500; Helsingborg 400; Vee og Lundt hver
350; Halmstedt 300; Falsterboe med Skonøer og Aahus hver 200;
Semershafn 100 Dlr. Sj. T. 13, 140. Orig. (til Thisted). Orig.
(til Odense) i Provinsark. i Odense.

— [1] Til alle **K a p i t l e r** i Riget. Da Danmarks Riges Raad til
Betaling af Rigets udenlandske Gæld har bevilget, at alle Kapitler
skulle **k o m m e  K o n g e n  t i l  H j æ l p  m e d  T r e d j e p a r t e n  a f**
**d e n  v i s s e  R e n t e**, baade af Prælatdømmer, Præbender og Vikarie-
gods, har Kongen nu fastsat følgende Takst for Beregningen: hver
Td. Rug eller Byg sættes til 1 Dlr., hver Td. Havre til 1 Ort, hver
Fjerd. Smør til 3 Dlr., hver Bolgalt til 2 Dlr., hvert Lam til 1 Ort,
hver Gaas til 3 Sk., som Mønten nu gaar, hvert Par Høns til 1 Sk.
og hver 2 Mk. Landgildepenge til 1 Dlr., hvorefter det befales dem

---

[1] Sj. T. har ved en Fejlskrift: 1577.

at rette sig ved Udredelsen af Hjælpen. Hjælpen skal betales enkelte Dalere og sendes til Rentemesteren inden Jul. Sj. T. 13, 141 b. Orig. (til Kapitlet i Ribe) i Provinsark. i Viborg.

**2. April (Nyborg).** Livsbrev for Hendrich Steberck, der nu har opladt Kongen sit Livsbrev paa Thegelgaard ved Nyborg, paa en Gaard paa Hindtzholm, kaldet Bogense, som Seueren Glad sidst havde i Værge, uden Afgift. Han skal efter Evne lade sig bruge i Rigets Tjeneste, hvor Lensmanden paa Nyborg befaler. F. R. 1, 81 b.

— Forleningsbrev for Hr. Hans Jacobssen, Kapellan ved Bogensø Kirke, paa Afgiften af Kronens Part af Korntienden af Gulbierg Sogn, kvit og frit. Udt. i F. R. 1, 82.

— Til Peder Gyldenstiern, Marsk, og Biørn Anderssen. Da Jacob Ulfeld har begæret noget Gods i Hundtzløf i Fyen, som hans Hustrus Moder Fru Maren Jul har Livsbrev paa, til Mageskifte for noget Gods i Jylland og har tilbudt, hvis hans Gods ikke har saa megen Skov som Kronens, at udlægge Landgilde i Stedet, skulle de med det første besigte begge Parters Gods, ligne det og levere Jacob Ulfeld klare Registre derpaa. F. T. 1, 58.

— Til Jørgen Rosenkrantz. Da det skal være farligt at komme over Kalløe Flaske, maa han anvende 200 Dlr. af Slottets [Kallø] Indkomst til en Stenbro over Flasken; han skal lade Stenbroen lave med det første. J. T. 1, 204 b.

— Befaling til Fru Pernille Oxe at lade det Gravmonument (»Begrefnis«) nedtage, som hun har ladet gøre i Vor Frue Kirke, højt over Jorden, over sin afdøde Husbonde Otte Rudt, da det er sat paa det Sted, hvor Kongerne og fremmede Fyrster og Herrer skulle staa, hvis der skal foregaa en kongelig Kroning eller anden Ceremoni i Kirken, og Pladsen i Koret vil blive taget bort, hvis der opføres andre lignende Gravmonumenter; saadanne Gravmonumenter have ogsaa hidtil været forbeholdte Fyrster og Herrer og ere først for kort Tid siden komne i Brug hos Adelen her i Riget. Vil hun sætte et andet Sepultur over sin Mand end det, som hans Lige af Adelen have i Vor Frue Kirke, maa hun sætte det i sin Sognekirke. Sj. T. 13, 142 b[1].

**3. April (—).** Befaling til Albret Oxe og Peder Oxis andre

---

[1] Tr.: Vedel Simonsen, Efterretn. om de danske Ruder II. 260. Friis, Bidrag til Korsørs Hist. S. 24 f. O. Nielsen, Kbhvns Dipl. IV. 617.

Arvinger at opgive deres Plan om at sætte et Gravmonument
højt over Jorden i Koret i Kiøbnehafn paa det Sted, hvor Peder
Oxe er begravet, da Monumentet skulde sættes paa det Sted (osv.
som i Brevet til Pernille Oxe). Sj. T. 13, 143[1].

**3. April (Nyborg)**. Ordinans om, hvorledes der skal for-
holdes med Adelens Begravelser. Orig. (til Fyens Stift) i
Provinsark. i Odense. Orig. (til Ribe Stift) i Provinsark. i Viborg.
(Se Rørdam Dsk. Kirkelove II. 258 ff.)

— Befaling til Stiftslensmænd og Superintendenter at forkynde
ovenstaaende Brev og paase dets Overholdelse. Orig. (til Erik
Lykke, Embedsmand p. Riberhus, og M. Hans Lagesen, Super-
intendent i Ribe Stift) og Afskrift (til Stiftslensmand og Superinten-
dent i Vendelbo Stift) i Provinsark. i Viborg[2].

— Livsbrev for Fru Heluig Hardenbierg, Erich Rosen-
krantzis Enke, paa den til Hospitalet i Otthense henlagte Kronens
Part af Korntienden af Hillersløf Sogn i Saling Herred mod
aarlig inden Fastelavn at svare Hospitalet 4 Pd. Rug, 4 Pd. Byg
og 1 Pd. Havre. Udt. i F. R. 1, 82 b.

— Forleningsbrev for Mogens Hendrichssen, Borge-
mester i Otthensø, paa Kronens Part af Korntienden af Mars-
lef Sogn, uden Afgift. Udt. i F. R. 1, 82 b.

— Til Jacob Ulfeld. Da Kongen har bevilget, at Ottho Bro-
ckenhus maa faa nogle Dalum Klosters Bønders Jord, der ligger
blandt hans Gaards Jord, til Mageskifte for Fyldest andensteds i
samme Mark, skal Jacob Ulfeld lade Mageskiftet gaa for sig og
paase Bøndernes Tarv. F. T. 1, 58 b.

— Befaling til Axel Veffert at lade den Tiltale falde, som
han efter kgl. Ordre har rejst mod Axel Urne for de 2000 Golt-
gylden, som denne uden at faa Kvittans har udbetalt Hr. Ulrich
Beer, da Kongen nu har eftergivet Axel Urne denne Sag. F.
T. 1, 59.

— Til Axel Veffert og M. Niels Jesperssen, Superintendent
i Fyens Stift. Fru Heluig Hardenberg, Erich Rosenkrantzis Enke,
har berettet, at Bregning Sogn paa Taasinge skal være meget
ringe, og at Præstegaarden nu er afbrændt, saa Præsten ikke kan
bo i Sognet, hvorfor en Kapellan fra Suinborg en Tid har gjort

---

Tjeneste i Sognet; da Kapellanen imidlertid undertiden ikke kan komme derover formedelst Storm og Uvejr og Bregning Sogn bekvemt kan annekteres til Lande Sogn, skulle de med det allerførste undersøge dette og annektere Sognene, hvis disse ikke hver for sig kunne ernære en Sognepræst. F. T. 1, 59 b[1].

**3. April (Nyborg).** Befaling til Niels Jonssen at lægge Viskum By ind under Hald. Udt. i J. T. 1, 204 b.

— Befaling til Erich Rud at overtage alt det Gods, som Erich Podebusk og Fru Citzele Oxe havde i Forlening i Olborghus Len. Udt. i J. T. 1, 204 b.

**7. April (Frederiksborg).** Befaling til Chrestopher Valckendorp, Rentemester, der har gjort Antegnelse i Eggert Ulfelds Regnskab af Roskyldegaard om noget Loftskorn, som denne har givet de Borgere, der annamme Stiftets Korn, at give ham Kvittans derfor, da Kongen har eftergivet ham denne Post. Sj. T. 13, 143 b.

— Livsbrev for Oluf Nielssen paa Kirkens Part af Korntienden af Filsted Sogn, som Chrestoffer Pederssen i Kouerbølle har opladt ham; han skal svare samme Stedsmaal, som der sidst svaredes, og aarlig svare 10 Ørt. Rug, 12 Ørt. Byg og 1 Ørt. Havre til Filsted Kirke paa det Sted i Stiftet, som Kirkeværgerne befale. Udt. i J. R. 1, 344.

— Forleningsbrev for Hr. Torckil Anderssen, Sognepræst til Bedder Kirke, paa Afgiften af Kronens Part af Korntienden af Bedder Sogn, kvit og frit. Udt. i J. R. 1, 344.

**10. April (—).** Til Eggert Ulfeld. Kongen har eftergivet Bønderne i Roskyldgaards Len de Hjælpesvin, som de skulde have udgivet sidste Aar, men endnu restere med. Udt. i Sj. T. 13, 143 b.

— Følgebrev for Inguord Mickelssen, Slotsfoged paa Kiøpnehafns Slot, til de Kronens Bønder, som Karl Skotte sidst havde i Værge. Udt. i J. R. 1, 370 b.

**11. April (—).** Befaling til nedennævnte Lensmænd, der til Kongens store Forundring endnu restere med Skatter og Mandtalsregistre over Skatter fra deres Len, om straks at sende deres Skrivere til Kiøbnehafn med Pengene og Mandtalsregistrene for at gøre alt klart hos Rentemesteren, da

---

[1] Tr.: Ny kirkehist. Saml. VI. 341. Kirkehist. Saml. 3. R. IV. 457 (efter en Kopi).

Kongen nu snart skal betale en stor Sum Penge. — Register: Augustin Urnis Arvinger med Mandtalsregister over Landeskatten af Gers Herred til Juledag 1572; Hack Ulfstand med Mandtalsregistre over Landeskatterne af Ottensegaards Len til Juledag 1573 og St. Luciæ [13. Dec.] 1574 og med Ottensegaards Regnskab og Stiftets Indkomst fra 1. Maj 1574 til 1. Maj 1575; Otte Emickssen med Afgiften af Rudgaard for forleden Aar; Chresten Skeel med Mandtalsregistre over Landeskatterne af Bøulinge Len til Juledag 1573 og St. Luciæ 1574; M. Dauid Tomessen med Mandtalsregister over Landeskatten af Bornholm til Jul 1573; Erick Rudt med Mandtalsregister over Kvægskatten af Aalborghus Len til Laurentii [10. Aug.] 1567; Hendrich Gyllenstern med Mandtalsregistre over Kvægskatten af Han Herred til Laurentii 1567 og over Landeskatten af samme Herred til St. Luciæ 1574 og med Afgiften af Han Herred og Vidskild Klosters Gods fra 1. Maj 1574 til 1. Maj 1575; Jørgen Marsuin med Mandtalsregister over Landeskatten af Landzkrone Len til Luciæ 1574 og med Landzkrone Slots Regnskab fra 1. Maj 1574 til 1. Maj 1575; Erick Lycke med Riber Stifts Regnskab fra 1. Maj 1572 til 1. Maj 1575; Chresten Lange med 358 Dlr. af Kvægskatten til Martini 1569 og af Riber Stifts Regnskab fra 1. Maj 1569 til 1. Maj 1572; Frantz Banners Arvinger med Restancerne af Borglum Klosters Len; Fru Anne Hr. Ottis Arvinger med Restancen af Hald Len til 1. Maj 1569 og med Mandtalsregistre over Landeskatten af Hald Len til Dionisii [9. Okt.] 1566 og over Landeskatten af Synderliung og Medelsom Herreder til Luciæ 1574[1]. Sj. T. 13, 144.

**13. April (Frederiksborg).** Befaling til Peder Munck, Admiral, om at lade 8 Gadehuse i Ermelund[2] By nedbryde, da de efter hans Beretning ere til mere Skade med Skovhugst og Ildebrændsel end til Fordel, dog skal han forsørge de deri boende Mænd andensteds paa Landet [Møen], saa de ikke blive husvilde. Udt. i Sj. T. 13, 145 b.

— Befaling til Chrestopher Valckendorp om indtil nærmere Ordre at opsætte Afsendelsen af det Korn til Lifland, hvorom han tidligere har faaet Ordre. Udt. i Sj. T. 13, 145 b.

**15. April (—).** Skøde til Mogens Hendrichssen, Borgemester i Otthense, og hans Hustru Karine Jørgensdatter paa

---

[1] Derefter følge nogle norske Lensmænd.   [2] Elmeluude.

en øde Jord i Otthense mellem Byens Stræde og det hvide Hus, som nedbrydes. Der skal aarlig inden 14 Dage efter St. Mikkels Dag svares 2 gl. Dlr. i Jordskyld til Kronen, og dette Brev skal være forbrudt, saafremt Jordskylden ikke betales. Der skal opføres god Købstadsbygning paa Grunden, saa der kan svares Kronen og Byen sædvanlig Rettighed deraf, og hvis Gaarden en Gang skal sælges, skal den først tilbydes Kronen. F. R. 1, 82 b.

**16. April (Frederiksborg).** Aabent Brev, hvorved Kongen bestemmer, at der af den Gaard i Roskilde, vesten op til det til den søndre Biskopsport løbende Stræde, som Dr. Anders Lauritzen, Professor ved Universitetet i Kiøpnehafn, har købt af Matz Lampe, og hvoraf der før Møntens Omsættelse aarlig er svaret 12 Sk. Grot i Jordskyld til Biskopsgaarden, hvilken Jordskyld dog siden er bleven forhøjet, for Fremtiden kun skal svares 1 1/2 gl. Dlr. og 12 Sk. danske, som Mønten før gik, i Jordskyld til Roskildegaard. Sj. R. 11, 212.

**17. April (—).** Til Chrestopher Valckendorp. Da der, skønt Kongen tidligere har befalet ham at bygge en Papirmølle og har sendt en Papirmager til ham for at give Anvisning om alt, endnu intet er gjort ved den Sag og Kongen ikke véd, om det maaske er formedelst Mangel paa Tømmermænd eller Tømmer, at det gaar saa langsomt, skal han, efterdi det er Kongens alvorlige Mening, at Papirmøllen skal bygges med det første, og Papirmageren klager over, at han maa ligge dér paa sin egen Bekostning, tage sig af Sagen og, hvis der mangler Tømmermænd eller Tømmer, forskrive de nødvendige Tømmermænd fra Kiøge eller Roschylde og skaffe Tømmer fra Skovene i Kiøpnehafns Len, saafremt det ikke kan faas andenstedsfra; endvidere skal han give Papirmageren Kostpenge fra nu af og til Møllen bliver færdig. Sj. T. 13, 146 [1].

— Til Hans Skougardt. Da Kongen har lagt Bodsted Len under Helsingborg, skal han herefter aarlig lade hugge saa meget Ved, som behøves til Kiøpnehafns Slot og efter gammel Sædvane er blevet hugget, lade det føre ned til Stranden og sætte det paa de sædvanlige Steder. Udt. i Sk. T. 1, 84 b.

— Følgebrev for Claus Glambeck til Bønderne under Bygholms Slot; han skal gøre Regnskab for al vis og uvis Rente, der altsammen skal tilfalde Kronen. Udt. i J. R. 1, 344 b.

---

[1] Tr.: Nyrop, Strandmøllen S. 1 f.

**17. April (Frederiksborg).** Følgebrev for Vincentz Jul til Bønderne i Biere Herred, som Fru Karine Gyldenstiern havde i Værge, at de straks skulle svare til Koldinghus; han skal gøre Regnskab for al vis og uvis Rente, der altsammen skal tilfalde Kronen. Udt. i J. R. 1, 344 b.

— Til Claus Glambeck. Der sendes ham et Følgebrev til Bønderne i Bygholms Len med Ordre til at overtage Lenet til 1. Maj og gøre Regnskab for al vis og uvis Rente. Han skal, indtil Kongen selv kommer did og kan give nærmere Ordrer, holde saa faa Folk som muligt paa Bygholms Slot. J. T. 1, 204 b.

**18. April (—).** Til Chrestopher Valckendorp. Da Kaptejn Klerck, der skylder den frandsoske Legat nogle Penge, har overdraget denne sine Beviser for sit Tilgodehavende hos Kongen, hvilket endnu beløber sig til 900 Dlr., skal Chrestopher Valckendorp betale den frandsoske Legat disse 900 Dlr., tage Beviserne til sig og sende dem til Kongen. Sj. T. 13, 146 b.

— Aabent Brev, hvorved Kongen tager Aahus Hospital i sin Beskærmelse og giver det samme Privilegier og Friheder, som Lunde Hospital har, da Forstanderen for Aahus Hospital har berettet, at Hospitalets Privilegier og Breve ere dels bortkomne, dels brændte i sidste Fejde. Sk. R. 1, 150.

— Aabent Brev, at Birgite, Aage Bruns Enke, uden Stedsmaal maa beholde den Gaard i Halland, som hendes afdøde Husbonde havde i Forlening, saa længe hun sidder som Enke, og være fri for at svare Landgilde af den i 1 Aar efter dette Brevs Datum. Sk. R. 1, 148.

— Til M. Tyge, Superintendent i Lunde Stift. Steen Biilde har berettet, at han og Sognefolkene ikke ville nøjes med den Præst, Hr. Christen, som M. Tyge har indsat i Robeløf og Felkedstad Sogne, da han ikke duer, og at de have kaldet en anden, ved Navn Hr. Hans i Væe; endvidere har han klaget over, at Hr. Christen undsiger Hr. Hans, saa denne ikke er sikker paa sin Person, og med Vold og Magt trænger sig ind i Sognene, har taget Kirkenøglerne til sig og bedrevet anden Trodsighed. Da Hr. Christen ikke er kaldet og har opført sig saa utilbørligt, skal M. Tyge forbyde ham at befatte sig med Sognene, saafremt Kongen ikke, hvis M. Tyge fremdeles haandhæver ham i Embedet, skal træffe andre Forholdsregler. Sk. T. 1, 84 b[1].

---

[1] Tr.: Ny kirkehist. Saml. IV. 357 f.

**18. April (Frederiksborg).** Forleningsbrev for Peder Gyldenstiern til Thim, Marsk, paa Vesteruig Kloster, som Predbiørn Gyldenstiern sidst havde i Værge. Han skal aarlig til 1. Maj svare 1000 gl. Dlr. i Afgift, gøre Regnskab for al Told, Sise og Vrag, som Kongen forbeholder sig alene, og tjene Riget med 12 geruste Heste. J. R. 1, 344 b.

— Følgebrev for samme til Bønderne under Vesteruig Kloster. Udt. i J. R. 1, 345 b.

— Følgebrev for Predbiørn Gyldenstiern til Bønderne under Aastrup. Udt. i J. R. 1, 345 b.

**19. April (—).** Aabent Brev, at de Indbyggere paa Island, der have gjort sig skyldige i aabenbare grove Synder og Laster og skulle staa offentligt Skrifte, skulle tage Afløsning i Domkirken i det Stift, hvori de bo, og ikke i Sognekirkerne. I den senere Tid er det nemlig blevet Skik at lade Afløsningen foregaa i vedkommende Sognekirke, saaledes som det ogsaa finder Sted i Danmark i Henhold til Ordinansen, men paa Island har Afløsningen tidligere fundet Sted i Domkirken, da der ikke kommer ret mange Folk i Sognekirkerne, saa Afløsningen ofte kun overværes af en 4—5 Personer, hvilket medfører, at Folk forhærdes og ikke bryde sig om det. N. R. 1, 142 b[1].

— Livsbrev for Fru Dorethe Jacobsdatter, Olluf Globs Enke, paa Kronens Rettighed af nogle Kirkegaarde i Tybierg Herred, som Erich Basse til Siørup hidtil har haft i Værge, nemlig 1 Gaard i Orderup[2] og 1 Gaard i Tybierg, der ligge til Tybierg Kirke, 1 Gaard i Orderup, der ligger til Sandby Kirke, 2 Gaarde i Queredt[3] i Tersløsse Sogn, der ligge til Tersløsse Kirke, og 1 Gaard i Viirsted[4], der ligger til Kirken smstds., uden Afgift. Sj. R. 11, 213.

**20. April (—).** Til Eggert Ulfeldt. Der sendes ham 200 Dlr. til Indløsning af nogle Kirkebol i Tyberg Herred, som Erick Basse har i Pant; de indløste Pantebreve skal han indsende til Kancelliet. Udt. i Sj. T. 13, 147 b.

— Åabent Brev, hvorved det paany forbydes Indbyggerne i Kiøpnehafn, baade dem, der bo i Herremændenes Gaarde, og alle andre, herefter at holde Svin i deres Gaarde

---

[1] Tr.: F. Johannæus, Hist. eccl. Isl. III. 23 f. Ketilson, Forordn. til Island II. 80 ff. Stephensen og Sigurdsson, Lovsaml. for Island I. 104 f.  [2] Orup, Tybjærg H.  [3] Kværede, Ringsted H.  [4] Vigersted, samme H.

i Byen enten paa Egler eller paa anden Maade, saaledes som flere
trods alvorlige Forbud herimod hidtil have gjort, da dette fører til,
at Svinene undertiden løbe ud paa Gaden og foraarsage megen slem
og ond Stank, der baade kan give Aarsag til og forøge Pestilens og
anden Sygdom, som ofte opstaar der i Byen, mere end noget andet
Sted, og udbreder sig blandt Almuen. Overtræder nogen herefter
dette Forbud, skulle Borgemestre, Raad og Byfoged have Fuldmagt
til at tage Svinene, der saa skulle være forbrudte til Kronen og
Byen, og Overtræderne skulle straffes for Ulydighed mod Kongens
Bud. Borgemestre, Raad og Byfoged skulle paase Forbudets Over-
holdelse og maa ikke se gennem Fingre med nogen, saafremt de
ikke selv ville staa til Rette derfor. Sj. R. 11, 213 b[1].

**20. April (Frederiksborg).** Til Chrestopher Valckendorp. Da
Jochim Krusse, hvem Kongen aarlig giver 100 Dlr. til Hjælp
til hans Studeringer, nu vil rejse til Italien, hvor Tæringen er større
end i Tyskland, og derfor har begæret at faa to Aars Hjælp ud-
betalt, befales det Chrestopher Valckendorp at betale ham 200
Dlr. mod Kvittans for to Aars Pension. Sj. T. 13, 146 b.

— Befaling til samme at betale Goslaf Rottermundt hans
Pension, 200 Dlr., for sidste Aar og indskrive det i sit Regnskab.
Udt. i Sj. T. 13, 147.

— Befaling til Palli Jul og Malthi Jenssen, Landsdommere i
Nørrejylland, og Christen Schiel at være til Stede, naar Peder
Gyldenstiern, Marsk, overtager Vesteruig Kloster, op-
tegne, hvad Inventarium, Breve og andet der overleveres, besigte
Bygningerne i Klosteret og Ladegaarden og give alt beskrevet fra
sig under deres Signeter. J. T. 1, 205.

— Befaling til Vincentz Juel at rette sig efter at være til Stede
ved Thønder førstkommende Hell. Trefold. Søndag [17. Juni] for i
Forening med nogle andre Raader og gode Mænd at fuldgøre en
kgl. aaben Befaling om et Markeskel ved Thønder mellem
Kongen og Hertug Hans den ældre. Den aabne Befaling er
sendt til Peder Rantzov, Embedsmand paa Flensborighus. J. T.
1, 205.

— Lignende Befaling til Erich Løcke. J. T. 1, 205 b.

— Til Chrestopher Valckendorp. Da der er Strid mellem
Fru Heluig, Erick Rossenkrantzis Enke, og Jørgen Marsuin om

---

[1] Tr.: Secher, Forordninger II. 9 f. O. Nielsen, Kbhvns Dipl. I. 462 f. (efter en Afskrift).

Regnskabet og Afgiften af Othensegaards Len, skal han,
naar de forlange det, beregne, hvor meget hver skal have af Ind-
komsten og hvor meget hver skal gøre Regnskab for. Sj. T.
13, 147.

**23. April (Frederiksborg).** Til Jørgen Marsuin. Da der er
Strid mellem ham og Fru Heluig Hardenbierg, Erich Rosenkrantzis
Enke, om Fordelingen af sidste Aars Oppebørsel af Ot-
thensegaardtz Len, har Kongen befalet Rentemester Chrestoffer
Valckendorff at beregne, hvor meget hver især skal have og hvor
meget hver skal gøre Regnskab for, og befaler nu ham at lade
hende faa det, hun efter vedlagte Seddel skal have. — Renteriets
Beregning af Fordelingen: Fru Heluig skal have al den uvisse
Rente, som er oppebaaret før Læsningen af Jørgen Marsuins Følge-
brev, og Jørgen Marsuin den, som er oppebaaret efter. Kornet af
Avlen tilfalder dem begge, men den skal have mest, som har haft
Lenet længst, og Jørgen Marsuin skal gøre Fru Heluig Fyldest for
hendes Bekostning paa Avlen. Det forekommer Renteriet, at den
Humle, som er falden i Lenet i dette Aar, bør tilfalde Fru Heluig,
da hun har haft Bekostningen og den er falden før St. Mikkels Dag.
Afgiften af Lenet skal svares af dem begge, og hvad der bliver til-
overs deles mellem dem i Forhold til den Tid, de have haft Lenet.
F. T. 1, 60.

— Lignende Brev til Fru Heluig Hardenbierg, Erich Rosen-
krantzis Enke. Udt. i F. T. 1, 60 b.

— Befaling til Indbyggerne i Skaane at holde Biørn Kaas
for deres Landsdommer, da han nu har paataget sig at sidde
Landsting i Skaane en Tid. Sk. T. 1, 85 b.

— Til Biørn Kaas. Da Underskoven i Lyndholm og Børing
Birker og andensteds i Malmøe Len ødelægges meget, fordi Bøn-
derne ophugge den til Tæpper og Gærder, skønt Indelukning med
Grøfter er meget varigere end den med Tæpper og Gærder, skal
han undersøge, hvor Indelukningen kan ske med Skovle og Spa-
der, og befale Bønderne at indgrave saadanne Indelukker
eller sætte Stengærder om dem, saafremt de ikke, hvis de
bruge Skoven dertil, ville have deres Gaarde forbrudte. Sk. T. 1, 86.

— Til Erich Løcke. Da Kongen med Rigsraadets Samtykke
har ladet udgaa aabent Brev til alle Købstæderne i Riget om at
bidrage en Sum Penge til Afbetalingen af Rigets Gæld, der skal
foregaa i Aar, men Købstæderne i Nørrejylland og Fyen, som for

kort Tid siden ere blevne takserede for Hjælp til Riber Bys
Befæstning, ikke med Rimelighed ville kunne besværes med to
Skatter i ét Aar, skal han, da der dog ikke i Aar kan gøres noget
videre ved Riber Bys Befæstning, tilbagelevere Købstæderne
de af dem betalte Penge, naar det forlanges; derimod skal han
vedblivende lade Sten age sammen. J. T. 1, 205 b.

**24. April (Frederiksborg).** Aabent Brev, at Rasmus Laurit-
zen i Pine Mølle indtil videre maa være fri for den Tønde Aal,
som aarlig svares af Møllen. Sj. R. 11, 214 b.

**25. April (—).** Aabent Brev, at Jørgen N., der har lovet at
tjene Kongen som Sadelmager og uden Betaling istandsætte de
til Rustvognene hørende Seler og Komter, der gaa itu, maa blive
boende i Kiøpnehafn og være fri for Skat, Hold, Vagt og al an-
den borgerlig Tynge, saa længe han er i Kongens Tjeneste.
Kongen vil skaffe ham fri Bolig eller give ham Penge til at leje
sig en Bolig for og vil give ham en rimelig Betaling for det ny
Arbejde, han laver. Sj. R. 11, 215[1].

— Kvittans til Christoffer Valckendorff til Glorup,
Rentemester, der i Overværelse af Niels Kaas, Kansler, Peder Bilde,
Jørgen Rossenkrantz og Peder Munck har gjort Regnskab for sin
Indtægt og Udgift fra 1. Jan. 1575 til 1. Jan. 1576, heri medregnet
hans Restance fra forrige Regnskab. Han blev skyldig: 121 Rose-
nobler, 6 Henricusnobler, 2 Dobbeltdukater, 20 Engelotter, 1 Mil-
reis, 4 ungerske Gylden, 4 Kroner, 166 Goltgylden, 1 Horns Gyl-
den, 3 Guldkæder, der vejede 34 rinske Gylden, 1 Guldring paa 1
Dobbeltdukat, 1 lille Guldring med 1 Glassten, 1 Guldring med en
Granat, der vejede $2^1/_2$ rinsk Gylden paa $^1/_2$ Ort nær, 1 Guldring
paa 1 Goltgylden paa $^1/_2$ Ort nær, 3 Fastelavns Gylden, $1920^1/_2$
gl. Dlr. 10 Sk. 3 Pend., $1222^1/_2$ ny Dlr., 1 skotsk Dlr., 3567 Lod
$^1/_2$ Kvintin Sølv, 1 forgyldt Sølvring paa 1 Kvintin, 759 Mk. 2 Alb.
svensk Mønt og 4 svenske Klippinge, for hvilket han fremdeles skal
staa til Regnskab. Sj. R. 11, 215 b.

**26. April (—).** Skøde til Simen Langer, Kongens Mund-
kok, og hans ægte Livsarvinger paa det Hus i Kongens Gade i
Kiøpnehafn, som Anders Lefler sidst boede i, dog skal der altid
holdes god Bygning derpaa, saa der kan svares Kronen og Byen
tilbørlig Tynge deraf. Sj. R. 11, 216 b[2].

---

[1] Tr.: O. Nielsen, Kbhvns Dipl. II. 367 f.    [2] Tr.: Smstds. II. 368.

**26.**[1] **April (Frederiksborg).** Forleningsbrev for Johan Buchholt paa Island, som han nu selv har det i Værge. Han skal i aarlig Afgift af den visse Rente og Skibstolden svare 3000 gl. Dlr., den ene Halvdel til St. Mikkels Dag og den anden til Vor Frue Dag Kyndelmisse, og paa egen Regning og Risiko levere dem paa Rentekammeret; endvidere skal han gøre Regnskab for al uvis Rente, hvoraf han selv maa beholde Tredjeparten, dog forbeholder Kongen sig alene al Sise, Vrag og Fredløsmaal; hans Afgift skal regnes fra førstkommende St. Hans Dag. Hvis Indkomsten af Island i nogen Maade kan forbedres eller forhøjes, skal det udelukkende komme Kronen til gode. Han maa ikke bruge usædvanligt Købmandskab, men skal, hvis han vil handle noget med Bønderne, sælge dem gode Varer til en rimelig Pris, og han maa ikke lade andre fremmede end dem, som Kongen har givet Tilladelse dertil, bruge Sejlads paa Island. Han skal levere lige saa godt Inventarium fra sig paa Avlsgaardene Bessestad og Stappen, som han modtager, levere de fattige den dem tillagte Fetalje og andet og indlevere en klar Jordebog over den visse Rente, naar han gør Regnskab for den uvisse. Hvad han blev skyldig i sit sidste Regnskab skal, som tidligere befalet, gøres i Penge. Han skal holde Avlsgaardene Bessestad og Stappen i Stand. N. R. 1, 144. Orig.

**29. April (—).** Til Christen Munck og Claus Glambeck. Da Kronens Gods i Hadtz Herred, der nu ligger under Skanderborg, men hvoraf en Del tidligere har ligget under Ring Kloster, vil ligge meget belejligt for Aakier Slot, medens noget under Aakier Slot hørende Gods i Bierge Herred, vilde ligge belejligt for Bygholms Slot, skulle de med det første mødes og blive enige om Omlægningen, saaledes at alt Kronens Gods i Hadtz Herred, med Undtagelse af det Gods, som er lagt under Skanderborg Birk, bliver lagt under Aakier Slot og Aakier Slots Gods i Bierge Herred under Bygholms Slot. Hvis Landgilden af Godset i Bierge Herred ikke beløber sig til saa meget som Landgilden af Godset i Hadtz Herred, skal der af Aakier Slots Gods i Vorde Herred henlægges saa meget under Skanderborg, at Landgilden paa begge Sider kommer til at gaa lige op. J. T. 1, 206.

**30. April (—).** Til Chrestopher Valckendorp. Da der siden Christern Muncks Overtagelse af Aakeer Len er kommet en Del

___

[1] N. R. har: 24. April.

Gods derfra, saa det nu ikke kan tilkomme ham at svare den i For-
leningsbrevet fastsatte Afgift, skal Chrestopher Valckendorp afkorte
et til Jordebogens Formindskelse svarende Beløb i Afgiften og sende
Kongen Besked om Afgiftens fremtidige Størrelse, for at Kongen
derefter kan give Christern Munck Forleningsbrev. Sj. T. 13, 148.

**30. April (Frederiksborg).** Til Christen Munck. Da Aakier
Slot efterhaanden forfalder meget og der ikke er Huse med Kamre
i, hvori Kongen kan opholde sig, naar han kommer did, skal Chri-
sten Munck med det første lade opføre et Hus, hvori Kongen kan
have en bekvem Bolig, og, saaledes som han selv er gaaet ind paa,
paa sin egen Bekostning underholde de Arbejdsfolk, der bruges ved
Byggeriet, med Mad og Drikke. Da Husene i Staldgaarden, Brygger-
gaarden og Ladegaarden ligeledes ere saa forfaldne, at det vil være
nødvendigt at opføre ny Huse, skal han ogsaa dér lade opføre de
nødvendige ny Huse. Kongen vil i Regnskabet godtgøre ham Ud-
gifterne til Byggeriet, men det paalægges ham at paase, at der ikke
gøres unødvendige Bekostninger. J. T. 1, 206 b.

— Til Christopher Valckendorp. Paa hans Begæring om nærmere
Ordrer med Hensyn til Fru Mette, Peder Oxis Enke, der har
tilbudt, inden hun drager fra Byen [Kbhvn.], at gøre op med ham for
alt det, hun kan blive Kronen skyldig, befales det ham at gøre op
med hende og paase, at Kronen ikke kommer til kort. Da Pe-
der Oxis Arvinger foregive, at de ikke kunne foretage noget
endeligt Opgør med ham, forinden de have fuldgjort Inven-
tariet paa Vordingborg, og mene, at de endnu kunne finde flere
Kvittanser, skal han alvorligt befale dem uden videre Forhaling at
bringe Sagen til Ende, da Fristen for Opgørelsen er forløben. Sj.
T. 13, 147 b.

— Til Niels Kaas, Kansler, Hr. Per Skram, Jørgen Rosen-
krands, Jacob Uldfeldt, Biørn Kaas, Peder Munck, Axel Viffert,
Gregers Truidsen, Mouritz Podbusk, Christen Munck, Loduig Munck
Olufsen og Niels Krabbe. Da Fru Mette Rosenkrands, Peder Oxes
Enke, har berettet, at der er Trætte mellem hende paa den ene
Side og Peder Oxes Søskende paa den anden om Arveskiftet
efter Peder Oxe og andre Ting, og at hun har tilbudt sine
Medarvinger en kgl. Befaling til gode Mænd om at afgøre Sagen,
hvilket de dog ikke have villet gaa ind paa, hvorefter hun efter
Recessens Bestemmelser har Ret til alene at tage Befalingen, befales
det ovennævnte 12 Mænd, som hun har valgt, at mødes i Nestuidt

førstkommende 25. Juli og søge at bilægge Striden i Mindelighed, men, hvis det ikke lykkes, afsige Dom deri; derefter skulle de begive sig til Gisselfeldt for at skifte Arven. De skulle give deres Afgørelser beskrevne fra sig. Hvis nogen ikke kan møde, skulle de mødte have Fuldmagt til at tiltage en anden. Det befales begge de stridende Parter at møde i Rette for dem med deres Breve og Beviser[1].

**30. April (Frederiksborg).** Til Chrestopher Valckendorp. Kongen har eftergivet Simen Michelssen, Borgemester i Ystedt, alt hvad han resterer med af det af ham i de foregaaende Aar i Skaane oppebaarne Kirkekorn tillige med al anden Restance, som han maatte skylde Kongen. Udt. i Sj. T. 13, 148 b.

— Aabent Brev, hvorved det forbydes Bønderne i Helsingborg Len herefter at skyde eller ødelægge Urhøns og Fjederhøns, da disse derved med Tiden helt opskydes og ødelægges. Lensmanden paa Helsingborg skal paase dette Forbuds Overholdelse, saafremt han ikke selv vil staa til Rette. Sk. R. 1, 150 b[2].

— Til Bønderne i Viillandtz Herred. Da Sandet gør stor Skade ved Aahus og kan befrygtes ikke alene at ville gøre Byen Skade, men ogsaa at ville overfyge den omliggende Egn, hvis der ikke i Tide træffes Foranstaltninger derimod, befales det hver Mand efter nærmere Tilsigelse af Aruid Ugerup, Embedsmand paa Aahusgaard, at køre 1 Læs Ris og 1 Læs Staver til Aahus til Brug ved Foranstaltninger mod Sandet. Sk. T. 1, 86 b.

**1. Maj (—).** Til Chrestopher Valckendorpf. Kongen vil lade en Papirmølle bygge ved Huidøer, hvor den gamle Polérmølle tidligere har staaet, og denne Brevviser skal give nærmere Oplysninger om, hvad der behøves til Bygningen. Chrestopher Valckendorpf skal derfor bestille Tømmermænd og skaffe Tømmer og hvad andet der behøves, saa Papirmøllen snarest muligt kan blive færdig, lade opføre et Hus til at tørre Papir i og skaffe denne Brevviser Underholdning, indtil Møllen bliver færdig. Sj. T. 13, 148 b[3].

— Befaling til Hendrich Moenssen, Tolder i Helsingøer, at prøve og smage den Vin, som Henrich Potthoff har ført til Sundet og vil sælge, og, hvis den er god, tage saa mange Amer

---

[1] Tr.: Ryge, Peder Oxes Levnet S 344 f. [2] Tr.: Secher, Forordninger II. 10. [3] Tr.: Nyrop, Strandmøllen S. 2.

deraf, som han tidligere har faaet Ordre til at købe til Kongen;
endvidere skal han lade Hertug Ulrich af Meklenborgs Kældersvend
faa saa megen Vin til Købs deraf, som han behøver, og levere
Kældersvenden 10 Stokke Vin, som Kongen har foræret Hertug Ul-
rich.　Orig.

**1. Maj (Frederiksborg).** Livsbrev for Madtz Andersen og
hans Hustru Ingier paa 1 Kirkefæste i Kogerødtz By, som
en, ved Navn Terckel Matzen, har opladt dem; de skulle være fri
for at svare Indfæstning og for at svare Afgift deraf til Kronen,
men skulle svare Kogerødtz Kirke sædvanlig Landgilde. Sk. R.
1, 151.

**2. Maj (—).** Aabent Brev, hvorved det forbydes alle at
hugge i Skoven paa Romsø uden Tilladelse af Lensmanden
paa Nyborg, hvilket hidtil de Ind- og Udlændinge, der ere komne
under Romsø med Skibe, have gjort. Bliver nogen greben heri,
skal han have forbrudt hvad han har med at fare og desuden
straffes. F. R. 1, 83 b.

— Aabent Brev, hvorved Kongen — i Anledning af Klager fra
Axel Veffert, Embedsmand paa Nyborg Slot, over, at nogle i Ny-
borg Len, Saling Herred, paa Langeland og Taasinge selv tiltage sig
at være Kirkeværger uden at spørge ham ad, og at nogle, der have
fæstet Kirketiender, ikke svare Afgiften deraf i rette Tid, men be-
holde den det ene Aar efter det andet til stor Skade for Kirkerne
— paabyder, at ingen, saa vidt Axel Vefferts Befaling strækker
sig, maa tiltage sig at være Kirkeværger uden Axel Vef-
ferts eller hans Fuldmægtigs Samtykke, og at alle, der have
Kirketiender i Fæste, skulle svare deres Afgift i godt
Korn til rette Tid og paa bekvemme Steder efter Kirkeværgernes
Anvisning. Hvis nogen vægrer sig herved, skal Axel Veffert have
Fuldmagt til at bortfæste Tienderne til andre, der ville og kunne
svare deres Afgift til Kirken. F. R. 1, 84[1].

— Mageskifte mellem Axel Veffert til Axelvold og Kro-
nen. J. R. 1, 345 b. (Se Kronens Skøder.)

**3. Maj (—).** Skøde til Johan de la Ru, Kongens Skibs-
kaptejn, og hans ægte Livsarvinger paa det Hus i Kongens Gade
i Kiøpnehafn ved Volden, som han nu selv bor i. Sj. R.
11, 217[2].

---

[1] Tr.: Secher, Forordninger II. 10 ff.　[2] Tr.: O. Nielsen, Kbhvns Dipl. II. 368 f.

**3. Maj (Frederiksborg).** Til Biørn Kaas. Da Borgemestre og Raad i Lybeck have tilstillet Kongen nogle Artikler, hvori de formene deres Medborgere, der søge til Sildefiskeriet i Skaane, besværede tværtimod Privilegierne, men Kongen ikke ved Besked derom, sendes Artiklerne ham tillige med en Udskrift af Kongens Brev til de Lybske herom. Biørn Kaas skal straks kalde Tolder Peder Jude for sig og foreholde ham ikke at besvære Lybeckerne imod Privilegierne; hvis noget derimod forholder sig anderledes end i de Lybskes Beretning angivet, skal Peder Jude erklære sig artikelvis herom og med det første tilstille Kongen det. Sk. T. 1, 87.

— Befaling til Jørgen Marsuin, Embedsmand paa Landzkrone Slot, eller hans Foged i hans Fraværelse straks at sende al den Havre, han har i Forraad af Kongens, til Krogen Slot, hvor der er stor Mangel paa Havre til Kongens Rustvognsheste. Orig.

— Til Peder Munck, Admiral. Da Grosfyrsten siges at have antaget nogle Fribyttere, der utvivlsomt til Sommer ville gøre stor Skade paa Søen, hvis det ikke formenes dem, og da Kongen finder det betænkeligt at lade Grosfyrsten faa nogen Fremgang til Søs, ligesom han ej heller vil taale saadan Plyndring paa sine Strømme, skal Peder Munck straks lade Svalen, Strudsen, Enckhuyzer Jomfru, Jupiter og St. Morten udruste og forsyne med det nødvendige Skyts og Folk, saa de snarest muligt kunne løbe i Søen, sende Skibshøvedsmand Johan de la Ru, som ligger dér med Gallejen, vedlagte Brev om, at han skal begive sig til Kiøpnehafn for at løbe i Søen med de andre, og sende en Pinke til Bæltet, senest inden 3—4 Dage, da Kongen tillige vil paalægge Skipperen et andet Hverv. Han skal optegne Navnene paa Kongens Skibshøvedsmænd, baade dem, der ere til Stede, og dem, der i Løbet af kort Tid kunne hidkaldes, og den Skippers Navn, der skal løbe til Bæltet, og straks sende Kongen Seddelen, for at denne kan udvælge dem, han lyster. En Borgemester Marcus Hess tilhørende svensk Bark, om hvis Afstaaelse til Kronen Rentemesteren skal forhandle, skal han ogsaa lade udruste. Sj. T. 13, 149.

**4. Maj (—).** Til Chrestopher Valckendorpf. Da Marcus Hess, Borgemester i Kiøbnehafn, skal have en svensk Bark, der er overmaade »besejlet« og tjenlig til at bruge som Pinke, og han formodentlig er villig til at afstaa den til Kronen, skal Chrestopher Valckendorpf forhandle med ham om at tage Nattergålen eller et andet Skib i Stedet for Barken og betale hvad denne maatte være mere værd med Penge. Sj. T. 13, 150[1].

**4. Maj (Frederiksborg).** Befaling til Peder Munck, Admiral, at lade M. Bertel Skibsbygger, som Kongen paany har taget i sin Tjeneste, følge med Skibet Wohl Herr op til Norge for at forestaa dette Skibs Bradning, da M. Hugge Bedou har nok at gøre med de Gallejer, der skulle bygges; han skal give M. Bertel de nødvendige Ordrer. Medfølgende Brev[2] til Hendrich Gyllenstern, Embedsmand paa Bahus, om at skaffe M. Bertel Folk, Tømmermænd og andet skal han levere M. Bertel samt sørge for, at Skibet med det første kommer afsted. Sj. T. 13, 150.

— Kvittans til Fru Mette Rossenkrantz til Valløe, Peder Oxis Enke, der nu har gjort Regnskab for sin afdøde Mands Restance af Nykiøping, Rafnsborg og Haldsted Klosters Len, for den 10. Pend. af hans Arvegods og for den 3. Pending af hans Forleningsgods, hvilke Skatter bevilgedes Kongen 1567 og 1568, for de i Nykiøping, Rafnsborg og Vordingborg Len oppebaarne Skatter, for den Fetalje og andre Varer, som Peder Oxe har modtaget af Niels Paaske, Slotsskriver paa Kiøpnehafns Slot, Niels Skriver, Skriver paa Bremerholmen, og Renteskriver Niels Pederssen, og for det Inventarium og den Indtægt, som hun blev skyldig af Nykiøping, Haldsted Kloster, Vordingborg og Jungshofuit Len. Hvad hun for sin Part skal svare til heraf, har hun betalt Rentemester Christoffer Valckendorff. Sj. R. 11, 218.

**5. Maj (—).** Forleningsbrev for Hans Skovgaard til Gundestorf paa Helsingborg Slot og Len, saaledes som Koruitz Viffert sidst har haft det i Værge. Han skal i aarlig Genant have 1472 Mk., 7 Læster Rug og Mel, 14 Læster Byg og Malt, 2 Læster Smør, 31 Bolgalte, 62 Sider Flæsk, 40 Køer, 200 Faar og Lam, 200 Gaasekroppe, 2 Læster saltet Fisk, 388 Hestes Gæsteri, 10 Læster Havre, alle de Høns, Ved, Kul, Hø, Halm, Lysegarn og andet saadant Smaapluk, som Jordebogen indeholder, samt al Avlen til Slottets Ladegaard og Hielmsholt med al Affødningen. For Resten af den visse Indkomst skal han aarlig gøre Regnskab og ligesaa for den uvisse Indkomst, hvoraf han selv maa beholde Tredjedelen, dog forbeholder Kongen sig alene al Told, Sise og Vrag. Han skal tjene Riget med 12 geruste Heste og holde Slottet i Stand, dog vil

---

[1] Tr.: O. Nielsen, Kbhvns Dipl. IV. 618 f.    [2] Tr.: Norske Rigs-Registr. II. 193.

Kongen selv betale det, naar der skal bygges noget særligt. Hans
Forleningsaar skal regnes fra sidste 1. Maj. Sk. R. 1, 151 b.

**6. Maj (Frederiksborg).** Til Hans Skougordt. Da Kongen til
Bygningen paa Krogen endnu behøver en stor Hob af den Helsing-
borg Sten, som brydes der i Lenet, men meget nødig i denne Sæde-
tid vil besvære Bønderne med at bryde Stenene, skal han paa
Kongens Vegne leje Folk til at bryde og »bere« de nødven-
dige Sten. Da nogle jordegne Bønder skulle have »baret« en
Plads, hvorpaa saadanne Sten kunne faas, skal han forhandle med
dem om at overlade Kongen denne Plads, betale dem derfor, straks
lade Arbejdere begynde med at bryde Stenene og indskrive al Be-
kostningen i sit Regnskab. Sk. T. 1, 87.

— Aabent Brev, at Jørgen Hansen, Borger i Vee, i de
næste 3 Aar maa oppebære alt Kronens Tiendekorn af
Giers og Villandtz Herreder, der hidtil har været leveret i
Aahus, mod aarlig til St. Bartholomei Dag [24. Aug.] at betale 1
gl. Dlr. for hver Td. Rug eller Byg. Sk. R. 1, 153.

**9. Maj (—).** Aabent Brev, at Vollerup Gaard og By, Bie-
rup By, 4 Gaarde i Gimlinge, hvoraf Kongen har faaet den ene
af Jørgen Daa, medens de 3 høre til Anduorschouf Kloster, 2
Gaarde i Vemløsse og 1 Gaard i Ormitzlef herefter skulle
høre under Anduorschouf Birk. Sj. R. 11, 218 b.

— Til Chrestopher Valckendorp. Da Johan Maria har ført
nogle Skippund Bly og Lod ind i Riget og tilbyder at sælge
dem til Kronen, skal Christopher Valckendorp handle med ham
derom og betale ham derfor; ligesaa skal han, da Johan Maria nu
har leveret den hos ham bestilte Salpeter og tilbyder at levere
mere, hvis det forlanges, i Tilfælde af, at Kongen behøver mere i
Aar, forhandle med ham om endnu at skaffe nogle Centner til
samme Pris som tidligere. Sj. T. 13, 151.

—[1] Til Hendrick Mogenssen, Tolder i Helsingøer. Da Hen-
drich Kleinfeldt fra Dantzick vil tilkende sig noget af Hendrich
Mogenssen som hamborger Gods arresteret Klæde, uagtet den i Eng-
land gjorte Certifikats siger, at Klædet tilhører en Hamborger, og
Kongen ikke tvivler om, at baade han og andre ved saadan Under-
fundighed ville søge at befri hamborger Gods, befales det Hendrick
Mogenssen at passe nøje paa og ikke lade nogen, der tilholder sig

---

[1] Sj. T. har urigtigt· 1577.

saadant Gods, slippe igennem, medmindre deres Certifikats tilkender
dem Godset. Sj. T. 13, 152.

**9. Maj**[1] **(Frederiksberg).** Til Hendrich Mogenssen. Da **Herrer
og Fyrster i Tyskland** og andensteds ofte lade **Vin, Salt** og andet
**Gods til deres eget Brug** føre gennem Sundet og ellers ikke
gerne besvære hverandre med Told af saadant Gods, saafremt der
da begæres Toldfrihed eller de sende deres Pasbord med Godset,
befales det ham herefter ogsaa at **lade** saadant **Gods passere told-
frit**, naar der er Pasbord med, der viser, at Godset tilhører dem
selv. Sj. T. 13, 152[2].

— Befaling til samme at betale **Jahan Foxal**, Borger i
**Lunden i England, 2000 Dlr.** paa Regnskab **for noget Skyts**,
han skal købe til Kongen, tage Forskrivning af ham paa, at han
paa egen Risiko vil levere Skytset her i Riget, hvor det saa skal
proberes og leveres »skodfri« (?skadefrit), dog paa Kongens Be-
kostning hvad Krudt og Lod angaar, og holde Forskrivningen i god
Forvaring. Orig. Udt. i Sj. T. 13, 152 b.

— Til Biørn Kaas. Da Hr. **Hans Brunckel**, hvem Kongen
har ladet afsætte formedelst hans grove Forseelse ved Uddelingen
af Alterens Sakramente, ofte har undskyldt sig for Kongen og gjort
gældende, at hans Forseelse ikke har været saa grov, som der er
berettet, og ikke er begaaet med Forsæt, men alene skyldes, at der
havde været saa mange Folk, som havde kommuniceret den Dag, og
da han har lovet herefter ikke at gøre sig skyldig i saadant, har
Kongen i Betragtning heraf og for godt Folks Forbøns Skyld be-
vilget, at han igen maa faa **Brøndbye Sogn**. Det befales der-
for Biørn Kaas at ordne det saaledes, at Hr. Hans beholder Brønd-
bye Sogn, skrive til Superintendenten derom og alvorligt foreholde
Hr. Hans herefter at forestaa sit Sogn som det sømmer sig en
Sognepræst. Sk. T. 1, 88[3].

— **Mageskifte** mellem **Peder Munck** til Estvadt, Admiral,
og Kronen. J. R. 1, 348 b. (Se Kronens Skøder.)

— Tilladelse for Fru Karen Niels Skiels til at **indløse Vor-
gaard i Vendsyssel** fra Axel Gyldenstiern og derefter beholde den
paa de Vilkaar, Kongen bliver enig med hende om. Udt. i J. R.
1, 349 b.

---

[1] Sj. T. har urigtigt: 1577.   [2] Tr.: Secher, Forordninger II. 12.   [3] Tr.: Ny kirke-
hist. Saml. IV. 352.

**9. Maj (Frederiksborg).** Til Axel Gyldenstiern. Da Kongen staar i Handel med Fru Karen Krabbe, Niels Skiels Enke, om Nygaard og vil udlægge hende Vorgaard i Stedet og derfor har tilladt hende straks at indløse Vorgaard, befales det ham at modtage Pantesummen af hende og overlevere hende Vorgaard med Pantebreve, Jordebøger, Inventarium, Breve, Registre og andet. J. T. 1, 207.

— Til samme. Da Fru Karen Krabbe ikke før Omslaget kan skaffe Pengene til Indløsningen af Vorgaard, beder Kongen ham om at lade Pantesummen staa hos hende paa Rente til førstkommende Omslag, men straks overlevere hende Gaarden. J. T. 1, 208.

— Befaling til Otte Banner at lade pløje og saa Vaarsæd til Vorgaard i Aar, da Axel Gyldenstiern ikke beholder Gaarden længere og derfor ikke saar Vaarsæd. Kongen vil enten selv betale Otte Banner Sæden eller lade den, der faar Vorgaard, stille ham tilfreds derfor. J. T. 1, 207.

— Til Vincentz Juel, Jens Kaas, Jørgen Schram og Niels Jonssen. Da Kongen skal have Nygaard med tilliggende Gods til Mageskifte af Fru Karen Krabbe, Niels Schiels Enke, for Vorgaard i Vendsyssel og saa meget af det dertil liggende Gods, at det kan svare til hendes Gods, skulle de straks besigte begge Parters Gods, ligne det og indsende klare Registre derpaa. J. T. 1, 207 b.

— Til Johan Bucholdt og Hr. Gisle Jonssen, Superintendent i Skalholt Stift. Da Præsterne i Skalholt Stift lide stor Mangel paa Underholdning og bekvemme Boliger og Kongen ikke er utilbøjelig til at gøre noget for dem i Lighed med det, der er sket i Hole Stift, naar han kun faar klar Besked derom, skulle de undersøge, hvilke Præster der skulle hjælpes, gøre en Skik om, hvorledes de bedst kunne hjælpes, og indsende skriftlig Beretning derom. N. T. 1, 97 b [1].

**10. Maj (—).** Aabent Brev, hvorved den Sum, 10,000 Dlr., som Borgerskabet i Kiøpnehafn er takseret til at svare i Skat til førstkommende Jul, nedsættes med 2000 Dlr., da Borgerskabet erklærer ikke at kunne svare den hele Sum. Da mange Kræmmere tværtimod Byens Privilegier staa ude det hele Aar og bruge borgerlig Næring, men alligevel intet yde til saadanne Skatter,

[1] Tr.: F. Johannæus, Hist. Eccl. Isl. III. 22 f.   Ketilson, Forordn. t. Island II. 82 f. Stephensen og Sigurdsson, Lovsaml. for Island I. 105 f.

4

bevilger Kongen, at Borgemestre og Raad maa takserere disse
Kræmmere til at bidrage til Skatten efter deres Evne og
Formue; ligesaa skulle alle, der indtil videre have faaet
Fritagelse for at svare Skat, men ikke ere i Kongens Tjeneste,
bidrage til Skatten, dog ikke efter Borgemestres og Raads An-
sættelse, men eftersom enhver selv mener at kunne svare; derimod
skulle de, der have faaet Fritagelse paa Livstid eller visse Aar,
være fri. Sj. R. 11, 219[1].

**10. Maj** (**Frederiksborg**). Til Borgemestre og Raad i Kiøbne-
hafn. Da Bryggere og Bagere i Kiøbnehafn, naar der hurtig skal
skaffes Brød og Øl til Orlogsskibene og de tilsiges til at brygge
eller bage, besvære sig herved og ere meget langsomme dermed,
uagtet Kongen vil betale dem tilbørligt derfor, befales det dem at
tilholde Bryggere og Bagere at vise sig villige og at
overveje, hvad disse skulle have for at bage eller brygge 1 Pd.
Mel eller Malt; Kongen vil saa befale Rentemesteren at betale dem
derefter. Sj. T. 13, 152 b[2].

— Til Chrestopher Valckendorpf. Ovenstaaende Brev sendes
ham med Ordre til at betale Bryggere og Bagere efter
Borgemestres og Raads Ansættelse. Sj. T. 13, 153.

— Aabent Brev, hvorved Befalingsmand paa Holmen ved Kiøp-
nehafns Slot Arrild Olssens Løn for sidste Aar og for Frem-
tiden forhøjes med 100 Dlr. aarlig. Sj. R. 11, 220.

— Aabent Brev, hvorved det befales alle Fogder, Embeds-
mænd, Borgemestre, Raadmænd og andre at hjælpe Marckus
Hess og Hans Ollufssen, Borgemestre i Kiøpnehafn, Albret
Albretssen, Raadmand smstds., og Hans Nielssen, Borger i
Helsingør, til straks at faa det Hamborgere tilhørende
Tilgodehavende, som de nu have opspurgt og beslaglagt i
Jylland, Fyen, Skaane, Sjælland og andensteds, dog kun til det Be-
løb, de kunne bevise at være gaaede i Borgen med for Hamborgere,
og mod at overdrage deres Tiltale til de hamborgske Skippere til
Kongen. Sj. R. 11, 220 b.

— Befaling til Chrestopher Valckendorpf om at give Ab-
bederne i Soer og Ringstedt og Prioren i Andvorschouf
endelig Kvittans, uanset de Mangler, der findes i deres Udgift,
og give dem Ordre til for Fremtiden to Gange om Aaret at sende

---

[1] Tr.: O. Nielsen, Kbhvns Dipl. II. 369.    [2] Tr.: Smstds. IV. 618 f.

deres Skrivere til Rentekammeret, for at alt kan blive holdt i god Orden. Udt. i Sj. T. 13, 153 b.

**10. Maj (Frederiksborg).** Befaling til Chresten Vind at lægge 1 Gaard og 1 Bol i Huessing, som Kongen har faaet til Mageskifte af Peder Munck, ind under Kiøbnehafns Slot. Udt. i Sj. T. 13, 153 b.

— Befaling til Peder Bilde at lægge 1 Gaard i Fellitzløf[1], som Kongen har faaet til Mageskifte af Peder Munck, ind under Kallundborg Slot. Udt. i Sj. T. 13, 153 b.

— Til Chrestopher Valckendorpf. Da Jahan Foxal, Borger i Lund i England, har berettet, at han efter Kongens Befaling har sendt 12 engelske Bøsseskytter ind i Riget og givet de 11 hver 10 Dlr. paa Haanden og den tolvte 5 Dlr., ialt 115 Dlr., ligesom han ogsaa har laant Rubeck Pors, Kongens Skibshøvedsmand, 4 Kordeler til en Værdi af 45 Dlr. til Skibet St. Ollufs Behov, skal Chrestopher Valckendorpf undersøge dette og med det første betale Jahan Foxal, hvad Kongen med Rette bliver ham skyldig, for at Jahan Foxal ikke længere skal opholdes her paa sin Bekostning. Sj. T. 13, 154.

— Aabent Brev, at det Marked, som fra Arilds Tid har været holdt i selve Landtzkrone By St. Bodels Dag [17. Juni], indtil det i sidste Fejde formedelst Almuens Frygt for at begive sig ind i Byen af Hensyn til Krigsfolket blev holdt udenfor Byen, hvor det endnu holdes, herefter atter skal holdes i selve Byen, da det vil være bekvemmest og man da bedre kan paase, at Kronens Told og Rettighed ikke bliver forsømt, og at den ukristelige Handel, som ofte finder Sted udenfor Byen, bliver forhindret. Det befales alle at holde Markedet i selve Byen, saafremt de ikke ville have deres Varer forbrudte og desuden straffes. Sk. R. 1, 153 b[2].

— Forleningsbrev for Bent Vindt, Tolder i Marstrand, paa Afgiften af Kronens Part af Tienden af Quidtztoft Sogn i Rønbiergs Herred, kvit og frit. Sk. R. 1, 154.

— Aabent Brev, at følgende Krongods i Aackier Len: Fallinge, Olstrup, Halckier og Amstrup i Fallinge Sogn, Gyllinge, Lierdrup og Hiøbye[3] i Gyllinge Sogn, 20 Gaarde i Alrøland By og Sogn, Suinballe By og Kiersgaard i Hundtzlund Sogn, Aackier Lade-

---

[1] Føllesløv, Skippinge H.    [2] Tr.: Secher, Forordninger II. 13 f.    [3] Fejlskrift for: søby.

4*

gaard og al Aackiers Mark, Astruplund og Siøby, Gyllenes, Spade-
kier og Uldrup [1] Skove, herefter altid skal danne et frit Birk, for
at Lensmanden paa Aackier bedre kan forsvare Godset, og for at
Skovene kunne blive bedre fredede. Lensmanden skal straks lægge
Birketinget paa et belejligt Sted ved Slottet og indsætte en forstan-
dig Dannemand til Birkefoged. J. R. 1, 349 b.

**10. Maj (Frederiksberg).** Forleningsbrev for Chresten
Munck paa Aackier Slot og Len, som han nu selv har det i
Værge. Han skal i aarlig Genant oppebære 389 Mk., 6 Læster
Rug, 7 Læster Byg, 6 Læster Havre, 8 Tdr. Smør, 80 Skovsvin,
8 Køer, 100 Lam, 100 Gæs og 200 Høns af den visse Rente.
Hvad der bliver tilovers af den visse Rente, naar hans Genant og
anden Udgift fraregnes, maa han selv beholde mod at svare 40 Dlr.
for hver Læst Rug, beregnet til 36 Tdr., 40 Dlr. for hver Læst
Byg, beregnet til 42 Tdr., 12 Dlr. for hver Td. Smør, 8 Dlr. for
hver Td. Honning, 3 Dlr. for hver Ko, 1 Ort for hvert Lam, 2 Sk.
for hver Gaas, 2 Alb. for hver Høne, 20 Sk. for hvert Svin og
4 Sk. for hver Td. sort Salt, alt beregnet i gl. Dlr. og saaledes som
Mønten nu gaar her i Riget. Af denne Afgift skal den ene Halv-
part betales til St. Mikkelsdag, den anden til 1. Maj. Han skal
gøre Regnskab for den uvisse Rente, hvoraf han selv maa beholde
den ene Tredjepart, dog forbeholder Kongen sig alene alt Gæsteri,
Told og Vrag. Han maa nyde Ladegaarden med Avl, Kvæg og
Affødning kvit og frit, dog skal al den Havre, som bliver tilovers
efter Udredelsen af hans Genant, tilkomme Kongen, og han skal
aarlig levere den, hvor det befales. Han skal tjene Riget med 8
geruste Heste. J. R. 1, 350 b.

**11. Maj (—).** Befaling til Hendrich Mogenssen at levere
Hans Spegel 600 Dlr. til at betale den Kalk med, som
denne paa Kongens Vegne har bestilt. Udt. i Sj. T. 13, 154 b.

— Befaling til Chrestopher Valckendorpf om i den Sum, som
Olluf Nielssen, Borger i Ottense, skylder Kongen for Korn og
andre Varer, at afkvitte de 500 Dlr., som Kongen i Følge den
af Hofskrædderen underskrevne Seddel skylder Olluf Nielssen for
Sidentøj og andre Varer. Udt. i Sj. T. 13, 154.

— Til samme. Da Anders Bing, Embedsmand paa Vard-
berg Slot, hvem han ikke uden nærmere kgl. Ordre vil give Kvit-

---

[1] Oldrup.

tans for hans Regnskab, fordi han har forskaanet nogle af de
Lensmænd eller Fogder, som have Befaling i. Lenet, for Landgilde,
og fordi Jordebogen i Aar ikke beløber sig saa højt som tidligere,
nu har erklæret, at Lensmændene baade før hans Tid og siden
have været forskaanede med Landgilde, og at Jordebogens Formind-
skelse skyldes, at han efter Kongens mundtlige Befaling har ladet
Oldinge omsætte Landgilden for de øde Gaarde og Jorder, som vare
satte for højt og derfor ikke kunde blive bebyggede, har Kongen
eftergivet Anders Bing disse Poster og befaler Chrestopher Valcken-
dorpf at give ham endelig Kvittans. Da Kongen endvidere har be-
vilget Anders Bing Aas Klosters Avl paa Afgift, skal Chrestopher
Valckendorpf sætte den for en rimelig Afgift. Sj. T. 13,
154 b.

**11. Maj (Frederiksborg).** Til Biørn Kaas. Hoslagt sendes ham
to Breve til Bønderne i Jerrested og Ingelsted Herreder
om at hjælpe til med at føre Kalk til Ysted med Ordre til
at lade dem forkynde og siden tilsige Bønderne til at møde, saa
ofte det gøres behov og Hans Spegel forlanger det; han skal lade
sine Fogder opskrive de Bønder, der skulle køre, og følge med
dem, for at ingen skulle vove at blive hjemme. Da Biørn Kaas
har en hel Del af Købstæderne i Skaane i Befaling, skal han be-
stille saa mange Skuder som muligt til at løbe til Ysted, indtage
Kalken og føre den til Krogen. Sk. T. 1, 88 b.

— Forleningsbrev for Predbiørn Gyldenstiern paa
Aastrup Slot og Len, som Hendrich Gyldenstiern hidtil har haft
det i Værge, uden Afgift i 1 Aar efter dette Brevs Datum. J. R.
1, 352 b.

— Til Søfren Kier. Oluf Nilssen, Borger i Odense, har
berettet, at han for nogen Tid siden har leveret Søfren Kier en kgl.
Ordre til at betale de 3000 Dlr., Kongen skylder Oluf Nilssen, og
har faaet 2000 Dlr., medens han ikke har kunnet faa de resterende
1000 Dlr., fordi Søfren Kier har faaet Ordre til at indbetale hele
Tolden til Rentekammeret; da Pengene heller ikke ere betalte paa
Rentekammeret, befales det Søfren Kier at efterkomme den tidligere
Ordre, men tage en Forskrivning af Oluf Nilssen om, at han vil
staa til Rette derfor, hvis Pengene findes at være betalte ham an-
densteds. J. T. 1, 208 b.

— Til Provster, Præster og Kronens Bønder i Koldinghus,
Hønborg og Skodborg Len. Da Kongen har befalet Vincentz Juel,

Embedsmand paa Koldinghus, at købe en Del Øksne og vil give
samme Pris for dem. som andre, forbydes det dem at sælge
Øksne, førend de have tilbudt Lensmanden dem og han
har faaet dem, han skal have, dog skal han betale dem til gode
Rede derfor, og de maa ikke tvinges til at sælge for ringere Pris,
end andre ville give. Overtrædelse heraf medfører for Sælgeren
Tab af Øksnenes Værdi og for Køberen Tab af det, han har med
at fare, og desuden Straf for Ulydighed. J. R. 1, 352.

**13. Maj (Frederiksborg).** Til Provster, Præster, Prælat-, Kan-
nike-, Vikarie-, Kirke- og Præstetjenere samt Kronens Bønder i Aar-
hus Stift. Da Kongen har befalet Claus Glambeck, Embedsmand
paa Skanderborg, at købe en Del Øksne osv. (som i foranstaaende
Brev). J. T. 1, 209.

— Befaling til Claus Glambeck at købe 600 gode Øksne til
Kongen, der i Aar vil stalde nogle Øksne i Ladegaardene ved
Skanderborg og Bygholm, og tage Pengene til Købet af de Penge,
han i Aar skal føre til Regnskab. J. T. 1, 208 b.

— Forleningsbrev for Dr. Peder Seuerinssen, Kon-
gens Livlæge, paa 2 Gaarde i Giefuersløf[1] og 1 Gaard i Svansberg
i Biefuerschoufs Herred, 2 Gaarde i Dalby, 4 Gaarde i Klofuested,
1 Gaard og 1 Gadehus i Ørsted, 1 Gaard og 1 Gadehus i Led-
agger[2] og 1 Gaard i Siebytorp[3] i Ramsø Herred, 2 Gaarde i Pef-
ringe i Faxe Herred og 2 Gaarde i Dielstrup[4] i Hammers Herred,
uden Afgift. Sj. R. 11, 222 b[5].

**14. Maj (—).** Befaling til Hendrich Mogenssen igen at løs-
give det Hans Kes i Koensberg tilhørende Gods, som
han har arresteret i Sundet, og for Fremtiden lade Hans Kes's Gods
passere mod Erlæggelse af den sædvanlige Told, da Hertug Albret
Frederich af Preussen nu har renset Hans Kes for den Mistanke,
Kongen havde til ham. Sj. T. 13, 155.

**15. Maj (—).** Aabent Brev, hvorved Kongen strengelig for-
byder alle, baade ind- og udlændiske, herefter at indføre og
falbyde danske Bøger, trykte i Udlandet, hvad enten de
laves fra ny af eller oversættes fra Tysk, medmindre de i For-
vejen ere gennemsete og approberede af de højlærde ved
Kiøpnehafns Universitet. Trods det tidligere Forbud[6] mod at trykke

---

[1] Gørslev.     [2] Ladager.     [3] Fejlskrift for: Salbytorp.     [4] Fejlskrift for: Oelstrup.
[5] Efter Overskriften havde Dr.' Morthen [Edituus] tidligere dette Gods.     [6] Se Kanc.
Brevbøger 1561—65 S. 93.

og udgive Bøger her i Riget, der ikke i Forvejen vare gennemsete af de højlærde, blive nemlig mange Bøger oversatte fra Tysk, trykte udenlands og siden indførte og falbudte her i Riget, skønt de ikke i Forvejen ere gennemsete, og dette skyldes alene Bogførernes Gerrighed, idet de blot søge deres Fordel og ikke tage i Betragtning, hvilke Vildfarelser og Irringer der derved indføres og udspredes blandt Almuen. Indfører og falbyder nogen herefter saadanne danske Bøger, skal han have forbrudt hvad han har med at fare og desuden staa til Rette derfor. Det paalægges alle Stiftslensmænd og Superintendenter at paase dette Forbuds Overholdelse i deres Stifter, saafremt de ikke, hvis de vise sig forsømmelige, ville staa til Rette derfor. Sj. R. 11, 223. Orig. (til Fyens Stift) i Provinsark. i Odense. Origg. (til Aarhus, Viborg og Vendelbo Stifter) i Provinsark. i Viborg[1].

**15. Maj (Frederiksborg).** Befaling til Superintendenterne over hele Riget at forkynde ovenstaaende Brev i deres Stifter, paase, at ingen saadanne Bøger sælges eller falholdes, og, hvis de gribe nogle deri, melde det til Stiftslensmændene, for at disse kunne lade Overtræderne straffe. De maa ikke se gennem Fingre med nogen, saafremt de ikke selv ville staa til Rette derfor. Sj. T. 13, 155 b. Orig.[2] (til Superintendenten i Fyens Stift) i Provinsark. i Odense. Origg. (til Superintendenterne i Ribe og Viborg Stifter) i Provinsark. i Viborg.

**16. Maj (Roskildegaard).** Aabent Brev, at Eyller Krausse, Embedsmand paa Korsøer Slot, indtil videre selv maa oppebære Kirketienden i Kærven af Lundforlund, Giersløf[3] og Hemingsøe Sogne mod at svare Kirkerne samme Afgift af Tienden, som der svares af Kronens Part af Tienden af samme Sogne; han har nemlig klaget over, at Halmen, der hidtil er svaret til Korsøer Slot, ødelægges for ham, naar den efter Kornets Aftærskning udlægges paa Kirkegaarden eller Kirkeladen, og ikke nær gør ham den Nytte, som naar han selv maatte lade Kornet aftærske. Det befales derfor alle Sognemændene herefter at levere Tienden i Negene paa Korsøer Slot. Sj. R. 11, 224.

**17. Maj (—).** Til Fru Karen Nils Skiels. Da Axel Gylden-

---

[1] Tr.: Rahbek, Læsendes Aarbog 1800 S. 21 f. Rørdam, Kbhvns Universitets Hist. 1537—1621 IV. 268 f. (efter en Afskrift). Rørdam, Dsk. Kirkelove II. 264 ff. (efter Orig. til Fyens Stift). Secher, Forordninger II. 16 f. [2] Tr.: Rørdam, Dsk. Kirkelove II. 266 f. [3] Gørlev, Slagelse H. [4] Hemmershøj, samme H.

stiern har besværet sig over straks at skulle overlevere hende Vor-
gaard, baade fordi han nu skal med Kongen udenlands og for
anden Lejligheds Skyld, har Kongen bevilget, at Overleveringen
maa opsættes til Kongens Hjemkomst, men hun skal allige-
vel lade Godset besigte.   J. T. 1, 209 b.

18. Maj (Roskildegaard).   Befaling til Kronens Bønder i Sylle-
rød og Giefnthofte Sogne om herefter at levere den Korntiende,
som de skulle svare til Hospitalet i Kiøpnehafn, i Negene i Hos-
pitalet og ikke, som hidtil, paa Kirkegaardene.  Sj. R. 11, 224 b[1].

— Forleningsbrev for Biørn Knudsen, Landsdommer
i Sønderhalland, paa 1 Gaard i Draufrup, 2 Gaarde i Mauf, 2
Gaarde i Fielginne, 1 Gaard i Sponstedt, 1 Gaard i Onsøø, 1 Gaard
i Liungagger, 1 Gaard i Vilsherret, 2 Gaarde i Fridtlinge og 1
Gaard i Hindekuld, alt i Sønderhalland, uden Afgift, saa længe han
er Landsdommer.   Sk. R. 1, 154 b.

— Forleningsbrev for samme paa Kronens Part af
Korntienden af Snistrup[2] Sogn i Thønders Herred, uden Af-
gift, saa længe han er Landsdommer.   Bønderne skulle yde ham
Tienden i Negene, og han skal, hvis nogle tiende uretfærdigt, have
Ret til i Lensmandens eller hans Fuldmægtigs Overværelse at lade
deres Korn kaste og lade dem straffe, hvis de have forsét sig.
Sk. R. 1, 156.

— Aabent Brev, hvorved Kongen lover Biørn Knudssen,
Landsdommer i Sønderhalland, som for nogen Tid siden er bleven
forlenet med Arløssegaard og beretter, at denne nylig er af-
brændt ved Vaadeild, at han fremdeles maa beholde Gaarden
paa de samme Betingelser som hidtil, og at de Bygninger, som
han opfører paa Gaarden, skulle blive betalte ham og hans
Hustru, naar de komme af med den.   Sk. R. 1, 155 b.

20. Maj (Frederiksberg).   Til Kapitlet i Roskylde.   Da Kongen
gerne ser, at Mandrup Parsberg faar en Kapitlet tilhørende
Gaard i Sandbye, hvis Jord tildels ligger i hans Mark og er ham
til Trængsel, til Mageskifte, hvilket ogsaa flere af Kapitlets Med-
lemmer have bevilget ham under Forbehold af Kongens Samtykke,
skal Kapitlet lade Mageskiftet gaa for sig, besigte ovennævnte Gaard
og det, han vil udlægge derfor, og paase, at Kapitlet faar Fyldest.
Sj. T. 13, 156.

---

[1] Tr.: Hofman, Fundationer X. 164 f. O. Nielsen, Kbhvns Dipl. II. 369 f.   [2] Snöstorp

**20. Maj (Frederiksborg).** Til Eggert Ulfeldt. Da Kongen har bevilget, at Mandorp Parsberg maa faa nogle Stykker Jord og et Stykke Skov til omtrent 3 eller 4 Svins Olden, som ligge inde i hans Mark og bruges af Præsten og Degnen i Sandbye, til Mageskifte for Vederlag i samme Sogn, skal Eggert Ulfeldt lade Mageskiftet gaa for sig og paase, at Præsten og Degnen faa Fyldest. Sj. T. 13, 156 b.

— Følgebrev for Axel Gyldenstiern til Bønderne under Landtzkrone Slot, som Jørgen Marsuin sidst havde i Værge. Sk. R. 1, 156 b.

— Aabent Brev, at Hr. Oluf Mickelssen, Præst i Hospitalet i Horsens, herefter aarlig maa oppebære 2 Pd. Korn af Afgiften af Kronens Part af Tienden af Hattinge Sogn, kvit og frit. Udt. i J. R. 1, 353.

**21. Maj (—).** Skøde til Johan Thoube, Hofsinde, paa den Grund paa Sandet udenfor Helsingøer, hvorpaa M. Gert Stenhugger har opført en Bygning, syd for Vejen fra Helsingøer ud imod Slottet og ned imod Stranden. Det skal staa Johan Thoube og hans Arvinger frit for at handle med M. Gert Stenhugger om den paa Grunden staaende Bygning og at bygge i Stranden med Bolværk, saa langt de ville, dog saaledes at der bliver en fri Gade mellem Gaarden og Stranden. De skulle svare tilbørlig Afgift af Grunden til Kronen og Byen. Sj. R. 11, 226.

**22. Maj (—).** Aabent Brev, at Chrestoffer Brender, Borger i Kiøpnehafn, fremdeles maa være fri for Skat, Vagt, Hold og al anden borgerlig Tynge i et helt Aar efter dette Brevs Datum. Sj. R. 11, 227 [1].

— Aabent Brev til Indbyggerne over hele Danmark, at Kongen, der vil rejse udenlands en kort Tid, har tilforordnet Niels Kaaes, Kansler, og Peder Munck, Admiral, til at være til Stede paa Kiøbnehafns Slot og i Kongens Fraværelse paase Rigets og Indbyggernes Tarv og besørge de nødvendige Forretninger. Det befales derfor alle at være dem lydige og at rette sig efter det, som de paa Kongens Vegne i Kongens eller eget Navn befale, som om Kongen selv var til Stede og havde befalet det. Sj. T. 13, 158.

— Befaling til Rigens Raader om hver i sit Land at have

---

[1] Tr.: O. Nielsen, Kbhvns Dipl. II. 370.

Opsigt med alt i Kongens Fraværelse og, hvis noget uforud-
set skulde indtræffe, da samle Almuen og afværge det af yderste
Magt. Der er udgaaet Breve til alle Indbyggerne om at være dem
lydige, og Kansler Niels Kaaes og Admiral Peder Munck have faaet
Ordre til at være til Stede paa Kiøbnehafns Slot og besørge For-
retningerne dér. Sj. T. 13, 157 b.

**22. Maj (Frederiksborg).** Aabent Brev til Indbyggerne over
hele Riget om at være Rigens Raader lydige under Kongens
Fraværelse og, hvis noget kommer paa, Dag og Nat uspart møde,
hvor Rigens Raader tilsige dem. Sj. T. 13, 157.

— Befaling til Landsdommerne straks at forkynde ovenstaaende
aabne Breve paa Landstingene, for at Indbyggerne kunne vide at
rette sig efter dem. Sj. T. 13, 159.

— Befaling til Michel von Chemnitz at lade Hendrich
Søndag være fri for at svare Sise af 2$\frac{1}{2}$ Læst Rostockerøl.
Udt. i Sj. T. 13, 159.

— Befaling til Chrestoffer Valckendorp at udruste 3 Skibe,
der i Sommer skulle løbe efter Tømmer i Aggershus Len
til Byggeriet paa Krogen. Der sendes ham Brev til Pouel
Huitfeld om at skaffe Skibene Last, saa ofte de komme did med
Chrestoffer Valckendorps Skrivelse. Udt. i Sj. T. 13, 159.

— Forleningsbrev for M. Isaach Mouritzen, Skole-
mester i Lund, paa det Kannikedømme i Lunde Domkirke,
som er ledigt efter afdøde M. Anders Vadtzen. Han skal residere
ved Domkirken. Sk. R. 1, 157.

— Følgebrev for Mandrup Pasberg til alle de Køb-
stædmænd og Bønder paa Bornholm, som de Lybske hidtil have
haft i Værge, at de fra St. Petri ad vincula Dag [1. Aug.] skulle
svare ham til Hamershus, dog skal han ikke befatte sig noget med
den gejstlige Jurisdiktion, som den Lensmand, der hidtil har haft
den, indtil videre skal raade for. Sk. R. 1, 158.

— Til Biørn Kaas og Hans Schougordt. Da de Lybsche til
1. Aug. skulle afstaa Bornholm, skulle de være til Stede paa
Bornholm til den Tid, modtage Landet og den Forskrivning,
de Lybsche have derpaa, tillige med Inventarium, Jordebøger, Breve
og andet, som skal overleveres, tilbagelevere de Lybsche deres Re-
vers, overlevere Bornholm med Hammershus til Man-
drup Pasberg, som Kongen har forlenet dermed, lade optage
Jordebøger og Fortegnelser i to Eksemplarer over alt, levere Man-

drap Pasberg det ene Eksemplar og sende det andet ind til Rente-
kammeret. Kongen sender dem en Instruks tillige med de Lybsches
Revers. Sk. T. 1, 90[1].

**22. Maj (Frederiksborg).** Til Kronens **Bønder i Lauerød[2].**
Da Kongen til Byggeriet ved Krogen behøver nogle hugne Sten og
har bragt i Erfaring, at de »barre« og bryde Sten i Stengravene
dér og siden sælge Stenene eller hugge dem i Hvættestene, for-
bydes det dem herefter at sælge Stenene eller hugge dem
i Hvættestene, og det befales dem at tilbyde Lensmanden paa
Helsingborg Stenene, da Kongen vil give samme Pris derfor som
andre; enhver, der forser sig herimod, vil blive straffet. Sk.
T. 1, 89.

— Mageskifte mellem **Albrit Friis til Haritzkier** og Kro-
nen. J. R. 1, 353 b. (Se Kronens Skøder.)

— Skøde til **Jørgen Munck,** Embedsmand paa Krogen.
J. R. 1, 354. (Se Kronens Skøder.)

— Mageskifte mellem **Præsteembedet i Skibbit i To-
rild Herred,** hvis Præstegaard er meget ringe, og Kronen. J. R.
1, 354 b. (Se Kronens Skøder.)

**23. Maj (—).** Forleningsbrev for **Thygge Brade Ottis-
søn** til **Knudstrup** paa **Hueen** med de derpaa boende Bønder,
uden Afgift, saa længe han lever og har Lyst til at fortsætte sine
mathematiske Studier. Sj. R. 11, 227[3].

— Befaling til **Chrestopher Valckendorpf** at levere **Tyge
Brade Ottissøn 400 Dlr.** paa Regnskab til et Hus, som han
paa Kongens Bekostning maa lade bygge **paa Hueen,** dog skal
Tyge Brade selv skaffe Sten, Kalk og andet dertil. Udt. i Sj. T.
13, 159 b.

— Skrivelse til **M. Niels Kolding,** at Kongen har efter-
givet ham hans Part af de **Penge,** som han ligesom andre Kan-
niker skulde komme Kongen til Hjælp med af Tredjeparten af sin
Rente. Udt. i Sj. T. 13, 159 b.

— Gavebrev til **Skolemesterembedet i Lageholm**
paa **Kronens Part af Tienden af Therbye Sogn** i Halland,
uden Afgift indtil videre. Borgemestre og Raad smstds. have nem-
lig berettet, at der ingen Skolemester har været siden Byens Brand,

---

[1] Tr.: Hübertz, Aktst. til Bornholms Hist. S. 462 f.  [2] Laröd, Luggude H.  [3] Tr.:
Dak. Mag. II. 198. Hofman, Efterretn. om danske Adelsmænd III. 7 f.  Friis, Tyge Brahe
S. 57 f.

men at de nu ville genoprette Skolen, og have derfor ansøgt om nogen Hjælp til Skolemesteren. Sk. R. 1, 158 b.

**23. Maj (Frederiksberg).** Til Jørgen Marsuin. Da den tidligere Ordre[1] til Hack Ulfstand, daværende Lensmand paa Otthensegaard, om paa Kongens Bekostning at sætte Læsemester M. Hans Langs Residens i Otthense i Stand endnu ikke er bleven udført, befales det ham engang i Sommer at lade Residensen istandsætte paa Kongens Bekostning, da Residensen er saa forfalden, at Læsemesteren ikke kan bo deri og Læsemesterens Løn ikke er saadan, at han deraf kan lade den sætte i Stand. Udgiften dertil skal han lade indskrive i sit Regnskab. F. T. 1, 61.

— Befaling til Kronens Bønder i Vens Herred under Hindtzgafuel Slot, der hidtil kun have kørt 6 Læs Møg hver om Aaret, om herefter, ligesom ved andre Slotte, at køre saa længe, indtil hele Møddingen er kørt ud, da der nu avles og høstes meget mere til Slottet end tidligere og derfor ogsaa staldes og fodres flere Øksne, Køer og andet Fæ end forhen, saa Møddingen er bleven større og for en Del vil blive liggende, hvis hver Bonde herefter skal nøjes med at køre 6 Læs, hvilket vil være til stor Skade baade for Kongen og Lensmanden. F. T. 1, 62.

— Forleningsbrev for Axel Jul, Landsdommer i Nørrejylland, paa 5 Gaarde i Huornum i Vonsild Herred, uden Afgift. J. R. 1, 355.

— Aabent Brev, at Indbyggerne i Ribe uhindret maa købe det Slagtefæ, som de have Brug for til deres Huses Ophold, i Landsbyerne der i Lenet og andensteds i Nørrejylland, da de have berettet, at de formedelst Forbudet[2] mod, at Borgere maa købe Øksne i Landsbyerne, ere komne til at lide stor Mangel, eftersom deres By er stillet anderledes end andre Købstæder i Riget, idet den ligger 2 Mil fra Grænsen og der ikke drives noget Kvæg did formedelst det ved Gredsted Bro lagte Toldsted. Derimod maa de ikke under det Skin købe Staldøksne eller Græsøksne paa Landsbyerne for at sætte dem paa Foder hos Bønderne, dog undtages hvad de købe paa fri Markeder. Hvis de uddrive noget af det Slagtefæ, som det er dem tilladt at købe, skulle de fortolde det stykkevis hos Tolderen efter den derom gjorte Skik. Overtrædelse af disse Bestemmelser medfører Forbrydelse af dette

---

[1] Se Kanc. Brevbøger 1571—75 S. 571.     [2] Se Smstds. 1571—75 S. 628.

Brev, Konfiskation af det, de have med at fare, og desuden den højeste Straf. J. R. 1, 355 b[1].

**24. Maj (Frederiksborg).** Aabent Brev, at Søfren Hanssen, Byfoged i Suinborg, indtil videre maa blive boende i Suinborg og være fri for Hold, Skat, Vagt og al anden borgerlig Tynge. Udt. i F. R. 1, 85.

— Mageskifte mellem Jacob Rostrup til Leergraf og Kronen. J. R. 1, 356 b. (Se Kronens Skøder.)

— Befaling til Jørgen Rosenkrantz, Jacob Ulfeld og Biørn Anderssen at møde i Kolding, naar Kongen eller det hjemmeladte Raad paa Kiøpnehafns Slot nærmere tilsiger, da Kurfyrsten af Saxen, der ved den i Kolding trufne Aftale er valgt til Opmand i Striden mellem Kongen og Hertug Hans den ældre om den gejstlige Jurisdiktion og Tienden i Sønderjylland, har skrevet, at han med det første offentlig i nogle af Kongens Raaders Nærværelse vil lade afsige en Kendelse i disse Sager i Kolding. J. T. 1, 209 b.

**26. Maj (—).** Befaling til Hendrich Mogenssen, Tolder i Helsingøer, at betale Gert Stenhugger de 183 Dlr., som denne endnu har til gode for Arbejde for Kongen, og betale Hans Bygmester, der paa egen Bekostning skal flytte Runddelen syd for Krogen 40 Fødder, beregnede til 20 sjællandske Alen, ud (dog skal Kongen selv lade den udenfor liggende Sandbakke bortføre), de 400 Dlr., han skal have for dette Arbejde, og desuden 100 Dlr. for at forlænge Kongens Kammer der paa Slottet [Krogen] over Porten, saaledes som Kongen selv har anvist ham. Sj. T. 13, 159 b. Orig.[2]

**27. Maj (—).** Befaling til Eggert Ulfeld at lægge 1 Gaard i Grandløsse By og Sogn i Mierløsse Herred, 1 Gaard i Strøby By og Sogn i Stefns Herred og 1 Gaard i Lundbye i Thiereby Sogn i Flachebergs Herred, som Kongen har faaet til Mageskifte af Jacob Rostrop, ind under Roskyldgaard. Udt. i Sj. T. 13, 160.

— Til Hack Ulstandt. Kronens Bønder i Østre Herred i Blekinge have berettet, at de fra Arilds Tid kun have svaret 24 Sk. i Gæsteri, men at Jørgen Biilde, medens han havde Lyckov Slot i Forlening, har forhøjet Gæsteriet til 1 Pd. Smør, som de nu begære at maatte blive fri for mod igen at svare Penge. Hvis hver Bonde herefter aarlig vil svare 24 Sk., som Mønten nu gaar, i Gæ-

---

[1] Tr.: Secher, Forordninger II. 17 f.    [2] Tr.: Dsk. Samlinger V. 140.

steri, maa de være fri for at svare Smør, men ellers skulle de ved-
blive at give Smør. Sk. T. 1, 90 b.

**27. Maj (Frederiksborg).** Tilladelse for Pouel Rantzov til
Bodkam til i Aar at købe og uddrive 300 Græsøkne og op-
sætte dem paa Foder i Hertugdømmet, dog skal han svare sædvan-
lig Told deraf og lade notere paa dette Brev, hvor mange Øksne
han lader drive gennem hvert Toldsted. Udt. i J. R. 1, 358 b.

— Befaling til Claus Glambeck at lægge en Enemærkeskov i
Skiøring, kaldet Skioldtzbierg, som Kongen har faaet til Mage-
skifte af Jacob Rostrup, ind under Skanderborg. Udt. i J.
T. 1, 210.

— Befaling til Vincentz Jul herefter at oppebære den Land-
gilde, som gaar af Jacob Rostrups Part i Nebbe Gaard og
Gods, af Jfr. Birgitte Rossenkrantz og lade den indskrive i Jorde-
bogen, da Kongen nu har faaet ovennævnte Part til Mageskifte af
Jacob Rostrup. Udt. i J. T. 1, 210.

**28. Maj (Roskildegaard).** Aabent Brev, at Hans Paaske,
Kongens Bygmester, der bor i Helsingøer, for Livstid maa have
fri Tørvegrøft til Ildebrændsel i en ham af Lensmanden paa
Krogen anvist Mose ved Helsingøer Skov og maa gøre sig
Mosen saa nyttig som muligt ved Anlæggelsen af Fiskediger. Sj.
R. 11, 227 b.

**29. Maj (—).** Kvittans til Peder Bilde, Embedsmand
paa Kallungborg Slot, paa 1471$^1/_2$ gl. Dlr. 1 Ort 2 Sk. 1 Pend.,
som han er bleven skyldig for den Rente, han fra 1. Maj 1574 til
1. Maj 1575 har oppebaaret af det Gods, Kongen har tilmageskiftet
sig og lagt ind under Kallungborg Slot, og som han nu har ind-
betalt til Kongen selv paa Roschildgaard. Sj. R. 11, 228.

**30. Maj (—).** Kvittans til Eggert Ulfeld paa 378 gl.
Dlr. og 250 Dlr. 10$^1/_2$ Sk. 3 Pend. i Mønt, som han har indbetalt
i Kongens Kammer paa Regnskab af den Rente, han har oppebaaret
af det Gods, Kongen har tilmageskiftet sig og lagt under Roschild-
gaard. Udt. i Sj. R. 11, 229.

— Aabent Brev, at Morten Skriver, Landstingsskriver paa
Sjællandsfar Landsting, aarlig, saa længe han er Landstingsskriver,
skal have 3 Pd. Mel og 3 Pd. Malt af Loftet i Sorøø Kloster
for sin Tjeneste. Sj. R. 11, 228 b.

— Forleningsbrev for Johan Venstermand paa Sne-
gaardtz Len i Sjælland, som Eggert Ulfeld, Embedsmand paa

Roschildgaard, nu har det i Værge, mod aarlig til hver 1. Maj at svare 100 gl. Dlr. i Afgift.   Sj. R. 11, 229.

**30. Maj (Roskildegaard).** Til Albret Oxe, Fru Mette Rossenkrantz og Peder Oxis andre Arvinger. Da afdøde Peder Oxe skal have haft 2 Gaarde i Faxe Herred, den ene i Olstruppe og den anden i Kongstedt Borup, hvilke Gaarde tidligere have ligget til Skougkloster, som nu kaldes Herlufsholm, og han skal have beholdt dem efter afdøde Hr. Frederich von Dohna, der havde dem i Forlening, men Kongen ikke ved, med hvad Ret, skulle de straks opsøge deres Beviser paa Gaardene og med det første lade Kongen faa bestemt Besked derom, da Kongen ellers vil se sig foranlediget til at tage Gaardene.   Sj. T. 13, 162 b.

— Befaling til Kronens Bønder under Hindtzgaul om indtil videre hver at hjælpe til med at indføre Avlen til Slottet en Dags Tid mere end tidligere.  Udt. i F. T. 1, 70 b.

— Kvittans til Niels Jonssen paa 74½ Dlr. 1 Sk. ½ Hvid, som han har oppebaaret af det Gods, Kongen har tilskiftet sig af Steen Bille og lagt under Hald Slot.  Udt. i J. R. 1, 358 b.

**31. Maj (—).** Til nedennævnte Lensmænd. Da der behøves en stor Hob Slagteøksne til Udspisningen paa Kiøbnehafns Slot og til Orlogsskibene, skulle de sende alle de Kongen tilkommende Gaardfæstnings- og Sagefaldsøksne til Kiøbnehafn, desforuden købe N Øksne og ligesaa sende dem til Kiøbnehafn; alle Øksnene skulle være i Kiøbnehafn senest inden St. Mikkelsdag for at blive drevne paa Græs. De skulle optegne paa klare Registre, af hvem de købe Øksnene, »hvor lød de ere«, og hvad de have givet for hver Okse; Udgiften til Købet skal saa blive dem godtgjort i deres Regnskab. Endvidere skulle de straks sende alt det Flæsk og røgede Oksekød og Faarekød, som tilkommer Kongen og kan undværes fra Slottene, til Kiøbnehafn og fragte Skuder til at løbe did med det. — Register: Jens Kaas skal af sin Beholdning sende 30 Øksne, 100 Sider Flæsk og 200 Faarekroppe; Claus Glambeck skal sende 120 Øksne af Gaardfæstnings- og Sagefaldsøksnene og, hvis han ikke har saa mange, købe de manglende; Jørgen Rossenkrantz og Jørgen Skram skulle sende alle de Kongen tilkommende Gaardfæstnings- og Sagefaldsøksne og alt det Flæsk, røget Oksekød og Faarekød, som de kunne undvære, og købe henholdsvis 50 og 80 Øksne; Vincentz Juel skal købe 80 Øksne og sende alt det Flæsk, han kan undvære; Erick Rudt, Biørn Anderssen

og Niels Joenssen skulle sende alle de Kongen tilkommende Gaard-
fæstnings- og Sagefaldsøksne og alt det Flæsk, de have af Kongens,
og købe henholdsvis 180, 70 og 70 Øksne; Fru Abbel, Hr. Niels
Langis, Gregers Holgerssen, Lodvig Munck i Ørum Len, Peder Gyl-
stern og Otte Banner i Seygelstrup Len skulle købe henholdsvis 80,
70, 70, 50 og 40 Øksne; Axel Viffert skal sende alle de Kongen
tilkommende Gaardfæstnings- og Sagefaldsøksne og alt det Flæsk,
han har af Kongens, og købe 80 Øksne; Jørgen Marsuin skal sende
alle de Kongen tilkommende Gaardfæstnings- og Sagefaldsøksne og
købe 80 Øksne; Otte Emmickssen, Erick Hardenberg og Hans Jo-
hanssen skulle købe henholdsvis 40, 60 og 60 Øksne; Anders Bing
skal sende alle de Øksne, han har, og 12 Læster Smør samt købe
150 Øksne; Hendrich Brade skal sende alle de Kongen tilkom-
mende Gaardfæstnings- og Sagefaldsøksne. Sj. T. 13, 160 b.

**1. Juni (Roskildegaard).** Aabent Brev, hvorved Kongen — der
har bragt i Erfaring, at mange Hofmænd, tjenesteløse Folk og
andre, som rejse gennem Grindov, skyde deres Rør løse
i Byen, hvorved der kan opstaa Ildebrand — alvorligt forbyder
saadant og befaler de gennemrejsende at opføre sig skikkeligt, saa-
fremt de ikke ville gribes af Borgemester og Raad og staa til Rette
derfor. J. R. 1, 359.

**2. Juni (Tryggevælde).** Til de højlærde i Kiøpnehafn. Da
Renteskriver Jørgen Michelsen har begæret at blive skilt fra
sin Hustru, fordi hun ikke har opført sig som en ærlig Danne-
kvinde imod ham og er bleven greben i aabenbart Hor, skulle de
med det første stævne Sagen for sig, først forhøre Jørgen Michel-
sens Hustru og dernæst de Vidner, som Jørgen Michelsen fører for
Retten, afsige Dom om, hvorvidt hendes Forseelse er saa stor, at
han lovlig kan blive skilt fra hende, hjælpe Jørgen Michelsen saa
meget, som Ret er, og give deres Dom skriftlig fra sig. Orig.[1] i
Konsistoriets Arkiv, Pk. 183.

**3. Juni (Verdingberg).** Til Eyller Grubbe. Da Kongen nu drog
til Tryggeveldegaard over den Bro, som kaldes Trollehetten,
mærkede han selv, at Broen var meget skrøbelig, og da der falder
en almindelig Landevej derover, kan det befrygtes, at vejfarende
Folk kunne komme til Skade; Eyller Grubbe skal derfor lade hugge
Tømmer i Kronens Skove og paa Kronens Bekostning lade Broen

---

[1] Tr.: Rørdam, Kbhvns Universitets Hist. 1537—1621 IV. 270.

gøre i Stand. Da den lange Stenbro ved Heldstedt paa
Landevejen fra Faxe Herred ind i Stefns Herred er meget forkørt
og menige Herredsmænd baade efter gammel Skik og Recessen ere
forpligtede til at holde gode Broer og forbedre Vejene i deres Her-
red, skal han med det første befale Bønderne i Faxe Herred,
hvori Broen ligger, at gøre Broen i Stand og føre Sten og Grus
til den og lade dem, der vise sig ulydige, tiltale. Sj. T. 13, 163.

**4. Juni (Vordingborg).** Befaling til samme at lade brænde
saa megen Kalk som muligt i Forraad til Bygningen paa Vor-
dingborg, købe de til samme Bygning nødvendige Stefns Herreds
Sten, fragte Skuder til Transport deraf og indskrive al Udgiften i
sit Regnskab. Udt. i Sj. T. 13, 164.

— Til Mouritz Podebusch. Da denne Brevviser Baltzer
Matzen gentagne Gange har klaget over, at Mouritz Podebusch har
forbudt ham en Jord, uagtet den ikke paa lovlig Vis er fravunden
ham paa Herreds- eller Landsting, men snarere er frataget ham med
Magt, befales det Mouritz Podebusch at sende Besked herom til
Kancelliet og ikke uden Dom og Ret fratage Baltzer Matzen noget.
F. T. 1. 63.

— Forleningsbrev for Hans Pederssen, Renteskriver,
paa et Kannikedømme i Aarhus Domkirke, som er ledigt
efter Dr. Hans Philipssen. Naar han ikke længere er i Kongens
daglige Tjeneste, skal han residere ved Domkirken. J. R. 1, 359 b.

**5. Juni (Kbhvn.).** Til Axel Viffert til Axelvold og Erich Har-
denbiere til Mattrup. Da Morten Brock, Landsdommer i Fyen,
har begæret 1 Gaard i Kerte By og Sogn i Bog Herred til Mage-
skifte for 1 Gaard i Medelbye By og Sogn i Schoufby Herred,
skulle de med det første besigte begge Parters Gods, ligne det og
indsende klare Registre derpaa. F. T. 1, 63.

**6. Juni (Vordingborg).** Aabent Brev, at Kirkeværgerne for
Bygom Kirke i Viborg Stift i N Aar maa oppebære Afgiften
af Kronens Part af Tienden af Bygom Sogn, som er 4 Tdr.
Korn, til Istandsættelse af Kirken, der er meget bygfalden og
ikke kan istandsættes af Sognemændene alene. J. R. 1, 360.

**7. Juni (Nykøbing p. F.).** Tilladelse for Steen Olssen, Bor-
ger i Halmstadt, til i Aar sisefrit at indføre 3 Læster Ro-
stockerøl i Riget, dog skal han lade skrive paa dette Brev, hvor-
hen han fører Øllet, for at der ikke under det Skin skal befris
mere Øl for Sise. Sk. R. 1, 159.

5

**11. Juni (Nykøbing p. F.).** Aabent Brev, at Bønderne i Fredlof¹ paa Laaland altid maa beholde Fredlof Enghave, som er tildømt dem af Biskop Ifuer Munck, Hr. Stygge Krumpen, Hr. Ofue Bilde og andre Rigens Raader, og hvori der nu er opvokset nogen Ungskov; ingen fremmede Lodsejere maa herefter hugge i Skoven eller bruge Enghaven, og Bønderne i Fredlof skulle ogsaa selv være forpligtede til at frede Skoven og maa kun hugge efter Udvisning af den Skovfoged, som Lensmanden paa Aalholm sætter til at have Opsyn med Skoven. F. R. 1, 500 b.

**14. Juni (Gedesgaard).** Befaling til Chrestopher Valckendorp straks at sende de paa vedlagte Seddel opførte Ankere, Mærs og andet til Giedtzøer, da nogle af de Skibe, som vare sendte did, have lidt Skade af Storm og Uvejr. Det Brød, som Skibene ikke fik med, skal han, hvis det ikke straks kan sendes til Skibene, sende til Tolderen i Wernaaminde², hvor Admiralen saa kan lade det hente. Udt. i Sj. T. 13, 164.

**15. Juni (—).** Til samme. Kongen har bevilget, at Betalingen af det, som Albret Oxe og hans Søskende paa deres Broder Peder Oxes Vegne med Rette ere Kongen skyldige, maa staa hen til Kongens Tilbagekomst, dog undtages de Penge, som de blive skyldige i Peder Oxes Regnskab. Udt. i Sj. T. 13, 164 b.

— Til Niels Kaas, Kansler, Peder Munck, Admiral, og Chrestopher Valckendorp, Rentemester. Da Raf Kletton, Kongens Skibshøvedsmand, i Følge deres Beretning er kommen tilbage fra England og har meldt, at den Forræder Zacarias, som i Kongens Navn har opkrævet Penge og Varer paa Bornholm og Island, har eftermalet Kongens Haand og udstedt Breve i Kongens Navn, ikke længere er i England, men skal være i Nederlandene hos Prinsen af Uranien, sendes der dem et Brev til denne om at lade Zacarias anholde, hvis han kan opspørges, og det befales dem straks, inden Forræderen undkommer, at sende et paalideligt Bud, der kan røgte denne Sag og omgaas stille med den, til Nederlandene og forsyne ham med de nødvendige Tærepenge. Sj. T. 13, 165.

— Til Morten Venstermand. Da Kongen har givet en af sine Vognmagere Ordre til straks at rejse fra Frederichsborg til Raunsbierg Len for at hugge noget Vogntømmer, skal Morten Venstermand give

---

¹ Frejlev, Musse H. ² Warnemünde.

sine Fogder Ordre til i hans Fraværelse at anvise Vognmageren
det nødvendige Tømmer og skaffe ham Hjælp til Hugningen samt
en Skude til at føre Tømmeret til Daulycke Slette. F. T. 1, 284.

**15. Juni (Gedesgaard).** Til Henrich[1] Norby. Da Kongen har
eftergivet Morten Fris paa Byttøe 30 Dlr. af den Sum, som
han for sin Forseelses Skyld har maattet betale Kongen, skal Hen-
rich[1] Norby tilbagebetale ham disse, men tage en Bekendelse af
ham om, at Pengene ere givne tilbage af Naade. F. T. 1, 284.

**21. Juni (Kbhvn.).** Aabent Brev, hvorved det strengelig be-
fales Tingriderne i Sjælland herefter at møde paa Sjæl-
landsfar Landsting hver 8. Dag for at høre, hvad der paa-
bydes dér, og siden forkynde det for Indbyggerne; hidtil have de
nemlig vist sig meget forsømmelige og ere sjælden komne paa Lands-
tinget, hvilket ofte har medført, at vigtige Breves Forkyndelse er
bleven forsømt. Landsdommeren skal have Fuldmagt til at tiltale
enhver, der ikke efterkommer dette Paabud. Sj. R. 11, 230 b[2].

**27. Juni (Güstrow).** Tilladelse for Bernt Prenger, Borger i
Rostock, til sisefrit at indføre 50 Læster Rostocksøl i Dan-
mark. dog skal han lade Tolderen antegne paa dette Brev, hvorhen
han fører Øllet, og hvor mange Læster han hver Gang indfører.
Sj. R. 11, 231.

**28. Juni (—).** Til Niels Kaas, Kansler, Peder Munck, Admi-
ral, og Christopher Valckendorp, Rentemester. Kongen havde for-
inden deres Skrivelse faaet Underretning om, at Dr. Albrit Knop-
pert, der var sendt ud i Kongens Ærinde, var bleven skudt i
Nederlandene, og billiger, at de have sendt Herolden Johan
Baptist did for at opsøge de Dokumenter, som Dr. Knoppert havde
hos sig. I Henhold til deres Betænkning befaler Kongen dem med
det første at sende en dertil bekvem Person afsted til Universi-
teterne i Tyskland i samme Ærinde, som Dr. Knoppert havde, og
forsyne ham med Tærepenge og andet nødvendigt. Der sendes
dem Skrivelser til de Universiteter, som han efter deres Mening
bør besøge. Sj. T. 13, 165 b.

**1. Juli[3] (—).** Forleningsbrev for Jacop Høyer, Sekre-
tær, paa det Kannikedømme i Roschilde Domkirke, som er
ledigt efter Dr. Albret Knoppert. Naar han ikke længere er i Kon-

---

[1] F. T. har ved en Fejlskrift: Henning.    [2] Tr.: Secher, Forordninger II. 19.    [3] Sj.
R. har ved en Fejlskrift: 1. Juni.

gens daglige Tjeneste, skal han residere ved Domkirken.  Sj. R.
11, 230.

**6. Juli (Gedesgaard).**  Befaling til Chrestopher Valckendorp at
levere Skipperen paa Kongens Jagt Gott sei mit uns rødt
Engelst til en Klædning og Fløjl til at forbræmme den med og
hver af Baadsmændene rødt Engelst til en Klædning.  Udt. i
Sj. T. 13, 166.

— Til Biørn Kaas og Hans Skougaard.  Da den til dem og
Jørgen Marsuin udgaaede Befaling[1] til at besigte Skafteløf Gaard og
Gods i Sjælland, som Hack Ulstand vil afstaa til Kronen, og Vester-
stad Gods i Fers Herred, som han skal have i Stedet, endnu ikke
er bleven udført, fordi Jørgen Marsuin ikke har kunnet deltage i
Besigtelsen af det skaanske Gods, befales det dem alene straks at
besigte Vesterstad Gods.  Sk. T. 1, 91.

**13. Juli (Sørup).**  Ekspektancebrev for Johan Knoppert
paa det første ledige Kannikedømme i Roschilde Domkirke;
dog tidligere Ekspektancebreve hermed uforkrænkede.  Sj. R. 11, 231.

— Til de højlærde i Kiøbnehafn og Kirkeværgerne ved Vor
Frue Kirke.  Kongen har udstedt en Forordning om, at ingen af
Adelen maa lade sig gøre Begravelser over Jorden paa Fyrsters og
Herrers Vis, og skrevet til Fru Pernille, Otte Rudtz Enke, om at
lade den Begravelse nedtage, som hun har ladet sætte over sin
Mand i Vor Frue Kirke i Kiøbnehafn paa det Sted, hvor Kongerne
have haft deres Plads ved Kongekroninger og andre Ceremonier,
da Stolene »forsættes« derved og der gives andre et daarligt Eks-
empel.  Da hun imidlertid ikke endnu har begyndt paa Nedtagnin-
gen, skønt Kongen paa hendes ofte gentagne Begæringer har ind-
rømmet hende, at selve Begravelsen maa blive, naar den kun flyttes
ud og sænkes ned paa et andet Sted, saa den kommer til at
ligge ved de andre Grave og lige ved Jorden, saa at Stolen kan
komme til at staa, hvor den tidligere stod, skulle de, hvis hun ikke
inden førstkommende St. Jacobi Dag [25. Juli] kommer til Byen
for at nedtage den, lade Begravelsen nedtage eller nedsænke den
paa ovennævnte Maade og igen sætte Stolen paa dens gamle Plads,
da Kongen ellers vil gøre dem ansvarlige derfor.  Sj. T. 13, 166 b[2].
Orig. i Konsistoriets Arkiv Pk. 162.

---

[1] Se Kanc. Brevbøger 1571—75 S. 703.      [2] Tr.: Vedel Simonsen, Efterretn. om de
danske Ruder II. 261.  O. Nielsen, Kbhvns Dipl. IV. 619 f.  Rørdam, Kbhvns Universitets
Hist. 1537—1621 II. 728 f.

**13. Juli (Sørup).** Befalinger til Vincentz Juel, Jens Kaaes, Jørgen Skram og Niels Joenssen, der tidligere have faaet Ordre til at besigte Fru Karen Niels Skiels Gods under Nygaard samt Vorgaard og Vorgaards Gods i Vendsyssel, om straks at besigte Godset, hvis det ikke allerede er sket, og blive enige om, naar Besigtelsen kan gaa for sig, for at Kongen engang kan komme til Ende med dette Mageskifte. Sj. T. 13, 167 b.

— Til Fru Karrine Niels Skiels. Ovenstaaende Skrivelse om Besigtelsen af Nygaard og Vorgaard sendes hende, da Kongen ikke ved, om Besigtelsen har fundet Sted, men gerne ser, at den finder Sted med det første. J. T. 1, 210 b.

— Til Chrestopher Valckendorp. Da Predbiørn Gyldenstiern, der siden Udstedelsen af Kongens Brev, hvorved denne forbeholdt sig Halvdelen af den uvisse Rente af Vesteruig Klosters Len, staar til Restance med 1 Aars Regnskab for den uvisse Rente, nu har berettet, at han har købt 30 Øksne til Kongen, har denne eftergivet ham ovennævnte Halvpart for det forløbne Aar. Sj. T. 13, 167 b.

— Aabent Brev, at de Bønder i Nykiøping Len, der besøge Sildefiskeriet i Skaane og svare Tolderen i Falsterboe sædvanlig Told og Aareskyld, indtil videre skulle være fri for at svare den Afgift, som de hidtil desuden have maattet svare til Nyekiøping Slot ved deres Hjemkomst, nemlig $^1/_2$ Td. Sild af hver Skude og 1 Fjerd. Sild af hver 4 Aarers Baad, da saadant ikke er Skik andensteds. F. R. 1, 501.

— Til Claus Glambeck. Da Johan og Knud Rud og de af Møgelkier altid strejfe omkring med en Hob Hunde og jage i Bierg Herred af den ene Mark og i den anden, ja endog undertiden jage i Bygholm Mark eller andensteds, hvor de ingen Lod eller Del have, skal han, hvis han kan opdage, at de jage paa Kronens Ejendom, hvor de ingen Lod eller Del have, straks melde det til Kongen og ligesaa indberette, om han nogensinde har hørt, at de have jaget i Bygholm Mark. Ser han gennem Fingre med nogen, vil han selv komme til at staa til Rette. J. T. 1, 210.

— (U. St.). Tilladelse for Jørgen Blanck, Slotsskriver paa Nykiøping, til sisefrit at købe her i Riget eller indføre 1 Læst Rostockerøl. F. R. 1, 501.

**18. Juli (Sørup).** Til Chrestopher Valckendorp. Da Kongen har lovet de Hofsinder og Enspændere, der skulle til

Øssel, at holde hver Hofsinde 5 Heste og hver Enspænder 3 Heste
og at give dem 4 Maaneders Besolding paa Haanden, skal Chre-
stopher Valckendorp, inden de drage afsted, betale dem de
4 Maaneders Besolding og deres aarlige Pension og
Hofklædning; endvidere skal han antage en 200 Knægte, der
skulle følge med til Øssel, skaffe Havre, Fetalje og andet nødven-
digt og fragte Skuder og Krejerter til at overføre baade Folk og
Fetalje. Sj. T. 13, 168.

**18. Juli (Sørup).** Til Niels Kaas, Kansler, Albret Oxe og Hen-
rich Norby. Da Lauge Venstermand har bevilget Kongen sin
Hovedgaard Stadagger og alt sit øvrige Gods paa Falster til Mage-
skifte for Pederstrup Gaard paa Laaland med saa meget af det
tilliggende Gods, som hans Gods kan beløbe sig til, skulle de med
det første besigte begge Parters Gods, ligne det, udlægge Lauge Ven-
stermand det Gods, han skal have, og indsende klare Registre der-
paa. F. T. 1, 284 b.

**20. Juli (—).** Aabent Brev, at Kronens Bønder i Viger-
løse Sogn paa Gedtzør herefter altid maa beholde den Del af
Bøtte, som ikke er givet til Hollænderne, til deres Fædrift og an-
den Byens Brug mod aarlig at svare Kronen 15 Dlr. i Afgift deraf.
F. R. 1. 502.

— Forleningsbrev for Fru Dorotthe Krabbe, Bene-
dicts van Allefeldtz Enke, paa Spøttrup Gaard, som hendes Hus-
bonde sidst havde den i Værge, uden Afgift. J. R. 1, 360 b.

— Befaling til Biørn Anderssen at fragte et godt Skib med
Overløb paa ved Aarhus og straks sende al den Havre, som han
blev skyldig i sidste Regnskab og har hos sig, til Kiøpnehafn,
hvor der er Mangel paa Havre til Kongens Heste. Fragten maa
han lade indskrive i Regnskabet. J. T. 1, 211.

— Lignende Breve til Vincentz Jul og Nils Jonssen. J. T.
1, 211.

**21. Juli (—).** Forleningsbrev for Orian von Leber
paa det Falkeleje, kaldet Smørkold, i Laugholms Len, som
han nu selv har i Værge. Han skal aarlig svare Kronen sædvanlig
Told, Afgift og anden Rettighed deraf, tilbyde Kongen alle de Falke,
han fanger, førend han drager ud af Riget med dem, og, hvis Kon-
gen behøver nogle, overlade ham hver tredje Gejrfalk og anden
Falk til en Pris af 6 Dlr. Stykket; vil Kongen derudover købe Falke
eller andre Fugle af ham, skal han sælge dem til en rimelig Pris.

Han maa ikke selv eller ved andre tage unge Falke ud af Reden, saafremt han ikke vil lide tilbørlig Straf. Sk. R. 1, 159 b.

**21. Juli (Sørup).** Befaling til Erriick Rud, Embedsmand paa Aalborghus, at købe alle de Tiendelam, som falde i Aalborre Stift, og desuden 600 Lam i Aalborre Len til Udspisningen paa Kiøpnehafns Slot og paa Holmen, lade Lammene slagte, salte og røge og til Foraaret sende Kødet til Kiøpnehafn. Orig.

— (U. St.). Register paa Bøsseskytter, der bleve forskrevne i Borgeleje: i Jylland Olborg og Riibe hver 50 Bøsseskytter; Aarhus og Randers hver 15; Horsens, Viiborg og Vorde hver 10; Veylle og Kolding hver 8; Ringkiøping, Nyekiøping p. Mors og Skafuen hver 6; Ebbeltoft, Grindou, Seeby og Tystedt hver 5; Hofbroe, Høring, Lemuig og Skifue hver 4. — I Skaane Malmøe 60; Landzkrone 30; Lund og Halmstedt hver 15; Ydstedt, Aahus og Helsingborg hver 10; Trelborg 8; Vee, Laugholm og Falsterboe med Skaanøer hver 6. Sj. T. 13, 168 b.

**23. Juli (Sørup).** Til Christoffer Valckendorff. Kongen billiger hans Forslag om at lade Orlogsskibet Løven følge med de Hofsinder, der skulle til Øssel, og befaler ham med det første at udruste dette Skib, saa Hofsinderne selv kunne være derpaa, og ligesaa de andre Skibe, der skulle overføre Hofsindernes Folk og Heste, samt gøre alt andet, som skal sendes til Øssel, rede, saa Skibene kunne være færdige til at sejle til St. Laurentii Dag [10. Aug.] i det allerseneste. Da han beretter at kunne skaffe 2 Maaneders Besolding til Hofsinderne foruden de 4 Maaneders Besolding, som de allerede have faaet, skal han sende disse 2 Maaneders Besolding til Frederich Gross paa Øssel, for at han efter de 4 Maaneders Forløb kan betale Hofsinderne dem. Orig. [1]

**25. Juli (—).** Mageskifte mellem Lav Venstermand og Kronen. F. R. 1, 502. (Se Kronens Skøder.)

**28. Juli (—).** Forleningsbrev for Jens Falster paa 2 øde Jorder i Sønder Alslef, som hans nu afdøde Moder Fru Øllegaardt. Peder Falsters Enke, har haft Livsbrev paa, uden Afgift. F. R. 1, 507 b.

**29. Juli (—).** Til Lau Venstermand, Landsdommer paa Laaland og Falster, og Henrich Norby, Embedsmand paa Nykiøping Slot. Da Claus Jacopssen har begæret 1 Gaard i Saunsee, 1

---

[1] Tr.: Dsk. Mag. III. 134. Nye dsk. Mag. I. 12 f.

Gaard i Schouby, 1 Gaard i Gamelby og 1 øde Jord paa Lauind
til Mageskifte for 1 Gaard i Marbeck, 1 Gaard i Ørslou og 1
Gaard og en Part i 1 Gaard i Raabiere paa Giedtzør paa Falster,
skulle de med det første besigte begge Parters Gods, ligne det og
indsende klare Registre derpaa. F. T. 1, 285 b.

**29. Juli (Sorup).** Anmodning til Jacob Seefeldt, der har
berettet, at han i Sommer kan skaffe endnu en 3—400 Læster
Kalk foruden den, Kongen allerede har faaet, om at skaffe saa
meget, han kan, da Kongen har god Brug for den til Byggeriet paa
Krogen, og foreløbig lægge de Penge ud, som Bønderne skulle have
for Kalken. Kongen har sørget for, at der ikke skal være Mangel
paa Skibe, og vil tilbagebetale ham hans Udlæg, saa snart han sen-
der Bud derom. J. T. 1, 211.

**1. Aug. (Søfteholm).** Aabent Brev, at Peter Adrian, Skibs-
kaptejn, maa faa det Hus lige overfor Toldboden ved Slottet i
Kiøpnehafn, som Jørgen Busk sidst havde, og have sin Bolig
deri ligesom Jørgen Busk. Udt. i Sj. R. 11, 232[1].

— Til Biørn Anderssen for Fru Anne Oxes, Frans Banners,
Vedkommende, Niels Joenssen for Fru Pernille Oxes og Fru Cit-
zelle Oxes Vedkommende, Eggert Ulfeldt for Fru Mette Oxes, Hans
Bernekous Enkes, og Jfr. Jahanne Oxes Vedkommende og Hendrich
Norby for Albret Oxes Vedkommende. Fru Mette Rossenkrantz,
Peder Oxes Enke, har berettet, at der er Trætte mellem hende
og Peder Oxes Søskende om Arv og Skifte efter Peder
Oxe, og at hun, da de kort efter Peder Oxes Begravelse vare for-
samlede og ikke kunde blive enige om Skiftet, har foreslaaet, at de
i Forening skulde udtage en kgl. Befaling til Samfrænder om at
skille dem ad efter Loven, hvilket de dog aldeles have afslaaet.
Derefter har hun i Henhold til Recessen alene udtaget en kgl. Be-
faling til nogle Raader og gode Mænd om at afgøre alle Strids-
spørgsmaal og siden drage med hende og Peder Oxes Søskende ind
paa Gislefeldt for at skifte og dele dem imellem. Disse Raader og
gode Mænd have nu for nylig været forsamlede i Nestuedt, hvor
Fru Mette Rossenkrantz og en Del af hendes Medarvinger ere mødte
i Rette for dem, og de have her afsagt den Kendelse, at en Jærn-
tønde, som skal tilhøre Fru Mette og hendes Børn, men af Peder
Oxes Arvinger tværtimod Forbud er bragt fra Kiøbnehafn til Gisle-

---

[1] Tr.: O. Nielsen, Kbhvns Dipl. II. 370.

feldt, skal føres til Nestuedt for at blive oplukket i Raadernes og de
gode Mænds Nærværelse, saa hver Part kan faa de den tilhørende
Breve og andet. Da Peder Oxes Søskende imidlertid hverken have
villet rette sig efter denne Kendelse eller i det hele møde i Rette
med hende, skønt Kongens Befaling lød paa, at Samfrænder skulde
afgøre Trætten og skifte mellem dem, ja endog efter denne Befalings
Udstedelse have understaaet sig til at dele alt Peder Oxes Gods
mellem sig og straks tage en Del af det tværtimod det Brev, som
Peder Oxe med deres Samtykke og under deres Segl har givet sin
Hustru, befaler Kongen, til hvem hun har henvendt sig om Hjælp,
ovennævnte 4 Mænd at æske Jærntønden af Peder Oxes Søskende,
tiltale dem, fordi de have siddet Samfrændernes Dom overhørige,
og forfølge denne Sag og al anden Tiltale, som Fru Mette maatte
have til dem, til Herredsting og Landsting og for Rigens Kansler,
saa vidt de kunne gøre det med Lov og Ret. Sj. T. 13, 169 b.

2. **Aug. (Søfeholm).** Til Chrestopher Valckendorp. Da Kongen
vil oprette en Kommis af Penge, Fetalje, Klæde, Arrask og an-
det for de Hofjunkere og Knægte, som skulle ligge i Be-
sætning paa Arnsborg, og tidligere har givet ham Ordre til at
sende Havre, Salt, Smør, Flæsk, Malt og anden Fetalje did, befales
det ham at sørge for, at alt kommer did med det første, og at der
dannes et saadant Forraad, at Huset ikke skal lide Nød eller Uly-
dighed af den Grund opstaa blandt Knægtene. Han skal sætte en
god, forstandig Karl af de Høvedsmænd, som Kongen har i Aars-
besolding, over Knægtene, men en, som kan have »Gehør« over
dem. Da Kongen vil lade Sonneborg Slot sløjfe og dertil be-
høver 1 eller 1¹/₂ Læst Krudt, for at Fundamentet kan blive helt
kastet op og ikke siden skal komme Fjenderne til Nytte, skal han
sende dette Krudt afsted med Fetaljen. Han skal give Ordre til,
at en af de Gallejer eller Pinker, som ere løbne i Søen, stadig
bliver under Øssel lige til St. Mikkelsdag, for at Russen ikke skal
foretage et hastigt Indfald med Espinger eller Skuder og afbrænde
den paa Marken staaende Grøde. Sj. T. 13, 172 b. Orig.[1]

— Til Albret Oxe. Bønderne i Mabølle Sogn have klaget
over, at hans Foged mod deres Vilje har fravendt deres Kirke
en Vejrmølle og givet den til en af deres Bymænd, Claus Jen-
sen, for en Kalk og Disk, som denne har givet til Kirken. Da de

---

[1] Tr.: Dsk. Mag. III. 135 f. (med Dato: 11. Aug.). Nye dsk. Mag. I. 13 f.

imidlertid mene, at Kirken kunde have mere Udbytte af Vejrmøllen, og ere villige til at tilbagegive Kalk og Disk eller betale den, ligesom ogsaa til at betale hvad Bekostning Claus Jensen har gjort paa Møllen, heri dog fraregnet den Fordel, han har haft af den, skal Albret Oxe sørge for, at Møllen igen kommer tilbage til Kirken, og at Claus Jensen faar det, der tilkommer ham. F. T. 1, 286.

**2. Aug. (Søfleholm).** Aabent Brev, at Borgemester og Raad i Stubekiøbing i N Aar maa oppebære Kronens Part af Tienden af Morseby[1] Sogn paa Falster til deres Kirkes Bygning, dog skulle Kirkeværgerne være forpligtede til at gøre Regnskab for Kornet og udelukkende anvende det til Kirkens Bedste. F. R. 1, 507 b.

**3. Aug. (—).** Befaling til Chrestopher Valckendorpf at betale Hertug Moritz af Saxen den halve Maaneds Kostpenge, der bleve afkortede denne i den Maaned, da han havde Tilladelse til at rejse ud af Landet. Udt. i Sj. T. 13, 173 b.

— Forleningsbrev for Jørgen Blancke paa Sørup Gaard paa Falster mod aarlig at svare 6 Pd. Korn i Landgilde, medens han skal være fri for Skat, Ægt, Arbejde og al anden Tynge. Han skal have flittigt Tilsyn med Kongens Vildtbane og, hvis han opdager, at nogen skyder deri, melde det til Lensmanden. Han maa faa Ildebrændsel og Gærdsel af fornede Træer. F. R. 1, 508.

— Til Jørgen Schram og Claus Glambeck. Da Erich Kaas til Lindbierregaard har begæret 1 Gaard, kaldet Tafle, i Hermind Sogn, 1 Bol i Lee og 1 Bol i Tulstrup i Mielsom Herred og 1 Gaard, kaldet Meylgaard, i Roding Sogn i Sønderliung Herred til Mageskifte for 1 Gaard i Klindtrup i Gern Herred og 1 Gaard i Embdrup i Skanderborg Len, skulle de med det første besigte begge Parters Gods, ligne det og indsende klare Registre derpaa. J. T. 1, 211 b.

**4. Aug. (—).** Til Henning Giøe og Henrich Norby. Da Morten Venstermand har begæret 1 Gaard i Bregerup i Laaland, tilhørende Hospitalet i Nykiøping, med 1 lille Gadehus til Mageskifte for 1 Gaard i Vedby og 1 Gaard i Klauschouf[2], skulle de med det første besigte begge Parters Gods, ligne det og indsende klare Registre derpaa. F. T. 1, 286 b.

**6. Aug. (—).** Til alle Kronens Bønder paa Falster, der

---

[1] Moseby.　　[2] Klodskov, Falster.

ligge under Nykiøping Slot. Da en Del af dem, naar de tilsiges
til Pløjning, Høst eller andet Arbejde til Nykiøping Slot eller
Ladegaardene, ikke ville møde, fordi de mene, at saadant Arbejde
kun paahviler Ugedagsmændene, befales det dem strengelig at møde,
naar Lensmanden eller hans Fogder tilsige dem, efterdi Kongen nu
driver mere Avl og paa flere Steder end før, idet han ogsaa har
begyndt at holde Avlsgaard paa Sophieholm, og ikke vil have sine
rigtige Ugedagsmænd helt ødelagte. De, der ikke møde, ville blive
straffede paa deres Boslod. F. T. 1, 287 b.

    **6. Aug. (Sofieholm).** Befaling til Henrich Norby at udlægge
Præsten i Stadager, hvis Præstegaard Kongen selv vil bruge,
en lige saa god Gaard i Sundby i Stedet og sende ham til Kongen
for at faa nærmere Forvaring derpaa. F. T. 1, 288.

    — **(Stadager).** Aabent Brev, hvorved Jens Troulsen paa
Vol[1] i Falster faar 2 Aars Henstand med den Landgilde,
som han plejer at svare til Nykiøping Slot. Udt. i F. R. 1, 509 b.

    — Aabent Brev, hvorved Lauritz Olsen fritages for 1
Pd. af sin aarlige Landgilde, saa længe han er Foged. Udt. i
F. R. 1, 509 b.

    — **(Vordingborg).** Forleningsbrev for Albrecht Oxe
paa Aalholm Slot og Len og Øen og Øens Len, saaledes som
han nu selv har dem i Værge. Han skal svare 3000 gl. Dlr. i
aarlig Afgift, tjene Riget med 6 geruste Heste og gøre Regnskab
for alt Vrag, som strander i Lenet. Han skal oppebære den Kro-
nen tilkommende Biskopstiende og aarlig gøre Regnskab derfor. F.
R. 1, 508 b.

    **[6. Aug.] (—).** Aabent Brev, at Hr. Chresten Nielsen,
Sognepræst til Faxe Kirke og Provst i Faxe Herred, indtil videre
maa beholde en Kronens Enemærkeejendom i Vraamose,
som tidligere laa til en Gaard i Lystrup, der nu er købt ind under
Kronen, og som Eyller Grubbe, Rigens Kansler og Embedsmand
paa Vordingborg Slot, har lejet ham paa 3 Aars Tid; han skal aar-
lig svare 1 Pd. Korn til Thryggeueldgaard og frede den paa Ejen-
dommen voksende Ungskov, som han kun maa bruge til Gærdsel.
Sj. R. 11, 231 b.

    **11. Aug. (Frederiksborg).** Aabent Brev, at Gilbert Jung, der
har lovet fremdeles at ville tjene Kongen som Skibshøvedsmand,

---

    [1] Vaalse.

aarlig skal have 300 Dlr. og sædvanlig Hofklædning til sig selv-
anden; heraf skal han underholde sig selv og sine Folk med Øl
og Mad, naar han ikke er til Søs, i hvilket Tilfælde han derimod
skal bespises ligesom andre om Bord. Sj. R. 11, 232 b.

**11. Aug. (Frederiksborg).** Til Eyller Grubbe, Herluf Skafue og
Eyller Kraufse. Da Albret Beck har begæret 8 Gaarde i Efuer-
drup til Mageskifte for 3 Gaarde i Endegaard, 3 Gaarde i Diurre-
løf og 1 Gaard i Skallerup, skulle de med det første besigte begge
Parters Gods, undersøge, om Kronens Gods kan undværes fra Vor-
dingborg Slot, ligne Mageskiftegodset og indsende klare Registre der-
paa. Sj. T. 13, 174.

— Befaling til Chrestopher Valckendorp at bestille saa megen
Fetalje, Hø, Havre og Strøelse, som Hofjunkerne og
deres Heste behøve paa Overrejsen til Øssel, og saa meget
Vadmel og Lærred, som de behøve til at behænge deres Heste
med paa Skibet. Udt. i Sj. T. 13, 175.

— Til samme. Wolf Lydinghussis Arvinger have anholdt
om en Sum Penge hos Kongen, men denne har kun bevilget dem
den Besolding og Hofklædning, der tilkommer Wolf Lydinghus i
Følge hans Bestalling; hvis de ere tilfreds hermed, maa han gøre
op med dem, men han skal, inden der betales dem noget, under-
rette Kongen om, hvor meget det beløber sig til. Sj. T. 13, 175 b.

— Til Kapitlet i Viiborg. Kongen har bragt i Erfaring, at
Tønden paa Thrindelen ikke holdes i Stand og nu er helt
borte, hvorover den søfarende Mand klager meget, da han derved
ofte kommer i stor Fare baade med Skib og Gods, og Kongen kan
ikke noksom forundre sig over Kapitlets Forsømmelighed, da han
tidligere alvorlig har befalet det at udlægge Tønden i rette Tid og
igen optage den om Vinteren. Det befales derfor alvorligt Kapitlet
at rette sig efter den givne Ordre, saafremt det ikke, hvis der kom-
mer yderligere Klager og den søfarende Mand lider Skade, vil staa
til Rette derfor. Der er skrevet til Erich Rud om Istandholdelse
af Tønden, og det befales Kapitlet, saa ofte Tønden ikke er i Stand,
straks at melde det til Lensmanden paa Aalborghus. J. T. 1, 212.

— Til Erich Rud. Da Lensmanden paa Aalborghus altid
plejer at holde Tønden paa Trindelen i Stand, skal han straks
lade den opsøge og sætte i Stand, hvis den mangler noget, saa den
straks kan blive udlagt. Hvis Tønden er helt borte, skal han straks
lade en ny lave, lade den lægge ud og siden holde den i Stand og

paase, at den bliver lagt ud og taget op igen til rette Tid. Kommer der yderligere Klager over. at Tønden ikke holdes i Stand, vil han selv komme til at staa til Rette derfor. J. T. 1, 212 b. Orig.

**11. Aug.**[1] (**Frederiksborg**). Til Henrich Mogenssen, Tolder i Helsingøer. Da der er kommet nogle Saltskibe til Sundet og Kongen ikke ved, om der kommer mere Salt i Aar eller om det ikke bliver dyrere et andet Aar, skal han give Saltskibene Ordre til at løbe til Kiøbnehafn og sælge Saltet dér. Hvis de ikke kunne sælge alt Saltet dér, har Kongen givet Rentemesteren Ordre til at vise dem andenstedshen. Sj. T. 13, 175.

**12. Aug.** (—). Befaling til samme at fortolde de Saltskibe, som han har ladet opholde i Sundet, indtil han kunde faa Besked fra Kongen om, hvor meget Salt denne vil have, og derefter lade dem passere; dog skal han af alle Saltskibe tage en Forskrivning paa, at de under Fortabelse af Skibene ikke ville løbe til Naruen. Han skal lade et eller to Saltskibe, tilsammen paa 400 Læster, løbe ind for Kiøbnehafn, men behøver ikke at anvise dem Betalingen i Dantzick, da han kan lade det betale af Rentemesteren og i Kiøbnehafn. Sj. T. 13, 175 b.

— Forleningsbrev for Hr. Matz Chrestenssen af Valindtzbeck paa Kronens Part af Tienden af samme Sogn. Udt. i Sj. R. 11, 233.

— Til Bønderne i Gyding Herred. De have i Anledning af den Unaade og Mistanke, som Kongen har fattet til dem, fordi nogle af dem, da Svensken faldt ind i Skaane i sidste Fejde, ikke have opført sig tilbørligt, idet de ikke alene have vidst noget om de Svenskes Forehavende, men endog have styrket disse deri, nu undskyldt sig hos Kongen og gjort gældende, at selv om nogle have forset sig, har den menige Mand ikke vidst noget derom eller billiget det, og de uskyldige burde derfor ikke lide med de skyldige. Skønt Kongen ellers havde god Grund til at tage streng Straf over saadanne grove Forseelser, vil han dog nu, da alt, Gud være lovet, er kommet i Fred og Ro, ikke tragte efter sine Undersaatters Fordærvelse og tilgiver dem derfor denne Sag, men paalægger dem herefter at vise sig som tro Undersaatter og være Lensmanden paa Helsingborg lydige. Sk. T. 1, 91 b.

— Til Godscke Fris og Fru Kirstin Ebbe Lauritzens. Kongen

---

[1] Sj. T. har urigtigt: 1577.

har erfaret, at der for kort Tid siden er skudt 2 Dyr i Kronens Skove i Frambløf Herred under Skanderborg Slot, og at en af deres Karle har været med til at skyde Dyrene, er bleven forfulgt paa fersk Gerning og set i deres Gaarde. Da Lensmanden paa Skanderborg desuden straks efter, førend Karlene have kunnet undkomme, gennem Herremænd, der droge til ovennævntes Gaarde, har begæret, at Karlene maatte blive holdte til Stede, befales det dem, saafremt de ville være undskyldte heri, at holde Karlene til Stede og stille dem for Retten. J. T. 1, 213 b.

**12. Aug. (Frederiksborg).** Til Claus Glambeck. Ovenstaaende Breve til Godsche Fris og Fru Kirstin Ebbe Lauritzens sendes ham til videre Besørgelse med Ordre til at kræve Karlene udleverede, undersøge, hvem der har været disses Hjemmel, og meddele Kongen, hvad de bekende. J. T. 1, 213 b.

**13. Aug. (—).** Til Lensmændene[1] over hele Riget. Da Kongen har bragt i Erfaring, at der allevegne i Riget strejfe mange løse Folk omkring, der ingen Tjeneste have og ej heller nogen rigtig Besked at rejse med, men kun løbe fra et Sted til et andet og ernære sig ved Skalkhed og Løgn, hvilket er Almuen til ikke ringe Besværing, skulle de straks baade i deres Len og de Købstæder, de have i Befaling, nøje undersøge, hvor der findes saadanne Løsgængere, tjenesteløse Folk og Bærenhytter, og lade alle, der ikke have nogen rigtig Besked at rejse med, men ellers ere stærke og føre Folk, slaa i Jærn og sende til Kiøpnehafns Slot samt fremdeles paase, at alle saadanne Folk, der herefter træffes i deres Len, ligeledes blive fængslede og sendte til Kiøbnehafns Slot, hvor de, der fremføre dem, skulle faa nærmere Besked. Da de Breve og Mandater, som Kongen lader udgaa herom, sjælden efterkommes, befales det dem nu alvorligt at paase, at der ikke ses gennem Fingre med nogen, saafremt de ikke ville staa til Rette for Ulydighed. Sj. T. 13, 176[2].

— Lignende Breve til Borgemestre og Raad i alle Købstæderne. Sj. T. 13, 179[3]. Orig. (til Kallundborg) i Provinsark. i Kbhvn.

**16. Aug. (—).** Aabent Brev, at Langinus Fisker, Kongens Mundkok, maa blive boende i Kiøpnehafn og indtil videre være fri for Skat, Vagt, Hold og al anden borgerlig Tynge. Sj. R. 11, 233[4].

---

[1] De opregnes alle med deres Len og Købstæder.   [2] Tr.: Secher, Forordninger II. 20 f.   [3] Tr.: O. Nielsen, Kbhvns Dipl. I. 463 f. (efter en Afskrift).   [4] Tr.: Smstds. II. 870 f.

**16. Aug. (Frederiksborg).** Til Chrestopher Valckendorp. Da Kongen har befalet Biørn Kaas at bygge noget paa Lunde-gaard, hvor der en Tid ikke har været holdt nogen Udspisning, skal han i Forening med Biørn Kaas gøre Forslag om, hvor mange Folk der skulle holdes paa Gaarden, medens Byggeriet staar paa, og beregne, hvor meget de skulle have i Genant, saa Biørn Kaas kan rette sig derefter. Udt. i Sj. T. 13, 179 b.

— Til Niels Kaas, Kansler, og Chrestopher Valckendorp. Da Hollænderne paa Amage, der hidtil stedse have haft en særlig Ret, ønske at beholde denne og at vedblive at staa under deres egne Skultus'er, men der i ovennævnte Ret findes nogle meget ubil-lige Artikler, skulle de ved første Lejlighed gennemlæse ovennævnte Hollænderret, slette de ubillige Artikler og henvise Hollænderne til Kongen om Stadfæstelse paa de rimelige Artikler. Sj. T. 13, 179 b.

— Til Chrestopher Valckendorp. Da der saa godt som intet Inventarium er efterladt paa Hammershus Slot, hverken Kvæg eller Boskab, men Mandrup Parsberg, der skal have Slottet i Forlening, beretter, at de Lybske for Betaling ville overlade Kongen hoslagte Inventarium, skal Chrestopher Valckendorp straks sende en Renteskriver did, der paa det nøjeste skal handle med de Lybske om Inventariet eller saa meget deraf, som Chrestopher Valckendorp anser for nødvendigt til at holde Slottet med, og give ham Penge med til Betaling af det. Sj. T. 13, 180.

— Til Borgerskabet i Malmøe. Da den Hjælp, 6000 Dlr., som Byen i Lighed med andre Købstæder skal svare til Kronen til førstkommende Jul, er bevilget af Rigens Raad til Betaling af Rigets Gæld, har Kongen ikke kunnet efterkomme dets Begæring om Eftergivelse af en Del deraf, men bevilger, at 2000 Dlr. af Summen maa blive staaende til næste Jul. Sk. T. 1, 92 b.

**17. Aug. (—).** Aabent Brev, at de mange udenlandske Købmænd og Kræmmere, der imod Byens Privilegier opholde sig Aaret igennem i Malmø og bruge borgerlig Næring uden at deltage i Tynge og Besværing sammen med Borgerne, skulle tak-seres med disse til Udredelse af de 6000 Dlr., som Byen skal betale til førstkommende Jul; Borgemestre og Raad skulle ind-kræve Hjælpen af dem efter deres Formue og som de bruge Han-del til. Sk. R. 1, 160 b.

— Forleningsbrev for Niels Anderssen, Landstings-

tingsskriver i Skaane, paa Kronens Part af Tienden af Østre-
og Vestrestad Sogne i Fers Herred, uden Afgift. Sk. R. 1, 160.

**18. Aug. (Frederiksborg).** Ejendomsbrev for Jørgen Myre
i Nestued og hans Arvinger paa den Gaard paa Hjørnet ud til
Torvet paa den søndre Side af Møllegade, som han nu selv har i
Besiddelse og svarer Jordskyld af til Kronen. De skulle i Jord-
skyld aarlig svare Kronen 3 Mk. 5 Sk. $^{1}/_{2}$ Alb., saaledes som Møn-
ten nu gaar, holde Gaarden i Stand med Tegltag og god Købstads-
bygning og, hvis Bygningen i Fremtiden skal sælges, først tilbyde
Kronen den; vil Kronen ikke købe den, maa de sælge den til hvem
de ville. Sj. R. 11, 233 b.

— Lignende Brev for Matz Knutzen paa en øde Gaard
paa den vestre Side af Ringstedgade. Han skal aarlig svare 2 Mk.
i Jordskyld. Udt. i Sj. R. 11, 234 b.

— Lignende Brev for Hans Persen paa hans Bolig paa
den vestre Side af Brogade. Han skal aarlig svare 22 Sk. »dob-
belt« i Jordskyld. Udt. i Sj. R. 11, 234 b.

— Lignende Brev for Peder Heningsen paa hans Bolig
paa den vestre Side af Brogade. Han skal aarlig svare 2 Mk. »dob-
belt« i Jordskyld. Udt. i Sj. R. 11, 235.

— Lignende Brev for Peder Bager paa hans Gaard paa
den nørre Side af Møllegade. Han skal aarlig svare 2 Mk. »dob-
belt« i Jordskyld. Udt. i Sj. R. 11, 235.

— Lignende Brev for Robert Skrædder paa hans Gaard
paa Møllegade. Han skal aarlig svare 2 Mk. »dobbelt« i Jordskyld.
Udt. i Sj. R. 11, 235.

— Lignende Brev for Hans Hansen Skrædder paa
hans Gaard paa den søndre Side af Møllegade. Han skal aarlig
svare 2 Mk. i Jordskyld. Udt. i Sj. R. 11, 235 b.

— Lignende Brev for Troels Ollufssen paa hans Gaard
paa den nørre Side af Møllegade. Han skal aarlig svare 26 Sk. i
Jordskyld til Kronen og lige saa meget til Jørgen Grubbis Arvinger.
Udt. i Sj. R. 11, 235 b.

— Lignende Brev for Hans Lafritzen paa hans Bolig
paa Torvegaden. Han skal aarlig svare $3^{1}/_{2}$ Mk. 4 Sk. i Jordskyld.
Udt. i Sj. R. 11, 235 b.

— Lignende Brev for Jacop Stien paa hans Gaard paa
den nørre Side af Torvegaden. Han skal aarlig svare $3^{1}/_{2}$ Mk.
4 Sk. i Jordskyld. Udt. i Sj. R. 11, 236.

**18. Aug. (Frederiksborg).** Lignende Brev for Hening Laf- ritzen paa hans Bolig paa Gaden lige overfor St. Olufs Hus. Han skal aarlig svare 32 Sk. i Jordskyld. Udt. i Sj. R. 11, 236.

— Lignende Brev for Johan Jørgensen paa hans Port- hus med Gaardsrum paa Hjultorvet. Han skal aarlig svare 21 Sk. 1 Alb. i Jordskyld. Udt. i Sj. R. 11, 236 b.

— Lignende Brev for Jens Kræmmer paa hans Gaard paa Ringstedgade paa det Hjørne, hvor Strædet løber frem for Teglgaarden. Han skal aarlig svare 2 Mk. i Jordskyld. Udt. i Sj. R. 11, 236 b.

— Lignende Brev for Niels Jul paa hans Gaard paa Ringstedgade. Han skal aarlig svare 3 Mk. 6 Sk. i Jordskyld. Udt. i Sj. R. 11, 236 b.

— Lignende Brev for Rasmus Skinder paa hans Gaard paa Ringstedgade. Han skal aarlig svare 30 Sk. i Jordskyld. Udt. i Sj. R. 11, 237.

— Lignende Brev for Jacop Stien paa hans Gaard ud til Hjultorvet, hvori Thamis Remmesnider bor. Han skal aarlig svare 2 Mk. i Jordskyld. Udt. i Sj. R. 11, 237.

— Lignende Brev for Rasmus Bødker paa hans Gaard paa Ringstedgade. Han skal aarlig svare 2 Mk. i Jordskyld. Udt. i Sj. R. 11, 237.

— Lignende Brev for Kiersten Jørgen Smeds paa hendes Gaard paa Ringstedgade. Hun skal aarlig svare 2 Mk. i Jordskyld. Udt. i Sj. R. 11, 237 b. Orig.

— Lignende Brev for Peder Nilssen paa hans Gaard paa Brogade. Han skal aarlig svare 2 Mk. i Jordskyld. Udt. i Sj. R. 11, 237 b.

— Lignende Brev for Jens Stien paa hans Gaard paa den søndre Side af Østergade. Han skal aarlig svare 22 Sk. i Jordskyld. Udt. i Sj. R. 11, 238.

— Lignende Brev for Chresten Glarmester paa hans Gaard paa den østre Side af Herrestrædet, som løber ned til Køb- mandsgaden. Han skal aarlig svare 24 Sk. i Jordskyld. Udt. i Sj. R. 11, 238.

— Lignende Brev for Jacop Pedersen Skrædder paa hans Gaard paa den søndre Side af Møllegade. Han skal aarlig svare 2 Mk. i Jordskyld. Udt. i Sj. R. 11, 238.

— Lignende Brev for Jørgen Guldsmed paa hans Bo-

6

der og Have paa den østre Side af Ringstedgade. Han skal aarlig svare 8 Sk. »dobbelt« i Jordskyld. Udt. i Sj. R. 11, 238 b.

**18. Aug. (Frederiksborg).** Lignende Brev for Ditløf Friis paa hans Staldhus og Have ved Aaen syd for Skomagerhaven. Han skal aarlig svare 3 Sk. »dobbelt« i Jordskyld. Udt. i Sj. R. 11, 238 b.

— Lignende Brev for Hans Persen Skrædder paa hans Gaard i Peblingestræde. Han skal aarlig svare 2 Mk. eller 1 enkelt Dlr. i Jordskyld. Udt. i Sj. R. 11, 238 b.

— Lignende Brev for Niels Jacopsen paa en forfalden Bolig i Peblingestræde. Han skal aarlig svare 12 Sk. i Jordskyld. Udt. i Sj. R. 11, 239.

— Lignende Brev for Niels Hansen paa en øde Jord paa den østre Side af Ringstedgade nord op til Hospitalet. Han skal aarlig svare 2 Mk. i Jordskyld. Udt. i Sj. R. 11, 239.

— Lignende Brev for Throels Olsen paa en øde Jord paa den østre Side af Ringstedgade. Han skal aarlig svare 4 Sk. i Jordskyld. Udt. i Sj. R. 11, 239.

— Lignende Brev for Jens Blasus paa en øde Jord paa Møllegade. Han skal aarlig svare 2 Sk. »dobbelt« i Jordskyld. Udt. i Sj. R. 11, 239 b.

— Lignende Brev for Niels Lauritzen, Raadmand, paa 1 Gaard i Peblingestræde. Han skal aarlig svare 2 Mk. »dobbelt« i Jordskyld. Udt. i Sj. R. 11, 239 b.

— Befaling til Chrestopher Valckendorp, der har berettet, at Wolf Lydinghussis Tilgodehavende fra den Tid, han var Statholder paa Øssel, i Følge den med hans Arvinger foretagne Afregning beløber sig til 1006$\frac{1}{2}$ Dlr. og Klædning til 24 Mand, at betale Arvingerne dette, saafremt de ville give Afkald paa alt yderlige Krav og give Kongen endelig Kvittans efter vedlagte Kvittanses Lydelse, men ellers ikke. Sj. T. 13, 181.

**21. Aug. (—).** Forleningsbrev for M. Nils Adamssen, Sognepræst i Randers, paa et Vikarie i Aarhus Domkirke, som er ledigt efter M. Espern Knudtzen. Naar han ikke længere er Sognepræst i Randers, skal han residere ved Domkirken. K. Udt. i J. R. 1, 361.

**22. Aug. (—).** Til Christhopher Valckendorp. Paa hans Spørgsmaal om, hvorledes han skal forholde sig med Fribytteren Asmus Kampe, der har begaaet Overfald under Bornholm og paa

Kongens Strømme, men nu er bleven greben i Kiøpnehafn, hvor han hemmelig har opholdt sig en Dags Tid eller to, befales det ham at stille ham for Retten, lade gaa Dom over ham, indsætte ham i det blaa Taarn og passe godt paa ham. Da han formodentlig er kommen for at udspejde, hvad Folk og Skibe Kongen har i Søen og vil sende til Lifland, skal Christhopher Valckendorp lade Mestermanden pinlig forhøre ham om, af hvad Grund han er kommen, og hvor hans Skib er, sende hans Bekendelse til Kongen og derefter lade ham selv føre til Helsingøer for at staa sin Ret. Sj. T. 13, 181 b.

**22. Aug. (Frederiksborg).** Til Axel Veffert, Eyller Krausse og Hack Ulfstand. Da Fru Anne Lunge, Knud Stenssens Enke, har bevilget Kronen Lundby Gaard og Gods i Sjælland til Mageskifte for Krogager Gaard og Gods paa Langeland og saa meget af Anduorschouf Klosters Gods smstds., at det kan veje op mod hendes Gods, men der ikke ved den tidligere Besigtelse er affattet noget klart Register, skulle de med det allerførste besigte begge Parters Gods, ligne det og indsende klare Registre derpaa. Sj. T. 13, 182.

**24. Aug. (—).** Befaling til Eggert Ulfeldt, Henrich Norby, Niels Joenssen og Biørn Anderssen, der for nogen Tid siden have faaet Ordre til paa Fru Mette Rossenkrantzis Vegne at tiltale Peder Oxis Arvinger for forskellige Ting, deriblandt en Jærntønde med nogle Breve, til at lade Tiltalen for Tønden og Brevene falde, da Tønden med Brevene nu er tilbageleveret; derimod skulle de alvorligt forfølge Arvingerne for de andre Ting, saa vidt de kunne gøre det med Lov og Ret. Udt. i Sj. T. 13, 183.

— Befaling til Chrestopher Valckendorp at sende en Bojert efter de Sten, som brændes ved Trankier, for at føre dem til Krogen til Bygningen dér. Udt. i Sj. T. 13, 183 b.

—[1] Til Kapitlet i Roschylde. Da der ved Begravelser dér i Byen ringes 2 eller 3 Gange for Lig, hvilken Skik er opkommen under Pavedømmet, medens det andensteds i Riget er sædvanligt, at der kun ringes 1 Gang, forbydes det dem herefter at lade ringe mere end 1 Gang for noget Lig, og det skal være, naar Begravelsen holdes. Sj. T. 13, 183 b [2].

— Lignende Brev til Borgemestre og Raad i Roskyldt. Udt. i Sj. T. 13, 184.

---

[1] Sj. T. har urigtigt: 1577.　[2] Tr.: Ny kirkehist. Saml. IV. 391 f. Rørdam, Dsk. Kirkelove II. 268. Sechor, Forordninger II. 21 f.

**24. Aug. (Frederiksberg).** Til Borgemestre og Raad i Kiøpne-
hafn. Kongen har bragt i Erfaring, at mange fremmede Folk, baade
af den tyske og andre Nationer, søge dér til Byen og drage ind i
og ud af Riget, uden at der føres tilbørlig Opsigt med, hvad det
er for Folk, og hvad Ærinde de have. Da en Del formodentlig kun
rejser for at spionere (»paa Kundskab«), saaledes har for nylig As-
mus Kampe opholdt sig i Byen uden at angive sig, og da der un-
dertiden af saadanne Folk ·kan udføres og udspredes Ting, som
ikke burde, og det andensteds er sædvanligt, at de fremmede
Folk, der komme til Byen, forhøres i Portene eller meldes af de
Borgere, som de ligge i Herberg hos, befales det dem ligeledes
stadig at holde Folk i Portene til at tage Besked af de
fremmede, der komme did, og sammenkalde Borgerne og al-
vorligt foreholde dem, at de herefter skulle anmelde paa
Slottet hos Rentemesteren, hvorfra de fremmede Folk,
det være sig Købmænd, Kræmmere eller andre, der gæste dem,
ere komne, og hvad Ærinde de have. Naar de fremmede
rejse bort, skulle de tage Pasbord af Lensmanden paa Slottet og
ingen maa komme ud uden Pasbord. Borgemestre og Raad skulle
paase dette Forbuds Overholdelse, saafremt de ikke selv ville staa
til Rette. Sj. T. 13, 184[1].

**25. Aug. (—).** Tilladelse for Hendrick Kok til i Aar sise-
frit at indføre 4 Læster Rostocksøl i Riget. Sj. R. 11, 239 b.

— Til Rasmus Pederssen, Byfoged i Kiøbnehafn. Da M. Lau-
ritz Bøssestøber døde, bleve hans Gaarde og Gods i Kiøbne-
hafn beslaglagte, saa hans Arvinger ikke maatte befatte sig der-
med, førend de havde gjort hans Regnskab klart; da ikke desto
mindre Arvingerne have solgt nogle af de M. Lauritz tilhørende
Gaarde og Boder til Borgere i Byen, skal han stævne disse Borgere
i Rette for Borgemestre og Raad; hvis de da ville betale Rente-
mesteren hvad M. Lauritz skylder Kronen eller i Mangel deraf ville
betale Kongen lige saa meget for Gaardene og Boderne, som andre
ville give, maa de beholde disse, men hvis de ingen af Delene
ville, skal han paa Kongens Vegne tage Dom om Skødernes Gyl-
dighed og derefter befale dem straks at drage ud af de købte Gaarde
og Boder. Udt. i Sj. T. 13, 185[2].

---

[1] Tr. Secher, Forordninger II. 22 f.   O. Nielsen, Kbhvns Dipl. I. 464 f. (efter en Af-
skrift med Dato: 23. Aug.).   O. Nielsen, Kbhvns Hist. og Beskriv. III. 90 f. (med Dato:
23. Aug.).   [2] Tr.: O. Nielsen, Kbhvns Dipl. IV. 620.

**25. Aug. (Frederiksborg).** Befaling til Hendrich Mogenssen, Tolder i Helsingør, straks at betale Slotsfogden[1] paa Krogen 30 gl. Dlr. for 2 Heste, som Kongen har faaet af denne. Orig.

— Til Peder Holst i Nyborg. Da han har indberettet til Rentemesteren, at der er kommet et Skib, ladet med Salt, til Nyborg, og at Skipperen ingen svoren Certifikats har, men kun et Bevis af en Borger i Hamborg om, at Saltet tilhører en lybsk Købmand, skal han lade alt Saltet opskibe og lægge i god Forvaring og indtil videre holde Skibet i Arrest. F. T. 1, 64.

— Til Vincentz Juel, Jens Kaas, Jørgen Skram og Niels Jonssen. Da de have besværet sig ved at besigte Vorgaard og Nygaard, medmindre de maa faa den Besigtelse over Vorgaard, som nogle andre gode Mænd tidligere have gjort, og nogle af disse gode Mænd maa faa Ordre til at deltage i Besigtelsen, har Kongen ladet søge i Kancelliet efter denne Besigtelse, men den har ikke kunnet findes nogensteds og er formodentlig ikke bleven opbevaret, da Mageskiftet dengang ikke blev til noget; skal den findes nogensteds, maa de gode Mænd, der foretoge Besigtelsen, vide Besked. For at ovennævnte dog ikke skulle have noget at besvære sig over, sendes der dem en Ordre til de tidligere Besigtelsesmænd om atter at deltage i Besigtelsen, skønt Kongen ellers nok havde den Tiltro til dem, at de ogsaa uden disse skulde have gjort, hvad Ret er. Det befales dem i Forening med de tidligere Besigtelsesmænd at foretage Besigtelsen engang inden St. Mortens Dag. J. T. 1, 214.

— Befaling til Erich Rud og Biørn Anderssen, der tidligere have været med til at besigte Vorgaard ([i Brevet til Erich Rud:] og tidligere har haft Gaarden i Forlening), om at deltage i Besigtelsen af Vorgaard og Nygaard. J. T. 1, 214 b.

**26. Aug. (—).** Aabent Brev, at Kapellanen i Roschild Domkirke herefter aarlig maa oppebære 8 Mk. danske, som Mønten nu gaar, af Roschildgaard i Stedet for de til Kapellanens Underholdning henlagte 8 Mk. Jordskyld, der svaredes af den til St. Anthonii Alter i Roschild Domkirke hørende Gaard, der for nogen Tid siden er overladt Erich Otthessen, Borger i Roschild. Sj. R. 11, 240.

**28. Aug. (—).** Aabent Brev, at Hans Olsen, Borgemester, og Albret Albretssen, Raadmand i Kiøpnehafn, der i de sidste

---

[1] Han hed efter en Paaskrift bag paa Brevet: Claus Pomerening.

3 Aar have oppebaaret alt det Korn og Smør af den visse
Rente i Frederichsborg og Krogens Len og Hørsholm
Birk, som har kunnet undværes fra Slottene, fremdeles maa
oppebære dette i de næste 3 Aar til en Pris af 1 gl. Dlr. for
hver Td. Rug eller Byg og 12 gl. Dlr. for hver Td. Smør. Kornet
og Smørret skulle leveres dem inden 1. Maj, det fra Frederichsborg
Len og Hørsholm Birk i Kiøpnehafn og det fra Krogens Len i Hel-
singøer. De skulle aarlig indbetale Pengene i Kongens Kammer til
Kongen selv inden St. Bartholomei Dag [24. Aug.]. Det befales
Lensmændene i ovennævnte Len at levere dem Kornet og Smørret
i god Tid og tage nøjagtig Kvittans derfor. Sj. R. 11, 240 b.

**29. Aug. (Frederiksborg)**. Kvittans til Hans Olsen, Borge-
mester, og Albret Albretssen, Raadmand i Kiøpnehafn, paa
4132 gl. Dlr., som de idag have indbetalt i Kongens Kammer til
Kongen selv for det Korn og Smør, som de i sidste Aar i Følge
den med dem sluttede Kontrakt have oppebaaret af Frederichsborg,
Krogen og Hørsholm Len. Udt. i Sj. R. 11, 241 b.

— Gavebrev til Sognepræsteembedet ved St. Mor-
tens Kirke i Nestued paa 1 Gaard med et gammelt Stenhus i
Nestued i det lille Stræde, som løber fra Købmandsgaden ned til
Aaen, og en Have, liggende lige overfor i samme Stræde, hvilken
Gaard og Have Biskop Aage Bilde med Abbeden og menige Kon-
vent i Skoufkloster for nogle Aar siden har lejet Kirkeværgerne
ved St. Mortens Kirke til Bolig for Sognepræsten for en aarlig Af-
gift af 1 lød. Mark og 1 Pd. Peber. Sognepræsterne maa herefter
bruge Gaarden til Residens og skulle være fri for al Afgift deraf;
Kirkeværgerne skulle altid holde Gaarden i Stand med god Køb-
stadsbygning. Sj. R. 11, 241 b.

**30. Aug. (—)**. Aabent Brev, at Jørgen Abildgaard, der en
Tid lang har tjent Kongen som Skibshøvedsmand og lovet frem-
deles at tjene som saadan, i aarlig Løn skal have 300 enkelte Dlr.
og 2 sædvanlige Hofklædninger samt, naar han er hjemme, Kost-
penge til sig selv og en Dreng. Sj. R. 11, 242 b.

— Befaling til Hendrich Mogenssen, Tolder i Helsingør, straks
at betale Hans Dynniker Halvparten af den ham efter hans
Bestalling tilkommende Løn for dette Aar og desuden 84 Dlr.,
som han har lagt ud af sit eget til det, han har brugt til Kongens
Arbejde. Orig.

**31. Aug. (—)**. Til Frantz Lauritzen, Foged paa Draxholm.

Bønderne i Stubberup have hidtil haft Paaløb og Del i den til
Slottet [Dragsholm] liggende Skovvang, som derfor heller ikke har
været indhegnet med Diger og Gærder saaledes, at Kongens Stod har
kunnet gaa dér, naar den ligger til Fællig. Da Kongen nu vil lade
Vangen indhegne til Slottet med en Grøft, for at Stoddet kan gaa dér,
og Bønderne i Stubberup saaledes ville komme til at miste
den Jord, de have i Vangen, skal han lade Oldinge undersøge, hvor
megen Jord Bønderne miste, lade Landgilden nedsætte med
et dertil svarende Beløb og indskrive den nedsatte Landgilde i Jorde-
bogen. Derefter skal han straks paa Kongens Bekostning lade Gra-
vere indkaste Vangen med en Grøft. Sj. T. 13, 186 b.

**31. Aug. (Frederiksborg).** Til Chresten Vind, Embedsmand paa
Kiøbnehafns Slot. Da de af ham efter kgl. Befaling dertil ud-
nævnte Oldinge have nedsat Landgilden for 20 Gaarde og
7 Gaardsæder i Søsem, 6 Gaarde i Stenlille, 8 Gaarde i Tob-
berup, 2 Gaarde i Smørumofre og 1 Gaard i Herstedtvestre,
hvis Beboere havde klaget over at være satte for højt i Landgilde,
befales det ham at lade Jordebogen forandre i Overensstemmelse
med Oldingenes Ansættelse. Sj. T. 13, 187.

— Befaling til samme at købe 11 eller 12 gode Skuder Ved
til Slottets Brug af den Ved, som indføres til Salgs der ved Byen
[Kbhvn.], og sørge for, at der herefter altid holdes Vedskibe ved
Slottet. Udt. i Sj. T. 13, 188.

— Forleningsbrev for Hans Matzen, Kongens Kammer-
svend, paa Afgiften af Kronens Part af Korntienden af
Barsebeck Sogn i Haraggers Herred. Udt. i Sk. R. 1, 161.

**1. Sept. (—).** Befalinger til nedennævnte Lensmænd og andre
om at sende Fetalje til Kiøpnehafn inden Jul eller Kyndel-
misse: Frantz Skriver skal inden Jul sende 4 Læster 3 Tdr. Smør,
200 Sider Flæsk, 600 Gaasekroppe, 6 Læster Gryn, 100 Læster
Brød, 47 Læster Rug, 96 Læster Malt og 650 Tdr. Havre; Peder
Bilde paa Kallundborg skal sende 1¹/₂ Læst Smør, 100 Gaase-
kroppe, 8 Læster Gryn, 120 Læster Brød, 50 Læster Rug, 125
Læster Malt og 1800 Tdr. Havre; Eggert Ulfeldt paa Roskyldegaard
skal sende 4¹/₂ Læst Smør, 150 Gæs, 5 Læster Gryn, 120 Læster
Brød, 29 Læster Malt og 400 Tdr. Havre, købe 400 Gæs i Lenet
til Kongen og levere Christopher Packisch 10 Læster af Stiftets Rug
til at bage Kavringbrød af og 2 Læster Byg til at male Gryn af;
Christopher Packisch paa Holbeck skal modtage 10 Læster Rug af

Eggert Ulfeldt og lade dem bage i Kavringbrød og 2 Læster Byg
og lade dem male i Gryn; Borchort von Papenheim skal sende 15
Læster Rug og 5 Læster Malt, købe 200 Gæs, lade bage 30 Læster
Brød og male 2 Læster Byg i Gryn; Eyller Grubbe paa Vordingborg
skal modtage 10 Læster Rug i Soer Kloster og 15 Læster Rug i
Andvorschouf Kloster og lade dem bage i Kavringbrød, ligesaa 2
Læster Byg i Soer Kloster og 2 Læster Byg i Andvorschouf Kloster
og lade dem male i Gryn samt købe 400 Gæs i Lenet; Eyller
Krafse paa Korsøer Slot skal modtage 5 Læster Rug af Prioren
i Andvorschouf og lade dem bage i Brød og 2 Læster Byg og
lade dem male i Gryn; Abbeden i Ringstedt skal lade bage 10
Læster Rug i Brød og lade male 3 Læster Byg i Gryn; Ab-
beden i Soer skal lade bage 10 Læster Rug i Kavringbrød, lade
male 3 Læster Byg i Gryn, levere Eyller Grubbe 10 Læster Rug og
2 Læster Byg og sende 200 Gæs; Prioren i Andvorschouf skal lade
bage 7$^1/_2$ Læst Rug i Kavringbrød og lade male 2$^1/_2$ Læst Byg i
Gryn, sende 100 Gæs og levere Eyller Grubbe 15 Læster Rug og
2 Læster Byg; Albret Oxe skal købe 25 Læster Ærter; Bonde
Mortenssen, Tolder i Rødbye, skal købe 20 Læster Ærter og 4 Læ-
ster Hvede; Henrich Mogenssen skal købe 5 Skippd. Voks; Emicke
Kaas paa Gulland skal med det første sende 50 Skippd. smeltet
Talg, købe 1500 Lam og lade dem slagte, salte og sende til Kiøb-
nehafn; Moritz Podbusch skal paa Langeland købe 7 Læster godt
saltede Torsk; Axel Viffert paa Nyborg Slot skal købe 7 Læster
Torsk; Chresten Vindt skal købe 300 Gæs i Kiøbnehafns Len; Vin-
centz Juel paa Coldinghus skal sende 4 Læster Smør, Anders Bing
paa Vardberg 8 Læster Smør, Henrich Gyllenstern paa Bahus 14
Læster Smør, Hans Skoufgard paa Helsingborg 4$^1/_2$ Læst Smør,
Axel Gyllenstern paa Landzkrone $^1/_2$ Læst Smør og Erick Rud paa
Olborghus 11 Læster Smør. Sj. T. 13, 188. Orig. (til Henrik
Mogensen).

**5. Sept. (Frederiksborg).** Til Peder Holst, Tolder i Nyborg.
Cort Bekemand, Borger i Stade, har været hos Kongen og be-
rettet, at han er fragtet til at løbe fra Hamborg til Lybeck med
noget Gods, som han mente tilhørte en Lybscher, men da han ikke
kunde certificere det saa nøjagtigt, som han burde, har Peder Holst
efter kgl. Ordre opskibet Godset og arresteret Skibet. Han har be-
stemt erklæret, at han ikke vidste, at Godset tilhørte Hamborgere,
og derfor begæret at faa sit Skib løsgivet, da det udelukkende til-

hører ham selv. Det befales Peder Holst at lade ham passere
med Skibet, men holde Godset til Stede. F. T. 1, 64 b.

**9. Sept. (Frederiksborg).** Aabent Brev, at B i ø r n K a a s, Em-
bedsmand paa Malmø Slot, der har faaet K r o n e n s G a a r d i
Lund i Forlening og skal istandsætte Husene paa Gaarden, saa-
ledes at Kongen kan bo der, naar han kommer did, til Underhold-
ning af de 12 Folk, der herefter daglig skulle holdes paa Gaarden,
maa oppebære i aarlig G e n a n t 2 Læster Mel, $2^1/_2$ Læst Malt, 1
Skippd. Humle, 4 Tdr. Smør, 1 Læst Sild, 1 Læst Torsk, 4 Tdr.
Ærter, 20 Nødkroppe, 100 Lammekroppe. 100 Sider Flæsk. 100
Gæs, 4 Tdr. Gryn, 500 Hvillinger, 3 Vorder Kabliav, 2000 Flyn-
dere, 2 Tdr. Eddike, 2 Tdr. Aal, 1 Td. Laks, 1 Td. Lønborgsalt,
1 smal Læst groft Salt, alle de Høns og Æg, som oppebæres i
Lenet, al den Kul og det Ved, som svares til Gaarden, de til Gaar-
den hørende Enge og Halvdelen af den uvisse Rente, medens han
skal gøre Regnskab for alt andet. Hans Genant skal beregnes fra
1. Maj 1576. Udgifterne til Byggeriet skal han indskrive i Regn-
skabet. Sk. R. 1, 161 b.

— **(Krogen).** Aabent Brev, at H a r m a n d t S t e n h u g g e r, der
paa egen Bekostning, hvad Folkenes Løn og Underholdning angaar,
skal lave en dobbelt Port paa Krogen, saaledes som det
nærmere er anvist ham, herfor skal have 600 Dlr., som Tolderen
skal udbetale ham efter nærmere kgl. Ordre. Kongen vil holde de
Redskaber, han skal bruge ved Arbejdet, i Stand eller lade dem
lave fra ny af i Smedjen ved Kiøpnehafn. Sj. R. 11, 243 [1].

— Til Biørn Kaas. Da K r o n e n s P a r t a f A f g i f t e n a f
T i e n d e n a f G i e d s ø r [2] Sogn, som Kongen for nogen Tid siden [3]
for et Tidsrum af 2 Aar gav til Kirkens Istandsættelse, ikke
endnu er leveret, hvilket medfører, at Kirken forfalder mere og
mere og ikke kan hjælpes, skal han undersøge denne Sag og, hvis
Kirkeværgerne ikke have faaet Afgiften, sørge for, at den, som har
fæstet Tienden, leverer dem den. Sk. T. 1, 93.

**11. Sept. (—).** Befaling til Hendriick Mogenssøn, Tolder i Hel-
singiør, at betale Jacop Sefeld 735 Dlr. 18 Mk. 10 Sk. 2
Alb. for den Kalk, som Kongen har faaet af denne til Byggeriet
paa Krogen, og indskrive det i sit Regnskab. Orig. Udt. i Sj. T.
13, 188.

---

[1] Tr.: Dsk. Samlinger V. 140 f.     [2] Gemshög, Lister H.     [3] Se Kanc. Brevbøger
1571—75 S. 583.

**11. Sept. (Krogen).** Anmodning til Jacob Seefeldt, der har forespurgt, hvorvidt Kongen vil have mere Kalk hos ham, om for Betaling at unde Kongen al den Kalk, han kan skaffe, saa Kongen kan lade den hente til Foraaret og til Sommer, da der til den Tid vil behøves en stor Hob Kalk til Byggeriet paa Krogen. J. T. 1, 215.

— Aabent Brev, at Nilaus Pederssen i Bogetofte[1], Herredsfoged i Lugude Herred, der kun har meget lidt for sit Arbejde, skønt han for sit Embedes Skyld ofte maa forsømme sine egne Forretninger, indtil videre aarlig maa oppebære 1 Pd. Korn af Helsingborg Slot. Sk. R. 1, 162 b.

— Aabent Brev, at Borgerskabet i Helsingborg i de næste 2 Aar maa være fri for at svare Byskat. Udt. i Sk. R. 1, 162 b.

**12. Sept. (—).** Tilladelse for Thønne Pasberg til Harrested til at tilkøbe sig Ejendomsretten i en jordegen Bondegaard i Agerup i Syllinge[2] Sogn i Falckebergs Herred og siden beholde Gaarden til arvelig Ejendom mod at svare Kronen samme Afgift, som der nu svares deraf. Sj. R. 11, 243.

— Aabent Brev, at Borgerskabet i Threlborg — der har ansøgt om Eftergivelse af en Del af den Skat, som det skal svare til Jul, hvilket Kongen dog ikke godt kan gaa ind paa, da Skatten er bevilget af Rigsraadet til Afbetaling af Rigets Gæld og Taksten ligesaa er fastsat af Rigsraadet — maa nøjes med at svare den ene Halvdel til Jul og Resten til N Dag. Sk. R. 1, 163.

— Forleningsbrev for Hr. Christoffer, Borggreve von Dohna, paa Øuitz Kloster i Skaane, saaledes som han nu selv har det i Værge, uden Afgift i de næste 4 Aar; dog skal han saa gøre tilbørlig Tjeneste deraf og være forpligtet til, da Klosteret er noget bygfaldent, at istandsætte den gamle Bygning med Tag, Loft og gode Kamre og opføre de nødvendige ny Bygninger paa Klosteret og Ladegaarden; Tømmeret hertil maa han lade hugge i Klosterets Skove, hvor der sker mindst Skovskade. Efter de 4 Aars Forløb skal han ansøge Kongen om Tilladelse til at beholde Klosteret. Sk. R. 1, 163 b.

— Forleningsbrev for Coruitz Lauritzen, Landsdommer i Nørrehalland, paa Kronens Gods paa Hammerøen,

---

[1] Böketofta.     [2] ɔ: Hyllinge.

som Fru Merite Matz Steenssens sidst havde i Værge, uden Afgift, saa længe han er Landsdommer. Sk. R. 1, 164.

**12. Sept. (Krogen).** Forleningsbrev for Hendrich Brade paa Halmstadt Herred, saaledes som han nu selv har det i Værge, mod aarlig til 1. Maj at svare 200 gl. Dlr. i Afgift og tjene Riget med 4 geruste Heste; desuden forbeholder Kongen sig alene al Sise, Told og Vrag. Sk. R. 1, 164 b.

— Til Nils Jonssen. Da Hr. Jørgen Løcke har berettet, at Bønderne i Giedsted have anmodet ham om at sætte en Mølle ved hans Fiskegaard ved Giedsted Aa paa menige Bymænds Grund, og har begæret Kongens Tilladelse hertil, men Kongen ikke kan give ham Besked derpaa, før han kender Forholdene, skal Nils Jonssen tage nogle gode Mænd til sig og i Forening med dem undersøge, hvorvidt Møllen kan bygges dér uden Skade eller ej, og give Undersøgelsen beskreven fra sig, for at Kongen kan give tilbørlig Besked, naar Hr. Jørgen kommer igen om denne Sag. J. T. 1, 215.

**14. Sept. (Frederiksborg).** Mageskifte mellem Biørn Kaas, Embedsmand paa Malmøe Slot, og Kronen. J. R. 1, 361. (Se Kronens Skøder.)

**15. Sept. (—).** Tilladelse for Jørgen Guldsmed, Borger i Kiøpnehafn, hvis sidste Hustru er død uden at efterlade sig Arvinger her i Riget, hvorfor Arven efter hende er tilfalden Kronen, da der ikke inden Aar og Dag er mødt nogen, som med Rette kunde gøre Fordring paa den, til at beholde al den Kronen tilfaldne Arv. efterdi han nu har stillet Kronen tilfreds derfor. Sj. R. 11, 243 b[1].

— Befaling til Chrestopher Valckendorp at fastsætte, hvor meget Mandrup Parsberg skal have i Genant af Hammershus til de Folk, han skal holde dér, og hvor meget Kongen aarlig skal have. Genanten skal regnes fra 1. Maj 1577. Udt. i Sj. T. 13, 191 b.

— Kvittans til Gregers Holgerssen til Visborg paa hans Regnskab for Værgemaalet for hans Broderbarn Holger Ulfstand. Han har givet Kongen nøjagtigt Brev og Segl paa det, han bliver skyldig. Sk. R. 1, 165 b.

— Aabent Brev, at Jens Kaas, Embedsmand paa Silckeborg

---

[1] Tr.: O. Nielsen, Kbhvns Dipl. II. 371.

Slot og Allinge Kloster, indtil videre selv maa oppebære Tredje-
parten af den uvisse Rente af Allinge Klosters Gods,
som Kongen for nogen Tid siden har lagt under Silckeborg og da
forbeholdt sig al vis og uvis Rente af. J. R. 1, 362. K.

**15. Sept. (Frederiksborg).** Gavebrev til Niels Kaas, Kans-
ler. J. R. 1, 362 b. (Se Kronens Skøder.)

**16. Sept. (—).** Livsbrev for Peder Jude, Borgemester i
Malmø, paa den Gaard i Burløf i Malmø Len, som Peder Lau-
ritzen boede i; han skal svare sædvanlig Landgilde deraf, men være
fri for al anden Tynge. Sk. R. 1, 165 b.

**17. Sept. (—).** Aabent Brev, at Jacob Remmesnider, Bor-
ger i Kolding, indtil videre maa være fri for Skat, Hold, Vagt og
al anden borgerlig Tynge, mod at lade sig bruge med sit
Haandværk i Kongens Tjeneste, naar det forlanges. K. Udt. i J.
R. 1, 363.

— Forleningsbrev for Fru Karine Rønnov, Jens Bildis
Enke, paa det Vreløf Klosters Gods, som ikke blev mageskiftet
bort til hendes Husbonde, og som hun nu selv har i Værge,
mod aarlig til 1. Maj at svare 200 gl. Dlr. i Afgift deraf. J. R.
1, 363.

**18. Sept. (—).** Forleningsbrev for Johan Thaube paa
Krogen Slot med Holbo Herred, Esrom og Thykiøb
Sogn, saaledes som Jørgen Munck nu sidst har haft det i Værge.
Han skal til hver 1. Maj gøre Regnskab for al vis og uvis Rente
og skal i aarlig Løn have 100 gl. Dlr., sædvanlig Hofklædning til
sig selvsjette, Aarsløn til samme Antal Personer og frit Foder og
Maal til 6 Heste, beregnet 1 Td. Havre til hver Hest om Ugen;
ligeledes maa han selv beholde den 10. Pending af den uvisse Rente
med Undtagelse af Told, Sise og Vrag, som Kongen forbeholder sig
altsammen. Sj. R. 11, 244.

— Følgebrev for samme til Bønderne i Krogen Len, Holbo
Herred, under Esserum Ladegaard og i Thykiøb Sogn. Udt. i Sj.
R. 11, 245.

— Stadfæstelse paa en af Borgemester og Raad i Ysted
fastsat Skraa og Lavsret for Bryggerne smstds., dat. 4. Juli
1576. Sk. R. 1, 166.

— Befaling til Manderup Pasberg at indsætte en af de for-
nemste Borgere i hver Købstad paa Bornholm til Tolder
og Sisemester, hvis der ikke allerede er indsat en saadan; de

skulle oppebære sædvanlig Told og Sise og aarlig gøre Regnskab
derfor. Sk. T. 1, 93.

**20. Sept. (Frederiksborg)**. Til Bønderne under Hammers-
hus. Da nogle af dem have vægret sig ved at møde, naar de ere
blevne tilsagte til Pløjning, Høstarbejde, Ægter eller andet, saa-
ledes som det sker andensteds i Riget, befales det dem strengelig
herefter at være Manderup Parsberg, Embedsmand paa Hammershus,
lydige, naar han tilsiger dem til saadant, da de ellers ville blive
straffede for Ulydighed. Sk. T. 1, 94[1].

— Til Arrild Ugerup. Da han har klaget over, at det ved et
til Blekinge udgaaet Brev[2] er bleven forment Kronens Bønder i
Elleholms Len at have den Brug af Skovene, som de have haft fra
Arilds Tid af, og hvorpaa deres meste Næring og Bjærgning i den
Landsende beror, tillades det dem at faa den Hjælp af Sko-
vene, som de hidtil have haft, dog skal det paases, at Skovene
ikke aldeles forhugges til Upligt. Sk. T. 1, 94.

— **(Krogen)**. Befaling til Chrestoffer Valckendorff straks at
sende alle de Mursten, der kunne faas i Kiøbenhafn, til Kraa-
gen Slot. Orig.[3]

**23. Sept. (Frederiksborg)**. Forleningsbrev for Mandrup
Parsberg paa Hammershus Slot paa Bornholm, saaledes som
de Lybsche hidtil have haft det. Han skal aarlig til 1. Maj
svare 10 Tdr. Smør i Afgift af den visse Rente og gøre Regnskab
for den uvisse Rente, hvoraf han selv maa beholde Halvdelen, dog
forbeholder Kongen sig alene al Told, Sise og Vrag; han maa be-
holde al Slottets Avl og Affødning og skal tjene Riget med 8 ge-
ruste Heste der paa Landet. Han skal indsætte gode, forstandige
Mænd til at oppebære Kronens Rente paa Bornholm. Hans For-
leningsaar skal først begynde til 1. Maj 1577, og han maa til den
Tid oppebære al den visse og uvisse Rente, som falder paa Born-
holm, til sin og sine Folks Underholdning, dog er Smørlandgilden
allerede oppebaaren af de Lybsche. Sk. R. 1, 170[4].

— Ekspektancebrev for Daniel Skellerup paa det
første ledige Kannikedømme i Viborg Domkirke; denne Eks-
pektance var for nogle Aar siden givet Faderen Dr. Jens Skellerup,
Superintendent i Bergen Stift, men er nu af denne overladt til

---

[1] Tr.: Hübertz, Aktst. til Bornholms Hist. S. 467f.   [2] Se Kanc. Brevbøger 1571—75
S. 401.   [3] Tr.: Nye dsk. Mag. I. 14.   [4] Tr.: Hübertz, Aktst. til Bornholms Hist.
S. 468 f.

Sønnen. Tidligere udgivne Ekspektancebreve hermed dog uforkræn-
kede. J. R. 1, 363 b.

**27. Sept. (Esrom).** Aabent Brev, at Christoffer Fickssen,
der er antaget som Skibshøvedsmand, i aarlig Løn skal have
60 gl. Dlr., sædvanlig Hofklædning og Kostpenge til sig selvanden,
naar han ikke bruges til Skibs eller i anden Bestilling; naar han
er til Skibs, skal han underholdes dér og ingen Kostpenge have.
Sj. R. 11, 245.

— Aabent Brev, hvorved det forbydes alle ind- og ud-
lændiske Købmænd at opskibe Tyskøl, Pryssing eller
andet Købmandsgods, der indføres til Kierteminde, før-
end Frandtz Skriver, Tolder smstds., har opskrevet det og
faaet den Kronen tilkommende Told deraf, og ligesaa at
udskibe noget uden i Forvejen at have underrettet ham derom.
Forser nogen sig herimod, skal alt det Gods, han har med at fare,
være forbrudt til Kronen. F. R. 1, 85[1].

**28. Sept. (Frederiksborg).** Aabent Brev, at Hr. Hans N.,
Sognepræst i Skielskør, der har berettet, at Øerne Agers og
Omme for nogen Tid siden ere komne fra hans Sogn og have faaet
egen Sognepræst, indtil videre i Stedet maa oppebære 2 Pd.
Rug og 2 Pd. Byg af Afgiften af Kronens Part af Tienden
af Thiereby Sogn. Sj. R. 11, 245 b.

— Aabent Brev, hvorved Niels Nielssen i Biersgaard, der
i sidste Fejde har tjent trofast mod Rigets Fjender og har lovet
fremdeles at tjene Riget som en tro Mand, indtil videre fritages
for 2 Pd. Smør og 1 Td. Havre, der aarlig svares af Biersgaard.
Sk. R. 1, 171.

**29. Sept. (—).** Aabent Brev, at Peder Mandix, Borger i
Eckelfiord, der har lovet om Sommeren efterhaanden at skaffe Kon-
gen en 2—3 Tdr. god, fersk Kakkebille og stadig at melde, naar
han indfører noget, saa Kongen kan faa saa meget deraf, han be-
høver, indtil videre maa nøjes med at svare den gamle Ac-
cise af den Kakkebille, han indfører til Kiøpnehafn og
Malmø. Sj. R. 11, 246.

— Aabent Brev, at alle Landsbykirker i Sjælland, som
Kronen har Jus patronatus til, hver skal bidrage 1 Mk.,
som Mønten før gik, af hvert Pd. Korn af dette Aars Indkomst til

---

[1] Tr.: Secher, Forordninger II. 23 f.

Slangerup Kirkes Bygning. Slangerup Kirke er nemlig meget
forfalden og saa lille, at en Del af Menigheden maa staa ude paa
Kirkegaarden, naar der holdes Gudstjeneste, og Borgerne have der-
for besluttet at nedbryde den og opføre en ny Kirke, men Kirken
har ikke Penge i Forraad og Borgerne ere heller ikke saa for-
muende, at de uden Hjælp kunne fuldføre Bygningen, hvorimod
mange Landsbykirker have godt Forraad paa Penge og rigelige Ind-
komster. Herlof Skafue, Landsdommer i Sjælland, skal indkræve
Hjælpen til Fastelavns Søndag [17. Febr.] og levere den til Kirke-
værgerne i Slangerup eller til dem, der forestaa Bygningen. Sj. T.
13, 191 b.

**29. Sept. (Frederiksborg).** Befaling til Eggert Ulfeldt at levere
Herlof Skafue, der skal oppebære Hjælpen til Slangerup Kirkes
Bygning, et Register over de sjællandske Kirkers Ind-
komst og give ham nærmere Oplysning. Udt. i Sj. T. 13, 193 b.

— Befaling til nedennævnte Købstæder at skaffe nogle Bøsse-
skytter og Baadsmænd, der skulle ligge i Borgeleje dér en
kort Tid, Herberg og sædvanlig Underholdning. — I Sjælland:
Nestved 20; Kiøge og Skelskøer hver 15; Roskiilde og Slagelse
hver 10; Nykiøping i Otz Herred og Kallundborg hver 6; Ringstedt,
Heddinge, Prestøe og Holbeck hver 5 Baadsmænd. — I Fyen: As-
sens 20; Suenborg 10; Kerteminde og Faaborg hver 6 og Rudkiø-
ping 5 Baadsmænd; Ottense 50 Bøsseskytter og Medelfar 10 Bøsse-
skytter. — Paa Laaland og Falster: Nagskouf 20, Stubbekiøping og
Nykiøping hver 10; Nystedt 6 og Saxkiøping 4 Baadsmænd. Sj. T.
13, 193. Origg. (til Odense og Svendborg) i Provinsark. i Odense.

**1. Okt.** (—). Aabent Brev, at Bønderne i Blekinge, der
have klaget over, at Lensmanden formener dem at hugge i Skovene.
hvori de tidligere have haft Skovhugst til Bygning, Ildebrændsel og
Salg, herefter maa have fri Skovhugst i Skovene i Ble-
kinge, ligesom de have haft fra Arilds Tid af, da de fleste af
disse Skove ere unyttige og Skovhugst kan tilstedes uden Skade,
dog maa de ikke udføre Tømmer og Ved af Riget, men kun sælge
det til Kongens Undersaatter her i Riget. Sk. R. 1, 171 b.

**4. Okt.** (—) Befaling til Herluf Skafue at oppebære 1 Mk.,
som Mønten før gik, af hvert Pd. Korn af dette Aars Ind-
komst af alle de Landsbykirker i Sjælland, som Kronen har
Jus patronatus til, til Slangerup Kirkes Bygning og levere
Pengene til Kirkeværgerne for Slangerup Kirke. Udt. i Sj. T. 13, 194.

**6. Okt. (Frederiksborg).** Mageskifte mellem Morten Ven-
stermand til Krynne og Hospitalet i Nykiøping paa Falster.
F. R. 1, 510. (Se Kronens Skøder.)

**7. Okt. (—).** Til Christoffer Valckendorff, Rentemester. Da
Jacob Sandbierre fra Synderborig har meldt sig som Ejermand
til (»kendt sig ved«) en Skude, der for nogen Tid siden er ind-
kommen for Hørsholm og af Lensmanden er bleven taget som Vrag,
og har berettet, at Skuden er »forløben« af en Baadsmand, der har
begaaet et Mord, skal han befale Arrild Olssen, Befalingsmand paa
Holmen, at tiltage nogle Skippere og søkyndige Folk og i Forening
med dem undersøge Sagen og afsige Dom om, hvorvidt Skuden bør
følge Kongen eller ej. Fogden paa Hørsholm skal i Forvejen ad-
vares, for at han kan møde og svare dertil. Orig. i Kgl. Bibl., Ny
kgl. Saml. Fol. 608 d.

**8. Okt. (—).** Kvittans til Jørgen Munck, Embedsmand
paa Frederichsborg, der nu har overleveret Johan Thoube, Embeds-
mand paa Krogen, alt det Inventarium, han har modtaget paa
Krogen og Esserom, og alt det, som Inventariet er blevet for-
bedret med. Sj. R. 11, 246 b.

— Til Christopher Valckendorp. Da han i Anledning af Stat-
holderen paa Øssels Skrivelse om det, som foruden det sidst sendte
vil behøves til at holde Arnsborg Slot og de Krigsfolk med, der
skulle ligge dér til 8. April 1577, har oplyst, hvad der haves i
Forraad, befales det ham at sende 2 Læster Smør, 2 Læster
Sild og noget tørret Fisk til Arnsborg tilligemed Klæde,
Lærred og andet Tøj for 1000 eller 1500 Dlr. til Kommissen;
endvidere skal han sende 1 Læst Krudt med Tilbehør og sørge
for, at det altsammen kommer did inden Vinteren. Der sendes
ham til videre Besørgelse et Brev til Statholderen paa Øssel, hvori
blandt andet meldes, at Kongen i Aar ikke kan sende ham mere.
Sj. T. 13, 194.

**12. Okt. (—).** Forleningsbrev for Fru Anne Holck,
Hr. Verner Parsbiergs Enke, paa Hørbye Len i Skaane, som er
20 Gaarde, 2 Fæster og 1 Gadehus i Hørbye, 6 Gaarde i Lybye,
1 Gaard i Kyle, 1 Gaard i Morthue[1], 1 Gaard i Raabye, 1 Gaard
i Biscopsboe, 1 Gaard i Høgildt[2], 1 Gaard i Høgilsuig og 1 Gaard
i Roelsbierg, mod aarlig til 1. Maj at svare 25 gl. Dlr. i Af-

---

[1] Nörrto, Froste H.    [2] Höghult, samme H.

gift og gøre Regnskab for den uvisse Rente, hvoraf hun selv maa beholde Halvdelen. Sk. R. 1, 172 b.

**12. Okt. (Frederiksborg).** Følgebrev for samme til Bønderne i ovennævnte Len, som Biørn Kaas hidtil har haft i Værge. Udt. i Sk. R. 1, 173 b.

— Bestalling for Ebbe Jostsen, Borger i Visby, som Tolder og Sisemester paa Gotlandt. Han skal af hver Td. Rostockerøl oppebære 3 Ort i Sise og af andet Gods samme Told. som svares andensteds i Riget, dog skulle Indbyggerne i Wismar kun betale 1 Mk. Penge i Sise af hver Td. Wismarøl. Det forbydes alle under Fortabelse af deres Gods at opskibe noget og bryde deres Bunke eller udføre noget, der skal fortoldes, førend de have svaret Tolderen Told og Sise. Lensmanden paa Visborg skal hjælpe Tolderen, hvis nogen viser sig ulydig. Sk. R. 1, 173 b.

— Stadfæstelse for Niels Jonssen, Embedsmand paa Hald, paa et af Kong Frederich I udstedt Brev, hvorved det bevilges, at de Mænd, der bo i de 3 Præstegaarde i Rafnkield, Brorstrup og Hofferløf[1], maa beholde disse Gaarde, saa længe de ere deres Husbonder lydige, svare deres Landgilde og anden Afgift, ikke sidde deres Husbonder overhørige med Ægt og Arbejde, forbedre Gaardene, ikke forhugge Skovene og ej bortleje noget af Ejendommen; dog maa de Præster, der have Gaardene, lade Mændene udvise paa lovlig Vis, hvis de selv ville bo i Gaardene eller ville sætte andre Præster deri til i deres Sted at gøre Sognefolket Tjeneste. J. R. 1, 364.

— Til Jørgen Skram. Da han, der tidligere har faaet Ordre til at købe alt det jordegne Bondegods i Lenet [Dronningborg], som var til Salgs, nu beretter, at der er nogle jordegne Bøndergaarde tilfals, men at han mangler Penge til at købe dem for og derfor ønsker at vide, hvorvidt Kongen vil have dem eller ej, befales det ham baade nu og siden at købe alt det jordegne Gods, som kan faas til Købs. Der sendes ham en Ordre til Tolderen i Kolding om efter nærmere Anfordring at levere ham 1000 Dlr. til Købet. Paa hans Forespørgsel om, hvorvidt han skal beholde de ved Slottet faldne Foler, der kunne berides, Vinteren over, befales det ham, før Vinteren kommer, at hidsende alle de ved Slottet faldne Foler, som ere i det fjerde Aar, og give de andre Havre,

---

[1] Haverslev, Aars H.

7

Skaftehavre eller Rufoder, eftersom de ere gamle til. Den der-
værende Møllegrøft, der alle Vegne fyldes af Sand, skal han
lade gøre i Stand til Foraaret og indskrive Bekostningen derved
i Regnskabet. J. T. 1, 215 b.

**14. Okt. (Frederiksborg).** Befaling til M. Lauritz Berthelssen,
Superintendent i Aarhus Stift, at skaffe denne Brevviser Hr. Chri-
stiern Jenssen, der har klaget over sin Armod og begæret at
blive forsørget med et Kald, et saadant, naar der bliver et ledigt
i Stiftet, hvis han da findes duelig; dog skal alt gaa efter Ordinan-
sen. Orig. i Provinsark. i Viborg.

**15. Okt. (Krogen).** Aabent Brev, at M. Giert Fadder, Sten-
hugger, — der straks skal begive sig til Gotland for at hugge
og berede nogle Sten til en Vindeltrappe og en Kælder-
trappe, nemlig 75 Trappetrin, hvert 4 Fod bred og $3^1/_2$ Fod lang,
75 Trappetrin, hvert 3 Fod bred og 8 Fod lang, og til Kældertrap-
pen 15 Trappetrin, hvert 3 Fod bred og 8 Fod lang, samt hugge
nogle Bloksten, — for hvert Vindeltrappetrin skal have 5 gl. Dlr.,
for hvert Kældertrappetrin 4 gl. Dlr. og for hver 100 sjællandske
Alen Bloksten 8 gl. Dlr. mod at udføre Arbejdet paa egen Bekost-
ning, hvad Folkenes Løn og Underholdning angaar; dog skal Kongen
skaffe ham Skibe til Transport af Stenene, Hjælp til at føre Stenene
til og fra Skibene og medgive ham nogle Redskaber. Sk. T. 1, 94 b.

**16. Okt. (—).** Til Erick Løcke. Da Indbyggerne paa
Vesterlandtzfior have klaget over, at de besværes med højere
Faldsmaal, end Lovbogen paabyder, befales det ham i saa
Henseende at rette sig efter Lovbogens Bestemmelser; i andre Sa-
ger, »hvormed de kunde fuldgøre deres Boslod«, eller som ikke
findes omtalte i Lovbogen, skulle de optinge efter deres Evne og
som Skik er andensteds i Riget. J. T. 1, 216[1].

**17. Okt. (—).** Forleningsbrev for Hendrich Adamssen
paa det Falkeleje paa Godtlandt, som Johan Berindssen sidst
havde i Værge; han skal svare Kronen sædvanlig Told og Rettig-
hed deraf og være forpligtet til, hvis Kongen vil have nogle af
Falkene, da at sælge dem til almindelig Pris. Sk. R. 1, 174 b.

**19. Okt. (—).** Aabent Brev, at Christoffer Valckendorff
maa indløse og beholde til arvelig Ejendom 2 Boder paa Vester-
gade i Kiøpnehafn, som Arvingerne efter M. Lauritz

---

[1] Tr.: Secher, Forordninger II. 25.

Bøssestøber uden Tilladelse have solgt for 200 Dlr., uagtet
Kongen havde lagt Beslag paa M. Lauritz's Gaarde, Boder og Ejen-
domme, fordi han resterede med Regnskab for det Kobber, Tin og
andet, som han i Kongens Faders og Kongens egen Tid har mod-
taget og forarbejdet; de 200 Dlr. skal Christoffer Valckendorff ind-
lægge i Arrest i Retten, indtil M. Lauritz's Arvinger have betalt
hvad de skylde. Kongen bevilger, at Christoffer Valckendorff maa
beholde den af M. Lauritz selv beboede Gaard, som han har købt
af M. Lauritz's Arvinger, til arvelig Ejendom. Sj. R. 11, 247[1].

19. Okt. (Krogen). Befaling til Henrich Monssen, Tolder i Hel-
singøer, straks at betale Steen Biildes Glasmager 100 Dlr.
for 2500 Vinduesglas, som Kongen har faaet af denne. Orig.

— Aabent Brev, at Peder Ibssen i Nørløcke, Birkefoged i
Risbierg Birk, indtil videre maa være fri for at svare Land-
gilde og anden Tynge af sin Gaard. Udt. i Sk. R. 1, 175.

— Aabent Brev, at Kongens Undersaatter paa Vester-
landtzfior, der have klaget over, at de lide stor Skade, fordi de
ikke maa udføre Øksne her af Riget ligesom de fremmede Bønder
der paa Landet, der høre under Hertugdømmet, indtil videre maa
udføre Øksne til Friisland og andre Steder, dog skulle de
svare Kronen sædvanlig Told og Rettighed deraf. Hvis nogen ud-
fører Øksne ufortoldede eller bruger Underfundighed med fremmede
Bønder eller i deres Navn, skal han have forbrudt hvad han har
med at fare og straffes. J. T. 1, 217.

— Befaling til Erich Løcke at indsætte en paalidelig
Mand paa Vesterlandtzfior til at oppebære Told og an-
den Rettighed af de Øksne, som udføres der fra Landet; Tolderen
skal aflægge aarligt Regnskab til ham. J. T. 1, 216 b.

— Til M. Peder Tøggersen, Superintendent i Viborg Stift.
Tøger Olufssen, Sognedegn i Oste[2] og Silde[3] Sogne, har
klaget over, at Sognepræsten i disse Sogne udelukkende for hans
Alders Skyld vil fortrænge ham fra Sognene, hvilket han mener
strider mod Ordinansen. Da han har været i Embedet i 40 Aar
og er villig til at lønne en ung Person fra Skolen for at gøre Tje-
neste, naar han selv ikke længere kan, skal M. Peder lade ham
blive ved Sognene og forordinere en ung Person fra den nærmest

---

[1] Tr.: O. Nielsen, Kbhvns Dipl. II. 371 f.    [2] Aasted, Harre H.    [3] Selde, Nørre
H., Salling.

liggende Købstads Skole til at gøre Tjeneste i Tøger Olufssens Sted, naar denne ikke længere kan; Tøger Olufssen skal betale denne Person en rimelig Løn. Orig. i Provinsark. i Viborg.

**23. Okt. (Frederiksborg).** Til Kapitlet i Lund. Da det i Anledning af Ordren til i Aar at komme Kongen til Hjælp med en Tredjedel af Kapitlets visse Rente har indberettet, at Kapitlets Kommungods for største Delen hver Uge uddeles blandt Skolepersoner, husarme og andre fattige Folk, og at en Del af Kannikedømmerne ere meget ringe, saa Indehaverne ikke have andet at ernære sig af end Tienden, har Kongen paa Kapitlets Begæring fritaget det for denne Gang at svare Tredjeparten af Kommungodset og Tienden. Sk. T. 1, 95 b.

**24. Okt. (—).** Aabent Brev, at Sognepræsterne i Kiøpnehafn, som efter den derom gjorte Skik skulle have al den Vikarierente, der falder indenfor Kiøpnehafns Porte, efterhaanden som de Personer, der vare forlenede dermed, dø, straks maa oppebære al den Rente, der falder indenfor Kiøpnehafns Porte til det Vikarie, som den nu af Riget rømte M. Hans Jørgensen var forlenet med. Sj. R. 11, 247 b. Orig. [1]

— Brev til Borgerskabet i Roskyldt om, at Kongen har eftergivet det 100 Dlr. af de 800 Dlr., som det i Aar er takseret til at udgive i Skat. Udt. i Sj. T. 13, 195.

**25. Okt. (—).** Til Axel Guldenstiern. Da Kongen har tilladt Fru Karen Krabbe, Niels Skiels Enke, at indløse Vorgaard med tilliggende Gods og det Øe Klosters Gods, han har i Pant, til førstkommende Omslag, befales det ham til den Tid at modtage sine Penge og overlevere hende Gaard og Gods med Pantebrevene. J. T. 1, 217 b.

— Til Biørn Anderssen, Vincentz Juel og Jørgen Schram. Da Jfr. Birgitte Rossenkrantz har bevilget Kongen sin Part i Nebbe Hovedgaard i Nørrejylland med 4 Gaarde i Rans, Nebbe og Egoms Møller, 2 Gaarde og Herligheden af 1 Kirkegaard i Gaarslef, 1 Gaard og 1 Bol i Mørreholdt, 1 Gaard i Gafuerslundt, 1 Gaard i Børckup, 1 Gaard i Andkier, 1 Gaard i Hersløf, 2 Gaarde og 4 Bol i Trelle, 1 Gaard i Egschouf, 1 Gaard i Gaade, 1 Gaard i Veyelby, 1 Gaard i Ulderup og 1 Gaard i Bredstrup til Mage-

---

skifte for 7 Gaarde og 5 Bol i Uggelbølle, 1 Gaard og 1 Bol i Balli, 7 Gaarde og 4 Bol i Omestrup og Herligheden af 1 Gaard og 1 Bol i Dagstrup, der svare Landgilde til Kirken og Præsten i Mørcke, skulle de med det første besigte begge Parters Gods, ligne det og indsende klare Registre derpaa. J. T. 1, 218.

**26. Okt. (Frederiksborg).** Befaling til Chrestopher Valckendorp om mod Bevis at levere Robert Heroldt, Possementmager, 100 Dlr., som Kongen har laant denne. Udt. i Sj. T. 13, 195.

— Befaling til samme at skaffe M. Jacob Gieller en Bolig i Kongens Gade i Kiøpnehafn, som han kan bo i med Hustru og Børn, naar der bliver en saadan ledig. Udt. i Sj. T. 13, 195.

— Til Peder Bilde til Suanholm og Eyller Grubbe til Lystrup. Da Fru Maren Fickisdatter har bevilget Kronen 3 Gaarde i Gundestrup i Grefuinge Sogn i Aatz Herred til Mageskifte for 1 Gaard, kaldet Skoufmølle, i Sjælland med mere af Kronens Gods, hvis Skoufmølle ikke kan forslaa, skulle de med det første besigte begge Parters Gods, ligne det og indsende klare Registre derpaa. Udt. i Sj. T. 13, 195 b.

**27. Okt. (—).** Forleningsbrev for Casper Rebuck, Trompeter, paa den Bolig i Kongens Gade i Kiøpnehafn, som M. Dauit Organist boede i. Udt. i Sj. R. 11, 248 [1].

**28. Okt. (—).** Aabent Brev, at Hans Lauritzen, der er antaget som Organist og skal følge Kongen, hvor denne er, baade paa Frederichsborg og andensteds, skal have 50 enkelte gl. Dlr. og en sædvanlig Hofklædning i aarlig Løn og 6 enkelte Dlr. om Maaneden i Kostpenge samt fri Bolig eller Penge til at leje sig en Bolig for. Sj. R. 11, 248 b.

**5. Nov. (—).** Aabent Brev, at Johan Thaube, Embedsmand paa Krogen, maa indtage et Stykke Jord i Helsingøer ved Siden af hans egen Gaard smstds. og beholde det til arvelig Ejendom, dog skal der være almindelig Fortaa og Gade mellem denne Jord og Stranden. Skal der i Fremtiden bygges paa denne Jord, skal der opsættes god Købstadsbygning med Tegltag derpaa, saa der kan svares Kronen og Byen sædvanlig Tynge deraf. Sj R. 11, 249.

— Aabent Brev, at Hans Paasche, Kongens Bygmester,

---

[1] Tr.: O. Nielsen, Kbhvns Dipl. II. 373.

maa lade et Stykke Jord i Helsingøer ud imod Sandet og
nord for det Stræde, som løber fra Helliggejsthuses Hjørne østpaa
langs med Henrich Monssens og Frantz Skrivers Haver, indhegne
til Have og beholde det til arvelig Ejendom. Skal der i
Fremtiden bygges paa denne Jord, skal der sættes god Købstads-
bygning med Tegltag derpaa, saa der kan svares Kronen og Byen
sædvanlig Tynge deraf. Sj. R. 11, 249 b.

**5. Nov. (Frederiksborg).** Til Chresten Vind. Da Kongen har
eftergivet 2 Bønder i Brøndbyvestre hver 1 Td. Havre,
som de svare mere end Kronens andre Bønder smstds., og som er
paalagt dem, da Jacob Beck havde dem i Forlening, skal han lade
Jordebogen omskrive i Overensstemmelse hermed. Udt. i Sj. T.
13, 196.

— Aabent Brev, hvorved det forbydes Indbyggerne paa
Bornholm som hidtil at udføre saltet Oksekød der af Lan-
det til Tyskland eller andre Steder udenfor Riget, da dette stri-
der saavel mod det almindelige Forbud som mod Recessen; enhver,
der gør det, skal have forbrudt hvad han har med at fare og
straffes; Lensmanden paa Hammershus skal have Opsigt hermed,
saafremt han ikke selv vil staa til Rette derfor. Sk. T. 1, 96 b.

— Til Manderup Pasberg. Nogle Borgere i Rødne have
berettet, at de have slagtet noget Fæ, som de havde faaet i
Betaling af Bønderne, og have villet udføre det, ligesom de hidtil
have gjort, men ere blevne forhindrede deri af ham i Henhold til
det almindelige Udførselsforbud. Da de imidlertid have erklæret,
at Fæet var slagtet, før de vidste noget om Forbudet, og at de ikke
kunne afhænde det paa Bornholm uden stort Tab, har Kongen til-
ladt dem at udføre det mod at svare sædvanlig Told deraf.
Udførselsforbudet sendes ham til Forkyndelse, for at de, der hidtil
ikke have kendt det, herefter kunne vide at rette sig efter det.
Sk. T. 1, 96.

**7. Nov. (—).** Kvittans til Johan Thoube, Embedsmand
paa Frederichsborg[1], der nu har leveret Kongens Hustru alle de
Sengeklæder, Sengedyner, Hoveddyner, Dundyner, Lagner, Duge og
Haandklæder, saa meget gult Klæde, som behøves til at overdrage
et Kammer med, og det andet Boskab, som han efter det af Jørgen

_____

[1] Vist Fejlskrift for: Krogen.

Munck overleverede Register har modtaget til Inventarium paa Krogen og i Eserom. Sj. R. 11, 250.

**10. Nov. (Frederiksborg).** Mageskifte mellem Peder Thot til Boltinggaard og Kronen. F. R. 1, 86. (Se Kronens Skøder.)

**11. Nov. (—).** Befaling til Jacob Ulfeld at lægge 1 Gaard i Kyng[1] og 1 Hus paa Gaardens Mark, 1 Gaard, kaldet Brydgaard, 1 Gaard i Allusse[2] og 1 Gaard i Aauby, som Kongen har faaet til Mageskifte af Peder Thott til Bolthinggaard, ind under Dallum Kloster og indskrive dem i Jordebogen blandt det tilskiftede Gods. F. T. 1, 65.

**12. Nov. (—).** Aabent Brev, at Josef Tømmermand i Grønholt maa være fri for at svare Afgift af sin Bolig smstds. mod for Betaling at lade sig bruge til Kongens Arbejde, naar han tilsiges. Sj. R. 11, 250 b.

— Til Christoffer Valckendorff. Pros Lauritzen har berettet, at han fra 1571 til 1576 har været Lagmand paa Stegit i Nordlandene i Norge, men intet har faaet til sin Underholdning, da den i Forvejen ringe Rente, som laa til Lagstolen, nemlig Tienden af Led[ingen[3] over Finmarken og nogle andre Len nord for Trøndelagen, efter den forrige Lagmand Jens Pederssens Afsættelse er kommen fra Embedet og bleven oppebaaret af Lensmændene; han har i den Anledning maattet sætte sig i Gæld og begærer nu, at Kongen vil unde ham enten Gimsøe Klosters Rente, som ligger under Bratzberg Len, eller Raabøgelagen under Nødenes Len i nogle Aar. Da Kongen ikke ved nogen Besked om denne Sag, skal Christoffer Valckendorff straks undersøge den og tilskrive Kongen fuld Besked derom. Orig.[4]

**13. Nov. (—).** Gavebrev til Arrild Huitfeld til Lilløe, Sekretær, paa en Kronens Jord i Helsingøer, vesten op til den Hofprædikant M. Christoffer Knopf givne Jord; han skal sætte god Købstadsbygning med Tegltag derpaa, saa der kan svares Kronen og Byen sædvanlig Tynge deraf. Sj. R. 11, 251.

— Gavebrev til M. Chrestoffer Knopf, Kongens Hofprædikant, paa et Stykke Jord i Helsingøer nord for Adelgaden og vesten for Pladsen ud mod Slottet; han skal sætte god Købstadsbygning med Tegltag derpaa, saa der kan svares Kronen og Byen sædvanlig Tynge deraf. Sj. R. 11, 252.

---

[1] Kyng, Baag H. Nye dsk. Mag. I. 14 f.    [2] Allese, Lunde H.    [3] Der er her et Hul i Papiret.    [4] Tr.:

**13. Nov. (Frederiksborg).** Skøde til Anders Jensen Ba-
ger, Borger i Helsingøer, paa den Vejrmølle udenfor Hel-
singøer, som han nu selv har i Værge. Sj. R. 11, 251 b.

— Til Dr. Pouel Matzen. Den tidligere Ordre til ham om,
at den Gudstjeneste, der hidtil er holdt i Helliggejsthus
om Fredagen, herefter skal holdes i Vor Frue Kirke, gen-
tages, da den endnu ikke er sat i Værk, men Kongen, skønt flere
ere imod det, finder, at Gudstjenesten bedre kan holdes i Vor Frue
Kirke, hvor der er større Plads. Sj. T. 13, 196 b[1].

— Befaling til Chrestopher Valckendorp at fragte en Skude
og sende den til Rostock med nogen Fetalje, som Kon-
gen vil forære Jørgen Belou, Hertug Ulricks Marskalk, nemlig
40 gode Sider Flæsk, $\frac{1}{2}$ Læst Smør, $\frac{1}{2}$ Læst Sild, $\frac{1}{2}$ Læst Torsk
og saa meget skruet Fisk, Flyndere, Hvillinger og anden saltet og
tør Fisk, som han selv synes, og som det ikke vil være haanligt at
bortskænke. Fetaljen skal leveres i Mattheus Møllers Hus i Rostock.
Udt. i Sj. T. 13, 196 b.

— Til Jørgen Skram. Da han har berettet, at han trods gen-
tagne Bud hos Seuerin Kier, Borgemester i Kolding, ikke har kun-
net faa mere end 500 Dlr. af de Penge, han skulde have hos
denne til Indkøb af jordegent Gods i Drotningborg Len,
og derfor har begæret, at Kongen vilde sende ham 800 Dlr. til det
Brug, beder Kongen ham enten selv lægge de til Købet nødven-
dige Penge ud eller laane dem hos andre; Kongen vil paa hans
nærmere Anfordring være ham vis for Pengene, hvor han laaner
dem. J. T. 1, 218 b.

[**13—20. Nov.**[2]] Befaling til Erick Løcke straks at sende sin
Skriver til Kiøpnehafn med Stiftets Regnskab og de til
Regnskabet hørende Penge for at gøre det klart hos Rentemesteren.
Han skal befale Matz Kock, Borger i Riibe, straks at begive
sig til Kiøpnehafn med sit Regnskab og de til Regnskabet
hørende Penge og engang for alle gøre det klart hos Rentemesteren;
hvis Matz Kock, som hidtil, viser sig forsømmelig heri, skal han
alvorligt tilholde ham ikke at vise sig forsømmelig. Udt. i J. T. 1, 219.

[— [1]] Befaling til Matz Kock straks at begive sig til Kiøp-
nehafn til Rentemesteren med sit Regnskab af Riiber Stift og
de til Regnskabet hørende Penge. Udt. i J. T. 1, 219.

---

[1] Tr.: Rørdam, Kbhvns Universitets Hist. 1537—1621 II. 729 f.   [2] Indført mellem
Breve af 13. og 20. Nov.

**14. Nov. (Frederiksborg).** Befaling til Johan Thaube ikke at bortlaane Vogne til andre end dem, der have Kongens egenhændig skrevne Pasbord eller et saadant Hverv, at de skulle have Vogne. Udt. i Sj. T. 13, 197.

**15. Nov. (—).** Livsbrev for Hans Paasche, Kongens Bygmester, paa en Gaard i Krogens Len, kaldet Borup, kvit og frit. Han maa i Skoven faa fri Gærdsel til Hegn og nødtørftig Ildebrændsel af Vindfælder og fornede Træer efter Udvisning af Lensmanden eller Skovfogden samt fri Olden til 40 Svin, naar der er Olden. Sj. R. 11, 252 b.

**20. Nov. (Kallundborg).** Aabent Brev, at Kort N., der er antaget som Isensnider og skal forfærdige og istandholde alle de Stempler og Jærn, der behøves til Kongens Mønt eller til andet Brug, aarlig skal have 40 Dlr. og en sædvanlig Hofklædning til Løn og Husleje af Rentemesteren og 2 Pd. Rug, 3 Pd. Malt, $^1/_2$ Td. Smør, 1 Par Øksne, 4 Fedesvin og 10 Lam af Kiøpnehafns Slot til sin Underholdning. Sj. R. 11, 253. Udt. i J. T. 1, 219 b.

— Aabent Brev, hvorved Kongen eftergiver Borgerskabet i Kallundborg 100 Dlr. af den Skat, som det er takseret for. Udt. i Sj. T. 13, 197.

— Til Chrestopher Valckendorp. Borgemestre og Raad i Ottense have berettet, at, da Kongens Fader[1] og andre fremmede Herrer drog ind i Riget til Kongens Bryllup, laa deres Folk i Herberg i Ottense, og Fortæringen blev opskrevet af en Renteskriver; da en Del heraf endnu ikke er betalt, have de begæret at faa det resterende afkvittet i deres Byskat, hvilket Kongen ogsaa har bevilget. Det befales derfor Chrestopher Valckendorp at undersøge Sagen og afkvitte den endnu ubetalte Fortæring i Byskatten. Sj. T. 13, 197.

— Til samme. Maren Albritz i Kallundborg har berettet, at en Høvedsmand, ved Navn Hans von Kyndelbryg, i sidste Fejde har ligget i Herberg i hendes Hus med sine Folk og Heste, og at hendes Husbonde har forstrakt Høvedsmanden med 54 Dlr.; da baade Fortæringen og de laante Penge skulle være afkortede paa Rentekammeret, uden at hun eller hendes Husbonde dog har faaet noget, begærer hun nu enten at faa Beløbet betalt eller faa det afkortet i noget Korn, hun skylder Kronen, hvilket

---

[1] o: Svigerfaderen Hertug Ulrik af Meklenborg.

Chrestopher Valckendorp ogsaa skal lade ske, hvis Afregningen
viser, at Beløbet er afkortet eller kommet Kongen til Bedste. Sj.
T. 13, 198.

**20. Nov. (Kallundborg).** Befaling til alle Kannike-, Vikarie-,
Kirke- og Præstetjenere i Abramstrup Len hver at modtage ¹/₂ Pd.
Rug af Borckort von Papenheim og lade det male i Mel og bage
i Kavringbrød. Udt. i Sj. T. 13, 198.

— Følgebrev for Henning Giøe til Kierstrup til 4 Bøn-
der i Florup¹ paa Laaland. F. R. 1, 511.

**21. Nov. (—).** Mageskifte mellem Hr. Peder Skram til
Urup og Kronen. Sj. R. 11, 254 b. (Se Kronens Skøder under
22. Nov. 1576.)

— Aabent Brev, at Baltzer Hanssen, der skal bo paa
Asnes og have Opsigt med Kongens Jagthus smstds. samt
paase, at Skibsfolk, Samsinger og andre, ikke gaa i Land og uden
Tilladelse forhugge Skovene, herfor aarlig skal have 1 Pd. Malt,
¹/₂ Pd. Mel, 1 Fjerd. Smør og 2 levende Svin af Kallundborg Slot
til sin Underholdning, ligesom han ogsaa, saa længe han er i
denne Bestilling, maa bruge den til Jagthuset liggende Abildhave.
Han skal være Lensmanden paa Kallundborg lydig og melde ham,
hvis han opdager, at nogen hugger i Skovene uden Tilladelse. Sj.
R. 11, 253 b.

— Aabent Brev, at Kongen efter Raadslagning med Rigets
Raad har ophævet Forbudet² mod at købe Stald- og Græs-
øksne i Landsbyerne, da Indbyggerne her i Riget have besvæ-
ret sig meget over det, idet de, særlig i de Købstæder, hvor der
ikke holdes Akseltorv eller Markeder, have lidt Mangel paa Slagtefæ
til deres Huses Ophold. Sj. T. 13, 198 b³.

— Befaling til alle Stiftslensmænd at forkynde ovenstaaende
Brev paa alle Herredsting i deres Len. Udt. i Sj. T. 13, 199 b.

— Lignende Befaling til Landsdommerne at forkynde oven-
staaende Brev paa alle Landsting. Udt. i Sj. T. 13, 199 b.

— Aabent Brev, hvorved Kong Christian III's Forbud mod
at holde Marked i Kieragger i Gyding Herred paany ind-
skærpes, da der desuagtet holdes et Marked paa Kieragger og
Leerit Marker, som kaldes Bromarked og er til Skade for Bøn-

---

¹ Flaarup, Fuglse H.     ² Se Kanc. Brevbøger 1571—75 S. 628.     ³ Tr.: Secher,
Forordninger II. 26 f.

derne i disse to Byer, fordi der bruges megen ukristelig Handel med Tyveri, Manddrab, Horeri og andet. Holder nogen Marked dér efter dette Brevs Forkyndelse, skal han have forbrudt hvad han har med at fare og straffes som ulydig. Sk. R. 1, 175.

**21. Nov. (Kalluudborg).** Til Biørn Kaas og Jørgen Marsuin. Da Fru Ane Holck, Hr. Verner Pasbergs Enke, har bevilget Kronen 2 Gaarde i Jennum i Schifued Sogn i Thoreld Herred, 1 Gaard i Gamelstrup i Thøning Sogn og 3 Gaarde i Vratz Sogn og Herred til Mageskifte mod Vederlag i Harløsse i Skaane, skulle de med det første besigte begge Parters Gods, ligne det og indsende klare Registre derpaa. Sk. T. 1, 97.

— Befaling til Axel Guldenstiern eller hans Foged i hans Fraværelse at give Kronens Bønder i Rønneberg og Haragger Herreder, der ikke ville møde og arbejde i Stengraven ved Helsingborg, hvorover Kongens Arbejde forsømmes, Ordre til at rette sig efter Kongens Brev og møde og arbejde i Stengraven. Udt. i Sk. T. 1, 97 b.

— Befaling til Kapitlet i Lund at give dets Bønder i Helsingborg Len og i ovennævnte to Herreder Ordre til at rette sig efter Kongens Brev om Arbejde i Stengraven. Udt. i Sk. T. 1, 98.

— Til Peder Munck, Admiral, og Biørn Anderssen. Da Hr. Jørgen Løcke til Ofuergaard har bevilget Kronen 2 Gaarde i Serslof[1] i Dragsholm Len, 1 Gaard i Aurdrup[2] ved Korsør og 6 Gaarde og nogle Bol paa Møen, hvilket sidste Gods paa Møen tidligere er besigtet, til Mageskifte for noget af Kronens Gods i Als Sogn i Hensted Herred og i Logens og Alstruppe Sogne i Gislom Herred og et lille Stykke til Gryndeslof Kloster hørende Krat, skulle de med det første besigte Godset i Sjælland og Jylland, ligne begge Parters Gods og indsende klare Registre derpaa. J. T. 1, 219 b.

— Til Erich Rud. Kongen har bragt i Erfaring, at det gaar meget uskikkeligt til ved Herredstingene i hans Len [Aalborghus], idet der, naar der kommer Sager vedrørende Herredsfogderne for, hvori disse altsaa ikke selv maa dømme, af Herredsfogderne og andre, som ere vildige i disse Sager, tilsættes Dommere i Herredsfogdernes Sted, og det undertiden Folk, som hverken ere vederhæftige for at oprette Sagsøgeren hans Skade eller duelige til

---

[1] Særslev, Skippinge H.      [2] Erdrup, Slagelse H.

Pladsen, hvilket medfører, at mange ikke faa mere Ret, end disse Folk ville unde dem. Da imidlertid de Folk, som tilsættes i Herredsfogdernes Sted, lige saa vel som Herredsfogderne selv bør være uberygtede, forstandige og vederhæftige Dannemænd, skal han nøje paase, at Herrederne blive forsynede med duelige Herredsfogder, og i Tilfælde af, at Herredsfogderne ikke maa dømme i en Sag, selv tilsætte duelige Folk i Stedet og ikke, som hidtil, lade andre udnævne dem. J. T. 1, 220 b.

**21. Nov. (Kallundborg).** Den kallundborgske Reces. Sj. T. 13, 200. Orig. (Se Secher, Forordninger II. 27 ff.)

**22. Nov. (—).** Befaling til alle Stiftslensmænd og Lansdommere at forkynde ovenstaaende Reces paa alle Herredsting og Landsting. Udt. i Sj. T. 13, 212 b.

— Aabent Brev, at Jesper Skamelssen, Kongens Kældersvend, der har lovet altid at holde godt fersk Barstøl fal hele Sommeren igennem, saa baade Kongen og andre kunne faa det til Købs hos ham til en rimelig Pris, indtil videre maa være fri for at svare Sise af alt det Barstøl, han indfører til Kiøpnehafn, dog mod at give Kongen en god Td. Barstøl af hver »Føring«, han lader hente. Sj. R. 11, 255 b.

— Gavebrev til Jørgen Marsuin, Embedsmand paa Odensegaard, paa den ved Dallum liggende gamle Kirke, kaldet Hielles[1], med Tilladelse til at nedbryde Kirken og Kirkeladen og anvende Mursten og Tømmer derfra til eget Brug. F. R. 1, 87.

— Til M. Niels Jespersen, Superintendent i Fyens Stift. Da der i Rødby paa Laaland skal være indsat en Sognepræst, der tidligere har været Kapellan smstds., skønt Sognet, der ligger ved et almindeligt Færgested, burde forsørges med en lærd og anset Person, skal han med det første indsætte en anden Sognepræst, som kan være Sognet tjenlig, og enten igen lade den nuværende Præst blive Kapellan ligesom tidligere eller skaffe ham et andet Kald.[2]

— Til M. Niels Jespersen, Borgemestre og Raad og Sognepræsten i Otthense. Kongen har bragt i Erfaring, at Hospitalets Regnskab hidtil ikke er blevet hørt hvert Aar, men at Forstanderne trække Tiden ud, hvilket medfører, at de fattige muligvis forsømmes, og at man ikke ved, om der maaske kan optages flere i

---

[1] Hjallese, Odense H.    [2] Tr.: Kirkehist. Saml. 4. R. II. 7.

Hospitalet. Da Fundatsen paabyder, at de hvert Aar skulle høre Regnskabet, har deres Forsømmelighed i høj Grad undret Kongen, og han befaler dem herefter at efterkomme Fundatsens Bestemmelser, høre de Regnskaber, som maatte staa tilbage, og give dem, som staa for Regnskabet, Ordre til straks at gøre dem klare. F. T. 1, 65 b.

**22. Nov. (Kallundborg).** Lejdebrev, gældende en 6 Ugers Tid, for M. Hans Jørgensen til frit at komme ind i Riget for at forsvare sin Sag og ud igen. Udt. i F. T. 1, 288.

— Befaling til Abbedissen i Mariboe at give to udlevede Præstemænd paa Askøø og Bogøø, der ikke længere kunne forestaa deres Embede, Underholdning i Klosteret, saa længe de leve. F. T. 1, 288 b[1].

— Gavebrev til Adelen i Jylland, der har klaget over, at der i Viborg ikke findes noget belejligt Hus eller Plads udlagt til at holde Landsting i og ellers forsamle sig i, paa Bispegaarden i Viborg til Domhus og andet Brug. Adelen maa selv lade Gaarden opbygge og forbedre og gøre sig den saa nyttig som muligt. J. R. 1, 365[2].

— Mageskifte mellem Jacob Ulfeld til Koxbølle, Embedsmand i Dalum Kloster, og Kronen. J. R. 1, 365 b. (Se Kronens Skøder.)

— Livsbrev for Fru Marine Juel, Christoffer Pallessens Enke, der nu har opladt Kronen sit Livsbrev paa det Gods i Fyen, som Kongen med hendes Samtykke har bortmageskiftet til Jacob Ulfeld, paa følgende Gods i Nørrejylland, som Kongen har faaet til Mageskifte af Jacob Ulfeld, i Stedet: 3 Gaarde i Vrendis[3] i Rolsø Sogn, 1 Gaard, kaldet Rolsø, 1 Gaard, kaldet Balsballu[4], 1 Gaard i Grønfeld, 1 Gaard i Egismarck, 2 Gaarde i Biørstrup og 1 Gaard i Steinum, alt i Mols Herred, uden Afgift. J. R. 1, 367 b.

— Befaling til Nils Jonssen straks at overtage alt det Holger Ulfstand, Jens Ulfstands Søn, tilhørende Gods i Nørrejylland, som Gregers Holgerssen hidtil har haft i Forsvar, oppebære den hos Bønderne resterende Landgilde og for Fremtiden al den visse og uvisse Rente af Godset, gøre alt i Penge og aarlig gøre Rentemesteren Regnskab derfor, saa at alt kommer Holger Ulfstand til gode. J. T. 1, 221.

---

[1] Tr.: Ny kirkehist. Saml. II. 766. Barfod, Den falsterske Geistligheds Hist II. 46 f. Rørdam, Dsk. Kirkelove II. 270. [2] Tr.: Secher, Forordninger II. 48. [3] Vrinders. [4] Basballe.

**22. Nov. (Kallundborg)**. Til Biørn Anderssen. Da det Korn-
hus, som det var Kongens Agt at lade bygge i Aarhus, ikke
blev færdigt og Murene nu staa og forfalde og Tømmeret raadner,
skal han med det første lade Muren nedbryde, lade Stenene
og Tømmeret derfra føre til Hafreballe Ladegaard og
dér lade bygge nogle smukke Kamre til Kongen; den yder-
ligere Bekostning herved skal han indskrive i Regnskabet. J. T.
1, 221.

**26. Nov. (Valsø)**. Til Biørn Anderssen. Da Kongen har bevil-
get Jørgen Rosenkrantz et Stykke Skov i Kalløe Len, kaldet
Nødeholm, der strækker sig fra Skauby Møllevad tværs over en
Lyngmose og en Lund mellem Thorsag Skov og Nødeholm og der-
efter hen imod Aaen ved Thierrø[1], med den indenfor disse Aasteder
liggende Ejendom til Mageskifte for Fyldest andensteds i Nørre-
jylland, saaledes som Jørgen Rosenkrantz nærmere skal anvise ham,
skal han med det første besigte begge Parters Gods, ligne det, ud-
lægge Kronen Fyldest for dens Gods og indsende klare Optegnelser
herom til Kancelliet. J. T. 1, 222 b[2].

— Til Jørgen Skram. Peder Pederssen, Forstander for Al-
mindeligt Hospital i Randers, har berettet, at Hospitalet i
nogle Aar ikke har faaet de det i Fundatsen tillagte Svin af
Slottet [Dronningborg], dels fordi der i flere Aar ingen Olden har
været i Lenet, dels fordi Svinene en Tid lang ere solgte til be-
stemte Købmænd. Da der i Aar skal være »temmelig« Olden i
Lenet, skal han i Aar levere Hospitalet 100 Oldensvin eller lige saa
meget gammelt Flæsk, hvis han har saa meget og Svinene ikke ere
saa fede, at Hospitalet kan være hjulpet dermed, og for Fremtiden
sørge for, at Hospitalet faar de i Fundatsen ommeldte Svin, naar
der er Olden. J. T. 1, 222.

**27. Nov. (Roskildegaard)**. Til Christen Lange. Kongen
har i Henhold til hans Begæring og i Betragtning af hans lange
Tjeneste i Aar fritaget ham for at svare Tredjeparten af
hans visse Rente til Kronen, saaledes som andre Prælater og
Kanniker i Riiber Domkirke skulle. J. T. 1, 223.

**29. Nov. (Frederiksborg)**. Til Nils Jonssen. Kongen har af
den af ham og andre gode Mænd foretagne Undersøgelse set, at

---

[1] Tjerrild, Ø. Lisbjærg H.      [2] J. T. 1, 221 b findes det samme Brev indført i en no-
get kortere Form og dateret: Kallundborg, 22. Nov.

den Mølle, som Hr. Jørgen Løcke har begæret at maatte bygge
ved Giedsted Aa, ikke kan bygges uden stor Skade for Kronen
og vil skade Kronens omkringliggende Møller, ligesom ogsaa Vejen
til og fra Møllen vil komme til at gaa over Kronens Ejendom, og
vil derfor ikke tillade Hr. Jørgen at bygge Møllen. J. T.
1, 223.

**29. Nov. (Frederiksborg).** Til Erich Rud, Biørn Anderssen,
Vincentz Jul, Jens Kaas, Jørgen Schram og Nils Jonssen. Da Pe-
der Guldenstiern til Thim, Marsk, har bevilget Kronen 1 Gaard
i Egethued[1] og 1 Gaard i Them i Nørrejylland til Mageskifte for
noget Krongods i Vendsyssel, som han selv nærmere skal anvise
dem, skulle de med det første besigte begge Parters Gods, ligne
det og indsende klare Registre derpaa. J. T. 1, 223 b.

— Til samme. Da den tidligere Befaling til dem om at be-
sigte Nygaard med nærmestliggende Gods i Eld Herred, som Kongen
skulde have til Mageskifte af Fru Karen Krabbe, Niels Schiels
Enke, og Vorgaard i Vendsyssel med saa meget af det tilliggende
Gods, som Kongen skulde udlægge Fru Karen i Stedet, endnu ikke
er bleven fuldgjort, fordi Kronens Skove løbe meget højt op, me-
dens det ved Nygaard nærmestliggende Gods ikke kan veje op mod
Kronens i den Henseende, befales det dem, eftersom Fru Karen er
villig til tillige at udlægge noget Gods i Skanderborg og Silckeborg
Len og i Sønderjylland, ogsaa at besigte dette Gods, tage Fyldest i
Landgilde og Ejendom for de Skove, som Fru Annes Gods mang-
ler, ligne alt Mageskiftegodset og indsende klare Registre derpaa.
J. T. 1, 224 b.

— Til Kapitlet i Viiborg. Da Mogens Juel til Knifholt har
berettet, at der paaføres ham Trætte paa noget Gods, som han
har faaet til Mageskifte af Kronen, og at Brevene, hvormed Godset
skal forsvares, findes i Kapitlet, skal dette lade de paagældende
Breve opsøge og levere ham dem mod en Reversal, at han vil
tilbagelevere dem, naar han har brugt dem. J. T. 1, 224.

**30. Nov. (—).** Forleningsbrev for Hr. Oluf Anderssen,
Kapellan i Vedle, paa Afgiften af Kronens Part af Tienden
af Nykiercke Sogn, kvit og frit. Udt. i J. R. 1, 368.

— Skøde til Olluf Bagger, Raadmand i Otthense, paa
en St. Knudtz Klosters Jord i Otthense lige overfor Raadhuset,

---

[1] Engetved, Vrads H.

hvilken han nu selv har i Værge, og hvorpaa Melchior Skriver har
opført en Bygning, som han siden har solgt til Olluf Bagger. Der
skal aarlig svares 2 gl. Dlr. i Jordskyld til Kronen, den ene inden
14 Dage efter Paaske, den anden inden 14 Dage efter St. Mikkels-
dag, og holdes god Købstadsbygning med Tegltag paa Jorden, saa
der kan svares Kronen og Byen sædvanlig Tynge. Hvis Bygnin-
gen i Fremtiden skal sælges, skal den først tilbydes Kronen. F.
R. 1, 89.

**30. Nov. (Frederiksborg).** Livsbrev for Olluf Bager, Bor-
ger i Odense, paa 1 Gaard i Elmelund i Odense Herred, som
Jacop Ulfeld har udlagt ham i Stedet for en Dallum Klosters Gaard,
kaldet Østersløf, der ligger lige ved Klosteret, hvilken han havde
Livsbrev paa, men nu har opladt Kronen. Han skal overtage Gaar-
den i Elmelund til 1. Maj og være fri for at svare Afgift af den.
Vil han selv bruge Gaarden som Avlsgaard, skal han erstatte Bon-
den hans Stedsmaal. F. R. 1, 88 b.

— Befaling til Jacob Ulfeld om til 1. Maj at overlevere
Oluf Bager, Raadmand i Odense, ovennævnte Gaard i Elme-
lund og lægge Oluf Bagers Rettighed i 2 jordegne Bønder-
gaarde i Nyebølle i Solleng Herred, hvilken Rettighed Kronen
har faaet til Mageskifte af Oluf Bager, ind under Klosteret
[Dalum] og indskrive den i Jordebogen. F. T. 1, 66.

**Nov.** [1] (—). Mageskifte mellem Olluf Bagger, Borger i
Ottense, og Kronen. F. R. 1, 87 b. (Se Kronens Skøder under 1. Dec.)

**1. Dec.** (—). Til Lauge Beck og Hans Lauritzen, Kirkeværger
for Roschyld Domkirke. Da de have berettet, at der ved Dom-
kirken findes nogle, dels gamle, dels brugelige Messehagler og
Korkapper, som Domkirken ikke behøver allesammen, tillades det
dem at sælge de overflødige til Indtægt for Domkirken. Da de
have Overflod paa Messehagler, skulle de lade Hospitalsforstan-
deren i Randers faa en god Messehagel til Hospitalet. Sj. T. 13,
212 b. Orig.

— Befaling til Henrich Monssen, Tolder i Helsingøer, at be-
tale Jacob Seefeldt den Kalk, som Kongen bevislig har faaet
af denne, og som endnu ikke er betalt. Orig.

— Til Peder Brade. For kort Tid siden gav Kongen ham
Ordre til at tage en stærk Borgen af en, ved Navn Jep Offesen,

---

[1] Indført mellem Breve af 22. og 30. Nov.

der var mistænkt for at have udgjort nogle for at ihjelslaa en anden Bonde, Lag Jensen, for den Gaards Skyld, som Niels Clemedsen undte denne. Da Lau Urne, paa hvis Gods Jep Offesen bor, imidlertid har besværet sig over, at andre skulle befatte sig med denne, efterdi han selv er villig til at tage Borgen af Jep Offesen paa, at han vil være sin Modpart ubevaret, befales det Peder Brade, hvis Lau Urne vil det, ikke at befatte sig med Jep Offesen, men henvise Sagen til Herredsting og Landsting. Sk. T. 1, 98.

**1. Dec. (Frederiksborg).** Anmodning til Ifuer Skram, Ofue Juel, Hermand Juel og Mogens Krag, der skulle have noget G o d s i S ø n-
d e r j y l l a n d ved Obenraa, som de skulle være villige til at af-
hænde, om at l a d e K o n g e n fremfor nogen anden f a a det og med det første erklære sig skriftlig herom. J. T. 1, 225.

— Til Chrestoffer Valckendorff. Da Kongen har faaet Ejen-
dommen til og Landgilden af 2 jordegne B ø n d e r g a a r d e i
N y e b ø l l e i Salling Herred til Mageskifte af Olluf Bagger, Raadmand i Othense, skal Chrestoffer Valckendorff herefter l a d e denne Skyld oppebære sammen med den Herlighed, han tidligere havde af samme Gaarde. F. T. 1, 66 b.

**2. Dec. (—).** Befaling til samme at b e t a l e Arildt Uggerup 220 Dlr., s o m K o n g e n h a r l a a n t af hans Svoger Niels K r a b b e, og tage Kongens Forskrivning til sig. Udt. i Sj. T. 13, 213.

**3. Dec. (—).** Aabent Brev, at M. J ø r g e n A n d e r s s e n, Sogne-
præst i Nestued, der har klaget over, at hans Embedes Indtægt er bleven formindsket ved, at Lille Nestued, som fra Arilds Tid har ligget til Bykirken, for nogen Tid siden er bleven lagt til Herlufs-
holms Kirke, indtil videre aarlig m a a o p p e b æ r e 6 Pd. Korn af R o s c h i l d e g a a r d til sin Underholdning. Sj. R. 11, 256.

**4. Dec. (—).** Befaling til nedennævnte Lensmænd og andre straks at f r e m s e n d e de Regnskaber, de r e s t e r e med, o g b e t a l e hvad de blive skyldige til Rentemesteren, da det er Kongen magtpaa-
liggende. — Erick Lycke med Mandtalsregister paa Kvægskatten til St. Lauritz [10. Aug.] 1567 af Aakier Len; Henrick Gyllenstern eller Fru Jytte med Mandtalsregistre paa Kvægskatten til Laurentii 1567 af Han Herred og paa Landeskatten til Lucie [13. Dec.] 1574 af Han Herred og Aastruppe Len og med Afgiften af Han Herred og Vidskølle Klosters Gods fra 1. Maj 1574 til 1. Maj 1575; Fru Jytte Podbusk med Mandtalsregistre paa Skatterne til Palmesøndag [11. April] 1568, Juledag 1571 og Juledag 1572 af Vestervig Birk;

8

Josua von Qualen med Mandtalsregistre paa Kvægskatten til Kyn-
delmisse [2. Febr.] 1568 og paa Skatten til Jul 1568 af Hagen-
schouf Len; Hans Lauritzen i Testrup med Mandtalsregister paa
Kvægskatten til St. Mortens Dag 1569 af Aarhus Stift; Mogens Fal-
sters Arvinger med Mandtalsregister paa Kvægskatten til Nytaarsdag
1570 af Nyekiøbing, Aalleholm og Rafnsborg Len; Albrit Oxe med
Mandtalsregistre paa Kvægskatten og Skatten af Adelens Ugedags-
mænd til Misericordia domini [9. April] 1570 og paa Landeskatten
til Dionisii [9. Okt.] 1566 af Aalleholms Len samt paa Skatten til
Vor Frue Dag nativitatis [8. Sept.] 1569 af Rafnsborg Len; Chre-
stopher Gadendorf med Mandtalsregistre paa den dobbelte Kvægskat
til St. Mikkelsdag 1570, Skatten til Juledag 1570 og Skatten til
Juledag 1572 af Kierstruppe Len; Lauge Venstermand med Mand-
talsregister paa den dobbelte Kvægskat til St. Mikkelsdag 1570 af
Aalleholms Len; Hr. Otte Krumpens Arvinger med Mandtalsregister
paa Landeskatten til Dionisii 1566 [af Hald Len]; Gregers Trudssen
med Mandtalsregister paa Landeskatten til Dionisii 1566 af Roxe
Herred; Gregers Holgerssen med Mandtalsregister paa Skatten til
Lucie 1574 af Skifuehus Len; Claus Huitfeld med Mandtalsregistre
paa Skatterne til Trium regum [6. Jan.] 1571 og Juledag 1571 af
Drotningborg Len; Lauge Beck med Mandtalsregister paa Lande-
skatten til Jul 1572 af Roskildegaards Len; Augustin Urnis Arvinger
med Mandtalsregister paa Landeskatten til Jul 1572 af Gers Herred;
Hack Ulfstand med Mandtalsregistre paa Skatterne til Jul 1573 og
Lucie 1574 af Ottensegaards Len og med Ottensegaards og Stiftets
Regnskab fra 1. Maj 1574 til 1. Maj 1575; Erick Rud med Mand-
talsregister paa Landeskatten til Lucie 1574 af Aalborghus Len; Fru
Abbel Hr. Niels Langis med Mandtalsregister paa Landeskatten til
Lucie 1574 af Lundenes Len; Peder Gyllenstern med Mandtals-
register paa Landeskatten til Lucie 1574 af Hing og Uldborg Her-
reder og med Regnskabet af Bahus Len fra 1. Maj 1573 til 1. Maj
1575; Jørgen Marsuin med Mandtalsregister paa Landeskatten til
Lucie 1574 af Landzkrone Len og Landzkrone Slots Regnskab fra
1. Maj 1574 til 1. Maj 1576; Fru Helleuig Hardenberg med sin
Husbondes Regnskab af Ottensegaards Len fra 1. Maj 1575; Jo-
han Urne med Mandtalsregister paa Landeskatten til Lucie 1574
af Bornholm og med Stiftets Regnskab af Bornholm; Fru Mette Hans
Bernekous med Regnskabet for Afgiften af Rafuelsuig Gods paa Ryen
fra 1. Maj 1572 til 1. Maj 1575; Otte Emmickssen med Afgiften

af Rudgaards Len fra 1. Maj 1574 til 1. Maj 1575; Peder Skriver
i Aarhus med hans Restance af Stiftets Indkomst 1571 og 10¹/₂
smalle Læster Salt; Arvingerne efter Fru Anne Hr. Ottis med Restancen
af Hald Len til 1. Maj 1569; Coruitz Viffert med Regnskabet af Hel-
singborg Len¹; Oluf Bagger [med Regnskabet] for det Korn og de
Varer, han har faaet af Ottensegaard, Stiftets Indkomst, Dalum Klo-
ster og Schanderborg Len fra 1. Maj 1574 til 1. Maj 1575, og for
det Korn og de Varer, han har faaet af Dalum Kloster, Stiftets Ind-
komst i Nyborg Len og af Schanderborg Len fra 1. Maj 1575 til
1. Maj 1576; Knud Jørgenssen i Ottense og Oluf Meckelborg i
Flensborg [med Regnskabet] for det Korn og de Varer, de have faaet
af Silckeborg og Kalløe Len fra 1. Maj 1575 til 1. Maj 1576; Mi-
chel Bagger i Otthense, Niels Skriver og Søfren Hofmand i Randers
[med Regnskabet] for det Korn og de Varer, de have faaet af Drot-
ningborg Len fra 1. Maj 1574 til 1. Maj 1576; Jørgen Hanssen i
Vee [med Regnskabet] for Kronens Tiendekorn af Giers og Villandtz
Herreder fra 1. Maj 1575 til 1. Maj 1576. Sj. T. 13, 213.

**7. Dec. (Frederiksberg).** Til Chrestoffer Valckendorff, Rente-
mester. Oluf Hanssen har berettet, at der nogle Gange, naar
Kongen rejste gennem Medelfar, er fortæret noget hos hans Fader,
hvilket han begærer maa blive afkortet i det Regnskab, som han
nu paa sin afdøde Faders Vegne vil aflægge; da Kongen imidlertid
erindrer hver Gang at have givet hans Fader Ordre til at tage sin
Betaling hos Byfogden i Medelfar, skal Chrestoffer Valckendorff un-
dersøge denne Sag og, saa vidt Betalingen for Fortæringen er rime-
lig og ikke allerede betalt af Byfogden, afkorte den i Regnskabet.
Sj. T. 13, 217.

**8. Dec. (—).** Til Axel Viffert. De paa Sproe boende Hol-
lændere have klaget over, at den Afgift, de svare af Køerne der
paa Landet, er sat meget for højt, at der desuden føres Faar og
andet Kvæg derhen, som opæde og ødelægge al Fægangen, og at de
Køer, de engang have faaet, blive ombyttede, af hvilke Grunde de be-
gære Nedsættelse af Afgiften, da de ellers ikke tør blive ved.
For at de ikke skulle flytte andenstedshen, forbydes det ham at lade
andet Kvæg end det, Hollænderne have i Leje, komme derhen og at be-
svære dem med større Afgift, end de kunne taale, ligesom ogsaa at
ombytte det Kvæg, som engang er leveret dem. F. T. 1, 66 b.

---

¹ Derefter følger en Del norske Lensmænd.

**11. Dec. (Jagthuset Hørsholm).** Til Dr. Pouel Matzen, Super-
intendent i Sjællands Stift, og Professorerne ved Universitetet.  Da
M. Hans Jørgensen af Flyntinge, der for nogen Tid siden er
bleven beskyldt for at have beligget en Jomfru fra Maribo Kloster
og paa Landemodet er bleven funden skyldig af Bispen i Fyen og
Præsterne, nu er kommen til Stede og har, eftersom han mener
at have lidt Uret, begæret at faa Sagen forhørt af andre Dommere,
hvilket ogsaa Bispen ønsker, skulle de i Forening med Niels Kaas,
Kansler, og Christoffer Valckendorpf, Rentemester, kalde Sagen for
sig, undersøge den og afsige Dom om, hvorvidt den af Bispen
afsagte Dom bør staa ved Magt eller ej, og hvorvidt M. Hans er
sagesløs eller ej.  Orig. i Konsistoriets Arkiv, Pk. 183[1].

**13. Dec. (Frederiksborg).** Aabent Brev, at Christoffer Skri-
ver i Viidby[2] indtil videre aarlig maa oppebære 1/2 Læst Korn
af Afgiften af Kronens Part af Korntienden af Finderup
Sogn i Løfue Herred, kvit og frit.  Sj. R. 11, 257.

— Aabent Brev, at Vor Frue Kirke i Roskielde i Søme Herred
og Gadstrup Kirke i Ramsø Herred maa være fri for at svare
Hjælp til Slangerup Kirkes Bygning.  Udt. i Sj. T. 13, 217.

— Aabent Brev, hvorved Kongen — der har bragt i Erfaring,
at Kirkerne paa Fyen mange Steder forfalde og blive øde, fordi
deres Regnskaber ikke blive hørte hvert Aar og der ikke føres
Tilsyn med, hvorledes Kirkernes Indtægt anvendes — bestemmer,
at Herredsprovsten i hvert Herred i Forening med den af Stiftslens-
manden tilforordnede Skriver skal rejse omkring for at høre alle de
resterende Kirkeregnskaber og tage dem beskrevne under deres og
Sognepræstens Segl.  Det befales Kirkeværgerne at gøre Regnskab
for deres Indtægt og Udgift, siden deres Regnskab sidst blev hørt,
og opgive, hvad hver Kirke har i Forraad.  F. T. 1, 68.

— Befaling til Jørgen Marsuin og Axel Viffert at give Prov-
sterne Ordre til at høre de resterende Kirkeregnskaber
og dertil tilforordne dem en Skriver, der kan følge med dem.  De
aflagte Kirkeregnskaber skulle besegles af Herredsprovsten, Sogne-
præsten og Skriveren og leveres til Jørgen Marsuin og Axel Viffert.
Da Chrestoffer Bang i Odense skal restere med flere Aars Regn-
skab for Kirkernes Indkomst, skulle de fastsætte en bestemt Tid,
inden hvilken han skal have gjort alt klart.  F. T. 1, 67.

---

[1] Tr.: Saml. t. Fyens Hist. og Topogr. IV. 169 f.    [2] Ruds-Vedby, Løve H.

**13. Dec. (Frederiksborg).** Befaling til Abbedissen i Mariboe Kloster at overlade Kronen en af Klosterets Gaarde i Gamelby, som Kongen har bevilget Claus Jacobssen til Mageskifte for Gods paa Giedzør. F. T. 1, 289.

— Befaling til Morten Venstermand at tage Forvaring af Jfr. Margrette Urne, Abbedisse i Maribo Kloster, paa ovennævnte Gaard i Gamelby, indsende Forvaringen til Kancelliet og meddele, hvor i Rauensborre Len hun ønsker Vederlag for Gaarden. F. T. 1, 288 b.

— Skøde til Fru Margrette Bilde, Lauge Brockis Enke. J. R. 1, 368 b. (Se Kronens Skøder.)

**14. Dec. (—).** Til Chrestoffer Valckendorff. Da Ottho Hendrich, Pfaltzgreve og Hertug af Zuebruck, der nu er ankommen til Kongens Hof, har begæret straks at faa Maanedspenge paa sine Heste, skal Chrestoffer Valckendorff, regnet fra den Dag, da han kom, betale ham Maanedspenge paa 12 Heste og 1 Kuskvogn, ligesom Hertug Mouritz fik, give hans Hofmester Besolding paa 3 Heste og indskrive det paa Hofseddelen. Sj. T. 13, 217.

— Aabent Brev, hvorved Kongen paa Begæring af Borgemester og Raad i Nyborg, hvor der efter Møntens Omsættelse er Strid om Beregningen af Jordskyld og Husleje, bevilger, at der for Fremtiden, ligesom i Odense, Raaschilde og andre Steder, ikke skal gives mere end 1 enkelt Dlr. eller 2 Mark, som Mønten nu er omsat, hvor der tidligere gaves 3 Mk. for en Dlr., og 6 Sk. danske, hvor der tidligere gaves 1 Sk. grot, medens man hidtil har krævet 6 Mk. eller 9 Sk. danske, hvor der tidligere gaves 3 Mk. eller 1 Sk. grot. F. R. 1, 90 [1].

— Til Borgemester og Raad i Nyborg. Formedelst deres Klager over, at mange af deres Medborgere ere døde og en Del bortflyttede, der ellers plejede at være de bedste og mest formuende Skatteborgere, har Kongen eftergivet Byen 100 Dlr. af den til Jul paabudte Skat, men de skulle saa være saa meget des villigere til at betale de andre 300 Dlr. F. T. 1, 68 b.

**15. Dec. (—).** Til Chrestoffer Valckendorff. Skønt Kongen havde al Grund til at lade M. Hans Jørgenssen, der efter den i Sagen mellem ham og Bispen [i Fyen] afsagte Dom ikke har kunnet forsvare sig mod de mod ham rettede Beskyldninger, straffe saa

---

[1] Tr.: Secher, Forordninger II. 44.

strengt som muligt for at give andre. et afskrækkende Eksempel, har han dog af Hensyn til Folks Forbøn og M. Hans's Lærdom eftergivet ham Livsstraffen og bevilget ham Underholdning med Klæder og Føde i Sorø Kloster paa den Betingelse, at han paa det strengeste forpligter sig til ikke selv eller ved andre at forulempe Bispen eller sine andre Modstandere i Sagen ved Skandskrifter, hverken inden- eller udenlands, og i det hele ikke give Aarsag til nogen Uvilje, saafremt han ikke vil straffes paa Livet. Chrestoffer Valckendorff skal tage en saadan Forpligtelse af ham og sende ham til Sorø.  Sj. T. 13, 217 b[1].

**15. Dec. (Frederiksborg).** Befaling til Abbeden i Sorø at skaffe M. Hans Jørgenssen et eget Værelse og Underholdning med Klæder og Føde i Sorø Kloster; M. Hans skal være fri.  Udt. i Sj. T. 13, 218[1].

— Til Bent Gregerssen, Abbed i Ringsted. Da det aabne Brev om den Hjælp, som Landsbykirkerne paa Sjælland og Møen skulle yde til Slangerup Kirkes Bygning, nu er forkyndt og Hjælpen med det første skal svares, befales det ham at modtage Pengene, efterhaanden som de komme, se at faa dem ind til den bestemte Tid og levere dem til Kirkeværgerne i Slangerup med Register over, hvor meget hver Kirke svarer. Sj. T. 13, 218 b.

— Befaling til de Lensmænd samt Borgemestre og Raad i Købstæderne, der endnu restere med noget af den til førstkommende Jul paabudte Skat, om straks at indkræve den og sende deres Fuldmægtige til Rentekammeret med den med klare Mandtal; da der hidtil kun er indkommet meget lidt, hvilket maaske skyldes, at nogle ikke opkræve Skatten i rette Tid, og det er Kongen meget magtpaaliggende straks at faa hele Skatten, har han sendt sin Sekretær Anders Dresselberg rundt til alle Lensmænd og Købstæder for at give Ordre til at indkræve den resterende Skat. Sj. T. 13, 218 b.

— Befaling til alle Kron-, Stifts-, Vikarie-, Kirke- og Præstetjenere i Oense, Harager og Rønnebiergs Herreder at møde, naar de tilsiges, med Heste og Vogne i Herritzvad Klosters Skove og føre noget Egetømmer, som Kongen har liggende dér, til Syndersløf Bro. Sk. T. 1, 98 b.

---

[1] Tr.: Saml. t. Fyens Hist. og Topogr. IV. 171 f.

**15. Dec. (Frederiksborg).** Til Hans Schougaardt og Axel Gyldenstiern. Det aabne Brev til Kronens og Kapitlets Tjenere i deres Len om at føre noget i Herritzuad Klosters Skove liggende Egetømmer ned til Syndersløf Bro sendes dem med Ordre til at lade det forkynde, naar Steen Bilde, Embedsmand i Herritzuad Kloster, tilskriver dem derom, give Bønderne Ordre til at transportere Tømmeret og paase, at ingen blive hjemme. Sk. T. 1, 99.

— Forleningsbrev for M. Lauritz Fynbo, Læsemester i Aarhus, der af Kapitlet er udvalgt til Kantor efter afdøde M. Bonde, paa Kantordømmet i Aarhus Domkirke. Han skal residere ved Domkirken. J. R. 1, 369.

**16. Dec. (—).** Forleningsbrev for Hr. Pouel Jenssen, Sognepræst til Aslef og Messing Sogne, paa Afgiften af Kronens Part af Korntienden af Messing Sogn, kvit og frit. Sj. R. 11, 257.

— Til Eggert Ulfeld. Da Kongen nu har ladet alle de paa Gaarden [Roskildegaard] værende Stiftets Breve, der lyde paa Stiftets og Kirkernes Gods, registrere, skal Eggert Ulfeld, der herefter skal have Brevene i Forvaring, flittigt gennemse Registrene og siden undersøge, om det Gods, som Brevene lyde paa, endnu ligger til Stiftet og Kirkerne; findes da andre at have saadant Gods i Værge, skal han undersøge, hvad Adkomst de have dertil, og hvis noget med Urette er kommet fra Stiftet og Kirkerne, inddele det og tage Dom derom. Sj. T. 13, 219 b[1].

— Befaling til Byfogden i Halmsted om af Byskatten eller Sagefaldet at levere Borgemester og Raad i Halmsted 100 Dlr., som Kongen paa deres Begæring har skænket dem til at købe det Kloster i Byen for, som Lauritz Jensens Arvinger have, og som hine ville indrette til Hospital. Sk. T. 1, 99 b.

— Til Biørn Kaas. Da Borgerne i Malmø og andre Købstæder samt en Del af Bønderne have erklæret ikke at kunne svare Skatten, medmindre de i Stedet for hver Daler maa give 4 Mk., som Mønten før gik, eller 2 Lod Sølv, giver Kongen ham Tilladelse til at oppebære Skatten saaledes, skønt han ellers ikke godt kan gøre det, da Skatten jo er bestemt til Betaling af Rigets Gæld, men Kongen vil saa lade Sølvet og Markstykkerne ommønte. Sk. T. 1, 99 b.

---

[1] Tr.: Ny kirkehist. Saml. IV. 392. Rørdam, Dsk. Kirkelove II. 271.

**16. Dec. (Frederiksborg).** Til M. Niels Jespersen, Mogens Hen-
richssen og Sognepræsten i Otthense. Da der ikke er nogen or-
dentlig Skik med Hensyn til Udspisning, Senge og andet
i Hospitalet, skulle de med det allerførste mødes, overveje Sa-
gen og gøre en Skik herom i Lighed med den Skik, som er gjort
i Kiøpnehafns Hospital. De skulle give Ordre til, at der ligesom i
Kiøpnehafn skal indrettes en Stue til Hittebørn i Hospitalet.
F. T. 1, 69. Orig. i Provinsark. i Odense.

— Befaling til Niels Kaas, Kansler, at levere Hospitalet i
Otthense de ubrugelige Sengeklæder og andre gamle Klæ-
der, som findes i St. Knudz Kloster og ere modtagne i Inventarium
af ham, til at forbedre dets Senge med. F. T. 1, 69 b.

**22. Dec. (—).** Befaling til nedennævnte Købstæder og an-
dre at sende N Baadsmænd til Kiøpnehafn til førstkom-
mende Midfaste [1. April], da Kongen til Foraaret vil faa Brug for
en Del Baadsmænd til de Orlogsskibe, der skulle ligge paa Strøm-
mene, og til sine Koffardiskibe. Baadsmændene skulle faa nærmere
Besked i Kiøpnehafn. — Sjælland: Kiøpnehafn 70 Baadsmænd;
Hollænderbyen paa Amage 50; Kiøge, Skielschøer, Møens Land og
Stegge hver 10; Nestued 8; Heddinge, Prestøe, Vordingborg, Hol-
beck og Nykiøping i Odtz Herred hver 5. — Skaane: Malmøe 50;
Landtzkrone 20; Ydstedt 15; Helsingborg og Trelborg hver 10;
Semershafn 8; Falsterbo med Schanøer, Aahus og Halmstedt hver
6; Laugholm 5. — Fyen: Kiertheminde og Rudkiøping paa Lange-
land hver 10; Suinborg og Assens hver 8; Faaborg 6; Nyborg og
Medelfar hver 4. — Smaalandene: Nagschouf 15; Hendrich Norby
af Øerne 10; Stubbekiøping 8; Nykiøping 6; Nyestedt 3 og Sax-
kiøping 2. — Jylland: Ribe og Aalborg hver 30; Aarhus 15; Ran-
ders, Horsens, Kolding og Grindov hver 10; Ebbeltoft 8; Skafuen,
Seeby, Varde og Ringkiøping hver 6; Vedle, Lemuig og Nykiøping
paa Mors hver 4. — Samsøe 15; Endelav 8; Thorøe, Lye, Biørnøe og
andre omliggende Øer 10; Langeland 20; Serøe ved Draxholm 10;
Jørgen Bilde af Købstæderne og Landet [i Sølvitsborg Len] 25; Hack
[Ulfstand] af Lyckov Len 15. Sj. T. 13, 219 b. Orig. (til Vejle)
i Provinsark. i Viborg.

**26. Dec. (—).** Befaling til Chrestoffer Valckendorff at betale
Jacob Vind, Sekretær, 10 Dlr. maanedlig paa 2 Heste for-
uden de Kostpenge, han tidligere havde til sig selvanden. Udt. i
Sj. T. 13, 221.

**27. Dec.** (**Frederiksborg,** 1577). Befaling til nedennævnte Køb-
stæder og Lensmænd om inden en Maaneds Tid i det allerseneste
at sende nogle gode Skibstømmermænd til Kiøpnehafn til
Befalingsmanden paa Holmen, da Kongen har Brug for saadanne
til at arbejde paa Orlogsskibene; Skibstømmermændene skulle faa
nærmere Besked paa Holmen og ville faa Løn i Forhold til deres
Duelighed. Naar Arbejdet er til Ende, vil Kongen give dem Lov
til at rejse hjem. — Hendrich Norby og Albrit Oxe hver 15; Mor-
then Venstermand 40. — Sjælland: Kiøpnehafn 12; Kiøge, Nestued
og Skielskøer hver 4; Prestøe, Vordingborg, Kallundborg og Nykiø-
ping i Odtz Herred hver 2. — Fyen: Kiertheminde 6; Suinborg,
Faaborg og Assens hver 4; Meddelfart 3. — Jylland: Ribe 6; Kol-
ding og Aarhus hver 4. — Smaalandene: Nagschouf 6; Nykiøping
p. Falster og Stubbekiøping hver 4; Nystedt 2. — Skaane: Malmøe
10; Landtzkrone og Rodnebye hver 6; Helsingborg og Ydstedt hver
4; Trelborg, Semmershafn og Aahus hver 2 Skibstømmermænd.
Sj. T. 13, 230.

— Register paa Øl og Brød, som skal bestilles til Kongens
Skibe og sendes til Kiøpnehafn til Midfaste; Lensmændene og Køb-
stæderne skulle selv skaffe Humle og Tønder og enten indskrive
Udgiften dertil i deres Regnskab eller have den betalt andensteds:
Eiller Grubbe skal i Vordingborg Len lade brygge 40 Læster Øl,
hvortil han skal hente 5 Læster Malt i Anduordschouf Kloster og
den nødvendige Humle paa Kiøpnehafns Slot; Eiller Kraufse skal i
Korsøer Len lade brygge 12 Læster Øl, hvortil han skal hente $1^1/_2$
Læst Malt i Anduorschouf Kloster og den nødvendige Humle paa
Kiøpnehafns Slot, hvis han ikke selv kan skaffe den; Prioren i
Anduorskouf skal lade brygge 20 Læster Øl af $2^1/_2$ Læst Malt og
levere Eiller Grubbe 5 Læster Malt, Eiller Kraufse $1^1/_2$ Læst Malt,
Nestvedt $2^1/_2$ Læst Malt og Schielschøer $2^1/_2$ Læst Malt; Abbeden
i Soer skal lade brygge 30 Læster Øl af $3^1/_2$ Læst 3 Pd. Malt;
Schielskøer og Nestuedt skulle hver modtage $2^1/_2$ Læst Malt
i Anduorschouf Kloster og lade brygge 20 Læster Øl deraf;
Frantz Skriver paa Dragsholm skal i Lenet lade brygge 40 Læ-
ster Øl af 5 Læster Malt og befale Bønderne paa Serøe at føre
Øllet til Kiøpnehafn; Peder Bilde skal i Kallundborg Len lade brygge
40 Læster Øl; Eggert Ulfeld skal i Roskieldegaards Len lade brygge
50 Læster Øl af 6 Læster 3 Pd. Malt og levere Peder Munck $2^1/_2$
Læst Malt, Chrestopher Packisk $1^1/_2$ Læst Malt, Kiøge $3^1/_2$ Læst 3

Pd. Malt, Stege 2¹/₂ Læst Malt og Prestøe 2¹/₂ Læst Malt; Chrestoffer Packisch skal modtage 1¹/₂ Læst Malt af Eggert Ulfeld og lade det brygge i Øl i Holbeck Len; Kiøge skal modtage 3¹/₂ Læst 3 Pd. Malt af Eggert Ulfeld og deraf brygge 30 Læster Øl: Prestøe skal modtage 2¹/₂ Læst Malt af Eggert Ulfeld og lade brygge 20 Læster Øl deraf, og Slotsskriveren paa Kiøpnehafns Slot skal betale Byen for Humlen og Tønderne; Chresten Vind skal i Kiøpnehafns Len lade brygge 100 Læster Øl af 12¹/₂ Læst Malt; Axel Veffert skal i [Nyborg] Len lade brygge 50 Læster Øl af 6 Læster 3 Pd. Malt, levere Mouritz Podebusch 2¹/₂ Læst Malt, Suinborg 1 Læst 3 Pd. Malt, Faaborg 1 Læst 3 Pd. Malt, Kiertheminde 1 Læst 3 Pd. Malt og levere Mouritz Podebusch Penge til at betale Humle og Tønder med; Suinborg, Faaborg og Kiertheminde skulle hver modtage 1 Læst 3 Pd. Malt af Axel Veffert og deraf lade brygge 10 Læster Øl; Jørgen Marsuin skal levere Erich Hardenbierg 3¹/₂ Læst 3 Pd. Malt, Hans Johanssen 2¹/₂ Læst Malt, Assens 1 Læst 3 Pd. Malt; Erick Hardenbierg skal modtage 3¹/₂ Læst 3 Pd. Malt af Jørgen Marsuin og lade brygge 30 Læster Øl deraf i Hagenschouf Len; Assens skal modtage 1 Læst 3 Pd. Malt og deraf brygge 10 Læster Øl; Mouritz Podebusk skal modtage 2¹/₂ Læst Malt og i Tranekier Len lade brygge 20 Læster Øl; Hans Johanssen skal modtage 2¹/₂ Læst Malt af Jørgen Marsuin og deraf lade brygge 20 Læster Øl i Hindtzgafuels Len; Hendrich Norby skal i sit Len [Nykøbing] lade brygge 40 Læster Øl af 4 Læster 5 Pd. 8 Skpr. Malt; Albrit Oxe skal i sit Len lade brygge 60 Læster Øl af 6¹/₂ Læst 2 Pd. Malt og levere Morthen Venstermand 4 Læster 5 Pd. 8 Skpr. Malt; Morthen Venstermand skal modtage 4 Læster 5 Pd. 8 Skpr. Malt af Albret Oxe og lade brygge 40 Læster Øl deraf i Rafnsborg Len; Peder Munck skal modtage 2¹/₂ Læst Malt af Eggert Ulfeld og deraf lade brygge 20 Læster Øl paa Møen; Stege skal modtage 2¹/₂ Læst Malt af Eggert Ulfeld og deraf lade brygge 20 Læster Øl; Malmøe skal modtage 12¹/₂ Læst Malt af Biørn Kaas og deraf lade brygge 100 Læster Øl; Axel Gyldenstiern skal modtage 3¹/₂ Læst 3 Pd. Malt af Biørn Kaas og deraf lade brygge 30 Læster Øl i Landtzkrone Len; Landtzkrone skal modtage 3¹/₂ Læst 3 Pd. Malt af Biørn Kaas og deraf lade brygge 30 Læster Øl; Ydsted og Trelborg skulle hver modtage 2¹/₂ Læst Malt af Biørn Kaas og deraf lade brygge 20 Læster Øl; Biørn Kaas skal levere Axel Gyldenstiern 3¹/₂ Læst 3 Pd. Malt, Malmø 12¹/₂ Læst Malt, Landtzkrone 3¹/₂ Læst 3 Pd.

Malt, Ydsted $2^1/_2$ Læst Malt og Trelborg $2^1/_2$ Læst Malt; Hans
Schoufgaard skal i Helsingborg Len lade brygge 50 Læster Øl af 6
Læster 3 Pd. Malt og levere Helsingborg $2^1/_2$ Læst Malt; Helsing-
borg skal modtage $2^1/_2$ Læst Malt af Hans Schoufgaard og deraf
lade brygge 20 Læster Øl; Biørn Anderssen skal levere Aarhus og
Randers hver 5 Læster Malt; Randers skal modtage 5 Læster Malt
af Biørn Anderssen og deraf lade brygge 40 Læster Øl, Jørgen
Schram skal betale Humlen og Tønderne; Aarhus skal modtage 5
Læster Malt af Biørn Anderssen og deraf lade brygge 40 Læster
Øl, Biørn Anderssen skal betale Humlen og Tønderne; Erick Rud
skal levere Olborg 15 Læster Malt til 24 Tdr. pr. Læst; Olborg
skal modtage 15 Læster Malt af Erick Rud og deraf lade brygge
60 Læster Øl; Otthe Hanssen, Sisemester i Nestvedt, skal betale
Borgerne i Nestvedt for Humle og Tønder til 20 Læster Øl; Jacob
Hansen, Sisemester i Skelskøer, skal betale Borgerne i Skelskøer for
Humle og Tønder til 20 Læster Øl; Peder Nielssen, Byfoged i
Kiøge, skal betale Borgerne i Kiøge for Humle og Tønder til 30
Læster Øl; Rasmus Skriver, Sisemester i Suinborg, skal betale Bor-
gerne i Suinborg for Humle og Tønder til 10 Læster Øl; Sise-
mesteren i Faaborg skal betale Borgerne i Faaborg for Humle og
Tønder til 10 Læster Øl; Frantz Skriver, Sisemester i Kiertheminde,
skal betale Borgerne i Kiertheminde for Humle og Tønder til 10
Læster Øl; Pouel Bang, Tolder i Assens, skal betale Erich Harden-
bierg for Humle og Tønder til 30 Læster Øl og Borgerne i Assens
for Humle og Tønder til 10 Læster Øl; Hendrich Bang i Medelfar
skal betale Hans Johanssen paa Hindtzgafuel for Humle og Tønder
til 20 Læster Øl; Byfogden i Stege skal betale Borgerne i Stege for
Humle og Tønder til 20 Læster Øl; Lauritz Jørgenssen, Tolder i
Malmø, skal betale Borgerne i Malmø for Humle og Tønder til 100
Læster Øl; Lauritz Skriver, Byfoged i Landtzkrone, skal betale Bor-
gerne i Landtzkrone for Humle og Tønder til 30 Læster Øl; Lau-
ritz Paaske, Byfoged i Helsingborg, skal betale Borgerne i Helsing-
borg for Humle og Tønder til 30 Læster Øl; Chrestiern Jude, By-
foged i Ydstedt, skal betale Borgerne i Ydstedt for Humle og
Tønder til 20 Læster Øl; Lauritz Nielssen, Byfoged i Trelborg, skal
betale Borgerne i Trelborg for Humle og Tønder til 20 Læster Øl;
Niels Anderssen, Tolder i Aalborg, skal betale Borgerne i Aalborg
for Humle og Tønder til 60 Læster Øl; Claus Glambeck skal i
Skanderborg Len lade bage 100 Læster Kavringbrød af 30 Læster

Rug og til Foraaret sende Brødet til Aarhus, saa Kongen kan lade
det henté, saa snart der bliver aabent Vand; Biørn Anderssen skal
i Aarhusgaards Len lade bage 80 Læster Brød af 20 Læster Rug,
saa det kan sendes til Kiøpnehafn til Foraaret, og levere Chrestiern
Munck paa Aackier 10 Læster Rug; Chrestiern Munck paa Aackier
skal modtage 10 Læster Rug af Biørn Anderssen og lade dem bage
i Kavringbrød i Aackier Len, og Brødet skal være færdigt til For-
aaret; Jørgen Schram skal [i Dronningborg Len] lade bage 100
Læster Kavringbrød af 25 Læster Rug, og Brødet skal være færdigt
til Foraaret; Klostrene maa ikke sælge noget af det ny Landgilde-
korn, men skulle med det første lade Bygget gøre i Malt; Eggert
Ulfeld, Chrestoffer Packisch, Borchort von Papenheim, Eiller Grubbe,
Ringsted og Anduorschouf Klostre skulle straks sende det Brød og
Gryn, som de tidligere have faaet Skrivelse om. Sj. T. 13, 222.
Origg. (til Hr. Bertel Sørensen, Prior i Antvorskov, og Rasmus Skri-
ver, Sisemester i Svendborg).

**27. Dec. (Frederiksborg,** 1577). Befaling til Peder Munck paa
Møen eller hans Foged om endnu en Gang at give Byfogden i
Stege, der tit har faaet Befaling til at komme til Kiøpnehafn og
gøre sit Regnskab klart, men ikke vil komme, Ordre til at be-
give sig til Kiøpnehafn med sit Regnskab og, hvis han
ikke vil, da sende ham hertil med det allerførste. Udt. i Sj. T.
13, 229 b.

— Lignende Befalinger til Jørgen Schram om Byfog-
den i Randers og til Erich Lycke om Matz Kock i Ribe, der
resterer med 3 Aars Regnskab for Riber Stifts Indkomst. Udt. i
Sj. T. 13, 229 b.

**28. Dec. (—).** Befaling til Chrestoffer Valckendorff at levere
Eyller Vildtskytte den Klædning, som denne har til gode.
Udt. i Sj. T. 13, 231.

— Befaling til alle Kron-, Stifts-, Kloster-, Prælat-, Kannike-,
Vikarie-, Kirke- og Præstetjenere i Onse, Nørre Asbo, Haraggers,
Søndre Asbo, Bierge, Røneberg og Lugude Herreder at møde i Her-
ritzvad Klosters Skove med Heste og Vogne, naar de tilsiges, og
hjælpe til med at transportere noget Tømmer ned til Lade-
stedet ved Helsingborg. Lensmanden paa Landtzkrone maa
lade dem, der ikke møde, pante og tiltale. Sk. T. 1, 103.

**29. Dec. (—).** Til Hans Olssen, Borgemester i Kiøpnehafn.
Da Hans Jørgenssen, Borger i Kiøpnehafn, der i Henhold til

Kongens Befaling er bleven dømt til at betale Hans Olssen nogle
Penge, som han skyldte i Hamborg, nu er bange for at blive be-
sværet med Fængsel eller anden »Tribulats« af Hamborgere, naar
han rejser udenlands, medmindre han kan fremlægge Bevis for, at
Pengene ere arresterede og betalte her i Riget, skal Hans Olssen
give ham et Bevis paa de Penge, han har faaet af ham. Sj. T.
13, 231 b[1].

**29. Dec. (Frederiksborg,** 1577). Til Chresten Vind. Menige
Skippere, Styrmænd og Højbaadsmænd i Kongens Tje-
neste have berettet, at der efter gammel Skik hver Højtidsaften er
givet dem noget Mjød og Lys fra Slottet og om Juleaften hver
1 Mk. danske til Offerpenge og dem alle til Hobe 2 Pryssingfade
med godt Øl, men at det for nogen Tid siden blev bestemt, at de
i Stedet hver Juleaften skulde have $\frac{1}{2}$ Læst Rostockerøl;
da dette nu forholdes dem, befales det ham at sørge for, at de til
hver Julehøjtid faa $\frac{1}{2}$ Læst Rostockerøl, og at Øllet bliver ind-
skrevet i Slottets Regnskab. Sj. T. 13, 231 b[2].

— Til Chrestoffer Valckendorff. Da den Papirmager, som
Kongen har faaet af Sten Bilde, for nogen Tid siden er død og
Kongen derfor har befalet Baltzar Bogfører at indforskrive en anden,
der nu ogsaa er kommen selvanden, skal han godtgøre disse deres
Fortæring paa Rejsen hid og forhandle med dem om de Vilkaar,
paa hvilke de ville lade sig bruge. Da Haandværket ikke saa snart
kan komme i Gang, skal han give dem nogen Fetalje af Slottet,
indtil de selv kunne bruge deres Haandværk og komme til noget
Forraad. Sj. T. 13, 232[3].

[4]Ejendomsbrev for Pouel Pop, Borgemester i Aal-
borg, paa et lille, forfaldent Stenhus i Aalborg nord for
hans eget Hus og paa den østre Side af Tinget, hvilket skal have
tilhørt Børlum Kloster, men nu er saa forfaldent, at ingen kan bo
deri, forinden det bliver istandsat. Han skal aarlig svare 1 Dlr. i
Jordskyld til Kronen og holde Huset i Stand med god Købstads-
bygning. J. R. 1, 370.

---

[1] Tr.: O. Nielsen, Kbhvns Dipl. IV. 621 f.   [2] Tr.: Secher, Forordninger II. 46.   [3] Tr.:
Nyrop, Strandmøllen S. 3.   [4] Brevet er udateret og indført efter Brevene fra 1576.

# 1577.

**5. Jan. (Frederiksborg).** Befaling til Chresten Vind at sætte en duelig Mand til at forestaa Hiortholm Mølle, da den forrige Møller for kort Tid siden er død og Enken straks efter, for at beholde Møllen, har taget sig en ung Dreng, der imidlertid ikke skal kunne forestaa Møllen, hvorfor det kan befrygtes, baade at Møllen skal forfalde og Kronens Rettighed ikke blive svaret i rette Tid. Sj. T. 13, 232 b.

— Aabent Brev, at Oluf Bager, Søn af Oluf Bager, Borger i Othense, maa faa den til Østerløfgaard udenfor Othense, som hans Fader hidtil har haft i Forlening, liggende Ejendom, der ikke er bleven lagt under Dallum Kloster; han skal flytte Gaarden og igen opbygge den paa det Sted, som Jacob Ulfeld, Embedsmand i Dallum Kloster, anviser ham. Han har nu betalt 100 Goltgylden i Indfæstning og skal aarlig svare 4 Ørt. Korn i Landgilde til Dallum Kloster. F. R. 1, 91.

— Aabent Brev, hvorved Kongen — da Borgerne i Bogense have berettet, at de have faaet fat i nogle Troldkvinder, der have bekendt, at de med deres Troldskab have bevirket, at Bogense By er brændt, og have udlagt nogle andre Troldkvinder, som bo dels paa Kronens, dels paa Adelens Gods, som medskyldige — befaler alle Fogder, Embedsmænd, Herredsfogder og andre at hjælpe Borgerne med at paagribe disse Troldkvinder og faa dem straffede. F. R. 1, 91 b.

**6. Jan. (—).** Kvittans til Hans Mule, Borger i Otthense, paa 9050 gl. Dlr., som han nu har betalt for de 905 Staldøksne, han i 1576 har købt af Kronen. F. R. 1, 92.

**7. Jan. (—).** Kreditiv for Chrestoffer Valckendorff, Rentemester, til N. N.[1] »Raad og Embedsmand«, med hvem han paa Kongens Vegne skal forhandle om nogle Ærinder. Orig.

— (U. St.). Til Biørn Kaas og Hans Schougaard. Da Kongen, der med det allerførste skal betale Kurfyrsten en stor Sum

---

[1] Navnet er bortrevet.

Penge og er bange for, at Skatten ikke skal komme ind til den Tid,
vil anmode nogle af Adelen om at laane sig nogle Penge,
hvilke dog skulle blive betalte tilbage senest inden Pinsedag [26.
Maj], skulle de i Forening enten forskrive dem, som de kunne
tænke ere ved Penge, til sig eller selv begive sig til dem og for-
handle med dem om hver at laane Kongen 1000 Dlr. eller saa
meget, enhver kan skaffe. Der sendes dem Breve til nogle, som
Kongen kan tænke have rede Penge, og nogle Breve, som de selv
kunne skrive Udskrift paa. De Penge, som de saaledes skaffe, skulle
straks sendes til Rentemesteren, og Kongen vil siden give hver en-
kelt Forvaring derpaa. Sk. T. 1, 103 b.

**7. Jan.** (U. St.). Lignende Brev til Jacop Ulfeld. Sk. T.
1, 104.

**9. Jan. (Kbhvn.).** Aabent Brev, at Jacob Vindtz, Kongens
Høvedsmand, der har afstaaet de 3 Gaarde i Lellinge, hvorpaa han
havde Kong Christian III's Brev, aarlig, saa længe han lever, maa
oppebære 14 Pd. Korn af Tiendekornet af Loftet paa Roschilde-
gaard og 40 Dlr. og 6 Al. Engelst af Rentemesteren. Sj. R.
11, 259.

— Aabent Brev, at M. Oluf Thostensen, Kapellan ved Vor
Frue Kirke i Kiøpnehafn, der ikke godt kan ernære sig af den ringe
Underholdning, han har, og derfor har faaet Ekspektance[1] paa det
første ledige Vikarie i Roschildt, aarlig skal have 3 Pd. Korn
af Slottet [i Kbhvn.], indtil han kan faa Vikariet. Sj. R. 11,
259 b.

— Tilladelse for Lauritz Beneditt, Borger i Kiøpne-
hafn og Kongens Bogtrykker, til paa egen Bekostning paany at
optrykke den danske Bibel, da den i Kongens Faders Tid
trykte Udgave er udsolgt. Han skal beflitte sig paa en god Stil,
holde duelige Svende, skaffe godt Papir og maa aldeles ikke lade
noget forandre i Bibelen, men skal optrykke den ordret efter den
første Udgave. Han skal sælge den til en rimelig Pris, og ingen
maa uden Kongens Tilladelse herefter lade den danske Bibel trykke.
Sj. R. 11, 260.

— Aabent Brev, at M. Anders Seuerenssen Vedle, Præ-
dikant paa Kiøpnehafns Slot, indtil videre maa bruge Kronens
Fiskeri i Aaen ved Ribe fra Nørbro og udad Vandet til Skibs-

---

[1] Se Kanc. Brevbøger 1571—75 S. 494.

broen, saaledes som Anne Jørgen Pederssens hidtil har haft det, uden Afgift. Udt. i J. R. 1, 372.

**11. Jan. (Frederiksberg).** Forleningsbrev for Thomes Pallessen, Borgemester i Kiøge, paa Afgiften af Kronens Part af Korntienden af Haarløf Sogn, kvit og frit. Sj. R. 11, 260 b.

— Til Chrestoffer Valckendorff. Da Kongen paa Begæring af Hack Ulfstand og i Betragtning af dennes tro Tjeneste i den sidste Fejde har eftergivet de 500 Dlr., som Hack Ulfstand bliver skyldig af Otthensegaard udover det, Kongen tidligere har eftergivet ham, skal Chrestoffer Valckendorff give ham Kvittans derfor. Sj. T. 13, 233.

— Til Bønderne over hele Riget, hvem de end tjene. Da nogle fremmede Orlogsskibe og Fribyttere siges at komme i Søen til Foraaret, vil Kongen, skønt han ikke staar i Fjendskab med nogen, lade Orlogsskibene udruste til den Tid for at holde Strømmene rene, og da der hertil behøves en stor Hob Fetalje, have Danmarks Riges Raader bevilget Kongen en almindelig Madskat, saaledes at hver 10 Bønder, der sidde for Gaarde, skulle lægges i Læg og give 1 Td. Brød, 2 Tdr. Øl, 2 Sider Flæsk, $^1/_2$ Fjerd. Nødkød, $1^1/_2$ Lammekrop, 5 Gaasekroppe, 1 Otting Smør og 1 Otting Gryn; hver 10 jordegne Bønder skulle lægges i Læg og give dobbelt saa meget; de, der ikke have Flæsk, maa give $2^1/_2$ Lammekrop for hver Side Flæsk, og overalt skal den rige hjælpe den fattige. Kun Adelens egne Ugedagsmænd, der bo osv. og have været fri fra Arilds Tid, skulle være fri. Skatten skal være ude inden førstkommende Midfaste. Sj. T. 13, 233.

— Befaling til Lensmændene [1] i Sjælland, Møen, Smaalandene, Jylland, Fyen, Taasinge, Langeland og Skaane straks at forkynde ovenstaaende aabne Brev, skrive Madskatten, indkræve den og sende den til Kiøpnehafn inden Midfaste. Sj. T. 13, 234.

— Befaling til Henrich Norby at give den Amme, som nu er i Maribo, Claus Utermarcks Hustru, 1 god Okse, 1 Pd. Rug og 1 Pd. Malt til hendes Underholdning. Udt. i F. T. 1, 290.

**13. Jan. (—).** Aabent Brev, hvorved Kongen — der har bragt i Erfaring, at der i Kiøpnehafns Len i de senere Lensmænds Tid er kommen til at restere en hel Hob Landgilde hos Bønderne

---

[1] De opregnes alle med deres Len.

formedelst disses Armod og de Besværinger, der have paahvilet dem
i sidste Fejde, hvilken Restance ganske vist paa en ringe Rest nær
er indkrævet i denne Lensmands Tid, men ved hvis Udredelse Bøn-
derne ogsaa ere blevne saa forarmede, at de ikke kunne svare den
til sidste Mortensdag forfaldne Landgilde, medmindre de enten skulle
løbe fra Hus og Gaard og der skal ske Vurdering i deres Bo eller
de maa faa nogle Aars Frist — eftergiver Bønderne i Kiøp-
nehafns Len alle Restancerne fra Biørn Anderssens og
Morten Venstermandtz Tid og al den visse Landgilde,
som skulde have været betalt til sidste St. Mortensdag,
men ikke er bleven det. Da Besværingen nu ikke længere er saa
stor og der er bleven Fred og Ro, skulle de herefter aarlig svare
deres Landgilde i rette Tid, saafremt de ikke ville udvises af deres
Gaarde og have Udvurdering i deres Bo. Det er forbudt Lensman-
den herefter at give Udsættelse og Forskaansel, saafremt han ikke
selv vil staa til Rette derfor. Sj. R. 11, 261.

**13. Jan. (Frederiksborg).** Til Chresten Vind. Kongen har nu
modtaget og ladet sig forelæse det Register, han har indsendt, baade
over den gamle Restance hos Bønderne i Kiøpnehafns Len
fra Biørn Anderssens og Morthen Venstermandtz Tid, over den
Landgilde, som skulde have været udredet til sidste Martini og over
de Restancer hos de formuende Bønder, som nok kunne faas, og
har, for at alle kunne se, at han vil deres Bedste, eftergivet
dem al Restancen som Nytaarsgave, hvorfor Registret sendes
underskrevet tilbage, for at Chresten Vind kan opbevare det ved sit
Regnskab. Han skal med det første forkynde medfølgende aabne
Brev for Bønderne, foreholde dem, at de herefter ikke maa trække
Restancer paa sig, og selv ikke mere give nogen Henstand. Sj. T.
13, 235 b.

— Aabent Brev, at Papirmageren i den mellem Kiøpne-
hafn og Helsingøer liggende Papirmølle, der klager over, at han
ikke kan faa Materie nok til at lave Papir af, fordi Folk her i
Riget endnu ikke ere vante til at samle sligt, maa lade denne
Brevviser Knud Pederssen drage omkring til Købstæderne
og Landsbyerne i Sjælland, Skaane, Fyen, Laaland og
Falster og opkøbe Materie til Papir for Penge, Naale, Spejle,
Bælter, Synaale, Knive, Remme og andet saadant Smaakram, dog
maa han ellers ikke sælge deraf eller bruge Landkøb, saafremt han

ikke vil lide den højeste Straf. Kongen vil aarlig give Knud[1] Pederssen 30 Dlr. i Løn. Sj. R. 11, 262[2].

**13. Jan. (Frederiksborg).** Aabent Brev, at Baltzer Kaus, Borger og Bogfører i Kiøpnehafn, der har lovet paa sin egen Bekostning at ville holde Svende og Folk paa den ny, mellem Kiøpnehafn og Helsingøer anlagte Papirmølle, indtil videre maa bruge Papirmøllen mod at svare Kongen 50 Ris godt Papir i Afgift det første Aar og siden saa meget, som Møllen yderligere kan taale og han kan blive enig med Kongen om. Kongen vil selv holde Møllen vedlige med Bygninger og Redskaber og med det første lade de Huse bygge, som yderligere gøres behov. Sj. R. 11, 263[3].

— Aabent Brev, hvorved Kongen, der nu har ladet opføre en ny Befæstning, kaldet Kroneborg, ved Helsingøer paa det Sted, hvor det gamle Slot Krogen stod, tager Borgerskabet i Helsingøer i sin Beskærmelse og stadfæster Byens Privilegier, dog med den Undtagelse, at Borgerne ikke uden Lensmandens Samtykke maa befatte sig med de Vindfælder, som de hidtil have haft i Kronens omkringliggende Skove, og at Kongen forbeholder sig at lade grave Diger og Fiskeparter [? Fiskeparker] i den til Helsingøer liggende Fællesmark, medens Borgerne dog som hidtil maa bruge Marken til Græsgang og andet. Endvidere bevilger Kongen, at Borgerne i Helsingøer maa være fri for Skat og al anden kgl. Tynge i de næste 20 Aar, men de skulle saa til Gengæld være forpligtede til for Betaling at herberge Kongens Hofsinder, Folk og Heste, naar Kongen kommer did, og frit at føre Kongen, Kongens Folk og dem, der komme did med kgl. Pasbord, over Færgestedet, ligesom de ogsaa skulle være forpligtede til at være Kongen tro, forbedre Byen med gode Købstadsbygninger og holde god Orden og Politi. Hvis inden- eller udenlandske Købmænd ville flytte til Helsingøer og enten selv købe Gaarde eller leje saadanne eller købe Jord i Byen og selv bygge derpaa, maa der ikke nægtes dem Borgerskab, saafremt de have et godt, ærligt Vidnesbyrd fra deres Hjemstavn og ikke fare med nogen Sekt og kætterisk Lærdom; de, der saaledes bosætte sig i Byen, maa nyde samme Friheder og Privilegier som Byens oprindelige Indbyggere, men de skulle forpligte sig til at blive boende dér deres Livstid, være Borgemestre og Raad og Stadsretten lydige

---

[1] Sj. R. har paa dette Sted: Hans.    [2] Tr.: Dsk. Mag. 3. R. I. 140 f. Nyrop, Strandmøllen S. 3 f.    [3] Tr.: Dsk. Mag. 3. R. I. 141 f. (med urigtig Dato: 13. Jan.). Nyrop, Strandmøllen S. 4 f.

og svare samme Tynge som andre Borgere. Borgerne i Helsingøer maa aldeles ikke bruge nogen Jagt deromkring, saafremt de ikke uden al Naade ville straffes paa Livet. Sj. R. 11, 263 b[1].

**16. Jan. (Frederiksborg).** Bestalling for M. Rulf N. som Arkelimester. Han har aflagt Kongen sin Ed og lovet at være huld og tro, have godt Tilsyn med det Skyts, Krudt, Lod, Salpeter, Svovl, Fyrværk og anden Krigsmunition, som er ham betroet, have Tilsyn med det, der indkommer i og udleveres fra Kongens Tøjhus og Arkeli, og føre klare Registre derover, have godt Opsyn med Ild og andet, saa der ikke sker nogen Skade i Arkeliet, have Tilsyn med Bøsseskytterne, holde skarpt Regimente blandt dem og passe godt paa, at ingen har større Besolding, end han fortjener, og at ingen har enten dobbelt Navn eller nogen hemmelig Fordel paa nogen Maade; han skal lade sig bruge til Lands og Vands, hvor Kongen behøver ham. Kongen har derfor tilsagt ham 300 Dlr., 12 Al. Engelst og 12 Al. Foderdug i aarlig Løn. Sj. R. 11, 265.

— Befaling til Niels Jonssen straks at give Hans Skriver i Thestrup Ordre til at møde i Kiøpnehafn inden Fastelavn med sit Regnskab for Viborg Stifts Indkomst og de dertil hørende Penge. Udt. i Sj. T. 13, 236.

— Befaling til Erick Munck i Norge at komme til Kiøpnehafn til Paaske for at lade sig bruge, hvor Kongen befaler. Udt. i Sj. T. 13, 237.

— Til Axel Viffert. Da Skibsbroen ved Slifshafn skal være slaaet i Stykker, saa de, der af Storm og Modbør tvinges til at gaa ind i Havnen, ikke uden Livsfare kunne komme i Land, skal han med det første lade Broen gøre i Stand, saa man kan opskibe Heste dér, for at de, der ikke kunne komme ind til Nybore med dem, uden Livsfare kunne sætte dem i Land dér. F. T. 1, 70.

— Til Erich Løcke. Da Anne Jørgen Pederssens og Jørgen Pederssens Arvinger ikke ville indfri de til Erich Løcke sendte Pantebreve, som Kronen har paa Anne Jørgen Pederssens Gaard der i Byen [Ribe], skal han straks lægge Gaarden ind under Slottet og beholde den indtil nærmere Ordrer. Da han tidligere har faaet Ordre til at befale Matz Kock, Borger smstds., at begive sig til Kiøpnehafn med Regnskabet for Stif-

---

[1] Tr.: Gehelmearch. Aarsberetn. III. Till. S. 58 f. Secher, Forordninger II. 44 ff.

9*

tets Indkomst og de dertil hørende Penge, men endnu ikke har svaret herpaa, befales det ham alvorligt at tilholde Matz Kock at begive sig til Kiøpnehafn med Regnskabet og Pengene, da Kongen har Brug for disse, og straks med dette Bud sende Kongen Svar tilbage. J. T. 1, 226. Udt. i Sj. T. 13, 236 b. K.

**16. Jan. (Frederiksborg).** Befaling til Biørn Anderssen, Jens Kaas, Jørgen Skram og Niels Jonssen, der tidligere have faaet Ordre til at besigte noget Gods i Sjælland, som Christoffer Løcke vil afstaa til Kronen, og noget Gods i Nørrejylland, som han begærer til Mageskifte, men ikke endnu have besigtet Godset i Nørrejylland, om med det allerførste at gøre dette og indsende Besigtelsen til Kancelliet. J. T. 1, 226. K.

**17. Jan. (—).** Befaling til følgende Lensmænd og andre at købe Varer til Kongen: Bunde Morthenssen, Tolder i Rødby, skal købe 2 Læster god Hvede paa Femern og sende dem til Kiøpnehafn inden Fastelavn; Michel von Kemnitz, Tolder i Kiøpnehafn, skal til Fastelavn købe 4 Læster Hvedemel, Æbler, Pærer, Valnødder, Negenøjen, Stør og Tantej; Eggert Ulfeld skal i Roskildegaards Len bestille og købe 80 Bødtlinger, 150 Lam, 40 Kapuner og 3000 Vol Æg og lade 20 Svin fede; Abbeden i Soer skal i Klosterets Len bestille og købe 60 Bødtlinger, 100 Lam, 400 Høns, 35 Kapuner, 2000 Vol Æg og 14 fede Svin; Prioren i Anduorschouf ligesaa; Abbeden i Ringstedt skal i Klosterets Len bestille og købe 35 Bødtlinger, 50 Lam, 200 Høns, 15 Kapuner, 1000 Vol Æg og 8 fede Svin; Peder Bilde skal i Kallundborg Len bestille og købe 100 Bødtlinger, 150 Lam, 600 Høns, 50 Kapuner, 3000 Vol Æg og 25 fede Svin; Borchort von Papenhiem skal i Abramstrup Len bestille og købe 25 Bødtlinger, 50 Lam, 200 Høns, 15 Kapuner, 1000 Vol Æg og 8 fede Svin; Frandtz Lauritzen skal i Draxholm Len bestille og købe 75 Bødtlinger, 150 Lam, 600 Høns, 40 Kapuner, 3000 Vol Æg og 20 fede Svin; Eyller Grubbe skal i Vordingborg Len købe 100 Bødtlinger, 150 Lam, 600 Høns, 50 Kapuner, 3000 Vol Æg og 25 fede Svin og beholde det indtil nærmere Ordre; Eyller Grubbe skal i Trygeuelde Len bestille og købe 40 Bødtlinger, 50 Lam, 200 Høns, 40 Kapuner, 1000 Vol Æg og 20 fede Svin; Chrestoffer Packisch paa Holbeck skal købe 35 Bødtlinger, 50 Lam, 200 Høns, 40 Kapuner og 1000 [Vol] Æg; Erick Løcke skal købe 15,000 Hvillinger, 16,000 Flyndere og 600 Rokker og sende dem til Kiøpnehafn med det første; Jørgen Rosenkrantz skal senest inden Faste-

lavn sende 4000 Skuller til Kiøpnehafn; Axel Veffert skal købe 5
Læster saltet Torsk og inden Fastelavn sende dem til Kiøpnehafn;
Mouritz Podebusk i Tranekier Len ligesaa; Simen Prydtz, Tolder
paa Schaufn, skal købe 100 Vorder Kabliav, 60 Vorder Langer og
10 Tdr. Sund og Mave, faa Penge til Indkøbet af Erick Rud og
inden Fastelavn sende alt til Kiøpnehafn; Erich Rud skal levere
Simen Prydtz Penge til at købe ovennævnte Fisk for og selv inden
Fastelavn sende 1000 Tdr. Havre af Stiftets Indkomst til Kiøpne-
hafn; Jørgen Schram skal inden Fastelavn sende 15 tørre Laks,
100 tørre Helt og 2 Tdr. saltet Helt til Kiøpnehafn; Vincentz Juel
paa Koldinghus skal inden Fastelavn sende 2 Læster gode Aal og
1000 Tdr. Havre til Kiøpnehafn; Claus Glambeck skal inden Faste-
lavn sende 1000 Tdr. Havre til Kiøpnehafn; Chresten Munck i
Aackier Len ligesaa; Jørgen Schram i Drotningborg Len ligesaa;
Biørn Kaas skal inden Fastelavn sende 1000 Tdr. Havre og 3000
Høns til Kiøpnehafn og skal, hvis han ikke kan faa det altsammen
af Slottets Indkomst, købe det for Penge; Chresten Vind paa Kiøp-
nehafn skal bestille og købe 6 Skippd. Voks, 8 Skippd. Talg og 6
Spegelaks. Udt. i Sj. T. 13, 237.

**19. Jan. (Kronborg).** Til Hans Skovgard, Embedsmand paa
Helsingborg. Da Stenhuggerne intet Arbejde have, skal han, efter-
som de Pramme, der sidste Sommer førte Sten hid, nu ere sendte
til Kiøpnehafn, fragte alle Helsingborgs Skuder til at over-
føre saa meget som muligt af den Sten, som brydes der i Lenet,
særligt af de større Sten, betale Fragten og indskrive den i sit
Regnskab. Orig.

**22. Jan. (—).** Til Chrestopher Valckendorp. Da Coruitz
Viffert, der havde faaet 1 Gaard, kaldet Tuedstrup, og 2 Tiender
i Pant for 200 Dlr.[1], som han havde laant Kronen, nu har begæret
at faa disse 200 Dlr. afkortede i sin Restance af Hel-
singborg Len, eftersom Gaarden siden er bortskiftet[2], befales det
Chrestopher Valckendorp at gøre dette mod Tilbagelevering af Pante-
brevet. Sj. T. 13, 239.

**24. Jan. (—).** Aabent Brev, at den ved Helsingøer paa
det gamle Slot Krogens Plads anlagte ny Befæstning herefter
skal kaldes Kroneborg og ikke Krogen; enhver, der gør her-
imod, skal Lensmanden have Fuldmagt til at dele Faldsmaal

---

[1] Se Kanc. Brevbøger 1571—75 S. 85.   [2] Se Smstds. S. 554.

af, hvilket skal være en god Okse til hans Herskab. Sj. R. 11, 267 b[1].

**24. Jan. (Kronborg).** Befaling til Frantz Lauritzen, Foged paa Draxholm, og Hans Lauritzen, Kannik i Roschilde, at gøre forhenværende Slotsskriver paa Frederichsborg H a n s K i e r u r t z Regnskab kla rt paa Rentekammeret, saa at hverken Kongen eller Hans Skrivers Arvinger lide nogen Uret. Udt. i Sj. T. 13, 239 b.

**25. Jan. (—).** Til Hans Skoufgaardt, Biørn Kaaes, Borgemestre og Raad i Landzkrone, Helsingøer, Kiøbnehafn, Assens, Ottense, Medelfart og Aarhus, Eyller Kraufse, Henrich Norby, Eyller Grubbe, Peder Bilde og Bonde Mortenssen. Da der drager mange fremmede Folk ind og ud af Riget, hvoraf flere maaske ikke have andet at gøre end spejde, skulle de i Byerne og paa Færgestederne d r a g e O m s o r g f o r, a t i n g e n i n d - e l l e r u d l æ n d i s k e f ø r e s o v e r e l l e r s e j l e u d a f R i g e t u d e n a t g i v e Besked om, hvor de have hjemme, og hvad deres Bestilling er; dem, der ikke have Pasbord eller tilbørlig Besked med sig og synes at være mistænkelige, skulle de anholde og melde Kongen det. Sj. T. 13, 239 b.

— Til Adelen i Jylland [og Fyen[2]]. Da der udenlands allevegne samles Krigsfolk og er forskellige Praktiker og Anslag for Haanden, har Kongen, skønt han ikke har Fjendskab med nogen, for at kunne være forberedt, hvis der uformodet skulde gøres Indfald, bestemt selv at holde M ø n s t r i n g over hele Riget og befaler derfor Adelen i Jylland [og Fyen[2]] at have dens Rustning rede og møde med den i Viborg Mandag efter Midfaste Sønd., 18. Marts[3] [i Ottense 11. Marts[2]] for at lade sig mønstre. Sj. T. 13, 240.

— Befalinger til Stiftslensmændene at forkynde ovenstaaende Brev i deres Stift, tilskrive hver enkelt Adelsmand derom og sende dem Kopi af Brevet. Udt. i Sj. T. 13, 241.

— Befaling til Eggert Ulfeldt at l a d e M a r g r e t t e O l l u f B a n g s, hvis Husbonde formedelst Manddrab er bleven aflivet, beholde M a n d e n s B o s l o d, der er forfalden til Kronen, da Kongen har skænket hende den. Udt. i Sj. T. 13, 241 b.

**28. Jan. (—).** Befaling til Sognepræsterne i V i l l a n d t z o g G i e r s H e r r e d e r herefter a t t e r at svare deres Alterhavre i god Tid, da de nu igen ere komne til Næring og Bjærgning og

---

[1] Tr.: Geheimearch. Aarsberetn. IV. Till. S. 23. Dsk. Samlinger V. 141. Friis, Saml. t. dansk Bygningshist. S. 289. Secher, Forordninger II. 48 f.    [2] Efter Overskriften.
[3] Sj. T. har ved en Fejlskrift: Maj.

derfor ikke længere kunne vedblive at nyde den dem for nogle Aar siden[1] formedelst den i sidste Fejde lidte Skade givne Fritagelse for at svare Alterhavre. Sk. T. 1, 104.

**29. Jan. (Kronberg).** Til Jahan Taube. Da Kongen har eftergivet Bønderne i Steenstrup og Sandte[2] de 2 Tdr. Sild, som det nylig er paalagt dem aarlig at udrede, skal han slette dem i Jordebogen for denne Afgift. Udt. i Sj. T. 13, 241 b.

— Aabent Brev, at Kongen har overdraget Værgemaalet for afdøde Jacop Trompeters og Hustrus Børn til sin Herold Johan Baptist, da han er besvogret med dem og de ellers ingen Slægt have her i Riget. Johan Baptist skal straks overtage Værgemaalet og give Borgemestre, Raad og Byfoged i Kiøbnehafn skriftligt Bevis for det, han paa Børnenes Vegne modtager, og en Forpligtelse om at holde Børnene det til en troer Haand. Det befales Borgemestre, Raad og Byfoged at overlevere Værgemaalet og Godset til Johan Baptist. Sj. T. 13, 242.

**30. Jan. (—).** Til Eyller Grubbe. Da Kongen har bevilget, at Fru Marene Skoufgard, Oue Uggerups Enke, maa faa 5 Gaade i Vennestadt, 2 Gaarde i Trene og 1 Gaard i Salskouf af Lunde Kapitels Gods, som Eyller Grubbe har i Værge, til Mageskifte for noget af hendes Arvegods, skal Eyller Grubbe lade begge Parters Gods besigte og ligne, lade Mageskiftet gaa for sig og paase, at Kapitlet faar Fyldest. Sj. T. 13, 242 b.

— Lignende Brev til Steen Bilde om, at Kongen har bevilget Fru Maren Skoufgaardt at faa 1 Gaard i Vennestadt og 1 Gaard i Ømmetoft[3] af Aahus Hospitals Gods, som Steen Bilde har i Forlening, til Mageskifte. Udt. i Sj. T. 13, 243.

— Anmodning til Fru Margrette Folmer Rossenkrantzis, Fru Hyldeborg Eyller Krafsis og Fru Anne Hr. Verner Parsbergs om at møde hos Dronningen paa Frederichsborg Søndagen før førstkommende Midfaste [10. Marts] og forblive hos hende, indtil hun er bleven forløst. Sj. T. 13, 243.

— **(Frederiksborg).** Aabent Brev, at Peder Pederssen, Forstander for Hospitalet i Randers, til eget Brug i de næste 2 Aar maa oppebære Afgiften af Kronens Part af Tienden af Rørup[4] Sogn, kvit og frit. Udt. i J. R. 1, 372.

---

[1] Se Kanc. Brevbøger 1571—75 S. 49.  [2] Navnet er utydelig skrevet; det er Savnte, Lynge-Kronborg H.  [3] Örnetofta, Gærs H.  [4] Mon ikke en Fejlskrift for: Borup (i Støvring H.)?

**30. Jan. (Frederiksborg).** Livsbrev for samme paa Gier-
lof Tiende, som er lagt til Randers Hospital, mod at svare Ind-
fæstning og sædvanlig Afgift deraf.  Udt. i J. R. 1, 372.

**31. Jan. (Kronborg).** Gavebrev til Lauritz Posche, By-
foged i Helsingborg, paa den Jordskyld, 24 Sk., som hidtil aar-
lig er svaret til Kronen af hans Gaard i Helsingborg. Sk. R.
1, 177.

— Befaling til Christoffer Valckendorff, Rentemester, at skaffe
Michel von Muche, der slaar paa Kedeltrommen, et Hus der i
Byen [Kbhvn.], naar der bliver et ledigt, da han har klaget over,
at han kun har 10 Dlr. i aarlig Løn, hvilke han aarlig maa svare
i Husleje.  Orig. [1]

**3. Febr. (Frederiksborg).** Gældsbreve til Peder Munck, Hr.
Peder Skram, Hr. Jørgen Løcke, Erich Rud, Jacob Ulfeld, Biørn
Anderssen, Axel Veffert, Erich Hardenbierg, Hans Johanssen, Niels
Friis, Jens Kaas, Jacob Sefeld, Malthe Jenssen, Niels Jonssen, Erick
Løcke, Christiern Munck, Fru Abbel Hr. Niels Langis, Fru Heluig
Erick Rosenkrantzis, Fru Karine Holgiers, Fru Eddel Frantz Bildis,
Fru Dorethe Jørgen Munckis, Eyler Grubbe, Fru Sebille Gyldenstiern,
Eyller Krausse, Albret Oxe, Fru Inger Oxe og Fru Mette Rosen-
krantz, hvert lydende paa 1000 gl. Dlr., til Mouritz Podbusch og
Vincentz Jul, hvert lydende paa 800 gl. Dlr., til Jørgen Rosenkrantz,
Fru Marine Knob, Ifuer Lunge, Otthe Baner, Jørgen Skram, Claus
Glambeck, Peder Bilde, Christoffer Pax, Erich Valckendorff, Fru
Idde Hr. Ollufs, Sten Bilde og Fru Anne Hardenbierg, hvert lydende
paa 500 gl. Dlr., til Fru Karin Giedde, Mogens Krabis, lydende paa
400 gl. Dlr., til Fru Vibike Efuert Bildtz, lydende paa 300 gl. Dlr.,
til Sten Brade, lydende paa 250 gl. Dlr., til Fru Karine Jens Bil-
dis, lydende paa 150 gl. Dlr., til Fru Mette Rønnov, Fru Birgite
Rønnov, Herluf Skafue og Otthe Thott, hvert lydende paa 100 gl.
Dlr.  Kongen lover at betale Pengene tilbage til førstkommende
Pinsedag [26. Maj].  Sj. R. 11, 266 [2].

— Aabent Brev, at Floritz Jacobssen skal beride Hom-
ble Ore, Sliminge Ore, Nordrup Ore, Bestedt, Skib-
binge og Ørløsse Skove og de andre Kronens Skove derom-
kring samt Kronens Skove i Ramsø Herred indtil Ringstedt

---

[1] Tr.: Nye dsk. Mag. I. 15.    [2] Tr.: P. V. Jacobsen, Skattevæsenet under Chr. III
og Fred. II S. 219 ff.

Vejen og paase, at ingen (osv. som i Bestalling af 4. Jan. 1576 for Lorens Rap). Han skal, saa længe han har denne Bestilling, have Suenstruppe Gaard i Sjælland i Forlening, fri for Indfæstning og Landgilde, og maa i Skovene faa Ildebrændsel til Skellighed af Vindfælder og fornede Træer. Sj. T. 13, 243 b.

**3. Febr. (Frederiksborg).** Til Biørn Kaas. Da Kongen har bevilget Dr. Johannes Varbichius, der vil nedsætte sig i Malmøe som Medicus, fri Bolig smstds., skal Biørn Kaas, hvis Kronen har et ledigt Hus i Byen, lade ham faa det eller skaffe ham et, saa snart der bliver et ledigt. Sk. T. 1, 104 b[1].

— Til M. Niels Jespersen. Da Hans Nielsen, Borger i Medelfart, vil ægte Dorrette, Hans Bangs Enke, men Sognepræsten smstds. vil forhindre dette Ægteskab, fordi Hans Bang og Hans Nielsen ere beslægtede i tredje Led, befales det M. Niels at lade Ægteskabet gaa for sig, eftersom Ægteskab i tredje Led ikke er forbudt efter Guds Lov og Hans Nielsen har begæret Dispensation, saaledes som andre tidligere have faaet. F. T. 1, 71.

— Aabent Brev, at et i Odense liggende lille Hus med Gaardsrum, som Skolemesteren tidligere har haft, og som ligger mellem Sognepræstens og Læsemesterens Residenser, maa anvendes til Forbedring af Sognepræstens og Læsemesterens Residenser, da disse hidtil have været meget smaa og Skolemesteren nu er bleven forsørget paa anden Maade. F. R. 1, 92 b. Orig.[2] i Provinsark. i Odense.

— Til Jørgen Marsuin. Da der trods den tidligere Ordre endnu ikke er gjort noget ved Superintendentens og Læsemesterens forfaldne Residenser i Ottense, hvilket medfører, at disse efterhaanden forfalde saa meget, at de senere ikke staa til at genopbygge uden stor Bekostning, befales det ham med det første at lade Residenserne sætte i Stand og indskrive Bekostningen derved i Regnskabet. F. T. 1, 71 b.

— Befaling til Jørgen Marsuin, der har begæret nærmere Ordrer med Hensyn til Byggeriet paa St. Hans Kloster i Odense, om alene at gøre de Huse, der ere under Tag, færdige og indrette bekvemme Kamre i dem, men ellers ikke foretage videre, førend Kongen selv har beset Lejligheden eller giver andre Ordre. Han

---

[1] Tr.: Rørdam, Kbhvns Universitets Hist. 1537—1621 II. 176.  [2] Tr.: Bidrag t. Odense Cathedralskoles Hist. I. 52 f.

skal indskrive Udgiften dertil i Regnskabet, men paase, at der ikke gøres unødig Bekostning. F. T. 1, 72.

**4. Febr. (Frederiksborg).** Til Borgemestre, Raad og menige Borgere i Fyen og Nørrejylland. Da en Del af dem ikke helt har betalt den Skat, som skulde udredes til sidste Jul, har Kongen sendt en Renteskriver over for at indkræve Restancerne og øjeblikkelig føre dem hid, efterdi det er Kongen meget magtpaaliggende, at der ingen Restancer bliver. Det befales derfor dem, der restere med noget, straks at betale det til Renteskriveren. Sj. T. 13, 245.

— Til Adelen i Jylland og Fyen. Kongen har formedelst anden Lejligheds Skyld været nødt til at opsætte den Mønstring, der var paabudt at skulle finde Sted i Viborg den 18. Marts for Nørrejylland og i Ottense d. 11. Marts for Fyen, saa de behøve ikke at møde, men de skulle holde deres fulde Rustning og have den rede. J. T. 1, 227. K.

— Befaling til Stiftslensmændene og Landsdommerne i Nørrejylland og Fyen straks at forkynde ovenstaaende Brev. J. T. 1, 227. K.

**5. Febr. (—).** Forleningsbrev for Peder Holst, Foged paa Vordingborg Slot, paa 1 Gaard, kaldet Schoufmølle, i Vordingborg Len, fri for Indfæstning, Landgilde, Ægt, Arbejde og anden Tynge i de næste 10 Aar; efter den Tids Forløb skal han henvende sig til Kongen for at faa at vide, paa hvilke Vilkaar han maa beholde Gaarden. Sj. R. 11, 268.

**6. Febr. (—).** Befaling til Chrestopher Valckendorpf at tage Christopher Skeel i Kongens Tjeneste som Skipper og blive enig med ham om Lønnen. Udt. i Sj. T. 13, 245 b.

— Til Eyller Grubbe. I Anledning af hans Begæring om, at Kongen vil forskrive Sparrer, Lægter og Bjælker fra Gullandt til Byggeriet paa Vordingborg, meddeles ham, at Kongen ikke kan sende Skibe did efter det, da han selv skal lade hente Tømmer derfra til Byggeriet paa Kroneberg, og det befales derfor Eyller Grubbe selv at købe det nødvendige Tømmer paa Gullandt og fragte Skuder til at føre det hid; Udgiften hertil skal han indskrive i sit Regnskab. Sj. T. 13, 245 b.

— Til Borgerne i Vee og Bønderne i Giers Herred. Da Aahusse Bro, ogsaa kaldet Nybro, en Tid har været helt ødelagt, saa Folk fra Giers og Villandtz Herreder kun have kunnet komme

over Hellie Aa paa Pramme, hvilket er mere besværligt og ofte
medfører store Ulykker, befales det dem, eftersom der tidligere har
været Bro over Aaen og der gaar en almindelig Vej derover og de
tidligere have holdt Broen i Stand, straks at gøre en fast Bro over
Aaen med stærke Egepæle, Bulfjæle, Brokar og Rækker ved Siderne.
Sk. T. 1, 105.

**6. Febr. (Frederiksborg).** Lignende Brev til Borgerne i Aahus
og Bønderne i Villandtz Herred. Sk. T. 1, 105 b.

— Til Borgemester og Raad i Horsens. Jens Kaas, Em-
bedsmand paa Silckeborg, har berettet, at en af deres Medborgere,
ved Navn Claus Thomessen, som man mente var rømt for
Gæld, og som skylder ham en stor Sum Penge, hemmelig skal op-
holde sig i Egnen omkring Byen og give sine Venner, som han
skylder Penge, og andre, som han hellere vil unde det, Breve og
Forsikring paa det, han ejer, men ikke vil unde Jens Kaas noget.
Da Claus Thomessen endnu har Gaard og Gods i Horsens, skulle
de sørge for, at Jens Kaas fremfor nogen anden faar sin Betaling
i Claus Thomessens Bo, førend dette bliver helt forrykket. J. T.
1, 227 b. K.

**8. Febr. (—).** Livsbrev for Erich Rud til Fugelsang paa
noget Gods i Fyen, som tidligere har ligget til Vor Frue Alter i
Bogense, nemlig 1 Gaard i Eybye, 1 Gaard i Kierbye, 1 Gaard og
2 smaa Boliger i Bro, 1 Gaard i Himmerslef[1] i Skouby Herred, 1
Gaard i Yrdedslef[2], 1 lille Gaard i Egedt, 1 Byggested i Bogense
og 1 Jord ved Lyckegaard, som Claus Daa og Otte Emmichssen
hidtil have haft i Værge, uden Afgift. F. R. 1, 93.

— Mageskifte mellem Biørn Anderssen, Embedsmand
paa Aarhusgaard, og Kronen. J. R. 1, 372 b. (Se Kronens Skøder.)

**9. Febr. (—).** Mageskifte mellem Jørgen Rosenkrantz,
Embedsmand paa Kalløe, og Kronen. J. R. 1, 373 b. (Se Kro-
nens Skøder.)

— Til Chrestopher Valckendorp. Da Kongen har efter-
givet Klaus Skeel 3000 Dlr. af hans Broder Matz Skeels
Restance af sine Forleninger i Norge, skal han afkorte Klaus
Skeel disse Penge i Broderens Regnskab og give Kvittans derfor.
Udt. i Sj. T. 13, 246.

**13. Febr. (—).** Til Peder Brade. Da Kongen, der for nogen

---

[1] Hemmerslev.    [2] Ørritslev, Skovby H.

Tid siden har befalet Kronens Bønder i Fers Herred hver
at føre 1 Læs Ved til Fogelsang Teglovn, erfarer, at nogle
ikke have leveret Ved, fordi de ikke selv have Skov, skal Peder
Brade anvise disse, hvor i Kronens Skove de kunne hugge Vedet,
og befale dem straks at levere det. Sk. T. 1, 105 b.

**14. Febr. (Frederiksborg).** Aabent Brev, at Kronens Bøn-
der i Sneckerup, som ligge paa en Alfarvej mellem Roschylde
og Ringstedt og klage over, at de derfor overløbes af Bøsseskytter
og Baadsmænd, der rejse den Vej, og besværes med at skaffe disse
Underholdning, indtil videre skulle være fri for at skaffe disse
Bøsseskytter og Baadsmænd Nattehold og Aflæg, da
Vejen mellem Roschylde og Ringstedt ikke er længere, end at den
godt kan tilbagelægges paa én Dag uden Aflæg, og Bønderne blive
saa forarmede derved, at de maa gaa fra Hus og Gaard. Sj. T.
13, 246.

— Til Lauge Venstermand, Landsdommer paa Laaland og Fal-
ster, og Henrich Norby, Embedsmand paa Nykiøping Slot. Da Jom-
fru Margrette Urne, Abbedisse i Maribo Kloster, har bevilget, at
Kronen maa udlægge Claus Jacobssen 1 af Klosterets Gaarde i
Gamleby til Mageskifte mod Udlæg til Klosteret af 2 Gaarde i
Paarup, der nu ligge under Halsted Kloster, skulle de med det før-
ste besigte begge Parters Gods, ligne det og indsende klare Registre
derpaa. F. T. 1, 290 b.

**15. Febr. (—).** Til Jahan Due. Kongen har eftergivet Lau-
ritz Michelssen og Chrestopher Perssen hver 1 Pd. Korn
af dette Aars Landgilde. Udt. i Sj. T. 13, 246 b.

— Til samme. Kongen har eftergivet Peder Torssen i
Skinkelsøe[1] 1 Pd. Rug, 1 Pd. Byg og 2 Tdr. Havre, som han re-
sterer med af sin Landgilde. Udt. i Sj. T. 13, 247.

— Befaling til Jørgen Rosenkrantz, Embedsmand paa Kalløe,
at lægge den Gaard i Bolschouf[2], som Kongen har faaet til
Mageskifte af ham, ind under Kalløe Slot og indskrive den i
Jordebogen. Udt. i J. T. 1, 228.

— Til Malthi Jenssen, Landsdommer i Nørrejylland, Chresten
Schiel, Hans Rostrup og Hans Lange. Da Palli Juel, Lands-
dommer i Nørrejylland, har begæret 1 Gaard i Bøllinge i Lundenes
Len til Mageskifte for Vederlag andensteds i Lundenes Len, hvor

---

[1] Skænkelse, Lynge-Frederiksborg H.      [2] Balskov, Ø. Lisbjærg H.

Fru Abel Schiel, Hr. Niels Langis Enke, udlægger ham det, skulle de besigte begge Parters Gods, ligne det og indsende klare Registre derpaa. J. T. 1, 228. K.

**16. Febr. (Frederiksborg).** Forleningsbrev til Chresten Vind til Lyddom, Embedsmand paa Kiøpnehafns Slot, paa 2 Gaarde i Kolle i Nebel Sogn i Nørrejylland og 3 Gaarde og 3 Gadehuse i Skyhiede i Utrup Sogn, som Jørgen Munck sidst havde dem i Værge, mod aarlig til 1. Maj at svare 28 gl. Dlr. i Afgift deraf. J. R. 1, 374 b.

**18. Febr. (—).** Forleningsbrev for Hr. Anders Thomessen paa Marie Magdalene Vikarie i Aarhus Domkirke, som er ledigt efter Hr. Thomes Anderssen. Han skal residere ved Domkirken. Udt. i J. R. 1, 375.

— Til Peder Gyldenstiern. I Anledning af den Ulykke, der har tildraget sig mellem Jacob Schram og Otte Galschøt, hvilken sidste blev slaaet ihjel, gav Kongen ham mundtlig Befaling til at gøre Jacob Schram haandfast eller indmane ham. Da nu imidlertid nogle af Jacob Schrams Slægt og Venner have begæret, at han maa blive paa fri Fod og rejse omkring i Riget, hvor det gøres behov, indtil Sagen kan blive ordnet, efterdi han jo ellers ikke kan møde paa Herredsting og Landsting og andensteds med Slægt og Venner for at faa Sagen bilagt med Otte Galschøttis Venner, skal Peder Gyldenstiern indtil videre ikke befatte sig med Jacob Schram. J. T. 1, 228 b.

**20. Febr. (—).** Aabent Brev, at Hendrich von Ølssen herefter skal beride Skioldenes Skove til Ellebro Dam og Borreveille og paase, at ingen (osv. som i Bestalling af 4. Jan. 1576 for Lorens Rap). Han skal i aarlig Løn have Skioldenes Mølle, som Pouel Sture sidst havde, med de to op til Møllen liggende Enghaver, uden Afgift, samt 10 Dlr., 1 sædvanlig Hofklædning, 2 Pd. Malt, 2 Pd. Mel, 8 Skpr. Humle, $^1/_2$ Okse, $^1/_2$ Td. Salt, 2 fede Svin, 4 Faar, 4 Gæs, 1 Fjerd. Smør, 1 Fjerd. Sild, 1 Fjerd. Torsk, 200 tørre Fisk og 1 Spand Havre hver Nat til en Klipper af Lensmanden paa Roschildgaard; derimod skal han for de to Enghaver opgive det Halm og Hø, som Pouel Sture tidligere havde til en Klipper. Sj. R. 11, 268.

**21. Febr. (—).** Tilladelse for Joruv Altskovf, Borger i Rostock, til sisefrit at indføre 5 Læster Rostockerøl her i Riget, dog skal han lade notere paa dette Brev, hvorhen Øllet føres,

for at der ikke under det Skin skal befris mere Øl for Sise. Sj.
R. 11, 269 b.

**21. Febr. (Frederiksborg).** Til Stiftslensmændene i Jylland og
Axel Viffert, Stiftslensmand i Fyens Stift. Da der baade i Lenene
og i Købstæderne resterer en Del af den til sidste Jul paabudte
S k a t og det er Kongen meget magtpaaliggende, at disse R e s t a n c e r
med det første blive betalte, skulle de straks tilskrive Lensmæn-
dene om Restancerne i deres Len og kræve Købstæderne for det,
de restere med. Sj. T. 13, 247.

— Til Borgemestre, Raad og Toldere i Malmøe, Helsingøer,
Kiøbnehafn, Ydstedt, Trelleborg, Falsterboe og Skonør, Kiøge, Ol-
borg, Aarhus, Randers, Horsens, Vedle og Bergen. Da K o n g e n s
U n d e r s a a t t e r, d e r h a n d l e p a a d e v e n d i s k e S t æ d e r, paa
forskellige Maader besværes, naar de komme did med deres Gods,
skulle de o p t e g n e disse B e s v æ r i n g e r o g s e n d e deres F u l d-
m æ g t i g e til K i ø b n e h a f n dermed til 12. April; endvidere skulle
de opsætte Svar paa de Klager, som de kunne tænke at de ven-
diske Stæder ville føre over dem. Sj. T. 13, 247 b.

— S k ø d e t i l J a c o b R o s t r u p til Liergraf. J. R. 1, 375 b.
(Se Kronens Skøder.)

— Til Borgemester og Raad i H o r s e n s. Da Kongen har
bragt i Erfaring, at det gaar meget uskikkeligt til dér i Byen, naar
der skal svares Skat, idet alle ikke skrives for Skat, som de ere
formuende til, og der findes en Del udenbysboende, baade Borgere,
Præster og Bønder, som have Jorder og Ejendomme i Byen, men
ikke holde Folk derpaa, der kunne skatte deraf og holde Byens
Tynge, befales det dem herefter at taksere B o r g e r n e f o r S k a t,
e f t e r s o m d e e r e formuende og have Gods, Handel og Evne
til, og ikke anse Gunst eller Gave; i n g e n, hverken Præster, Fog-
der, Skrivere, Borgere eller Bønder, d e r h a v e G a a r d e og Grunde
i Horsens og bo udenfor Byen, skulle v æ r e f r i f o r a t
s v a r e S k a t deraf, medmindre de holde formuende Folk i deres
Gaarde, der kunne svare Skatten for dem og holde anden Bys Tynge.
J. T. 1, 229[1]. K. Orig. i Provinsark. i Viborg.

— Til Hr. Jørgen Lycke og andre Hr. Otthe Krumpens og
Fru Anne Lyckis Arvinger[2]. Da Jacob Rostrup, der i Forening
med sine Medarvinger, Hr. Otte Krumpens Arvinger, har faaet Ordre

---

[1] Tr.: Secher, Forordninger II. 49 f.    [2] I J. T. er Brevet kun stilet til: Hr. Jør-
gen Løcke.

til at indsende Mandtalsregister paa Landeskatten til Dionisii [9. Okt.] 1566 af Haldz Len tilligemed de Penge, der restere af den, har erklæret, at det lige saa godt tilkommer Fru Anne Lyckis Arvinger at betale denne Restance, skulle begge Parter inden Paaske mødes og blive enige om, hvad hver især skal betale, og straks indsende Mandtalsregistret og betale Rentemesteren Restancen. K. J. T. 1, 229 b.

**22. Febr. (Frederiksborg).** Aabent Brev, at M. Desiderius Foss, Skolemester i Roschilde, indtil videre maa nyde Herlighed, Ægt, Arbejde og al anden uvis Rente af de til Prebenda Janue i Roschild Domkirke liggende Bønder; Præbendet er henlagt til Underholdning for Skolemesteren i Roschilde, men Herligheden har hidtil ligget til Roschildegaard. Sj. R. 11, 270.

— Skøde til Chrestoffer Packisch, Embedsmand paa Holbeck Slot. J. R. 1, 376. (Se Kronens Skøder.)

**23. Febr. (—).** Befaling til Eggert Ulfeldt at rette sig efter at underholde Hertuginden af Meklenborg, Kongens Moder, der med det første ventes ind i Riget, og hendes Følge en Nats Tid der paa Gaarden [Roskildegaard]. Sj. T. 13, 248.

— Til Christoffer Valckendorff. Eggert Ulfeldt, Embedsmand paa Roskildegaard, har berettet, at Christoffer Valckendorff har gjort Antegnelser til hans Regnskab, fordi han i 1575 og 1576 har givet nogle Arbejdsfolk paa Valsøgaard 4 Mk. 6 Sk. i Kostpenge om Ugen, medens Christoffer Valckendorff kun vil godtgøre ham 3 Mk. om Ugen for hver Person, fordi han for Kongens Vildtskytters, Jægeres og andre paa Gaarden værende Folks Underholdning har indskrevet $3^1/_2$ Mk. for hver Person om Ugen i Regnskabet, og fordi han har indskrevet en Betaling af 14 Mk. for hvert Pd. Korn til disse Folks Fortæring, hvad Christoffer Valckendorff mener er for meget, hvilket altsammen skal beløbe sig til $77^1/_2$ Mk., og endelig fordi han har givet Seuerin Glad paa Valsøgaard 1 Pd. Byg for den Ulejlighed, han har haft med de Arbejdsfolk, der i en $1^1/_2$ Aars Tid have arbejdet der paa Gaarden. Da Kongen paa Eggert Ulfeldts Begæring har eftergivet ham disse Poster, skal Christoffer Valckendorff give ham Kvittans derfor. Orig.[1]

— Forleningsbrev for Adam Nuormand, kgl. Jægermester, paa Orne[2] og Nybølle Birker paa Laaland og de 7

---

[1] Tr.: Nye dsk. Mag. I. 15 f.    [2] Urne.

Gaarde, som laa til Pederstrup, hvilket Gods han nu selv har i Værge, uden Afgift i de første 12 Aar og derefter indtil anden Ordre. F. R. 1, 512.

**24. Febr. (Frederiksborg).** Befaling til Hendriick Mogenssøn, Tolder i Helsingiør, at betale Reinolt Bommel, Kandestøber, den Jærnovn og de andre paa vedlagte Seddel opførte Sager, som Kongen har faaet af ham. Orig.

— Forleningsbrev for Anders Dresselberg, Sekretær, paa et Kannikedømme i Lunde Domkirke og et Vikarie til St. Anne Alter smstds., som ere ledige efter nylig afdøde M. Jon Thurssen. Naar han ikke længere er i Kongens daglige Tjeneste i Kancelliet, skal han residere ved Domkirken. Sk. R. 1, 177 b.

**25. Febr. (Kbhvn.).** Stadfæstelse paa det i Henhold til Fundatsen af Superintendenten, Prælater, Kirkeværger, Kanniker og Sognepræst ved Domkirken i Roschilde foretagne Valg af Dr. Matz Pouelssen, Kannik i Roschilde, til Forstander for Duebrødre Hospital smstds., da han nu har aflagt Ed til Kongens Forordnede. Han skal have den i Fundatsen bestemte Løn og skal oppebære al Hospitalets Indtægt og gøre Regnskab derfor. Det befales Bønderne paa Hospitalets Gods at svare deres Afgifter til ham og være ham lydige. Sj. R. 11, 270.

— Forleningsbrev for M. Oluf Thostesen, Kapellan ved Vor Frue Kirke i Kiøpnehafn, paa et Vikarie i Roschilde Domkirke, som er ledigt efter Hr. Jens Anderssen. Naar han ikke længere er i noget Kald, skal han residere ved Domkirken. Sj. R. 11, 271.

**26. Febr. (—).** Aabent Brev, at Kongen — der har bragt i Erfaring, at de Bøsseskytter og Baadsmænd, som ligge i Borgeleje i Købstæderne i Fyen og Jylland, have forulempet Borgerne og ikke villet nøjes med den Bespisning, som Borgerne kunde give dem, men have tvunget disse til at give dem Penge i Stedet, hvorefter de ere dragne ud i Landsbyerne til Skade og Besværing for Bønderne — har sendt en Arkelimester til N. Stift for i Forening med Stiftslensmanden at rejse omkring til Købstæderne i Stiftet og opfordre alle Borgere og Bønder, der maatte have noget at klage over, til at møde frem med deres Klager. Det befales Stiftslensmanden og Borgemestre og Raad i hver Købstad at undersøge Sagerne i Forening med Arkelimesteren, afsige endelig Dom deri og sørge for, at de Bøsseskytter og Baadsmænd, der have forsét sig, straks komme til at staa til Rette og blive straffede derfor. Se de gennem Fingre med nogen og der kommer yderligere Klager, ville de selv komme til at staa til Rette. Sj. T. 13, 248.

**26. Febr. (Kbhvn.).** Befaling til Stiftslensmændene i Fyen og Jylland straks at udstede offentligt Paabud om, at alle Borgere og Bønder, der have noget at klage over Bøsseskytter og Baadsmænd, skulle møde i Retten, og derefter i Forening med Borgemestre og Raad i hver Købstad og Arkelimesteren dømme i disse Sager og hjælpe alle til Ret. Sj. T. 13, 249.

**27. Febr. (Frederiksborg).** Til Eyler Krause og Jørgen Daae. Da Jahan Buckholt har begæret Clinstrup Gaard med tilliggende Gods i Fyen, som han nu selv har i Værge, til Mageskifte for 1 Gaard i Ugerløsse, 2 Gaarde i Krageruppe og 1 Gaard i Heslebye i Sjælland, skulle de med det allerførste besigte begge Parters Gods, ligne det, vurdere Bygningerne paa Clinstrup og indsende klare Registre derpaa. F. T. 1, 72 b.

**28. Febr. (Kronborg).** Til alle Kirke- og Præstetjenere i Hiemled og Forritze Herreder. Da Kongen har befalet Anders Bing, Embedsmand paa Vardbierg Slot, at lade hugge og savskære noget Tømmer i Kronens Skove i Vardbierg Len, skulle de i Forening med Kronens Bønder møde med Heste og Vogne i Skovene, naar de tilsiges, for at føre Tømmeret til de Steder, de faa Ordre til. Enhver, der ikke møder, vil komme til at staa til Rette. Sk. T. 1, 106.

**[Omtr. 1. Marts[1]].** Tilladelse for Johan von Wicken, Raadmand i Lybeck, til i Aar at købe og toldfrit udføre 40 Øksne her af Riget. Sj. R. 11, 272.

**[Omtr. 1. Marts[2]].** Til Lauge Beck. Der sendes ham et Register over de Roschilde Stifts Breve, der fandtes paa Roschildegaard og nu sidst bleve registrerede, med Ordre til at holde det i god Forvaring ved Brevene og flittig undersøge, om noget af det Gods, som Brevene lyde paa, det være sig Stifts-, Kirke- eller Kapitelsgods, med Urette er bortkommet eller er bortpantet eller bortforlenet, og hvis saa er, da med det allerførste give Last og Kære derpaa og inddele det. Viser han sig forsømmelig, skal han selv staa til Rette derfor. Sj. T. 13, 250.

---

[1] Indført mellem Breve af 25. Febr. og 7. Marts.     [2] Indført mellem Breve af 26. Febr. og 2. Marts.

**2. Marts (Frederiksborg).** Befaling til Chrestoffer Valckendorp straks at skaffe Kongen en 4 Tylter Fodstykker, stort Tømmer paa 14, 15 og 12 Al., og 3 Tylter Egetømmer paa 10 Al. og med Skib sende Tømmeret ind for Rumsti[1] til Hørshollum; han skal straks hidsende en 8 eller 10 Læster Stenkul, saa de kunne være her paa Slottet engang i Morgen. Sj. T. 13, 250 b.

— Skøde til Casper Marckdaner, Køgemester, paa Søegaard m. m. i Fyen. F. R. 1, 93 b. (Se Kronens Skøder.)

— Stadfæstelse for Jens Skriver i Astofthe paa et af Superintendenten i Riber Stift 1565 udgivet Brev, hvorved denne paa Embeds Vegne bevilger, at Jens Skriver maa være Degn til Feuling og Holste Kirker, saa længe han lever; Jens Skriver har nemlig klaget over, at der nu gøres ham Hinder paa Sognene. J. R. 1, 377.

— Mageskifte mellem Erich Kaas til Lindbieregaard og Kronen. J. R. 1, 377 b. (Se Kronens Skøder.)

**3. Marts (—).** Befaling til Claus Glambeck at lægge 1 Gaard i Emdrup i Hamel Sogn og 1 Gaard i Klitterup[2] i Røgen Sogn, begge i Giern Herred, som Kongen har faaet til Mageskifte af Erich Kaas til Lindbierggaard, ind under Skanderborg Slot og indskrive dem blandt det tilskiftede Gods. K. Udt. i J. T. 1, 230.

— Befaling til Jens Kaas at lægge 1 Gaard i Nørre Snede By og Sogn i Vradtz Herred, som Kongen har faaet til Mageskifte af Erich Kaas, ind under Silckeborg. Udt. i J. T. 1, 230. K. (i Udt.).

— Befaling til Erich Rud at lægge 1 Gaard i Horstviid i Nøraggers Sogn i Sønder Herred, som Kongen har faaet til Mageskifte af Biørn Anderssen, ind under Olborghus. Udt. i J. T. 1, 230 b. K. (i Udt.).

— Til Chrestopher Valckendorp. Da Borchort von Papenheim, Embedsmand paa Abramstrup, har berettet, at den Kvittans, Christopher Valckendorp har givet ham for den til Juledag 1576 af Abramstrup Len betalte Skat, ikke er endelig, fordi han har lagt en Bonde til hvert Læg, hvor der var fattige, og en Kvinde er bleven skreven for $\frac{1}{2}$ Dlr., hvilket ialt beløber sig til 42 Dlr., har Kongen eftergivet disse Poster og befaler derfor Chrestopher

---

[1] Rungsted.    [2] Klintrup.

Valckendorp at give endelig Kvittans, saafremt ellers alt er betalt. Sj. T. 13, 251.

**3. Marts (Frederiksborg).** Aabent Brev, at et Skib, kaldet Engelen Gabriel, der førtes af en Skipper, ved Navn Jacob Peterssen von Enckhussen, og for nogle Aar siden kom, ladet med rydsk Gods, paa Kongens Strømme, hvor det mod Kongens Vidende og Vilje blev overfaldet og plyndret, hvorefter det en Tidlang har været indlagt for Dantzick, herefter frit maa sejle gennem Kongens Strømme, da Kongen nu formedelst gode Folks Forbøns Skyld har ladet den Tiltale falde, som han kunde have til Skibet formedelst Indlæggelsen for Dantzick; dog Kronens Told hermed uforkrænket. Sj. T. 13, 251 b.

— Aabent Brev, at Hans Nielsen, Landstingsskriver paa Fynbo Landsting, indtil videre maa oppebære 1 Læst Korn, halvt Rug og halvt Byg, af Afgiften af Kronens Part af Korntienden af Froruppe[1] Sogn; det befales den, som har fæstet Tienden, at levere Hans Nielsen Kornet. F. R 1, 94 b.

**4. Marts (—).** Til Indbyggerne over hele Riget. Da Kongen, hvis Bestemmelse det var selv at holde Herredag i Kiøpnehafn i Aar, formedelst den paa adskillige Steder endnu grasserende Sygdom og andet mærkeligt Forfald ikke kan gøre dette, har han nu befalet nogle Raader og gode Mænd i Forening med Landsdommerne i hvert Land at forhøre alle de Sager, som ikke ere Herredstings- eller Landstingssager, i N. den 12. Maj. Det befales derfor alle, der have udtaget eller herefter udtage Stævninger, at møde i Retten for disse forordnede Raader og gode Mænd. Sj. T. 13, 252.

— Befaling til nedennævnte Raader, gode Mænd og Landsdommere, der skulle sidde Retterting, at meddele dem, der begære det, Stævning over deres Modpart, sidde Retterting i N. 12. Maj og hjælpe enhver Mand til Lov og Ret. Da der sidst blev indsat en hel Hob Sager for Kongen, befales det dem denne Gang ikke at gøre dette, medmindre det er saa vigtige Sager, at ingen uden Kongen selv og Raadet bør dømme deri. Indstævnes der Landsdommeres Domme for dem og finde de ingen Besværlighed deri, skulle de ogsaa dømme i disse Sager. — Niels Kaas, Peder Munck, Peder Bilde, Eyller Grubbe, Christoffer Valckendorpf og Herluf Skafue skulle sidde Retterting i Ringstedt for Sjælland, Laaland

---

[1] Frørup, Vinding H.

og Falster; Jacob Ulfeldt, Jørgen Marsuin, Axel Viffert og Morthen
Brock i Ottense for Fyen, Langeland og Taasinge; Peder Gylden-
stern, Hr. Jørgen Lycke, Jørgen Rossenkrantz, Erick Rudt, Biørn
Anderssen, Axel Jul, Palli Jul og Malthi Jenssen i Viborg for Jyl-
land; Biørn Kaas, Hans Skougaardt, Steen Bylde, Arrild Uggerup.
Jørgen Bilde og Biørn Saxtrop i Lund for Skaane. Sj. T. 13, 253.

**4. Marts (Frederiksborg).** Aabent Brev, at Hr. Hans Jen-
sen, Sognepræst i Ørsted Sogn, der skal være brøstholden paa sin
Underholdning, ligesom hans Formand i Embedet maa oppebære
Kronens Part af Tienden af Ørsted Sogn mod aarlig at svare
2 Pd. Korn i Afgift til Otthensegaard. F. R. 1, 95.

**5. Marts (—).** Tilladelse for Otthe Jostssen i Kolding til
sisefrit at indføre 3 Læster Rostockerøl; dog skal han lade
notere paa Brevet, hvorhen han fører Øllet, for at der ikke under
det Skin skal befris mere Øl for Sise. Udt. i J. R. 1, 378 b.

**6. Marts (—).** Befaling til Kronens Bønder i Kroneborg Birk
herefter at give Hendrich Eyllerssen i Krogerup, som Kon-
gen nu har beskikket til Tingfoged i Kroneborg Birketing, 1 Skp.
Korn aarlig af hver Gaard, da han formedelst sin Bestilling
maa forsømme sin egen Næring og ellers intet har for sin Umage
og Fogderne andensteds have deres Skæppe af Bonden. Svare de
ikke Kornet, maa han tiltale dem derfor. Sj. T. 13, 254.

**7. Marts (—).** Aabent Brev, at Peder Olssen, Herredsfoged
i Søme Herred, der har berettet, at den Fogedhavre, som Her-
redsfogden tidligere har haft, for nogen Tid siden er bleven lagt
under Roschildgaard, saa han nu intet har for sit Arbejde, igen maa
oppebære denne Fogedhavre, indtil andet bestemmes. Det befales
menige Herredsmænd at levere Herredsfogden Fogedhavren. Sj.
R. 11, 272.

— Forleningsbrev for M. Jacob Jenssen, Skolemester
i Viborg, paa et Kannikedømme, kaldet Klitgaard Præbende, i
Viborg Domkirke, som er ledigt efter Hr. Morthen Huas. Han skal
residere ved Domkirken. Udt. i J. R. 1, 379.

**10. Marts (—).** Lejdebrev for Peder Hanssen, der for
nogen Tid siden har ihjelslaaet Hans Jenssen i Helsingøer og der-
for en Tid ikke har turdet lade sig finde, til frit at forhandle med
den dræbtes Slægt og Venner om Bod derfor, hvis det da kan be-
vises, at han, som hans Slægt har paastaaet, har begaaet Drabet af
Nødværge; naar han er bleven enig med den dræbtes Slægt, maa

han frit opholde sig her i Landet og bruge sin Næring ligesom andre Undersaatter. Sj. R. 11, 272 b.

**11. Marts (Frederiksborg).** Til Chrestopher Valckendorpf. Da Siluester Franck, Skibshøvedsmand, hidtil har haft 2 Bestallinger, men der i den sidste er bleven afkortet ham en Del Penge og Fetalje, som var bevilget ham i den første, har Kongen bevilget, at han herefter aarlig skal have 300 Dlr. ligesom flere andre Skibshøvedsmænd, og at han maa faa godtgjort, hvad han i Følge den første Bestalling indtil nu har faaet for lidt, hvilket Chrestopher Valckendorpf skal sørge for sker. Sj. T. 13, 254 b.

**12. Marts (—).** Kvittans til Biørn Kaas og Hans Skoufgaardt, Embedsmænd paa Malmø og Helsingborg Slotte, der nu ved Chresten Jacopssen, Ridefoged til Skabersøegaard, have gjort Kongen paa hans Dreng Holger Ulfstandtz Vegne Regnskab for det Kvæg, Korn og Fetalje, som Gregers Ulfstandt til Vosborg, Embedsmand paa Skifuehus, har leveret fra sig som Inventariun. paa Skabersøegaard, og for al Indtægten og Udgiften fra 11. Juli 1575 til 1. Maj 1576. For Beholdningen[1] paa Skabersøegaard skulle de fremdeles staa til Regnskab. Sk. R. 1, 178.

— Til Kapitlet i Lund. Da Kongen har bevilget, at Steen Bilde maa faa alt Kapitlets Gods i Laxmandz Aagerup til Mageskifte for Gods, der heller ikke ligger ubelejligt for Kapitlet, skal dette med det første besigte begge Parters Gods, ligne det, paase, at Kapitlet faar Fyldest, og lade Mageskiftet gaa for sig. Sk. T. 1, 106 b.

**13. Marts (—).** Skøde til Steen Bilde til Vandaas. Sk. R. 1, 179. (Se Kronens Skøder.)

— Til Chrestopher Valckendorp. Da han har berettet, at Fru Mette Rossenkrantz, Peder Oxis Enke, for sin Part ikke har noget imod at afstaa Kongen den sorte Sten, som hun og hendes Medarvinger vilde anvende til Peder Oxis Gravmonument, men Købmanden ikke gerne vil af med den, medmindre Kongen tillige vil beholde den hvide Alabast, som Købmanden ejer, befales det Chrestopher Valckendorp at blive enig med Købmanden om begge Dele; han skal saa siden faa nærmere Besked om, hvorledes den skal hugges. Sj. T. 13, 255.

— Aabent Brev til alle ind- og udlændiske Købmænd, der

---

[1] Den specificeres udførligt.

besøge Fiskerlejet Moelberg[1], at Erich Rud, Embedsmand paa Ol-
borghus, og Salteren Jens Morthenssen, der skulle salte 60 Læster
Sild og mere til Kongens Slottes og Orlogsskibes Behov, skulle
have Eneret paa at købe Sild til Kongen Mandag, Onsdag og Tors-
dag og betale Sildene med den foregaaende Dags Pris (osv. som i
Brev af 14. Marts 1576). J. T. 1, 230 b. K. (opr. Orig. til Brev
af 14. Marts 1576).

**13. Marts (Frederiksborg).** Lignende Brev for Oluf Matzen, der
skal være Salter paa Nibe Fiskerlejer, dog kun lydende paa 2 Fri-
dage om Ugen. Udt. i J. T. 1, 231. K. (i Udt.).

**14. Marts (—).** Befaling til Chrestopher Valckendorp at lade
bryde saa megen Saltholms Kalksten som muligt og med det
første sende en Skibsladning eller to deraf til Kroneborg samt
bestille 50 lange Spær paa Gulland til Bygningen paa Kroneborg.
Udt. i Sj. T. 13, 255 b.

— Befaling til Frantz Lauritzen om hver Uge at sende 30
Par Høns hid, indtil der ialt er sendt 100 Par, og hver 14. Dag
sende 10 gode Øksne hid af dem, som han har ladet opsætte paa
Foder, samt paase, at de, der blive staaende, blive røgtede vel.
Han skal hidsende alle de Gældvæddere, han har, og sørge for,
at den Havre, som han tidligere har faaet Ordre til at sende hid,
bliver indskibet og ført til Sundby Færge, hvis det ikke allerede er
sket. Sj. T. 13, 255 b.

**15. Marts (—).** Til Johan Thaube, Embedsmand paa Frede-
richsborg. Da Kronens Bønder i Husseby, der have klaget
over, at de lide stor Skade af Arresø, idet den borttager meget
af den til deres Gaarde liggende Ejendom, i den Anledning have
begæret, at der maa komme Oldinge paa Ejendommen for at om-
sætte Landgilden, skal han med det første lade 13 Oldinge
sætte Gaardene for en passende Landgilde og lade den ny Landgilde
indskrive i Jordebogen. Orig. Udt. i Sj. T. 13, 256.

— Befaling til Chrestopher Valckendorp at betale en Skip-
per fra Wernaaminde, ved Navn Stoldtfod, Fragt for de Sten,
denne har ført til Kroneborg. Udt. i Sj. T. 13, 256.

— Skøde til Helliggejsthus Hospital i Lund paa en
øst for Hospitalet liggende Grund med et Stykke gammelt Hus paa,
hvoraf der hidtil har været svaret 24 Sk. til Kronens Gaard i

---

[1] Muldbjærg, Fleskum H.

Lund, men hvoraf der herefter ingen Afgift skal svares. Sk. R.
1, 179 b.

**15. Marts (Frederiksborg).** Til Arrild Ugerup. Da han i An-
ledning af Kongens Skrivelse til ham om ikke i nogen Maade at
forurette nogle Bønder i Ibetofthe og Hogenrød, der havde
klaget over, at han ikke vilde modtage deres Smørlandgilde i
Tøndetal, og at de ikke maatte nyde Skoven saa frit, som de
havde nydt den fra Arilds Tid, nu har berettet, at Bønderne efter
Jordebogen skulle levere deres Smørlandgilde i Pundetal, og at de
ville tilholde sig Jagt i Skovene, befales det ham at opkræve Land-
gilden i Overensstemmelse med Jordebogen og gammel Sædvane og
ikke lade dem befatte sig mere med Skoven og Jagten, end andre
Indbyggere der omkring gøre. Sk. T. 1, 106 b.

— Tilladelse for Claus Guldsmed, Borger i Kerteminde, til
sisefrit at indføre eller købe ved Kierteminde 2 Læster Ro-
stockerøl, dog skal han lade notere paa Brevet, hvor meget han
hver Gang køber eller indfører. F. R. 1, 95 b.

— Til Johan Bucholt. Da Kongen har bortforpagtet Hav-
nene Oldefiord[1] og Issefiord i Issefiords Syssel paa Island
til nogle Borgere i Stade, skal han paase, at ingen andre bruge
Handel dér. N. T. 1, 107 b.

**17. Marts (—).** Forleningsbrev for Skipper Chresten
Pederssen paa det Hus i Kiøpnehafn, hvori M. Hans Fyr-
verfer sidst boede, uden Afgift. Sj. R. 11, 273.

— Aabent Brev, at Chrestoffer Schiel, der har lovet at
tjene Kongen som Skibshøvedsmand, i aarlig Løn skal have
50 Dlr., sædvanlig Hofklædning til sig og en Dreng og indtil videre
Maanedsfetalje af Kiøpnehafns Slot ligesom andre Skibshøvedsmænd.
Sj. R. 11, 273 b.

— Til Hendrich Mogenssen. Da Kongen paa Begæring af
Borgemestre og Raad i Dantzick gennem deres Sekretær har
bevilget, at de maa faa noget støbt Jærnskyts, som Kongen har
ladet beslaglægge i Helsingøer til sit Brug, til Købs, saafremt de ellers
kunne blive enige med Ejerne af Skytset, skal Hendrich Mogenssen
lade Sekretæren forhandle med Ejerne af Skytset og lade ham faa
Skytset, naar de ere blevne enige. Sj. T. 13, 258 b.

— Befaling til Christoffer Valckendorff, Rentemester, straks at

---

[1] Alvtefjord.

fragte nogle Skibe, der kunne løbe til Øssel, tage Kongens Hofsinder med deres Folk og Heste om Bord og føre dem til Kiøpnehafn, saa Hofsinderne ikke skulle kunne klage over, at det dem givne Løfte ikke er bleven holdt. Orig.[1]

**17. Marts (Frederiksborg).** Forleningsbrev for Axel Gyldenstiern paa Landtzkrone Slot og Len med de Bønder, som den ham nu overleverede Jordebog udviser, og paa Fers Herred, som Peder Brade sidst har haft det i Værge. Han skal aarlig svare 200 gl. Dlr. i Afgift af den visse Rente, tjene Riget med 4 geruste Heste og gøre Regnskab for al den uvisse Rente, hvoraf han selv maa beholde Tredjedelen, dog forbeholder Kongen sig alene al Told, Sise og Vrag. Hans Genant skal begynde til 1. Maj 1577 og Kongen eftergiver ham, hvad han i sidste Aar har oppebaaret af Lenets Indkomst. Sk. R. 1, 180.

— Følgebrev for samme til Bønderne i Fers Herred, at de herefter skulle svare ham til Landtzkrone. Udt. i Sk. R. 1, 181[2].

**18. Marts (—).** Gavebrev til Borgerne i Nagschouf paa Krogsbølle Mark, som de tidligere have faaet Brev paa at maatte beholde et vist Antal Aar mod at svare Penge for Kornlandgilden, og paa den Jord, som har ligget til Kronens Gaarde i Skalckenes, og som de have faaet Brev paa at maatte beholde i 20 Aar. De maa bruge disse Jorder til Byens Overdrev og Græsgang, men skulle svare samme Afgift af dem som hidtil. F. R. 1, 512 b.

**19. Marts (—).** Aabent Brev, at Seluester Franck, der har lovet at tjene Kongen som Skibshøvedsmand, i aarlig Løn skal have 300 Dlr. og sædvanlig Hofklædning til sig selvanden. Sj. R. 11, 274.

— Til Jørgen Marsuin. Da Hans Jesperssen i Gamelby[3] har tilbudt Kronen en jordegen Bondegaard i Fyen til Købs paa den Betingelse, at hans Svigersøn, der nu bor i Gaarden, maa beholde den og være fri for Sandemænds- og Ransed, saa længe han lever, skal Jørgen Marsuin paa Kronens Vegne blive enig med ham om Købet, betale Pengene og tage nøjagtigt Skøde paa Gaarden. F. T. 1, 73.

---

[1] Tr.: Dsk. Mag. III. 136. Nye dsk. Mag. I. 16 (med Dato: 12. Marts). [2] Det samme Brev er indført i Sk. R. 1, 157 med Dato: 20. Maj 1576, Frederiksborg, men er overstreget og udenfor er skrevet: Dette gik ikke for sig før et Aar herefter. [3] Gamby, Skovby H.

**19. Marts (Frederiksborg).** Aabent Brev, at Lauge Peders-
sen Threllund, der med Superintendentens Billigelse og de fleste
Sognemænds Samtykke er antagen som Kapellan af Hr. Diønis
Nielssen, Sognepræst til Lønborg Sogn i Riber Stift, da denne
formedelst Alderdom og Skrøbelighed ikke længere alene kan fore-
staa Embedet, maa vedblive at være Hr. Diønis's Kapellan og efter-
følge ham som Sognepræst, hvis han overlever ham; dog skal han
ordineres af Superintendenten, skikke sig tilbørligt i Levnet og Lær-
dom og gøre Sognefolket tilbørlig Tjeneste. J. R. 1, 379 b.

**21. Marts (—).** Befaling til Prioren i Anduorskof at rette
sig efter Staldmester Petter Reitz's Anvisning med Hensyn til Op-
førelsen af en Stald til Kongens egne Heste i Klosterets
Abildhave og Indtagelsen af en bekvemt beliggende Have til Kon-
gens Stod. Sj. T. 13, 256.

**22. Marts (—).** Aabent Brev, at Niels Jensen i Thaagerup,
Ridefoged i Frederichsborg Birk, indtil videre maa være fri for
at svare Skyld og Landgilde af sin Gaard. Sj. R. 11, 275.

— Befaling til Kronens Bønder i Holbo Herred herefter at
svare Hans Olssen i Høigildt[1] 1 Skp. Korn aarlig af hver
Gaard, saa længe han er Herredsfoged i Holbo Herred, hvilket
flere hidtil have vægret sig ved, skønt det ellers er Sædvane her i
Sjælland. Enhver, der vægrer sig herved, vil blive tiltalt. Sj. T.
13, 256 b.

— Til Hans Schougaard. Da Kongen i Følge Kontrakten [om
Kronborgs Opførelse] skal betale de Stenhuggere, der hugge
de store Sten, som skulle sidde i Siden af Runddelene, i alen-
vis, skal Hans Schougaard give Bent Vind Ordre til at tage Maal
af alle de hugne Sten, som sendes over, og sende Jahan Due, Em-
bedsmand paa Kroneborg, klare Registre, hvorefter denne kan rette
sig ved Betalingen. Sk. T. 1, 107.

**23. Marts (—).** Aabent Brev, at Borgemestre, Raad og
Byfoged i Helsingør, der have klaget over, at der ikke er til-
lagt dem noget for deres Arbejde, indtil videre maa oppebære
1 Mk. danske af hver Ame Vin, som indføres og sælges i
Byen, og 2 Sk. danske af hver Td. Tyskøl og 1 Sk. af
hver Td. Danskøl, som Krøgere og Krøgersker udtappe. Sj. R.
11, 274 b. Orig. i Provinsark. i Kbhvn.

---

[1] Højelt, Holbo H.

**23. Marts (Frederiksborg).** Forleningsbrev for Hr. Chresten i Bordrup [1], Sognepræst til Orrestrup [2] Kirke, paa Afgiften af Kronens Part af Korntienden af Orrestrup Sogn i Hernom Herred. Udt. i J. R. 1, 380.

— Forleningsbrev for Palle Juel, Landsdommer i Nørrejylland, paa Kronens Gods i Viskom, som Niels Jonssen, Embedsmand paa Hald Slot, hidtil har haft i Værge, uden Afgift. J. R. 1, 380.

**24. Marts (—).** Følgebrev for samme til Bønderne paa ovennævnte Gods. Udt. i J. R. 1, 380 b.

— Aabent Brev, at Hans Vallenthinssen i Gildeleye indtil videre maa være fri for den halve Tønde Torsk, som aarlig svares af hans Gaard. Sj. R. 11, 275.

— Aabent Brev, hvorved Kongen, der har bragt i Erfaring, at Duebrødre Hospital [i Roskilde] er meget forfaldent og mangler Plads, bevilger, at Hospitalsmesteren smstds. med Kapitlets Raad og Samtykke maa bygge et Hus af god, fast Bygning i Hospitalet og dertil bruge de Penge og den Fetalje, som Hospitalet har i Forraad fra de foregaaende Aar; endvidere bevilger Kongen, at Hospitalsmesteren for sin Tjeneste altid maa oppebære Kronens Part af Tienden af Siuf og Røruppe [3] Sogne, kvit og frit, dog skal han, naar det nye Hus er opbygget, være forpligtet til at holde det og den anden Bygning i Klosteret i god Stand. Sj. T. 13, 257 [4].

— Anmodning til Fru Mette Rossenkrantz, der med Rigens Dele forfølger sin Husbonde Peder Oxis Arvinger, om at lade Forfølgningen mod Anders Banner, Johan og Knud Rud falde, da disse, hvem Kongen for deres afdøde Faders Otte Rudtz Skyld er særlig bevaagen, have bedt Kongen om en Skrivelse til hende desangaaende og erklæret, at de for deres Part ikke ville gøre hende nogen Forhindring paa det Gods, som er bebrevet hende, og ere villige til at skifte med hende; dog er det ikke hermed Kongens Mening, at hun skal opgive sin Tiltale til de andre Arvinger. Sj. T. 13, 257 b.

— Aabent Brev, at Thorben Bilde, Hr. Hansis Søn, indtil videre aarlig maa oppebære $\frac{1}{2}$ Læst Rug, $\frac{1}{2}$ Læst Byg og 2 Tdr. Smør af Malmø Slot. Sk. R. 1, 181.

---

[1] Borup, Hornum H.   [2] Aarestrup, samme H.   [3] Rorup, Ramsø H.   [4] Tr.: Kirkehist. Saml. 4. R. II. 511 f.

**24. Marts (Frederiksborg).** Befaling til Biørn Kaas at lægge
Borrestad Len i Gers Herred, nemlig 22 Gaarde og 4 Fæster i
Borrestad, 3 Gaarde i Lillehielm, 1 Gaard i Kyllingrod, 1 Gaard i
Linderød, 3 Gaarde i Synderslef, 9 Gaarde i Diebierg[1] og 1 Gaard
i Horod[2], som Kongen har indløst fra Hendrich Brade, ind under
Malmøe Slot. Sk. T. 1, 107 b.

— Befaling til Nils Jonssen, der har berettet, at Hald Slot
med Tiden forfalder meget, at sætte Slottet i Stand, holde det
vedlige og indskrive Bekostningen derved i Regnskabet. J. T. 1,
231 b. K.

**25. Marts (Kbhvn.).** Til Emike Kaas og Manderup Pasberg.
Hvis nogle af de Dansigere komme der under Landet [Gulland
og Bornholm] med deres Skibe, saavel Orlogs- som Koffardiskibe,
skulle de tillade dem at købe Kød og anden Fetalje til Ski-
benes Behov. Sk. T. 1, 107 b.

**26. Marts (Kronborg).** Til Erick Rud. Hans Skriver i Testrup
har berettet, at nogle Adelige i Aalborghus Len, nemlig Erich
Løcke, Hendrich Gyldenstiern, Nils Rosenkrantz til Halkier, Vincentz
Rosenkrantz, Baltzer Maltessen, Pouel Vogensen i Schoubo, Nils
Mickelsen til Kye og Jomfru Anne Morthensdatter i Olborig, staa
til Restance med noget Tiendekorn, som han har fortinget
til dem, medens han var Stiftsskriver i Viiborg Stift. Da det ikke
hjælper noget, at han tiltaler dem, befales det Erich Rud at
indkræve Kornet og, hvis nogen vil give Penge i Stedet, tage
1 Dlr. for Tønden. Da Hans Skriver ligeledes har tiltalt en Del af
Almuen for Tiendekorn, men disse heller ikke ville betale, skal
Erick Rud lade sine Fogder drage omkring med ham til dem, der
ere blevne dømte, for at udvurdere Ting, der kunne bruges til Gæl-
dens Betaling. J. T. 1, 231 b. K.

— Lignende Befaling til Niels Jonssen om at indkræve
Tiendekorn af nogle Adelige i Haldtz Len og Salling,
nemlig unge Albret Schiel, Fru Margrette Niels Juels til Aastrup,
Fru Berritte Matz Grøns, Fru Anne Nils Muncks og Fru Dorrette
Envold Krussis. Udt. i J. T. 1, 232. K. (i Udt.).

**27. Marts (—).** Til Niels Kaas, Kansler, og Christopher Val-
ckendorp. Kongen, der først har villet sende 100 Heste med de
Penge, som skulle betales Kurfyrsten af Saxen, har siden

---

[1] Degeberga.   [2] Hörröd.

forandret Bestemmelse og vil, da Pengene formodentlig ville faa tilstrækkelig Ledsagelse af Kongens Fader[1] i Meklenborg og siden af Kurfyrsten af Brandenborg, kun sende Drabanthøvedsmand Caspar Wies og 40 Drabanter med lange Rør med, men ingen Heste. Kongens Moder[2] har tidligere meldt, at Kongens Fader paa Kongens Bekostning vil ledsage Pengene til Megdeborg med 300 Heste; Kongen har nu skrevet til Hertugen derom og venter, at denne vil medgive en tilstrækkelig stærk Ledsagelse og ikke begære noget derfor. De skulle give de 40 Drabanter 3 Maaneders Kostpenge paa Haanden, Drabanthøvedsmanden 2 Maaneders Besolding paa hans Heste, 100 Dlr. af hans Besolding og 150 Dlr. for den Æresklædning, som Kongen hvert Aar plejer at give ham, og de medfølgende Folk af Kancelliet de nødvendige Tærepenge. De manglende Penge, som Kongen har optaget til Laans, skulle de faa i Hænde en Gang i Dag. De skulle sørge for, at Pengene med det første kunne komme afsted. Sj. T. 13, 275.

**27. Marts (Kronborg).** Befaling til Hendrich Mogenssen, Tolder i Helsingøer, at betale Margrette Joens 2 Dlr., som Kongen har givet hende. Orig.

— Til Hr. von Dhona. Kongen, der tidligere har anmodet ham om at sørge for, at Kongen kan faa nogle Al-tersten og Piller i Hellenekiercke Kloster, sender nu sin Stenhugger over for at udtage dem, der ere Kongen mest tjenlige, og beder derfor Hr. von Dhona levere Stenhuggeren dem. Sk. T. 1, 107 b.

— Gavebrev til Seeby By paa 2 Marker, kaldede Søndremarck og Thofterne, som tidligere have ligget til Seebygaardt, men som Byen nu har i Værge, og 1 Bol ved Seeby, kaldet Strygeregaard; Byen skal aarlig svare 36 Mk. danske i Afgift deraf til Kronen sammen med den aarlige Byskat. J. R. 1, 380 b. Orig. i Provinsark. i Viborg.

— Aabent Brev, at Seeby By til Hjælp til Istandsættelsen af Bolværket ved Byen, der ofte lider stor Skade af Storm og Uvejr, i de næste 2 Aar maa beholde de 36 Mk. danske, som de aarlig skulle svare Kronen af nogle Jorder, der tidligere have ligget til Seebygaard og nu bruges af Byen. J. R. 1, 381. Orig. i Provinsark. i Viborg.

— Til Borgemestre og Raad i Riibe. Da de i Anledning af,

---

[1] Svigerfader.    [2] Svigermoder.

at Borgemestrene i Kiøpnehafn i Henhold til det Brev, Kongen har givet dem, have gjort Fordring paa nogle Penge, som nogle Borgere i Riibe skylde i Hamborg, have berettet, at hvis Borgerne skulle betale disse Penge her i Landet, ville de formodentlig faa deres Øksne beslaglagte, naar de komme til Hamborg med dem, og derved komme til at betale dobbelt, hvortil kommer, at de have udgivet deres Brev og Segl paa Pengene og paa ingen Maade kunne undvære Hamborgerhandelen, har Kongen fritaget Borgerne for Borgemestrenes Tiltale, da det kun er Gæld, ikke Gods, det drejer sig om, men hvis der findes noget Hamborgergods i Byen, skal det arresteres. J. T. 1, 232. K.

**28. Marts (Kronborg).** Aabent Brev, hvorved Kongen efter Begæring af Borgemestre og Raad i Dantzig, der i Aar ville udruste nogle Orlogsskibe i Søen for at beskytte deres By, befaler alle sine Fogder, Embedsmænd, Udliggere i Søen, Borgemestre, Raadmænd og andre at hjælpe Dantzigerskibene paa det bedste og, hvis de af Storm og Uvejr drives ind i Kongens Havne og Strømme, undsætte dem med Fetalje og andet for Betaling, saafremt de begære det, og iøvrigt kun tilføje dem godt; dog Kronens Rettighed i Østersøen hermed uforkrænket. Dantzigerne skulle til Gengæld opføre sig fredeligt og ikke gøre Kongens Undersaatter nogen Skade. Sj. T. 13, 258 b.

— Befaling til Eyller Grubbe at skaffe Jørgen Daa 10,000 af de Mursten, som brændes ved Vordingborg, da Kongen har givet ham saa mange; dog skal Jørgen Daa selv lade dem hente. Udt. i Sj. T. 13, 259 b.

— Befaling til Claus Glambeck at levere Dr. Hincks[1] Fuldmægtig de 8 Øksne, som Kongen aarlig giver Dr. Hinck. K. Udt. i J. T. 1, 232 b.

**29. Marts (—).** Til Chrestopher Valckendorp. Kongen har eftergivet Borgerskabet i Idstedt den Byskat, det resterer med, og Byskatten for i Aar. Udt. i Sj. T. 13, 259 b.

— Forleningsbrev for Predbiørn Guldenstiern paa Aastrup Slot og Len og det Gods, som blev tilovers fra Vreløf Kloster og blev lagt under Aastrup, saaledes som han nu selv har det i Værge. Han skal aarlig, regnet fra 1. Maj 1577, svare 300 gl. Dlr. i Afgift af den visse Rente og gøre Regnskab

---

[1] K. har: Dr. Jochim Brinck, Domprovst i Bremen.

for al den uvisse Rente, hvoraf han selv maa beholde Halvdelen, dog forbeholder Kongen sig alene al Told, Sise og Vrag. Han skal tjene Riget med 4 geruste Heste. J. R. 1, 381.

**30. Marts (Kronborg).** Forleningsbrev for Steen Brade til Knudstrup paa Kronens Bønder i Vrangstruppe i Thyberg Herred i Sjælland mod aarlig til 1. Maj at svare 100 gl. Dlr. i Afgift deraf; hans Forleningsaar skal begynde til førstkommende 1. Maj. Sj. R. 11, 275 b.

— Følgebrev for samme til ovennævnte Bønder. Udt. i Sj. R. 11, 276.

— Kvittans til Hans Speigel, Embedsmand paa Gladsaxe, paa 1000 Dlr., som han for nogen Tid siden har laant af Kongen og nu har tilbagebetalt denne selv. Da Kongen ikke har hans Forskrivning til Stede, erklæres den død og magtesløs; Kongen vil straks opsøge den og levere ham den. Sj. R. 11, 276.

— Følgebrev for Fru Anne Lunge, Knud Steenssens Enke, til 1 Bonde i Krogagergaard, 4 i Østerschoufs Huse, 2 i Kieldskoufsmarcke Huse, 1 i Ennebølle, 1 i Lille Snødie, 1 i Bøgelund, 1 i Febeck, 1 i Thobberis, 1 i Brøneslet, 1 i Bothofte, 4 i Brobergsgaard og 2 i 2 paa denne Gaards Mark liggende Huse, 2 i Fobitzlet og 2 i Vesterbye paa Langeland. Orig.

— Til Eyller Grubbe, Rigens Kansler, og Eyller Kraufse. Da Fru Anne Lunge, Knud Stenssens Enke, har begæret 1 Gaard i Stafuens[1] og 4 Gaarde i Bøgelund paa Langeland til Mageskifte for det, som Kongen blev hende skyldig ved Mageskiftet om Lundby Gods, skulle de med det allerførste besigte ovennævnte Gods paa Langeland og indsende klare Registre derpaa. Sj. T. 13, 259 b.

**31. Marts (—).** Befaling til Christoffer Valckendorff, Rentemester, straks at give de Personer af Kancelliet, der skulle følge med Pengene udenlands, de nødvendige Tærepenge til dem selv og deres Folk og til Underholdning af Kongens Rustvognsheste paa Rejsen; ligeledes skal han give de Vognsvende med deres Drenge, der skulle følge med Rustvognene paa denne Rejse, Kostpenge for 3 Maaneder. Han skal straks hidsende 4 Sække Humle, 4 Tdr. Lyneborgersalt, 4 Tdr. Smør og 6 Tdr. Tran og sørge for, at der med det første bliver sendt 2 Skuder Hø hid. Orig.[2]

---

[1] Stoense.    [2] Tr.: Nye dsk. Mag. I. 17.

**31. Marts (Kronborg).** Aabent Brev, at følgende Gods i
Aackier Len, der belejligt kan lægges i ét Birk, nemlig Fal-
linge, Olstruppe, Halckier og Amstrup i Fallinge Sogn, Gyllinge,
Lierdrup og Søeby i Gyllinge Sogn, 20 Gaarde i Alrøe By og Sogn,
Ørting By og Sogn, Gaasmer, Fendsten, Smerup og Lemestrup Byer
og Gaardene Høfby, Prestholm og Posborg i Gaasmer Sogn, Suin-
balle By, Kiersgaardt, Aackier Ladegaard og al Aackiers Mark og
Astruplund i Hundtzlund Sogn samt Søeby, Gyllenes, Spadekier og
Uldrup[1] Skove herefter skulle danne et frit Birk, for at Lensman-
den bedre kan forsvare Godset og frede Skovene. Lensmanden skal
straks lægge Birketinget paa et belejligt Sted ved Slottet og altid
holde en duelig Birkefoged. For Vold og andre saadanne Sager
skal der bødes ligesom i andre Birker. J. R. 1, 382.

— Befaling til Vincentz Juel om indtil videre at opsætte den
Forfølgning, som han paa Fru Mette Rossenkrantzis, Peder Oxis
Enkes, Vegne havde til Fru Pernilles Otte Rudtz Arvinger.
K. Udt. i J. T. 1, 232 b.

— Befaling til Jørgen Skram at opsætte den Forfølgning,
han har begyndt mod Anders Banner. Udt. i J. T. 1, 233.
K. (i Udt.).

— Aabent Brev, hvorved Kongen — der har bragt i Erfaring,
at Borgemestre og Raad i Helsingøer ere bange for, at den i de
udvidede Privilegier optagne Bestemmelse om, at ingen, der vil bo-
sætte sig i Byen, maa nægtes Borgerskab, saafremt han har et ær-
ligt Vidnesbyrd og ikke hylder nogen sekterisk Lærdom, skal medføre,
at en hel Del løse Folk vil søge til Byen formedelst den bevilgede
Fritagelse for Skat og Tynge, men ingen formuende Folk, der kunne
holde borgerlig Tynge — bestemmer, at ingen ind- eller ud-
lændisk maa nedsætte sig i Helsingøer uden Kongens
eller Borgemestres, Raads og Byfogdens Tilladelse, og
at de, der bosætte sig i Byen, skulle være Stadsretten undergivne
og Borgemestre, Raad og Byfoged lydige med Hensyn til Vagt, Over-
førsel og andet, hvorpaa de skulle aflægge Ed ligesom paa Lydighed
mod Kongen og Riget; ingen, der bruger borgerlig Næring, skal
være fri for borgerlig Tynge, ej heller Kongens egne Tjenere, saa-
fremt de bruge nogen borgerlig Næring. For at der kan holdes god
Orden i Byen og for at den ene Borger ikke skal gaa ind i den

_____

[1] Oldrup.

andens Handel og Haandværk, giver Kongen herved Borgemestre
og Raad Fuldmagt til at affatte Skraaer for Vandsnidere,
Kræmmere, Bryggere, Bagere, Smede, Skomagere og Skrædddere og
lade dem udgaa under Byens Segl, dog forbeholder Kongen sig og
sine Efterfølgere at forandre dem, som det forekommer ham at
være godt og Byens Borgere tjenligt. Det befales Indbyggerne i
Helsingøer at være Borgemestre, Raad og Byfoged lydige og hver
i sit Lav at rette sig efter den fastsatte Skraa, saafremt de ikke
ville lide tilbørlig Straf. Sj. R. 11, 276 b[1].

**1. April (Kronborg).** Aabent Brev, hvorved Kongen paa Be-
gæring af Borgemestre og Raad i Helsingøer paabyder, at det Mar-
ked, som plejer at holdes i Helsingøer St. Mikkelsdag,
herefter skal være afskaffet, da det skal være Borgerne til
mere Skade end Gavn. Den, der herefter vil sælge noget i Byen,
skal holde det fal paa Torvedagene, saafremt han ikke vil have for-
brudt hvad han har med at fare. Sj. R. 11, 278.

**2. April (Frederiksborg).** Befaling til Frederich Leyel, Told-
skriver i Helsingøer, at købe 8 eller 9 gode Kanarifugle til
Kongen der i Byen; hvis der ingen er at faa nu, skal han siden,
saa snart de kunne faas, sende nogle hid. Orig.

**3. April (—).** Aabent Brev, at Lilleherred, der kun om-
fatter nogle faa Sogne, herefter skal ligge under Smørum
Herred, og at Chresten Vind, Embedsmand paa Kiøpnehafns Slot,
skal lægge et Ting, der skal kaldes Smørum Herredsting, paa et
belejligt Sted, hvortil Bønderne i begge Herreder skulle søge. Sj.
R. 11, 278 b.

— Til Christopher Valckendorp. Da Skytterne i Porten
paa Kiøpnehafns Slot have klaget over, at de kun have ringe
Løn og ikke mere end én Hud til Støvler, skønt nu det Sardug og
Lærred, som de tidligere fik, er afkortet dem, befales det ham at
undersøge denne Sag og sørge for, at de aarlig faa 2 Huder og
en rimelig Løn, da de have stor Besværing med Rejser. Sj. T.
13, 260[2].

— Til samme. Da Hendrich Ollufssen, russisk Tolk, har
berettet, at han har gjort Tjeneste i 3 Aar, førend hans Besolding
blev fastsat, og i den Tid kun har faaet 50 Dlr., der endda ere

---

[1] Tr.: Geheimearch. Aarsberetn. III. Till. S. 60 f. Secher, Forordninger II. 52 ff.
[2] Tr.: O. Nielsen, Kbhvns. Dipl. IV. 622.

blevne trukne fra i den Løn, han har faaet siden Bestallingens
Udfærdigelse, skal Chrestopher Valckendorp undersøge denne Sag,
gøre op med ham og betale med Korn og andre Varer hvad Kon-
gen bliver ham skyldig. Sj. T. 13, 260 b.

**3. April (Frederiksborg).** Befaling til samme at sende 1 Læst
Rostockerøl, en Bagersvend, der kan hjælpe Bageren her, saa
længe de fremmede ere her, ¹/₂ Stykke graat Klæde og 6 Al.
grønt Klæde af det, som bruges til Is, til Frederichsborg. Udt.
i Sj. T. 13, 260 b.

— Forleningsbrev for Hening Giøe paa Nykiøping
Slot og Len, saaledes som Henrich¹ Norby sidst har haft det i
Værge. Han skal i aarlig Genant fra førstkommende 1. Maj af
have 3 Læster Rug, 6 Læster Malt, 300 Skpr. Humle af Slottets
Humlehave, 300 Sider Flæsk, 20 Nødkroppe, 200 Faarekroppe, 200
levende Gæs, 6 Tdr. Smør, 20 Tdr. norske Sild, 18 Tdr. saltet
Torsk, 1 Læst Ærter samt Foder og Maal til 6 Heste og desuden
for sin egen Person aarlig 100 Dlr. og Hofklædning til sig selv-
fjerde; han skal betale Folkene paa Slottet og Ladegaarden samme
Løn, som de fik i Peder Oxis Tid. For Resten af den visse Rente
skal han gøre Regnskab, ligesom for al den uvisse Rente, hvoraf
han selv maa beholde Fjerdedelen, dog forbeholder Kongen sig
alene al Told, Sise og Vrag. Naar Kongen selv, dennes Folk og
Heste eller fremmede Herrer og Fyrster komme did til Slottet eller
drage gennem Lenet, skal Hening Giøe i sit Regnskab opføre hvad
der medgaar til deres Underholdning og tage Beviser derfor, under-
skrevne af Marskalken, Skænken, Køgemesteren eller andre, der ere
til Stede paa Kongens Vegne. Ligeledes skal han optegne hvad der
medgaar til nødtørftigt Byggeri paa Slottet og Ladegaarden eller til
andre nødvendige Udgifter; derimod vil Kongen, hvis der skal byg-
ges noget særligt, selv give Befaling derom. Han skal have Opsigt
med Kongens Vildtbane og maa kun skyde Harer i de Fællesskove,
Kronen har Part i sammen med Adelen; det forbydes ham selv at
fange eller tillade andre at fange Agerhøns. F. R. 1, 513 b.

**4. April (- -).** Befaling til Albrit Oxe og Lauge Venstermand
at være til Stede ved Hening Giøs Overtagelse af Nykiø-
ping Len til 1. Maj, have Opsigt med, hvad Inventarium han
modtager, besigte Bygningerne paa Slottet og Ladegaarden og

---

¹ F. R. har ved en Fejlskrift: Hening.

de i Lenet liggende Skove og give deres Besigtelser beskrevne fra sig. F. T. 1, 291.

**4. April (Frederiksborg).** Ekspektancebrev for Jens Plou paa det første ledige Vikarie i Roschilde Domkirke; dog tidligere Ekspektancebreve hermed uforkrænkede. Udt. i Sj. R. 11, 279.

— Til Raf Kletton, Kongens tilforordnede Admiral i Søen. Da han har berettet, at Hertug Magnus af Saxen vil rejse fra Sverrig paa den svenske Bark, som den svenske Konge har givet nogle polske Sendebud, og at nogle polske Fribyttere have udrustet 2 Skibe, der have udplyndret nogle af Kongens Undersaatter og anholdt nogle af Kongens Folk, der vare dragne i Land under Rosserhøyd[1], og har begæret at faa at vide, hvorledes han skal forholde sig, befales det ham, da de Polske først have angrebet Kongen, i Forening med de andre Høvedsmænd at se at faa fat paa Hertug Magnus og ikke lade Barken undslippe, hvad enten Hertug Magnus eller de polske Gesandter ere derpaa, derimod maa han ikke forgribe sig paa Barken, hvis den ikke tilhører de Polske; ligeledes befales det ham at gribe de Fribyttere, han kan faa fat i. Kongen har sendt ham en Gallej til Hjælp og haaber, at den allerede er hos ham, og har givet Ordre til, at Hamborger Løve og 1 eller 2 Gallejer med nogle Maaneders Fetalje straks skulle sendes efter. Paa de Dantzigers Tilbud om at lade nogle Pinker løbe i Søen har Kongen bevilget, at de i Aar maa lade nogle Skibe udruste til Forsvar for sig selv og deres By, og det befales ham at optræde fredeligt og som Nabo ligeover for dem. Sj. T. 13, 261.

— Til Peder Munck, Admiral. Da Raf Cletton, Kongens Skibshøvedsmand, har berettet, at en polsk Fribytter Hermand Weyer har udrustet 2 Skibe, og at Hertug Magnus af Saxen vil sejle fra Sverrig paa den svenske Bark, som ligger rede, skal Peder Munck straks lade Hamborger Løve og en af de ny Gallejer udruste, indsætte Kaptejner paa Skibene og forsyne disse med Folk, Skyts og Krudt, saa de kunne løbe ud en af disse Helligdage; hvis Skibsbyggeren tør løbe ud med den lille Gallej, skal han lade den løbe med Hamborger Løve. Da Raf Cletton har klaget over, at han og de andre Skibe ikke have Fetalje til mere end 8 Dage, skal Peder Munck sende ham nogle Maaneders Fetalje enten med ovennævnte Orlogsskibe eller paa anden Maade. Sj. T. 13, 261 b.

---

[1] Vistnok Rixhøft, vest for Bugten ved Danzig.

**5. April (Frederiksborg).** Tilladelse for Knud Pederssen, Kongens Sølvknægt, til i Aar sisefrit at indføre 2 Læster Rostockerøl til Kiøpnehafn. Sj. R. 11, 279 b.

— Befaling til Peder Bilde at lægge 2 Gaarde i Reerslef i Løfue Herred, som Kongen har faaet til Mageskifte af Hr. Peder Skram, ind under Kallundborg Slot og indkræve det resterende af den Landgilde, som de skulde have svaret til sidste St. Martini. Udt. i Sj. T. 13, 262 b.

— Skøde til Hendrich Belov, Hofmarskalk, og hans ægte Livsarvinger paa Ønestadt og Strø Len i Skaane. Sk. R. 1, 181 b. (Se Kronens Skøder.)

**6. April (—).** Til Anders Banner, Johan og Knud Rud. Da de sidst bade Kongen om en Skrivelse til Fru Mette Rosenkrantz, Peder Oxis Enke, om at lade den Forfølgning falde, som hun havde begyndt mod dem og andre af hendes Husbondes Arvinger, efterdi de vare rede til at lade hende vederfares al Ret, skrev Kongen til hende for afdøde Otte Rudtz Skyld og opnaaede ogsaa, at hun lod Tiltalen falde for deres Vedkommende, saafremt de ellers vilde optræde tilbørligt mod hende. Nu har imidlertid Fru Mette berettet, at skønt de siden paa alle Arvingernes Vegne ved Herremænd have tilbudt hende at lade skifte 23. April, hvorpaa hun har svaret, at hun vilde rejse herover for at raadslaa med Slægt og Venner og siden give dem Besked, saa ere de dog rejste fra Kiøphafn, hvorfor hun har maattet sende Svaret efter dem, og de have end ikke erklæret sig om, hvorvidt de begære Kønsed eller ville lade den falde, eller givet Besked om Udnævnelsen af gode Mænd til at afgøre mulig opkommende Stridigheder, hvilket viser, at de med deres Tilbud kun have villet bringe hende fra hendes Forfølgning, men ikke ville skifte. Da hun derfor har begæret, at Kongen ikke maa forlange Forfølgningens Standsning, har Kongen i Betragtning af, at de ikke ville staa ved deres Tilbud, givet Befaling til, at Retten fremdeles skal gaa sin Gang. J. T. 1, 233 [1]. K.

**8. April (—).** Befaling til Byfogder, Toldere og Sisemestre i Kolding, Hofbro, Aalborg, Seeby, Høring, Randers, Grindou, Ebbeltoft, Aarhus, Horsens, Vedle, Nyeborg, Kierteminde, Suinborg, Faaborg, Assens, Bogense, Medelfard, Rudkiøping, Kiøbnehafn, Kiøge, Vordingborg, Prestøe, Nestued, Kallundborg, Holbeck, Helsingøer,

---

[1] Tr.: Vedel Simonsen, Efterretn. om de danske Ruder II. 266 f.

Korsøer, Skelskøer, Stege, Nagskouf, Nysted, Saxkiøping, Rudby, Nykiøping, Stubbekiøping, Helsingborg, Landzkrone, Malmøe, Falsterbo og Skonør, Ydstedt, Trelleborg, Semmerhafn, Aahus, Halmstedt, Vardberg, Opslo og Marstrandt indtil videre kun at tage 1 Mk. i den nuværende Mønt i Sise af hver Td. Rostockerøl, som Indbyggerne i Rostock og Vernaamynde[1] indføre her i Riget og med nøjagtige Certifikatser bevise tilhører dem selv. Sj. T. 13, 262 b. Orig. (til Henrik Bang, Tolder i Middelfart).

**8. April (Frederiksborg).** Til Peder Munck, Peder Bylde, Eyller Grubbe, Biørn Kaas, Hans Skoufgaard og Chrestopher Valckendorpf. Da Kongen i næste Uge venter nogle Gesandter fra de vendiske Stæder til Kiøpnehafn, skulle de møde smstds. 14. April for i Forening med Kansleren at forhøre Sendebuddene; Kansleren skal give dem nærmere Besked. Sj. T. 13, 263 b.

**9. April (—).** Befaling til Johan Buckholt at anholde de Hamborger Skibe, der komme under Island, og give Ordre til, at de, der komme did under hans Fraværelse, ligeledes blive arresterede, da Kongen, saaledes som Sagen nu staar mellem ham og Hamborgerne, ikke vil tillade Hamborgerne nogen Sejlads paa Island. Hvis han paa Hen- eller Hjemrejsen træffer Hamborger Skibe, skal han gøre sit Bedste for at faa fat i dem. N. T. 1, 108.

— Forleningsbrev for Lauge Beck paa Roschilde og Skioldenes Len, saaledes som Eggert Ulfeld tidligere har haft dem i Værge. Han skal i aarlig Genant fra førstkommende 1. Maj af have 2 Læster Rug og Mel, 4 Læster Byg og Malt, 2 Læster Havre, 2 Tdr. Smør, 4 Øksne, 40 Lam, 50 Gæs, 150 Høns og al Avlen, dog skal han lade saa af sit eget Korn, og for sin egen Person 100 Dlr. og sædvanlig Hofklædning til sig selvfjerde. Han skal gøre Regnskab for Resten af den visse Rente og for den uvisse Rente, hvoraf han selv maa beholde Tiendedelen, dog forbeholder Kongen sig alene al Told, Sise og Vrag. Han skal tjene Riget med 4 geruste Heste og være forpligtet til, naar Kongens Vej falder dér forbi, at skaffe frit Hø, Strøelse og Rufoder til Kongens Heste og til om Vinteren at stalde og fodre Kongens Part af Sagefalds- og Gaardfæstningsøksnene. Lauge Beck skal have den gejstlige Jurisdiktion i Sjælland i Befaling og paase, at Kronens Tiendekorn bliver oppebaaret i rette Tid og i godt Korn og sendt til de befalede

---

[1] Warnemünde.

Steder. De Penge, som Stiftslensmændene tidligere have haft for at høre Kirkernes Regnskab, skulle nu føres Kronen til Indtægt, og Lauge Beck skal intet have af Kirkerne ud over frit Gæsteri, naar han skal høre Regnskabet. Det, som med Billighed betales for Loftsrum til Tiendekornet og til dem, der skulle have Tiendekornet i Befaling, maa indskrives i Regnskabet, men Kongen vil saa heller ikke have Undermaal paa Tiendekornet. Han maa hverken selv jage eller tillade andre at jage i Lenet uden Kongens Tilladelse og skal paase, at ingen Oldenskov eller noget grønt hugges i Skovene uden kgl. Befaling; hvad han selv behøver til Ildebrændsel, skal han have af Vindfælder og fornede Træer. Sj. R. 11, 279 b.

**9. April (Frederiksborg).** Følgebrev, fra 1. Maj af, for samme til Bønderne i Roschildegaards og Skioldenes Len. Udt. i Sj. R. 11, 281 b.

**10. April (—).** Til Lauge Beck. Da Kongen af Stiftets Breve og Bøger, der nu ere blevne registrerede, ser, at ikke alt det Gods, som Brevene lyde paa, ligger under Roschyldegaard, skal Lauge Beck undersøge dette Spørgsmaal, inddele det Kirke- og Stiftsgods, som findes at være forlenet derfra, og forfølge dem, der have saadant uden kgl. Tilladelse. Sj. T. 13, 264.

— Befaling til Hendrich Mogenssen, Tolder i Helsingøer, at fortolde de to frantzoske Skibe, der ere komne til Sundet og ville til Naruen, og lade dem og andre Skibe fra Frankrig passere, hvis de ville sejle did paa egen Risiko. Sj. T. 13, 263 b.

— Befaling til Hr. Jørgen Løcke, der i Forening med Sekretær Pouel Wernicke skal repræsentere Kongen ved Hertug Jørgen von der Liegnitz's Søns Bryllup i Brigill[1] i Slessien Sønd. exaudi [19. Maj], om at rette sig efter at være til Stede i Brigill til den Tid. Kongen har befalet Pouel Wernicke straks at rejse over til Hr. Jørgen og medgivet ham 1000 Dlr. til Tærepenge. Sj. T. 13, 264 b.

— Befaling til Chrestopher Valckendorp at levere Pouel Wernicke, Sekretær, 1000 Dlr. til Tærepenge for Hr. Jørgen Løcke og ham paa deres Rejse udenlands. Sj. T. 13, 264.

— Mageskifte mellem Johan Bucholt og Kronen. F. R. 1, 96. (Se Kronens Skøder under 8. April.)

**11. April (—).** Befaling til Prioren i Anduorschouf Kloster at

---

[1] Brieg.

lægge det Gods i Sjælland, som Kongen har tilskiftet sig af Johan Buchuolt, ind under Klosteret. Udt. i Sj. T. 13, 265.

**11. April (Frederiksborg).** Aabent Brev, at Hans Delhusen, Møntmester, maa antage en Isensnider til at istandholde de til Mønten i Kiøpnehafn nødvendige Stempler og Møntjærn og til Lønning af denne aarlig oppebære 300 Mk. i den nuværende Mønt af Rentekammeret; Kongen vil desuden aarlig give Isensnideren en sædvanlig Hofklædning, skaffe ham fri Bolig i Kiøpnehafn og fritage ham for al kgl. og borgerlig Tynge, saa længe han er i Kongens Tjeneste. Det Arbejde i Guld og Sølv, som han udfører for Kongen selv, vil denne betale ham stykkevis for. Sj. R. 11, 281 b.

— Mageskifte mellem Claus Jacobsen til Gamelbygaard og Kronen. F. R. 1, 515 b. (Se Kronens Skøder.)

— Mageskifte mellem Søster Mergrette Urne, Abedisse i Maribo Kloster, og Kronen, hvorved Kronen faar 1 Maribo Klosters Gaard i Gamelby for Kronens Rettighed i 2 jordegne Bøndergaarde i Porupe[1] i Fuelsi Herred med Ret til at forhandle med Bønderne om Ejendomsretten. F. R. 1, 517. Orig.

— Forleningsbrev for Albret von Rosenborg, Enspænder, paa Guldbergs Færge paa Falster, som Mogens Færgemand hidtil har haft, uden Afgift. Han skal i Kronens Skove paa Falster have fri Olden til 20 Svin, naar der er Olden, og nødtørftig Ildebrændsel af Vindfælder og fornede Træer, dog skal alt anvises ham af Skovfogderne. Albret von Rosenborg skal holde gode Færger og overføre Folk for en rimelig Færgeløn. F. R. 1, 516 b.

— Til Albret Oxe. Da Kongen har bragt i Erfaring, at Albret Oxe har nogle Sten liggende i Lafuerød[2] ved Stengravene og har en Gaard smstds., hvortil der er et skønt Stenbrud, har Kongen givet Ordre til at tage Stenene til sit Brug og anmoder Albret Oxe om at afstaa dem til den Pris, de ere værd, samt tillade Kongen at lade bryde nogle Sten paa ovennævnte Gaards Grund, saavidt det kan ske uden Skade for Ejendommen; Kongen vil bekende det med al Gunst. F. T. 1, 291 b.

**12. April (—).** Til Hans Schoufgaard. Da Kongen for nogen Tid siden har givet Steen Bilde til Vandaas et Stykke Eng, der hidtil har været brugt til en Gaard i Engelsbeck, og de paa Gaar-

---

[1] F. R. har urigtigt: Borupe.     [2] Laröd, Luggude H.

den boende Bønder i den Anledning have begæret Afkortning i
deres Landgilde, skal han med det første lade Oldinge komme
paa Gaardens Mark og undersøge, om Bønderne ogsaa uden Engen
kunne svare deres Landgilde; findes de da at være brøstholdne,
skal Landgilden nedsættes med et passende Beløb og forandres i
Jordebogen. Sk. T. 1, 108.

**12. April (Frederiksborg).** Befaling til Albret Oxe at lade det
gamle Stenhus nedbryde, som staar i Klosterhaven i Ny-
sted og ikke bruges, og anvende det til Istandsættelse af Aalleholm
Slot og Ladegaard, der ere meget forfaldne. F. T. 1, 292.

**14. April (—).** Til Chrestopher Valckendorp. Da M. Claus
Plum, Hofskrædder, endnu ikke har faaet de 429 Dlr., som Kon-
gen har befalet Chrestopher Valckendorp at betale ham for det
Arrask og andet, som han paa Kongens Vegne har udtaget uden-
lands, og det kan befrygtes, at M. Claus, der nu skal rejse uden-
lands paa Kongens Vegne, vil blive arresteret i Lybek eller Hamborg
af dem, hos hvem han har faaet Varerne, saafremt disse ikke blive
betalte, befales det Chrestopher Valckendorp straks at betale M. Claus.
Sj. T. 13, 265.

**15. April (—).** Aabent Brev, hvorved Kongen erklærer
den af Anders og Vilhelm Dresselberg udgivne For-
skrivning om, at Kongen maatte beholde alt deres og deres Sø-
skendes Jordegods i Eschildstrup i Alsted Herred, saafremt de ikke
tilbagebetalte de 1000 gl. Dlr., som Kongen har laant dem, til sid-
ste Paaske, død og magtesløs, da de nu have tilbagebetalt Pen-
gene i rette Tid, men Kongen ikke endnu har kunnet lade Forskriv-
ningen opsøge. Sj. R. 11, 282 b.

— Befaling til Chrestopher Valckendorp at modtage noget
Sølvtøj, Fade, Tallerkener og Kommenter, der har Mangler, af
Niels Sølvpræst og lade det omgøre. Udt. i Sj. T. 13, 265 b.

**16. April (—).** Til nedennævnte Raader, Landsaatter og Fruer.
Da Kongen vil lade sin nyfødte Søn kristne i Kiøpnehafn Søndag
d. 2. Juni, beder han dem møde i Kiøpnehafn Lørdagen før
med deres Hustruer og disses Jomfruer for at hjælpe Kongens
unge Søn til Kristendom og siden gøre sig glade med de an-
dre Gæster. — Register over de indbudte Faddere. Raader: Niels
Kaas, Peder Gyllenstern, Peder Munck, Hr. Peder Skram, Hr. Jør-
gen Lycke, Peder Bilde, Jørgen Rossenkrantz, Erick Rudt, Jacob

Ulfeld, Biørn Kaas, Biørn Anderssen, Eyller Grubbe, Jørgen Mar-
suin, Hans Skoufgaard, Axel Viffert og Chrestopher Valckendorph.
— Landsaatter: Axel Jul, Pallie Jul, Malthi Jenssen, Lodvig Munck
Ollufssen, Niels Joenssen, Ifuer Lunge, Moritz Pudbusch, Lauritz
Skram, Albrit Friis, Jacob Seefeldt, Predbiørn Gyllenstern og Claus
Glambeck i Jylland, Erick Hardenberg, Hans Johanssen, Lauritz
Brockenhus og Absalon Giøe i Fyen, Erick Valckendorpf, Herluf
Skafue, Michel Sedsted, Christopher Giøe og Christopher Pax i Sjæl-
land, Hr. von Dohna, Jørgen Bilde, Arrild Uggerup, Steen Bylde,
Anders Byng, Erick Rossenkrantz, Mandrup Parsberg, Hack Ulfstand,
Steen Brade, Knud Ulfeld og Hans Spegel i Skaane; Fru Abbel Hr.
Niels Langis, Fru Anne Hr. Verner Parsbergs, Fru Beatte Otte Bra-
dis, Fru Hyldeborg Eyller Krafsis og Fru Mergrette Folmer Rossen-
krantzis. — Eyller Krafse og Folmer Rossenkrantz ere indbudte som
Gæster og ikke til Faddere. Sj. T. 13, 265 b[1]. Orig. (til Erik
Rosenkrantz).

**16. April (Frederiksborg).** Register paa F r u e r, der ere i n d-
b u d t e til at d r a g e [V æ r e l s e r]: Fru Crestentze Nielsdatter,
Biørn Kaassis, Fru Karene Friis, Biørn Anderssens, Fru Birgitte
Rossenkrantz, Peder Byldis, Fru Anna Krabbe, Axel Viffertz, Fru
Karen Gyllenstern, Jørgen Marsuins, Fru Abbel Skel, Hr. Niels Lan-
gis, Fru Mergrette Brock, Jørgen Bildis, Fru Kirsten Andersdatter,
Steen Bildis, Fru Beatte Otte Bradis, Fru Karen Skeel, Peder
Muncks, Fru Elsebe Hr. Peder Skrams og Fru Thalle Arrild Ug-
gerups. Sj. T. 13, 267.

**17. April (—).** Til Raf Cletton, tilforordnet Admiral i Søen.
Da Kongen af nogle Breve, som en Pinke har opsnappet, har faaet
sikker Underretning om, at H e r t u g M a g n u s af S a x e n en Gang
inden Pinse vil rejse til Lybeck, befales det R a f C l e t t o n, der
endnu ligger under Rosserhøit med nogle af Skibene, medens de
andre ligge ved Koningsberg for at passe paa, at de pollische Fri-
byttere ikke komme ud, af og til i Forening med de andre Høveds-
mænd at h o l d e det r e t t e Farvand paa Lybeck, Bornholm
o g Gulland og holde Skibene samlede, for at Lejligheden ikke
skal gaa dem forbi, dog kan han undertiden sende en Pinke eller
to ud for at spejde. Sj. T. 13, 269 b.

— Til Albrit Oxe, Fru Mette Rossenkrantz og Peder Oxis andre

---

[1] Tr.: Troels Lund, Historiske Skitser S. 138.

Arvinger. Da Jacob Be'ck for nogen Tid siden har afstaaet sin Rettighed i en Ørredbæk i Vordingborg Len og skal have leveret Brevene derpaa til Peder Oxe, befales det dem med det allerførste at opsøge disse Breve og levere dem til Eyller Grubbe, Rigens Kansler og Embedsmand paa Vordingborg, for at Kongen ikke skal lide nogen Skade; gøre de ikke det, ville de selv komme til at staa til Rette, saafremt der sker nogen Skade. Sj. T. 13, 270.

**17. April (Frederiksberg).** Aabent Brev, at Niels Chrestens-sen i Smollerupgaard, Herredsfoged i Fiendtz Herred, maa være fri for Landgilde og al kgl. Tynge af sin Gaard, saa længe han er Herredsfoged. Udt. i J. R. 1, 383.

**18. April (—).** Forleningsbrev for Chresten Viborg, Kongens Kok, paa det Hus i Kongens Gade i Kiøpnehafn, som Peder Guldsmed boede i; hvis dette Hus er lovet bort (»for-sagt«), maa han faa det første, der bliver ledigt i samme Gade. Sj. R. 11, 283 [1].

— Forleningsbrev for Eggert Ulfeld paa Vinstrup Gods i Flackebergs Herred paa Sjælland, saaledes som den ham overleverede Jordebog nærmere udviser. Han skal svare 300 gl. Dlr. i Afgift af den visse Rente, hvoraf Kongen dog det første Aar eftergiver ham 100 Dlr., gøre Regnskab for den uvisse Rente, hvoraf han selv maa beholde Halvdelen, og tjene Riget med 2 geruste Heste. Hans Genant skal regnes fra førstkommende 1. Maj. Sj. R. 11, 283 b.

— Til Rentemesteren. Da Dr. Jochim Hinck, Domdegn i Bremen, »vor Bestillter«, ikke har faaet sin aarlige Pension paa sidste Omslag, hvorfor Kongen har lovet ham at levere den til Godske von Allefeld, Hofsinde, befales det Rentemesteren at levere Dr. Hincks Pension for sidste Aar og hvad han maatte have til gode fra de foregaaende Aaringer til Godske von Allefeld, naar denne begærer det. Sj. T. 13, 270.

— Befaling til Christopher Valckendorp, Johan Venstermand og Hans Lauritzen at være til Stede ved Lauge Becks Over-tagelse af Inventariet paa Roschyldegaard, besigte Byg-ningerne paa Gaarden, give alt beskrevet fra sig og levere det til Lauge Beck. Udt. i Sj. T. 13, 271.

— Til Kapitlet i Lund. Da Niels Poske, Slotsskriver paa

---

[1] Tr.: O. Nielsen, Kbhvns Dipl. II. 373.

Kiøpnehafns Slot, og Abram Jenssen, Rigens Skriver, der begge
ere forlenede med Kannikedømmer i Lund, have berettet, at der
for nogen Tid siden er faldet og skiftet noget Fællesgods, uden
at de dog have faaet noget deraf, hvilket nærmest skyldes, at Ka-
pitlet kun vil lade de ved Domkirken residerende Kanniker faa saa-
dant Gods, befales det Kapitlet herefter at lade ovennævnte, der jo
ere i Kongens daglige Tjeneste, faa deres Part, naar der falder
noget. Sk. T. 1, 108 b.

**18. April (Frederiksborg).** Aabent Brev, at nogen Eng, Ejen-
dom og Fædrift i Fløe[1] Mark, der med Lavhævder er ind-
vordet til Chrestiern Trogelssens Gaard Bregendal, skal blive
liggende til denne Gaard, saa længe disse Lavhævder staa ved
Magt; han har nemlig næret Frygt for, at andre i Fremtiden skulde
formene ham Ejendommen. J. R. 1, 383.

**21. April (—).** Aabent Brev, hvorved Lic. Casper Paslich
indtil videre fritages for at svare Afgift af Kronens Part af
Korntienden af Rønebeck Sogn i Hammers Herred, som Kon-
gen har bortfæstet til ham paa Livstid for aarlig Afgift. Sj. R.
11, 284 b.

— Aabent Brev, at Chresten Munck til Giesinggaard, der
hidtil har tjent Riget trofast og lovet fremdeles at lade sig bruge
til Lands og Vands, hvor det behøves, herefter skal have 300 gl.
Dlr. og sædvanlig Hofklædning til sig selvtredje i aarlig Løn; naar
han bruges i Kongens Tjeneste, skal han have Kostpenge til sig
selvtredje, dog ikke, naar det er paa Orlogsskibene, men han skal
da have Underholdning. Sj. R. 11, 285.

— Til Chrestopher Valckendorpf. Da afdøde Borgemester i
Kiøpnehafn Anders Skrivers Hustru har begæret at faa nogle
Penge betalte, som Kongen i sidste Fejde skal være bleven hen-
des Husbonde skyldig og hvorpaa hun skal have Rentekammerets
Bevis, skal han undersøge Sagen og betale hende med Korn eller
andre Varer, hvis de Penge, hun har Bevis paa, ere komne Kronen
til Bedste. Sj. T. 13, 271[2].

— Befaling til Peder Bilde, Embedsmand paa Kallundborg Slot,
der har berettet, at der ialt findes 6 passelige Kobberstykker
paa Slottet, om med det første at sende disse til Kiøpnehafns Slot

_____

Fly, Fjends Herred.    [2] Tr.: O. Nielsen, Kbhvns Dipl. IV. 632.

med Lod og andet Tilbehør og tage Bevis for dem af Arkelimesteren.
Sj. T. 13, 271 b.

**21. April (Frederiksborg).** Befaling til nedennævnte Lensmænd
at sende forskellige Ting til Kongens Barsel. — Christiern
Vind skal paa Amager og andensteds i Kiøbnehafns Len købe 40
smukke Kalve til Barselet og befale Slotsskriver Niels Posche at
laane Gryder, Fade, Tallerkener og andet; Lauge Beck skal købe
200 spæde Grise; Erick Lycke paa Riberhus skal købe 600 store
Rokker, 2 Tdr. Pilrokker og 16,000 Flyndøre og sende dem til
Kiøbnehafn 8 Dage før Pinsedag; Frantz Skriver paa Dragsholm
skal sende 300 røgede Svinerygge og 100 røgede Svinehoveder til
Kiøbnehafn 8 Dage før Pinsedag; Hendrich Mogenssen skal købe 1
eller 2 Fade Camper Laks og 1 Skippd. søde hollandske Oste;
Axel Viffert skal købe 1 Læst Boghvedegryn og med det første
sende dem til Kiøbnehafn; Peder Bilde skal lade brænde 30 Læster
Milekul i Tureby Len og med det første sende dem til Kiøbnehafns
Slot; Eyller Grubbe skal bestille 30 Læster Kul i Jungshofuit Len.
Udt. i Sj. T. 13, 271 b. Orig. (til Henrik Mogensen).

— Til Emicke Kaas. Da det i den mellem Riget og Søstæ-
derne i Odense oprettede Reces er bestemt, at enhver af Indbyg-
gerne fra Søstæderne, der handler der paa Landet [Gul-
land] hele Aaret, skal give 1 Dlr., men de foregaaende
Lensmænd ikke have rettet sig herefter, sendes der ham nu en
Ekstrakt af Recessen med Ordre til herefter at opkræve Pengene.
Sk. T. 1, 108 b.

— Aabent Brev, at Peder Mickelssen, Byfoged i Olborg,
for sit Arbejde maa oppebære Tiendelen af det Sagefald,
som falder i Byen. Udt. i J. R. 1, 383 b.

— Til Nils Anderssen, Tolder i Olborg. Da Borgemestre, Raad
og Borgere i Olborg have klaget over det besværlige i, at de,
naar de med deres Skibe sejle gennem Bæltet til Lybeck eller
andensteds, skulle sætte for Nyborg, gaa i Land dér og give
Besked, har Kongen for Fremtiden fritaget dem herfor, mod at
de betale ham den Told og Rettighed, som de ere pligtige til at
svare af deres Skibe og Gods, der sejle gennem Bæltet; Nils An-
derssen skal aarlig gøre Regnskab derfor og have god Opsigt der-
med, saafremt han ikke selv vil staa til Rette derfor. J. T. 1,
234 b. K.

— Brev til Tolderen i Nyborg om det samme; han skal, naar

der ligger kgl. Skibe i Bæltet for at have Opsigt, underrette dem
om den trufne Bestemmelse. F. T. 1, 73 b.

**21. April (Frederiksberg).** Til Erich Rud. Flere af Kongens
Undersaatter, særlig Borgerne i Olborg, have klaget over, at naar
de om Vinteren besøge det norske Fiskeri og skulle løbe hjem
igen, mister en Del Skib og Gods, en Del endogsaa Livet, særlig
fordi den Søtønde, der om Sommeren ligger i Baggedybet, optages
ved St. Mortens Dags Tid, da den ikke kan blive liggende længere
formedelst Is og Frost; de have derfor begæret, at der maa blive
opsat 2 Varder paa Land lige indenfor Søtøndens Plads, og tilbudt
for disse at svare samme Afgift til Kronen om Vinteren, som de svare
for Tønden om Sommeren. Det befales derfor Erich Rud med det
første at lade bygge 2 Varder af Tømmer paa Landet ved
Baggedybet, saa de kunne være færdige inden St. Mortens Dag,
og siden holde dem i Stand.. J. T. 1, 234 [1]. K.

— Befaling til Mogens Juel til Knifholt, Jens Klaussen til Bol-
ler, Las Offessen til Siøgaard og Thomes Galschyt til Huitstedgaard
straks at begive sig til Vorgaard, da Fru Karen Krabbe, Nils
Schiels Enke, der nu har modtaget Gaarden af Axel Guldenstiern,
har begæret en Besigtelse, besigte Gaarden og de dertil lig-
gende Skove og give deres Besigtelse beskreven fra sig. J. T.
1, 234. K.

— Befaling til Erich Rud, Biørn Anderssen, Vincentz Juel, Jens
Kaas, Jørgen Skram og Nils Jonssen, der for længe siden have faaet
Ordre til at besigte Vorgaard og Nygaard, men endnu ikke
have fremsendt nogen Besigtelse, at foretage Besigtelsen inden St.
Hans Dag og indsende klar Besked derom, da Fru Karen Krabbe,
Nils Schiels Enke, med Kongens Tilladelse allerede har overtaget
Vorgaard, men endnu ogsaa har Nygaard, hvilket Kongen lider Skade
ved. J. T. 1, 235 b. K.

**22. April (—).** Befaling til Hening Giøe at lægge følgende
Gaarde paa Gietzøer paa Falster, som Kongen har faaet til
Mageskifte af Claus Jacobsen til Gamelbyegaard, nemlig 1 Gaard i
Marbek, 1 Gaard i Raberg, 1 Gaard i Nørre Ødtzløf og en Part i
1 Gaard i Raberg, der hører til Hospitalet i Nyekiøping, ind under
Slottet [Nykøbing] og lade dem indskrive i Jordebogen blandt det
tilskiftede Gods. F. T. 1, 292.

---

[1] Tr.: Saml. t. jydsk Hist. og Topogr. VIII. 184 f.

**23. April (Frederiksborg).** Aabent Brev, at Tobias Kem-
perle fra Ausborg, der vil bosætte sig her i Riget og bruge sit
Malerhaandværk og har forpligtet sig til at kontrafeje og male for
Kongen, naar han tilsiges, maa bosætte sig i en Købstad eller an-
densteds, bruge sit Haandværk og være fri for Skat, Vagt, Hold
og anden borgerlig Tynge, saalænge han bliver her i Riget.
Sj. R. 11, 285 b.

— **(Kronborg).** Forleningsbrev for Lulef Riicken paa
Kroen ved Frederichsborg med tilliggende Ager og Eng, som
Hans Kreyer sidst har haft den i Værge, uden Afgift, men mod at
skaffe de Gæster, der komme til Kroen, god Underholdning til en
rimelig Pris. Han skal i Kronens Skove have fri Ildebrændsel af
Vindfælder og fornede Træer efter Lensmandens Anvisning, fri Ol-
den til sine egne hjemmefødte Svin, naar der er Olden, og frit
Fiskeri i Thiereby Sø. Sj. R. 11, 286.

— Til Emicke Kaas. Da den Stenhugger, som var paa Got-
land, har berettet, at der skal ligge en hel Hob Sten hugne dér
paa Landet, og Kongen i høj Grad har Brug for dem, da Bygge-
riet ellers, som hidtil, vil blive forsømt, men ikke har gode Raad
paa Skibe ved Kiøpnehafn og ingen kan faa i Fragt, skal Emicke
Kaas fragte saa mange drægtige Skibe og Krejerter, han kan
faa der under Landet, baade Borgerskibe og fremmede, og dels
straks, dels efterhaanden, som Lejligheden tilbyder sig, sende
dem hid med Stenene. Kongen vil lade Fragten betale. Sk.
T. 1, 109.

— Til Christoffer Valckendorpf, Rentemester. Da Kongen i høj
Grad trænger til den gullandske Sten, der blev bestilt forleden Vin-
ter, og der nu nylig er kommen et af Kongens Skibe fra Gulland
med Tømmer, skal han straks lade dette Skib udfetalje og igen
sende det til Gulland efter Sten; endvidere skal han, som
det tidligere er paalagt ham, sende saa mange andre Skibe som
muligt til Gulland efter Sten, enten af Kongens egne Skibe eller
Fragtskibe fra Kiøpnehafn, Malmøe og andensteds. Han skal sørge
for, at Kongen med det allerførste faar de Render, der skulle hid,
da der nu i lang Tid ingen er kommen og ej heller var nogle med
det sidste Skib. Orig. [1]

— Befaling til samme at give Tolderen i Kiøbnehafn Ordre til

---

[1] Tr.: Nye dsk. Mag. I. 17.

at betale Skipper Petter Stoltfod fra Wernaaminde[1] 21 Dlr.
12 Sk. pr. Læst for 20 Læster Rostockerøl og 10 »Optønder at
fylde med«. Det Øl, Petter Stoltfod fremdeles henter, skal ligeledes
betales og indlægges i god Forvaring.   Udt. i Sj. T. 13, 273.

**23. April (Kronborg).** Befaling til samme, som har begæret
nærmere Ordrer angaaende de 450 Tdr. Korn, der ere komne fra
Sverrig og skulle til Lybeck, om at anvende Kornet til Kon-
gens Bedste, da det af en paa Skibet funden Skrivelse fra en
Hans Prytz ses, at Kornet tilhører Hertug Magnus af Saxen;
dog skal han deraf levere Skibshøvedsmand Christopher Fixen, der
har taget Skibet, de 20 Tdr. Korn, som Kongen har foræret ham.
Sj. T. 13, 273.

— Til Niels Kaaes, Kansler, og Chrestopher Valckendorp,
Rentemester. Da det af et paa det sidst opbragte Skib fundet Brev
ses, at Hertug Magnus af Saxens Tjener Hans Wulff, der
nu og en Gang tidligere har været her inde i Riget med Breve,
»skal have foretaget sig hans Rejse paa Lybeck«, og da han for-
modentlig kun rejser herind for at udspejde, om hans Herre bliver
efterstræbt, og udrette sin Herres Ærinder udenlands, skulle de,
hvis Hans Wulff endnu er der i Byen, lade ham arrestere, tage de
Breve, han har hos sig, og sende dem til Kongen. Sj. T. 13,
272 b.

**24. April (Frederiksborg).** Aabent Brev, hvorved Kongen i
Betragtning af de af Bønderne paa Gotlandt forebragte Besvæ-
ringer bevilger, at de for Fremtiden maa være fri for den dem i
Hr. Jens Holgerssens Tid paalagte Forpligtelse til at sælge
Varer til Slottet, da de stadig maa sælge dem til den Pris,
som dengang gjaldt, men som er langt lavere end den nu paa Lan-
det gængse Pris, dog skulle de, som deres Fuldmægtige paa hele
Landets Vegne have tilbudt, til Gengæld aarlig svare 20 Øksne, 108
Stude, 500 Faar, 3 Læster Smør, 70 Læster Tjære, 150[2] Par
Handsker og 8 Skippd. Ost til Slottet ud over deres rette Land-
gilde og lade de 500 Dlr. falde, som de hidtil have haft af Slottet
paa dette Salg. Da Bønderne en Gang have aftinget for Herre-
gæsteriet og lovet aarlig at svare Kronen 20 Skippd. smel-
tet Talg derfor, skal det forblive ved denne Ordning. Med Hen-
syn til de 100 Læs Star, som ere paalagte dem, og som de en Tid

---

Warnemünde.     [2] Saaledes hos Strelov; Sk. R. har 1501½.

lang have svaret, og de Paabødelam, som Slagterne hidtil have
forlangt af dem paa de Køer, som de svare til Slottet, bestemmes,
at de skulle være fri for at levere Star eller give noget derfor, og
at Landefogden til hver St. Hans Dag skal modtage de Køer, som
Bønderne skulle svare til Slottet, og lade dem sætte paa Græs paa
Holmene eller andensteds til Slagtetiden og Bønderne dermed være
fri for saadanne ny Paalæg. Da Bønderne i hvert Ting svare et
Deger Faareskind, for at Kongen skal lade slagte for
dem, skulle de og deres Tjenestefolk herefter være fri for, som
hidtil, at sættes i Slagterhuset for at slagte, og Lensmanden skal
gøre Skindene i Penge og derfor selv lønne Folk, men maa ikke
tvinge nogen. Sk. R. 1, 185 b[1].

**24. April (Frederiksborg).** Til Biørn Kaas. Da Kongen nu
har ladet Lunde Stifts Breve, der herefter skulle følge Stifts-
lensmanden, registrere og ikke nærer Tvivl om, at Bisperne have
bortforlenet en hel Del Gods, baade Stifts-, Kirke- og Købegods,
hvilket andre maaske nu tilholde sig som Ejendom, skal han un-
dersøge, om alt det Gods, som Brevene lyde paa, er
under Stiftet, inddele det frakomne og undersøge, hvad
Adkomst Besidderne have dertil. Sk. T. 1, 109 b.

— Til samme. Da der blandt Lunde Stifts Breve, der nu ere
blevne registrerede og leverede til ham, findes nogle Breve ved-
rørende Tordsøe Gaard og Gods og han tidligere har faaet Ordre til
at rejse Dele paa det fra Stiftet komne Gods, indtil Indehaverne
fremkomme med lovlig Adkomst derpaa, befales det ham alvorligt
straks at tale paa Tordsøe Gaard og Gods, saavidt han efter Bre-
vene kan gøre det med Rette, saafremt han ikke selv vil staa til
Rette, hvis han ser gennem Fingre med nogen. Sj. T. 13, 273 b.

**25. April (—).** Aabent Brev, at Ludtlof van Ricken, der
skal være Kromand i den gamle Kro ved Frederichsborg, maa
være fri for at svare Sise af alt det Rostockerøl, som han
køber eller indfører her i Riget og udtapper i Kroen, dog maa han
ikke sælge Rostockerøl i Tøndetal udenfor Kroen, for at Kronens
Sise ikke skal blive formindsket. Sj. R. 11, 286 b.

— Forleningsbrev for Hr. Christiern Jensen, Sogne-
præst i Alling, paa Afgiften af Kronens Part af Korntienden
af Tulstrup Sogn, kvit og frit. Udt. i Sj. R. 11, 286 b.

---

[1] Tr.: Strelov, Den Guthilandiske Cronica S. 280 ff. (efter Orig.). Secher. Forordnin-
ger II. 55 ff.

**25. April (Frederiksborg).** Befaling til Henrich Moenssen, Tolder i Helsingøer, straks at sende 400 Dlr. ind i Kongens Kammer. Orig.

— Befaling til Jørgen Skram, der har indberettet, at Møllegrøften ved Slottet [Dronningborg] falder meget sammen, enten at lade Kronens Bønder i Lenet oprydde den eller akkordere med Gravere om Arbejdet, dog skal han gøre saa ringe Bekostning som muligt derpaa. J. T. 1, 235 b. K.

— Følgebrev for Lauritz Schram til Bønderne i Koldinghus og Skodborg Len, som Vincentz Juel tidligere havde i Værge. Udt. i J. R. 1, 383 b.

**26. April (—).** Befaling til Erich Løcke og Claus Glambeck, Embedsmænd paa Riiberhus og Skanderborg, at være til Stede førstkommende 1. Maj ved Lauritz Skrams Overtagelse af Koldinghus og Skodborig Slotte og Len, have Tilsyn med det Inventarium, som overleveres ham, besigte Bygningerne paa Slottet og i Ladegaarden og de i Lenene liggende Skove og give deres Besigtelse beskreven fra sig. J. T. 1, 236. K.

— Befaling til Chrestopher Valckendorp at lade lave et Dække til Kedeltrommerne og lige saa mange Trompeterfaner af gult og rødt Damask som sidst, lade Fanerne male og i alle Maader udstyre som sidst og sørge for, at de blive færdige til Pinsedag. Udt. i Sj. T. 13, 273 b.

— Befaling til Chrestopher Valckendorp at levere Dauid Skade, Furér, 10 Dlr. udover hans hidtidige Besolding. Udt. i Sj. T. 13, 274.

**27. April (—).** Befaling til nedennævnte Lensmænd [og andre] enten selv at møde eller lade deres Skrivere møde i Kiøbnehafn i Ugen før Pinsedag med alle de Penge, som de bleve Kongen skyldige i Regnskabet til 1. Maj 1576, da Kongen til Pinsedag [26. Maj] skal betale nogle Penge, hvis Betaling er meget magtpaaliggende. — Borckort von Papeenheim, Otte Emickssen paa Rudgaard, Albrit Oxe i Rafnsborg og Olleholm Len, Niels Joenssen i Hald Len og Viborg Stift, Hendrich Gyllenstern i Han Herred og Vidskyld Klosters Gods, Erick Rudt paa Olborghus, Claus Glambeck paa Skandelborg, Jørgen Skram paa Drotningborg, Biørn Anderssen paa Aarhusgaard, Erick Løcke paa Riberhus, Vincentz Jul paa Coldinghus, Jørgen Marsuin af Landtzkrone Len, Ottensegaards Len og Stiftets Tiende, Peder Brade med Afgiften af Fers Herred, Peder

Gyllenstern paa Bahus, Pouel Bang, Tolder i Assens, Peder Heggellund, Tolder i Ribe, Olluf Bagge i Ottense for Korn og andre Varer, oppebaarne af Dallum Kloster, Stiftets Indkomst af Nyeborg Len og af Skandelborg, Knud Jørgenssen i Ottense og Olluf Meckelborg i Flensborg for Korn og andre Varer, oppebaarne i Silckeborg Len, Michel Bagger i Ottense, Niels Skriver og Søfren Hofmand i Randers for Korn og andre Varer, oppebaarne paa Drotningborg. Sj. T. 13, 274.

**27. April (Frederiksborg).** Til Nils Jonssen. Da Præstegaarden i Laastrup paa Landstinget er bleven fravunden Præsten Hr. Jens Christenssen, befales det Nils Jonssen med det første at u d l æ g g e Præsten en af Kronens Gaarde i Laastrup Sogn til Præstegaard og tilskrive Kongen Besked derom, for at Kongen kan give Præsteembedet Brev derpaa. J. T. 1, 236 b[1]. K.

— Tilladelse for nogle Borgere i Buxtehude til i Aar at besøge Island, handle med Indbyggerne og tilforhandle sig Fisk og andet, dog ikke Svovl, Tran og andre forbudte Varer; de skulle bruge ret Maal og Vægt og sælge deres Varer til en rimelig Pris. N. R. 1, 162.

**28. April (—).** Kvittans til Hendrich Mogenssen, Tolder i Helsingør, paa 400 gl. Dlr., som han har indleveret i Kongens eget Kammer paa Frederichsborg Slot. Sj. R. 11, 287.

— Aabent Brev. hvorved Kongen efter Begæring af Borgemestre og Raad i Kiøpnehafn, der selv have taget en Del af de af Kongen, Rigsraadet og Adelen til fattige Mennesker og Skolebørn i Kiøpnehafn skænkede Penge[2] paa Rente og sat nøjagtigt Pant derfor, erklærer Pantsættelse til andre af de Gaarde, Huse og Jorder, hvori de fattiges Penge indestaa, for ugyldig og paabyder, at det Gods, som er givet de fattige husarme og Skolebørn i Pant, skal følge dem fremfor nogensomhelst anden, indtil baade Hovedstol og Renter ere betalte. Hvis nogen, der har laant saadanne Penge, dør, maa hverken hans Arvinger eller andre befatte sig med hans efterladte Gods, førend de, der raade for de fattiges Penge, have faaet Fyldest, dog maa disse ikke misbruge dette Brev til under det Skin at indkræve deres egen Gæld eller tilholde sig Panter, hvori de fattiges Penge ikke indestaa. Sj. R. 11, 287[3].

---

[1] Tr.: Rørdam, Dsk. Kirkelove II. 272. [2] Se Kanc. Brevbøger 1571—75 S. 465.
[3] Tr.: O. Nielsen, Kbhvns Dipl. IV. 622 f. Secher, Forordninger II. 57 f.

12

**28. April (Frederiksborg).** Aabent Brev, at Daniel Simle-
bager maa blive boende i Kiøpnehafn og ernære sig som andre
Borgere uden at kunne tvinges af Borgerne til at være i Lav med
dem, dog skal han være forpligtet til at holde godt Simlebrød fal
og svare sædvanlig kgl. og borgerlig Tynge. Sj. R. 11, 288[1].

— Befaling til Chrestopher Valckendorp at sætte Øen Len,
som Kongen har givet Jørgen Daae i Forlening, for en rimelig
Afgift og sende Kongen klar Besked derom, for at denne kan lade
Brevet udfærdige derefter. Udt. i Sj. T. 13, 276.

— Til Bønderne paa Langeland, hvem de end tjene. Da Kon-
gens tidligere Befalinger til dem om at gøre Færgebroen ved
Sporsberg færdig endnu ikke ere blevne efterkomne, befales det
dem strengelig, efter Lensmandens nærmere Tilsigelse og Anvisning,
at møde med Heste og Vogne og hjælpe til med at køre Sten,
Grus og andet og med at gøre Broen helt færdig. De, der ikke
møde, naar de ere blevne tilsagte, ville blive tiltalte for Ulydighed.
F. T. 1, 292 b.

**29. April (—).** Til Malmøe, Lund, Landtzkrone, Helsingbore,
Sømershafn, Falsterboe med Skanør, Trelborg, Ydsted, Aahus, Søl-
lytzborg, Hallumsted, Lyckou, Varebierg, Laugholm, Vee og Rondeby.
Da der i Købstæderne i Skaane finder stor Uskikkelighed Sted
med Tønder, Skæpper, Alen og Vægt, idet Maalet ikke er
ens overalt, hvilket fremkalder Klager fra Bønderne, har Kongen
befalet de Raader og gode Mænd, der skulle sidde Retterting, i
Forening med Købstædernes Fuldmægtige at fastsætte en Skik
herom i Lund 12. Maj, til hvilken Tid og Sted det derfor be-
fales at sende en Borgemester og en Raadmand fra hver By. Sk.
T. 1, 110.

— Befaling til de Raader og Adelige, der skulle sidde Retter-
ting i Lund, om i Forening med Købstædernes Fuldmægtige at gøre
en Skik om Skæppe, Alen, Maade og Vægt i Skaane,
Halland og Blekinge og, naar de ere blevne enige, lade gøre
nogle Mønstre, lade dem mærke og brænde, saa de kunne sendes
rundt til hver Købstad, og tilholde de mødte Borgemestre og Raad-
mænd nøje at vaage over, at der derefter ikke bruges andet Maal
eller Vægt. Sk. T. 1, 110 b.

**1. Maj (—).** Befaling til Chrestopher Valckendorp at betale

---

[1] Tr.: O. Nielsen, Kbhvns Dipl. II. 373.

Hendrich Pothoff 1000 Dlr. paa Regnskab for nogen Vin,
som Kongen har faaet af ham.  Udt. i Sj. T. 13, 276.

  **1. Maj (Frederiksborg).**  Til Niels Kaaes, Kansler.  Da Stæ-
dernes Sendebud efter hans Beretning ikke have Fuldmagt til
at beslutte noget om de af Kongens Undersaatter i Købstæderne
overgivne Besværinger, billiger Kongen hans Forslag om at lade ind-
føre i Sendebuddenes Afsked, at der skal afgives Resolution herom
inden Mikkelsdag, for at disse Klager ikke skulle blive fortiede,
eftersom Stæderne jo altid ville have sig deres Fordringer forbeholdte.
Da Kongen har tilladt den Bremer Mand at besejle en Havn paa
Island, skal han have Brev derpaa.  Det Gods, som er blevet
arresteret i Norge for en Bremer, maa dennes efterladte
Hustru og Børn faa, saafremt Bremeren er omkommen ved
en Ulykke og ikke med Forsæt har dræbt sig selv.  Sj. T.
13, 276.

  — Befaling til Peder Bilde og Eyller Grubbe, der tidligere
have faaet Ordre til at møde i Nyekiøping Pinseaften [25. Maj] og
siden modtage Hertug Ulrick af Meklenborg paa Giedtzøer og
ledsage ham til Kiøbnehafn, om allerede at møde den 15.
Maj med deres Heste og Folk, da Hertugen kommer noget før, og
ledsage ham til Frederichsborg samt sørge for, at Hertugen bliver
fyrstelig underholdt paa Vejen og hans Følge udkvittet.  Sj. T. 13,
276 b.

  — Til Hening Giøe og Morten Venstermand.  Den tidligere
Ordre til dem om at gaa om Bord paa Kongens Jagt Gott sei mit
uns og være i Vernomynde 4 eller 5 Dage før Pinsedag for at
modtage Kongens Fader[1], forandres til, at de skulle være dér Man-
dag før Søndag exaudi [13. Maj], da Kongens Fader vil komme
noget tidligere end før bestemt.  De skulle lade deres Heste
møde i Nykiøping 15. Maj sammen med de tilforordnede Raa-
ders Heste, og de skulle, naar de komme over, selv ledsage
Hertugen og sørge for, at denne faar fyrstelig Underholdning paa
Giedtzør og i Nykiøping; de skulle lade saa mange Skuder løbe
over [til Vernomynde], som de kunne tænke behøves til at overføre
Hertugens Folk.  F. T. 1, 293.

  — Forleningsbrev for Hr. Peder Berthilssen, Sogne-
præst i Falckenbierg, paa Kronens Part af Tienden af Liungby

----

[1] o: Svigerfaderen Hertug Ulrik.

Sogn i Halland eller, hvis Tienden er bortfæstet, paa Afgiften, som svares deraf, kvit og frit. Sk. R. 1, 187.

**1. Maj (Frederiksberg).** Til Lauritz Schram, Jens Kaas og Claus Glambeck. Da Peder Juel til Alstedt har begæret Kronens Rettighed i 2 jordegne Bøndergaarde og i 1 Kirkegaard i Vonge i Nørvong Herred til Mageskifte for 1 Gaard i Eire i Vor Herred og 1 Gaard i Ring i Tørsting Herred, skulle de med det allerførste besigte begge Parters Gods, ligne det og indsende klare Registre derpaa. J. T. 1, 237. K.

**2. Maj (—).** Til Chrestopher Valckendorp. Claus Miltzou, Borger i Bergen, har gentagne Gange været hos Kongen og berettet, at han for nogen Tid siden har tjent paa Bryggen og været i Kompagni med nogle Hamborgere, til hvis Bedste han har købt en Bojert, der er bleven arresteret i Sundet sammen med de andre hamborger Skibe. Da han nu har trukket sig ud af dette Kompagniskab og bosat sig i Bergen, have hans tidligere Fæller tilregnet ham Skibet i hans Part som købt uden deres Befaling, saa Hamborgerne komme slet ikke til at lide nogen Skade, og han har derfor begæret enten at faa Bojerten tilbage eller nogen Erstatning derfor. Da han erklærer at have gode Beviser for sin Sag og Lensmanden paa Bergenhus skal være vidende derom, skal Chrestopher Valckendorp straks undersøge Sagen, for at Claus Miltzou ikke skal være nødt til at blive liggende her længere, og siden betale ham for Bojerten med Korn eller andre Varer, hvis han da har Ret. Sj. T. 13, 277.

— Register paa noget Gods, som Købstæder skulle sende til Kiøbnehafn til Fredag før Pinsedag [24. Maj] til Brug ved Kongens Barsel; hver Købstad skal sende nogle af sine egne Folk med til at passe paa Godset, medens det bruges paa Kiøbnehafns Slot. — Malmøe skal sende 10 Kedler paa 2 og 3 Tønder, 10 Par Lysestager, 100 Par Under- og Overduge, 100 Tinfade, 100 Tintallerkener og 6 gode Bænkedyner; Landtzkrone 6 Kedler paa 1 og $^1/_2$ Tønde, 6 Par Lysestager, 50 Par Under- og Overduge, 60 Tinfade, 50 Tintallerkener og 4 Bænkedyner; Lundt 6 Kedler paa 1, $^1/_2$ og $^1/_4$ Tønde, 50 Tinfade, 40 Tintallerkener og 40 Bænkedyner; Kiøge 8 Kedler paa 1, $^1/_2$ og $^1/_4$ Tønde, 8 Par Lysestager, 40 Par Under- og Overduge, 100 Tinfade, 60 Tintallerkener og 6 Bænkedyner; Nestved 8 Kedler paa 1, $^1/_2$ og $^1/_4$ Td., 6 Par Lysestager, 10 Par Under- og Overduge, 100 Tinfade, 60 Tintallerkener og 4 Bænkedyner. Udt. i Sj. T. 13, 277 b.

**2. Maj (Frederiksborg).** Befaling til Borgemesteren i Malmøe at købe 200 Lys af én Form, saa der gaar 6 Lys paa hvert Pund. Udt. i Sj. T. 13, 278 b.

— Befaling til Christoffer Valckendorff om, hvis det ikke allerede er sket, at bestille en 3 Læster godt Hvedemel og 3 eller 4 Læster tysk Rugmel i Forraad, saa det kan ligge rede at bruge til Barselet. Orig. [1]

**3. Maj (—).** Aabent Brev, hvorved Kongen — der har bragt i Erfaring, at flere Bønder i Frederichsborg og Krogens Len, under Eserum Ladegaard og i Horsholm Birk staa til Restance med en hel Del Landgilde fra Jørgen Muncks Tid, som Jørgen Muncks Arvinger egentlig ere pligtige til at indkræve — fritager disse for at indkræve og staa til Rette for disse Restancer, da Bønderne ere meget fattige og ville blive helt ruinerede, hvis de hurtig skulle udrede Restancerne; Kongen vil enten eftergive Restancerne eller selv lade dem indkræve, alt efter Bøndernes Vilkaar. Sj. R. 11, 288 b.

**4. Maj (—).** Kvittans til Fru Helleuich Herdenbierg, Erich Rosenkrantzis Enke, paa hendes Regnskab for Indtægt og Udgift af Odensegaard og Visenbierg Birk fra 1. Maj 1575 til 4. Dec. s. A., da Erich Rosenkrantz døde, og for den til St. Catarine Dag [25. Nov.] 1575 oppebaarne Landeskat. Hvad hun blev skyldig, har hun dels leveret Jørgen Marsuin til Inventarium, dels betalt Rentemesteren. F. R. 1, 97 b.

— Forleningsbrev for Jørgen Daa paa Øegaardtz Len og Gods paa Laaland, som Albrecht Oxe sidst har haft i Værge. Han skal aarlig til 1. Maj svare 500 Dlr. i Afgift af den visse Rente og paa egen Bekostning indlevere dem i Rentekammeret samt gøre Regnskab for al uvis Rente, hvoraf han selv maa beholde Fjerdeparten, dog forbeholder Kongen sig alene al Told, Sise og Vrag. Han skal være villig til at lade sig bruge til Skibs, naar det forlanges, men Kongen skal da, saa længe han er inden Skibsbord, forsyne ham og hans Folk med Fetalje. F. R. 1, 518.

**5. Maj (—).** Aabent Brev, at Hr. Hans Lauritzen, Sognepræst paa Gyldeleye, indtil videre aarlig maa oppebære 1 Pd.

---

[1] Tr.: Nye dsk. Mag. I. 18.

Rug og 1 Pd. Malt til sin Underholdning af Eserum Lade-
gaard. Sj. R. 11, 289.

**5. Maj (Frederiksborg).** Til Mouritz Podebusch. Olluf Ras-
mussen i Lendesse ¹ paa Langeland har berettet, at hans Søn Ras-
mus Ollufssen for nogen Tid siden er bleven slaaet ihjel af Hans
Kortsen, der straks blev greben paa fersk Gerning, og at Herreds-
fogden i Sønder Herred ikke har villet tilstede Dom over ham, fordi
han skal være født af frit Adelsfolk, men har indstillet Sagen for Kon-
gen og Rigsraadet; da Olluf Rasmussen har begæret Ret over Hans
Kortsen, skal Mouritz Podebusch sørge for, at denne bliver til Stede,
indtil Kongen selv kan forhøre Sagen eller lade den forhøre og der
er gaaet Dom i den. F. T. 1, 74.

**6. Maj (—).** Kvittans til Chrestoffer, Kongens Bunt-
mager, paa 18 Mantel Graaværks Rygfor, 6 Mantel Graaværks Bug-
for og 2 Mantel Hermelin, som han har indleveret i Kongens Kam-
mer her paa Slottet. Sj. R. 11, 289 b.

— Befaling til Frantz Lauritzen, Foged paa Draxholm, med det
allerførste at hidsende 100 Sider Flæsk, 300 Høns og 100 Vol
Æg. Udt. i Sj. T. 13, 278 b.

**7. Maj (—).** Befaling til Hendrich Mogenssen, Tolder i Hel-
singøer, at betale Fragten for de Sten, som Lauge Beck efter
Kongens Befaling lader føre fra Roschild til Kroneborg. Udt.
i Sj. T. 13, 278 b.

— Til Peder Bilde. Da Thureby Len, som han har i For-
lening for en aarlig Afgift af 200 Dlr., skal kunne taale en højere
Afgift, skal han, hvis han vil beholde det, blive enig med Rente-
mesteren om, hvad han for Fremtiden skal svare deraf. Sj. T. 13, 279.

— Befaling til Chrestopher Valckendorp at blive enig med
Peder Bilde om den fremtidige Afgift af Thureby Len;
Kongen vil saa siden give Peder Bilde Brev derpaa. Sj. T. 13,
279. K.

— Aabent Brev, at ingen Slagtere i Kiøbnehafn her-
efter maa slagte Øksne eller andet Fæ inde i Byen i eller
ved deres Slagteboder, da dette har medført, at Blod og anden
Urenlighed fra Slagteriet samles i Rendestenene og foraarsage megen
slem Stank, hvilket i Forening med anden Ubekvemhed i Byen kan
foraarsage og styrke Pestilens og anden Sygdom, der hersker dér

---

¹ Lindelse.

mere end andensteds i Riget; Slagtningen skal herefter foregaa uden-
for Byen paa et bekvemt Sted ud til Vandet, som Borgemestrene
i Byen nærmere skulle anvise dem, og enhver Slagter, der herefter
slagter inde i Byen, skal hver Gang bøde 200 gl. Dlr., den ene
Halvdel til Kronen og den anden til Byen, og have forbrudt hvad
han slagter. Borgemestre, Raad og Byfoged skulle paase dette For-
buds Overholdelse og ville blive ikendte samme Straf som ovenfor,
hvis de se gennem Fingre med nogen. Sj. T. 13, 279 b [1].

**7. Maj (Frederiksborg).** Til Kronens Bønder i Ramsø og Hous
Fjerdinger i Bierge Herred. Kongen har for nogen Tid siden be-
falet dem og andre Kronens Bønder i de omkringliggende Herreder
at føre noget Ved til Bodsted, men siden igen fritaget en Del af
dem derfor indtil videre. Da de imidlertid allerede have ført en
hel Hob Ved til Torrekou og Kongen har Brug for det til Kiøpne-
hafns Slot, befales det enhver at hjælpe til med at føre dette Ved
ned til Ladestedet og indskibe det, naar Kongen sender Skibe der-
efter. Sk. T. 1, 111.

— Til alle Kron-, Stifts-, Kloster-, Prælat-, Kannike-, Vikarie-,
Kirke- og Præsteljenere i Bierge Herred i Skaane. Da Kongen be-
høver en stor Mængde Ved paa Kiøpnehafns Slot, forbydes det
dem, der hidtil have solgt Ved andenstedshen, indtil videre at sælge
Ved til andre end Kongen og at føre det andenstedshen
end til Kiøpnehafn, hvor Rentemesteren skal betale det med
Korn eller Penge, hvilket de selv ønske; de, der sejle til Kiøpne-
hafn, skulle tage Bevis for, at Veddet er solgt til Kongens Behov.
Gør nogen herimod, inden Kongen har faaet det Ved, han behøver,
skal Lensmanden paa Helsingborg straffe ham for Ulydighed. Sk.
T. 1, 111 b. K.

— Til nedennævnte Adelsmænd. Da Kongen vil lade sin
unge Søn kristne i Kiøpnehafn Hellig Trefold. Søndag d. 2.
Juni, skulle de møde Lørdagen før for at hjælpe til med at
vare paa Tjenesten og gøre sig glade med Kongen og de andre ind-
budte Adelsmænd. — Hendrich Brade, Peder Brade, Ofue Brade,
Gabriel Sparre, Niels Krabbe, Chresten Gyllenstern, Mogens Gyllen-
stern, Otte Tott, Thyge Brade Ottissøn, Thyge Brade Jenssissøn, Johan
Urne, Lau Urne, Reinholt Bommelberg, Johan Lindenou og Niels
Pederssen i Skaane; Niels Friis, Peder Tott, Ofue Lunge Ifuerssøn,

---

[1] Tr.: O. Nielsen, Kbhvns Dipl. L 467 (efter en Afskrift). Secher, Forordninger II. 59 f.

Hendrich Gyllenstern Christophersøn, Peder Bylde, Knud Bylde og Mogens Bylde i Fyen; Hening Giøe, Morthen Venstermandt, Knud Grubbe, Jacob Huitfeld, Lauge Venstermandt, Olluf Daae, Lauge Beck, Johan Venstermandt, Mogens Giøe, Borchort von Papenheim, Tønne Parsberg og Jørgen Daae i Sjælland, Laaland og Falster; Otte Banner, Erick Lycke, Jens Kaas, Ofue Lunge Chrestopherssøn, Erick Lunge Chrestopherssøn, Jørgen Skram, Chresten Munck, Chresten Skeel, Glob Krabbe, Thyge Krabbe, Anders Matthissen, Erick Lange, Moens Giøe, Moens Jul, Hannibal Gyllenstern, Gregers Trudssen, Hans Johanssen Lindenou, Ifuer Munck, Coruitz Viffert, Jacob Rostrup, Hans Rostrup, Jacob Høg, Hans Lange, Giord Pederssen og Ofue Jul Nielssøn i Jylland. Sj. T. 13, 267 b.

**8. Maj (Frederiksborg).** Lignende Befaling til nedennævnte A d e l s-m æ n d om at m ø d e m e d d e r e s H e s t e i K i ø p n e h a f n til Pinsedag [26. Maj]: Gabriel Sparre, Otte Tott, Niels Pederssen, Niels Friis, Ofue Brade, Jahan Lindenou, Jahan Urne, Moens Bylde, Moens Gyllenstern, Hendrich Brade, Peder Bilde, Olluf Daa, Jacob Huitfeld, Peder Tott, Lau Venstermand, Christen Gyllenstern, Peder Brade, gamle Moens Giøe, Knud Bilde, Thyge Brade, Ofue Lunge til Nielstrup, Niels Krabbe til Vegholm, Reinholt Bommelberg og Lauge Urne. Udt. i Sj. T. 13, 268 b og 281. K. (i Udt.).

— **(Kbhvn.).** Befalinger til Arrild Uggerup, Jørgen Bilde, Hack Ulstand, Hr. von Dohna, Hans Speigel, Steen Bilde og Steen Brade at m ø d e i K i ø b n e h a f n Pinseaften [25. Maj] med saa mange Heste og Svende som muligt, da Kongen vil lade sin unge Søn kristne Hell. Trefold. Sønd. og vil ride ind i Kiøbnehafn engang i Ugen efter Pinsedag; de skulle staffere sig saaledes, at de kunne være Kongen og Riget til Ære. Sj. T. 13, 280 b[1]. K.

— Befalinger til Gregers Trudssen, Erick Valckendorp, Michel Seedsted, Christopher Packs og Knud Grubbe at m ø d e i N y k i ø-p i n g p. Falster Lørdagen før dominica exaudi [18. Maj] for at m o d t a g e Hertug Ulrick af Meklenborg, der vil komme herind i Riget 8 Dage før Pinsedag, ved Giedtzøer, ledsage ham til Kongen og derefter blive hos Kongen nogle Dages Tid og gøre sig glade med denne og de indbudte Adelsmænd. Sj. T. 13, 281[2].

---

[1] Sj. T. 13, 269 findes indført en Liste over Faddere, der fik Ordre til at møde i Kiøb-nehafn til Pinsedag med deres Heste, omfattende de samme Navne som ovenfor i Brevet.
[2] Sj. T. 13, 269 b findes indført et Register over Adelsmænd, der fik Ordre til at møde ved Giedtzør Lørdag før dominica exaudi for at modtage og ledsage Hertug Ulrick; heri fin-des foruden de ovenfor nævnte: Peder Bilde, Ejler Grubbe, Kasper Paslick, Henning

**8. Maj (Frederiksberg).** Til Christen Vind. Da der altid be-
høves en stor Mængde Ved til Kiøpnehafns Slot og de Skibe,
der ere bestilte til at hente Ved, ikke kunne hente saa meget, som
der behøves, har Kongen, for at der særlig i denne Tid kan være
Forraad paa Ved, paabudt, at ingen af Kronens Tjenere i Bierge
Herred maa sælge Ved til andre end Kongen eller løbe andensteds-
hen med det end til Kiøpnehafn. Christen Vind skal derfor give
Tolderen paa Toldboden Ordre til at melde ham, naar de fra Bierge
Herred komme med Ved, og siden blive enige med dem om en
rimelig Pris for Vedet, lade dem betale af Toldboden eller af
Slottet med Korn eller Penge, hvilket de helst ville, og give Tol-
deren Ordre til hver Gang at give dem en Seddel paa, at de have
solgt Vedet til Kongen, for at de ikke skulle blive tiltalte eller
komme i Skade, hvis de komme hjem uden Seddel. Sj. T. 13, 280.

**12. Maj (—).** Til Chrestopher Valckendorp. Hans Spegel,
Embedsmand paa Gladsaxe, har berettet, at der i hans Len findes
en 12—14 Bønder, der høre under Aahus Hospital og i
Følge Hospitalets Frihed ikke skrives for Skat; da han er bange
for, at han i den Anledning vil faa Antegnelse, naar han møder
med Skattemandtallet, befales det Chrestopher Valckendorp ikke at
gøre Antegnelse herom, da Hospitalets Bønder ere fri for Skat. Sj.
T. 13, 281 b.

— Bestalling for Erich Munck, der skal løbe i Øster-
søen med Kongens Gallej, som Admiral over de andre Høveds-
mænd; han skal paase, at Kongens Strømme holdes rene og at den
søfarende Mand ikke overfaldes. Sj. T. 13, 282.

— (?)[1] Befaling til Chrestopher Valckendorp at købe 2000 Al.
Lærred af samme Slags, som leveredes til de smaa Jagtduge, og
bestille 1000 Stager paa Gulland, saa Kongen med det første kan
faa det. Udt. i Sj. T. 13, 255.

**13. Maj (—).** Aabent Brev, at Lauritz Krusse, der har
lovet at tjene Riget og lade sig bruge til Lands og Vands, hvor det
behøves, i aarlig Løn skal have 300 gl. Dlr. og Hofklædning til sig
selvtredje; naar Kongen bruger ham, skal han i den Tid have Kost-
penge til sig selvtredje, men er det paa Orlogsskibene, skal han
have Underholdning og ingen Kostpenge. Sj. R. 11, 282.

---

Gjøe og Morten Venstermand. Jvfr. de under 1. Maj til Peder Bilde, Ejler Grubbe, Hen-
ning Gjøe og Morten Venstermand udgaaede Breve.

[1] Brevet er indført mellem Brevene fra Marts, saa Maj er maaske en Fejlskrift for
Marts.

**13. Maj (Frederiksborg).** Ejendomsbrev for Anders Ib-
sen, Byskriver i Nestued, paa den Halvpart i en Gaard smstds.,
som er tilfalden Kronen efter Villom Grydestøbers Søn, der for
nogen Tid siden blev dømt til Døden for Tyveri og andre Misger-
ninger, men siden er bortrømt. Der skal aarlig svares ¹/₂ Dlr. i
Jordskyld til Kronen og altid holdes god Købstadsbygning paa Gaar-
den. Sj. R. 11, 290.

**16. Maj (—).** Til Peder Bilde, Eyller Grubbe og Caspar Passe-
lich. Da Kongen, der først havde bestemt at afvente Hertug Ul-
ricks Ankomst her paa Slottet, nu har bestemt at begive sig til
Kiøpnehafn med sin Hustru i Ugen før Pinsedag, skulle de, hvis
Hertugen kommer til Giedtzør Mandag 20. Maj, bestille Natte-
lejerne saaledes, at Hertugen bliver liggende 1 Nat paa Giedtzør,
2 Nætter paa Nyekiøping, for at Hertugens Folk og Heste kunne
komme over, saa Hertugen ikke skal behøve at vente efter dem, 2
Nætter paa Vordingborg, hvor Eyller Grubbe skal tilbyde Hertugen
at forlyste sig paa Jagten og ledsage ham til de Skove, som han
kan tænke at Hertugen kan have Fornøjelse af, 1 Nat paa Thrygge-
uelde og 1 Nat i Kiøge, saa Hertugen kommer til Kiøpnehafn 3.
eller 4. Pinsedag; hvis Hertugen kommer senere over, skulle de
indrette Nattelejerne, som de selv synes bedst. De skulle lade Her-
tugen traktere paa det bedste og sørge for, at hans Følge bliver be-
handlet godt. Sj. T. 13, 282 b.

— **(Hørsholm).** Til M. Ifuer Bertelssen, Abbed i Sorre Kloster.
Da Kongens Farbroder Hertug Hans af Holsten med det første
ventes ind i Riget, skal M. Ifuer bestille alt i Forraad, saa Her-
tugen med Følge kan blive tilbørlig beværtet, naar han kommer til
Klosteret. Orig.

**18. Maj (Frederiksborg).** Til Lauge Beck, Embedsmand paa
Roschyldegaard. Da Søfren Glad i Valsøegaard har begæret Fyl-
dest for den Vandmølle, som han har ladet opføre ved Gaar-
den, og som aarlig svarer 4 Pd. Mel og skal male frit for Gaarden,
befales det Lauge Beck at gøre op med ham, hvad Møllen har
kostet, paase, at han ikke opfører noget ubilligt paa Regningen, be-
tale ham hans gjorte Bekostning og herefter oppebære Landgilden
af Møllen og indskrive den i Jordebogen. Sj. T. 13, 270 b.

— Befaling til samme at lade Stalden i Slanrup ned-
tage og opsætte paa Valsøgaard og lade Trapperne og
Svalerne paa Valsøgaard forlænge og forbedre, saaledes

som Sefren Glad nærmere skal anvise Tømmermanden. Han skal sørge for, at Arbejdet bliver færdigt med det første, og indskrive Bekostningen derved i sit Regnskab. Udt. i Sj. T. 13, 283.

**18. Maj (Frederiksborg).** Ekspektancebrev for Nickel Druckenbrot, Sekretær, paa det første Vikarie, som bliver ledigt i Lunde Domkirke eller andensteds i Riget. Han maa straks overtage det, saasnart det bliver ledigt, og skal, naar han ikke længere er i Kongens daglige Tjeneste, residere ved Domkirken. Sk. R. 1, 187.

**19. Maj (—).** Aabent Brev, at Niels Pederssen, der har lovet at tjene som Slotsskriver her paa Slottet [Frederiksborg], skal have samme aarlige Løn og Underholdning og samme Skriverskæppe som Hans Kerurt tidligere har haft; endvidere skal han have den i Hilderød ved Slottet liggende Gaard, som hans Formand har haft. Da han selv ikke straks vil bebo Gaarden, skal han sætte en god Dannemand deri, som har Evne til at herberge de Folk, der komme did, og beværte dem vel for deres Penge. Sj. R. 11, 290 b.

— Befaling til Johan Thaube, Embedsmand paa Frederichsborg, at give [Peder¹] Skeg i Køkkenet Gøtterst til en Klædning og indskrive det i Regnskabet. Orig.

— Til samme. Da en Del af Bønderne her i Lenet lide stor Mangel paa Sædekorn, saa mange i Aar ikke uden Hjælp kunne komme til Sæd og svare deres Landgilde, skal han laane alle dem, der trænge, Korn mod Borgen for, at de ville betale det tilbage efter Høsten. Sj. T. 13, 283.

— Forleningsbrev for Peder Heggelund, Tolder i Ribe, der formedelst sit Embede maa forsømme sin egen Næring meget uden hidtil at have haft noget af Kronen derfor, paa 2 Gaarde i Nørre Fardrup By og Sogn udenfor Ribe, uden Afgift. Vil han selv bruge Gaardene, skal han stille Bønderne tilfreds for at flytte og maa ikke mod deres Vilje udsætte dem af Gaardene. J. R. 1, 384.

— Aabent Brev, hvorved det befales alle Borgemestre og Raadmænd straks at skaffe Peder Heggelund, Tolder i Ribe, der nu med det første skal gøre Rentemesteren Regnskab og betale alle de Toldrestancer, der staa tilbage, Udlæg af deres Med-

---

¹ Efter en Paaskrift bag paa Brevet.

borgeres Bo for alt det, disse restere med; Kongen har nemlig bragt i Erfaring, at en Del Borgere i Ribe, Holstedbro og andensteds staa til Restance med en stor Hob Penge af Tolden for de sidste Aar. Vise de sig forsømmelige, ville de komme til at staa til Rette. J. R. 1, 384 b.

**20. Maj (Frederiksborg).** Til Kronens Bønder i Frederichsborg Len, Kroneborg og Hørsholm Birker. Da en stor Del af dem resterer med den Landgilde og anden Rettighed, som de skulde have svaret i de sidste Aaringer, men formedelst den Medlidenhed, Lensmanden har haft med dem, have faaet Lov til at samle paa sig det ene Aar efter det andet, saa de nu, hvis der skulde gaas haardt frem mod dem, ikke kunde blive ved deres Gaarde, har Kongen, skønt de efter Recessen have forbrudt deres Gaarde, fordi de ikke have svaret deres Landgilde i rette Tid, eftergivet dem alle Restancer til sidste Paaske, dog paa det Vilkaar, at de herefter skulle svare deres Smørlandgilde til St. Hans Dag, deres Kornlandgilde til St. Mortens Dag og deres øvrige Afgifter til rette Tid, da de ellers uden al Naade ville komme til at miste deres Gaarde og lide tilbørlig Straf. Sj. T. 13, 283 b.

**21. Maj (—).** Til Hendrich Mogenssen, Tolder i Helsingøer. Da Søstædernes Sendebud under deres sidste Ophold i Kiøbnehafn blandt andet have klaget over, at den Vin, som føres gennem Sundet, ikke bliver ligelig vurderet, og at nogle undertiden opholdes, efter at de have fortoldet, og Kongen skriftlig har lovet dem, at dette skal komme til at gaa tilbørligt til, befales det ham herefter at vurdere Vinen ligeligt og lade Skibene passere, saa snart de have fortoldet. Sj. T. 13, 284.

— Til Peder Jude i Malmø, Tolder paa Falsterboe. Ved den mellem Kongen og Søstædernes Sendebud i Kiøpnehafn sidst førte Forhandling er der behandlet nogle Artikler, hvori Søstæderne have klaget over at lide Uret paa Falsterbo: Med Hensyn til Pundevægten, hvormed de have ment at det ikke gaar rigtigt til, befales det ham straks at paabyde, at der bruges samme Pundevægt, som har været brugt fra Arilds Tid af, baade for uden- og indenlandske, og selv have flittigt Tilsyn dermed. Korset paa Feddet ved Falsterboe, der skal være faldet ned, skal han lade besigte og igen opsætte paa det Sted, hvor det tidligere stod, dog saaledes at Kronens Jordskyld og anden Rettighed ikke krænkes dermed. Da de have klaget over, at det ikke gaar rigtigt til, naar

nogen skal arresteres for Gæld eller hans Gods af anden Grund
skal anholdes, befales det ham, naar han herefter skal gøre Arrest
paa nogens Gods, da kun at arrestere den skyldiges eget Gods og
det, der tilkommer denne for hans Part, men ikke de uskyldiges
Gods, saafremt han ikke selv vil staa til Rette derfor. Mellem Kon-
gen og Søstædernes Sendebud er der truffet følgende endelige Be-
stemmelse om Sise: De fremmede Købmænd skulle i Overensstem-
melse med Forliget i Odense være fri for at svare Sise af alt det
Øl, som udskænkes til deres eget Behov paa Stædernes Kompagni
paa Falsterboe, dog maa de ikke misbruge denne Frihed, ej sælge
hele eller halve Tønder til Forprang og ej heller gøre mere Øl,
end de selv bruge, til Bodøl; ligeledes skulle de i Overensstem-
melse med Forliget i Odense være fri for at svare Sise af det
Pryssing eller dantziger Øl, som de købe til deres Kompagnis Nød-
tørft, men af det Pryssing eller dantziger Øl, som ellers føres did
og sælges, skulle de svare sædvanlig Sise. — Denne med Stædernes
Sendebud nylig trufne Overenskomst, skal han i alle Maader efter-
komme, saafremt han ikke selv vil staa til Rette. Sk. T. 1,
112. K.[1]

**22. Maj (Frederiksborg).** Bestalling for Axel Jenssen,
Borger i Schelschiør, som Sisemester smstds. Sj. R. 11, 291.

**25. Maj (Kbhvn.).** Befaling til M. Ifuer Bertilssen, Abbed i
Sore Kloster, at skaffe Abbeden i Ringsted Kloster, det, han
behøver til Klosterets og Kirketaarnets Istandsættelse.
Udt. i Sj. T. 13, 284 b.

— Aabent Brev, at Henrich Belov, Hofmarskalk, hvem
Kongen for nylig har tilskødet Strø og Ønnestadt Len i Skaane,
igen maa lægge et Birketing paa et belejligt Sted i disse Len og
have fri Birkeret dertil, da Kongen har bragt i Erfaring, at disse
Len tidligere have været under ét Birk; der skal altid holdes en
god, forstandig Birkefoged. Sk. R. 1, 188.

— Til M. Peder Thøgerssen, Superintendent i Viborg Stift.
Da Hr. Chresten Nielssen har berettet, at han tidligere har
været Kapellan der i Stiftet og siden har begivet sig til Universi-
tetet i Kiøpnehafn og drevet Studier dér, men nu ikke har noget
Kald og ikke længere kan underholde sig ved Universitetet, skal
M. Peder hjælpe ham til et Kald der i Stiftet, naar der bliver

---

[1] Tr.: Secher, Forordninger II. 60 ff.

et ledigt, hvis han da er duelig; dog skal alt gaa efter Ordinansen.
Orig. i Povinsark. i Viborg.

**28. Maj (Kbhvn.).** Befaling til Henrich Mogenssen, Tolder i
Helsingøer, straks at sende 300 Rosenobler hid til Kongen
selv. Orig.

**29. Maj (—).** Befaling til nedennævnte Lensmænd at sende
Fetalje til Kongens Barsel: Lauge Beck skal sende det, som
Eggert Ulfeld tidligere har faaet Skrivelse om, de Grise, han selv
har faaet Skrivelse om, og 100 Lam samt bestille 100 Lam og 400
Høns i Forraad, saa han om fornødent kan sende dem til Kiøbne-
hafn paa Tirsdag og Onsdag [4. og 5. Juni]; Abbeden i Ringstedt
skal sende de 50 Lam og 400 Svin, som han endnu resterer med,
og bestille 100 Lam og 150 Høns i Forraad, saa de kunne frem-
sendes paa Tirsdag eller Onsdag; Peder Bilde skal inden Søndag Aften
sende 200 Lam og 2 Tdr. fersk Smør og bestille 150 Lam og 400
Høns i Forraad, saa de kunne sendes hid paa Tirsdag og Onsdag;
Frantz Lauritzen, Foged paa Dragsholm, skal straks fremsende de
Lam, som han endnu ikke har sendt; Chrestopher Pax skal straks
sende de Lam og Høns, som han tidligere har faaet Skrivelse om.
Udt. i Sj. T. 13, 285.

**5. Juni (—).** Tilladelse for Jens Kock i Uglerup i Skiøtz
Herred til, at et af hans Børn efter hans og hans Hustrus Død
uden Stedsmaal maa faa den Gaard, han bor i, mod at svare
sædvanlig Landgilde deraf. Udt. i Sk. R. 1, 188 b.

**8. Juni (Frederiksborg).** Til Lauge Beck. Da Kongen, Her-
tug Ulrich af Meklenborg og Hertug Hans den ældre af
Holsten Mandag d. 17. Juni ville rejse herfra til Roschylde,
skal han bestille alt i Forraad, saa de og deres Følge kunne faa
fyrstelig Underholdning dér, og bestille Staldrum til en 6—700
Heste hos Kannikerne og Borgerne i Byen og, hvis dér ikke er
Plads nok, i de nærmeste Landsbyer. Han skal lade istandsætte
Kamre paa Gaarden [Roskildegaard], saaledes at Hertug Ulrich
faar Lauge Becks eget Kammer, Hertug Ulrichs Gemalinde Kam-
meret indenfor, hvor nu Lauge Beck har sit Sengekammer, og Kon-
gen selv og Hertug Hans komme til at ligge, hvor de pleje. Han
skal befale Kannikerne og Borgerne at have Hø, Havre, Strøelse,
Vin, Tyskøl og andet i Forraad. Sj. T. 13, 285 b.

— Til Hening Giøe. Da Kongen og Hertug Ulrich af
Meklenborg d. 17. Juni ville rejse herfra til Falster, skal

han sørge for at have alt i Forraad til den Tid, bestille Staldrum til 600 eller 700 Heste baade i Nykiøbing og paa Giedtzør, give Borgerne i Byen Ordre til at skaffe Staldrum til saa mange Heste som muligt og til at købe Havre, Hø, Straafoder og andet til Underholdning af Kongens Folk og Heste, bestille tilstrækkelig mange Skuder ved Giedtzør, bestille saa meget Rostockerøl og Barstøl, som behøves, og købe Kander, Krus og Glas. F. T. 1, 293 b.

**8. Juni (Frederiksborg).** Til Eyller Grubbe. Da Kongen selv vil følge Hertug Ulrich af Meklenborg til Vordingborg, skal Eyller Grubbe i Tide bestille gode Nattelejer paa Thryggeuelde, Vordingborg og i Knudtzbye og skaffe Underholdning til Kongen og Hertugen nogle Nætter, medens de ere paa Jagt. Sj. T. 13, 286.

**9. Juni (—).** Til samme. Kongen og Hertug Ulrich ville rejse herfra 17. Juni, hvorfor han skal have Staldrum, Hø, Havre, Strøelse, Tyskøl, Barstøl og andet i Forraad til den Tid. Han skal indrette det saaledes, at Kongen kan komme til at jage i Knudtzby, og sørge for, at der overalt paa Vejen staar Vogne rede og ligger Skuder nok ved Vordingborg, saa intet mangler. Udt. i Sj. T. 13, 286.

— Til M. Ifuer Berthelssen, Abbed i Sorø. Da Hertug Hans den ældre af Holsten vil begive sig paa Hjemrejsen den 17. Juni, skal M. Ifuer sørge for at have Vin og Tystøl i Forraad og i andre Maader ordne alt, saa Hertugen kan blive fyrstelig trakteret. Orig.

— Aabent Brev, at Jacob Ulfelds Bønder i Horns Herred under Sielssø indtil videre maa faa Ildebrændsel i Hornsued Skov under Abramstrup for samme Afgift, som de have svaret fra Arilds Tid af; Jacob Ulfeld har nemlig klaget over, at der nu kræves større Afgift af dem end før. Sj. R. 11, 291 b.

**10. Juni (Kronborg).** Til Chrestoffer Valckendorf. Da Hertugerne Ulrich af Meklenborg og Hans den ældre af Holsten i Morgen eller i Overmorgen ville lade deres Heste afgaa til Roskylde, skal han lade betale alt, hvad deres Folk have fortæret i Herbergerne, og lade paalidelige Bud gaa omkring og forbyde Indehaverne af disse at modtage Penge for det, der er fortæret hos dem. Orig.[1]

---

[1] Tr.: Nye dsk. Mag. I, 18.

**11. Juni (Kronborg).** Til Hr. Otte Krumpens Arvinger. Da der er Trætte paa Kronens Gods i Synderliung Herred og Christopher Nielsen til Skierne skal have leveret Hr. Otte nogle Breve og Tingsvidner vedrørende dette Gods, skulle de straks opsøge de i deres Værge værende Breve vedrørende Kron- og Kirkegodset i dette Herred og levere dem til Lensmanden paa Drotningborg. Sj. T. 13, 286 b.

— Aabent Brev, at Lavsbrødrene i St. Knudtz og Hellig Legems Gilde i Malmøe herefter aarlig sisefrit maa indføre 10 Læster Rostockerøl til Byen til Lavets Brug. Udt. i Sk. R. 1, 189.

— Tilladelse for Indbyggerne paa Bornholm til indtil videre at udføre saltet Okse- og Kokød af det Kvæg, som de selv lade slagte. Udt. i Sk. R. 1, 189.

— Forleningsbrev for Hr. Matz Jenssen, Kapellan i Odense, paa Afgiften af Kronens Part af Tienden af Seden Sogn i Fyen, kvit og frit. F. R. 1, 98 b.

— Til Jørgen Marsuin. Da Bønderne i Nesbyehofuit Birk have berettet, at han ikke længere vil lade dem have Skovhugst til Bygningstømmer, Hjultømmer og Ildebrændsel i de til deres Gaarde liggende Skove, saaledes som de hidtil altid have haft, og at det formedelst den daglige Besværing til Otthensegaard vil falde dem vanskeligt at hente Tømmer og Ildebrændsel langt borte, befales det ham, skønt Kongen ikke ved, om Skovene kunne taale saadan Skovhugst, alligevel at lade Bønderne i Birket faa hvad de behøve til Bygningstømmer, Hjultømmer og Ildebrændsel, dog skal det anvises dem, hvor det ikke kan skade Skoven synderligt. F. T. 1, 74 b.

— Aabent Brev, at Borgerne i Holstebro, der skulle være meget forarmede, indtil videre maa være fri for at svare Byskat og al anden Skat og Tynge. J. R. 1, 385.

— Forleningsbrev for Frederich Gans, kgl. Enspænder, paa Afgiften af Kronens Part af Tienden af Merup[1] Sogn, kvit og frit; han skal desuden indtil videre være fri for at svare Skat og Tynge af Gaarden Blosbjerg[2], som han nu bor i, men skal være rede til at tjene Riget med en Hest, naar Kongen vil sende ham i noget Ærinde inden- eller udenlands. J. R. 1, 385 b.

---

[1] Mejrup, Hjerm H.  [2] Bladbjærg, Mejrup Sogn.

**11. Juni (Kronborg).** Aabent Brev, at Jørgen Schram, Embedsmand paa Drotningborg, maa oppebære samme Part af den uvisse Rente af Synderliung Herred, der nu er lagt under Drotningborg Slot, som han oppebærer af Drotningborg Gods. J. R. 1, 386.

— Tilladelse for Axel Jul, Landsdommer i Nørrejylland, til at tilkøbe sig Bønderrettigheden i Boddals Skov af Bønderne og beholde den til evig Ejendom, dog Kronens Rettighed hermed uforkrænket. J. R. 1, 386.

— Til Axel Jul. Formedelst hans tro Tjeneste har Kongen bevilget hans Begæring om at maatte beholde de Forleninger og Panter, han nu har, paa Livstid og at maatte oppebære Byskatten af Viiborg ligesaa paa Livstid, dog undtages det ene Aars Byskat, som Kongen har givet Borgemestre og Raad Brev paa. J. T. 1, 237 b.

— Befaling til Nils Jonssen enten at tilbagebetale Niels Christenssen, hvis Gaard Nils Jonssen efter kgl. Befaling har udlagt Præsten i Loerstrup[1] til Præstegaard, den Indfæstning, han bevisligt har givet, eller skaffe ham en anden lige saa god Gaard i Lenet, naar en saadan bliver ledig. J. T. 1, 238.

— Til Predbiørn Guldenstiern. Da Kronens Bønder i Nørlyf, Lønstrup og Rubiere under Aastrup Slot have begæret Nedsættelse af deres Landgilde, fordi en stor Del af den til deres Gaarde og Boliger liggende Ejendom er bleven ødelagt af Sand, saaledes som de paa Herredstinget tagne Syn nærmere vise, skal han med det første lade Oldinge komme paa ovennævnte Bønders Ejendom og sætte den for en rimelig Landgilde og lade denne indskrive i Jordebogen. J. T. 1, 238 b.

**12. Juni** (--). Aabent Brev, hvorved Kongen -- i Anledning af Klager fra Købstæderne paa Bornholm over, at de næsten ere blevne ødelagte, væsenlig fordi det, medens de Lybske havde Landet, har været tilladt fremmede Købmænd og Købsvende at ligge dér hele Aaret igennem og bruge deres Handel med Alen og Vægt, hvilke fremmede fremdeles ikke alene holde deres Kramboder i Købstæderne og handle med Borgerne, men endogsaa imod Recessen drage ud paa Landet og bruge Landkøb -- forbyder alt Landkøb paa Bornholm for Fremtiden og forbyder alle

---

[1] Laastrup, Rinds H.

udlændiske, der ikke ere Borgere, at have Kramboder i Køb-
stæderne og sælge med Alen og Vægt uden paa de almindelige
Markeder og mellem St. Bartholomei og St. Mikkelsdags Tid, da
Høstmarkederne holdes. Overtræder nogen disse Bestemmelser, skal
han have forbrudt hvad han har med at fare og straffes, og Lens-
manden skal paase dette Brevs Overholdelse. Borgerne skulle være
forpligtede til at holde Klæde, Humle, Salt, Staal, Jærn og andre
Varer fal, saa Almuen kan faa dem i Købstæderne til en rimelig
Pris. Sk. R. 1, 189[1].

**12. Juni (Kronborg).** Aabent Brev til Indbyggerne i Skaane, at
Kongen har udnævnt Steen Bilde, Embedsmand i Herritzvad
Kloster, til Landsdommer i Skaane og taget ham i Ed. Sk.
T. 1, 113 b.

— Nyt Livsbrev for Nichel Pindtzbach og Hustru
paa Sindebierggaard paa Mors mod at svare samme Landgilde
og Rettighed som hidtil; det tidligere Livsbrev er nemlig for kort
Tid siden forkommet, da Gaarden brændte. J. R. 1, 386 b.

**14. Juni (Frederiksborg).** Forleningsbrev for Hr. Peder
Bertilssen, Sognepræst i Falckenberg, paa Afgiften af Kro-
nens Part af Tienden af Skree og Vessicke Sogne i Oestadt
Herred i Halland, kvit og frit. Udt. i Sk. R. 1, 190.

— Aabent Brev, at Borgerne i Løckov i de næste 2 Aar
maa oppebære Kronens Part af Tienden af Listerbye,
Hiortzberg og Thuing Sogne, kvit og frit, til deres Kir-
kes Bygning, men kun dertil. Udt. i Sk. R. 1, 190.

— Befaling til Manderup Parsbierg, Embedsmand paa
Hammershus, at overlevere de Svenskes Fuldmægtige, naar
de forlange det, det svenske Skyts, som blev oplagt dér paa
Landet, da det svenske Skib, hvorpaa Hr. Pontus var, strandede
under Øen. Udt. i Sk. T. 1, 113 b.

— Befaling til Chrestoffer Valckendorff at sende saa meget
Skyts, Krudt, Lod og anden Munition, som han kan tænke be-
høves, til Hamershus Slot, da der ikke skal være synderligt Skyts
paa Slottet. Sk. T. 1, 114.

— Aabent Brev, hvorved Kongen bevilger, at Hr. Chresten
Eskielssen, der en Tid har været Kapellan i Vellinge Sogn og

---

[1] Tr.: Thura, Beskr. over Bornholm S. 146 f. Hübertz, Aktst. til Bornholms Hist.
S. 471 f. Secher, Forordninger II. 63 f.

nu er kaldet til Sognepræst smstds., hvilket ogsaa en Del af
Bønderne er meget tilfreds med, medens andre ere ham imod paa
Grund af Stridigheder mellem de to Bønderpartiers Herskaber, maa
beholde Sognet med Præstegaard og Præsterente, da han er kendt
duelig af Superintendenten og Bønderne ikke have kunnet blive
enige om Valget. J. R. 1, 387.

**15. Juni (Frederiksborg)**. Aabent Brev, at Carolus de Mo-
ris, der har lovet at tjene Kongen som Krigsmand til Lands og til
Vands, skal have 250 gl. Dlr. og sædvanlig Hofklædning til sig
selvanden i aarlig Løn. Sj. R. 11, 292.

— Livsbrev for Atzer Seuerenssen, der nu har opladt
Kronen sit Livsbrev paa Posborg Gaard i Aackier Len, paa Hand-
stedt Hovgaard ved Horsens, fri for Ægt og Arbejde, men mod
at svare sædvanlig Landgilde deraf. J. R. 1, 387 b.

— Til Bønderne i Kiøbnehafns Len, hvem de end tjene. Da Kon-
gen vil, at der inden Høst skal lægges Stenbro udenfor Kiøbne-
hafn paa Frederichsborge Vejen fra Broen udenfor Kiøbne-
hafns Mark og til Leddet, paa hvilken Strækning der plejer at være en
daarlig Vej, og Kongen allerede har ladet Vejen opkaste, befales
det dem strengelig at møde med Heste, Vogne og god Hjælp, naar
Christen Vind, Embedsmand paa Kiøbnehafns Slot, tilsiger dem,
køre den fornødne Sten og Jord til og hver gøre sin Part færdig,
saaledes som Lensmanden nærmere anviser dem. For at den ene
ikke skal besværes mere end den anden og ingen blive skaanede,
skal der møde en Sognefoged fra hvert Sogn for at faa tilmaalt,
hvor stor Part hvert Sogn skal gøre i Stand. De Bønder, der ikke
møde, skal Lensmanden have Fuldmagt til at lade pante og straffe.
Sj. T. 13, 287[1].

**16. Juni (—)**. Befaling til de højlærde i Kiøpnehafn at til-
holde deres Tjenere i Kiøpnehafns Len til at hjælpe til
med at lave ovennævnte Stenbro. Orig. i Konsistoriets Arkiv,
Pk. 145.

— Aabent Brev, at Johan Otzen, der har lovet at tjene
Kongen som Krigsmand til Lands og til Vands, skal have 200 gl.
Dlr. og sædvanlig Hofklædning til sig selvanden i aarlig Løn. Udt.
i Sj. R. 11, 293.

**17. Juni (Roskilde)**. Kvittans til Peder Bilde, Embeds-

---

[1] Tr.: O. Nielsen, Kbhvns Dipl. IV. 624.

bedsmand paa Kallundborg, paa 1491¹/₂ gl. Dlr. 1¹/₂ Sk. danske for den visse og uvisse Rente, som han fra 1. Maj 1575 til 1. Maj 1576 har oppebaaret af det Gods, som Kongen har tilmageskiftet sig i Sjælland og henlagt under Kallundborg Slot. Sj. R. 11, 293.

**17. Juni (Roskilde).** Til Lauge Beck. Da Kronens Bønder i Kimersløf i Suenstrup Len have klaget over at være satte for højt i Landgilde, hvilket medfører, at Gaardene forfalde og de selv lide stor Nød, skal han med det første lade Oldinge omsætte Landgilden og i Jordebogen enten indskrive Bønderne for den ny Landgilde eller slette dem for de Bolgalte og det Smør, som de nu svare. Sj. T. 13, 288.

**19. Juni (Næstved).** Forleningsbrev for Pouel Fridtz, Renteskriver, paa det Kannikedømme i Aarhus Domkirke, som Hans Pederssen og tidligere Dr. Hans Philipssen havde. Naar han ikke længere er i Kongens daglige Tjeneste, skal han residere ved Domkirken. Udt. i J. R. 1, 388.

**21. Juni (Vordingborg).** Kvittans til Chrestoffer Valckendorff, Rentemester, paa en Guldkæde paa 35¹/₂ Lod ungersk Guld, som han efter Kongens Ordre har ladet lave og nu har leveret Kongen. Sj. R. 11, 293 b.

— Kvittans til Christoffer Biørnssen, Tolder i Vordingborg, paa 300 gl. Dlr., som han har leveret Kongen selv paa Vordingborg af Tolden. Udt. i Sj. R. 11, 294.

— Tilladelse for Sitzille Matzdatter, Borgerske i Næstved, til sisefrit at indføre eller købe 2 Læster Rostockerøl her i Riget. Udt. i Sj. R. 11, 294.

— Til Eyller Grubbe, Rigens Kansler, Hans Skougaard, Eyller Krausse, Hack Holgerssen, Lauge Urne og Abselon Giøe. Da der er Trætte mellem Christoffer von Festenberg, kaldet Pachisk, Embedsmand paa Holbeck, og Fru Mette Oxe, Hans Bernekous Enke, om Nørre Jernløsse Mølle og Møllens Støvning, skulle de, naar de have fastsat Markeskellet mellem Reistrup, Butterup og Nørrup, mødes ved Møllen, da begge Parter have udvalgt dem til at afgøre Sagen, stævne de stridende Parter i Rette for sig, undersøge Sagen og afsige Dom deri. Kan nogen ikke møde formedelst lovligt Forfald, skulle de mødte have Fuldmagt til at tiltage en anden i Stedet. Ad mandatum regiæ majestatis proprium. Nils Kaas. Orig.

**22. Juni (—).** Aabent Brev, hvorved Kongen for Hertug Ulrich af Meklenborgs og hans Gemalindes Skyld tillader Bernt Prenger, Borger i Rostock, sisefrit at indføre og sælge her i Riget 100 Læster Rostockerøl; dog skal han lade notere paa dette Brev, hvor meget Øl han hver Gang indfører, for at der ikke under det Skin skal befris mere Øl fra Sise. Sj. R. 11, 294 b.

**22. Juni (Vordingborg).** Aabent Brev, hvorved Kongen giver Eyller Grubbe, Rigens Kansler, Fuldmagt til at pante de af Adelens Tjenere i Vordingborg og Tryggevelde Len, der ikke møde, naar de tilsiges til at befordre Kongens Fadebur eller køre, naar der kommer fremmede Herrer og Fyrster til Kongen, da det efter Recessen paahviler Adelens Tjenere at befordre Kongens Fadebur og det hidtil har været Skik, at de ulydige ere blevne pantede; han maa pante dem, skønt de ikke i Forvejen ere fordelte, og skal intet have forbrudt dermed. Sj. T. 13, 288[1].

**23. Juni (—).** Aabent Brev, at Simen Jørgenssen, Færgemand ved Vordingborg, maa være fri for at svare Sise af alt det Rostockerøl, som han kan udtappe i Huset, da Færgemændene ved Gofuenes[2] Færge altid have haft en saadan Frihed; derimod maa han intet Tyskøl sælge i Læste-, Tønde- eller Halvtøndetal. Sj. R. 11, 295.

**24. Juni (Køge).** Aabent Brev, at Borgemester og Raad i Kiøge, der have klaget over, at de have megen Besværing, men ikke faa noget for det, indtil videre aarlig sisefrit maa indføre 8 Læster Rostocksøl. Udt. i Sj. R. 11, 295 b.

**25. Juni (Frederiksborg).** Til Peder Munck, Admiral. Da Kongens Orlogsskibe i Søen med Tiden ville komme til at mangle Fetalje, skal han sende det lille Skib Nattergalen, der er udrustet paa Orlogsvis med Skyts og Folk, til de andre Skibe i Østersøen med den nødvendige Fetalje og sætte en duelig Høvedsmand derpaa. Skibet skal blive hos de andre Skibe i Østersøen, undtagen naar det sendes ud for at spejde. Der sendes ham et Søbrev for Skibet. — Seddel: Da der er kommen Efterretning om, at Dantzigk skal være berendt og Bolværket forment dem, saa Skibe ikke kunne løbe derind, skal han skrive til Erick Munck om at sende en Pinke did, der saa siden kan løbe hid og bringe Kongen Besked. Sj. T. 13, 288 b.

**26. Juni (—).** Tilladelse for Chrestoffer Fynbo, Borger i

---

[1] Tr.: Secher, Forordninger II. 64.    [2] Gaabense.

Vordingborg, til i de næste 3 Aar aarlig at købe eller indføre 3
Læster Rostocksøl i Riget og være fri for at svare Sise
deraf; dog skal han lade notere paa dette Brev, hvor meget han
hver Gang køber eller indfører. Sj. R. 11, 296.

**26. Juni (Frederiksberg).** Til Chrestopher Valckendorp. Skibs-
høvedsmand Christopher Fixen opbragte i Sommer et Skib, der
kom fra Sverrig med Korn, og Kornet blev beslaglagt »paa en
Ret«, da man formedelst en paa Skibet funden Besked nærede Mis-
tanke om, at Kornet tilhørte Hertug Magnus af Saxen. Da Jacob
Tramme af Lybeck nu har været hos Kongen med en Skrivelse
fra Kongen af Sverrig og erklæret, at Kornet tilhører ham, vil Kon-
gen have Sagen for Retten, for at Jacob Tramme ikke skal have
noget at klage over, og befaler derfor Chrestopher Valckendorp
straks at opsøge Jacob Trammes eget Brev, der blev fundet paa
Skibet, sætte en til at gaa i Rette med Jacob Tramme og siden
lade Borgemestre og Raad i Kiøpnehafn afsige Dom i Sagen. Sj.
T. 13, 289.

— Aabent Brev, at Lensmanden paa Koldinghus her-
efter aarlig skal levere Dr. Joachim Hinck, Ærkedegn i Bre-
men, 8 Øksne, som denne hidtil har oppebaaret paa forskellige
Steder; Øksnene skulle leveres en 8—14 Dage før eller efter Paa-
ske, og Lensmanden skal sørge for, at det bliver gode Øksne, og
at Dr. Hinck ikke forgæves skal sende Bud efter dem. J. R. 1,
388 b.

**27. Juni (—).** Aabent Brev, hvorved Kongen — der har bragt
i Erfaring, at der finder megen Uskikkelighed Sted paa det Mar-
ked, som plejer at holdes St. Petri og Pauli Dag [29. Juni] i
Laugholm, hvilket særlig skyldes, at mange bygge Boder i den
omkringliggende Mark langt borte fra Byen og handle dér, hvorved
Kronens Ret krænkes, Tilførsel forhindres og Mandslæt, Tyveri og
anden ukristelig Handel ustraffet bedrives — paabyder, at oven-
nævnte Marked herefter skal holdes inde i Laugholm By, og
forbyder at bygge Boder i Marken og handle dér. Overtrædelse
heraf efter dette Brevs Forkyndelse medfører Konfiskation af Va-
rerne og tilbørlig Straf. Da flere Borgere om Søndagen og andre
Helligdage føre Tyskøl ud i Landsbyerne og sælge det til Bønderne
i Pottetal, hvilket giver Anledning til megen Utilbørlighed, forbydes
dette strengelig under Trudsel om Konfiskation af Varerne. Lens-

manden paa Laugholm skal paase dette Brevs Overholdelse, saafremt han ikke selv vil staa til Rette. Sk. R. 1, 190[1].

**27. Juni (Frederiksborg).** Til alle Kron-, Stifts-, Kloster-, Prælat-, Kannike-, Vikarie-, Kirke- og Præstetjenere i Tøndersiø og Høigs Herreder. Da Kongen har befalet Hr. Peder Schram, Embedsmand paa Laugholm, at istandsætte Bygningen og Befæstningen paa Laugholm Slot, for at den ikke yderligere skal forfalde, befales det dem strengelig at møde ved Slottet, naar de tilsiges, med Heste og Vogne, god, færdig Hjælp, Skovle og Spader og hver arbejde 2 Dage paa Befæstningen paa egen Kost og Tæring. Kun Adelens Ugedagstjenere skulle være fri for dette Arbejde. Sk. T. 1, 114.

**28. Juni (—).** Kvittans til Niels Joenssen, Embedsmand paa Hald, paa 74½ gl. Dlr. 1 Sk. ½ Alb., indleveret i Kongens eget Kammer for den visse Rente, som han i 1576 har oppebaaret af det Gods, Kongen tilmageskiftede sig af Steen Bilde og lagde ind under Hald Slot. J. R. 1, 389.

— Befaling til samme, der med sin Skriver har hidsendt 350 Dlr., som han i Følge sit Regnskab allerede har oppebaaret af Holger Ulfstandtz Gods i Jylland, og begæret Kvittans derfor, om at sætte disse Penge og hvad han fremdeles oppebærer til Holger Ulfstandt paa Rente hos vederhæftige Adelsfolk, tage nøjagtig Forvaring med Brev og Segl eller Underpant derfor og opbevare Gældsbrevene, indtil han aflægger Regnskab for sin Oppebørsel. J. T. 1, 239.

**29. Juni (—).** Aabent Brev, at Borgemestre og Raad i Kiøpnehafn, der endnu restere med omtrent 2000 Dlr. af den Skat, som skulde have været betalt til sidste Jul, og af forskellige Grunde ikke kunne betale denne Restance nu, maa indkræve Pengene efterhaanden og efter Tidens Lejlighed og anvende dem til Byens Bygning og Forbedring; de skulle indsætte nogle fromme Dannemænd til at modtage disse Penge, give dem ud til ovennævnte Brug og gøre Regnskab derfor. Sj. R. 11, 296 b[2].

— Til Erick Munck, Admiral i Østersøen. Da Ernst Weyer skal holde nogle Fribytterbaade under Pusterviig[3], der overfalde Kongens Undersaatter, som sejle paa Dantzigk, og allerede have opbragt nogle og berøvet dem Skib og Gods, uagtet Kongen ikke har

---

[1] Tr.: Secher, Forordninger II. 65 f.    [2] Tr.: O. Nielsen, Kbhvns Dipl. II. 374.
[3] Putziger Wiek ved Danzig.

faaet nogen Advarsel om noget fjendtligt af den polske Konge, sendes der ham en Koncept til en Skrivelse, som han med det første i sit Navn og som Kongens Admiral skal skrive til Ernst Weyer og kræve Svar paa. Da Kongen har faaet Underretning om, at Dantzick skal være berendt, og at de Polske belejre Blokhuset smstds., og da Kongens Undersaatter overfaldes af de Polskes »Bestillter«, skal Erick Munck begive sig under Heill med Kongens Skibe og Gallejer og forhindre, at Kongens Undersaatter blive overfaldne. Mærker han, at de Dantziger komme i særlig Nød, skal han i Forening med de andre Høvedsmænd gøre sit Bedste for at afværge dette og gøre de Polske saa meget Afbræk som muligt, dog skal han holde det ved sig selv, at han har en saadan Befaling af Kongen, og hvis han bliver spurgt derom, ikke lade sig mærke med andet end, at han skal efterstræbe Ernst Weyer, fordi denne overfalder Kongens Undersaatter. Han skal efterhaanden melde Kongen, hvad særligt der forefalder ved Dantzigk. Sj. T. 13, 289 b.

**29. Juni (Frederiksborg)**. Forleningsbrev for Christiern Elckier paa 1 Bolig, kaldet Torsagger, i Medelsom Herred, uden Afgift. J. R. 1, 389.

**30. Juni** (—). Befaling til Borgemestre og Raad i nedennævnte Købstæder at skaffe nogle Bøsseskytter og Baadsmænd, der skulle ligge i Borgeleje dér indtil videre, Herberg og tilbørlig Underholdning, saaledes som hver Borger formaar det, dog skal ingen have mere end 7 Potter Dantzøl om Dagen; ville de have mere, skulle de selv købe det. For at ingen af Baadsmændene skulle tage Borgelejepenge af Borgerne og siden løbe ud til Bønderne og lade dem føde sig eller rejse i deres eget Ærinde bort fra Borgelejet, skulle de forbyde Borgerne at give nogen Kostpenge for mere end 8 Dage ad Gangen, og det skal være en frivillig Sag fra Borgernes Side at give Kostpenge i Stedet for Underholdning. Vise nogle af Bøsseskytterne eller Baadsmændene sig modvillige eller skalkagtige mod Borgemestre og Raad eller Borgerne, skulle de lade dem fængsle og straffe, men de skulle saa ogsaa paase, at Borgerne ikke overfalde eller forurette Bøsseskytterne og Baadsmændene, og, hvis det sker, lade Borgerne straffe. — Register. Skaane: Malmø 100; Landzkrone 50; Ydsted 25; Lund og Helsingborg hver 20; Trelborg 16; Vehe og Halmsted hver 15; Aahus og Falsterboe med Skonøer hver 10; Laugholm og Sømershafn hver 8 Bøsseskytter. — Jylland: Aalborg 70; Ribe 60; Aarhus, Horsens og

Randers hver 30; Viiborg 22; Veille og Kolling hver 20; Varde
15; Tisted 12; Grindou, Ringkiøping, Skafuen, Lemuig og Nykiø-
ping hver 10; Ebbeltoft og Seebye hver 8; Hofbro, Høring og Ski-
fue hver 6 Bøsseskytter. — Sjælland: Kiøge, Nestuedt, Skelskøer
og Stege hver 30; Roschyld 25; Slagelse 20; Kallundborg 12;
Nyekiøping 10; Holbeck 9; Vordingborg, Prestøe, Heddinge og
Ringstedt hver 8 Baadsmænd. — Smaalandene: Nasko 40; Nye-
kiøping og Stubbekiøping hver 15; Mariboe 10; Nyestedt 9; Sax-
kiøping 8 Baadsmænd. — Fyen: Ottense 80; Assens 30; Suen-
borg 20; Medelfar, Kierteminde, Faaborg og Rudkiøping hver 15
Baadsmænd. Sj. T. 13, 290 b.

**30. Juni (Frederiksborg).** Til Mandrup Parsberg. Da han
har begæret at komme af med Bornholm og Jens Kaas, der havde
Silckeborg Slot, nu er bleven forlenet med Olborg Slot efter afdøde
Erich Rud, vil Kongen forlene h'am med Silckeborg Slot
og befaler ham derfor med det første at begive sig til Silckeborg
med Folk og Gods, dog skal han først tale med Kongen og faa
Besked om, paa hvilke Vilkaar han skal have Lenet. Sk. T. 1,
114 b[1].

**2. Juli (Kronborg).** Befaling til Anders Bing, Embedsmand
paa Vardbierig Slot, at lade Kongens Arkelimester Karsten
Konig, der nu sendes did, faa de to Stykker Skyts, hvorom
Kongen tidligere har talt med Anders Bing, lade Skytset indskibe i
det Skib, der nu sendes did, og sende det til Kroneborch. Orig.

**4. Juli (Frederiksborg).** Til Chresten Vind. Anders Mi-
chelssen og Peder Anderssen i Olstøcke og Anders Pouels-
sen i Udleyre have berettet, at de ere opsagte fra deres Gaarde,
fordi der er udgaaet kgl. Brev om, at hver 2 Smaagaarde i Lenet
skulle lægges sammen til én god Gaard. Da de have betalt Steds-
maal og man ellers ikke med Billighed kan udvise dem, skal han
enten tilbagebetale dem deres bevislig udgivne Stedsmaal
eller skaffe dem andre Gaarde. Sj. T. 13, 293.

**5. Juli (—).** Befaling til Lauge Beck om paa Kronens Vegne
at istandsætte den mellem Ringsted og Roschyld liggende Bro
over Ellegaardtz Vad i Ramsøe Herred, som Herredsfogden i
Voldborg Herred hidtil har holdt i Stand. Ligger der Brokorn eller
Rente til Broen, skal han oppebære det til Kronen. Udt. i Sj. T. 13, 293.

---

[1] Tr.: Hübertz, Aktst. t. Bornholms Hist. S. 472 f.

**6. Juli (Frederiksborg).** Aabent Brev, at Hans Feyger, hvem Kongen har antaget som Kok, aarlig skal have 24 gl. Dlr., Hofklædning ligesom Konzens andre Mundkokke og fri Bolig i Kiøpnehafn. Han skal koge for Lensmanden paa Kiøpnehafns Slot og være forpligtet til at lade sig bruge hos Kongen, naar denne befaler. Sj. R. 11, 297 b.

**7. Juli (—).** Aabent Brev, at Giertrud, Raf Klethons Enke, maa blive boende i Kiøpnehafn, søge sin Næring dér ligesom andre Undersaatter og indtil videre være fri for Skat, Hold, Vagt og al anden borgerlig Tynge. Udt. i Sj. R. 11, 298 [1].

— Kvittans til Chrestoffer Valckendorff til Glorup, Rentemester, der nu i Overværelse af Niels Kaas, Kansler, Peder Munck, Admiral, Peder Bilde og Hans Skougaard har gjort Regnskab for al sin Indtægt og Udgift fra 1. Jan. 1576 til 1. Jan. 1577, heri ogsaa medregnet hans Beholdning fra forrige Regnskab. Han blev da skyldig: 80 Rosenobler, 2 Henrichusnobler, 31 Engelotter, 15 dobbelte Realer, 36 Krosater, 1 Milreis, 4 ungerske Gylden, 5 Kroner, 178 Goltgylden, 1 Horns Gylden, 11 Lod Guld med Sølvvægten, 20 Guldstifter, 3 Guldkæder, der vejede 34 rinske Gylden, 1 Guldring paa 1 dobbelt Dukat, 1 lille Guldring med 1 Glassten, 1 Guldring med en Granat, der vejede 2$\frac{1}{2}$ rinsk Gylden paa $\frac{1}{2}$ Ort nær, 1 Guldring paa 1 Goltgylden paa $\frac{1}{2}$ Ort nær, 3 Fastelavns Gylden, 4881 ny Dlr., 1 skotsk Dlr., 1044$\frac{1}{2}$ Lod 1 Kvintin Sølv, 1 forgyldt Sølvring paa 1 Kvintin, 3944$\frac{1}{2}$ Mk. danske, 4 Sk. 3$\frac{1}{2}$ Pend., 759 Mk. 2 Alb. svensk Mønt og 4 svenske Klippinge, som han fremdeles skal staa til Regnskab for. Sj. R. 11, 298 b.

— Følgebrev for Mogens Giøe til Galmindrup til Kronens Bønder under Hamershus, som Manderup Parsbierg hidtil har haft i Værge. Udt. i Sk. R. 1, 191.

— Befaling til Mandrup Parsberg at overlevere Mogens Gøye Hammerhus Slot med Inventarium, Jordebøger, Breve, Registre og andet. Udt. i Sk. T. 1, 115.

— Befaling til Peder Hanssen, Landsdommer der paa Landet [Bornholm], og Pouel Fritz, Renteskriver, at være til Stede, naar Mogens Gøye modtager Inventariet paa Hammerhus, og give det beskrevet. Udt. i Sk. T. 1, 115.

**8. Juli (Jagthuset paa Halsnæs).** Befaling til Chrestopher Val-

---

[1] Tr.: O. Nielsen, Kbhvns Dipl. II. 374.

ckendorp at betale Bernt Thoruestis[1] Enke 125 gl. Dlr.,
som Kongen skyldte hendes første Mand Michel Skriver. Udt. i Sj.
T. 13, 293 b.

**8. Juli (Jagthuset paa Falsnæs).** Aabent Brev, at Jens i
Myrby ved Brouthim paa Gulland, der i sidste Fejde har mistet
sin Førlighed i Kongens Tjeneste, indtil videre maa være fri for
at gøre Ægt og Arbejde af sin Gaard. Udt. i Sk. R. 1, 191.

**9. Juli** (—). Til Chresten Vind. Da han har faaet Ordre til
at afbryde de smaa Gaarde i Kiøbnehafns Len, der ikke have til-
strækkelig Ejendom, og henlægge Jorden under andre Gaarde, saa
der kan blive 1 god Gaard af 2, og de i de smaa Gaarde opsagte
Bønder have klaget over at skulle miste deres Gaarde, skønt de
have svaret Stedsmaal, skal han tilbagebetale de opsagte
Bønder deres Stedsmaal, indskrive Udgiften i Regnskabet og
lade Jordebogen forandre. Sj. T. 13, 293 b.

— Til Chrestopher Valckendorp. Da Kongen har befalet sin
Tømmermand Jacob straks at nedbryde det største Hus, der
blev opført i Otz Herred og kom fra Gulland, og igen opsætte det
paa Hørsholm, skal Chrestopher Valckendorp enten straks skaffe
Jacob eller efter dennes Anvisning lade lave 3 Jærnbolte, 3
Jærnhamre og 1 Jærnstang, der kunne bruges til at nedbryde
Huset med, og i Byen [Kbhvn.] skaffe Jacob 8 Svende og blive
enig med disse om, hvad de skulle have i Løn om Ugen. Om en
4 Uger skal han lade 2 gode Skibe løbe til Nyekiøping for
at indtage Huset og føre det til Nybeaae[2]. Sj. T. 13, 294.

— Til Claus Glambeck. Da Kongen i Følge hans Regnskab
har en hel Hob Penge til gode for Øksne og andet og der i Rente-
kammeret er Mangel paa Penge, skal han straks indkræve de
Restancer, han skylder, saa alt med det første kan blive gjort
klart hos Rentemesteren. J. T. 1, 239 b.

**10. Juli** (—). Aabent Brev, at Kronens Bønder i Røer-
uig i Otz Herred, der ofte besværes med at overføre Kongens Folk
og Gods, indtil videre kun skulle svare halv Skat mod at være
forpligtede til altid at overføre Kongens Folk og Gods. Sj. R.
11, 300 b.

— Aabent Brev, at Lauritz Olssen, Sognefoged i Røer-
uig i Otz Herred, som besværes meget med at underholde Kongens

[1] Bernt thor Westen.    [2] Nivaa.

Folk, der rejse over Færgestedet, maa være fri for at svare
Landgilde og Afgift af sin Gaard, saa længe han er Sognefoged.
Han skal være Lensmanden paa Dragsholm Slot lydig. Sj. R.
11, 301.

**11. Juli (Brederød).** Til Borgemester og Raad i Ydsted. Da
Kongen ved den for nogen Tid siden givne Stadfæstelse af Skraaen
for Bryggerlavet i Ydsted har forbeholdt sig Ret til at forandre
den efter Tidens Lejlighed og nu flere af deres Medborgere have kla-
get til Kongen over den, maa de herefter ikke besvære nogen
med at holde denne Skraa, men det skal staa enhver frit for at
brygge og sælge Øl, saaledes som de have gjort fra Arilds Tid af.
Sk. T. 1, 115 b.

— Til Hans Schougaard. Da Steen Biilde, som Kongen
har udnævnt til Landsdommer i Skaane, er bleven syg og skrøbe-
lig, saa han ikke kan sidde Landsting, og Forfølgningen mod de
Oxer for Thorsøe Gaard og Gods skal for Landstinget 20. Juli, be-
der Kongen ham om i Betragtning af den Gunst og Tillid, som
Kongen hidtil har vist ham, at sidde Landsting i nogle faa
Uger, indtil Kongen kan faa indsat en anden eller Steen Biilde
igen kan komme til sin Førlighed, da ovennævnte Forfølgning og
de andre Sager ellers maa opsættes. Der sendes ham aabent Brev
til Landstinget derom, og Kongen vil med det allerførste igen fri-
tage ham for dette Hverv. Sk. T. 1, 115 b.

— Aabent Brev til Indbyggerne i Skaane, at Kongen har be-
falet Hans Schougaard, Embedsmand paa Helsingborg Slot, at
sidde Landsting i Skaane, indtil Steen Biilde igen faar sin Før-
lighed eller Kongen indsætter en anden i hans Sted. Sk. T. 1,
116 b.

**12. Juli (—).** Aabent Brev, at Fallenthin Enspænder i
Aar maa oppebære Kronens Part af Korntienden af Melby
Sogn mod til Fastelavn at svare Johan Thaube paa Kronens Vegne
4 Pd. Rug og 4 Pd. Byg i Afgift deraf. Udt. i Sj. R. 11, 301 b.

— Til Chresten Vind. Da Lauritz Ibssen og Peder
Nielssen i Vilkidstrup i Ramsøe Herred have klaget over at
være satte for højt i Landgilde, hvilket vil tvinge dem til at
opgive deres Gaarde, saafremt det ikke ændres, skal han undersøge
denne Sag og, hvis de ere brøstholdne, lade Oldinge omsætte Land-
gilden og derefter lade den ny Landgilde indskrive i Jordebogen.
Sj. T. 13, 294 b.

**12. Juli (Bredersd).** Befaling til samme at lægge 5 [Gaarde] i Jersie i Thune Herred, som Peder Oxe har haft i Forlening, ind under Kiøbnehafns Slot og gøre Regnskab for al Indtægten deraf. Udt. i Sj. T. 13, 294 b.

— Lignende Befaling til Eyller Grubbe at lægge det Gods i Skudeløsse, som Peder Oxe havde i Forlening, ind under Tryggevelde. Udt. i Sj. T. 13, 295.

**14. Juli (—).** Forleningsbrev for Mogens Giøe til Galmindrup paa Hamershus Slot med Bornholm, saaledes som Manderup Parsbierg og Johan Urne hidtil have haft dem i Værge. Han skal aarlig svare 1200 gl. Dlr. i Afgift af den visse Indkomst; Resten skal han have i Genant, beregnet fra 1. Maj 1577, og maa desuden selv beholde al Slottets Avl. Han skal tjene Riget med 8 geruste Heste dér paa Landet, naar og hvor det gøres behov, og gøre Regnskab for al uvis Rente, hvoraf han selv maa beholde Halvparten, dog forbeholder Kongen sig alene al Told, Sise og Vrag. Han skal indsætte forstandige Mænd til at oppebære Told og Sise, hvilke aarlig skulle gøre ham Regnskab for deres Oppebørsel, og han skal raade for den gejstlige Jurisdiktion og gøre Regnskab for al vis og uvis Indtægt deraf. Han maa ikke selv jage eller tillade nogen at jage der paa Landet, da Kongen formener at have Ret til Jagten. Sk. R. 1, 191 b.

**15. Juli (Tidsvilde).** Følgebrev for samme til alle Provster, Præster, Kirke- og Præstetjenere, Degne og andre paa Bornholm, der høre under den gejstlige Jurisdiktion, og som Johan Urne hidtil har haft i Værge. Udt. i Sk. R. 1, 192 b.

— Aabent Brev, at Oluf Pederssen i Munckelyby[1], der har berettet, at han sidste Vinter har lidt stor Skade ved Ildebrand, i det næste halve Aar maa være fri for Ægt, Arbejde og anden Besværing af sin Gaard. Sk. R. 1, 193.

**16. Juli (—).** Livsbrev for Michel Nielssen til Thøstrup paa Kronens og Kirkens Parter af Korntienden af Ryslinge Sogn i Gudme Herred, som hans nu afdøde Fader[2] havde fæstet; dog skal han svare tilbørligt Stedsmaal deraf, af Kronens Part til Hospitalsforstanderen i Otthense og af Kirkens Part til Stiftslensmanden, og i aarlig Afgift svare 1½ Pd. 5 Skpr. Rug, 3 Pd. Byg og ½ Ørt. Havre af Kronens Part til Hospitalsforstanderen i

[1] Munckaljungby, N. Asbo H.    [2] Niels Henriksen Sandberg.

Othense og ligesaa af Kirkens Part til Kirkeværgerne for Ryslinge Kirke; Afgiften skal hvert Aar svares inden Fastelavn, da Brevet ellers skal være forbrudt. F. R. 1, 98 b.

**17. Juli (Paa Jagten i Valby).** Til Chrestopher Valckendorp. Da Kongen har erfaret, at Skibene, der have været i Østersøen, ere vendte hjem af Mangel paa Fetalje, at den engelske Kaptejn uden Admiralens Vidende er gaaet i Land, medens de vare ude, og derfor er bleven sat fast, men siden igen løsgivet, og at Gillebert Jung uden Ordre og imod sin Bestalling har afbrændt en Landsby ved Pusterviig[1], skal Chrestopher Valckendorp igen lade de to største og den mindste Gallej samt Nattergalen, Svalen og St. Morten udruste og udfetalje, saa de med det første kunne løbe ud, og foreholde Høvedsmændene, at de skulle være Admiral Erick Munck lydige og intet foretage sig uden hans Befaling, endvidere skal han straks forvise den engelske Kaptejn af Tjenesten og lade Gillebert Jung arrestere indtil nærmere Ordre til advarende Eksempel for andre. Han skal skaffe Ritmester Jørgen Farensberg en Bojert, der kan føre hans Heste til Dantzigk, og give Bojerten Ordre til paa Hjemrejsen at løbe til Gulland, tage hugne Sten eller Tømmer ind og løbe til Helsingøer med det. — Seddel: Han skal befale Admiral Erick Munck straks at begive sig til Kongen, hvor denne er at træffe paa Jagten, for at faa nærmere Ordrer, og han maa ikke lade Skibene løbe ud, førend Peder Munck, som Kongen har ladet kalde, kommer til Byen. Sj. T. 13, 295.

**21. Juli (—).** Til samme. Jørgen Bilde har nu været hos Kongen i Anledning af de Antegnelser, Christopher Valckendorp har gjort til hans Regnskab, og Kongen har da bevilget, at det med Hensyn til den Sise og Told i Blekinge, der ikke er oppebaaret som andensteds i Riget, maa forblive ved det oppebaarne, men Kongen har samtidig ladet udgaa Brev til Indbyggerne i Blekinge om, at de herefter skulle svare 1 Mk., som Mønten før gik, i Sise af hver Td. Tyskøl, som indføres, og 1 Dlr. i Told af hver Hest[2], som udføres, ligesom andensteds i Riget. Ligeledes eftergiver Kongen de Indbyggere i Blekinge, der restere med Skat og ikke formaa at svare den, al Restancen og erklærer sig tilfreds med den hidtil svarede Rorstold, men herefter skal den svares, som Mønten nu

---

[1] Putziger Wiek ved Danzig.   [2] Sj. T. har ved en Fejlskrift: Læst.

gaar. Den Fetalje og de Penge, som Jørgen Bilde har forstrakt Kongens Skippere med, der ere komne did med Kongens Skibe, maa godtgøres ham i Regnskabet. Sj. T. 13, 301 b. Orig.

**21. Juli (Paa Jagten i Valby).** Aabent Brev, hvorved Kongen — der har bragt i Erfaring, at der indføres meget Tyskøl og anden fremmed Drik i Blekinge, uden at der svares Sise deraf som andensteds i Riget og som paabudt i Kongens Breve, og at der heller ikke af de Heste, som udføres, svares samme Told som andensteds i Riget, hvorved Kronen lider Skade — paabyder, at der herefter af hver Td. Tyskøl, som indføres i Blekinge, skal svares ½ Mk. i den nuværende Mønt i Sise (skønt der andensteds i Riget svares mere) og af hver Hest, som udføres, 1 Dlr. og af andet Fæ og Kvæg ligesom der svares andensteds i Riget og er paabudt i Kongens Breve; det forbydes alle at udføre Græsøksne der af Landet, da disse skulle sælges og drives gennem de almindelige Toldsteder, og ligesaa at udføre Kød der af Landet, saafremt de ikke ville have forbrudt hvad de have med at fare og straffes. Det forbydes alle at bryde deres Bunke, førend de have svaret Sisemesteren ovennævnte Sise. Sk. R. 1, 193 b[1].

— Til Sisemestrene over hele Riget og i Norge. Den tidligere Forordning om, at der skal svares 3 Mk., som Mønten før gik, i Sise af hver Td. Tyskøl, som indføres og sælges her i Riget, forandres til, at der indtil videre kun skal svares ½ Dlr. eller 1 Mk., som Mønten nu gaar, i Sise af hver Td., hvilket de skulle lade forkynde for Borgerne i Byerne. Sj. T. 13, 301.

**23. Juli (Esrom).** Aabent Brev, at Hr. Hans Mickelssen, Sognepræst til Tybicke[2], i Aar maa oppebære al Afgiften af Kronens Part af Korntienden af Tybicke Sogn, hvoraf han hidtil har haft 3 Pd. Korn, kvit og frit. Sj. R. 11, 302.

— Aabent Brev, hvorved Lauritz Benedicht, Bogtrykker i Kiøpnehafn, faar Eneret paa at trykke den af Erich Christofuerssen Dybuad forfattede Almanak for Aaret 1578. Sj. R. 11, 302 b.

— Befaling til Lauge Beck om paa Kronens Vegne at holde 2 Postvogne paa Roschyldegaard, hvorfor der i Regnskabet

---

[1] Tr.: Secher, Forordninger II. 66 f.    [2] Tibirke, Holbo H.

skal godtgøres ham 1 Spand Havre pr. Nat for hver Hest og Un-
derholdning og Løn til Vognsvendene. Naar han fratræder Gaarden,
skal han efterlade Postvognene og Hestene dér. Udt. i Sj. T.
13, 302 b.

**23. Juli (Esrom).** Til Jahan Taube. Lauritz Skomager
og Olluf Thygessen i Valdby have berettet, at de tidligere
have været Gaardsæder til Peder Kempis Gaard i Valdby, men, da
han solgte Gaarden med Tilliggende til Kronen, ere blevne ind-
skrevne for sig selv i Jordebogen ligesom andre Landboer og da
ere blevne satte for højt i Landgilde, idet deres Jord (hvoraf
de dog ikke have haft mere, end Peder Kempe har villet unde
dem), da Peder Kempis Gaard blev gjort til Landbogaard og sat
for Landgilde, blev medregnet under Peder Kempes Jord, saa han nu
skal have den Jord, som de maa svare Landgilde af.  Det befales
derfor Jahan Taube med det første at lade Oldinge undersøge denne
Sag, lade dem undersøge, om Peder Kempe har mere Jord, end
han bør have, og enten nedsætte Bøndernes Landgilde eller udlægge
dem noget af Peder Kempis Jord, hvorefter han skal lade Foran-
dringerne indføre i Jordebogen.  Sj. T. 13, 302 b.

— Befaling til Christopher Valckendorp at tage Johan Cor-
nelius i Kongens Tjeneste som Smed og sørge for, at han
faar den lille Smedje paa Holmen.  Udt. i Sj. T. 13, 303 b.

— Befaling til samme straks at sende 10 Læster Stenkul,
8 Skippd. Stangjærn og 3 gode Smedesvende til Frede-
richsborg.  Orig.[1]

**24. Juli (Borsholm).** Til Henning Giøe. Da Hr. Lauritz,
Sognepræst til Sophieholm, har berettet, at den By, som laa
ved Sophieholm og hvoraf Præsten oppebar Tienden, er bleven ned-
brudt og Ejendommen lagt under Sophieholm, hvilket har medført,
at han lider Mangel paa Underholdning, har Kongen bevilget, at
han herefter aarlig maa oppebære hver 30. Kærv af al Slags
Korn af Sophieholms Avl.  F. T. 1, 294 b.

**25. Juli (—).** Til Chrestopher Valckendorp.  Hendrich
Norby har berettet, at Chrestopher Valckendorp har gjort Anteg-
nelser til hans Regnskab for 1½ Aar af Nyekiøping Len paa Fal-
ster; saaledes har han villet medregne 2 Postheste og de Heste,
som Fogden og Skriveren pleje at faa Foder til, i de 6 Heste, som

---

[1] Tr.: Nye dsk. Mag. I. 16.

Hendrich Norby i Følge sit Forleningsbrev skal have Foder og Maal
til, hvilket Hendrich Norby mener er uretfærdigt mod ham, og han
har ikke villet godtgøre Hendrich Norby det Danstøl og Fetalje,
som denne til forskellige Tider har leveret til Kongens og de frem-
medes Folk paa Giedtzøer, fordi Hendrich Norby ikke har haft un-
derskrevne Sedler derpaa; ligeledes har han gjort Antegnelser for
Slotsfiskerens Løn, og fordi Hendrich Norby ikke har ført Svine-
hoveder, Svinerygge og Svinefødder til Regnskab. Da Kongen nu
har eftergivet Hendrich Norby disse Poster, skal Chrestopher Val-
ckendorp give ham Kvittans for Regnskabet. Sj. T. 13, 303 b.

**25. Juli (Borsholm).** Forleningsbrev for Anders Green,
Sekretær, paa noget Gods i Fyen, som tidligere har ligget til
Vor Frue Alter i Bogense, nemlig 1 Gaard i Eyby, 1 Gaard
i Kierby, 1 Gaard og 2 smaa Boliger i Broe, 1 Gaard i Himmers-
lef[1] i Skouby Herred, 1 Gaard i Yrdedetslef[2], 1 lille Gaard i Egedt,
1 Byggested i Bogense og 1 Jord ved Løckegaard, som Otte Emichs-
sen og Erich Rud sidst have haft i Værge, uden Afgift. F. R.
1, 99 b.

—(?)[3] Forleningsbrev for Jens Kaas paa Olborghus
Slot og Len, saaledes som Erich Rud hidtil har haft det i Værge.
Han skal i aarlig Genant have 1500 Mk. danske, 15 Læster Rug
og Mel, hver Læst beregnet til 24 Tdr., 26 Læster Byg, hver Læst
beregnet til 24 Tdr., 12 Læster Havre, hver Læst beregnet til 48
Tdr., 14 Tdr. Smør, 250 Faar og Lam, 250 Gæs, 600 Høns, 250
Skovsvin, 24 Skattekøer, 1 Læst saltet Sild, 81 Vol røget Sild, 1300
tørre Flyndere, 2 Tdr. Honning og 15 Skpr. Gryn af den visse Ind-
komst, og Kongen vil desuden aarlig give Slotsskriveren hans Klæd-
ning og Løn samt Foder og Maal paa 1 Klipper; endvidere maa
Jens Kaas paa Kongens Bekostning holde 2 Arbejdsheste til Slottets
Brug og købe Tønder til Indpakning af Kongens Landgildesmør og
indskrive Bekostningen i Regnskabet. Da der hidtil har været Mang-
ler i Regnskabet, fordi Møllerne i Lenet ikke formaa at svare deres
Landgilde og holde Møllerne i Stand, skal han paa Tinge udtage
12 Dannemænd, der have Forstand paa sligt, til at besigte Møllerne
og sætte dem for en rimelig Landgilde og lade denne indskrive i
Jordebogen. Hvad der herefter og efter Fradrag af andre Udgifter

---

[1] Hemmerslev. [2] Ørritslev, Skovby H. [3] Brevet er i J. R. dateret: 15. Juli,
hvilket vistnok er en Fejl for: 25. Juli. 15. Juli var Kongen ikke paa Borsholm, og
dette Brev er sikkert ogsaa udstedt samtidig med det følgende.

14

bliver tilovers af den visse Rente skal han til hver 1. Maj gøre Regnskab for og betale 1 Dlr. for 1 Td. Rug eller Byg, 1 Ort for 1 Td. Havre, 11 Dlr. for 1 Td. Smør, 3 Dlr. for 1 Ko, 8 Dlr. for 1 Td. Honning, 20 Sk. for 1 Brændsvin, $\frac{1}{2}$ Dlr. for 1 Faar, 1 Ort for 1 Lam, 2 Sk. for 1 Gaas, 1 Sk. for 1 Høne, 2 Dlr. for 1 Td. saltet Sild, $1\frac{1}{2}$ Dlr. for 1 Td. saltet Torsk, 5 Dlr. for 1 Td. Aal og 20 Sk. for 1 Td. dansk Salt. Han skal gøre Regnskab for al uvis Rente og for Gæsteriet, hvoraf han selv maa beholde Halvdelen, dog forbeholder Kongen sig alene al Told, Sise og Vrag. Jens Kaas maa til sin Underholdning oppebære al Ladegaardens Avl, Korn, Smør og Affødning, men skal saa skaffe Kongens Folks Heste frit Hø og Strøelse, naar Kongen kommer did. Han skal tjene Riget med 12 geruste Heste. Da der vil forefalde allehaande Besværinger og Bekostninger i Lenet, førend Jens Kaas kan komme til Rette dermed, har Kongen bevilget, at han i dette Aar maa oppebære sin fulde Genant. Jens Kaas skal oppebære Kronens Tiende og Tiendekorn i Lenet, lade Bygget gøre i Malt paa Kongens Bekostning og opbevare alt Tiendekornet indtil nærmere Ordrer. Han skal have Præsterne i Stiftet i Forsvar og i Forening med Superintendenten føre Tilsyn med dem. Han skal holde Slottet vedlige, men Kongen vil selv befale, naar der skal foretages nogen særlig Bygning. J. R. 1, 389 b.

**25. Juli (Borsholm).** Befaling til Jacob Sefeld, Jørgen Skram og Nils Jonssen at være til Stede paa Olborghus, naar Jens Kaas, der med det allerførste skal overtage Olborghus Slot og Len, tilsiger dem, forfare hvad Inventarium der overleveres, besigte Bygningerne paa Slottet og i Ladegaarden og de tilliggende Skove, give deres Besigtelse beskreven fra sig og overlevere den til Jens Kaas. J. T. 1, 239 b.

**27. Juli (Kronborg).** Til Peder Munck. Hans Meel, Raf Klettons Søn, har berettet, at hans Fader for nogen Tid siden har mistet to Pinker i Kongens Rejser, den ene paa en Rejse fra Norge med nogle Folk, den anden paa en Rejse til Norge med nogle Redskaber til Fortuna, der paa den Tid blev bradet dér, og at hans Fader tidligere har faaet kgl. Skrivelse om, at han skulde have Erstatning derfor. Da Hans Meel i Henhold hertil har begæret at faa et gammelt, oplagt Skib, kaldet Enckhysser Jomfru, skal Peder Munck lade ham faa det med alt Tilbehør, hvis det er saa

gammelt, at det ikke kan være Kongen til nogen synderlig Nytte.
Sj. T. 13, 304.

**28. Juli (Kronborg).** Ekspektancebrev for Niels Hen-
drichssen paa det første ledige Kannikedømme i Roschilde
Domkirke, tidligere udgivne Ekspektancebreve hermed dog ufor-
krænkede. Naar der bliver et ledigt, maa han straks overtage det,
og han skal, naar han ikke længere studerer ved noget Universitet
eller er i Kongens daglige Tjeneste, residere ved Domkirken. Sj.
R. 11, 303.

— Aabent Brev, at Frantz von Zelle, der er traadt i Kon-
gens Tjeneste som Fyrverper og har lovet at passe godt paa det
Gods, der betros ham, og at holde det hemmeligt, som han faar at
vide, samt at lade sig bruge til Lands og Vands, naar det befales,
aarlig skal have 60 Dlr., 8 Al. Engelst, 6 Al. Fordug, 4 Al. Sar-
dug, 4 Al. Lærred, 2 Øksne, 4 Svin, 6 Lam, 2 Pd. Rug, 2 Pd.
Malt, 1 Td. Smør, 1 Td. Sild, 1 Td. Ærter, 1 Td. Salt, 1 Td.
Humle og 10 Gæs til Løn og Underholdning og 8 Dlr. til Hus-
leje; Rentemesteren skal levere ham Pengene og Klædet og Lens-
manden paa Kiøpnehafns Slot Fetaljen. Sj. R. 11, 303 b.

— Mageskifte mellem Fru Karine Rønnov, Jens Bildis
Enke, og Kronen. J. R. 1, 391 b. (Se Kronens Skøder.)

**29. Juli (—-).** Gavebrev til Caspar Marckdaner, Køge-
mester, paa en Kronens Grund paa Sandet ved Helsingøer,
nærmest op til den Hofprædikant M. Chrestoffer Knopf tilmaalte
Jord, uden Jordskyld; der skal opføres god Købstadsbygning med
Tegltag derpaa, hvilken altid skal holdes vedlige, saa der kan svares
Kronen og Byen tilbørlig Tynge deraf. Sj. R. 11, 304 b.

— Register paa Fetalje, som Lensmændene skulle
sende til Kiøbnehafns Slots og Bremerholms Behov:
Frantz Lauritzen, Foged paa Dragsholm, skal sende 25 Læster Rug,
75 Læster Malt, 300 Sider Flæsk, 300 Gæs, 100 Faar, 300 Lam
og 4 Læster Smør, lade bage 80 Læster Kavringbrød af 20 Læster
Rug, lade male 4 Læster Gryn af 2 Læster Byg og købe 30 Øksne;
Peder Bilde paa Kallundborg skal sende 40 Læster Rug, 70 Læster
Malt, 2 Læster Smør, 100 levende Gæs, 1000 Tdr. Havre og 200
Faar og Lam, lade bage 120 Læster Kavringbrød af 30 Læster
Rug, lade male 8 Læster Gryn af 4 Læster Byg og købe 40 Øksne
og 200 Lam; Lauge Beck paa Roschyldegaard skal sende 29 Læ-

14*

ster Malt, 4¹/₂ Læst Smør, 150 Gæs og 400 Tdr. Havre eller saa
mge t , hankan undvære, lade bage 120 Læster Brød af 30 Læster
Rug, lade male 6 Læster Gryn af 3 Læster Byg, købe 60 Øksne
og levere Christopher Pax 10 Læster Rug og 2 Læster Byg af Stif-
tets Korn; Christopher Pax, Embedsmand paa Holbeck, skal lade
bage 40 Læster Kavringbrød af 10 Læster Rug, lade male 4 Læ-
ster Gryn af 2 Læster Byg og købe 20 Øksne; Borckort von Papen-
heim paa Abramstrupgaard skal sende 5 Læster Rug og 5 Læster
Malt, lade bage 30 Læster Brød af 7¹/₂ Læst Rug, lade male 4
Læster Gryn af 2 Læster Byg og købe 100 Lam; Eyller Grubbe i
Vordingborg Len skal købe 300 Lam, 50 Øksne og 100 Gæs. lade
bage 100 Læster Kavringbrød af 25 Læster Rug og lade male 8
Læster Gryn af 4 Læster Byg; Eyller Kraufse i Korsøer Len skal
købe 30 Øksne og 200 Lam, modtage 5 Læster Rug og 2 Læster
Byg af Prioren i Anduorschouf Kloster og deraf lade bage 20 Læ-
ster Kavringbrød og male 4 Læster Gryn; Bent Gregerssen skal lade
bage 40 Læster Kavringbrød af 10 Læster Rug og lade male 6 Læ-
ster Gryn af 3 Læster Byg samt købe 100 Lam og 15 Øksne hos
Klosterets Bønder; Abbeden i Sore Kloster skal lade bage 40 Læ-
ster Kavringbrød af 10 Læster Rug, lade male 6 Læster Gryn af 3
Læster Byg, købe 200 Lam og 30 Øksne hos Klosterets Bønder og
levere Eyller Grubbe 10 Læster Rug og 2 Læster Byg; Prioren i
Anduorschouf skal lade bage 30 Læster Kavringbrød af 7¹/₂ Læst
Rug, lade male 5 Læster Gryn af 2¹/₂ Læst Byg, købe 200 Lam
og 30 Øksne og levere Eyller Grubbe 15 Læster Rug og 2 Læster
Byg; Albrit Oxe skal købe 20 Læster Ærter og 60 Øksne; Henning
Giøe skal i Nykiøping Len købe 60 Øksne; Morten Venstermand
skal i Rafnsborg Len købe 30 Øksne; Bonde Mortenssen, Tolder i
Rødby, skal købe 20 Læster Ærter; Christen Vind skal i Kiøpne-
hafns Len købe 50 Øksne og 500 Lam og lade bage 80 Læster
Brød af 20 Læster Rug; Axel Viffert skal i Nyborg Len købe 8 Læ-
ster Torsk og 60 Øksne og lade slagte og salte alle de i Stiftet fal-
dende Tiendelam; Jørgen Marsuin skal sende alle de Øksne, han
har af Kongens, købe 80 Øksne i Ottensegaards Len og lade slagte
og salte alle de i Lenet faldende Tiendelam; Otte Emmickssen skal
i Rudgaards Len købe 40 Øksne; Erick Hardenberg skal i Hagen-
schouf Len købe 60 Øksne og 200 Lam; Hans Johanssen skal i
Hindzgafuels Len købe 60 Øksne; Claus Glambeck skal af sin sid-
ste Beholdning sende 150 Øksne, 5 Læster Gryn, 100 Læster Kav-

ringbrød, 2000 Sider Flæsk, 1000 Svinehoveder, 500 Svinerygge,
500 Faarekroppe og 200 Gaasekroppe; Biørn Anderssen skal sende
alle de Øksne, han blev skyldig i sidste Regnskab, købe 70 Øksne
i Aarhusgaards Len, købe alle de Stiftets Lam, han kan faa, og
lade dem slagte og salte; Jørgen Rossenkrantz skal sende 600 Sider
Flæsk, 50 Faarekroppe, 5 Tdr. Sælspæk og 4000 Flyndere; Niels
Joenssen skal sende alle de Øksne, han blev skyldig i sidste Regn-
skab, købe 80 Øksne i Hald Len, købe alle Stiftets Lam og lade
dem slagte og salte; Jørgen Skram skal sende alle de Øksne og det
Flæsk, han blev skyldig i sidste Regnskab, og købe 60 Øksne i
Drotningborg Len; Jens Kaas i Aalborghus Len skal sende 5 Læster
Smør; Erick Lycke skal i Riberhus Len købe 20,000 Hvillinger og
30,000 Flyndere; Simen Prydtz, Tolder paa Skagen, skal købe 30
Vorder Langer og Kabliav; Niels Anderssen, Tolder i Olborg, skal
levere Simen Prydtz Penge til at købe ovennævnte Fisk for; Biørn
Kaas skal købe 500 Lam i Malmø og Lundegaardz Len; Axel Gyl-
lenstern skal købe 24 Øksne og 150 Lam i Landzkrone Len; Hans
Skoufgard skal sende 5 Læster Smør og købe 50 Øksne og 200
Faar og Lam i Helsingborg Len; Jørgen Bilde skal købe 100 Øksne
og 300 Klapholt i Søluitzborg Len; Hack Ulfstand skal købe 25
Øksne i Lyckou Len; Arild Uggerup skal købe 40 Øksne i Elle-
holm og Aahus Len; Emmicke Kaas paa Gullandt skal købe, slagte
og salte 1500 Lam og sende 100 Skippd. smeltet Talg; Mandrup
Parsberg paa Bornholm skal sende 6 Læster Smør; Hendrick Brade
skal købe 30 Øksne i Halmsted Herred; Hr. Peder Skram skal
købe 50 Øksne i Laugholms Len; Anders Bing skal sende 16 Læ-
ster Smør og købe 150 Øksne i Vardberg Len; Hendrick Gyllenstern
skal sende 14 Læster Smør og købe 150 Øksne og 30,000 Baand-
stager i Bahus Len og Viigen; Hans Pederssen i Bergen skal sende
2000 Voger af den udskudte Fisk, 1 Læst rigtig god Fisk og 16
Tdr. Sælspæk og Hvalspæk. — Øksne, Lam og Gæs skulle sendes
til St. Mikkelsdag, Smør, tør Fisk og Flæsk straks; det Kavring-
brød, der bliver bagt i Sjælland, skal sendes til Jul, det øvrige Kav-
ringbrød og Grynene til Midfaste. Udt. i Sj. T. 13, 296.

**29. Juli (Kronborg).** Befaling til Henrich Mogenssen, Tolder
i Helsingøer, at købe 100 Læster Salt i Sundet til Kongen. Udt.
i Sj. T. 13, 301.

— Befaling til Abbederne i Ringstedt og Sore Klostre og
Prioren i Anduorschouf Kloster straks at sende de 50 Slagte-

øksne, som de have faaet Ordre til at købe til Kongen, til Kroneborg. Sj. T. 13, 304 b.

**29. Juli (Kronborg).** Til Dr. Pouel Matzen, Superintendent i Sjællands Stift. Da der altid, naar Kongens Orlogsskibe skulle udrustes, er Mangel paa Prædikanter til Skibene, har Kongen befalet Chrestopher Valckendorp at træffe Overenskomst med nogle Personer, der ville lade sig bruge hertil, og give disse en rimelig aarlig Løn og Underholdning, hvorfor det befales Dr. Pouel at være til Stede, naar Chrestopher Valckendorp begærer det, og undersøge, om disse Personer ere lærde og duelige nok til at forestaa dette Embede. Udt. i Sj. T. 13, 304 b.

— Skrivelse til Christopher Valckendorp om det samme. Udt. i Sj. T. 13, 305.

— Befaling til Christopher Valckendorp at antage en Harniskvisker til at passe paa Kongens Harniskkammer og at antage Pouel Teltmager til at passe paa Kongens Telte og forrette andet saadant Arbejde, som Kongen maatte have Brug for; han skal enten leje eller købe en Gaard i Byen [Kbhvn.] til Pouel Teltmager. Udt. i Sj. T. 13, 305 b.

— Befaling til Vincentz Juel med det første at betale de Penge, som han blev skyldig i Koldinghussis Regnskab, og levere dem til Christopher Valckendorp tillige med de Købmænds Haandskrifter, som han har, og som først skulle indfries til St. Mikkelsdag. Udt. i Sj. T. 13, 306.

— Tilladelse for Hans Spegel til Borreby til straks at indløse det Gods i Fyen, som Anders Emichsen havde i Pant, fra Anders Emichsens Hustru og Arvinger. F. R. 1, 100 b.

— Til Otte Emickssen. Da Kongen har tilladt Hans Speigel at indløse det Gods i Fyen, som hans Broder Anders Emickssen har haft i Pant, skal han modtage Pantesummen af Hans Speigel og levere denne Pantebrevene og Godset. F. T. 1, 75.

— Til Biørn Anderssen og Nils Jonssen. For nogen Tid siden tilskiftede Kongen Fru Magdalene Banner, Ifuer Krabbis Enke, noget Gods i Bangboe i Vendsyssel og siden har hendes Broder Otte Banner ogsaa faaet Gods af Kronen sammesteds. Da Fru Magdalene nu har klaget over, at hendes Broder vil tilholde sig al den til Bangboe liggende Skov, skulle de, da de jo tidligere have været med til at besigte og udlægge Godset, med det første igen mødes paa Aastederne, undersøge, om Skoven er Fællesskov til alt Godset i Byen eller ej, forklare deres tidligere gjorte Besigtelse, udvise hvad enhver skal have og give deres Undersøgelse beskreven fra sig. J. T. 1, 240 b.

**29. Juli (Kronborg).** Til Emmicke Kaas. Da Kongen nu ikke har Brug for det Stenhus der i Byen [Visby], som han købte til den rydske Handel, og derfor enten maa lade det staa og forfalde eller lade bygge mere paa det, end det er værd, skal Emmicke Kaas lade det opbyde, sælge det til den højstbydende og indskrive Pengene i sit Regnskab. Udt. i Sj. T. 13, 305.

— (U. St.). Befaling til Emicke Kaas, Embedsmand paa Viisby Slot, at lade efterskrevne Tømmer hugge, da Kongen med det allerførste vil sende Skibe did efter det, give Bønderne, der hugge Tømmeret, noget for deres Arbejde, og indskrive Udgiften i Regnskabet. — 6 Tylter Bjælker, 16 Al. lange og $1^1/_2$ Fod i Kanten, $1^1/_2$ Tylt Fodstykker, $1^1/_2$ Fod i Kanten, 6 Tylter Bjælker, 16 Al. lange og $1^1/_2$ Fod i Kanten, 4 Tylter Fodstykker, 14 Al. lange og $1^1/_2$ Fod i Kanten, 24 Tylter Sparrer, 15 Al. lange og 1 Fod i Kanten paa den store Ende, 11 Tylter Stolper, $1^1/_2$ Fod i Kanten, 13 Tylter Stolper, 6 Al. lange og $1^1/_2$ Fod i Kanten, 39 Tylter Sparrer, 14 Al. lange og 1 Fod i Kanten paa den store Ende, 72 Tylter Sparrer til Løsholt og Stivere, 10 Al. lange og 1 Fod i Kanten, $2^1/_2$ Tylt Bjælker, 16 Al. lange og 1 Fod i Kanten, 7 Tylter Stolper, 6 Al. lange, $7^1/_2$ Tylt Sparrer, 15 Al. lange, 1 Tylt Fodstykker, 14 Al. lange og $1^1/_2$ Fod i Kanten, 4000 Lægter, 100 Bjælker, 27 Al. lange og 3 Kvarter i Kanten, 100 Bjælker, 25 Al. lange og 3 Kvarter i Kanten, 200 Sparrer, 25 Al. lange og en Finger tykkere end $^1/_2$ Al. i Kanten, 100 Sparrer til Hanebjælker, 20 Al. lange og 1 Fod i Kanten. Udt. i Sk. T. 1, 116 b.

**1. Aug. (Horsholm).** Til Jahan Taube. Da der nu er mange flere fattige i Helsingøers Hospital end tidligere og Hospitalet saa godt som ingen Eng har til dets Kvæg, men en Hospitalet tilhørende Gaard i Fløndrerup bekvemt kan nedbrydes og den tilliggende Ejendom bruges til Eng, befales det ham at lade denne Gaard nedbryde og henlægge Ejendommen til Hospitalet, dog skal han tilbagebetale Bonden hans Stedsmaal. Sj. T. 13, 306 [1].

— Til Chrestopher Valckendorp. Da Kongen har bortskiftet til Fru Karen Rønnou, Jens Bildis Enke, noget Gods i Jylland, som

---

[1] Tr.: Hofman, Fundationer VII. 96.

tidligere laa under Vreløf Kloster og sidst under Aastrup Slot, som
Predbiørn Gyllenstern er forlenet med paa Afgift, skal Chrestopher
Valckendorp beregne, hvor meget Renten af dette Gods beløber sig
til, og afkorte det i Predbiørn Gyllensterns aarlige Afgift
af Aastrup Len.  Sj. T. 13, 306 b.

**1. Aug. (Hørsholm).**  Befaling til Bønderne i Ringstet, Ramsøe,
Valdborg og Sømme Herreder enten selv at gøre Broen over
Ellegordtz Vad mellem Ringsted og Roeschyld i Stand og der-
efter holde den vedlige eller forhandle med Lauge Beck om
paa Kongens Vegne at gøre det, mod at de hver svare ham en
rimelig Sum til Broen.  Udt. i Sj. T. 13, 307.

**2. Aug. (Ibstrup).**  Befaling til alle Kron-, Kloster-, Prælat-,
Kannike-, Vikarie-, Kirke- og Præstetjenere i Sømme og Thune
Herreder at møde med Heste og Vogne, naar og hvor Lauge Beck
tilsiger dem, for at føre nogle Mursten til Sundby Færge;
de, der vægre sig herved, ville blive pantede og straffede.  Udt. i
Sj. T. 13, 307.

**4. Aug. (‒‒).**  Ekspektancebrev for Hr. Severin Grøn-
beck paa det første ledige Kannikedømme her i Riget, dog
tidligere udgivne Ekspektancebreve hermed uforkrænkede; naar der
bliver et Kannikedømme ledigt, skal han henvende sig til Kongen
med dette Brev.  Naar han faar Kannikedømmet, skal han tilbage-
levere det Ekspektancebrev, han har paa et Vikarie.  Sj. R. 11, 305 b.

— Forleningsbrev for Peder Bilde, Embedsmand paa
Kallundborg Slot, paa Thureby Len paa Sjælland, som han nu
selv har det i Værge.  Han skal aarlig til 1. Maj svare 300 gl. Dlr.
i Afgift.  Sj. R. 11, 306.

— Til Hr. Christopher, Hospitalsforstander i Kiøpnehafn.  Sogne-
mændene i Gentofte Sogn have berettet, at deres Kirke, som det
paahviler Hospitalet at holde i Stand, er saa forfalden, at de ikke
kunne staa tørre i den, naar det regner, og at Kirkegaarden staar
aaben alle Vegne for Fæ og Kvæg.  Da Kirkens Part [af Tienden],
hvoraf Kirken skulde holdes i Stand, er tillagt Hospitalet, befales
det ham alvorligt med det allerførste at istandsætte Gentofte
Kirke og Kirkemuren og siden holde dem i god Stand, saa-
fremt Kongen ikke, hvis der kommer yderligere Klager, skal til-
tænke anderledes derom.  Sj. T. 13, 307 b[1].

---

[1] Tr.: O. Nielsen, Kbhvns Dipl. IV. 624 f.  Rørdam, Dsk. Kirkelove II. 273 f.

**4. Aug. (Ibstrup).** Aabent Brev, at Claus Høvedsmand her-
efter aarlig maa oppebære 1 Pd. Mel og 1 Pd. Malt af Drot-
ningborg Slot. Udt. i J. R. 1, 394 b.

— Til Jens Kaas. Da Borgemestre og Raad i Olborg have
berettet, at den tidligere Forstander for Hospitalet smstds.,
M. Jens Søfrenssen, der efter sin Afskedigelse staar tilbage med
nogle Aars Regnskab, vægrer sig ved at aflægge Regnskab til dem
alene og kræver, at Lensmanden skal være til Stede derved, hvilket
nærmest gøres for at forhale Sagen, skal Jens Kaas, da de tidligere
Lensmænd have hørt Hospitalets Regnskab og Sagen er vigtig for
de fattige, alvorlig tilholde M. Jens Søfrenssen med det første at
aflægge ham, Borgemestre og Raad og Prædikanterne
Regnskab for de resterende Aar, for at de fattige kunne faa
hvad de skulle have og den nuværende Hospitalsmester vide, hvor-
ledes han skal forholde sig. J. T. 1, 241.

**5. Aug. (— ).** Til Erick Munck, tilforordnet Admiral i Søen.
Kongen skrev sidst til ham, at han ikke behøvede at rette sig efter
den Besked, han fik af Kongen, før han løb ud, da de Poller nu
skulle være dragne fra Dantzigk. Da Kongen imidlertid siden baade
af Erick Muncks egne Skrivelser og af andre har erfaret, at Blok-
huset paany er blevet belagt paa den anden Side, og det er Kon-
gen saavel som andre Potentater og Stæder meget magtpaaliggende,
at det ikke kommer i de Pollers Hænder, skal han i Overensstem-
melse med den første Befaling i Forening med de andre Høveds-
mænd gøre de Poller saa meget Afbræk som muligt, saa-
ledes som Jørgen Farensbeck og Hr. Michel Sivordssen, dantziger
Sendebud, nærmere skal berette dem, dog maa han ikke lade sig
mærke med, at Kongen har givet ham en saadan Befaling. Sj. T.
13, 308.

**6. Aug. (—).** Bestalling for Matz von Gifforn, der
skal beride Ringstedt Klosters Skove (ligelydende med Be-
stalling af 4. Jan. 1576 for Lorens Rap). Han skal have sin Bolig
i Ringstedt. Sj. R. 11, 307.

**7. Aug. (Paa Jagten i Ballerup).** Til Christen Vind. Da 8
Bønder i Skofuerlund[1] have klaget over at være satte for højt
i Landgilde og begæret, at Oldinge maa omsætte den, hvilket Kon-
gen ogsaa har bevilget, skal han med det første lade Oldinge under-

---

[1] Skovlunde, Smørum H.

søge Gaardenes Tilliggende og, hvis det er for ringe i Forhold til Landgilden, lade Oldingene nedsætte denne til en rimelig Størrelse, hvorefter han skal lade den ny Landgilde indskrive i Jordebogen. Sj. T. 13, 308.

**7. Aug. (Paa Jagten i Ballerup).** Befaling til Anders Bing og Hendrich Braade at besigte 1 Gaard, kaldet Hielmskuld, i Tolle Sogn i Fierre Herred, som Kongen har bevilget Fru Merette Matz Steenssens til Mageskifte, og 1 Gaard, kaldet Store Ennerød, i Krelsie Sogn i Faritz Herred med 2 Fæster, det ene kaldet Haldebro og det andet Laalthebeck[1], som hun igen vil udlægge til Kronen. Udt. i Sk. T. 1, 118.

— Til Biørn Anderssen, Jens Kaas, Jørgen Schram og Nils Jonssen. Da de i Anledning af den tidligere Befaling til dem om at besigte Vorgaard med Gods i Vendsyssel, som Kronen vil udlægge Fru Karrine Krabbe, Nils Schiels Enke, i Mageskifte, og Nygaard med Gods i Koldinghus Len, Var Syssel, Riiberhus Len og andensteds, som hun vil udlægge til Kronen, have berettet, at Befalingen tillige var rettet til Erich Rud, der nu er død, og til Vincentz Juel, der nu er kommen af med Koldinghus, og derfor have forespurgt, om der skal tiltages andre i disses Sted, og hvorledes de skulle forholde sig, befales det dem med det første at foretage Besigtelsen af begge Parters Gods, ligne det og indsende klare Registre derover, for at Kongen en Gang kan faa Ende derpaa og ikke skal lide mere Skade ved Sagens Forhaling. J. T. 1, 241 b.

— Befaling til Biørn Kaas, der paa Kongens Vegne forfølger Peder Oxis Arvinger for Thuorsø Gaard og Gods, at lade Forfølgningen mod Fru Inger Oxe, Jørgen Bradis Enke, for denne Sag falde, da Kongen har eftergivet hende den; derimod skal han vedblive Forfølgningen mod Peder Oxis andre Arvinger. Sk. T. 1, 117 b[2].

**10. Aug. (Frederiksborg).** Til Biørn Kaas. Da Kongen har ladet Befaling udgaa til 4 Riddermændsmænd om at møde i Kiøbnehafn 1. Sept. for at dømme i Striden mellem Kongen og Peder Oxis Arvinger om Tordsøe Gaard og Gods, skal han standse den af ham begyndte Forfølgning mod Peder Oxis Arvinger for dette Gods og møde i Kiøbnehafn 1. Sept. med de Breve, han har

---

[1] Fejlskrift for Saalthebeck. [2] Tr.: Ryge, Peder Oxes Levnet S. 391 f.

i Sagen, for at gaa i Rette med de Oxer. Kongen har dog for-
beholdt sig, at hvis Sagen ikke bliver endelig afgjort og Kongen
stillet tilfreds, skal Forfølgningen igen begynde, hvor Biørn Kaas
nu slipper den. Sj. T. 13, 309 b.

**10. Aug. (Frederiksberg).** Til Biørn Anderssen, Christopher
Valckendorpf, Herluf Skafue og Eyller Kraufse. Der er Trætte
mellem Kronen og Albrit Oxe med. hans Medarvinger
om Tordsøe Gaard og Gods, idet afdøde Peder Oxe havde for-
pligtet sig til efter 4 Riddermændsmænds Sigelse at gøre Kronen
Fyldest for dens Rettighed i ovennævnte Gaard, og Kronen har for
nogen Tid siden begyndt at forfølge Sagen paa Herredsting og Lands-
ting. Da Albrit Oxe nu imidlertid paa egne og Medarvingers Vegne
har forpligtet sig til ustævnet at møde i Kiøpnehafn 1. Sept. for at
pleje Lov og Ret og enten udrede hvad hans Broders Brev tilholder
ham og hans Medarvinger og gode Mænd kende dem pligtige til
eller fremdeles underkaste sig Forfølgningen, har Kongen givet Biørn
Kaas, Embedsmand paa Malmøe Slot, Ordre til paa Kronens Vegne
at gaa i Rette for dem med Albrit Oxe, hvorfor det befales dem at
møde i Kiøpnehafn 1. Sept., forhøre begge Parter og uden al Und-
skyldning dømme Kronen og de Oxer imellem, afgøre, hvad
Ret Kronen har i Gaarden, og hvad Udlæg de Oxer i Henhold til
Peder Oxis Brev bør gøre Kronen derfor, samt bringe alle deraf
flydende Spørgsmaal om Oppebørsel, Kost, Tæring og Skadegæld
til en endelig Afgørelse og give alt beskrevet fra sig. Sj. T.
13, 309.

— Befaling til de samme at møde i Kiøbnehafn 1. Sept. for
at fuldgøre den til dem udstedte og Biørn Anderssen tilsendte Fuld-
magt til at dømme i Sagen mellem Kronen og de Oxer om
Tordsøe Gaard og Gods og ikke drage derfra, førend de have
bragt alt i Orden. Sj. T. 13, 310 b.

— Livsbrev for Skipper Chresten Pederssen, der har
lovet at tjene Kongen trofast, saa længe han lever, paa det Hus
ud mod Volden i Kiøpnehafn, som han nu selv bor i og Telt-
mageren tidligere boede i, uden Afgift. Sj. R. 11, 308 b[1].

**11. Aug. (—).** Til Abbeden i Ringsted. Da Hans Mortens-
sen, forhen Borgemester i Ringsted, for nogen Tid siden er død
uden at efterlade sig Arvinger her i Riget og Robert Stiurt i

---

[1] Tr. O. Nielsen, Kbhvns Dipl. II. 375.

Nestued har tilforhandlet sig Arven af Hans Mortenssens Arvinger i Skotland, befales det Abbeden at lade Robert Stiurt faa Arven, saafremt denne har Bevis for, at Arven tilkommer ham. Sj. T. 13, 311.

**11. Aug. (Frederiksberg).** Livsbrev for Lauritz Skriver i Suallebølle, der i lang Tid har tjent som Herredsfoged i Nørre Herred og haft stor Bèsværing med at sidde Ting og andet, og hans Hustru Anne paa den Gaard i Suallebølle, som han nu bor i, fri for Ægt og Arbejde, men mod at svare sædvanlig Landgilde og være Lensmanden paa Thranekier lydig. F. R. 1, 101.

**15. Aug. (—).** Aabent Brev, at Reinhart von Bomelberg til Sandbygaards Bønder i Hørige Sogn indtil videre maa være fri for Skat og anden kgl. Tynge ligesom hans andre Ugedagstjenere. Udt. i Sk. R. 1, 194.

— Aabent Brev, at Borgerne i Falsterbo og Schanør fremdeles indtil videre maa være fri for at svare Byskat, da Byerne for største Delen ere ødelagte af Sand, der daglig tager mere og mere Overhaand. Sk. R. 1, 194 b.

-- Til Biørn Kaas og Hans Skougaard. Da Fru Giørrel Fadersdatter, Hr. Lauge Bradis Enke, har berettet, at der er Trætte mellem Kronens Bønder i Staberup, som hun har i Forlening, og Bønderne i Asmindtorp om fælles Jord og Fægang til disse Byer, og at der er opkrævet Oldinge til at gøre ret Skel, befales det dem at være til Stede, naar Oldingene skulle gøre deres Tov, og paase, at der vederfares Kronen og de andre Lodsejere hvad Lov og Ret er. Sk. T. 1, 118.

— Aabent Brev, at M. Niels Krag endnu et Aar maa beholde Afgiften af Kronens Part af Tienden af Stafninge Sogn. Udt. i J. R. 1, 394 b.

**16. Aug. (—).** Gavebrev til Jacob Suerffer, Organist i Helsingøer, paa en Jord øst for Helsingøer og vest for Byens Stræde, der løber mod Nord ud imod Slottets Teglgaard. Der skal ingen Jordskyld gives af Jorden, men føres god Købstadsbygning med Tegltag derpaa, saa der kan svares Kronen og Byen tilbørlig Tynge deraf. Sj. R. 11, 309.

-— Aabent Brev, at Johan Mauel, [Raf Clethens Søn[1]], herefter maa bruge sin Købmandshandel her i Riget lige

---

[1] Efter Overskriften til Brevet.

saa frit som andre Købsvende og Rigets indfødte Børn. Sj. R. 11, 310[1].

**16. Aug. (Frederiksborg).** Til Erick Munck, tilforordnet Admiral i Østersøen. Kongen har af hans Skrivelse, dat. 8. Aug. under Risserhøfdt[2], set, at det dantzick Blokhus paany er blevet haardt belagt, og at de Poller udruste nogle Skibe i Melbingen[3], hvilke de Dantziger have i Sinde at angribe. Da de Dantziger i den Anledning have begæret Hjælp af ham og han har begæret nærmere Ordrer desangaaende, eftersom han for kort Tid siden har faaet Ordre til ikke at foretage noget mod de Poller, meddeles ham, at Kongen nylig med Farensbeck og den dantziger Gesandt Hr. Michel Siuord har givet ham Ordre til at hjælpe Dantzigerne, og det befales ham og de andre Høvedsmænd at rette sig efter denne Ordre. Skønt Kongen for nogle Dage siden har sendt Brev til ham om, at han, da Hertug Karl af Sverrig vil rejse udenlands til Skibs, skal passe paa, at Hertug Magnus af Saxen ikke undkommer paa disse Skibe, skal han dog blive ved Dantzigerne, indtil der intet mere er at udrette dér; ere Hertug Karls Skibe da endnu ikke sejlede ud, skal han rette sig efter Kongens Ordre. Sj. T. 13, 311.

— Befaling til Chrestopher Valckendorp at underrette Kongen om, hvorvidt han til første Omslag kan skaffe 5000 Dlr. til Olluf Rantzou og 10,000 Dlr. til Hendrich Rantzou, og hvis han ikke kan skaffe Pengene til dem begge, da hvem han kan betale. Udt. i Sj. T. 13, 312.

— Aabent Brev, at Holgier Ulfeld, Hofsinde, indtil videre maa forestaa Værgemaalet for Florian Lugs[4] Barn, da dette Barns Moder[5], hans Mosterdatter, nu har indgaaet nyt Ægteskab og Barnet ingen fædrene Slægt har her i Riget. Sk. R. 1, 195.

— Til Axel Guldenstiern. Jens Euertssen, Borger i Landtzkrone, har begæret Tilladelse til paa egen Bekostning at opsætte en Vejrmølle paa en Kronen tilhørende øde Grund ved Andelef Bede i Skaane, da han mener, at den kan være de omkringboende Bønder til Gavn. Hvis den ikke kan skade nogen, skal Axel Guldenstiern mod Erlæggelse af et rimeligt Stedsmaal og en ›Bekendelse‹ tillade ham at opføre den. Sk. T. 1, 118 b.

— Forleningsbrev for Niels Kaas, Kansler, paa As-

---

[1] Tr.: O. Nielsen, Kbhvns Dipl. II. 375.    [2] Rixhöft, vest for Bugten ved Danzig.    [3] Elbing.    [4] ɔ: Luckov's.    [5] Kirsten Kyrning.

minde Kloster i Nørrejylland, saaledes som Axel Juel sidst havde det i Værge, uden Afgift. J. R. 1, 395.

**16. Aug. (Frederiksborg).** Til Lauritz Skram, Embedsmand paa Koldinghus. Da Kongen nu har sendt 2 af sine Skibe til Kolding med noget af sit og Dronningens Gods, skal han, saa snart de komme, lade Godset opskibe og opbevare det vel indtil Kongens Ankomst; derefter skal han straks skaffe Skibene fuld Ladning af Mursten, saa de saa snart som muligt kunne løbe til Kroneborg med dem, og desuden fragte alle de Skibe, der ere at faa, lade dem med Mursten og lade dem løbe til Kroneborg dermed. Orig.

**17. Aug. (—).** Befaling til Biørn Kaas, Embedsmand paa Malmøe Slot, at købe 3 Læster rigtig god Giers Herreds Rug, der kan bruges til Sæderug, og inden Saatiden sende den til Kroneborg til Johan Thaube. Orig.

— Tilladelse for Fru Kierstine Lunge, Axel Juls Enke, til at beholde det Gods, som hendes Husbonde havde i Forlening, og som tidligere har ligget under Drotningborg Slot, til 1. Maj, uden Afgift. Udt. i J. R. 1, 395 b.

**18. Aug. (—).** Mageskifte mellem Knud Ulfeld til Suendstrup og Kronen. Sk. R. 1, 195 b. (Se Kronens Skøder.)

— Til menige Sognemænd i Asmundtorp og Tofte Sogne. Da M. Peder Hanssen Riiber, Skolemester paa Frederichsborg Slot, hvem Kongen for nogen Tid siden[1] har anmodet dem om at vælge til deres Sognepræst, ikke saa snart kan undværes fra Skolen og en Del af dem hellere vil have Sognepræsten end en Kapellan boende hos sig, har Kongen bestemt, at M. Peder Hanssen skal have Thykiøb Sogn i Sjælland og afstaa Asmundtorp og Tofte Sogne til Hr. Hans, der hidtil har haft Thykiøb Sogn, og befaler dem derfor at kalde Hr. Hans i Overensstemmelse med Ordinansen. Sk. T. 1, 119.

— Mageskifte mellem Fru Anne Lunge, Knud Steenssens Enke, og Kronen. F. R. 1, 519[2]. (Se Kronens Skøder.)

— Til Eyller Grubbe, Rigens Kansler, Jørgen Doe og Henning Giøe. Da Fru Anne Lunge, Knud Stensens Enke, har begæret Kronens Rettighed i nogle jordegne Bøndergaarde paa Laaland, nem-

---

[1] Se Kanc. Brevbøger 1571—75 S. 592 f.     [2] Tr.: Aktstykker, udg. af Fyens Stifts lit. Selskab II. 37 ff.

lig 1 i Harpelunde, 7 og 1 øde Jord i Høfuitzmarcke[1] til Mage-
skifte for 1 Gaard i Ydestrup, 1 Gaard i Tiereby, 1 Gaard i Nørre
Ørslef, 1 Gaard i Sønder Ørslef og 1 Gaard i Thorpe, alt paa Fal-
ster, 2 Gaarde i Torpe og 1 Gaard i Sløsse paa Laaland, hvilket
Kongen ogsaa har bevilget paa den Betingelse, at hun udlægger
Kronen Fyldest baade for Ejendomsretten til og Skylden af det jord-
egne Bondegods og desforuden alligevel selv stiller Bønderne til-
freds for deres Rettighed, skulle de med det allerførste besigte
begge Parters Gods, ligne det og indsende klare Registre derpaa.
F. T. 1, 295.

**18. Aug. (Frederiksborg).** Til Lauritz Skram og Claus Glam-
beck. Da Kongen, der var til Sinds med det første at rejse til
Jylland og holde Vinterlejer dér, nu af forskellige Grunde har opgivet
dette, skulle de straks fragte Skibe og hver sende alt det Flæsk,
de kunne undvære, og 200 Faarekroppe til Kroneborg til
Johan Taube, Lensmand smstds., for at han siden kan sende det
hid, da Kongen daglig har Brug for det her. J. T. 1, 242.

**19. Aug. (—).** Ekspektancebrev for Jacob Vind, Sekre-
tær, paa det første ledige Prælatur i Riber Domkirke, dog tid-
ligere udgivne Ekspektancebreve hermed uforkrænkede. Udt. i J.
R. 1, 395 b.

**21. Aug. (—).** Stadfæstelse paa Bartskærernes Skraa
i Kiøpnehafn. Sj. R. 11, 310 b[2].

— Aabent Brev. hvorved Kongen forbyder alle at hindre
Berrent Thiidemand fra Dantzik, der paa egne Vegne er kom-
men ind i Riget for at købe Øksne, Faar, Lam, Gæs, saltet
Oksekød og andet, i at købe og udføre disse Ting. da Kongen
har tilladt Borgerne i Dantzik at købe Fetalje her i Riget til deres
Bys Undsætning og udføre den; dog skal han af hver Td. Oksekød
svare 1 Dlr. i Told og af hver levende Okse og af de andre Varer
samme Told, som der ellers svares her i Riget. Sj. R. 11, 314 b.

— Til Sognemændene i Kalslunde og Kagstrup Sogne.
Da en Del af dem ikke vil give Hr. Hans Pederssen Kiusse, der
efter deres forrige Sognepræsts Død af Superintendenten er sendt
til dem, Kald som Sognepræst, skønt de med Billighed hverken
kunne klage over hans Person eller over hans Prædiken og Lær-

---

[1] Høgsmark, Nørre H., Laaland.   [2] Tr.: Bartholin, Cista medica S. 61 ff. (paa La-
tin). Herholdt, Archiv f. Lægevidenskabens Hist. i Danmark I. 115 ff. O. Nielsen, Kbhvns
Dipl. II. 375 ff.

dom, men kun ville vælge en, der vil ægte en gammel Præste-
kvinde, befales det dem under Trudsel af Kongens højeste Unaade
straks at antage Hr. Hans Kiusse som Sognepræst, da Kon-
gen ikke vil tilstede, at Kaldet af ovenanførte, utilbørlige Grund
formenes ham af nogle faa Sognemænd. Sj. T. 13, 312 [1].

**21. Aug. (Frederiksberg).** Befaling til nedennævnte Lensmænd
og andre at indsende Registre, Regnskab og Afgift af
deres Len og de Restancer, de staa tilbage med, til Rente-
mesteren og gøre alt klart hos ham: Vincentz Jul skal straks ind-
sende 3500 Dlr., som han blev skyldig af Coldinghus, Mandtals-
register paa Lande- og Madskatten af Coldinghus Len og det, han
skylder deraf; Erick Lycke skal indsende de 517 Dlr. af Riberhus
Slots Regnskab og 274 Dlr. af Riber Stifts Regnskab, som han blev
skyldig til 1. Maj 1577; Biørn Anderssen skal indsende de 1162
Dlr., som han sidst blev skyldig af Aarhusgaards Regnskab, de 2
Aars Regnskab, som han resterer med af Aarhus Stift, og de Penge,
han skylder deraf; Claus Glambeck skal indsende de 6142 Dlr.,
som han sidst blev skyldig af Skanderborg Slot; Niels Joenssen
skal indsende de 958 Dlr. af Hald Slots Afgift og 713 Dlr. af Vi-
borg Stift, som han blev skyldig til 1. Maj 1577; Jørgen Marsuin
skal fremsende sit Regnskab af St. Hans Klosters Len, Regnskabet
over Stiftets Indkomst i samme Len, Mandtalsregister over Lande-
og Madskatten i samme Len, Regnskabet af Landtzkrone Slot og
Skaane Stift og over de Landeskatter, han staar tilbage med, og be-
tale de Penge, han skylder; Otte Emickssen skal fremsende sin Af-
gift af Rudgaardtz Len med Mandtalsregister over Lande- og Mad-
skatten af samme Len og betale hvad han skylder deraf; Mouritz
Podbusch skal sende den Afgift, han skylder af det Gods, han har
i Forlening i Fyen, og af Ebbeløen; Abbeden i Ringsted skal frem-
sende sit Regnskab af Ringsted Kloster og gøre det klart hos Rente-
mesteren; Prioren i Anduorschouf skal fremsende sit Regnskab af
Anduorschouf Kloster; Gregers Ulfstand skal straks fremsende sit
Regnskab for den uvisse Indkomst af Solte Len og Mandtalsregister
paa Lande- og Madskatten af Roxe Herred og betale hvad han bli-
ver skyldig; Borckort von Papenheim skal fremsende sit Regnskab
af Abramstrup med Mandtalsregister over Madskatten af samme Len
og betale hvad han bliver skyldig; Peder Bilde skal forklare sit

---

[1] Tr.: Ny kirkehist. Saml. IV. 392 f.

Regnskab fra 1. Maj 1576 til 1. Maj 1577 for det under Kallund-
borg henlagte Magelægsgods og betale hvad han bliver skyldig deraf;
Eggert Ulfeld skal forklare sit Regnskab for Sjællands Stifts Ind-
komst, fremsende Mandtalsregister paa Lande- og Madskatten af
Roschildegaardtz Len og betale hvad han bliver skyldig deraf; Peder
Gyllenstern skal fremsende sit Regnskab af Bahus Len med de Penge,
han bliver skyldig, og Afgiften af Vesteruig Kloster til 1. Maj 1577;
Henrich Gyllenstern skal fremsende sit Regnskab af Bahus Len,
Mandtalsregister paa Skatten til Martini 1576 af samme Len og Af-
giften af Han Herred og Vidskild Klosters Gods, forklare sit Regn-
skab for den uvisse Rente af dette Gods, fremsende Mandtalsregistre
paa de Penge- og Madskatter, som han resterer med af Han Herred
og Aastruppe Len, og betale alt hvad han bliver skyldig[1]; Peder
Brade skal fremsende sin Afgift af Fers Herred, Regnskabet for den
uvisse Indkomst og Mandtalsregister paa Lande- og Madskatten af
samme Herred og betale hvad han bliver skyldig; Steen Bilde til
Vandaas skal fremsende sin resterende Afgift af Herritzuad Kloster
og Regnskabet for den uvisse Indkomst; Thyge Brade Jenssis Søn
ligesaa for Villantz Herred; Jørgen Bilde skal fremsende de 416$\frac{1}{2}$
Dlr., som han blev skyldig i Søluitzborg Regnskab til 1. Maj 1577,
og de 193$\frac{1}{2}$ Dlr., han blev skyldig af Landeskatten til Juledag
1576 af samme Len; Hack Ulfstand skal fremsende sin Afgift af
Lyckou Len, Regnskabet for den uvisse Indkomst og Mandtalsregister
paa Landeskatten til Juledag 1576; Chrestopher Packisk skal frem-
sende Mandtalsregister paa Landeskatten 1576 af Holbeck Len og
betale hvad han bliver skyldig: Hr. Jørgen Løcke ligesaa for Lande-
skatten af Gislum Herred; Fru Abel Hr. Niels Langis ligesaa for
Landeskatten af Lundenes Len; Axel Gyllenstern ligesaa for Lande-
skatten af Landzkrone Len og Madskatten til sidste Midfaste af
samme Len; Hans Speigel ligesaa for Landeskatten og Madskatten
af Gladsaxe Len; Thyge Brade ligesaa for Landeskatten og Mad-
skatten af Villandtz Herred[2]; Bonde Mortenssen, Tolder i Rødbye,
skal straks begive sig til Rentemesteren med sit Regnskab og de
Penge, han bliver skyldig; Søfren Kier, Tolder i Kolding, og Peder
Heggellund, Tolder i Riibe, ligesaa; Olluf Bagger, Borger i Ottense,
skal straks fremsende de Penge, han bliver Kongen skyldig for Korn

---

[1] Derefter følge de norske Lensmænd Hans Pedersen Basse og Ludvig Munk.
[2] Derefter følge de norske Lensmænd Erik Brockenhuus, Aksel Gyntersberg, Hans Offe-
sen, Klavs Skeel og Henrik Brockenhuus.

15

og andre Varer fra 1. Maj 1575 til 1. Maj 1576; Søfren Hofmand
og Niels Skriver i Randers og Michel Bagger i Ottense ligesaa; Jør-
gen Hanssen i Vee ligesaa; Matz Kock i Ribe skal betale de Penge,
han blev Kongen skyldig af nogle Aars Regnskab for Riber Stifts
Indkomst. Udt. i Sj. T. 13, 3l3 b.

**21. Aug. (Frederiksborg).** Befaling til Borgemestre og Raad i
nedennævnte Købstæder med det første at fremsende deres
Restancer af Landeskatter og Byskatter til Rentemesteren.
— Heddinge 80 Mk. af Byskatten til Martini 1576; Prestøe 30 Mk.
af Byskatten til Martini 1576 og 100 Dlr. af Skatten til Jul 1576;
Helsingøer 56 Mk. 4 Sk. af Byskatten til Martini 1576 og 800 Dlr.
af Skatten til Juledag 1576; Stege 800 Mk. af Byskatten til Mar-
tini 1573, 1574, 1575 og 1576 og 250 Dlr. 12 [Sk.] af Skatten
til Juledag 1576; Korsøer 180 Dlr. af Skatten til Juledag 1576;
Slagelse 116 Dlr. af Skatten til Juledag 1576; Faaborg 150 Mk.
af Byskatten til Mortensdag 1574, 1575 og 1576; Bogense 80 Mk.
af Byskatten til Martini 1575 og 1576; Nyested 90 Mk. af Byskat-
ten til Martini 1576; Rudkiøping 40 Mk. af Byskatten til Martini
1576; Stubbekiøping 100 Mk. af Byskatten til Martini 1576;
Nagskouf 281 Mk. 4 Sk. af Byskatten til Mortensdag 1576; Kolding
100 Mk. af Byskatten til Martini 1576; Horsens 605$^1/_2$ Mk. 1
Sk. af Byskatten til Martini 1573, 1574, 1575 og 1576 og 500
Dlr. af Skatten til Jul 1576; Aarhus 200 Mk. af Byskatten til Mar-
tini 1576 og 250 Dlr. af Skatten til Jul 1576; Viborg 800 Mk. af
Byskatten til Martini 1573, 1574, 1575 og 1576; Lemuig 30 Mk.
af Byskatten til Martini 1576 og 50 Dlr. af Skatten til Jul 1576;
Ringkiøping 30 Mk. af Byskatten til Martini 1576 og 150 Dlr. af
Skatten til Jul 1576; Holdstedbro 200 Dlr. af Skatten til Jul 1576;
Aalborg 1000 Dlr. af Skatten til Jul 1576; Tidsted 223 Mk. af
Byskatten til Martini 1576 og 150 Dlr. af Skatten til Jul 1576;
Høringe 40 Mk. af Byskatten til Martini 1576 og 50 Dlr. af Skatten
til Jul 1576; Seeby 100 Dlr. af Skatten til Jul 1576; Skafuen
150 Dlr. af Skatten til Jul 1576; Grindou 78 Mk. 4 Sk. af Byskat-
ten til Martini 1576; Trelborg 60 Mk. af Byskatten til Martini 1576
og 300 Dlr. af Skatten til Jul 1576; Landtzkrone 200 Dlr. af Skat-
ten til Jul 1576; Aahus 199 Mk. 2 Sk. af Byskatten til Martini
1573 og 1576; Vee 328 Mk. af Byskatten til Martini 1573, 1574,
1575 og 1576; Vardberg 240 Mk. af Byskatten til Martini 1573,
1574, 1575 og 1576; Lyckebye 40 Mk. af Byskatten til Martini

1573, 1574, 1575 og 1576; Rodnebye 300 Mk. af Byskatten til Martini 1573, 1574, 1575 og 1576; Ausker 60 Mk. af Byskatten til Martini 1573, 1574, 1575 og 1576. Udt. i Sj. T. 13, 317 b.

**21. Aug. (Frederiksborg).** Befaling til Kapitlerne i Lund, Roskylde, Aarhus og Viborg med det første at sende deres Fuldmægtige hid med Kapitlernes Regnskaber for at gøre Rede for den Skat, de vare takserede til at svare Kongen til Jul 1576, og faa endelig Kvittans derfor. Udt. i Sj. T. 13, 319.

**22. Aug. (—).** Tilladelse for Hertug Adolf af Holsten til i Aar at købe og toldfrit udføre 200 Øksne her af Riget. Sj. R. 11, 315.

— Til Erich Valckendorp og Michel Sested. Da Chrestopher von Festenberg, kaldet Packisch, Embedsmand paa Holbeck Slot, har begæret 3 Gaarde i Arnacke, 1 Gaard i Ebberup og 3 Gaarde i Thoruppe i Aggerup Sogn, 1 Gaard i Thieberuppe[1] og 1 Gaard i Drafruppe i Glandløsse[2] Sogn, alt i Merløsse Herred, til Mageskifte for 2 Gaarde i Lidemarck By og Sogn og 1 Gaard i Gomerød[3] i Biefuerschoufs Herred, 2 Gaarde i Satzerup i Søstrup Sogn, 1 Gaard i Mølborup, 1 Gaard i Snefre i Sønder Jerløsse Sogn, 1 Gaard i Fagerup[4] i Søndersted Sogn og 4 Gaarde i Algistrup i Asmindrup Sogn, alt i Merløsse Herred, skulle de med det allerførste besigte begge Parters Gods, ligne det og indsende klare Registre derpaa. Sj. T. 13, 319.

— Forleningsbrev for Mouritz Stygge, Sekretær, paa det Kannikedømme i Aarhus Domkirke, som for nogen Tid siden blev ledigt efter afdøde Anders Munck, og som Bispens Søn[5] i Aarhus nu har i Værge. Naar han ikke længere er i Kongens daglige Tjeneste, skal han residere ved Domkirken. J. R. 1, 395 b.

— Til Bispen i Aarhus. Kongen forlenede for nogen Tid siden[6] hans Søn med det Kannikedømme i Aarhus Domkirke, som var ledigt efter Anders Munck, men da Sekretær Mouritz Stygge nu har berettet, at han havde Løfte paa det første ledige Kannikedømme i Aarhus, men formedelst Skrøbelighed og tilstødt Ulykke ikke har kunnet anholde om det, da det blev ledigt, befales det Bispen at overlevere Mouritz Stygge Kannikedømmet med Bønder og Fællesgods. J. T. 1, 242 b.

---

[1] Tepperup.   [2] Grandløse.   [3] Gummerød.   [4] Fejlskrift for: Kagerup.   [5] Bertel Lavridsen, Søn af Lavrids Bertelsen.   [6] Se Kanc. Brevbøger 1571—75 S. 277 og 680.

**23. Aug. (Frederiksborg).** Forleningsbrev for Kapellan-embedet ved Domkirken i Roskild, der ikke har tilstrækkelig Underholdning, paa Bona altaris Primæ efter M. Frandtz Ols-sens Død. Sj. R. 11, 315 b.

— Gavebrev til samme, der ikke har nogen bekvem Bo-lig, paa den til St. Michaelis Alter i Roskilde hørende Residens, naar Dr. Karnelius Hamsfort, der nu er forlenet med Alteret, dør. Sj. R. 11, 316.

— Aabent Brev, at menige Sognemænd i hvert Sogn paa Sjælland skulle yde Kirkens Tiende i Negene og fremføre den til dem, som have fæstet den, og at de, som have fæstet den, skulle aarlig levere Afgiften deraf i nærmest liggende Købstad efter Kirkeværgernes nærmere Anvisning. Hid-til er det nemlig i Sjælland gaaet meget mere uskikkeligt til med Kirkens Tiende end andensteds, idet Bønderne ikke have villet frem-føre Tienden i Negene til dem, som have fæstet den, men kun have villet føre den til Kirkegaarden, og de, der have fæstet Tienden, kun have villet levere deres Afgift til Kirkeværgerne, saa disse paa Kirkens Bekostning siden have maattet lade den føre til Købstæ-derne for at sælges, og det skønt Afgiften af Kronens Part af Tien-den leveres i nærmest liggende Købstad. Sj. R. 11, 316[1].

**25. Aug. (—).** Tilladelse for Borgerne i Dantzick og Kongens Undersaatter til indtil videre at udføre Oksekød, Havre og anden Fetalje her fra Riget til Dantzick, da Bor-gerne i Dantzick have klaget over, at de i denne besværlige Tid lide Mangel paa Oksekød og anden Fetalje; dog skulle de svare 1 gl. Dlr. i Told af hver Td. Oksekød. Sj. R. 11, 317[2].

— Til Prioren i Anduorskouf og Abbederne i Ringsted og Sore Klostre. Da Kongen med det første vil rejse til Klostrene og blive der en 5—6 Ugers Tid, skulle de sørge for at have alt til Kongens og hans Folks Underholdning og Havre til Kongens Heste i Forraad og give de Borgere og Bønder, hvor Hofsindernes Heste skulle staa, Ordre til at være forsynede med Mad, Øl, Hø, Havre og Strøelse. Udt. i Sj. T. 13, 320 b.

**26. Aug. (—).** Befaling til Niels Joenssen, der nu paa Kongens Vegne har solgt de 72 Læster Rug, 41$\frac{1}{2}$ Læst 8$\frac{1}{2}$ Td. Byg og

---

[1] Tr.: Secher, Forordninger II. 68 f.    [2] Derefter er indført et Skøde af 25. Aug. fra Marine Fikkesdatter, Movrids Pedersens Enke, til Kronen. (Se Kronens Skøder.)

Malt og 563 Tdr. Havre, som han blev skyldig i sit sidste Regn-
skab af Viborg Stift, og desuden skylder 712$^1/_2$ Dlr. 1 Ort, om
straks at sende sin Skriver til Rentemesteren med et Re-
gister over Stiftets Korn og med de Penge, som han
har oppebaaret for Kornet og skylder af Stiftets Indkomst. Udt.
i Sj. T. 13, 313.

**26. Aug. (Frederiksborg).** Befaling til Knud Rudt, Erich Rudtz
Søn, om paa egne og Søskendes Vegne med det første at sende
deres Skriver til Kiøbnehafn til Rentemesteren for at gøre deres
afdøde Faders Regnskab klart og samtidig betale de Penge,
som deres Fader skyldte af Aalborghus Len og Vendelbo Stift.
Udt. i Sj. T. 13, 313.

— Befaling til Chrestopher Valckendorp at give Johan de
Vian, der er i Kongens Kantori, 6 Dlr. mere om Aaret i Løn.
Udt. i Sj. T. 13, 320 b.

— Forleningsbrev for Hans Matzen, Kongens Kammer-
svend, paa Afgiften af Kronens Part af Tienden af Karleby[1]
Sogn i Haraggers Herred, kvit og frit. Udt. i Sk. R. 1, 199.

**27. Aug. (—).** Til Hendrich Mogenssen, Tolder i Helsingøer.
Da Hans Ollufssen, Borgemester i Kiøbnehafn, paa Byens Vegne
har begæret, at der maa blive givet nogle af de fremmede Salt-
skibe, der komme i Sundet, Ordre til at løbe til Kiøbnehafn og
dér sælge 100 eller 200 Læster Salt, for at Borgerne, hvis Saltet
skulde stige i Pris eller der ikke skulde komme mere i Aar, først
kunde blive forsynede, skal han give nogle af de nu i Sundet væ-
rende eller de første dertil kommende Saltskibe Ordre til at
løbe til Kiøbnehafn med 100 eller 200 Læster Salt og
fastsætte en rimelig Pris for Saltet, hvorefter Borgerne skulle
betale det. Sj. T. 13, 321[2].

— Til Nils Jonssen. Da Axel Veffert, Embedsmand paa
Nyborg Slot, har begæret at faa Kronens og Kirkens Part af
Korntienden af Tarup[3] Sogn og Kirkens Part af Korntien-
den af Solbyrig Sogn i Hellum Herred, som Axel Jul sidst havde
i Værge, i Fæste, skal Nils Jonssen lade ham fremfor nogen an-
den faa disse Tiender for et rimeligt Stedsmaal og aarlig Afgift.
Hvis Fru Kirstin Lunge, Axel Juls Enke, ikke vil beholde Kro-
nens Part af Korntienden af Voldgaard[4], Vebestrup og

---

[1] V. Karaby.   [2] Tr.: O. Nielsen, Kbhvns Dipl. IV. 625.   [3] Torup.   [4] Valsgaard.

Store Aarden Sogne og Kirkens Part af Korntienden af
Vebestrup og Store Aarden Sogne i Henste Herred, skal han
ogsaa lade Axel Veffert fremfor nogen anden faa disse Tien-
der for Stedsmaal og aarlig Afgift. Han skal med det første til-
skrive Kancelliet, hvorledes han bortfæster Tienderne, for at Kongen
derefter kan give Axel Veffert Brev derpaa. J. T. 1, 243.

**28. Aug. (Frederiksborg).** Forleningsbrev for Tyge Brahe
til Knudstrup paa Kuldegaarden paa Kulden i Skaane, saa-
ledes som Bent Vind hidtil har haft den i Værge, uden Afgift.
Han skal ikke være forpligtet til at holde Lygten i Stand. Sk. R.
1, 199 [1].

**29. Aug.** (--). Forleningsbrev for Manderup Pars-
bierg paa Silckeborg Slot og Len og Allinge Kloster, som
Jens Kaas sidst har haft dem i Værge. Han skal fra sidste 1. Maj
af i aarlig Genant have 133 Mk. $3^1/_2$ Sk. 2 Pd., 10 Læster Rug,
$8^1/_2$ Læst Byg, $6^1/_2$ Læst Havre, 23 Tdr. Smør, $1^1/_2$ Td. 1 Fjerd.
Honning, 90 Faar og Lam, 92 Gæs, 205 Høns, 164 Svin, 2500
Hvillinger, $1^1/_2$ Td. Gryn og al Avlen til Silckeborg Slot; endvidere
maa han oppebære Halvdelen af den uvisse Rente, af Gæsteriet, af
Oldengælden og af den Opfødning, som falder paa Stoddet ved
Slottet, samt af Allinge Kloster al Avlen og Tredjeparten af den
uvisse Rente og af det, der brændes i Klosterets Teglovn. Al
Oppebørsel herudover skal han levere paa Kiøpnehafns Slot eller
andensteds her i Riget, hvor det befales. Han skal tjene Riget med
10 geruste Heste og 4 Skytter, holde 40 Øksne paa Foder hvert
Aar og opsætte dem af de Øksne, han oppebærer i Sagefald eller
andet, holde Teglovnen ved Silckeborg Slot i Stand paa egen Be-
kostning og kun bruge Vindfælder, El eller Birk dertil; af de Sten,
der sælges, skal Kronen have den ene Halvdel og han den anden.
Han skal underholde Kongens Stod ved Slottet, paa egen Bekost-
ning forsyne det med gode Stodheste og med sit eget Foder fodre
Opfødningen, baade Kronens og sin egen Part. J. R. 1, 396 b.

**30. Aug.** (—). Befaling til Borgemestre og Raad i neden-
nævnte Købstæder at sende nogle gode Tømmermænd til Brug
ved Skibsbyggeriet paa Holmen ved Kiøpnehafns Slot. Kongen
vil give dem en til deres Dygtighed svarende Dagløn. — I Skaane:
Malmøe 6 Tømmermænd; Halmsted, Rundebye, Aahus, Sømmers-

---

[1] Tr.: Friis, Tyge Brahe S. 80.

hafn, Ydstedt og Landtzkrone hver 4; Søluitzborg og Trelleborg
hver 3; Laugholm, Falsterboe og Helsingborg hver 2. — I Sjæl-
land: Kallingborg 4; Kiøge og Skelskøer hver 3; Prestøe, Vording-
borg, Nestuidt og Korsøer hver 2. — I Smaalandene: Stubbekiø-
ping, Nyekiøping og Nagskouf hver 3; Nystedt og Rødby hver 2.
— I Fyen: Kierteminde, Faaborg og Medelfar hver 3; Suenborg og
Assens hver 2. — I Jylland: Riibe 6; Aarhus 5; Aalborg 4; Hor-
sens, Ebbeltoft og Nyekiøping hver 3; Gryndou 2. Udt. i Sj. T.
13, 321.

**30. Aug. (Frederiksborg).** Forleningsbrev for Peder Hans-
sen i Simlegaard, Landsdommer paa Bornholm, der som Lands-
dommer kun har en ringe Indkomst, paa følgende Gods, der hidtil
har ligget under den gejstlige Jurisdiktion, nemlig 6 Gaarde i Øster-
marcke Sogn, 1 Gaard i Ibskir Sogn, 2 Gaarde i Vestermarcke Sogn,
3 Gaarde i Clemidsker Sogn og 1 Gaard i Rødsker[1] Sogn, uden Af-
gift, saa længe han er Landsdommer. Sk. R. 1, 199 b[2].

— Til Axel Veffert. Da Fru Birgitte Banner, Claus Bry-
skes Enke, har bevilget Kronen 1 Gaard i Fellitzløf[3] paa Sjælland,
hvorover der sendes ham en af Peder Bilde, Embedsmand paa Kal-
lundborg, foretagen Besigtelse, til Mageskifte, skal han blive enig
med hende om, hvor hun skal have Udlæg derfor, udlægge hende
Fyldest af Kronens Gods under Nyborg Slot og tilskrive Kongen
klar Besked derom, for at Kongen derefter kan bringe Mageskiftet
til Ende. F. T. 1, 75 b.

— Fredebrev for Alexius N. paa Island, der for nogen
Tid siden er kommen for Skade at hugge Haanden af en anden
Karl og derfor er bleven dømt til »Udlæger« og ikke mere maa op-
holde sig der paa Landet uden med Øvrighedens Tilladelse. N. R.
1, 180 b.

**31. Aug. (—).** Aabent Brev, at Kirkeværgerne for Thøn-
dersiø Kirke i de næste 2 Aar maa oppebære Afgiften af
Kronens Part af Tienden af Thøndersiø og Ilzbierg[4] Sogne
til deres Kirkes Bygning, men kun dertil. Udt. i Sk. R.
1, 200 b.

**1. Sept. (—).** Bestalling for Jacob von Mansfeld, Gra-
ver. Han skal have Opsigt med de Damme, som findes her ved

---

[1] Rusker.
Skippinge H.		[2] Tr.: Hübertz, Aktst. til Bornholms Hist. S. 473 f.		[3] Følleslev,
[4] Eldsberga, Tønnersø H.

Slottet og i Dyrehaven, og med de Grøfter, som gaa til Møllen.
Han skal have 12 Dlr. og 1 sædvanlig Hofklædning om Aaret i
Løn og 4 Dlr. om Maaneden i Kostpenge af Skriverstuen her paa
Slottet samt 1 Pd. Rug og 1 Pd. Malt aarlig af Slottet. Naar der
skal gøres noget særligt ved Dammene og Grøfterne, skal enten
Lensmanden skaffe ham Hjælp dertil af Bønderne eller Kongen selv
lade Arbejdet bortakkordere. Sj. R. 11, 319.

**1. Sept. (Frederiksborg).** Til Nils Jonssen. Denne Brevviserske, Karine Mouritzis, har berettet, at hendes i Viiborg boende
Søster, hvis Arving hun er, for nogen Tid siden er død, men at
Arven er forfalden til Kronen, da hun ikke i rette Tid har gjort
Anfordring om den. Da der foruden Hus og Gaard skal findes
noget Boskab, som hun har begæret at faa, har Kongen bevilget
hende Boskab til en Værdi af 20 Dlr. eller 20 Dlr. i rede Penge,
hvis Boskabet er solgt, hvorfor Nils Jonssen skal befale Byfogden
enten at levere hende saa meget Boskab eller betale hende 20 Dlr.
J. T. 1, 243 b.

**3. Sept.** (—). Til Biørn Kaas og Hans Schougaardt, Embedsmænd paa Malmø og Helsingborg Slotte. Da Arrild Huitfeld,
Sekretær, har bevilget Kronen 9 Gaarde i Solbierge, en Mil fra
Anduordschouf Kloster, 1 Gaard i Verup i Nyløsse Sogn i Kallundborg Len, 1 Gaard i Dalby og 1 Gaard i Skelleberg i Løfue Herred
og 5 Gaarde i Brandstrop i Tersløsse Sogn til Mageskifte for
Fenne[1] Len i Giøding Herred med saa meget af det nærmest liggende Gods, at det kan veje op imod hans Gods, skulle de inden
St. Mortens Dag besigte begge Parters Gods, ligne det, udlægge Arrild Huitfeld det Gods, han skal have, og indsende klare Registre
derpaa. Sk. T. 1, 119 b.

— Til Claus Glambeck. Da Urtegaardsmanden der ved Slottet
[Skanderborg] har klaget over, at der er megen ringe Jord og Sandjord i Kongens Have smstds., skal Claus Glambeck lade en god
Sort Jord føre ind i Haven og forhøje Haven dermed
efter Urtegaardsmandens Anvisning. Hvis det Hus, som Urtegaardsmanden bor i, er det samme som det, hvori den tidligere Urtegaardsmand boede, maa han, som Urtegaardsmanden har begæret,
paa Kongens Bekostning sætte en Plankeværk mellem Huset og
Haven. J. T. 1, 244.

---

[1] Finja.

**3. Sept. (Frederiksborg).** Til Jens Kaas og Mandrup Parsberg.
Da Peder Gyldenstiern, Marsk, har bevilget Kronen Engethuedt
Gaard og 1 Gaard i Them i Silckeborg Len til Mageskifte for
noget Krongods i Vendsyssel, hvorom han selv skal give dem nær-
mere Oplysning, skulle de bestemt inden 14 Dage efter St. Mikkels
Dag besigte begge Parters Gods, ligne det og indsende klare Regi-
stre derpaa.   J. T. 1, 244 b.

**4. Sept.** (—).  Gavebrev til Jacob Høyer, Sekretær, paa
1 Gaard i Pilstræde i Kiøpnehafn mellem Fru Mette Rosen-
krandtzis Gaard og det lille Stræde, som løber ud med Clare Møn-
termur, hvilken Gaard Olluf Kuld tidligere har haft og han nu selv
har i Værge.   Gaarden skal holdes vedlige med god Købstadsbyg-
ning.   Sj. R. 11, 319 b [1].

**5. Sept.** (—).  Til alle Kirkeværger i Løfue og Flackebergs
Herreder.  Da Sognekirken i Korsøer er meget bygfalden og med
det første maa sættes i Stand, før den helt forfalder, men ikke selv
formaar det, har Kongen ogsaa af Hensyn til, at det er en Spot,
at denne Kirke, der ligger paa en Alfarvej, hvor fremmede rejse
forbi, ikke bliver holdt ordentlig i Stand, bevilget, at hver Kirke
i ovennævnte to Herreder i Aar skal laane Korsøer Kirke 1
Pd. Korn til dens Istandsættelse; naar Korsøer Kirke bliver
opbygget og igen kommer til Forraad, skal den tilbagebetale Kir-
kerne Kornet.  Det befales Kirkeværgerne at levere Kornet i Kors-
øer efter nærmere Tilsigelse af Lensmanden paa Korsøer Slot.  Sj.
T. 13, 322 b.

— Aabent Brev, at Jørgen Kiødt, Borger i Kiøpnehafn, som
har lovet at lade sig bruge som Købmand paa Kongens
Koffardiskibe, der løbe til Island, og har forpligtet sig til i
alle Maader at ramme Kongens Gavn og vide klar Besked om,
hvad der købes og sælges paa Kongens Vegne, skal have 40 Dlr.
i aarlig Løn, være fri for at svare Grundleje til Anduorschouf
Kloster af den Gaard, han bor i, og have frit Skibsrum frem og
tilbage til 4 Læster Gods, hver Gang han sejler ud med Islands-
skibene.   N. R. 1, 181 b.

— Aabent Brev, hvorved Kongen overdrager al sin Ret-
tighed til eller i Tuorsø Gaard og Gods og til Oppe-
børslen deraf til Peder Oxes Arvinger, Albrit Oxe til Nil-

---

[1] Tr: O. Nielsen, Kbhvns Dipl. II. 379.

strup paa egne og sin Søsters Jomfru Jahanne Oxes Vegne, [Fru
Inger Oxe[1],] Fru Mette Oxe, Hans Bernekous Enke, Fru Anne Oxe,
Frants Banners Enke, Fru Sitzille Oxe, Erich Podebuschis Enke,
paa deres egne Vegne, Johan og Knud Rud paa egne og Søsken-
des Vegne og Hendrich Gyldenstiern paa sin Hustrus[2] Vegne.
Tuorsø Gaard og Gods med Oppebørslen deraf var nemlig af gode
Mænd tildømt Kronen, men Peder Oxes Arvinger have nu i Stedet
udlagt Kronen alt Peder Oxes Gods paa Bornholm. Sk. R. 1, 202[3].

**6. Sept. (Frederiksborg).** Aabent Brev, at Kongen vil gøre sit
Bedste for at formaa Fru Mette Rosenkrantz, Peder Oxis Enke,
der har Livsbrev paa det Peder Oxe tilhørende Gods paa Born-
holm, som dennes Arvinger have udlagt til Kronen for Tuorsø
Gaard og Gods og Oppebørslen deraf, til straks og uden Vederlag
at afstaa dette Gods til Kronen; vil hun imidlertid ikke afstaa det
uden Vederlag, skulle Peder Oxis Arvinger være forpligtede til at
skaffe Kronen det bornholmske Gods og stille hende tilfreds derfor.
Sk. R. 1, 203 b.

— Følgebrev for Mogens Giøe, Embedsmand paa Ha-
mershus, til Bønderne paa Peder Oxes Gods paa Bornholm,
som Fru Mette Rosenkrantz, Peder Oxes Enke, sidst havde i Værge.
Udt. i Sk. R. 1, 203.

— Til Rentemesteren. Da Albrit Oxe, Embedsmand paa Olle-
holm, og hans Søstre og Søsterbørn, Peder Oxis Arvinger, have berettet,
at Peder Oxe ikke har faaet endelig Kvittans for de af ham i Vor-
dingborg og Jungshofuit Len oppebaarne Madskatter, fordi der resterer
en Del af disse hos Bønderne, har Kongen eftergivet dem al
Peder Oxis Restance af Madskatter fra hans Overtagelse af
Lenene til hans Død; ligeledes har Kongen bevilget, at den visse
Rente, som Peder Oxe havde oppebaaret før sin Død,
maa tilfalde Arvingerne. Rentemesteren skal derfor give dem
endelig Kvittans i Overensstemmelse hermed. Sj. T. 13, 323.

— Forleningsbrev for Erich Løcke, Hofsinde, paa 2
Gaarde i True i Vibbestrup[4] Sogn, 1 Gaard, kaldet Stockholm, 1
Gaard i Vibbestrup[4], 1 Gaard i Frachterup, 4 Gaarde i Doens, 1
øde Byggested, kaldet Hiedtz, i Valsgaardtz Sogn og 2 Gaarde i Ro-

---

[1] Dette Navn er oversprunget i Registranten, jvfr. Peder Oxes Arvingers Brev til
Kronen. [2] Mette Rud. [3] Foran er indført Peder Oxes Arvingers Brev af samme
Dato til Kronen paa Godset paa Bornholm. (Se Kronens Skøder.) [4] Vebbestrup.

strup, alt i Hedenstedt Herred, og 1 Gaard i Ballom[1] i Rosløf Sogn i Harre Herred, som hans Moder Fru Jahanne Nielsdatter har haft i Værge, mod aarlig at svare Kronen 60 gl. Dlr. i Afgift til Paaske. J. R. 1, 398.

**6. Sept. (Frederiksborg).** Følgebrev for samme til Bønderne paa ovennævnte Gaarde. Udt. i J. R. 1, 398 b.

— Ekspektancebrev for M. Bertel Lauritzen paa det første ledige Kannikedømme i Aarhus eller Viborg Domkirker; dog tidligere Ekspektancebreve hermed uforkrænkede. Udt. i J. R. 1, 398 b.

**7. Sept. (—).** Til Chrestopher Valckendorp. Da Kongen har bestemt, at hans Instrumentister og Giglere herefter for det meste altid skulle være hos ham, at den Italiener, der for nylig blev antaget og har vist sig at være perfekt i sin Kunst, skal være Mester for de andre i M. Jacobs Sted, og at M. Jacob og de andre skulle staa under ham, skal Chrestopher Valckendorp forhandle med Italieneren, M. Jacob og de andre om deres aarlige Besolding, træffe en endelig Ordning derom og for Fremtiden give dem samme Kostpenge som hidtil. Sj. T. 13, 323 b.

— Forleningsbrev for Hans Lauritzen, M. Lauritz Oldendorpfs Søn i Aarhus, paa Hr. Chresten Erichssens Vikarie i Aarhus til Hjælp til sine Studeringer, saafremt Hr. Chresten, som M. Lauritz beretter, vil oplade det til ham. Udt. i J. R. 1, 399.

**8. Sept. (—).** Til Fru Sitzel Urne, Albret Oxis Enke. Kongen har paa hendes Begæring om endnu en Tid at maatte beholde Olleholm Len med Soesmad, Vixnes og Kalløe Birker, som hendes afdøde Husbonde havde i Forlening, bevilget hende at maatte beholde dem til førstkommende 1. Maj paa de i Albret Oxes Forleningsbrev indeholdte Vilkaar. F. T. 1, 296 b.

**10. Sept. (Vallø).** Til Fruerne Inger Oxe, Mette Oxe, Anne Oxe og Citzle Oxe og andre Albrit Oxis i Kiøpnehafn forsamlede Arvinger. Kongen har efter sit Løfte til dem talt med Fru Mette Rossenkrantz, Peder Oxis Enke, om uden Vederlag at afstaa det bornholmske Gods, og hun er efter allehaande Indvendinger tilsidst gaaet ind derpaa, saafremt deres Søster Jomfru

---

[1] Bajlum.

Jahanne Oxe vil frafalde sin Tiltale til hende for Peder Oxis Værge-
maal for Jahanne Oxe og holde det Livsbrev, der er givet Fru. Mette
paa Peder Oxis Gods, og de alle ville erklære hendes Forlenings-
brev for i alle Maader ukrænket derved; hvis deres Søster eller de
selv ikke ville gaa ind herpaa, er hun villig til at tage Vederlag af
dem andensteds for det bornholmske Gods. De skulle derfor med
denne Dreng sende Kongen skriftlig Erklæring herom. Sj. T. 13, 324.

**11. Sept. (Knudsby)**. Forleningsbrev for Peder Nielssen
i Kiøge paa Afgiften af Kronens Part af Korntienden af
Seder[1] Sogn, kvit og frit. Udt. i Sj. R. 11, 320 b.

— Aabent Brev, at Fru Idde Andersdatter til Østrup,
Pouel Schinchels Enke, der har fæstet Kronens Part af
Tienden af Østrup Sogn i Fyen, men klager over, at det er
hende meget besværligt at levere Afgiften, hvor det befales, og at
Rugen sidste Aar har været saa »vog«, at hun ikke har kunnet le-
vere den saa ren, som den burde være, fremdeles maa beholde
Tienden for samme Afgift som hidtil og for hver Tønde Rug
eller Byg give 1 Dlr. og for hver Tønde Havre $\frac{1}{2}$ Dlr.
Pengene skulle betales hvert Aar til Paaske til Stiftslensmanden.
F. R. 1, 101 b.

**13. Sept. (—.)**. Aabent Brev, hvorved Kongen — der har bragt
i Erfaring, at Stege Slot i Grevens Fejde er bleven helt nedbrudt,
og at Raadhuset i Stege i Hr. Anders Bildis Tid er taget fra Byen
og gjort til Bolig for Lensmanden, uden at Byen har faaet noget
Vederlag derfor — bevilger, at Byen igen maa faa sit Raad-
hus. Sj. R. 11, 320 b.

— Til Jørgen Marsuin. Da Bertel Anderssen har til-
budt Kronen sin Bondegaard i Søllested Sogn i Bog Her-
red til Købs paa den Betingelse, at han fremdeles maa beholde
den, saa længe han lever, skal Jørgen Marsuin forhandle med ham
om Gaarden, betale ham en rimelig Pris for den, tage nøjagtigt
Skøde paa Gaarden, lade den sætte for Landgilde og indskrive i
Jordebogen som en ufri Gaard. F. T. 1, 76.

**14. Sept. (—)**. Aabent Brev, at Lauritz Paaske, Byfoged i
Otthense, der formedelst sit Embede ofte maa forsømme sin egen
Næring, uden dog at faa noget derfor, maa faa Tiendedelen af

---

[1] Sæder, Bjæverskov H.

det Sagefald, han opkræver, saa længe han er Byfoged. F. R.
1, 102 b.

**15. Sept. (Knudsby).** Kvittans til Gregers Holgerssen,
Embedsmand paa Schifuehus, paa 250 gl. Dlr., som han nu har
leveret Kongen som 1 Aars Rente af de 5000 Dlr., han skylder
Jens Holgerssens Barn. Pengene vil Kongen levere til Hans Schouf-
gaard, Embedsmand paa Helsingborg, for at han enten kan sætte
dem paa Rente eller paa anden Maade anvende dem til Barnets
Bedste. J. R. 1, 399.

— Pantebrev paa Livstid til Gregers Holgerssen
paa Schifuehus Slot og Len til Gengæld for, at han nu har
eftergivet Halvdelen af den Sum, han havde Lenet i Pant for. J.
R. 1, 399 b. [1]

— Befaling til Mouritz Stygge at være Værge for Tho-
mis Stygges Døtre. Udt. i J. T. 1, 245. [2]

**16. Sept. (—).** Til Peder Bilde og Erich Valckendorp. Da
Herluf Skafue, Landsdommer i Sjælland, har bevilget Kronen 1
Gaard i Lille Fullit [3] og 1 Gaard i Solbiere i Sjælland til Mage-
skifte for 1 Gaard i Jersie og 3 Gaarde i Kagstrup, skulle de
med det første besigte begge Parters Gods, ligne det, optage klare
Registre derover, indsende et Eksemplar til Kancelliet og levere
Herluf Skafue et. Sj. T. 13, 324 b.

**17. Sept. (—).** Befaling til alle Kloster-, Prælat-, Kannike-,
Vikarie-, Kirke- og Præstetjenere i Roschyldgaards Len om hver
at modtage ¹/₂ Pd. Rug, som de skulle male i Mel og bage 2
Tdr. godt Kavringbrød af, og ¹/₂ Td. Byg, som de skulle male
1 Td. Gryn af, og sende baade Brød og Gryn til Kiøpnehafn in-
den Jul. Udt. i Sj. T. 13, 325 b.

— Befaling til alle Kron-, Stifts-, Kloster-, Prælat-, Kannike-,
Vikarie-, Kirke- og Præstetjenere i Roschyldtgaards Len om efter
nærmere Tilsigelse af Lensmanden Lauge Beck at møde i Agnette
Kloster i Roschyld, modtage 100 Teglsten hver og føre dem til
Kiøpnehafns Slot, saafremt de ikke ville straffes for Ulydighed.
Udt. i Sj. T. 13, 325 b.

**18. Sept. (—).** Til Eyller Grubbe. Da Kronens Bønder i
Hammerstop [4] og Grimløsse [5] og Peder Henrichssens Gaard i The-

---

[1] Derefter er indført et Brev af samme Dato, hvorved Gregers Ulfstand eftergiver
Kronen Halvdelen af Pantesummen for Skivehus.    [2] Brevet er tilskrevet i Marginen.
[3] Lille Fuglede, Arts H.    [4] Hammer-Torup, Hammers H.    [5] Grumløse, Baarse H.

gelstrup ere satte for højt i Landgilde, skal han med det
første undersøge Sagen og, hvis Bønderne findes brøstholdne, lade
Oldinge sætte Gaardene for en rimelig Landgilde, hvorefter han
skal lade Jordebogen forandre i Overensstemmelse dermed. Udt. i
Sj. T. 13, 326.

**18. Sept. (Knudsby).** Se 18. Okt.

**20. Sept. (—).** Aabent Brev, at Vordingborg indtil videre
maa være fri for at svare Byskat. Sj. R. 11, 321.

**21. Sept. (—).** Følgebrev for Eyller Grubbe, Embeds-
mand paa Vordingborg Slot, til Kronens Bønder i Snegaards
Len, som Johan Venstermand hidtil har haft i Værge, at de her-
efter skulle svare ham til Vordingborg. Sj. R. 11, 321 b.

— Til Erick Munck, Admiral i Østersøen. Kongen har mod-
taget hans Skrivelse om, at de Poller ere dragne bort fra
Danzig, tillige med en klar Beretning om, hvorledes alt er gaaet
til med Blokhuset; da Erick Munck er bange for, at han i den
Sag er gaaet noget for vidt, saa meddeles ham, at han ikke har
gjort Kongen imod, da han jo har rettet sig efter Kongens
Ordrer, hvorefter han ogsaa fremdeles skal rette sig. Kongen har
givet Ordre til, at der straks skal sendes ham hvad han mangler
af Munition og Fetalje. Saasnart de dantzigske Gesandter, der
efter hvad Kongen hører ere paa Vejen hid, komme, skal der blive
givet ham nærmere Ordrer. — Seddel: Hvis de Poller ere dragne
helt bort og ikke inden Vinter ventes tilbage for Byen eller Blok-
huset, skal han holde Strøget mellem Dantzick og Melbin-
gen[1] for om muligt at opbringe nogle af de polske Fribyttere, der
ere blevne udrustede, dog maa han ikke blive længere ude, end
han mener forsvarligt for Skibene. Sj. T. 13, 326 b.

— Til Chrestopher Valckendorp. Da de ved Dantzken liggende
Orlogsskibe mangle Krudt, Lod, Folk og Fetalje og allerede have
laant 1 Læst Krudt, skal han sørge for, at det Skib, som han
med Kongens Samtykke har givet Ordre til at løbe til Admi-
ralen med 100 Mand og Fetalje, Skyts, Krudt, Lod og
Klæde for en 6 Ugers Tid, straks bliver sendt afsted med disse
Ting og det Krudt, Orlogsskibene have laant. Han skal melde Ad-
miralen, at han skal faa nærmere Ordrer, naar de dantzigske Ge-
sandter komme, og befale ham imidlertid at tilskrive Kongen hvad
nyt der forefalder. Sj. T. 13, 327.

[1] Elbing.

**21. Sept. (Knudsby).** Forleningsbrev for Hr. Jost i Hylcke paa Kronens Part af Tienden af Hylcke Sogn, kvit og frit. Udt. i J. R. 1, 400 b.

**22. Sept.** (—). Livsbrev for Peder Holst, Slotsfoged paa Vordingborg Slot, paa Kronens Part af Korntienden af Vester Egespur Sogn, som afdøde Johan Jørgenssen, forhen Borgemester i Nestved, der havde Livsbrev derpaa, har opladt ham. Han skal indtil videre svare halvt saa meget i Afgift deraf som Johan Jørgenssen, nemlig 4 Pd. Rug og Byg og 2 Tdr. Havre, og inden Fastelavn levere det til Stiftslensmanden i Sjællands Stift; svares Afgiften ikke i rette Tid, skal dette Brev være forbrudt. Tiende nogle ikke retfærdigt, skal Peder Holst have Fuldmagt til at lade deres Korn kaste og dem selv straffe, hvis det viser sig, at de have forsét sig. Sj. R. 11, 322.

— Til Eyller Grubbe. Da den Underholdning, som 12 Personer af Skolen [i Vordingborg] hidtil altid have haft af Almisser for Porten, nu formindskes meget, fordi al Slottets Indkomst ud over Eyller Grubbes Genant skal komme Kronen alene til gode, har Kongen bevilget, at Eyller Grubbe herefter aarlig maa lade ½ Læst Rug male i Kavringbrød, uddele det til de 12 Skolepersoner og indskrive det i Regnskabet. Da han paa Slottet har modtaget en hel Hob ubrugeligt Inventarium, skal han mod Kvittans levere Hospitalet i Nestidt alt det Inventarium, som ikke er Kongen tjenligt. Sj. T. 13, 327 b.

— Til Christopher Valckendorp. Kongen har eftergivet Indbyggerne i Prestø de 100 Dlr., som de restere med af den sidst paabudte Skat. Udt. i Sj. T. 13, 328.

— Til Morten Venstermand. 4 Kronbønder og en Præstetjener have i Forening med deres Medbrødre, i alt 16 Mænd, været i et Nævn og erklæret, at Jens Sommer, hans Moder og en anden Kvinde have været ligesaa skyldige i Jens Dues Mord som Chresten Jude, der blev henrettet og stejlet for Mordet, eftersom de have været i Raad, Flok og Følge med Chresten Jude, da Jens Due blev dræbt. Da Sagen nu har staaet paa i lang Tid og de ikke ere fældede for den, men alligevel ønske at faa en Ende paa den, have ovennævnte 5 Mænd tilbudt at betale Kronen 80 gl. Dlr., og Kongen har til Gengæld fritaget dem for al videre Tiltale i Anledning af denne Sag. Morten Venstermand skal oppebære Pengene af dem og lade dem være fri for Tiltale. F. T. 1, 297.

**22. Sept. (Knudsby).** Til M. Niels Jespersen, Superintendent i Fyens Stift. Da Hr. Jacob Tyche endnu ikke er forsynet med andet Kald og Døllefjelde Sogn paa Laaland skal være ledigt, skal han enten skaffe Hr. Jacob dette Sogn eller det første Kald, der herefter bliver ledigt.[1]

— Til Erich Løcke. Da han har berettet, at Hamborgerne have anholdt en Bojert, ladet med Korn og Tagsten, for ham og ikke villet løsgive den, skønt han flere Gange har anmodet dem derom, bevilger Kongen ham hans Begæring om at maatte gøre sig betalt for sin lidte Skade i noget Gods til en Værdi af omtrent 300 Dlr., der tilhører en Skotte og blev arresteret paa sidste Vor Frue Marked i Byen [Ribe], fordi Skotten skal have sin Handel og Tilflugt i Hamborg; dog gælder Tilladelsen kun, saafremt Skotten er bosiddende Borger i Hamborg og har Borgerskab dér; hører han ikke hjemme dér, skal Erich Løcke lade ham passere frit med hans Gods. J. T. 1, 245.

**24. Sept. (Antvorskov).** Kvittans til Eggert Ulfeld paa 1200 gl. Dlr., som han har leveret Kongen selv her paa Anduordschouf paa Regnskab af det Gods, som Kongen har tilskiftet sig her i Landet og lagt under Roskildgaard. Sj. R. 11, 323.

**26. Sept. (—).** Livsbrev for Fru Marine Ficksdatter, Mouritz Pederssens Enke, der nu har tilskødet Kronen 3 Gaarde i Gundestrup i Aatz Herred, og hendes Datter Jomfru Kirstine paa St. Jørgens Hospital i Ringsted, som Hans N. hidtil har haft i Værge. De skulle være forpligtede til at underholde lige saa mange fattige i Hospitalet som hidtil og maa, saa længe de leve, aarlig oppebære 4 Pd. Korn af Ringsted Kloster. Sj. R. 11, 323 b.

**27. Sept. (—).** Til Christoffer Valckendorf. Da han har meldt, at de 2 Gallejer, som vare i Vestersøen, nu er komne hjem og ere saa lække, at den ene maa tages paa Land og den anden drives og istandsættes, førend de igen kunne komme ud, skal han straks lade begge Gallejer aftakle og gøre i Stand, saa de til Foraaret kunne være helt færdige. Han skal sørge for, at det Skib, som skal til Erich Munck med Fetalje, Krudt og Skibsfolk, straks bliver sendt afsted. Orig.[2]

— Til Jørgen Biilde. Da Kongen, der tidligere har sagt til ham, at han ikke længere vil lade ham beholde Søluitz-

---

[1] Tr.: Kirkehist. Saml. 4. R. II. 8 f.    [2] Tr.: Nye dsk. Mag. I. 19.

borg Len for den ringe Afgift, han hidtil har givet, nu
har bestemt, at han aarlig fra sidste 1. Maj af skal svare 800 Dlr.
og $^2/_3$ af den uvisse Rente i Afgift, hvis han vil beholde Lenet,
befales det ham straks med dette Bud at meddele Kongen, hvad
han vil.  Sk. T. 1, 120 b.

**27. Sept. (Antverskev).**  Bestalling for Lauritz Skriver
som Toldskriver i Nyborg.  Han skal i Forening med Tol-
deren varetage Toldregisteret og have 100 gl. Dlr. i aarlig Løn og
Bolig i Korsbrødregaard i Nyborg ligesom de tidligere Toldskrivere.
F. R. 1, 103.

— Befaling til Jørgen Marsvin, der til Kongens store Forun-
dring endnu resterer med nogle Regnskaber af Landtzkrone og
Ottensegaards Len, skønt Kongen tidligere har givet ham Ordre til
straks at gøre dem klare, om straks at fremsende sin Skriver
med de resterende Regnskaber og de dertil hørende
Penge og give dette Bud skriftligt Svar med tilbage desangaaende.
F. T. 1, 76 b.

— Aabent Brev, at Jørgen Schram, Embedsmand paa Drot-
ningborg, indtil videre maa oppebære Indkomsten af Drot-
ningborg Len udover Genanten til en Pris af 12 Dlr. for 1 Td.
Smør, 8 Dlr. for 1 Td. Honning, 3 Dlr. for 1 Bolgalt, $^1/_2$ Dlr. for
1 Brændsvin, 3 Dlr. for 1 Ko, $^1/_2$ Dlr. for 1 Faar, 1 Ortsdlr. for
1 Lam, 2 Sk., som Mønten nu gaar, for 1 Gaas og 1 Sk. for 1
Høne, da de Købmænd, der hidtil have oppebaaret Indkomsten,
ikke længere ville tage den til den fastsatte Pris.  Pengene skal han
aarlig i god Tid indbetale til Rentekammeret.  Al Rug, Byg, Malt
og Havre udover Genanten skal han indtil videre oplægge til Kon-
gens Bedste.  J. R. 1, 401.

**28. Sept. (—).**  Til Jørgen Skram.  Da der i Drotningborg
Len undertiden er noget, baade med Hensyn til Skov og Ejendom
godt, jordegent Bondegods til Salgs, men han ikke tør købe
noget uden nærmere Ordre, befales det ham at handle med de
Bønder, der have Gods at sælge, købe det til Kronen og tage
endeligt Skøde derpaa.  Udgiften til Købet vil Kongen godtgøre ham
i hans Regnskab.  J. T. 1, 245 b.

— Til Peder Bilde.  Paa hans Forespørgsel om, hvorvidt Kon-
gen vil have det paa Kallundborg Slot ved Vaade afbrændte
Hus genopbygget eller ej, befales det ham at genopbygge det til
Foraaret, købe Kalk, Sten, Bjælker, Sparrer og andet nødvendigt

16

og lade hugge Tømmer i Skovene, hvor det kan ske uden Skade for Skoven. Udgiften til Byggeriet vil Kongen godtgøre ham i Regnskabet. Sj. T. 13, 328.

**28. Sept. (Antverskev).** Til Chrestopher Valckendorp. Kongen har eftergivet Borgerne i Stege de 4 Aars Byskat, som de restere med, derimod skulle de betale de 262 Dlr., som de restere med af den til sidste Jul paabudte Skat. Udt. i Sj. T. 13, 328 b.

**29. Sept. (—).** Aabent Brev, at Lauritz Skrædder i Kierckerup indtil videre maa være fri for at gøre Ægt og Arbejde til Anduordschouf Kloster. Udt. i Sj. R. 11, 324.

— Befaling til Nils Jonssen at fremsende de Penge, han har solgt Stiftskorn for, tillige med de Penge, han blev skyldig i sidst aflagte Stiftsregnskab. Udt. i J. T. 1, 245 b.

— Befaling til Knud Rudt, Erich Rudtz Søn, paa egne og Medarvingers Vegne om straks at fremsende sin Skriver med Regnskabet af Olborghus Len og Stift og med de Penge, som de i Følge Regnskabet blive skyldige for Korn og andre Varer. Udt. i J. T. 1, 245 b.

— Befaling til Biørn Anderssen straks at fremsende sin Skriver med Regnskabet af Aarhus Stift og de til Regnskabet hørende Penge samt de Penge, som han blev skyldig i sidste Regnskab. Udt. i J. T. 1, 246.

**30. Sept. (—).** Til Jacob Skriver, Borgemester i Kiøpnehafn. Lauritz Nielssen i Ellingegaard, Jens Ibssen i Eskelstrup, Jens Nielssen i Sueninge og Jens Olssen i Kollekoldt have berettet, at deres Frænke Margrette Hans Taassings for nogle Aar siden er død der i Byen, hvorefter de som hendes Arvinger, skønt de kun fik en ringe Arv, have maattet betale en stor Gæld, der beløb sig til mere end det, de arvede, og have endvidere tilkendegivet, at samme Margrette i sit Testamente har skrevet, at der var overleveret hende 300 Dlr. i Guld, Dalere og Mønt til Opbevaring, hvilke Penge Jacob Skriver som Byfoged har beslaglagt paa en Ret. Da der endnu ingen er mødt, der kan vedkende sig disse Penge, og Arvingerne mene, at hun kun har skrevet det i Testamentet for at fravende sine rette Arvinger Pengene, har Kongen paa deres Begæring og for en Gang at blive dem kvit bevilget, at de maa faa 100 Dlr. af disse Penge, hvilke han derfor skal betale dem. Sj. T. 13, 329[1].

---

[1] Tr.: O. Nielsen, Kbhvns Dipl. IV. 625 f.

**2. Okt. (Antvorskov).** Til Chrestopher Valckendorp. Da han
har berettet, at der endnu henligger usolgt c. 150 Læster af den norske
Sild, som den første Sommer blev sendt til Dantzick for at sælges,
og at Husleje og andet volde stor Bekostning, skal han med det
allerførste sende 2 eller 3 Bojerter til Dantzick for at indtage Sil-
dene og føre dem til Narfuen, hvor de skulle sælges. Der
sendes ham Søbreve for Bojerterne. Sj. T. 13, 329 b.

**5. Okt. (Vlnstrup).** Til Prioren i Anduorschouf. Da Kongen
har eftergivet Kronens Bønder i Brødre Bierby og Rou-
stedt[1] under Anduorschouf de Boløksne, som de hidtil have
svaret, skal han lade Jordebogen forandre i Overensstemmelse der-
med. Udt. i Sj. T. 13, 330.

— Til Fru Maren Fixdatter. Da Kongen har en af hendes
Karle mistænkt for at have været med til at skyde Dyr
paa Kronens Enemærke i Otz Herred og har befalet Frantz
Skriver, Lensmand paa Dragsholm, at æske denne Karl af hende,
befales det hende enten at udlevere Karlen til Frantz Skriver eller
selv holde ham i god Forvaring, indtil Sagen kommer for Retten,
saafremt hun ikke, hvis Karlen undkommer, selv vil staa til Rette.
Sj. T. 13, 330.

**7. Okt. (Antvorskov).** Befaling til Chrestopher Valckendorp med
det allerførste at sende Kongens Kældersvend Jesper Skammelssen
afsted for at hente den Vin, Kongen har sendt did[2], tilbage til
Kiøpnehafn. Da den Vin, Kongen har paa Frederichsborg, er meget
stærk og Kongens Kældersvend Valter derfor er sendt til Kiøpne-
hafn for at undersøge, om der er rigtig god Vin at faa til Købs
dér, skal Chrestopher Valckendorp opspørge, hvor i Byen der er
god Vin at faa, lade Valter prøve den, købe 2 Amer deraf til
Kongens eget Brug og lade Valter faa dem med tilbage til Ant-
vorskov. Han skal bestille 5 eller 6 Læster rigtig godt Ro-
stocksøl, at levere inden Vinteren, saa Kongen siden kan lade
det hente til Frederichsborg eller andre Steder, hvor det behøves.
Sj. T. 13, 330 b.

**8. Okt. (—).** Til samme. Da de Lybsche efter deres Beretning
have overladt Mandrup Parsberg Inventarium paa Hammers-
hus til en Værdi af omtrent 300 Dlr. og nu begære Betaling der-

---

[1] Rosted, V. Flakkebjærg H.      [2] Stedet nævnes ikke i Registranten.

16*

for, skal han undersøge, hvad Inventariet kan beløbe sig til i Penge, og betale de Lybsche Summen. Sj. T. 13, 331 [1].

**8. Okt. (Antvorskov).** Til Prioren i Anduorskouf. Da Anders Dresselberg, Sekretær, har berettet, at der er Trætte mellem ham og hans Søskende paa den ene og nogle af Adelen paa den anden Side om et Markeskel, som sidstnævnte ville »drive« ved Bierby, hvilken By hans Fader og han selv og Søskende have faaet til Mageskifte af Kronen, og som tidligere tildels har ligget under Klosteret, skal Prioren opsøge de Breve, der kunne bruges til at forsvare Godset og hindre Markeskellet med, straks lade udskrive Vidisser deraf under sit Segl og levere disse Vidisser til Anders Dresselberg, saafremt det da ikke skader Kronen, at han faar dem, og de ikke vedrøre andet Gods. Sj. T. 13, 331 b.

— Befaling til samme om med det første at lade det mellem Stolper murede Hus, der staar østen paa Volderupgaard, nedbryde, lade det føre til Rostedt og opsætte dér, hvor Jep Nielssen smstds. anviser ham; han skal skaffe Jep Nielssen Sten, Kalk, Arbejdsfolk, Vogne og andet til Arbejdet nødvendigt og indskrive Bekostningen derved i sit Regnskab. Sj. T. 13. 332.

— Aabent Brev, at Hans Pederssen i Vollerupgaard, der i Jordebogen er indskreven for en aarlig Afgift af 10 Dlr. af en Enghave, Hestehave og andre Haver, som han bruger til ovennævnte Gaard, indtil videre skal være fri for at svare disse 10 Dlr., mod at svare sædvanlig Landgilde af Gaarden, holde den i god Stand og være Prioren i Antvorskov lydig. Sj. R. 11, 325.

— Tilladelse for Oluf Bagger til at uddrive 2 Øksne af Riget eller lade salte 2 eller 3 Tønder Oksekød og være fri for at svare Told deraf. Udt. i Sj. R. 11, 324 b.

— Livsbrev for Anders Jude paa det Hus i Treenstrup, som Hans Kok sidst boede i, med alt dets Tilliggende; han skal holde Huset i Stand og maa ikke lade andre bruge noget af Jorden. Sj. R. 11, 324 b.

— Forleningsbrev for Hr. Niels Jensen, Sognepræst i Semenbølle [2] Sogn paa Langeland, paa Kronens Part af Tienden af Semenbølle Sogn, uden Afgift. Udt. i F. R. 1, 103 b.

— Forleningsbrev for Jørgen Pederssen, »vor Mand og Tjener«, paa den Gaard i Varde, som blev forbrudt til Kro-

---

[1] Tr.: Nye dsk. Mag. I. 19.  [2] Simmerbølle.

nen efter den formedelst sine Misgerninger henrettede Karine Jep Halmis, uden Afgift. J. R. 1, 401 b.

**9. Okt. (Antvorskov).** Aabent Brev, at Bønderne i Brødre Bierby og Rousted[1], der have berettet, at de ere Ugedagsmænd til Anduordschouf Kloster og besværes meget med Ægt, Arbejde og andet samt svare stor Landgilde, uagtet de kun have ringe Brugning, herefter skulle være fri for de Boløksne, de hidtil have svaret. Sj. R. 11, 325 b.

— Livsbrev for Jep Hanssen og hans Hustru Marine paa den jordegne Bondegaard i Gamelby i Rudgaardtz Len, som hans Svoger Hans Jesperssen nu har tilskødet Kronen Ejendomsretten til. De skulle ingen Indfæstning give, men skulle svare sædvanlig Landgilde, gøre sædvanlig Ægt og Arbejde og være Lensmanden paa Rudgaard lydige. De maa ikke bortleje noget af Jorden. Jep Hanssen skal, saalænge han lever, være fri for alle Slags Tov. F. R. 1, 104.

— Befaling til Otte Emichssen at modtage det Skøde, som Hans Jesperssen i Gamelby har givet Kronen paa sin jordegne Bondegaard smstds., og de Adkomster, som Hans Jesperssen har paa Gaarden, og lade denne indskrive i Jordebogen som Krongaard; dog skal han i Henhold til Kongens Brev lade Jep Hanssen og hans Hustru Marine beholde Gaarden, saalænge de leve, for samme Landgilde, som der hidtil er svaret, og lade Jep Hanssen være fri for alle Slags Tov. F. T. 1, 77 b.

— Befaling til Jørgen Marsuin at betale Hans Jesperssen i Gamelby i Rudgaardtz Len, der har solgt Kronen Bønderrettigheden i sin jordegne Bondegaard smstds. for 70 gl. Dlr., disse 70 Dlr. eller 4 Mk. for hver Daler og lade dem indskrive i Regnskabet. F. T. 1, 77.

— Forleningsbrev paa 3 Aar for Hr. Jens Chrestenssen paa Afgiften af Kronens Part af Korntienden af Sørby[2] Sogn, kvit og frit. Udt. i J. R. 1, 402.

**10. Okt. (—).** Ekspektancebrev for Hr. Bertel Seuerensen, Prior i Anduorschouf Kloster, paa det første ledige Kannikedømme eller Vikarie i Roschilde Domkirke, dog tidligere Ekspektancebreve hermed uforkrænkede. Udt. i Sj. R. 11, 326.

---

[1] Rosted, V. Flakkebjærg H.    [2] Sørbymagle, V. Flakkebjærg H.

**10. Okt. (Antverskov).** Tilladelse for Hertug Adolph af Slesvig-Holsten til i næste Sommer at lade et Skib sejle til en af Kronens Havne for Sønden paa Island og tilforhandle sig Varer dér, dog ikke Svovl. Det befales Lensmanden og Indbyggerne paa Island at sørge for, at han kan gøre sit Indkøb før nogen anden, saa Skibet snart kan komme paa Hjemrejsen. N. R. 1, 182 b.

**11. Okt. (—).** Aabent Brev, at det Skib, som Hertug Adolph af Slesuig-Holsten til Foraaret vil lade løbe til Spanien efter Salt og andet, maa passere gennem Øresund eller Bæltet baade paa Hen- og Hjemrejsen uden at svare Told eller Lastepenge. Sj. R. 11, 326 b.

— Til Jørgen Daa. Da han har berettet, at Øegaardt, som han har i Forlening, er meget bygfalden, og at der i Skovene findes mange Vindfælder, fornede Træer og Stubbe, der ikke kunne bære Olden, men nok kunne bruges til at genopbygge Gaarden med, tillades det ham at lade saadanne Træer omhugge og savskære og anvende Tømmeret til Gaardens Bygning; ligeledes tillades det ham at sælge Vindfælder og fornede Træer til Genopbygning af Gaarden, men ellers skal han selv bestride alle Udgifterne og maa ikke skrive noget paa Kongens Regning, og han skal saa vidt muligt spare Skovene. F. T. 1, 298.

**14. Okt. (—).** Mageskifte mellem Peder Juel til Alstedt og Kronen. J. R. 1, 402. (Se Kronens Skøder.)

**15. Okt. (—).** Befaling til Claus Glambeck at lægge 1 Gaard i Eier i Ousted Sogn i Vor Herred og 1 Gaard i Ring By og Sogn i Thørsting Herred, som Kongen har faaet til Mageskifte af Peder Juel til Alsted, ind under Skanderborg Slot og indskrive dem i Jordebogen blandt det tilskiftede Gods. Udt. i J. T. 1, 246.

— Aabent Brev, at Hr. Christopher Suendzen, forhen Sognepræst i Steensmagle og Steenlille Sogne, der en Tid har været fængslet for nogle Mishandlinger, som 16 Mand have svoret ham skyldige i, og nu ikke kan forfølge Sagen til Tinge, da han er i Borgen og Dommen erklærer ham fredløs, maa være fri for sin Borgen og forfølge sin Sag paa Herredsting, Landsting og andensteds, da han mener, at de Vidnesbyrd, hvorefter Nævningerne have svoret, ikke ere rigtige. De 16 Nævninger skulle dog være fri og ufældede for deres Ed og Tov, medmindre han lovlig kan fælde dem, og han maa ikke ved Hjælp af dette Brev forhale Sagen, da

Kongen i Tilfælde af Misbrug ellers vil lade ham straffe efter den tidligere Dom. Sj. T. 13, 332[1].

**15. Okt.** Jvfr. 25. Okt.

**16. Okt. (Antvorskov).** Aabent Brev, at Fru Anne Holck, Hr. Verner Parsbiergs Enke, der har faaet Hørby Len i Skaane i Forlening mod aarlig at svare 25 gl. Dlr. i Afgift af den visse Rente samt Halvdelen af den uvisse Rente, herefter skal svare 55 gl. Dlr. aarlig i Afgift baade af den visse og uvisse Rente. Sk. R. 1, 204.

**17. Okt.** (—). Aabent Brev, hvorved Kongen — der har bragt i Erfaring, at en Del af de Sognemænd i Sjælland, som beskikkes til Kirkeværger, efter Tiendernes Bortfæstelse for aarlig Afgift vægrer sig ved at forestaa denne Befaling, skønt ingen med Billighed kan undslaa sig derfor, — **strængelig paabyder alle, som Stiftslensmændene beskikke til Kirkeværger, at forestaa denne Befaling et Aars Tid, og indtil andre tilskikkes i deres Sted, og varetage Kirkens Interesser;** vægrer nogen sig, vil han blive straffet som ulydig. Sj. R. 11, 327[2].

**18. Okt.** (—). Aabent Brev, at Kongen efter Raadslagning med Rigens Raad har bestemt, at **der indtil videre ikke maa udføres Rug af Riget,** da Rugen i Aar ikke er vokset vel og allevegne stiger i Pris, saa det kan befrygtes, at Menigmand vil komme til at lide stor Mangel, hvis Udførsel tillades. Overtræder nogen dette Forbud, skal han have forbrudt hvad han har med at fare og straffes for Ulydighed. Sj. R. 11, 328[3].

— Ekspektancebrev for M. Frandtz Olssen, Sognepræst i Roskild, paa det første ledige Kannikedømme i Roskild Domkirke; dog tidligere udgivne Ekspektancebreve hermed uforkrænkede. Sj. R. 11, 328 b.

— Reces om Morgengave blandt Adelen. Sj. T. 13, 333. Orig. ·(Se Secher, Forordninger II. 71 ff.)

— Til Lauge Beck. Da der mellem Kiøge og den nærmest Byen liggende Bro paa den almindelige Landevej til Kiøpnehafn findes nogle onde Broer og Bække, skal han, der har flest Bønder deromkring i Befaling, straks befale disse at gøre Broerne i Stand, fylde de onde Veje og dybe Putser med Jord og brolægge dem. Sj. T. 13, 334.

---

[1] Tr.: Ny kirkehist. Saml. IV. 393 f. [2] Tr.: Secher, Forordninger II. 71. [3] Tr.: Smstds. 74.

**18. Okt. (Antvorskov).** Til Fru Mergrette Basse paa Rollerup.
Hr. Jens Lercke, Sognepræst i Slaugelse, har berettet, at han
om Søndagen gør Tjeneste i Slaugelse Hospital, hvorfor han
aarlig har oppebaaret 2 Pd. Korn, 1 Fjerd. Smør, 1 godt Svin og
$1/_2$ Oksekrop baade af hende og de tidligere Hospitalsforstandere,
indtil hun nu for kort Tid siden har nedsat det til 2 Pd. Korn.
Da Hr. Jens og hans Formænd altid have haft denne Rente og Fru
Mergrette er forpligtet til at holde Hospitalet ved gammel Skik, be-
fales det hende ikke at afkorte noget i Hr. Jens's Løn og at er-
statte ham det, der er forholdt ham, saafremt Kongen ikke, hvis
der kommer yderligere Klager, skal blive nødt til at fratage hende
Hospitalet. Sj. T. 13, 334 b.

— Befaling til samme om herefter aarligt at gøre Stifts-
lensmanden i Sjælland og Sognepræsten i Slagelse Regn-
skab for Slagelse Hospitals Indtægt og Udgift og forholde
sig saaledes med Hospitalet, som hun vil forsvare for Gud og være
bekendt for Kongen. Udt. i Sj. T. 13, 335.

— Befaling til Lauge Beck om i Forening med Sognepræsten
i Slagelse aarlig at undersøge de fattiges Vilkaar i Slagelse
Hospital, som Fru Mergrette Basse, Emmicke Ottessens Enke, har
i Forlening, og, hvis det ikke gaar rigtigt til, da melde det til Kon-
gen. Udt. i Sj. T. 13, 335.

— Til Lensmændene[1] over hele Riget. Da en Del af de
Bøsseskytter og Baadsmænd, som Kongen lægger i Borgeleje
i Købstæderne, undertiden opfører sig utilbørligt og Bor-
gerne tit klage over dem, uden at de dog blive straffede, skulle
Lensmændene i de Købstæder, de have i Befaling, drage Omsorg
for, at de Bøsseskytter og Baadsmænd, der overfalde eller forurette
Borgere eller andre, blive straffede uden al Naade og staa deres
Anklagere til Rette efter Byretten, og ej tilstede, at der ses gennem
Fingre med nogen. De skulle tilkendegive Borgerne i Købstæderne,
at de, naar nogen optræder utilbørligt mod dem og de ikke
kunne komme til Rette med dem, skulle melde det til Lensmæn-
dene. Da nogle af Bøsseskytterne og Baadsmændene løbe ud paa
Landsbyerne, naar de have faaet Kostpenge af Borgerne, og lade
Bønderne føde sig, skulle de have Opsigt hermed og lade dem straffe,
der gøre det. Sj. T. 13, 335 b.

---

[1] De opregnes alle med deres Købstæder.

**18. Okt. (Antvorskov).** Mageskifte mellem Erich Rosen-
krantz til Langtin og Kronen. Sk. R. 1, 205. (Se Kronens
Skøder.)

— [1] Aabent Brev, hvorved Kongen befaler Indbyggerne i Skaane,
Halland og Blekinge herefter ved **Køb** og Salg at **bruge den
Skæppe,** som **Kongens Raader** og gode Mænd ved et Møde i
Lund sidste **12. Maj ere blevne enige med Købstædernes
Fuldmægtige om;** der skal, saaledes som de gjorte Mønstre vise,
gaa 6 saadanne Skæpper paa 1 Tønde og 24 Skæpper paa 1 Pund;
bruger nogen herefter en anden Skæppe, skal han straffes for falsk
Maal. Sk. R. 1, 206 b [2].

— Til Thyge Brade Ottissøn. For nogen Tid siden blev han
forlenet med Kuldegaarden paa Kulden, kvit og frit, og for-
beholdt sig ved den Lejlighed at være fri for at holde Lygten
smstds. i Stand. Da imidlertid Bent Vindt, der hidtil har haft
Gaarden, netop har faaet den for at **holde Lygten i Stand,** skal
Thyge Brade ogsaa gøre dette, hvis han vil beholde Gaarden. Sk.
T. 1, 120 b [3].

— Aabent Brev, at **Lauritz Brockenhus til Egeschouf,** der
har fæstet **Kronens Part af Tienden af Gisløf Sogn i Fyen** for
aarlig Afgift, indtil videre maa være fri for at svare Afgiften.
F. R. 1, 105.

— Aabent Brev, at **Axel Veffert** indtil videre maa **beholde
Eschebierg Ladegaard paa Hindtzholm** med tilliggende Avl, som
han nu har i Værge til Nyborg Slot, **til eget Brug** mod aarlig at
svare 100 gl. Dlr. i Afgift deraf. Han skal underholde Kongens
Stod og Stodheste ved Ladegaarden. F. R. 1, 105.

— Aabent Brev, at **Rasmus Pederssen,** der har lovet at
lade sig bruge som Købmand paa Kongens Skibe, som løbe for
Norden paa Island efter Svovl, og at aflægge Rentemesteren Regn-
skab for sin Indtægt og Udgift, i aarlig Løn skal have 100 Dlr.,
en »gemen« Hofklædning og fri Underholdning samt frit Skibsrum
frem og tilbage paa Kongens Skibe til 10 Læster Gods, alt beregnet
fra 1. Maj 1576. Han maa kun føre gode Købmandsvarer til Is-
land og ikke tage højere Pris for dem end andre Købmænd; han
skal gøre sig Flid for at faa Svovl for de Varer, han afsætter paa
Kronens Vegne. N. R. 1, 183.

---

[1] Sk. R. har Sept., hvilket dog sikkert er en Fejlskrift for: Okt. (jvfr. Daterings-
stedet). [2] Tr.: Secher, Forordninger II. 69 f. [3] Tr.: Friis, Tyge Brahe, S. 81.

**19. Okt. (Antverskov).** Til Biørn Kaas og Axel Veffert. Da Mogens Guldenstiern har begæret 4 Gaarde i Smollerup i Nørre Asbo Herred til Mageskifte for Gods i Butterup[1] ved Horsens, som Jacob Ulfeld til Koxbul paa hans Vegne har tilbudt at udlægge, skulle de med det allerførste besigte begge Parters Gods, ligne det [og indsende klare Registre derpaa]. Udt. i Sk. T. 1, 121.

— Til Jacob Ulfeld og Axel Viffert, Embedsmænd paa Dalum Kloster og Nyborg Slot. Da Biørn Kaas, Embedsmand paa Malmøe Slot, har bevilget Kronen 2 Gaarde i Marthofte ved Eschebierg, 2 Gaarde i Vybye paa Huidtzholm[2] og 2 Gaarde i Aufnsløf, alt i Nyeborg Len, til Mageskifte for 2 Gaarde i Nyeborg Len og noget Slettebogods i Fientz Herred og Himmer Syssel, hvorom han selv skal give nærmere Oplysning, skulle de med det allerførste besigte begge Parters Gods, ligne det og indsende klare Registre derpaa. F. T. 1, 78 b.

— Til Gregers Holgerssøn. Da Biørn Kaas og Hans Skougaardt, der ere Værger for Jens Ulfstandtz Søn, have berettet, at der er Trætte paa noget af Barnets Gods, og at de ingen Breve have at forsvare det med, skal han opsøge de Godset vedrørende Skifte- og Ejendomsbreve og levere dem til Biørn Kaas og Hans Skougaardt, saa Brevene kunne komme til at følge Godset. J. T. 1, 246 b.

**20. Okt. (—).** Til Bønderne over hele Riget, hvem de end tjene. Da der i nogle Aar er sket stort Plageri paa Søen af Fribyttere og andre og det kan befrygtes, at disse ogsaa i den tilstundende Sommer ville understaa sig til at røve fra den søfarende Mand, vil Kongen til Foraaret udruste nogle Orlogsskibe for at beskytte sine Undersaatter og andre og holde Strømmene rene og har nu, da der hertil behøves en stor Hob Fetalje, med Rigsraadets Samtykke paabudt en almindelig Madskat, saaledes at hver 10 Bønder, der sidde for Gaarde, skulle lægges i Læg og give 1 Td. Brød, 2 Tdr. Øl, 3 Fjerdinger af en Nødkrop, 4 Faarekroppe, 10 Gaasekroppe, 1 Otting Smør og 1 Otting Gryn og hver 10 jordegne Bønder dobbelt saa meget. Skatten skal være ude i Sjælland til Kyndelmisse, i Skaane, Laaland og Falster til Midfaste og i Jylland og Fyen til Paaske. Kun Adelens Ugedagsmænd, der bo osv., skulle være fri. Sj. T. 13, 337.

---

[1] Bottrup, Hatting H.    [2] o: Hindsholm.

**20. Okt. (Antverskov).** Befaling til Lensmændene[1] i Jylland, Fyen, Sjælland, Laaland og Falster, Skaane og Bornholm at forkynde ovenstaaende Brev, lægge Bønderne i Læg, indkræve Skatten og sende den til Kiøbnehafn (i Sjælland til Kyndelmisse, i Skaane, Laaland og Falster til Midfaste, i Jylland og Fyen til Paaske). Sj. T. 13, 338 b.

— Kvittans til Fru Giøruel Gyldenstiern, Lauge Ulfstands Enke, paa 1000 gl. Dlr., som hun havde laant af Kronen og skulde have tilbagebetalt til sidste St. Mikkels Dag, men først nu har betalt. Da Kongen nu ikke har hendes Gældsbrev ved Haanden, erklærer han det dødt og magtesløst og lover at tilstille hende det, saasnart det kan blive opsøgt. Sk. R. 1, 207 b.

— Aabent Brev, at Chresten Jacobssen, der af Holgier Ulfstandtz Værger er antagen som Ridefoged over Skabersø Gods, for denne Tjeneste maa faa en Holgier Ulfstand tilhørende Gaard i Ebberup uden Stedsmaal og beholde den kvit og frit, saalænge han er Ridefoged. Sk. R. 1, 207 b.

**21. Okt. (—).** Register paa Øl, som skal bestilles i Forraad til Kongens Orlogsskibe: Eyller Grubbe skal i Vordingborg Len lade brygge 40 Læster Øl af 5 Læster Malt, hente Humle dertil paa Kiøbnehafns Slot, selv skaffe Tønder og levere Øllet paa Kiøbnehafns Slot til Vor Frue Dag purificationis [2. Febr.]; Eyller Kraufse skal i Korsøer Len lade brygge 12 Læster Øl af 1¹/₂ Læst Malt, hente Humle dertil paa Kiøbnehafns Slot, hvis han ikke selv kan skaffe den, give Tolderen i Korsøer Ordre til at betale Humle og Tønder, fragte Skuder til Øllet og sende det til Kiøbnehafn til Vor Frue Dag purificationis; Prioren i Anduorschouf skal lade brygge 20 Læster Øl af 2¹/₂ Læst Malt, købe Humle og Tønder til Øllet, fragte Skibe i Skelskøer eller Korsøer og sende Øllet til Kiøbnehafn til Fastelavn samt levere Eyller Grubbe 5 Læster Malt, Eyller Kraufse 1¹/₂ Læst Malt, Nestuidt 2¹/₂ Læst Malt og Skelskøer 2¹/₂ Læst Malt; Abbeden i Soer skal lade brygge 30 Læster Øl af 3¹/₂ Læst 3 Pd. Malt og sende Øllet til Kiøbnehafn til Fastelavn; Skelskøer og Nestuidt skulle hver lade brygge 20 Læster Øl af 2¹/₂ Læst Malt, selv skaffe Humle og Tønder til Øllet og sende dette til Kiøbnehafn til Fastelavn; Frantz Skriver skal i Dragsholm Len lade brygge 40 Læster Øl af 5 Læster Malt, selv skaffe

---

[1] De opregnes alle med deres Len.

Humle og Tønder til Øllet og give Bønderne paa Serøe Ordre til
at føre Øllet til Kiøbnehafn den første Uge i Fasten; Peder Bilde
skal i Kallundborg Len lade brygge 40 Læster Øl og sende det til
Kiøbnehafn til Fastelavn; Lauge Beck skal i Roschildegaards Len
lade brygge 50 Læster Øl af 6 Læster 3 Pd. Malt og levere Øllet
i Kiøbnehafn til Midfaste samt levere Peder Munck 2½ Læst Malt,
Christopher Pax 1½ Læst Malt, Kiøge 3½ Læst 3 Pd. Malt, Stege
2½ Læst Malt og Prestøe 2½ Læst Malt; Christopher Pax skal i
Holbeck Len lade brygge 1½ Læst Malt i Øl, selv skaffe Humle
og Tønder og sende Øllet til Kiøbnehafn til Fastelavn; Kiøge skal
lade brygge 30 Læster Øl af 3½ Læst 3 Pd. Malt og sende Øllet
til Kiøbnehafn til Midfaste; Prestøe skal lade brygge 20 Læster Øl
af 2½ Læst Malt, selv skaffe Humle og Tønder og sende Øllet til
Kiøbnehafn til Fastelavn, Slotsskriveren paa Kiøbnehafns Slot skal
da betale Humlen og Tønderne; Chresten Vindt skal i Kiøbnehafns
By og Len lade brygge 100 Læster Øl af 12½ Læst Malt og selv
skaffe Humle og Tønder; Axel Viffert skal i Nyborg Len lade brygge
50 Læster Øl af 6 Læster 3 Pd. Malt, selv skaffe Humle og Tøn-
der og sende Øllet til Kiøbnehafn til Paaske samt levere Moritz
Podbusch 2½ Læst Malt, Suinborg 1 Læst 3 Pd. Malt, Kierteminde
1 Læst 3 Pd. Malt, Faaborg 1 Læst 3 Pd. Malt og betale Moritz
Podbusch for Humlen og Tønderne til Øllet; Suinborg, Faaborg og
Kierteminde skulle hver lade brygge 10 Læster Øl, selv skaffe
Humle og Tønder og fremsende Øllet til Paaske; Jørgen Marsuin
skal af Stiftets Indkomst levere Erick Hardenberg 3½ Læst 3 Pd.
Malt, Hans Johanssen 2½ Læst Malt og Assens 1 Læst 3 Pd. Malt;
Erick Hardenberg skal i Hagenskouf Len lade brygge 30 Læster Øl af
3½ Læst 3 Pd. Malt og sende Øllet til Kiøbnehafn til Paaske; Assens
skal lade brygge 10 Læster Øl af 1 Læst 3 Pd. Malt og sende Øl-
let til Kiøbnehafn til Paaske; Moritz Podbusch skal i Tranekier Len
lade brygge 20 Læster Øl af 2½ Læst Malt og sende Øllet til
Kiøbnehafn til Paaske; Hans Johanssen skal i Hindzgafuels Len lade
brygge 20 Læster Øl af 2½ Læst Malt og sende Øllet til Kiøbne-
hafn til Paaske; Hendrich Giøe skal i Nykiøping Len lade brygge 40
Læster Øl af 4 Læster 5 Pd. 8 Skpr. Malt, selv skaffe Humle og Tønder
og sende Øllet til Kiøbnehafn til Søndag misericordia domini [13.
April]; Fru Citzle Urne, Albrit Oxis Enke, skal lade brygge 60 Læ-
ster Øl af 6½ Læst 2 Pd. Malt, selv skaffe Humle og Tønder, sende
Øllet til Kiøbnehafn til Søndag misericordia domini og levere Morten

Venstermandt 4 Læster 5 Pd. 8 Skpr. Malt; Morten Venstermandt skal i Rafnsborg Len lade brygge 40 Læster Øl af 4 Læster 5 Pd. 8 Skpr. Malt, selv skaffe Humle og Tønder og sende Øllet til Kiøbnehafn til Søndag misericordia domini; Peder Munck skal paa Møen lade brygge 20 Læster Øl af $2^1/_2$ Læst Malt, selv skaffe Humle og Tønder og sende Øllet til Kiøbnehafn til Søndag misericordia domini; Stege skal lade brygge 20 Læster Øl af $2^1/_2$ Læst Malt og sende Øllet til Kiøbnehafn til Søndag misericordia domini; Malmøe skal lade brygge 100 Læster Øl af $12^1/_2$ Læst Malt og fremsende Øllet til Søndag Jubilate [20. April]; Axel Gyllenstørn skal i Landzkrone Len lade brygge 30 Læster Øl af $3^1/_2$ Læst 3 Pd. Malt, selv skaffe Humle og Tønder og sende Øllet til Kiøbnehafns Slot til Søndag Jubilate; Landzkrone skal lade brygge 30 Læster Øl af $3^1/_2$ Læst 3 Pd. Malt og sende Øllet til Kiøbnehafn til St. Valborgs Dag [1. Maj]; Ydstedt og Trelborg skulle hver lade brygge 20 Læster Øl af $2^1/_2$ Læst Malt og sende Øllet til Kiøbnehafn til St. Valborgs Dag; Biørn Kaas skal levere Axel Gyllenstern $3^1/_2$ Læst 3 Pd. Malt, Malmø $12^1/_2$ Læst Malt, Landtzkrone $3^1/_2$ Læst 3 Pd. Malt, Ydstedt og Trelborg hver $2^1/_2$ Læst Malt; Hans Skoufgaard skal i Helsingborg Len lade brygge 50 Læster Øl af 6 Læster 3 Pd. Malt, selv skaffe Humle og Tønder, sende Øllet til Kiøbnehafn til St. Valborgs Dag og levere Helsingborg $2^1/_2$ Læst Malt; Helsingborg skal lade brygge 20 Læster Øl af $2^1/_2$ Læst Malt og fremsende Øllet til St. Valborgs Dag; Biørn Anderssen skal levere Aarhus 5 Læster Malt, Randers 5 Læster Malt og betale Borgemestre og Raad i Aarhus for Humle og Tønder til Øllet; Randers skal lade brygge 40 Læster Øl af 5 Læster Malt og sende Øllet til Kiøbnehafn til Pinsedag [18. Maj]; Jørgen Skram skal betale Borgemestre og Raad i Randers for Humle og Tønder til 40 Læster Øl; Aarhus skal lade brygge 40 Læster Øl af 5 Læster Malt og fremsende Øllet til Pinsedag; Jens Kaas skal levere Olborg 15 Læster Malt til 24 Tdr. pr. Læst; Olborg skal lade brygge 60 Læster Øl af 15 Læster Malt og sende Øllet til Kiøbnehafn til Pinsedag; Otte Hanssen, Sisemester i Nestuidt, skal betale Borgerne i Nestuidt for Humle og Tønder til 20 Læster Øl; Jacob Dauidssen, Sisemester i Skelskøer, skal betale Borgerne i Skelskøer for Humle og Tønder til 20 Læster Øl; Peder Nielssen, Byfoged i Kiøge, skal betale Borgerne i Kiøge for Humle og Tønder til 30 Læster Øl; Rasmus Skriver, Sisemester i Suinborg, skal betale Borgerne i Suinborg for Humle og Tønder til 10

Læster Øl; N. N., Sisemester i Faaborg, skal betale Borgerne i Faa-
borg for Humle og Tønder til 10 Læster Øl; Frantz Skriver, Sise-
mester i Kierteminde, skal betale Borgerne i Kierteminde for Humle
og Tønder til 10 Læster Øl; Pouel Bang, Tolder i Assens, skal
betale Erick Hardenberg for Humle og Tønder til 30 Læster Øl og
Borgerne i Assens for Humle og Tønder til 10 Læster Øl; Hendrich
Bang i Medelfard skal betale Hans Johanssen for Humle og Tønder
til 20 Læster Øl; N. N., Byfoged i Stege, skal betale Borgerne i
Stege for Humle og Tønder til 20 Læster Øl; Lauritz Jørgenssen,
Tolder i Malmøe, skal betale Borgerne i Malmøe for Humle og
Tønder til 100 Læster Øl; Lauritz Skriver, Byfoged i Landzkrone,
skal betale Borgerne i Landzkrone for Humle og Tønder til 30 Læ-
ster Øl; Lauritz Paaske, Byfoged i Helsingborg, skal betale Borgerne
i Helsingborg for Humle og Tønder til 30 Læster Øl; Christen Jude,
Byfoged i Ydstedt, skal betale Borgerne i Ydstedt for Humle og
Tønder til 20 Læster Øl; Lauritz Nielssen, Byfoged i Trelborg, skal
betale Borgerne i Trelborg for Humle og Tønder til 20 Læster Øl;
Niels Anderssen, Tolder i Aalborg, skal betale Borgerne i Aalborg
for Humle og Tønder til 60 Læster Øl. — Lensmændene skulle
indskrive Udgifterne til Anskaffelse af Humle og Tønder i deres
Regnskab. Udt. i Sj. T. 13, 340.

**21. Okt. (Antvorskov).** Befaling til nedennævnte Lensmænd og
andre, der endnu staa tilbage med Restancer, om straks at
indbetale disse til Rentemesteren i Kiøbnehafn og herefter aarlig
betale deres Afgifter i rette Tid, da Kongen ellers vil blive nødt til
at æske dem af dem med Rigens Dele og fratage dem Lenene.
De skulle straks med dette Bud tilskrive Kongen Besked. — Re-
gister: Eggert Ulfeld resterer med 196 Dlr. 1 Ort af Roschilde-
gaards Len; Hack Ulfstand med 1343 Dlr. af Ottensegaards Len;
Otte Emmickssen med Afgiften af Rudgaardt; Moritz Podbusch med
900 Dlr. af Afgiften af Godset i Fyen; Albrit Oxis Arvinger med
569 Dlr. af Rafnsborg Len; Morten Venstermand med 500 Dlr. af
Afgiften af Rafnsborg Len; Erich Rudtz Arvinger med Korn af Aal-
borghus Len til et Beløb af 5300 Dlr. foruden de andre Varer,
som Erich Rud ellers blev skyldig; Niels Joenssen med 5550 Dlr.
af Hald Len og Viiborg Stift; Hendrich Gyllenstern med 4000 Dlr.
af Afgiften af sine Len i Jylland, med 5404$^1/_2$ Dlr. af Bahus Len
og med Mandtalsregister og Restancer af forskellige Kongeskatter,
som han endnu ikke har aflagt Regnskab for; Chresten Skeel med

Regnskabet af Bøfling Len; Jørgen Skram med 323¹/₂ Dlr. af Drot-
ningborg Len og 3211 Dlr. for Købmændenes Varer, som han har
hos sig; Biørn Anderssen med 1162 Dlr. af Aarhusgaards Len og
med 2 Aars Regnskab af Aarhus Stifts Indkomst; Erick Lycke med
791¹/₂ Dlr. af Riberhus Len og Stift; Matz Kock, Borger i Ribe,
med 4988¹/₂ Dlr. for Korn af Riber Stift; Vincens Jul med 199
Dlr. af Koldinghus Len; Claus Glambeck med 617 Dlr. af Skander-
borg Len; Lauritz Offessen med 24 Dlr. af Afgiften af noget Gods
i Vendsyssel; Jørgen Marsuin med hans Restance af Landtzkrone
Len, Stiftets Indkomst og de i Lenet oppebaarne Skatter; Peder
Brade med 200 Dlr. af Afgiften af Fers Herred; Jørgen Bilde med
416¹/₂ Dlr. af Sølfuitzborg Len; Steen Bilde med 1000 Dlr. af Af-
giften af Harritzuad Kloster; Hack Ulfstand med 100 Dlr. af Lyckou
Len; Peder Gyldenstierne med 1000 Dlr. af Afgiften af Vestervig
Kloster og 10,039 Dlr. af Bahus Len[1]; Johan Bucholt med 2500
Dlr. af Afgiften af Island; Pouel Bang, Tolder i Assens, med
4732 Dlr.; Søfren Kier, Tolder i Kolding, med 702¹/₂ Dlr.; Olluf
Bager i Ottense med 11,473 Dlr. for Korn og andre Varer, som
han har faaet af Kronen; Søfren Hofmand og Niels Skriver i Ran-
ders og Michel Bager i Ottense med 8229 Dlr. for Korn og andre
Varer, som de have faaet af Kronen; Knud Jørgenssen og Olluf
Meckleborg med 4298¹/₂ Dlr. for Korn og andre Varer, som de
have faaet af Kronen. Sj. T. 13, 347 b.

**21. Okt. (Antverskov).** Aabent Brev, at Hans Matzen,
Borger i Medelfar, der ejer en Bondegaard i Skrellinge[2] uden-
for Byen og maa skatte af den ligesom andre Bønder, skønt
han skatter og skylder som Borger i Byen, indtil videre maa være
fri for at svare Skat og anden Tynge af Gaarden i Skrel-
linge, naar undtages at han skal svare sædvanlig Landgilde til
Hindtzgafuel Slot. F. R. 1, 106.

— Til Hening Giøe. Sognepræsterne i Sønder Herred
paa Laaland have berettet, at deres Formænd have sluttet et
Mageskifte med Hr. Johan Oxe, hvorved denne har faaet en til
deres Kalentegods hørende Gaard i Thørneby[3] for 15 Skpr. Korn-
skyld og 1 Sk. Grot i en Gaard i Otherslef[4] i Nørre Herred. Da
Hr. Johan Oxis Arvinger nu forholde dem denne Afgift og de ikke

---

[1] Derefter følge nogle norske Lensmænd.    [2] Skrillinge, Vends H.    [3] Thoreby,
Sønder H., Laaland.    [4] Utterslev, Nørre H., Laaland.

anse sig selv for gode nok til at inddele den, skal han undersøge denne Sag, inddele den Rente, som de have til gode for den Tid, de ikke have faaet den, og tage Dom i Sagen. F. T. 1, 298 b.

**21. Okt. (Antvorskov).** Aabent Brev, hvorved Kongen — i Anledning af Klager over, at Kirkeværgerne paa Laaland ikke raade saa frit for Kirkens Korn som andensteds i Riget, idet Lensmændene tilholde dem at sælge Kornet til nogle bestemte Købmænd, skønt de undertiden kunde sælge det dyrere til andre — bevilger, at Kirkeværgerne for de Kirker paa Laaland, som Kongen har Jus patronatus til, herefter selv maa sælge Kirkens Indkomst, hvor de synes, dog ikke uden Herredsprovstens eller Sognepræstens Vidende og Vilje; Kirkeværgerne skulle aarlig gøre den, der har Kirken i Befaling, Regnskab. Afskrift i Karen Brahes Bibliothek, Manuskr. Nr. 280 [1].

**22. Okt. (—).** Til Chrestopher Valckendorp. Da Hendrich Gyllenstern, Embedsmand paa Bahus, der aarlig skal svare 12 Læster Smør og sende dem her ned, har klaget over, at han formedelst Bøndernes Fattigdom ikke kan svare saa meget Smør, har Kongen bevilget, at han herefter kun skal sende 10 Læster Smør ned og maa svare Penge for de andre 2 Læster; Chrestopher Valckendorp skal derfor anslaa disse 2 Læster Smør i Penge. Sj. T. 13, 350.

— Til Jørgen Schram og Claus Glambeck. Da Hendrich Guldenstiern, Embedsmand paa Baahus, har begæret noget Vidtschiøl Klosters Gods, kaldet Ulschiøf, som han nu selv har i Værge, til Mageskifte for 1 Gaard i Salten i Vradtz Herred med de dertil liggende Skovlodder i Salten Skov, 1 Gaard i Allinge i Giern Herred, 1 Gaard i Ranløf og 1 Gaard i Diungbye i Hadtz Herred, 1 Gaard i Attrup, 3 Søsterlodder i Fiellerup Skov og 1 Gaard i Stenkelstrup i Ringsted Herred, skulle de med det første besigte begge Parters Gods, ligne det og indsende klare Registre derpaa. J. T. 1, 247.

**23. Okt. (—).** Skøde til Hendrich Guldenstiern til Aagaardt, Embedsmand paa Bahus. J. R. 1, 404 b. (Se Kronens Skøder.)

— Tilladelse for Niels Lauritzen, Borger i Aarhus, til sisefrit at indføre 2 Læster Rostockerøl i Riget. Udt. i J. R. 1, 405.

---

[1] Tr.: Rørdam, Dsk. Kirkelove II. 274 f. Secher, Forordninger II. 75 f.

**23. Okt.** [U. St.]. Befaling til nedennævnte Lensmænd at **sende Fetalje** til Kiøbnehafn: Peder Bilde paa Kallundborg skal med det første sende den Rug og Malt, som han tidligere har faaet Skrivelse om, og den Rug og Malt, som han blev skyldig i sidste Aars Regnskab, til Kiøbnehafn og straks tilskrive Kongen Besked, for at denne kan rette sig derefter; Frantz Lauritzen paa Dragsholm og Borckort von Papenheim ligesaa; Lauritz Skram skal med det første sende al den Rug, som fandtes til Inventarium [paa Koldinghus] efter Vincentz Jul, til Kiøbnehafn og, hvis det hele ikke er til Stede, da tage det manglende af den ny Rug; han maa ikke uden kgl. Befaling sælge Rug eller Malt af den ny Landgilde; Claus Glambeck skal med det første sende al den Rug, som han beholdt af sidste Regnskab, og hvis det hele ikke er til Stede, da tage det manglende af den ny Rug; han maa ikke uden kgl. Befaling sælge Rug eller Malt af den ny Landgilde; Jørgen Skram skal med det første sende 40 Læster Rug og 60 Læster Malt af den ny Landgilde og al den Rug og Malt, han har hos sig af forrige Regnskab, til Kiøbnehafn; Niels Joenssen skal indlægge alt Kronens Stiftskorn i Viiborg Stift i god Forvaring og maa intet sælge deraf; han skal lade Bygget gøre i Malt; Jens Kaaes ligesaa med Tiendekornet af Vendelbo Stift; Jørgen Rossenkrantz skal fremsende al den Rug og Byg, som falder i Kalløe Len udover hans Genant, dog skal Bygget først gøres i Malt, og al den Rug, Malt og Smør, som han blev skyldig i sidste Regnskab; han maa intet sælge deraf uden kgl. Befaling; Mandrup Parsberg skal sende al den Rug, Byg og Malt, som tilkommer Kongen af Silckeborg Len, til Aarhus og lade det indlægge der, dog skal Bygget først gøres i Malt; han maa intet sælge uden kgl. Befaling; Biørn Anderssen skal indkræve al Stiftets Indkomst i Aarhus Stift, lade Bygget gøre i Malt og fremsende alt dette Korn tillige med det, han blev skyldig i sidste Regnskab, naar Kongen sender Skibe efter det; Eggert Ulfeld skal sende alt det Rug, Mel, Malt og andet, han blev skyldig af Roschyldgaards Len, til Kiøbnehafn, forklare sit Regnskab for Stiftets Indkomst og betale hvad han bliver skyldig; Jacob Ulfeld skal sende den Rug og Byg, han har hos sig af Dallum Klosters Indkomst udover sin Genant, til Kierteminde, lade Bygget gøre i Malt og siden fremsende Kornet, naar Kongen sender Skibe efter det. — Hvis nogle have solgt eller tilsagt Købmænd Korn, som de enten nu eller tidligere have faaet Skrivelse om, skulle de opsige Købmæn-

17

dene Kornet og aldeles intet sælge, men sende Kongen klar Besked med dette Bud. Udt. i Sj. T. 13, 350.

**23. Okt. (Sorø Kloster).** Til Chrestopher Valckendorp. Da Jørgen Bilde, hvem Kongen havde tilskrevet, at han ikke længere vilde lade ham beholde Søluitzborg Len for samme Afgift som hidtil, nu har været hos Kongen for at faa at vide, paa hvilke Vilkaar han maa beholde Lenet, skal Chrestopher Valckendorp blive enig med Jørgen Bilde om en for begge Parter rimelig Afgift og underrette Kongen derom. Sj. T. 13, 352.

**24. Okt. (—).** Befaling til Chrestopher Valckendorp straks at lade Kongens egen Pinke Gott sei mit uns udruste og, saa snart han har givet de dantziger Gesandter den ham tilsendte Afsked og bestilt det nødvendige, lade Pinken føre Gesandterne til Dantzick. Han skal befale Skipperen at tale med Farensbeck og give denne Ordre til at give ham Skrivelse med tilbage om, hvad ny Tidender der er; Skipperen skal med det første løbe tilbage igen. Sj. T. 13, 352 b.

— Til Fru Anne Stiesdatter. Knud Rud, Hofsinde, har paa egne og Søskendes Vegne berettet, at deres Fader Erich Rud for nogen Tid siden har ladet sig indføre i Enggaard med Rigens Ret, men at hun desuagtet ikke vil lade dem faa Gaarden. Da de i den Anledning have anmodet Kongen om at hjælpe dem til deres Ret, hvilket Kongen ikke kan nægte, beder Kongen hende betænke sig og overlade Gaarden til Knud Rud, da Kongen ellers bliver nødt til at gribe til andre Midler for at skaffe Retten Fremgang og til at lade hende alvorlig straffe, for at andre kunne tage Eksempel deraf. F. T. 1, 79 b.

— Befaling til Axel Veffert straks at paatage sig Værgemaalet for den for kort Tid siden afdøde Axel Urnes mange umyndige Børn, da der har været en stor Trætte mellem Axel Urne paa den ene og hans Søstersøn Lav Venstermand, der efter Loven skulde være deres Værge, og hans Søskende paa den anden Side, hvilken Trætte vedvarer endnu, hvorfor det ikke vilde være heldigt, at de Breve i denne Sag, der vare i Axel Urnes Værge, kom til Lav Venstermand. F. T. 1, 81.

**25. Okt. (—).** Til Chrestopher Valckendorp. Da Hans Speigel, Embedsmand paa Gladsaxe, har berettet, at han ikke kan faa endelig Kvittans, fordi nogle Fæstere og Tjenestedrenge i hans Len restere med omtrent 166 Dlr. af de to sidste Pengeskatter 1575 og

1576 og ikke kunne udrede disse, har Kongen eftergivet denne Restance og befaler Chrestopher Valckendorp at give endelig Kvittans. Sj. T. 13, 353.

**25. Okt.**[1] **(Sorø Kloster).** Tilladelse for Hans Nielssen i Bierg, der tjener under Anduorschouf Kloster, men er født i Korsøer Len, til at blive boende i Anduorschouf Klosters Len. Udt. i Sj. T. 13, 353.

— Til Chresten Vind. Da Indbyggerne i Tornby Sogn paa Amage ikke ville antage den Præst, Hr. Trogels, som Universitetet har sendt dem, uagtet Universitetet har Jus patronatus til Sognet, Præsten er kendt duelig og Kongen tidligere mundtlig har befalet dem at antage ham, skal Chresten Vind tilholde dem at gøre det og lade de ulydige alvorligt straffe. Sj. T. 13, 353 b.

**26. Okt.** (—). Tilladelse for Herluf Erickssen og Jacob Erickssen, Brødre, der ere barnefødte i Høgstrup paa Kronens Grund, til at være fri for deres Fødested og for at deles til Stavns. Udt. i Sj. T. 13, 353 b.

**27. Okt.** (—). Til Jahan Du. Kongen sender ham 2 Bøfler og 21 Faar af de 24, 11 tyrkiske og 13 af en anden Slags, hvilke Hertug Jørgen af Liegnitz har foræret Kongen. Han skal lade de 2 Bøfler slaa løs i Dyrehaven, skille de tyrkiske Faar fra de andre, slippe de tyrkiske løs i Dyrehaven ved Frederichsborg, lade de andre drive til den ny Ladegaard ved Kroneborg og slippe dem løs dér. Han skal passe godt paa Faarene og sørge for, at de kunne gaa paa et Sted for sig selv, hvor ingen fremmede Faarebukke kunne komme til dem. 3 af samme Faareslægter ere blevne tilbage i Vordingborg, men skulle snart følge efter; han skal da ogsaa lade dem skille ad. Sj. T. 13, 354.

— Pante- og Forleningsbrev til Hans Speigel til Borreby, Embedsmand paa Gladsaxe Slot, paa 2 Gaarde i Grindløsse By og Sogn, 1 Gaard i Engeldrup, 1 Gaard i Vesterby, 1 Gaard i Rossendrup i Skamby Sogn, 1 Gaard i Bolmer, 2 Gaarde i Reinge[2] i Mierruf Sogn, 2 Gaarde i Rogelund i Aasum Sogn og Herred, 4 Gaarde i Roerstrup[3] i Skamby Sogn i Skam Herred, 1 Gaard i Nørby i Klinte Sogn, 1 Gaard i Klinte og 1 Gaard i Melby By og Sogn i Skouby Herred for 1000 gl. Dlr., som han har laant

---

[1] Sj. T. har: 15. Okt., men dette er vistnok en Fejlskrift for: 25. Okt. (jvfr. Dateringsstedet). [2] Ringe, N. Næraa S., Skam H. [3] Rodstrup.

17*

Kronen. Han skal tjene Riget med 1 gerust Hest. F. R. 1, 106 b.

**29. Okt. (Sorø Kloster).** Tilladelse for Paulus Syfert, Borger og Notarius i Dantzick, til nu at købe 1 Læst Oksekød her i Riget og udføre den mod at svare 1 Dlr. i Told af hver Td. Oksekød. Udt. i Sj. R. 11, 329.

— Til Chresten Munck og Claus Glambeck. Da Erich Løcke, Embedsmand paa Riiberhus, har begæret 1 Gaard og 1 Bol i Bendtstrup i Sønderhald Herred, 2 Gaarde i Skals By og Sogn i Rindtz Herred og Kronens Rettighed i nogle jordegne Bøndergaarde, nemlig 1 i Skals, 2 i Skringstrup i Skals Sogn og 1, kaldet Therpagger, i Giøring Herred, til Mageskifte for 1 Gaard i Hørsløf i Framløf Herred, ½ Gaard i Sogby[1] i Vor Herred, 1 Gaard i Siøby i Sønderhald Herred og 2 Gaarde i Biørnstrup i Øster Lisberg Herred, skulle de med det første besigte begge Parters Gods, ligne det og indsende klare Registre derpaa. J. T. 1, 247 b.

**30. Okt. (—).** Til Borgemestre og Raad i Kiøbnehafn, Malmøe, Helsingøer og Ydstedt. Hoslagt sendes dem en Kopi af det Svar, som Borgemestre og Raad i Lybeck have sendt Kongen paa de Besværinger over dem, som Kongens Undersaatter i Købstæderne for nogen Tid siden have indleveret til Kongen. Da Kongen ikke gerne .ser, at hans Undersaatter besværes med noget nyt og usædvanligt, skulle de artikelsvis optegne hvad de have at fremføre mod de Lybskes Svar og med det første indsende det til Kancelliet, for at disse Besværinger en Gang for alle kunne komme til en Rigtighed. Sj. T. 13, 354 b.

— Til Lauge Beck. Da Sjællands Stifts Breve overleveredes ham, fik han Ordre til at undersøge, om alt det Gods, Brevene lyde paa, fandtes under Stiftet, og at rejse Dele paa det, der maatte være bortkommet, indtil han kunde faa at vide, med hvad Besked det var bortkommet. Da han endnu ikke har begyndt nogen Dele paa bortkommet Gods, skønt Kongen ikke nærer Tvivl om, at der i Bispernes Tid er bortforlenet fra Stiftet og Kirken en hel Hob Gods i Sjælland, som Adelen nu tilholder sig, saaledes som Tilfældet er andensteds, og Kongen paa andre Steder allerede har vundet en hel Del Gods tilbage, befales det ham paany at tage Stiftets Breve, gamle Jordebøger og andre Kapitlets Bøger for sig og ligesom andre

---

[1] Saaby.

Stiftslensmænd rejse Dele paa det bortkomne Gods, indtil
der fremlægges lovlig Adkomst derpaa. Sj. T. 13, 354 b.

**31. Okt. (Sorø Kloster).** Befaling til Stiftslensmændene og
Landsdommerne over hele Riget at lade den af Kongen og Rigs-
raadet gjorte Skik om Morgengaver blandt Adelen for-
kynde paa alle Herreds- og Landsting. Udt. i Sj. T. 13, 355.

— Til Abbeden i Soer Kloster. Da Bønderne i Ørsleføstre
have klaget over, at de maa svare 2 Tdr. Havre i Gæsteri for hvert
Pd. Skyld, skønt det ellers over hele Landet er fastsat, at der kun
skal svares 1 Td. Havre i Gæsteri for hvert Pd. Skyld, skal han
undersøge denne Sag og, hvis det er Gæsterihavre, de svare,
sørge for, at de herefter kun komme til at svare 1 Td. for hvert
Pd. Skyld, samt lade Jordebogen forandre. Sj. T. 13, 355 b.

— Til Lauritz Skram. Niels Matzen, Borger i Kolding, har
berettet, at Mouritz Podebusk for nogen Tid siden har tilkøbt
sig nogle paa 200 Dlr. lydende Haandskrifter, som Niels Matzen
havde givet en Købmand for Vin, han havde faaet af denne. Da
Mouritz Podebusk nu forfølger Niels Matzen og for Pengene vil lade
sig indføre i en Otting Jord syd for Kolding og en lille Toft, der
begge tilhøre Niels Matzen og hans Medarvinger og hvoraf den ene
Halvdel er fri Ejendom og den anden skal svare Kværstad og Le-
ding, vil Niels Matzen hellere afstaa disse Jorder til Kronen for
200 Dlr. end lade Mouritz Podebusk faa dem; Lauritz Skram skal
derfor lade Jorderne vurdere og, hvis de ere de 200 Dlr. værd,
betale Niels Matzen 200 Dlr., tage nøjagtigt Skøde paa Jorderne,
indskrive Pengene i Regnskabet og lade al Jorden sætte for Leding
eller Landskyld. J. T. 1, 248 b.

**1. Nov. (—).** Befaling til Borckort von Papenheim at op-
sætte de 100 Øksne, som Johan Taube, Embedsmand paa Fre-
derichsborg, sender til ham, paa Foder paa Abramstrup, da der
er Mangel paa Foder i Ladegaarden ved Frederichsborg, saa der
ikke dér kan staldes saa mange Øksne, som Kongen allerede har
købt. Sj. T. 13, 355 b.

— Til Jahan Taube. Kongen tillader ham at lade bryde saa
mange Sten, han behøver til Skorstene i sit Hus i Helsingøer,
ved Søeborre eller Gurre, dog maa han ikke besvære Kronens Bøn-
der med at bryde eller transportere Stenene. Sj. T. 13, 356.

**2. Nov. (—).** Befaling til Christopher Valckendorp at give
Michel Trompeter, hvem Kongen har sat til Øverste for de

andre Trompetere, 10 Dlr. mere om Aaret i Løn. Udt. i Sj.
T. 13, 356.

**2. Nov. (Sorø Kloster).** Aabent Brev, at følgende Erich
Gris's Bønder i Nørrehalland, nemlig 6 i Thøringe i Vind-
bierg Sogn, 1 i Sønnerup og 1 i Hostrup, skulle regnes for
Ugedagsmænd, saa længe Erich Gris lever, og være fri for al
kgl. Skat, Tynge og Besværing, skønt de ikke bo i de Sogne, hvori
Erich Gris's Sædegaarde ligge. Sk. R. 1, 208 b.

**3. Nov. (—).** Tilladelse for Giert Kok til at holde Gar-
køkken i Pedersborg og sælge Mad og Øl til Kongens Svende
og Hofsinderne med deres Folk, saa ofte Kongen opholder sig i
Sorø Kloster; han maa, saalænge han lever, være fri for Afgift
af det Hus smstds., han bor i, dog maa han ikke huse løsagtige
Folk eller tilstede syndigt Levned i sit Hus, saafremt han ikke vil
have Brevet forbrudt. Sj. R. 11, 329.

— Aabent Brev, at Hr. Oluf Pederssen, Sognepræst til Pe-
dersborg Kirke, indtil videre aarlig maa oppebære 1 Pd. Korn af
Klosteret [Sorø]. Sj. R. 11, 329 b.

— Befaling til M. Ifuer Bertelssen, Abbed i Sorre Kloster, at
give Jehanne Kundtzis, der har Underholdning i Klosteret,
grovt Klæde til en Kjortel. Orig.

— Befaling til Pouel Bang, Tolder i Assens, at levere Erich
Hardenberg Penge til Tønder og Humle til 30 Læster Øl
og Borgerne i Assens Penge til Tønder og Humle til 10 Læster
Øl. Orig.

— Befaling til Hendrich Bang, Tolder i Melfar, at levere
Hans Jahanssen, Embedsmand paa Hindtzgaul, Penge til
Humle og Tønder til 20 Læster Øl. Orig.

— Til Chrestopher Valckendorp. Erick Munck har berettet,
at han har ført 2 Fribytterskibe hid, som de Poller have ud-
rustet ved Melbingen[1], og som ere blevne forløbne, og at der paa
dem findes nogen ham selv tilhørende Rug og andet Gods samt
nogle Ankere og Tov fra de Skibe, der bleve sænkede i Dybet for
Melbingen; disse 2 Skibe have de Dantziger ikke villet beholde til-
ligemed de andre, der bleve gjorte til Pris, da de have været ud-
rustede til Orlogs og derfor nærmest bør tilfalde Kongen formedelst
dennes Rettighed i Søen. Det befales Chrestopher Valckendorp at

---

[1] Elbing.

oplægge Skibene med de derpaa værende Redskaber og levere Erick Munck det ham tilhørende Gods. Sj. T. 13, 356 b.

**3. Nov. (Sorø Kløster).** Befaling til Biørn Kaas, der tidligere har faaet Ordre til at købe 2000 Tdr. Havre i Forraad til Kongen, om yderligere at købe 1000 eller 2000 Tdr. Havre eller saa meget, han kan faa, og efterhaanden sende Havren til Kroneborg eller skrive til Lensmanden smstds. om at hente den. Sk. T. 1, 121 b.

**6. Nov. (—).** Forleningsbrev for Jørgen Bilde paa Søluitzborg Len i Blekinge, som han nu selv har det i Værge. Han skal aarlig til 1. Maj svare 500 gl. Dlr. i Afgift af den visse Rente, gøre Regnskab for al den uvisse Rente, hvoraf han selv maa beholde Halvdelen, dog forbeholder Kongen sig alene al Told, Sise og Vrag, samt tjene Riget med 6 geruste Heste. Sk. R. 1, 209.

**9. Nov. (—).** Aabent Brev, at Roskilde i de næste 2 Aar maa være fri for at svare Byskat. Udt. i Sj. R. 11, 330.

— Til Chrestopher Valckendorp. Nogle Hollændere og Engelske have været hos Kongen og klaget stærkt over, at Erick Munck og de andre Skibshøvedsmænd, der i sidste Sommer have været i Østersøen, have frataget dem Skibe og Gods, dels ved Meluinge, dels andensteds i Østersøen, og handlet ukristeligt mod dem og deres Folk, skønt de have haft Kongens fri Pas; ligesaa have de berettet, at en Del af det dem fratagne Gods nu er kommet til Kiøbnehafn med Kongens Skibe. Da Erick Munck selv har sagt til Kongen, at han vil staa dem til Re!te, der med Billighed kunne klage over ham, skal Chrestopher Valckendorp i Forening med Christen Vind, Arrild Olssen og Borgemestre og Raad i Kiøbnehafn kalde Erick Munck og de andre Høvedsmænd paa den ene Side og Hollænderne og de Engelske paa den anden for sig, forhøre begge Parter og, hvis det findes, at Erick Munck og de andre Høvedsmænd med Urette have frataget Hollænderne og de Engelske deres Skibe og Gods eller have handlet imod Kongens Befaling, lade dem staa til Rette derfor. Findes nogle af Klagernes Skibe og Gods ved Byen, skal han lade dem faa det altsammen og, hvis det opdages, at noget deraf er solgt, stille dem tilfreds derfor. Han skal forbyde Erick Munck og de andre Høvedsmænd at drage bort fra Byen, førend Sagen er endt, hvilket Kongen ogsaa selv har skrevet til Erick Munck. Sj. T. 13, 357.

**9. Nov. (Sorø Kloster).** Mageskifte mellem Hack Ulfs-
tand, Embedsmand paa Løckov, og Kronen. Sk. R. 1, 210. (Se
Kronens Skøder.)

— Til Hack Ulfstand. Da Borgerne i Auschier og Lycke-
bye og Bønderne paa Landet have besværet sig over den
Sise, som de nu maa svare af Tystøl, og begæret at maatte nøjes
med at svare den Sise, de have svaret fra Arilds Tid af, skal han
sørge for, at Bønderne herefter ikke besværes med større Sise end
i de sidste til Søluitzborg Len udgaaede Breve fastsat, medens Bor-
gerne skulle svare samme Sise som Borgerne i Søluitzborg og andre
Købstæder her i Riget. Sk. T. 1, 121 b.

— Aabent Brev, at Hr. Jens Bertelssen i Skouby, Sogne-
præst til Ore Kirke, — der ingen Præstegaard har og derfor for nogen
Tid siden har købt en jordegen Bondegaard i Skouby, hvorpaa
der nu, fordi Gaarden ikke forinden har været lovbuden og han
oven i Købet er fremmed, gøres ham Hinder af Lensmanden paa
Rudgaard, men derimod ikke af Arvingerne — maa beholde oven-
nævnte Gaard for sig og Arvinger, indtil andre, der ere nærmere
end han, tilbagekalde Købet eller de, der have solgt ham Gaarden,
tilbagebetale ham Pengene, da Bønderne ikke klage særligt derover
og en paa Fynbo Landsting afsagt Dom lyder, at de, der have solgt
ham Godset, enten skulle tilbagebetale ham Pengene eller skaffe
ham nøjagtigt Skøde paa Gaarden; der skal aarlig svares sædvanlig
Landgilde til Rudgaard. F. R. 1, 108.

— Forleningsbrev paa 10 Aar for Predbiørn Gulden-
stiern paa Aastrup Len, saaledes som han nu selv har det i
Værge og paa de i det tidligere Lensbrev fastsatte Vilkaar, dog skal
der i hans Afgift afkortes saa meget, som Renten af det siden hans
Overtagelse af Lenet til Fru Karine Rønnov, Jens Bildis Enke, bort-
mageskiftede Gods og af det Gods i Lenet, der er blevet ødelagt af
Sand og efter kgl. Ordre er blevet omsat, kan beløbe sig til. J.
R. 1, 405.

**10. Nov. (—).** Til Abbeden i Sore Kloster. Da Kongen vil
lade noget af Liunge Mark indtage til Hestehave, skal han lade Ol-
dinge nedsætte Bønderne i Liunges Landgilde med et
rimeligt Beløb. Sj. T. 13, 358.

— Til Chrestopher Valckendorp. Da Hendrich Brade, som
har Kongens Gældsbrev paa en Sum Penge, der skal betales 14
Dage før Jul, selv skal betale en stor Sum Penge paa Omslaget,

skal Chrestopher Valckendorp lade forespørge i Kancelliet, hvor stor
Summen er, og sørge for, at den bliver betalt. Sj. T. 13, 358.

**12. Nov. (Sorø Kloster).** Livsbrev for Jens Hiort paa
den Soer Klosters Gaard, kaldet Landbytorp, i Soer Klosters
Birk, som han nu selv bor i, uden Afgift. Sj. R. 11, 330.

— Ekspektancebrev for M. Tyge Asmundssen, der nu
har været hos Kongen og selv resigneret sit Superintendentembede,
paa det Kannikedømme i Lunde Domkirke, som Jens Tho-
messen er forlenet med, at tiltræde straks efter dennes Død. Han
skal residere ved Domkirken. Sk. R. 1, 215[1].

— Til Kapitlet i Lund. Da M. Tygge Asmundssen formedelst
Alderdom og Skrøbelighed har begæret Afsked fra Superintendent-
embedet, hvilken Kongen ogsaa har bevilget ham, skal Kapitlet kalde
alle dem i Stiftet, der have Valgret, til sig og i Forening med dem
vælge en from og lærd Mand til Superintendent samt med
det første melde Kongen Udfaldet. Sk. T. 1, 122[2].

— Til Steen Biilde og Axel Guldenstiern. Erich Perssen fra
Helsingborg Len har berettet, at han, medens Coruitz Veffert havde
Lenet, har været Skovfoged over Hielmsholte Skov i noget
over 1 Aar, og han klager nu over, at han tiltales for al den
Skade paa Skoven, som de efter Coruitz Vefferts Fratrædelse af
Lenet tiltagne Granskningsmænd have fundet, uagtet disse efter hans
Mening have gransket videre, end hans Befaling strakte sig, og alt
ikke er gaaet saa rigtigt til, som det burde. For at Erich Perssen
ikke skal have noget at klage over, skulle ovennævnte to Mænd
med det allerførste begive sig til Hielmsholte Skov, stævne Gransk-
ningsmændene for sig i Lensmandens Nærværelse, erfare af dem,
om de have gransket videre, end Erich Perssens Befaling strakte
sig, og om deres Granskning er saa retfærdig, som den burde være,
og give deres Undersøgelse beskreven fra sig. Sk. T. 1, 122 b.

— Aabent Brev, at Søfren Block i Stor Erden[3], Herreds-
foged i Hedensted Herred, indtil videre maa være fri for Land-
gilde, Ægt, Arbejde og al anden Tynge af sin Gaard. Udt.
i J. R. 1, 406.

— Til Jens Kaas. Borgemestre og Raad i Olborig have be-
rettet, at Tønderne for Olborig Dyb optages om Vinteren for Isens
Skyld, og at der i Stedet plejer at holdes nogle Varder, for at de

---

[1] Tr.: Ny kirkehist. Saml. IV. 335 f.   [2] Tr.: Smstds. IV. 358.   [3] Store Arden.

norske Fiskere og andre, der komme sent hjem, kunne have noget
at sejle efter. Da Kronen opkræver Tøndepenge og derfor havde
givet Erich Rud Ordre til at lade nogle Varder lave, hvilket dog
ikke er sket formedelst Erich Ruds hastige Død, befales det nu Jens
Kaas at lade Varderne lave og holde dem ved Magt, naar Tønderne
optages. J. T. 1, 249 [1].

**13. Nov. (Ringsted Kloster).** Aabent Brev, at Christiern An-
derssen i Broby i Soer Klosters Birk indtil videre aarlig maa
være fri for 2 Pd. Korn af sin Landgilde. Sj. R. 11, 330 b.

**17. Nov. (Frederiksborg).** Til Universitetet, Borgemestre og
Raad i Kiøpnehafn og Kirkeværgerne ved Vor Frue Kirke smstds.
Da der finder megen Uskikkelighed Sted med Stolestaderne i
Vor Frue Kirke i Kiøpnehafn, idet Mands- og Kvindepersoner
mange Steder staa i Stol sammen, og da denne Kirke er saa godt
som Hovedkirken her i Landet, saa der bør holdes særlig god Or-
den i den, for at andre kunne rette sig derefter, skulle de i For-
ening raadslaa derom og med det første træffe den efter deres
Mening bedste Ordning med Stolestaderne, saa at Mændene komme
til at staa for sig paa den ene og Kvinderne paa den anden Side
og alt kommer til at gaa efter den Orden, der for nogen Tid siden
blev fastsat i Luciæ Kirke i Roschylde. Sj. T. 13, 358. Orig. i
Konsistoriets Arkiv, Pk. 162 [2].

— Til Chrestopher Valckendorp. Da det kan formodes, at
Moskoviterne til Vinter ville gøre Indfald paa Øssel og søge at er-
obre dette Land og Arnsborg, vil Kongen inden Vinter und-
sætte Slottet med Folk, Fetalje og Krigmunition og befaler
derfor Chrestopher Valckendorp at lade Rigets Profos drage omkring
til nogle af Købstæderne for at antage 200 eller 300 Knægte,
der saa hurtig som muligt skulle møde i Kiøbnehafn, og selv at
lade et af Kongens Skibe udruste, der kan løbe til Øssel med disse
Knægte og 24 af Kongens Bøsseskytter, hvilke sidste dog skulle
være tilbage her i Riget til Foraaret. Han skal samtidig sende saa
meget Salt, Humle, Lærred, Arrask, Klæde, Fløjel og anden Kom-
mis, som han kan tænke behøves, 14 Skærmbrækkere med Tilbehør,
2 Læster Slangekrudt, 2 Tdr. Salpeter, 4 Skippd. Bly, 3 Tdr. Kørne-
krudt, 6 Tdr. Svovl, 6 Par høje Hjul til halve Kartover, 150 lange

1 Tr.: Saml. t. jydsk Hist. og Topogr. VIII. 185.      2 Tr.: Engelstoft, Univ.-Annaler
1809 II. 191 f. O. Nielsen, Kbhvns Dipl. IV. 626 f. Rørdam, Kbhvns Universitets Hist.
1537—1621 II. 730. Rørdam, Dsk. Kirkelove II. 276 f. Secher, Forordninger II. 76.

Spyd, 50 Kædeled, saa meget Beg, Harpiks, Linoleum, Merling, Seglgarn og Seglnaale, som han anser for nødvendigt, 100 Al. Boldavit, 30 Lygter, 40 Forke, 40 Læderspande, en Kordel paa 40 Favne, 4 eller 5 Kobberplader til Skovle samt saa megen Fetalje, som behøves til Slottets Undsætning. Han skal sørge for, at alt ovennævnte bliver sendt til Øssel inden Vinteren. Sj. T. 13, 359.

**17. Nov. (Frederiksborg).** Forleningsbrev for Hr. Chresten Jenssen i Sønderup paa Afgiften af Kronens Part af Korntienden af Sønderup[1] Sogn i Huornum Herred, kvit og frit. Udt. i J. R. 1, 406.

— Aabent Brev, at Kirkeværgerne for Lindum Kirke i det næste Aar maa oppebære Kronens Part af Korntienden af Lindum Sogn, kvit og frit, til deres Kirkes Bygnings Behov. Udt. i J. R. 1, 406 b.

— Til Jørgen Rossenkrantz og Lauritz Schram, Embedsmænd paa Kallø og Koldinghus. Da Manderup Holck har begæret Kronens Gods i Barit og Barithuolle til Mageskifte for Grønfeld Gods i Kallø Len, skulle de med det første besigte begge Parters Gods, ligne det og indsende klare Registre derpaa. J. T. 1, 249 b.

— Befaling til Jens Kaas, der har berettet, at Olborghus er meget bygfaldent, om at lade et af Husene gøre i Stand, saa han kan opholde sig deri, indtil Kongen selv kommer did og kan træffe nærmere Bestemmelse om, hvorledes det skal være med Bygningen; endvidere skal han paa Kongens Bekostning lade den i Byen værende Mølle gøre i Stand, da den er forfalden. Da Slottet mangler Ildebrændsel og Bønderne i Lenet klage over Mangel paa Ildebrændsel og Bygningstømmer, befales det ham at hugge af Vindfælder og fornede Træer til Slottets Behov og for en rimelig Betaling lade Bønderne faa fornede Træer til Ildebrændsel og Bygningstømmer. Indtægten herved skal han lade føre til Regnskab. J. T. 1, 250.

— Til Claus Glambeck. Kongen har eftergivet de 5 Bønder i Sønder Vissing i Skanderborg Len, hvis Gaarde og Gods ere brændte, Halvdelen af dette Aars Landgilde. J. T. 1, 250 b.

**18. Nov. (—).** Aabent Brev, at M. Anders Kiøge, der efter Kongens Bestemmelse herefter skal residere ved sit Kannikedømme i Lund, aarlig maa oppebære 1 1/2 Læst Korn af Malmøe Slot,

---

[1] J. R. har her ved en Fejlskrift: Hønderup.

indtil han kan blive forsørget paa anden Maade, da han ikke kan leve af Kannikedømmet alene. Sk. R. 1, 215 b[1].

**19. Nov. (Frederiksborg).** Fuldmagt for Lauge Beck, Embedsmand paa Roskildegaard, til med det første at tale paa det Gods, som tidligere har ligget under Stiftet eller Kirkerne i Sjælland og inddele det, hvis noget paa ulovlig Vis er bortkommet; Kongen har nemlig ved for nogen Tid siden at lade Stiftets Breve gennemse og Kirkernes Regnskab høre set, at der mangler en hel Del Gods, og at man ikke ved, med hvilken Ret det er bortkommet. Sj. R. 11, 331.

— Aabent Brev, at Borgerne i Kallundborg, der have klaget over, at de paa det lange Færgested besværes meget mere med Færgeløn og Vognleje end Borgerne i andre Købstæder, maa være fri for den Byskat, som de skulde have svaret Kronen til sidste St. Mortens Dag. Sj. R. 11, 331 b. Orig.

— Til Lauge Beck. Da Kronens Bønder i Allingemagle under Roschyldegaard have klaget over at være satte for højt i Landgilde, skal han, for at man en Gang for alle kan blive fri for deres Overløb, lade Oldinge sætte Bøndernes Gaarde for en rimelig Landgilde, men dog passe paa, at alt gaar ligeligt til, og at Landgilden ikke bliver sat efter Bøndernes Begæring, men efter Ret og Billighed; han skal siden lade den ny Landgilde indskrive i Jordebogen. Sj. T. 13, 359 b.

— Til Christopher Valckendorp. Ifølge Biørn Kaaes's og Hans Skoufgords Beretning have de Lybscher klaget over, at de endnu ikke have faaet Betaling for det Inventarium, som de overlod Kongen paa Hamershus, og krævet Betaling for 11 Tdr. Smør, der fandtes paa Slottet; da Inventariet er blevet vurderet, er blevet brugt paa Slottet siden den Tid og jo kun beløber sig til en ringe Ting, skal han nu straks betale de Lybscher det, for at de ikke skulle have noget at klage over. Han skal undersøge, om de 11 Tdr. Smør tilhørte de Lybscher og, hvis saa er, betale dem derfor. Sj. T. 13, 360.

— Aabent Brev, at Indbyggerne i Rundebye efter Udløbet af de 3 Aar, hvori de ere blevne fritagne for at svare Skat og anden Tynge, fremdeles maa nyde denne Frihed endnu ét Aar. Udt. i Sk. R. 1, 216.

---

[1] Tr.: Rørdam, Kbhvns Universitets Hist. 1537—1621 II. 565.

**20. Nov. (Frederiksborg).** Til Dr. Pouel Matzen, Superinten-
dent i Sjællands Stift. Da Kongen vil lade holde 3 almindelige
B e d e d a g e, der skulle begynde 27. Jan., skal han lade dem for-
kynde i sit eget Stift, skrive til de andre Superintendenter derom
og fastsætte, hvilken Tekst der skal prædikes over. Brevene til de
andre Superintendenter sendes ham. Sj. T. 13, 361.

— Befaling til M. Hans Laugssen, M. Thyge Asmundssen, M.
Niels Jesperssen, M. Lauritz Bertilssen, M. Peder Tøgerssen og M.
Jørgen Borringholm, Superintendenter i Riiber, Lunde, Fyen, Aars,
Viborg og Vendelbo Stifter, at f o r k y n d e B e d e d a g e n e og sørge
for, at der bliver prædiket over den af Bispen i Sjælland opgivne
Tekst. Sj. T. 13, 361. Orig. (til M. Niels Jespersen) i Provinsark.
i Odense. Origg. (til M. Hans Lavgesen og M. Jørgen Mortensen) i
Provinsark. i Viborg.

— Til Abbeden i Ringsted. Da d e n e f t e r H a n s M o r t e n s-
s e n, forhen Borgemester der i Byen, f a l d n e A r v efter Loven er
tilfalden Kronen, fordi hans sande Arvinger ikke personlig ere
mødte inden Aar og Dag for at vedkende sig den, har Kongen be-
vilget, at Arven med Undtagelse af de 50 Dlr., som Kongen tid-
ligere har givet Rubbert Stiurt, m a a b r u g e s t i l den meget byg-
faldne Klosterkirkes Istandsættelse. Abbeden skal straks
lade Borgemestrene og nogle af de fornemste Borgere i Byen vur-
dere Arven og siden anvende den til Kirkens Bygning alene. Sj.
T. 13, 361 b.

**24. Nov. (—).** Aabent Brev, at J a c o b F r a n t z o s, Skomager
i Kiøpnehafn, der ofte efter Kongens Befaling paa egen Bekostning
maa rejse til Kongen, hvor denne holder Hoflejr, og derved for-
sømmer sin egen Næring, indtil videre aarlig af Rentemesteren skal
have 20 gl. Dlr., sædvanlig Hofklædning og fri Bolig eller Penge
til Husleje. Sj. R. 11, 331 b[1].

— Til Emicke Kaas. V i l h e l m A n e t z v o n D i p p e n har
berettet, at han sidste Sommer er strandet under Gotland med Skib
og Gods; her blev dog en Del bjærget, medens han selv var til
Stede, men han kunde ikke vente, indtil 2 støbte Kobberstykker og
nogle Jærnstykker, som han havde laant af Statholderen i Dippen
for dermed at forsvare sit Skib og Gods mod Fribyttere, kunde
blive bjærgede; da de nu ere blevne bjærgede, har han begæret at

---

[1] Tr.: O. Nielsen, Kbhvns Dipl. II. 380.

faa dem, hvilket Kongen ogsaa har bevilget. Emicke Kaas skal der-
for skaffe ham dem, naar han har betalt de Folk, der have bjærget
dem, en rimelig Bjærgeløn. Sk. T. 1, 123 b.

**25. Nov. (Frederiksborg).** Aabent Brev, at Borgemestre og
Raad i Roschilde indtil videre maa oppebære den Told og
de Bodstadepenge, som tilfalde Kronen paa de to Bondemar-
keder, der tidligere holdtes paa Landet, men nu efter Kongens
Befaling skulle holdes i Roschilde Vor Frue sidermere [8. Sept.] og
St. Dionisii Dag [9. Okt.], til Vedligeholdelse af Byens
Skibsbro og Gader; derimod forbeholder Kongen sig Kronens
Told, Bodstadepenge og anden Rettighed paa Paaskemarkedet. Sj.
R. 11, 332.

— Aabent Brev, at Tøstel Bordssen, der har tilsagt Kon-
gen Tjeneste som Skibshøvedsmand, aarlig skal have 300 gl.
Dlr. og sædvanlig Hofklædning til sig selvanden i Løn; saalænge
han er til Skibs, vil Kongen give ham Underholdning. Sj. R.
11, 332 b.

— Til Lauge Beck. Da der i Roschyldegaards Len findes
mange smaa Gaarde og Gaardsæder, der have saa ringe Ejen-
dom, at de derpaa boende Bønder hverken kunne svare deres Land-
gilde eller holde fuld Tynge med Skat, Ægt og andet, skal han lade
dette Forhold undersøge og enten af to saadanne Gaarde gøre
én god Gaard, der da skal svare begge de smaa Gaardes Land-
gilde, eller hvor den Jord, hvorpaa de smaa Gaarde ere byggede,
tidligere er kommen fra andre Gaarde, lægge den tilbage til disse
Gaarde og paalægge dem Landgilden. For at de Bønder, der miste
deres Gaarde, ikke skulle have noget at klage over, skal han sørge
for, at de Bønder, der faa Gaardene eller Jorderne, tilbagebetale
hine deres bevisligt udgivne Stedsmaal. Han skal lade de Foran-
dringer, han foretager, indskrive i Jordebogen. Sj. T. 13, 362.

— Til Lauge Beck. Kongen har eftergivet Hans Laurit-
zen i Thiereby de 2 Dlr., han sidste Aar blev skreven i Skat for
og endnu resterer med, samt hans Landgilde for i Aar, 1 Pd.
Byg og 1 Mk. Penge. Udt. i Sj. T. 13, 362 b.

— Befaling til Chrestopher Valckendorp at levere hver af de
Baadsmænd, som Kongen har ladet bruge paa Prammene ved
Kroneborg, graat islandsk Vadmel til en Klædning udover deres
rette Besolding. Udt. i Sj. T. 13, 363.

— Til Borgemestre og Raad i nedennævnte Købstæder. Da

Kongen til Foraaret behøver en Del Baadsmænd til Brug paa
Orlogsskibene og har sendt N. N. til Byerne for at udtage dem,
skulle de sørge for, at de faa gode, søkyndige Folk, holde disse
til Stede Vinteren over og sende dem til Kiøpnehafn til Fastelavn i
det allerseneste; de skulle give N. N. en Seddel paa dem, han ud-
tager, for at der ikke siden skal blive sendt uduelige Folk i deres
Sted. — Register: Jørgen Daa skal udtage 60 Baadsmænd i Kiøbne-
hafn, 10 i Kiøge, 10 i Stege, 8 i Prestøe, 8 i Skelskøer, 8 i Næstuid, 6 i
Hedding, 6 i Vordingborg, 6 i Kallundborg, 5 i Holbeck og 5 i Nykiøping
i Otz Herred; Christen Vind skal udtage 50 i Hollænderbyen paa
Amage; Hans Skougaard skal udtage 20 i Landtzkrone, 12 i Hel-
singborg og 8 i Aahus; Biørn Koes skal udtage 40 i Malmø, 15 i
Ydsted, 8 i Semmershafn og 6 i Falsterbo med Skonøer; Anders
Bing skal udtage 20 i Nørrehalland og Vardberg Len, 6 i Vardberg,
6 i Halmsted, 5 i Laugholm og 4 i Falckenberg; Niels Kaas skal
udtage 11 i Kierteminde, 10 i Rudkiøping, 8 i Assens, 6 i Suin-
borg, 6 i Faaborg, 4 i Nyborg, 3 i Medelfard; Moritz Podbusch
skal udtage 20 paa Langeland; Jørgen Daa skal udtage 20 paa
Øerne ved Falster, 15 i Nagskouf, 8 i Stubbekiøping, 6 i Nykiø-
ping, 3 i Nysted og 2 i Saxkiøping; Lauritz Krusse skal udtage 30
i Riibe, 15 i Aarhus, 15 i Grindou, 10 i Randers, 10 i Horsens,
10 i Vedle, 10 i Ebbeltoft, 10 i Kolding, 6 i Varde, 6 i Ring-
kiøping og 4 i Lemuig; Lauritz Offessen skal udtage 30 i Olborg,
6 i Skafuen, 6 i Seby og 4 i Nykiøping i Mors; Peder Bilde skal
udtage 10 paa Samsøe; Chresten Munck skal udtage 8 paa Ende-
laue; Axel Viffert skal udtage 20 paa Thorøe, Lyeø, Biørnøe og
andre Øer; Frantz Lauritzen, Foged paa Dragsholm, skal udtage 10
paa Serø; Hack Ulfstand skal udtage 45 af Købstæderne og Landet
i Blekinge. Sj. T. 13, 363. Orig. (til Køge) i Provinsark i Kbhvn.

**25. Nov. (Frederiksborg).** Mageskifte mellem Hr. Jørgen
Løcke, Embedsmand i Mariagger Kloster, og Kronen. J. R. 1,
406 b. (Se Kronens Skøder.)

— Anmodning til Hr. Jørgen Løcke om at overtage
Værgemaalet for Pouild Abbildgardtz 2 Døtre med hans
første Hustru[1], Karine og Ingeborg, da de have klaget over, at Hen-
rich Thiidemand, der en Tid har haft deres fædrene og mødrene
Gods under ét Værgemaal, ikke har forestaaet dette paa rette Maade,

---

[1] Kirsten Tidemand (nævnes ellers som hans anden Hustru).

idet han ikke har leveret dem deres Rettighed af Godset, ja endog har sat noget af dette ud; Døtrene have endvidere berettet, at de vente sig meget godt af Hr. Jørgen. J. T. 1, 251.

**27. Nov. (Frederiksborg).** Til de højlærde i Kiøpnehafn. Da deres Tjenere ved Vinstrupgaard, i Snesløf og deromkring holde Geder til stor Skade baade for Kronens, andre Lodsejeres og Universitetets Skove, befales det dem at sørge for, at de af deres Tjenere, der holde Geder, straks ødelægge disse, da Kongen tidligere har forbudt at holde Geder, hvor der er Underskov, naar Folk da ikke selv have fri Enemærker. Orig. i Konsistoriets Arkiv, Pk. 145[1].

**28. Nov. (—).** Gavebrev til Henrich Belov, Hofmarskalk. Sk. R. 1, 216. (Se Kronens Skøder.)

**3. Dec. (—).** Skøde til Caspar Marckdaner, Køgemester, paa Søgaard i Rønninge Sogn i Aasom Herred m. m. F. R. 1, 109. (Se Kronens Skøder.)

**8. Dec. (—).** Aabent Brev, at Dr. med. Johannes Paludanus maa oprette et Apothek i Viborg og bruge sin Handel og Næring baade dér og andensteds i Riget ligesom andre Borgere; der har nemlig hidtil ikke været noget Apothek i Nørrejylland, da Philippus Hauichendal, der havde faaet Tilladelse til at oprette et saadant i Viborg, ikke har gjort det, og Indbyggerne maatte derfor hente Urter og Apothekervarer i andre Lande. Han skal være fri for Skat og al anden borgerlig Tynge paa det Vilkaar, at han holder et godt Apothek med forstandige Svende og ferske og uforfalskede Varer og sælger disse til en rimelig Pris. Saalænge han holder sit Apothek upaaklageligt, maa der ikke oprettes andet Apothek i Nørrejylland. J. R. 1, 411 b[2].

**14. Dec. (Kbhvn.).** Fortegnelse over Gods, som Kongen har faaet til Mageskifte af Hr. Jørgen Lycke: 2 Gaarde i Seersløf By og Sogn i Skippinge Herred, der bleve henlagte under Kallundborg, 1 Gaard i Erdruppe i Hemingshøf Sogn i Slaugelse Herred, der blev lagt under Anderschof, 4 Gaarde og 1 Bol i Pollerup, 1 Bol i Ulemarck, 1 Gaard i Rogbylille og 1 Gaard i Bidtzinge, alt paa Møen, der bleve lagte under Ermelundgaard. Sj. T. 13, 365.

— Til Manderup Parsberg. Kronens Bønder i Laven og Horup[3] i Leno Sogn have klaget over, at Dyrene æde deres Korn,

---

[1] Tr.: Rørdam, Kbhvns Universitets Hist. 1537—1621 IV. 288 f.    [2] Tr.: Herholdt, Archiv f. Lægevidenskabens Hist. i Danmark I. 69 ff.    [3] Haarup, Gern H.

hvilket har medført, at de ere blevne saa forarmede, at de staa til Restance med deres Landgilde og ikke kunne udrede den. Hvis Manderup Parsberg ved, at dette forholder sig rigtigt, skal han lade dem være fri for den Landgilde, de indtil denne Dag restere med. J. T. 1, 251 b[1]. Orig.

**15. Dec. (Kbhvn.).** Befaling til Henning Giøe at levere Hans Rosenou, Borger i Lybek, 10 Læster Byg, som Kongen har givet ham for den Skade, han har lidt i sidste Fejde. F. T. 1, 299 b.

— [2] Aabent Brev, at Hr. Lauritz Pederssen i 1578 maa oppebære Kronens Part af Tienden af Hiøberg og Elsborg Sogne, uden Afgift. Udt. i J. R. 1, 412 b.

— Befaling til Claus Glambeck, der med Rigens Dele har forfulgt Godske Friis for at faa ham til at skaffe den af hans Karle til Stede, der havde skudt Dyr i Kronens Skove, og er kommen saa vidt dermed, at han skal have Indførsel i Godske Friis's Gods, om nu at lade Forfølgningen falde, da Kongen paa gode Mænds Forbøn har eftergivet Godske Friis Sagen, fordi han ikke skal have været hjemme, da Karlen blev æsket, og har undskyldt sig paa det højeste. J. T. 1, 252.

**16. Dec. (—).** Aabent Brev, at Oluf Bagger, Borger i Ottense, i de næste 3 Aar (deri iberegnet den til sidste St. Mortens Dag faldne Landgilde) maa oppebære al den visse Rente, som kan undværes fra Skanderborg og Nesbyhofuet Len, og al Korntienden af Fyens Stift. Han skal modtage Kornet inden 1. Maj og de andre Varer, saasnart de falde, i modsat Fald skal alt ligge paa hans egen Bekostning og Risiko. Han skal betale 1 gl. Dlr. for hver Td. Rug, Byg og Malt, $^1/_2$ Dlr. for hver Td. Havre, 12 Dlr. for hver Td. Smør, 8 Dlr. for hver Td. Honning, 3 Dlr. for hvert fedt Svin, 1 Dlr. for hvert Brændsvin, dog skal han saa have fri Olden til Brændsvinene i Kronens Skove, naar der er Olden, 3 Dlr. for hver fed Ko, $^1/_2$ Dlr. for hvert Faar, 1 Ort for hvert Lam, 2 Sk. for hver Gaas, 1 Sk. for hver Høne og skal paa egen Regning og Risiko betale den ene Halvpart til St. Hans Dag, den anden til St. Mikkels Dag. Kornet og Varerne fra Skanderborg Len skulle leveres i Aarhus, Kornet og Varerne fra Ottensegaards Len og Korntienden af Fyens Stift i Nyborg og Kierteminde. Lensmændene skulle tage Kvittanser for det, de levere ham. F. R. 1, 111.

---

[1] Tr.: Saml. t. jydsk Hist. og Topogr. VII. 92 f.    [2] J. R. har 25., men dette er vist nok en Skrivefejl for: 15. (jvfr. Dateringsstedet).

18

**16. Dec. (Kbhvn.).** Aabent Brev, at Chresten Munck til
Giessinggaard skal udtage Baadsmænd i Købstæderne i Nørre-
jylland til Brug paa Orlogsskibene til Foraaret, da Lauritz Krusse,
der tidligere har faaet Ordre til at udtage disse Baadsmænd, er
bleven syg. Det befales Borgerskabet i Købstæderne at rette sig
efter hans Ordrer og skaffe duelige, søkyndige Folk. J. R. 1,
412 b.

— Lignende Brev, lydende paa Alexander Durham i Niels
Kaassis Sted, til Købstæderne i Fyen og Rudkiøbing. Udt. i J. R.
1, 413.

— Befaling til Christen Munck til Giessinggaard om i den syge
Lauritz Krusses Sted at rejse omkring til Købstæderne i Nørrejyl-
land for at udtage Baadsmænd. Der sendes ham et Register
over Købstæderne med Angivelse af, hvor mange Baadsmænd der
skal udtages af hver Købstad, endvidere lukkede Breve til hver
enkelt Købstad, et aabent Brev om, at Borgerne skulle rette sig
efter hans Ordrer, og et Pasbord. Han skal udtage duelige Folk,
optage Register over dem, han udtager i hver Købstad, med Angivelse
af Navnene og sende disse Registre til Kongen. J. T. 1, 252 b.

**17. Dec.** (—). Til Bønderne paa Bornholm, hvem de end
tjene. Da Kongen vil opelske en Fredejagt der paa Landet, men
mange holde Hunde, der løbe ud i Skoven og paa Markerne, øde-
lægge og forjage Dyrene og gøre Bønderne selv Skade paa deres
Faar, Lam og andet Smaakvæg, forbydes det dem herefter at
holde mere end én Hund i hver Gaard, og paa denne skal
endda det ene fremmer Ben være afhugget ovenfor Knæet.
Overtrædelse heraf medfører en Bøde af en god Okse, hvis det er
Kronens Bonde, til Kronen og ellers til Bondens Herskab. Lens-
manden skal paase dette Forbuds Overholdelse og maa ikke se
gennem Fingre med nogen, saafremt han ikke selv vil staa til Rette.
Sk. R. 1, 217 b [1].

— Mageskifte mellem Erich Hardenbierg, Embeds-
mand paa Hagenschouf, og Kronen. F. R. 1, 112. (Se Kronens
Skøder.)

**18. Dec.** (—). Til Christoffer Valckendorff. Da Hans Jo-
hanssen, Embedsmand paa Hindtzgafuel, har berettet, at han efter
kgl. Befaling har købt 60 Øksne til Kongen og sendt dem til

[1] Tr.: Hübertz, Aktst. t. Bornholms Hist. S. 476 f.

Kiøpnehafn, skal Christoffer Valckendorff enten selv betale Hans Johanssen de udlagte Penge eller sørge for, at han faar sin Betaling andensteds, efterdi Hans Johanssen nu til Omslaget skal betale en Sum Penge og ikke kan faa sin Betaling for Øksnene af Hindtzgafuel Slot, da han hverken har det paa Regnskab eller Afgift. Sj. T. 13, 365 b.

**18. Dec. (Kbhvn.).** Aabent Brev, at Hr. Brunckel Jacobssen i Aar maa oppebære Afgiften af Kronens Part af Korntienden af Vom og Velbre[1] Sogne i Skaane, kvit og frit. Udt. i Sk. R. 1, 218.

— Følgebrev for Johan Urne til Bønderne under Løckou. Udt. i Sk. R. 1, 218 b.

— Til Nils Jonssen. Hr. Jørgen Løcke har klaget over, at Nils Jonssen har udtaget kgl. Stævning i Trætten mellem ham og Hr. Jørgen om en Gaard i Rafuekield, uagtet Sagen har hængt i Trætte paa Herreds- og Landsting og Kongen har befalet Landsdommerne at dømme deri, da Sagen ved en kgl. Dom er henvist til Paadømmelse paa Landstinget. Da Kongen husker, at Nils Jonssen har begæret Stævningen og berettet, at Sagen var indkommen for Rigens Kansler, medens dog baade Hr. Jørgen og Rigens Kansler benægte, at den nu hænger i Trætte dér, skal han tilskrive Kongen fuld Besked herom, hvorefter Kongen saa vil paabyde, at der skal afsiges endelig Dom i Sagen paa Landstinget. J. T. 1, 253.

**19. Dec. (—).** Bestalling for Pouel Teltmager som Kongens Teltmager. Han skal aarlig have 40 Dlr. og en sædvanlig Hofklædning af Rentemesteren og 1½ Pd. Rug, 2 Pd. Malt, 1 Slagtenød, 3 Svin, 4 Lam, 6 Gæs, ½ Td. Sild, ½ Td. Torsk, ½ Td. Ærter, ½ Td. Gryn, ½ Td. Smør og 4 Lispd. Bergefisk eller islandske Fisk af Kiøpnehafns Slot. Han skal holde Kongens Telte og Kongens Skibsarbejde, som Flag, Fænniker, Mærsklæder, Bolsaner og andet, i Stand. Sj. R. 11, 333 b.

— Aabent Brev, at Villom Meldram, der har tilsagt Kongen Tjeneste som Skibshøvedsmand, aarlig skal have 200 gl. Dlr. til Løn, Underholdning og Husleje og sædvanlig Hofklædning til sig selvanden. Sj. R. 11, 334.

— Lignende Bestalling for Johan Gardoen, lydende paa 150 gl. Dlr. og 2 Klædninger. Udt. i Sj. R. 11, 334 b.

---

[1] Weberöd, Torne H.

18*

**19. Dec. (Kbhvn.).** Lignende Bestalling for Jørgen Gardoen, lydende paa 150 Dlr. og 2 Klædninger. Udt. i Sj. R. 11, 334 b.

— Til Christoffer Valckendorph. Da Marcus Hees, Hans Sukkerbager og andre Borgere i Kiøpnehafn og Malmøe have klaget over, at de endnu ikke have faaet nogen Betaling for et Skib paa 300 Læster, kaldet den gyldne Løve, som Kongen har taget og brugt til Orlogs, skal Christoffer Valckendorph undersøge Sagen og lade Kongen vide, hvor meget de forlange, og om Kongen med Rette skylder dem noget; siden vil Kongen give dem nærmere Besked. Sj. T. 13, 366 [1].

— Til Borgemestre, Raad og Byfogder i Helsingøer og Helsingborg. Da Kongens Undersaatter trods den paa Herredagen i Randers gjorte Skik om Øksentolden, hvorefter alle Smaatolde skulde afskaffes, endnu besværes med Smaatold i deres Byer, forbydes dette for Fremtiden, og det paalægges dem frit at lade Kongens Undersaatter drive deres Øksne til de almindelige Toldsteder, hvor Tolden skal svares. Sj. T. 13, 366 b [2].

— Mageskifte mellem Jørgen Rosenkrantz og Kronen. J. R. 1, 413 b. (Se Kronens Skøder.)

**21. Dec. (Gundsø).** Aabent Brev, at Aage Pederssen i Balderup, der er beskikket til Herredsfoged i Smørums Herred og har stor Besværing med denne Bestilling og i andre Maader, maa være fri for Halvdelen af sin Landgilde og maa oppebære 1 Skp. Byg af hver Bonde i Smørums Herred, der sidder for en hel Gaard, alt saalænge han er Herredsfoged eller indtil anden Ordre. Sj. R. 11, 335.

**23. Dec. (Ganløse).** Aabent Brev, at Nelaus Jensen i Ganløsse indtil videre hvert Aar sisefrit maa købe $\frac{1}{2}$ Læst Rostocksøl i Kiøpnehafn. Udt. i Sj. R. 11, 335 b.

— Aabent Brev, at Anders Simenssen uden Stedsmaal maa faa Kronens Part af Korntienden af Kongsted Sogn i Hønborg Len og beholde den kvit og frit, saalænge han er Forstander for Hospitalet i Kolding. Udt. i J. R. 1, 417.

— Befaling til Lauritz Skram, Embedsmand paa Koldinghus, at købe saa mange Mursten som muligt til Kongen og holde dem til Stede til nærmere Ordre. Orig.

---

[1] Tr.: O. Nielsen. Kbhvns Dipl. IV. 627.   [2] Tr.: Secher, Forordninger II. 78.

**23. Dec. (Gandløse).** Til samme. Da Herredsfoged Claus
Hønborig har begæret, at den Enke, som har Halvdelen af So-
helmgardt[1], maa faa en Gaard andensteds, for at han kan faa
hele Sohelmgardt samlet, har Kongen af Hensyn til, at Man-
den har tjent længe og endnu har Umage med Kongens Bestilling,
tilladt dette, hvis da Enken godvillig vil rømme Gaarden, og Lauritz
Skram skal i saa Tilfælde uden videre Indfæstning forsørge hende
andensteds. Claus Hønborig skal svare Landgilde af den Halvdel,
han faar til. J. T. 1, 253 b.

— Følgebrev for Lensmanden paa Bygholm til Kro-
nens Bønder i Bierge Herred. J. R. 1, 417.

**24. Dec. (—).** Til Claus Glambeck. Der sendes ham til For-
kyndelse et Følgebrev til Bønderne i Bierge Herred, da dette Her-
red bedre kan ligge under Bygholm end, som nu, under Koldinghus.
De Rønder, der ligge ved Skanderborg og ikke bruges dér, skal
han lade føre til Spettrup, for at Lauritz Skram kan hente dem dér
til Vandkunsten paa Koldinghus. J. T. 1, 254.

— Til Kronens Bønder i Koldinghus og Skodborg Len. Da
det i disse Len mere end andensteds i Nørrejylland er almindeligt,
at Gaardene bygges med Bulhuse, hvilket baade er farligt i Ilde-
brandstilfælde og skadeligt for Skovene, og da ingen endnu beflitter sig
paa at bygge anderledes, forbydes det dem alvorligt herefter at
bygge deres Gaarde med Bulhuse; de, der ville bygge, skulle
enten mure mellem Stænger eller slaa med Ler. Overtrædelse heraf
medfører Fortabelse af den halve Hovedlod til Kronen. J. R.
1, 417 b[2].

— Befaling til Erick Løcke at levere Lauritz Skram saa
meget Tømmer, som han behøver til Holsted Mølles Istandsæt-
telse. Udt. i J. T. 1, 254.

— Forbud til Lauritz Skram, Embedsmand paa Koldinghus,
mod at laane Vogne ud, medmindre det er Folk, som have kgl.
Pasbord, er Kongens Gods, som skal flyttes, eller nogen har saadant
Ærinde, at han skal have Befordring. Udt. i J. T. 1, 254.

— Til samme. Da der i Koldinghus Len ligesom andensteds
i Riget drager en hel Hob løse Folk omkring i Landsbyerpe og ud-
giver sig for Kæltringer, men ellers ikke bestiller andet end at be-
svære Almuen og bruge anden Modvilje, skal han have god Op-

---

[1] Søholmsgaard, Elbo H.   [2] Tr.: Secher, Forordninger II. 78 f.

sigt med disse løse Folk, undersøge, hvad Besked de have med
at fare, og, hvis han træffer nogle, der ikke have andet i Lands-
byerne at bestille end at besvære og bedrage Almuen, lade dem
straffe. J. T. 1, 254 b[1].

**24. Dec. (Gaudløse).** Befaling til Hans Skriver, Borgemester
i Kolding, der en Tid har skrevet og oppebaaret de i Kolding-
hus Len paabudte Madskatter, men efter sin Udnævnelse til
Borgemester ikke vil gøre det, om at vedblive dermed, da
Skriveren paa Koldinghus formedelst det store Len har nok at be-
stille og Hans Skriver har faaet en Tiende i Forlening for sit Ar-
bejde. J. T. 1, 256.

— **(Frederiksborg).** Til Provster, Præster, Sognedegne, Kirke-
og Præstetjenere i Blekinge. Da det falder Stiftslensmanden i Skaane
meget besværligt at have den gejstlige Jurisdiktion i Blekinge i For-
svar, fordi den ligger saa langt fra Haanden, har Kongen befalet
Jørgen Bilde, Embedsmand paa Siluitzborg, at have den gejst-
lige Jurisdiktion i Blekinge i Forsvar og at oppebære al
Kronens Rettighed af dem, hvorfor det befales dem herefter at holde
ham for deres Stiftslensmand. Sk. R. 1, 218 b[2].

**25. Dec. (— 1578).** Til Jørgen Bilde. Da Stiftslensmanden i
Skaane vanskeligt kan varetage de gejstlige Sager i Blekinge og for-
svare det gejstlige Gods smstds., fordi det ligger saa langt fra Haan-
den, hvilket medfører, at Kronens Rettighed ofte forsømmes, har
Kongen bestemt, at Jørgen Bilde skal have den gejstlige Juris-
diktion i Blekinge i Befaling, og sender ham hermed et
aabent Brev til Undersaatterne herom. Sk. T. 1, 126[3].

— Befaling til Jørgen Marsuin og Axel Veffert i de næste 3
Aar at levere Oluf Bagger, Borger i Ottense, Stiftets Korn
af Fyens Stift og tage Bevis derfor, for at Kongen kan vide,
hvad han skal have Betaling for. F. T. 1, 82.

— Befaling til Claus Glambeck om i de næste 3 Aar at le-
vere Oluf Bagger, Borger i Ottense, al den visse Rente, som
kan undværes fra Skanderborg Slot, for samme Afgift som før.
Da Oluf Bagger har klaget over, at han i de foregaaende Aar har
lidt stor Skade paa Smørlandgilden, fordi han ikke har faaet den i

---

[1] Tr.: Saml. t. jydsk Hist. og Topogr. VII. 93.   [2] Tr.: Falkman, Upplysningar om
inkomster af andeligt gods uti Skåne, Halland och Blekinge II. 53 f. (i svensk Oversæt-
telse).   [3] Tr.: Smstds. II. 54 f.

rette Tid, skal Claus Glambeck herefter lade Smørlandgilden
oppebære inden St. Hans Dag Midsommer, for at Oluf Bagger
ikke skal faa den paa ubelejlige Tider.  J. T. 1, 257.

**25. Dec. (Frederiksborg, 1578).** Til Biørn Anderssen.  Da Fru
Kyrsten Lunge, Axel Juels Enke, har berettet, at der er Trætte
paa Ejendommen til nogle Biskopsbol i Fiellerup, som
hendes Husbonde for nogen Tid siden har faaet af Kronen, og hun
mener, at Brevene til Ejendommens Forsvar findes blandt Stiftets
Breve paa Gaarden [Aarhusgaard], skal han lade de Ejendommen
vedrørende Breve opsøge og, hvis der findes nogle, levere hende dem
mod Reversal for, at Brevene ville blive leverede tilbage, naar de ere
brugte.  J. T. 1, 257 b.

**26. Dec. (—).**  Til Christopher Valckendorff.  Christopher
Busk, Borger i Ottense, har berettet, at han i Henhold til Kongens
Løfte om Betaling for den Proviant, der leveredes til Krigsfol-
ket, har gjort Tilførsel til Feltøverste Daniel Rantzovs Krigsfolk i
sidste Fejde, og Kongen husker, at Christopher Busk nedsatte sin
Fordring til 1300 Dlr., og at Peder Oxe fik Ordre til at betale ham
med Varer.  Da han nu har klaget over, at han alligevel intet har
faaet, skal Christopher Valckendorff undersøge, om Provianten er
afkortet Daniel Rantzovs Knægte eller hans Arvinger ved Afregnin-
gen og, hvis saa er, blive enig med Christopher Busk om de Varer,
denne skal have for de 1300 Dlr.  Sj. T. 14, 1.

— Til Peder Oxis Arvinger.  Da afdøde Peder Oxe skal staa
tilbage med noget Regnskab af Rafnsborg Len, skulle de med
det første indkræve Restancerne i Lenet, gøre alt klart hos
Rentemesteren og betale denne, hvad de maatte blive skyldige, saa-
fremt Kongen ikke skal blive nødt til at kræve Regnskabet og Re-
stancen af dem paa en anden Maade.  F. T. 1, 300.

— (U. St., —).  Til Christopher Valckendorff.  Da Fru Citzel Urne,
Albret Oxes Enke, der for nogen Tid siden har faaet Brev om nogle
Restancer af Rafnsborg Len, har erklæret, at det ikke tilkom-
mer hendes afdøde Husbonde alene, men ogsaa Peder Oxes andre
Arvinger at betale disse, og at hun er villig til at betale det, som
hun eller hendes Husbonde har oppebaaret, men mener, at der sker
hende Uret, hvis hun nu skal besværes med Restancerne, og at
Peder Oxes Arvinger siden intet ville vide hende til Vilje, har Kon-
gen skrevet til Peder Oxis andre Arvinger derom og befaler Chri-
stopher Valckendorff at undersøge Sagen, kun kræve hende for hen-

des Part af Restancen og, naar hun har betalt den, give hende Kvittans. Sj. T. 14, 1 b.

**27. Dec. (Frederiksborg, 1578).** Livsbrev for Oluf Bagger, Borger i Ottense, hans Hustru og deres Sønner, den ene efter den anden, paa en til Dallum Kloster liggende Gaard, kaldet Østerslefgaard, mod aarlig at svare 4 Ørt. Korn i Landgilde til Klosteret. F. R. 1, 118.

**28. Dec. (—).** Aabent Brev, at Kronens Bønder i Kiøpnehafns Len, for bedre at kunne blive ved Magt, indtil videre maa være fri for den Gæsterihavre, som svares for hvert Pd. Korn. Sj. R. 11, 337.

— Fuldmagt for Niels Kaas, Kansler, Jørgen Rossenkrantz, Jacob Ulfeldt og Caspar Paslich, der have faaet Ordre til at møde i Kolding, naar Kurfyrsten af Saxens Kommissærer skulle dømme i Striden mellem Kongen og Kronen paa den ene Side og Hertug Hans den ældre af Holsten paa den anden, til, saafremt Sagen ikke kan bilægges paa anden Maade, at bevilge Hertugen den Tiende af nogle Sogne, som han hidtil har haft, men derimod sørge for, at den anden gejstlige Jurisdiktion, der tilkommer Kronen, i alle Maader forbeholdes denne. Sj. T. 14, 2.

— Til Christopher Valckendorff. Da Dr. Jochim Hinck, Domdegn i Bremen, har begæret, at hans aarlige Pension maa blive betalt ham af Rentekammeret til Indkøb af nogle Øksne, og at de Penge, som han i de forgangne Aar har udlagt til Fortæring i Rigets Bestilling, ligeledes maa blive ham betalte til dette Brug, skal Christopher Valckendorff gøre op med hans Fuldmægtig og betale ham den Pension, Jochim Hinck skulde have til Omslaget, og den Fortæring, han har udgivet, saa han ikke forgæves skal have sendt Bud derefter. Sj. T. 14, 2 b.

— Befaling til samme at give Kongens 4 Giglere hver 1 Dlr. om Maaneden mere i Kostpenge, end de hidtil have haft. Udt. i Sj. T. 14, 3.

— Befaling til samme at indskrive Siuordt Pederssen i Registret og siden give ham samme Hofklædning og Kostpenge til sig selvanden, som andre i Kongens Kancelli faa. Udt. i Sj. T. 14, 3.

— Ekspektancebrev for Gotslaf Buddi, kgl. Skænk, paa Dalby Kloster i Skaane, som Fru Leene Veffert, Claus von Ungers Enke, har Livsbrev paa. Sk. R. 1, 221.

**28. Dec. (Frederiksborg,** 1578). Aabent Brev, at Kirkeværgerne for Durup Kirke i Gislum Herred indtil videre maa oppebære Kronens Part af Tienden af Durup Sogn til Istandsættelsen af Kirken, der er meget bygfalden, men ikke har Forraad eller Rente nok til at bekoste Istandsættelsen. Tienden maa kun anvendes til Kirkens Brug, og Kirkeværgerne skulle gøre Provsten Regnskab for den. J. R. 2, 1.

— Aabent Brev, hvorved Kongen — i Anledning af, at nogle af Herredstingene i Koldinghus og Skodborg Len ere lagte paa ubekvemme Steder og ikke midt i Herredet — giver Lauritz Skram, Embedsmand paa Koldinghus, Fuldmagt til at undersøge Sagen og, hvor Herredstingene ikke ligge belejligt, tage 8 af de fornemste og mest agtede Herredsmænd til sig og siden lægge Tinget, hvor de finde det rigtigst. Det befales Herredsmændene herefter at søge Tingene paa de Steder, som de henlægges til. J. R. 2, 1 b[1].

— Befaling til Bønderne i Koldinghus Len at møde efter nærmere Tilsigelse af Lauritz Skram med Heste og Vogne, Skovle og Spader for at istandsætte Vejene i Lenet, der mange Steder ere slemme og onde. J. R. 2, 2.

**29. Dec. (—).** Kvittans til Fru Dorrethe, Jørgen Munckis Enke, til Osvang paa hendes Regnskab for hendes afdøde Mands Indtægt og Udgift af Frederichsborg og Kroneborg Len med Faurholm, Hørsholm og Eserum Avlsgaarde i den Tid, han har haft dem i Forlening. Kongen har selv overtaget de Restancer, der stode tilbage hos Bønderne til sidste Paaskedag, og vil enten selv indkræve dem eller eftergive dem. Hvad Jørgen Munck yderligere blev skyldig, har hun nu betalt til Rentemester Christoffer Valckendorff. Sj. R. 11, 337 b.

— Til Christoffer Valckendorff. Lauritz Skram, Embedsmand paa Koldinghus, der for nogen Tid siden fik Ordre til at sende det Korn, han havde i Forraad, til Kiøpnehafn, har berettet, at han, før han fik Skrivelsen, har solgt Kornet til Bønderne i Lenet, der trængte i høj Grad til det, men at Christoffer Valckendorff desuagtet har givet ham at forstaa, at han igen skulde indkræve Kornet. Da Kongen gerne ser, at Bønderne ere blevne hjulpne med Korn, maa Christoffer Valckendorff ikke besvære Lauritz Skram med at indkræve det solgte Korn, dog har Kongen befalet,

---

[1] Tr.: Secher, Forordninger II. 79.

at Lauritz Skram skal sende det Korn, som ikke er solgt og kan
undværes fra Slottet, til Kiøpnehafn. Sj. T. 14, 3 b.

**29. Dec. (Frederiksborg,** 1578). Forleningsbrev for Lau-
ritz Skram paa Koldinghus og Skodborg Len, saaledes som
Vincentz Juel sidst har haft dem i Værge. Han skal aarlig, fra 1.
Maj 1577 af, have 300 Dlr. paa sit eget Liv, Foder **og** Maal til 8
Heste, Løn til 8 Karle og Tiendedelen af den uvisse Rente; for al
anden vis og uvis Rente skal han gøre Kronen Regnskab. J.
R. 2, 2 b.

— Til Kansleren. Da Ifuer Lunge har 1 Gaard i Vindinge
og Hans Axelssen, Hofsinde, 1 Gaard i Viuf i Koldinghus Len,
som Kongen gerne vil have til Mageskifte, skal Kansleren, inden
han rejser fra Jylland, forhandle med dem om at afstaa disse
Gaarde og blive enig med dem om, hvor de skulle have Vederlag
derfor, dog maa de ikke forlange Gods i Kongens Fredejagt eller
paa Steder, hvor det ligger særlig belejligt for Kongen. J. T.
1, 258.

— (**Kbhvn.,** —). Til Lunde Kapitel. Da Niels Paasche,
Slotsskriver paa Kiøpnehafn, der har faaet Skrivelse til Kapitlet om, at
han skulde nyde samme Rettighed som Folk i Kancelliet og residerende
Kanniker, naar der skulde udskiftes Mensal- eller Fællesgods,
har klaget over, at han alligevel intet har faaet, skønt der siden
den Tid skal være faldet en hel Hob, befales det Kapitlet herefter
at lade ham faa hans Part, da han jo er i Kongens daglige
Tjeneste, og, hvis noget, som han mener, staar uskiftet, udlægge
ham Fyldest deraf for det, han er kommen til kort siden Udste-
delsen af ovenomtalte kgl. Skrivelse. Sk. T. 1, 126 b.

**30. Dec. (Frederiksborg,** —). Aabent Brev, hvorved Kongen
lover Pouel Huitfeld — der paa egne og Medarvingers Vegne
har afstaaet Hovedgaarden Eskelstrup med alt det Gods paa Sjæl-
land, som deres Søster Fru Maren Huitfeld ejede dertil, og alt sit
eget Gods i Robylille, Frenderup og Tosenes[1] paa Møen til Kongen
uden endnu at have faaet Udlæg derfor —, at al den Rente, der fra
nu af og indtil der udlægges dem Vederlag oppebæres af oven-
nævnte Gods, skal blive leveret dem, saa de ingen Skade skulle
komme til at lide. Sj. R. 11, 338.

— Til Hans Skougaard, Axel Gyldenstern og Anders Bing. Da

---

[1] Tostenæs.

Pouel Huitfeld paa egne og Medarvingers Vegne har bevilget
Kronen Eskelstrup Gaard med alt det Gods i Sjælland, som tilhørte
deres Søster Fru Marrenne Huitfeld, og desuden sit eget Gods i Ro-
bylille, Thostenes og Frenderup paa Møen til Mageskifte for Fyl-
dest i det Kronens Gods i Halland, som Eyller Grubbe har i Værge,
og andet Gods deromkring, skulle de inden Pinsedag [18. Maj] be-
sigte begge Parters Gods, ligne det og indsende klare Registre der-
paa. Sj. T. 14, 4.

1577[1]. Til Borgemester og Raad i Vejle. Da Kongen, der
for nogen Tid siden har undt dem Kronens Ladegaard ved Veyle,
erfarer, at de forhugge den dertil liggende Skov til Upligt, befales
det dem at behandle Skoven godt, saafremt Kongen ikke skal til-
tænke anderledes derom. Orig. i Provinsark. i Viborg.

# 1578.

1. Jan. (Frederiksborg). Aabent Brev, at Jørgen Jensen,
Guldsmed i Kiøpnehafn, i de næste to Aar maa blive boende dér
og være fri for Skat, Hold, Vagt og al anden borgerlig Tynge.
Udt. i Sj. R. 11, 339[2].

2[3]. Jan. (—). Til Christopher Valckendorff. Kongen har be-
vilget, at alle Sangerne, der i nogen Tid ere blevne bespiste ved
Hove, igen maa faa Kostpenge ligesom tidligere. Orig.[4] Udt.
i Sj. T. 14, 5.

— Til Biørn Kaas, Hans Schougordt, Lauge Urne, Halck Ulfs-
tand, Niels Krabbe og Gabriel Sparre. Da Pouel Huitfeld har klaget
over, at nogle Bønder i Sønderhalland tværtimod nogle i Sagen
udgivne Domme have understaaet sig til at udhugge en Kro-
nen tilhørende Laksegaard ved Frenderup, befales det oven-
nævnte, der for længe siden have faaet Ordre til at dømme i denne
Sag, men endnu ikke have gjort det, at blive enige med hverandre

---

[1] Datoen er bortreven. [2] Tr.: O. Nielsen, Kbhvns Dipl. II. 380. [3] Sj. T. har: 1.
[4] Tr.: Nye dsk. Magazin I. 19 f.

om at mødes paa Aastederne engang inden Midfaste og hjælpe Pouel Huitfeld til Ret.  Sk. T. 1, 127.

**2. Jan. (Frederiksborg).**  Til Anders Bing.  Da han har berettet, at Bønderne i hans Len [Varberg], der svare deres Landgilde i Skæppetal, aarlig ville komme til at svare 1000 Tdr. Korn mere end tidligere, hvis de skulle svare efter den nu paabudte Skæppe, idet der før regnedes 7 Skpr., men nu kun 6 Skpr. til Tønden, og da han i den Anledning har begæret nærmere Ordrer, meddeles ham, at Kongen ikke har haft til Hensigt yderligere at besvære Bønderne, men kun har villet indføre ens Maal, hvorfor han skal beregne, hvor meget den gamle Landgilde kan beløbe sig til efter den ny Skæppe, lade Jordebogen forandre i Overensstemmelse dermed og indsende et forandret Eksemplar til Rentekammeret.  Sk. T. 1, 127.

**3. Jan. (Kronborg).**  Til Hans Schougard.  Da Fru Margrete Ulfeld, Knud Gieddis Enke, efter Mandens Død har ført et slemt løsagtigt Levnet, hvilket er hvert Mand vitterligt, og af den Grund tidligere har været arresteret, og da hun efter sin Løsladelse paa ingen Maade har forbedret sig, men stadig er sin Slægt og sine Venner til Skam, skal han, da hendes Søn, der efter Loven er hendes Værge, ikke vil lade hende fængsle, fordi man kunde bebrejde ham det, med det første begive sig til Thommerup, give Sønnen Ordre til at lade Moderen indmure, selv overvære Indmuringen og befale Sønnen at holde hende indmuret hendes Livstid efter den derom gjorte Skik, da Kongen ellers vil blive foraarsaget til at tage baade hende og hendes Gods.  Sk. T. 1, 127 b.

— Til Brostrup Giede.  Ovenstaaende Brev sendes ham med Ordre til at møde paa Thomerup, naar Hans Schougordt og Steen Bilde komme did for at lade hans Moder indmure; han skal drage Omsorg for, at hun ikke igen slipper ud, saafremt Kongen ikke i Henhold til den af Kongen og Rigsraadet derom gjorte Skik skal tage hende og hendes Gods og sætte hende i Forvaring.  Sk. T. 1, 128[1].

— Aabent Brev, at Hans Rasmussen, der er født paa Kronens Gods i Raadt i Morsby[2] paa Falster, maa blive utiltalt for sit Fødested, da han nu vil tage Borgerskab i Stubbekiøping,

---

[1] Tr.: **Friis,** Underretn. om Schielschiør S. 498 f.  Journal f. Politik, Natur- og Menneske-Kundskab 1813 III. 40 f.  [2] F. R. har ved en Fejlskrift: Montheby; det er Moseby, sønder H., Falster.

fordi han hidtil altid har brugt Søen og derfor ikke føler sig duelig til at besidde noget Bondegods. F. R. 1, 528 b. K.

**4. Jan. (Kronborg).** Til Frantz Laveritzen. Da Bønderne paa det Gods i Vig i Odtz Herred, som Kongen har faaet til Mageskifte af Niels Trolle, ikke ere satte saa højt i Landgilde som de andre under Draxholm Slot hørende Bønder i Byen, skønt de have lige-saa god Ejendom som disse, og da de sidstnævnte Bønder for nogen Tid siden af Oldinge ere kendte gode for deres Landgilde, skal han sørge for, at de Bønder, som Kronen har faaet af Niels Trolle, blive satte for samme Landgilde som de Kronens Bønder, der have samme Ejendom. Sj. T. 14, 5.

**5. Jan. (—).** Aabent Brev, at Hendrich von Ølssen, der for sin Umage med at beride Kronens Skove under Roskildegaard for nogen Tid siden fik Skioldenes Mølle kvit og frit mod til Gen-gæld at give Afkald paa den Besolding og Underholdning, han hid-til havde oppebaaret af Roskildegaard, alligevel aarlig, indtil videre, maa oppebære 6 Faar, 3 Svin, 1 Oxe og 1 Fjerd. Smør af Ros-kildegaard. Sj. R. 11, 339.

**— (Frederiksborg).** Til Glob Krabbe. Da Kronens Skove og Fredejagt skyde ind paa Saaby Bys Skov og Ejendom, hvilket med-fører, at der ofte ødelægges meget Vildt, som løber derind, vil Kongen tilmageskifte sig dette Gods og anmoder derfor Glob Krabbe, der har Gods i Saaby, om at afstaa dette til Kro-nen, erklære sig om, hvor han ønsker Vederlag, eller selv begive sig herover. Hvis det er ham belejligt, vil Kongen udlægge ham Gods lige paa den anden Side af hans Gaard. Sj. T. 14, 5 b.

**6. Jan. (Kronborg).** Anmodning til Hr. Jørgen Løcke om at skaffe Hendrich Gyldenstiern, Embedsmand paa Baahus, der har faaet Ordre til med det første at gøre Befæstningen paa Baahus færdig, den dertil nødvendige Kalk; Hendrich Gylden-stiern skal betale ham derfor. J. T. 1, 258 b.

**7. Jan. (—).** Befaling til Jørgen Marsvin at gøre op med Karinne Kottes for Hertug Hans's og hans Følges For-tæring hos hende og betale hende. Udt. i Sj. T. 14, 6.

— Befaling til Jørgen Bilde at lade 15000 Læs Ved hugge i Søluitzborrigs Skov til Kongen og lade det føre ned til Strand-bakken. Udt. i Sj. T. 14, 6.

— Befaling til Hans Skougaardt at købe 15000 Læs Ved til Kongen og lade det føre ned til Baastedt. Udt. i Sj. T. 14, 6 b.

**7. Jan. (Kronborg).** Befaling til Villandtz Herred at udføre det Egetømmer, som ligger hugget i Skovene til Kongen. Udt. i Sj. T. 14, 6 b.

**8. Jan.** (—). Aabent Brev, at Sorø Klosters daglige Gaardsæder i Liung og Hafuerup, der i Abbed M. Morthen Pederssens Tid have været satte for Landgilde og svaret Skat ligesom andre Landbobønder, men nu igen ere gjorte til daglige Gaardsæder og blevne fritagne for Landgilde, ej heller herefter skulle besværes med mere Skat end fra fordums Tid sædvanligt, medmindre Kongens Breve udtrykkelig paabyde det. Sj. R. 11, 339 b.

— Til Borgerskabet i Slaugelse. Kongen har bragt i Erfaring, at Borgerne i Slaugelse fra Arilds Tid af have haft fælles Overdrev med de omkringboende Soer og Andvordskouf Klostres Bønder, og at der for nogen Tid siden er ødelagt 2 Landsbyer, hvis Tilliggende er henlagt til det fælles Overdrev, men nu klages der over, at Borgerne for nogle Aar siden have indhegnet Byens Jord, som før laa under Overdrevet, og alligevel bruge det øvrige Overdrev sammen med Bønderne, ja endog undertiden indtage fremmed Kvæg deri, skønt Kongen tidligere har forbudt dette. De have saa forhandlet med Abbeden i Soer og Prioren i Andvordskouf om at maatte beholde den indtagne Jord, og det er blevet dem bevilget paa 3 Aar, mod at de efter den Tids Forløb igen udlagde den til det fælles Overdrev. Da den Tid for længe siden er forløben, men de alligevel stadig beholde Jorden, befaler Kongen dem straks at udlægge den indhegnede Jord til Overdrevet, saafremt Kongen ikke paa anden Maade skal hjælpe Bønderne til Ret. Sj. T. 14, 6 b.

— Til M. Ifuer, Abbed i Soer. Da Bønderne i Assindrop have meget ringe Brugning og derfor indtil for nogen Tid siden kun have svaret halv Skat, skal han ogsaa for Fremtiden kun skrive dem for halv Skat. Sj. T. 14, 7 b.

— Til Hospitalsforstanderne i Helsingøer. Da de i Anledning af den i Skaane, Halland og Blekinge foretagne Forandring med Skæppen, hvorefter der skal regnes 24 Skæpper paa hvert Pund Rug eller Byg og 6 Skæpper paa hver Tønde, ere bange for, at de, der have fæstet Hospitalets Tiender, herefter ikke ville svare 24 Skpr. paa Pundet, hvor de tidligere have svaret 20 Skpr., skulle de, hvis nogen vægrer sig herved, beregne, hvor meget deres sædvanlige Afgift, maalt med den ny Skæppe, kan beløbe sig til, og kræve saa meget af dem i Afgift, men ikke mere. Hvis nogen vil have sit Livsbrev paa Tienden forandret, skulle de optage Registre over, hvad enhver efter Forandringen skal give, og give dem nye Breve derefter. Sj. T. 14, 8[1].

**8. Jan. (Kronborg).** Aabent Brev, hvorved Kongen, der tidligere har henlagt en hel Del Tiender i Skaane til Hospitalet i Helsingør, forbyder alle at befatte sig med Hospitalets Tiender, der ere eller maatte blive ledige, førend de have henvendt sig til Hospitalsforstanderne derom og faaet deres Tilladelse dertil; Hospitalsforstanderne have nemlig klaget over, at, naar en Tiendehaver dør, bruge hans Arvinger og andre tit Tienderne uden at søge Hospitalsforstanderne derom, skønt Hospitalsfundatsen lyder, at naar nogen, der maatte have kgl. Livsbrev paa en Tiende, dør, skulle Forstanderne selv raade for, hvem de ville unde den. Saadan ulovlig Tilholdelse af en Tiende medfører Tiltale for uhjemlet Gods og tilbørlig Straf. Det forbydes Stiftslensmændene og alle andre herefter at bortfæste eller paa anden Maade befatte sig med Hospitalets Tiender. Sk. R. 1, 221 b[2].

— **Livsbrev for Jens Enerssen**, Borger i Landtzkrone, paa en til Øre Kirke hørende Jord paa 3½ Pd. Land i Byens Vang, som Anders Skriver smstds. har opladt ham og Biørn Kaas, Stiftslensmand, bevilget ham under Forbehold af Kongens Samtykke; dog skal han svare sædvanlig Skyld deraf til Øre Kirke. Sk. R. 1, 222.

**9. Jan. (—).** Aabent Brev, hvorved det, da M. Jyrgen Dybuad, der nu er beskikket til Professor i Mathematik ved Universitetet i Kiøpnehafn, har lovet herefter at ville forfatte og udgive danske Almanakker og Skrivekalendere, forbydes alle Bogførere og andre uden kgl. Tilladelse at lade saadanne oversætte fra Tysk og lade dem trykke samt at sælge andre danske Almanakker og Skrivekalendere end de af M. Jyrgen Dybuad udgivne; Overtrædelse heraf medfører Konfiskation af Bøgerne og tilbørlig Straf. Sj. R. 11, 342[3].

**10. Jan. (—).** Gavebrev til Jacob Vind, Sekretær, paa en Jord i Helsingøer øst for det Stræde, som skal løbe fra Hendrich Klejnsmeds Gaard mod Nord, nord for det Stræde, som skal løbe østpaa ved Arrild Huitfeldz Jord, og syd for den Jord, som

---

[1] Tr.: Hofman, Fundationer VII. 96.    [2] Tr.: Smstds. 95 f.    Secher, Forordninger II. 79 f.    [3] Tr.: Dsk. Mag. 4. R. II. 109 f.

først blev afmaalt til Kongens Køgemester, uden Jordskyld. Der
skal opføres og holdes god Købstadsbygning med Tegltag paa Jor-
den. Sj. R. 11, 340.

**10. Jan. (Kronborg)**. Livsbrev for Hendrich Mogenssen,
Tolder i Helsingøer, paa en Kronens Grund i Thikiøps Sogn
i Liunge Herred, som han nu selv har i Værge, liggende under
Hegnet ved den Enghave, han har dér, og nord for den Vej, der
løber fra Esperødgierde Led ind i Skoven, og syd for det Markeskel,
som altid har været mellem ovennævnte Enghave og Esperøds Mark.
Der skal ingen Afgift svares deraf. Sj. R. 11, 341.

— Forleningsbrev for Biørn Knudsen, Landsdommer
i Sønderhalland, paa 1 Gaard i Drafrup, 2 Gaarde i Mauf, 2 Gaarde
i Fieldinge, 1 Gaard i Sponsted, 1 Gaard i Fasterup, 1 Gaard i
Onsøø, 1 Gaard i Liugagger, 1 Gaard i Vilsherrid, 2 Gaarde i
Fridtlinge og 1 Gaard i Hindekuldt, alt i Sønderhalland, uden Af-
gift, saalænge han er Landsdommer. Sk. R. 1, 222 b.

— Til Borgemestre og Raad i Halmsted. Da Biørn Knud-
sen, Landsdommer i Sønderhalland, har berettet, at hans Formænd
i Embedet have oppebaaret de 10 Pd. Smør, som svares af en
Jord, der tidligere har ligget under 2 Gaarde i Øreby, men nu
bruges til Halmsted By, skulle de, hvis dette er Tilfældet, ogsaa
lade ham oppebære Smørret, saalænge han er Landsdom-
mer. Sk. T. 1, 129 b.

**11. Jan. (—).** Til Hendrick Mogenssen, Borgemester i Hel-
singør. Da der mangler en Degn til at lede Sangen i den i
Helsingør indrettede tyske Kirke, skal han straks forhøre
sig om en dertil duelig Person, der forstaar baade Tysk og Latin,
og aarlig give ham 10 gl. Dlr., 6½ Al. Engelst, 6½ Al. Foder-
dug, 5 Al. Sardug og 5 Al. Lærred i Løn samt lade ham faa Un-
derholdning i Hospitalet sammen med de Skolepersoner, som Kon-
gen underholder dér. Han skal sørge for, at 6 af de Personer fra
Skolen, der underholdes i Hospitalet, herefter altid gøre Tjeneste
sammen med Degnen i den tyske Kirke, naar der holdes Prædiken.
Sj. T. 14, 8 b.

— Kvittans til Hack Ulstand, Embedsmand paa Lyckou,
paa hans Regnskab for Indtægt og Udgift af Otthensegaards Len
og af Stiftets Indkomst i samme Len i den Tid, han har haft det
i Forlening, samt for de i samme Tid oppebaarne Skatter. Af det,
han blev skyldig, har Kongen eftergivet ham 1500 Dlr.; Resten har

han dels betalt Rentemester Christoffer Valckendorff, dels leveret
Erich Rosenkrandtz til Ariskov til Inventarium. F. R. 1, 118 b.

**13. Jan. (Kronberg).** Fortegnelse over de Huitfelders
Gods i Sjælland, som Kongen skal have: 6 Gaarde, $^1/_2$ Gaard, 1
Gadehus og 1 Smedjehus i Eskelstrup i Lønge Sogn i Alsted Her-
red og 4 Gaarde i Tiugstrup i Flackebiergs Herred, hvilket Gods
blev lagt under Soer Kloster; 1 Gaard og 1 Gadehus i Biørie[1] By
og Sogn i Flackebiergs Herred, hvilket Gods blev lagt under Andt-
vordtskouf Kloster; 1 Gaard i Gielstedt i Hellofue Sogn i Thybie-
rigs Herred, 4 Gaarde og 2 Gadehuse i Søholt[2] i Snedtzøre Sogn i
Borse Herred, 6 Gaarde, $^1/_2$ Gaard og 1 Smedjehus i Brøderup, 1
Vandmølle udenfor Søholt[2] og 1 Gaard i Eskebierre i Egesper Sogn
i Borse Herred, hvilket Gods blev lagt under Vordingborg; 2 øde
Jorder i Rye i Gierløf Sogn i Løfue Herred, 1 Gaard i Kircke Hel-
sing, 1 Gaard i Franckerup i Ars Herred og 1 Gaard i Skipping
By og Herred, hvilket Gods blev lagt under Kallundborg; 6 Gaarde
og 2 Gadehuse i Raabylille i Ermelund Sogn i Øster Herred paa
Møen, 10 Fiskerboder under Raaby Skov, 1 Gaard i Frenderup og
2 Gaarde i Thostenes, hvilket Gods blev lagt under Ermelundgaard.
Sj. T. 14, 9.

— Til Hans Schougaard, Axel Gyldenstiern og Anders Bing.
Da Kongen har bevilget, at Pouel Huitfeld paa egne og Med-
arvingers Vegne maa faa noget Gods i Halland og Fyen til Mage-
skifte for Eskelstrup Gaard med Fru Maren Huitfelds Gods paa
Sjælland og hans eget Gods i Robylille, Thostenes og Frenderup
paa Møen, skulle de senest inden Pinsedag [18. Maj] besigte begge
Parters Gods, ligne det og indsende klare Registre derpaa. Sk.
T. 1, 129.

— Forleningsbrev for Hack Ulfstand paa Olholm
Slot og Len med Sosmad, Vigsnæs og Kalløe Birker paa Laa-
land, saaledes som nu Fru Citzel Urne, Albret Oxis Enke, har dem
i Værge. Han skal overtage Lenet og Birkerne til førstkommende
1. Maj, aarlig til 1. Maj svare 2000 gl. Dlr. i Afgift af den visse
Rente, gøre Regnskab for al den uvisse Rente, hvoraf han selv maa
beholde Halvdelen, dog forbeholder Kongen sig alene al Told, Sise
og Vrag, og tjene Riget med 8 geruste Heste; Kongen forbeholder
sig al Biskopstienden. F. R. 1, 531. K.

---

[1] Bjerre, V. Flakkebjerg H.     [2] Sjolte.

**13. Jan. (Kronborg).** Befaling til Fru Sidtzelle Urne, Albret Oxis Enke, om til 1. Maj at overlevere Hack Ulfstand Olleholm Slot og Len og de 3 Birker, hun nu har i Værge, med Inventarium, Jordebøger, Breve, Registre og andet. F. T. 1, 300 b.

**17. Jan. (—).** Befaling til Christoffer Valkendorff at give Bertel Sømeskin[1], »Mønterfund«[2], der har ført et nyt Mønteværk hid fra Dantzick og nu er taget i Kongens Tjeneste, Kostpenge til sig selvanden og betale ham 36 Dlr., som han har fortæret paa Rejsen fra Dantzick og i den Tid, han har ligget her; han skal desuden skaffe ham et Værelse, hvori han kan holde en Esse og lave de Redskaber, han skal bruge. Sj. T. 14, 11.

— Til Hans Schougaard. Da Erich Pederssen i Alrum, der for nogen Tid siden har optinget til Hans Schougaard for en Sum Penge, fordi han, medens han var Skovfoged, efter 12 Synsmænds Vidnesbyrd har ladet Hielmsholte Skov forhugge, nu har været hos Kongen og klaget over, at Synsmændene have gjort ham Uret, samt begæret, at der maa komme gode Mænd paa Skoven, og at hans Forlovere imidlertid maa være fri for Tiltale, befales det Hans Schougard at lade Forloverne være fri for Tiltale, indtil Kongen forordner gode Mænd til at undersøge, om Synsmændene have gjort Erich Pederssen Uret eller ej. Sk. T. 1, 130 b.

**18. Jan. (—).** Aabent Brev, at Kongen har befalet Frandtz Lauritzen, Foged paa Dragsholm, med det allerførste at flytte Otz Herredsting, som Kongen tidligere[3] har befalet skulde holdes i Nykiøping, fra Nykiøping og lægge det enten paa det Sted, hvor det før laa, eller paa et andet bekvemt Sted i Herredet, da det ikke alene er meget besværligt for Bønderne, særlig dem, der bo langt borte, at søge til Nykiøping, men der ogsaa imod Kongens Brev har tildraget sig megen Uskikkelighed med Drukkenskab, Slagsmaal og anden ukristelig Handel, hvorved mange ere komne i Skade og Fordærv. Sj. R. 11, 342[4].

— Til Christopher Valkendorff. Kongen har alvorligt foreholdt Ritmester Otte Aaxkul[5], der i Marskalkens Sted har Befalingen over Kongens Hoftjenere, de Klager, som nogle af Borgerne der i Byen [Kbhvn.] ere fremkomne med over, at de selv, deres Hustruer og Folk ofte uden Grund overfaldes af

---

[1] Sonnenschein.  [2] Vel Fejlskrift for: Mønterswend.  [3] Se Kanc. Brevbøger 1566—70 S. 543.  [4] Tr.: Secher, Forordninger II. 80 f.  [5] Uexknll.

Kongens Hoftjenere og disses Folk, der ligge i Herberg hos dem, og Otte Aaxkul har dertil svaret, at denne Uvilje væsenlig skyldes, at Hoftjenerne ikke kunne faa hvad de behøve, og at de rige Borgere nægte at modtage nogen. Christopher Valckendorff skal derfor drage Omsorg for, at de Hoftjenere, der ikke have passende Herberger, blive indlagte i gode Herberger, hver efter sin Stand, og befale Borgerne ikke at nægte at herberge nogen, naar de have Lejlighed dertil, men snarere beflitte sig paa at bygge Stalde. Kommer der herefter yderligere Klager, skal han befale de Hofjunkere og -tjenere, hvorover der klages, at stille deres Værter og Værtinder tilfreds og, hvis de ikke ville gøre det, tilbageholde deres Maanedspenge, indtil Hofmarskalken kan faa hørt Sagen i Rette og der igen bliver givet Befaling til at betale dem Maanedspenge. De Hofsinder, over hvilke der klages med Rette, skal han give Byfogden og Kongens Furér Ordre til at lægge i et andet Herberg. Sj. T. 14, 11[1].

**18. Jan. (Kronborg).** Til Axel Veffert. Knud Rud, Erichs Søn, har paa egne og Søskendes Vegne klaget i høj Grad over, at Fru Anne Stiisdatter, Jørgen Does Enke, tværtimod de af hans Fader erhvervede Domme og den hende overgaaede Rigens Forfølgning forholder dem Enggaard, og han har gentagne Gange bedt Kongen som Landets Øvrighed hjælpe ham til hans Ret. Da Kongen tidligere selv har gjort sig stor Umage for at forsone Erich Rud og Fru Anne, hvilket dog ikke har haft nogen Virkning hos hende, og nu for nylig har givet Knud Rud en Skrivelse til Fru Anne om uden videre Forhindring at overlade ham Enggaard, hvilken Skrivelse hun dog ikke har villet modtage, da han med 2 Riddermændsmænd sendte den til hende paa Enggaard, har Kongen set sig foranlediget til at statuere et Eksempel og befaler derfor Axel Veffert at gøre sig sin yderste Flid for at indtage Enggaard og lade Fru Anne gribe og sætte i Fængsel paa Nyborg Slot. Naar han har indtaget Enggaard, skal han overlevere den til Knud Rud og straks tilskrive Kongen, hvorledes alt er gaaet. F. T. 1, 82 b.

**22. Jan. (Frederiksborg).** Til Peder Munck. Da der er Trætte mellem ham og M. Anders Foss, Sognepræst i Stege, om nogen Skovhugst i Dammeriis og M. Anders paaberaaber sig nogle gamle Breve, ifølge hvilke Kirken og Præsten altid have

---

[1] Tr.: O. Nielsen, Kbhvns Dipl. IV. 627 f.

19*

haft Brugning i denne Skov, skal Peder Munck med det første un-
derrette Kongen om Sagens Sammenhæng og imidlertid lade Præ-
sten være utiltalt. Sj. T. 14, 12 [1].

**22. Jan. (Frederiksborg).** Til Lunde Kapitel. Kongen sam-
tykker i det af Kapitlet, Provsterne og Købstadspræsterne i
Skaane foretagne Valg af M. Niels Huid, Sognepræst til Hellig-
gejsthus Kirke i Kiøpnehafn, til Superintendent i Skaane Stift
og har allerede skrevet til M. Niels, at han ikke maa vægre sig
ved at overtage Embedet. Sk. T. 1, 131 [2].

**23. Jan. (—).** Befaling til M. Ifuer Berthelssen, Abbed i Soer
Kloster, at optage Simen Wegener i Klosteret og indtil videre
skaffe ham Klæder og Føde. Orig.

— Befaling til Lauritz Skram, Embedsmand paa Koldinghus,
om med det første at sætte en Mur fra den øverste Port paa
Slottet ned til Broen og indskrive Udgiften dertil i sit Regnskab.
Da han har berettet, at han ikke kan faa Mursten under 7 Dlr.
Tusindet, skal han ikke købe de Mursten, han tidligere har faaet
Ordre til at købe, eftersom Kongen kan faa dem meget billigere
her. Orig.

**24. Jan. (—).** Befaling til Biørn Kaas og Hans Schougaard,
der have berettet, at en Del af de Dyner, Sengklæder, Lagner, Duge,
Lærred, flamske Sengklæder, Hyndevaar, Bænkedyner, Hynder og
andet Boskab, som de have modtaget paa Holger Ulfstandtz Vegne
og have liggende i Malmøe, skal være noget ubrugelig og en Del i
Fremtiden vil blive ødelagt af Orm og Møl, til at sælge de Ting,
der ikke kunne gemmes, tilligemed 2 Perlebuer og Kranse, der be-
gynde at blive gule, til Bedste for Holger Ulfstandt. Sk.
T. 1, 130.

— Til Jørgen Skram, Embedsmand paa Drotningborg. Niels Lau-
ritzen, Borger i Aarhus, har berettet, at han sidste Sommer efter Ordre
af Jahan Taube, Embedsmand paa Kroneborg, har indtaget nogle Læ-
ster Kalk hos Bønderne ved Mariaggers Fjord og givet Bønderne sit
Brev paa at ville betale Kalken; da han nu kræves af Bønderne for
Pengene, ialt 60 Dlr., skal Jørgen Skram betale Bønderne. Orig.

**26. Jan. (—).** Til Christoffer Valkendorff. Da Kongen har
tilladt Johan Bocholt, Embedsmand paa Island, at faa Tingøre
Kloster og Honouatz Syssel paa Island, som Hendrick Gerckens

1 Tr.: Rørdam, Hist. Kildeskrifter II. 542 f.      2 Tr.: Ny kirkehist. Saml. VI. 103 f.

hidtil har haft i Værge, i Forlening, skal Christoffer Valkendorff, naar Johan Bocholt besøger ham med dette Brev, sætte Klosteret og Syslet for en rimelig Afgift; da han desuden har begæret at maatte besejle Holm, Strøm, Kibleuig[1], Bossandt[2], Bodestedt[3] og Kummervoge[4] Havne for Sønden og Vesten paa Island, der ikke skulle være forpagtede bort, skal Christoffer Valckendorff undersøge, om Havnene endnu ere uforpagtede, og, hvis saa er og han vil give samme Afgift deraf, som Kongen faar af andre, og det kan være Landet gavnligt, blive enig med ham derom og tilskrive Kongen klar Besked, for at denne kan give ham Brev derpaa. Sj. T. 14, 12 b.

**26. Jan. (Frederiksborg).** Befaling til Fru Anne Frantz Banners med det allerførste at indsende det Pantebrev, som hendes afdøde Husbonde havde paa noget Gods i Tholstrup, da Godset er indløst for nogle Aar siden og hendes Husbonde dengang forpligtede sig til inden den næstfølgende Hell. Trefoldigheds Søndag at indsende Pantebrevet, hvilket dog endnu ikke er sket. J. T. 1, 258 b.

— Til Borchort von Poppenheim. Nogle af Kronens Bønder i hans Len [Abrahamstrup] have berettet, at han tiltaler dem, fordi de forleden Aar have taget 16 Skpr. Byg af deres Landgilde til hver Td. Gryn, de skulde male, medens de tidligere kun have taget 15, og han selv har berettet, at Rentemesteren kun vil lade 12 Skpr. Byg til hver Td. Gryn passere i Regnskabet, hvilket ikke er nok, hvis Grynene skulle du noget og være rene. Da Bønderne erklære, at de have taget 1 Skp. mere til hver Td. Gryn, fordi Bygget var svagt i Aar, og 15 Skpr. ellers er det sædvanlige, bevilger Kongen, at Bønderne maa være fri for Tiltalen, og at der i Regnskabet maa godtgøres ham hvad der er brugt mere til hver Td. Gryn. Sj. T. 14, 13.

[Januar[5].] Tilladelse for Dr. Jochim Hinck til nu at købe og toldfrit udføre 50 Øksne; dog skulle hans Fuldmægtige paa hvert Toldsted lade notere paa dette Brev, hvor mange Øksne de hver Gang udføre, for at der ikke skal udføres flere end de 50. Udt. i Sj. R. 11, 343.

**1. Febr. (Frederiksborg).** Aabent Brev, at Nichel Drøckenbrot, Sekretær, der hidtil kun har haft 40 Dlr. i aarlig Løn, her-

---

[1] Kevlavig.  [2] Baatsand.  [3] Budenstad.  [4] Kumbara Vaag.  [5] Indført mellem Breve af 18. Jan. og 1. Febr.

efter skal have 100 Dlr., indtil han faar det Vikarie, som han har
faaet Ekspektance paa; naar han faar dette, bortfalde igen de 60
Dlr. Sj. R. 11, 343 b.

**1. Febr. (Frederiksborg).** Til Chresten Vind, Embedsmand paa
Kiøpnehafns Slot. Kongen har eftergivet B ø n d e r n e i K n a r-
d r u p de 9 Mk. danske, som de hidtil aarlig have svaret af en
til Knardrup Kloster liggende Enghave, hvilken de i nogle Aar
have brugt; de skulle slettes i Jordebogen for disse Penge. Orig.
Udt. i Sj. T. 14, 13 b.

— Befaling til Jahan Taube straks at l a d e K a p e l l e t  p a a
G i l d e l e y e  g ø r e  i  S t a n d  og indskrive Bekostningen derved i
Regnskabet, da Bønderne have berettet, at det er meget forfaldent,
men at de ikke selv have Raad til at istandsætte det. Udt. i Sj. T.
14, 13 b.

— Befaling til Peder Munck, der for lang Tid siden har for-
pligtet sig til at l e v e r e  K o n g e n  de P a n t e b r e v e, Fru Anne
Olufsdatter, Hr. Claus Podebuschis Enke, havde p a a  H u n d t z l u n d
Kloster, men endnu ikke har gjort det, om straks at tilstille Kon-
gen Brevene, for at de ikke senere skulle komme i andre Hænder.
Sj. T. 14, 14.

— F o r l e n i n g s b r e v  f o r  N i e l s  A n d e r s s e n, Landstings-
skriver, p a a  e t  K a n n i k e d ø m m e  i  L u n d e  Domkirke, som er
ledigt efter M. Dauid Cellius. Han skal residere ved Domkirken.
Sk. R. 1, 223 b.

— F o r l e n i n g s b r e v  f o r  Hr. S e u e r i n  G r ø n e b e c k, Kapel-
lan paa Frederichsborg Slot, p a a  e t  V i k a r i e, kaldet St. Trinitatis
Alter i L u n d e  Domkirke, som er ledigt efter M. Dauid Cellius.
Naar han ikke længere tjener paa Slottet, skal han residere ved
Domkirken. Sk. R. 1, 224.

**2. Febr. (—).** Til Christoffer Valkendorff. Dronningen af
Englands Legat, der nu er i Kiøpnehafn, har berettet, at der
1563 paa Annaalt er strandet et lundisk[1] Skib, hvorpaa en
Englænder, J o h a n  P o r t e r, skal have haft 90 Stykker lundisk[1]
K l æ d e, der siden er bragt til Kiøpnehafn og dels uddelt til Krigs-
folket i sidste Fejde, dels paa anden Maade brugt til Kongens Gavn;
da Johan Porter skal have faaet Løfte om B e t a l i n g  d e r f o r  og
nu har givet Legaten Fuldmagt til at kræve og oppebære denne

---

[1] Sj. T. har: lindisk.

Betaling, efterdi han formedelst Sygdom og andet Forfald ikke selv kan gøre det, skal Christoffer Valkendorff undersøge Sagen og meddele Kongen, om Klædet er hjemfaldet til Kronen som Vrag eller ej, om det er kommet Kronen til Bedste, og om Kongen skylder Købmanden nogen Betaling derfor eller ej. Orig.[1] Sj. T. 14, 14 b.

**3. Febr. (Frederiksborg).** Befaling til Hans Schougaard at anvise Niels Hjulmager de nødvendige Birke til Nav til nogle Jagtvogne, skaffe ham Underholdning, saalænge han er dér [i Helsingborg Len], og Hjælp til at hugge Birkene og siden lade disse føre ned til Helsingborg. Udt. i Sk. T. 1, 131.

**6. Febr. (—).** Aabent Brev, hvorved Thyge Brahes, Jenses Søns, aarlige Afgift af Villandtz Herred nedsættes fra 300 Dlr. til 200 Dlr. Sk. R. 1, 225.

**7. Febr. (—).** Til Fru Citzelle, Albrit Oxes Enke. Kongen sender 2 Tømmermænd til Aalleholms Len for i Kronens Skove at hugge nogle Knæer til Kongens Orlogsskibe og beder hende skaffe dem Hjælp til Hugningen og efterhaanden, som Knæene blive huggede, lade dem føre ned til Strandbakken til Steder, hvorfra de lettest kunne føres til Kiøpnehafn. Udt. i Sj. T. 14, 16.

**8. Febr. (—).** Til Laug Beck. Da han har berettet, at en af Kronens Bøndersønner, ved Navn Oluf Jenssen, der er født i Marup, men nu har fæstet Præsten i Holbecks Præstegaard i Mieløsse, vil give Kronen 30 Dlr., hvis han maa blive boende paa Præstegaarden sin Livstid og være fri for sit Fødested, meddeles ham, at han maa give Oluf Jenssen Frihedsbrev, hvis denne foruden de 30 Dlr. vil give et Par Øksne. Sj. T. 14, 16.

— Til Palli Juel og Malti Jenssen. Der er Trætte mellem Hr. Jørgen Løcke paa den ene og Niels Jonssen, Embedsmand paa Hald, og Hr. Christen Matzen i Smorup paa den anden Side angaaende en Gaard i Rafnkield, som Hr. Peder Jenssen nu bor i, idet Hr. Jørgen mener, at det er en Kirkegaard, der skal svare Landgilde til Rafnkield Kirke og al Herligheden til ham i Overensstemmelse med Kongens Skødebrev og Dom, medens Niels Jonssen og Hr. Christen Matzen hævde, at Gaarden er en Præstegaard, hvis Skyld, Landgilde, Ægt og Arbejde stedse have fulgt Præsten ved Rafnkield Kirke, der ogsaa har haft Ret til at bo i Gaarden og i- og afsætte Bønder, og

---

[1] Tr.: Nye dsk. Mag. I. 20.

derfor mene, at der ikke bør svares Stedsmaal af Gaarden til andre
end Præsten, ligesom der heller ikke er svaret Stedsmaal af den
til Olborghus mere end den Gang, da Otte Brade ifølge en Seddel,
som Jørgen Løcke har faaet fra Rentekammeret, har gjort Regnskab
for et Stedsmaal af Gaarden, hvilket dog efter Niels Jonssens Me-
ning ikke har været Stedsmaal.   Det befales dem derfor at stævne
Sagen for sig, undersøge den grundigt og afsige endelig Dom i den.
J. T. 1, 259.

	**11. Febr. (Kronborg).**   Til Christopher Valckendorph.   Da Kon-
gen har befalet M. Rolluf Arkelimester at lave nogle Kobber-
skovle til at lade det paa Kronneborg staaende Skyts med,
men der mangler Kobber, skal Christopher Valckendorph skaffe ham
et Skippd. Kobber og sørge for, at de bestilte Lader hurtigst muligt
blive beslaaede og gjorte færdige.   Udt. i Sj. T. 14, 16 b.

	— Til Thønne Pasberg.   Da Niels Pasberg, Jfr. Ingeborgs
Fader, skal have tilhandlet sig en Gaard i Helsingør, der
tilhører Hospitalet, uden Kongens eller hans Faders Sam-
tykke og uden at de, der have solgt den, have haft Fuldmagt
dertil, skal Thønne Pasberg som Jfr. Ingeborgs Værge give Kongen
Oplysning om Niels Pasbergs Adkomst til Gaarden og indsende Ko-
pier af hans Breve derpaa, da Hospitalet siges ikke at have faaet
Fyldest for Gaarden.   Sj. T. 14, 17.

	— Til Fru Giørel Gyldenstiern, Laue Trudsens Enke.   Da
Kongen — der nu vil tilhandle sig en Gaard i Helsingør,
som hun eller hendes afdøde Husbonde Gert Jensen skal have
haft i Pant, og som oprindelig tilhørte Hans Houfmand, men siden
er købt af Peder Oxe, Hofmester — har bragt i Erfaring, at der
har været Strid mellem hende og Peder Oxe om Gaarden, beder
Kongen hende oplyse, hvorledes hun er bleven forligt med Peder
Oxe derom, samt afstaa Kronen al den Rettighed, hun maatte have
til Gaarden, saavidt det ikke strider mod det Brev, hun har givet
Peder Oxe.   Sk. T. 1, 131 b.

	**14. Febr. (Kbhvn.).**   Aabent Brev, hvorved den russiske Tolk
Hendrich Olssens aarlige Løn forhøjes med 50 Dlr. aarlig.
Sj. R. 11, 344.

	— Ejendomsbrev for Henrich Mogenssen, Tolder i
Helsingøer, hans Hustru Berrethe Skult og deres Arvinger
paa 2 Stole i den tyske Kirke i Helsingøer, som han nu
selv har ladet indrette.   Sj. R. 11, 344 b.

**14. Febr. (Kbhvn.).** Til Hendrich Mogenssen, Tolder i Helsingøre. For nogen Tid siden arresterede han formedelst en urigtig Certifikats noget Klæde, som tilhørte dem af Linden i Danschen, og Ejerne købte siden Godset tilbage for 2000 Dlr.; heraf har Kongen nu eftergivet dem 700 Dlr. Sj. T. 14, 17.

— Til samme. Kongen sender ham to Fortegnelser over det, Maleren og Tapetvæveren have fortæret i Helsingøre hos Frederich Leigel og Jost Hanssen fra deres Ankomst til Byen, indtil der blev handlet med dem, hvilket beløber sig til 22¹/₂ Dlr. 12 Sk. hos Frederich Leigel og 73¹/₂ gl. Dlr. 12 Sk. foruden Frokosten hos Jost Hanssen, og befaler ham at betale det og indskrive det i Regnskabet. Han skal give en italiensk Guldsmed, der har foræret Kongen et Skib og en Gallej, 30 gl. Dlr. Sj. T. 14, 17 b.

— Til Johan Taube, Slotsherre paa Kroneborg. Kongen har eftergivet Peder Olufssen i Torpen de 6 Dlr., som han skulde svare i Fæste af sin Gaard smstds., fordi han igen har opladt Kronen Røde Mølle, som han først havde fæstet. Sj. T. 14, 18.

— Til Peder Gyldenstern, Jacob Ulfeld og Steen Brade. Kongen har nu skrevet to Gange til Storfyrsten og vidtløftig beklaget sig over, at denne trods den »oprettede Krydskysning« uformodet har erobret Slottene i Viigen, og Storfyrsten har ladet sig mærke med, at det skal staa Kongen frit for at sende Sendebud til ham for at slutte et nyt Forbund, og har tilsendt Kongen et sikkert Lejde, hvori han har lovet, at han ikke skal opholde Legationen mere end 3 Maaneder efter dens Ankomst. Da det ikke vil være raadeligt af Hensyn til Øssel, som Kongen endnu har inde, at afslaa Forbundet, vil Kongen sende dem som Gesandter til Storfyrsten og befaler dem at møde hos sig 8 Dage efter Paaske for dels af ham selv, dels af deres Instruktion at faa Besked om alt og derefter begive sig paa Rejsen. Kongen vil lade nogle Skibe ledsage dem derover, saa de skulle med Guds Hjælp komme sikkert frem og tilbage. Sj. T. 14, 21.

— Følgebrev for Luduig Munck, Embedsmand paa Ørum, til Borgerne i Thisted. J. R. 2, 3.

— Til M. Hans Laugessen, Superintendent i Riiber Stift. Da Hr. Christiern Jørgenssen, der en Tid lang har været Præst i Hospitalet i Riibe og tillige haft Hospitalets Indtægt under Hænder og gjort Regnskab derfor, nu har begæret at maatte faa et Kald i

Stiftet, da det falder ham besværligt at forestaa sit nuværende Em-
bede længere, skal M. Hans være ham behjælpelig med at faa de
første ledige Sogne i Stiftet, som han kan være tjent med;
dog skal alt gaa efter Ordinansen.  Orig. i Provinsark. i Viborg.

**15. Febr. (Kbhvn.).**  Aabent Brev, at Peiter Friis, der er an-
taget som Skibshøvedsmand, aarlig skal have 100 Dlr., 2 sæd-
vanlige Hofklædninger og Maanedskost, naar han ikke sejler, ligesom
andre Skibshøvedsmænd; Lønnen skal regnes fra Paaskedag 1577.
Sj. R. 11, 344 b.  Udt. (udat.) i Sj. T. 14, 28.

— Tilladelse for Hans Jørgenssen, Borger i Kiøpnehafn,
til sisefrit at indføre og sælge 2 Læster Rostockerøl, dog
skal han lade notere paa dette Brev, naar og hvor han indfører og
sælger Øllet. Sj. R. 11, 345.

— Til Christoffer Valckendorph.  Da nogle af Kongens Hof-
tjenere oppebære deres Maanedspenge længe før Maanedens
Udløb, medens andre først komme længe efter Maanedens Udløb og
kræve deres, hvilket afstedkommer megen Uorden, maa han herefter
ikke uden kgl. Ordre udbetale Penge før eller efter Tiden,
medmindre nogle bevisligt have været i Kongens Ærinde og derfor
ikke have kunnet møde til rette Tid.  Sj. T. 14, 18.

— Til samme.  Da den Liflænder, Henrich Gelinghussen,
som Sekretær Pouel Wernicke for nogen Tid siden har beskyldt for
at have været i Rusland hos Storfyrsten, nu paa andet Aar har sid-
det i Blaataarn, har Kongen bevilget, at han maa slippe løs
mod at give en stærk Orfejde om, at han ikke herefter vil
komme til Rusland.  Christoffer Valckendorph skal lade en saadan
stille, lade ham underskrive og besegle den og derefter give
Lensmanden Ordre til at tage ham op og slippe ham fri.  Sj. T.
14, 18 b.

— Til samme.  Da Anne Richardussis har sagt sig fra
Arv og Gæld efter sin afdøde Husbonde, fordi denne ikke havde
gjort sit Regnskab af Beckeviigs Tolderi klart og desuden skyldte
meget andet bort, saa hans Gaarde, Huse og Boskab langtfra
kunde forslaa til at betale hans Gæld med, har Byfogden ladet
Huse, Gaarde og Boskab optegne til Fordel for alle Kredi-
torerne.  Kongen har nu paa hendes Begæring eftergivet hende og
hendes Børn den Sum, hendes Mand resterede med af Regnskabet,
hvorfor Christoffer Valckendorff skal kvittere dette og befale By-
fogden at tilbagelevere Anne og hendes Børn saa meget af Ri-

chardussis efterladte Gods, som han paa Kongens Vegne har beslaglagt. Sj. T. 14, 19.

**15. Febr. (Kbhvn.).** Aabent Brev, hvorved Kongen, der har erfaret og selv sét, at det gaar meget uskikkeligt til paa Kiøpnehafns Slot, idet allehaande løse Folk løbe op, uden at der tages Besked af dem i Porten, befaler Lensmanden at overholde følgende Orden: Da ingen har noget særligt at bestille paa Slottet, naar Kongen ikke er der, maa kun Slotsfolkene, som bespises der, i den Tid gaa derop, medmindre da nogen har Ærinde der; i saa Tilfælde skal han give Besked i Porten, og Lensmanden eller Fogden skal saa bestemme, om han skal oplades eller ej. Naar Kongen er til Stede, maa kun Adelspersoner, Hoftjenere og deres Folk, som ere kaldte til Hove, komme op, men ingen gemene Folk, enten Borgere eller andre, der ere i Kongens Tjeneste, medmindre de kaldes op af Folk, som have Magt dertil. Supplikanter maa, medmindre de kaldes op for Kancelliet, ikke gaa op, men skulle levere deres Supplikats til Portneren, der skal levere den over, og siden vente paa Besked. Borgerfolk maa ikke som hidtil komme op paa Slottet for at købe Mask, men Lensmanden skal sælge den Mask og Klid, som Kongen ikke har Brug for, og lade den føre ned i Byen; ej heller maa Kvindfolk som hidtil gaa fra Byen op paa Slottet for at hente Vand eller købe Mask og andet. De Folk, der skulle levere noget i Skriverstuen, Saltkælderen eller Køkkenet paa Slottet, skulle skynde sig ned, naar de have forrettet deres Ærinde, og ikke løbe i hver Vinkel; ligeledes skal det paasés, at de Folk, der skulle hente noget paa Slottet, straks pakke sig. Med danske og tyske Kancelli, deres Drenge og de Folk, der daglig have nødvendigt Ærinde paa Slottet, har det sin Besked, ligesaa med de Pligts- og Haandværksfolk, der faa Ordre til at arbejde paa Slottet. Naar der er Maaltid Middag og Aften, skal Porten lukkes og Nøglen leveres til Lensmanden eller Fogden i hans Fraværelse. Lade Liggerne i Porten eller Skytterne nogen komme op, som ikke efter ovenstaaende bør komme op og ikke har noget synderligt at gøre der, skal Lensmanden lade dem straffe med Taarn og Fængsel. Ser Lensmanden eller Fogden gennem Fingre med nogen, vil Kongen drage dem til Ansvar derfor. Sj. T. 14, 19 [1].

---

[1] Tr.: Nye dsk. Mag. VI. 152 ff. O. Nielsen, Kbhvns Dipl. IV. 628 f. Secher, Forordninger II. 81 ff.

**15. Febr. (Kbhvn.).** Til Borgemestre og Raad i Othense. Da der er Trætte mellem Oluf Bager, Raadmand i Othense, og Christoffer Bang, Borger smstds., angaaende noget Korn, som sidstnævnte, medens han var Stiftsskriver i Fyens Stift, paa Kongens Vegne skulde levere Oluf Bager, og om nogle Kvittanser og Regnskaber, og Oluf Bager klager over, at han ikke kan faa nogen endelig Besked af Christoffer Bang derom, skulle Borgemestre og Raad kalde begge Parter for sig og dømme dem imellem. Orig. i Provinsark. i Odense. Udt. (udat.) i Sj. T. 14, 28.

— Til Anders Bing. Da Bønderne i Vardbierg Len have begæret at maatte svare levende Øksne i Madskat i Stedet for Nød-, Faare- og Gaasekød og at maatte faa Henstand dermed til førstkommende St. Hans Dag, bevilger Kongen, at han maa aftinge med dem, hvor mange levende Øksne de skulle give, og at han maa vente med at sende disse til Kiøpnehafn til St. Hans Dag; derimod skal han befale dem at levere det Øl, Brød, Smør og andre Varer, som de skulle svare i Madskat, til den i Skattebrevet fastsatte Tid. Sk. T. 1, 132.

**16. Febr. (—).** Befaling til Mogens Gøye paa Bornholm at beholde Madskatten fra Bornholm hos sig, indtil Kongens Skibe komme did efter den, dog skal han straks sende 12 Tdr. Smør af Madskatten hid. Han maa ikke levere Kongens Skibe nogen Fetalje til deres eget Brug, medmindre de have Sedler fra Slotsskriveren paa Kiøpnehafns Slot paa, hvor meget der skal leveres dem. Han skal paase, at Skibsfolket fra Kongens Orlogs- og Koffardiskibe, der komme did, ikke gaar i Land og gør Almuen nogen Skade. Udt. i Sk. T. 1, 132.

— Til alle Bønder i Thye, der sidde for Gaarde, hvem de saa end tilhøre. Loduig Munck, Embedsmand paa Ørum, har berettet, at der i Giemsing Sogn imellem Thye og Hard Syssel ligger et farligt Vade- og Vejlested, kaldet Strur, som vejfarende Folk undertiden ikke kunne komme over uden Livsfare, og hvor de ofte miste baade Heste, Vogn og Gods; efter alle Bøndernes Begæring havde han saa lovet paa sin Bekostning at lægge en Bro over Vadestedet paa den Betingelse, at hver Mand aarlig skulde svare ham $^1/_{10}$ Skæppe (?»Tøndelskæppe«) Byg. Da han imidlertid nu har erklæret, at han med forskellige Tings- og Sognevidner kan bevise, at der af flere Grunde ikke kan lægges nogen varig Bro over Vadestedet, men har tilbudt i Stedet at holde en god stærk Pram og en

Baad, saa den vejfarende uden Fare kan komme over baade Nat og Dag, tillader Kongen dette og bevilger ham indtil videre at maatte oppebære det lovede Korn, dog skal han saa paa sin egen Bekostning med det første lade en Pram, en Baad og en Skibsbro bygge, skaffe Folk og Tov og siden holde alt i god Stand, saa der ingen Klager kommer. J. T. 1, 260.

**17. Febr. (Kbhvn.).** Tilladelse for Marin Thomis Judis, Borgerske i Helsingøer, til i Aar sisefrit at købe eller indføre 3 Læster Rostocksøl. Udt. i Sj. R. 11, 345 b.

— Kvittans til Christoffer Valckendorff, Rentemester, paa 200 gl. Dlr., som han har leveret Kongen selv paa Kiøpnehafns Slot. Sj. R. 11, 345 b.

— Til samme. Da Oluf Matzen har berettet, at han ved Kongens Salteri i Mollesundt sidste Aar kun har beregnet Kongen $8^1/_2$ Vol Sild paa hver Td. saltet Sild, har Kongen eftergivet ham det Salt og de Tønder, han blev skyldig i sit Regnskab. Orig.[1] Udt. i Sj. T. 14, 20 b.

— Fortegnelse over Fisk, der skal bestilles til Kongens Brug og sendes til Kiøpnehafns Slot, saasnart Vandet bliver aabent: Axel Viffert skal købe 20 Læster Torsk i Nyborg Len og paa Alse og Erre og indskrive Udgiften dertil i sit Regnskab; Jens Kaas skal købe 10 Læster Torsk i Aalborighus Len og indskrive Udgiften dertil i sit Regnskab; Fru Sitzelle Albrit Oxis skal købe 5 Læster Torsk i Aalleholms Len, og Udgiften dertil skal afkortes i hendes Afgift; Mouritz Podebusk skal købe 15 Læster Torsk paa Langeland, og Udgiften dertil skal betales ham af Rentekammeret; Peder Munck skal købe 5 Læster Torsk paa Møen og indskrive Udgiften dertil i sit Regnskab af Ermelundt Len; Erick Løcke skal købe 10 Læster saltede Hvillinger i Riberhus Len og indskrive Udgiften dertil i sit Regnskab. Udt. i Sj. T. 14, 21 b.

— Bestalling for Villom Bong som Tolder i Assens i hans Fader Pouel Bongs Sted. F. R. 1, 119 b.

**18. Febr. (—).** Befaling til Borgemestre, Raad og Byfoged i Assens straks at beslaglægge afdøde Tolder i Assens Pouel Bongs efterladte Gods, for at intet skal bortkomme deraf, førend hans Regnskab er blevet gjort klart. F. T. 1, 84.

---

[1] Tr.: Nye dsk. Mag. I. 21.

**19. Febr. (Frederiksborg).** Aabent Brev, at Hr. Christoffer, Hospitalsforstander i Helliggejsthus i Kiøpnehafn, og hans Arvinger maa beholde al den Arv i Bo og Boskab, som er tilfalden Kronen efter hans for godt et Aar siden afdøde Hustru, da ingen Arvinger ere komne inden Aar og Dag for at kræve Arven efter hende. Sj. R. 11, 346[1].

— Aabent Brev, at Peder Munck, Admiral, eller Kirkeværgerne for Thiesse Kirke i de næste 2 Aar maa oppebære Kronens Part af Korntienden af Vrendsted, Jersløf, Vester Bremerlau[2] og Helleuad Sogne til Istandsættelsen af Thiesse Kirke, der er meget bygfalden, men ikke har tilstrækkelig Indkomst til selv at bekoste Istandsættelsen. J. R. 2, 3 b.

**21. Febr. (—).** Aabent Brev, at Peder Espenssen i Kuldekuld[3], der sidder for stort Gæsteri og ofte besværes af Kongens Folk, der drage den Vej, indtil videre maa være fri for Halvdelen af sin Landgilde, hvilket Lensmanden paa Kiøpnehafns Slot skal iagttage. Sj. R. 11, 346 b.

— Aabent Brev, at Jesper Skammelssen, Kongens Vintapper, der nu har opladt Kronen sit Livsbrev paa Haufuelsegaard i Frederichsborg Len, i Stedet aarlig, saalænge han lever, maa oppebære 18 Pd. Korn af Loftet paa Kiøpnehafns Slot. Sj. R. 11, 347.

— Til Christoffer Valckendorff. Jens Pederssen i Seeby har berettet, at han i sidste Fejde, da Aggerhus var belejret, blev udtaget til Baadsmand af Seeby for at gøre Tjeneste paa et af Kongens Skibe, der blev sendt til Aggerhus, og ved den Lejlighed fik sit ene Ben skudt igennem; han har siden anvendt alt hvad han ejede for at komme til sin Førlighed igen, men det er slaaet fejl, og han har i sidste Aar maattet lade Benet skære af. Da han nu intet har at leve af og derfor har bedt Kongen om Hjælp, skal Christoffer Valckendorff give ham saa meget, som han mener at han kan være hjulpen med, for at han ikke skal have rejst den lange Vej forgæves. Sj. T. 14, 22 b.

— Til samme. De i Kiøpnehafn liggende dantzsker Gesandter have berettet, at en dantzsker Skipper, Jørgen Massen, for nogle Aar siden efter Kongens Befaling er bleven an-

---

[1] Tr. O. Nielsen, Kbhvns Dipl. II. 380 f.  [2] Vester Brønderslev, Børglum H.  [3] Kollekolle, Smørum H.

holdt i Sundet af Tolderen i Helsingør med et Skib, ladet med
Salt, og henvist til at løbe til Kiøpnehafn dermed, hvor han
har maattet levere 100 store Læster Salt til Slottet og derfor af
Tolderen og Renteskriver Peder Hanssen har faaet betalt 512 Dlr.,
saa der endnu resterer 1488 Dlr., da hver Læst blev sat til 20 Dlr.
Da Gesandterne have begæret at faa 5—600 Dlr. af disse Penge og
Kongen mærker, at de trænge til Tærepenge til Hjemrejsen, skal
Christoffer Valckendorff undersøge Sagen om Saltet og straks mod
Kvittans skaffe dem en 500 Dlr. Sj. T. 14, 23.

**21. Febr. (Frederiksborg).** Aabent Brev, hvorved Kongen tager
Hr. Chresten Eschessen, hvem han, da de fra Vennerholm og de
fra Stubbergaardt ikke have kunnet blive enige om Valget af en Præst,
har kaldet til Sognepræst i Velling Sogn, hvor han i mange Aar har
gjort Tjeneste som Kapellan, i sin Beskærmelse, da Hr. Chresten
har klaget over, at Thomes Fasse, der vil fortrænge ham fra Kaldet,
endnu paa forskellige Maader forfølger ham; han maa indtil videre
kun tiltales for Kongen selv og Rigsraadet. J. T. 1, 260 b[1].

— Livsbrev for Hr. Arngrim Jonssen paa Greniadar-
stad Sogn i Nordsyssel paa Island, dog først at tiltræde efter den
nuværende Indehaver Hr. Siuord Jonssens Død; han skal have det
paa samme Betingelser som denne. N. R. 1, 199 b.

**22. Febr. (—).** Befaling til Borgemester og Raad i Stege straks
at indsende de 262 Dlr., som de restere med af Pengeskatten
til Jul 1576, saafremt Kongen ikke skal tiltænke anderledes derom.
Sj. T. 14, 23 b.

— Befaling til Christoffer Valckendorff straks at udtage 10
Amer god Vin der i Byen [Kbhvn.], betale den og sende den til
Roschildt med denne Brevviser, Kongens Kælderdreng. Orig.[2]

— Mageskifte mellem Aruid Huitfeld, Sekretær, paa egne
og Søskendes Vegne og Kronen. Sk. R. 1, 225 b. (Se Kronens Skøder.)

— Aabent Brev, hvorved Kongen, der nu har faaet noget Gods
paa Sjælland til Mageskifte af Arrild Huitfeld, Sekretær, for
Fienne Len i Gydinge Herred, men efter Biørn Kaas's og Hans
Schougords Besigtelse ved dette Mageskifte er bleven Arrild Huitfeld
3 Pd. 20 Skpr. Korns Landgilde skyldig, lover, saasnart det for-
langes, at udlægge Arrild Huitfeld eller hans Arvinger Fyldest paa
et belejligt Sted i Gydinge Herred for de 2 Pd. 20 Skpr. Korn;

---

[1] Tr.: Ny kirkehist. Saml. VI. 514 f.    [2] Tr.: Nye dsk. Mag. I. 21.

det ene Pund Korn har Arrild Huitfeld derimod ladet falde for
Fiskeriet i Fienne Sø, da der ikke var noget Fiskeri til hans Gods.
Sk. R. 1, 229 b.

**22. Febr. (Frederiksborg).** Følgebrev for Niels Parsberg
til Bønderne under Beckeschouf Kloster, som Fru Giørel Gyl-
denstierne sidst havde i Værge. Udt. i Sk. R. 1, 229.

— Befaling til Emmicke Kaas at give Borgemestre og
Raad i Rostock 100 Fyrrebjælker til deres Spir, saa tykke
og lange som deres Fuldmægtig opgiver ham; de skulle selv lade
Bjælkerne hente. Udt. i Sk. T. 1, 132 b.

**23. Febr. (—).** Aabent Brev, at Rechardus Wederbor,
Borger i Helsingøer, maa oprette en Vinkælder der i Byen
med fransk og spansk Vin og sælge til Kongens Hofsinder og Folk,
de fremmede, der komme til Byen, og Byens egne Indvaanere; dog
skal han være forpligtet til at sælge Vinen til en rimelig Pris og
svare Kronen og Byen sædvanlig Told og Accise. Ingen anden maa
i de næste 3 Aar holde Vinkælder i Byen og sælge fransk og
spansk Vin i Pottetal ud af Huset. Efter de 3 Aars Forløb skal
der forhandles nærmere derom. Sj. R. 11, 347 b.

— Befaling til Christoffer Valkendorff med det første at sende
15 eller 16 Læster Sild, halvt Købmandsgods og halvt ›Drøsse-
gods‹ [1], hid, da der i Vinter og til Sommer vil blive Brug for en
Del Sild til Udspisningen paa Slottet. Sj. T. 14, 23 b.

— Tilladelse for Hans Kemna, Borger i Malmøe, til at
holde en Bødkersvend til at lave de Tønder, han behøver
til Sildefiskeriet. Udt. i Sk. R. 1, 229 b.

— Tilladelse for Jens Enerssen, Borger i Landtzkrone, til
at bygge en Vejrmøløf paa Andeløf Bed mellem Andeløf og
Dagstrup, der hvor nu Krohuset staar, og siden beholde Møllepladsen
for sig og Arvinger; dog skulle de holde Møllen i god Stand og
svare den Jordskyld deraf, som Lensmanden paa Landtzkrone Slot
fastsætter; holdes Møllen ikke i Stand, skal det staa Kongen frit for
at forlene Pladsen til andre. Sk. R. 1, 230.

— Befaling til Axel Gyldenstiern at sætte ovennævnte Mølle-
plads for en rimelig Jordskyld og indskrive denne i Jordebogen.
Sk. T. 1, 132 b.

— Aabent Brev, hvorved Kongen — i Anledning af at mange,

---

[1] Hermed menes Sild, saltede med Drøsesalt ɔ: Salt, kogt af Tangaske.

der have fæstet Kirkens Part af Korntienden i Var Syssel i Riber Stift, restere baade med Stedsmaal og deres aarlige Afgift, skønt Fæstebrevene lyde paa, at de skulle være forbrudte, saafremt Afgiften ikke svares Kirkeværgerne inden Fastelavn — befaler Kirkeværgerne i Var Syssel straks at indkræve alle Kirkerne tilkommende Restancer, saafremt de ikke selv ville staa til Rette derfor. De skulle optegne Navnene paa dem, der ikke straks ville betale, uanset deres Stand, og indsende Register derover til Kongen, for at han derefter kan træffe sine Forholdsregler. Det befales alle, der restere med noget, straks at betale, saafremt de ikke ville staa til Rette derfor. J. R. 2, 4.

**23. Febr. (Frederiksborg).** Aabent Brev, hvorved Kongen erklærer det af Admiral Peder Munck og hans Forlovere udstedte Gældsbrev paa de 8000 Dlr., som Kongen havde lovet at laane Peder Munck til Indløsningen af Hundtzlund Kloster fra Fru Anne Olufsdatters Arvinger, for dødt og magtesløst, da der siden er truffet den Bestemmelse, at Kongen selv skal udrede de 8000 Dlr., medens Peder Munck kun skal skaffe den Sum, hvormed Pantesummen overstiger de 8000 Dlr., hvilket han ogsaa har gjort. Kongen lover med det første at opsøge Brevet og sende Peder Munck det. J. R. 2, 4 b.

— Livsbrev for Hr. Thorstin Illugassen paa et Kronens og Hole Domkirkes Beneficium, kaldet Mula, i Adal Reykedal i Nordsyssel paa Island, som hans Fader Hr. Illuga Gudmundssen har faaet Livsbrev paa af Pouel Stiisen, medens denne var Befalingsmand paa Island, med Løfte om, at en af hans Sønner maatte faa det efter ham. Hr. Thorstin skal dog først tiltræde Beneficiet efter Faderens Død, have det paa samme Vilkaar som denne, være Kongen tro og forholde sig som en retsindig Sjælesørger. N. R. 1, 201.

**24. Febr. (Roskildegaard).** Aabent Brev, at Hans Olufssen, Borgemester i Kiøpnehafn, indtil videre uhindret maa drive Fiskeri i Ramsø Sø; dog skal han straks give et Par Staldøksne i Indfæstning og siden aarlig til 1. Nov. levere Lensmanden paa Kiøpnehafns Slot et Par gode Staldøksne. Sj. R. 11, 348 b.

— Aabent Brev, at Rasmus Pederssen, Byfoged i Kiøpnehafn, indtil videre aarlig maa oppebære ½ Td. Smør og 2 Slagtenød af Kiøpnehafns Slot. Udt. i Sj. R. 11, 348 b [1].

---

[1] Tr.: O. Nielsen, Kbhvns Dipl. II. 381.

20

**24. Febr. (Roskildegaard).** Til Tolderne i Ribe, Kolding, Medelfar og Assens. Da der er Mangel paa Penge i Rentekammeret, skulle de, saafremt Købmændene have drevet Øksne igennem, straks sende al den oppebaarne Told, der kan tilkomme Kongen, til Rentemesteren. Sj. T. 14, 24.

**25. Febr. (Ringsted Kloster).** Aabent Brev, at de Borgere i Ringsted, der bruge Klosterets Jorder, herefter maa være fri for den Forhøjelse af Landgilden, som M. Ifuer Bertelssen, medens han var Abbed i Klosteret, har paalagt dem, særlig da de nu, efter at Byen er henlagt under Klosteret, besværes med mere Ægt og Hold, end da den laa under Roschildegaard. Sj. R. 11, 349.

— Aabent Brev, at Kronens Bønder i Querckebye, der efter Møntens Omsættelse maa svare dobbelt Pengelandgilde, indtil videre kun skulle svare samme Landgilde som før Møntens Omsættelse, da de have klaget over, at de besværes med idelig Ægt og Arbejde til Klosteret og ere satte for en høj Landgilde. Sj. R. 11, 349 b.

— Til Hendrich Mogenssen, Tolder i Helsingøer. Da Kongen til Sommer vil lægge nogle Orlogsskibe ud paa Strømmene og lade andre løbe ud for at holde Strømmene rene og Skibene have Ordre til at »retfærdige« fremmede Skibe, hvorved de af disse, der ikke vide Besked, kunne komme i Skade, skal Hendrich Mogenssen paa Toldboden meddele de fremmede Skippere dette, for at de kunne vide at fremvise deres Toldseddel og give Besked ved Kastrup Knæ og andensteds i Søen, hvor Kongens Orlogsskibe findes. Sj. T. 14, 24.

— Til Christoffer Valckendorff. Da Skibskaptejn Johan de la Rue sidste Sommer i Østersøen har faaet noget Bytte, som ogsaa paa Kongens Vegne er anholdt paa en Ret, og der endnu ikke er kommen nogen, som har beklaget sig over ham, ligesom man heller ikke ved, om han har taget det fra de Poller eller ej, skal Christoffer Valckendorff igen overlevere Johan de la Rue Godset. Kommer der saa siden nogen, der med Rette kan klage over Johan de la Rue, vil Kongen selv stille Klageren tilfreds for Godset. Sj. T. 14, 24 b.

— Forleningsbrev for Hr. Søfren Jenssen, Sognepræst paa Helnes, paa Kronens Part af Tienden af Helnes Sogn, kvit og frit. Udt. i J. R. 2, 5.

**27. Febr. (Antvorskov).** Til Eggert Bilde. Da Thønne Parsbierg, der som Værge for Niels Parsbiergs Datter Jomfru Ingeborg har faaet Ordre til at oplyse Kongen om, hvad Adkomst Niels Parsbierg havde til en Gaard i Helsingiør, har erklæret ikke at kunne det, fordi Jomfru Ingeborgs Brevkister ere i Eggert Bildes Værge, befales det denne straks at overlevere **Thønne Parsbierg de Jomfru Ingeborg tilhørende Brevkister og Breve,** som han har i sit Værge. Sk. T. 1, 133.

— Til Jørgen Rossenkrantz. Da han blandt andet Gods, som han for nogen Tid siden har faaet til Mageskifte af Kronen, har faaet en Gaard i Daustrup i Hald Herred, som **Folmer Rossenkrantz til Steensballe** havde i Pant, har Kongen bevilget, at denne **i Stedet maa faa to af de Gaarde,** som Jørgen Rossenkrantz har udlagt til Kronen, den ene i Kielstrup, den anden i Lemmer i Nørre Herred, og befaler derfor Jørgen Rossenkrantz, der har lagt disse Gaarde ind under Slottet [Kallø], straks at overlevere Folmer Rossenkrantz dem. J. T. 1, 261 b.

**28. Febr. (—).** Til Bertil Seuerinssen, Prior i Andtvorschouf. Da **Niels Pederssen,** Slotsskriver paa Frederichsborg, har berettet, at han i 1576, medens han var Skriver her i Klosteret, har **laant 330 Dlr. af Niels Tøgerssen i Slaugelse,** dennes Medarvinger og **Peder Holdst i Skelskøer,** hvilke Penge bleve anvendte til Klosterets Brug og indførte i Regnskabet, skal Bertil Seuerinssen sørge for, at disse Penge straks blive tilbagebetalte Laangiverne mod Udlevering af Niels Pederssens Gældsbeviser. Sj. T. 14, 25.

— Aabent Brev, at de 3 **Hospitalstjenere,** 2 i Kellerup[1] og 1 i Tornbierg, som Hospitalet i Ottense daglig bruger til dets Avlsgaard Blangsted, **maa regnes for Ugedagsmænd og være fri for Skat og Tynge** ligesom Adelens Ugedagsmænd, saalænge Hospitalet bruger Gaarden som Avlsgaard. F. R. 1, 120.

— Aabent Brev, at **Hospitalsforstanderne i Ottense paa** Hospitalets Vegne **maa opsætte en Fiskerbod paa Hospitalets egen Grund ved Stranden mellem Nyborg og Kierteminde** og enten selv holde en Fisker dér, som maa fiske med Bundgarn og andre Fiskeredskaber, eller bortleje Boden til andre Fiskere til Fordel for Hospitalet; der skal ingen Told eller Tynge svares af Fiskeriet. F. R. 1, 120.

---

[1] Killerup, Odense H.

20*

**28. Febr. (Antvorskov).** Til Hospitalsforstanderne i Ottense. Da Kongen har bevilget, at Eyller Brockenhus til Syndergord maa faa et Hospitalet tilhørende Bol, kaldet Astelbol, til Mageskifte, fordi Bolets Jord ligger op til Eyller Brockenhus's Jord, saa at den derpaa boende Bonde, naar Ejeren af Syndergord vil formene ham sin Græsgang, ingensteds kan holde sit Kvæg, skulle de lade Mageskiftet gaa for sig og paase, at Hospitalet faar fuldt Vederlag, men de maa for Fremtiden ikke uden Kongens Tilladelse bortmageskifte noget af Hospitalets Gods. F. T. 1, 85 b.

— Aabent Brev, hvorved Kongen eftergiver Hans Mulle, Borger i Ottensse, den Sag, som Byfogden smstds. har rejst imod ham, fordi hans Folk i hans Fraværelse have taget 12 Dlr. i Betaling for Vin af 2 af Hertug Hans den ældres Hofsinder, der, da Hertugen sidste Gang rejste ud af Riget, laa i Herberg hos Hans Mulle og havde indbudt nogle Herremænd til Gæst, hvilket Byfogden har ment var stridende mod Kongens Befaling, da Hertugen og hans Folk ellers alle ere blevne udkvittede i Byen af Kongen; Hans Mulle har undskyldt sig og erklæret, at Pengene ere blevne modtagne i hans Fraværelse og uden hans Vidende. F. T. 1, 84 b.

— Til Borgemestre og Raad i Assens. Da Villom Bong, Tolder i Assens, og Oluf Bong, Borger smstds., paa egne og andre Pouel Bongs Børns og Arvingers Vegne have berettet, at deres Fader har efterladt sig en stor Gæld, hvilken de dog gerne ville betale dels med rede Penge, dels med de Gaarde og Gods, Pouel Bong har efterladt sig, naar de kunne faa en vis Frist, men at de ere bange for, at Kreditorerne skulle overile dem med Rettergang og Forfølgning og ikke ville nøjes med at tage Betaling i Gods og Ejendom, naar de ikke straks kunne skaffe rede Penge, skulle Borgemestre og Raad, hvis nogle af Kreditorerne forlange Forfølgning, forhandle i Venlighed med dem om at give Henstand og se at faa dem til at tage Huse og Gaarde i Betaling, og de maa ikke tilstede nogen Forfølgning over Arvingerne, saalænge disse kunne gøre Udlæg for deres Faders Gæld med Gaarde og Gods. F. T. 1, 86.

[**Februar** [1]]. Ekspektancebrev for M. Auo Andersen paa det første ledige Kannikedømme i Lunde Domkirke. Udt. i Sk. R. 1, 225 b.

**2. Marts (Antvorskov).** Gavebrev til Jesper Skamelssen,

---

[1] Indført mellem Breve af 6. og 22. Febr.

Kongens Kældersvend, paa Gaasbryggergaarden ved Vandkun-
sten i Kiøpnehafn. Gaarden skal altid holdes vedlige med Tegltag
og god Købstadsbygning. Sj. R. 11, 350[1].

**2. Marts (Antverskev).** Bestalling for Jens Chrestens-
sen, Borger i Varde, som Tolder i Varde samt ved Syn-
dersi Havn og Skalling Krog. J. R. 2, 5 b.

— Til Borgemester, Raad og Byfoged i Varde. Da deres Med-
borgere Nils Pederssen og Peder Hanssen have berettet, at deres
Hustruer efter deres Fader Jep Halm have arvet nogle Parter i
den Gaard i Varde, som Kongen for nogen Tid siden har undt
Jørgen Pederssen, hvilke Parter ikke ere forfaldne til Kronen, skulle
de med det første undersøge denne Sag og, hvis ovennævnte to
Mænd paa deres Hustruers Vegne have nogen Part i Gaarden, lade
denne vurdere og lade dem faa hvad der kan tilkomme dem for
deres Part. J. T. 1, 262.

— Følgebrev for Steen Brade til Bønderne under Sol-
the Slot, som Gregers Ulfstand hidtil har haft i Værge, at de fra
førstkommende 1. Maj skulle svare ham. Udt. i Sj. R. 11, 351.

**3. Marts (—).** Forleningsbrev for samme paa Solte
Len, som Gregers Ulfstand, Hr. Thrudis Søn, nu har i Værge. Han
skal aarlig til 1. Maj svare 500 gl. Dlr. i Afgift og tjene Riget med
4 geruste Heste. Sj. R. 11, 352.

— Befaling til Herluf Skaufue, Landsdommer i Sjælland, og
Lauge Beck, Embedsmand paa Roschildegaard, at være til Stede,
naar Steen Brahe 1. Maj overtager Solthe Slot og Len, føre
Tilsyn med, hvad Inventarium han modtager, besigte Bygningerne
paa Slottet og Ladegaarden og de i Lenet liggende Skove, give
deres Besigtelse beskreven fra sig og levere den til Steen Brahe.
Sj. T. 14, 25.

— Gavebrev til Knud Pederssen, Kongens Sølvknægt,
paa et Kronens Hus i Kongens Gade i Kiøpnehafn, som
gamle Hendrich Trompeter boede i. Huset skal holdes vedlige med
Tegltag og god Købstadsbygning og skal, hvis Knud Pederssen dør
uden ægte Livsarvinger, igen falde tilbage til Kronen; ville de
sælge Huset, skal det først tilbydes Kronen. Sj. R. 11, 351[2].

— Aabent Brev, at Jens Chrestenssen, der er beskikket
til Byfoged i Varde og som saadan ofte vil komme til at for-

---

[1] Tr.: O. Nielsen, Kbhvns Dipl. II. 381. [2] Tr.: Smstds. 382.

sømme sin egen Næring, maa være fri for Skat, Hold, Vagt og
al anden borgerlig Tynge og oppebære Tiendedelen af
alt Sagefald i Byen, saalænge han er Byfoged. J. R. 2, 6.

**3. Marts (Antvorskov).** Aabent Brev, hvorved Kongen strengelig
befaler alle, der have Kronens Tiendekorn i Riber Stift i Forlening,
at levere Matz Kock, Borger i Ribe, til hvem Kongen for nogle
Aar har solgt alt det Kronen af Afgiften af Kronens Part af Tien-
den i Riber Stift tilkommende Korn, beseglede Kopier af deres
Forleningsbreve, da han har klaget over, at mange nægte at
give ham Oplysning om Forleningsbrevenes Indhold, saa han ikke
ved, hvad han skal indkræve og betale Kongen for; ligeledes be-
fales det alle at svare deres Afgift i rette Tid, hvilket nogle hidtil
have undladt, saafremt de ikke ville have deres Forleningsbreve for-
brudte. J. R. 2, 6 b.

**4. Marts (—).** Kvittans til Fru Mette Oxe, Hans Berne-
kous Enke, paa 2500 Dlr., som hun for sin Part har betalt for
hendes Broder Peder Oxes Oppebørsel af Thuordsø Gaard og Gods.
Sj. R. 11, 353 [1].

— Lignende Kvittans til Jomfru Jahan Oxe paa 2500 Dlr.
Udt. i Sj. R. 11, 353 b.

**5. Marts (—).** Bestalling for Anders Hanssen, Byfoged
i Holbeck, som Tolder smstds. Sj. R. 11, 353 b.

— Befaling til M. Ifuer Berthelssen, Abbed i Sorø Kloster,
straks at hidsende 20 gode Sider Flæsk, som kunne bruges til at
spække med, 12 Lam, 4 fede Svin, 50 Høns, 20 Vol Æg, 1 Td.
Smør, 20 saltede Gæs, 16 saltede Faarekroppe, 3 saltede Okse-
kroppe og 6 levende Kalve og indskrive det i sit Regnskab. Orig.

— Til Axel Veffert. Da han har indberettet, at han har besat
Enggaard med sine Folk, og at Fru Anne Stiisdatter, der er
noget syg, men er anholdt paa Gaarden, saa hun ikke kan slippe
bort, har fremført forskellige Grunde, hvorfor hun saa længe har
sat sig op imod Rigens Ret, og da han derfor har begæret nærmere
Ordre om, hvorvidt han skal overlevere Gaarden til Knud Rud eller
ej, befales det ham at lade alt blive i den Stand, hvori det nu er,
og lade sine Folk holde Gaarden besat, indtil Niels Kaas, Kansler,
og de andre Raader, der nu ligge i Kolding, rejse tilbage til Kongen;
han skal da følge med dem hid for at faa Besked. F. T. 1, 87.

---

[1] Tr.: Ryge, Peder Oxes Levnet S. 393 f.

**5. Marts (Antverskov).** Forleningsbrev for Hr. Jørgen
Pederssen i Houfuilberg paa Kronens Part af Korntienden
af Houfuilberg og Grandslef Sogne, uden Afgift. Udt. i J.
R. 2, 7.

— Forleningsbrev for Jon Jenssen, der har lovet at
holde et Prenteri paa Island og at trykke alle de Bøger, som Su-
perintendenten befaler, paa en Gaard, kaldet Nuppefield, paa
Island, uden Afgift. Han skal sælge sine Bøger til en rimelig Pris.
N. R. 1, 201 b [1].

**6. Marts (—).** Til Peder Bilde. Kongen bifalder, at han frag-
ter et Skib og sender en 3 Læster Korn op til Norge til at
købe Tømmer for til Genopbygningen af det paa Kallundborg
Slot brændte Hus, da der mangler Sparrer og Bjælker og Skovene
[i Lenet] ikke kunne taale, at der bliver hugget noget i dem. Hvis
Kornet ikke kan slaa til, har Statholderen paa Aggerhus faaet Ordre
til at skaffe hvad der yderligere behøves af Tømmer og Deler. Sj.
T. 14, 26.

— Til Borgemestre, Raad og Byfoged i Kiøpnehafn. De høj-
lærde i Kiøpnehafn have berettet, at de lige fra Skolens Fundation
af have haft forskellige Privilegier, som ere blevne stadfæstede af
Kongens Fader ved dennes Fundats, deriblandt det, at ingen af
Klerkeriet maa kaldes for den verdslige Øvrighed, men
skal, naar alene Manddrabssager undtages, staa hver Mand til Rette
for Rektor og de højlærde; da de nu have klaget over, at nogle af
ovennævnte lade sig forlyde med, at de paa Byens Vegne ville have
Faldsmaal af de Studenter, der forse sig, og endog have stævnet
Studenter til at møde i Rette for sig paa Raadhuset, forbydes dette
for Fremtiden, da Klerkeriet kun er pligtig at svare Rektor og de
højlærde Faldsmaal og det hverken ved andre Universiteter eller
tidligere der i Byen har været anderledes; blive Studenter ved Natte-
tid formedelst Forseelser optagne af Vagten, maa de lade dem sætte
paa en Ret til om Morgenen og derefter overlevere dem til Rek-
toren, for at Universitetet kan holde dem i Forvaring, indtil Sagen
er bleven forhørt af Rektor og de højlærde. Sj. T. 14, 26 [2].

— Forleningsbrev for Johan Brockenhus, Sekretær,
paa det Kannikedømme i Aarhus Domkirke, som Dr. Cornelius

---

[1] Tr.: M. Ketilson, Forordn. t. Island II. 83 f.  [2] Tr.: Rørdam, Kbhvns Universi-
tets Hist. 1537—1621 IV. 289 f. O. Nielsen, Kbhvns Dipl. IV. 629 f. Secher, Forordninger
II. 84 f.

Hamsfurt nu har i Værge, dog først at tiltræde efter dennes Død.
Naar han ikke længere er i Kongens Kancelli eller daglige Tjeneste,
skal han residere ved Domkirken. J. R. 2, 7 b.

**6. Marts (Antvorskov).** Til Erick Løcke. Da han har erklæret,
at Kieregaards Birk, som Kongen havde forlenet Christen Vind,
Embedsmand paa Kiøpnehafns Slot, med, ikke kan undværes
fra Slottet [Riberhus], dels for Fiskeriets Skyld og dels fordi det
ligger langs Strandsiden, saa der undertiden falder Vrag deri, sendes
der ham Følgebrev til Bønderne, at de igen skulle svare ham. Da
Kongen har lovet Christen Vind noget andet Gods i Stedet og gerne
saa, at han fik det med det første, skal Erick Løcke af Slottets
Gods, der ligger langt fra Slottet og nær ved Christen Vinds Gaard
Lyddom, udlægge Christen Vind Gods til en vis aarlig Rente
af 150 Dlr. og sende Kongen en klar Jordebog derover, for at For-
leningsbrevet kan blive udstedt derefter. J. T. 1, 262.

— Følgebrev for Erich Løcke, Embedsmand paa Riber-
hus, til Bønderne i Kierregaardtz Birk. J. R. 2, 7.

[**Omtr. 6. Marts.**[1]] Til Lauge Beck. Kongen har eftergivet
de paa det af ham indsendte Register opførte gamle Restancer,
som Bønderne i Roschildegaardtz Len ere blevne skyl-
dige, da Biørn Anderssen og han selv første Gang havde Lenet,
og nu ikke kunne udrede, og tilbagesender ham Registret under-
skrevet. Det paalægges ham alvorligt herefter at tilholde Bønderne
at svare deres Landgilde i rette Tid, saafremt han ikke selv vil staa
til Rette for Restancerne; et aabent Brev desangaaende sendes ham
til Forkyndelse for Bønderne. Sj. T. 14, 27.

[—[1]] Befaling til Lauritz Skram paa Koldinghus at bestille
gode Herberger til Kurfyrstens Gesandter, der nu ventes
did, lade dem udkvitte af deres Herberg og betale alt, hvad
de fortære; han skal i Tide forbyde Værterne at tage Penge paa
Haanden af Gesandterne og fra Slottet eller Lenet skaffe Værterne,
hvad de ikke kunne faa til Købs i Byen [Kolding], saa Gesandterne
kunne blive godt trakterede. Udt. i Sj. T. 14, 27 b.

[—[1]] Befaling til Jørgen Marsuin at levere Oluf Bagger
Kongens Korn af Ottensegaards Len, som han har solgt ham,
i Overensstemmelse med den Forskrivning, Kongen har givet Oluf
Bagger. Udt. i Sj. T. 14, 28.

---

[1] Indført mellem Breve af 6. og 7. Marts.

[**Omtr. 6. Marts.** [1]] Forskrift for O l u f B a g g e r til Landsdom-
meren [i Fyen] om at dømme mellem ham og Fru A n n e D a a e
angaaende nogle Penge, hun skylder ham.  Udt. i Sj. T. 14, 28.

**7. Marts (Antvorskov).**  Aabent Brev, at B o r g e r n e i K a l-
l u n d b o r g indtil videre maa o p p e b æ r e deres aarlige B y s k a t til
Hjælp til V o g n l e j e, F æ r g e l ø n og H o l d, da de besværes saa
meget med saadant af Kongens Folk, der daglig rejse frem og til-
bage i Kongens Ærinde, at de blive meget forarmede derved.  Sj.
R. 11, 354.  Orig.

— Til H a c k U l f s t a n d.  For nogen Tid siden fik Kongen
Skafteløfgaard med mere Gods i Sjælland til M a g e s k i f t e af ham,
og Kongen kan af Besigtelsen huske, at Besigtelsesmændene opgav,
at der var berettet dem, at Thomis .Fassis Bønder kun havde fri
Ildebrændsel og Olden til deres egne Svin i Skoven og Oren, hvil-
ket beregnedes til 10 Svins Olden, men ikke desmindre tilholde
Thomis Fassis Bønder sig nu Tredjeparten af al Skafteløf Skov;
da Hack Ulfstand imidlertid har tilskiftet Kongen Skoven som Ene-
mærke, maa han ogsaa hjemle Kongen den som saadant.  Kongen
ser ogsaa af Besigtelsen, at det Gods, Hack Ulfstand har udlagt
Kronen, ikke er saa meget værd som det, han har faaet, idet han
for 9 Gaarde har faaet 28, hvilket Kongen finder meget ulige.  Da
han jo har givet Kongen Brev paa, at denne, hvis han vil, maa
omstøde Mageskiftet inden 2 Aars Forløb, men Kongen ellers er
villig til at overlade ham Kronens Gods for rimeligt Vederlag, be-
fales det ham at udlægge Kronen Fyldest for det, dens Gods er
bedre end hans.  Kongen har skrevet til Biørn Kaas og Hans Skou-
gaardt om med det første at besigte de 2 Gaarde, han udlagde Kro-
nen, men som ikke bleve besigtede, og det Gods, han yderligere bør
udlægge Kronen, og siden ligne Godset, hvilket Brev sendes ham til
Besørgelse, og han skal blive enig med dem om, naar og hvor Be-
sigtelsen skal finde Sted.  Sj. T. 14, 28 b.

— Til Biørn Kaas og Hans Schougaard.  For nogen Tid siden
fik H a c k U l f s t a n d Vester Vesterstad Len til M a g e s k i f t e af Kro-
nen for Schafteløfgaard med Gods og desuden 2 Gaarde i Dalby og
Liungerup, og han gav Kongen sit Brev paa, at denne, hvis han
vilde, maatte lade Mageskiftet gaa tilbage inden Udløbet af 2 Aar.
Da Kongen nu har erfaret, at det Gods, Hack Ulfstand har faaet af

[1] Indført mellem Breve af 6. og 7. Marts.

Kronen, uagtet Udlæget af de 2 Gaarde i Dalby og Liungerup, er meget bedre end det, Kronen har faaet, men alligevel vil lade Hach Ulfstand beholde Vester Vesterstad Len, hvis han kan faa fuldt Vederlag derfor, er der skrevet til Hach Ulfstand om med det første at udlægge dette. Det befales derfor ovennævnte 2 Mænd, der have foretaget Besigtelsen af Schafteløf Gaard med Gods og Vester Vesterstad Len, med det første at besigte de 2 Gaarde i Dalby og Liungerup og det Gods, Hach Ulfstand yderligere vil udlægge, og paase, at Kronen faar Fyldest. Den første Besigtelse sendes dem tilligemed en Seddel paa det, som de 2 Gaarde i Dalby og Liungerup skylde. Sk. T. 1, 133 b.

**7. Marts (Antvorskov).** Til Christoffer Valkendorff. Michel Jacobssen fra Rotterdam har været hos Kongen med en Forskrift fra Prinsen af Uranien og klaget over, at Erick Munck sidste Sommer har frataget ham hans Gods i Søen, og at der, skønt en Del af Godset er tilbageleveret ham efter den i Sagen afsagte Dom, endnu forholdes ham noget, deriblandt 5 Læster 1 Kvarter Hvede, som er oplagt hos Marcus Hesz, og som Erick Munck paastaar, at Skipperen godvillig skal have foræret ham, hvilket Michel Jacobssen mener med Certifikats at kunne bevise ikke forholder sig rigtigt. Det befales derfor Christoffer Valckendorff at undersøge Sagen og, hvis Michel Jacobssen med Certifikats kan bevise, at Skipperen ikke har foræret Hveden bort, sørge for, at han faar Hveden tilbage eller Betaling derfor. Sj. T. 14, 29 b.

— Forleningsbrev for Niels Parsberg, Kongens Kæmmerer, paa Becheschouf Kloster i Skaane, som Fru Giørel Gyldenstiern sidst havde det i Værge. Han skal fra førstkommende 1. Maj af aarlig svare 350 gl. Dlr. i Afgift af den visse og uvisse Rente, dog forbeholder Kongen sig alene al Told, Sise og Vrag, og tjene Riget med 4 geruste Heste. Sk. R. 1, 230 b.

**9. Marts (—).** Aabent Brev, at Oluf Kock, der er beskikket til Foged i Anderschouf Kloster, i aarlig Løn skal have 16 gl. Dlr., frit Foder og Maal til en Klipper og samme Hofklædning, som han havde, medens han var i Kongens Stald, hvilket Prioren i Klosteret skal levere ham. Sj. R. 11, 355.

— Til Jørgen Marsuin. Da Bønderne i Ottensøegaards Len have berettet, at de ved Udredelsen af Madskatten for 1576 ere blevne lagte i Læg ligesom sædvanligt, saaledes at nogle faa Stakkarle, der ikke selv kunde udrede fuld Madskat, ere lagte dem til Hjælp, men at Rentemesteren ikke har villet godkende dette, hvorfor disse Stakkarle nu tiltales af Jørgen Marsuins Skriver, har Kongen eftergivet det Beløb, hvorfor de tiltales, og bevilget, at de ogsaa ved Skrivningen af den Madskat, der nu skal ydes, maa lægges som fra Arilds Tid sædvanligt. F. T. 1, 87 b.

**9. Marts (Antvorskov).** Aabent Brev, at Kongens Karl Hans Francke skal blive liggende paa Skanderborg Slot med 4 af Kongens Stodheste og paase, at de blive godt passede; han skal tillige have Tilsyn med Kongens Stod ved Skanderborg, Drotningborg, Bygholm og Koldinghus Slotte og i rette Tid slippe ovennævnte Heste ud til Stoddene og igen tage dem ind; endvidere skal han nogle Gange om Aaret ride rundt til ovennævnte Slotte og undersøge, hvad Foler og Affødning der er, for at han kan give Kongen Besked derom, naar han kommer til denne. Han skal herfor aarlig af Lensmanden paa Skanderborg have 16 gl. Dlr., Hofklædning til sig selv ligesom andre Svende og Foder til sin egen Klipper samt fri Underholdning til sig selv paa Skanderborg Slot, fri Underholdning og Klæder til en Stalddreng, der skal hjælpe ham med at røgte Hestene, og, naar han rejser omkring til de andre Slotte, fri Underholdning til sig selv og frit Foder til sin Hest. J. R. 2, 8.

**11. Marts (Sorø Kloster).** Aabent Brev, at Hans von Nienstadt herefter skal have Kongens Stodheste, der aarlig skulle til Kongens Stod i Sjælland, i Befaling, blive liggende med dem i Soer Kloster og passe paa, at de røgtes vel; han skal i rette Tid slippe Stodhestene ud til Stoddene her i Landet og igen optage dem, naar Tid er, ligesom han ogsaa nogle Gange om Aaret skal ride omkring til Stoddene for at paase, at der ingen Forsømmelser finder Sted, og føre Tilsyn med, hvad Foler og Affødning der falder, saa han kan give Kongen Besked om alt, naar han kommer til denne. Han skal i aarlig Løn have 30 gl. Dlr. og Klædning til sig selv ligesom Kongens egne Svende af Rentemesteren, frit Foder til en Klipper i Soer Kloster og andensteds, hvor han rider for at føre Tilsyn med Stoddene, og Underholdning i Klosteret til sig selv og de Stalddrenge, som hjælpe til med at passe Stodhestene; Abbeden i Klosteret skal aarlig levere de 3 Stalddrenge samme Klædning som Kongens egne Stalddrenge. Da Hans von Nienstadt tit maa ride omkring til Stoddene, skal han overalt paa Kongens Slotte, Klostre og Gaarde have fri Underholdning til sig selv og en Stalddreng og frit Foder til Hestene. Sj. R. 11, 355 b.

**11. Marts (Sorø Kloster).** Til Christoffer Valkendorff. Da Hans
van Neuenstat, der tidligere har tjent Kongen som Karl, nu er
sat til at have Opsyn med Kongens Stod i Sjælland med Bolig i
Sorø Kloster og har nogen Aarsløn til gode for sin Tjeneste i
Stalden, skal Christoffer Valkendorff betale ham hans Tilgode-
havende og siden give ham den i hans ny Bestalling fastsatte Løn.
Sj. T. 14, 30 b.

— Aabent Brev, at Matz Søffrenssen, Byfoged i Slagelse,
der paa Embeds Vegne har megen Besværing og forhindres i at
passe sin egen Næring, maa være fri for Skat og al anden bor-
gerlig Tynge, saalænge han er Byfoged. Sj. R. 11, 356 b.

— Til Peder Bilde og Eiller Krausse. Da de fattige i Hos-
pitalet i Slauelse ikke underholdes tilbørligt med Klæder og
Føde, idet Fru Mergret Bassisdatter alene ser paa sin egen Fordel,
skulle de med det første i Forening med Sognepræsterne i Byen
ubemærket begive sig til Klosteret, undersøge alle Forholdene
og de mod Fru Mergret fremførte Klager og tilskrive Kongen fuld
Besked derom; dølge de noget, ville de selv komme til at staa til
Rette derfor. Sj. T. 14, 30 b.

— Befaling til Eyller Grubbe, Embedsmand paa Vordingborg,
at levere Gundel Jenssis ½ Pd. Korn af Slottets Loft. Orig.

— Ekspektancebrev for M. Ifuer, Abbed i Soer, paa
Nørby Gods i Fyen efter den nuværende Indehaver Dr. Carnelius
Hamsfortz Død, uden Afgift. Udt. i F. R. 1, 120 b.

**12. Marts (Ringsted Kloster).** Følgebrev for Bendt Gre-
gerssen til alle Kronens Bønder i Vrangstrup, som Steen Brade
hidtil har haft i Værge, at de fra førstkommende 1. Maj skulle
svare ham. Udt. i Sj. R. 11, 356 b.

— Følgebrev for samme til Bønderne i Ørsleføstre,
der hidtil have svaret til Soer Kloster, at de herefter skulle svare
ham til Ringsted Kloster. Udt. i Sj. R. 11, 357.

— Til Steen Brahe. Da Vrangstrup By, som Kongen for
nogen Tid siden har forlenet ham med, ligger lige udenfor Klosteret
[Ringsted], saa den for Ugedagenes og Arbejdets Skyld ikke kan
undværes derfra, eftersom Klosteret kun har faa Tjenere, skal han,
da han jo for kort Tid siden har faaet Solte Slot og Len i For-
lening, til førstkommende 1. Maj igen overlade Abbeden Byen;
Kongen fratager ham ikke Byen af nogen Uvilje, men af ovennævnte
Grund. Sj. T. 14, 31 b.

**13. Marts (Roskildegaard).** Til Abbeden i Ringsted. Da nogle af Klosterets Tjenere i Benløsse have klaget over, at de maa svare samme Landgilde eller mere end andre i Byen, der have meget mere Jord, og have begæret, at Kongen enten selv vil nedsætte Landgilden med et passende Beløb eller lade Oldinge forandre den, skal Abbeden med det første lade alle Gaardene i Byen, der tilhører Kronen alene, gøre ens paa Landgilde og Ejendom. Sj. T. 14, 31 b.

— Til Abbederne i Ringsted og Soer og Prioren i Andtvorschouf. Da flere af Klostrenes Bønder i tidligere Abbeders Tid have købt sig fri for Ægt og Arbejde, hvorved Besværingen bliver saa meget større for de andre, maa de herefter ikke lade nogen beholde denne Frihed, medmindre han har Kongens Faders eller Kongens Benaadning derpaa. Sj. T. 14, 32.

**15. Marts (Frederiksborg).** Befaling til Niels Kaas, Kansler, Peder Guldenstiern, Marsk, Peder Munck, Admiral, Hr. Peder Skram, Hr. Jørgen Løcke, Peder Bilde, Jørgen Rosenkrantz, Biørn Kaas, Biørn Anderssen, Eiler Grube, Rigens Kansler, Jørgen Marsuin, Hans Skougaardt, Axel Viffert og Christoffer Valckendorph at møde hos Kongen i Ottense Hell. Trefoldigheds Søndag [25. Maj] for sammen med Kongen at sidde til Doms og høre Sager samt raadslaa om Rigets Anliggender. Sj. T. 14, 32 b.

— Aabent Brev til alle Riddere, Riddermændsmænd, Fruer, Jomfruer, Provster, Præster, Købstadmænd og Bønder over hele Danmark, at Kongen, der i de sidste Aar har været forhindret i selv at sidde Retterting, i Aar personlig vil holde almindelig Herredag sammen med Rigsraadet i Ottense, Hellig Trefoldigheds Søndag, 25. Maj, hvorfor det befales alle, der ville have Sager i Rette for Kongen, at udtage Stævning i Kancelliet; dog maa der ikke indstævnes Sager, der skulle for Herredsting og Landsting, før der er gaaet endelig Dom i dem paa disse Steder. Sj. T. 14, 33 b.

— Befaling til Stiftslensmændene at forkynde ovenstaaende Brev paa alle Herredsting og i Købstæderne. Sj. T. 14, 33.

**16. Marts (—).** Aabent Brev, at Emanuelt Smed maa blive boende i Kiøpnehafn, bruge sit Smedeembede og være fri for Skat, Hold, Vagt og al anden borgerlig Tynge indtil videre. Udt. i Sj. R. 11, 357[1].

---

[1] Tr.: O. Nielsen, Kbhvns Dipl. II. 382.

**16. Marts (Frederiksborg).** Til Fru Citzel Oxe, Erich Pode-
buschis.  Kongen har for nogle Aar siden[1] bevilget hendes afdøde
Husbonde, at 7 Bøndergaarde i Hellelille, der fra Arilds Tid
havde hørt til Hellemagle Sogn, herefter maatte høre til Tyberigis
Sogn og søge til Tyberigis Kirke, hvilket ene skete, for at de kunde
blive fri for Skat og anden Besværing ligesom hans Ugedagsmænd i
Sognet ved hans Sædegaard Hielmsøegaard.  Da Sognepræsten i
Hellemagle imidlertid lider et ikke ringe Tab ved, at de 7 Gaarde
ere tagne fra hans Sogn, der skal være meget ringe, skal hun atter
lade Gaardene følge Hellemagle Sogn og med det første ind-
sende det hendes Husbonde givne Brev til Kancelliet; Kongen vil
saa til Gengæld give hende Brev paa, at de 7 Bønder altid skulle
være fri for Skat og anden Tynge ligesom hendes Ugedagsmænd til
Hielmsøegaard.  Sj. T. 14, 34.

**17. Marts (—).** Til Hans Schougaard.  Kronens Bønder i
Bodsted Len i Skaane have berettet, at de fra gammel Tid af
aarlig have givet hver enten 1 Dlr. for Fogedgæsteri eller holdt
Fogden 6 Heste, og at de, da de henlagdes fra Helsingborg Len til
Kiøpnehafns Len, ere blevne indskrevne i Jordebogen hver for 4 Mk.,
som Mønten før gik; da der imidlertid nu efter deres Tilbagelæg-
gelse under Helsingborg kræves 4 Mk. i den omsatte Mønt af dem,
hvilket de mene er dem for besværligt, har Kongen bevilget, at de
for Fremtiden maa nøjes med hver at svare 1 gl. Dlr. eller 2 Mk.,
som Mønten nu gaar.  Han skal derfor lade Jordebogen forandre
i Overensstemmelse hermed.  Sk. T. 1, 134.

— Til Biørn Kaas, Hans Schougaard og Axel Gyldenstiern.
Da der er stor Mangel paa Havre paa Kroneborg, befales
det dem, hvis de ikke have fremsendt al den Havre, som de tid-
ligere have faaet Ordre til at købe til Kongens egne Heste og Rust-
vognsheslene, da straks at sende det manglende og tillige at købe
N Tusind Tdr. Havre og efterhaanden sende dem til Kroneborg.
For at de bedre kunne skaffe Havre, har Kongen ladet udgaa aabent
Brev om, at ingen maa udføre Havre, førend de have tilbudt dem
den, hvilket Brev de kunne lade læse, hvor det gøres behov.  Sk.
T. 1, 134 b.

— Til Hans Schougaard.  Da Enken efter M. Hans, Smed
paa Jærnhytten i Skaane, har begæret Betaling for det, som

---

[1] Se Kanc. Brevbøger 1560—70 S. 612.

hendes afdøde Husbonde paa sin egen Bekostning har bygget
paa Møllen smstds., særlig paa Hjulet, skal han undersøge, hvad
M. Hans har bekostet, og betale hende det. Han skal købe de
Redskaber, som M. Hans har efterladt sig, da de ikke godt kunne
undværes paa Jærnhytten, og indskrive al Udgiften i sit Regnskab.
Sk. T. 1, 135.

**18. Marts (Frederiksborg).** Kvittans til Niels Persen paa
hans Regnskab som Renteskriver fra Mikkelsdag 1567 til Nytaarsdag
1577, da han blev denne Befaling kvit. Han blev deraf skyldig
580 Mk. 13 Sk. 5 Pend., som Mønten nu gaar, og 404 Mk. sven-
ske i Kong Erichs Klippinge, hvilke han nu har betalt Christoffer
Valckendorff. Han har leveret Niels Persen, Raadmand i Kiøpne-
hafn, der kom i hans Sted, de lange Fyrrør, Svamperør og Halv-
hager med Tilbehør, som han havde i Forvaring i Kongens Har-
niskkammer paa Fiskertorvet i Kiøpnehafn, og Niels Sørenssen,
Kongens Sølvpop, de Kredenskar, som han havde i Forvaring paa
Hvælvingen; paa Hvælvingen findes endnu Rigets Krone, Spir og
Æble samt Sværdskeden til Rigets Sværd, medens selve Rigets Sværd
og Kongens korte Degen med den forgyldte Skede findes hos Niels
Persen, Raadmand. Sj. R. 11, 362 b.

**19. Marts (—).** Til Hendrick Mogenssen, Tolder i Helsingør.
Da Kongen behøver en hel Del Tømmer, Deler og Lægter til Byg-
geriet paa Kronneborg og en hel Del Brændeved, har han ladet en
Pinke udlægge i Sundet for at arrestere alt det Tømmer, som føres
igennem til Salgs, og henvise alle Skuder og Vedskibe til Hendrick
Mogenssen, saa Kongen først kan blive forsynet; det befales Hen-
drick Mogenssen at købe saa meget Tømmer, Deler og Lægter,
som Lensmanden anser for nødvendigt, og Brændeved for en
300 Dlr. og derefter ophæve Arresten. Sj. T. 14, 35[1]. Orig.

— Befaling til Peder Munck, Admiral, at udruste en af
Kongens Pinker paa 20 Læster til at ligge i Sundet, sætte
en Høvedsmand derpaa og give denne Ordre til ikke at lade Skibe,
der have Tømmer, Deler og Lægter til Salgs, løbe igennem, førend
de have meldt sig hos Tolderen, der har Ordre til at købe af dem,
samt til at henvise alle Vedskibe til Tolderen, indtil denne har faaet
saa meget Tømmer og Ved, han behøver, og ophæver Arresten. Sj.
T. 14, 35 b.

---

[1] Tr.: Dsk. Saml. V. 143.

**19. Marts (Frederiksborg).** Befaling til Claus Nielssen, Byfoged i Helsingøre, herefter aarlig at indlevere de Penge, han oppebærer i Sise og Sagefald, til Hendrick Mogenssen, Tolder smstds., i Stedet for til Rentekammeret; Hendrick Mogenssen har faaet Ordre til at modtage Pengene, indføre dem i sit Regnskab og give Kvittans derfor. Sj. T. 14, 35 b. Orig.

— Forbud mod at udføre Havre til Skibs fra Skaane, da Kongen behøver en stor Mængde Havre til sine Rustvognsheste ved Byggeriet paa Kroneborg og til sine egne Heste og derfor har befalet Lensmændene paa Malmøe, Helsingborg og Landtzkrone at købe Havre i Skaane. De, der have Havre at sælge, skulle tilbyde ovennævnte Lensmænd den, og disse skulle betale en rimelig Pris for den. Sk. R. 1, 231.

— Til Emmicke Kaas. Da Kongen, der nu har sendt nogle Stenhuggere did [til Gulland] for at hugge en hel Hob Sten til Byggeriet paa Kroneborg, har erfaret, at der er stor Forskel paa den Sten, der brydes, idet den somme Steder er bedre end andre, skal han sørge for, at Stenhuggerne frit faa Lov at hugge over hele Landet, hvor de bedste Brud er, baade paa de jordegne Bønders og Kronens Ejendom, give de omkringboende Bønder Ordre til efterhaanden at føre de hugne Sten ned til de belejligste Havne og undertiden selv være til Stede, for at Arbejdet kan have bedre Fremgang. Sk. T. 1, 135 b.

**20. Marts (—).** Aabent Brev, at Borgerskabet i Stubbekiøping, der har begyndt at opføre et nyt Raadhus, men erklærer ikke at kunne fuldføre det uden Kongens Hjælp, maa beholde de 100 Mk., som det resterer med af Byskatten for 1576, og Byskatten for i Aar til Raadhusets Bygning, men kun dertil. F. R. 1, 532 b. K.

**21. Marts (—).** Kvittans til Fru Sitzel Oxe, Erich Podebuskis Enke, paa 2500 Dlr., som hun for sin Part har betalt for Peder Oxes Oppebørsel af Thuordsøe Gaard og Gods. Sj. R. 11, 358 b.

— Søbrev for Petter Adrian, Skibshøvedsmand, der en Tid skal ligge i Bæltet med Kongens Gallej og paase, at ingen forløber Kongens Told, og at ingen forbudte Varer føres igennem. Sj. T. 14, 36.

— Aabent Brev, at Jørgen Abildgaardt, Skibshøvedsmand, skal ligge ved Kastrup Knæ med Kongens Skib Krabaten for

at tage Besked af de fremmede Skibe, der løbe op og ned ad Strøm-
mene. Det befales alle at give ham Besked, da de ellers maa tage
Skade for Hjemgæld. Sj. T. 14, 36 b.

**21. Marts (Frederiksborg).** Befaling til Peder Munck straks at
aftakke Hans Hesz og Sander Ørt; da Kongen har en hel
Hob Kaptejner og Løjtnanter, hvoraf flere næppe ere Kongen meget
tjenlige, skal Peder Munck, der kender dem bedst, sende Kongen
et Register over de Kaptejner og Løjtnanter, som efter hans Mening
ikke ere Kongen tjenlige. Sj. T. 14, 37.

— Befaling til Christoffer Valckendorff at sætte Thingeyer
Kloster paa Island, som Kongen har bevilget at Siuordt Jenssen
maa faa i Forlening, for en aarlig Afgift og sende Besked derom
til Kancelliet. Sj. T. 14, 37.

— Aabent Brev, hvorved Kongen stadfæster Valget af
M. Niels Huid til Superintendent i Lunde Stift efter M.
Thyge Asmundssen, da han nu har aflagt Kongen sin Ed, og be-
faler alle Stiftets gejstlige at være ham lydige. Sk. R. 1, 231 b.

— Aabent Brev, hvorved Kongen befaler Fogder, Lensmænd
og Adel i Skaane at bistaa den ny Superintendent M. Niels
Huid, hvis han behøver deres Hjælp i Embedssager, og be-
skærme ham mod Overlast. Sk. R. 1, 232.

— Befaling til Fru Magdalena Gyldenstiern straks at over-
levere det paa Beckeschouf Kloster, som Fru Giørel Gylden-
stiern sidst havde i Værge, værende Inventarium, Jordebøger,
Breve, Register og andet til Niels Parsberg. Sk. T. 1, 136 b.

— Befaling til Hans Schougaard og Arrild Uggerup at være
til Stede, naar Niels Parsberg, Kongens Kæmmerér, over-
tager Beckeschouf Kloster, paase, hvad Inventarium der over-
leveres ham, besigte Bygningerne paa Klosteret og Ladegaarden og
de til Klosteret hørende Skove, og give alt beskrevet fra sig. Sk.
T. 1, 136.

— Befaling til Villom Bong, Tolder i Assens, om af Tolden
at betale Erich Hardenbierg, Embedsmand paa Hagenschouf,
der sidste Sommer har købt nogle Øksne til Kongen, saaledes som
den af Niels Paaske, Slotsskriver paa Kiøpnehafns Slot, til ham
udstedte Kvittans for Øksnene nærmere viser, det Beløb, han har
givet for Øksnene, og indskrive det i Regnskabet. F. T. 1, 88.

— Forleningsbrev for Niels Skriver, Tolder i Olborg,
paa Provstiet i Vendsyssel, som Rasmus Pederssen, Borger i

Olborg, hidtil har haft i Værge, uden Afgift; han skal paase, at de Kirker, hvis Regnskab han skal høre, ikke blive forurettede. J. R. 2, 9.

**21. Marts (Frederiksberg).** Aabent Brev til alle, der besøge Fiskerlejet Moelberg, at Kongen har befalet Jens Kaas, Embedsmand paa Olborghus, og Jens Morthenssen, Salter, at salte 60 Læster Sild og mere til Slottenes og Orlogsskibenes Behov. De skulle have Eneret paa at købe Sild Mandag, Onsdag og Torsdag og betale Sildene med den foregaaende Dags Pris (osv. som i Brev af 14. Marts 1576). J. R. 2, 9 b.

— Lignende Brev, at Jens Kaas og Oluf Matzen skulle lade salte 60 Læster Sild og mere ved Nibe. De skulle have Eneret paa at købe Sild Tirsdag og Fredag. Udt. i J. R. 2, 10.

— Befaling til Jørgen Schram og Claus Glambeck at besigte 2 Gaarde i Nørrejylland, den ene i Godtzbøl[1] i Lineballe Sogn, den anden i Filschof i Om Sogn, som Kongen har bevilget Ifuer Lunge til Thirsbeck til Mageskifte, og 1 Gaard i Vindinge By og Sogn i Holmandtz Herred, som Ifuer Lunge har bevilget Kronen i Stedet. Udt. i J. T. 1, 262 b.

**22. Marts (—).** Aabent Brev, at Borgerne i Flensborg, der have klaget over, at Tolderne ved Sildefiskeriet i Norge sidste Sommer have besværet dem med større Told end sædvanligt, herefter maa besøge Sildefiskeriet i Danmark og Norge og bruge deres Handel dér mod at svare samme Told som andre Rigets Indbyggere. Sj. R. 11, 357[2].

— Gavebrev til Hans Simenssen, Renteskriver, paa den Kronens Gaard og Grund paa Gammeltorv i Kiøpnehafn, som Anders Jude ejede. Gaarden skal holdes vedlige med god Købstadsbygning og skal, hvis den afhændes, først tilbydes Kronen til en rimelig Pris. Sj. R. 11, 357 b[3].

— Til Christoffer Valkendorff. Da Kongen har givet Renteskriver Hans Simenssen Anders Judis Gaard paa Gammeltorv i Kiøpnehafn, der er tilfalden Kronen for Tilgodehavende efter Anders Jude, men Gaarden tidligere er pantsat for omtrent lige saa meget, som den er værd, skal Christoffer Valkendorff indfri den for det Gods, der er tilfaldet Kronen efter Anders Jude, saa Hans Simenssen kan faa den frit. Sj. T. 14, 40[4].

---

[1] Gødsbøl, Tørrild H.     [2] Tr.: Secher, Forordninger II. 86.     [3] Tr.: O. Nielsen, Kbhvns Dipl. II. 383.     [4] Tr.: Smstds. IV. 630.

**22. Marts (Frederiksborg).** Til Borgemestre og Raad i Kiøpne-
hafn. Kongen har af mangfoldige Klagemaal erfaret, at det gaar
meget uligeligt til i Byen med de Haandværksfolk, der begære at
komme i et Lav, idet mangen maa give 20 eller 30 Dlr., førend
han kan vinde Lavet, særlig fordi de andre Lavsbrødre ikke gerne
lide andre dér, som kunne noget godt, og søge at fortrænge dem
med saadan Beskatning, hvilket har medført, at der nu er stor
Mangel paa gode Haandværksfolk i Riget. Da der imidlertid i
Recessen er fastsat, at ingen skal give mere end 1 Gylden i
Lavet, paalægges det dem at paase dette Paabuds Overholdelse,
og hvis noget Lav i Byen har erhvervet kgl. Stadfæstelse paa sin
Skraa, hvori Kongen har forbeholdt sig at gøre gavnlige Forandrin-
ger, skal Skraaen herefter ikke gælde, saavidt den strider mod Re-
cessen. De skulle alvorligt foreholde Oldermændene i hvert Lav
denne Befaling og lade dem straffe, der forse sig herimod; kommer
der yderligere Klager over, at nogen besværes med mere end 1
Gylden, ville Borgemestre og Raad selv komme til at staa til Rette
derfor. Sj. R. 11, 359[1].

— Til Rentemesteren. Da Claudi Reinholdt, Kongens
Skrædder, har klaget over, at han ikke kan komme ud af det med
sine Maanedspenge og sin Hofklædning, siden Kongen lod hans
Maanedspenge nedsætte, skal Rentemesteren herefter give ham og
hans Dreng samme Maanedspenge som tidligere. Sj. T.
14, 37 b.

— Befaling til Peder Bilde og Eiller Grubbe, der til-
ligemed andre Raader skulle overvære Forhandlingerne med
de hamborgske Sendebud angaaende Stridighederne mellem
Kongen og Hamborg, om at møde i Kiøpnehafn Lørdag d. 5. April,
da Sendebudene ventes til Byen Dagen efter. Sj. T. 14, 37 b.

— Befalinger til nedennævnte om Indbetaling af Restan-
cer: Oluf Rose i Rødbye skal straks komme til Kiøpnehafn og be-
tale alt, hvad han bliver Kongen skyldig, da Pengene skulde have
været betalte for 3 Aar siden; Hack Ulstand skal give Oluf Rose
alvorlig Ordre til straks at begive sig til Kiøpnehafn og betale hvad han
blev Kongen skyldig i sit Toldregnskab og, hvis han ikke straks gør det,
i Forening med en Borgemester og en Byfoged beskrive hans Gods og
tiltale ham; Hr. Hans Brolægger skal straks levere Rentemesteren

---

[1] Tr.: O. Nielsen, Kbhvns Dipl. II. 583 f. Secher, Forordninger II. 86 ff.

de Penge, Rug, Byg, Havre og andet, som han blev Kongen skyldig
af Stiftets Indkomst i Skaane fra Bartholomei Dag [24. Aug.] 1568
til 1. Maj 1572, saafremt Kongen ikke skal tiltænke anderledes
derom; Lauritz Paaske skal straks levere Rentemesteren de Penge,
Sild, Salt, Tønder og andet, som han blev Kongen skyldig af Mar-
strand og de andre Tolderier i Norge 1566, saafremt Kongen ikke
skal tiltænke anderledes derom; M. Frantz Laurtzen, Kannik i Roskilde,
skal straks indbetale til Rentemesteren hvad han blev skyldig i sit
Regnskab af Ringsted Kloster til 1. Maj 1571, saafremt Kongen ikke
skal tiltænke anderledes derom; Peder Knudssen i Viigen i Norge
skal indbetale hvad der efter Mandtalsregistret resterer af Skatten
af Nederborge Syssel for 1569, da det forundrer Kongen i høj Grad,
at det endnu ikke er betalt; Hans Laurtzen i Testrup skal straks
indbetale hvad han bliver skyldig af Viborg Stifts Regnskab og af Kvæg-
skatten af Aarhus Stift til Mortensdag 1569, saafremt Kongen ikke
skal tiltænke anderledes derom; Lauritz Hanssen, forhen Toldskriver i
Malmøe, skal betale Kongen hvad han resterer med, saafremt Kon-
gen ikke skal tiltænke anderledes derom; Jørgen Sested skal sende
sin Skriver ind til Rentekammeret, for at han kan være til Stede,
medens Jørgen Sesteds Regnskab af Krogens Len fra 1. Maj 1566
til 1. Maj 1567 bliver gennemgaaet; Bertrum von Annefeldtz Ar-
vinger skulle sende deres Skriver eller Bud hid for at forklare Ber-
trum v. Annefeldtz [Regnskab] af Flensborighus for den Fetalje og
andet, som blev leveret Peder Rantzov; Fru Viuicke Podebusk,
Efuert Bildis Enke, skal sende sin Skriver for at forklare hendes
Husbondes Regnskab af Ottensegaardtz Len fra 1. Maj 1566 til 1.
Maj 1567; Lauge Venstermand skal begive sig til Rentekammeret
med Mandtalsregister paa Landehjælpen af Olleholms Len til Mik-
kelsdag 1570 og gøre alting klart; Mogens Erichssen skal straks
begive sig til Rentekammeret og gøre Mandtalsregistret paa Lande-
skatten af Olleholm Len til Dionysii Dag [9. Okt.] 1566 klart, lige-
saa Fru Jythe Podebuskis Arvinger, der restere med Mandtalsregister
paa Dalerskatten af Vesterviig Kloster til Palmesøndag [11. April]
1568 og paa Landeskatten til Juledag 1571, Albrit Oxis Arvinger,
der restere med Mandtalsregister paa Landeskatten af Rafnsborig
Len til Vor Frue Dag nativ. [8. Sept.] 1569, og Claus Huitfeldt, der
resterer med nogle Penge af Landeskatten af Drotningborig Len til
Hell. 3 Kongers Dag 1571 og med nogle Penge af Landeskatten til
Juledag 1571. Udt. i Sj. T. 14, 38.

**22. Marts (Frederiksborg).** Følgebrev for Gregers Uls-
tand til Bønderne i Rafuensborig Len og under Haldsted Klo-
ster, som Morten Venstermand og Knud Grubbe sidst havde i Værge,
at de fra førstkommende 1. Maj skulle svare ham. K. Udt. i F.
R. 1, 532.

— Befaling til Morten Venstermand om til 1. Maj at over-
levere Gregers Ulfstand Rafnsborg Len med Jordebøger,
Breve, Registre og andet. F. T. 1, 301.

— Lignende Befaling til Knud Grubbe om at overlevere
Gregers Ulfstand Haldsted Kloster og Sørup Birk med Inven-
tarium, Jordebøger, Breve, Registre og andet. Udt. i F. T. 1, 301.

— Til Jørgen Marsuin. Da der er klaget over, at han for
nylig har sat nogle Pæle i Aamundingen ved Odense, hvilket
forhindrer, at Fisken kan have sin Opgang, og at man kan flaade
Tømmer ind for Byen saa frit som tidligere, befales det ham
straks at optage Pælene og hvad anden Bygning han har sat.
F. T. 1, 88 b.

— Til Lauritz Skram, Jørgen Skram og Claus Glambeck. Da
Kongen vil rejse til Nørrejylland i Sommer og holde Hoflejr
en Tid paa Slottene [Koldinghus, Dronningborg og Skan-
derborg], skulle de være betænkte paa at holde hvad de kunne
tænke behøves til Kongens Underholdning i Forraad og, hvis der er
noget, som de ikke selv kunne skaffe, i Tide skrive til Rentemesteren,
der har Ordre til at skaffe dem det. Henimod Kongens Ankomst skulle
de advare Borgerne og Bønderne, saa de kunne belave sig paa at
have Øl og Mad, Vin, Tyskøl, Hø, Havre og Strøelse rede til Kon-
gens Hofsinder og deres Folk, saa disse for Betaling kunne faa hvad
de behøve. J. T. 1, 263.

**23. Marts (—).** Kvittans til Fru Anne Oxe, Frandtz Ban-
ners Enke, paa 2500 Dlr., som hun for sin Part har betalt for
Peder Oxes Oppebørsel af Thuordsøe Gaard og Gods. Sj. R. 11, 360.

— Tilladelse for Lyder Otzen og Jørgen Køidt til i de
næste 10 Aar at besejle Ørebacks og Thorslafs Havne i Arne
Syssel for Sønden paa Island med et stort Skib og handle med
Indbyggerne samt til at have deres Tjenere liggende Vinteren over
for at købslaa med Almuen. De skulle tilføre Bønderne gode, ufor-
falskede Varer, sælge dem til en rimelig Pris, bruge ret Maal og
Vægt og aarlig svare Kronen 2 Portugaløser eller deres Værd i
Told. N. R. 1, 203 b.

**23. Marts (Frederiksborg).** Lignende Tilladelse for Marcus
Hess, Borgemester i Kiøpnehafn, til at besejle Stappen, Refuet
og Grindefiord Havne for Sønden paa Island. Udt. i N. R.
1, 204.

**24. Marts** (—). Til Fru Magdelene Gyldenstiern, Hr. Turi Trol-
lis Enke. Da Fru Tale Ulstand, Pouel Laxmandtz Enke, hvis
Børn i Følge svensk Lov efter hendes Beretning ere Medarvinger
til Fru Gørils, Lauge Thrudssens Enkes, Gods i Sverrig,
er bange for, at Fru Magdelene og hendes Medarvinger, som der
allerede er Tegn til, ville udelukke hendes Børn fra Arven, og der-
for har begæret, at hun maa holde sig til det Gods, Fru Gøril har
efterladt sig her i Riget, indtil hun kan faa sin Ret i Sverrig, be-
fales det Fru Magdelene at rette sig selv heri, hvis Fru Tales Børn
ere Medarvinger til det svenske Gods, da Kongen ellers maa hjælpe
Fru Tale og hendes Børn til Rette. Sj. T. 14, 40 b.

— Til M. Ifuer Bertilssen, Abbed i Soer. I Anledning af Kon-
gens Skrivelse om, at de Klostertjenere, der af tidligere Ab-
beder havde tilkøbt sig Frihed for Ægt og Arbejde, men
ikke have Kongens eller Kongens Faders Brev derpaa, herefter
atter skulle gøre Ægt og Arbejde, har han berettet, at nogle
af Bønderne, der siden Klostrenes Omsættelse paa Regnskab have
tilkøbt sig Frihed for Ægt og Arbejde for et bestemt Antal Aar af
Abbederne, have beklaget sig over baade at skulle miste deres
Penge, der efter Regnskabet ere komne Kronen til Bedste, og allige-
vel besværes med Ægt og Arbejde ligesom de andre. Da han i
den Anledning har begæret nærmere Ordrer, befales det ham at
rette sig efter den tidligere Ordre, men betale dem, der have købt
Frihed for et bestemt Antal Aar, en rimelig Erstatning for de Aar,
der endnu maatte staa tilbage af denne Tid. Sj. T. 14, 41.

— Til Lauge Beck. Da Kongen vil have et Jagthus paa
Suenstrupgaard, skal han lade de paa Gaarden staaende Huse
skælne og forbedre, lade bygge et nyt Hus med smukke Kamre i,
saa Kongen og hans Gemalinde kunne have »fyrstelig Værelse«
deri,
og lade bygge en Stald til 40 Heste. Han skal lade hugge Ege til
Bygningen i Roskildtgaards Skove, hvor det mindst skader Skoven,
lade Egene savskære, købe hvad yderligere Tømmer han behøver,
hvor han kan faa det, og indskrive Udgifterne til Byggeriet i sit
Regnskab. Sj. T. 14, 41 b.

**25. Marts** (—). Kvittans til Fru Sitzille Urne, Albret

Oxis Enke, paa 5000 Dlr., som hun paa sin afdøde Mands Vegne har betalt for Peder Oxes Oppebørsel af Thuordsøe Gaard og Gods. Sj. R. 11, 360.

**25. Marts (Frederiksberg).** Kvittans til Hack Ulfstand til Hickebierg paa 3000 Dlr., som han paa Fru Sitzille Urnis, Albret Oxis Enkes Vegne har betalt for hendes afdøde Mands Part af Peder Oxis Oppebørsel af Thuordsøe. Gaard og Gods. Sj. R. 11, 360 b.

— Aabent Brev, hvorved Kongen eftergiver Simen Michelssen, Borgemester i Ydstedt, 4½ Læst 2½ Pd. 4½ Skp. Byg, som han er bleven Kronen 'skyldig i sit Regnskab for det af ham for nogle Aar siden oppebaarne Tiendekorn i Skaane, men nu ikke kan betale formedelst den store Skade, han har lidt af Rigets Fjender i sidste Fejde og af Ildebrand. Sk. R. 1, 232 b.

— Befaling til Hr. Peder Skram om herefter kun at kræve Smør i Tiende af Kronens Bønder i Fielgiene og Sponsted, da disse have berettet, at de fra Arilds Tid af kun have svaret Smør i Tiende, fordi de i den Egn ikke have saa rundelig Kornsæd som andensteds, indtil nu Peder Skrams Foged har tiltalt dem for Korntiende. Sk. T. 1, 136.

**26. Marts (—).** Til Erick Løcke. Paa hans Forespørgsel om, hvorledes han skal forholde sig med den Tiende, som han (paa Kronens Vegne) og Kannikerne og Hospitalet have oppebaaret, eller som endnu staar tilbage hos Bønderne, i de Sogne, Hertug Hans har ment at have Ret til, befales det ham, da Kurfyrstens [af Sachsen] Dom er falden til Fordel for de Holster, at lade Hertug Hans's Fuldmægtige faa Tienderne tilligemed det, som er oppebaaret under Stilstanden, og det, som endnu resterer hos Bønderne. Han skal befale Ærkedegnen og Kantoren i Riiber Domkirke at visitere og oppebære deres Rettighed, medens Hertug Hans's Skriver er til Stede, saa at alt kan gaa efter den i Kolding afsluttede Overenskomst. J. T. 1, 263 [1].

— Aabent Brev, at Trogels N. i Kidstrup i de næste 2 Aar maa være fri for de 2 Tdr. Havre, han hidtil har svaret. Udt. i Sj. R. 11, 361.

— Aabent Brev til Kronens Bønder under Roschildegaard, hvoraf .flere have store Restancer fra den Tid, da Biørn Anderssen og Laug Beck første Gang havde Lenet, at Kongen

---

[1] Tr.: Ny kirkehist. Saml. VI. 533.

har eftergivet dem disse Restancer, da flere ere saa for-
armede, at de ikke kunne svare dem, og har skrevet til Laug Beck
desangaaende, men det paalægges dem til Gengæld herefter at svare
deres Landgilde i rette Tid, da deres Gaarde ellers skulle være for-
brudte og Lensmanden have Fuldmagt til at bortfæste dem til andre.
Sj. T. 14, 42.

**26. Marts (Frederiksborg).** Til Eggert Ulfeld. Da han har be-
rettet, at de Restancer, som Bønderne i Roschildgaardtz
Len ere blevne skyldige, medens han var Lensmand dér, ikke godt
ere til at faa, skal han eftergive de Bønder, der ere saa for-
armede, at de ikke kunne udrede Restancerne, hvad de restere
med, men se at faa dem ind hos dem, der kunne svare dem. Sj.
T. 14, 42 b.

— Aabent Brev, at Oluf Rasmussen, Borger i Landtzkrone,
— der med et Pergamentsbrev har bevist, at Borgemestre, Raad og
Byfoged smstds. have forlenet hans Fader Rasmus Hemmingsen, for-
hen Borgemester smstds., dennes Hustru og deres længstlevende Barn
med en i Vangen ved Byen liggende Eng og Jord, der tilhører St.
Olai Kirke, og en St. Olai Kirkes Eng i Saxsterpe Ege, men nu
klager over, at han desuagtet ikke maa faa Jorden og Engene —
maa beholde dem, saalænge han lever, saafremt ingen anden har
faaet Kongens eller Kongens Faders Brev derpaa; dog skal han aar-
lig svare St. Olai Kirke sædvanlig Afgift deraf og, hvis den nu-
værende Bruger af Jorden og Engene har svaret Indfæstning af dem,
erstatte ham den. Sk. R. 1, 233.

**27. Marts (—).** Til Peder Adrian. Da Kongen behøver en hel
Mængde Kalk til Byggeriet paa Kronneborg, skal han henvise alle
de Skibe, der komme i Bæltet med Kalk, hvad enten de
ville udenlands eller indenlands for at sælge det, til Kronneborg,
hvor de skulle faa en rimelig Betaling derfor. Sj. T. 14, 43[1].

**28. Marts (—).** Til Fru Mergret Basse. Af de gode Mænds
Skrivelse, der i Følge Kongens Befaling for nylig have været i
Hospitalet i Slaugelse for at undersøge, hvorledes det forhol-
der sig med de i Hospitalet værende Personers Underholdning, har
Kongen set, at der kun er 6 gamle Personer og 2 Børn i Hospi-
talet, og at der ikke er nogen bestemt Ordning om, hvor mange der
skal underholdes. Da Kongen imidlertid véd, at der ligger saa

----

[1] Tr.: Dsk. Saml. V. 143.

megen Rente til Hospitalet, at der rigelig kan underholdes flere,
skal der herefter i Hospitalet underholdes 10 Personer, der for-
medelst Sygdom og Skrøbelighed ikke kunne ernære sig selv, og de
skulle forsynes tilbørligt med Underholdning, Klæder, Sko og Senge,
saafremt hun ikke vil miste Hospitalet. Sj. T. 14, 43.

**28. Marts (Frederiksborg).** Til Erich Valkendorff. Da Kongen
gerne vil have den Gaard i Sierstedt i Alsted Herred, som
Erich Valkendorff har, men ikke véd, om denne ejer Gaarden eller
kun har den i Forlening, skal han oplyse Kongen derom og, hvis
han ejer den, lade Kongen faa den og opgive, hvor han ønsker Ud-
læg derfor, dog maa han ikke forlange Gods, der ligger i Kongens
Jagt. Sj. T. 14, 44.

**29. Marts** (—). Kvittans til Fru Sitzille Urne, Al-
bret Oxis Enke, paa 2000 Dlr., som hun har betalt af den Rest,
hun skyldte Kongen for hendes afdøde Mands Part af Peder Oxis
Oppebørsel af Thuordsøe Gaard og Gods. Sj. R. 11, 361.

— Kvittans til Johan og Knud Rud paa egne og Sø-
skendes samt Hendrich Gyldenstierns Vegne og Anders Baner paa
2500 Dlr., som de for deres Part have betalt for Peder Oxis Oppe-
børsel af Thuordsøe Gaard og Gods. Sj. R. 11, 362.

— Aabent Brev, at Herredsskriverne og Birkeskriverne
skulle være forpligtede til straks at indskrive de Vid-
nesbyrd, der vidnes, de Domme, der afsiges, og de andre
Breve, der udgives paa Tinge, i Tingbogen med deres fuld-
stændige Mening og, forinden de gaa af Tinget, oplæse dem lydeligt
i Vidnernes og Parternes Paahør og ikke siden sætte noget til eller
tage noget fra, hvorved Meningen i nogen Maade kan forandres;
hidtil er det nemlig gaaet meget uordentligt til hermed paa Herreds-
og Birketingene, idet Herreds- og Birkeskriverne ikke straks have
indført disse Vidnesbyrd, Domme og Breve i Tingbogen, men have
gjort Optegnelser paa Sedler om, hvad der er blevet forhandlet paa
Tinge, og først, naar de ere komne hjem, indført dem i Tingbogen,
hvorved de ofte ere blevne meget forvanskede, hvilket har medført,
at flere af den Grund have mistet deres Ret, ja endog undertiden
Liv, Ære og Gods. Overbevises nogen Herreds- eller Birkeskriver
herefter om at have forset sig mod dette Paabud, skal Lensmanden
straks uden al Naade lade ham afsætte og straffe. Det befales
strengeligt Lensmændene at paase dette Paabuds Overholdelse og
flittigt føre Tilsyn med, at Tingbøgerne holdes klare og rene og

indlægges i Fjerdingskirken eller Landekisten i hvert Herred eller i anden god Forvaring, som paabudt i Recessen, saafremt de ikke, hvis de forsømme dette, selv ville staa til Rette derfor. Sj. T. 14, 44[1].

**29. Marts (Frederiksborg).** Befaling til Lensmændene[2] i Danmark at forkynde ovenstaaende Brev paa alle Herreds- og Birketing i deres Len, opbevare det vel og paase dets Overholdelse, saafremt de ikke selv ville staa til Rette for mulige Forsømmelser. Sj. T. 14, 45 b.

**31. Marts (—).** Aabent Brev, hvorved Kongen stadfæster den Udnævnelse af Hr. Jon Jenssen, der en Tid har været Skolemester i Kolding, til Sognepræst i Anst og Giesten Sogne, som Erich Løcke, Embedsmand paa Riberhus, og Superintendenten i Henhold til Kongens Ordre have foretaget, da Sognemændene ikke have kunnet blive enige om Valget og ved den Lejlighed have bedrevet megen Uskikkelighed. Det befales alle Sognemænd i ovennævnte Sogne at holde ham for deres Sognepræst og svare ham tilbørlig Tiende og anden Rente, saafremt de ikke ville straffes for Ulydighed mod Kongens Bud. J. R. 2, 10 b[3].

**[Omtr. 1. April[4].]** Aabent Brev, at Hr. Peder Nielssen, Sognepræst til Munckeliungby Kirke i Nørre Osbo Herred, og hans Efterfølgere i Embedet herefter maa være fri for at svare Landgilde og anden Tynge af den ringe Præstebolig, han nu bor i, da der ingen anden Præstegaard er; hidtil er der nemlig svaret Landgilde deraf til Herretzuod Kloster; de skulle være forpligtede til altid at holde Gaarden i Stand. Sk. R. 1, 233 b.

**2. April (Kbhvn.).** Gavebrev til Johan de la Ru, Kongens Skibskaptejn, og hans ægte Livsarvinger paa et Kronens Hus og en Grund ved Volden i Kongens Gade i Kiøpnehafn. Huset skal holdes vedlige med Tegltag og god Købstadbygning. Sj. R. 11, 364[5].

— Gavebrev til M. Christoffer Knopf, Kongens Hofprædikant, paa en Anduorschouf Kloster tilhørende Gaard og Grund ved Vandmøllen i Kiøpnehafn med de til Gaarden hørende Boder. M. Christoffer og hans Arvinger maa frit sælge og pantsætte Gaard og Boder til hvem de ville. Sj. R. 11, 365[6].

---

[1] Tr.: Secher, Forordninger II. 88 f.   [2] De opregnes alle med deres Len.   [3] Tr.: Ny kirkehist. Saml. V. 657 ff.   [4] Indført mellem Breve af 26. Marts og 9. April.   [5] Tr.: O. Nielsen, Kbhvns Dipl. II. 384.   [6] Tr.: Smstds. II. 384 f.

**5. April (Krenborg).** Til Christoffer Valkendorff. Kongen gav ham for nogen Tid siden Ordre til at give Bertil Sonneschein, der kom fra Dantzig med en ny Møntekunst, Maanedspenge ligesom andre Hoffolk, men Bertil har hidtil ingen Penge villet modtage, fordi Christoffer Valkendorff kun har budt ham 8 Dlr. om Maaneden til sig selvanden, hvilket han havde haabet skulde blive forbedret. Da han imidlertid ikke kan opholde sig her uden Kostpenge, men Kongen heller ikke vil give ham mere end de 8 Dlr. om Maaneden, skal Christoffer Valkendorff straks betale ham denne Sum maanedlig for den Tid, han allerede har været i Kongens Tjeneste, og derefter, saalænge han bliver her. Sj. T. 14, 47 b.

— Til samme. Hoslagt sendes ham den engelske Købmands Forslag om Jærnhytter og andre Bjærgværker i Norge, som Købmanden og hans Konsorter ville bruge, med Ordre til at blive enig med Købmanden og derefter tilskrive Kongen Besked. Orig.

— Til de højlærde i Kiøpnehafn. Da de endnu ikke have rettet sig efter Kongens Ordre gennem Kansleren til dem om, at M. Anders Kiøge, der en Tid lang har beklædt det mathematiske Professorat, herefter skal residere ved sit Kannikedømme og M. Jørgen Dybuad træde i hans Sted, men tage mere Hensyn til Personen end til den tilbørlige Besørgelse af Embedet, og da M. Anders foruden sit Kannikedømme tillige har faaet tillagt noget Korn aarligt, saa han intet kan beklage sig over, og M. Jørgen efter andres Udsagn, som Kongen har raadført sig med, med Berømmelse kan forestaa Professoratet, skulle de straks sætte Kongens tidligere Ordre i Værk i Betragtning af den Eftertale, det vil give, hvis fremmede komme herind og finde Pladsen daarlig besat, og af den Skade, Ungdommen lider derved. Sj. T. 14, 48. Orig.[1] i Kgl. Bibl., Ny kgl. Saml. Fol. 752 c.

— Til Axel Gyldenstiern. Da de paa Fæster og Fjerdingsbol i Landtzkrone Len boende Bønder have klaget over, at de ere blevne skrevne for hel Skat ved den sidste Madskat, skønt de fra Arilds Tid kun have svaret halv Skat, befales det ham ikke at kræve mere i Skat af dem, end de have svaret fra Arilds Tid, medmindre Kongens Breve udtrykkelig paabyde det. Sk. T. 1, 137.

---

[1] Tr.: Dsk. Mag. 4. R. II. 110. Rørdam, Kbhvns Universitets Hist. 1587—1621 II. 183 (uden Dat.).

**5. April (Kronborg).** Befaling til Hans Schougaard at lade endnu flere Steder, end der allerede bruges til Stenbrud, »banne« og sørge for, at der brydes saa mange Sten som muligt. Sk. T. 1, 137 b.

**7. April (—).** Til Hendrick Mogenssen. Da M. Floris Stenhuggers Kvinde endnu har en Sum Penge til gode for det Gravmonument af Alabast, som Kongen har bestilt i Nederlandene til sin Fader, og Johan Marin[1] nu skal sørge for, at Monumentet med det første bliver sendt hid, skal Hendrick Mogenssen straks levere denne 500 gl. Dlr., som han skal betale M. Floris's Hustru paa Regnskab. Sj. T. 14, 48 b. Orig.

— Befaling til Christiern Vind, der har berettet, at Bønderne i Kiøpnehafns Len lide Mangel paa Sædekorn, hvilket let kan bevirke, at flere Gaarde blive øde, om at laane de trængende Bønder Sædebyg, alt efter enhvers Vilkaar, mod nøjagtig Borgen for, at de ville betale det tilbage i Sommer. Der sendes ham Brev til Christopher Valkendorph om at skaffe ham Byg, hvis der ikke er nok paa Slottet. Sj. T. 14, 49.

— Tilladelse for Albret von Rosenborg til sisefrit at indføre 2 Læster Rostocksøl til sit Bryllup. Udt. i F. R. 1, 533.

— Til Henning Giøe. Da Guldborg Færgegaard, som Kongen har forlenet Enspænder Albret von Rosenborg med, er meget bygfældig, skal han lade denne faa det nødvendige Tømmer til Gaardens Istandsættelse og til Indrettelsen af nogle Kamre til fremmede Folk og lade Synsmænd besigte Gaarden, naar den overleveres til Albret von Rosenborg. Han skal lade denne beholde al den Jord, hans Formand har haft, og ordne det saaledes, at den gamle Færgemand overlader ham Færgen for en rimelig Pris. F. T. 1, 305 b.

— Kvittans til Hendrich Mogensen, Tolder i Helsingøer, der nu efter Kongens Befaling har leveret Rentemester Christoffer Valckendorff 400 Dlr. af de 2000 Dlr., som Kongen tidligere har leveret Hendrich Mogensen til Udgifter ved Slottets [Kronborg] Bygning. Sj. R. 11, 366.

**8. April (—).** Kvittans til samme, der nu af de 2000 Dlr., som Kongen leverede ham til Udgifter ved Slotsbygningen, har leveret

---

[1] Johan Marleborck.

M. Hans Maler 500 Dlr. til Indkøb af Silke og flamsk Garn til Kongens Tapeteri. Sj. R. 11, 366 b.

**8. April (Kronborg).** Befaling til samme at levere Hans Jenssen, der tidligere har været i Hospitalet i Randers, grovt Klæde til en Klædning og indskrive det i Regnskabet. Orig.

— Aabent Brev, hvorved Kongen — i Anledning af Klage fra Erick Arnerssen over, at tidligere Bisper paa Island have tilvendt sig og Kirken den halve Hovedlod i det af Theit Thorlessen efterladte Jordegods, hvilken Halvpart var tildømt Erick Arnerssen og andre Theit Thorlessens Arvinger — paabyder alle at hjælpe Erick Arnerssen til dette Gods, saafremt hans Fremstilling er rigtig og de nuværende Indehavere af Godset ikke have rigtig Adkomst dertil. N. T. 1, 135 b.

**9. April (Helsingborg).** Aabent Brev, hvorved Kongen efter Begæring af Hertug Hans Friderich af Pommern tillader, at dennes Tjener maa købe 80 Læster Havre her i Riget til Hertugen og siden udføre dem. Sj. R. 11, 366 b.

— Til Hendrick Mogenssen, Tolder i Helsingør. Da Kongen for nogen Tid siden har laant Hans Skougaard, Embedsmand paa Helsingborg, 500 Dlr. af Tolden, hvorpaa denne har givet Hendrick Mogenssen sit Brev, men Hans Skougaard nu skal udgive en hel Del Penge til Stengravere og andet og ikke ved Raad dertil, skal Hendrick Mogenssen straks tilbagelevere Gældsbrevet til Hans Skougaard, der saa siden skal gøre Kongen Regnskab for Pengene. Orig.

— Befaling til Christoffer Valckendorff at sætte Lickou Len, som Kongen har forlenet Johan Urne med fra 1. Maj af, for en rimelig Afgift og sende Besked derom til Kancelliet. Sj. T. 14, 49.

— Tilladelse for Borgerskabet i Lund til indtil videre aarlig at købe eller indføre 6 Læster Rostocksøl sisefrit til dets Lavs- og Gildehus. Sk. R. 1, 234.

**10. April (—).** Til Hendrick Mogenssen. Dronningen af England har tilskrevet Kongen, at hun har ladet den Sørøver straffe, der tog det Pouel Huitfeld og Richardus Vederborn, Borger i Helsingøer, tilhørende Skib, og er villig til at skaffe disse 2 Mænd Betaling derfor, men til Gengæld begæret, at de engelske Skibe, der sejle gennem Sundet, ikke af den Grund maa blive forurettede. Skønt Kongen ellers var pligtig til ved Arrestering og paa anden Maade at hjælpe sine Undersaatter til Rette, fra hvem engelske·

Fribyttere have opbragt en 10 Skibe, vil han dog af Hensyn til
Dronningens Tilbud ikke herefter arrestere engelske Undersaatter,
men Hendrick Mogenssen skal foreholde de Skippere, der komme
i Sundet, den Skade, Kongens Undersaatter lide af de Engelske, og
erklære, at hvis Kongens Undersaatter ikke faa Oprejsning for disse
Røverier, maa Kongen tænke paa lignende Midler, som Dronningen
bruger, naar hendes Undersaatter ikke kunne faa Ret i Udlandet.
Sj. T. 14, 49 b.

**10. April (Helsingborg).** Befaling til Axel Gyldenstiern i de
næste 2 Aar aarlig at levere Kirkeværgerne for Glomsløf
Kirke i Skaane 3 Pd. Korn til Hjælp til deres meget bygfaldne
Kirkes Istandsættelse og paase, at Kornet udelukkende anven-
des dertil. Sk. T. 1, 137 b.

— Til Jens Kaas. Da Fru Karin Rønnov, Jens Bildis Enke,
har berettet, at der paaføres hende Trætte paa noget Vreløf
Klosters Gods, som hendes afdøde Husbonde har faaet til Mage-
skifte af Kronen, og at Brevene til Godsets Forsvar findes paa Ol-
borghus, skal han lade hende faa Vidisser under gode Mænds Segl
af de Breve, der vedrøre det Gods, hendes Husbonde har faaet til
Mageskifte. J. T. 1, 263 b.

— **(Kronborg).** Aabent Brev, hvorved det forbydes Kro-
nens Bønder paa Huen uden Tyge Brades Tilladelse at
flytte andenstedshen, hvilket en Del har gjort, fordi Besvæ-
ringen er bleven noget større, medens han bygger der paa Landet,
men det vil jo medføre, at Besværingen bliver endnu større for
dem, der blive tilbage; flytter nogen alligevel, maa Lensmanden uden
al Naade lade ham straffe. Sj. T. 14, 50.

— Til Hans Schougardt. Da Kronens Bønder i Giødinge
Herred have berettet, at de have svaret en Del af deres Landgilde
før Udstedelsen af Forordningen om Indførelse af ens Skæppe i
Skaane, hvilket vil medføre stor Strid mellem dem, inden de faa
det bragt i Orden, fordi de svare deres Landgilde i Ottingetal, har
Kongen bevilget, at deres Landgilde for 1577 maa svares
efter den gamle Skæppe. Sk. T. 1, 138.

**11. April (Helsingborg).** Til Christoffer Valckendorff. Da Hans
Skougaardt, Embedsmand paa Helsingborg, i Forening med an-
dre gode Mænd er gaaet i Borgen for Jacob Skiel til
Berthram von Allefeldt for en Sum Penge, der nu er betalt
paa 116 Dlr. 4 Sk. lybsk nær, og Pengene siden ere tilskrevne

Kongen i Berthram von Allefeldtz Regnskab, saa Gældsbrevet nu fin-
des paa Rentekammeret, befales det Christoffer Valckendorff mod
Hans Skougaardts Brev paa, at han til førstkommende Mikkelsdag
vil betale de resterende Penge, at levere denne Jacob Skiels Brev,
for at han siden dermed kan mane sine Medforlovere eller Jacob
Skiels Arvinger. Sj. T. 14, 50 b.

**11. April (Helsingborg).** Tilladelse for Søren Smaasvend,
Borgemester i Væe, til sisefrit at købe eller indføre 3 Læster
Rostocksøl; dog skal han, for at forebygge Misbrug, lade notere paa
dette Brev, hvor han køber eller indfører Øllet. Sk. R. 1, 234 b.

— Aabent Brev, at Jens Ennerssen, Borger i Landtzkrone,
der nu er gift med den forhenværende Borgemester i Landtzkrone
Hans Bagges Enke, paa sin Hustrus Vegne og Hans Bagges Ar-
vinger maa være fri for Halvparten af de 4 Læster 3 Pd. Rug
og Byg, som Hans Bagge var bleven Kronen skyldig af
det Tiendekorn, han oppebar i Skaane, da Hans Bagge efter Jens
Ennerssens Beretning i sidste Fejde ved Halmstadt har mistet et
Skib, der var sendt til Krigsfolket med Tilførsel. Den anden Halv-
del af Kornet maa de betale med Penge. Sk. R. 1, 235.

— Aabent Brev, at Sallemand i Vanthinge, Lensmand
smstds., aarlig maa oppebære 1 Pd. Smør af et Nybygge, kaldet
Liegierde, til Hjælp til den Landgilde og Skat, han skal svare her
til Slottet. Sk. R. 1, 235 b.

— Aabent Brev, hvorved Thorbern Matzen, der for nogen
Tid siden fik Livsbrev[1] paa Kronens Part af Tienden af Stou-
bye og Gomløsse Sogne i Gyding Herred for en aarlig Afgift,
indtil videre fritages for denne Afgift. Sk. R. 1, 235 b.

— Til Biørn Kaas og Eyler Grubbe, Rigens Kansler. Da Kon-
gen har bevilget, at Erich Rosenkrantz maa faa noget Gods i
Løngby ved Assertorp i Skaane til Mageskifte for 2 Gaarde i
Rersløf By og Sogn og 1 Gaard i Bildze i Løfue Herred, skulle de
med det første besigte begge Parters Gods, ligne det og indsende
klare Registre derpaa. Sk. T. 1, 138 b.

**12. April (—).** Kvittans til Hendrich Mogensen, Tol-
der i Helsingøer, paa 200 Dlr., som han nu af de 2000 Dlr., Kon-
gen leverede ham til Udgifter ved Kroneborg Slots Bygning, har
leveret M. Hans Knipers, Tapetmaler, og som siden skulle afkortes

---

[1] Se Kanc. Brevbøger 1571—75 S. 145.

denne, naar der gøres op med ham for hans Arbejde. Sj. R.
11, 367.

**12. April (Helsingborg).** Til Bendt Gregerssen, Abbed i Ring-
stedt. Da Kongen formedelst Byggeri i Soer Kloster ikke kan und-
være det dér liggende Tømmer, som han først havde givet Bendt
Gregerssen Lov til at bruge til den Stald, han skal opføre i Ring-
stedt Kloster til Kongens Heste, og heller ikke kan opfylde hans
Begæring om at lade Rentemesteren skaffe ham et Skib til at løbe
til Gulland efter Tømmer, fordi alle Kongens Koffardiskibe skulle
bruges til Byggeriet ved Kroneborg, skal Bendt Gregerssen **selv
fragte Skibe til Gulland eller Norge** efter Tømmer og
indskrive Bekostningen derved i sit Regnskab. Sj. T. 14, 51 b.

— Til de højlærde i Kiøpnehafn. Da der næres gode For-
haabninger om **Hans Christopherssen**, der en Tid har gaaet i
Skolen i Frederichsborg og nu er saa vidt, at han kan studere an-
dre Steder, har Kongen bevilget, at han **maa blive en af de fire
Studenter, der underholdes udenlands,** og befaler dem
derfor at sende ham ud, naar en af disse bliver kaldt hjem, og
give ham det dertil lagte Stipendium samt indtil den Tid lade ham
faa Underholdning blandt de 100 Studenter; hvis der ingen Plads
er ledig, skal en anden, der ikke er god for Pladsen, vige for ham.
Sj. T. 14, 52 [1].

— Til Biørn Kaas. Da Præsten i **Karleby Sogn** har be-
gæret, at et i Sognet liggende **øde Kapel**, hvori der i lang Tid
ingen Tjeneste har været holdt, **maa blive nedbrudt og an-
vendt til Karleby Kirkes Forbedring,** skal Biørn Kaas, hvis
Kapellet er øde, lade Præsten og Kirkeværgerne faa Stenene og
Tømmeret derfra og paase, at de anvendes udelukkende til **Karleby
Kirkes Bygning.** Sk. T. 1, 139 b.

**13. April (—).** Tilladelse for **Hertug Adolpf af Holstens
Tjener** til straks at **købe 1000 Tdr. Havre** til Hertugen her i
Riget og siden udføre dem. Sj. R. 11, 367 b.

— Til Niels Krabbe. Kongen havde **lovet paa Rejsen** op
til hans Broder Jacob Krabbe at **besøge ham paa Vegholm**,
men siden er der kommet en Skrivelse fra Kongens forordnede
Raader i Kiøpnehafn om, at disse i Anledning af et rytz Sendebuds
Ankomst og den med Hamborgerne berammede Forhandling gerne

---

[1] Tr.: Rørdam, Kbhvns Universitets Hist. 1537—1621 IV. 290.

saa, at Kongen var nærmere ved dem, for at de kunde spørge ham; af den Grund og fordi Vejen op til Jacob Krabbe er daarlig og det desuden er en uheldig Tid at skyde Fjerhøns paa, har Kongen opgivet Rejsen og beder Niels Krabbe have ham undskyldt denne Gang; Kongen maa straks i Morgen rejse herfra. Orig.

**13. April (Helsingborg).** Forleningsbrev for Thorder Biørnssen paa Renenes Kloster paa Island, som Jon Jonssen hidtil har haft det i Værge; han skal svare samme Afgift som denne. N. R. 1, 207.

**16. April (Kbhvn.).** Til Peder Munck. Da M. Anders Fosz, Sognepræst i Stege, har berettet, at hans Formænd altid have haft fri Ildebrændsel og Gærdsel, medens det nu af Hensyn til Skovene og Jagten formenes ham trods hans Breve og gammel Sædvane, har Kongen bevilget, at M. Anders og hans Efterfølgere fremdeles maa have fri Gærdsel og Ildebrændsel af Moserne, naar det er Opholdsføre, og af Vindfælder og fornede Træer, saavidt Skovene og Moserne kunne taale det, dog skal det anvises ham af Slottets Skovfoged. Sj. T. 14, 52 b.

— Tilladelse for Helmicke Otthersen, Borger i Malmø, til sisefrit at købe eller indføre 2 Læster Rostocksøl, dog skal han lade det notere paa Brevet. Udt. i Sk. R. 1, 236.

— Aabent Brev, hvorved Kongen bevilger, at Hr. Hans Olssen, Sognepræst i Skreflinge og Husse Sogne, maa blive boende i Malmø og være fri for Skat, Hold, Vagt og al anden borgerlig Tynge, da en Del af hans Formænd har boet i Malmø og han selv er uvant med at drive Avl; dog maa han ikke forsømme nogen af sine Sognefolk, der ligger paa det yderste, med Sakramentet, men skal sørge for, hvis han ikke selv kan komme om Natten, at andre Præstemænd besørge det. Paalægges der i Fremtiden Præsterne nogen Besværing, skal han skatte sammen med Præsterne, ikke med Borgerne. Han maa ikke bruge Handel i Malmø. Sk. R. 1, 236[1].

— Til Emmiche Kaas. Da Kongen har befalet Bendt Gregerssen, Abbed i Ringsted Kloster, at bygge en Stald i Klosteret til Kongens Heste, skal Emmiche Kaas lade Bendt Gregerssen faa saa meget Tømmer, han begærer, dog skal denne selv skaffe Skibe til at hente det. Sk. T. 1, 139 b.

---

[1] Tr.: Kalkar, Theol. Tidsskr. 1872. S. 118 f. Rørdam Dsk. Kirkelove II. 278 f.

22

**16. April (Kbhvn.).** Til Kansleren. Da Bønderne under St. Knudtz Kloster i Fyen i vedlagte Supplikats have berettet, at de i Priorernes Tid have faaet Bygnings- og Hjultømmer og Ildebrændsel til Nødtørft i Skovene, men at Kansleren, som de have talt med derom, ikke vil lade dem faa det, førend han har faaet Kongens Vilje desangaaende at vide, for at det ikke siden skal hedde sig, at Skovene ere blevne forhuggede i hans Tid, befales det ham, eftersom Bønderne jo ikke kunne være Bygningstømmer og Gærdsel foruden, at sørge for, at de faa Gærdsel, Bygnings- og Hjultømmer og Ildebrændsel til Nødtørft i Skovene af Fælder, Stubbe og fornede Træer, dog skal det anvises dem. F. T. 1, 89.

— Aabent Brev, at Hr. Jens, Kapellan i Varde, indtil videre aarlig maa oppebære 8 Tdr. Korn af Afgiften af Kronens Part af Korntienden af Lunde Sogn i Vester Herred til sin Underholdning. Udt. i J. R. 2, 11.

**17. April (—).** Aabent Brev, at Christoffer Schrott, Bogbinder i Kiøpnehafn, herefter aarlig skal have 10 Dlr. til Hjælp til Husleje og 1 Pd. Korn af Slottet til sin Underholdning. Sj. R. 11, 368.

— Til Borgemestre og Raad samt Kirkeværgerne for St. Nicolai Kirke i Kiøpnehafn. Da der finder stor Uskikkelighed Sted i St. Nicolai Kirke i Kiøpnehafn med Stolestaderne, idet Mænd og Kvinder mange Steder staa i Stol sammen, og da det særlig her i Byen bør gaa ordentligt til hermed, for at andre kunne tage Eksempel deraf, skulle de raadslaa herom og med det første gøre en endelig Skik om Stolestaderne i St. Nicolai Kirke, saaledes at Mændene komme til at staa for sig paa den ene Side og Kvinderne paa den anden, og alt kan komme til at gaa efter den Orden, som tidligere er fastsat i Vor Frue Kirke. De skulle endvidere bestemme to belejlige Stole i Kirken til fremmede Folk at staa i. Sj. T. 14, 53 [1].

— Befaling til Niels Kaas, Kansler, og Borgemestre og Raad i Ottense om at fastsætte en endelig Skik om Stolestaderne i St. Knudtz Kirke i Ottense (omtrent enslydende med ovenstaaende Brev om Stolestaderne i St. Nikolaj Kirke i København, Mændene skulle staa paa højre, Kvinderne paa venstre Side). F. T. 1, 90 [2].

[1] Tr.: O. Nielsen, Kbhvns Dipl. IV. 631. Secher, Forordninger II. 90.   [2] Tr.: Rørdam, Dsk. Kirkelove II. 279.

**17. April (Kbhvn.).** Mageskifte mellem Jacob Ulfeldt, Embedsmand paa Dalum Kloster, og Kronen. Sk. R. 1, 237. (Se Kronens Skøder.)

— Aabent Brev, at M. Anders Kiøge, der nu skal residere ved sit Kannikedømme i Lunde Domkirke, herefter aarlig, indtil han bliver forsørget paa anden Maade, maa oppebære 2 Læster Korn af Lundegaard til sin Underholdning, da der kun ligger ringe Rente til Kannikedømmet. Sk. R. 1, 240.

— Til Pouel Huidtfeld og Anders Bing. Da Kongen har bevilget, at Fru Merette, Matz Stenssens Enke, maa faa 1 Gaard, kaldet Hiemskuld, i Tholle Sogn i Fierre Herred og en Eng, kaldet Refsgaardtz Gærde, til Mageskifte for 1 Gaard, kaldet Store Ennerød, i Krelsie Sogn i Faritz Herred med 2 Fæster, det ene kaldet Haldebro, det andet Loalthebeck[1], skulle de besigte begge Parters Gods, ligne det [og indsende klare Registre derpaa]. Udt. i Sk. T. 1, 140.

— Mageskifte mellem Peder Munck, Admiral, og Kronen. J. R. 2, 11 b. (Se Kronens Skøder.)

— Aabent Brev, hvorved Niels Joenssen, Embedsmand paa Hald, der ved det for nogen Tid siden mellem ham og Kronen sluttede Mageskifte, hvorved han udlagde Kronen 1 Gaard, kaldet Hestkier, paa Hanstholm, fik 6$\frac{1}{2}$ Td. 2$\frac{1}{2}$ Skp. Hartkorn til gode, herfor faar udlagt Kronens Rettighed i 1 jordegen Bondegaard, kaldet Aastrup, i Rouum Sogn i Rindtz Herred, med Tilladelse til at tilkøbe sig Ejendomsretten, og Herligheden af 1 Kirkegaard, kaldet Oustrup, i Aars Sogn og Herred, der svarer Landgilde til Aars Kirke. J. R. 2, 13 b. (Se Kronens Skøder under 30. April.)

— Befaling til Claus Glambeck at lægge 4 Gaarde i Burerup[2], som Kongen har faaet til Mageskifte af Jacob Ulfeld, Embedsmand paa Dallum Kloster, ind under Slottet [Bygholm] og indskrive dem i Jordebogen blandt det tilskiftede Gods. J. T. 1, 264.

— Tilladelse for Mogens Heynessen fra Bergen til at sejle til Ferøø og indkræve sit Tilgodehavende dér; han skal sælge Kongen de Varer, han faar, til den Pris, de have paa Ferøø, og han maa kun indkræve sit Tilgodehavende, da Kongen herefter selv vil lade Landet beseile. N. R. 1, 209.

**18. April (—).** Befaling til M. Ifuer Berthelssen, Abbed i Soer

---

[1] Galtebæk.    [2] Bottrup, Hatting H.

Kloster, at modtage 3 Heste, tilhørende Henning Falster, Hof-
sinde, der nu skal rejse udenlands i Kongens Ærinde, i Klosteret
og indtil Henning Falsters Tilbagekomst skaffe de Folk, der passe
Hestene, fri Underholdning og frit Foder til Hestene.  Orig.

**18. April (Kbhvn.).**  Lignende Befaling til samme angaaende
Daniel Høckens 3 Heste.  Orig.

**19. April (Kronborg).**  Forleningsbrev for Olluf Niel-
sen, Underfoged paa Dragholm Slot, paa en lille Bolig, kaldet
Draxmølle, dér ved Slottet med et dertil hørende øde Fæste,
uden Stedsmaal og Afgift, saalænge han er Underfoged paa Drag-
holm eller er andensteds i Kongens daglige Tjeneste. Sj. R. 11,
368 b.

-- Befaling til Hendrick Mogenssen, Tolder i Helsingøre, at
give M. Hans Billedgyder 600 Dlr. paa Haanden for det Ar-
bejde, han nu er i Færd med for Kongen, og give Tapetsven-
dene 50[1] Dlr., som Kongen har foræret dem. Sj. T. 14, 53. Orig.

— Til nedennævnte Lensmænd og andre.  Da Kongen straks
efter Hellig Trefoldigheds Søndag [25. Maj] vil rejse til Nørrejylland
for at blive dér nogen Tid og derfor behøver Maanedspenge til sine
Hofjunkere og daglige Tjenere, skulle de sende de Penge, de
restere med, til Skanderborg Slot til Claus Glambeck
senest inden Hellig Trefoldigheds Søndag, tage Kvittans af ham der-
for og derefter begive sig til Christopher Valckendorph for at gøre
deres Regnskab klart.  De skulle bestemt fremsende Pengene til
Skanderborg til den ovenanførte Tid, for at Kongens Hofjunkere og
daglige Tjenere ikke skulle miste deres Maanedspenge eller ikke faa
dem til den rette Tid, og de skulle til 1. Maj gøre Regnskab af
alle deres Len og betale deres Afgift deraf.  Kongen har forundret
sig meget over, at han saa ofte maa skrive om denne Restance, og
befaler dem derfor nu at betale, saafremt han ikke skal tage Lenene
fra dem og lade dem forfølge med Rigens Dele. — Tommis Jør-
genssen resterer af Vordingborg Len med 465$\frac{1}{2}$ Dlr. 1 Ort til 1.
Maj 1576; Erick Rudtz Arvinger med Korn af Olborghus Len til et
Beløb af 5300 Dlr.; Hendrick Gyldensterne med 4 Aars Afgift af
Han Herred, der til Martini 1577 beløb sig til 2700 Dlr., med Af-
giften af Hals Birk og det øvrige Vidtskyld Klosters Gods for 4 Aar,
hvilken til Martini 1577 beløb sig til 600 Dlr., og med Afgiften af

---

[1] Sj. T. har: 100 (ligesom oprindelig Orig.).

Vildsted By og mere Gods for 2 Aar, hvilken beløber sig til 200
Dlr.; Biørn Anderssen med 1212 Dlr. af Aarhusgaards Len og
1443½ Dlr. i Korn og andre Varer af Aarhus Stift fra 1. Maj 1575
til 1. Maj 1577; Peder Skrivers Arvinger i Aarhus med 315 Dlr.
i Penge, Korn og andre Varer af Aarhus Stifts Regnskab til 1. Maj
1572; Erick Løcke med 517 Dlr. af Riberhus Len og 274 Dlr. af
Riber Stift; Jørgen Skram med 217 Dlr. af Dronningborg Len og
2211 Dlr. i Købmandsvarer; Matz Kock i Ribe med 1088½ Dlr.
for Korn og andre Varer af Riber Stift fra 1. Maj 1573 til 1. Maj
1576 og med det, som hans Mangler i Regnskabet bleve anslaaede
til; Peder Gyldenstierne med 8545 Dlr. 1 Ort af Bahus Len til
1. Maj 1576 og med 296½ Dlr. af Landeskatten af Hing Herred
til Juledag 1576; Søfren Hofmand og Niels Skriver i Randers og
Michel Bager i Ottense med 2740 Dlr. 28 Sk. for Korn og andre
Varer, som de have faaet fra 1. Maj 1575 til 1. Maj 1576, og med
3971½ Dlr. 1 Ort fra 1. Maj 1576 til 1. Maj 1577; Knud Jør-
genssen og Oluf Meckelborg med 2848 Dlr. 14 Sk. for Korn og
andre Varer, som de have faaet fra 1. Maj 1576 til 1. Maj 1577.
Sj. T. 14, 54.

**19. April (Kronborg).** Befaling til Claus Glambeck at mod-
tage ovennævnte Restancer og give Kvittans derfor, men han
maa passe paa ikke at give Kvittanser lydende paa, at det er af
de Penge, som Lensmændene skulle betale til 1. Maj 1578; han
skal opbevare Pengene indtil Kongens Ankomst og derefter levere
dem til den Renteskriver, Kongen tager med sig. Sj. T. 14, 56.

— Befaling til nedennævnte med det allerførste at fremsende
deres Restancer, saafremt de ikke ville tiltales derfor. — Eggert
Ulfeld 95½ Dlr. 1 Ort af Roschildegaards Regnskab; Otte Emicks-
sen nogen Afgift af Rudgaards Len; Knud Grube 400 Dlr. af Hald-
sted Kloster; Jørgen Marsuin hans Restancer af Landtzkrone Len,
Stiftets Indkomst og de af ham i Lenet oppebaarne Landeskatter[1].
Sj. T. 14, 57.

**20. April (—).** Aabent Brev, at Papirmageren paa den
mellem Kronborg og Kiøpnehafn liggende Papirmølle indtil videre
aarlig maa oppebære 1 Pd. Korn af Loftet paa Kiøpnehafns
Slot, saa Papirmøllen bedre kan blive holdt ved Magt. Sj. R.
11, 369[2].

---

[1] Derefter følge nogle norske Lensmænd.     [2] Tr.: Nyrop, Strandmøllen S. 6 f.

**20. April (Kronborg).** Aabent Brev, hvorved Hans Jensen i Narum[1] indtil videre fritages for 1 Pd. Korn af sin Land-gilde. Udt. i Sj. R. 11, 369.

— Livsbrev for Giert Marcurssen og Niels Hanssen, Borgemestre i Halmstadt, og Philippus Thønnessen, Borger smstds., paa Halmstadt Kirkes Part i det udenfor Byen i Aaen lig-gende Laxefiskeri, hvilken Part er bleven ledig, og hvoraf der aarlig svares 8 Pd. Smør til Kirken. De skulle svare sædvanlig Afgift til Kirken og den ene af dem skal straks og siden de andre, den ene efter den andens Død, fæste Fiskeriet af Lensmanden og Kirkeværgerne. Sk. R. 1, 240 b.

— Til Biørn Kaas. Da Borgemestre og Raad i Halmsted have begæret at faa de 150 Dlr., som Frandtz Brochenhus i Følge sit Brev i sidste Fejde har laant af Halmsted Kirke til Krigsfolket, tilbagebetalte, fordi de nu ville istandsætte Kirken, men kun have lidt i Forraad dertil, skal han levere Kirkeværgerne for Kirken Tiendekorn til et Beløb af 150 Dlr., for at de siden kunne gøre det i Penge og bruge disse til Kirkens Bygning, og tage Frandtz Brochenhus's Brev til sig. Sk. T. 1, 140 b.

— Til Provster, Præster og Bønder i Nørre Asbo Herred, Hiermerup og Tostrup Sogne i Bierre Herred, Roggid[2] og Horge[3] Sogne i Giødinge Herred, Vugstruppe[4] og Harslof Sogn i Høgs Her-red. Da Kongen har erfaret, at mange af dem enten selv skyde eller holde ledige Karle, der skyde Fjerhøns og Urhøns og under det Skin ogsaa anden Vildbrad, saa der nu næsten ingen Vildbrad er at finde i den Egn, og da Recessen forbyder Almuefolk at bruge Skytteri, ligesom Kongen ogsaa tidligere har forbudt gemene Folk at bruge Bøsser, har Kongen, der gerne ser, at Fjervildbrad og an-den Vildbrad i den Egn igen bliver fredet noget, paa de fleste Lods-ejeres egen Begæring taget Jagten og Fjervildbraden i Fred og for-byder herved strengelig alle at drive Skytteri paa oven-nævnte Steder enten efter Urhøns, Fjerhøns eller anden Vildbrad ligesom i det hele taget at gaa med Bøsser. Forser nogen Almuesmand sig herimod, skal han straffes efter Recessen for Ty-veri og have sin Boslod forbrudt; Lensmændene skulle skrive og tage Boslodden af Kronens Tjenere og Adelen af sine Tjenere, og

---

[1] Nærum, Sokkelunds H.    [2] Röke.    [3] Hörja.    [4] Voxtorp.

de maa ikke se gennem Fingre med nogen, saafremt de ikke selv ville staa til Rette derfor. Sk. T. 1, 141 [1].

**20. April (Kronborg).** Befaling til Hr. Peder Skram at lade ovenstaaende Brev forkynde for Bønderne, opbevare det vel og befale Lensmændene i Herredet og deromkring at paase dets Overholdelse og melde alt Krybskytteri til ham. Sk. T. 1, 141 b.

— Lignende Breve til Hans Schougaard og Steen Bilde. Udt. i Sk. T. 1, 142.

**22. April (Frederiksborg).** Forleningsbrev for Johan Urne paa Lyckov Len i Blekinge, som Hack Holgersen sidst havde det i Værge. Han skal fra førstkommende 1. Maj at regne aarlig svare 446 Dlr. i Afgift, i dette Aar dog kun 336 Dlr., gøre Regnskab for al uvis Rente, hvoraf han selv maa beholde Halvdelen, naar undtages Told, Sise og Vrag, som Kongen forbeholder sig alene, og tjene Riget med 4 geruste Heste. Sk. R. 1, 241.

**23. April (—).** Aabent Brev, at Jacob Møller og Hans Sukkerbager, Borgere i Malmø, der omkring Ydsted have købt nogen Havre, som er oplagt i Ydsted, og allerede have indskibet en Del deraf, medens en Del endnu ligger i Ydsted, maa udføre den allerede indskibede Havre og desuden en Skibsladning af den i Ydsted liggende Havre, da det ellers vil foraarsage dem stor Skade, at de have fragtet Skibe dertil. Sk. R. 1, 242.

— Til Axel Veffert. Da Kongen har bevilget, at Casper Marckdaner, Køgemester, maa faa nogle op til hans Gaard Siøgaard liggende Agre, som nogle af Kronens Bønder eje, til Mageskifte, skal Axel Veffert lade ham faa disse Agre af Bønderne, men selv være til Stede og lade uvildige Mænd paase, at han udlægger Bønderne tilbørlig Fyldest andensteds. F. T. 1, 90 b.

**24. April (—).** Til Kapitlerne over hele Riget. Den for Kronens Gods trufne Bestemmelse [2] om, at Enker uden ny Indfæstning maa beholde deres afdøde Husbonders Gaarde, udvides til ogsaa at gælde for Kapitlernes og Domkirkernes Gods, dog skulle Enkerne være deres Herskab lydige, svare deres Afgifter, holde Gaardene i Stand og maa ikke bortleje noget af Gaardens Jord; saasnart en Enke derimod gifter sig igen, skal hendes ny Mand fæste Gaarden paany og, forinden han drager ind i Gaarden, have den Mands Tilladelse dertil, som har Godset i

---

[1] Tr.: Secher, Forordninger II. 91 f.    [2] Se Kanc. Brevbøger 1561—65 S. 675 f.

Forlening. Dette Brev skal forkyndes paa Kapitlet, saa baade de
residerende Medlemmer og de, der holde Prokuratorer eller Fogder,
kunne vide at rette sig derefter. Kræver nogen herefter Indfæstning
af en Enke, skal han tilbagebetale det af sit eget og straffes for
Ulydighed. Sj. T. 14, 57 b [1]. Origg. (til Aarhus og Viborg Kapit-
ler) i Provinsark. i Viborg.

**24. April (Frederiksberg).** Til Kirkeværgerne for alle de Lands-
bykirker i Sjælland, som Kronen har Jus patronatus til. Da Faxe
Kirke og Præstegaard for kort Tid siden ere brændte og
Bønderne´ ikke formaa at genopbygge dem, medens mange af
Landsbykirkerne i Sjælland have gode Forraad paa Penge og
ingen Brug for dem, skal enhver af Kronens Landsbykirker, der
har Penge i Forraad og ikke er bygfalden, komme Faxe Kirke
til Hjælp med 4 Mk. danske, som Mønten før gik, eller 1 gl.
Dlr.; Pengene skulle betales til Lauge Beck inden Jul, saafremt de
ikke ville tiltales. Sj. T. 14, 60.

— Befaling til Lauge Beck at forkynde ovenstaaende Brev for
Kirkeværgerne, indkræve Pengene af dem til Jul og levere
dem til Eiller Grubbe med klare Registre. Sj. T. 14, 59 b [2].

— Befaling til Eiler Grube at modtage ovennævnte Hjælp
af Lauge Beck, anvende de 3 Parter deraf til Faxe Kirkes og
den fjerde Part til Præstegaardens Genopbygning og paase, at Pen-
gene ikke bruges til andet. Sj. T. 14, 61 [3].

— Befaling til Hendrick Mogenssen at modtage den Silke,
som Tomas Tennicker efter Tapetmagerens Ordre har bestilt i Neder-
landene til Kongens Tapeteri, opbevare den vel, indtil Tapet-
mageren igen kommer til Stede, og indskrive de 125 Dlr., som
Silken koster, til Afkortning i Tolden for det Gods, Tomas Ten-
nicker fører igennem Sundet. Sj. T. 14, 61 b.

— Til Christopher Valckendorf. Da Anthonius Brysches
Arvinger have et af Kongen selv underskrevet Gældsbrev paa
1000 Dlr. og Ifuer Lunge nu har begæret, at Pengene enten maa
blive betalte til ham eller afkortede Oluf Bager, Raadmand i Ot-
tense, i dennes Gæld til Kronen, skal Christopher Valckendorf af-
korte disse Penge i Oluf Bagers Gæld, saasnart Kongens
Gældsbrev, som Kongen nu selv har ladet stinge, bliver ham over-
leveret. Sj. T. 14, 61 b.

---

[1] Tr. Secher, Forordninger II. 92 f.    [2] Tr. Kirkehist. Saml. 4. R. I. 214.    [3] Præ-
sten i Faxe hed i Følge dette Brev: Kristen Nielsen.

**24. April (Frederiksborg)**. Til samme. Da Engelskmændene Robbert Flowes, Hans Huntor, Tomas Sinckessen og Villum Monsy have begæret Betaling for det Engelst, som han efter deres Beretning har faaet af dem til Kongens Brug, skal han betale dem, hvis han har Penge nok, eller forhandle med dem om Betaling til en bestemt Termin. Orig.[1]

**25. April (—)**. Nyt Forleningsbrev for Hr. Hans Lauritzen, Sognepræst i Nørre Rørum og Hallerydtz Sogne, paa Kronens Tiende af 11 Gaarde i Nørre Rørum Sogn og 11 Gaarde i Hallerydtz Sogn, da det Brev, som Kongens Fader havde givet ham herpaa, er gaaet til Grunde ved Præstegaardens Brand. J. R. 2, 15.

— Til Arrild Ugerup. Da de Gesandter, der skulle til Rusland, allerede ligge rede i Kiøpnehafn, men den ene af dem, Marsk Peder Gyldenstiern, er bleven syg og næppe vil kunne komme med, skal Arrild Ugerup straks begive sig til Kiøpnehafn med sine Svende for at træde i Peder Gyldenstierns Sted, hvis denne ikke forinden hans Ankomst bliver rask. Sj. T. 14, 62 b.

**26. April (—)**. Til Christopher Valkendorff. Da Kongen har givet nogle af sine Skibe og Gallejer Ordre til at ledsage de Sendebud, der skulle til Rusland, til Øssel og derefter holde Søen ren for Fribyttere, til hvilket sidste dog ikke alle Skibene ere nødvendige, skal Christopher Valkendorff befale Admiralen, Kaptejn Durham, at sende Elefanten og Nattergalen og 2 af Gallejerne tilbage til Kiøpnehafn, saasnart Gesandterne ere komne til Øssel, og med et af Skibene og Resten af Gallejerne holde Søen ren og afvente Gesandternes Tilbagekomst; Kaptejn Durham skal blive ved Flaaden som Admiral og træde ind paa et andet Skib. Sj. T. 14, 62 b.

— Til samme. Da Steen Bilde, der for nogen Tid siden har faaet Heridzvad Kloster i Forlening for aarlig Afgift, siden er bleven udnævnt til Landsdommer uden at faa tillagt nogen Løn derfor, skal Christopher Valkendorph indtil videre ingen Afgift kræve af ham af Heridzuad Kloster. Sj. T. 14, 63.

— Til samme. Da Kongen har bevilget, at Jørgen Hanssen, Borger i Vehe, hvis Kontrakt med Kronen om Kronens Tiendekorn af Giers og Villandtz Herreder snart er udløben, frem-

---

[1] Tr.: Nye dsk. Mag. 1. 21 f.

deles maa beholde Tiendekornet, skal Christopher Valkendorff blive enig med ham om, paa hvilke Vilkaar han skal have Kornet. Sj. T. 14, 63 b.

**26. April (Frederiksborg).** Aabent Brev, hvorved Jørgen Prytz i Engemandgaard i Kieglinge Ting i Gamelgaen Sogn paa Godtlandt i de næste 3 Aar fritages for at svare Landgilde af sin Gaard, derimod skal han gøre Ægt og Arbejde til Slottet, være Lensmanden lydig, holde Gaarden i Stand og ikke forhugge Skovene. Sk. R. 1, 242 b.

— Aabent Brev til Borgerne i Visby, at de af dem, som have arvet Gaarde eller tilhandlet sig Gaarde der paa Landet af jordegne Bønder og holde Gaardene fri for Ægt og Arbejde, saa Kronen nu ikke faar mere end den blotte Landgilde, herefter skulle svare samme Landgilde af saadanne Gaarde og gøre samme Ægt, Arbejde og anden Rettighed til Slottet, som der er svaret og gjort af Gaardene fra Arilds Tid, da Besværingen ellers bliver større for de andre Bønder og Kongen heller ikke kan undvære det. Vægrer nogen sig, skal han straffes. Sk. T. 1, 142 b.

— Befaling til Emmiche Kaas at lade ovenstaaende Brev forkynde, opbevare det vel og rette sig efter det. Sk. T. 1, 142.

— Til Mogens Giøe. Da Bønderne der paa Landet [Bornholm] have begæret at maatte have fri Skovhugst for samme Smørafgift som tidligere og alle Landets Indbyggere at maatte være fri for Told og Sise af Heste, Øksne, Kvæg, Tyskøl og anden fremmed Drik, meddeles ham, at Kongen bevilger det første, dog maa Bønderne kun hugge hvad der anvises dem af Lensmanden eller hans Foged og hvad de til Nødtørft behøve til deres Huses Bygning, Ildebrændsel og Vogntømmer; forse de sig herimod, skal han tiltale dem. Derimod kan Kongen ikke forskaane dem mere end andre Indbyggere i Riget for Told og Sise, hvorfor han skal befale alle Toldere og Sisemestre at tage samme Told og Sise af alle Slags Varer som andensteds i Riget. Kongen kan ikke paa denne Tid opfylde hans Begæring om at maatte rejse fra Øen en Tid i hans eget Ærinde, men befaler ham at blive og have godt Tilsyn med alt. Sk. T. 1, 143[1].

— Til Claus Glambeck. Da Kongen har sluttet en Handel med Oluf Bager, Borger i Ottense, om alt det Korn og andre

---

[1] Tr.: Hübertz, Aktst. t. Bornholms Hist. S. 478 f.

Varer, som kunne undværes fra Slottet [Skanderborg],
skal han lade denne faa alt det Rug og Malt, som kan undværes,
dog skal han sende det til Kiøpnehafns Slot, som han tidligere har
faaet Skrivelse om, og holde saa meget tilbage, som behøves til
Kongens Underholdning, indtil den ny Landgilde kommer ind. J.
T. 1, 264 b.

**27. April (Frederiksborg).** Til Borgerskabet i Kolding. Da Kon-
gen straks efter Herredagen i Ottense vil rejse til Jylland og hans
Hofsinder en Tid skulle have deres Hoflejr i Kolding, skal
Borgerskabet rette sig efter at have hvad der behøves til Hofsin-
dernes og deres Folks Underholdning samt Hø, Havre og Straa-
foder til deres Heste i Forraad, saa de for Betaling kunne faa hvad
de behøve. J. T. 1, 265.

**28. April (—).** Ejendomsbrev for Pouel Wernicke,
Sekretær, og hans Arvinger paa den Bygning, som han paa egen
Bekostning har opført paa en af ham med Kongens Samtykke ind-
tagen Plads nærmest op til den ny Kro her ved Slottet, tillige med
de Fiskediger, han har ladet grave. Vil Kongen siden købe Bygningen
af ham, skal han afstaa den for en rimelig Pris efter uvildige
Mænds Vurdering, og han maa ikke sælge Bygningen til andre, før-
end han har tilbudt Kongen den og denne har erklæret ikke at have
Brug for den. Sj. R. 11, 369 b.

— Gavebrev til M. Claus Plum, Hofskrædder, paa et
Hus i Kiøpnehafn ud til Leerstræde og Knagerøstræde, uden
Jordskyld. Huset skal holdes vedlige med Tegltag og god Køb-
stadsbygning. Sj. R. 11, 370.

— Ekspektancebrev for M. Niels Anderssen paa det
første ledige Vikarie i Aarhus Domkirke; tidligere udgivne Eks-
pektancebreve hermed dog uforkrænkede. Naar han ikke længere
studerer eller har noget Kald, skal han residere ved Domkirken.
J. R. 2, 15 b.

**29. April (—).** Til Lauge Beck. Da han nu har ladet Ros-
kildegaardtz Gods beride og derved fundet, at en Del af Gaar-
dene staar øde og forfalder, fordi de ere satte for højt i Land-
gilde, saa han i Aar selv har maattet lade saa til dem, og at
særlig Kongens Orderup, Høfde, Valsøelille, Agerup, 3 Gaarde i
Viersted, Gammerødt og Valsøemagle ere satte for højt, skal han
med det første lade Oldinge sætte Kronens Gods i ovennævnte Byer

for en rimelig Landgilde og lade denne indskrive i Jordebogen. Sj.
T. 14, 63 b.

**29. April (Frederiksborg).** Til samme. Da Byerne Sengeløs,
Kallerup og Kraghafue i det for nogen Tid siden under Kiøpnehafns
Slot henlagte Lille Herred tidligere have plejet at løkke om Sle-
gerups Mark hvert tredje Aar, skal han give nogle andre Kron-
bønder, der bo i Skovbyerne og ligge under Gaarden [Roskilde-
gaard], Ordre til herefter at løkke om Vangen hvert tredje Aar. Sj.
T. 14, 64.

— Skøde til Arrild Huitfeld, Sekretær. Sk. R. 1, 243.
K. (Se Kronens Skøder.)

— Til Hans Schougaard. Da Arrild Huidtfeld, Sekretær,
har begæret 1 Gaard i Brerød i Giødinge Herred til Mageskifte
for Vederlag andensteds, skal Hans Schougaard kalde Bønderne paa
ovennævnte Gaard til sig, lade dem under Ed oplyse, hvad de svare
i aarlig Landgilde og hvad Oldenskov og Eng der hører til Gaarden,
optegne dette og indsende Registret til Kancelliet. Sk. T. 1, 144.

**2. Maj (—).** Tilladelse for Andries Freimodt, Skarpretter
i Kiøpnehafn, til sisefrit at indføre eller købe 2 Læster Ro-
stocksøl. Udt. i Sj. R. 11, 370 b.

— Til Christoffer Valkendorff. Da han har beset de forgyldte
Kredenser, som Kongen har staaende i Kiøpnehafn, og fundet,
at ingen af dem kan foræres til Storfyrsten selv, idet den
største af dem er itu paa to Steder, og da Kongen heller ikke her paa
Slottet har nogen, der kan bruges, skal han undersøge, om der kan
faas nogen saadan der i Byen, og da købe den; han kan dog og-
saa tage to mindre i Stedet. Da de Gesandter, der skulle sen-
dēs til Storfyrsten, have begæret at faa nogen ved Vin, Brænde-
vin og Vineddike med sig, skal han sørge for, at de faa 3
Amer hed Vin, Bastert og Rommeni, 1 Ame Brændevin og 1 Ame
Vineddike med. De to Trompetere, som de have begæret at
faa med, kan Kongen ikke skaffe dem af sine Trompetere, hvorfor
Christoffer Valkendorff skal se at skaffe to andre. Sj. T. 14, 64 b.

— Til samme. Kongen har for nogle Aar siden forhandlet
med Guldsmeden M. Hans de Weilers, der boede i Konnigsberg,
om et Gravmonument (»Begrefnis«), som denne skulde bestille
til Kongen i Nederlandene, og leverede ham dertil en Sum
Penge, hvoraf M. Hans har givet Stenhuggeren en Del paa Haanden
og selv brugt en Del; da han ikke har været i Stand til at betale

Pengene tilbage, har Kongen først sendt Sekretær Pouel Wernecke
til Konnigsberg for at kræve dem og siden, da det ikke førte til
noget, anholdt alle de i Sundet komne konnigsbergiske Skibe, indtil
de M. Hans leverede Penge bleve betalte tilbage. Da Hans de Weilers's
Hustru nu er kommen hid og har klaget over, at de Konnigsberger
have sat hendes Mand i Fængsel og ville have Oprejsning hos ham og
hende for de Penge, som de have maattet betale Kongen for at faa
Arresten ophævet, samt begæret, at den Sum, som Stenhuggeren har
faaet, igen maa blive hende tilstillet af den Sum, som de Konnigs-
berger have betalt Kongen, da hendes Husbonde ellers bliver for-
urettet, skal Christoffer Valckendorp undersøge, hvorledes Sagen
forholder sig, da Kongen ikke rigtig ved, hvorledes det hænger sam-
men, undersøge hvad Tæring og Bekostning, Pouel Wernecke har gjort
paa Rejsen, og meddele Kongen det. Sj. T. 14, 65[1].

    **2. Maj** (**Frederiksborg**). Befaling til Fru Metthe Rossen-
krantz, Peder Oxes Enke, og hendes Lavværge at møde i Rette
for Kongen og Rigsraadet paa den til 25. Maj berammede
Herredag i Othense, da Jomfru Johanne Oxe og hendes Lavværge
have Tiltale til hende, fordi hun forholder Jomfru Johanne den
hende efter hendes Broder tilfaldne Part i Gislefeldt; de skulle
medtage deres Breve og Beviser i Sagen. Orig.

    — Aabent Brev, at Jørgen Hanssen, Borger i Væe, hvis
Forpagtningstid paa Afgiften af Kronens Part af Tienden i
Villandtz og Gers Herreder nu er udløben, fremdeles i de
næste 2 Aar maa oppebære Afgiften af Tienden i disse 2 Her-
reder, dog skal han aarlig til hver St. Mikkelsdag ligesom hidtil
svare Kongen 1 Dlr. for hver Tønde Rug eller Byg. Det befales
alle, der have fæstet Kronens Part af Tienden, at svare Afgiften
deraf i rette Tid til Jørgen Hanssen, saafremt de ikke ville have
deres Breve forbrudte. Sk. R. 1, 244.

    — Forleningsbrev for Pouel Huitfeldt paa Halm-
stadt Herred, som Hendrich Brahe sidst havde i Værge. Han
skal fra 1. Maj 1578 aarlig svare 200 Dlr. i Afgift af den visse og
uvisse Rente, gøre Regnskab for al Told, Sise og Vrag, som Kongen
forbeholder sig alene, og gøre tilbørlig Tjeneste. Sk. R. 1, 244 b.

    — Følgebrev for samme til Borgerskabet i Halmstadt.
Sk. R. 1, 245.

---

[1] Tr.: F. R. Friis, Bidrag til dansk Kunsthistorie S. 312 f.

**2. Maj (Frederiksborg).** Til Biørn Kaas og M. Niels Huid. Hans Spegel, Embedsmand paa Gladsaxe, har berettet, at da Jørgen Marsuin i Forening med Superintendenten i Skaane Stift for nogen Tid siden efter Kongens Befaling drog omkring og undersøgte Præsternes Vilkaar, tænkte de paa at annektere Gladsaxe og Thomerup samt Jerrestad og Simmershafn Sogne, men det blev ikke til noget, fordi de Præster, der da havde Sognene, alle vare i Live; da Præsten i Thomerup imidlertid nu er død og Gladsaxe og Thomerup samt Jerrestad og Simmershafn Sogne nu let ville kunne annekteres, hvorved Præsterne ville kunne faa en ordentlig Underholdning, skulle de undersøge Sagen og indsende skriftlig Betænkning til Kancelliet. Sk. T. 1, 144 b.

— Tilladelse for Godsche van Allefeld, Hofsinde, til straks at indløse Lønborg Bispegaard fra Kiøne Quitzov. J. R. 2, 16 b.

— Befaling til Kiønne Quitzov at modtage Pantesummen for Lønborg Biskopsgaard af Godsche van Alefeldt, Hofsinde, og overlevere denne Gaarden og Godset med Pantebrevene. — Seddel: Han skal tillige overlevere Godsche von Alefeldt Inventarium, Jordebøger, Breve, Registre og andet. J. T. 1, 266 b.

**3. Maj (—).** Til Christopher Valckendorff. Da Kongen har bevilget, at Jørgen Urne, Hofsinde, for sin Tjeneste maa faa et ved Bergenhus liggende Len[1], som Jacob Beck tidligere havde og nu Biørn Andersen har i Værge, skal Christopher Valckendorff sætte Lenet for en bestemt Afgift, saa baade Kongen og Jørgen Urne kunne have noget deraf, og sende Kongen Besked derom. Ved han noget Len i Norge, som bedre kunde gives Jørgen Urne, skal han underrette Kongen derom. Orig.[2]

— Kvittans til Fru Viuicke Podebusk til Rafnolt, Efuert Bildis Enke, der nu har gjort Regnskab for hendes Mands Indtægt og Udgift af Ottensegaard og Nesbyhofuit Len, Stiftets og St. Hans Klosters Gods, Kronens og Kirkernes Part af Tienden i samme Len og Kongens Avlsgaarde fra Mikkelsdag 1566 til 1. Maj 1567 samt for det af Peder Munck modtagne Inventarium. Hvad han blev skyldig har hun dels betalt Renteskriver Niels Pederssen 19. Juli 1567, dels leveret Erick Bilde til Linduedt til Inventarium. F. R. 1, 121.

---

[1] Efter Kristoffer Valkendorfs Paaskrift bag paa Brevet var det: St. Hans Klosters Len.    [2] Tr.: Nye dsk. Mag. 1. 22.

**6. Maj (Frederiksborg).** Forleningsbrev for Inguord Glad, Slotsfoged paa Kiøpnehafns Slot, paa den Kronens Eng ved Thobberup [1] i Kiøpnehafns Len, som Jørgen Degn i Thobberup sidst havde i Værge, uden Afgift. Sj. R. 11, 370 b.

— Skøde til Jacob Krabbe, Hofsinde, paa Skudgaarden i Skaane. Hvis han faar Arvinger, skal han opdrage en af sine Sønner, saa han kan bruges baade i Alvor og Skæmt og ikke mindre end Jacob Krabbe selv være Kongen kær og behagelig. Sk. R. 1, 245. (Se Kronens Skøder.)

— Kvittans til Jens Kaas til Vorgaard, Embedsmand paa Olborghus, paa hans Regnskab for Indtægt og Udgift af Silckeborg Len og Allinge Kloster fra 3. Juni 1573, da han overtog dem efter Chresten Munck til Tobberup, til 2. Okt. 1577, da han blev dem kvit, og for de i samme Tid oppebaarne Skatter. Hvad han blev skyldig, har han dels betalt Rentemester Chrestoffer Valckendorff, dels leveret Manderup Parsbierg til Inventarium. J. R. 2, 16 b.

— Aabent Brev, hvorved Kongen stadfæster den af Otte Brahe, daværende Lensmand paa Olborghus, foretagne Udlæggelse af Gaarden Totterup [2] i Synderup Sogn i Huornum Herred til Niels Joenssen, Embedsmand paa Hald, i Stedet for den af ham til Kronen udlagte Gaard Hestkier i Hillersløf Herred. J. R. 2, 17 b. (Se Kronens Skøder under 30. April 1578.)

**7. Maj (—).** Aabent Brev, at Peder Jude, der er født paa Kronens Gods i Giedesby paa Falster, maa være fri for sit Fødested og søge sin Næring til Søs enten ved at overføre Folk eller paa anden Maade. Udt. i F. R. 1, 533.

— Bestalling for Anders Erichssen som Tolder paa Schafuen efter Simon Prys. J. R. 2, 18 b.

**8. Maj (—).** Aabent Brev, at Marine Muncksdatter, Rasmus Pederssens Enke, der har berettet, at hendes Husbonde i sit Regnskab som Stiftsskriver i Vendelbo Stift er bleven Kongen 13 Læster 5½ Pd. 8½ Skp. Korn, 11½ Td. Gryn, 11 Læster Brød til 12 Tdr. Læsten og 80½ Mk. danske skyldig, maa være fri for at betale Halvdelen af denne Restance, da hun har gjort gældende, at den ikke skyldes hendes Husbondes Forsømmelighed, men er fremkommen ved, at en Del af Kornet, der har været indskibet

---

[1] Tøbberup, Sokkelunds H.  [2] Tøtterup.

til Kronens Behov, er bleven fordærvet, at en Del resterer hos Bøn-
derne, der ikke kunne udrede det, og at det i Fejden fremsendte
Brød er svundet ind, saa det ikke har kunnet staa sit Maal.  J.
R. 2, 19 b.

**8. Maj (Frederiksborg).** Gavebrev til Jens Kaas, Embeds-
mand paa Olborghus, paa Kronens Rettighed i 1 jordegen Bonde-
gaard i Hasseris i Huornum Herred, som Jørgen Knudssen i Olborg
har udlagt ham som Betaling for Gæld.  J. R. 2, 20.

— Forleningsbrev for Hr. Chresten N. i Olborg paa Af-
giften af Korntienden af Gunderup Sogn i Fleskom Herred.
Udt. i J. R. 2, 20 b.

**9. Maj (—).**  Til Jacob Ulfeld, Gregers Trudssen og Arrild Uge-
rup, Gesandter til Rusland.  Da der fra Øssel er kommet nogle
Skrivelser, hvilke sendes dem til Afskrivning og Indlæggelse i Kan-
celliet, hvori meldes, at Hertug Magnus skal være rejst fra Russen
og være til Sinds at drage til Øssel, sendes der dem en Skrivelse
til Statholderen paa Øssel om ikke at lade Hertugen komme i
Land dér, da det kan befrygtes, at Hertugen, der er skiltes i Uven-
skab fra Storfyrsten, ikke alene kan opvække Urolighed paa Øssel,
men ogsaa vanskeliggøre deres Forhandling.  De advares under den
Ed, de have aflagt til Kongen, mod at tillade Hertugen at komme
i Land paa Øssel, og det befales dem at forbyde Statholderen at
have noget Samkvem med Hertugen.  Hvis Hertugen efter deres An-
komst begærer en Samtale med dem, skulle de alle afslaa det, saa-
fremt de ville være Kongen lydige.  Sj. T. 14, 66.

— Til Hans Schougaard.  Da en af hans Fogder har bortvist
Karinne Bagens fra den Røfuelbyere [1] Kirke tilhørende Jord paa
Erup Mark, som hendes afdøde Husbonde havde fæstet, og som
Biørn Kaas, Embedsmand paa Malmøe Slot, har tilladt hende at
beholde, saalænge hun sidder som Enke, og har bortfæstet Jorden
til en anden, befales det Hans Schougaard at lade hende beholde
Jorden uden Indfæstning, saalænge hun sidder som Enke, og til-
bagebetale den Indfæstning, som hans Foged maatte have oppebaaret
af den anden.  Sk. T. 1, 145.

— Aabent Brev, hvorved Forbudet mod Udførsel af
Havre fra Skaane ophæves.  Sk. T. 1, 146.

— Befaling til Biørn Kaas, Hans Schougaard og Axel Gyl-

---

[1] Refvelberga, Bjærge H.

denstiern straks at lade ovenstaaende Brev forkynde i deres Len.
Sk. T. 1, 145 b.

**9. Maj (Frederiksborg).** Forleningsbrev for Gregers Uls-
tand til Estrup paa Rafnsborge Len, Halsted Kloster og
Sørup Birk paa Laaland, som Morten Venstermand og Knud Grubbe
sidst havde dem i Værge. Han skal fra sidste 1. Maj at regne aar-
lig svare Kronen 5000 gl. Dlr. i Afgift af den visse Rente, gøre
Regnskab for al den uvisse Rente, hvoraf han selv maa beholde
Tredjedelen, dog forbeholder Kongen sig alene al Told, Sise, Vrag
og Fredløsemaal, og tjene Riget med 6 geruste Heste. F. R. 1,
533 b.

— Befaling til Eyller Grubbe, Rigens Kansler, Herluf Skafue
og Hack Holgierssen om efter nærmere Tilsigelse af Gregers Trud-
sen eller hans Hustru i hans Fraværelse at møde, naar Inven-
tariet paa Halsted Kloster og Rafuensborg overleveres
til Gregers Trudsen, besigte Bygningerne paa Klosteret og i
Ladegaarden og de i Lenene liggende Skove og give alt beskrevet
fra sig. F. T. 1, 306.

**12. Maj (Kronborg).** Befaling til Johan Bockholdt at tage de
Jordebøger over Klostrenes Gods paa Island, som trods
det tidligere Paabud endnu ikke ere indsendte, med sig, naar han
rejser her tilbage, sende saa megen islandsk Fisk, som det nu did-
sendte Skib kan føre, til Kiøpnehafn, skaffe Kongen 1500 Al. godt
islandsk Vadmel, hvilket skal blive afkortet i hans Afgift, sende
Eggert Hanssen hoslagte Brev og give ham Ordre til at følge med
herned, da Kongen har noget at tale med ham om. N. T. 1,
139 b.

**13. Maj (—).** Tilladelse for Johan Marin til toldfrit at
udføre et Kobbel Heste, som han nu har købt her i Riget. Udt.
i Sj. R. 11, 371.

— Bestalling for Jørgen Mher som Borgemester i
Helsingøer i Jacob Hansens Sted, efter at han nu har aflagt Kon-
gen sin Borgemestered. Sj. R. 11, 371[1].

— Aabent Brev, at de til Hans Skougaards Prælatur
og Kannikedømme i Roskilde Domkirke liggende Bønder
i det følgende Aar maa være fri for al kgl. Ægt, Arbejde og
Besværing, da Hans Skougaard nu vil lade den til Prælaturet hø-

---

[1] Tr.: Aarsberetn. fra Gehelmearch. III. Tillæg S. 61.

rende Residens, der er bygfalden, istandsætte; dog skulle de befordre Kongens Fadebur, naar Kongen selv rejser. Sj. R. 11, 371 b.

**14. Maj (Kronborg).** Aabent Brev, at Borgerne i Slangerup maa indtage en Plads, 80 Al. lang og 80 Al. bred, paa et belejligt Sted paa Strandbakken ved Udesundby og dér lade bygge en Bod til at opbevare deres Salt og andet Gods i, indtil de kunne hente det til Byen; Kongen forbeholder sig dog, hvis det skulde vise sig, at denne Tilladelse i nogen Maade kan skade Bønderne, at gøre Forandring. De omkringboende Bønder maa ikke paa nogen Maade forhindres i at købe af de fremmede, forsaavidt det er tilladt efter Recessen, og Borgerne i Slangerup skulle sælge det Salt, de lægge op, til en rimelig Pris, saa Bønderne kunne faa det til samme Køb som i Helsingøer og andre Købstæder. Sj. R. 11, 372 b.

— Til Hendrick Mogenssen, Tolder i Helsingør. Da Kongen har bestemt, at de Herremænd og Landsknægte, der skulle ligge paa Kronborg, skulle have deres Maanedspenge og Aarsbesolding af Tolden, og det ofte kan ske, at han ikke har Dalere at betale med, skal han i saa Tilfælde lade Rosenobler veksle i Dalere og give dem disse. Sj. T. 14, 67.

— Til Johan Taube. Da Niels Møller i Esserom Mølle nogle Gange har klaget over, at Møllen er sat for højt, idet den dertil liggende Ager og Eng for nogen Tid siden er udlagt til Overdrev, og at han ikke kan blive ved, særlig da Kongen nu har bygget Møller ved Frederichsborg og Kroneborg, har Kongen nedsat Landgilden med 4 Pd. Mel, hvilken Nedsættelse Johan Taube skal lade indføre i Jordebogen. Sj. T. 14, 67 b.

— Aabent Brev, at Steen Bilde, der har paataget sig at sidde Landsting i Skaane, men intet har for sin Umage, maa være fri for den Afgift, som han er bleven skyldig af Herritzuad Kloster indtil sidste 1. Maj. Sk. R. 1, 246 b.

— Til Emmiche Kaas. Da Rentemester Christopher Valckendorph under Kongens Ophold i Nørrejylland efterhaanden skal sende Skibe til Gulland efter Tømmer og Sten til Byggeriet paa Kroneborg, Pipholt og andet, skal Emmiche Kaas straks skaffe disse Skibe fuld Ladning og skrive tilbage med hvert Skib, hvad Skipperen har taget ind, og hvor længe han har ligget i Havnen, førend Skibet blev ladet, samt meddele, ved hvilken Havn hver Slags Tømmer ligger, for at man derefter kan sende Skibene. Sk. T. 1, 146.

**14. Maj (Frederiksborg [1]).** Til Johan Taube. Kongen har tilladt, at 4 Kronens Bønder i Siøholm i Asminderød Sogn indtil videre maa fiske i den op til Byen liggende Sø, dog kun med Vodgarn og andre smaa Fiskeredskaber. Sj. T. 14, 66 b.

**15. Maj (Kronborg).** Befaling til Hendrich Mogenssen, Tolder i Helsingøer, at betale M. Lof Gierdis de 25 Dlr., som han i Forening med andre Snedkere har fortæret paa Rejsen her ind i Riget. Da Kongen tager sin Vognmester og en Del af Rustvognsdriverne med sig til Nørrejylland, medens andre blive her tilbage, og Vognmesteren saaledes ikke som hidtil kan hente Rustvognsdrivernes Maanedskostpenge i Kiøpnehafn, skal Hendrich Mogenssen betale de herblivende Rustvognsdrivere deres Kostpenge, indtil de andre Rustvognsdrivere komme tilbage. Han skal af Tommis Tennicker købe nogle Stole, som denne har ført med sig fra England, 3 Tæpper og 1 Vadsæk og indskrive Udgiften dertil i sit Regnskab. Sj. T. 14, 68 b.

— Til Christopher Valkendorf. Da Kongen har en hel Hob Skibe i Søen for at ledsage Sendebuddene til Øssel og det vil medføre stor Bekostning, hvis de skulle blive ude Sommeren over, hvilket Kongen heller ikke anser for nødvendigt, da der ingen Fribyttere skulle være udløbne, har Kongen skrevet til Admiralen for Skibene, Kaptejn Alexander Durham, om straks efter Ankomsten til Øssel at vende tilbage til Kiøpnehafn med Skibene og Gallejerne; Alexander Durham skal saa ved Bartholomei Dags [24. Aug.] Tid løbe under Gotland med Elefanten og afvente Skrivelse eller Bud fra Sendebuddene om, naar han skal løbe til Øssel efter dem, skønt Kongen for øvrigt ikke tror, at Sendebuddene blive færdige med Rejsen i Aar. Christopher Valkendorf skal sende Brevet til Admiralen og sørge for, at Elefanten til ovennævnte Tid løber til Gotland og lægger sig i en god Havn, saa det kan ligge i Vinterleje dér, hvis det trækker ud med Gesandternes Tilbagekomst. Kongen har skrevet til Befalingsmanden paa Gotland om at skaffe Skibsfolket Kvarter og hvad det behøver, saafremt det bliver paa Gotland i Vinter. Sj. T. 14, 68. Orig. [2]

— [3] Skrivelse til Alexander Durham, Admiral i Østersøen, om det samme. Sj. T. 14, 69 b.

---

[1] Frederiksborg er maaske en Fejlskrift for: Kronborg.    [2] Tr.: Dsk. Mag. III. 136 f. Nye dsk. Mag. I. 22 f.    [3] Sj. T. har fejlagtigt: 15. April.

**15. Maj (Kronborg).** Til Petter Adrian. Da han har med-
delt Rentemesteren, at han har skudt paa to af Hertug Adolfs
Skibe, der have villet løbe gennem Bæltet uden at give Besked,
indtil Skipperne ere komne ombord hos ham, og undskylder sig i
den Sag, hvis der senere skulde komme Klage, meddeles ham, at
Kongen billiger hans Optræden og befaler ham ikke at lade
nogen passere, førend han har givet Besked. Sj. T. 14, 69.

— Aabent Brev, at enhver Mand eller Kvinde paa Is-
land, der forser sig i Ægteskab, skal staa Skrifte der-
for hos sin Herredsprovst i Syslet i Stedet for som tidligere
paabudt for Superintendenterne i Domkirkerne, da denne Bestem-
melse formedelst Landets Størrelse, hvor Folk ofte have 100 Mil at
rejse til Superintendenten, har medført, at mange af Frygt for en
saadan Rejse dø med en besværet Samvittighed; Lensmanden paa
Island skal lade dette Brev forkynde i alle Sysler. N. R. 1,
212 b. K.[1]

— Til Christopher Valkendorff. Da Kongen for nogen Tid siden
har tilladt Skibskaptejnerne Jørgen og Johan Gardum,
Brødre, at gaa til Nederlandene i Krig i nogen Tid og har til-
skrevet ham, at deres Besolding alligevel maa betales
dem, befales det ham at betale dem saa meget af deres Besolding,
som de have fortjent til denne Dag, da de nu atter have været hos
Kongen og berettet, at de have Brug for deres Penge til Rejsen. Sj.
T. 14, 67 b.

**16. Maj (—).** Til Bispen og Borgemestre og Raad i Kiøpne-
hafn. Hoslagt sendes en Supplikats fra M. Niels Krag, Skole-
mester i Kiøpnehafn, angaaende et ved Skolen liggende Hus, der
tilhører de fattige, hvilket vilde ligge belejligere for ham end den
Residens, han nu har. Det befales dem at undersøge Sagen og,
hvis det kan være Skolen gavnligt og uden Skade for de fattige,
udlægge ovennævnte Hus til Residens for Skolemesteren og til Gen-
gæld lade de fattige faa dennes nuværende Residensgaard i Stu-
diumstrædet. Sj. T. 14, 70[2].

— Stadfæstelse for Michel Pederssen, Borger i Landtz-
krone, paa det Livsbrev, som Jørgen Marsuin, medens han havde
Skaane Stift i Befaling, har givet ham paa en Jord i Landtz-

---

[1] Tr.: Finnus Johannæus, Hist. Eccles. Isl. III. 24.   M. Ketilson, Forordninger t.
Island II. 85 f.  Stephensen og Sigurdsson, Lovsaml. f. Island I. 106.     [2] Tr.: Rørdam,
Kbhvns Universitets Hist. 1537—1621 IV. 291.   O. Nielsen, Kbhvns Dipl. IV. 631 f.

krone Mark og en Eng i Saxstrup Ege, kaldet St. Olufs Kirkes; en ved Navn Oluf Henningssen[1] har nemlig siden erhvervet kgl. Brev paa ovennævnte Jord og Eng i Henhold til et Livsbrev, som Borgemestre og Raad i Landtzkrone havde givet Rasmus Henningssen, Borgemester, hans Hustru og deres Søn Oluf Henningssen[1] derpaa, men Jørgen Marsuin har ligesom sine Formænd haft Fuldmagt til at bortfæste ovennævnte Jord og Eng, og Oluf Henningssen[1] har desuden ved nogle Forseelser forbrudt Borgemestres og Raads Brev og derfor kun ved vrang Undervisning erhvervet Kongens Stadfæstelse derpaa. Michel Pederssen skal som hidtil svare $1\frac{1}{2}$ Mk. 5 Sk., som Mønten nu gaar, til Landtzkrone Bykirke. Sk. R. 1, 246 b.

**17. Maj (Frederiksborg).** Befaling til Henrich Monssen, Tolder i Helsingøer, at betale Johan Marien, der har købt nogle Rør til Kongen, som skulle blive paa Kroneborg Befæstning, de 250 gl. Dlr., som Rørene have kostet, og desuden 3 Dlr. for Kisterne, hvori Rørene have ligget. Orig.

— [Til M. Lavrids Bertelsen, Superintendent i Aarhus Stift, og Kapitlet i Aarhus.] Da M. Peder Kemdorp, der en Tid har studeret udenlands, har erhvervet sig Vidnesbyrd fra lærde Mænd om sin Lærdom og af Universitetet i Wittenberg er bleven anbefalet til Kongen, nu har begæret en Forskrift til [Kapitlet] om at maatte blive Læsemester dér efter M. Peder Viinstrup, der skal være bleven kaldet som Sognepræst til Helliggejsthus Kirke i Kiøpnehafn, beder Kongen Kapitlet lade M. Peder Kemdorp fremfor nogen anden faa Embedet, hvis han findes duelig dertil. Orig. i Provinsark. i Viborg[2].

**18. Maj (—).** Aabent Brev, at Anders Veylle, der er beskikket til Skolemester i Frederichsborg Skole, skal have nødtørftig Underholdning med Øl og Mad paa Frederichsborg Slot ligesom de tidligere Skolemestre og desuden aarlig en god engelsk Klædning og 20 enkelte Dlr. Da Fundatsen lyder paa, at han efter 3 Aars tro Tjeneste skal have et Kannikedømme, men Kongen jo i Mellemtiden kan udgive mange Ekspektancebreve, saa han vilde komme til at vente længe, har Kongen bevilget, at han maa faa det første ledige Kannikedømme i Aarhus Domkirke, dog ikke det Præ-

---

[1] Fejlskrift for: Rasmussen (jvfr. Brev af 26. Marts 1578).   [2] Tr.: Hertel, Aarhuus Domkirke S. 468 f. (med Dato 15. Maj).

bende, Dr. Carnilius Hamsfort nu har, da det er lovet bort. Sj. R. 11, 373 [1].

**18. Maj (Frederiksborg).** Til Christopher Valckendorff. Kongen har tilladt, at K aptejn Villum Moldram, der nu er kommen fra Øssel, m aa drage til N ederlandene til Prinsen med nogle skotske Knægte, der tidligere have ligget paa Arnsborg, men at hans Besolding alligevel m aa betales ham; det befales derfor Christopher Valckendorïï fremdeles at betale ham hans Besolding og desuden betale ham 40 Dlr., som Frederick Grosz i Følge sin Haand- skrift er bleven ham skyldig ved Afregningen, dog kun hvis han har denne Haandskrift. Sj. T. 14, 70 b.

— F orleningsbrev for Thyge Brahe, Ottis Søn, paa 1 Gaard i Potmyøiolt, 1 Gaard i Ornekier, 1 Gaard i Gierslef [2], 1 Gaard i Jonstrup, 1 Gaard i Suinebeck, 1 Gaard i Rye, 1 Gaard i Ingelstre og 4 Gaarde i Skiettekier [3], alt i Helsingborg Len, uden Afgift. Sk. R. 1, 247 b.

**19. Maj (—).** Til M. Ifuer Berthelssen. Da Ritmester Jørgen Farensbeck med det første vil rejse til Tyskland, skal M. Ifuer under hans Fraværelse skaffe hans F olk fri Underhold- ning og hans 5 Heste Staldrum, Hø, Havre og Straafoder i Soer Kloster. Orig.

— Befaling til Johan Thaube, Embedsmand paa Frederichsborg, at skaffe Skieg i Køkkenet her paa Slottet lybsk Graat til en Klædning, som Kongen har givet ham. Orig.

**20. Maj (—).** Gavebrev til Johan Due og hans ægte Livsarvinger paa Hørbygaard, dog først at tiltræde efter Fru Karen Blommes Død, saafremt hun ikke godvillig vil afstaa ham den før; naar Gaarden tilfalder Johan Due, skal han henvende sig til Kongen, der saa vil give ham og hans Livsarvinger nyt Skøde paa Gaarden med Specificering af det dertil liggende Gods. Kongen forbeholder sig det Gods, der ligger i Fredejagten i Kallingborg Len. Dø Johan Due og hans ægte Livsarvinger ud, saa Godset vilde til- falde hans udenlandske Arvinger, skal det falde tilbage til Kronen. Sj. R. 11, 374. (Jvfr. Kronens Skøder.)

— F orleningsbrev for samme paa Frederichsborg og Kroneborg Len, Hørsholm Gaard og de tilliggende Lade-

---

[1] Tr.: Kirkehist. Saml. 3. R. II. 332 f.	[2] Görslöf, Luggude H.	[3] Skattakärr, samme H.

gaarde. Han skal have samme Underholdning af Øl og Mad til sig
selv og sine Folk, som Jørgen Munck havde, 100 Dlr. for sin egen
Person, frit Hø og Strøelse til sine Heste, 6 Tdr. Havre om Ugen
og 9 Dlr. til Løn til hver Karl; endvidere skal han have det Hus-
bondhold, Bønderne give, og Tiendedelen af al uvis Rente, undtagen
Told, Sise og Vrag. For al anden Rente skal han gøre Rente-
mesteren Regnskab til hver 1. Maj. Da han ikke kan faa Hørby-
gaard, som Kongen har givet ham, før Fru Karen Blommes Død,
maa han indtil den Tid i Stedet oppebære 300 Dlr. aarlig her af
Slottet. Han skal holde Slottene, særlig Kroneborg, i en Slotslov
og Danmarks Rige til troer Haand efter den derom gjorte Skik.
Sj. R. 11, 375[1].

**20. Maj (Frederiksborg).** Anmodning til Herlof Skafue, Aruid
Ugerup, Erick Valkendorph, Frederich Lange, Claus Hundermarch,
Jørgen Nielssens Søn, Salig Jens Holgerssens Søn, Mogens Ericksøn,
Fru Ide, Fru Mergret Huide, Fru Zebilla Gyldenstiern, Fru Mergret
Lauge Brockis og Jomfru Ingeborg Sparre, hvis Gods paa Møen
Kongen vil tilmageskifte sig, om i Aar at afholde sig fra al Jagt
paa Møen, for at Vildtbanen kan blive bedre fredet. Sj. T. 14, 71.

**21. Maj (Roskilde).** Aabent Brev, hvorved det forbydes
Rasmus Jensen, Kongens Foged i Thudse, herefter at laane
nogen Vogne, medmindre de have Kongens eller Rentemester
Christoffer Valckendorffs egenhændig underskrevne Pasbord, da Kro-
nens Bønder i Thudse have klaget over, at de blive helt ødelagte
ved Ægter, idet alle, der komme did, give sig ud for Kongens Folk,
saa Bønderne maa befordre dem. Sj. R. 11, 376.

**22. Maj (Ringsted Kloster).** Aabent Brev, at Borgemestre
og Raad i Ringsted i de næste 2 Aar maa oppebære al den
Told, som kan tilfalde Kronen paa de Markeder, der i den Tid
holdes i Byen, og anvende den til at forbedre deres Raadhus
med. Udt. i Sj. R. 11, 377.

— Livsbrev for Matz Erichsen i Skelrødt paa den Ring-
sted Klosters Gaard, som han nu selv bor i, fri for Landgilde, Gæ-
steri, Ægt, Arbejde og al anden Tynge. Sj. R. 11, 378 b.

— Livsbrev for Peder Nielsen, der en Tid har boet paa
Bogenes[2], men nu skal flytte derfra, fordi Kongen vil have sit Stod
gaaende dér, paa Hovedgaarden i Kattinge fra Mikkelsdag af,

---

[1] Tr.: Christensen Hørsholms Hist. S. VII—VIII.    [2] Bøgenæs, Sømme H.

uden Stedsmaal, men mod at svare sædvanlig Landgilde. Da han nu har betalt 50 Dlr. i Stedsmaal, maa en af hans Sønner uden Stedsmaal faa Gaarden efter hans Død og beholde den, saalænge han lever, paa de samme Betingelser. Sj. R. 11, 376 b.

**22. Maj (Ringsted).** Til de højlærde i Kiøpnehafn. Da Hersløf Sogn, som Universitetet har Jus patronatus til og oppebærer Tienden af, ligger lige ved Bogenes[1], hvor Kongen nu har sit Stod gaaende, og Kongen behøver en hel Del Foder til Stoddet, beder Kongen dem overlade sig Korntienden af Hersløf Sogn for en rimelig Afgift og give Lauge Beck, Embedsmand paa Roschyldt-gaard, Besked. Sj. T. 14, 71. Orig. i Konsistoriets Arkiv, Pk. 136[2].

— Befaling til Lauge Beck at blive enig med de højlærde i Kiøpnehafn om Korntienden af Hersløf Sogn, oppebære den, lade den føre til Bogenes[1] og levere de højlærde saa meget Korn, som Tienden kan beløbe sig til. Sj. T. 14, 71 b.

— Aabent Brev, at Albret von Brøck, der for nogen Tid siden er antaget som Rigens Profos og nu har lovet fremdeles at lade sig bruge i denne Bestilling, aarlig skal have 100 gl. Dlr. og sædvanlig Hofklædning til sig selvanden i Løn, 2 Øksne, 4 fede Svin, 8 levende Lam, 12 Gæs, 24 Høns, $1^1/_2$ Td. Smør, 4 Tdr. Sild, 4 Tdr. Torsk, 2 Tdr. Ærter, 4 Voger Bergerfisk eller islandske Fisk, 6 Pd. Rug, 6 Pd. Malt og 24 Skpr. Humle til sin Underholdning samt 12 gl. Dlr. til Husleje. Sj. R. 11, 377 b.

— Til Jahan Taube. Da Hendrich Suerin, der er antaget som Profos og øverste Vagtmester paa Kroneborg, nu er ankommen med de af ham antagne Knægte, der skulle ligge paa Kroneborg, skal Jahan Taube i Forening med Borgemesteren i Byen og andre kyndige Folk mønstre Knægtene, lade dem skyde til Maals for at prøve deres Duelighed, lade de Knægte, der ikke findes duelige, udmønstre og befale Tolderen at betale Profossen og de antagne Knægte Kostpenge og Løn efter den derom gjorte Skik. Sj. T. 14, 72.

— Til Bendt Gregerssen, Abbed i Ringsted Kloster. Kongen har bevilget, at Skovfogderne der paa Godset herefter maa være fri for at svare Gæsteri. Udt. i Sj. T. 14, 72.

— Til samme. Da Kronens Bønder i Bienløs have klaget over, at deres Gaarde ere satte for højt i Afgift, skal Bendt

---

[1] Bøgenæs.     [2] Tr.: Rørdam, Kbhvns Universitets Hist. 1537—1621 IV. 291 f.

Gregerssen i Forening med Herredsfogden og andre forstandige Danne-
mænd undersøge Sagen og skaffe dem, der findes at være brøst-
holdne, et til deres Landgilde passende Udlæg af Gods. Udt. i Sj.
T. 14, 72.

**22. Maj (Ringsted Kloster).** Til Lauge Beck. Da Lauritz Mat-
zen og Peder Ibssen, der have boet i Valsøe, have berettet, at
de formedelst Armod have maattet forlade deres Gaard og hver re-
sterer med 1 Pd. Korn og 8 Skpr. Byg, som de paa ingen Maade
kunne udrede, skal han fritage dem derfor, hvis de virkelig ere
saa fattige. Han skal skaffe Morthen Ibssen i Valsøemagle,
hvis Gaard skal nedbrydes og Jord henlægges til Forbedring af de
andre Gaarde, en anden Gaard i Lenet uden Indfæstning. Sj.
T. 14, 72 b.

**23. Maj (Antvorskov).** Aabent Brev, hvorved Kongen efter-
giver Sore Klosters Bønder den Landgilde, som de restere
med fra M. Morten Pedersens Tid og for Aaret 1575 i den nu-
værende Abbeds Tid, da de, der restere med Landgilden, dels ere
døde, dels ere saa forarmede, at de ikke kunne udrede Restancen.
Sj. R. 11, 378 b.

— Aabent Brev, at Borgerne i Slaugelse indtil videre
maa beholde for sig selv den Del af Byens Vang, som de
have indhegnet, men siden igen have faaet Ordre til at ud-
lægge til Overdrev, da de paa Resten af Byens Vang, der bruges til
Overdrev baade for dem og omkringliggende Byer, have taget en
hel Hob fremmed Kvæg paa Græs til ikke ringe Skade for de om-
kringliggende Byers Græsgang; Kongen har nemlig nu erfaret, at den
Del af Vangen, som de have indhegnet, er meget ringe, saa det
ikke vil skade de omkringliggende Byer synderligt, saafremt Bor-
gerne i Slaugelse ville afholde sig fra at tage fremmed Kvæg paa
Græs. Borgerne maa dog ikke indtage mere af Vangen, og hverken
de selv eller andre, der ere i Fællig med dem, maa tage fremmed
Kvæg paa Græs, da dette Brev saa forbrydes. Sj. R. 11, 379.

— Aabent Brev, at Mogens Hage i Vettersløf, der har fæstet
sin Gaard to Gange, baade af Præsten i Slauelse og Stiftslensmanden
i Sjælland, og derfor har begæret at faa at vide, til hvem han
og de af hans Børn, der faa Gaarden efter ham, skulle yde Herlig-
heden, herefter skal svare sin Herlighed til Stiftslensman-
den paa Roschildegaard og Landgilden til Præsten ved St.
Micaelis Kirke i Slauelse, da Gaarden skal være givet til et

Alter i denne Kirke, medens Herligheden altid har fulgt Kronen.
Sj. R. 11, 380.

**23. Maj (Antvorskov).** Til M. Ifuer Bertilssen. I Anledning af
Kongens Skrivelse om, at ingen paa Klosterets Gods herefter maa
nyde større Frihed for Ægt og Arbejde end andre, medmindre de
have særligt Brev derpaa af Kongens Fader eller Kongen selv, have
3 Bønder i Ørsløfvestre berettet, at de hidtil have været fri
for Ægt og Arbejde, men hver har svaret 1 Fjerd. Smør mere end
deres Naboer i Byen, der have lige Jord med dem i Marken, hvil-
ket de mene er paalagt dem i Stedet for Ægt og Arbejde, da de
laa under Andtvorskouf Kloster og langt fra Haanden. Det befales
derfor M. Ifuer indtil videre at fritage de 3 Bønder for Smørret
og lade det notere i Jordebogen. Sj. T. 14, 73.

— Befaling til samme at levere Byrge Jenssen, Foged i
Soer Kloster, hvem Kongen har befalet at købe 50 Øksne og
sende dem til Frederichsborg, de Penge, som han maatte behøve
til Købet udover de 150 Dlr., som Kongen har leveret ham. Orig.

**25. Maj (—).** Til Peder Bilde. Da Oluf Ibssen i Rygit, der
er født i denne By paa Kallundborg Gods, men siden har fæstet
en Andtvorskouf Klosters Gaard smstds., hvorfor han nu deles til
Stavns af Peder Bilde, ønsker at blive boende paa Andtvorskouf
Klosters Gods, skal Peder Bilde lade ham blive boende der, da
begge Dele jo er Kronens Gods. Sj. T. 14, 73 b.

**26. Maj (Korsør).** Befaling til Peder Holst, Foged paa Vording-
borg, at anvise den Tømmermand, som Kongen har sendt did
for at hugge Lindetræer til Bistokke, hvor han kan hugge
Lindetræerne, og siden sende Træerne med Skib til Kroneborg. Orig.

**27. Maj (—).** Til Eiler Krausse, Embedsmand paa Korsøer Slot.
Da der kun er faa Borgere i Byen [Korsør], der holde Stalde
i deres Gaarde, hvilket medfører, at Kongen, naar hans Vej falder
der forbi, ikke kan faa Plads til sit Følge og sine Heste, men maa
blive liggende i Andtvorschouf Kloster, indtil største Parten af Fol-
kene er kommen over, og derved ofte forsømme den gunstige Vind,
og da de Borgere, der have Staldrum, ikke sørge for at have Hø,
Havre og Strøelse i Forraad, som Skik er i andre Købstæder, og
det skønt mange af dem bruge Slottets Jorder, skal han i Forening
med Borgemesteren gaa omkring til alle Borgerne, give Ordre til,
at der herefter skal kunne staldes 400 Heste i Byen, og at Staldene
skulle være færdige inden en bestemt Tid, og lade det aabne Brev

herom forkynde. Borgerne skulle ogsaa rette sig efter at have Hø,
Havre og Strøelse i Forraad, naar de vide, at Kongen kommer.
Vise nogle sig forsømmelige med at bygge Stalde, skal han fra-
tage dem, der have Jorder, disse og lade de andre tiltale. Sj.
T. 14, 74.

**30. Maj (Odense).** Tilladelse for Herman Kock til at ind-
tage en Jord, 30½ Al. lang og 23 Al. 3 Kv. bred, bag Smedjen
paa Sandet ved Korsøer og beholde den indtil videre. Udt. i Sj.
R. 11, 380 b.

— Kvittans til Hans Olsen, Borgemester i Kiøpnehafn,
og Albret Albretssen, Raadmand smstds., paa 2000 Dlr., som
de have betalt paa Frederichsborg sidste Bartholomei Dag [24. Aug.]
paa den med dem sluttede Handel, og som Skriveren ogsaa er-
klærer at have modtaget og leveret til Kongens Kammersvend Hans
Madtzen, hvilket denne heller ikke benægter. Sj. R. 11, 380 b[1].

— Aabent Brev, hvorved det strengelig paalægges Indbyg-
gerne paa Bornholm i rette Tid at betale den Hjælp, 1 Sk.
aarlig hver, som de have bevilget at yde til Skolen i Rødne,
da Skolemesteren, der derudover kun har ringe Underholdning, kla-
ger over, at han ikke rigtig kan faa Pengene. Lensmanden paa
Hammershus skal paa Forlangende hjælpe Skolemesteren med at
faa Pengene hos dem, der ikke ville betale, og tilholde Bønderne
at betale i rette Tid. Sk. T. 1, 148.

— Til Jørgen Marsuin. Da Kongen har bevilget, at 9 Kronens
Bønder i Birckinde og Marsløf, der have berettet, at de ere
indskrevne i Jordebogen for at svare 5 Køer til Klosteret, men
at det er dem besværligt baade formedelst den Smørlandgilde, som
de desuden svare, og fordi de ikke kunne faa tilstrækkelig gode
Køer, i Stedet maa svare 10 Ørt. Korn aarlig, skal han for-
andre Jordebogen i Overensstemmelse hermed. F. T. 1, 91.

— Til Axel Veffert. Borgerne i Faaborg have berettet, at
nogle Græsbede og Fædrift, som de en Tid lang have brugt,
for nogen Tid siden ere fradømte dem, hvorfor det nu er meget
besværligt for dem med deres Græsgang, idet de ikke vide, hvor
vidt de maa bruge den, og ofte have Trætte med de tilstødende
Lodsejere, fordi disse, der ikke holde deres Grøfter og Gærder i
Stand, indtage deres Kvæg og mishandle det. For at denne Sag

---

[1] Tr.: O. Nielsen, Kbhvns Dipl. II. 385.

en Gang for alle kan blive bragt i Orden, skal Axel Veffert opkræve Sandemænd, tilbyde Lodsejerne en Befaling til gode Mænd, der i Forening med Sandemændene kunne komme paa Aastederne og udvise Skel mellem Faaborg Grund og de tilstødende Ejendomme, og selv paase, at Borgerne i Faaborg ikke lide nogen Uret. F. T. 1, 91 b.

**30. Maj (Odense).** Til Christoffer Giøe. Borgerne i Saxkiøping have berettet, at siden Saxkiøping Aa er vokset saaledes til, at man ikke kan sejle ind til Broen, have de stedse udskibet det Gods, som føres ad Søvejen og skal til Byen, ved Oreby for hans Grund, indtil han nu for kort Tid siden paa Tinge har ladet forbyde dem at køre eller komme paa hans Grund, skønt det efter deres Beretning hverken kan skade hans Korn eller Enge, da der løber en almindelig Kirkevej fra deres By til Stranden. Da de derfor have bedt Kongen skrive til ham om at lade dem nyde deres gamle Friheder, beder Kongen ham om uhindret at lade dem komme til Aamundingen ved Oreby og opskibe og udføre deres Gods dér, selv om han ogsaa har stor Ret til at forbyde det; Kongen vil gengælde det med al Naade. F. T. 1, 301 b.

— Aabent Brev, hvorved det befales alle i Koldinghus, Hønborg og Skodborg Len i Aar at levere Lauritz Skram, Embedsmand paa Koldinghus, alle de Kronen tilkommende Tiendelam, og Kirkeværgerne i samme Len at sælge ham alle de Kirkerne tilkommende Tiendelam til en rimelig Pris, da der i Aar vil blive Brug for en stor Hob Fetalje til Udspisningen paa Koldinghus Slot. J. R. 2, 21.

— Til Erich Løcke. Da Lauritz Skram, Embedsmand paa Koldinghus, har faaet Ordre til i Aar at oppebære til Brug ved Udspisningen der paa Slottet alle Kronens Tiendelam i sit Len og at opkøbe alle Kirkernes Tiendelam, maa Erick Løcke ingen Hinder gøre ham derpaa. J. T. 1, 266 b.

— Til Nils Jonssen. Da han har berettet, at Kronen er ham nogen Oppebørsel skyldig af en Gaard paa Hanstholm, som Kronen har faaet af ham i Otte Bradis Tid, men som han først for kort Tid siden har faaet fuld Fyldest for, maa han indeholde denne Oppebørsel, ialt $3^1/_2$ Læst 11 Tdr. Byg, i Stiftets Indkomst. J. T. 1, 267.

— Befaling til Jørgen Skram og Claus Glambeck at besigte Herligheden af 2 jordegne Bøndergaarde i Nørrevogns Herred, den

ene i Hafue, den anden i Bierlef, og 1 Bol i Lysgardtz Herred med
et Stykke øde Jord, kaldet Rafnholt, som Kongen har bevilget E r i c h
L u n g e til M a g e s k i f t e, samt 1 Gaard i Skanderup i Gern Herred
og 1 Gaard i Føiling i Thørsting Herred, som Erich Lunge vil ud-
lægge Kronen, og indsende klare Registre derpaa, et til Kancelliet
og et til Erich Lunge. Udt. i J. T. 1, 267.

**31. Maj (Odense).** Aabent Brev, hvorved d e t b e f a l e s B o r-
gerne i K o r s ø r at bygge S t a l d e t i l 4 0 0 H e s t e efter Eyler
Krausses nærmere Tilsigelse og h o l d e H ø, H a v r e o g S t r ø e l s e
i F o r r a a d, naar Kongen ventes did, saafremt de, der have Slot-
tets Jorder i Brug, ikke ville miste disse og de andre, der ingen
have, straffes for Ulydighed. (Motiveringen er den samme som i
Brev af 27. Maj til Ejler Krafse.) Sj. R. 11, 381 [1].

— Til Adelen i Fyen. Da Kongen med det første vil lade sin
Faders Lig føre herfra til Sjælland, skulle de m ø d e m e d deres
H e s t e o g F o l k i Ottense St. Hans Aften Midsommer f o r a t
l e d s a g e Liget til N y b o r g. Sj. T. 14, 74 b.

— Befaling til Adelen i Sjælland at m ø d e m e d deres H e s t e
o g F o l k i K o r s ø e r St. Hans Dag Midsommer f o r at modtage og
l e d s a g e Liget; Hr. Jørgen Løcke og Peder Bilde skulle følge Li-
get og anvise, hvorhen det skal føres. Udt. i Sj. T. 14, 75.

— Befaling til Jørgen Marsuin at lade ovenstaaende aabne Brev
til Adelen i Fyen forkynde paa alle Herredsting og skrive til hver
enkelt Herremand derom. Sj. T. 14, 75. F. T. 1, 93.

— Lignende Befaling til Lauge Beck for Sjællands Vedkom-
mende. Udt. i Sj. T. 14, 75 b.

— Befaling til Lauge Venstermand, Landsdommer i Laaland og
Falster, at s k r i v e t i l h v e r e n k e l t Herremand i disse Lande
o m a t m ø d e m e d H e s t e o g F o l k i K o r s ø e r St. Hans Dag Mid-
sommer for at f ø l g e K o n g e n s F a d e r s L i g d e r f r a t i l R o s-
k i l d e. Udt. i Sj. T. 14, 75 b.

— Til Mogens Giøe. Hr. Inguald C h r e s t e n s s e n, Sogne-
præst ved St. Olufs Kirke paa Bornholm, hvem Kongen for nogen
Tid siden bevilgede et Kirkebol i Ølskier [2], fordi hans Præstegaard
var saare ringe, har nu atter været hos Kongen og berettet, at det
Brev, han da fik, var tilskrevet Manderup Parsberg, der havde Born-
holm i Forlening, og ikke Johan Urne, der var Jurisdiktsfoged,

---

[1] Tr.: Secher, Forordninger II. 94 f.  [2] Olsker.

hvilket Manderup Parsberg heller ikke benægter; da den gejstlige Jurisdiktion nu er lagt under Slottet, skal Mogens Giøe indtil videre lade Præsten beholde Bolet, mod at denne forpligter sig til at svare Kirken sædvanlig Afgift deraf og, hvis han selv vil bebo det, til at stille Bonden tilfreds for det af denne udgivne Stedsmaal. Sk. T. 1, 147.

**31. Maj (Odense).** Livsbrev for Frandtz Borgelejer paa 1 Pd. Rug, 2 Pd. Byg, 1 Okse, 2 Skpr. Gryn, 6 Lam, 6 Gæs, 6 Vol Sild, 1½ Fjerd. saltet Torsk, 100 Skullere, 12 Skpr. Humle, 3 Grise, 1 Otting Smør og 10 Læs Ved i aarlig Underholdning af Hospitalet i Ottense og paa fri Bolig i det Hospitalet tilhørende Hus i Byen, som han nu bor i. F. R. 1, 121 b.

— Til alle Kron-, Stifts-, Kirke- og Præstetjenere paa Als og Erre, som Axel Veffert, Embedsmand paa Nyborg Slot, har i Forsvar. Da Kongen har befalet Axel Veffert at omgrøfte nogle ved Nyborg Slot liggende Ejendomme, men Kronens Bønder her i Landet under Nyborg Slot besværes i højere Grad end de med Ægt, Arbejde og anden Tynge, har Kongen bestemt, at de skulle grave Grøften, og befaler dem derfor efter nærmere Tilsigelse af Axel Veffert at sende god Hjælp med Skovle og Spader fra hver Gaard og gøre den Del af Grøften, som han anviser dem, færdig med det første, saafremt de ikke ville straffes for Ulydighed. F. T. 1, 92 b.

— Til M. Hans Laugessen, Superintendent i Riiber Stift. Da Hr. Backen Tøstensen har berettet, at han for nogen Tid siden er kommen fra sit Præsteembede, nærmest for sin Fattigdoms Skyld, men er bange for, at det siden skal forekastes ham og hans Børn, at han er kommen derfra for en uærlig Handling, skal M. Hans hjælpe ham med hos Herredsprovsten, Herredspræsterne og Sognemændene at faa et Skudsmaal om, hvorledes han har skikket sig i Levnet, Lærdom og Omgængelse. Orig. i Provinsark. i Viborg.

**1. Juni (—).** Til Bønderne over hele Riget, hvem de end tjene. Da Kongen i Aar skal og vil afbetale al den udenlandske Gæld, som Riget har paadraget sig i sidste Fejde, have Danmarks Riges Raader, da der ingen anden Udvej er dertil, bevilget Kongen en almindelig Skat og Landehjælp af Bønderne, saaledes at hver 10 jordegne Bønder skulle lægges i Læg sammen og give 20 Dlr., hver 10 Bønder, som sidde for Gaarde og ikke have jordegent Gods, men have fæstet deres Gaarde og bruge Avl, 10 Dlr., overalt skal den rige hjælpe den fattige; hver Smed, Skomager, Skrædder, Murmester, Tømmermand, Kæltring og Møller, som bruger Avl, skal give 1 Dlr., og hver, som ikke bruger Avl, $^1/_2$ Dlr.; hver Peber-svend skal give 1 Dlr., hver Husmand, Inderste og hver Tjeneste-dreng, som tjener for Løn, hvad enten han har Kornsæd eller ej, skal give $^1/_2$ Dlr., de Ugedagsmænd, som bo ved Kongens egne Slotte, Klostre og Gaarde, skulle hver give $^1/_2$ Dlr.; alt skal regnes i gamle Dalere, og hvor der bor flere Bønder i én Gaard, hvad enten det er jordegent eller Fæstegods, skal Hovedmanden skrives for hel Skat, og de andre regnes som Inderster; kun Adelens Uge-dagsmænd, der bo osv. og have været fri fra Arilds Tid, skulle være fri for at svare Skatten. Lensmændene skulle være personlig til Stede, naar Skatten skrives, og maa ikke lade deres Fogder skrive den; de skulle, hvis de ikke selv ville staa til Rette derfor, paase, at alt gaar ligeligt til, og at kun de regnes for Ugedagsmænd, der ere det. Skriveren skal ingen Penge have for at skrive Skatten. Skatten skal være ude inden førstkommende St. Mortens Dag. Sj. T. 14, 76.

**1. Juni (Odensegaard).** Befaling til Lensmændene[1] i Jylland, Fyen, Taasinge, Langeland, Sjælland, Møen, Laaland, Falster, Skaane og Bornholm straks at forkynde ovenstaaende aabne Brev for Bøn-derne i deres Len, selv personlig skrive dem for Skat og lægge dem i Læg, indkræve Skatten og inden Mortensdag sende den, led-saget af klare Mandtalsregistre, til Kiøpnehafn til Christopher Val-ckendorph [i de jydske og fyenske Breve: Lensmændene skulle in-den Mortensdag sende den oppebaarne Skat til Koldinghus, levere den til Lauritz Skram, Lensmand smstds., tage Kvittans af ham der-for og siden sende deres Skriver til Kiøpnehafn med Kvittansen og klare Mandtalsregistre for at gøre alt klart hos Rentemesteren]. Sj. T. 14, 77 b.

— Til alle Kapitler her i Riget. Da Kongen i Aar skal og vil afbetale al sin udenlandske Gæld, have Danmarks Riges Raader bevilget, at alle Kapitler skulle komme Kongen til Hjælp med Tredjeparten af al deres Rente, baade af Prælatdømmer, Præbender og Vikariegods. Ved Udredelsen af Skatten skal hver Td. Rug eller Byg regnes til 1 Dlr., hver Td. Havre til 1 Ort, hver Fjerd. Smør til 3 Dlr., hver Bolgalt til 2 Dlr., hvert Lam til 1 Ort,

---

[1] De opregnes alle med deres Len.

hver Gaas til 3 Sk., som Mønten nu gaar, hvert Par Høns til 1 Sk., hver 2 Mk. Landgildepenge til 1 Dlr. Hjælpen skal betales i enkelte Dalere og leveres til Rentemesteren paa Kiøpnehafns Slot inden St. Mortens Dag. De Medlemmer af Kapitlerne, der ere i Kongens daglige Tjeneste, skulle være fri for Skatten. Sj. T. 14, 80. Orig. (til Ribe Kapitel) i Provinsark. i Viborg.

**1. Juni (Odense).** Til Lunde Kapitel. Da Kongen har bevilget, at B i ø r n K a a s, Embedsmand paa Malmøe Slot, maa faa noget Gods i Øye[1], Harrested[2] og Hindby og 1 Fæste i Guldsnabe[3] til M a g e s k i f t e af Kapitlet mod Udlæg af sit Arvegods i Skaane, skal Kapitlet besigte begge Parters Gods, ligne det, bringe Mageskiftet i Orden og paase, at Kapitlet faar fuldt Vederlag. Sk. T. 1, 147.

— M a g e s k i f t e mellem B i ø r n K a a s og Kronen. F. R. 1, 122. (Se Kronens Skøder.)

— Til Jens Klaussen og Tamis Galschøt. Da Otte Banner, Embedsmand paa Segelstrup, i Henhold til Klager fra Kronens Bønder under Segelstrupgaard har berettet, at en Del af S e g e l s t r u p G o d s v e d S t r a n d s i d e n i H u e t b o, B ø r g l u m og V e n n e b i e r g Herreder og i L i ø n g b y er saa ødelagt af Sand, at Bønderne derpaa ikke kunne vedblive at svare deres sædvanlige Landgilde, og han ved Syn har overbevist sig om, at de ere brøstholdne, skulle ovennævnte to Mænd møde, naar og hvor Otte Banner tilsiger dem, paa Kronens Gods, tiltage uvildige Synsmænd og i Forening med dem undersøge, om Godset er saa ødelagt af Sand, at Bønderne ikke kunne svare deres sædvanlige Landgilde; hvis det er Tilfældet, skulle de o m s æ t t e Landgilden og give Otte Banner alt klart beskrevet, for at han derefter kan forandre Jordebogen. J. T. 1, 265 b.

— Til Otte Banner. Ovenstaaende Brev sendes ham med Ordre til at anvise ovennævnte to Mænd, hvor Bønderne ere brøstholdne, og siden lade den omsatte Landgilde indskrive i Jordebogen. J. T. 1, 265.

— Befaling til Otte Banner at lægge 1 G a a r d i Kolbro og 1 Bol i Garstrop[4], som Kongen har faaet til Mageskifte af Peder Munck for 1 Gaard i Hostrop[5], i n d u n d e r S e g e l s t r u p. Udt. i J. T. 1, 267 b.

— Til Otte Banner, Jens Claussen og Jens Kaas. Da Admiral

---

[1] Öja, Herrestads H. [2] Herrestad, Herrestads H. [3] Gusnafva, Ljunits H. Gaarestrup, Vennebjærg H. [5] Hovstrup, Børglum H.

Peder Munck har ønsket at faa den til Hundzlund Kloster hørende
Strande Skov besigtet, før der hugges yderligere deri, skulle de
med det første besigte den og de andre til Klosteret hørende Ege-
skove og give deres Besigtelse beskreven fra sig under deres Sig-
neter. J. T. 1, 267 b.

**1. Juni (Odense).** Befaling til Peder Munck at lade Kro-
nens Bønder under Hundtzlundt Kloster, der lide Mangel
paa Bygningstømmer og tidligere have faaet Hjælp i Kronens Skove,
faa frit Bygningstømmer i Strande Skov, dog skal han an-
vise dem det, hvor der sker mindst Skovskade. J. T. 1, 268.

— Til Nils Jonssen. Da Kongen har bevilget, at Christen
Nilssen, Borger i Nykiøping p. Mors, maa faa den Part, som
efter afdøde Byfoged Thomis Knudtzen er forfalden til Kronen
i den af Christen Nilssen beboede Gaard smstds., skal Nils Jonss-
sen undersøge Sagen, blive enig med Christen Nilssen om, hvad
denne skal give for ovennævnte Part, og naar Pengene ere betalte,
underrette Kongen derom, for at denne kan give Christen Nilssen
Brev paa Gaarden. J. T. 1, 268.

**2. Juni (—).** Til Biørn Kaas og Hans Schougaardt. Da Fru
Chrestentze Ulfstand, Hendrich Bildis Enke, har tilbudt Kon-
gen 1 Gaard i Sersløf i Skippings Herred, 1 Gaard i Suininge i
Thudtze Herred, 1 Gaard i Hellofmagle i Thybergs Herred og 1
Gaard i Blamlef i Hammers Herred til Mageskifte for noget af
Kronens Gods i Liunitz Herred paa Sletten i Skaane, hvor de finde
det belejligt, skulle de med det første besigte begge Parters Gods,
ligne det, udlægge Fru Chrestentze Fyldest for hendes Gods og ind-
sende klare Registre over Mageskiftegodset. Sk. T. 1, 148 b.

— Til Anders Bing. Da baade Vardberg Slot og Befæst-
ningen deromkring skulle være meget bygfaldne, skal han
samle Tømmer, Jærn og andet til Byggeriet nødvendigt i Forraad,
lade brænde saa mange Mursten som muligt og indskrive al Bekost-
ningen derved i sit Regnskab; endvidere skal han lade Aas Kirke
nedbryde og anvende Stenene derfra til Slottets Bygning.
Der sendes ham Brev til Hr. Jørgen Lycke, Embedsmand i Mari-
agger Kloster, om at købe Kalk og skaffe Skuder, dog skal Anders
Bing selv betale Kalken og Fragten. Sk. T. 1, 149.

— Befaling til Hr. Jørgen Løcke at skaffe den til det byg-
faldne Vardbergs Istandsættelse nødvendige Kalk og
fragte Skuder og Skibe til at føre Kalken did. Udt. i J. T. 1, 270.

24

**2. Juni (Odense).** Til Lunde Kapitel. Da Kongen har bevilget, at Knud Ulfeld til Suenstrup maa faa nogle Kapitlet tilhørende Gaarde og Fæster i Iløs[1] By og Sogn i Torre Herred i Skaane til Mageskifte for Gods, der ligger ligesaa belejligt for Kapitlet, skal dette med det første lade begge Parters Gods besigte og ligne og bringe Mageskiftet i Orden.  Sk. T. 1, 149 b.

— Stadfæstelse paa det Brev, hvorved Adelen i Fyen overdrager M. Niels Jespersen, Superintendent i Fyens Stift, og hans Arvinger til arvelig Ejendom Elendehuset i Ottense, som Kongen for nogen Tid siden har givet Adelen til et Domhus[2]. F. R. 1, 146.

— Aabent Brev, at Kirkeværgerne for Rudkiøping Kirke i de næste 3 Aar maa oppebære Afgiften af Kronens Part af Korntienden af Thrøgeløf[3] og Fodslet Sogne til Kirkens Istandsættelse, da den er meget bygfalden og Borgerne alene ikke formaa at sætte den i Stand; de skulle gøre Regnskab for Anvendelsen.  F. R. 1, 534 b.

— Til Morten Venstermand. Da Gregers Ulfstand, Hr. Trudis Søn, som Kongen har forlenet med Rafuensborg Len, er udenlands i Rigets Ærinde, skal Morten Venstermand overlevere hans Hustru Inventarium, Jordebøger, Breve, Registre og andet. F. T. 1, 302.

— Mageskifte mellem Hr. Jørgen Løcke og Kronen.  J. R. 2, 21 b. K.  (Se Kronens Skøder under 3. Juni.)

— Aabent Brev, at Hr. Michel Nielssen i Holbeck i Aar maa oppebære Afgiften af Kronens Part af Tienden af Thvedt Sogn i Mols Herred, kvit og frit.  K. Udt. i J. R. 2, 24.

— Forleningsbrev for M. Hans Pederssen, Læsemester i Viborg, paa Afgiften af Kronens Part af Korntienden af Løfuel Sogn, kvit og frit.  Udt. i J. R. 2, 24[4]. K. (i Udt.).

— Forleningsbrev for Chresten Vind, Embedsmand paa Kiøpnehafns Slot, paa 5 Bønder i Rerup[5], 1 i Hee[6] og 1 i Lydom i Lydom Sogn, 7 Bønder i Dyreby i Herne Sogn, 7 i Fiede, 5 i Henneberg, 4 i Klentuig[7] og 2 i Gammiltoft, 1 i Billum i Billum Sogn, 2 i Terp, 8 i Kielst, 1 i Hebo, 2 i Varde og 3 i Hallum, alt i Riberhus Len, uden Afgift.  J. R. 2, 24. K.

---

[1] Igelösa, Torne H.   [2] Se Kanc. Brevbøger 1566—70 S. 473.   [3] Tryggelev.   [4] Tr.: Kirkehist. Saml. 3. R. IV. 529.   [5] Rørup, V. Horne H.   [6] Ho, samme H.   [7] Klintring, samme H.

**3. Jaai (Odense).** Til Peder Bilde. Kongen har bevilget, at
Jørgen Bendtssen i Vinderup i de næste 2 Aar maa være fri
for Landgilde, Ægt og Arbejde. Udt. i Sj. T. 14, 80 b.

— Forleningsbrev for Lafritz Brockenhus til Egeskouf
paa Kronens Part af Korntienden af Lønnesøe[1] Sogn, kvit
og frit. Udt. i F. R. 1, 126 b.

— Aabent Brev, at Christoffer Valckendorff til Glorup,
Rentemester, der nu for sig og Arvinger har opladt Kronen sin
Rettighed til Præsteindsættelse, Forsvar og anden Herlighed til Broby
Kirke i Ottense Herred, i Stedet faar Jus patronatus til Oxen-
drup Kirke i Gudme Herred, der er Annekskirke til Langov Sogn.
Han maa straks tage Oxendrup Kirke, Præstegaard og Kirkeboliger
til sig og, saasnart Embedet bliver ledigt, selv indsætte en Præst,
der dog skal kendes duelig af Superintendenten. Da Oxendrup
Præstegaard er meget ringe, maa Christoffer Valckendorff og hans
Livsarvinger faa den Jord, kaldet Kirkejord, som Bønderne bruge
paa Oxendrup Grund, til Brug for Præsten; de skulle paase, at de
af dem indsatte Kirkeværger anvende Kirkens Part af Tienden til
Kirkens Bedste. Hvis Christoffer Valckendorff ikke efterlader sig
Livsarvinger, skal Oxendrup Kirke igen falde tilbage til Kronen og
Broby Kirke til hans Arvinger, dog skal den Person, der er forlenet
med Oxendrup Kirke ved Christoffer Valckendorffs Død, beholde
den, saalænge han lever. F. R. 1, 127.

— Til Hack Ulfstand. Da Knud Bilde har klaget over,
at Albret Oxe for kort Tid siden som Lensmand paa Olholm
uden Lov og Dom og tværtimod Kong Hans's Brev og gode Vid-
nesbyrd har frataget ham Øerne Hauritz og Brundrau[2],
der fra Arilds Tid have ligget til hans Gaard Høybygaard, og da
Kongen ikke begærer noget med Urette, skal Hack Ulfstand under-
søge Sagen og tilskrive Kongen fuld Besked. F. T. 1, 302 b.

— Til Kronens Bønder i Thranekier Len. Da Mouritz
Podebusk har klaget over, at de ikke ville svare deres Penge-
afgifter i den nu omsatte Mønt, men hidtil have svaret den
i den Mønt, der gik før Omsættelsen, skønt Bønderne ellers over
hele Riget svare deres Pengeafgifter i den omsatte Mønt, befales det
dem strengelig at gøre ligesaa. F. T. 1, 302 b.

— Aabent Brev, hvorved Mouritz Podebusch, Embedsmand

---

[1] N. Lyndelse, Aasum H.     [2] Branddrag, Fugleø H.

paa Tranekier, og hans Arvinger til evig Tid fritages for at
svare Jordskyld af de Gaarde, Boder og Jorder i Ribe,
som han nu ejer. J. R. 2, 25 b. K.

**3. Juni (Odense)**. Kvittans til Niels Joenssen, Embeds-
mand paa Hald, paa 74¹/₂ Dlr. 1 Sk. 1 Alb., som han nu har
leveret Kongen selv paa Otthensegaard for den Landgilde, Steds-
maal og Sagefald, han har oppebaaret af det Gods, Kongen har
tilmageskiftet sig af Steen Bille til Vandaas og lagt under Hald Slot.
J. R. 2, 25. K.

— Forleningsbrev for Manderup Parsbierg paa Sil-
ckeborg Len og Allinge Kloster med de Kirketiender, som
Jens Kaas hidtil har haft i Værge. Han skal i aarlig Genant fra
1. Maj 1578 at regne have 133 Mk. 3¹/₂ Sk. 2 Pend., 10 Læster
Rug, 8¹/₂ Læst Byg, 6¹/₂ Læst Havre, 23 Tdr. Smør, 1¹/₂ Td. 1
Fjerd. Honning, 90 Faar og Lam, 92 Gæs, 205 Høns, 164 Svin,
2500 Hvillinger, 1¹/₂ Td. Gryn og al Avlen og Affødningen til Sil-
ckeborg Slot; endvidere maa han oppebære Halvparten af al uvis
Rente, Gæsteri og Oldengæld til Silckeborg Slot, Tredjeparten af den
uvisse Rente til Allinge Kloster, al Avlen og Affødningen til Klo-
steret og Tredjeparten af hvad der brændes i Teglovnen. For alt
andet skal han gøre Regnskab og levere det paa Kiøpnehafns Slot
eller andensteds, hvor det befales. Han skal tjene Riget med 10
geruste Heste og 4 Skytter og paa sin egen Bekostning holde Tegl-
ovnen ved Silckeborg vedlige, dog maa han dertil bruge Vindfælder,
El eller Birk, som ikke skader Skoven, mod at beholde Halvdelen
af Indtægten ved Salget af Sten. J. R. 2, 26. K.

— Til M. Jens Kansler og M. Thomis Knudssen, Kirkeværger
i Riibe. Da Taarnet paa Riiber Domkirke forfalder meget
og kan befrygtes i Fremtiden at ville kræve stor Bekostning, hvis
det ikke gøres i Stand nu, skulle de med det allerførste istands-
sætte det, siden holde det godt ved Magt og efter klart Regn-
skab anvende Kirkens Rente udelukkende til Kirkens Bedste. J.
T. 1, 269.

— Til Nils Jonssen. Da Seuerin Anderssen, Borger i
Nykiøping, har faaet Ejendomsbrev af Kongens Fader paa en
Jord og Gaard smstds. og der til hvert Gaardsted i Nykiøping ligger
nogen Kornsæd i Marken, skal Nils Jonssen, eftersom Seuerin An-
derssen gør borgerlig Tynge af Gaarden ligesom andre Borgere,
sørge for, at Seuerin Anderssen ogsaa faar Kornsæd i Marken og

anden Rettighed lige saa frit som de andre Gaarde, og at der ikke gøres ham eller hans Arvinger nogen Hinder derpaa. J. T. 1, 268 b.

**3. Juni (Odense).** Til Christoffer Valckendorff. Da Nils Jonssen, Embedsmand paa Hald, har begæret, at noget Korn, som han har til gode hos Kongen for Oppebørselen af noget Gods, Kongen har faaet til Mageskifte af ham, maa blive afkvittet i hans Regnskab, og har berettet, at der er gjort nogle Antegnelser til hans Regnskab til 1. Maj 1577 [1], befales det Christoffer Valckendorff at afkvitte Kornet i Regnskabet og fritage ham for de Mangler, der ere tilregnede ham i Regnskabet til 1. Maj 1577. J. T. 1, 269 b.

— Befaling til Jørgen Schram og Nils Jonssen at besigte en Viiborg Domkapitel tilhørende Gaard, kaldet Øregaard [2], som Kongen har bevilget Fru Karin Krabbe, Nils Skeels Enke, til Mageskifte, udlægge Kapitlet Fyldest for Gaarden af Kronens Gods i Haldtz Len, hvor de selv synes, ligne Godset og indsende klare Registre derpaa. J. T. 1, 270.

**4. Juni (—).** Aabent Brev, hvorved Kiøge fritages for den Byskat, som det resterer med og skulde have betalt til Martini 1577; dog skal Byskatten anvendes til Bolværkets Bygning. Sj. R. 11, 382.

— Kvittans til Peder Bilde, Embedsmand paa Kalundborg, paa 1669½ Dlr. 15½ Sk., som han har indbetalt til Kongen selv paa Ottensegaard for den visse og uvisse Rente af det Gods, Kongen har tilskiftet sig i Sjælland og henlagt under Kalundborg, fra 1. Maj 1576 til 1. Maj 1577. Sj. R. 11, 382.

— Til Herlof Skafue og Eiller Krausse. Da Kongen har bevilget, at Eiller Grube, Rigens Kansler, maa faa 1 Gaard i Valdbye i Stafuens Herred til Mageskifte for 1 Gaard i Skallerup ved Vordingborg, skulle de med det første besigte begge Gaarde, ligne dem og indsende klare Registre derpaa. Sj. T. 14, 81.

— Befaling til Christopher Valkendorff at levere Lauritz Skrams Fuldmægtig ½ Læst Hvede, 3 Tdr. skruet Bergefisk, 3 Læster norsk Sild, 5 Tdr. Ærter, 10 Skippd. Humle, 6 Skippd. Talg, 10 Skippd. Stangjærn, 8 Tdr. gotlandsk Tjære og 4 Skippd. Bly. Udt. i Sj. T. 14, 81 b.

---

[1] J. R. har her sikkert ved en Fejlskrift: 1578.    [2] Ørredgaard, Nørlyng H.

**4. Juni (Odense)**. Befaling til samme at skaffe Prioren i Andtvorschouf 4 Læster Rug, 6 Læster Malt, 3 Skippd. Humle, 3 Læster Sild, 3 Vorder Kabliav og 2000 Hvillinger til Klosterets Underholdning. Udt. i Sj. T. 14, 81 b.

— Til samme. Da Kongen har lovet Borgemestre og Raad i Kiøpnehafn at lade lede fersk Vand ind i Byen, skal han forhandle med Kongens Vandkunstner M. Hans om at udføre dette Arbejde, blive enig med ham om, hvad han skal have derfor, betale ham Pengene og indskrive dem i sit Regnskab. Han skal paa Kongens Vegne bestille og skaffe Vandkunstneren de nødvendige Render og Bøsser og sørge for, at Vandet med det aller-første bliver ført ind i Byen. Sj. T. 14, 82 [1].

— Til Biørn Kaas og Steen Brahe, Embedsmænd paa Malmøe og Solthe Slotte. Da Kongen har bevilget, at Mogens Gylden-stern til Biersgaard maa faa noget Herritzuad Klosters Gods, nemlig 2 Gaarde i Holm, 1 Gaard i Ominge Thorup [2] og 1 Gaard i Røsse i Grimelstrup Sogn, 1 Gaard i Nortoft og 1 Gaard i Slem-minge i Veedby Sogn, alt i Nørre Asbo Herred, til Mageskifte for 1 Gaard, kaldet Egeschouf, i Veldtbye [3] Sogn i Eld Herred, 1 Gaard i Botterup [4] i Hatting Herred, 1 Gaard i Synderup i Maaling Sogn i Ning Herred og, hvis det ikke kan forslaa, tillige noget Gods i Kalløe Len, skulle de med det første besigte begge Parters Gods, ligne det og indsende klare Registre derpaa til Kancelliet. Sk. T. 1, 150.

— Forleningsbrev for Lauritz Oldeland paa Afgiften af Kronens Part af Korntienden, 4 Pd. Rug, 5 Pd. Byg og 1 Pd. Havre, af Fangel Sogn, kvit og frit. Udt. i F. R. 1, 128.

— Aabent Brev, at Suinborg, der før Møntens Omsættelse har svaret 200 Mk. danske og efter Møntens Omsættelse 100 gl. Dlr. i aarlig Byskat, herefter kun skal svare 50 Dlr. aarlig, da Borgerne have klaget over, at de nu ere satte for højt, og at andre Købstæder, der ere mere formuende, svare mindre. F. R. 1, 128.

— Aabent Brev, hvorved det befales alle Borgemestre, Raad-mænd og Byfogder at hjælpe Villom Bong, Tolder i Assens, der har berettet, at mange Købmænd i Riget staa i Restance til ham

---

[1] Tr.: O. Nielsen, Kbhvns Dipl. IV. 632.   [2] Åningstorp, N. Asbo H.   [3] Vejlby.
[4] Bottrup.

med Told, med at faa den Told, som han maatte have til gode hos deres Medborgere. Hvis disse ikke kunne betale nu til St. Mortens Dag, til hvilken Tid Kongen har givet dem Henstand, skulle de lade Beløbet udvurdere i deres Huse, Gaarde eller Gods og uden al Undskyldning lade det udvurderede sælge. F. R. 1, 128 b.

4. Juni (Odense). Til Tolderne i Assens, Medelfar, Kolding og Riibe. Da de Købmænd, der i Aar have uddrevet Øksne af Riget, have lidt stort Tab, har Kongen givet dem Henstand med den Told, de endnu restere med, til førstkommende St. Mortens Dag. F. T. 1, 95 b.

— Ejendomsbrev for Dr. Carnilius Hamsfort og hans Arvinger paa 2 St. Knudtz Klosters Haver, den ene ved Ottense udenfor Mølle Broport paa den vestre Side af Landevejen og den anden i Ottense ved Skolen og op til St. Knudtz Kirkegaard. Der skal i aarlig Jordskyld til St. Knudtz Kloster svares af den første Have 1¹/₂ Mk., som Mønten nu gaar, og af den anden 1 gl. Dlr. Hvis Jordskylden ikke betales i rette Tid, skal dette Brev være forbrudt. F. R. 1, 129.

— Aabent Brev, at Kirkeværgerne for Ulbølle Kirke i Aar maa oppebære Afgiften af Kronens Part af Korntienden af Øster Skiening, Olderup og Egense Sogne til deres Kirkes Bygning, dog skulle de gøre Regnskab for Anvendelsen deraf. Udt. i F. R. 1, 130.

— Aabent Brev, at Peder Bul i Thorup, Olluf Hansen i Kabbedrup og Olluf Hansen i Røninge maa være fri for Holdsægt, saalænge de ere Sandemænd i Bierre og Aasum Herreder. Udt. i F. R. 1, 130 b.

— Aabent Brev, at Hans Ibsen i Høyby, der hører under Dalum Kloster, maa være fri for Langægt, saalænge han er Sandemand i Bierre og Aasum Herreder. Udt. i F. R. 1, 130 b.

— Aabent Brev, at Kongen — i Anledning af at mange Markeder i Købstæderne paa Laaland holdes paa Højtidsdage og paa den Tid, da Prædikenen skal holdes, hvilket medfører, at Folk forsømme Prædikenen — har givet Hack Ulstand Fuldmagt til at henlægge de Markeder, der nu holdes paa Højtidsdage, til Søgnedage ligesom tidligere og lade Forandringen forkynde paa Landstinget. Det befales alle at rette sig herefter. F. R. 1, 535[1].

---

[1] Tr.: Secher, Forordninger II. 90 f.

**4. Juni (Odense).** Aabent Brev, at Kronens Bønder i Thennemarcke indtil videre maa beholde Nørre Mose, som de med Morten Venstermands Tilladelse have fæstet og indtaget, dog skulle de aarlig svare Kronen, hvad uvildige Mænd sætte Mosen til og Lensmanden paa Rafnsborg bifalder, og frede Skoven i Mosen. F. R. 1, 535 b.

— Til Otte Emichsen. Da Hr. Simen Andersen, Sognepræst til Vigsløf[1] og Vøflinge[2] Sogne, har klaget over, at Otte Emichsen i 7 Aars Tid ingen Tiende har givet ham, men stadig holdt ham hen med Løfter, og da andre Lensmænd svare Tiende af Kronens Slotte og den Adelen i Recessen givne Frihed ikke strækker sig til Kronens Forleninger, beder Kongen ham betænke, at en Tjener er sin Løn værd, og for Fremtiden svare Præsten tilbørlig Tiende. F. T. 1, 93 b.

— Til Jørgen Marsuin. Bønderne her i Birket [Næsbyhoved] have klaget over, at de en Tid have været stærkt besværede med Ægt, Arbejde og Ugedage til Klosteret [St. Hans] og med Høstarbejde om Sommeren, saa de eller deres Bud undertiden have maattet ligge her en 4—5 Dage ad Gangen, og de have begæret, at de enten maa nyde nogen Forskaansel eller faa Ugedagene satte til nogle bestemte Dage. Da Jørgen Marsuin ikke har kunnet benægte Rigtigheden af Klagerne, men har skudt Skylden paa Byggeriet, og Avlen heller ikke er større eller drives paa anden Maade end før, kan Kongen tænke, at der desuden undertiden bortlaanes Vogne til Jørgen Marsuins Venner, naar nogle af Adelen eller deres Bud drage forbi; det forbydes ham derfor strengelig at bortlaane Vogne til nogen, der ikke har Kongens eller Rentemesterens egenhændig underskrevne Pasbord eller saadanne Ordrer, at han skal have Befordring. Da Bønderne have klaget over, at de nu kun faa et lille Brød og en Sild om Dagen, naar de arbejde, og ellers maa holde sig paa egen Kost, medens de tidligere have faaet Grød, Kaal, Sild, Smør og anden Spise, befales det ham, da de jo drive Avlen til Bedste for ham, at give dem nødtørftig Mad og Øl ligesom i tidligere Lensmænds Tid. I Anledning af deres Klager over, at de, hvad der ikke tidligere har været sædvanligt, maa holde Sengklæder til Folkene i Ladegaarden, hvilke slides op af Øksenrøgtere, Portnere og Kokke, og at

---

[1] Vigerslev, Skovby H.  [2] Veflinge, samme H.

Ladegaardsfogden tager Pant af dem, som de maa indløse for 3 Sk.,
befales det ham herefter selv at forsyne Ladegaardsfolkene
med Sengklæder og ikke lade Ladegaardsfogden pante dem,
der ikke møde, naar de tilsiges, men lade dem tiltale for Ulydig-
hed. F. T. 1, 94[1].

**4. Juul (Odense).** Til Erich Hardenbierg. Da han har be-
rettet, at Bønderne under Hagenskouf, der skiftes til at ligge
i Holdsægt i Assens, finde sig meget besværede derved, idet de
undertiden maa ligge dér 2—3 Dage ad Gangen uden at have noget
at fortære hverken til sig selv eller deres Heste, og da Kongen ikke
kan se, at det gøres behov, skal han afskaffe det og give Borge-
mestre og Raad i Assens Ordre til at henvise de Folk, der komme
til dem med Kongens eller Rentemesterens egenhændig underskrevne
Pasbord eller med saadan Besked, at de skulle have Vogne, til ham
paa Slottet om Vogne. F. T. 1, 96 b.

— Befaling til Mouritz Podebusk om med det første at istand-
sætte den forfaldne Sparbiere[2] Færgebro paa Langeland og
lade hugge de til Istandsættelsen nødvendige Ege og Bøge i Skoven,
hvor der sker mindst Skovskade. Der sendes ham Brev til Bøn-
derne paa Langeland om at hjælpe til med at føre Tømmer, Sten
og Grus til Broen. F. T. 1, 303 b.

— Befaling til Bønderne paa Langeland, hvem de end tjene,
at møde med Heste og Vogn efter nærmere Tilsigelse af Mouritz
Podebusk eller hans Fuldmægtig og en Dags Tid hjælpe til med at
køre Tømmer, Sten og Grus til Sparsbierg[2] Færgebro.
F. T. 1, 96.

— Til Mouritz Podebusk. Da der paa Langeland og det Gods,
han har i Forlening paa Fyen, findes mange jordegne Bønder
og en Del af disse er villig til at sælge Bønderrettigheden i deres
Gaarde til Kronen, skal han købe alle de jordegne Bønder-
gaarde, som Ejerne godvillig ville afstaa; Kongen vil siden betale
ham de Penge, han giver derfor. F. T. 1, 303 b[3].

— Befaling til Adelen paa Laaland og Falster at møde med
Heste og Folk i Korsøer St. Hans Dag Midsommer og følge Kon-
gens Faders Lig fra Korsøer til Roschilde, for at det kan
faa den Ære, han i levende Live var værd. F. T. 1, 304.

---

[1] Tr.: Nyerup, Hist.-stat. Skildring af Tilstanden i Danmark og Norge I. 378 f. Vedel
Simonsen, Bidrag t. Odense Byes Hist. II. 2, 185 f.   [2] Spodsbjærg.   [3] Tr.: Saml. t.
Fyens Hist. og Topogr. VIII. 157.

**4. Juni (Odense).** Aabent Brev, hvorved Kongen eftergiver Lauritz Friis det Manddrab, han har begaaet paa en Bonde i Hafuerom; Lauritz Friis har nemlig efter at have tilfredsstillet den dræbtes Slægt og Venner begæret Kongens Tilgivelse, hvilken Kongen ogsaa efter Raadslagning med sin Hofprædikant og mange Betænkeligheder har givet ham formedelst den Velvilje, han nærer for Adelen her i Riget, og Lauritz Friis's Slægts og Venners og godt Folks Forbøn. Lauritz Friis skal dog tage offentligt Skrifte hos sin Sognepræst og give 50 gl. Dlr. til det nærmeste Hospital. J. R. 2, 27 b.  K.

— Mageskifte mellem Peder Munck, Admiral, og Kronen. J. R. 2, 28 b.  (Se Kronens Skøder under 5. Juni.)

— Forleningsbrev for Fru Dorette, Peder Krussis Enke, paa Afgiften af Kronens Part af Korntienden af Hørby og Øls Sogne, kvit og frit.  K.  Udt. i J. R. 2, 30.

— Befaling til Christen Munck at lægge 2 Gaarde i Thuenstrop, som afdøde Axel Juel og hans Hustru, Fru Kirsten Lunge, have haft i Forlening, ind under Aaker Slot og indskrive dem i Jordebogen. Udt. i J. T. 1, 270 b.

— Befaling til Jørgen Skram at genopbygge Laden i Biellerup Ladegaard, der er blæst ned i det sidste store Uvejr, gøre Muren paa Drotningborg Slot, der er sunken, i Stand, istandsætte Vindueskarme og Vinduer paa Slottet, hvor det gøres behov, og indskrive Bekostningen i sit Regnskab. J. T. 1, 270 b.

— Befaling til Manderup Parsberg at lade Stalden ved Slottet [Silkeborg] og det ny Hus, som Jens Kaas lod opføre, skelne, istandsætte Slottets, Ladegaardens og Slotsmøllens Bygninger, hvor det er nødvendigt, og indskrive Bekostningen i sit Regnskab. J. T. 1, 271.

— Til Lauritz Schram, Embedsmand paa Koldinghus, og Christoffer Munck. Da Mouritz Podebusch med det første skal udlægge en Gade i Riibe, der skal gaa fra Grønnegade til Præstegade for hans Port, i Stedet for en af ham indtaget Gade, der gik fra Pilisport til hans Gaards, Korsbrødregaards, Port, skulle de, efter nærmere Tilsigelse af Erich Løcke, Embedsmand paa Riiberhus, møde i Riibe, naar Gaden skal udlægges, paase, at Mouritz Podebusch udlægger en bekvem, ordentlig bred Gade, saaledes

som den var, han indtog, og at Gaden holdes vedlige med Bro-
lægning og andet. J. T. 1, 271.

**4. Juni (Odense).** Befaling til M. Lauritz Bertelssen, Super-
intendent i Aarhus Stift, at skaffe Hr. Hendrich Staffenssen
det første ledige Kald i Stiftet, dog skal alt gaa efter Ordinansen.
Orig. i Provinsark. i Viborg.

**5. Juni (—).** Aabent Brev, at de Fru Citzel Oxe, Erich
Podebuskis Enke, tilhørende 7 Gaarde i Hellolille og 2 Gaarde
i Buskit maa være fri for Skat og kgl. Tynge, skønt de ligge
i et andet Sogn end hendes Sædegaard, da hun paa den Betingelse
godvillig har afstaaet det Brev[1], Kongen havde givet hendes afdøde
Husbonde paa, at disse Gaarde maatte søge til Tyburge Kirke, hvor-
ved dog Præsten i Hellomagles Indtægt er bleven formindsket. Sj.
R. 11, 382 b.

— Befaling til Bønderne paa ovennævnte 7 Gaarde i
Hellelille og 2 Gaarde i Buskit, hvilke en Tid have søgt til
Tyberg Kirke, om herefter at søge til Hellomagle Kirke og svare
dennes Præst deres Rettighed. Udt. i Sj. T. 14, 82 b.

— Befaling til Hendrich Mogenssen, Tolder i Helsingøer, at
give de Saltskibe, der komme, Ordre til at løbe til Kiøp-
nehafn med 200 Læster Salt og tage Betaling derfor af Rente-
mesteren. Udt. i Sj. T. 14, 82 b.

— Befaling til Jahan Taube om med det første at indrette
det Stenhus i Helsingør, som kaldes Hans Hofmandtz Gaard,
og som Kongen har tilforhandlet sig af de Oxer og Fru Mette Ro-
senkrantz, til en Toldgaard, saa Tolden med det første kan oppe-
bæres der. Udt. i Sj. T. 14, 82 b[2].

— Livsbrev for Claus Brun, der har tilskødet Kongen 2
Gaarde og 2 Gadehuse i Hosterup i Salling Herred, paa 1 Gaard
i Selderup paa Als, fri for Landgilde, Ægt, Arbejde, Skat og al
kgl. Tynge. Han maa ikke i nogen Maade formindske Gaardens
Ejendom. F. R. 1, 130 b[3].

— Aabent Brev, hvorved Sandemændene i Skame Herred
fritages for Ægt og Arbejde, saalænge de ere Sandemænd.
Udt. i F. R. 1, 132 b.

— Aabent Brev, at Knud Lunde maa blive boende i den

---

[1] Se Kanc. Brevbøger 1566—70 S. 612.   [2] Tr.: Geheimearch. Aarsberetn. III. Till.
S. 62.   [3] Derefter følger Klavs Bruns Skødebrev til Kronen paa ovennævnte 2 Gaarde
og 2 Gadehuse.

Gaard, han har fæstet, og i det næste Aar være fri for Ægt og Arbejde, mod at bygge og forbedre Gaarden. Udt. i F. R. 1, 132 b.

**5. Juni (Odense).** Aabent Brev, at de Jorder, som Niels Olsen i Aanderup[1] har fæstet til sin Gaard af Erich Rosenkrandtz, nemlig en Jord mellem de to Jordbroer og en Jord paa Robierg med en Eng mellem Indstedschouf og Brendeholm, herefter altid skulle høre til ovennævnte Gaard og fæstes, naar den bliver ledig, men ellers ikke. Han skal aarlig svare sædvanlig Landgilde til St. Hans Kloster. F. R. 1, 132 b.

— Aabent Brev, hvorved Kongen stadfæster den af Jørgen Marsuin, Embedsmand paa Ottensegaard, foretagne Henlæggelse af Lunde Herredsting fra Lunde By til Otterup By; de fleste Herredsmænd i Lunde Herred havde nemlig klaget over, at Tinget ikke laa midt i Herredet, og Jørgen Marsuin lod i den Anledning udtage et Herredsnævn, der siden paa Tinge har afgivet den Erklæring, at Otterup By og Otterup Kirke, der er Lunde Herreds Fjerdingskirke, er Midtpunktet af Herredet, og at Tinget belejligt kan henlægges dertil. F. R. 1, 133[2].

— Aabent Brev, at Borgerne i Bogense i de næste to Aar maa oppebære Afgiften af Kronens Part af Korntienden af Eylby og Melby Sogne til deres Skoles Opbygning. Udt. i F. R. 1, 134.

— Aabent Brev, at Knud Mulle i Kirtinge[3], Herredsfoged i Biere Herred, maa være fri for Ægt og Arbejde af sin Gaard, saalænge han er Herredsfoged. Udt. i F. R. 1, 134.

— Aabent Brev, hvorved Bønderne i Nyborg og Ottensegaards Len, der have klaget over, at de skiftes til at holde Holdsægter og undertiden ere fra deres Hjem en 2—3 Dage ad Gangen, indtil videre fritages for Holdsægt, undtagen naar Kongen selv er saa nær, at det behøves; naar de skulle befordre nogen, skulle de tilsiges af Fogden. F. R. 1, 134 b.

— Til Jørgen Marsuin. Kronens Bønder i Vissenbierg Birk have i Henhold til nogle gamle Kongebreve nydt nogen Frihed med Skovhugst, indtil det for nylig er blevet dem forbudt, som Kongen kan tænke, fordi de have misbrugt Friheden og forhugget

---

[1] Anderup, Lunde H.    [2] Udenfor er skrevet: Anno 1598 den 17. Jan. lod k. M. kassere dette Brev udi Hadersløf. C. Friiss manu propria.    [3] Kertinge, Bjærge H., Fyen.

Skovene, og fordi de jordegne Bønder alligevel ville have lige Olden med Kronen, hvor de støde op til Skovene med deres Korn. Da de nu imidlertid have klaget over, at deres Avl ellers er meget ringe, og at de ikke kunne klare sig, medmindre de maa faa nogen Hjælp af Skovene, skal han frit lade dem faa Ildebrændsel, Bygningstømmer og Gærdsel til deres eget Brug og ansætte Skovfogder til at udvise dem saadant. F. T. 1, 97.

**5. Juni (Odense).** Til samme. Da de jordegne Bønder i Vissenborg Birk, der bo i Gaard sammen, have begæret at komme til at skatte ens, hvor deres Ejendom er ens, medens hidtil ved Skatteskrivningen en er bleven regnet for Hovedmanden og har svaret dobbelt Skat og de andre for Brydebønder, skal han, selv om en ogsaa efter Skattebrevet regnes for Hovedmanden, paase, at de andre komme til at svare ligesaa meget i Skat som han, hvis hver har lige megen Ejendom. F. T. 1, 98 b.

— Til samme. Da Kongen har bevilget, at Thonis Hansen i Øreslef i Lunde Herred, der aarlig svarer 1 Td. Smør af sin Gaard, maa svare 4 Ørt. Korn aarlig for Halvdelen af Smørret, fordi han ikke kan avle saa meget Smør, skal Jørgen Marsuin lade Jordebogen forandre i Overensstemmelse hermed. F. T. 1, 97 b.

— Til samme. Da Kongen har bevilget, at Rasmus Olsen og Lauritz Pedersen i Øritzlef i Lunde Herred, der aarlig skulle give en Ko, men ikke kunne skaffe en tilstrækkelig god, i Stedet for Koen maa svare 2 Ørt. Korn, skal han lade Jordebogen forandre i Overensstemmelse hermed. F. T. 1, 98 b.

— Til samme. Da nogle jordegne Bønder i Lunde Herred, der aarlig give en Ydeko til Gaarden [Odensegaard], have berettet, at de undertiden ikke kunne blive Køerne kvit eller faa tilstrækkelig gode Køer, og derfor have begæret at maatte svare Korn eller andet i Stedet, har Kongen bevilget, at alle i Lenet, der finde sig besværede ved at give Ydekøer, maa give 2 Ørt. Korn for hver Ko, hvorfor Jørgen Marsuin skal rette sig herefter og foretage de nødvendige Forandringer i Jordebogen. F. T. 1, 99.

— Befaling til samme om straks at afskaffe Munckeboe Birk, da det er meget ringe, ikke over 12 Bønder, og der næppe er saa mange, at de kunne holde Ting, hvis en Fælding skulde overgaa dem; han skal henlægge Birket til nærmeste Herred og lade Henlæggelsen forkynde paa Landstinget og Birketinget. F. T. 1, 98.

— Til samme. Da forhenværende Sognepræst til St. Hans

Kirke i Ottense Hr. Jacob Hendrichsens Enke og Børn have berettet, at de intet Vederlag have faaet for den Gaard og Humlehave, som hun og hendes afdøde Husbonde for nogen Tid siden havde købt af Steen Bilde til Kiersgaard, og som senere Erich Rosenkrandtz, da han var Lensmand, paa Kongens Vegne har taget og brugt til at bygge Huse paa til Staldgaarden og til anden Kongens Nytte, skal han udlægge dem Fyldest derfor i Jord paa Marken eller andre Haver i Byen, men maa ikke tvinge dem til at tage Jord, hvor Bispegaarden stod, da de ikke uden stor Bekostning kunne rydde den. F. T. 1, 99 b.

**5. Juni (Odense).** Aabent Brev, hvorved Kongen eftergiver Simen Prys de af Rentemesteren gjorte Antegnelser til hans Regnskab, fordi han ikke siden Møntens Omsættelse har taget dobbelte Penge i Told, men kun 1 Alb. for hver Sk.; Simen Prys har nemlig erklæret, at han ikke har vidst noget derom og ej heller faaet Befaling dertil. J. R. 2, 30 b. K.

— Livsbrev for Anne, Rasmus Jepssens Enke, i Varde paa Halvparten af Løndrop Krog mellem Varde og Løn-drop[1], som Axel Veffert har bortfæstet til hende, medens han havde Riberhus i Befaling; dog skal hun aarlig svare den i Riberhus Slots Jordebog indskrevne Afgift. J. R. 2, 31. K.

— Aabent Brev, at Frederich Gans, Kongens Enspænder, indtil videre maa oppebære Afgiften af Kronens Part af Tienden af Eyssing Sogn i Ginding Herred, kvit og frit, og maa være fri for at svare Skat og al Tynge af Gaarden Bles-bierg, som han nu selv bor paa; til Gengæld skal han være rede til at tjene Kongen med 1 Hest, naar Kongen vil sende ham i noget Ærinde inden- eller udenlands. J. R. 2, 31 b. K.

— Aabent Brev, hvorved Kongen stadfæster den af Niels Joenssen, Embedsmand paa Hald, efter kgl. Ordre foretagne Ud-læggelse af en Gaard i Lostrup[2] til Præstegaard i Lostrup Sogn i Stedet for den af Præsten tidligere beboede Kirkegaard i Lostrup, som Fru Dorette Nielsdatter til Meelgaard, Jens Marquors-sens Enke, for nogen Tid siden har vundet Herligheden af. J. R. 2, 31 b[3]. K. Orig. i Provinsark. i Viborg.

**6. Juni (—).** Aabent Brev, at Jørgen Kaas, der har lovet

---

[1] Lunderup, V. Horne H.    [2] Laastrup, Rinds H.    [3] Tr.: Saml. t. jydsk Hist. og Topogr. I. 355 (med urigtig Dato: 1. Juni). Rørdam, Dsk. Kirkelove II. 281.

at tjene Kongen som Skibshøvedsmand, aarlig skal have 150 Dlr., Kostpenge til sig selvanden, naar han er til Stede i Kiøpnehafn, og Hofklædning til sig selvanden. Sj. R. 11, 383.

**6. Juni (Odense).** Lignende Bestalling for Michel Knudsen. Udt. i Sj. R. 11, 383 b.

— Lignende Bestalling for Jens Knudsen. Udt. i Sj. R. 11, 383 b.

— Aabent Brev, at Fru Anne Holck, Hr. Verner Parsbiergs Enke, i de næste 2 Aar maa være fri for at svare Afgift af Hørbye Len i Skaane. Sk. R. 1, 248.

— Aabent Brev, at Kirkeværgerne i Østrup Sogn i Aar maa oppebære Afgiften af Kronens Part af Korntienden af Østrup Sogn til deres Kirkes Bygning. Udt. i F. R. 1, 135.

— Ejendomsbrev til Lauritz Paaske, Byfoged i Ottense, paa en Jord i Ottense mellem Bispegaardsstræde og Aaen; der skal svares 1 gl. Dlr. i aarlig Jordskyld til Kronen, og hvis den ikke svares i rette Tid, skal dette Brev være forbrudt. F. R. 1, 135 b.

— Aabent Brev, at Borgemestre og Raad i Kierteminde maa beholde de 3 Aars Byskat, omtrent 70 Dlr., som Byen resterer med, til Hjælp til Genopbyggelsen af deres Skolehus, der er meget bygfaldent; de skulle gøre Regnskab for Anvendelsen deraf. F. R. 1, 136.

— Til Jacob Ulfeldtz Foged i Dallum Kloster. Da Ellene Søfrens i Dauinde har klaget over, at der uden noget Vidnesbyrd, men alene efter en Skrivelse fra Erich Hardenbierg, er svoren Hærværk over hendes Søn, befales det ham at lade denne Sag staa hen, indtil hans Husbonde selv kommer til Landet. F. T. 1, 100.

— Til Jørgen Marsuin. Niels Pedersen i Bogense har berettet, at han som Byfoged smstds. for nogen Tid siden efter Anmodning af nogle Skomagere har beslaglagt nogle Sko, som en Skomager fra Landet havde indført til Byen for at sælge, paa en Ret, idet han gik ud fra, at saadanne Haandværksfolk, der efter Recessen slet ikke maa bo paa Landet, endnu mindre maa sælge deres Varer i Købstæderne. Da han, skønt Beslaglæggelsen kun er sket paa en Ret, alligevel paa Landstinget er bleven dømt for at have forsét sig, fordi Beslaglæggelsen er sket uden Fordeling og ingen Bogense Friheder forbyde Bønderne saadan Indførsel, har

Kongen nu paa hans Besværing eftergivet ham Sagen og befaler derfor Jørgen Marsuin at lade den rejste Tiltale falde. F. T. 1, 100 b.

**6. Juni (Odense).** Skøde til Peder Munck, Admiral. J. R. 2, 32. K. (Se Kronens Skøder.)

**7. Juni (—).** Aabent Brev, hvorved Kongen bevilger, at, hvis Christoffer Packisch eller hans ægte Livsarvinger blive til Sinds at bygge paa Strandlenet, maa de 6 til dette Len hørende Gaardsæder i Drafuerup i Grandløsse Sogn i Marløsse Herred regnes for hans og hans Arvingers rette Ugedagstjenere og nyde samme Frihed som andre Ugedagsmænd, skønt han eller hans Arvinger ikke bo i det Sogn; dog gælder dette Brev kun, saafremt det virkelig er Gaardsæder og de kun, som berettet, svare Rør i Landgilde. Sj. R. 11, 383 b.

— Befaling til Jørgen Marsuin straks at lægge de 2 Gaarde og 2 Gadehuse i Hestrup[1] i Salling Herred, som Kongen har faaet til Mageskifte af Claus Brun, ind under Ottensegaard og indskrive dem i Jordebogen. F. T. 1, 101.

**[1—7.] Juni (—).** Aabent Brev, at Hr. Cristen Hansen, Sognepræst i Ørsted Sogn i Fyen, der lider Mangel paa Underholdning, maa ligesom sin Formand oppebære Kronens Part af Tienden af Ørsted Sogn mod aarlig at svare 2 Pd. Korn i Afgift deraf. F. R. 1, 134 b.

**8. Juni (Koldinghus).** Til Christopher Valckendorff. Det Skib, som han fik Ordre til at sende hid med Vin og andet Gods, er endnu ikke kommet, skønt det for lang Tid siden er løbet ud, og Kongen har af de Haandværksfolk, som vare paa Skibet, men have ladet sig sætte i Land, faaet at vide, at Jesper Vintapper er falden og har slaaet sig slemt, og at Skipperen ikke duer meget, men er forsagt og mistrøstig. Da Christopher Valckendorff ved, hvad Gods Kongen har paa Skibet og hvad Magt der ligger derpaa, har det forundret Kongen, at Skibet ikke er blevet forsynet med en dygtig Skipper. Christopher Valckendorff skal derfor sende en god Skipper til det Sted, hvor han hører at Skibet ligger, et eller andet Sted under Sjælland, og tillige sende en, der i Jesper Vintappers Sted kan passe paa Vinen. Han skal befale Arent Bøssemager straks at begive sig til Kongen og levere ham vedlagte Pasbord. Orig.[2]

---

[1] Haastrup.      [2] Tr.: Nye dsk. Mag. I. 23 f.

**9. Juni (Koldinghus).** Aabent Brev, at Solbierg og Skellom Sogne i Nørrejylland, der nu ere annekterede og bekvemt ville kunne vedblive at være det, til evig Tid skulle blive sammen under én Præst. J. R. 2, 33[1].

**10. Juni (—).** Aabent Brev, at Lauritz Kruse til Balle skal have Holmen ved Kiøpnehafns Slot i Befaling, føre Tilsyn med Kongens Skibsfolk, Tømmermænd og Savskærere og passe paa, at der ikke gaar noget til Spilde ved Udspisningen paa Holmen og paa Skibene, og at der ikke bespises andre end de, der have Besked derom, ere i Tjenesten, ere syge eller have faaet Skade i Kongens Tjeneste, saa de ligge med fersk Saar under Bartskær. Han skal paase, at der ikke sættes flere Skippere, Baadsmænd og Styrmænd paa Kongens Koffardiskibe end paa Købmændenes Skibe, og at Skipperne og Baadsmændene paa Skibene ikke indtage andet Gods end Kongens paa hans Bekostning, medmindre det sker efter Kongens Befaling og til Kongens Fordel. Han skal føre Tilsyn med, hvad Hamp, Kabelgarn, Boldavit, Søm og andet der udtages hos Skriveren paa Holmen, paase, at Skipperne ikke udtage efter eget Tykke, men kun faa det nødvendige, og underskrive alle Sedler paa det, der udtages hos Skriveren. Han skal paase, at Skipperne, Styrmændene og Baadsmændene passe deres Tjeneste og tage Vare paa Skibene, saa Kongens Rejser ikke forhindres ved deres Forsømmeligheds Skyld, holde strengt Regimente over Skibsfolkene og selv være saa meget som muligt til Stede paa Holmen. Han skal aarlig have 350 gl. Dlr. og sædvanlig Hofklædning til sig selvtredje i Løn, 1½ Læst Rug, 2 Læster Byg, 2 Tdr. Smør, 6 Tdr. Sild, 4 Tdr. Torsk, 3 Øksne, 12 Lam, 34 Gæs og 2 Skippd. Flæsk til Underholdning og fri Bolig i Kiøpnehafn. Sj. R. 11, 384 b.

— Til Borgemestre og Raad i Kiøpnehafn. Da Borgemestre og Raad i Malmøe have begæret at maatte nyde samme Frihed for Kongeskat, som Borgemestre og Raad i Kiøpnehafn efter deres Beretning nyde, men Kongen ikke ved noget af en saadan Frihed at sige, skulle de med det første sende en af deres Midte hid med disse Privilegier og et klart Mandtal over den sidst udgivne Skat, for at Kongen deraf kan se, hvorledes det forholder sig. Sj. T. 14, 83[2].

---

[1] Tr.: Rørdam, Dsk. Kirkelove II. 261 f.     [2] Tr. O. Nielsen, Kbhvns. Dipl. IV. 632.

25

**10. Juni (Koldinghus).** Bestalling for Jep Pedersen som
Byfoged i Medelfart; han skal i aarlig Løn have Tiendelen af
alt Sagefaldet i Byen. Udt. i F. R. 1, 136 b.

— Aabent Brev, hvorved Kongen — i Anledning af Klager fra
Præsterne i Fyens Stift over, at Lensmændene tværtimod Privile-
gierne i Ordinansen forkorte dem deres Rente af deres Præstegaarde,
baade Residenserne og Anneksgaardene — bevilger, at Præsterne
i Fyens Stift frit og uhindret maa beholde deres Præste-
gaarde med Landgilde, Stedsmaal, Oldengæld, Ilde-
brændsel og anden Rente, som de bør have efter Ordinansen,
og som bevisligt har fulgt dem til deres Underholdning i Bispernes
Tid og da Ordinansen udgik. Stiftslensmanden skal haandhæve
Præsterne heri og ved Retten skaffe dem det, som er forkortet
dem, saa at Præsterne ikke selv skulle have behov at befatte sig
med saadan verdslig Rettergang og derved forhindres i deres Kald.
F. R. 1, 137[1].

— Til Bønderne i Nyborg Len og paa Langeland. Da Kongen
har bragt i Erfaring, at de nægte at svare de Jordefærdspenge
for Ligs Begravelse i Kirkegaarden, som i Følge Ordinansen
skulle anvendes til Kirkens Bygning og have været svarede fra Arilds
Tid, befales det dem strengelig herefter at svare de i Ordinansen
foreskrevne Jordefærdspenge og betale Kirkerne de Jordefærds-
penge, som de restere med, saafremt de ikke ville tiltales og straf-
fes. F. T. 1, 101 b[2].

— Ekspektancebrev for M. Anders Søfrenssen Vedle,
Slotsprædikant paa Kiøpnehafns Slot, der har lovet at beskrive dan-
ske Historier og Kongernes Bedrifter og straks tage fat paa Arbejdet,
paa det Prælatur i Riber Domkirke, som M. Hans Suaning nu
er forlenet med, eller, hvis Sekretær Jacob Vind, der har første
Ekspektance, ikke forinden M. Hans Suanings Død er bleven for-
sørget med et andet Prælatur, paa det næste, der bliver ledigt
smstds. J. R. 2, 33 b[3].

— Aabent Brev, at Kronens Undersaatter paa Vester-
landtzfior indtil videre maa være fri for at svare Told af
deres Øksne, som de udføre, da de først i de sidste to Aar have

---

[1] Tr.: Rørdam, Dsk. Kirkelove II. 282 f. (efter Afskrifter).    [2] Tr.: Secher, Forord-
ninger II. 97 f.  Rørdam, Dsk. Kirkelove II. 283 f. (efter Afskrifter, hvori der tillige er
Tale om Sjælegaver).    [3] Tr.: Wegener, Om A. S. Vedel. 1. Udg. S. 119. 2. Udg. S. 98.

svaret denne Told og Hertug Hans's Tjenere der paa Landet ere fri for Øksentold. J. R. 2, 34 b.

**10. Juni (Koldinghus).** Aabent Brev, hvorved Axel Veffert, Embedsmand paa Nyborg Slot, og hans ægte Livsarvinger til evig Tid faa fri Birkeret over følgende Gods i Nørrejylland: hans Hovedgaard Veffertzholm, som tidligere kaldtes Kytterup og var 4 Gaarde, al Solbierg By, som er 10 Gaarde, 2 Bol og 2 Gade-huse, 1 Gaard, kaldet Søndre Thuedschouf, og 1 Gaard, kaldet Nørre Thuedschouf, i Solbierg Sogn i Hiellum Herred, Kaarupgaard og Kaarup[1] By, som er 4 Gaarde, 2 Bol og 1 Gadehus, i Heden-sted Herred. Han skal lægge et Birketing paa ovennævnte Gods, hvor det er mest belejligt, og altid holde en duelig Birkefoged. Kongen forbeholder sig Ret til igen at tage denne Frihed til sig og Kronen, hvis Kronens Bønder eller andre i Fremtiden skulde kunne klage over, at der ikke vederfares dem Lov og Ret paa Birketinget. J. R. 2, 34 b. Orig.

— Aabent Brev, at Axel Veffert og hans ægte Livs-arvinger, der komme til at bo paa Veffertzholm, altid maa beholde Kronens og Kirkens Part af Korntienden af Sol-bierg Sogn, som han nu har fæstet, mod aarlig senest inden Faste-lavn at svare samme Afgift deraf, som der nu gives. Ved hvert Ejerskifte paa Veffertzholm skal Tienden fæstes paany af Stiftslens-manden, og der skal i Indfæstning svares 1 Dlr. af hver Ørt. Korn. Bønderne skulle yde deres Tiende i Kærven, og Axel Veffert og hans Arvinger skulle, hvis de tiende uretfærdigt, have Ret til at lade deres Korn kaste i Overværelse af Lensmanden eller hans Fuld-mægtig og lade dem tiltale og straffe, hvis de have forsét sig. J. R. 2, 35 b.

— Til Fru Karen Nils Skeels. Da Kongen nu er bleven enig med hende om Mageskiftet mellem Nygaard med tilliggende Gods og Vorgaard med tilliggende Gods, skal hun straks give alle Ny-gaards Tjenere her i Egnen, som hun kan tænke belejligt kunne lægges under Koldinghus, Ordre til at begive sig til Lauritz Schram, for at han paa Kongens Vegne kan tage Tjeneste af dem og indskrive dem i Jordebogen. J. T. 1, 272.

**11. Juni (—).** Befaling til nedennævnte Lensmænd at skaffe Fetalje til Udspisningen paa Kiøpnehafns Slot: Peder

---

[1] Korrup.

25*

Bilde skal købe 40 Øksne i Kallundborg Len og sende 200 Faar
og Lam af Slottets Indkomst til Kiøpnehafn; Lauge Beck skal købe
60 Øksne og 300 Faar og Lam i Roskildegaardts Len; Christopher
Pax 20 Øksne i Holbeck Len og have Betaling derfor paa Rente-
kammeret; Borkort von Papenheim 100 Lam i Abramstrup Len;
Eiller Grube 50 [1] Øksne og 300 Faar og Lam i Vordingborg, Jungs-
hofuidt og Tryggeueldt Len; Eiller Krausse 30 Øksne i Korsør Len
og have Betaling derfor paa Rentekammeret; Abbeden i Ringsted
Kloster 15 Øksne og 100 Lam; Abbeden i Soer Kloster 30 Øksne
og 200 Lam; Prioren i Andtvorskouf Kloster ligesaa; Christen Vind
i Kiøpnehafns Len 50 Øksne og 500 Lam; Hening Gøie 60 Øksne
i Niykiøpnings Len; Gregers Ulfstand 30 Øksne i Rafnsborg Len;
Hack Ulfstand 60 Øksne i Olleholms Len; Jørgen Daae 20 Øksne i
Øegaardtz Len; Jørgen Marsuin 60 Øksne i Ottensegaardts Len, alle
Stiftets Tiendelam og lade Lammene salte; Axel Viffert alle Stiftets
Tiendelam i Nyeborg Len og lade dem salte; Hans Johanssen 60
Øksne i Hindtzgafuels Len og have Betaling derfor af Tolderen i
Assens; Otte Emickssen 30 Øksne i Rudgaardtz Len; Erick Løcke
skal dels levere af Sandtolden, dels købe 60,000 Hvillinger og
80,000 Flyndere i Riberhus Len; Tolderen paa Skafuen skal købe
40 Vorder Langer og 100 Vorder Kabliav og have Betaling derfor
af Jens Kaas, Høvedmand paa Aalborighus; Jens Kaas skal levere
Tolderen paa Skafuen Penge til Køb af ovennævnte Fisk; Manderup
Pasberg skal sende 50 Øksne af den Beholdning, han blev Kongen
skyldig af Silkeborg Len til 1. Maj 1578; Biørn Anderssen skal
købe alle Kirkernes Lam i Aarhus Stift, lade dem salte og siden
sende til Kiøpnehafn; Niels Joenssen skal købe alle Kirkernes Lam i
Viborg Stift, lade dem salte og siden sende til Kiøpnehafn; Erick
Hardenberg skal købe 60 Øksne i Hagenskouf Len og have Be-
taling derfor af Tolderen i Assens. Udt. i Sj. T. 14, 83. Orig.
(til Ejler Grubbe).

**12. Juni (Koldinghus).** Til Lauge Beck. Hoslagt sendes ham
en Skrivelse fra Hertug Joachim Frederich, Markgreve til Branden-
burg, for en Hans von Barbye og en Skrivelse fra Hans von Bar-
bye selv, som i Følge Anders Barbyes Testament mener at være
nærmeste Arving til nogen Arv efter Anders Barbyes uægte
Søn Hans Barbye, der blev slaaet ihjel. Da Lauge Beck skal

---

[1] Sj. T. har: 100.

vide Besked om denne Arv og være betroet alle den afdødes Breve,
skal han med det første meddele alt hvad han ved om denne Sag
og, hvis han har Anders Barbyes Testament eller andre Breve ved-
rørende denne Sag i sit Værge, meddele Hans von Barbye Afskrifter
deraf samt lade ham faa den Del af Arven, som han har Ret til.
Sj. T. 14, 85.

**14. Juni (Koldinghus).** Aabent Brev, hvorved det strengelig
forbydes alle Kronens Bønder saavel som Kannikernes
og Helliggejsthus's Bønder i Kiøpnehafns Len at huse
Pebersvende og Løsgængere, der ikke tjene, da der klages
over, at der opholder sig en Mængde saadanne i Lenet, som ikke
ere fødte dér paa Godset, men ere komne fra fremmede Steder, at
de drive Handel med Bønderne og fuldstændig udsuge og ødelægge
disse, og at Lensmanden og Fogderne ikke kunne faa fat paa dem,
fordi de søge ind paa Kannikernes og Helliggejsthus's Gods. Handler
nogen herimod, skal Lensmanden have Fuldmagt til at tiltale ham,
og han skal da bøde et færdigt Par Øksne til sit Herskab; ligeledes
skal Lensmanden have Fuldmagt til at gribe Pebersvendene og Løs-
gængerne og lade dem straffe; findes saadanne paa andre Lodsejeres
Grund, skal Lensmanden meddele vedkommende Jorddrot det; vil
denne saa ikke lade dem straffe, vil Kongen drage ham til Ansvar.
Sj. R. 11, 385 b.

— Aabent Brev, hvorved Kongen for igen at faa de mange
Jorder, der siden Byens Brand ligge øde i Bogense, bebyggede,
saa der kan svares tilbørlig Tynge deraf til Kronen og Byen, be-
faler alle, som have Jorder i Byen, inden 3 Aar efter dette
Brevs Datum, at opføre god Købstadsbygning med Tegltag
derpaa; ligeledes skal der hænges Tegltag paa de Huse, der
bleve staaende, da Byen brændte, for at der ikke paany skal ske
saa stor Skade ved en saadan Ildebrand. Viser nogen sig forsøm-
melig, skal han tiltales. F. R. 1, 137 b.

— Forleningsbrev for Hendrich Bang, Borgemester i
Medelfar, paa Halvparten af Afgiften af Kronens Part af
Korntienden af Asprop Sogn i Vendtz Herred, som Dorete
Hans Bangs har fæstet for en aarlig Afgift af 10$^1/_2$ Pd. Byg, 7 Pd.
Rug og 7 Pd. Havre, kvit og frit. Udt. i F. R. 1, 138 b.

— Følgebrev for Jørgen Marsuin til Bønderne under
Sylnitzborg. Udt. i Sk. R. 1, 249.

— Befaling til Jørgen Bilde at overlevere Jørgen Marsuin

Søluitzborg Slot og Len med Inventarium, Jordebøger, Breve,
Registre og andet. Udt. i Sk. T. 1, 151.

**14. Juni (Koldinghus).** Befaling til Jørgen Marsuin straks at over-
levere Ottensegaards Len, Nesbyhofuet Len, Vissenberg
Birk og det Gods, han har haft i Forsvar dertil, med Inventarium,
Jordebøger, Breve, Registre og andet til Coruitz Veffert; Kon-
gen vil i Stedet forlene ham med Søluitzbore Slot paa samme Vil-
kaar, som Jørgen Bilde nu har det, og sender ham hermed Følge-
brev til Bønderne og Brev til Jørgen Bilde om at overlevere ham
Lenet. F. T. 1, 103.

— Følgebrev for Coruitz Veffert til Bønderne i oven-
nævnte Len. Udt. i F. R. 1, 140 b.

— Til Coruitz Viffert. Da Hendrich Bang, Borgemester i Medel-
ferdt, der har fæstet Kirkens Part af Korntienden af Uby Sogn
i Vendtz Herred af Hack Ulfstand, dengang Befalingsmand paa Ot-
tensegaard, har klaget over, at Afgiften for Tienden er sat for højt,
og at Bispen oppebærer Boghvedetienden, skønt Fæstebrevet lyder
paa, at Hendrich Bang ogsaa skal oppebære den, skal Coruitz Vef-
fert sætte Tienden for en rimelig Afgift og give det beskrevet
fra sig, for at Kongen derefter kan give Hendrich Bang Brev paa
Tienden. F. T. 1, 102.

— Til Otte Emichsen paa Rudgaard. Da Vejen gennem
Harritzløf Birk til Bogense er meget daarlig, saa man ikke
uden stor Fare kan passere den om Vinteren, skal han i Henhold
til Recessens Bestemmelser om Alfarvejes Istandholdelse paa Tinge
befale Bønderne i Skouby Herred at gøre Vejen i Stand
inden Vinter, saafremt de ikke ville staa til Rette for hvad Skade
der kan hænde. F. T. 1, 102 b.

— Til Biørn Anderssen. Da Kongen har bevilget, at Seuerin
Perderssen i Spørring i Aarhusgaards Len og hans Hustru maa
faa Underholdning for Livstid i Aarhus Hospital, mod
at han afstaar sin jordegne Gaard til Kronen, skal Biørn
Anderssen paa Kronens Vegne tage nøjagtigt Skøde af ham paa
Gaarden, indskrive den i Jordebogen som ufrit Gods og forhøje
Landgilden saa meget, den kan taale. J. T. 1, 272.

— Til Kapitlet i Aarhus. Kongen skrev for nogen Tid siden
til det om at antage M. Peder Kemtrop til Læsemester i
M. Peder Vinstrups Sted, men erfarer nu, at han desuagtet er ble-
ven afvist, idet der allerede skulde være forhandlet med en anden,

hvilket dog ikke godt kan være troligt, da Peder Kemtrop be-
retter, at Kongens Skrivelse var ankommen til Kapitlet, førend dette
vidste, om Peder Vinstrup fik Kald i Kiøpnehafn eller ej. Det har
undret Kongen, at Peder Kemtrop ikke er bleven antaget, da han
baade med Hensyn til Lærdom og Levnet er egnet til at forestaa
Embedet og har haft en kgl. Forskrift, og Kongen maa formode, at
der i Kapitlet er Folk, der hellere ville befordre deres egne end
dem, som trænge til det, eller ogsaa overføre dette Stipendium, som
flere kunne hjælpes med, paa én alene, saaledes som tidligere vel
er sket. Det befales derfor paany Kapitlet at antage Peder Kem-
trop til Læsemester og lade ham faa den Læsemesteren tillagte Løn.
J. T. 1, 272 b[1].

**16. Juni (Koldinghus).** Til Lauge Beck. Da der er kommen en
tysk Herremand, ved Navn Hans von Barbye, for at gøre Krav paa
en Arv efter den ihjelslaaede Hans Barbye, skal Lauge
Beck, i hvis Værge Anders Barbyes Testament skal være, straks
begive sig til Kiøpnehafn med dette og paa Hans Barbyes Halv-
broders Vegne møde i Rette for Christopher Valckendorph og Her-
luf Skafue. Sj. T. 14, 85 b.

— Til Herlof Skafue, Landsdommer i Sjælland. Da den tyske
Herremand Hans von Barbye mener at kunne gøre Krav paa Ar-
ven efter Anders Barbyes uægte Søn Hans von Barbye,
fordi Anders Barbyes Testament lyder, at Arven efter Hans von
Barbyes og hans Søsters Død skal tilfalde Anders Barbyes rette
Arvinger og ikke den dræbtes Moder og derfor heller ikke Hans von
Barbyes endnu levende Halvbroder, skal Herlof Skafue begive sig
til Kiøpnehafn for sammen med Christopher Valckendorph at under-
søge Sagen og afsige Dom om, hvorvidt Arven skal tilfalde Hans von
Barbye eller den dræbtes Halvbroder eller andre. Sj. T. 14, 85 b.

— Befaling til Christopher Valckendorph straks at kalde Lauge
Beck og Hans von Barbye i Rette for sig angaaende Arven efter
den ihjelslaaede Hans von Barbye, afsige endelig Dom
i Sagen og give den beskreven fra sig; han skal kalde Herlof Ska-
fue, der har faaet Ordre til at deltage i Sagens Undersøgelse og Paa-
dømmelse, til sig og straks udføre denne Befaling. Sj. T. 14, 87.

— Til samme. Da den dræbte Hans Barbye har arvet efter
Anders Barbyes Testament og ikke efter dansk Lov og det synes,

---

[1] Tr.: Rørdam, Dsk. Kirkelove II. 284 f.

at hans Halvbroder ikke i Følge Testamentet kan arve ham, og da
Arven nu skal have staaet Aar og Dag, skal Christopher Valcken-
dorph paase, at Kronens Del af Arven ikke formindskes. Sj. T.
14, 86 b.

**16. Juni (Koldinghus).** Befaling til samme om ved Regnskabs-
aflæggelsen at godtgøre Hendrich Bang, Tolder i Medelfar, de
20 Dlr., som denne efter Kongens Befaling har udgivet til fattige
Folk og Skolebørn.  Orig.

— Forleningsbrev for Hr. Oluf Bang, Sognepræst i Me-
delfard, paa Afgiften af Kronens Part af Korntienden af
Kaudtzlund Sogn i Fyen, kvit og frit.  Orig. i Provinsark. i
Odense.  Udt. i F. R. 1, 138 b (med Dato 15. Juni).

— Aabent Brev, at Fru Giese Brockenhus, Erich Bildis
Enke, fremdeles indtil videre maa beholde den Enghave ved
Suinborg, hvorpaa det gamle Slot stod, uden Afgift; hun maa i
Kronens Skove aarlig faa saa megen Gærdsel, som hun behøver til
at indhegne Haven med, og Lensmanden paa Nyeborg Slot skal
anvise hende den.  F. R. 1, 138 b.

— Til Mouritz Podebusk.  Da Præsten i Rudkiøping paa
Langeland har berettet, at hans Præsteresidens er saa bygfal-
den, at han ikke kan bo i den, men maa bo i sin egen Gaard i
Byen, og at Borgemester og Raad ville have, at han skal svare kgl.
og borgerlig Tynge af denne Gaard ligesom andre Borgere, skønt
de ikke, saaledes som Ordinansen paabyder, holde hans Præste-
residens saaledes i Stand, at han kan bo i den, skal Mouritz Pode-
busk befale Borgemester og Raad med det første at sætte Præste-
residensen i forsvarlig Stand og indtil den Tid ikke besvære Sogne-
præsten med borgerlig Tynge.  F. T. 1, 103 b.

— Til Coruitz Viffert.  Da M. Hans Lang, Læsemester i
Ottense, der gentagne Gange har faaet Skrivelse til Stiftslensmanden
paa Ottensegaard om Istandsættelsen af hans Residens,
hvilket dog kun har frugtet lidt, saa han selv har maattet bekoste
en hel Del, hvis han ellers vilde bo i den, nu har begæret at faa
sine Udlæg godtgjorte og at faa Residensen gjort i Stand, befales
det Coruitz Viffert en Gang for alle at gøre Residensen forsvarligt
i Stand med det første og at tilbagebetale M. Hans hvad han be-
visligt har bekostet derpaa af sit eget.  F. T. 1, 104.

— Til Hans Johansen.  Da nogle Kronens Bønder i Chaus-

lunde, Gamborg og Estrup¹ have klaget over, at den Grøft,
som er kastet mellem dem og nogle omkringliggende Byer, er dem
til stor Trængsel paa deres Græsgang, hvad Kongen ogsaa selv har
set, og da Ejendommene ikke forinden ere adskilte af Sandemænd,
skal han befale de Kronens Bønder, der have gravet Grøf-
ten, igen at tilkaste det Stykke, de have gravet, og siden lade
uvildige Mænd træffe en endelig Afgørelse om Græsgangen, hvormed
begge Parter kunne være tilfreds.  F. T. 1, 104 b.

**16. Juni (Koldinghus).**  Aabent Brev, hvorved Kongen er-
klærer den Reversal for død og magtesløs, som Vincentz
Juel har givet Kongens Kammersvend Hans Matzen paa de 1000
gl. Dlr., som han for nogen Tid siden af Kongens eget Kammer
har leveret M. Michel Vandkunstner og nu har indleveret dennes
Kvittans for.  J. R. 2, 36 b.

**18. Juni (—).**  Forleningsbrev for Jørgen Marsuin paa
Syluitzborg Slot og Len, som Jørgen Bilde sidst havde det i
Værge.  Han skal tjene Riget med 6 geruste Heste, aarlig til 1.
Maj fra sidste 1. Maj af at regne svare 400 gl. Dlr. i Afgift af den
visse Rente og gøre Regnskab for al uvis Rente, hvoraf han selv
maa oppebære Halvdelen, dog forbeholder Kongen sig alene al Told,
Sise og Vrag.  Sk. R. 1, 248 b.

— Aabent Brev, at Borgerne i Vardbierg, der have lidt
stor Skade i sidste Fejde og endnu ikke ere komne over det, indtil
videre maa være fri for at svare Byskat.  Sk. R. 1, 249.

— Forleningsbrev for Coruitz Veffert paa St. Hans
Kloster i Ottense med det Gods, som tidligere laa un-
der Bispegaarden og Nesbyhofuitz Len, Stiftets Gods,
Anderschouf Klosters Gods paa Fyen, Visenbergs Birk
og alt det Gods, som er indløst og henlagt under ovennævnte Len,
saaledes som Jørgen Marsuin og Mouritz Podebusk sidst have haft
dem i Værge.  Han skal i aarlig Afgift af den visse Rente til Gaar-
den og Klosteret svare 20 Læster Malt, 2 Læster Rug og 1 Læst
Smør, gøre Regnskab for al vis og uvis Rente af Anderschouf Klo-
sters Gods og for al den visse Rente af Visenbergs Birk og det
indløste Gods.  Han skal gøre Regnskab for al den uvisse Rente,
hvoraf han med Undtagelse af Anderschouf Klosters Godses, selv
maa beholde Halvdelen, dog maa han af Gæsteriet forlods tage 6

---

¹ Vistnok en Fejlskrift for: Asperup.

Læster Havre og 208 Mk. 4 Sk. danske. Han maa selv beholde
Avlen og Afføddningen paa Nesbyhofuitz og St. Hans Klosters Lade-
gaarde, dog forbeholder Kongen sig frit Hø og Strøelse til sine
egne, sine Hofsinders og fremmede Herrers Heste, naar hans Vej
falder der forbi. Han skal tjene Riget med 8 geruste Heste. F.
R. 1, 139.

**18. Juni (Koldinghus).** Befaling til Axel Veffert, Absolon Giøe
og Lauritz Brockenhus at være til Stede, naar Jørgen Mar-
suin overleverer St. Hans Kloster, Nesbyhofuet Len og
tilliggende Gods med Inventarium og andet til Coruitz Veffert,
besigte Bygningerne i Klosteret, Ladegaarden og Staldgaarden og
de til St. Hans Kloster liggende Skove og give alt beskrevet fra sig.
Udt. i F. T. 1, 105.

— Mageskifte mellem Fru Karine til Skofsgaard, Niels
Skeels Enke, og Otthe Banner til Asdal paa hans Hustru Fru
Ingeborg Skeels Vegne paa den ene Side og Kronen paa den
anden. J. R. 2, 37. (Se Kronens Skøder.)

— Aabent Brev, hvorved Jep Høst i Krarup, der en Tid har
tjent som Delefoged til Koldinghus og siden som Herredsfoged, for
Livstid fritages for Halvdelen af sin Landgilde og for al
Ægt, Arbejde og anden Tynge af sin Gaard. J. R. 2, 62 b. K.

**19. Juni (—).** Aabent Brev om Privilegier for Vardbierg
By. Sk. R. 1, 249 b. (Se Secher, Forordninger II. 100 ff.)

— Til Indbyggerne i Kongsbacke og Falchenberg.
Da Kongen, for at Vardberg bedre kan blive bebygget, har bestemt,
at de skulle flyttes til Vardberg, og kun har givet dem deres
Privilegier indtil videre[1] (i Brevet til Falkenberg: og har forbeholdt
sig at kunne forandre deres Privilegier), befales det dem strengelig
inden et halvt Aar efter dette Brevs Datum i det allerseneste at
flytte til Vardberg og indtil den Tid afholde sig fra al borgerlig
Handel og Vandel; de, der blive boende, ville blive satte for Land-
gilde ligesom Bønder, og de, der bruge Købmandskab og borgerlig
Handel, skulle have forbrudt hvad de have med at fare og straffes.
Sk. T. 1, 151[2].

— Aabent Brev, hvorved det Marked i Vardbierg, som
paa Borgernes Begæring for nogen Tid siden[3] blev henlagt fra St.

Laurentii Dag til 14 Dage før Pinsedag, atter henlægges til St.
Laurentii Dag [10. Aug.], da Olborg Marked holdes ved hin Tid
og Skauboer og andre, som vare vante til at komme til St. Lau-
rentii Marked i Vardbierg, nu søge til andre Steder. Sk. R. 1,
253. Orig.

**19. Juni (Koldinghus).** Til Jens Kaas. Da Kongen efter Be-
gæring af Borgerskabet i Vardberg har paabudt, at Vardberg Marked
igen skal holdes St. Laurentii Dag, fordi Skaufueboerne, der tid-
ligere besøgte Markedet, efter dets Henlæggelse til 14 Dage før
Pinse, for det meste søge til Nyløsse, hvor der ogsaa holdes Mar-
ked samme Dag, skal han straks lade Tolderne forkynde dette for
Indbyggerne i Skaufuen og Olborg og paabyde, at de skulle
søge til Vardberg med deres Fisk og andre Varer og ikke til
Løsse. J. T. 1, 273.

— Til Anders Bing. Der sendes ham en Udskrift af de ny
Privilegier for Vardberg samt et Brev om Henlæggelsen af Vardberg
Marked til St. Laurentii Dag og to Breve om Falckenbergs og Kongs-
backes Ødelæggelse med Ordre til at sørge for Privilegiernes Over-
holdelse og lade Brevene forkynde. Hvis de i Falckenberg og
Kongsbacke boende Borgere ikke flytte til den bestemte Tid, skal
han lade dem, der blive tilbage, sætte for Landgilde ligesom Bøn-
der og forbyde dem at drive Købmandsskab. Sk. T. 1, 151 b.

— Forleningsbrev for Hospitalet i Vardbierg paa
Kronens Part af Tienden af Viske Herred, som beløber sig
til 26 Tdr. Korn, uden Afgift; Borgemestre og Raad i Vardbierg
have nemlig berettet, at Tienden før Byens Erobring har ligget til
Hospitalet, men siden er kommen derfra. Sk. R. 1, 252.

— Aabent Brev, at Borgemestre og Raad i Vardbierg,
hvis Bykirke i sidste Fejde er bleven plyndret af Rigets Fjender og
nu er meget bygfældig og taglam, maa sende Bud ud over
hele Riget for at bede Folk om Hjælp til Kirkens Op-
byggelse, da de ikke selv formaa at genopbygge den; Kongen
beder alle hjælpe dem efter Evne; de Fuldmægtige, der oppebære
Hjælpen, skulle aflægge Regnskab derfor. Sk. R. 1, 252 b.

— Livsbrev for Mogens Henrichsen, Borgemester og
Hospitalsforstander i Ottense. paa den til Hospitalet hørende Ver-
ninge Tiende, da Superintendent M. Niels Jespersen og Borge-
mestre, Raad og Sognepræsterne i Ottense, der skulle høre Hospi-
talets Regnskab, have ment, at Hospitalet, som nu har begyndt at

holde Ladegaard, ikke selv længere har Brug for Halmen af Tien-
den. Han skal aarlig inden Fastelavn svare Hospitalet 16 Ørt.
Rug, 12 Ørt. Byg og 1 Ørt. Havre i Afgift og maa aldeles ikke
befatte sig med Boghvedetienden; svares Afgiften ikke i rette Tid,
skal dette Brev være forbrudt. F. R. 1, 141.

**19. Juni (Koldinghus).** Kvittans til Mogens Hendrichsen,
Borgemester, og Hans Dionisen, Forstandere for Almindeligt
Hospital i Ottense, der nu have gjort M. Niels Jespersen, Su-
perintendent i Fyens Stift, og Borgemestre, Raad og Sognepræsterne
i Ottense Regnskab for Hospitalets og de i dette underholdte Degnes
Indtægt og Udgift fra den Tid af, da de bleve Forstandere, til 1.
Maj 1578. De skulle herefter gøre Regnskab hvert Aar. F. R.
1, 141 b.

— Aabent Brev, at Ottense i de næste to Aar maa be-
holde Halvdelen af den aarlige Byskat til Vognleje og
anden Byens Gavn, da Borgemestre og Raad have klaget stærkt
over, at Byen er kommen i stor Gæld ved den store Vognleje, den
stadig maa udrede, fordi den ikke som andre Byer har Vognmænd,
der have Jord, hvorpaa de kunne holde Heste, saa der maa lejes
Borgervogne for rede Penge, naar der kommer nogle, der have
Besked paa Vogne. F. R. 1, 142 b [1].

— Aabent Brev, at Borgemestre og Raad i Ottense her-
efter altid skulle have Fuldmagt til at bortfæste de Alter-
og Gildegaarde i Byen, som de og deres Formænd hidtil have
bortfæstet, uagtet de ingen Breve have haft derpaa. Gaardene svare
Leje til Skolen og andre Steder og skulle bortfæstes til dem, der
ville svare mest og holde Gaardene i Stand. F. R. 1, 143.

— Til Borgemestre og Raad i Ottense. Da de have
klaget over, at Borgerne i Byen i Modstrid med Byens Privi-
legier besværes med at svare Smaatold paa Markederne i
Landtzkrone, Helsingborg og andensteds og ligesaa paa Skafuen af
de Fisk, som de salte eller tørre dér, eller som de købe der paa
Landet, og have begæret Fritagelse derfor, men Kongen ikke
ved, om denne Smaatold ikke ogsaa svares af andre, skulle de
med det første tilskrive Kongen fuld Besked om Smaatolden. F.
T. 1, 107 b.

— Til Jacob Ulfeld, Axel Veffert og Coruitz Veffert. Da Bor-

---

[1] Tr.: Vedel Simonsen, Bidrag t. Odense Byes Hist. II. 2. 182 f.

gerne i Ottense ville slaa en Bro over deres Aa, der er deres
fri Hegn, og begære, at Kongen vil lade dem faa en fri Køre-
vej fra Aaen over Kronens Bønders Jord paa Aasum
Mark til Adelvejen, hvilket de mene vil være dem til stort Gavn
med Hensyn til det Gods, »som de ville have til Kiertemynde [og]
fra Hintzholm did til Byen [Odense]«, medens det kun vil være til
ringe Skade for Bønderne, skulle ovennævnte tre Mænd, naar
de komme til Fyen, møde paa en for dem belejlig Tid paa de
Steder, hvor Borgerne i Ottense ville have Vejen lagt, undersøge,
om dette kan ske uden synderlig Skade for Kronens Bønder,
og give alt beskrevet fra sig, for at Kongen kan rette sig derefter.
F. T. 1, 107.

**19. Juni (Koldinghus).** Til Jacob Ulfeld og Axel Veffert. Da
der finder stor Uskikkelighed Sted i Fyen med Skæppe, Alen og
Vægt, idet Maalene ikke ere ens overalt, og Bønder og andre, der
skulle handle med Borgerne, klage stærkt derover, skulle de, saa-
snart de komme hjem af Rigets Ærinde, mødes i Odense, kalde
en Borgemester og en Raadmand fra hver Købstad i Fyen til sig,
overveje Sagen grundigt i Forening med disse og fastsætte en
endelig Ordning om, hvorledes alt herefter skal være med
Skæppe, Alen og Vægt baade i Købstæderne og paa Landet;
naar dette er sket, skulle de lade gøre Mønstre, lade disse brænde
og mærke, saa de kunne sendes rundt til Købstæderne, og befale,
at der skal holdes et særskilt Mønster af Kobber i Odense, for at
de andre Købstæder altid kunne rette sig derefter. F. T. 1, 106.

— Befaling til Ottense, Kierteminde, Suinborg, Nyborg, Medel-
fard, Bogens, Assens og Foborg hver at sende en Borgemester
og en Raadmand til Ottense, naar Jacob Ulfeld og Axel Thøni-
sen tilsige, for at deltage i ovennævnte Forhandling og siden rette
sig efter de der trufne Bestemmelser. F. T. 1, 105 b.

— Til Tolderen i Nyborg. Borgemestre og Raad i Ottense og
Indbyggere i andre Købstæder have beklaget sig over, at Kongens
Kaptejner, der ligge i Bæltet med Kongens Gallejer og Skibe, ofte
ikke ville tillade dem, naar de komme i Bæltet med deres Skibe
og ville til Tyskland eller andre Steder, at sejle deres rette Kaas,
skønt de fremvise deres Søbrev og ikke have forbudte Varer inde,
men tvinge dem til at løbe ind for Nyborg og ligesom Udlændinge
tage Besked og Pas hos Tolderen paa, hvorhen de ville løbe, hvil-
ket medfører, at de tit forsømme Vinden og anden Belejlighed. Da

dette saaledes, skønt Kongen tidligere har forbudt det, endnu finder
Sted, hvilket skyldes, at Kaptejnerne i Bæltet skifte, skal Tol-
deren befale de Kaptejner, der sendes til Bæltet, her-
efter at lade Kongens egne Undersaatter i Ottense, Kier-
teminde, Assens og andensteds i Fyen uhindret passere,
naar de med Søbrev have bevist, hvor de høre hjemme,
og at de kun have deres egne og uforbudte Varer inde;
ligeledes skal han befale Kaptejnerne alvorligt at paase, at deres
Skibsfolk ikke overfalde Kongens Undersaatter eller andre, der komme
i Bæltet, eller beskatte dem eller berøve dem noget. F. T. 1, 108[1].

**19. Juni (Koldinghus).** Aabent Brev, at Hr. Thomes Olufs-
sen, Sognepræst til Hiensvig Sogn, indtil videre maa beholde
1 Pd. Korn af den Afgift, han skal svare af Kronens Part
af Korntienden af Hiensvig Sogn, som han har fæstet. J.
R. 2, 63 b.

— Aabent Brev, at alle Aalegaarde fra Bredevadt Bro
og ret vesten ind i Stranden skulle optages og afskaffes,
da Lensmanden paa Trøyeborg ellers har Fuldmagt til at ophugge
dem allesammen. Udt. i J. T. 1, 273.

**20. Juni (—).** Befaling til Christopher Valkendorff, der har
gjort Antegnelse i Erick Brockenhus's Regnskab for 200 Dlr.
for nogen Fetalje, der er leveret til Kongens Skib St. Olluf, om
ikke at regne ham det til Mangel, men give ham Kvittans der-
for. Udt. i Sj. T. 14, 87 b.

— Til samme. Da der i Østersøen skal være 2 Fribyttere,
som røve fra den søfarende Mand, sendes der ham et Brev til
Alexander Durham, Admiral i Østersøen, om at blive ude med 3
af Gallejerne og se at opbringe Fribytterne, hvilket Brev han straks
med et paalideligt Bud skal sende til denne; er Alexander Durham
allerede kommen hjem, skal han straks igen sende ham ud. Orig.[2]

— Tilladelse for Hendrich Rantzov, Statholder i Holsten,
til at sende Bud til Gotlandt eller et andet Sted i Riget
efter 100 Læster Limsten, dog skal alt ske paa hans egen Be-
kostning. Det befales alle saa hurtig som muligt at hjælpe hans
Fuldmægtige til at faa Limstenene for Betaling, for at hans Skibe
ikke skulle løbe forgæves eller vente derefter. Sk. R. 1, 254.

— Til Coruitz Viffert. Chresten Nielsen i Jersøre har

---

[1] Tr.: Secher, Forordninger II. 105.     [2] Tr.: Nye dsk. Mag. I. 24.

berettet, at Hr. Jens Berthelsen, Sognepræst til Ore Sogn, for
nogen Tid siden har faaet Kongens Brev paa en jordegen Bonde-
gaard i Skouby, som han havde tilhandlet sig af Arvingerne, og at
der paa Fynbo Landsting er afsagt den Dom, at enten skal Præ-
sten have sine Penge tilbage eller Sælgeren af Gaarden give ham
lovligt Skøde derpaa; Chresten Nielsen paastaar nu, at Præsten
ikke har holdt sit Løfte, og at Handelen har været ulovlig, da Gaar-
den ikke forinden har været lovbuden. Da Kongen husker, at Konge-
brevet ikke strækker sig videre, end Skødet og Landstingsdommen
formelde, skal Coruitz Viffert med det første kalde Præstemanden
og hans Modpart i Rette for sig, tage andre gode Folk til, under-
søge Sagen i Forening med dem og enten oprette en Kontrakt
mellem dem, saaledes at Præsten beholder Gaarden, eller afsige
Dom i Sagen samt siden give begge Parter Afgørelsen beskreven.
F. T. 1, 109.

**20. Juni (Koldinghus).** Til samme. Hans Jespersen, af
hvem Hack Ulfstand som Lensmand paa Ottensegaard efter Kongens
Befaling købte en jordegen Bondegaard i Gamelby[1] for 70
Dlr. og paa den Betingelse, at Datteren skulde beholde Gaarden,
saalænge hun levede, har klaget over, at han endnu ingen Penge
har faaet, fordi Hack Ulfstand straks efter er kommen af med Ot-
tensegaard, og en kgl. Skrivelse til Jørgen Marsuin om at betale
Pengene, hvis han syntes, at Gaarden var saa meget værd, har hel-
ler ikke ført til noget, idet Jørgen Marsuin hverken har betalt Pen-
gene eller været paa Gaarden; Kongen kan dog nok tænke, at Jørgen
Marsuin ikke har været villig til at udlægge Pengene, da han intet
fik af Gaarden. Da Hans Jespersen nok kunde lide, at Godtfolk
saa, om Gaarden var saa meget værd, skal Coruitz Viffert, for at
der kan blive gjort Ende paa den Sag, enten selv eller ved andre
undersøge, om Gaarden er Pengene værd og Kongen gavnlig, i saa
Fald betale de 70 Dlr. og henvise Hans Jespersen til Kongen, for
at denne kan give ham og Datteren Livsbrev paa Gaarden. F. T.
1, 110.

— Bestalling for Niels Pouelssen, Borger i Ribe, som
Tolder smstds. J. R. 2, 63 b.

— Livsbrev for en af Lauritz Michelssen i Raa i Mø-
gelthønder Sogns Sønner paa den Kronens Gaard, som Lauritz

---

[1] Gamby, Skovby H.

Michelssen for nogen Tid siden har fæstet og anvendt stor Bekost-
ning paa med Bygning, Rydning og Grøfter, hvilket han nu er bange
for ikke skal komme hans Børn til gode; den af Sønnerne, som han
helst vil unde Gaarden, skal, naar han tiltræder den efter Lauritz
Michelssens og hans Hustrus Død, fæste Gaarden af Lensmanden
og siden svare tilbørlig Landgilde og gøre tilbørlig Ægt og Arbejde
deraf. J. R. 2, 64.

**20. Juni (Koldinghus).** Til Lauritz Skram. Da nogle under
Slottet [Koldinghus] hørende Bønder i Endle Herred have klaget
over, at hver Mand i Herredet aarlig skal svare nogle Læs Ved
til Slottet, skønt flere ikke selv have Skov til deres Gaarde, men
maa købe Veddet andensteds, skal Lauritz Skram undersøge denne
Sag og anvise de Bønder, der ikke selv have Skov at hugge i, hvor
de med mindst Skovskade kunne hugge ovennævnte Ved i Kronens
Skove. J. T. 1, 273 b.

— Til samme. Anders Simenssen, Borger og Hospitalsforstan-
der i Kolding, har berettet, at der med Hensyn til to til Hospitalet
henlagte Sognetiender er truffet den Bestemmelse, at de aarlig skulle
ydes i Kærven paa Skodborg, mod at der saa af Slottet her [Kol-
dinghus] svares nogle Pd. Korn i aarlig Afgift til Hospitalet, men
at Hospitalet undertiden, naar Aaret er daarligt, faar mindre Korn,
end Kontrakten lyder paa, idet Lensmanden ikke uden Kongens Bil-
ligelse tør svare Hospitalet det fulde Kornmaal, naar de paa Skod-
borg leverede Tiender ikke kunne forslaa dertil, uagtet Hospitalet
ikke faar mere Korn, end Kontrakten lyder paa, naar Tienderne
beløbe sig til mere. Det befales derfor Lauritz Skram aarlig at
yde Hospitalet det i Kontrakten fastsatte Korn, hvad en-
ten Tienderne kunne forslaa eller ej. J. T. 1, 273 b.

— Til samme. Da Morthen Jensen af Seby har skænket
Dronningen sin Søn, en lille Dreng paa omtrent 9 Aar, skal
Lauritz Skram paa Kongens Vegne holde Drengen i Skole
her i Byen, skaffe ham Underholdning med Klæder og Føde
paa Slottet indtil videre og i det hele tage sig af ham. Orig.

— Til samme. Anne Søfrens i Fierup har berettet, at
hendes Husbonde for nogen Tid siden har solgt deres jordegne
Bondegaard til Kronen, men siden er rømmet for Gæld og er ble-
ven Kronen 8½ Dlr. skyldig for Landgilde, som han er bleven
fordelt for. Kongen har paa hendes Begæring eftergivet hende de
8½ Dlr. Orig.

**22. Juul (Koldinghus).** Forleningsbrev for Jacob Vind,
Sekretær, paa det første Prælatur, der bliver ledigt i en af Dom-
kirkerne i Danmark, dog tidligere udgivne Ekspektancebreve hermed
uforkrænkede; naar han ikke længere er i Kongens Tjeneste, skal
han residere ved Prælaturet. Sj. R. 11, 386 b.

— Befaling til Christopher Valkendorf at give Oluf Mekel-
borg, der af Kongen havde faaet Tilladelse til at faa 1500 Tdr.
Havre paa Skanderborg Slot, men nu ikke kan faa dem dér, da Kon-
gen selv bliver her i Landet, Anvisning paa Havren andensteds.
Udt. i Sj. T. 14, 87 b.

— Til Steen Bilde. Da Kongen har bevilget, at Jacob
Krabbe, Hofsinde, maa faa Kirkens Part af Korntienden
af Munckelungby Sogn, som Steen Bilde paa Herridtzuad Klo-
sters Vegne har Jus patronatus til, for Stedsmaal og en vis aarlig
Afgift, medens han hidtil har haft den i Leje for uvis Afgift, skal
Steen Bilde sætte Kirkens Korntiende for en rimelig
Afgift og indsende skriftlig Besked derom. Sk. T. 1, 152.

— Til Biørn Kaas og Hans Schougaard. Da Steen Bilde for-
medelst Svaghed har frasagt sig Landsdommerembedet i Skaane og
Kongen ikke straks ved at sætte nogen i Stedet, skulle de for-
handle med Biørn Saxtrup om atter at overtage Lands-
dommerembedet i nogen Tid; Kongen vil lade Biørn Saxtrup
faa Espolthe Len, som han tidligere har haft, indtil han kan blive
anderledes betænkt. Sk. T. 1, 152 b.

— Livsbrev for Mouritz Podebusk til Kiørup, der nu
har eftergivet Kronen Pantesummen for Thranekier Slot og Len og
for det Stiftets Gods og andet Gods paa Langeland, som han har
haft i Pant, paa ovennævnte Thranekier Slot og Len og alt
det Gods paa Langeland, som han har i Pant, samt paa
det Gods i Fyen, som han har haft i Forlening, nemlig 10
Gaarde i Jersore, 10 Gaarde og 1 Gadehus i Høruppe[1] By og Sogn,
4 Gaarde i Renge[2], 7 Gaarde i Riofneslof[3], 13 Gaarde i Borresøø[4],
3 Gaarde i Kioxbølle[5], 4 Gaarde og 1 Gadehus i Gandstrup[6], 1
Gaard i Bredstrup, 8 Gaarde i Haesmarcke samt 6 Gaarde i So-
merbye[7], der svare deres Landgilde til Superintendenten, hvilket de
fremdeles skulle blive ved med, alt uden Afgift. F. R. 1, 143 b.

---

[1] N. Højrup, Skam H.    [2] Ringe, samme H.    [3] Rorslev, samme H.    [4] Baardesø,
samme H.    [5] Krogsbølle, samme H.    [6] Gundstrup, samme H.    [7] Maaske Lumby,
Lunde H.

**22. Juni** (**Koldinghus**). Til Coruitz Veffert. Da Kongen har
bevilget, at **Mouritz Podebusk**, Embedsmand paa Thranekier,
igen maa faa det **Anduordskouf Klosters Gods paa Fyen**,
som han tidligere havde i Forlening, og som Coruitz Veffert har
faaet Ordre til at lægge ind under Kongens Gaard [i Odense], skal
Coruitz Viffert straks overlevere ham Godset. F. T. 1, 111.

— **Skøde til Fru Magdalene Sestede**, Mouritz Podebuskis
Hustru, og hendes Arvinger paa **Ebbeløe** m. m. F. R. 1, 144 b.
(Se Kronens Skøder.)

— **Forleningsbrev for M. Rasmus Heinssen paa
Ærkedegnedømmet i Riber Domkirke**, dog først at tiltræde
efter den nuværende Indehaver, Ærkedegn M. Jens Viborgs Død.
J. R. 2, 65.

— **Ekspektancebrev for samme paa det første ledige
Kannikedømme i Aarhus Domkirke**, dog tidligere udgivne Eks-
pektancebreve hermed uforkrænkede. Udt. i J. R. 2, 65 b.

— **Til Lauritz Schram og Claus Glambeck.** Da Kongen har
bevilget **Fru Karen Holger Rossenkrantzis** Herligheden af
nogle jordegne Bøndergaarde, nemlig 2 i Stoberup, 1 i Lystrup, 1
i Glaptrup og Thulsgaard, samt 1 Gaard i Lystrup, 2 Gaarde i
Bierby, 1 Bol i Seit og 1 Gaard i Rodued[1] til **Mageskifte** for
1 Gaard i Egum[2] i Eld Herred, 1 Gaard i Vinding i Holmindtz
Herred, 1 Gaard i Mørckholt, 1 Bol i Horsted, 1 Bol i Høin og 2
Gaarde i Ilued i Nøruangs Herred, skulle de den 30. Juni be-
sigte Mageskiftegodset, ligne det og indsende klare Registre derpaa.
Udt. i J. T. 1, 274.

**23. Juni** (—). Befaling til Lauritz Skram, Embedsmand paa
Koldinghus, at levere **Marine Peders**, der har været Amme
for en af Kongens Døtre, 1 Pd. Korn af Slottets Loft. Orig.

— **Til Christopher Valkendorph.** Da **Christopher Busk**,
Borger i Ottense, der i forleden Fejde i Henhold til Kongens Løfte
om Betaling har ført en stor Hob Fetalje til Lejren til Uddeling
blandt Knægtene og siden ogsaa af Kongen har faaet Løfte om Be-
taling derfor, da han har Øverste Daniel Rantzovs Bevis for sit Til-
godehavende, nu har ladet dette falde paa 1200 Dlr. nær, skal
Christopher Valkendorph med det første **betale** ham disse 1200

---

[1] Raadved, Vor H.　　[2] Igum.

Dlr. med Korn eller andre Varer og beregne ham Varerne til en rimelig Pris. Sj. T. 14, 88.

**24. Juni (Koldinghus).** Livsbrev for Fru Magdalene Sested, Mouritz Podebuskis Hustru, paa Kronens Fiskeri i Aaen ved Ribe fra Nørbro og ud til Skibsbroen, saaledes som M. Anders Søfrenssen nu har det, uden Afgift. J. R. 2, 65 b.

— Livsbrev for Fru Karine Guldenstiern, Holgier Rossenkrantzis Enke, paa Kronens Part af Tienden af Stoubye Sogn, uden Afgift. Udt. i J. R. 2, 66.

— Til Lauritz Skram. Da denne Brevviser Søfren Hanssen har tilbudt at sælge Kronen en halv Bondegaard i Skodborg Len for 100 Dlr., skal han undersøge Gaarden og, hvis den er denne Sum værd, handle med Søfren Hanssen om den, betale den, indskrive den i Jordebogen som en ufri Gaard og forhøje Landgilden saa meget, som Gaarden kan taale. J. T. 1, 274 b.

— Til samme. Denne Brevviser Jørgen Therkelssen, født i Meisling i Kolding Len, har i den sidste svenske Fejde trolig ladet sig bruge paa Toget mod Rigets Fjender, og Kongen skrev derfor for nogle Aar siden[1] til den daværende Lensmand Morthen Suendssen om at skaffe ham en Gaard i Lenet; han kom da ogsaa med Morthen Suendssens Tilladelse i Gaarden hos en Enke, men denne Gaard er siden bleven bortfæstet til en anden Mand, og der er erhvervet kgl. Brev derpaa, saa Jørgen Therkelssen til sin store Skade er kommen fra Gaarden, skønt han har svaret Morthen Suendssen 10 Dlr. og Enken 10 Dlr. For at Jørgen Therkelssen imidlertid kan faa nogen Løn for sin Tjeneste og ikke skal være husvild med Hustru og Børn, skal Lauritz Skram uden Indfæstning lade ham faa den første ledige Gaard i Lenet, som han kan være tjent med, dog mod at han svarer sædvanlig Landgilde, Ægt, Arbejde og anden Tynge deraf. J. T. 1, 275 b.

— Til Nils Kaas, Kansler, og Albret Friis til Haritzkier. Da Kongen har forhandlet med Ifuer Vind om at faa hans Hovedgaard i Starup og hans øvrige Gods i Koldinghus Len til Mageskifte for Grundet By ved Veyle med saa meget af det nærmest liggende Gods, som hans Gods kan beløbe sig til, skulle de med det første besigte begge Parters Gods, ligne det og give deres Besigtelse beskreven fra sig. J. T. 1, 275.

---

[1] Se Kanc. Brevbøger 1566—70 S. 418.

**24. Juni (Koldinghus).** Befaling til samme at besigte Hoved-
gaarden Damsgaard med meget mere Gods i Koldinghus Len, som
Fru Begge Peder Galschøttis vil udlægge Kronen, og det
Krongods, hun skal have i Stedet, og give deres Besigtelse beskreven
fra sig. Udt. i J. T. 1, 275 b.

— Til Borgemestre og Raad i Købstæderne i Nørrejylland.
Da Øksendriverne i deres By skylde Kongen en hel Del Penge for
dette og forrige Aars Told og det kan befrygtes, at Øksendrivernes
andre Kreditorer trænge paa og ville have deres Betaling forud,
forbydes det dem at lade nogen faa Betaling forlods af
Øksendriverne, og det befales dem at sørge for, at Kongens
Tolder faar Kronens Tilgodehavende. J. T. 1, 276.

**26. Juni** (—). Til Kronuns Bønder under Koldinghus.
Da Kongens Hofjunkere en Tid lang skulle have deres Hoflejr i
Kolding, befales det, for at Borgerne i Byen kunne faa hvad de
behøve til disses Underholdning, alle Bønderne at gøre Tilførsel
til Kolding, saaledes som Lensmanden fordeler dem og paa den
Tid, han befaler. De skulle fra nu af til St. Laurentii Dag [10.
Aug.] sælge det tilførte til en Pris af 1 Mk. danske for hvert godt
Lam, 12 Sk. for hvert ringere Lam, 3 Sk. for hvert Par unge
Høns, 4 Sk. for hvert Par gamle Høns og 8 Alb. for hver Snes
Æg. J. T. 1, 276 b.

— Pantebrev paa Livstid til Erick Hardenberg paa
Hagenschouf Len for 12,936 gl. Dlr. P. 346 (overstreget).

**27. Juni** (—). Til Christopher Valkendorf. Da Dronningen
har berettet, at der i det kommende Aar vil blive Brug for
en Del Klæde og Fløjl til hendes Jomfruer, skal han i Neder-
landene bestille 50 Al. rigtig fint brandgult Engelst, det bed-
ste der er at faa, og 2 Stykker sort Fløjl til 3 gl. Dlr. pr. Alen
og sørge for, at det kommer til Kiøpnehafn først i det kommende
Aar. Sj. T. 14, 88.

— Til samme. Da Sekretær Frederich Gross har berettet, at
der er Mangel paa Rug og andet paa Arnsborg, skal han se at
skaffe det manglende og med det første sende det did. Orig.[1]

— Aabent Brev, at Birgithe Pedersdatter, Aage Bruns
Enke, fremdeles i det næste Aar maa være fri for Landgilde,
Ægt, Arbejde og anden Besværing af den Gaard i Syndrum,

---

[1] Tr.: Dsk. Mag. III. 137f. Nye dsk. Mag. I. 46.

som hun selv bor i; men efter den Tid skal hun svare sædvanlig
Landgilde og anden Rettighed. Sk. R. 1, 254 b.

**27. Juni (Koldinghus).** Forleningsbrev for Niels Bre-
dal, der i lang Tid med Flid har forestaaet Skolemesterembedet i
Vedle, men for nogen Tid siden har maattet frasige sig det for-
medelst Alderdom og Skrøbelighed, **paa Afgiften af Kronens
Part af Korntienden af Hoer Sogn i Nørrejylland**, kvit og frit.
J. R. 2, 66.

— Til Lauritz Skram. Da Claus Hønborg, der en Tid har
ladet sig bruge i Kongens Tjeneste og siden er bleven beskikket til
Herredsfoged i Endle Herred, formedelst de med Embedet forbundne
Besværinger har begæret foruden den halve Gaard i Siøholm, hvoraf
han ikke kan ernære sig, at maatte faa den anden halve Gaard,
som Appelone Thuis nu har, befales det Lauritz Skram uden Ind-
fæstning at skaffe Appelone en anden god Gaard i Lenet, som hun
kan være tjent med, og naar det er sket, lade Claus Hønborg
faa hele Gaarden i Siøholm, uden Afgift, saalænge han er Her-
redsfoged. J. T. 1, 277.

— Befaling til samme at købe den jordegne Bondegaard
i Hastrup, som Jens Jenssen vil sælge til Kronen, hvis den da
kan være Kronen nyttig, betale Jens Jenssen Købesummen, sætte
Gaarden for en rimelig Landgilde og lade den indskrive i Jorde-
bogen derfor. J. T. 1, 277 b.

— Befaling til samme herefter at give Hr. Seuerin Strue,
Sognepræst til Vemme[1] Kirke, den Tiende, som han efter Ordi-
nansen skal have af Skodborg Ladegaard, og ingen Hinder
gøre ham derpaa. Udt. i J. T. 1, 277 b.

— Til samme. Da Thomes og Anders Pederssen i Høiby[2],
Kronens Bønder, have berettet, at den til deres Gaard liggende Skov
ikke kan taale, at der bliver hugget de 40 Læs Ved aarlig deri,
som de skulle svare i Vedægt til Slottet [Koldinghus], skal han
anvise dem Veddet i andre Kronens Skove deromkring. J. T.
1, 278 b.

— Til Bønderne i Merup[3] Sogn. Da Merup Kirke fra
Arilds Tid af har været en Kirke for sig selv, indtil de for kort
Tid siden have givet Præsten til Hierum Kirke Kald, hvilket strider
mod Kongens Faders Breve og den derpaa gjorte Skik, befales det

---

[1] Vejen, Malt H.    [2] Vistnok Højen, Jerlev H.    [3] Mejrup, Hjerm H.

dem, naar M. Hans Laugessen, Superintendent i Riiber Stift, be-
søger dem, at vælge sig en egen Sognepræst, som han kender
for god, saafremt Kongen ikke skal tiltænke anderledes derom.  J.
T. 1, 277 b¹.   Orig. i Provinsark. i Viborg.

**27. Juni (Koldinghus).**  Til Lauritz Skram og Claus Glambeck.
Da Erich Hardenberg til Mattrup har begæret Kronens Rettighed
i 2 jordegne Bøndergaarde i Løfuit til Mageskifte for 1 Gaard i
Vinding og, hvis den ikke kan forslaa, Gods i Bygholms Len, skulle
de, saasnart de have besigtet det Gods, Fru Karen Holger Rossen-
krantzis vil udlægge Kronen, besigte begge Parters Gods og give
deres Besigtelse beskreven fra sig.   Udt. i J. T. 1, 278.

**28. Juni (—).**  Befaling til Biørn Anderssen, Axel Viffert, Chri-
sten Munck, Lodvig Munck og Mauritz Stygge, der have faaet Ordre
til at rejse til Norge for at høre Sager og Undersaatternes
Klagemaal baade i Opsloe, Bergen og Trundhiem, om at give sig
gode Stunder, høre alle og hjælpe dem til Rette, da det er
længe siden, at Kongen har haft Raader deroppe, og Folkene bo
saa vidt spredt, at de ikke hver Dag kunne klage deres Nød.
Forekommer der Klager, som de ikke selv kunne afgøre, skulle de
optegne dem og gøre Relation derom til Kongen.   Sj. T. 14, 88 b.

— Til Johan Taube, Embedsmand paa Kroneborg.   Da Kon-
gen af det støbte Kobber- og Messingtøj, som en fra Nor-
renberg har bestilt her ind i Riget og tilbudt at sælge Kon-
gen, vil beholde det paa vedlagte Seddel opførte, skal han i For-
ening med Henrich Monssen forhandle med Norrenbergeren om
Købet; Henrich Monssen skal saa siden betale det.   Orig.

— Skøde til Erich Hardenbierg til Matrup.   F. R. 1,
145 b.   (Se Kronens Skøder.)

— Til Lauritz Skram.   Da de Bønder, der høste, pløje og
arbejde her til Slottet og Ladegaardene, ikke mere bespises,
hvilket er afskaffet i Kongens Moders Tid, medens de tidligere her,
ligesom andensteds, daglig have faaet et Maaltid Mad af Kød, Sild,
Kaal, Vælling og andre gemene Spiser, skal han herefter, naar de
arbejde for Slottet eller Ladegaardene, give dem et Maaltid Mad
om Dagen og føre Udgiften til Regnskab.   J. T. 1, 278 b².

— Til samme.   Da der i Koldinghus Len findes en Del jord-

---

¹ Tr.: Ny kirkehist. Saml. VI. 669.     ² Tr.: Nyerup, Hist.-stat. Skildring af Til-
standen i Danmark og Norge I. 377.   Saml. t. jydsk Hist. og Topogr. VII. 93 f.

egne Bønder og flere af disse tilbyde Kronen deres Ejendom til Købs,
skal han købe saa meget jordegent Gods, han kan faa, til
Kronen, men forinden selv besigte Godset og undersøge, om det er
Kronen nyttigt eller ej. Han skal betale Sælgerne, hvad Godset er
værdt, tage nøjagtigt Skøde af dem derpaa, indskrive Godset i Jorde-
bogen som ufrit Gods og forhøje Landgilden, hvis Godset kan svare
mere. Udgiften til Købet skal han indskrive i Regnskabet. J. T.
1, 279 b.

**28. Juni (Koldinghus).** Til samme. Jenvold Nilssen i Sø-
schouf har berettet, at han af afdøde Morthen Suendssen, daværende
Lensmand paa Koldinghus, har fæstet en Kronens Jord paa Lille
Frøst Mark og et Enemærke i Søschouf Mark for 80 Dlr., og at
han, da Jord og Enemærke siden ere mageskiftede bort til Fru
Anne Giordtzdatter, Erich Langis Enke, saa han kun har faaet et
Aars Afgrøde deraf, har faaet kgl. Skrivelse til Morthen Suendssen
om at tilbagebetale ham de 80 Dlr., hvilket dog endnu ikke er sket.
Det befales derfor Lauritz Skram straks at tilbagebetale ham
de 80 Dlr. J. T. 1, 279 b.

— Til Kapitlet i Riibe. Da Kongen, der vil tilskifte sig
alt det Gods, som Adelen og andre have i Ansted, Hol-
mindtz, Endle, Brusk og Jerslof Herreder, har erfaret, at
Kapitlet har en hel Del Gods i disse Herreder, hvorover der sendes
det et Register, skal Kapitlet inden et Par Dage sende Kongen
en klar Jordebog over det paa Registret opførte Gods; Kongen,
der straks vil lægge dette Gods under Koldinghus, vil saa siden over-
veje, hvor der kan udlægges Kapitlet Fyldest derfor. J. T. 1, 279.

— Til alle, der drive Fiskeri paa Liist, Søndre Rømme, Mandø,
Fanø, Longleye[1], Søndresiide, Vestersiide, Neyeminde, Høg[2] og Ore-
gab[3] Fiskerlejer. Da de fattige i Almindeligt Hospital i Riibe
have Mangel paa Fisk til deres Underholdning, skal der herefter
aarlig mellem Paaskedag og St. Johannis Baptiste Dag paa den Dag,
Hospitalets Fuldmægtig tilsiger, svares det af hvert Skib, der fisker,
en Lod af den Fisk, der fanges den Dag. Kongens Fogder
skulle paase Overholdelsen heraf og straffe dem, der undlade at
svare Fisk. J. T. 1, 280.

**29. Juni (—).** Til Fru Sitzelle Urne, Albret Oxis Enke. Da
hun i Anledning af, at Rentemester Christoffer Valckendorff har

---

[1] Langelæg, V. Horne H.    [2] Hug, Hindsted H.    [3] Aargab, samme H.

krævet hende for nogle Restancer af Penge- og Madskatter
i Aalleholm og de andre Len-her i Riget, som hendes af-
døde Husbonde har haft i Forlening, har berettet, at en Del
af de Bønder, der stod til Restance med Skatter, er døde og andre
saa forarmede, at Restancerne ikke kunne inddrives hos dem,
har Kongen eftergivet alle Restancer, der ere over 5
Aar gamle, men befaler hende at indkræve de sidste 5 Aars Re-
stancer hos dem, der kunne udrede disse, og tage Tingsvidner om,
hvilke der ere saa forarmede, at de ikke kunne det. F. T. 1, 305.

**29. Juni (Koldinghus).** Til Jørgen Skram. M. Christoffer Knopf,
Kongens Hofprædikant, har berettet, at Gregers Ulfstand til Estrups
Foged i sin Herres Fraværelse har begyndt nogen Trætte med ham
og givet ham Varsel om, at han paa Søndrehaldtz Herreds Ting vil
opkræve Syn om Skovskellet i Floustrup[1] Skov mellem Skoven
til Røballi[2] og Skoven til en Gaard i Floustrup og om nogle ved
Skellet huggede Træer og samtidig vil tage nogle Vidnesbyrd an-
gaaende Skovskellet. Da Gregers Ulfstand, der er udenlands i
Rigets Bestilling, i den Anledning har faaet kgl. Brev paa, at ingen
maa føre Trætte paa ham eller det Gods, han har i Værge, saa-
længe han er udenlands og 6 Uger efter Hjemkomsten, dog paa
det Vilkaar, at han heller ikke i den Tid paafører andre Trætte,
skal Jørgen Skram forbyde Herredsfogden i Søndrehaldtz
Herred at lade Gregers Ulfstands Foged faa noget Syn
eller Vidnesbyrd mod M. Christoffer, førend Gregers Ulfs-
tand selv kommer hjem. J. T. 1, 280 b.

**[Omtr. 1. Juli[3].]** Til Christopher Valkendorph. Kongen af
Frankrig har skrevet til Kongen for en af sine Undersaatter i Drip-
pen[4], ved Navn Philips Skott, der har klaget over, at en af
Kongens Udliggere under Norge, Kaptejn Claus Holdst, i sidste Fejde
har frataget ham Skib og Gods, alene fordi han har været berustet,
hvilket han dog kun har været for at beskytte sig mod de Engel-
ske, men ikke for at tilføje nogen Overlast; da Kongen af Frankrig
har begæret, at Sagen maa blive forhørt, men Kongen ikke husker,
hvorledes den forholder sig, skal Christopher Valkendorph flittigt
lade udspørge, hvorledes det er gaaet til med Skibet, meddele Køb-
manden, at Sagen skal blive forhørt, hvis han kan angive, hvilken

---

[1] Fløjstrup, Sønderhald H.      [2] Raaballegaard.      [3] Indført mellem Breve af 28.
Juni og 3. Juli.      [4] Vel Dieppe.

Kaptejn der har frataget ham Skibet, og lade gaa Dom i Sagen, hvis Kaptejnen endnu lever og er i Tjenesten. Sj. T. 14, 89.

**3. Juli (Koldinghus).** Til Christopher Valkendorp. Da to af Hendrich Lydinghussens Arvinger ere komne og ere villige til at tage mod den Tredjedel, der kan tilkomme dem som deres Part af den Hendrich Lydinghussen tilkommende Besolding, skal Christopher Valkendorp lade beregne, hvor megen Besolding og Hofklædning der tilkommer Hendrich Lydinghussen, betale ovennævnte to Arvinger deres Part i Penge, tage Kvittans derfor og indskrive det i Regnskabet. Sj. T. 14, 89 b.

— Til samme. Da Kongen, der vil lade en hel Hob Skyts støbe af det Kobber, han skal have fra Sverrig, af Hertug Ulrich af Meklenborgs og Hertug Julius af Brunsvigs Skrivelser ser, at disses Bøssestøbere kun beregne dem en Afgang ved Støbningen af en Tiendedel eller mindre, skal Christopher Valkendorff straks tale med M. Giert, Kongens Bøssestøber, derom og tilkendegive ham, at Kongen ved Afsmeltningen kun vil godtgøre ham en Tiendedel [1], ligesom andre Fyrster gøre. Sj. T. 14, 90.

— Befalinger til Peder Bilde, Eiler Grubbe og Hans Skougaardt straks at møde i Kiøpnehafn for at høre de af Rentemester Christopher Valkendorphs Regnskaber, der endnu ikke ere hørte, og indsende skriftlig Beretning om, hvorvidt Regnskaberne ere klare eller ej. Sj. T. 14, 90 b.

— Til Axel Viffert. Da Toldergaarden i Nyborg er forfalden baade paa Tag og Lofter og Plankeværket er faldet ned, saa den, medmindre den med det første bliver istandsat, siden vil kræve stor Bekostning, skal han straks lade den gøre i Stand og indskrive Udgiften dertil i sit Regnskab. F. T. 1, 111.

— Aabent Brev, hvorved Kongen eftergiver Bønderne i Koldinghus, Hønborg og Skodborg Len de Restancer, ialt 3 Læster 3½ Td. Brød, 3½ Læst 5 Tdr. Øl, 46½ Side Flæsk, 31 Faarekroppe, 1007½ Gaasekrop, 2½ Td. 1 Fjerd. Smør, 1 Læst 1 Td. 1 Skp. Gryn, som de restere med af Madskatterne til Midfaste 1566, Paaske 1567, Midfaste 1568, Palmesøndag 1569, Midfaste 1570, Midfaste 1571 og Midfaste 1572, da nogle af de Bønder, der skulde have svaret Skatten, ere døde og andre saa forarmede, at de ikke kunne udrede den. J. R. 2, 66 b.

[1] Sj. T. har her ved en Fejlskrift: Tredjedel.

**3. Juli (Koldinghus).** Livsbrev for Albret Galdschiøtt til Synderschouf paa Kronens Part af Korntienden af Folding Sogn, hvis han overlever sin Moder Fru Begge Clausdatter, der nu har den i Værge; han skal ingen Indfæstning give, men svare samme Afgift deraf som Moderen. J. R. 2, 67.

— Mageskifte mellem Fru Bege Clausdatter, Peder Galskiøttis Enke, og Kronen. J. R. 2, 67 b. (Se Kronens Skøder.)

— Livsbrev for Hr. Jens Søfrenssen i Prestkier og hans Hustru paa Frihed for Ægt, Arbejde og al anden Besværing af den halve Bondegaards Eje, kaldet Brørup Mark, som han nu har købt og har til Hensigt at bebygge. J. R. 2, 75 b.

— Til Biørn Anderssen. Da Rentemester Christoffer Valckendorff har lovet Karsten Rickerssen, Købmand i Flensborig, at han skulde faa et Antal Tønder Havre paa Skanderborg, hvorfra der nu imidlertid ikke kan undværes noget, da Kongen vil holde Hoflejr dér, skal Biørn Anderssen give sin Skriver, der oppebærer Stiftets Korn, Ordre til mod Kvittans at levere Karsten Rickerssen eller dennes Fuldmægtig al den Havre, han nu har i Forraad. J. T. 1, 281.

**4. Juli (—).** Aabent Brev, at Forstanderne for Hospitalet i Ottense, der hidtil ikke have haft noget for deres Arbejde i denne Bestilling, herefter, naar Regnskabet er hørt, aarlig skulle have en 120 Dlr. af den Beholdning, som opskrives, da den Hospitalet og de deri underholdte Degne tillagte Rente godt kan bære dette, uden at Hospitalet og Degnene lide noget Afbræk. Da Mogens Henrichssen for det meste forfølger de fattiges Sager paa Tinge og har størst Besvær, skal han have 80 Dlr. og den anden Hospitalsforstander 40 Dlr.; ligeledes skal for Fremtiden den Hospitalsforstander, der har størst Besvær og af Bispen og Sognepræsten er sat til at føre de fattiges Sager paa Tinge, have størst Løn. F. R. 1, 146 b. Orig. i Provinsark. i Odense.

— Aabent Brev, at Thomes Farssen, Foged paa Koldinghus, maa være fri for at svare Landgilde og gøre Ægt, Arbejde og anden Tynge af den Kronens Gaard i Velling, han nu bor paa, saalænge han er i Kongens daglige Tjeneste. J. R. 2, 76.

— Aabent Brev, hvorved det strengelig forbydes alle andre Knivsmede i Kolding og andensteds i Riget end Lauge og Jørgen Vabben, Knivsmede i Kolding, at bruge disses Fader Hans Vabbens Stempel og Mærke, som er en Ham-

mer, paa deres Knive, da det hverken er billigt eller sømmeligt, at
den ene Haandværksmand bruger den andens Stempel og Mærke.
Sønnerne, der mene at være nærmest til at føre dette Mærke, da
deres Fader med særlig Flid og Vindskibelighed har lært dem dette
Haandværk, have klaget over, at mange Knivsmede alligevel slaa
det paa deres Knive og ofte lave daarligt Arbejde, saa det bliver
dem og deres Fader til stor Spot og Eftertale. Gør nogen her-
imod, skal han have forbrudt Knivene og desuden straffes. J.
R. 2, 76 b.

**4. Juli (Koldinghus).** Aabent Brev, at Hospitalet i Hor-
sens og Præsterne smstds., der hidtil have oppebaaret henholds-
vis 2 Ørt. Rug, 5 Ørt. Byg og al Kvægtienden og 6 Ørt. Rug og
6 Ørt. Byg af Kronens Part af Tienden af Stouby Sogn, som Fru
Karine Gyldenstiern, Holgier Rosenkrantzis Enke, nu har faaet Livs-
brev paa, i Stedet maa oppebære disse Afgifter af Aarhus
Stifts Korn- og Kvægtiende, indtil Tienden af Stouby Sogn igen
bliver ledig, da saa den gamle Ordning paany skal træde i Kraft.
Det befales Stiftslensmanden paa Aarhusgaard at levere Hospitalet
og Præsterne ovennævnte Afgifter. J. R. 2, 77 b.

— Forleningsbrev for Daniel Randtzov til Hogenfelde
paa de Kronens og Stiftets Tjenere og de Gejstlige paa
Als og Erre, som Axel Veffert sidst havde i Værge, saa vidt den
gejstlige Jurisdiktion tilhører Kronen. Han skal aarlig, regnet fra
sidste 1. Maj, svare 600 gl. Dlr. i Afgift af den visse og uvisse
Rente af Kronens og Stiftets Bønder og paa egen Bekostning levere
dem i Holsten til hvert Omslag; naar der udgaar Breve om almin-
delig Landeskat, skal han skrive Kronens Bønder for Skat og oppe-
bære den; han skal forsvare Kronens og Stiftets Bønder og paase,
at Kronens og Stiftets Ejendom og Herlighed ikke forkortes for hans
Forsømmelses Skyld; behøver han Hjælp af Kongen i nogen Sag,
skal han melde denne det. Naar Bispen i Fyen visiterer ved St.
Laurentii Dags [10. Aug.] Tid, skal han i Forening med Bispen og
Provsten personlig overvære Kirkeregnskabernes Aflæggelse og paase
Kirkernes Gavn. Ægteskabssager maa ikke paadømmes paa Als og
Erre, men skulle indstævnes for Bispen og de andre Gejstlige i Ot-
tense. Han skal saa vidt muligt hjælpe de Bønder, der allerede
have klaget over at have lidt Uret, til deres Ret og, hvis der er
mærkelig Brøst til Stede, som han ikke kan raade Bod paa, under-
rette Kongen derom. F. R. 1, 147.

**4. Jali (Koldinghus).** Følgebrev for samme til ovennævnte Bønder og Gejstlige. Udt. i F. R. 1, 148 b.

— Til Lauritz Skram. Da Kongen har lagt noget Riiber Kapitel tilhørende Gods her i Lenet [Koldinghus] ind under Slottet og lovet at udlægge Kapitlet Fyldest derfor af Kronens Gods i Øster, Nør og Slags Herreder, sendes der ham en underskreven Jordebog over ovennævnte Kapitelsgods med Ordre til straks at optegne Gods med tilsvarende Rente af det Kronens Gods i ovennævnte Herreder, som bedst kan undværes, og ligne det paa sædvanlig Vis, dog behøver han ikke at regne Ejendommen; derefter skal han sende Registret til Kongen, der saa vil give Kapitlet Brev paa Godset. Han skal ligeledes udlægge Domkirken i Riibe Fyldest i ovennævnte Herreder for det paa Registret opførte, Domkirken tilhørende Gods, som Kongen ogsaa har taget; da Domkirkens Gods er Skovgods, hvoraf den hidtil har haft Bygningstømmer, eftersom den ingen anden Skov har, skal han udlægge Domkirken noget mere Gods, end den afstaar, og sende Kongen Register derpaa. J. T. 1, 281 b.

**5. Jali (—).** Aabent Brev, hvorved Kongen — der nu ved et Mageskifte med Riber Domkirke har faaet noget Skovgods i Koldinghus Len, hvoraf Domkirken hidtil har haft Bygningstømmer, medens der ingen Skov er til det af Kronen til Kirken udlagte Gods, saa Kirken nu intet Skovgods har »ad fabricam« — lover for sig og Efterkommere til evig Tid at ville skaffe Riber Domkirke saa meget Tømmer, som behøves til dens Istandholdelse. Lensmanden paa Koldinghus skal skaffe Kirkeværgerne Tømmeret og skal, naar det forlanges, være forpligtet til selv at drage til Ribe og undersøge Domkirkens Mangler. J. R. 2, 78 b.

— Befaling til Bispen i Fyen om aarlig ved St. Laurentii Tid at begive sig til Als og Ærre for i Forening med Daniel Randtzov i Provsternes Nærværelse at høre Kirkernes Regnskab. F. T. 1, 111 b.

— Aabent Brev, at Anders Villumssen i Brønfed i et Aars Tid maa være fri for at gøre Ægt og Arbejde af sin Gaard. Udt. i J. R. 2, 79.

— Mageskifte mellem Fru Karine Gyldenstiern til Bolver, Holgier Rossenkrantzis Enke, og Kronen. J. R. 2, 79. (Se Kronens Skøder.)

— Aabent Brev, at Peder Pouelssen, Fru Karine Gylden-

stierns Tjener, der af hende har faaet Livsbrev paa 1 Gaard i
Elling i Vor Herred, fri for al Tynge og Besværing, men nu har
afstaaet dette Brev, da Fru Karine har tilmageskiftet Kronen Gaar-
den, fremdeles maa beholde denne Gaard, mod at svare tilbørlig
Landgilde og Rettighed af den, og desuden et øde Byggesteds
og Bondegaards Eje i Elling, som er tildømt ham, fri for Land-
gilde, Ægt, Arbejde og anden Besværing, saalænge han lever. J.
R. 2, 84 b.

**5. Juli (Koldinghus).** Til Lauritz Skram, Embedsmand paa
Koldinghus. Kongen har eftergivet Hans Ibsen i Fierup de
6 Dlr., som han formedelst Armod er kommen til at restere med
af sin Landgilde. Orig.

**6. Juli (—).** Aabent Brev, at Hans Brun, der af afdøde
Holgier Rosenkrantz havde faaet Brev for nogle Aar paa en Gaard
i Eegum[1], som nu Enken, Fru Karine Gyldenstiern, har udlagt til
Kronen, maa beholde denne Gaard til 1. Maj og til den Tid
være fri for at gøre Ægt og Arbejde af Gaarden; derefter skal
Lensmanden paa Koldinghus skaffe ham en anden Gaard i Lenet,
som han indtil videre maa være fri for at svare Landgilde og gøre
Ægt og Arbejde af; han maa ingen Jagt bruge. J. R. 2, 85 b.

— Aabent Brev, at Marine Hr. Nielsis maa være fri for
at svare Skat og gøre Tynge til Kronen, saalænge hun er Enke.
Udt. i J. R. 2, 85.

— Forleningsbrev for Hr. Jørgen Morthenssen, Ka-
pellan i Kolding, paa Afgiften af Kronens Part af Korntien-
den af Grimstrup Sogn, kvit og fri. Udt. i J. R. 2, 86.

— Til Hans Skougaard. Da Kongen tidligere har forhand-
let med ham og hans Søskende om Skougaard og deres øvrige Gods
i Koldinghus Len og faaet Løfte om at faa det til Mageskifte,
naar deres Broder Anders igen kom tilbage til Riget, skal Hans
Skougaard straks skrive til Broderen om at vende hjem og for-
handle med ham og Medarvingerne om at afstaa deres Parter af
Godset. J. T. 1, 282.

— Til Fru Mette Hans Bernekovs. Kongen har erfaret, at en
af hendes Tjenere, Nils Pederssen i Stollerupgaard[2], ofte
har opført sig meget utilbørligt i sin Sognekirke, Hart
Kirke, med Bulder, Banden, Sværgen og anden Ulyd, saaledes

---

[1] Igum, Elbo H.    [2] Stallerupgaard, Brusk H.

sidste Pinsedag, da Præsten maatte sende Bud ned til ham i Kir-
ken og bede ham om Ro til at læse og synge for Alteret; han gik
da af sin Stol ud paa Kirkegulvet og befalede Kirken, Præsten og
alt dette Pak Djævelen af Helvede; 3. Pinsedag gjorde han atter
saa stor Ulyd med Banden og andre onde Ord, at Præsten næppe
kunde faa Lyd for ham; 2. Søndag efter Pinse har han igen gjort
saa stort Bulder med Banden og Sværgen, da Præsten begyndte sin
Prædiken, at Præsten efter forgæves en 3—4 Gange at have bedt
ham være stille maatte opgive Prædikenen. Formedelst Sognepræ-
stens og Sognemændenes stærke Klager over ham har saa Fru Kir-
stine Ulfeld, Morthen Suendsens Enke, der bor i samme Sogn, ladet
ham gribe og føre til Koldinghus. Skønt Fru Mette som Nils Pe-
derssens Husbonde er forpligtet til selv at straffe hans grove For-
seelser, erfarer Kongen, at hun nu tiltaler Fru Kirstine Ulfeld med
Vold og Forfølgning, fordi hun har ladet hendes Tjener gribe, uanset
at det skete i Kirken, hvor Kongen ellers mener at have den høje-
ste Jurisdiktion. Da Kongen er pligtig at straffe alle, der ville for-
mene Guds Ords Fremgang, befaler han Fru Mette at opgive al
Vold, Tiltale og Forfølgning mod Fru Kirstine og hendes Folk,
efterdi Fru Kirstine jo hverken af Forsæt eller af Avind eller Had
har foretaget sig noget mod Fru Mettes Tjener; gør hun ikke det,
vil Kongen se sig nødsaget til at straffe Nils Pederssen paa Livet
til advarende Eksempel for andre. Hun skal straks med dette Bud
erklære sig herom.    J. T. 1, 282 [1].

**6. Juli (Koldinghus).** Befaling til Lauritz Skram, Embedsmand
paa Koldinghus, af Loftet at levere Maren Chrestens i Ulborg
det Pd. Korn, som Kongen har givet hende.  Orig.

**7. Juli (—).** Befaling til nedennævnte Lensmænd om med det
første at sælge det Rug, Malt og Havre, som fandtes i Forraad
hos dem 1. Maj 1578, dog skulle de beholde saa meget tilbage,
som de mene behøves til Kongens Underholdning, indtil det ny
Korn kommer. Det Smør, Flæsk og Gryn, som de havde i Behold
af Kongens sidste 1. Maj, skulle de saa snart som muligt sende til
Kiøpnehafn. — Jørgen Rosenkrantz paa Kalløe skal sælge alt Rug
og Malt, han havde i Forraad; Jørgen Skram paa Drotningborg skal
sælge det Rug, Malt og Havre, han kan undvære, med Undtagelse
af 1000 Tdr. Malt og 400 Tdr. Rug, som skulle bruges til Kiøpne-

---

[1] Tr.: Ny kirkehist. Saml. VI. 516 f.

hafns [Slot] og Holmen; Manderup Pasbierg paa Silkeborg skal
sælge alt det Rug, Malt og Havre, han kan undvære; Niels Joenssen
paa Haldt skal sælge alt det Rug, Malt og Havre, han kan und-
være, dog skal han lade Købmændene faa hvad der er anvist dem
hos ham. Udt. i Sj. T. 14, 91.

7. Juli (Koldinghus). Breve til nedennævnte Lensmænd og
andre om Restancer: Erick Løcke skal straks indkræve de
500 Dlr., som Thomis Jørgenssen i Ribe, forhen Skriver paa Vor-
dingborg Slot, endnu resterer med af sit Regnskab af Vordingborg,
og derefter befale ham at rejse til Kiøpnehafn for at gøre sit Regn-
skab klart hos Rentemesteren; hvis Thomis Jørgenssen ikke vil be-
tale, skal han tage Borgen af ham eller sætte ham i Forvaring paa
Slottet, indtil han stiller Borgen for sig; ligeledes skal han befale
Matz Kock i Ribe straks at levere Renteskriver Hans Stissen de
638½ Dlr., som han blev Kongen skyldig i sit sidste Regnskab til
1. Maj 1578, og derefter begive sig til Kiøpnehafn til Rentemesteren
for at afbetale alt hvad han blev skyldig til 1. Maj 1578; vil Matz
Kock ikke gøre det, skal han tiltale ham med Retten; Søfren Hof-
mand og Niels Skriver i Randers skulle straks sende de Penge,
som de bleve Kongen skyldige til 1. Maj 1577 for Korn, Smør og
andre Varer, til Renteskriver Hans Stissen paa Skanderborg; Claus
Huitfeld skal straks begive sig til Kiøpnehafn for at gøre Regnskab
for og afbetale hvad han er bleven Kongen skyldig af Drotningborg
Len og Pengeskatten; Niels Joenssen paa Hald skal befale Hans
Laurtzen i Testrup ufortøvet at begive til Kiøpnehafn for at gøre
sit Regnskab for Stiftets Indkomst i Viborg Stift og sine Mandtals-
registre paa de af ham oppebaarne Pengeskatter klare hos Rente-
mesteren; hvis han mærker, at Hans Laurtzen forsømmer det, skal
han tiltale ham paa Herreds- og Landsting og for Rigens Kansler,
indtil han betaler hvad han skylder Kongen; Biørn Kaaes paa Malmøe-
hus skal befale Lauritz Hanssen, forhen Toldskriver i Malmøe, straks
at begive sig til Rentemesteren i Kiøpnehafn for at betale hvad han
skylder Kongen og, hvis han ikke gør det, lade ham tiltale og ud-
vurdere Kongen Fyldest for hans Tilgodehavende i Lauritz Hanssens
Gaarde og Gods i Byen; til Jørgen Rudtz Arvinger om de 357 Dlr.,
som Jørgen Rudt blev Kongen skyldig af Gislefeld Gaard til 1. Maj
1562; til Jørgen Suofs Arvinger om de 200 Dlr., som Kongen
laante ham 1561, og som skulde have været betalte til Paaske
1562; Lauge Venstermand, Axel Urnis Børns Værge, skal straks

betale de 210 Dlr., 44 Goltgylden, 10 ungerske Gylden og 4$^1/_2$ Rosenobel, som han [Aksel Urne] blev Kongen skyldig, og som skulde have været betalte til St. Mikkelsdag 1566; Peder Bilde skal befale Oluf Jenssen, som var Byfoged i Kallundborg, at begive sig til Rentemesteren for at betale hvad han skylder Kongen; Peder Gyldenstern skal, hvis han ikke allerede har betalt eller har faaet Henstand af Kongen, have Brev om straks at sende de Penge, han resterer med og tidligere har faaet Skrivelse om, til Claus Glambeck paa Skanderborg; Eggert Ulfeld skal straks begive sig til Rentemesteren for at gøre sit Regnskab af Roschildegaards Len klart og betale hvad han bliver skyldig[1]; Borgemestre og Raad i Ottense skulle, da Mickel Bager i Ottense nu er død og skylder Kongen en hel Del Penge for Korn, Smør og andre Varer, paase, at der ikke udkommer noget af hans Hus, førend Kongen har faaet sin Betaling; Erick Løcke paa Riberhus skal, da Matz Anckerssen i Riibe, forhen Stiftsskriver, er død og skylder Kongen en stor Sum Penge, forhøre i Riibe, om Matz Anckerssen har noget Gods eller Penge til gode nogensteds, og i saa Tilfælde indkræve det til Bedste for Kongen; Hendrich Norbye skal straks begive sig til Kiøpnehafn for at forklare sit Regnskab af Nøikiøping Len. Udt. i Sj. T. 14, 91 b. Orig. (til Borgemestre og Raad i Odense om Mikkel Baggers efterladte Gods) i Provinsark. i Odense.

**7. Juli (Koldinghus).** Befaling til Byfogderne i Randers, Horsens (Hans Francke), Vedele, Colding, Riibe, Varde, Ringkiøping, Lemviig, Holstebrouf, Hofbrofue, Grindov, Eueltoft, Viiborg, Tystedt, Skifue, Nykiøping p. Mors, Seebye og Høringe og Tolderne i Aarhus (Lauritz Fog), Ringkiøping og Nykiøping p. Mors at møde med deres Regnskab hos Kongen, hvor denne er at træffe, og gøre det klart hos Renteskriver Hans Stissen. Udt. i Sj. T. 14, 95.

— Befaling til nedennævnte Købstæder at sende deres resterende Byskat til Hans Stissen: Horsens 5 Mk. 9 Sk. af Byskatten til Martini 1573 og 805 Mk. 9 Sk. af Byskatterne til Martini 1574, 1575, 1576 og 1577; Varde 100 Mk. af Byskatten til Martini 1577; Holdstebroe 22$^1/_2$ Mk. 5 Sk. 1 Alb. af Byskatten til Martini 1577; Høringe 40 Mk. af Byskatten til Martini 1577; Grindov 78 Mk. 4 Sk. af Byskatten til Martini 1577; Aarhus 400 Mk. af Byskatterne til Martini 1576 og 1577. Udt. i Sj. T. 14, 95.

---

[1] Derefter følge nogle norske Lensmænd.

**7. Juli (Koldinghus).** Befaling til nedennævnte Købstæder at sende deres Restancer af Skatten til Juledag 1576 til Hans Stissen: Horsens 500 Dlr., Aarhus 250 Dlr., Holdstebro 200 Dlr., Ringkiøping 150 Dlr. og Lemvig 50 Dlr. Udt. i Sj. T. 14, 95 b.

— Mageskifte mellem Erich Hardenbierg til Matrup og Kronen. J. R. 2, 86 [1].

— Mageskifte mellem Ifuer Vind og Kronen. J. R. 2, 89. (Se Kronens Skøder.)

— Til Kapitlet i Riibe. Da Kongen har bevilget, at Loduig Nilssen maa faa en Kapitlet tilhørende Gaard i Høgsbro til Mageskifte for Gods i Skatz Herred, skal Kapitlet med det første lade Mageskiftet gaa for sig, lade Godset besigte og ligne og paase, at Kapitlet faar Fyldest. J. T. 1, 283.

**8. Juli (—).** Befaling til Christopher Valkendorp at betale Sekretær Frederich Gross de 240 Dlr., som han efter Kongens Befaling har udlagt til Indløsning af Hertugen af Curlands Gældsbrev paa 20,000 Dlr., som Hertug Magnus havde tilstillet Johan Meidel for hans tilgodehavende Besolding, tage Johan Meidels Forskrivning og Hertugen af Curlands Gældsbrev til sig og opbevare dem indtil videre. Sj. T. 14, 96.

— Befaling til Johan Taube straks at opsætte en Skive ved Kroneborg, som de paa Slottet liggende Knægte kunne øve sig i at skyde til Maals efter. Sj. T. 14, 96 b.

— Aabent Brev, hvorved Kongen, der nu ved Mageskifte har faaet den halve Otting Jord, som Hr. Mattis Buck, Sognepræst til Egtued Kirke, for nogen Tid siden har fæstet af Fru Karine Krabbe, Niels Scheels Enke, for sig selv, sin Hustru Ursula og et af deres Børn, bevilger, at Hr. Mattis Buck og hans Hustru Ursula maa beholde ovennævnte halve Otting Jord, saalænge de leve, fri for Landgilde og anden Besværing, og at deres Søn Hr. Niels Buck, hvis han overlever dem, maa beholde Jorden indtil videre fri for Landgilde og anden Tynge. J. R. 2, 96.

— Aabent Brev, at Bertel Hanssen i Elthang, Herredsfoged i Brusk Herred, maa være fri for Landgilde, Ægt, Arbejde og anden Tynge af sin Gaard, saalænge han er Herredsfoged. Udt. i J. R. 2, 96 b.

— Befaling til Lauritz Skram og Vilhelm Dresselberg at be-

---

[1] Udenfor er skrevet: Dette Mageskifte er siden anderledes forandret. (Se 27. Febr. 1579).

sigte noget Gods paa Threldenes, 1 Gaard, kaldet Refsnes[1], 1 Gaard
i Vørcke[2] og andet Gods i Koldinghus Len, som Kongen har be-
gæret til Mageskifte af Fru Kirstine Morten Suendssens,
og 2 Gaarde i Sested og Gods i Fyrstendømmet, som Kongen har
bevilget hende til Gengæld, og indsende deres Besigtelse til Kongen.
Udt. i J. T. 1, 283 b.

**8. Juli (Koldinghus).** Befaling til Lauritz Skram aarlig at levere
Anders Hanssen, Skarpretter i Kolding, 8 Dlr. og en grov Klæd-
ning og lade det indskrive i Regnskabet. Udt. i J. T. 1, 283 b.

— Befaling til samme at levere Anne Søfrens i Fierup
Klæde til en Kaabe og indskrive Udgiften dertil i sit Regn-
skab. Orig.

— Befaling til M. Lauritz Berthilssen, Superintendent i Aarhus
Stift, at hjælpe Hr. Chresten Jenssen, der har tjent som
Skibspræst paa Orlogsskibene, men nu lider stor Nød, da han
intet Kald har, til det første ledige Kald i Stiftet, dog skal alt
gaa efter Ordinansen. Orig. i Provinsark. i Viborg.

**9. Juli (—).** Til alle 4 Superintendenter i Nørrejylland. Da
den baade i Købstæderne og paa Landet i Nørrejylland brugte Skik,
at der ringes 2 eller 3 Gange for samme Lig, er opkommen under
Pavedømmet og der andensteds i Riget kun ringes én Gang, skulle
de drage Omsorg for, at der herefter kun bliver ringet én Gang,
naar et Lig begraves. J. T. 1, 284[3]. Origg. (til Superinten-
denterne i Viborg og Vendelbo Stifter (den førstnævnte dateret 10.
Juli)) i Provinsark. i Viborg.

— Aabent Brev, at Hans Skotte, der en Tid har tjent som
Urtegaardsmand paa Koldinghus og hidtil haft Underhold-
ning paa Slottet, men nu, da han er bleven gift og hans Hustru
skal tage Vare paa Kaalhaven og Rødderne, har begæret at faa en
Genant, fra førstkommende St. Mikkelsdag at regne aarlig skal have
24 gl. Dlr., 2 sædvanlige Hofklædninger, en om Vinteren og en om
Sommeren, fri Bolig og maanedlig 10 gl. Dlr. i Kostpenge til sig
selv og Hustru. Han skal om Sommeren holde 3 Karle og om
Vinteren 2 til at hjælpe sig, og hver Karl skal have 4 Dlr. om
Maaneden i Kostpenge. Lensmanden paa Koldinghus skal levere
ham og Karlene ovennævnte Løn, Hofklædninger og Kostpenge. J.
R. 2, 96 b.

---

[1] Refsgaarde, Jerlev H.    [2] Vork, samme H.    [3] Tr.: Secher, Forordninger II. 106 f.
Rørdam, Dsk. Kirkelove II. 285 (efter en Vidisse af Brevet til Superintendenten i Ribe Stift).

**10. Juli (Koldinghus).** Aabent Brev, at Morthen Polle, Humlegaardsmand, der har lovet at passe Kongens Humlehave ved Koldinghus, i aarlig Løn skal have 14 gl. Dlr., 1 sædvanlig Hofklædning, 1 Par Sko og fri Bolig samt 6 Dlr. om Maaneden i Kostpenge af Lensmanden paa Koldinghus. J. R. 2, 98 b.

— Aabent Brev, at Lauritz Henningsen, barnefødt paa Roschilde Domkirkes Gods i Ledøye, herefter maa være fri for at deles til Stavns; han, der af M. Christoffer Knopf, Kongens Hofprædikant, var fritaget for sit Fødested, har nemlig klaget over, at han nu, da Godset i Ledøye er mageskiftet til Kronen, bliver delt til Stavns af Lensmanden paa Kiøpnehafns Slot. Sj. R. 11, 387.

— Aabent Brev, at Claus Hønborg i Siøholm, Herredsfoged i Endle Herred, der en Tid lang har ladet sig bruge i Kongens Tjeneste og endnu stadig bruges og derfor kun har en halv Gaard at bo paa, som han ikke godt kan ernære sig af, medens andre Herredsfogder her i Lenet have en hel Gaard, med det første tillige maa faa den anden Halvpart af Gaarden i Siøholm, hvorpaa der nu til stor Trængsel for ham bor en Enke ved Navn Appelone Thuis, og siden beholde hele Gaarden fri for Landgilde, Ægt, Arbejde og anden Tynge, saalænge han er Herredsfoged; Lauritz Skram, Embedsmand paa Koldinghus, skal dog først paa Kronens Vegne skaffe Appelone en anden god Gaard, den første, der bliver ledig i Lenet, i Stedet uden Indfæstning. J. R. 2, 97 b.

— Aabent Brev, at Jep Thomessen i Leerskouf, Delefoged i Andst Herred, maa være fri for Landgilde, Ægt, Arbejde, Gæsteri og al anden Tynge af sin Gaard i Leerskouf, saalænge han fører Tilsyn med, at der ikke uddrives Øksne ad ulovlige Vadesteder mellem Koldinghus og Skodborg. Udt. i J. R. 2, 99.

— Aabent Brev, hvorved det strengelig befales Erick Løcke, Embedsmand paa Riberhus, og M. Hans Laugessen, Superintendent i Riber Stift, at sørge for, at Vem Kirke bliver ødelagt og Sognemændene efter Lejligheden fordelte mellem Bure og Giørding Sogne, da disse tre Sogne, der nu ere annekterede sammen, ere meget ringe og det falder Sognepræsten besværligt at gøre Tjeneste i alle tre Sogne paa alle Søndage og Højtider, hvorfor det ogsaa i Kongens Faders Tid er blevet bestemt, at en af Kirkerne skulde nedbrydes, hvilket nu bekvemmest kan ske med Vem Kirke. Det befales Sognemændene i ovennævnte tre Sogne at

27*

rette sig efter den Ordning, som Stiftslensmanden og Superintenden-
ten fastsætte. J. R. 2, 99 b [1].

**10. Juli (Koldinghus).** Befaling til Lauritz Skram og Hans Jo-
hanssen at besigte 1 Gaard i Bristrup [2], 1 Gaard i Egum [3] og Halv-
parten af Egums Mølle, alt i Eld Herred, som Steen Biilde til
Kiersgaard har bevilget Kronen til Mageskifte, og 3 Gaarde i
Bro i Fyen, som Steen Biilde skal have af Kronen, og indsende
Besigtelsen til Kancelliet. Udt. i J. T. 1, 284 b.

— Til Jørgen Skram og Claus Glambeck. Erich Løcke,
Embedsmand paa Riiberhus, begærede for nogen Tid siden noget
Krongods i Nørrejylland til Mageskifte for noget af sit Gods i
Skanderborg og Kalløe Len, og Godset blev besigtet af Claus Glam-
beck og Christen Munck, Embedsmand paa Aakier, hvorved det
viste sig, at Kronen blev Erich Løcke nogle Tønder Korn skyldig
ved dette Mageskifte. Da Erich Løcke nu paany har bevilget Kro-
nen 2 Gaarde i Koldinghus Len, den ene i Enner, den anden i
Velling, til Mageskifte og i Stedet for disse og det ovennævnte Til-
godehavende har faaet Løfte om 2 Gaarde i Steenvad i Kalløe Len,
skulle de med det første besigte Mageskiftegodset, ligne det og
indsende klare Registre derpaa. J. T. 1, 285. Jvfr. 20. Juli.

— Befaling til Lauritz Skram at besigte Bygsgaard [4] i Giefue
Sogn i Nørvang Herred, som Fru Inger Envold Laurtzis be-
gærer til Mageskifte, og 1 Gaard, kaldet Loft, i Grendsted Sogn
i Slags Herred, som hun vil udlægge i Stedet, og indsende Registre
derpaa. Udt. i J. T. 1, 284.

**11. Juli (—).** Til Christopher Valckendorff. Da Kongens Hof-
skrædder M. Claus Plum har været sendt udenlands efter
Silketøj og har haft 2000 Dlr. med sig til at betale med, skal
Christopher Valckendorff straks høre hans Regnskab, beregne,
hvor meget Kongen skylder Købmændene ud over de 2000 Dlr.,
og levere M. Claus dette, for at han siden kan betale Købmændene.
Sj. T. 14, 96 b.

— Aabent Brev, hvorved Sandemændene i Koldinghus
Len, der have berettet, at de besværes meget med Rejser til Lands-
tinget, naar de skulle gøre deres Tov, og paa anden Maade og
derover tit maa forsømme deres egen Næring, fritages for Ægt
og Arbejde, saalænge de ere Sandemænd. J. R. 2, 100.

---

[1] Tr.: Rørdam, Dsk. Kirkelove II. 286 f. [2] Bredstrup. [3] Igum. [4] Bæksgaard.

**11. Juli (Koldinghus).** Forleningsbrev for Hr. Peder Viborg, Sognepræst til Tornebye Sogn i Vendsyssel, paa Afgiften af Kronens Part af Korntienden af Tornebye Sogn, kvit og frit. Udt. i J. R. 2, 100 b.

— Aabent Brev, at Bertel Søfrenssen i Duns[1], Delefoged i Brusk Herred, indtil videre maa være fri for Landgilde, Ægt, Arbejde og anden Besværing af sin Gaard. Udt. i J. R. 2, 101.

— Mageskifte mellem Riber Kapitel og Kronen. J. R. 2, 101[2]. K.

— Mageskifte mellem Riber Domkirke og Kronen. J. R. 2, 116 b. Orig. i Provinsark. i Viborg. (Se Kronens Skøder under 11. Avg.[3])

— Til Mandrup Parsberg og Erich Løcke, Embedsmænd paa Silckeborg og Riiberhus. Da Lauritz Skram, Embedsmand paa Koldinghus, har begæret noget Maribo Klosters Gods i Nørvongs Herred, nemlig 1 Gaard, kaldet Hyfuitgaard[4], 4 Gaarde og 1 Bol i Flostrup[5], 3 Gaarde i Holtum og 1 Gaard i Gres, til Mageskifte for 4 Gaarde paa Treldenes, nemlig 3 i Treldeby og 1 Gaard, kaldet Egsgaard, og, hvis det ikke kan forslaa, tillige andet Gods, skulle de besigte begge Parters Gods, ligne det og indsende klare Registre derpaa. J. T. 1, 285 b[6].

**17. Juli (Skanderborg).** Til nedennævnte Lensmænd. Da der er stor Mangel paa Korn baade paa Landet og i Købstæderne og de, der have noget at sælge, forlange saa høj en Pris, at fattige Folk ikke godt kunne købe det, har Kongen for nylig befalet dem at sælge det Korn, som de kunne undvære fra Slottet, til fattige Folk for en rimelig Pris; det befales dem nu paany straks at sælge det Korn, som de kunne undvære fra Slottet og ikke have faaet Ordre til at sende andenstedshen, til Bønderne til en rimelig Pris; i Købstæderne skulle de tage Sognepræsterne til sig, undersøge, hvor mange fattige husarme der findes, optegne disses Navne paa klare Registre, beregne i Forening med Sognepræsterne, hvor meget enhver efter sine Vilkaar behøver til sin Underholdning til St. Bartholomei Dag [24. Aug.], straks give enhver saa meget og indskrive det i Regnskabet. — Christen Vind for Kiøpnehafn og

---

[1] Dons, Brusk H.   [2] Udenfor er skrevet: Dette Mageskifte er anderledes forandret. (Se 27. Marts 1579.)   [3] 11. Avg. er dog vistnok en Fejlskrift i det af Ribe Domkirke udstedte Eksemplar af Mageskiftebrevet.   [4] Hyvild.   [5] Pløjstrup.   [6] Udenfor er skrevet: Denne Befaling gik ikke for sig.

Kiøge; Johan Taube for Helsingøer og Slangerup; Lauge Beck for
Roschilde; Eiller Grubbe for Vordingborg, Nestvedt, Prestøe og Store
Heddinge; Peder Bilde for Kallundborg og Slaugelse; Hr. Bertel
Søfrenssen for Andtvorschouf; M. Ifuer Bertelssen for Soer; Bendt
Gregerssen for Ringstedt; Biørn Kaas for Malmøe, Lund, Ydsted,
Trelleborg, Falsterboe og Skonøer; Hans Skougaardt for Helsing-
borg, Axel Gyldenstern for Landtzkrone; Anders Bing for Vardbierg;
Henning Gøye for Nykiøping og Stubbekiøping; Hack Ulfstand for
Saxkiøping og Nystedt; Axel Viffert for Nyborg, Kerteminde, Suin-
borg og Faaborg; Coruitz Viffert for Ottense og Bogense; Jørgen
Rossenkrantz for Ebelthoft og Grindov; Jørgen Skram for Randers;
Niels Joenssen for Viborg, Hofbroe og Nykiøping p. Mors; Mande-
rup Pasberg for Silckeborg; Claus Glambeck for Horsens; Lauritz
Skram for Kolding og Vedle; Erick Løcke for Riibe, Varde, Lemvig
og Ringkiøping; Christiern Munck for Aakier [Len]. Sj. T. 14, 97.

**17. Juli (Skanderborg).** Aabent Brev, hvorved de nuværende
Sandemænd i Vindinge Herred fritages for Ægt og Ar-
bejde, saalænge de ere Sandemænd. Udt. i F. R. 1, 148 b.

**18. Juli (—).** Til Christopher Valkendorff. Kongen gav i
Anledning af Borgemestre og Raad i Malmøes Begæring om at
maatte nyde samme Frihed for Skat og Tynge som Borgemestre og
Raad i Kiøpnehafn sidstnævnte Befaling til at indsende deres Pri-
vilegier herpaa tilligemed Mandtalsregister paa den sidst svarede
Skat; Borgemester Jacob Skriver har i den Anledning været hos
Kongen med vedlagte Supplikats, hvori de berette, at, skønt de have
gamle Privilegier paa Skattefrihed, have de dog svaret Skat ligesom
deres Medborgere undtagen 1572. Da Kongen ikke ved, hvorledes
det forholder sig, og hvad Borgerne maaske kunne svare hertil,
sender han Skatteregistret til Christopher Valkendorff med Ordre
til straks at kalde Borgemestre og Raad og nogle af de fornemste
Borgere i Kiøpnehafn til sig, forhøre begge Parter, undersøge,
om Borgemestre og Raad have Privilegium paa at være
skattefri eller ej, og om de tidligere have hjulpet deres Medbor-
gere med at svare Skatten, og tilskrive Kongen fuld Besked derom.
Sj. T. 14, 99[1].

— Pantebrev paa Livstid til Gotske von Alefeld, Hof-
sinde, paa Lønneborg Gaard og Birk, 4 Gaarde i Lyddom

---

[1] Tr.: O. Nielsen, Kbhvns Dipl. IV. 633.

Sogn, 5 Gaarde i Queng[1] Sogn, hvoraf en kaldes Camersgaard, 2
Gaarde i Brock[2] Sogn og 4 Gaarde i Sterlof[3] Sogn for 6000 Mk.
lybsk, 2000 gl. Dlr. og 516$^1/_2$ Dlr. 10 Sk. 2 Alb., hvormed han
har indløst Godset fra Kiøne Quitzov; efter hans Død skal Godset
frit falde tilbage til Kronen. P. 347. (Overstreget.)

**19. Juli (Skanderborg).** Til Borgerne i Kiøpnehafn. Da B o r g e -
m e s t r e og R a a d i K i ø p n e h a f n — hvem Kongen for nogen Tid
siden[4] har tilladt p a a E m b e d s V e g n e at maatte o p p e b æ r e i Ac-
cise af hver Ame Vin, som indføres og sælges i Byen, 1 Mk. danske,
og af hver Td. t y s k Ø l, som Krøgere og Krøgersker sælge og ud-
tappe i Byen, 2 Sk. danske og af hver Td. dansk Øl 1 Sk. danske
som Løn for deres Arbejde — have klaget over, at mange ikke ville
svare denne Accise, befales det strengelig alle, der sælge Vin, og
alle Krøgere og Krøgersker, der sælge og udtappe Øl, at svare
Borgemestre og Raad ovennævnte Accise, da Borgemestre og Raad
ellers have Fuldmagt til at lade dem tiltale og straffe. Sj. T. 14, 99 b[5].

— Aabent Brev, hvorved Kongen — der har bragt i Er-
faring, at Skolerne i de smaa Købstæder i Fyen ikke holdes
ved Magt, ja tildels ere blevne saa godt som aldeles øde, fordi
Skolemestrene og Hørerne ikke have tilstrækkelig Løn og Un-
derholdning — strengelig befaler Superintendenten i Fyens Stift,
Provsterne og Borgemestre og Raad i disse smaa Købstæder at for-
ordne, at S k o l e m e s t r e n e og H ø r e r n e i h v e r af d i s s e Kø b-
s t æ d e r skulle have f r i K o s t hos Borgerne foruden den Løn,
de ellers have; ligeledes skal Superintendenten i Forening med
Herredsprovsterne forbedre Skolemestrenes og Hørernes
Løn af de Degnedømmer, som efter Ordinansen ligge til Sko-
lerne, saa Skolerne kunne blive ved Magt og blive forsynede med
lærde Personer. F. R. 1, 149[6].

— Livsbrev for Otthe Huitfeld, der nu har tilskødet Kro-
nen 1 Gaard med et paa Gaardens Grund bygget Hus i Gretterup i
Snehe Sogn i Vradtz Herred, p a a K r o n e n s P a r t og R e t t i g h e d
i F r ø s l e f g a a r d i S ø n d e r H e r r e d p a a Mors, som skal være den
tredje Part undtagen den tolvte Part, uden Afgift. J. R. 2, 120 b[7].

---

[1] Kvong, V. Horne H.     [2] Bork, N. Horne H.     [3] Strelev, samme H.     [4] Se
Kanc. Brevbøger 1571—75 S. 268 og 313.     [5] Tr.: Secher, Forordninger II. 108 f.  O.
Nielsen, Kbhvns Dipl. I. 470 (efter Orig. i Raadstuearkivet).     [6] Tr.: Secher, Forord-
ninger II. 107 f.  Rørdam, Dsk. Kirkelove II. 287 f. (efter en Kopi).     [7] Derefter følger
i Registranten Otte Hvitfeldts Skødebrev til Kronen paa ovennævnte Gaard og Hus. (Se
Kronens Skøder.)

**19. Juli (Skanderborg).** Aabent Brev, at Matz Pors til Klit-
gaard, der for nogen Tid siden har fæstet Kronens Part af Korn-
tienden af Sundby Sogn i Nørre Herred paa Mors for en aarlig Korn-
afgift og faaet Kongens Livsbrev derpaa, herefter maa svare Penge
i Stedet for Kornet, 1 gl. Dlr. for hver Td. Byg og ½ Dlr.
for hver Td. Havre, da han har klaget over, at han ofte lider stor
Skade baade med Fragt og paa anden Maade, naar det skal sen-
des til Olborg med Skib. Pengene skulle senest inden Fastelavn
betales til Stiftslensmanden i Vendelbo Stift, hvor i Stiftet denne be-
faler. J. R. 2, 122 b.

— Ekspektancebrev for M. Jens Søfrenssen, Skole-
mester i Kolding, paa det første ledige Kannikedømme i Ri-
ber Domkirke; tidligere udgivne Ekspektancebreve hermed dog
uforkrænkede. Udt. i J. R. 2, 123.

**20. Juli (—).** Til Hendrich Mogenssen, Tolder i Helsingøer.
Denne Brevviser, Villum Utlis, har berettet, at hans Svoger Niels
Lauritzen, der havde Jærnhytten i Norge, kort før sin Død har
fragtet en Skipper fra Stetin, ved Navn Michel Smidt, til at løbe
fra Norge til Hispanien med Tømmer, Deler og andre Varer og til-
bage igen; da Niels Lauritzen imidlertid døde, har Skipperen ved
sin Hjemkomst tilegnet sig Niels Lauritzens Gods og vil hverken
gøre Regnskab derfor eller betale Enken noget, men er sejlet til
Holland, hvorfra han nu med det allerførste ventes til Sundet. Da
Villum Utlis derfor har anmodet Kongen om at skaffe hans Søster
Ret over Skipperen, naar han kommer til Sundet, skal Hendrich
Mogenssen arrestere Skipperen og det ham selv tilhørende Gods
paa en Ret, indtil Sagen kan blive afgjort ved Retten. Sj. T. 14,
100 b.

— Til samme. Marcus Hess, Borgemester i Kiøpnehafn,
har berettet, at en Borger i Lybeck, ved Navn Claus Ricke, har
indladt sig i Handel med en af hans Tjenere, Morten Strutz, der
skyldte ham nogle Penge, og for dette Tilgodehavende tilforhandlet
sig noget af Marcus Hess's Gods, skønt Claus Ricke godt vidste, at
Godset ikke tilhørte Morten Strutz, men hans Husbonde Marcus Hess;
da Marcus Hess siden har krævet sit Gods tilbage af Claus Rickes
Enke, men ikke har kunnet faa noget, har han ansøgt Kongen om
at maatte faa Arrest paa Claus Rickes Enkes Gods, naar saadant
maatte komme til Sundet, hvilket Kongen ikke har kunnet nægte
ham. Da der nu efter Marcus Hess's Beretning ventes nogle Claus

Rickes Enke tilhørende Skibe med Gods til Sundet fra Hi-
spanien, skal Hendrich Mogenssen af hendes eget Gods, men ikke
af andres, arrestere saa meget, som Marcus Hess's ovennævnte
Gods og den Skade, han har lidt, kunne beløbe sig til, og lade det
opskibe paa en Ret, indtil Sagen kan blive afgjort ved Retten. Sj.
T. 14, 101.

**20. Juli (Skanderborg).** Stadfæstelse for Hr. Matz Buck, Sogne-
præst i Eigtued[1], paa det af Kongens Fader til Sognepræsteembedet
i Eigtued givne Brev[2] om, at Sognepræsterne i Eigtued altid
skulle beholde Yding Kirkes Bol til deres Præstegaard mod
at svare Østed[3] Kirke og Riber Kapitel sædvanlig Afgift deraf. J.
R. 2, 123 b.

— Forleningsbrev for Hr. Peder, Sognepræst paa Al-
røe, paa Kronens Part af Korntienden af Alrøe, uden Afgift.
Udt. i J. R. 2, 124.

— Til Jørgen Schram og Nils Jonssen. De faa samme Ordre
som ovenfor under 10. Juli Jørgen Skram og Klavs Glambek. J.
T. 1, 287 b.

**21. Juli (—).** Befaling til Christopher Valckendorph straks at
sende den nu af Dantzigerne artikelsvis afgivne skrift-
lige Erklæring om de Besværinger over dem, som Kongens Un-
dersaatter i Købstæderne havde forebragt Kongen, til Købstæ-
derne, for at de kunne give Gensvar derpaa, og siden indlægge
dette Gensvar og Dantzigernes Erklæring i det tyske Kancelli, for
at de kunne ligge rede, naar Forhandlingen med Stæderne skal gaa
for sig. Sj. T. 14, 102.

— Anmodning til nedennævnte Adelsmænd, der have Sæde-
gaarde i Lugude Herred, om at frede Jagten paa deres Ejen-
domme i de næste 3 Aar og ikke skyde stort Vildt og Raadyr, da
Jagten i Lugude Herred paa det nærmeste er ødelagt, men nok
staar til at opfrede igen; de skulle skriftlig erklære sig herom. —
Register: Steen og Thyge Brade paa Knudstorp, Axel Viffert paa
Axeluol, Jens Ulfeldt paa Bolstofte, Fru Pernelle Sparre Holger
Brades paa Huiderør[4], Anders Tot paa Sirekiøfuing, Lauge Urne
paa Beltheberg, Fru Margarete Ogesdatter Joseph Falsters paa
Giedtzholm, Fru Citzele Urne Albret Oxes paa Bosserup, Fru Karen

---

[1] Egtved, Jerlev H.     [2] Se Kanc. Brevbøger 1556—60 S. 235.     [3] Ødsted, Jerlev H.
[4] Videröra.

Rønnov Jens Bildis paa Bildisholm, Jomfru Ingeborg Parsberg paa
Guderstorp i Kulden, Mouritz Podebusk paa Krapperup, Jacob
Grubbe paa Røgle, Niels Krabbe paa Vegholm, Jomfru Birgette Kør-
ning paa Dufuerge [1], Fru Kirstine Axel Olssens paa Neldager. Udt.
i Sk. T. 1, 153.

**21. Juli (Skanderborg).** Lignende Anmodning til nedennævnte
Adelsmænd, der have Gods, men ikke Sædegaarde i Lugude Herred.
— Register: Hr. Jørgen Løcke, Herre von Dohna, Biørn Kaas, Fru
Hiluig Erick Rossenkrantzis, Fru Merethe Matz Steenssens, Fru Mette
Peder Oxis, Fru Karen Mogens Krabbes, Fru Sibilla Eschild Giøes,
Fru Tale Pouel Laxmandtz, Fru Kristense Hendrich Bildis, Fru Sit-
zele Erick Christophersens, Jomfru Ingeborg Sparre, Jomfru Beathe
Urne, Hack Ulstand, Herluf Skaufue, Steen Biilde, Anders Bing,
Hans Pederssen i Norge, Mogens Gyldenstierne, Thage Krabbe, Ja-
cob Krabbe, Coruitz Viffert, Jørgen Urne, Jens Falster og hans Sø-
skende og Christopher Erickssen. Sk. T. 1, 153 b.

— Til Biørn Kaas og Hans Schougaardt. I Anledning af deres
Skrivelse om, at Biørn Saxtorp er gaaet ind paa at overtage Lands-
dommerembedet i Skaane, men har besværet sig ved at tage Esp-
olte Len, fordi det ligger ubelejligt for ham, og i Stedet har begæret
Heglinge og Fultofte Len, som Henrich Brade nu har i Pant, med-
deles dem, at disse Len ere pantsatte saa højt, at det ikke er Kon-
gen belejligt at indløse dem nu, men hvis Biørn Saxtorp ved noget
andet belejligt liggende Krongods, som han vil have, vil Kongen
udlægge ham det. De skulle flittig f o r h a n d l e  m e d  B i ø r n  S a x -
t o r p  o m  straks at o v e r t a g e  L a n d s d o m m e r e m b e d e t; han
kan saa imidlertid overveje, hvor han vil have Gods udlagt til For-
bedring af Espolte Len, som han straks maa overtage. Sk. T.
1, 154.

— Aabent Brev, hvorved d e t  strengelig f o r b y d e s  a l l e  at
r e j s e  Trætte, Tiltale eller F o r f ø l g n i n g  p a a  R u d g a a r d  o g  N y -
s t r u p g a a r d  med tilliggende Gods, Fiskeri og anden Herlighed, der
tilhøre Fru Anne Blicksdatter og hendes Børn, og som hun og hen-
des afdøde Mand Niels Lunou ulast og ukæret have haft i rolig
Besiddelse, da hun har berettet, at hendes Breve paa dette Gods
ere brændte ved Rudgaards Brand. J. R. 2, 124 b.

**22. Juli (Gylling).** Aabent Brev, at A n n e  C h r e s t o f f e r  S k o -

---

[1] Dufeke.

nings, Borgerske i Horsens, i sin Livstid maa være fri for at
gøre Ægt, Arbejde og anden Besværing af den Gaard i Serritz-
løf, som hendes afdøde Husbonde har tilforhandlet sig af Knud Hof-
mand, derimod skal hun svare Kronen sædvanlig Landgilde deraf.
Udt. i J. R. 2, 125.

**22. Juli (Gylling).** Skødebrev til Niels Kaas, Kansler. J.
R. 2, 125 b. (Se Kronens Skøder.)

**23. Juli (Skanderborg).** Befaling til Mandrup Parsberg og Nils
Jonssen at besigte 2 halve Gaarde i Soby[1] og 1 Gaard i Nøllev,
som Fru Anne Nils Linnovs[2] har bevilget Kronen til Mage-
skifte, og 1 Gaard, kaldet Teuling[3], med saa meget andet Gods
nærmest ved hendes Gaard Nystrup, at det kan svare til hendes
Gods, hvilket hun har begæret til Vederlag for sit Gods, og ind-
sende Besigtelsen til Kancelliet. Udt. i J. T. 1, 286 b.

**24. Juli (—).** Til Christoffer Valckendorff. Da Kongen har
eftergivet Borgerskabet i Horsens Halvparten af dets Re-
stance af Landskatterne og Halvparten af dets Restance
af Byskatter til førstkommende Martini, skal han give det Kvit-
tans for det eftergivne. Sj. T. 14, 102 b.

— Aabent Brev, at Oluf Brun i Brøstingbro[4] indtil videre
maa være fri for at gøre Ægt og Arbejde af sin Gaard. Udt.
i J. R. 2, 126.

— Befaling til Claus Glambeck om af Slottets Indkomst
i dette Aar at tage de 600 gl. Dlr., Kongen skal give ham for
den Bygning, der fandtes paa hans Gaard Starup, som Kongen
har faaet til Mageskifte af ham, og indskrive dem i sit Regnskab.
J. T. 1, 287.

— Befaling til Lauritz Skram at lægge Starup Hovedgaard
med det øvrige paa vedlagte Register opførte Gods i Koldinghus
Len, som Kongen har faaet til Mageskifte af Claus Glambeck, Em-
bedsmand paa Skanderborg, ind under Koldinghus og lade det
indskrive i Jordebogen blandt det tilskiftede Gods; han maa ikke
før nærmere Ordre bortfæste Hovedgaarden i Starup, men skal lade
Avlen indhøste og opbevare. J. T. 1, 288.

— Til samme. Peder Offerssen, Claus Sørenssen og Nils
Anderssen, Færgemænd ved Snobhøy, have berettet, at de
altid have haft Hø af den Plads, som nu er indtaget til Øghave

---

[1] Søby, Hads H.    [2] o: Lunovs.    [3] Tøfting, Hillerslev H.    [4] Brestenbro, Nim H.

ved Hønborg Ladegaard, indtil den blev indhegnet, og at Lens-
manden siden har hjulpet dem med Hø, indtil Lauritz Skram nu
har nægtet at gøre det uden kgl. Befaling dertil. Da Færgemæn-
dene tit maa køre Kongens Folk, der komme over fra Medelfar, til
de nærmeste Landsbyer og kun have liden Høbjærgning, skal han
enten aarlig levere hver Færgemand 4 Læs Hø eller udlægge dem
en Eng, hvoraf de kunne faa det samme Antal Læs. J. T. 1, 287.

**25. Juli (Skanderborg).** Til Christopher Valkendorff. Da den
Apothekersvend, som Antonius Apotheker i Følge sin Bestalling al-
tid skal lade følge med Kongen og Hoffet, ikke er forsynet med
det, som en Apotheker bør have, saa man maa sende Bud til Ha-
dersleb og andre Steder efter det, som behøves, skal Christopher
Valkendorp kalde Antonius Apotheker til sig og paa Kongens
Vegne alvorligt foreholde ham, at han straks enten selv maa
følge med Hoffet med de nødvendige Apothekervarer eller
forsyne sin Svend tilbørligt med saadanne, da Kongen
ellers maa afskedige ham og antage en anden, der vil vise sig vil-
ligere i Bestillingen. Sj. T. 14, 102 b[1].

— Til Axel Viffert. Da Coruitz Viffert, Embedsmand paa Ot-
tensegaard, i Anledning af Ordren til i Forening med Sognepræsterne
i hver Købstad, han har i Forlening, at undersøge, hvor mange
husarme der findes, gøre Forslag om, hvor meget Korn disse hus-
arme behøve til deres Underholdning til St. Bartholomæi Dag [24.
Aug.] og paa Kongens Vegne levere dem Kornet, har indberettet,
at der ikke er Korn nok dertil paa Ottensegaard, befales det Axel
Viffert mod Kvittans at levere ham det Korn, han forlanger. F.
T. 1, 112.

— Til Erich Løcke. Da den Befaling, som Kongen for kort
Tid siden — i Anledning af, at Sognepræsten til Hierum Kirke
uden Kongens Vidende og Vilje havde faaet Sognemændene i Me-
rup[2] Sogn til tillige at give ham Kald til Merup Kirke, skønt denne
fra Arilds Tid har været en Kirke for sig selv og hvert af Sognene
godt formaar at underholde sin egen Præst — har givet Sognè-
mændene i Merup Sogn til at vælge sig en egen Sognepræst, aldeles
ikke er bleven efterkommet af disse, skal Erick Løcke, for at saa-
dan Ulovlighed ikke skal give andre et daarligt Eksempel, straks i

---

[1] Tr.: Herholdt og Mansa, Saml. t. d. danske Medicinal-Hist. I 246 f. Archiv for
Pharmaci og Chemi XIX. 52 f. med Datum 30. Juli). O. Nielsen, Kbhvns Dipl. IV. 633 f.
[2] Mejrup, Hjerm H.

Overværelse af Superintendenten strengelig forbyde Præsten ved
Hierum Kirke under den højeste Straf herefter at befatte sig
med Merup Kirke i nogen Maade og befale Sognemændene i
Merup Sogn straks at vælge sig en anden Sognepræst. Da denne
Brevviser Hr. Nils Erichssen har ladet sig bruge i Kongens Tje-
neste og i lang Tid har ventet paa Kald, skulle Erich Løcke og Su-
perintendenten gøre sig al mulig Flid for at faa ham valgt til
Sognepræst i Merup Sogn. J. T. 1, 288 b[1].

**25. Juli (Skanderborg).** Til Fru Drude Oluf Muncks. Kongen
meddeler hende Skrivelsen til Erik Lykke og anmoder hende, der
har en Del Tjenere i Merup Sogn, om ikke at hindre Hr. Nils
Erichssen i at faa Merup Sogn, men snarere af Hensyn til Kon-
gen hjælpe ham saa meget som muligt dertil. J. T. 1, 289[2].

**26. Juli (—).** Aabent Brev, at Jens Matzen i Biereagger, Jør-
gen Knudssen i Morsholt, Rasmus Mogenssen i Oldrup, Ofue Ras-
mussen i Kane, Rasmus Søfrenssen i Balle, Niels Jenssen i Sander,
Knud Anderssen i Rort[3] og Rasmus Knudssen i Hardrup[4], Sande-
mænd i Hadtz Herred, maa være fri for at gøre Ægt og
Arbejde af deres Gaarde, saalænge de ere Sandemænd. Udt. i J.
R. 2, 126 b.

— Aabent Brev, at Claus Glambeck, Embedsmand paa
Skanderborg, der har bortmageskiftet sin Hovedgaard i Starup med
mere Gods til Kronen og straks opladt denne Hovedgaarden med
Avl, straks selv maa overtage og bruge Gaarden Bierg,
hvori han har tilmageskiftet sig Kronens Rettighed og købt en stor
Part af Bønderrettigheden, for at han kan have et Sted at flytte sit
Gods og Kvæg hen og have en Gaard at holde Avl paa. Har
nogen Bønderrettighed i Gaarden og han ikke straks kan tilfor-
handle sig den, skal han svare en rimelig Afgift deraf. J. R. 2,
126 b. Orig.

—[5] Til Lauritz Skram. Da Kongen tit maa sende Bud til
Kiøbnehafn til Rentemester Christoffer Valckendorff og denne har Or-
dre til, medens Kongen er her i Landet [Jylland], stadig at underrette
Kongen om, hvad der forefalder, og det vil falde Kronens Bønder
omkring Snobhøy og Borgerne i Vedle besværligt altid at holde
Holdsvogne rede henholdsvis ved Snobhøy og i Vedle, skal han

¹ Tr.: Ny kirkehist. Saml. VI. 669 f.    ² Tr.: Smstds. VI. 670 f.    ³ Rørt.    ⁴ Hadrup.
⁵ J. T. har: 27. Juli.

straks købe 8 Postheste og paa Kronens Vegne sætte 2 Post-
vogne ved Snobhøy, der Dag og Nat kunne være rede til øje-
blikkelig at føre de Bud, som have Kongens eller Christoffer Valck-
endorffs egenhændig underskrevne Pasbord, til Vedle, og ligesaa 2
Postvogne i Vedle, der kunne føre Budene enten til Snobhøy
eller Bygholm; han skal baade ved Snobhøy og i Vedle sørge for
Hø, Havre og andet til Postvognshestenes Underholdning og indskrive
Udgiften dertil i sit Regnskab. Orig. J. T. 1, 290[1].

**27. Juli (Skanderborg).** Mageskifte mellem Claus Glam-
beck og Kronen. J. R. 2, 127. (Se Kronens Skøder.)

— Livsbrev for Søfren Jenssen i Kostersløf i Fyen, der
har tilskødet Kronen Bønderrettigheden i sin jordegne Bondegaard
smstds., paa denne Gaard mod at svare samme Leding og Land-
skyld som hidtil til Rudgaard, derimod skal han være fri for alle
Slags Tov, Ægt og Arbejde og al anden Tynge. Overlever hans
Hustru ham, maa hun uden Stedsmaal faa Gaarden og beholde den
sin Livstid mod at svare samme Landgilde som hendes Husbonde
og udrede anden tilbørlig Tynge. F. R. 1, 149 b.

— Til Vincentz Juel til Hesselmid og Albret Friis til Harritz-
kier. Da Offe Schram til Hammergaard har bevilget, at Kronen
maa faa 3 Gaarde i Sobye[2] By og Sogn i Giern Herred og 2 Gaarde
i Tueed i Veldby Sogn i Eld Herred til Mageskifte for Kronens
Rettighed i 1 jordegen Bondegaard i Liønkier[3], 1 Bol smstds., 1
Gaard, kaldet Hage, i Vradtz Herred, Kronens Rettighed i 2 jord-
egne Bøndergaarde i Schofbølling, 1 Gaard i Olle[4], 1 Bol i Hiors-
uong, 1 Stykke øde Jord paa Kodelundtz Mark, 1 Gaard i Thendit
og Kronens Rettighed i 1 jordegen Bondegaard smstds. samt, hvis
det ikke kan forslaa, tillige noget Gods i Huissel[5], skulle de straks
besigte det Gods, som Vincentz Juel og Jens Kaas ikke tidligere
have besigtet, ligne det og indsende klare Registre derpaa. J. T.
1, 290 b.

**28. Juli (—).** Til Lauge Beck paa Roskildegaard, Abbederne
i Ringsted og Soer, Prioren i Andtvorskouf, Axel Viffert paa Nyborg,
Coruitz Viffert paa Ottensegaard og Otte Emichssen paa Rudgaard.
Da Rentemester Christopher Valckendorph, hvem Kongen har be-
falet at melde alt, hvad der forefalder i Kiøpnehafn, tit maa sende

---

[1] Tr.: Secher, Forordninger II. 109 f. [2] Søby. [3] Løjenkær, Ning H. [4] Aale,
Vrads H. [5] Hvejsel, Nørvang H.

Bud til Kongen med Breve og Kongen ligesaa tit til Christopher
Valckendorph, men disse Bud komme meget langsomt frem, skønt
de ere forsynede enten med Kongens eller Christopher Valcken-
dorphs Pasbord, befales det dem, saalænge Kongen er her i Landet
[Jylland], hver at holde en Postvogn eller en Postklipper
rede paa Gaarden baade Dag og Nat til øjeblikkelig Befordring af
de Bude, der ere forsynede med Kongens eller Christopher Valcken-
dorphs egenhændig underskrevne Pasbord. Sj. T. 14, 103 b.

**28. Juli (Skanderborg).** Tilladelse for Lauritz Giefuertzen,
Borger i Hadersløf, til sisefrit at indføre 10 Læster Rostocksøl
her i Riget; dog skal han lade notere paa dette Brev, hvor meget
Øl han indfører hvert Sted. Udt. i Sj. R. 11, 387 b.

— Aabent Brev, hvorved Kongen eftergiver Peder Gyl-
denstiern, Marsk og Embedsmand i Vesteruig Kloster, 1000 Dlr.
af den Restance, som han skylder Kongen af Bahus og andre Len,
og befaler Rentemesteren at afkorte dem i Restancen. J. R. 2, 135 b.

— Aabent Brev, at Jens Nielssen, Møller i Bygholms
Mølle, indtil videre igen maa nøjes med at svare den Skyld, 100
Ørt. Mel og Malt aarlig, som der fra Arilds Tid er svaret af Møllen,
da han har klaget over, at han ikke kan udrede den forhøjede Skyld,
som Møllen siden er bleven sat for. J. R. 2, 136.

— Til Claus Glambeck. Da Jens Nilssen i Bygholms
Mølle har klaget over, at Møllen er bleven sat for højere Skyld,
end den fra Arilds Tid har været, hvilket har medført, at han er
bleven 1½ Læst skyldig, har Kongen bevilget, at Mølleren herefter
maa beholde Møllen for den Afgift, som tidligere er svaret deraf,
nemlig 100 Ørt. Mel og Malt aarlig, og eftergivet ham de 1½ Læst.
J. T. 1, 291 b.

— Aabent Brev, hvorved Kongen — i Anledning af, at Vin-
centz Juel har berettet, at en Del af Bønderne i Koldinghus
Len resterer med Penge- og Madskatter fra den Tid, han
havde Lenet, og ikke alle kunne udrede disse Restancer, da nogle
ere døde og andre helt forarmede — bevilger, at Arvingerne efter
de døde Bønder maa være fri for at udrede de Skatter, disse stode
til Restance med, og ligesaa de Bønder, der ere saa forarmede, at
de ikke kunne udrede Skatterne, dog skal Vincentz Juel tage Vid-
nesbyrd herom og lægge disse ved sit Regnskab; derimod skal han
gøre sin yderste Flid for at indkræve Restancerne hos de Bønder, der
kunne udrede dem. J. T. 1, 291 b.

**28. Juli (Skanderborg).** Til Vincentz Juel og Albret Friis. Da
Ifuer Lunge har bevilget, at Kronen maa faa 1 Gaard i Vindinge
By og Sogn, 1 Gaard med et Møllested i Biergeholdt, 1 Gaard i
Gordsløf[1], 1 Gaard og 1 Gadehus i Gørsløf[1], 1 Hus i Mørckholdt og
1 Bol i Piedsted, alt i Holmindtz Herred, 1 Gaard i Lundforlund i
Sjælland, 1 Gaard i Fordrup[2] og 1 Gaard og 1 Gadehus i Veme-
løs til Mageskifte for 8 Gaarde, 1 Hus og 1 Smedjehus i Daugardtz
By og Sogn i Hatting Herred, Herligheden af 1 Kirkegaard smstds.,
1 Gaard, kaldet Gødtzbølle, i Lindebølle Sogn og 1 Gaard i Dal-
due[3] i Thorild Herred, 2 Gaarde i Ørbrick[4] i Hone Sogn i Nørre-
vongs Herred, 1 Gaard i Dyrvig i Honne Sogn i Nør Herred, 1
Gaard i Fiskouf[5] i Oem Sogn i Thorild Herred og Herligheden af
1 jordegen Bondegaard i Smidstrup, skulle de med det første be-
sigte begge Parters Gods, ligne det og indsende klare Registre der-
paa. Udt. i J. T. 1, 292 b.

**30 Juli (Rye).** Mageskifte mellem Albrit Friis til Haritz-
kier og Kronen. J. R. 2, 136 b. (Se Kronens Skøder.)

— Til Lauritz Skram. Da Kongen i Mageskifte for Gods paa
Sjælland har udlagt Albrit Friis 4 Gaarde og 1 Gadehus i Høgholt[6]
i Hofuer Sogn i Tørrild Herred, tilhørende Kolding Hospital, skal
Lauritz Skram straks udlægge Hospitalet lige saa godt Gods paa et
belejligt Sted i Koldinghus Len og sende Kongen et Register paa
det udlagte Gods, for at denne siden kan give Hospitalet Brev paa
Godset. J. T. 1, 293.

— Livsbrev for Anders, Smed paa Drotningborg, paa det
gamle Hus ved Slotsporten paa Drotningborg, som Hjulmanden bor
i, mod at holde Huset i Stand og smedde for Slottet, naar det be-
fales. J. R. 2, 139 b.

— Forleningsbrev, fra førstkommende St. Mikkelsdag af, for
Jacob Matzen paa Kroen ved Skanderborg Slot, som Caspar
Trompeter sidst havde den. For at han bedre skal kunne skaffe de
fremmede Underholdning for deres Penge, maa han oppebære Kro-
nens Part af Tienden af Framløf og Skyholm[7] Sogne, uden Afgift,
og skal have Jord til 4 Ørt. Korns Udsæd, Eng til 20 Læs Hø, fri
Olden til 50 af hans egne hjemmefødte Svin i Kronens Skove, naar
der er Olden, fri Ildebrændsel af Fælder og Traas, medens han

---

[1] Gaarslev.      [2] Faardrup, V. Flakkebjærg H.      [3] Daldover.      [4] Ørbæk, N. Horne
H      [5] Filskov, Nørvangs H.      [6] Høksholt.      [7] Skivholme, Framlev H.

ikke maa hugge noget grønt, uden det anvises ham af Lensmanden, frit Fiskeri i Søen med smaa Garn og Ruser og fri Græsgang til 10 Køer, 60 Faar og 6 Øg. Han skal holde Kroen i Stand, være Lensmanden paa Skanderborg lydig og skaffe baade Kongens Hoffolk, naar denne er paa Skanderborg, og de rejsende Herberg, Underholdning og Foder til deres Heste til en rimelig Pris. Viser han sig forsømmelig og der klages derover, skal dette Brev være forbrudt. J. R. 2, 140.

**31. Juli (Rye).** Kvittans til Christopher Valkendorff til Glorup, Rentemester, der nu i Overværelse af Peder Bilde, Eiller Grubbe, Rigens Kansler, og Hans Skougaardt har gjort Kongen Regnskab for al sin Indtægt og Udgift fra Nytaarsdag 1577 til Nytaarsdag 1578, heri ogsaa beregnet hvad han blev skyldig i sidste Regnskab. Han blev nu skyldig 93 Rosenobler, 2 Henricusnobler, 1 Milreis, 4 ungerske Gylden, 2 Kroner, 197 Goltgylden, 1 Horns Gylden, 11 Lod Guld med Sølvvægten, et Stykke Guld, der vejede $5^1/_2$ ungersk Gylden, en Guldring paa en Dobbeltdukat, en lille Guldring med en Glassten, en Guldring med en Granat, der vejede $2^1/_2$ rinsk Gylden paa $^1/_2$ Ort nær, en Guldring paa en Goltgylden paa $^1/_2$ Ort nær, 3 Fastelavnsgylden, $11,931^1/_2$ gl. Dlr., 1 skotsk Dlr., $463^1/_2$ Lod 1 Kvintin Sølv, en forgyldt Sølvring paa 1 Kvintin, 8224 Mk. 3 Sk. $4^1/_2$ Pend., som Mønten nu gaar, 759 Mk. 2 Alb. svensk Mønt og 4 svenske Klippinge, som han fremdeles skal staa til Regnskab for. Sj. R. 11, 388.

— Befaling til Christoffer Valckendorff at betale forskellige Kræmmere 1097 Dlr. 3 Sk. lybsk for Silketøj og andre Varer, som Peder Breuing, Hofskrædder, efter Kongens Befaling har udtaget hos dem, men gennemgaa Registret nøjagtigt og passe paa, at ikke noget er anslaaet for højt. Udt. i Sj. T. 14, 104.

— Aabent Brev, at Kronens Bønder i Sueystrup og Siem indtil videre maa være fri for at svare Afgift af det mellem Byerne liggende Stykke Jord, som de altid have brugt under den aarlige Landgilde af deres Gaarde, indtil det for kort Tid siden er paalagt dem at svare 5 Tdr. Korn særskilt deraf. J. R. 2, 141.

— Aabent Brev, at. Sandemændene i Ning Herred maa være fri for at gøre Ægt og Arbejde af deres Gaarde, saalænge de ere Sandemænd. Udt. i J. R. 2, 141 b.

— Forleningsbrev for M. Niels Anderssen paa det

28

Vikarie i Aarhus Domkirke, som er ledigt efter M. Lauritz Niels-
sen. Naar han ikke længere studerer eller er i noget Kald, skal
han residere ved Domkirken. J. R. 2, 141 b.

**31. Juli (Jagthuset i Rye).** Aabent Brev, at Anders Grøn
fremdeles maa blive boende i den Kronens Gaard i Tanderup
Sogn i Bygholms Len, som han nu boer i, og indtil videre være
fri for Landgilde, Ægt, Arbejde og anden Besværing. J. R. 2,
142 b.

— Til Claus Glambeck. Da der ikke er sendt noget Salt fra
Kiøpnehafn til Hald og Silckeborg Slotte, skal han, naar Kongen
rejser her fra Egnen, straks sende alt det Salt, som ikke er gaaet
med paa Skanderborg, til Silckeborg, saa Kongen ikke skal
komme til at lide Mangel paa Salt paa ovennævnte to Slotte; Lens-
manden paa Silckeborg skal give ham Kvittans for Saltet. J. T.
1, 293 b.

— Til Nils Kaas og Peder Gyldenstiern. Da Predbiørn
Gyldenstiern har begæret Kronens Rettighed i nogle jordegne
Bøndergaarde, nemlig 1 Gaard, kaldet Neder Viem[1], 1 Gaard, kal-
det Over Viem[1], og 1 Gaard, kaldet Vode, i Ulborg Sogn og Her-
red, og 1 Gaard i Vester Hebbelstrup i Vendsyssel til Mageskifte
for 1 Gaard i Flackeberg By og Sogn i Sjælland og 1 Gaard i
Føfling By og Sogn i Nørrejylland, skulle de med det første be-
sigte begge Parters Gods og indsende Besigtelsen til Kongen. Udt.
i J. T. 1, 293 b.

**1. Aug. (—).** Aabent Brev, at Hr. Hans Michelssen, Sogne-
præst til Tybirke Sogn i Sjælland, i Aar maa oppebære Kro-
nens Part af Korntienden af Tybircke Sogn, kvit og frit.
Udt. i Sj. R. 11, 389 b.

— Aabent Brev, at Ifuer Smed, Grovsmed ved Skanderborg
Slot, der har klaget over, at han kun faar en ringe Løn og slet
intet til sin Underholdning, skønt han har tjent længe i denne Stil-
ling og stadig har meget Arbejde, herefter aarlig skal have 7 gl.
Dlr. mere i Løn for sin egen Person end hidtil samt 1 sædvanlig
Hofklædning og fri Olden i Skanderborg Skove, naar der er Olden,
til 24 Svin. J. R. 2, 142 b.

— Forleningsbrev for Hr. Peder Olufssen, Sognepræst
til Agri Kirke paa Mols, paa Afgiften af Kronens Part. af

---

[1] Viumgaarde.

Korntienden af det ringeste af hans Sogne, Eygens[1], hvilken be-
løber sig til henved 3 Ørt. Korn, kvit og frit. Udt. i J. R. 2, 143 b.

**1. Aug. (Jagthuset i Rye).** Aabent Brev, at Tingsted Mølle,
der er Kronens Bønder i Ellinge under Bygholms Slot til stor
Trængsel, idet Mølleren ›opdriver‹ deres Enge og Agre med sit
Kvæg og ophugger deres Skove til Gærdsel og Ildebrændsel, maa
nedbrydes til førstkommende St. Mikkelsdag og Bønderne i El-
linge herefter bruge den til Møllen liggende Ejendom mod, som
de have tilbudt, at udrede den Landgilde, 18 Ørt. Mel, der nu
svares af Møllen, og betale Mølleren det Stedsmaal, han har givet.
J. R. 2, 143 b. Jvfr. 2. Nov. 1578.

**2. Aug.** (—). Tilladelse for Kiøne Quitzov til straks at
indløse Hassens Birk fra Fru Idde Ulfstand, Falck Giøes Enke.
Udt. i J. R. 2, 144 b.

— Befaling til Fru Idde Falck Giøes at modtage Pantesummen
for Hassens Birk af Kønne Quitzov og overlevere denne
Birket med Pantebrevene. J. T. 1, 294.

— Aabent Brev, hvorved det tillades Kønne Quitzov, saa-
fremt han kan udminde nogen jordegen Bonde eller Kronbonde
i Hassens Birk af hans Gaard, da selv at bo og bruge Avl paa
denne Gaard, saalænge han lever. Det befales Bønderne i Bir-
ket at saa, høste og avle til denne Gaard ligesom til andre Kronens
Slotte og Gaarde. J. R. 2, 145.

— Aabent Brev, at de nuværende Sandemænd i Voer Her-
red maa være fri for at gøre Ægt og Arbejde af deres
Gaarde, saa længe de ere Sandemænd. Udt. i J. R. 2, 145 b.

— Til Hans Skriver i Sølmarcksgaard, Foged paa Samsøe.
Da Jørgen Jenssen i Gylling, hvem Kongen havde befalet at skaffe
2 Læster Sambsingøl fra ham, har berettet, at han ikke vilde
betro ham mere end de 4 Tdr., han nu har fremført, fordi han
ikke havde faaet Skrivelse fra Kongen derom, befales det ham at
skaffe Jørgen Jenssen det af de 2 Læster endnu resterende og ind-
skrive hvad Øllet koster i sit Regnskab. Orig.

**3. Aug.** (—). Til Erick Valkendorff og Vincentz Jul. Da
Christopher Lindenov til Valdbyegaard har bevilget Kronen sit
Gods i Koldinghus Len til Mageskifte for noget Krongods i Stefns
Herred, hvorom han selv skal give dem nærmere Besked, skulle de

---

[1] Egens, Mols H.

28*

med det allerførste besigte Godset i Stefns Herred og siden det i
Koldinghus Len, ligne det og indsende klare Registre derpaa. Sj.
T. 14, 104 b. Orig.

**3. Aug. (Rye).** Befaling til Hack Ulfstand, der for nogen Tid
siden har faaet Ordre til at have de gejstlige paa Laaland og Fal-
ster i Forsvar, om herefter ikke at befatte sig med de Kirker
og Kirkejorder, som fra Arilds Tid have ligget under Ny-
kiøpinge Slot og Sørup Birk. Udt. i F. T. 1, 306 b.

— Aabent Brev, at Hr. Niels Jenssen, Sognepræst til Ydom[1]
Kirke, der har berettet, at de Breve, som Præsteembedet havde paa
Tienden af en Ødegaards Eje i Ydom Sogn, der bruges til
en Gaard i Rostedt[2], dels ere ødelagte, dels have mistet Seglene,
fremdeles uden Hinder maa oppebære Tienden i samme Ud-
strækning som hidtil. J. R. 2, 145 b. K.

— Aabent Brev, at Hr. Jørgen Jenssen, Kapellan til Nauer
og Syre[3] Sogne, indtil videre maa oppebære Tredjeparten af
Afgiften af Kronens Part af Korntienden af Nauer Sogn.
Udt. i J. R. 2, 146.

— Aabent Brev, at Seueren Jørgenssen indtil videre selv
maa oppebære Landgilden af den Kronens Gaard i Attrup
i Sønder Herred i Skanderborg Len, som han nu selv bor i. J.
R. 2, 146 b.

— Til Claus Glambeck. Da Kronens Bønder i Suey-
strup og Siem for nylig ere blevne fritagne for de 5 Tdr. Korn,
som de hidtil have svaret af den mellem deres Byer liggende Jord,
skal han slette dem af Jordebogen for denne Afgift; da
Kronens Bønder i Firegaarde, der ogsaa tjene under Skan-
derborg Slot, have berettet, at de tidligere altid have haft fri Fæ-
drift i ovennævnte Jord, kaldet Brendstrup Hede, men at
Bønderne i Sueystrup og Siem nu ville forbyde dem det, befales
det ham, eftersom det er Kronens Tjenere i alle 3 Byer, at sørge
for, at Bønderne i Firegaarde ligesom hidtil faa Fædrift i Brend-
strup Hede lige med de to andre Byer. J. T. 1, 294 b.

— Til Lauritz Skram. Da det Gods i Koldinghus Len, som
hører til Kantor i Riiber Domkirke Christiern Langes Kannike-
dømme smstds., og som Kongen har givet Lauritz Skram Ordre til
at lægge ind under Koldinghus, ikke findes opført paa det Register,

---

[1] Idom, Ulvborg H.    [2] Raasted, samme H.    [3] Sir, Hjerm H.

som Kapitlet har indleveret paa sit Gods i Lenet, sendes der ham nu et Register over dette Gods med Ordre til at udlægge Christiern Lange Fyldest derfor af Kronens Gods i Øster Herred eller andensteds, hvor det bedst kan undværes fra Slottet og er ham belejligst, og indsende et klart Register over Mageskiftegodset, for at Kongen derefter kan give Christiern Lange Brev. Da Lauritz Skram paa Kongens Vegne har taget det til Kantordømmet i Riibe hørende Kirkegods i Almind Syssel, som Christiern Lange ogsaa er forlenet med, men Kongen nu erfarer, at Kantordømmet er funderet paa Kirkerne og Kirkegodset i Almind Syssel, og at Landgilden følger Kirkerne, medens Christiern Lange kun oppebærer Herligheden af Kirkegodset, hvorfor han er forpligtet til at høre Kirkernes Regnskab og paase, at Kirkerne holdes ved Magt, har Kongen bevilget, at Kirkerne og Kirkegodset i Almind Syssel igen ligesom tidligere maa følge Kantordømmet i Riibe, hvorfor Lauritz Skram ikke mere maa befatte sig med dem. J. T. 1, 295.

**3. Aug. (Rye).** Til Peder Gyldenstiern. Hr. Peder Lauritzen, Sognepræst til Ostrup, har klaget over, at han trues og undsiges af Otte Gyldenstiern, og at hans Folk overfaldes og slaas paa Marken af denne, alene fordi han har udtaget kgl. Stævning over Otte Gyldenstiern i en Sag, som han har vidnet med Admiral Peder Munck, men som siden er forligt; ligesaa har han klaget over, at han er bleven overfaldet og slaaet blodig og blaa af Erich Høg, M. Matz Huidtz Datterbarn. Det befales derfor Peder Gyldenstiern straks at stævne ovennævnte to Herremænd og Præsten for sig, undersøge Sagen og tage Haanden af Herremændene paa, at de i alle Maader ville være Præsten og hans Folk ubevarede, medmindre de kunne gøre det med Lov og Ret. J. T. 1, 295 b[1].

**5. Aug. (—).** Aabent Brev, at Søfren Jensen, Foged i Rye, i det næste Aars Tid maa være fri for at svare Landgilde og gøre Ægt, Arbejde og anden Tynge af sin Gaard. Udt. i J. R. 2, 147.

— Aabent Brev, at Las Thomessen, der er kommen til en øde Gaard i Ring, i det næste Aar maa være fri for Landgilde, Ægt og Arbejde for bedre at kunne genopbygge Gaarden. Udt. i J. R. 2, 147.

---

[1] Tr.: Ny kirkehist. Saml. VI. 617 f.

**5. Aug. (Rye).** Befaling til Claus Glambeck at istandsætte Rye Kirke baade paa Mur og Tag, da den forfalder meget og ikke selv har Raad til at bekoste Istandsættelsen, og indskrive Udgiften i sit Regnskab. Udt. i J. T. 1, 296.

**6. Aug. (—).** Befaling til Otte Emichsen at indskrive den jordegne Bondegaard i Kosterslef, som Søfren Jenssen har tilskødet Kronen, i Jordebogen som en Brydegaard, men lade Søfren Jenssen beholde den, saalænge han lever, paa de i Kongens Forleningsbrev angivne Vilkaar; efter hans Død skal den sættes for højere Landgilde, hvis den kan taale at svare mere. F. T. 1, 112 b.

— Til Claus Glambeck. Da Kronens Bønder i Nim By og Birk under Bygholm Slot have klaget over, at det, medens Holger Rossenkrantz var Lensmand, er blevet paalagt hver af dem at svare 3 Skpr. Malt i Gæsteri for hver Ørt. Korn, de svare i Landgilde, medens de tidligere kun have svaret 1 Dlr., og at det desuden i Otte Gyldenstierns Tid er blevet paalagt hver at svare 1 Ørt. Havre i Jægergæsteri, skønt de bo paa en Alfarvej, har Kongen bevilget, at de maa være fri for Maltet og maa nøjes med ligesom fra Arilds Tid hver at svare 1 Dlr. i Gæsteri, hvilket Claus Glambeck skal lade indføre i Jordebogen. J. T. 1, 296.

— Til Lauritz Skram. Da Hr. Peder Olufssen, der nu er forlenet med Provstiet i Jelling Syssel, har klaget over, at han paa Riiber Kapitels Vegne ikke har faaet noget Vederlag for Herligheden af 1 Kirkegaard i Vonge i Nørvongs Herred, der altid tidligere har fulgt Provsten i Jelling Syssel, men nu af Kronen er bortmageskiftet til Peder Juel til Alsted, skal Lauritz Skram straks udlægge Hr. Peder lige saa megen Herlighed af en af Kronens Gaarde i Jelling Syssel, som bedst kan undværes fra Slottet [Koldinghus], dog skal den visse Landgilde vedblivende følge Kronen. Han skal sende Kongen en Fortegnelse over Herligheden, for at denne siden kan give Hr. Peder Brev derpaa. J. T. 1, 296 b.

**7. Aug. (—).** Til de højlærde i Kiøpnehafn. Da Kongen paa Begæring af M. Hans Gaas, Superintendent i Trundhiems Stift, der formedelst Alderdom og langvarig Sygdom erklærer vanskeligt at kunne forestaa Stiftet alene, har bevilget, at der maa tilforordnes ham en Medhjælper, skulle de straks raadslaa herom og i Forening udvælge en uberygtet, lærd Dannemand, som er indfødt her i Riget, og som de kunne tænke vil være Kongen og Riget huld og tro,

til at være M. Hans Gaas's Medhjælper og siden hans
Efterfølger i Embedet. Naar de ere blevne enige om Valget,
skulle de sende en skriftlig Erklæring derom til Kongen, for at
denne siden kan rette sig derefter. Sj. T. 14, 105. Orig.[1] i Kon-
sistoriets Arkiv, Pk. 184.

**7. Aug. (Kye).** Til de højlærde i Kiøpnehafn. Da der nu er
et Aars Stipendium ledigt ved Kiøpnehafns Universitet efter
Dr. Knoperus, idet der endnu ingen er beskikket i hans Sted til
det juridiske Professorat, skulle de dele dette Stipendium ligeligt
mellem to Studenter, Jacob Hassenbard og Eschil Chri-
stensen, der studere Medicin udenlands, men kun have saare
ringe Hjælp til deres Studier, og udbetale disses Fuldmægtige hver
en Halvpart deraf. Sj. T. 14, 106. Orig.[2] i Kgl. Bibl., Ny kgl.
Saml. Fol. 752 c.

**8. Aug. (—).** Til Christopher Valkendorph. Hoslagt sendes
ham et af en Bonde i Skaane, Niels Jenssen i Brandstadt, til Kon-
gen indleveret Mandtalsregister paa den sidste Pengeskat af Fers
Herred, som Bonden mener ikke altsammen er kommen Kongen
til Bedste, med Ordre til at undersøge paa Renteriet, om det stem-
mer overens med det Mandtalsregister, som er ført til Regnskab, og
om den Skat, som det af Bonden overleverede Mandtalsregister inde-
holder, er kommen Kongen til Bedste eller ej, og siden tilskrive
Kongen fuld Besked derom. Sj. T. 14, 106 b.

— Mageskifte mellem Mouritz Stygge, Sekretær, paa
Aarhus Kapitels Vegne og Kronen. J. R. 2, 147. (Se Kronens
Skøder.)

— Til Claus Glambeck. Da Kongen har bevilget, at Mou-
ritz Stigge, Sekretær, der har et belejligt Sted til Bygning af en
Mølle paa det til hans Kannikedømme i Aarhus hørende Gods, maa
faa et ringe Stykke Jord, der ligger ved det Sted, som Mølledam-
men skal støves paa, og hører til en Kronens Gaard under Skan-
derborg, kaldet Bomholt, til Mageskifte af Kapitlet, skal Claus
Glambeck lade ham faa denne Jord mod tilbørligt Udlæg af Kapit-
lets Gods. J. T. 1, 297.

**10. Aug. (—).** Til Christopher Valkendorff. Da Claus Huit-
feld har klaget over, at han ikke kan faa endelig Kvittans paa
Rentekammeret for Drotningborg Len, fordi to af hans Mand-

---

[1] Tr.: Ny kirkehist. Saml. I. 342 f.    [2] Tr.: Rørdam, Kbhvns Universitets Hist.
1587—1621 IV. 296.

talsregistre ikke løbe saa højt op som Jørgen Skrams, hvilket efter hans Mening ikke er saa underligt, da han havde Slottet under Fejden, men Jørgen Skram efter Fejden, har Kongen bevilget, at denne Mangel maa eftergives ham, hvorfor Christopher Valkendorff skal give ham endelig Kvittans, naar ellers alt andet er i Orden. Sj. T. 14, 107.

**10. Aug. (Rye).** Til **Jørgen Daae.** Kongen vil, som han tidligere har ladet ham forstaa, sende ham til Sverrig for at hente de 1800 Skippd. Kobber, som Kongen af Sverrig har lovet Kongen for de 45000 Dlr., han skylder denne, og for at kræve det Kobberog Jærnskyts, som Kongen har til gode for det Skyts, som var paa Kongens Orlogsskibe og blev i Sverrig, eller Fyldest derfor i Kobber og Osmund og sender ham en Fuldmagt dertil. Han skal straks begive sig til Kiøpnehafn for at faa nærmere Besked hos Christopher Valckendorph. Sj. T. 14, 111 b.

— Aabent Brev, hvorved Kongen paa Begæring af Benedictz Rantzov bevilger, at den **Gaard i Ringelsbølle,** hvori den fredløs dømte Boe Aagessen boede, maa nedbrydes og Ejendommen bruges til Møgelthønder Slot; Bønderne i Møgelthønder Len skulle dyrke Ejendommen og holde Digerne i Stand. J. R. 2, 148.

— Aabent Brev, at Jep Frantzen i Elruf, Søfren Chrestenssen i Ølstedt, Peder Salmundssen i Seuten[1], Michel Jenssen i Grunfør, Søfren Knudssen i Tostrup[2], Jens Nielssen i Herst[3] og Niels Chrestenssen og Jens Søfrenssen i Trige, **Sandemænd i Vester Lysbierg Herred,** maa være fri for at gøre Ægt og Arbejde af deres Gaarde, saalænge de ere Sandemænd. Udt. i J. R. 2, 149.

— Befaling til **Lauritz Offessen** at være **Værge for Jomfru Dorete Musdatter.** Udt. i J. T. 1, 297 b.

— Til **Claus Glambeck.** Da Las Søfrenssen i Vilholt har berettet, at han har opbygget sin Gaard næsten af raa Rod og sat hele sin Formue derpaa, og i den Anledning har begæret at blive fri for de 27 Skpr. Malt, som han blandt andet skal svare i Landgilde, da han intet Byg kan saa til Gaarden, fordi Jorden er helt fordærvet af Sand, har Kongen bevilget, at han maa blive fri for Halvdelen af de 27 Skpr. Malt. J. T. 1, 297 b.

— Til samme. Da **Simen Nilssen,** Møller i Rye Mølle, har klaget over, at det, siden Kongen selv har taget Aalekisten ved

---

[1] Søften.  [2] Taastrup, Galten H.  [3] Hæst.

Møllen i Brug, falder ham meget besværligt at fede de 4 Svin, som han aarlig faar til Opfedning fra Slottet, har Kongen bevilget, at han indtil videre maa nøjes med at fede 2 Svin aarlig. J. T. 1, 298.

**10. Aug. (Rye).** Til samme. Da de 4 Kronens Bønder i Vorladegardt have begæret at blive fri for de 2 Tdr. 2 Skpr. Gæsterimalt, som i Holger Rosenkrantzis Tid ere blevne paalagt hver af dem udover det, de plejede at svare, skal Claus Glambeck slette dem i Jordebogen for dette Gæsteri og ikke mere kræve dem derfor. J. T. 1, 298 b.

— Fornyet Befaling til Lauritz Schram, Embedsmand paa Koldinghus, om at købe 2—300 Gældvæddere i Koldinge Len, hvor der holdes Hedefaar og Schæferi, og engang inden Mikkelsdag, naar Tid er, sende dem til Frederichsborg. Orig.

**11. Aug. (—).** Forleningsbrev for Hendrick Vind paa Dragsholm Slot og Len, som Frantz Lauritzen sidst har haft det i Værge. Han skal for sin egen Person aarlig have 100 gl. Dlr., Underholdning og Foder til 3 Personer og 3 Heste og Tiendeparten af den uvisse Rente med Undtagelse af Told, Sise og Vrag, som Kongen forbeholder sig altsammen. Sj. R. 11, 389 b.

— Følgebrev for samme til Bønderne i Dragsholm Len. Udt. i Sj. R. 11, 390 b.

— Følgebrev for samme til Borgerskabet i Nykiøping i Aatz Herred. Sj. R. 11, 390 b.

— Befaling til Frantz Lauritzen at overlevere Dragsholm Slot og Len med Inventarium, Jordebøger, Breve, Registre og andet til Hendrick Vind. Udt. i Sj. T. 14, 108.

— Befaling til Christopher Valkendorff at begive sig til Dragsholm, naar Hendrick Vind besøger ham med dette Brev, kalde Frantz Lauritzen did og paa Kongens Vegne overvære Overleveringen af Slottet og Lenet til Hendrick Vind, føre Tilsyn med, hvad Inventarium, Jordebøger, Breve, Registre og andet der overleveres Hendrick Vind, saa Kronen ikke kommer tilkort, fastsætte en Takst for, hvilke Folk der daglig skulle bespises paa Slottet, og give alt beskrevet fra sig under sit Signet. Sj. T. 14, 107 b.

**12. Aug. (Silkeborg).** Til samme. Da der i Aar tilstunder en god Olden, men der er Mangel paa Salt paa Skanderborg, Silkeborg og Hald Slotte, skal han, forinden Saltet stiger i Pris, købe

saa meget, som han kan tænke behøves, holde det i Forraad, ind-
til Lensmændene paa ovennævnte Slotte sende Bud efter det, og
indskrive Udgiften til Købet i sit Regnskab. Der sendes ham til
eventuel Benyttelse et Brev til Tolderen i Helsingøer om at skaffe
ham Salt til billigste Pris. Sj. T. 14, 108.

**14. Aug. (Hald).** Befaling til nedennævnte Købstæder at skaffe
nogle Bøsseskytter eller Baadsmænd, der sendes til dem fra
Kiøpnehafn og skulle blive liggende i Byerne i nogen Tid, Herberg
og nødtørftig Underholdning, som er 2 Maaltider Mad og 6
Potter Øl daglig til hver (osv. som det i Andtvorschouf udgaaede
Brev [1]). — Register: I Skaane: Malmøe 70 Bøsseskytter; Landtz-
krone og Ysted hver 30; Vee 16; Lund 15; Trelborig 13; Halm-
sted og Helsingborg hver 10; Aahus 8; Laugholm og Sømershafn
hver 6; Falsterboe og Skonøer hver 4 Bøsseskytter. — I Jylland:
Ripe og Aalborig hver 60 Bøsseskytter; Aarhus 30; Horsens og
Randers hver 25; Viiborg 22; Varde 15; Tisted 12; Vidle, Kol-
ding, Grindov, Ringkiøping, Skafuen, Lemvig og Nøikiøping hver
10; Ebeltoft og Seebye hver 8; Hofbroe, Høring og Skifue hver 6
Bøsseskytter. — I Sjælland: Kiøge 32 Baadsmænd; Nestvedt, Skel-
skøer og Stege hver 30; Roskilde 25; Slaugelse 20; Kallundborg
12; Nøikiøping 10; Holbeck 9; Vardingborg, Prestøe, Heddinge og
Ringsted hver 8; Korssøer 4 Baadsmænd. — I Smaalandene:
Nachschouf 40 [Baadsmænd]; Nøikiøping og Stubekiøping hver 15;
Mariboe 10; Nysted 9; Saxekiøping 8 [Baadsmænd]. — I Fyen:
Ottense 80 og Suenborg 20 Bøsseskytter; Assens 30 og Medelfart,
Kierteminde, Faaborig og Rudkiøping hver 15 Baadsmænd. Udt.
i Sj. T. 14, 108 b.

— Til Christopher Valkendorff. Dr. Jochim Kettel, Borge-
mester i Stroelsundt, har begæret at faa de 200 Dlr., som han har
til gode for 2 Aars Løn; da Kongen ikke længere behøver hans
Tjeneste, har han i hoslagte Brev opsagt Dr. Jochim Kettel hans
Bestalling og meddelt ham, at Christopher Valkendorff vil betale
ham de 200 Dlr., naar han tilbagesender sin Bestalling; Christopher
Valkendorff skal sende dette Brev til Dr. Jochim Kettel og betale
ham de 200 Dlr., naar han tilbageleverer Bestallingen. Sj. T.
14, 111.

---

[1] Hermed menes vistnok det under 18. Okt. 1577 udgaaede Brev til Lensmændene, se
ovfr. S. 248.

**14. Aug. (Hald).** Til samme. Da Lauritz Hanssen, Borger i Malmøe, der er bleven Kongen en Sum Penge skyldig for den af ham i Malmøe oppebaarne Told og Sise, ikke er i Stand til at udrede det hele, fordi en Del af dem, der skulde betale ham Tolden og Sisen, er rømt i sidste Fejde, har Kongen eftergivet ham al Restancen paa 1000 Dlr. nær, for hvilke han skal sætte Christopher Valkendorff gode Forlovere, der kunne betale, hvis han undlader det. Sj. T. 14, 110.

**15. Aug. (—).** Til samme. Da Kongen af Sverrig efter den danske Konges eget Forslag vil betale de 45000 Dlr., han endnu skylder denne, med 1800 Skippd. Kobber og levere dette i Calmarn til Mikkelsdag, har Kongen bestemt at sende Jørgen Daa afsted for at modtage det og befaler Christopher Valkendorff straks at sende gode Skibe til Calmarn efter Kobberet og sørge for, at Jørgen Daa kan være der til den bestemte Tid eller noget før. Kongen sender ham Udskrifter af de denne Sag vedrørende Breve, for at han deraf kan se Sagens Sammenhæng og give Jørgen Daa Besked om alt. Da Kongen af Sverrig i Stedet for det Kobber- og Jærnskyts, som var paa de danske Orlogsskibe og blev i Sverrig, har tilbudt at give noget Skyts, som er opsat paa Bornholm fra et strandet svensk Skib, og Kobber og Osmund for Resten, skal Christopher Valkendorff hos Arkelimesteren faa at vide, hvad ovennævnte Kobber- og Jærnskyts vejede, og hos Lensmanden paa Bornholm, hvad det dér opsatte svenske Skyts vejer, medgive Jørgen Daa et klart Register derpaa, for at han kan vide, hvad han skal kræve, give ham Underretning om, til hvor høj Værdi han maa modtage det støbte Skyts, som maatte blive ham tilbudt, og give ham nogle med, som forstaa sig paa at veje og vurdere Kobber og Jærn. Sj. T. 14, 112.

— Forleningsbrev for Gunde Skriver, Borgemester og Landstingsskriver i Viborg, paa Kronens Part af Korntienden af Vamen Sogn, kvit og frit. Udt. i J. R. 2, 149.

— Aabent Brev, at Palle Jul, Landsdommer i Nørrejylland, maa beholde det Pante- og Forleningsgods, han nu har, saalænge han lever. J. R. 2, 149 b.

**17. Aug. (—).** Til Christopher Valkendorff. Hoslagt sendes ham et Register over de Penge, som Kongen har opsagt og vil betale til Omslaget, med Ordre til at sørge for, at disse Penge sikkert kunne blive betalte; for at dette kan være des sikrere, skal han en 14 Dage før Martini give 2 af Renteskriverne Ordre til at rejse rundt, den ene her i Landet og den anden i Skaane, Sjælland og Smaalandene, til alle Lenene for at indkræve Skatten. Medfølgende aabne Breve skulle medgives Renteskriverne. Sj. T. 14, 113.

**17. Aug. (Kald).** Aabent Brev, hvorved Kongen befaler alle Lensmændene i Jylland og Fyen [i det andet Brev: Skaane, Sjælland og Smaalandene] at levere Kongens Renteskriver, der rejser rundt til dem, alle de Penge, som de have oppebaaret af den til St. Martini Dag paabudte Skat, og sørge for, at hele Skatten bliver betalt til den Tid. Sj. T. 14, 113 b.

— Til Borgemester, Raad og Byfoged i Ysted. Kongen har tilladt Caspar Zybern at udføre 36 Øksne der fra Byen, mod at svare sædvanlig Told af dem. Sk. T. 1, 154 b.

— Aabent Brev, at St. Hans Kloster i Viborg maa nedbrydes og Halvdelen af Stenene derfra anvendes til Forbedring af Biskopsgaarden i Viborg, som Kongen har givet Indbyggerne i Nørrejylland til et Domhus. J. R. 2, 149 b[1].

— Aabent Brev, at St. Hans Kloster i Viborg og den gamle Kirke ved Klosteret maa nedbrydes og Halvdelen af Stenene fra Klosteret og alle Stenene fra Kirken anvendes til Istandsættelse af Domkirken, der formedelst den store Skade, den for nogle Aar siden led ved Ildebrand, endnu har megen Hjælp behov. J. R. 2, 150[2]. K.

— Aabent Brev, at Terckel Chrestenssen i Snee[3], der holder et almindeligt Herberg i Snee, men klager over, at Købstadmænd og andre forhindre ham i at faa Havre til Købs, uhindret maa købe al den Havre, han har Brug for i sit eget Hus til de fremmede, baade i Købstæderne og paa Landet, men han maa ikke sælge noget af det til Forprang. J. R. 2, 151 b.

**18. Aug. (—).** Aabent Brev, at Lauritz Krusse til Balle, der er antaget til at føre Befalingen paa Holmen ved Kiøpnehafns Slot, foruden den ham ved Bestallingen tillagte Løn og Genant aarlig skal have 100 Læs Ved til Ildebrændsel og Foder og Maal til 3 Heste af Kiøpnehafns Slot, saalænge han beklæder ovennævnte Stilling. Sj. R. 1), 391.

---

[1] Tr.: Rørdam, Dsk. Kirkelove II. 288 f.    [2] Tr.: Smstds. 289 f.    [3] N. Snede, Vrads H.

**18. Aug. (Hald).** Livsbrev for Hr. Chresten Pederssen, Sognepræst i Astrup[1] Sogn, paa Kronens Part af Korntienden af Salling Sogn, der nu skal være ledig, dog forudsat at den ikke allerede er fæstet bort. Han skal ingen Indfæstning svare, være fri for Afgift af Tienden det første Aar, men derefter svare tilbørlig Afgift og levere den til Stiftslensmanden i Viborg Stift paa det Sted, denne befaler, senest inden Fastelavn, saafremt han ikke vil have dette Brev forbrudt. J. R. 2, 151.

— Livsbrev for Fru Mette Morthensdatter, Jens Tomessens Hustru, til Hiermidslefgaard paa 2 Gaarde, kaldede Vibsig, i Tolstrup Sogn i Jerslef Herred, uden Afgift. J. R. 2, 152. K.

— Aabent Brev, at Thomes Suendssen i Biering, Ridefoged til Hald, maa være fri for Landgilde, Ægt, Arbejde og al anden Besværing af sin Gaard, saalænge han er Ridefoged. Udt. i J. R. 2, 152 b.

— Til Hospitalsforstanderen i Aalborg. Forstanderen for Almindeligt Hospital i Viiborg har berettet, at Hospitalet i Aalborg har en Gaard i Hundstrup, i hvis Mark Viiborg Hospitals Tjenere have nogle Enge, som ere tildømte dem paa Landstinget; da der ikke desto mindre stadig føres Trætte paa disse Enge af den i Gaarden boende Bonde til stor Bekostning for begge Hospitaler, har Kongen paa Hospitalsforstanderen i Viiborgs Begæring bevilget, at Hospitalet i Viiborg maa faa Gaarden til Mageskifte mod Vederlag af Hospitalets Gods ved Aalborg. Hospitalsforstanderen i Aalborg skal derfor blive enig med Hospitalsforstanderen i Viborg om, hvor Vederlaget belejligst kan ske, ligne Godset og bringe Mageskiftet i Stand. J. T. 1, 299.

**19. Aug. (—).** Til Hendrich Mogenssen. Da Kongen behøver adskillige Urter og Specerier og derfor har sendt sin Apotheker Anthonius Prytz did for at købe disse, skal Hendrich Mogenssen, naar der kommer Skibe med Urter og Specerier i Sundet, i Forening med Apothekeren udtage og købe saa mange Urter og Specerier af hver Slags, som Apothekeren mener behøves, paase, at Kongen faar gode og ferske Varer, tage Kvittans af Anthonius Prytz for alt det, som købes og leveres denne, og indskrive al Udgiften i sit Regnskab. Sj. T. 14, 113 b[2].

---

[1] Ajstrup, Slet H.     [2] Tr.: Archiv f. Pharmaci og Chemi XIX. 51 f.

**19. Aug. (Hald).** Skøde til Peder Munck, Admiral. J. R. 2, 153 b. (Se Kronens Skøder.)

— Stadfæstelse af et Mageskifte mellem Malthi Jenssen til Holmgaard, Landsdommer i Nørrejylland, og Hr. Niels Morsing, Sognepræst til Boddom Kirke, paa Embedets Vegne. J. R. 2, 152 b. (Se Kronens Skøder.)

— Til Peder Gyldenstiern og Jens Kaas. Da Malti Jenssen har begæret 2 Gaarde i Vittrup i Lierslef Sogn, 6 Gaarde, 2 Bol, 1 Hus og 4 Gadehuse i Lierslef[1] og Herligheden af nogle jordegne Bøndergaarde, nemlig 1 Gaard, kaldet Brendgaard, i Torsted Sogn i Hing·Herred, Rystof[2], Damgaard og 1 øde Byggested, kaldet Fabierre Erst, i Lem Sogn i Skodborre Herred til Mageskifte for 1 Gaard i Østenild By og Sogn i Hellerslef Herred, 1 Gaard i Hassing By, Sogn og Herred, 2 Gaarde og 1 Bol i Boddum Sogn i Refs Herred, 1 Gaard i Løderup By og Sogn i Sønder Herred p. Mors og 1 Gaard i Byglundt[3] i Karup Sogn i Hedtz Herred, skulle de besigte begge Parters Gods og indsende klare Registre derpaa. Udt. i J. T. 1, 299 b.

**20. Aug. (—).** Mageskifte mellem Niels Kaas, Kansler, og Kronen. J. R. 2, 154 b. (Se Kronens Skøder.)

— **(Paa Jagten i Rævshale).** Aabent Brev, at Sandemændene i Nørre og Sønder Herreder paa Mors maa være fri for at gøre Ægt og Arbejde af deres Gaarde, saalænge de ere Sandemænd. Udt. i J. R. 2, 156 b.

— Forleningsbrev for Hr. Chresten Nielssen, Sognepræst til Kragelund, paa 1 Ørt. Korn af Afgiften af Kronens Part af Tienden af Kragelund Sogn. Udt. i J. R. 2, 157.

— Forleningsbrev for Hr. Niels Chrestenssen paa 1 Ørt. Korn af Afgiften af Kronens Part af Tienden af Kragelund Sogn til Underholdning i hans Alderdom. Udt. i J. R. 2, 157.

— Befaling til Mandrup Parsberg at skaffe Sognemændene i Karuppe et eller to Tusinde Mursten og det nødvendige Tømmer til Istandsættelse af deres meget forfaldne Kirketaarn, da det vil være til Skade for den vejfarende Mand, hvis det ikke bliver holdt i Stand. Udt. i J. T. 1, 300.

---

[1] J. T. har her: Kolboru, hvilket er en Fejlskrift (jvfr. Kronens Skøder under 15. Dec. 1678). Lierslef er Ljørslev, Sønder H., Mors. [2] Ristofte, Hind H. [3] Bøgelund, Karup Sogn, Lysgaard H.

**20. Aug. (Paa Jagten i Rævshale).** Til Niels Jonssen, Embeds-mand paa Haldt. Kongen har bevilget, at Kronens Bønder i Vinkel Sogn, der tidligere have været pantsatte til Trudtzholm, men nu ere henlagte under Hald, ikke skulle skrives for højere Skat end andre Ugedagsmænd, der bo i Byen sammen med dem, da de gøre ens Arbejde, uanset at de, baade da de vare pantsatte og siden indtil nu, findes skrevne for højere Skat. Orig.

**22. Aug. (Silkeborg).** Til Anders Bing. Da Jørgen Meher, Borgemester i Helsingør, har berettet, at der sidste Aar er stran-det en Pinke der i Lenet [Varberg], tilhørende en skotsk Køb-mand Wolther Dunddi, der selv ellevte blev paa Vraget, og at dennes Broder og rette Arving har givet ham Fuldmagt til at mod-tage det Skyts og Gods, som er bjærget fra Pinken, befales det An-ders Bing at lade Jørgen Meher faa det bjærgede Skyts og Gods for en rimelig Bjærgeløn. Sk. T. 1, 155.

— Aabent Brev, at Kronens Undersaatter i Funder i Aar maa være fri for at svare den Ørt. Malt, de ere indskrevne i Jordebogen for. Udt. i J. R. 2, 157.

— Forleningsbrev for Karine Søfrensdatter, Borger-ske i Skifue, paa en til Skifue Kirke hørende Ejendom, kaldet Blussejord, som hendes afdøde Mand Jacob Eskissen sidst havde i Værge, nemlig 4 Agre øst for Vejen, de 3 nord og den fjerde syd for Højen ved Møllested, 5 Læs Eng ved Jorden og 5 Agre vest for Vejen; hun skal svare Skifue Kirke sædvanlig Landgilde deraf. J. R. 2, 157 b.

— Til Mandrup Parsberg. Da disse Brevvisere Peder og Tho-mis Jenssen have tilbudt Kongen deres jordegne Bondegaard i Thuornvig[1] til Købs og Kongen vil købe den, saafremt de ville sælge den for en rimelig Pris, skal Mandrup Parsberg handle med dem derom, betale dem, indskrive Gaarden i Jordebogen som en ufri Gaard og forhøje Landgilden, hvis Gaarden kan svare mere. J. T. 1, 300.

— Til Nils Kaas og Nils Jonssen. Da Peder Munck har bevilget Kronen 1 Gaard, kaldet Rodtzgaard, i Fiendtz Herred og noget Gods i Koldinghus Len og Bierre Herred til Mageskifte for noget Gods i Vendsyssel, hvorom han skal give dem nærmere Be-

---

[1] Torning, Lysgaard H.

sked, skulle de med det allerførste besigte begge Parters Gods og indsende klare Registre derpaa. Udt. i J. T. 1, 300 b.

**23. Aug. (Silkeborg).** Aabent Brev, hvorved Kongen — af Hensyn til sine Undersaatters Bedste og for igen at skaffe Penge i Riget, hvorpaa der er bleven stor Mangel, da Øksendriverne have lidt store Tab paa deres Øksne i Aar, hvilket er den Handel, der skaffer flest Penge ind i Landet — tillader alle at udføre saltet Oksekød af Riget fra nu af til førstkommende Jul, mod at der svares ¹/₂ Dlr. i Told af hver Tønde Kød, som udføres; efter denne Tids Forløb skulle Recessens Bestemmelser igen træde i Kraft. Sj. T. 14, 117 b[1].

— Befaling til Lensmændene[2] i Sjælland, Møen, Smaalandene, Fyen, Langeland, Jylland og Skaane straks at lade ovenstaaende Brev forkynde i de Købstæder, de have i Befaling, saa Kongens Undersaatter kunne have Gavn af det, medens de endnu kunne sejle. Sj. T. 14, 115 og 118.

— Til Claus Glambeck. Da Nils Vinter i Bierkens har klaget over, at der, medens Atzer Skriver var Skriver paa Slottet [Skanderborg], er bleven paalagt ham at svare noget Ved af sin Gaard, hvilket han med Tingsvidner vil bevise ikke tidligere har været ydet, skal Claus Glambeck undersøge Sagen, ikke kræve mere Ved af ham end tidligere sædvanligt og lade Jordebogen forandre. J. T. 1, 300 b.

— Se 27. Aug. 1578.

**24. Aug. (—).** Aabent Brev, at Erich Chrestenssen i Gammel Hald, der har klaget over, at han ikke kan svare de 4 Tdr. Rug, som han skal give i Landgilde, indtil videre maa nøjes med at svare 3 Tdr. Rug aarlig. J. R. 2, 158. K.

— Aabent Brev, at Anders Anderssen i Hiermindt, Herredsfoged i Medelsom Herred, maa være fri for Landgilde, Ægt, Arbejde og anden Tynge af sin Gaard, saalænge han er Herredsfoged. Udt. i J. R. 2, 158.

— Til Nils Jonssen. Kongen har givet Otte Huitfeld Livsbrev paa Kronens Part af Frøslefgaard paa Mors, som nu en Peder Bollessen bor paa, og har, da Otte Huitfeld selv vil bo paa Gaarden, bevilget, at Peder Bollessen uden Indfæstning maa faa en anden Gaard i Lenet. Da den i Vestergaard i Frøsløf By paa Mors

---

[1] Tr.: Secher, Forordninger II. 110.　　[2] De opregnes alle med deres Købstæder.

boende Bonde skal have forbrudt Gaarden og være udvist af den,
skal Nils Jonssen, hvis Gaarden endnu er ledig, lade Peder Bol-
lessen faa den uden Indfæstning. J. T. 1, 301 b.

**25.**[1] **Aug. (Silkeborg).** Til Mandrup Parsberg, Embedsmand
paa Silckeborg. Da Kongen har befalet Niels Jonssen at bygge
noget paa Hald Slot, maa Mandrup Parsberg ikke sælge af de
Mur- og Tagsten, som brændes i Alling Kloster, men
skal holde dem til Stede og efter Niels Jonssens nærmere Skri-
velse lade ham faa saa mange, som han behøver til Bygningen.
Orig. J. T. 1, 301.

— Aabent Brev, hvorved Kongen — der har bragt i Erfaring,
at den i Anledning af den Viborg By overgaaede Ildebrand for nogle
Aar siden til Borgerne smstds. udstedte Befaling[2] om, at alt Straa-
tag straks skulde aftages og alle Husene tækkes med Tegltag, endnu
ikke er bragt til Udførelse og ej heller saa snart kan blive det —
paalægger Borgemestre og Raad i Viborg at tilholde Borgerne
at tække deres Huse med Tegl og udvise enhver Borger, hvor
meget han aarlig skal tække med Tegl paa sine Huse, eftersom en-
hvers Evne og Lejlighed er og de kunne faa Tagsten til Købs, saa
Straatag med Tiden helt kan blive afskaffet; de skulle tillige paase,
at de Huse, som herefter bygges i Viborg, efter Borgernes Evne
blive tækkede med Tegl. Det befales Borgerne aarlig at tække saa
meget med Tegl, som Borgemestre og Raad befale, saafremt de ikke
ville tiltales og straffes. J. R. 2, 158 b. Orig.[3]

— Aabent Brev, at alle, der bo eller herefter bosætte
sig udenfor St. Moens Port i Viborg, skulle aflægge Bor-
gered til Borgemestre og Raad, være disse lydige, efter Evne gøre
borgerlig Tynge ligesom Borgerne i Byen og i alle Maader
være Byretten undergivne; der har nemlig nu i nogle uden-
for Porten liggende Huse og Boder forsamlet sig en hel Hob Folk,
der ikke have aflagt nogen Borgered og ingen borgerlig Tynge gøre,
men alligevel drive borgerlig Næring og opkøbe alt, hvad der ind-
føres ad Porten for at sælges paa Torvet, til stor Skade for Byens
Borgere, ligesom de ogsaa, da der er mange Lediggængere og løse
Folk imellem, bedrive stor Utugt, Synd og anden Last. J. R. 2,
159 b[4].

---

[1] J. T. har: 24.
ordninger II. 110 f;    [2] Se Kanc. Brevbøger 1566—70 S. 461.    [3] Tr.: Secher, For-
    [4] Tr.: Smstds. 112.

29

**25. Aug. (Silkeborg)**. Aabent Brev, at Borgerne i Viborg skulle være fri for at gøre Ægter og befordre nogen, medmindre han har Kongens Pasbord eller saadan Besked, at han skal befordres; naar Kongen selv kommer i den Egn, skulle de befordre Kongen og hans Fadebur. J. R. 2, 160. K. Orig.

— Aabent Brev, at det Marked, som tidligere[1] er henlagt fra Dybdal ved Testrup til Hofbro, herefter igen skal holdes i Dybdal ved Testrup paa samme Tid som fra Arilds Tid af, da det for anden Lejligheds Skyld bedre kan holdes i Testrup; Hofbro skal vedblive at beholde de andre Markeder, det tidligere har haft. J. R. 2, 161[2].

**26. Aug. (—)**. Forleningsbrev for Jacob Bertelssen paa 1 Gaard, kaldet Løgagger, i Vradtz Herred og nogle Enge i Kiershofuid Mark, der bleve vundne fra Porup[3], uden Afgift, til Erstatning for, at Kongen har bortmageskiftet Kronens Rettighed i hans jordegne Bondegaard Bierg til Claus Glambeck og tilladt denne selv at bosætte sig paa Gaarden. Han maa kun hugge i den til Gaarden liggende Skov efter Udvisning af Lensmanden eller hans Fuldmægtig. J. R. 2, 161 b.

— Befaling til Mandrup Parsberg at sørge for, at Jacob Bertelssen, der boede i Bierg, straks faar Løgaggergaard i Vradtz Herred med nogle Enge i Kiershofuid Mark, der bleve vundne fra Porup, og igen skaffe den Bonde, der nu bor paa Løgaggergaard, den første ledige Gaard i Lenet, uden Indfæstning. J. T. 1, 302.

— Aabent Brev, at de nuværende Sandemænd i Liusgaardtz, Hidtz og Vradtz Herreder maa være fri for at gøre Ægt og Arbejde af deres Gaarde, saalænge de ere Sandemænd. Udt. i J. R. 2, 162.

— Skøde til Jørgen Skram. J. R. 2, 162. (Se Kronens Skøder.)

— Mageskifte mellem Albrit Vind til Ullerupgaard og Kronen. J. R. 2, 163. (Se Kronens Skøder.)

— Mageskifte mellem Erich Lunge til Stougaard og Kronen. J. R. 2, 166. (Se Kronens Skøder.)

— Til Albret Friis og Claus Glambeck. Da Erich Lunge

---

[1] Se Kanc. Brevbøger 1561—65 S. 72, 1571—75 S. 585.    [2] Tr.: Secher, Forordninger II. 112 f.    [3] Paarup, Vrads H.

har bevilget Kronen 1 Gaard i Vorrit i Them Sogn i Vradtz Her-
red og 1 Gaard i Vorde¹ i Jerlof Herred til Mageskifte for Kro-
nens Rettighed i nogle jordegne Bøndergaarde, nemlig 1 i Thørring,
2 i Sønder Kolemorten og 1 i Søskoue, og, hvis det ikke forslaar,
Gods i Bierlof i Nørrevongs Herred, skulle de besigte begge Parters
Gods og indsende klare Registre derpaa. Udt. i J. T. 1, 301 b.

**26. Aug. (Silkeberg).** Til Jørgen Rossenkrantz og Jørgen Schram.
Da Thyge Krusse har begæret 1 Gaard og Herligheden af 1 jord-
egen Bondegaard i Truue i Nørhald Herred, 1 Gaard i Korning²
By og Sogn i Sønderliung Herred, 1 Gaard, 2 øde Byggesteder, 1
Degnebol og 1 Bolig, kaldet Gallibern, i Vim³ Sogn i Nørre Her-
red i Kolling Len, 1 Gaard, kaldet Hermandtzgaard, ved Vim Kirke,
1 [Gaard] i Verup⁴ og 1 Gaard i Brasbøl⁵ i Ølgou Sogn til Mage-
skifte for 2 Gaarde, 1 Bol og 1 Gadehus i Nøragger By og Sogn
i Nørre Herred i Kalløe Len, 1 Gaard og 1 Gadehus i Attrup i Kued
Sogn, 1 Gaard og 1 Gadehus i Vorvarp⁶ i Aars Herred og 1 Gaard
i Schader i Sønderhald Herred, skulle de med det første besigte
begge Parters Gods, ligne det og indsende klare Registre derpaa.
Udt. i J. T. 1, 302 b.

— Følgebrev for Tyge Krusse til Suendstrup til 3 Bøn-
der i Trou, 1 i Korning, 4 i Vim, 1 i Gallebere, 2 i Hermandtz-
gaard, 1 i Verup og 1 i Brasbøl. Udt. i J. R. 2, 169 b.

**27. Aug.⁷ (—).** Til Bisperne i Riget. Da Kongen tit over-
løbes af Skibspræster og andre og, som det er dem vel bekendt,
undertiden skriver til dem om at skaffe saadanne Kald, og da en
Del vel understaar sig til at lade sig vie til Præst og udgive sig for
Skibspræster, skønt de ikke have noget bestemt Kald, ligesom og-
saa nogle befordres hos Bisperne af Adelen for en ubetydelig Tje-
nestes Skyld, som de en Tid have haft hos en adelig, for at være
nærmere til at faa Kald, har Kongen for at blive fri for dette Over-
løb bestemt, at Bisperne herefter ikke maa ordinere nogen
til Præst, som ikke har eller er kaldet til et bestemt
Kald, medmindre der er særlige Grunde, som gøre det nødvendigt.
Origg. (til Superintendenterne i Ribe og Vendelbo Stifter) i Pro-
vinsark. i Viborg, (til Superintendenten i Fyen) i Provinsark. i
Odense. Sj. T. 14, 114 b.⁸

---

¹ Vork. ² Kvorning. ³ Vium, N. Horne H. ⁴ Vejrup, samme H. ⁵ Brosbøl-
gaarde, samme H. ⁶ Hvorvarp. ⁷ I Sj. T. er Brevet dat. 23. Aug. ⁸ Tr.: Ny kirke-
hist. Saml. IV. 396 (efter Sj. T.). Rørdam, Dsk. Kirkelove II. 290 f. Secher, Forordninger
II. 113 f.

29*

**27. Aug. (Silkeborg).** Forleningsbrev for M. Jeronimus Justus, Succentor i Viborg Domkirke, paa et Kannikedømme smstds., hvis han overlever den nuværende Indehaver, Hr. Oluf Nielssen. Han skal residere ved Domkirken. J. R. 2, 170.

— Befaling til Otte Banner straks at modtage Pantesummen, 3333 Dlr., for det tidligere under Hald Slot hørende Gods, som han har i Pant, og indlevere Pantebrevene til Kongen, da denne nu vil indløse Godset, fordi der ligger meget lidt Gods til Hald Slot. J. T. 1, 303.

— Befaling til Nils Jonssen, Embedsmand paa Hald, at lægge det Gods, som Otte Banner havde i Pant, ind under Slottet. Udt. i J. T. 1, 303.

— Følgebrev for Niels Joenssen til de Bønder, som Otte Banner sidst havde i Pant, og som tidligere have ligget under Hald; al vis og uvis Indtægt af Godset skal tilfalde Kongen alene. Udt. i J. R. 2, 170 b.

— Livsbrev for Anders og Søfren Pederssen paa 2 Gaarde i Henberg[1] i Liusgaardtz Herred, hvoraf den ene tidligere har været beboet af deres afdøde Fader og nu beboes af deres Moder, fri for Indfæstning, Landgilde, Ægt, Arbejde og anden Tynge, til Gengæld for at de have tilskødet Kronen deres jordegne Bondegaard i Almind i Liusgaardtz Herred. De maa ikke bortleje noget af den til Gaardene hørende Ejendom til andre. J. R. 2, 170 b. K.

— Befaling til Mandrup Parsberg at tage lovligt Skøde paa Tinge af Brødrene Anders og Søfren Pederssen i Henberg[1] paa den jordegne Bondegaard i Almind, som de have tilskødet Kronen, lade den sætte for saa stor en Landgilde, som den kan taale, og indskrive i Jordebogen; derefter skal han forhandle med Peder og Jens Nilssen, der bebo den ene af de Gaarde i Henberg, som ovennævnte Brødre have faaet Livsbrev paa, om at afstaa denne Gaard til en af Brødrene og siden forsørge Peder og Jens Nilssen enten med ovennævnte Bondegaard i Almind eller paa anden Maade. J. T. 1, 303.

— Aabent Brev, at Hr. Chresten Jenssen, Sognepræst til Giøduad og Balle Sogne, indtil videre aarlig maa oppebære 3 Ørt. Korn af Loftet paa Silckeborg Slot. J. R. 2, 171 b.

---

[1] Hindberg.

**27. Aug. (Silkeborg).** Til Bønderne paa Harboøer. Deres
Sognepræst Hr. Paaske Jesperssen har klaget over, at nogle af dem
ikke ville svare ham sædvanlig Præsterente, men kun hvad de selv
lyste, og ikke ville føre den til Præstegaarden i Engbierig, skønt
han rejser til dem paa Harboøer for at gøre Tjeneste; da Sogne-
præsten imidlertid har faaet en streng Dom over dem og det med
den Formildelse af Dommen, som Kongen bevilgede, idet han be-
stemte, at Præsten skulde afstaa fra sin højeste Ret og de slippe
for at blive straffede som Oprørere, ikke var Meningen, at de dermed
skulde være fri for at svare deres Sjælesørger hvad de ere pligtige
til, befales det dem strengelig at svare Præsten samme Rente,
som de tidligere have svaret hans Formand og ham, erstatte
ham hvad de have forholdt ham, medens de have ligget i Strid,
og føre Renten til hans rette Præstegaard, saafremt de ikke
ville tiltales. J. T. 1, 303 b.

**28. Aug. (—).** Aabent Brev, at Seuerin Harboe i Thong[1].
Herredsfoged i Liusgaardtz Herred, maa være fri for Landgilde,
Ægt og Arbejde af sin Gaard, saalænge han er Herredsfoged.
K. Udt. i J. R. 2, 172.

— Lignende Brev for Seueren Borgesmed i Tørning[2],
Herredsfoged i Vradtz Herred. Udt. i J. R. 2, 172. K. (i Udt.).

— Aabent Brev, hvorved de nuværende Sandemænd i
Thørsting Herred fritages for at gøre Ægt og Arbejde af
deres Gaarde, saalænge de ere Sandemænd. Udt. i J. R. 2, 172 b.
K. (i Udt.).

— Ejendomsbrev for Hr. Chresten Lambertssen,
Skolemester i Houbro, paa et gammelt Hus med Grund i Hou-
bro og en Jordlod i Houbro Mark, der ere forbrudte til Kronen
af Chresten Pederssen, der var med til at slaa Hermand Nagel ihjel:
Jorden i Marken er nu pantsat, men det tillades Hr. Chresten Lam-
bertssen at indløse den. Han skal holde Huset vedlige med god
Købstadsbygning og aarlig svare 3 Dlr. deraf til Kronen. J. R. 2,
172 b. K.

— Til Mandrup Parsberg. Da Møllen her ved Slottet [Silke-
borg] ikke er sat for nogen bestemt Landgilde og den nuværende
Møller, der i nogle Aar har skullet svare 2 Læster Mel aarlig, er
kommen i stor Restance til Slottet og klager over ikke at kunne

---

[1] Tange.  [2] Tørring.

svare denne Landgilde, skal han lade nogle forstandige Dannemænd taksere Møllen for en rimelig Landgilde og lade denne indskrive i Jordebogen. J. T. 1, 304.

**28. Aug. (Silkeborg).** Til Peder Biilde og Erich Valckendorff, Embedsmænd paa Kallundborg og Høigstrup. Da Hans Skougard, Embedsmand paa Helsingborg, og hans Søskende have bevilget Kronen deres Hovedgaard Schougaard med tilliggende Gods til Mageskifte for Fliginde Gaard i Skaane med saa meget af det tilliggende Gods, som Hans Skougard nu har i Pant, at det kan svare til deres Gods, skulle ovennævnte to Mænd med det allerførste besigte begge Parters Gods, ligne det og indsende klare Registre derpaa. J. T. 1, 304 b.

**29. Aug. (—).** Til Bønderne i Framløf og Skyeholm[1] Sogne, hvem de end tjene. Da Jacob Matzen, Kromand ved Skanderborg Slot, hvem Kongen har forlenet med Kronens Part af Korntienden af disse to Sogne, har klaget over, at nogle af Bønderne, særlig Adelsbønder, ikke ville fremføre Tienden til Skanderborg Slot, befales det dem strengelig herefter at tiende retfærdigt og føre Tienden til Skanderborg, saafrem de ikke ville tiltales. J. T. 1, 305 b.

— Forleningsbrev for M. Desiderius Foss, Skolemester i Roskielde, paa det Vikarie til St. Laurentii Alter i Aarhus Domkirke, som er ledigt efter M. Niels Kolding. Naar han ikke længere er Skolemester i Roskielde eller bruges i noget andet Kald, skal han residere ved Domkirken. J. R. 2, 173 b.

— Forleningsbrev for Peder Pederssen i Randers paa Afgiften af Kronens Part af Korntienden af Rørup[2] Sogn, kvit og frit. Udt. i J. R. 2, 173.

**30. Aug. (—).** Aabent Brev, hvorved Kongen tillader Peder Pederssen, Forstander for Almindeligt Hospital i Randers, indtil videre at holde Vinkælder i Randers, da fremmede Folk hidtil ikke have kunnet faa Vin i Byen for deres Penge. Han skal være forpligtet til at holde Kælderen vel forsynet med Vin, saa baade de fremmede og Kongens Folk, naar denne opholder sig i Byen, kunne faa Vin til Købs til en rimelig Pris. Det forbydes alle andre at udtappe Vin i Kande-, Stobe- og Pottetal udenfor Huset under Fortabelse af det Fad eller den Ame Vin, hvoraf der tappes. J. R. 2, 175.

---

[1] Skivholme, Framlev H.    [2] Mon ikke Fejlskrift for Borup, Støvring H.?

**30. Aug. (Silkeborg).** Forleningsbrev for Nickel Druckenbrodt, Sekretær, der har Ekspektancebrev paa det første ledige Vikarie i Danmark, paa et Vikarie, kaldet St. Catarinæ Alter, i Aarhus Domkirke, som nu er ledigt efter M. Niels Kolding. J. R. 2, 174.

— Kvittans til Jørgen Marsuin, Embedsmand paa Sølfuidtzborg, paa hans Regnskab for Indtægt og Udgift af Landtzkrone og Lundegaard Len, for de i disse Len oppebaarne Skatter og andre Ydelser og for Stiftets Indkomst i Skaane fra 1. Maj 1567 til 1. Maj 1576. De 1109 gl. Dlr. 13 Sk., som han i Følge Regnskabet blev skyldig, har han beholdt hos sig til Byggeriet paa Otthensøgaard og skal gøre Regnskab derfor sammen med Regnskabet af Otthensøgaard. Hvad andet han blev skyldig, har han leveret Axel Gyldenstierne til Inventarium. Sk. R. 1, 255 b.

— Aabent Brev, hvorved det strengelig befales alle Kron-, Adels- og Hospitalsbønder i Drotningborg Len, der begaa noget Manddrab og blive svorne til Bod og Fred, først at aftinge Sagen hos Hospitalsforstanderen i Randers og stille ham paa Hospitalets Vegne tilfreds og siden efter gammel Skik tage Afløsning hos Sognepræsten; hidtil have saadanne Manddrabere nemlig ofte tværtimod gammel Sædvane gjort Skriftemaal hos Præsten, førend de have stillet Hospitalsforstanderen tilpas, hvilken selvindførte Skik imidlertid skal afskaffes. J. R. 2, 176[1].

**1. Sept. (—).** Til Christopher Valckendorph. Da Claus Korn i Lybeck har begæret Betaling for den Bekostning, han har gjort paa Kongens Skib, som han siger at han har faaet i Betaling af Kongen af Polens Befalingsmand paa Danamunda[2], skal Christopher Valckendorph stille denne Sag i Rette for Borgemestre og Raad i Kiøpnehafn, for at de kunne afsige en endelig Dom om, hvorvidt Kongen er ham noget skyldig eller ej, og, hvis de dømme, at Kongen er ham noget skyldig, da betale ham dette. Sj. T. 14, 118 b.

— Til samme. Borgemestre og Raad i Dantzick have skrevet til Kongen for nogle af deres Medborgere angaaende et af Skipper Matz Gadde ført dantziger Skib, som Kongen har faaet i sidste Fejde, men som endnu ikke er helt betalt, saaledes som Kongens hoslagte Forskrivning til Ejerne af Skibet viser. Da Kongen ikke ved Besked om Sagen, skal Christoffer Valckendorph un-

---

[1] Tr.: Secher, Forordninger II. 114 f.     [2] Dünamünde.

dersøge, om der er betalt mere, end Kongens Forskrivning viser,
tilskrive Kongen Besked derom og give denne Brevviser tilbørligt
Svar. Orig.[1]

**1. Sept. (Silkeborg).** Til Biørn Kaas og Hans Schougord, Em-
bedsmænd paa Malmøe og Helsingborg Slotte. Da Jørgen Marsuin,
Embedsmand paa Søluidzborg, har klaget over, at Oluf Kat, hvem
de af Kongen for nogen Tid siden[2] til Blekinge sendte Forordnede
have indsat til Tingfoged, vægrer sig ved at overtage
denne Bestilling, fordi han paastaar at være uskikket dertil, skønt
Jørgen Marsuin anser ham for duelig dertil og han altid lader sig
bruge, hvor Sager skulle forhandles, skulle de med det første kalde
Oluf Kat for sig, undersøge hans Duelighed, om han har gjort
Ret i at nægte at overtage Bestillingen eller ej og om han ikke bør
straffes for Ulydighed. Sk. T. 1, 155 b.

— Til Borgemestre og Raad i Ottense. Da Jørgen Marsuin
som Lensmand paa Ottensegaard har udlagt Matz Knivsmed,
Borger i Ottense, en Jord dér, hvor Kongens Gaard stod, og Matz
Knivsmed nu med stor Bekostning har indgærdet Jorden og be-
gæret at faa den sat for en rimelig aarlig Jordskyld, skulle de
med det første samles her, sætte den for aarlig Jordskyld og give
deres Ansættelse skriftlig fra sig, for at Kongen derefter kan give Matz
Knivsmed Brev paa Jorden. F. T. 1, 113[3].

— Mageskifte mellem Ifuer Vind og Kronen. J. R. 2,
176 b. K. (Se Kronens Skøder.)

— Livsbrev for M. Jeronimus, Succentor i Viborg, paa
Halvparten af Tienden af Hirck[4] Sogn i Harre Herred, kvit
og frit. Udt. i J. R. 2, 177 b.

**2. Sept. (—).** Mageskifte mellem Erich Lunge til Stou-
gaard og Kronen. J. R. 2, 177 b. K. (Se Kronens Skøder.)

— Aabent Brev, hvorved Kongen lover at stille Bønderne paa
de 3 jordegne Bøndergaarde, den ene i Søskov i Bresten Sogn i
Tørrild Herred og de to andre, kaldede Sønder Kullemorthen[5], i
Nykiercke Sogn i Nørrevongs Herred, som Kongen har udlagt Erich
Lunge til Mageskifte, tilfreds for deres Rettighed i disse 3
Gaarde, saaledes som Erich Lunge kan blive enig med Bønderne
om; kan han ikke blive enig med Bønderne, vil Kongen selv

---

[1] Tr.: Nye dsk. Mag. I. 46 f. [2] Se Kanc. Brevbøger 1571—75 S. 589 f. [3] Tr.: Saml.
t. Fyens Hist. og Topogr. VIII. 88 f (efter Orig.). [4] Hjerk. [5] S. Kollemorten.

forhandle med disse og skaffe ham deres endelige Skøde paa Gaardene. J. R. 2, 181 b[1].

**2. Sept. (Silkeborg).** Til Mandrup Parsberg i Silckeborg og Jørgen Skram i Dronningborg Len. Da Kronens Bønder i disse Len have klaget over, at de lide stor Mangel paa Bygningstømmer og Tømmer til Plov- og Vognredskaber, og at de, der formaa at købe saadant, ikke kunne faa det for en rimelig Pris, har Kongen i Betragtning af, at Kronens Bønder i andre Maader ere besværede nok med Tynge og Udgift, bevilget, at de herefter uden Betaling maa faa Bygningstømmer og Tømmer til Plov- og Vognredskaber i Kronens Skove, dog kun efter Skovfogdernes Anvisning og mod at forpligte sig til ikke at afhænde det til andre. J. T. 1, 306.

— Befaling til Mandrup Parsberg og Christen Schiel at besigte en Gaard i Vedhofue i Daubierg Sogn i Fiendtz Herred, som Loduig Munck Olufssøn har bevilget Kronen til Mageskifte, og en Gaard, kaldet Breyndholt, som han begærer i Stedet. Udt. i J. T. 1, 306 b.

— Til Peder Gyldenstiern, Marsk, Hr. Jørgen Løcke, Jørgen Schram, Mandrup Parsberg, Erich Løcke og Nils Jonssen. Merup[2] Sognemænd have for nogen Tid siden kaldet denne Brevviser Hr. Chresten Pederssen, Sognepræst i Hierum Sogn, til deres Sognepræst, og Hr. Chresten mener, da Valget er sket paa lovlig Vis af de fleste og bedste Sognemænd og er stadfæstet af Stiftslensmanden, at han bør beholde begge Sognene, og at Sognene med Rette ere annekterede, medens derimod M. Hans Laugssen, Superintendent i Riiber Stift, anser Hr. Chrestens Kaldelse til Merup for ulovlig, da en Præst ikke kan kaldes fra sit rette Sogn til et andet og Sogne ikke kunne annekteres uden Kongens særlige Tilladelse, tilmed skal det endog stride mod Kongens Faders Brev at ovennævnte to Sogne ere blevne annekterede. Da begge Parter have bevilget, at ovennævnte 6 Mænd maa dømme dem imellem, skulle disse med det første mødes paa belejligt Tid og Sted, stævne begge Parterne for sig, undersøge Sagen og afsige Dom deri. Faar nogen lovligt Forfald, maa de mødte tiltage en anden god Mand i Stedet. Det befales begge Parter at møde i Rette for dem med deres Beviser. J. T. 1, 306 b[3].

---

[1] Tr.: Saml. t. jydsk Hist. og Topogr. VII. 94 f.    [2] Mejrup, Hjerm H.    [3] Tr.: Ny kirkehist. Saml. VI. 671 ff.

**3. Sept. (Silkeborg).** Til Fru Sidtzele Urne, Albret Oxes Enke. Hendes Sognepræst i Riisse Katzløsse, Hr. Michel Axelssen, har klaget over, at han maa nøjes med en ringe Præstegaard, fordi hun tilbolder sig Præstegaarden i Riisse Katzløsse i den Formening at have Jus patronatus til Kirken, medens han mener, at det Brev[1], hendes afdøde Moder[2] har erhvervet derom, kun lyder paa, at hun skal have Præstegaarden i Forsvar, men ikke indsætte Præst eller bruge Præstegaarden til Bedste for sig selv, og ikke er noget rigtigt Patronatsbrev, da hun ikke skal nyde Tienden. Da Kongen husker, at Brevet lyder omtrent som ovenfor anført og er erhvervet, fordi hun skulde lade Kirken opbygge, men Kongen ikke ved, om det er sket, befales det hende straks at lade Præsten faa sin Annekspræstegaard, saafremt Kongen ikke skal gribe til strengere Forholdsregler. Sk. T. 1, 156.

— Til Anders Bing. Da han i Anledning af Kongens Skrivelse til ham om, at Bønderne i Varberge Len ikke maa bruge Skibe med større Køl end 12 Alen, har berettet, at der kun findes 4 saadanne, og at de Bønder, der eje disse, have begæret at maatte bruge dem ved det forestaaende Sildefiskeri for at kunne sælge dem dér, efterdi det vil være dem til stor Skade, hvis de skulle afhænde dem saa hurtigt, bevilger Kongen dette, men han maa saa heller ikke lade Bønderne beholde dem længere. Sk. T. 1, 156 b.

— Mageskifte mellem Chresten Lange, Kantor i Ribe, paa Ribe Kapitels Vegne og Kronen. J. R. 2, 182 b. Orig. i Provinsark. i Viborg. (Se Kronens Skøder.)

— Aabent Brev, at Peder Jenssen, Ridefoged paa Silckeborg Slot, der nu har tilskødet Kronen sin jordegne Bondegaard i Embderup i Silckeborg Len og sin Part i en Skov, kaldet Tyck, og hans Søn maa være fri for al Skyld, Ægt, Arbejde, Tov, Skat og anden kgl. Tynge af hans jordegne Bondegaard i Jernid i Hamel Sogn, saalænge de leve, dog skal Sønnen aarlig svare $\frac{1}{2}$ Td. Honning til Slottet. J. R. 2, 186 b. K.

— Befaling til Mandrup Parsberg med det første at tage nøjagtigt Skøde af Peder Jenssen paa ovennævnte Gaard og Skov og indtegne Skødet blandt Slottets Breve. J. T. 1, 309.

— Aabent Brev, at Kirkeværgerne for Hengi[3] Kirke

---

[1] Se Kanc. Brevbøger 1561—65 S. 49. [2] Magdalene Brahe, Jørgen Urnes. [3] Hinge, Lysgaard H.

paa Kirkens Vegne aarlig maa oppebære 2 Ørt. Korn af Sil-
ckeborg Slot, da der af den ene af de 2 Gaarde i Henberg[1],
som Kongen har givet Anders Pederssen og hans Broder Livsbrev
paa, uden Afgift, hidtil er svaret 2 Ørt. Korn til Kirken; naar de
to Brødre ere døde, skal Kornet igen oppebæres af Gaarden i Hen-
berg. Kirken maa nyde fri Oldengæld, Vindfælder og anden Rettig-
hed, der kan falde uden Skovskade, af et til Kirken hørende Stykke
Skov; Kirkeværgerne skulle gøre Regnskab for al Kirkens Rente og
anvende den til Kirkens Bedste.  J. R. 2, 187.  K.

**3. Sept. (Silkeborg).**  Til Mandrup Parsberg.  Kongen har i
Aar eftergivet enhver af Kronens Bønder i Ballø Horup[2]
og Lauen 1 Ørt. Korn af deres Landgilde, dels for deres Ar-
mods Skyld, dels fordi de ere Ugedagsmænd her til Slottet.  J. T.
1, 307 b.

— Til Adelen i Nørrejylland.  Kongen har efter at være kom-
men paa Jagten i Nørrejylland erfaret, at mange af Adelen, der
have Gods op til Kongens Fredejagt, hele Aaret igennem have
Skytter liggende dér, som straks skyde alt det Vildt, der gaar fra
Kronens Grund over paa deres, ja endog undertiden gaa ind og
skyde paa Kronens fri Enemærker og videre, end de have Lod og
Del, som Kongen noksom har erfaret.  Da Kongen har gjort sig
selv ikke ringe Skade ved Mageskifter for at faa sin Vildtbane fri
og ikke skyder og jager paa Adelens Gods, uden det er fælles, saa
han gerne, at de vilde gøre ligesaa, og har nu set sig foraarsaget
til at give dem, der have Skovene i Befaling, Ordre til at gøre
deres yderste Flid for at gribe eller ihjelskyde de Skytter, der
komme med Bøsser paa Kronens fri Enemærker.  De advares der-
for mod at lade deres Skytter komme paa Kronens Ejendom, da
disse saa maa tage Skade for Hjemgæld og de selv ville blive til-
talte.  Kongen anmoder dem desuden om for hans Skyld snarere
at afholde sig fra Jagten, hvor de have Paaløb paa Kronens Ene-
mærker i Skanderborg, Silckeborg og Hald Len, end aldeles at øde-
lægge alt Vildt og vil erkende det med al Gunst.  J. T. 1, 308[3].

— Befaling til Landsdommerne i Jylland straks at lade oven-
staaende Brev forkynde paa Landstinget og ligesaa paa Snapslands-
tinget, naar der er den største Forsamling, og siden opbevare det
vel.  J. T. 1, 309.

---

[1] Hindberg, Lysgaard H.    [2] Haarup, Gern H.    [3] Tr.: Secher, Forordninger II. 115f.

**3. Sept. (Silkeborg).** Til Mandrup Parsberg. Christen Pederssen i Voll[1] har berettet, at han bor i et Bol, hvoraf der svares 1 Mk., men at de, som tidligere have boet i Bolet, for nogen Tid siden have leveret et Oldensvin til Slottet, hvilket siden er blevet indskrevet i Jordebogen som et Brændsvin, saa han nu aarlig maa svare det; Mandrup Parsberg skal derfor undersøge Sagen og, hvis Svinet ved en Misforstaaelse er blevet indskrevet i Jordebogen, fritage Christen Pederssen for at svare det og slette det af Jordebogen. J. T. 1, 309 b.

— Til Anders Bing og Borgemestre og Raad i Vardberg. Da en Del af Gamelbye Mænd og af Falchenberge og Kongsbacke Borgere, der for nogen Tid siden have faaet Ordre til at flytte ind i Vardberg, har klaget over, at de ikke kunne faa Jord dér, medmindre de ville købe den, befaler Kongen, eftersom jo ovennævnte Befaling er udstedt til Fordel for Vardberg, dem at skaffe de Indbyggere fra ovennævnte Byer, der ville bosætte sig i Vardberg, Plads efter enhvers Vilkaar og Lejlighed til at bygge paa, enten paa Kronens eller Byens Ejendom, saaledes som Brevet om ovennævnte Byers Ødelæggelse tilsiger dem. Af Kronens Ejendom i Byen skal der ikke tages nogen Jordskyld. Sk. T. 1, 157.

**4. Sept. (—).** Aabent Brev, at alle, der flytte fra Falchenberg, Kongsback og Gamelbye, som nu skulle nedbrydes, til Varberg og ville bygge og bo der, maa være fri for Skat, Hold, Vagt og al anden borgerlig Tynge i 4 Aar efter deres Indflytning i Varberg; de, der bygge Huse, som mures mellem Stænger og tækkes med Tegltag, maa være fri i 6 Aar. Sk. R. 1, 255[2].

— Livsbrev for Jacob Bertelssen paa 1 Gaard, kaldet Løgagger, i Vradtz Herred og nogle Enge i Kiershofuit Mark, uden Afgift og Tynge indtil videre (osv. som i Brev af 26. Aug. for samme). J. R. 2, 188 b. K.

— Aabent Brev, at Las Jenssen i Ensløf, Herredsfoged i Hofuelberg Herred, maa være fri for Landgilde, Ægt, Arbejde og anden Tynge af sin Gaard, saalænge han er Herredsfoged. Udt. i J. R. 2, 188. K. (i Udt.).

---

[1] Voel, Gern H.  [2] Tr.: Secher, Forordninger II. 116.

**4. Sept. (Silkeborg).** Lignende Brev for Jep Lauritzen i Ressendal, Herredsfoged i Hidtz Herred. Udt. i J. R. 2, 188.

— Aabent Brev, at Jep Brod i Endzløf, Delefoged i Hofuelberg Herred, indtil videre maa være fri for Landgilde, Ægt, Arbejde og anden Tynge af sin Gaard. K. Udt. i J. R. 2, 189.

— Lignende Brev for Morthen Nielssen, Delefoged i Liusgaardtz Herred. Udt. i J. R. 2, 189 b.

— Til Nils Jonssen. Da Esper Møller i Beringe[1] Mølle har klaget over, at der til stor Skade for Møllens Søgning er bleven bygget to Møller i Forstroget og ovenfor Beringe Mølle, og at denne desuden er sat for højt i Landgilde, skal Niels Jonssen undersøge Sagen og, hvis Møllens Landgilde er for høj, nedsætte den. J. T. 1, 309 b.

— Til samme. Da nogle Kronens Bønder i Vinckel Sogn, der tidligere have været pantsatte fra Hald til Thrudtzholm og i den Tid have svaret fuld Skat, have klaget over, at de, efter igen at være blevne lagte under Hald, stadig maa svare fuld Skat, skønt de skulle være Ugedagsmænd og andre i Byen kun svare halv Skat, maa han herefter ikke skrive dem for højere Skat end andre Ugedagsmænd. J. T. 1, 310.

**6. Sept. (Skanderborg).** Aabent Brev, hvorved Kronens Bønder i Volle[2] af Hensyn til, at de ikke have Jord til Bygsæd, indtil videre fritages for at udrede den Malt, som de skulle svare i deres Landgilde til Silckeborg Slot. J. R. 2, 189 b. K.

— Til Mandrup Parsberg. Da Anders Matzen og Morten Jenssen i Giødvad have klaget over, at deres Gaard er sat meget for højt i Landgilde, skal han med det første lade nogle forstandige Dannemænd nedsætte Landgilden, hvis den maatte være for høj, og siden indskrive den forandrede Landgilde i Jordebogen. J. T. 1, 310 b.

**7. Sept. (—).** Til Erick Valkendorph og Vincentz Jul. Da Christopher Lindenov har bevilget Kronen 1 Gaard i Jorderup og 1 Gaard i Giessing[3] i Coldinghus Len til Mageskifte for Gods i Faxe Herred, skulle de med det allerførste besigte Godset i Coldinghus Len og siden det paa Sjælland, ligne det og indsende klare Registre derpaa. Sj. T. 14, 119.

---

[1] Bjerring, Middelsom H.   [2] Voel, Gern H.   [3] Gejsing, Anst H.

**7. Sept. (Skanderborg).** Befaling til Eiller Grubbe om i For-
ening med Erick Valkendorph og Vincentz Jul at u d l æ g g e Chri-
s t o p h e r L i n d e n o v F y l d e s t for hans 2 Gaarde i Coldinghus
Len paa et belejligt Sted i Faxe Herred, dog saaledes at det ikke
sker til Skade for Kongens Fredejagt. Udt. i Sj. T. 14, 119 b.

— Befaling til Hendrich Mogenssen — som ikke mener at have
Dalere nok til at b e t a l e H e r r e m æ n d e n e  o g  d e  a n d r e  K r i g s-
f o l k , der ligge i Befæstningen paa Kroneborg, deres nu med det
første forfaldne aarlige Pension og Besolding med og derfor har
forespurgt, om han maa give dem Rosenobler og andet Guld, som
han har oppebaaret i Told, i Betaling — om ikke at udgive noget
af det Guld, han har oppebaaret, men holde det til Stede indtil
videre og til den bestemte Tid betale ovennævnte Folk deres Aars-
løn m e d  d e  S ø l v d a l e r e  o g  a n d r e  P e n g e , han har faaet ind i
Told, saavidt de kunne strække til; hvad der kommer til at mangle
har Kongen givet Christopher Valkendorff Ordre til at forstrække
ham med; hvis det kun drejer sig om et ringe Beløb, kan han nok
selv skaffe eller laane det. Sj. T. 14, 119 b.

— Til Christopher Valkendorph. Da Tolderen maaske ikke kan
betale de paa Kroneborg liggende Herremænd og Krigsfolk deres til
St. Michaelis Dag forfaldne halve Aars Løn, medmindre han maa
tage Rosenobler dertil, og Kongen ikke gerne vil, at der tages noget
af Guldet, skal Christopher Valkendorph mod Kvittans s k a f f e
T o l d e r e n  d e  D a l e r e , han kommer til at mangle. Sj. T. 14,
120 b.

— G a v e b r e v  t i l  H r .  P e d e r  O l u f s s e n , Provst i Jelling
Syssel, paa Provstiets Vegne. J. R. 2, 190. K. (Se Kronens
Skøder.)

— Aabent Brev, hvorved K o n g e n  p a a n y  f o r b y d e r  a l l e ,
særlig Kronens egne Bønder, at b r u g e  L y n g s l æ t  e l l e r  T ø r v e-
g r ø f t  i  Ø s t e r  o g  V e s t e r  H i o r d u m [1] Hede og i Hassing
Hede og Mose yderligere end til deres egne Gaardes Behov, da
Axel Gyldenstiern har klaget over, at trods det af Kongens Fader
udstedte og af ham nu fremlagte Brev slaas og graves der stadig
til Upligt i disse Heder og Moser, særlig i Hassing Mose, fordi den
ikke var navngiven i det af Kongens Fader udstedte Forbud. Bruge
Bønderne herefter Lyngslæt eller Tørvegrøft for at sælge eller give

---

[1] Ø. og V. Hørdum, Hassing H.

de andre Tilladelse til at grave eller slaa der, maa Axel Gylden-
stiern forfølge dem til deres Faldsmaal; ligesaa maa han, hvis nogle,
der ikke have Part i ovennævnte Heder og Mose, slaa Lyng eller
grave Tørv deri, lade dem straffe efter Loven. J. R. 2, 190 b.

**7. Sept. (Skanderborg).** Til Claus Glambeck. Kronens Bøn-
der i Dorup[1] have klaget over, at de staa for en saare høj
Smørskyld, men kun have en ringe Engbjærgning, der ikke paa
langt nær kan taale denne Skyld, og de have derfor begæret enten
at faa Smørskylden nedsat eller blive fri for at svare de 3 Fjerd.
1 Pd. Smør, som den hele By og de i Forening give af nogle Enge.
som de have fæstet særskilt for deres ringe Engbjærgnings Skyld.
Da Kongen af Claus Glambeck har erfaret, at det forholder sig saa-
ledes, har han eftergivet dem de 3 Fjerd. 1 Pd. Smør, hvilket Claus
Glambeck skal lade notere i Jordebogen. J. T. 1, 310 b.

**8. Sept. (—).** Aabent Brev, hvorved Kongen — da Michel
Bagger i Ottense, der for nogen Tid siden er død og har efterladt
sig Hustru og 6 Børn, skylder Kongen en stor Sum Penge for Korn
og Værgerne for Enken og Børnene have berettet, at han har et
stort Tilgodehavende hos Adelige og andre her i Riget,
som endnu ikke har kunnet blive indkrævet, men som de nu have
sendt Matz Ridtze, Borger i Ottense, ud for at indkræve —
befaler alle at hjælpe Matz Ridtze med at faa Pengene indkrævet,
for at Kongen kan faa sit Tilgodehavende. F. T. 1, 114.

— Bestalling for 3 Skovridere i Silckeborg Len og 2 Skov-
ridere i Haldtz Len[2]. De skulle paase, at der ikke skydes eller
ødelægges noget Vildt i Kronens Enemærkeskove, søge at gribe dem,
der gøre sig skyldige i saadant, og føre dem til Lensmændene;
kunne de ikke faa fat paa dem, skulle de følge efter dem, faa at
vide, hvem de ere og hvem de tilhøre, og melde Lensmanden det;
de maa ikke se gennem Fingre med nogen. Gaa Krybskytter af
Almuesfolk ind i Kronens Skove med lange Rør og skyde Dyr der,
og kunne Skovriderne ikke faa fat i dem eller faa dem til at følge
med og give Besked om, hvem de tilhøre, maa de skyde et Lod i
dem uden at skulle lide Tiltale derfor. De skulle faa at vide af
Lensmændene, hvor vidt de skulle have Tilsyn med Skovene, aflægge
Ed til Lensmændene og paa det højeste forpligte sig til ikke selv at

---

[1] Dørup, Hjelmslev eller Tyrsting H.   [2] Efter Overskriften. Det indførte Brev er
Bestalling for en af Skovriderne i Silkeborg Len.

skyde Dyr eller forurette Kronens Bønder; forse de sig, skulle Lens-
mændene uden al Naade lade dem straffe. De skulle herfor hver
have 20 Dlr. aarlig til Løn og Klædning og 26 Skpr. Mel; 8½
Ørt. 2 Skpr. Malt, 26 Skpr. Humle, 4 Skpr. Gryn, 1 Fjerd. Smør,
1 Okse, 13 Sider Flæsk, 6½ Faarekrop, 12 Snese tørre Hvillinger,
1 Td. saltet Sild, 1 Skp. Lønborg Salt og 1 Skp. Bajsalt aarlig til
Underholdning samt Bolig paa det bekvemmeste Sted ved de Skove,
som de skulle have Tilsyn med; Lensmændene skulle skaffe dem
alt dette og paase, at de ikke forsømme noget. J. R. 2, 192.

**8. Sept. (Skanderborg).** Mageskifte mellem Peder Munck,
Admiral, og Kronen. J. R. 2, 193 b. (Se Kronens Skøder.)

— Forleningsbrev for Rasmus Jenssen i Sim, Birke-
foged ved Rye Birketing, paa Kronens Part af Korntienden
af Doger Sogn for en aarlig Afgift af 16 Ørt. Rug og 4 Ørt. Byg,
dog forbeholder Kongen sig Tienden, naar han selv er til Stede paa
Skanderborg Slot, men Rasmus Jenssen skal saa heller ingen Afgift
svare. Det befales Bønderne at tiende retfærdigt og levere Tienden
i Kærven, da Rasmus Jenssen ellers skal have Fuldmagt til i Lens-
mandens eller hans Fuldmægtigs Nærværelse at lade Bøndernes
Korn kaste og siden straffe dem, hvis de have forsét sig. J. R.
2, 199. K.

**9. Sept. (—).** Aabent Brev, at Kirkeværgerne for Røn-
nïnge Kirke i de næste 2 Aar maa oppebære Afgiften af
Kronens Part af Korntienden af Rønninge Sogn til Kirkens
Istandsættelse, da den er meget bygfalden og ikke er i Stand til at
hjælpe sig selv. F. R. 1, 150.

— Til Erick Hardenberg til Matrup, Absolon Gøye til Løgetued
og Lauritz Brokenhus til Egeschouf. Da Ebbe Munck har bevil-
get Kronen 5 Gaarde i Ydinge, 3 Gaarde i Orskouf[1], 1 Gaard i
Rodue[2], 2 Gaarde i Odder, 3 Gaarde i Randløf, 1 Gaard i Soer-
beck[3], 2 Gaarde i Mastrup[4], 1 Gaard i Huilstedt og 1 Gaard i
Hammershøf i Siunderliung Herred i Jylland til Mageskifte for 1
Gaard i Stauerlund, 3 Gaarde i Espe, 1 Gaard i Grønegaard, [Kro-
nens Rettighed i] følgende jordegne Bøndergaarde: 2 Gaarde og 1
Bol i Horinge[5], 2 Gaarde i Bierte, 1 Gaard i Agerup, 1 Bol i Rume,
5 Gaarde i Espe, 2 Gaarde i Horne, 1 Gaard i Hostrup[6], 1 Gaard

---

[1] Ørskov, Vor H.  [2] Raadved, samme H.  [3] Svorbæk, Hads H.  [4] Mustrup,
Ning H.  [5] Herringe, Salling H.  [6] Haastrup, samme H.

i Allerup, 1 Gaard i Nøbølle[1] og 2 Gaarde i Suaning samt Kronens Herlighed af følgende Kirkegaarde: 1 Gaard i Agerup, 1 Gaard i Heden, 1 Gaard i Kalkud[2] og 3 Gaarde i Dernes[3], alt i Fyen, skulle de med det første besigte begge Parters Gods, udlægge Ebbe Munck saa meget af Kronens Gods, som hans Gods beløber sig til, saaledes at han udlægger Fyldest baade for Ejendommen til og Skylden af det jordegne Gods, ligne Godset og indsende klare Registre derpaa. F. T. 1, 115.

**9. Sept. (Skanderborg).** Aabent Brev, at de Kronens Bønder i Gylling Sogn i Aackier Len, der aarlig svare Brændsvin, indtil videre hver maa have fri Olden til 3 Svin i Gyllenes Skove, naar der er Olden; de have nemlig klaget over, at det nu er blevet dem forment at have Svin frit paa Olden i Skovene, skønt det fra gammel Tid af har været sædvanligt, fordi de svare Brændsvin. J. R. 2, 200. K.

— Forleningsbrev for Hr. Morten Buck, Sognepræst i Skibit Sogn, paa 4 Ørt. Korn af Afgiften af Kronens Part af Korntienden af Skibit Sogn. Orig.[4] i Provinsark. i Viborg. Udt. i J. R. 2, 200 b. K. (i Udt.).

— Til Nils Kaas, Peder Munck og Mandrup Parsberg. Da Nils Jonssen har begæret 1 Mariagger Klosters Gaard i Liere[5] i Suenstrup Sogn i Huorum Herred, 1 Gaard i Mosbeck, 1 Gaard i Sønderup, Halvparten af Tøtterup og Kronens Rettighed af følgende jordegne Bøndergaarde: 2 i Gifuer By og Sogn, 2 i Mosbeck, 1, kaldet Oufstrup, og 1, kaldet Skrabuadt, i Rindtz Herred til Mageskifte for 1 Gaard i Olby[6], 1 Gaard i Malle, Kiersgaard p. Mors, 1 Gaard i Høring[7] i Rindtz Herred og 1 Gaard, kaldet Meels[8], i Fleskum Herred, skulle de med det første besigte begge Parters Gods, ligne det og indsende klare Registre derpaa. Udt. i J. T. 1, 311.

— Befaling til de samme at besigte 1 Gaard, kaldet Thandschouf, i Hatz[9] Herred, som Nils Jonssen har bevilget Kronen til Mageskifte, samt 1 Gaard, kaldet Budstedt, i Huorum Herred og 1 Bol, kaldet Torsagger, i Meelsom Herred, som han begærer i Stedet. Udt. i J. T. 1, 311 b.

**10. Sept.** (—). Aabent Brev, at alle, der have Lovsøgelses-

---

[1] Nybølle, Salling H. [2] Kalleko, samme H. [3] Diernisse, samme H. [4] Tr.: Hofman, Fundationer IV. 748 f. [5] Leere. [6] Ølby, Hjerm H. [7] Hejring. [8] Miels. [9] ɔ: Hids.

30

og Delsbreve over nogen, aarlig skulle lade disse læse paa
Herredsting eller Landsting og lade Læsningen notere paa
dem, da de ellers skulle være ugyldige; hidtil er det nemlig gaaet
meget uordentligt til i Fyen med disse Breve, idet de ere blevne
henlagte og fortiede, saa lovsøgte og fordelte Mænd tit ere blevne
tagne med ved Tingsvidner og Tov, hvilket saa, naar Delsbrevene
siden ere blevne fremlagte, har medført, at de, som have vidnet
eller været i Tov med dem, ere komne i Fald og stor Skade, og
at mange have forspildt deres Tiltale. F. R. 1, 150 b[1].

**10. Sept. (Skanderborg).** Ekspektancebrev for Oluf Ba-
ger i Otthensøes Søn Oluf paa det Vikarie i Otthensøe, som
Christopher Bang smstds. har i Værge, at tiltræde efter dennes Død.
F. R. 1, 151.

— Aabent Brev, at Hr. Jost Nielssen, Sognepræst i Hylcke
Sogn, indtil videre maa have fri Olden til sine egne hjemmefødte
Svin i Skovene under Skanderborg, naar der er Olden. K. Udt.
i J. R. 2, 200 b.

— Livsbrev for Jomfru Birgitthe Rosenkrantz Eyllers-
datter paa alt det Gods i Ramsøe[2], Giorsløf[3] og Mørck-
holt, som Kongen har faaet til Mageskifte af Axel Veffert, uden Afgift,
og paa Brugsret til Skellighed af Skoven til Nebbe til Gen-
gæld for, at hun har tilmageskiftet Kronen sin Part i Nebbe Gaard
og Gods, som hun dog skal beholde, saalænge hun lever, og hen-
des Arvinger derefter, indtil Kronen udlægger dem det Gods, hun
skal have i Mageskifte derfor, undtagen Godset i Eld Herred, som er
2 Gaarde, 5 Bol og 1 Byggested i Trelle, 1 Gaard i Egschouf, 1 Gaard
i Gade, 1 Gaard i Veilbye, 1 Gaard i Ullerup, 1 Gaard i Brostrup[4]
og ½ Mølle, kaldet Egum[5] Mølle, hvilket Gods Kronen straks har
overtaget. J. R. 2, 201. K.

— Aabent Brev, at Mickel Hanssen i Ølsted, Søren Hanssen i
Quorning[6], Søren Ibssen og Mickel Nielssen i Rimerslund[7], Oluf
Rasmussen i Hedensted og Las Nielssen i Aldome, Sandemænd
i Hatting Herred, maa være fri for at gøre Ægt og Ar-
bejde af deres Gaarde, saalænge de ere Sandemænd. K. Udt. i
J. R. 2, 203.

— **(Silkeborg).** Til Claus Glambeck. Rasmus Jenssen og
Maren Rasmus's i Snestrup have klaget over, at de af deres Bol

---

[1] Tr.: Secher, Forordninger II. 117.   [2] Rand. Holmans H.   [3] Gaarslev, samme H.
[4] Bredstrup, Elbo H.   [5] Igum, samme H.   [6] Korning.   [7] Remmerslund.

aarlig hver maa svare 1 Brændsvin og 5 Læs Ved mere end de bedste Bønder, de bo i By med; da Kongen har erfaret, at Bymarken for nogen Tid siden er omrebet, og at ovennævnte to nu ikke have Fyldest i Marken for deres Landgilde, skal Claus Glambeck lade dem slette i Jordebogen for ovennævnte Brændsvin og 5 Læs Ved. J. T. 1, 312.

**10. Sept. (Silkeborg).** Til Nils Kaas, Kansler, og Jørgen Skram, Embedsmand paa Dronningborg. Da Mandrup Parsberg paa egne og Søskendes Vegne har begæret 3 Gaarde i Narup[1] i Tuillum Birk, Sebyuad[2] og Sebyuadtz Mølle, 2 Gaarde, kaldede Mundrup[3], i Huolberg Herred og, hvis det ikke forslaar, Gods i Holbiere[4] By til Mageskifte for 2 Gaarde i Jenum, 1 Gaard i Belle, 2 Gaarde i Klackerund[5], 1 Gaard i Gammelstrup, 1 Gaard i Hedschouf[6], 2 Gaarde i Vras, 1 Gaard i Bredlundt, 1 Gaard, kaldet Ansøgaard, med 1 Mølle, kaldet Ansø Mølle, og 2 Gaarde i Sjælland, den ene i Bindtzløf[7] i Flackeberg Herred og den anden i Holtur i Stenfs Herred, skulle de med det første besigte begge Parters Gods i Jylland, ligne det og indsende klare Registre derpaa. J. T. 1, 312 b.

**11. Sept. (Skanderborg).** Aabent Brev, at M. Jacob Matzen. Professor ved Universitetet i Kiøpnehafn, efter nu afdøde M. Niels Kolding skal have Kongens Liberi paa Kiøpnehafns Slot i Befaling og paase, at ingen af Bøgerne bortkomme eller ødelægges; kommer der nye Bøger til Kiøpnehafn, hvormed Kongens Liberi kan formeres og forbedres, skal han melde Kongen det. Han skal herfor aarlig have 50 gl. Dlr. i Løn ligesom de, der tidligere have haft Liberiet i Befaling. Sj. R. 11, 394[8].

— Til Eiller Grubbe. Da Kongen nu har haft Adkomstbrevene paa de 5 Gaarde i Skuldeløs[9], som Peder Oxe havde, og som Eiller Grubbe for nogen Tid siden paa Kongens Vegne har taget, hos sig og set, at det er Ejendom og Mageskifte fra Kronen, ikke Forleningsgods, skal Eiller Grubbe tilbagelevere Peder Oxis Arvinger Gaardene. Sj. T. 14, 121 b.

— Mageskifte mellem Peder Gyldenstiern, Marsk, og Kronen. J. R. 2, 203. (Se Kronens Skøder.)

---

[1] Naarup, Gern H. [2] Søbyvad, samme H. [3] Mondrup, Hovlbjærg H. [4] Hovlbjærg, samme H. [5] Klakring, Bjærge H., Jylland. [6] Hovedskov, Tyrsting H. [7] Bendslev. [8] Tr.: Werlauff. Efterretn. om det kgl. Bibliothek, 2. Udg., S. 8. Skudderløse, Ringsted H.

30*

**11. Sept. (Skanderborg).** Aabent Brev, at Thamis Lauritzen i Thrue, Pouel Jehanssen i Aaby, Jens Pederssen i Veilby, Jens og Morten Søfrenssen i Skeyby, Jens Paaske, Niels og Peder Mickelssen i Ilst[1], Sandemænd i Hasle Herred, maa være fri for at gøre Ægt og Arbejde af deres Gaarde, saalænge de ere Sandemænd. K. Udt. i J. R. 2, 207.

— Aabent Brev, at Rasmus Nielssen i Salthen indtil videre maa bruge frit Fiskeri i Salthen Langsø med smaa Garn og Kroge, men ikke med Vod. Udt. i J. R. 2, 207 b.

— Aabent Brev, at Peder Thrane, Byfoged i Viiborg, maa være fri for Skat, Hold, Vagt og al anden borgerlig Tynge, saalænge han er Byfoged. K. Udt. i J. R. 2, 207 b.

— Til Borgemestre og Raad i Viiborg. Da Peder Thrane, Byfoged i Viiborg, har klaget over, at Byens Fængsel er »forrykket«, og at der nu ikke længere er noget Fængsel til at sætte Misdædere og Skalke i, saa han maa have dem i sit eget Hus. hvilket han i høj Grad besværer sig ved, skulle de med det allerførste igen udlægge Fængslet til Byen og istandsætte det, saafremt de ikke, hvis nogen Misdæder af den Grund undkommer, ville staa til Rette derfor. J. T. 1, 314. Orig.

— Til Claus Glambeck. Kongen har bevilget, at Peder Tydsch i Vor Klosters Mølle maa faa det Græs, som gror i Humlegaarden ved Møllen, mod at svare et rimeligt Stedsmaal deraf og aarlig give 1 Pd. Smør i Landgilde. J. T. 1, 313 b.

— Til Claus Glambeck. Da Kongen har tilladt Jens Jenssen i Em Kloster indtil videre at bruge frit Fiskeri i Mors Sø med Ruser og Smaagarn, men ikke med Vod, skal Claus Glambeck paase, at han retter sig herefter, og lade ham straffe, hvis han fisker med Vod eller andre store Garn. J. T. 1, 313 b.

— Til Lauritz Skram. Da Kongen har tilmageskiftet Peder Guldenstiern, Marsk, $^1/_2$ Gaard i Kier og $^1/_2$ Gaard i Eystrup af Riiber Kapitels Gods, som M. Jens Kansler, Ærkedegn i Riiber Domkirke, nu har i Værge, skal han med det første udlægge Kapitlet Fyldest derfor af det Gods i Hardsyssel, som Kongen for nogen Tid siden fik til Mageskifte af Fru Karen Krabbe, Niels Skiels Enke, hvor Kronen bedst kan undvære det, og indsende Register over det udlagte Gods, saa Kongen derefter kan give Kapitlet Brev derpaa. J. T. 1, 314.

---

[1] Tilst.

**12. Sept. (Skanderborg).** Forleningsbrev for Niels Kaas til Torupgaard, Kansler, paa St. Laurentii Kapel i Roschilde Domkirke, som er ledigt efter afdøde M. Niels Kolding. Naar han ikke længere er i Kongens Tjeneste, skal han residere ved Domkirken. Sj. R. 11, 391 b.

— Forleningsbrev for Jacob Vind, Sekretær, paa Ærkedegnedømmet og det Kannikedømme i Roskilde Domkirke, som Kansler Niels Kaas med Kongens Samtykke nu har afstaaet til ham; han skal ligefrem indtræde i Niels Kaas's Sted og have Ærkedegnedømmet og Kannikedømmet paa de samme Betingelser som denne. Naar han ikke længere er i Kongens Tjeneste, skal han residere ved Domkirken. Sj. R. 11, 392.

— Forleningsbrev for Pouel Wernicke, Sekretær, paa det Kannikedømme i Roschilde Domkirke, som Sekretær Jacob Vind nu har afstaaet. Naar han ikke længere er i Kongens daglige Tjeneste i Kancelliet, skal han residere ved Domkirken. Sj. R. 11, 393 b.

— Bestalling for Anders Tysk som Vildtskytte. Han skal følge Kongen, hvor denne holder Hoflejr, daglig være i Marken for at skyde Fjervildtbrad til Kongens Køkken og derfor aarlig have 30 gl. Dlr., 2 Klædninger, Underholdning til sig selv og Foder til sin Skydehest. Sj. R. 11, 395.

— Til Hans Johanssen til Fobitzlet og Absolon Gøye til Løgtued. Da Fru Vibicke Podebusk, Efuert Bildis Enke, har bevilget Kronen Store og Lille Krogsgaardt i Findtz Herred til Mageskifte for 2 Gaarde i Morudt[1] i Vindinge Herred, skulle de med det allerførste besigte begge Parters Gods, ligne det og indsende klare Registre derpaa. F. T. 1, 116 b.

— Forleningsbrev for Hr. Rasmus Chrestenssen paa det Vikarie i Aarhus Domkirke, som er ledigt efter Hr. Oluf, der var Medtjener ved Vor Frue Sognekirke i Aarhus. Han skal residere ved Domkirken. J. R. 2, 207 b. K.

— Aabent Brev, at Jørgen Urne, Hofsinde, skal blive liggende i Kolding og i Hofmarskalkens[2] Fraværelse have Befalingen over Kongens der liggende Hofsinder og disses Folk, føre Tilsyn med, at der ikke øves nogen Modvillighed hverken mod Borgerne eller paa anden Maade, og lade Hofsindernes

---

[1] Maare, Vinding H.    [2] Henrik Belov.

Folk straffe, hvis de forse sig; vise Hofsinderne sig modvillige, hvad
Kongen dog ikke haaber, skal han melde Kongen det. Det be-
fales Hofsinderne og disses Folk at være ham lydige. J. R. 2,
208 b. K.

**12. Sept. (Skanderborg).** Til Nils Kaas og Nils Jonssen. Da
Fru Karen Holger Rosenkrantzis har bevilget Kronen 1 Gaard,
kaldet Rosborg, og 1 Bol, kaldet Langschou, i Hald Len til Mage-
skifte for 1 Gaard i Stauby[1] By og Sogn, som Peder Munck har
udlagt til Kronen, 1 Gaard i Aarup, Kronens Rettighed i 4 jord-
egne Bøndergaarde i Remmerslund og 1 Stykke øde Jord, kaldet
Karup, mellem Kalsbøl og Brendstub[2] i Bierre Herred, skulle de
besigte begge Parters Gods og indsende klare Registre derpaa. Udt.
i J. T. 1, 314 b.

**13. Sept. (—).** Til Christen Munck. Kronens Bønder i
Hatz Herred have berettet, at de tidligere have givet $^1/_2$ Dlr. for
hvert Brændsvin, naar der ikke var Olden, men at han nu ikke
vil tage Penge for Svinene og lader Ydelsen af Svinene staa hen, indtil
der bliver Olden, hvilket medfører, at de blive mange Svin skyl-
dige, som det er dem meget besværligt at udrede paa én Gang;
ligeledes have de klaget over, at de tværtimod hvad der har været
sædvanligt fra Arilds Tid nu besværes med at tærske og af den
Grund maa forsømme deres eget Arbejde. Det befales ham derfor
herefter at tage Penge for Brændsvinene, naar der ikke er Olden,
og ligesaa for de Brændsvin, som Bønderne skylde til dette Aar;
endvidere maa han, hvis det hidtil ikke har været sædvanligt, at de
have tærsket i Slotsladen, heller ikke nu besvære dem dermed.
J. T. 1, 315[3].

— Til Lauritz Skram, Embedsmand paa Koldinghus. Da han
har meldt, at han nu har faaet de Gældvæddere, som han tid-
ligere har faaet Skrivelse om, og har begæret at faa at vide, hvad
han skal gøre med dem, befales det ham straks at sende dem til
Lensmanden paa Frederichsborg. Der sendes ham Brev til denne
om at modtage og kvittere for Gældvæddere og et Pasbord for dem,
der skulle fremdrive dem. Orig.

**14. Sept. (—).** Befaling til Hack Holgerssen at lade det i
Klosterhaven i Nystedt staaende gamle Stenhus, der ikke

---

[1] Stovby, Bjærge H., Jylland.　[2] Brandstrup, samme H.　[3] Tr.: Saml. t. jydsk
Hist. og Topogr. VII. 95 f.

bruges til noget, nedbryde og anvende det til Istandsættelsen af Oleholm Slot og Ladegaarden, der ere meget bygfaldne. F. T. 1, 307.

**14. Sept. (Skanderborg).** Livsbrev for Hr. Terckel Anderssen, Sognepræst i Beder Sogn, paa Kronens Part af Korntienden af Beder Sogn i Aarhus Len; han skal fæste den af Lensmanden og indtil videre ingen Afgift svare deraf, men naar Kongen ikke længere vil unde ham denne Frihed, skal han svare sædvanlig Afgift og levere denne senest inden Fastelavn i Aarhus, saafremt han ikke vil have dette Brev forbrudt. Det befales Sognemændene at levere ham Tienden i Kærven og tiende retfærdigt, da han ellers skal have Fuldmagt til i Lensmandens eller hans Fuldmægtigs Nærværelse at lade deres Korn kaste og lade dem straffe, hvis de have forsét sig. J. R. 2, 209. K.

— Livsbrev for Marine N., der en Tid har været Fadeburskvinde paa Skanderborg Slot, paa en Hospitalet tilhørende Bod i Horsens, som hun nu har i Leje, mod at svare Hospitalet sædvanlig Leje deraf. J. R. 2, 210. K.

**15. Sept. (—).** Aabent Brev, at Hr. Berthel Pederssen, forhen Sognepræst til Øsløf Sogn, i dette og næste Aar maa oppebære Kronens Part af Korntienden af Øsløf Sogn, uden Afgift. K. Udt. i J. R. 2, 210 b.

**16. Sept. (—).** Aabent Brev, at de nuværende Sandemænd i Bog Herred maa være fri for Ægt og Arbejde af deres Gaarde, saalænge de ere Sandemænd. Udt. i F. R. 1, 151 b.

**18. Sept. (—).** Til Christopher Valkendorph. Da Kongen har bevilget, at hans Gigler M. Jacob Sehefeld maa faa den Besolding betalt, som han har til gode til sidste St. Hans Dag, ialt 70 Dlr., skal Christopher Valkendorph gøre op med ham, betale ham hvad han efter sin Bestalling har til gode til ovennævnte Tid, men derefter ikke give ham nogen Besolding uden nærmere Ordre. Sj. T. 14, 122.

— Forleningsbrev for Hr. Niels, Sognepræst til Giøstrup Kirke, paa 4 Ørt. Korn af Afgiften af Kronens Part af Korntienden af Giøstrup Sogn. K. Udt. i J. R. 2, 210 b.

— Livsbrev for Peder Smed i Horn paa det Hus smstds., som han nu bor i, uden Afgift; han skal holde Huset i Stand og være Lensmanden paa Silckeborg lydig. J. R. 2, 211. K.

— Til Lauritz Skram, Embedsmand paa Koldinghus. Oluf

Pouelssen i Vyf[1] har berettet, at han har maattet udgive nogle Penge og noget Gods til Lauritz Skram for en Borgen, som i Vincentz Juls Tid var sat mellem ham og hans Svoger, der er i Gaard med ham, men at de siden ere komne i Slagsmaal, hvortil han dog mener ikke at have givet nogen Aarsag, og at samme Borgen desuden tilforn er opsagt paa Tinge. Formedelst hans Fattigdom og Skrøbelighed har Kongen bevilget, at han igen maa faa Halvdelen af det, som han har udgivet til Lauritz Skram for den Sag. Orig.

**19. Sept. (Skanderborg).** Til Hendrich Mogenssen, Tolder i Helsingøer. Tomis Tennicker har meddelt, at den Tapetmester i Helsingøer, som han paa Kongens Vegne har bestilt fra Nederlandene, klager over ikke at kunne komme ud af det med sine Maanedspenge, da den ham givne Bestalling kun lyder paa 8 Personer og 50 Dlr. i Maanedspenge til disse, medens han nu daglig holder 19 Personer paa Arbejde; Hendrich Mogenssen skal derfor undersøge Sagen og, hvis Tapetmesteren holder flere Personer i Arbejde, end han har Maanedspenge til, og det er Kongen til Gavn, forhandle med ham om, hvad han yderligere skal have i Maanedspenge, og siden betale ham disse hver Maaned. Sj. T. 14, 121[2].

— Til Lauge Beck. Da Emicke Sparre nu atter skal have skudt en Hjort i Kronens Skove, hvilket baade Skovrideren og flere andre ere vidende om, og selv fjerde en Søndag Morgen har bortført den, skal Lauge Beck paa Kronens Vegne straks lade ham tiltale og forfølge, saa vidt det kan gøres med Lov og Ret. Sj. T. 14, 122.

— Til Christopher Valkendorff. Kongen har paa Begæring af Ritmester Otte Uxkel bevilget, at den Aarsbesolding, som denne nu har til gode, maa betales til hans Broder Rehinert Uxkel, der nu er paa Kroneborg, hvorfor Christopher Valkendorff mod Kvittans skal levere Pengene til denne. Sj. T. 14, 122 b.

— Aabent Brev, at Sandemændene i Saubro, Giern, Hielmsløf og Biere Herreder maa være fri for at gøre Ægt og Arbejde af deres Gaarde, saalænge de ere Sandemænd. K. Udt. i J. R. 2, 211.

— Tilladelse for Pouel Rantzou til Podtkam[3] til i Aar at

---

[1] Viuf, Brusk H.     [2] Tr.: Danske Saml. V. 144. Burman-Becker, Om vævede Tapeter i Danmark, 2. Udg., S. 6 f.     [3] Rothkamp.

købe og toldfrit udføre 200 Øksne her af Riget; hans Fuld-
mægtig skal lade notere paa dette Brev, hvor mange Øksne han
hver Gang lader drive gennem Toldstedet, for at der ikke under det
Skin skal udføres flere Øksne. K. Udt. i J. R. 2, 211 b.

**19. Sept. (Skanderborg).** Aabent Brev, at Niels Pederssen,
der nu er beskikket til Byfoged i Seeby, aarlig maa oppebære
Tiendeparten af alt Sagefaldet og være fri for Skat, Hold,
Vagt og al anden borgerlig Tynge, saalænge han er Byfoged.
Han skal aarlig gøre Lensmanden paa Olborghus Regnskab for sin
Oppebørsel. J. R. 2, 211 b. K.

— Aabent Brev, hvorved Atzer Søfrenssen i Horsens, der
for nogen Tid siden fik Livsbrev paa Hansted Hovgaard, fri for
Ægt og Arbejde, men mod at svare sædvanlig Landgilde deraf, til-
lige indtil videre fritages for Landgilde, Skat og anden
Tynge, for at han bedre kan genopbygge Gaarden, der skal være
bygfalden. J. R. 2, 212 b. K.

— Befaling til Claus Glambeck at lade Kansler Niels Kaas
faa Olden til 100 Svin her i Slottets Skove. Udt. i J. T. 1,
315 b.

— Til samme. Da Søfren Thyreck har berettet, at det Bol,
som han med Claus Glambecks Tilladelse hidtil har boet i, og som
han har opbygget næsten af raa Rod, nu er givet til Mølleren i
Thingsted Mølle, saa han skal rømme det, og i den Anledning har
begæret enten at maatte beholde Bolet eller, hvis han skal rømme
det, i alt Fald beholde det til 1. Maj og faa Erstatning for den Byg-
ning, han har opført derpaa, befales det Claus Glambeck at betale
Søfren Thyreck en rimelig Pris for den paa Bolet opførte Bygning,
skaffe ham en anden bekvem Bolig for Stedsmaal og Afgift og sørge
for, at han kan blive boende paa Bolet hos Mølleren, indtil han kan
blive forsørget andensteds. J. T. 1, 315 b.

— Til samme. Da Nils Hanssen, der bebor det Bol i Lund,
som Kongen fik til Mageskifte af Fru Karin Rønnov, Jens Biil-
dis Enke, har berettet, at Bolet er indskrevet i Mageskiftebrevet for en
Landgilde, der er 1 Ørt. Korn højere, end der hidtil har været svaret
deraf, sender Kongen, der har gjort Fru Karin god Fyldest for
denne Ørt. Korn, Claus Glambeck et Brev til Fru Karin om at gøre
Kronen Fyldest for denne Ørt. Korn; Claus Glambeck skal indtil
videre fritage Nils Hanssen for Kornet. J. T. 1, 316.

— Befaling til Fru Karen Rønnov straks at erklære sig om,

hvor hun vil u d l æ g g e Kronen F y l d e s t for ovennævnte Ørt. Korn. J. T. 1, 316 b.

**20. Sept. (Skanderborg).** Til Claus Glambeck. Da disse Brevvisere, 4 B ø n d e r i H a l l ø f, have berettet, at det falder dem meget besværligt at yde den halve Td. Smør, som hver af dem blandt andet skal svare i Landgilde, fordi de kun have ringe Engbjærgning og Fædrift, har Kongen bevilget, at hver aarlig maa g i v e 2 Ørt. K o r n i S t e d e t f o r den ene Fjerd. S m ø r, hvorfor Claus Glambeck skal indskrive dem i Jordebogen for 2 Ørt. Korn og 1 Fjerd. Smør hver. J. T. 1, 317.

**21. Sept. (—).** Til Thygge Brade. Da den gemene Mand fortæller, at der nu atter har vist sig en stor, n y S t j æ r n e og det maaske er en af Planeterne eller en anden Stjærne, hvis Opgang ikke er Menigmand bevidst, skal Thygge Brade med det første meddele Kongen, om der er kommen nogen ny Stjærne paa Himlen, og overveje, hvilke Planeter og Stjærner der gaar op paa denne Tid. Sj. T. 14, 123 [1].

— Befaling til Christopher Valkendorff om inden Vinter at k ø b e 100 Amer rigtig god V i n i Kiøpnehafn til Kongen og sende dem til Koldinghus; endvidere skal han s e n d e 2 store Læster H v e d e ind for Norsminde til Brug for Kongen paa Skanderborg. Udt. i Sj. T. 14, 123.

— Tilladelse for K n u d V i n t a p p e r, Borger i Kolding, til s i s e f r i t at i n d f ø r e eller købe i Kolding 2 Læster Rostocksøl. K. Udt. i J. R. 2, 213.

— Mageskifte mellem Offe Skram til Hammergaard og Kronen. J. R. 2, 213. K. (Se Kronens Skøder.)

— Til Fru Karen Nils Skiels. En af de Karle, som have Opsigt med Skovene under Silckeborg, har berettet, at en af hendes Skytter, ved Navn P e d e r Ø r e g a r d, forleden Dag har s k u d t et R a a d y r i K r o n e n s f r i E n e m æ r k e s k o v e under Silckeborg. Da Kongen ikke lader skyde eller jage paa Adelens Gods og for nylig har forbudt al saadan Jagt paa Kronens Enemærkeskove, havde han ikke ventet sig sligt, mindst af hende, og han befaler hende straks at udlevere Skytten, saafremt hun ikke selv vil tiltales derfor. J. T. 1, 317 b.

**22. Sept. (—).** Til Christopher Valkendorff. Da P h i l i p p u s

---

[1] Tr.: Dsk. Mag. II. 204. F. R. Friis, Tyge Brahe S. 90.

Suinderin, hvem Kongen har bevilget 100 Dlr. til hans Studier, nu har begæret, at de maa blive betalte hans Fuldmægtig, skal Christopher Valkendorff gøre dette. Udt. i Sj. T. 14, 123 b.

**22. Sept. (Skanderborg).** Til Aruid Huitfeldt. Kongen har erfaret, at den Bro, som tidligere har været over Helgeaa mellem Villandtz og Geers Herreder, en Tid lang ikke er bleven holdt i Stand, men at der i Stedet er holdt en Pram til at besørge Overførselen, hvorved Folk ofte lide Skade og komme i stor Livsfare. Da det vil være baade de omkringboende Bønder og andre til Gavn, at Broen igen bliver sat i Stand, har Kongen bestemt at lade Broen istandsætte paa sin Bekostning og befaler Aruid Huitfeldt at forhandle med Bønderne i Geers Herred, hvem de end tilhøre, om, hvad enhver siden aarlig vil svare til Broens Vedligeholdelse, tage Tingsvidne derom og siden tilskrive Kongen Besked. Sk. T. 1, 157 b.

— Lignende Brev til Thyge Brade om at forhandle med Bønderne i Villandtz Herred. Udt. i Sk. T. 1, 158.

— Bestalling for Atzer Seuerenssen som Borgemester i Horsens. J. R. 2, 218 b. K.

— Aabent Brev, hvorved Kongen — i Anledning af at Jacob Matzen, Kromand i Kroen ved Skanderborg Slot, har klaget over, at mange holde Krohus og Ølsalg i Kipper og smaa Huse ved Slottet, saa han ikke kan blive ved sin Næring, og berettet, at de tidligere Kromænd have været fri for at svare Accise af det Tyskøl, de have købt — bevilger, at Jacob Matzen, saa ofte Kongen holder Hoflejr paa Slottet, maa være fri for at svare Sise af det Rostockerøl og anden fremmed Drik, som han køber og kan udtappe i Kroen, og, naar Kongen ikke opholder sig dér, aarlig maa have 1 Læst Rostockerøl sisefrit, dog paa det Vilkaar, at han ikke sælger Tyskøl i Tønder, Halvtønder eller Fjerdinger til Forprang; endvidere forbyder Kongen under Fortabelse af Tønden og Øllet alle andre ved Slottet boende at holde Kro eller udtappe Tyskøl eller anden fremmed Drik, naar Kongen ikke opholder sig dér. J. R. 2, 219. K.

— Til Kronens Bønder under Aakier. Da nogle af dem ikke ville gøre samme Tynge med Ægt, Arbejde og Pløjning, som der gøres til andre Kronens Slotte, men ville tilholde sig samme Frihed, som de havde i Bispernes Tid, befales det dem strengelig at gøre samme Tynge med Ægt, Arbejde, Pløjning og andet, som der gøres til Skanderborg og andre Slotte, saafremt de ikke ville tiltales.   J. T. 1, 318.

**23. Sept. (Skanderborg).** Mageskifte mellem Fru Inger Terckelsdatter til Syndersthoed, Enuold Lauritzens Enke, og Kronen.   J. R. 2, 220.   K.   (Se Kronens Skøder.)

**24. Sept. (—).** Befaling til Christopher Valkendorff om, saasnart det brandgule Klæde, han har bestilt i Nederlandene til Dronningens Jomfruers Hofklædning, kommer, da at lade det overskære og sende hid; endvidere skal han i Kiøpnebafn udtage 3 Stykker sort Fløjl til 2½ Dlr. pr. Alen og 12 sjællandske Al. hvidt Silkeatlask og sende det hid sammen med Klædet.   Sj. T. 14, 123 b.

— Befaling til samme at betale den for nogen Tid siden antagne Ritmester Alexander von der Ostens Fuldmægtig den Besolding, Alexander von der Osten har til gode, tage Kvittans derfor og indskrive det i Regnskabet.   Udt. i Sj. T. 14, 124.

— Aabent Brev, at Hr. Jørgen N.[1] i Hatting, der har klaget over, at han hver Søndag maa gøre Tjeneste for Kongens Folk paa Bygholm Slot, men ikke faar nogen Tiende eller anden Løn derfor af Slottet, indtil videre aarlig skal have 1 Pd. Rug og 1 Pd. Malt af Slottets Loft og være fri for at svare Afgift af den Kronens Eng, som han nu har i Værge, mod fremdeles at gøre Tjeneste paa Bygholm.   J. R. 2, 223.   Orig. i Provinsark. i Viborg.

— Aabent Brev, at Hr. Niels Frantzen i de næste 2 Aar maa være fri for Skyld, Ægt, Arbejde og anden Tynge af den jordegne Bondegaard i Gongsted[2], som tilhører ham selv.   K.   Udt. i J. R. 2, 223 b.

— Forleningsbrev for Anne, Christoffer Skonings Enke, Borgerske i Horsens, paa Tienden af Ølsted Sogn, som hendes Husbonde havde i Værge, uden Indfæstning og Afgift.   K. Udt. i J. R. 2, 223 b.

— Aabent Brev, at Niels Orm og Jens Orm i Aystrup ved Norsminde formedelst den Besværing, de have med at overføre og befordre Kongens Folk, maa være fri for at gøre Ægt og Arbejde til Aarhusgaard, naar Kongen holder Hoflejr paa Skanderborg, mod at overføre og befordre de af Kongens Folk, der komme til dem med Kongens Pasbord.   J. R. 2, 224.   K.

1 Frandsen.     2 Gangsted, Vor H.

**25. Sept. (Skanderborg).** Aabent Brev, at Borgemestre og Raad i Roschilde maa indhegne og indtil videre beholde til deres Raadmandshave det Stykke Jord af deres egen Græsgang paa Lillehede fra Hjørnet af Raadmandshaven til Peblingehøjen, som Lauge Beck, Embedsmand paa Roschildegaard, har tilladt dem at indhegne til Gengæld for, at de have flyttet et af deres Vanggærder mellem deres Vange, hvilket vil medføre, at der herefter ikke skal bruges saa megen Gærdsel til Roschildegaard som før. Sj. R. 11, 395 b.

— Til Christopher Valkendorff. Da han i Anledning af Kongens tidligere Ordre til ham om at undersøge, hvorvidt Matthias Gadde fra Dantzig endnu har noget til gode for det Skib, Kongen i sidste Fejde har faaet af ham, har erklæret, at det ikke saa snart kan afgøres, om han endnu har noget til gode eller ej, da det er saa længe siden, Kongen fik Skibet af ham, og han har faaet en Del betalt i rede Penge, medens det ikke kan afgøres, om han har faaet Korn for Resten, før Regnskabsbøgerne paa Rentekammeret yderligere ere blevne gennemsete, befales det ham paany at undersøge Sagen og, hvis det viser sig, at Kongen er Matthias Gadde noget skyldig, blive enig med denne om Betaling derfor med Varer og om bestemte Terminer for Betalingen. Sj. T. 14, 124. Orig.[1]

— Livsbrev for Fru Anne Bild til Gerskouf, Hans Schinckels Enke, paa Kronens Part af Korntienden af Schibye[2] Sogn i Fyen, uden Afgift, medens hun tidligere har haft Fæstebrev paa Livstid paa den mod at svare sædvanlig Afgift. F. R 1, 152.

— Aabent Brev, at Hr. Seueren Nielssen, Sognepræst til Haurum og Siøby Sogne, maa rejse udenlands i 3 Aar for at studere, men alligevel beholde sit Embede og dets Indtægter mod at holde en Kapellan, der skal kendes duelig af Bispen. J. R. 2, 224 b. K.

— Befaling til Jens Kaas om at opsøge og mod en Revers overlevere Admiral Peder Munck en paa Slottet [Aalborghus] værende Lavhævd, som Otte Brade har taget paa en Gaard, kaldet Langholt, i Kier Herred, som Peder Munck har faaet til Mageskifte af Kronen. J. T. 1, 318 b.

— Befaling til de højlærde i Kiøpnehafn at standse Forelæsningerne ved Universitetet, indtil den i Kiøpnehafn gras-

---

[1] Tr.: Nye dsk. Mag. I. 47.    [2] Skeby, Lunde H.

serende Pest stiller af, da flere Studenter allerede ere døde af
Sygdommen.  Orig.[1] i Konsistoriets Arkiv, Pk. 3.

**26. Sept. (Skanderborg).**  Til Borgemestre og Raad i Kolding.
Da den Tid er nær, da der skal holdes Marked dér i Byen, og
det kan befrygtes, hvis det tillades Indbyggerne fra de Steder, som
Gud har hjemsøgt med Pestilens, at handle dér, at der da kan
udspredes Sygdom i Byen og blandt Kongens Hofsinder og Tjenere,
som ligge dér, skulle de alvorligt paase, at ingen, der kommer
fra Aarhus eller andre fordægtige Steder, hvor Syg-
dommen regerer, kommer ind i Byen, og forbyde Borgerne
under deres Boslods Fortabelse at herberge nogen, der kommer fra
saadanne Steder; de skulle holde Vagt, hvor man kører ind i Byen,
befale Bønderne at blive udenfor Byen paa det Sted, hvor Mar-
kedet plejer at holdes, og ikke lade dem komme ind i Byen med
deres Varer.  Sker der noget herimod, skulle de staa Kongen til
Rette derfor.  J. T. 1, 318.

— Til Hendrich Mogenssen.  I Anledning af hans Forespørgsel
gennem Hofmarskalken[2] befales det ham at betale alle de Krigs-
folk, der ligge i Befæstningen paa Kronneborg, et fuldt halvt
Aars Løn nu til Mikkelsdag, skønt de ikke alle ere komne paa ens
Tid.  Da der er sket et Manddrab paa et Skib ved Byen [Helsingør]
og Manddraberen er undkommen ved at lade sig sætte over til et
andet Skib for at hente Bartskær til den saarede, hvorfor alle de,
der vare paa Skib sammen med ham, i Henhold til Søretten ere
blevne anholdte, befales det ham i Anledning af hans Forespørgsel
om nærmere Ordrer at lade de anholdte passere med deres Gods,
da det er fremmede, der ikke have kendt noget til den danske Sø-
ret.  Sj. T. 14, 125.

— Til Lauritz Skram, Embedsmand paa Koldinghus.  Da Kon-
gen har aftalt med Jørgen Sestede, at dennes Søster Fru Karen skal
sende nogle Læster Kakkebille til Koldinge, skal Lauritz Skram
modtage Kakkebillen, lægge den i god Forvaring i Kælderen og be-
tale baade Øllet og Fragten til Skipperen.  Orig.

— Tilladelse for Jørgen Sestede til indtil videre aarlig at
drive 15 Stykker af hans eget hjemmefødte Kvæg toldfrit fra
Hollegaard[3] ind i Fyrstendømmet.  Udt. i J. R. 2, 225.

---

[1] Tr.: Rørdam, Kbhvns Universitets Hist. 1537—1621 IV. 297.     [2] Henrik Belov.
[3] Hvolgaard, Nørvangs H.

**26. Sept. (Skanderborg).** Mageskifte mellem Erich Løcke til Schoufgaard og Kronen. J. R. 2, 225 b. K. (Se Kronens Skøder.)

— Mageskifte mellem Ofue Juel, Nielssis Søn, til Kieldgaard og Kronen. J. R. 2, 230. K. (Se Kronens Skøder.)

— Aabent Brev, at Chresten Ibssen i Lund, Thomes Michelssen i Vinthen, Chresten Pederssen i Kalhaf og Niels Michelssen i Enner, Sandemænd i Nim Herred, maa være fri for at gøre Ægt og Arbejde af deres Gaarde, saalænge de ere Sandemænd. Udt. i J. R. 2, 232.

**27. Sept.** (—). Til Hendrick Mogenssen. Da Kongen har bevilget, at Tapetmageren, som for at fremskynde Arbejdet har antaget flere Svende, end hans Bestalling lyder paa, herefter maa faa 90 Dlr. om Maaneden til sig selv og Svendene, skal Hendrick Mogenssen, saalænge dette Arbejde varer og Tapetmageren holder samme Antal Svende som nu, betale ham 90 Dlr. maanedlig. Udt. i Sj. T. 14, 125.

— Til Fru Karen Krabbe. Da hun i Anledning af Kongens Skrivelse om hendes Tjener Peder Øregardt, der skal have skudt et Raadyr i Kronens Enemærkeskove, har indberettet, at hun har taget Borgen af ham paa, at han vil blive til Stede og svare til sin Gerning, at det har været hende ubevidst, og at hun ikke vil være hans Hjemmel dertil, vil Kongen have hende undskyldt i den Sag, men paalægger hende at sørge for, at Peder Øregardt ikke undviger, før Sagen er afgjort, saafremt hun ikke selv vil staa til Rette derfor. J. T. 1, 319 b.

**28. Sept.** (—). Befaling til Mandrup Parsberg om med det første at tage de Vidnesbyrd beskrevne, som han kan tilvejebringe mod Peder Øregardt, forfølge ham saa vidt det kan gøres med Lov og Ret og lade ham straffe. J. T. 1, 320.

— Til Jahan Taube. Paa hans Forslag gennem Hofmarskalk Hendrich Belov har Kongen bevilget, at de gemene Knægte paa Kroneborg, der hidtil have haft 8 Gylden om Maaneden, herefter skulle have 8 Dlr., hvilket han skal give Tolderen Ordre til at betale dem, at han endnu maa antage en Piber og en Trommeslager, at de 4 Bøsseskytter, der ere komne fra Gustrin[1], hver maa faa 5 Dlr. om Maaneden i Kostpenge, medens det skal staa

[1] Küstrin.

hen med deres Aarsbesolding, indtil Kongen selv kommer did, og
at Klavditen maa faa 8 Dlr. om Maaneden. Forbedringen af
Fyrverperens Løn maa derimod staa hen, indtil Kongen har pro-
beret ham noget mere; Bøsseskytterne, der skulle holde Vagt, skulle
vaage 2, 3 eller 4 ad Gangen, eftersom Lejligheden er og der er
Skyts paa Volden. Han maa antage saa mange Hageskytter, at
de i Forening med dem, der allerede ligge i Befæstningen paa
Kroneborg, blive ligesaa mange som Herremændene, og give dem
samme Besolding som de gemene Knægte. De gamle Knægte,
der ikke have nogen videre Forstand paa at omgaas Rør, skal han
afskedige og antage duelige Folk i Stedet. Han skal forhandle
med den Bartskær, som var med Kongens Hofsinder i Lifland,
om at forblive paa Kroneborg og sørge for, at han faar den Løn
og de Maanedspenge, de blive enige om. Sj. T. 14, 126 b[1].

**28. Sept. (Skanderborg).** Befaling til Hendrick Mogenssen her-
efter at give de gemene Knægte paa Kroneborg 8 Dlr. om Maane-
den i Stedet for som hidtil 8 Gylden, give de af Johan Taube an-
tagne Hageskytter samme Løn, skønt de ikke ere indskrevne paa
den ham tidligere leverede Seddel, give Klavditen 8 Dlr. om Maa-
neden i Kostpenge, give den af Johan Taube yderligere antagne
Piber og Trommeslager samme Løn og Kostpenge som de allerede
antagne og give den antagne Bartskær den Løn og de Kostpenge,
som Johan Taube er bleven enig med denne om; endvidere skal
han lade lave 3 lange Kjortler af islandsk Vadmel til
dem, der skulle staa Skildvagt, og levere Johan Taube dem.
Sj. T. 14, 126.

— Til Fru Mette Jens Tommessens. Kongen har mod-
taget hendes Skrivelse med den sendte Foræring, takker derfor
og lover at erkende det med al Naade. Han vil lade hende faa
Kronens Rettighed i en jordegen Bondegaard i Jedismarck Sogn i
Huetbo Herred til Mageskifte og har tilskrevet Jens Kaas des-
angaaende. J. T. 1, 320 b.

— Befaling til Jens Kaas at spørge Fru Mette Mortensdatter,
Jens Tommessens Hustru, hvor hun vil udlægge Kronen Fyldest for
dens Rettighed i ovennævnte jordegne Bondegaard, ligne begge Par-
ters Gods og indsende klare Registre derpaa. J. T. 1, 321.

— Til Mouritz Podebusk. Da Erich Løcke, Embedsmand paa

---

[1] Tr.: Danske Saml. V. 144 f.

Riiberhus, har klaget over, at Mouritz Podebusk bruger det Fiskeri, som Kongen har givet hans Hustru Livsbrev paa, i videre Udstrækning end de tidligere Brugere, Anne Rentemesters og M. Anders Veile, have gjort, uagtet Livsbrevet formentlig lyder paa, at hun skal have Fiskeriet, som disse have haft det, og desuden har berettet, at Halvdelen af Aalene i Anne Rentemesters's Tid er tilfalden Slottet, der nu vil være »forlagt«, hvis Mouritz Podebusk alene skal have Fiskeriet, forbydes det ham at bruge Fiskeriet i større Udstrækning, end de forrige Brugere have gjort og hans Hustrus Livsbrev lyder paa, og at formene Slottet det fri Fiskeri, som det tidligere har haft. J. T. 1, 321 b.

**29. Sept. (Skanderborg).** Aabent Brev, at Hr. Backen Tostessen, Sognepræst til Nebbel Sogn, over hvem Erich Løcke, Befalingsmand i Riber Stift, har erhvervet Dom, fordi han har ladet sin Præstegaard forfalde og pantsat noget af dens Tilliggende, men hvem Kongen siden har tilladt at beholde Sognet, saafremt han sætter Erich Løcke Borgen for at ville indløse den pantsatte Ejendom og genopbygge Præstegaarden inden førstkommende Paaske, nu, da denne Borgen er sat paa Tinge, maa beholde Sognet, saafremt han efterkommer Betingelserne inden ovennævnte Tid; indløser han ikke den pantsatte Ejendom, skal han uden al Naade miste Sognet. J. R. 2, 232 b.

— Aabent Brev, hvorved Peder Skriver i Folbye, der har tilskødet Kronen en Jord, kaldet Dals Jord, i Vitten Mark af sit jordegne Bøndergods, og hans Hustru Karine Pedersdatter for Livstid fritages for Landgilde, Ægt, Arbejde og anden Tynge af deres Gaard i Folbye. J. R. 2, 233 b.

— Til Biørn Anderssen. Hoslagt sendes ham en Suppликats fra Kronens Bønder i Hasle Herred om at maatte have deres Kvæg paa den midt i Herredet liggende Holmstrup Mark, naar Korn og Eng ere førte derfra, og om at maatte svare $\frac{1}{2}$ Dlr. for hvert Brændsvin, naar der ikke er Olden, i Stedet for som nu at beholde det det ene Aar efter det andet; det befales ham at underrette Kongen om, hvorvidt Marken bruges til Gaarden [Aarhusgaard] eller ej, og om Kongen uden Skade kan lade Bønderne bruge den, naar Grøden er borte, og som fra Arilds Tid af at tage $\frac{1}{2}$ Dlr. for hvert Brændsvin, naar der ikke er Olden. J. T. 1, 322.

**30. Sept. (—).** Til Lauge Beck. Da Peder Nielssen i Øegaard, hvem Kongen havde givet Mogens Mørckis Gaard i Kattinge,

31

var flyttet ind i denne Gaard, har, som Lauge Beck beretter, Mo-
gens Mørck, der allerede havde flyttet største Delen af sit Gods, truet
med at slaa Peder Nielssen ihjel, fordi han havde gjort ham hus-
vild, og sat sig til at drikke i Stuen med det Forsæt at slaa ham
ihjel; da Peder Nielssen saa er kommen ind, har Mogens Mørck
begyndt at slaa paa ham, men Peder Nielssen er bleven først fær-
dig og har slaaet Mogens Mørck ihjel. Da Mogens Mørck har
haft til Hensigt at slaa Peder Nielssen ihjel, skal Lauge Beck paa
Tinge lade lyse Fred over denne, saa ingen maa overfalde eller
uforrette ham; kan Peder Nielssen blive enig med den dræbtes
Slægt og Venner, vil Kongen give ham hans Fred igen. Sj. T.
14, 127 b.

**1. Okt. (Skanderborg).** Tilladelse for Anders Matzen, Borge-
mester i Horsens, til sisefrit at købe og indføre til Horsens eller
et andet Sted i Nørrejylland 3 Læster Rostockerøl. Udt. i J.
R. 2, 234.

— Optegnelse om, at Landgilden af den Gaard i Thued
i Thuorn Herred, som Kongen har faaet til Mageskifte af Jomfru
Birgitte Rossenkrantz og har lagt under Malmøe Slot, er 15 Sk.
Landgildepenge, 1 Mk. Gæsteri, 1 Mk. Dagsværk og 1 Skovsvin.
Sk. T. 1, 158 b.

— Befaling til Lauritz Skram at lægge 2 Gaarde og 5 Bol
i Threile[1] i Veilby Sogn i Eld Herred, 1 nyt Byggested paa Piigs-
mark, 1 Gaard i Egeschouf, 1 Gaard i Gade, 1 Gaard i Veilby, 1
Gaard i Dollerup[2], 1 Gaard i Brostrup[3] og Halvparten af Egum[4]
Mølle, som Kongen har faaet til Mageskifte af Jomfru Birgitte Ros-
senkrantz, ind under Koldinghus. Udt. i J. T. 1, 322 b.

— Lignende Befaling til Jørgen Rossenkrantz at lægge 2
Gaarde i Viibdrup[5] i Mols Herred og 1 Gaard i Vistoft, som Kon-
gen har faaet til Mageskifte af Jomfru Birgitte Rossenkrantz, ind
under Kalløe. Udt. i J. T. 1, 324 b.

— Lignende Befaling til Jens Kaas at lægge 1 Gaard og 1
Bol i Bislef By og Sogn i Huorum Herred, 1 Gaard i Mellerup[6] i
Slet Herred og 1 Gaard i Ouderup, som Kongen har faaet til Mage-
skifte af Jomfru Birgitte Rossenkrantz, ind under Olborghus.
Udt. i J. T. 1, 324 b.

**2. Okt.** (—). Mageskifte mellem Jomfru Birgitte Rosen-

---

[1] Trelde.    [2] Fejlskrift for: Ullerup.    [3] Bredstrup.    [4] Igum.    [5] Viderup.
[6] Mjellerup.

krantz til Høringholm og Kronen. J. R. 2, 234 b. (Se Kronens Skøder.)

**2. Okt.** [1] **(Skanderborg).** Til Kapitlet i Roskilde. Kongen har forlenet Sekretær Jacob Vind med Ærkedegnedømmet i Roskilde Domkirke, som Kansler Niels Kaas hidtil har haft, men denne beholder fremdeles den til Ærkedegnedømmet hørende Residens; da den Residens, som Dr. Matz tidligere boede i, imidlertid nu skal være ledig, da Dr. Matz bor i Duebrødre, skal Kapitlet straks lade Jacob Vind faa denne Residens; Ærkedegnedømmet skal dog igen have sin gamle Residens, saasnart Niels Kaas opgiver den. Sj. T. 14, 137. Orig.

**3. Okt.** (—). Til Christopher Valkendorff. Da Kongen, der havde slettet Possementmager Robert Heraldt af den Christopher Valkendorff for nogen Tid siden tilsendte Lønningsseddel, nu er bleven til Sinds fremdeles at beholde ham, skal Christopher Valkendorff aarlig give ham samme Løn som hidtil og straks levere ham den Løn og Fetalje, han har til gode indtil denne Dag, da han har klaget stærkt over sine fattige Vilkaar. Sj. T. 14, 128 b.

— Aabent Brev, hvorved det forbydes Aage Nielssen — der for nogen Tid siden blev gjort fredløs, fordi han havde forsømt at svare sin Rettighed til Øfuitz Kloster og begaaet andre Forseelser, men siden har faaet sin Fred igen paa den Betingelse, at han skulde rømme Gaarden — herefter at opholde sig paa Øfuitz Klosters Gods eller i Øfuitz Klosters Sogn, da Kongen siden har erfaret, at han altid har været et uroligt Menneske. Han skal inden 14 Dage efter dette Brevs Forkyndelse paa Tinge begive sig andenstedshen. Sk. T. 1, 158 b.

— Til Hr. von Dona. Da han har begæret, at Aage Nielssen, der efter hans Beretning nu vil opholde sig andensteds i Øfuitz Sogn og er et forvovent og modvilligt Menneske, som gør alle andre uvillige, maa faa Ordre til straks at rømme Sognet, sendes ovenstaaende Brev ham til Forkyndelse. Han skal paase dets Overholdelse og lade Aage Nielssen tilbørligt straffe, hvis han atter viser sig i Sognet. Det af Aage Nielssen forbrudte Gods, som endnu er i Behold, maa han tilbagegive dennes Børn, men ikke ham selv. Sk. T. 1, 159.

— Aabent Brev, hvorved Lauritz Søfrenssen i Dallerup og

---

[1] Sj. T. har: 2. Nov.

hans Søn Otte Lauritzen for Livstid fritages for Landgilde,
Ægt, Arbejde, Sandemændstov, Nævningetov og al anden
Tynge af deres jordegne Gaard i Dalbye og 2 Jorder paa Renners-
lunde[1] Mark, den ene kaldet Houis Jord, den anden Tortoftis Jord,
som have været brugte til Gaarden i Dalbye, til Gengæld for at
Lauritz Søfrenssen nu har opladt Kronen den Rettighed, som han
kan have til en jordegen Bondegaard, kaldet Skickballe, og en Ot-
ting Jord paa Gafuislunde Mark i Henhold til et Brev af Gaardens
Ejer Jørgen Jenssen, hvorved denne sætter ham Gaarden i Under-
pant for 111 Dlr. og 4 Ørt. Korn, saaledes at han maa beholde
Gaarden og Jorden som Ejendom, saafremt Pengene og Kornet ikke
betales tilbage St. Mikkels Dag 1578. De skulle være Lensmanden
paa Bygholm lydige. J. R. 2. 245.

   **3. Okt. (Skanderborg).** Befaling til Lauritz Skram at lade Gaar-
den Skickballe med Tilliggende sætte for en rimelig Land-
gilde og indskrive i Jordebogen som en ufri Gaard. J. T. 1, 325.

   — Aabent Brev, hvorved Jens Nielssen i Rafnolt, Herreds-
foged i Ning Herred, og hans Hustru Anne Rasmusdatter for Livs-
tid fritages for Landgilde, Ægt, Arbejde og al anden kgl.
Tynge af deres Gaard i Rafnolt; ligeledes fritages Jens Nielssen
indtil videre for Mad- og Pengeskat; han skal lade sig bruge
som Herredsfoged, saalænge han kan for Alderdom og Skrøbelighed.
J. R. 2, 246.

   — Til Christen Munck. Da Otte Brockenhus paa Aarhus
Kapitels Vegne vil tilholde sig Part i Gyldenes[2] til det gejst-
lige Gods, han er forlenet med, og hans Foged har ladet et stort
Antal Svin drive derind, uagtet Christen Muncks Skriver har erklæ-
ret, at det er Kronens fri Enemærke i Aackier Birk, og at ingen
anden hidtil har haft Part deri, skal Christen Munck tage Olden-
gæld af de inddrevne Svin og fremdeles holde Skoven som Kronens
fri Enemærke. J. T. 1, 325.

   **4. Okt.** ( — ). Aabent Brev, at Anne Rasmusdatter i Vil-
sted, Erich Michelssens Enke, i et Aar maa beholde den
Gaard i Vilsted, som hendes afdøde Husbonde havde, og som hun
nu selv bor paa, og i den Tid være fri for Landgilde, Ægt,
Arbejde og anden Tynge deraf. Udt. i J. R. 2, 234.

   — Aabent Brev, at Mogens Pederssen i Hallindrup, Niels Las-

----

[1] Remmerslund. Hatting H.     [2] Gyllingnæs, Hads H.

sen i Hengi[1], Niels Pouelssen i Reue[2], Mogens Troelssen i Ginne-
rup, Terckel Nielssen og Jens Chrestenssen i Leerbierg, Las Jenssen
i Hadbierg og Pouel Matzen i Ersløf, Sandemænd i Galten Her-
red, fritages for Ægt og Arbejde, saalænge de ere Sande-
mænd. Udt. i J. R. 2, 246 b.

**5. Okt. (Skanderborg).** Til Christoffer Valckendorff, Lauge Beck,
Chresten Vind og de højlærde i Kiøpnehafn. Hr. Christen An-
derssen, der en Tid har været Guds Ord Tjener paa Gudland,
har berettet, at der har været Trætte mellem ham og Sognemæn-
dene i Atlingeboe Sogn paa Gudland angaaende et Skrin med pa-
pistiske Helligdomme, som Sognemændene beskyldte ham for uden
deres Samtykke at have udtaget af Atlingeboe Kirke, da han blev
kaldet derfra til Rome, medens han hævder, at han intet Ansvar
har, da det er sket med hans Foresatte Provstens Samtykke, men
ikke desmindre er han af Oluf Zigders, Landsdommer paa Gudland,
Olluf Rodsted, Rasmus Inguorsen, Peder Dede, Peder Malgers, Oluf
Randarfue og Jacob Loup bleven dømt for at have gjort Vold og
til at blive en Løgner, saalænge de for dem aflagte Vidnesbyrd staa
ved Magt; endvidere har han berettet, at han paa Præsternes Ge-
neralkapitel i Visby 16. April 1578 er bleven dømt fra sit Præste-
embede formedelst en Beskyldning for at have beligget et Kvindfolk,
i hvilken Sag han dog erklærer at være brødefri. Det befales der-
for ovennævnte, naar Sagen, som paabudt, kommer for dem straks
til Foraaret og begge Parter ere til Stede i Kiøpnehafn, at under-
søge Sagen, afsige endelig Dom deri og give den beskreven fra sig.
Orig.[3] i Konsistoriets Arkiv Pk. 184.

— Til Jørgen Skram og Nils Jonssen. Da Loduig Munck
Olufsøn har bevilget Kronen 1 Gaard i Vedhofue i Daubierg Sogn
i Fiendtz Herred til Mageskifte for 1 Gaard, kaldet Breyndholt,
skulle de med det første besigte begge Parters Gods, ligne det og
indsende klare Registre derpaa. Udt. i J. T. 1, 325 b.

— Til Claus Glambeck. Kongen har paa Begæring af Jens
Hanssen i Thuingstrup, der aarlig skal svare 13 Læs Ved til Biug-
holms Slot, bevilget, at denne, saalænge Biugholm ligger under
Skanderborg eller indtil anden Bestemmelse træffes, maa svare 1
Ørt. Korn i Stedet for de 13 Læs Ved, da han maa købe

---

[1] Hinge.     [2] Røved.     [3] Tr.: Dsk. Mag. 3. R. III. 206 f.

Veddet og desuden transportere det en 3 Mils Vej. Claus Glam-
beck skal lade dette indskrive i Jordebogen. J. T. 1, 326.

**5. Okt. (Skanderborg).** Befaling til Jørgen Skram og Nils Jons-
sen at besigte 1 Gaard, kaldet Thougaardt, i Hald Len, som Kro-
nen begærer til Mageskifte af Fru Sitzille Erich Pode-
buschis og noget Gods ved Bistrup, som hun begærer til Vederlag.
Udt. i J. T. 1, 326 b.

**8. Okt. (—).** Befaling til nedennævnte at sende Fetalje til
Brug paa Kiøpnehafns Slot og Holmen: Hendrick Vind paa
Dragsholm skal lade bage 80 Læster Kavringbrød af 20 Læster Rug,
lade male 4 Læster Gryn af 2 Læster Byg og sende hvad der bliver
tilovers af Rug og Malt til Kiøpnehafn, dog undtaget hvad han be-
høver til Slottets eget Brug; Peder Bilde paa Kallundborg skal lade
bage 100 Læster Kavringbrød af 30 Læster Rug, lade male 4 Læ-
ster Gryn af 2 Læster Byg og sende hvad der bliver tilovers af Rug
og Malt til Kiøpnehafn; Lauge Beck paa Roskildegaard skal lade
bage 120 Læster Kavringbrød af 30 Læster Rug, lade male 6 Læ-
ster Gryn af 3 Læster Byg, levere Christopher Pax 10 Læster af
Stiftets Rug og 2 Læster Byg og sende hvad der bliver tilovers af
Rug og Malt til Kiøpnehafn; Christopher Pax paa Holbeck skal lade
bage 40 Læster Kavringbrød og male 4 Læster Gryn; Borckort von
Papenheim skal lade bage 30 Læster Brød af 7½ Læst Rug, lade
male 4 Læster Gryn af 2 Læster Byg og sende 5 Læster Rug og
5 Læster Malt til Kiøpnehafn; Eiller Grubbe paa Vordingborg skal
lade bage 100 Læster Brød af 25 Læster Rug og lade male 8 Læ-
ster Gryn af 4 Læster Byg; Bendt Gregerssen i Ringsted Kloster
skal lade bage 40 Læster Brød af 10 Læster Rug og male 6 Læ-
ster Gryn af 3 Læster Byg; M. Ifuer Bertilssen i Soerø Kloster skal
lade bage 40 Læster Brød af 10 Læster Rug, lade male 6 Læster
Gryn af 3 Læster Byg og levere Eiller Grubbe 10 Læster Rug og
2 Læster Byg; Hr. Berthil Søfrenssen i Andtvorschouf Kloster skal
lade bage 30 Læster Brød af 7½ Læst Rug, lade male 5 Læster
Gryn af 2½ Læst Byg og levere Eiller Grubbe 15 Læster Rug og
2 Læster Byg; Christiern Vind paa Kiøpnehafn skal lade bage 80
Læster Brød af 20 Læster Rug; Hack Ulfstandt paa Aaleholm skal
købe 20 Læster Ærter og 4 Læster Hvede i Lenet og sende dem
til Kiøpnehafn; Bunde Morthenssen, Tolder i Rødbye, ligesaa; Axel
Viffert paa Nyborg skal købe 7 Læster Torsk til Kongen; Mouritz
Podebusk paa Langeland skal købe 7 Læster godt saltet Torsk til

Kongen og sende dem til Kiøpnehafn til Fastelavn; Claus Glambeck paa Skanderborg skal til Fastelavn sende $4^1/_2$ Læst Gryn af den sidste Beholdning til Kiøpnehafn. Udt. i Sj. T. 14, 129.

**8. Okt. (Skanderborg).** Til Jørgen Skram, Jens Kaas og Nils Jonssen. Da Josua von Quallen har bevilget Kronen 4 Gaarde i Smestrup[1] By og Sogn, 1 Gaard i Gammelby, 1 Gaard i Piedsted, 1 Gaard i Høim[2], 1 Gaard i Oggersuig[3], 1 Gaard i Gres, 1 Gaard i Hatting, 1 Gaard i Hersløf. Gammelby og Smestrup Møller, 3 Gaarde i Vorbassi, 1 Gaard i Øster Vidste[4], 2 Gaarde og 2 Bol i Vester Vidste[4], 2 Gaarde i Hillerup og 1 Gaard i Kierbøl af hans Hustrus[5] Arvegods i Kolding og Riiberhus Len til Mageskifte for 16 Gaarde i Hammerum Herred, tilhørende St. Hans Kloster i Viborg, 1 Gaard i Sundtz Sogn, 2 Gaarde, kaldede Broedgaard[6] og Laulundt, i Hørning Sogn, $3^1/_2$ Gaard i Sundtz By og Sogn, 1 Gaard, kaldet Birck, i Hiellerup[7] Sogn, 2 Gaarde i Hørning[8] og Kronens Rettighed i 2 jordegne Bøndergaarde i Sundtz Sogn, kaldede Hollingholt og Kiergaard, og i 1 Gaard, kaldet Trelund[9], i Thørring Sogn, skulle de med det allerførste besigte begge Parters Gods, udlægge Josua von Quallen Fyldest for hans Gods, ligne Godset og indsende klare Registre derpaa. J. T. 1, 326 b[10].

**9. Okt. (—).** Til Christopher Valkendorff. I Anledning af en Skrivelse fra Borgemestre og Raad i Lybek om to af deres Medborgere, Hans Lampe og Folmer Mytters, der i Henhold til Kongens Brev om at ville holde alle skadesløse, der forstrakte Hans Nielssen, som dengang besejlede Island, med Penge, have laant denne nogle Penge, har Kongen for nogen Tid siden givet ham Ordre til at undersøge i Hans Nielssens Regnskab, hvor mange af disse Penge der vare komne Kongen til Bedste; da han nu har berettet, at nogle af de laante Penge ere betalte tilbage, andre ikke, skal han betale hvad der endnu skyldes med Korn og andre Varer. Sj. T. 14, 130 b.

— Til M. Ifuer Barthilssen, Abbed i Sorøe Kloster. Paa hans Begæring bevilger Kongen, at de Bønder i Klosterets By Bierbye[11], som det er brændt for, maa være fri for Halvdelen af deres resterende Landgilde for i Aar, men ikke

---

[1] Smidstrup, Holmans H. [2] Højen, Jerlev H. [3] Oksviggaard, samme H. [4] Ø. og V. Vedsted, Ribe H. [5] Magdalene Munk. [6] Brændgaarde, Hammerum H. [7] ɔ: Gellerup [8] Hørning. [9] Trælund. [10] Udenfor er skrevet: Denne Befaling blev forandret. [11] Munke-Bjærgby, Alsted H.

mere, da Ildebranden har fundet Sted, før Kornet var ind-
høstet.  Orig.

**9. Okt. (Skanderborg).**  Til Morten Broch, Knud Michelssen,
Coruitz Veffert og Henning Venstermand.  Da den til dem udgaaede
Befaling til at dømme i Trætten mellem Kirkeværger og
Sognepræst ved Vor Frue Kirke i Otthense og Kirkevær-
ger og Sognepræst ved St. Albani Kirke smstds. angaaende
Tienden af Kalderup Mark og nogle andre Jorder hidtil er bleven
opsat, men nu skal udføres med det første, meddeles dem, at Sogne-
præsten ved Vor Frue Kirke siden har været hos Kongen og be-
rettet, at den omstridte Tiende stedse har fulgt ham, hans Formænd
og Kirken, og at det, hvis Renten nu skal formindskes, vil være
ham til stort Afbræk paa hans Underholdning og Kirken paa dens
Indkomst; ligesaa har han berettet, at Hr. Erich Kromedie, Michel
Brockenhus og M. Jørgen Jenssen, daværende Superintendent, efter
Kongens Faders Befaling have undersøgt alt Altergods, Vikarier og
anden Kirkens Rente i Otthense og uddelt det til Skole- og Kirke-
tjenernes Underholdning uden ved den Lejlighed at træffe anden
Bestemmelse om den omstridte Tiende.  De skulle derfor nøje un-
dersøge Kirkens Hævd og Ordinansens Bestemmelser derom og hvad
Rente der er tillagt hver Kirke og Sognepræst, skille Parterne ad
enten i Mindelighed eller med Retten og give deres Kendelse skrift-
lig fra sig.  F. T. 1, 117 b.

— Til Jørgen Rosenkrantz.  Da de 2 Gaarde i Stenuad, som
Erich Løcke har begæret til Mageskifte, og som Jørgen Schram
og Nils Jonssen have faaet Ordre til at besigte, ligge i hans Len og
han bedst ved deres Vilkaar, og hvorvidt de kunne undværes fra
Kalløe eller ej, skal han være til Stede ved Besigtelsen og give
ovennævnte to Mænd Underretning om alt.  J. T. 1, 328.

— Aabent Brev, hvorved Thomis Bonum og Peder Becke,
Forstandere for Almindeligt Hospital i Ribe, formedelst den store
Umage, som de have for Hospitalet, indtil videre fritages for
Skat, Hold, Vagt og al anden borgerlig Tynge.  Udt. i J. R.
2, 247.

— Til Hospitalsforstanderne i Riibe.  Paa deres Begæring om,
at det ikke maa tillades Christoffer Jul at faa Hospitalets Gaard
Brendgardt til Mageskifte, da Hospitalet for største Delen har
sit Bygningstømmer og sin Ildebrændsel fra denne Gaards Skov,
meddeles dem, at Kongen ikke husker at have bevilget Christoffer

Jul dette Mageskifte og ej heller vil bortskifte Gaarden, medmindre det er til Hospitalets Gavn og de selv samtykke deri. J. T. 1, 328.

**9. Okt. (Skanderborg).** Til Tolderen i Varde. Da Indbyggerne i Hou[1] og Opeby[2] Sogne have klaget over, at der for kort Tid siden er bleven paalagt dem en usædvanlig Told, som ikke svares noget andet Sted i Riget, forbydes det ham herefter at besvære dem med mere Told, end de tidligere have svaret og der svares andensteds. J. T. 1, 328 b.

— Til Lauritz Skram. Da han har berettet, at Benedictz Rantzov har ladet 48 frische Kvier drive til Coldinge, og forespurgt, om de skulle sendes andenstedshen, befales det ham at lade nogle af Kvierne drive til Nygaard, men beholde en Del i Ladegaarden ved Slottet [Koldinghus] og deraf opelske Kongen en Kvægslægt. Da Fru Mette Oxis Bonde Nils Abilgaardt, der en Tid har siddet fængslet, ikke kan stille Borgen, maa han lade ham komme ud mod en stærk Forpligtelse af ham selv paa, at han vil være Fru Kirsten Ulfeld og hendes Folk ubevaret og ikke under Tab af Livet mere gøre Præsten Ulyd i Kirken [Hart]. Han maa opsige Hans Brun i Egum[3] til Fraflytning af hans Gaard til 1. Maj, medmindre han vil svare ham samme Rettighed som en anden Bonde, og skal i det hele rette sig efter det Brev, Kongen har givet Hans Brun. J. T. 1, 329.

**10. Okt. (—).** Befaling til Christopher Valkendorff at gøre et Overslag over, hvad Proviant der behøves til Arnsborg og hvad Klæde, Lærred. Sardug og andet der behøves til Kommissen, og med det første sende det did. Udt. i Sj. T. 14, 131.

— Befalinger til Eiler Grubbe og Axel Viffert at lægge noget Gods i Vordingborg og Nyborg Len, som Kongen har faaet til Mageskifte af Christopher Valkendorph til Glorup, og hvorover denne skal sende dem klare Registre, ind under Slottene og indskrive det blandt det tilskiftede Gods. Sj. T. 14, 131 b.

— Befaling til nedennævnte Lensmænd at købe Svin til Udspisningen paa Kiøpnehafns Slot, Holmen og Orlogsskibene, lade dem drive til Kiøpnehafn og indskrive Udgiften til Købet i Regnskabet. — I Jylland: Claus Glambeck, Lauritz Skram og Jørgen Skram hver 300; Biørn Anderssen 200; Jørgen Rosenkrantz 150; Manderup Parsberg, Niels Jonssen, Christiern Munck og Jens Kaas

---

[1] Ho, V. Horne H.  [2] Oksby, samme H.  [3] Igum, Elbo H.

hver 100. — I Fyen: Axel Viffert og Coruitz Viffert hver 300; Erick Hardenberg og Hans Johanssen hver 150; Ott Emickssen 100. — I Sjælland: Eiler Grubbe og Lauge Beck hver 300; Hendrick Vind 250; Peder Bilde 200; Borckort v. Papenheim 100. — Paa Laaland og Falster: Hening Gøye 300; Hack Ulfstand 200. — I Skaane: Hans Skougaardt og Anders Bing hver 300; Biørn Kaas 200; Hr. Peder Skram, Johan Urne og Jørgen Marsuin hver 100. — Summa 5300 [1] Svin. Udt. i Sj. T. 14, 132. Orig. (dat. 11. Okt., til Ejler Grubbe).

**10. Okt. (Skanderborg).** Følgebrev for Christopher Valchendorpf, Rentemester, til Kronens Bønder i Suindinge og Lamdrup i Fyen. F. R. 1, 152.

— [2] Aabent Brev, at Hanibal Nielssen i Albierg, Herredsfoged i Gudme Herred, der har klaget over, at han saa godt som intet har for sin Umage, skønt han formedelst Rejser til Landstinget og andet ofte maa forsømme sin egen Næring, herefter maa være fri for Landgilde, Ægt, Arbejde, Skat og anden Besværing af sin Gaard i Albierg, saalænge han er Herredsfoged. F. R. 1, 152 b.

— Aabent Brev, hvorved Chresten Pederssen i Toning [3], Herredsfoged i Saubro Herred, fritages for Landgilde, Ægt, Arbejde, Skat og anden Besværing, saalænge han er Herredsfoged. Udt. i J. R. 2, 248.

— Livsbrev for Jomfru Birgitthe Rosenkrantz paa Nebbegaard med tilliggende Gods, som hun har mageskiftet til Kronen tilligemed andet Gods til 1½ Læst Korns Rente. Da hun straks har overtaget det Gods, hun fik i Stedet, Byerne Amestrup og Uggelbølle i Aarhusgaard Len og 2 Gaarde i Vendsyssel, skal hun aarlig til 1. Maj svare 200 gl. Dlr. i Afgift af Nebbegaard og tilliggende Gods til Lensmanden paa Aarhusgaard. J. R. 2, 247.

**11. Okt. (—).** Følgebrev for samme til de Bønder i Gorslef [4] Sogn, som Kongen har faaet til Mageskifte af Axel Veffert, at de skulle svare hende i hendes Livstid. Udt. i J. R. 2, 248 b.

— Til Villom Bang, Tolder i Assens. Da Michel Thomessen i Riibe skylder Kongen en Del Penge for Øksentold og des-

---

[1] Sammentællingen giver: 5400.   [2] Brevet er i F. R. dateret: 10. Dec., men indført mellem Breve af 10. og 29. Okt. 10. Dec. var Kongen ikke paa Skanderborg, men paa Koldinghus.   [3] Tinning.   [4] Gaarslev, Holmans H.

uden skal være i stor Gæld, saa det staar sælsomt til med hans
Handel, maa Villom Bang ikke overile ham, men skal tage nøj-
agtigt Pant for Pengene og holde sig til det, indtil han kan betale.
F. T. 1, 118 b.

**12. Okt. (Skanderborg).** Aabent Brev, at Borchort von Sax-
sted, der i lang Tid har tjent Kongen trofast og nu vil nedsætte
sig i Slangerup, maa være fri for Skat, Hold, Vagt og al an-
den borgerlig Tynge, saalænge han lever, og aarlig, indtil videre,
oppebære 15 gl. Dlr., en Hofklædning, 3 Pd. Mel, 3 Pd. Malt, $\frac{1}{2}$
Td. Smør, 5 levende Svin, 1 levende Okse, $\frac{1}{2}$ Oksekrop, 10 le-
vende Faar, 1 Td. Sild, 1 Td. Torsk, 1 Fjerd. Gryn, 1 Td. Salt,
et Spund Havre daglig til en Hest, 20 Læs Hø og 20 Læs Halm
af Roskildegaard; endvidere skal han have fri Ildebrændsel i Fre-
derichsborg Skove af Vindfælder og fornede Træer. Han skal, naar
det forlanges, lade sig bruge i Kongens Tjeneste med en Klipper.
Sj. R. 11, 396 b.

— Til Lauge Beck. Kongen skrev for nogen Tid siden til
ham om at betale Beridersvendene i Roskilde deres Kostpenge hele
Aaret rundt, men da der i Skrivelsen ikke taltes noget om Beri-
deren, har denne stadig maattet hente sine Penge paa Rentekam-
meret; da det jo imidlertid er ligegyldigt, hvor Pengene betales, skal
Lauge Beck for Fremtiden ogsaa betale Berideren Løn og
Kostpenge og indskrive det i sit Regnskab. Udt. i Sj. T. 14,
132 b.

— Til Mandrup Parsberg. Degnen i Leno[1] Sogn har be-
rettet, at han ikke har noget Degnebol, og at Sognet ligger saa
langt fra Købstaden, at det ikke kan have sin Sognedegn derfra, og
han har derfor begæret at maatte faa et ringe, Kronen tilhørende
Gadehus i Leno, hvoraf der svares 1 Mk. Penge, til Degnebol. Da
Bispen i Aarhus Stift tidligere har tilskrevet Kongen det samme,
skal Mandrup Parsberg sørge for, at Degnen faar dette Gadehus
eller bliver forsørget paa anden Maade, og skaffe den Bonde, der
maa rømme Pladsen for ham, anden Forsørgelse. J. T. 1, 329.

**14. Okt. (—).** Ejendomsbrev for M. Jacob Matzen,
Sognepræst ved Vor Frue Kirke i Ribe, paa den Vikariegaard i
Ribe, som Hr. Hans Lancken nu bor i, dog først at tiltræde efter
dennes Død og med Undtagelse af det af Gaardens Ejendom, som

Kongen tidligere har bevilget Hr. Hans Lancken.   Der skal aarlig
svares ¹/₂ gl. Dlr. i Jordskyld til Hospitalet i Ribe.  J. R. 2, 248 b.

**15. Okt. (Skanderborg).**  Til Jørgen Rossenkrantz og Lauritz
Schram.  Da Kongen af den af dem indsendte Fortegnelse over
Mageskiftegodset ved Mageskiftet mellem Kronen og Mandrup
Holck har set, at Mandrup Holcks Gods beløber sig nogle Ørt.
Korn højere i Saaland og Eng end Kronens, har han til Erstatning
herfor og for noget Gods i Velling, som Kronen ogsaa ønsker til
Mageskifte, bevilget Mandrup Holck 2 Gaarde i Kles¹, 1 Gaard
i Nøttrup, 1 Gaard i Vregsted² og 1 Gaard i Huorum³ og befaler
dem derfor at besigte dette Gods og Godset i Velling, ligne Godset
og indsende klare Registre derpaa.  J. T. 1, 329 b.

**17. Okt. (—).**  Aabent Brev, at Hr. Jacob Hanssen i Lund
i Aar maa oppebære Afgiften af Kronens Part af Tienden
af Haersløsse og Hammerlund Sogne i Froste Herred, kvit
og frit.  Udt. i Sk. R. 1, 256.

—  Livsbrev for Kiøne Quitzou, der nu har indløst Has-
sens Birk i Kalløe Len fra Fru Idde Ulfstand, Falck Giøes Enke,
for 4000 gl. Dlr. og eftergivet Kronen Pantesummen mod at faa
Livsbrev paa Birket, paa Hassens Birk, som er 3 Gaarde, 1 Bol,
1 Gadehus og Herligheden af 1 Kirkebol i Liungsbeck, 4 Gaarde
og 7 Gadehuse i Egsmarcke, 8 Gaarde, 1 Bol og 2 Gadehuse i
Holme, 5 Gaarde, 2 Bol og 4 Gadehuse i Droby, 9 Gaarde, 10 Bol
og 6 Gadehuse i Boslum, 1 Mølle, kaldet Orssø Mølle, og 7 Fæ-
ster, der bruges af nogle Ebbelthofte Mænd, alt uden Afgift, men mod
at gøre tilbørlig Tjeneste deraf.  Kongen forbeholder sig Ebbelsøe-
gaarde med Biørnkier Skov og andet Tilbehør, Ebbelthofte By med
Tilliggende og Herlighed og alt det Vrag, som strander der under
Landet.  J. R. 2. 249 b.

**18. Okt. (—).**  Aabent Brev, at Hans Due, der for nogen Tid
siden har faaet Brev paa Neerschoufgaard⁴ og faaet Tilladelse til
at faa Bygningstømmer og Vindfælder og fornede Træer til Ilde-
brændsel i den til Gaarden hørende Skov, herefter maa sælge
de Vindfælder og fornede Træer, som han ikke selv be-
høver, da han bor paa en Alfarvej og maa købe al den Havre,
han skal bruge; dog skal Lensmanden eller dennes Fuldmægtig

---

¹ Klejs, Bjærge H., Jylland.    ² Vrigsted, samme H.    ³ Hornum, samme H.
⁴ Nedenskov, Tyrstiug H

forinden besigte Vindfælderne og de fornede Træer, for at der ikke under det Skin skal hugges eller sælges noget grønt. J. R. 2, 252 b.

**18. Okt. (Skanderborg).** Aabent Brev, at Hans Dues nu-værende Hustru, saafremt hun overlever sin Mand, uden Steds-maal maa beholde den Gaard, kaldet Neerschouf[1], som Hans Due for nogen Tid siden fik Livsbrev paa, fri for Landgilde, saa-længe hun sidder som Enke, og indtil videre for Ægt, Arbejde og anden Tynge. Hun skal være Lensmanden paa Skanderborg lydig. J. R. 2, 251 b.

— Befaling til Lauritz Schram, Embedsmand paa Koldinghus, at skaffe Kongens Klejnsmed, der skal beslaa nogle Kister med Blik for Kongen, saa meget Blik og andet der i Byen [Kol-ding], som behøves dertil, og indskrive Udgiften i sit Regnskab. Orig.

**19. Okt. (—).** Til Erich Løcke. Da han har klaget over, at Mouritz Podebusch gør ham paa Kronens Vegne Hinder paa Fiskeriet i Aaen ved Riibe fra Nørrebro og ud ad Vandet til til Skibsbroen i Henhold til det Livsbrev, Kongen har givet Mouritz Podebuschis Hustru, Fru Magdalen Seested, paa dette Fiskeri, og har begæret at faa at vide, om hun alene skal beholde Fiskeriet, meddeles ham, at Kongen nok har givet Fru Magdalen Livsbrev paa Fiskeriet, saaledes som vedlagte Kopi viser, men har ment, at Kro-nen alligevel skulde have frit Fiskeri i Aaen ligesom i M. Anders Veyles Tid, og Brevet lyder ogsaa paa, at hun skal have Fiskeriet, ligesom M. Anders har haft det, saa Kongen har ikke fraskrevet sig sin Ret. J. T. 1, 330 b.

**21. Okt. (Loverstrup).** Til Hendrick Mogenssen, Tolder i Hel-singøer. Tomis Tennicker har paa egne og en lundensk Borger Villum Matzens Vegne begæret Arrest over et koningsberger Skib, kaldet Engel Gabriel, som tidligere førtes af Bastian Vopgrafue, der laante en Sum Penge af Villum Matzen til Skibets Udrustning fra Lunden, men nu er sendt til Spanien under Førelse af en anden Skipper, Herman Runge. Det befales derfor Hendrick Mogenssen at arrestere Skibet paa en Ret, naar det kommer til Sundet, og lade Sagen komme for Retten. Sj. T. 14, 133.

— Til samme. Thomis Tenicker har berettet, at en engelsk Skipper, Thomis Villomssen, der var sejlet gennem Sundet til

Nedenskov Tyrsting H.

Dantzig og dér har ladet sig fragte til Naruen og tilbage igen, ved
sin Tilbagekomst til Sundet er bleven arresteret og har maattet be-
tale 200 Dlr. i Lastepenge for at komme løs og forpligte sig og
sine Redere til, at Tiltalen til Skibet maa staa Kongen aaben, hvis
denne ikke vil nøjes med de 200 Dlr.; da nu ingen tør fragte Ski-
bet for denne Forskrivnings Skyld, skal Hendrick Mogenssen til-
bagelevere Skipperen Forskrivningen, hvis Lastepengene ikke kunne
beløbe sig til mere end 200 Dlr.  Udt. i Sj. T. 14, 133.

**22. Okt. (Leverstrup).** Befaling til Hr. Peder Skram, Ifuer
Lunge, Lauritz Skram, Erich Løcke, Vincentz Juel, Fru Abbel Hr.
Nils Langes og Fru Karren Holger Rosenkrantzis at møde i Vedle
29. Okt., da Nils Kaas paa Kronens Vegne skal tale med dem om
noget.  J. T. 1, 331.

**23. Okt. (—).** Til Christoffer Valkendorff.  Paa hans Spørgs-
maal om, hvad han skal gøre med de 15,438 Dlr., 14,349 Dlr. i
Sølv og 15,213 Dlr. 1 Ort i Kobber, som Jørgen Daae er kommen
hjem med fra Sverrig for de Penge, Kongen af Sverrig skyldte Kon-
gen af Danmark, befales det ham at indlægge Dalerne i Rente-
kammeret, da Kongen vil anvende dem til Betaling af Rigets
Gæld, navnlig til Betaling af nogle flere Holstenere end dem, der
allerede have faaet deres Penge opsagte til Omslaget; Christoffer
Valkendorff skal derfor straks meddele Kongen, om det er svenske
eller tyske Dalere, og om de kunne udgives til fuld Værdi paa Om-
slaget.  Sølvet skal han lade mønte i Smaapenge af forskel-
lig Slags, da der næsten ingen Smaamønt findes i Landet, dog skal
han først sende Kongen forskellige Stempler deraf og skal saa siden
faa Besked om, hvilket Stempel Kongen vil have.  Kobberet skal
han lade støbe i Skyts, saaledes som Bøssestøberen tidligere har
faaet Ordre om.  Sj. T. 14, 133 b.

— Forleningsbrev for Knud Mogenssen paa 1 Gaard i
Spøttrup og 2 Gaarde i Boilstrup[1] i Hadtz Herred, som tidligere
have ligget til Hald Slot, uden Afgift.  J. R. 2, 253.

— Følgebrev for samme til Bønderne paa ovennævnte
Gaarde.  Udt. i J. R. 2, 253 b.

— Til Erich Løcke og Hans Johanssen, Embedsmænd paa Rii-
berhus og Hindtzgafuel.  Da Lauritz Schram, Embedsmand paa
Kollinghus, har bevilget Kronen 3 Gaarde i Threndle[2] og 1 Gaard

---

[1] Bovlstrup.        [2] Trelde.

i Jegschouf[1] i Endle Herred, 7 Gaarde og 3 Gadehuse i Herschild
i Framløf Herred, 1 Gaard i Guorup[2] i Øster Lisbiere Herred, 1
Gaard og 3 Gadehuse i Karleby i Nørre Herred, 1 Gaard og 1 Bol
i Quorning[3] i Hatting Herred, 1 Gaard og 1 Mølle, kaldet Hagbro
Mølle, i Ginding Herred, 5 Gaarde, 1 Bol og 2 Huse i Vridsted i
Fiendtz Herred, 2 Gaarde, 1 Bol og 1 Hus i Kobberup, 1 Gaard i
Hinborig i Salling, 1 Gaard i Volling, 1 Gaard i Gretrup, 2 Gaarde
i Ersløf paa Mors, 2 Gaarde og 1 Gadehus i Øster Jolby[4] til Mage-
skifte for 2 Gaarde i Kieldkier, 3 Gaarde i Rafning, 1 Gaard i
Tøskind, 2 Gaarde i Forup[5], 1 Gaard i Kierbølling, 1 Gaard i
Knaberup, 1 Gaard i Sleild[6], 2 Gaarde i Brestenlund, 2 Gaarde i
Balle, 1 Gaard i Gadberig, 1 Gaard i Thofthøi, 1 Gaard i Throlle-
rup, 1 Gaard i Kidie, 2 Gaarde og 3 Boel i Styfuel, 2 Gaarde i
Smidstrup og 1 Gaard i Hornstrup, alt i Thørild Herred, 1 Gaard
i Thyregulund, 1 Gaard i Thyregu, 1 Gaard i Lindit og 1 Gaard i
Hallindbeck i Nørreuongs Herred, 1 Gaard i Bastlund[7], 1 Gaard
i Oxlund, 1 Gaard i Vogenslund, 1 Gaard i Lierund[8], 1 Gaard i
Galtholdt, 3 Gaarde i Krarup og 2 Gaarde i Valuid[9] i Øster Her-
red, 1 Gaard, kaldet Kiershofuit, i Vratz Herred, Kronens Rettighed
i følgende jordegne Bøndergaarde: 2 i Rafning, 3 i Kierbølling, 1
i Thofthøi, 1 i Hofuit[10], 1 i Hogbale[11], 1 i Serup[12] og 1 i Oxen-
berig[13], skulle de med det første besigte begge Parters Gods, ligne
det og indsende klare Registre derpaa.  J. T. 1, 331 b.

**23. Okt. (Loverstrup).** Til Biørn Anderssen.  Johanne Pouels
i Floustrup[14] har berettet, at hendes Husbonde, der er en gammel
Mand, for nogen Tid siden har ført sin Landgilde til Aarhusgaard
og er gaaet gennem en Enghave, der er forbudt, hvorfor han er
bleven fængslet og har maattet love 20 Dlr.  Da hendes Husbonde
efter hendes Beretning har betalt disse Penge til Biørn Anderssens
Foged Lauge Gram, som siden er død, hvilket baade hun og hen-
des Husbonde ville bekræfte med Ed, og som desuden er andet
godt Folk vitterligt, skal Biørn Anderssen undersøge Sagen og, hvis
Pengene allerede engang ere betalte, ikke kræve hendes Husbonde
derfor og ikke lade sine Fogder bruge den højeste Strenghed for en
saa ringe Forseelse.  J. T. 1, 332 b.

---

[1] Egeskov.  [2] Korup.  [3] Korning.  [4] Jølby, Nørre H., Mors.  [5] Faarup.
[6] Slelde.  [7] Baaslund.  [8] Leervad.  [9] Vallund.  [10] Hover, Tørrild H.  [11] Hop-
balle, samme H.  [12] Sejrup, Nørvangs H.  [13] Øksenberg, samme H.  [14] Fløjstrup,
Ning H.

**23. Okt. (Leverstrup).** Til Jørgen Schram og Nils Jonssen. De faa samme Befaling i Anledning af Mageskiftet med Malte Jensen som ovenfor under 19. Aug. Peder Gyldenstjerne og Jens Kaas. J. T. 1, 333.

**24. Okt. (—).** Befaling til Hendrich Mogenssen, Tolder i Helsingør, med det første at levere Hans Schougaardt 600 Dlr. til at betale de Folk med, der arbejde og bryde Sten i Stengravene. Orig.

— Til Bønderne i Ingelstad og Jerrestad Herreder i Skaane. Da der er klaget over, at en Del af dem har sammensvoret sig og ved Nattetid er dragen ind i Dølperø[1], Jesperø[2], Gylleboe og andre omkringliggende Skove, baade Kronens og Adelens, og næsten helt har ophugget disse og gjort stor Skade, ja endog nu undsiger Baltzer Leppel og hans Folk, fordi han, da han vilde forhindre, at de gjorde hans Ejendom Skade, har ladet en af deres Medfølgere skyde, befales det dem strengelig at afstaa fra deres modvillige Forsæt og ikke paa nogen Maade overfalde Baltzer Leppel og hans Folk. Kongen har befalet nogle gode Mænd at forhøre Sagen og hjælpe dem til Ret. Rette de sig ikke herefter, ville de blive straffede paa Liv og Gods. Sk. T. 1, 160.

— Befaling til Biørn Kaas, Hans Skoufgordt, Axel Gyldenstiern og Hendrick Brahe med det første at kalde Bønderne i ovennævnte to Herreder i Rette for sig paa belejlig Tid og Sted, undersøge, om Bønderne have haft nogen Ret, afsige Dom om, hvad deres Fald skal være for den udviste Ulydighed og gjorte Skade, og give alt skriftligt fra sig. Sk. T. 1, 159 b.

— Aabent Brev til Indbyggerne i Skaane, at Kongen har indsat Biørn Saxstrup til Landsdommer i Skaane. Sk. T. 1, 160 b.

— Aabent Brev, at Jens Pederssen i Thuenstrup, Ofue Pouelssen i Sander, Erich Pederssen i Hardrup[3], Lille Søfren Pederssen i Fillerup, Villom Rasmussen i Trudstrup og Jørgen Simenssen i Saxel, Sandemænd i Hadtz Herred, i de næste 2 Aar maa være fri for at svare Kongeskat og Landgilde. Udt. i J. R. 2, 254.

— Til Nils Jonssen. Kongen har bevilget, at Anders og Søfren Pederssen, der have faaet Livsbrev paa 2 Gaarde i

---

[1] Delperöd, Albo H.    [2] Esperöd, samme H.    [3] Haderup.

Henbierg til Gengæld for, at de have tilskødet Kronen deres jord-
egne Bondegaard i Almind i Liusgaard Herred, maa faa fri Ilde-
brændsel til Nødtørft af Vindfælder og fornede Træer og frit
Bygningstømmer til deres egne Gaardes Brug i et lille Stykke
Skov, kaldet Hofuil, som tidligere har ligget til den ene af Gaar-
dene; dog skal Nils Jonssen anvise dem, hvad de maa hugge. J.
T. 1, 334.

**24. Okt. (Loverstrup).** Til Claus Glambeck. Da Hr. Peder
Bildssen har berettet, at hans Annekspræstegaard i Thørning[1]
er bleven lagt ind under Skanderborg, dengang Vor Kloster øde-
lagdes og dets Gods henlagdes under Skanderborg, og at den stadig
tværtimod Ordinansens Bestemmelser forholdes ham, befales det
Claus Glambeck straks at lade ham faa Gaarden. J. T. 1, 334.

— Til Christen Munck. Kongen har bevilget, at Hr. Søfren
Jenssen, Sognepræst i Odder, der ingen lodskiftet Skov har til
sin Præstegaard saaledes som Bønderne i Byen, maa faa fri Ol-
den til sine egne hjemmefødte Svin og undertiden Ilde-
brændsel af Vindfælder og fornede Træer enten i den til Byen
hørende Skov eller i andre Kronens Skove. J. T. 1, 334 b.

**25. Okt. (Aakær).** Mageskifte mellem Mogens Gylden-
stiern til Biersgaard og Kronen. Sk. R. 1, 256. (Se Kronens
Skøder.)

**26. Okt. (—).** Til Christopher Valkendorff. Da Tomis Then-
nicker har begæret straks at faa 1062 Dlr. betalt af de Penge,
som Kongen skylder hans Husbonde Johan Foxal for det
Skyts, han sidst førte ind i Riget, efterdi han paa Johan Foxals
Vegne absolut skal betale dem, medens Resten godt kan staa en
Tid, skal Christopher Valkendorff gøre op med Tomis Thennicker
og betale ham hvad Kongen skylder, for at han ikke yderligere skal
behøve at rejse herover efter Pengene. Sj. T. 14, 134.

— Forleningsbrev for Jørgen Borringholm, Byfoged
i Malmøe, paa Biskopstienden af Munckerup Len, af 2 Bønder i
Virsted og 3 i Nafuentorp, uden Afgift. Udt. i Sk. R. 1, 259.

— Aabent Brev, at Hendrick Frederichssen indtil videre
maa oppebære Kronens Korn- og Smørtiende af Hal-
land, som Biørn Kaas har givet ham Løfte paa, mod aarlig inden
1. Maj at betale Stiftslensmanden 1 Dlr. for hver Td. Rug eller

---

[1] Taaning, Vor H.

Byg, $^1/_2$ Dlr. for hver **Td.** Havre og 12 Dlr. for hver **Td.** Smør.
Sk. R. 1, 259.

**26. Okt. (Aakær).** Befaling til alle Kron-, Stifts-, Kannike-,
Kirke- og Præstetjenere i Torne og Bar Herreder om efter nærmere
Tilsigelse af Biørn Kaas at møde med Heste og Vogn ved Fugelsang
og føre al den der liggende Sten og Kalk til Lundegaard,
da Kongen nu lader bygge paa denne Gaard og der kun ligger faa
Tjenere til den. Sk. T. 1, 161.

— Aabent Brev, hvorved de nuværende Sandemænd i Me-
delsom Herred fritages for Ægt og Arbejde, saalænge de
ere Sandemænd. Udt. i J. R. 2, 254 b.

— Til Jørgen Schram og Mandrup Parsberg. Da Bønderne
i Medelsom Herred ere satte ulige for Gæsteri, idet nogle
svare mere, andre mindre, end de kunne taale, og da nogle Møl-
ler i Haldtz Len ere satte for højt i Afgift, skulle de med det
første begive sig til Hald Slot for efter Lensmandens Undervisning
at omsætte Gæsteriet og Møllernes Afgift og give deres Ansættelser
skriftlig fra sig. J. T. 1, 335.

— Aabent Brev, hvorved Thomes Suendtzen i Bierringe,
Ridefoged i Haldtz Len, fritages for Gæsteri, Ægt og Ar-
bejde indtil videre. Udt. i J. R. 2, 254.

— Mageskifte mellem Niels Chrestenssen og Peder
Chrestenssen paa den ene og Kronen paa den anden Side. J.
R. 2, 254 b. (Se Kronens Skøder.)

— Befaling til Nils Jonssen straks at tage Skøde paa Tinge
af Nils og Peder Chrestenssen paa den Part i en jordegen
Bondegaard i Viom By og Sogn i Liusgaardt Herred, som de have
overladt Kronen for Friheden i en Bondegaard i Fløe[1] By og Sogn
i Fiendtz Herred, sætte denne Part for en rimelig Landgilde og
indskrive den i Jordebogen. J. T. 1, 335 b.

— Aabent Brev, hvorved det paalægges Sandemændene i
Sønder og Nørre Herreder paa Mors, der for nogen Tid siden
have faaet Fritagelse for Ægt og Arbejde, saalænge de ere Sande-
mænd, og derfor ikke engang ville fremage deres Sundkorn, inden-
for Sundet at køre det, der paalægges dem, og som de bør
køre, da Kronen i det ene Herred ikke har mange flere Bønder

---

[1] Fly, Fjends H.

end dem, der ere Sandemænd. Derimod maa de ikke tilsiges til Kørsel og Arbejde udenfor Sundet. J. R. 2, 255 b[1].

**26. Okt. (Aakær).** Til Lauritz Skram. Der sendes ham et Register over Schoufgaard og tilliggende Gods med Ordre til straks at overtage Gaarden og Godset, dog har Kongen tilladt, at Hans Schoufgordtz Søskende og Svogre denne Vinter over maa lade deres Foder fortære paa Gaarden, men de maa ikke befatte sig noget med Bønderne. Da Biørn Kaas og Jens Kaas skulle eje noget Gods i de af Kongen optegnede Herreder i Coldinge Len, skal han ogsaa straks tage dette Gods til sig. J. T. 1, 335.

**27. Okt. (—).** Pantebrev paa Livstid til Palle Juel til Strandet, Landsdommer i Nørrejylland, paa 2 Gaarde og 1 Bol i Ørum Vadgaard i Ørum Sogn i Fiendtz Herred og Kronens Part af Tienden af Nefuer Sogn i Stedet for noget Gods, som han havde i Pant paa Livstid, men nu har faaet udlagt i et Mageskifte; han har nemlig straks udlagt Kronen det Gods, han selv har afstaaet, nemlig 2 Gaarde i Vallebeck i Karup Sogn i Hidtz Herred, 1 Gaard i Aggerskouf i Boring Sogn i Ginding Herred og 1 Gaard og 1 Bol i Konsted By og Sogn i Eld Herred. P. 348 b.

— Pantebrev til Folmer Rosenkrantz til Steensballe paa 2 Gaarde i Biørnstrup[2] i Øster Liisbierg Herred og 1 Gaard i Søeby i Sønderhald Herred i Stedet for nogle Gaarde i Nørrejylland, som han tidligere havde i Pant, men som nu ere blevne udlagte til Erick Løcke, Embedsmand paa Riiberhus. P. 349 b[3].

— Tilladelse for Henning Giøe til at indløse Øby[4] Birk paa Laaland fra Erich Grubbis Arvinger. F. R. 1, 536.

— Befaling til Peder Grubbe at modtage Pantesummen for Øby[4] Birk paa Laaland af Henning Giøye og overlevere denne Birket med Pantebrevene. F. T. 1, 118 b.

— Mageskifte mellem Fru Karine Gyldenstiern til Boluer, Holgier Rosenkrantzis Enke, og Kronen. J. R. 2, 255 b. (Se Kronens Skøder.)

— Mageskifte mellem Niels Joenssen til Tostelund og Kronen. J. R. 2, 259. (Se Kronens Skøder.)

**29. Okt. (—).** Aabent Brev, at Lauritz Anderssen, Byfoged i Assens, der en Tid lang har været Byfoged, men hidtil

---

[1] Tr.: Saml. t. jydsk Hist. og Topogr. 2. R. III. 354. [2] Bjødstrup. [3] Udenfor er skrevet: Er klart og haver Claus Glambeck Godset. [4] ɔ: Hoby.

32*

intet har haft for sit Arbejde, ej heller været fritaget for Skat eller
borgerlig Tynge, skønt han ofte har maattet forsømme sin egen Næ-
ring, maa være fri for Skat, Hold, Vagt og al anden borgerlig
Tynge, saalænge han er Byfoged. Desuden befales det alle ind-
og udlændiske, der udskibe Korn, at svare ham den fra Arilds Tid
sædvanlige Del og Rettighed af hver Læst Korn, som udskibes, da
han har klaget over, at det nu ikke ydes ham redeligt. F. R.
1, 153.

**30. Okt. (Skanderborg).** Til Hack Ulfstand. Bønderne i
Kalløe Birk have berettet, at han nu tiltaler dem for større Ol-
dengæld, end de pleje at give, skønt hver Bonde i Birket i Følge
en tidligere truffet Ordning skal give 24 Sk. aarlig i Oldengælds-
penge, hvad enten der er Olden eller ej, og efter Møntens Omsæt-
telse har maattet svare dobbelte Penge; det befales ham derfor
af Hensyn hertil at lade dem nyde Olden for samme Betaling som
hidtil. F. T. 1, 119.

— Aabent Brev, at Jomfru Sophia Krabbe i de næste 3
Aar aarlig maa oppebære 2 Ørt. Rug, 2 Ørt. Malt, 1 Fjerd. Smør,
1 fedt Svin, 2 Lam, 10 Læs Ved, 2 Gæs og 2 Høns af Aarhus-
gaard. Udt. i J. R. 2, 264 b.

**31. Okt. (—).** Befaling til nedennævnte Lensmænd og andre
at bestille Fetalje til Kongens Barsel i Koldinge. — Bunde
Morthenssen, Tolder i Rødbye, skal købe 3 Læster god Hvede og
med det allerførste sende dem til Lauritz Skram paa Koldinghus;
Mickel von Kemnitz, Tolder for Kiøpnehafns Slot, skal købe 4 Læ-
ster Hvedemel, 80 Læster Rostocksøl, 5 Læster Barstøl, 20 Fade
Emstøl, 6 Fade Pryssing, 4000 Glas, ½ Læst Bægere, 100 Sten-
kruse, 100 røde Kander, 2 Læster Æbler, 1 Læst Pærer, 4 Tdr.
Valnødder, 4 Ottinger Negenøjen, 10 Skokke rigiske Bøtter, 1 Td.
Stør, 1 Td. Tantej, 4 Tdr. Løg, 1 Læst Gulerødder, ½ Læst
skaanske Roer, 2 Tdr. Peberrod, 2 Tdr. Persillerødder, 8 Skokke
Hvidkaal og 20 Snese smaa Aal og med det allerførste sende det
til Koldinghus; Lauritz Skram skal opsætte 60 Øksne, 80 Bøllinger,
500 Lam, 500 Gæs, 2500 Høns, 60 Kalve, 200 Grise og 100 Ka-
puner paa Foder i alle Ladegaardene ved Slottet, holde 150 af de
bedste Oldensvin i Forraad og bestille Æg og Kul i Forraad, saa
alt kan være til Stede til førstkommende Fastelavn; den Fetalje,
som sendes did fra de andre Slotte, skal han modtage og opbevare,
føre den til Indtægt og siden til Udgift i sit Regnskab, som det sig

bør, og underrette Rentemesteren om, hvorvidt han kan skaffe alt
det ovennævnte i Koldinghus Len, og hvor megen Havre han til
den Tid kan have i Forraad; Jørgen Skram skal opsætte 60 Øksne,
100 Bøtlinger og 500 Lam paa Foder paa Drotningborg, fodre dem
godt til henimod Fastelavn, skaffe Kongen 15 tørre Laks, 100 tørre
Helt og 2 Tdr. saltet Helt og sende dem til Koldinghus til Faste-
lavn, samt med det første sende 1500 Tdr. Havre til Koldinghus;
Manderup Parsbierg skal købe 300 Lam og 400 Gæs og sende dem
til Koldinghus tilligemed 500 Tdr. Havre i den anden Uge efter
Kyndelmesse; Biørn Anderssen skal købe 300 Lam og 400 Gæs og
sende dem til Kolding tilligemed 1500 Tdr. Havre af Stiftets Ind-
komst i den anden Uge efter Kyndelmesse; Erick Hardenberg skal
købe 200 Gæs i Hagenschouf Len og sende dem til Kolding i den
anden Uge efter Kyndelmesse; Otte Emichssen i Rudgaards Len
ligesaa; Hans Johanssen ligesaa; Erick Løcke skal i Riberhus Len
købe 10,000 Hvillinger, 10,000 Flyndere, 400 Rokker, 40 Vorder
Kabliav, 30 Vorder Langer og 5 Tdr. Sund og Mave og med det
første sende det til Koldinghus; Axel Viffert skal købe 2 Læster
godt saltet Torsk foruden den Torsk, han tidligere har faaet Ordre
om, og sende dem til Koldinghus; Mouritz Podbusk skal sende 2
Læster Torsk til Koldinghus; Christiern Vind skal med det første
sende 5 Skippd. Talg, 2 Læster Bergefisk i løs Pakning og $\frac{1}{2}$ Læst
Ærter til Koldinghus; Christopher Valkendorff skal købe 150 Amer
god Vin og sende dem til Koldinghus paa et af Kongens Skibe;
Biørn Kaas skal købe 3000 Tdr. Havre og opbevare dem indtil vi-
dere; Axel Gyldenstiern ligesaa; Hendrick Mogenssen skal købe 2
halve Tønder god, saltet Kamperlaks. Udt. i Sj. T. 14, 134 b.
K. (i Udt.). Orig. (til Erik Hardenberg).

   1. Nov. (Skanderborg).  Til Claus Glambeck.  3 under Byg-
holm Slot hørende Bønder have berettet, at de hver staar ind-
skreven i Jordebogen for en nybær Ko med en Kalv, at levere
til hver 1. Maj, men at de, medens Holger Rossenkrantz havde Byg-
holm Slot i Pant, ere slupne med at give et fedt Nød i Stedet,
indtil de nu efter Henlæggelsen under Skanderborg til stor Besvæ-
ring for dem igen maa svare en nybær Ko og en Kalv. Da Kongen
har tilladt andre i Skanderborg Len, der svare lignende Landgilde,
i Stedet at give en fed Ko, maa de, som de have begæret, herefter
ogsaa hver give en fed Ko eller 4 Dlr., hvilket Claus Glambeck
skal lade indføre i Jordebogen.   J. T. 1, 336.

**2. Nov. (Skanderborg).** Aabent Brev, at Thingsted Mølle, der skal være Ellinge By til Trængsel, maa nedbrydes og Ellinge Bymænd bruge Møllestedet med den tilliggende Ejendom, mod at svare samme Landgilde, 18 Ørt. Mel og 1 Fjerd. Smør, som Mølleren har givet. J. R. 2, 265.

— Livsbrev for Seueren Pederssen i Fillerup og hans nuværende Hustru paa en Kronens Jord, kaldet Røndisgafuel og Nordrup, som han nu selv har i Værge, uden Afgift. Udt. i J. R. 2, 265.

— Aabent Brev, at Kiønne Quitzov, der har faaet Hassens Birk i Forlening, men ikke har nogen Avlsgaard at bo paa, maa tilkøbe sig Bonderettigheden i en jordegen Bondegaard i Droby [Sogn], kaldet Liungsbeck, som han i Forvejen har Kronens Rettighed i, beholde Gaarden, saalænge han lever, og gøre sig den saa nyttig, som han kan. Efter hans Død maa hans Arvinger beholde Gaarden, indtil Kronen køber den tilbage til den Pris, den bevisligt staar ham i. J. R. 2, 265 b.

**3. Nov. (—).** Aabent Brev, hvorved det befales Bønderne i Ølstøcke Herred aarlig at give Herredsfogden, der paa Embeds Vegne har meget Besvær, men ikke faar noget derfor, 1 Skp. Korn af hver Gaard, ligesom Skik er andensteds i Riget. Sj. R. 11, 397 b.

— Aabent Brev, at Birkefogden paa Amager aarlig skal have 1 Skp. Korn af hver Mand i Birket. Udt. i Sj. R. 11, 397 b.

— Gældsbreve til Peder Munck, Biørn Kaas, Palle Jul, Malthi Jenssen, Chresten Munck, Jens Kaas, Otthe Banner, Niels Jonssen og Fru Abbel Skiel paa 1000 Dlr. hver, til Mandrup Parsberg paa 600 Dlr., til Hr. Peder Skram, Hr. Jørgen Løcke, Jørgen Rossenkrantz, Jørgen Skram, Ifuer Lunge, Lauritz Skram, Vintzens Jul, Erick Løcke, Claus Glambeck, Fru Marin Knob, Erick Kaas, Fru Anne Oxe og Fru Karen Holgers paa 500 Dlr. hver; Pengene skulle betales tilbage til 1. Maj 1579. Udt. i Sj. R. 11, 398. Origg. (til Malte Jensen, Jens Kaas, Hr. Jørgen Lykke, Marine Knob og Karine Gyldenstjerne, Holger Rosenkrantz's).

— Mageskifte mellem Ifuer Lunge til Tiersbeck og Kronen. J. R. 2, 266 b. (Se Kronens Skøder.)

— **(Aakær).** Aabent Brev, at en af Jens Bendtzens Sønner i Hatting efter Faderens Død for et rimeligt Stedsmaal maa faa den Gaard, som denne har i Værge, mod at svare samme Afgift deraf, og at denne Søn tillige maa faa den Kirkeeng i Vording Mark, som Jens Bendtzen har faaet i Fæste til sin Gaard af Stiftslensmanden i Aarhus Stift, mod at svare Kirken samme Landgilde deraf som Faderen, nemlig 1 Ørt. Byg. Da Jens Bendtzen nu har givet Kongen et Par Øksne i Fæste af Engen, skal hans Søn ikke besværes med yderligere Stedsmaal. J. R. 2, 274 b.

**4. Nov. (Aakær).** Aabent Brev, at Jørgen Nielssen i Rissumgaard, der er Herredsfoged i Hierrum Herred og af den Grund ofte maa forsømme sin egen Næring uden dog at faa noget videre derfor, maa være fri for Landgilde, Gæsteri, Ægt, Arbejde og anden kgl. Tynge, saalænge han er Herredsfoged. Da Jørgen Nielssen med et af Kongens Fader udstedt Brev har bevist, at Rissumgaard er frit Bondegods, har Kongen bevilget, at Jørgen Nielssen og hans Arvinger maa beholde Gaarden som frit Bondegods, mod at svare den Landgilde til Lundenes Slot, som gode Mænd have sat Gaarden til, nemlig 3 Sk. Leding, 1 Fjerd. Smør, 1 Faar, 1 Gaas, 2 Høns, Skovsvin og Gæsteri, og være Lensmanden lydig. J. R. 2, 275.

— Til Jørgen Schram og Mandrup Parsberg. Da Biørn Kaas har bevilget Kronen 1 Gaard i Foxstrop, 1 Gaard i Barsse[1], 2 Gaarde i Grost, 1 Gaard, kaldet Dyringhafuelille, 1 Gaard, kaldet Smidibeg[2], Smidibegs Mølle og 1 Gaard i Vellinge i Vratz Herred samt 2 Gaarde i Skanderborg Len, den ene i Jegssen, den anden i Skiøringe, til Mageskifte for 1 Gaard, kaldet Horsdal, med tilliggende Skov, en Skov, kaldet Tredholt, ved Horsdal[3], 1 Gaard i Aakier og de andre Gaarde i Aakier, Threuad og 1 Gaard i Siørop, som Biørn Kaas selv har i Pant med det øvrige Skarpenbierigs Gods, $\frac{1}{2}$ Gaard i Threuad, der hører under Østlof Kloster, og Kronens Rettighed i 1 jordegen Bondegaard i Hornstrup, skulle de med det allerførste besigte begge Parters Gods, ligne det og indsende klare Registre derpaa. Udt. i J. T. 1, 336 b.

— Til Chresten Munck. Bønderne paa Endelav have i vedlagte Supplikats klaget over, at de lide stor Mangel paa Ildebrændsel, Bygningstømmer og Gærdsel, at deres Enge for største Delen ere opgravede ved Tørvegravning, og at de i tidligere Tid have haft mere Hjælp af Skoven end nu. Det befales ham

---

[1] Boest.　　[2] Smedebæk.　　[3] J. T. har ved en Fejlskrift: Forsdal.

derfor at lade dem faa fri Ildebrændsel til Nødtørft af Vindfælder
og fornøde Træer samt frit Bygningstømmer og Gærdsel i Skovene
paa Endelav, forsaavidt de da kunne taale det, dog kun efter
hans Udvisning; kunne Skovene paa Endelav ikke taale stor Skov-
hugst, maa han hellere lade dem faa Hjælp i Skovene under Akier.
J. T. 1, 337.

**5. Nov. (Aakær).** Til Biørn Anderssen. Der sendes ham 1000
Dlr. til Indløsning af det Gods, som Fru Anne Kaas, Jost
Ulfeldtz Enke, i sidste Fejde har faaet i Pant[1] lige ved Siden
af hendes Gaard, med Ordre til at tilstille hende Pengene tillige-
med det medfølgende Brev, straks lægge Godset ind under Aarhus-
gaard, indsende de indfriede Pantebreve til Kongen og paase, at
hverken hun, hendes Folk eller andre jage paa Godset. J. T.
1, 338.

— Befaling til Fru Anne Jost Ulfeldtz at modtage Pengene af
Biørn Anderssen og overlevere ham Godset med Pantebrevene. J.
T. 1, 337 b.

**6. Nov. (--).** Ekspektancebrev for Ellies Isienberg[2]
paa det første ledige Prælatur eller det første Kannikedømme,
som han kan være tjent med. Udt. i Sj. R. 11, 399.

— Til Christoffer Valckendorff. Da Matthias Gadde fra
Dantzick har berettet, at han trods Kongens Befaling til Christoffer
Valckendorff om at forhandle med ham om den Betaling, som han
og hans Redere have til gode for et Skib, Kongen har faaet af dem
i sidste Fejde, endnu ikke har faaet nogen Betaling, men faaet den
Besked, at Christoffer Valckendorff ikke saa snart kan gennemse
Registrene og sige, hvad der er betalt, befales det Christoffer Val-
ckendorff, da Matthias Gadde har forlangt en bestemt Besked, med
det første at opsøge Registrene og enten straks betale Matthias Gadde
noget paa Regnskab med Korn og andet eller blive enig med ham
om Terminer for Betalingen og lade det notere paa Kongens For-
skrivning, for at Kongen kan blive fri for videre Overløb. Orig.[3]

— Aabent Brev, hvorved Kongen i Anledning af Klager fra
menige Sognemænd i Gyllinge By og Sogn i Aackier Len
over Mangel paa Ildebrændsel og Bygningstømmer bevilger,
at de Sognemænd, der selv have Skov til deres Gaarde, indtil videre

---

[1] Se Kanc. Brevbøger 1561—65 S. 616.   [2] Elias Eisenberg.   [3] Tr.: Nye dsk.
Mag. I. 48.

maa faa fri Ildebrændsel af Vindfælder og fornede Træer og frit
Bygningstømmer i Kronens Skove i Sognet, derimod skulle de, der ikke
have Skov til deres Gaarde, have det i Lensmandens Minde; kan
Gyllinge Skov ikke taale det alene, skal han lade dem faa Hjælp fra
de andre Skove i Lenet. Lensmanden paa Aackier eller hans Fo-
ged skal anvise dem Hjælpen i Skovene, og de maa ikke torveføre
de Træer, som de faa Tilladelse til at hugge, saafremt de ikke ville
have forbrudt deres Boslod til Kronen. J. R. 2, 276.

**6. Nov. (Aakær).** Mageskifte mellem Niels Kaas, Kansler,
og Kronen. J. R. 2, 277. (Se Kronens Skøder.)

— Til Enuold Krusse, Siuerd Pederssen og Hans Stygssen.
Da der endnu næsten intet er indkommen af den sidst paabudte
Skat, skulle de straks, Dag og Nat uspart, begive sig rundt til
Lensmændene i Nørrejylland, Fyen og Langeland og tilkende-
give disse, at de endelig ufortøvet maa sende Skatten til
Koldinghus og ikke, som undertiden sket er, lade blive Restan-
cer. Der sendes dem et aabent Brev til Forkyndelse for Lensmæn-
dene og et Pasbord. J. T. 1, 338 b.

— Befaling til Lensmændene over hele Riget eller deres Fog-
der i deres Fraværelse straks at fremsende Skatten til Kol-
dinghus og sørge for, at der ingen Restancer bliver, da det er
Kongen meget magtpaaliggende, at hele Skatten straks kommer ind.
J. T. 1, 339.

— Til Anders Dresselberg. Da Lauritz Schram, Embedsmand
paa Koldinghus, hvem Kongen havde befalet at modtage den Penge-
skat, som Lensmændene i Nørrejylland, Fyen og Langeland skulde
indbetale paa Koldinghus til St. Mortensdag, formedelst forskellige
Bestillinger i Lenet undertiden ikke selv kan være til Stede paa
Slottet, skal Anders Dresselberg blive liggende i Koldinge
og i Lauritz Schrams Fraværelse modtage og kvittere
for de indsendte Penge. Da Kongen har henvendt sig til nogle
af Adelen om et Laan og disse Penge samtidig skulle sendes til
Koldinghus, skal han ogsaa modtage disse Penge, forfatte særskilte
Registre paa Skatten og Laanene og indtil videre opbevare Pengene
paa Slottet; han maa kun tage imod gode gamle Dalere. J. T. 1,
339 b. Orig.

— Til Borgemestre og Raad i Kolding. Da Kongen vil rejse
til Kolding og holde Hoflejr dér til Paaske, skulle de i Tide give
Borgerne i Byen Ordre til at købe Vin, Tysköl, Fetalje

og andet til Kongens Hofsinders og Tjeneres Underholdning nødvendigt samt Hø, Havre og Straafoder til Hestene. Udt. i J. T. 1, 340.

**7. Nov. (Koldinghus).** Til Bønderne paa Laaland og Falster. Da Borgerne i Købstæderne i disse Lande have klaget over, at Bønderne bruge Sejlads paa usædvanlige Tider af Aaret tværtimod den af Christian III og Danmarks Riges Raad oprettede[1] og af Kongen selv stadfæstede Ordning og bruge borgerlig Næring, idet de ikke alene hjemføre Humle, Salt, Klæde, Staal, tysk Øl og andre Varer til deres eget Brug, men sælge og bortbytte Varerne til Forprang, hvorved Kronens Told tit underslaas, befales det dem at rette sig efter den gjorte Ordning, ikke udføre Korn paa andre Tider af Aaret end de tilladte og ikke under Skibets og Godsets Fortabelse hjemhente hine Varer fra Tyskland eller bruge Forprang dermed. Lensmændene skulle føre flittigt Tilsyn hermed. F. T. 1, 120.

— Befaling til Hack Ulfstand paa Aaleholm, Greers Ulfstand paa Rafnsborg og Henning Giøye paa Nykiøping straks at lade ovenstaaende Brev forkynde paa Herredstingene og paase dets Overholdelse. F. T. 1, 119 b.

— Befaling til Lauge Venstermand at lade Brevet forkynde paa Landstingene i Laaland og Falster og siden opbevare det vel. Udt. i F. T. 1, 120.

— **(Skanderborg).** Stadfæstelse paa et af Borgemestre og Raad i Randers med Størsteparten af Borgernes Samtykke udstedt Forbud mod, at der fra nu af til førstkommende 1. Maj udskibes der fra Byen og sælges Korn, som er købt paa Gaderne i Byen, hvilket Forbud er udstedt, for at Haandværksfolk og den gemene Almue kunne faa det nødvendige Korn til Købs; derimod skal det være Borgerne tilladt at udføre Korn, som de have købt i store Partier hos Lensmændene, Adelen, Provster, Præster eller andre. Overtræder nogen dette Forbud, skal han miste sit Borgerskab og straffes. J. R. 2, 280[2].

— Befaling til Jens Kaas at skaffe Sekretærerne Jacob Vind og Absolon Juel, der skulle registrere Olborg Slots Breve og udtage nogle allerede registrerede Breve af Kisterne og tage dem

---

[1] Se Erslev og Mollerup, Dsk. Kancelliregistranter 1535—50 S. 365 f.   [2] Tr.: Secher, Forordninger II. 118 f.

med tilbage til Kongen, de uregistrerede Breve og et Kammer paa Slottet til at registrere Brevene i, tillade dem at udtage de af Kongen befalede Breve og siden igen forsegle Kisterne sammen med dem. J. T. 1, 340.

**8. Nov. (Skanderborg).** Fredebrev for Jens Nielsen i Hønsenge i Otz Herred, som er gjort fredløs og er rømt, fordi nogle Krybskytter, der ere blevne henrettede, have beskyldt ham for at have været i Ledtog med dem, hvilket han dog ikke paa anden Maade er bleven overbevist om; han har nu betalt Hendrich Vind, Embedsmand paa Dragsholm, 10 Øksne for sin Fred. Sj. R. 11, 399.

— Til Hendrick Vind. Naar Jens Nielsøn i Hønsinge har sat Borgen for de 10 Øksne og med Forlovere har forpligtet sig til ikke mere at omgaas med Rør og Skyden, da Forloverne i saa Tilfælde skulle føre ham til Stede for at lide Straf, maa Hendrick Vind overlevere ham Kongens Fredebrev. Sj. T. 14, 137b.

— Livsbrev for Jens Matzen, Foged paa Skanderborg, paa 1 Gaard i Frersløf[1] i Skanderborg Len, som han har fæstet; han fritages for Halvdelen af det Stedsmaal, han har lovet Lensmanden, og skal være fri for Landgilde, Ægt, Arbejde og anden Tynge, saalænge han er Foged paa Slottet. J. R. 2, 280b.

— Aabent Brev, hvorved Kongen paa Begæring af Hr. Niels Jenssen, Sognepræst i Ranløf i Hadtz Herred, bevilger, at dennes Hustru Jahanne Andersdatter, saafremt hun overlever sin Husbonde, maa blive boende i Ranløf Præstegaard og til Bolig faa det Herbergshus fra Stegerset til Laagen og de smaa Huse fra Laagen og til Laden samt Agerland til 1 Pd. Rugsæd, 1 Pd. Bygsæd, 1 Pd. Havresæd og 4 Læs Eng, dog maa hun kun nyde disse Ting, saalænge hun sidder som Enke. J. R. 2, 281 b[2].

— Befaling til Claus Glambeck om indtil videre at tillade Bønderne i Thørning[3], Hunderup[4] og Hafuerballe at holde Geder paa deres Ejendom. Udt. i J. T. 1, 340 b.

**9. Nov. (—).** Befaling til alle Kronens Bønder under Dragsholm Slot, baade dem, som Kongen har tilskiftet sig og lagt under Slottet, og dem, som fra Arilds Tid have ligget derunder, om i Forening at pløje, høste og gøre Ægt og Arbejde til

---

[1] Fregerslev, Hjelmslev H.    [2] Kalkar, Theol. Tidsskrift 1872. S. 122 f.    [3] Taaning, Vor H.    [4] Horndrup, samme H.

Ladegaarden og Slottet efter nærmere Tilsigelse af Hendrick
Vind, Embedsmand paa Dragsholm. Da Skofvang, der for nogen
Tid siden efter Kongens Ordre er bleven indtagen, herefter altid
skal holdes i Stand, skulle de Bønder i Odtz Herred og Dragsholm
Birk, som Kongen har tilskiftet sig, og som ikke have faaet tildelt
andre Gærder og Lukkelser at holde i Stand, herefter holde Skof-
vang vedlige med Lukkelser og Gærder og hver overtage
sin Part deraf. Sj. T. 14, 138 b.

**9. Nov. (Skanderborg).** Aabent Brev, at Jens Jenssen i Ve-
ring[1], der af Claus Glambeck, Embedsmand paa Skanderborg, har
fæstet Halvparten af den af hans Fader Jens Morthenssen brugte
Gaard, hvori han allerede tidligere med Faderens Tilladelse havde
fæstet den anden Halvpart, maa overtage hin Halvpart efter Fa-
derens Død, hvis denne ikke godvillig vil afstaa ham den forinden,
og beholde hele Gaarden, saalænge han lever. Han skal svare sæd-
vanlig Landgilde af Jorden og maa ikke bortleje noget af den til-
liggende Ejendom. J. R. 2, 282 b.

— Til Eyler Grubbe og Eyler Krausse. Da Chrestopher
Valchendorff har begæret noget Gods i Suining og Landerup[2] i
Fyen til Mageskifte for Gods i Vordingborg og Nyborg Len og,
hvis det ikke forslaar, tillige andet Gods i Sjælland og Fyen, skulle
de med det første besigte Godset. Udt. i F. T. 1, 118.

— Forleningsbrev for Fru Dorette Pedersdatter, Jør-
gen Munckis Enke, paa en Eng, kaldet Peders Eng, i Billum Sogn
i Vester Herred, som hendes Husbonde og hun selv have haft i
Værge; hun skal svare sædvanlig Landgilde deraf til Riberhus
og maa ikke tilstede, at noget af Engen borthævdes. J. R. 2,
283 b.

— Aabent Brev, hvorved Peder Pederssen i Borum, der
nu i 31 Aar har været Herredsfoged i Framsløf Herred uden at
nyde nogen Forskaansel paa Landgilde, saaledes som en Del andre
Herredsfogder nyde, og fremdeles er villig til at sidde Herredsting,
saalænge han kan for Alderdom og Skrøbelighed, tilligemed
sin Hustru for Livstid fritages for Gæsteri, Ægt og Ar-
bejde af deres Gaard. J. R. 2, 284.

— Aabent Brev, at Hr. Peder Jenssen, Sognepræst til
Lomborg Sogn, indtil videre aarlig maa oppebære 2 Pd. Korn,

---

[1] Virring, Hjelmslev H. [2] Lamdrup, Gudme H.

som Stiftslensmanden i Riber Stift skal levere ham af Stiftets Korn. Orig. i Provinsark. i Viborg. Udt. i J. R. 2, 284 b.

**9. Nov. (Skanderborg).** Forleningsbrev for Hr. Staffen Nielssen, Sognepræst til Nim og Underup Sogne, paa Afgiften af Kronens Part af Korntienden af Nim Sogn til hans Underholdning og til at lønne en Kapellan med. Udt. i J. R. 2, 284 b.

— **(Koldinghus).** Til Nils Kaas og Claus Glambeck. Da Erich Lange til Engilstholm har bevilget Kronen 2 Gaarde i Knudtzbyl i Jorderup Sogn i Andst Herred og 2 Gaarde i Vorck i Egtued Sogn i Jerlof Herred til Mageskifte for [Kronens Rettighed i] følgende jordegne Bøndergaarde: 6 Gaarde i Lime i Norup Sogn i Thorild Herred, 1 Bol i Limschov, 1 Gaard i Thørild, 1 Gaard i Linneballe By og Sogn, 1 Gaard i Jennom i Skibbet Sogn og et Krat i Heden, kaldet Bastlund, skulle de med det første besigte begge Parters Gods og indsende klare Registre derpaa. Udt. i J. T. 1, 340 b.

**10. Nov. (Skanderborg).** Befaling til Claus Glambeck straks at lægge alt det Kapitlet i Aarhus Domkirke tilhørende Gods i Thøril[1] i Hadtz Herred ind under Skanderborg Slot og udlægge Kapitlet Fyldest derfor i Ning Herred. J. T. 1, 341.

**11. Nov. (—).** Befaling til nedennævnte straks at sende de Penge, som de skulde have betalt Kongen til sidste St. Hans Dag, til Renteskriver Hans Sthyssen paa Skandelborg, saafremt de ikke ville staa Kongen til Rette. — Hendrick Nordby med Regnskabet af Nykiøping Len; Peder Skrivers Arvinger i Aarhus med Stiftets Regnskab af Aarhus Stift, dog skal Brevet lyde paa Biørn Anderssen, at han straks skal indkræve Restancen[2]. Udt. i Sj. T. 14, 139.

— Befaling til Thomis Jørgenssen straks at møde i Kiøpnehafn og gøre sit Regnskab af Vordingborg Len klart. Udt. i Sj. T. 14, 139 b.

— Befaling til Søfren Hofmand og Niels Skriver i Randers straks at sende de Penge, ialt 6837$\frac{1}{2}$ Dlr., som de ere Kongen skyldige for Korn og andre Varer, til Claus Glambeck paa Skandelborg; kunne de ikke sende hele Summen, skulle de sende saa meget, de kunne. Udt. i Sj. T. 14, 139 b.

— Aabent Brev, hvorved Kongen i Anledning af at Lauritz Knudtzen i Hunderup[3] har berettet, at 2 Mænd i Byen for nogen

---

[1] Torrild.  [2] Derefter følge nogle norske Lensmænd.  [3] Horndrup, Vor H.

Tid siden have villet have Byens Mark rebet, hvilke dog saa have faaet Udlæg efter Recessen, bestemmer, at **Hunderup Mark herefter ikke skal kunne kræves til Rebs**, da han selv har set, hvad Skade der sker paa de Marker, der blive rebede; findes nogen brøstholden, skal han have tilbørligt Udlæg. J. R. 2, 285.

**11. Nov. (Skanderborg).** Til Fru Dorete Jørgen Munckis. Da Fru Abbel Schiel, Hr. Nils Langis Enke, har klaget over, at Fru Dorete vil tilholde sig Kronens Rettighed i en jordegen Bondegaard, kaldet Romsege[1], som Fru Abbel har i Pant sammen med andet Gods, og da Kongen, der nok husker at have overladt Fru Doretes afdøde Mand Kronens Rettighed i ovennævnte Gaard, har ment, at dette først skulde træde i Kraft efter Fru Abbels Død, maa Fru Dorete **ikke befatte sig med Kronens Rettighed i Romsege**, saalænge Fru Abbel lever, medmindre det sker med hendes Minde. J. T. 1, 341.

— Til Claus Glambeck. Da Sognemændene i **Thørning**[2] Sogn have berettet, at den Annekspræstegaard i Sognet, som Sognepræsten for kort Tid siden med kgl. Tilladelse igen har faaet, hidtil har deltaget med dem i Udredelsen af 2 Tdr. Smør og svaret Tiende til Kirken, og at det vil falde dem meget besværligt alene at udrede Smørret og Tienden, skal Claus Glambeck undersøge denne Sag og afkorte saa meget, som Annekspræstegaarden har hjulpet Bønderne med. J. T. 1, 341 b.

**12. Nov. (—).** Forleningsbrev paa 14 Aar fra førstkommende 1. Maj af for Hans Spegel, Embedsmand paa Gladsaxe, og hans Hustru, Fru Karen von Allefeld, paa Gladsaxe Slot og Len, som han nu selv har i Værge, uden Afgift, til Gengæld for at han nu har ladet de 6000 Dlr. falde, som han havde Lenet i Pant for. Dø Hans Spegel og hans Hustru før Udløbet af de 14 Aar, maa en af deres Sønner beholde Lenet kvit og frit i 2 Aar derefter. De skulle gøre Riget tilbørlig Tjeneste deraf. Sk. R. 1, 259 b. K.

— Gældsbreve til Corvitz Viffert, Hans Johansen, Axel Viffert og Eller Grubbe paa 1000 Dlr. hver, til Erich Hardenbierg, Lauge Beck, Fru Anne Hardenbierg, Erich Valckendorf og Fru Anne Rosenkrandtz paa 500 Dlr. hver, til Eller Krasze paa 400 Dlr., til Fru Edel Hardenbierg, Christoffer Pax og Fru Mette Hans Barnekous

---

[1] Romviggaarde, Hammerum H.    [2] Taaning, Vor H.

paa 300 Dlr. hver, til Herlof Skafue paa 200 Dlr.; Pengene skulle betales tilbage til Pinsedag 1579. Udt. i Sj. R. 11, 398 b.

**12. Nov. (Skanderborg).** Aabent Brev, at Hr. Chresten Jens-sen i Sønder Vonsild i Aar maa oppebære Afgiften af Kro-nens Part af Korntienden af Stennild Sogn, kvit og frit. Udt. i J. R. 2, 285.

**13. Nov. (—).** Til Lauritz Brochenhus. Da Kongen har bragt i Erfaring, at han tilholder sig en Gaard i Eldrup i Vor Herred af det forbrudte Gods, kaldet Ranes Gods, hvilken Gaard tilligemed andet Gods har været pantsat til hans Fader, men ikke, da Pantet indløstes, er kommen tilbage under Kronen, og at der er erhvervet en Lavhævd, hvorved Gaarden med al sin Rettighed er indvordet til Kronen, men at Lavhævden, som Lauritz Brochenhus havde faaet af en Bonde, siden er bortkommen, skal han straks med dette Brev erklære sig om, hvad Adkomstbreve han har paa Gaarden. Har han Ret til den, vil Kongen ikke gøre ham Hinder paa den, men tilhører den Kronen, vil Kongen ikke miste den. F. T. 1, 121.

**14. Nov. (—).** Til Lauge Beck. Da der nu ingen residerende Prælater er i Roschylde og det tidligere har været Skik, at en af Prælaterne har været som en Slags Formand i Kapitlet, befales det ham herefter at samle Kapitlet, naar det gøres behov, og iøvrigt antage sig Kapitlets Sager, da de fleste residerende Kanniker have valgt ham dertil og skrevet til Kongen derom; han skal ogsaa i Forening med de andre Kanniker føre flittigt Tilsyn med Skolen og Koret. Sj. T. 14, 140.

— Til Christoffer Valckendorff. Kongen har for nogen Tid siden sat en af sine Svende til Foged i Ringsted Kloster, ligesom det tidligere er sket i Andtuorskouf Kloster, men erfarer nu, at Abbeden er uvillig stemt mod Fogden, og at alt er denne imod; ligesaa har Fogden meddelt, at Abbeden har ført allehaande Ting bort fra Klosteret, hvorom han ikke har maattet faa noget at vide. Da Kongen ikke ved noget bestemt herom, men Klosteret jo hører ham til, saa Abbeden maa finde sig i, hvem Kongen vil have dér, skal Christoffer Valckendorff straks begive sig til Ringsted Klo-ster, faa fuld Besked om alt af Fogden og alvorligt foreholde Ab-beden, at han anerkender Fogden i den Stilling, Kongen har givet ham; dernæst skal han baade i Ringsted og Andtuorskouf Kloster optage Register over alt, hvad der findes i Klo-

strene, og over de Svin, der ere i Skovene, og i Andtuorskouf
give Fogden og Skriveren Ordre til at have god Opsigt med alt
under Priorens Sygdom. Der er opstaaet nogen Uvilje mellem
Abbeden i Ringsted og hans tidligere Skriver, og denne
har leveret Kongen hoslagte Register, hvori han mener, at der ikke
er handlet saa trofast mod Kongen, som det burde sig; Christoffer
Valckendorff skal undersøge Sagen og sende Kongen bestemt Besked
derom. Sj. T. 14, 140. K.

**14. Nov. (Skanderborg).** Til Emiche Kaas. Kongen har faaet
Beretning fra ham om de to Præster, Hr. Søfren Hiort og Hr.
Chresten, der vare dragne hid for at klage over ham, hvorledes
deres Sag forholder sig, og hvad Dom der er overgaaet dem, og
undskylder ham, da der kun er sket dem deres Ret. Skønt Kon-
gen for nogen Tid siden har givet Hr. Søfren Brev til Emiche Kaas
om, at han maa beholde sine Sogne, hvis de ikke ere lovede bort,
skulle dog nu begge Præster miste deres Sogne, da de have
vist sig trodsige baade mod Emiche Kaas og Bispen [paa Gulland].
Kongen tillader ham at begive sig hid til Foraaret en kort
Tid, men han skal sørge for, at Huset [Visborg] under hans Fra-
værelse bliver vel forvaret, og at Tømmer og andet, der skal be-
stilles til Kongen, bliver skaffet. Sk. T. 1, 161 b.

— Fornyet Befaling til Morten Brock, Knud Michelssen, Cor-
uitz Veffert og Erich Venstermand om uden længere Opsættelse at
dømme i Trætten mellem Kirkeværger og Sognepræst
ved Vor Frue Kirke i Otthense og Kirkeværger og Sogne-
præst ved St. Albani Kirke smstds. Udt. i F. T. 1, 121 b.

— Mageskifte mellem Palle Juel, Landsdommer i Nørre-
jylland, og Kronen. J. R. 2, 285 b. (Se Kronens Skøder under
28. Okt. 1578.)

**15. Nov. (—).** Befaling til Eiller Grubbe, der har indberettet,
at Teglbrænderen ved Vordingborg Slot er død, og har
forespurgt, om han skal lade brænde flere Sten til Kongen, straks
at forskrive en anden god Teglbrænder did og til Sommer lade
brænde saa mange Sten som muligt til Bygningen paa Krone-
borg, saa de efterhaanden kunne sendes did. Da der foruden den
store Mængde Sten, som han allerede har ladet hugge og bryde
paa Stefuens Klint og har sendt til Kroneborg, efter Johan Tau-
bes Skrivelse til ham endnu behøves en Del af denne Sten, skal
han med det første lade bryde saa mange Sten som muligt paa

Klinten og efterhaanden sende dem til Kroneborg. Der sendes ham
til Forkyndelse et aabent Brev til alle Kron-, Kirke- og Præste-
tjenere i Stefuens Herred om at hjælpe til med at bryde Stenene.
Sj. T. 14, 141.

**15. Nov. (Skanderborg).** Befaling til alle Kron-, Kirke- og
Præstetjenere i Stefuens Herred at møde ved Stefuens Klint, naar
Eiler Grubbe, Rigens Kansler, tilsiger, og hjælpe til med at
bryde Sten; de, der ikke møde, ville blive straffede. Sj. T. 14,
142. K.

— Ekspektancebrev for den af Raadmand i Otthense Oluf
Bagers tre studerende Sønner, der har studeret bedst, paa det
Vikarie i Otthense, som Christopher Bang smstds. har Livsbrev
paa, at tiltræde efter dennes Død. F. R. 1, 153 b.

— Aabent Brev, at Madtz Rygberg, Borger i Medelfar, der
har fæstet en til Provstiet i Otthense hørende Gaard i Gamborg i
Fyen af Eyler Grubbe, Rigens Kansler, paa egen Bekostning maa
opføre en Vejrmølle paa denne Gaards Grund paa et for ham
belejligt Sted og bruge den til sit eget Bedste. Naar han ikke læn-
gere vil have Møllen staaende dér, maa han og hans Arvinger ned-
bryde, flytte eller sælge den. F. R. 1, 154.

— Livsbrev for Hr. Niels Simenssen i Blegindt paa den
Kirkejord i Sønder og Nørre Aldrup Mark, som han har fæstet af
Claus Glambeck, Embedsmand paa Skanderborg, mod aarlig at svare
Sognepræsten ved Skanderup Kirke 18 Skpr. Byg og 9 Sk. J. R.
2, 290 b.

— Ejendomsbrev for Chresten Nielssen, Borger i Ny-
kiøping paa Mors, paa den Gaard smstds. med Tilliggende og
Boskab, som er tilfalden Kronen efter den afdøde Byfoged i Ny-
kiøping, og hvorpaa Chresten Nielssen har indløst nogle Pantebreve
til sig. Hvad Gaarden er mere værd end de indløste Pantebreves
Paalydende har Kongen skænket Chresten Nielssen. Der skal aarlig
svares den Jordskyld, som Ejendommen bliver sat til, og holdes god
Købstadsbygning med Tegltag. J. R. 2, 291.

— Aabent Brev, at Niels Bredal, der paa det nærmeste
har tilbragt hele sin Tid med at optugte Ungdommen i Skolen i
Vedle og nu af Bispen i Ribe har faaet Løfte om at blive Degn
i Gafuerslund Sogn ved Vejle, straks maa faa dette Degnedømme,
naar den gamle Degn, der nu har det, dør, og maa beholde det,
saalænge han lever. J. R. 2, 291 b.

**15. Nov. (Skanderborg).** Til Claus Glambeck. Nils Rasmus-
sen, der bor i et Gadehus i Siem i Rye Birk, har begæret at
maatte blive fri for de 2 Mk., som han aarlig giver for et Brænd-
svin, da alle Gadehusmændene i Birket i Holger Rossenkrantzis
Tid som Lensmand med kgl. Tilladelse ere blevne fritagne for at
svare Brændsvin, ved hvilken Lejlighed han dog er bleven glemt;
da Kongen har bevilget dette, saafremt denne Bestemmelse er truf-
fen i Holger Rossenkrantzis Tid, skal Claus Glambeck undersøge,
om dette er Tilfældet, og, hvis saa er, lade ham slette i Jordebogen
for Brændsvinet.  J. T. 1, 342.

— Befaling til samme i Aar at lade Anne Villoms i Dø-
rup være fri for at svare de 2 Pd. Smør, som hun skal give
af det Bol, hun bor i, da hun har lidt saa stor Skade paa sit Kvæg,
der er død for hende, at hun ikke kan udrede Smørret.  Udt. i J.
T. 1, 342 b.

**16. Nov. (—).**  Gældsbreve til Steen Bilde paa 600 Dlr. og
til Hans Skougaard, Pouel Huitfeld, Jørgen Bilde og Fru Gøruel
Faddersdatter paa 500 Dlr. hver; Pengene skulle betales tilbage til
Pinsedag 1579.  Udt. i Sj. R. 11, 398 b.

— Til Johan Taube. Paa hans Forespørgsel om, hvad Over-
enskomst om Underholdning Kongen har truffet med den Polak,
der skal passe paa Bierne, meddeles ham, at Kongen ikke
har truffet nogen Overenskomst med Polakken, men befaler Johan
Taube at træffe en saadan og ved første Lejlighed indberette det,
for at Kongen derefter kan give Polakken Brev; da det Jørgen Jæ-
ger lovede Hus behager Polakken, ser Kongen hellere, at denne faar
det end Jørgen Jæger.  Han skal aftakke den Kusk, der har ført
Polakken did, og give ham en ærlig Foræring.  Det Klapholt,
Maserholt og andet, som Hr. Michel Siuert har sendt did, skal
han straks oplægge og opbevare indtil videre. Da Snedkeren nu intet
har at bestille, bifalder Kongen Johan Taubes Forslag om at lade Lof-
tet i den lille Sal [paa Kronborg] panele og indlægge med
forskellige Slags Træ.  Det har undret Kongen meget, at han
endnu ikke har hørt noget om, hvor nær M. Hans Billedstøber
er ved at være færdig med sit Arbejde, da han lovede det færdigt
inden 3 Maaneder efter Kongens Bortrejse, og det paalægges Johan
Taube at tilskrive Kongen Besked derom og, hvis M. Hans er i
Kiøpnehafn, sende Bud til ham og alvorligt foreholde ham Kon-
gens Mening om, naar Arbejdet skal være færdigt, og spørge, hvor-

for det ikke, som det var lovet, er blevet færdigt. Sj. T. 14, 142 b[1].

**16. Nov. (Skanderborg).** Aabent Brev, at Hr. Hans Matzen, Sognepræst i Horsens, maa oppebære Afgiften af Kronens Part af Korntienden af Tolstrup Sogn, indtil der bliver truffet anden Bestemmelse om hans Underholdning, da han efter Borgemestrenes Beretning kun har en meget ringe Underholdning, men, saalænge Klosteret [St. Hans Kloster i Horsens] var ved Magt, har haft nogen Hjælp derfra; Stiftslensmanden og Bispen have bekræftet, at hans Vilkaar er ringe. J. R. 2, 292 b.

—[2] Befaling til Tolderne Søfren Kier, Villom Bang, Peder Heggelund, Hendrich Bang og Bonde Morthenssen straks at indkræve den Øksentold, som Købmændene have faaet Henstand med, og ufortøvet indsende den til Rentekammeret, da det er Kongen meget magtpaaliggende. J. T. 1, 342 b.

— Til Claus Glambeck. Da Kongen herefter vil holde en Kapellan her paa Slottet, skal han med det første enten selv se sig om efter en smuk og lærd Person eller skrive til Superintendenten i Aarhus Stift om at skaffe en, lade Kapellanen søge Bord med sig og aarlig give ham 20 Dlr. og en Hofklædning. J. T. 1, 343[3].

**20. Nov. (Koldinghus).** Forleningsbrev for Hr. Jens Pederssen, Kapellan i Varde, paa Afgiften af Kronens Part af Tienden af Outrop Sogn, kvit og frit. Udt. i J. R. 2, 293.

**21. Nov. (—).** Livsbrev for Oluf Stenhugger paa det Kronens Hus i Helsingøer, som han hidtil har boet i, uden Husleje, Tynge og Besværing, saalænge han lader sig bruge i Kongens Tjeneste; dog skal han holde Huset i god Stand. Udt. i Sj. R. 11, 399 b.

— Befaling til Lauge Beck at lægge alt det Kirkegods i Sjælland, som afdøde Fru Daarete Oluf Globs hidtil har haft i Værge, ind under Roskildgaard og indskrive det i Jordebogen. Udt. i Sj. T. 14, 143.

— Til Johan Taube. Da han gentagne Gange har mindet om, at der vil blive Mangel paa Flæsk til Udspisningen paa Slottet [Kronborg], fordi der i Aar ikke har været saadan Olden i de til Slottet hørende Skove som andensteds i Landet, meddeles

[1] Tr.: Dsk. Saml. V. 145 f. [2] J. T. har urigtigt: 1579. [3] Tr.: Rørdam, Dsk. Kirkelove II. 294 f.

ham, at Kongen allerede har truffet Foranstaltning til, at der til
Foraaret bliver sendt saa meget Flæsk did, som der vil blive Brug
for i det tilkommende Aar. Da han har meldt, at Hans Olssen,
Borgemester i Kiøpnehafn, der i Forening med Albrit Albrits-
sen har købt Kronens Korn af Lenet for nogle Aar, er død, med-
deles ham, at Albrit Albritssen maa gaa i Kompagni med en anden
vederhæftig Mand og fremdeles beholde Kornet paa de samme Vil-
kaar, dog skal Johan Taube paase, at Kongen kan være sikker paa
sin Betaling; han skal kræve Hans Olssens Enke for de Skippd.
Ost, som Hans Olssen har faaet, men ikke betalt. Da Kongen
endnu har Brug for en stor Del hugne Feltsten, skal han befale
Oluf Stenhugger med det allerførste at hugge saa mange Sten
som muligt. — Nota: Brevet blev siden forandret saaledes, at Jo-
han Taube selv skal sælge den Hans Olssen tilkommende Part af
Kornet. Sj. T. 14, 143 b. K. (baade til det oprindelige og det
forandrede Brev).

**21. Nov. (Koldinghus).** Mageskifte mellem Steen Bilde
til Kiersgaard og Kronen. F. R. 1, 154 b. (Se Kronens Skøder.)

**22. Nov. (—).** Mageskifte mellem Lauritz Skram og
Kronen. J. R. 2, 293. (Se Kronens Skøder.)

— Aabent Brev, at Lensmanden paa Olborghus herefter altid
skal holde 2 gode, velbeslaaede Søtønder rede til Udlægning paa
Trindeleen, saa han, hvis den ene flyder bort, hvilket undertiden
sker, straks kan have en anden rede, naar Kapitlet i Viborg, der
skal besørge Udlægningen, underretter ham derom. Viser han sig
forsømmelig og nogen lider Skade derved, skal han staa til Rette
derfor. J. R. 2, 305 b.

— Aabent Brev, hvorved Kongen lover inden N Dag at
betale Erich Lunge til Stougaard og hans Arvinger 1500 gl.
Dlr. til at købe Ejendomsretten for til de 3 jordegne Bøndergaarde,
den ene i Søschou i Bresten Sogn og de to i Sønder Kullemorthen,
som Kongen har mageskiftet til Erich Lunge og lovet at skaffe
denne Ejendomsretten til; hermed ophæves denne Forpligtelse. J.
R. 2, 306.

— Til Peder Guldenstiern, Marsk, og Loduig Munck, Olufs Søn.
Da Erich Kaas til Aas har bevilget Kronen noget Gods paa Sjæl-
land til Mageskifte for 1 Gaard, kaldet Nørringtoft[1], i Søring
Sogn i Hundborg Herred med en paa Gaardens Grund staaende

---

[1] Nordentoft.

Mølle, skulle de med det første besigte Nørringtoft Gaard og Mølle
samt Erich Kaas's øvrige Gods i Søring Sogn og indsende klare
Registre derpaa. J. T. 1, 343 b.

**23. Nov. (Koldinghus).** Ekspektancebrev for Anders
Gren, Sekretær, paa det Kannikedømme og Vikarie i Lunde
Domkirke, som M. Hans Suaninge nu har i Værge. Bliver der in-
den M. Hans Suaninges Død i Lund eller andensteds et Kannike-
dømme eller Vikarie ledigt, som ikke allerede er lovet bort, og som
Anders Gren kan være tjent med, maa denne faa det. Naar han
ikke længere bruges i Kongens Tjeneste, skal han residere ved
Domkirken. Sk. R. 1, 260.

— Aabent Brev, hvorved Kongen bevilger Viborg Kapitel, der
har noget Gods, kaldet Kommungods, som skiftes mellem alle
Kapitlets Medlemmer, at naar der føres Trætte paa dette Gods,
skal Sagsøgeren være forpligtet til at give hele Kapitlet lov-
ligt Varsel, saa dette kan lade de Breve og Beviser, der vedrøre
det omstridte Gods, opsøge og forsvare det; hidtil er nemlig kun
den, der har haft det omstridte Gods i Værge, bleven stævnet, skønt
Godset tilhører dem alle, og det har ofte medført, at Godset en Tid
har været uden Forsvar, naar den indstævnede Person under Sa-
gen er afgaaet ved Døden. J. R. 2, 306 b. Orig. i Provinsark i
Viborg.

— Befaling til Jørgen Skram og Nils Jonssen, der tidligere
have faaet Ordre til at besigte 2 Gaarde i Steenuad i Kallø Len,
som Erich Løcke har begæret til Mageskifte, og blandt det
Gods, han vil udlægge til Vederlag, 1 Gaard i Velling, om i Stedet
for denne Gaard at besigte 1 Gaard i Sandby i Saubro Herred og
ligne den sammen med det øvrige Gods. J. T. 1, 343 b.

— Befaling til Villom Bang, Tolder i Assens, om med det
første af Tolden at betale Hans Johanssen, Embedsmand paa
Hindtzgafuel, de Øksne, denne efter Kongens Befaling har købt,
da Hans Johanssen har klaget over, at han trods den tidligere Or-
dre til Villom Bang om at betale dem endnu ikke har faaet sine
Penge. J. T. 1, 344.

**24. Nov. (—).** Gavebrev til Arnoldus de Fine, Kongens
Kapelmester, og hans Arvinger paa et Hus i Leerstræde i Kiøp-
nehafn. Sj. R. 11, 400 [1].

---

[1] Tr.: O. Nielsen, Kbhvns Dipl. II. 385.

**24. Nov. (Koldinghus).** Forleningsbrev for Michel Vra-
ger paa Kronens Part af Tienden af Farum Sogn, kvit og
frit. Udt. i Sj. R. 11, 400.

— Til Christopher Valkendorff. Da Grotfyrstens Sende-
bud, der ere komne fra Rusland sammen med de Gesandter,
som Kongen havde dér, ere komne til Gotland med nogle af Kon-
gens Hofjunkere, skal han straks sende et Skib til Gotland
efter Sendebuddene og Hofjunkerne, saafremt det da kan ske for
Is. Der sendes ham Skrivelse til Emicke Kaas om at forsyne
Sendebuddene og Hofjunkerne med Fetalje, hvis de da kunne
komme derfra. Sj. T. 14, 144.

— Til Bønderne i Vendtz Herred. Da der er en meget daar-
lig Vej med dybe Bække og Putse ud til det i Nærheden af Me-
delfardt liggende Kongens Færgested, har Kongen befalet Indbyggerne
i Medelfardt at lægge Stenbro, hvor Vejen er daarlig, men da de
ikke alene kunne udføre Arbejdet og det tilmed er en almindelig
Bondevej, skulle Bønderne, naar de tilsiges, møde med Heste og
Vogne, Skovle og Spader, hvor Vejen mellem Byen og Færge-
stedet er daarlig, og køre Sten og Fyld til; Indbyggerne i Me-
delfardt skulle køre Sand og brolægge Vejen. Enhver, der ikke mø-
der, vil blive straffet for Ulydighed. F. T. 1, 121 b.

— Til Byfogden i Medelfard. Da Kongen har givet Lauritz
Skram, Embedsmand paa Koldinghus, Ordre til at sende de 2
Postvogne, der tidligere have staaet i Vedle, til Medelfard til
Befordring af Folk, der have Kongens Pasbord eller saadan Besked,
at de skulle have Befordring, for at Bønderne kunne blive fri for
at holde i Holdsægt og Borgerne ogsaa faa nogen Forskaansel, skal
Byfogden indtil videre paa Kongens Bekostning holde Vognene med
Hø, Havre og Straafoder og bruge dem, naar det behøves. F. T.
1, 122.

— Til Jørgen Rossenkrantz og Biørn Anderssen. Da Falck
Giøe til Skiersø har begæret 1 Gaard og 18 Bol i Boeslum i Moltz
Herred til Mageskifte for 1 Gaard i Ørum By og Sogn, 1 Gaard
i Voldbye i Nør Herred og 1 Gaard i Refn i Sønder Herred, skulle
de med det allerførste besigte begge Parters Gods, ligne det og ind-
sende klare Registre derpaa. J. T. 1, 344 b.

— Til Lauritz Skram og Albret Friis. Da Johan Brocken-
hus til Lierbeck har begæret 2 jordegne Bøndergaarde i Hørup i
Jelling Sogn i Thorrild Herred til Mageskifte for Udlæg af hans

Arvegods i Bofuel[1] i Om Sogn i Nørvongs Herred baade for Kro-
nens Rettighed og Bønderejendommen, skulle de med det første
besigte begge Parters Gods, ligne det og indsende klare Registre
derpaa. Udt. i J. T. 1, 345.

**24. Nov. (Koldinghus).** Befaling til Jørgen Rossenkrantz at
lægge 1 Gaard og 3 Gadehuse i Karleby i Nør Herred og 1
Gaard i Quorup[2] i Øster Lisberig Herred ind under Kalløe.
Udt. i J. T. 1, 345.

— Lignende Befaling til Lauritz Skram at lægge 3 Gaarde
i Trendle[3] og 1 Gaard i Jegschouf[4] i Endle Herred ind under
Koldinghus. Udt. i J. T. 1, 345 b.

— Lignende Befaling til Claus Glambeck at lægge 7 Gaarde,
2 Bol og 1 Hus i Herskildt i Framlof Herred ind under Skan-
derborg og 1 Gaard og 1 Bol i Quorring[5] i Hatting Herred ind
under Bygholm. Udt. i J. T. 1, 345 b.

— Lignende Befaling til Nils Jonssen at lægge 5 Gaarde,
1 Bol og 2 Gadehuse i Vristedt og 2 Gaarde, 1 Bol og 1 Hus i
Koberup i Fiendtz Herred, 1 Gaard i Hinborig, 1 Gaard i Volling
og 1 Gaard i Grettrup i Salling, 2 Gaarde i Ersløf og 2 Gaarde og
1 Hus i Østre Yølby i Nør Herred paa Mors samt Hogbro Gaard og
Mølle i Ginding Herred ind under Hald Slot. Udt. i J. T. 1, 346.

— Til Biørn Anderssen og Nils Jonssen. Da Christen Skiel
til Fussing har bevilget Kronen 1 Gaard, kaldet Sebeck[6], i Fiendtz
Herred, 1 Gaard i Fierup[7] i Andst Herred, 1 Gaard i Thorup[8] i
Eld Herred, 2 Gaarde i Gordtzløf[9] og 1 Gaard i Piested i Hol-
mindtz Herred, 1 Gaard i Hørsløf i Framløf Herred og 1 Gaard i
Lille Fullen i Ning Herred til Mageskifte for 3 Gaarde og Her-
ligheden af 2 Kirkegaarde i Torup[10], 3 Gaarde i Volstrup[11], 1
Gaard i Høyelund og 1 Gaard i Hiorthee i Medelsom Herred, 1
Gaard, kaldet Starkier[12], i Huolberge Herred, Kronens Rettighed af
2 jordegne Bøndergaarde, den ene kaldet Huorsløfgaard, den anden
Danstrup, og af 1 Kirkegaard i Lindum i Nørliung Herred, 1 Gaard
i Leisten[13] og 1 Gaard i Suinding i Sønderliung Herred, skulle de
med det allerførste besigte begge Parters Gods og indsende klare
Registre derpaa. Orig. Udt. i J. T. 1, 346 b.

**25. Nov. (—).** Befaling til alle adelige, Borgere og andre, der

---

[1] Bøvel.  [2] Korup.  [3] Trelde.  [4] Egeskov.  [5] Korning.  [6] Sejbækgaarde.
[7] Faarup.  [8] Taarup.  [9] Gaarslev.  [10] Taarup.  [11] Ulstrup.  [12] Stærkærgaard.
[13] Læsten, Sønderlyng H.

have Jorder og Ejendomme i Olborg, hvoraf der svares Jord-
skyld til Hospitalet smstds., om at svare deres Jordskyld
til den i deres Breve fastsatte Tid, hvilket efter Hospitalsfor-
standerens Beretning hidtil ikke er sket, saa de fattige i Hospitalet
undertiden have lidt stor Mangel paa Underholdning. Svares Jord-
skylden herefter ikke i rette Tid, skulle Brevene paa Ejendommene
være forbrudte og Hospitalsforstanderen have Ret til at bortleje disse
til andre. J. R. 2, 307 b.

**25. Nov. (Koldinghus).** Til alle, der have Tiender i Fæste af
de Sogne i Kier, Jersløf, Børglum, Vennebierg, Horns, Han, Hil-
dersløf, Hundborg, Hassing, Refs, Flescom, Hiellom, Hensted og
Huorum Herreder, hvoraf Kvægtienden er henlagt til Almindeligt
Hospital i Olborg. Da Hospitalsforstanderen har klaget over,
at flere af dem i Henhold til deres Fæstebreve paa Korntienden
ville forholde Hospitalet den til dette henlagte Kvægtiende, for-
bydes det dem strengelig under Fortabelse af Fæstebrevene at
gøre Hospitalet nogen Hinder paa Kvægtienden, medmindre
deres Breve særlig lyde derpaa. J. T. 1, 347[1].

— Til Fru Anne Frantz Banners. Da Forstanderen for Al-
mindeligt Hospital i Olborg har berettet, at hendes afdøde
Husbonde ved et Mageskifte med Hospitalet har udlagt dette 2
Gaarde i Thornbye, der ikke ere saa gode som det Gods, han har
faaet, skal hun enten udlægge Hospitalet fuldt Vederlag eller igen
lade dette faa sine udlagte Gaarde. J. T. 1, 347 b.

— Aabent Brev, hvorved det under Boslods Fortabelse for-
bydes Borgerskabet i Schifue at sælge dets Mark, Jorder,
Enge og Ejendomme til udenbysboende; saadanne Skøder
skulle herefter være døde og magtesløse. J. R. 2, 308 b.

— Befaling til Lauritz Skram herefter aarlig at give Skarp-
retteren i Kolding et fedt Svin af Slottet. Udt. i J. T. 1, 347.

**26. Nov. (--).** Aabent Brev, at Kongen efter Raadslagning med
nogle Rigens Raader, hvorved man mere har taget Hensyn til, hvad
der er rimeligt og hvad en Sagemark har været fra gammel Tid af,
end til Møntens Omsættelse, har bestemt, at en Sagemark i Dan-
mark herefter ikke skal regnes til mere end 1 Ort af en
gl. Dlr., hvilket er 8 Sk., som Mønten nu gaar; siden Møntens
Omsættelse har der nemlig været stor Strid om, hvorledes Sage-

---

[1] Tr: Hofman. Fundationer IV. 159 f.

marker bør tages eller udgives, naar nogen skal bøde Marksbøder,
idet nogle beregne dem efter den nuværende Mønt, andre ander-
ledes. Sj. T. 14, 147.  Orig. [1]

**26. Nov. (Koldinghus).**  Befaling til Lensmændene [2] i Nørrejyl-
land, Fyen, Smaalandene, Sjælland og Skaane straks at forkynde
ovenstaaende aabne Brev paa alle Herredsting og i alle Købstæder
i deres Len og paase dets Overholdelse. Sj. T. 14, 144 b.

— Befaling til Landsdommerne at forkynde ovenstaaende aabne
Brev paa alle Herredsting og opbevare det vel. Udt. i Sj. T.
14, 147.

— Befaling til Fru Anne Holck Hr. Verners og Fru Hyldeborg
Bilde Eiler Kraufsis at møde her paa Slottet 14. Dec., da
Dronningen med det første venter sin Nedkomst, og rette
sig efter at blive her, indtil Dronningen er bleven forløst. Sj. T.
14, 147 b.

— Til Erich Hardenberg, Absalon Giøye og Lauritz Brocken-
hus. Da Ebbe Munck godvillig har afstaaet de 2 Gaarde i Sua-
ning, som han havde begæret til Mageskifte, til Fru Eddel Har-
denberg, der havde Løfte paa dem, og i Stedet har begæret 1
Gaard i Hørup [3] og 1 Gaard i Nøbølle [4], skulle de besigte disse 2
Gaarde sammen med det øvrige Gods og indsende Besigtelsen til
Kancelliet. F. T. 1, 122 b.

— Gavebrev til M. Peder Abilgaard, Sognepræst i Aar-
hus, og hans Arvinger paa den Gaard i Aarhus, kaldet Hr. Jens
Rughalms Gaard, der har ligget til Visitationis Marie Alter, som
han nu selv er forlenet med.  Der skal aarlig svares en af Lens-
manden paa Aarhusgaard og Borgemestre og Raad i Aarhus fastsat
Jordskyld til Vikariets Indehaver og holdes god Købstadsbygning
paa Gaarden. J. R. 2, 309 b.

— Forleningsbrev for Hr. Hans Pederssen, Skole-
mester i Horsens, paa Aabye Præbende i Aarhus Domkirke,
som er ledigt efter M. Lauritz Nielssen. Naar han ikke længere er
Skolemester eller studerer nogensteds, skal han residere ved Dom-
kirken. J. R. 2, 309.

— Til Kapitlet i Aarhus.  Anne M. Lauritz Nilssens og
Mette Hr. Olufs i Aarhus have berettet, at deres Husbonder ere

---

[1] Tr.: Dak. Mag. VI. 192.  Sechor, Forordninger II. 120.     [2] De opregnes alle med
deres Len og Købstæder.     [3] Højrup, Salling H.     [4] Nybølle, samme H.

døde i den skrækkelige Pestilens, og at de nu sidde elendige til-
bage, men da Halvparten af den til de 2 Kannikedømmer og Vi-
karier i Aarhus Domkirke, som deres Husbonder have været for-
lenede med, liggende Rente tilkommer dem i Naadensaaret, ere de
alligevel blevne takserede for Bidrag til den Hjælp, som Kapitlerne
nu skulle yde Riget. Kongen har dog nu bevilget, at disse 2 Enker
maa være fri for denne Skat, der for deres Vedkommende be-
løb sig til omtrent 19 Dlr. J. T. 1, 348.

**26. Nov. (Koldinghus).** Til Mandrup Parsberg. Da Aarhus
Kapitel har klaget over, at hans og hans Moders[1] Foged paa Stadtz-
gaard har ladet nogle af Domkirkens Ejendomme indgrave i
Stadtzgaardtz Mark og vil tilholde sig disse Ejendomme, uagtet
de fra Arilds Tid have hørt til Domkirken, og har begæret Kon-
gens Forskrift til ham derom, befales det ham at give Fogden Or-
dre til ikke at befatte sig med Domkirkens Ejendom. J. T. 1,
348 b.

— Aabent Brev, hvorved de nuværende Sandemænd i Hen-
borg, Raading[2], Nørre og Harre Herreder i Schifuehus Len
fritages for Ægt og Arbejde, saalænge de ere Sandemænd.
Udt. i J. R. 2, 310.

**5. Dec. (—).** Til Christiern Vind, Embedsmand paa Kiøpne-
hafns Slot. Kongen har bevilget, at Blasius Harniskviskers
Enke indtil videre maa beholde det Hus, som Blasius havde. Udt.
i Sj. T. 14, 148.

— Aabent Brev, at M. Jens Søfrenssen, Skolemester i
Kolding, maa beholde de 5 Pd. Korn, som han efter Lensmanden
paa Riberhus Erich Løckes Udlægning i de sidste Aar aarlig har
oppebaaret af Gadbierg Sogn i Stedet for Kronens Part af Korn-
tienden af Huigsel[3] Sogn, som Kongen havde tilladt ham at oppe-
bære, men som tidligere var henlagt til Hospitalet i Vedle; han
maa desuden næste Aar oppebære Afgiften af Kronens Part
af Korntienden af Gadbierg Sogn, kvit og frit. J. R. 2, 310 b.

**6. Dec. (····).** Til Christoffer Valkendorff. Kongen har i Aar
efter hans Forslag selv ladet Ferrøe besejle, for at man bedre kunde
lære Landets Lejlighed at kende, og Indbyggerne paa Ferrøe have nu
begæret, enten at det maa blive »efter som sidst skikket var« eller,
hvis Landet skal sættes for Afgift eller paa Regnskab, at Mogens

---

Anne Holok.     [2] Rødding.     [3] Hvejsel, Nørvang H.

Hiennissen og hans Fæller maa faa det mod at svare saa høj en aar-
lig Afgift, som nogen fremmed vil give og Landet kan taale; Mogens
Hiennissen er villig til at sætte Borgen for Afgiften og sende Kongen
de Varer, denne behøver; hvis Kongen endelig selv vil lade Landet
besejle, have Indbyggerne begæret, at de i Henhold til deres gamle
Privilegier maa holde et Skib til at løbe til Norge efter Tømmer
og Ved, da der er stor Mangel derpaa paa Ferrøe. Christoffer Val-
kendorff skal straks tale med Ferrøernes Fuldmægtig derom og til-
skrive Kongen sin Betænkning samt beregne, om Kongen har haft
mere Fordel af Ordningen i Aar end af den tidligere Ordning, og
om det kan være Landet gavnligt, at der træffes en helt ny Ordning,
da Landet jo maa forsynes med Bygningstømmer. Sj. T. 14,
148 b.  K.

**6. Dec. (Koldinghus).** Til Biørn Anderssen og Christen Munck.
Da Jens Kaas har bevilget Kronen 2 Gaarde i Ammitzbølle i Kol-
dinghus Len til Mageskifte for 2 under Mariagger Kloster hørende
Gaarde, kaldede Thoft og Sellegaard, som Hr. Jørgen Løcke har
Livsbrev paa, men hvorfor Kongen vil udlægge denne Fyldest, skulle
de med det allerførste besigte begge Parters Gods, ligne det og ind-
sende klare Registre derpaa.  Udt. i J. T. 1, 348 b.

**7. Dec. (—).** Befaling til Christopher Valkendorff at lade denne
Brevviser, en af Kongens Instrumentister, udtage 1 Foder Kobber-
piber, 1 Foder Mundsinker og 1 Foder Blokfløjter af det
Kammer, Instrumenterne hænge i, og føre dem hid.  Orig.[1]

— Befaling til alle Kron-, Stifts-, Prælat-, Kannike-, Vikarie-,
Kirke- og Præstetjenere i Liusgaard og Hidtz Herreder at møde med
Heste og Vogne, naar de tilsiges, ved Silckeborg Slot og hver føre
2 Læs Mursten derfra til Hald Slot.  J. T. 1, 349.

— Til Kapitlet i Riibe.  Da Christen Juel til Udstrup har
begæret at maatte faa Herligheden af 2 Riiber Kapitel tilhørende
Kirkegaarde, der ligge til Flynder Kirke, den ene kaldet Rokier[2],
den anden Kirckegaardt, til Mageskifte for 2 Bol i Skatz Herred,
det ene i Hirtinge[3] og det andet i Bollersaggere, skal Kapitlet med
det første besigte begge Parters Gods, ligne det, saaledes at Land-
gilden af Kirkegaarden vedbliver at følge Kirken, give deres Besig-
telse beskreven fra sig og uden Forhaling bringe Sagen til Ende.
J. T. 1, 349 b.  Orig. i Provinsark. i Viborg.

---

[1] Tr.: Nye dsk. Mag. I. 48.   [2] Rotkær, Skodborg H.   [3] Hjerting.

**7. Dec. (Koldinghus).** Til Nils Kaas, Kansler, og Lauritz Schram. Da Jomfru Margrette Schoufgaardt har bevilget Kronen 1 Gaard i Buorlof[1] og 1 Toft i Starup Mark, som Hr. Jens Pederssen i Starup bruger, til Mageskifte for 1 Gaard i Blanckstrup i Bog Herred, skulle de med det allerførste besigte begge Parters Gods, ligne det og indsende klare Registre derpaa. Udt. i J. T. 1, 350.

**8. Dec. (—).** Befaling til Christoffer Valckendorff at levere Anthonius Prydtze, Kongens Apotheker, der skal rejse til Tyskland for at købe Speceri til Kongen, 2400 Dlr. til dette Brug. Sj. T. 14, 149[2]. K.

**10. Dec. (—).** Se 10. Okt.

**14. Dec. (—).** Til Christoffer Valckendorff. Da Jacop Gigler, som Kongen for nogle Aar siden har kaldt ind i Riget, nu formedelst Alderdom har faaet Tilladelse til at blive i Kiøpnehafn og være fri for Tjeneste og derfor ikke længere kan beholde sin Bestalling, skal Christoffer Valckendorff tillægge ham en aarlig Genant af Fetalje fra Slottet, for at han kan have noget at leve af; Kongen vil siden give ham Brev derpaa. Sj. T. 14, 149 b.

— Til Borgemestre og Raad i Otthense. Da de i Anledning af Kongens tidligere Skrivelse til dem om ikke at lade nogen Kreditor faa sin Betaling af Mickel Bagers efterladte Gods, førend Kongen havde faaet sit Tilgodehavende, nu have berettet, at der ingen rede Penge er, men en smuk Kram og allehaande Silketøj, som godt kan strække til til Betaling af Kongens og de andre Kreditorers Tilgodehavende, men at de ere bange for, at Godset skal blive fordærvet, hvis det skal staa beslaglagt længere, skulle de tage nøjagtig Borgen for Kongens Tilgodehavende af Arvingerne eller deres Formyndere og derefter lade Arvingerne faa Godset for at gøre det i Penge. Da de Øksenkøbere i deres By, der skylde Kongen Told, have begæret yderligere Henstand og ikke kunne skaffe rede Penge, saa Kongen maa tage af deres Gods, men Kongen kun er lidet tjent med andet end rede Penge, efterdi han har disse behov til Rentekammeret og det daglige Forbrug, skulle de saa vidt muligt sørge for, at Tolderne med det allerførste faa rede Penge. F. T. 1, 123. Orig. i Provinsark. i Odense.

— Til M. Niels Jespersen, Superintendent i Fyens Stift. Da Hr. Anders Pedersen, barnefødt i Colding, har berettet, at han

---

[1] Borlev, Brusk H.    [2] Tr.: Archiv f. Pharmaci og Chemi XIX. 52.

en Tid har studeret her i Riget og siden har været Præst i 8 Aar i Sverrig, men nu er rejst derfra, da den papistiske Religion igen er kommen til Magten dér, og intet har at leve af, skal M. Niels sørge for, at han faar det første Kald, der bliver ledigt i Stiftet, dog skal alt gaa efter Ordinansen. Orig. i Provinsark. i Odense.

**14. Dec. (Koldinghus).** Aabent Brev, at Tyge Smed maa blive boende i Kolding og være fri for Skat, Hold, Vagt og al anden borgerlig Tynge. Udt. i J. R. 2, 311.

— Forleningsbrev for Herman Jul til Aabierg paa Afgiften af Kronens Part af Korntienden af Stayl[1] og Veyersøø[2] Sogne i Hing Herred, kvit og frit, dog skal han tjene Riget med 1 gerust Hest deraf. Udt. i J. R. 2, 311.

— Aabent Brev, at Erich Pederssen i Farre, Delefoged i Giern Herred, der har klaget over at have stor Besværing med Rejser til Herredsting og Landsting og med Gæsteri af fremmede Folk, indtil videre maa være fri for Landgilde, Ægt og Arbejde. J. R. 2, 311 b.

— Aabent Brev, at Hans Nielssen i Giern, Birkefoged i Tuillum Birk, maa være fri for ¹/₂ Td. Smør og 2 Ørt. Korn af sin Landgilde, saalænge han er Birkefoged. Udt. i J. R. 2, 311 b.

— Aabent Brev, at Hr. Jørgen Pouelssen, Sognepræst til Henne Kirke, maa være fri for at svare de 10 Dlr., han hidtil aarlig har svaret til Hospitalet i Ribe, da Sognet er ringe og meget fordærvet af Sand; Hospitalet skal herefter oppebære de 10 Dlr. af Riberhus. J. R. 2, 312.

— Til Lauritz Skram. Da Dr. Cornelius Hamsfort har berettet, at Kongen har lagt noget Gods i Koldinghus Len, der hørte til et Vikarie, som han har Livsbrev paa, og som efter hans Død er henlagt til Kolding Hospital, ind under Koldinghus, uden at der er givet ham eller Hospitalet Vederlag, skal Lauritz Skram udlægge ham lige saa godt Gods igen, dog ikke indenfor Aaen i Kongens Fredejagt, og indsende en klar Fortegnelse over Godset til Kancelliet, for at Kongen derefter kan give Dr. Cornelius og Hospitalet Brev derpaa. J. T. 1, 350 b.

— Til samme. Kapitlet i Riiber Domkirke har klaget over at være brøstholdent ved det Mageskifte, som det har sluttet

---

[1] Stadil.  [2] Vedersø.

med Kronen om dets Gods i Koldinghus Len, idet det ikke har faaet udlagt ligesaa megen vis Landgilde, som det afstod, da en Del Gæsteri er beregnet som vis Landgilde, og desuden Ifuer Lunge siden skal have faaet en af de til Kapitlet udlagte Gaarde til Mageskifte, saa Kapitlet ialt har faaet mere end $1\frac{1}{2}$ Læst Korn for lidt. Da Kongen nu ogsaa ser, at Kronen har faaet noget Gods i Becke, Herderup[1], Vamdrup og Thoested[2] hinsides Aaen, som ikke ligger indenfor de Steder, hvor Kongen vil opelske en Frede-jagt, skal Lauritz Skram straks undersøge, hvor meget Kapitlet har faaet for lidt, tilbagegive det Godset i Becke, Herdrup, Vamdrup og Thoested, afkorte det, Kapitlet har faaet for lidt, i dette Godses Land-gilde og affatte klare Registre, hvorefter Mageskiftebrevet kan ud-færdiges.　J. T. 1, 350 b.

**14. Dec. (Koldinghus).** Til samme. Da Peder Ibssen i Lund i sidste Sommer har lidt stor Skade paa Hus og Gods af 2 hastige Ildebrande og derfor har begæret at blive fri for 1 Fjerd. Smør, 1 Ørt. Rug og 1 Dlr. Gæsteri, som han er kommen til at restere med af sin Landgilde, skal Lauritz Skram, hvis det forhol-der sig rigtigt, lade ham være fri derfor.　Orig.

**15. Dec. (—).** Befaling til Hack Ulfstand at levere Kirke-værgerne for Nysted Kirke 1 Læst Korn til Kirkens Byg-ning.　Udt. i F. T. 1, 307 b.

— Mageskifte mellem Malthi Jenssen til Holmgaard, Landsdommer i Nørrejylland, og Kronen. J. R. 2, 312 b. (Se Kronens Skøder.)

**16. Dec. (—).** Befaling til Christoffer Valkendorff at lade gøre en ny Bryggepande til Kiøpnehafns Slot, give den gamle Bryggepande og hvad andet gammelt Kobber der findes paa Slot-tet i Bytte derfor og indskrive det i Regnskabet.　Udt. i Sj. T. 14, 149.

— Befaling til samme ikke at lade den Købmand, som har købt Slottets[3] Indkomst i Aar, faa Rugen, men sælge den til en rimelig Pris til Kongens egne Undersaatter.　Udt. i Sj. T. 14, 149 b.

— Befaling til samme om til Foraaret at sende alt det Klode-jærn, fjorgammelt Flæsk, Smør og anden Fetalje, som kan und-væres fra Slottet[3], til Kiøpnehafn og paa Kongens Vegne købe

---

[1] Hjarup, Anst H.　　[2] Torsted, samme H.　　[3] Uvist hvilket.

Peder Raskes og Jens Pederssens Part i en Gaard i Nestedt. Udt. i Sj. T. 14, 150.

**16. Dec. (Koldinghus).** Mageskifte mellem Fru Anne Holck til Huiderup, Hr. Verner Parsbiergs Enke, og Kronen. J. R. 2, 317 b. (Se Kronens Skøder.)

**17. Dec. (· —).** Aabent Brev, at Las Husfoged maa være fri for Ægt, Arbejde og Landgilde, med Undtagelse af $^1/_2$ Td. Smør, af sin Gaard i Nim i Nim Herred, saalænge han er Husfoged; han skal svare Smørret til Skanderborg Slot og være Lensmanden smstds. lydig. J. R. 2, 325 b.

— Aabent Brev, hvorved Sandemændene i Framløf Herred fritages for Ægt og Arbejde, saalænge de ere Sandemænd. Udt. i J. R. 2, 326.

— Aabent Brev, hvorved de nuværende Sandemænd i Bøling Herred fritages for Ægt og Arbejde, saalænge de ere Sandemænd. Udt. i J. R. 2, 326 b.

— Aabent Brev, hvorved Chresten Pederssen i Thining i Saubro Herred for Livstid og hans nuværende Hustru, hvis hun overlever ham, saalænge hun sidder som Enke, fritages for Ægt, Arbejde og Gæsteri af deres Gaard. J. R. 2, 327.

— Aabent Brev, at den af Jens Benssens Sønner, der efter Faderens Død faar dennes Gaard i Hatting, tillige uden yderligere Indfæstning paa Livstid maa faa den til Hatting Kirke hørende Kirkejord, som Jens Benssen selv har i Værge, og som han nu har fæstet af Claus Glambeck, Embedsmand paa Skanderborg Slot, til den Søn, der maatte faa Gaarden. J. R. 2, 326.

— Til Jørgen Skram og Mandrup Parsberg. Da Christoffer Lindenov til Valdbygaard har begæret Kronens Rettighed i 6 jordegne Bøndergaarde i Hørup[1] By og Sogn i Andst Herred til Mageskifte for 1 Gaard i Jorupe[2] By og Sogn, 2 Gaarde i Skanderup By og Sogn, Drabecke Mølle og 1 Gaard i Giesing[3] i Andst Sogn, alt i Andst Herred, skulle de besigte begge Parters Gods og indsende klare Registre derpaa. Udt. i J. T. 1, 351.

**18. Dec. (—).** Til Peder Adrian, Kongens Udligger i Bæltet. Da Borgerne i Horsens og andre Købstæder have klaget over (osv. som i Brev til Tolderen i Nyborg af 19. Juni 1578), befales det

---

[1] Højrup.    [2] Jordrup.    [3] Gejsing.

ham at lade Borgerne i Horsens uhindret passere (osv. som i ovennævnte Brev). Sj. T. 14, 150.

**18. Dec. (Koldinghus).** Aabent Brev, at Kirkeværgerne for Thyegod Kirke i det næste Aars Tid maa oppebære Afgiften af Kronens Part af Tienden af Thyegod Sogn til Kirkens Bygning. Udt. i J. R. 2, 327 b.

— Aabent Brev, at de Markeder, der aarlig holdes i Rye St. Søfrens Dag [23. Okt.] og Hellig Kors Dag, skulle afskaffes og herefter holdes i Horsens paa de samme Dage, da der mange Steder i Riget er truffet den Bestemmelse[1], at de Markeder, der holdes i Landsbyerne, herefter skulle holdes i Købstæderne, for at alt kan gaa ordentligere og skikkeligere til baade med dem, der ville købe, og dem, der ville sælge. J. R. 2, 328.

— Aabent Brev, hvorved Kongen — i Anledning af Klager over stort Forprang baade i Horsens og de omkringliggende Landsbyer, idet Pebersvende, Hofkarle og andre, der ikke ere bosiddende i Byen, undertiden om Fredagen, som er den rette Torvedag, drage en Mil ud fra Byen og opkøbe og fordyre Kornet, ja endog frit købe det paa Gaden, indlægge det i Byen og siden udsælge det til stor Skade for Borgerne — alvorligt forbyder saadant under Trudsel om Konfiskation af Varerne og tilbørlig Straf. J. R. 2, 328 b[2].

— Følgebrev for Jørgen Skram til 1 Bonde i Quorning og 4 Bønder i True, at de skulle svare ham til Drotningborg. Udt. i J. R. 2, 329.

— Befaling til samme om straks til Foraaret at istandsætte Muren paa Porthuset paa Drotningborg, der har givet sig noget, og lade den lange Stald nederst i Staldgaarden, der ikke uden Fare kan staa længere, nedbryde og opføre paany; han skal hugge Tømmer dertil i Lenets Skove, hvor der sker mindst Skovskade, og indskrive Udgiften til Byggeriet i sit Regnskab. J. T. 1, 351 b.

— Befaling til samme, der i Anledning af en tidligere Ordre til at købe fede Svin i Lenet til Kongen har erklæret, at han ingen kan faa, da der i Aar har været ringe Olden, om i Stedet at indkræve alle de Bolgalte, som Bønderne i Lenet aarlig skulle svare, og lade dem slagte og sende til Kiøpnehafn; han skal straks sende 30 Spegelaks til Coldinghus. J. T. 1, 352.

---

[1] Se Kanc. Brevbøger 1571—75 S. 605.    [2] Tr.: Secher, Forordninger II. 121.

**18. Dec. (Koldinghus).** Til Kapitlet i Viiborg. Da Kongen har bevilget, at Jørgen Schram, Embedsmand paa Drotningborg, maa faa 2 af Kapitlets Gaarde, den ene, kaldet Vestergaard, i Lindum, den anden i Føulum By og Sogn, og et Stykke Eng, kaldet Holmkær, i Nørliung Herred til Mageskifte for Fyldest paa et belejligt Sted af hans Arvegods, skal Kapitlet bringe Mageskiftet i Orden og paase, at Kapitlet faar Fyldest for sit Gods. J. T. 1, 352.

— Til Lauritz Skram, Embedsmand paa Koldinghus. Da Søfren Pederssen i Stranhusse har berettet, at han resterer med 2 Aars Landgilde, ialt 10 Mk., af sit Hus og ikke kan udrede dem, har Kongen eftergivet ham Halvdelen deraf. Orig.

— Befaling til samme at levere denne Brevviserske[1] 1 Pd. Korn af Loftet til Underholdning for hende og hendes faderløse Børn. Orig.

**19. Dec. (—).** Mageskifte mellem Jomfru Margrete Schougord og Kronen. F. R. 1, 156 b. (Se Kronens Skøder.)

— Til Erich Hardenberg til Mattrup, Absalon Giøye til Løgthued og Lauritz Brockenhus til Egeskouf. Da Knud Venstermand til Findstrup har bevilget Kronen sin Gaard Brenningegaard[2] med tilliggende Gods og sit Gods i Skierbeck i Koldinghus Len til Mageskifte for 7 Gaarde, Landgilden af 1 Gaard og 4 Gadehuse, hvis Landgilde tildels svares til Sognepræsten i Faaborg, som Kongen vil udlægge Fyldest derfor, i Dernisse[3] Sogn, 1 Gaard i Perup[4], 5 Gaarde i Oby[5], 1 Gaard i Vester Hessinge, 1 Gaard i Jordløsse, 2 Gaarde i Vefuestrup[6] og 4 Gaarde i Nørre Broby, alt i Salling Herred, skulle de med det første besigte begge Parters Gods, ligne det, udlægge Knud Venstermand Fyldest for hans Gods og indsende klare Registre derpaa. F. T. 1, 124.

— Til Coruitz Veffert. Da Manderup Parsberg i et Mageskifte, som Kongen har bevilget ham og hans Søskende, blandt andet skal udlægge Kronen 3 Gaarde i Auernes[7] i Kiørup Birk og 1 Bol i Vindinge By og Sogn, skal han med det allerførste besigte dette Gods, lade Bønderne under Ed opgive, hvad Landgilde de svare, hvad de kunne saa og pløje, og hvad Eng, Skov og anden Herlighed der ligger til deres Gaarde, og sende beseglet Register

---

[1] Efter Paaskrift bag paa Brevet: Johanne Nielsdatter i Horsens.   [2] Brejninggaard, Holmans H.   [3] Diernisse.   [4] Pejrup.   [5] V. Aaby.   [6] Vøjstrup.   [7] Agernæs. Skam H.

derpaa til Jørgen Skram og Claus Glambeck, der skulle besigte God-
set i Jylland.  F. T. 1, 125.

**19. Dec. (Koldinghus).**  Befaling til alle Kron-, Prælat-, Kan-
nike-, Vikarie-, Kirke- og Præstetjenere i Aarhusgaards, Kalløe og
Aakier Len om efter nærmere Tilsigelse at møde med Heste og
Vogne i Aarhus og hver føre 1 Læs Fjæle og Tømmer derfra
til Skanderborg Slot.  J. T. 1, 352 b.

— Livsbrev for Otthe Banner til Astdal paa Segelstrup
Gaard, som han nu selv har den i Værge, uden Afgift; overlever
hans Hustru, Fru Ingeborg Skeil, ham, maa hun beholde Gaarden,
uden Afgift, saalænge hun sidder som Enke.  J. R. 2, 329 b.

— Aabent Brev, hvorved Kongen, der af Fru Karine Krabbe,
Niels Schiels Enke, hendes Dattermand Otthe Banner til Astdal
og dennes Hustru Fru Ingeborg Schiel har faaet bevilget deres
Hovedgaarde Vindersløfgaard og Schoufsgaard med tilliggende Gods,
dog undtagen det, som ligger i Tye, Mors og Harsyssel, til Mage-
skifte, lover med det første at lade dette Gods besigte og at ud-
lægge dem Fyldest derfor, først af det tiloversblevne Vorgaardtz
Gods, som Fru Karine Krabbe nu selv har i Værge, og dernæst af
andet Kronens Gods i Albeck, Vore og Schifue[1] Sogne.  Fru Ka-
rine Krabbe skal dog, saalænge hun lever, beholde sine Hoved-
gaarde, sit eget Gods og det Vorgaardtz Gods, hun nu har i Værge,
og Kronen til Gengæld beholde det Gods i Albeck, Vore og Schifue
Sogne, som skal udlægges hende, men efter hendes Død skal Mage-
skiftet fuldbyrdes.  Da Fru Karine har eftergivet Kronen den Sum
Penge, hun havde Øe Klosters Gods i Pant for, maa hun og Otthe
Banner beholde dette Gods afgiftsfrit, saalænge de leve, og derefter
Fru Ingeborg Schiel, hvis hun overlever dem, saalænge hun sidder
som Enke.  J. R. 2, 330.

— Aabent Brev, at Fru Karine Krabbe, Niels Skiels Enke,
hendes Datter Fru Ingeborg Skiel og deres Arvinger maa have
fri Birkeret til Vorgaard og det til Vorgaard liggende Gods,
som de nu have eller herefter maatte faa i Albeck, Vore og Schi-
fue[1] Sogne.  De skulle lægge et Birketing paa et belejligt Sted og
altid holde en forstandig og uberygtet Dannemand til Birkefoged.
J. R. 2, 331 b.

**20. Dec. (--).**  Pantebrev til Fru Karen Krabbe, Niels

---

[1] Skæve, Dronninglund H.

Skeels Enke, paa 1 Gaard i Store Nesum[1], [1 Gaard i Lille Ne-
sum[2]], 1 Gaard i Raf[n]sholdt, 3 Gaarde i Ouenstrup, 1 Gaard i
Longholt, 3 Gaarde i Stagsted, 1 Gaard i Ofuerkiød[3], 1 Gaard i
Solholt, 1 Gaard i Bydal[4] og 1 Gaard i Olgersaadt[5] i Skifue Sogn,
15 Gaarde i Liungsø[6], 1 Gaard i Pilueter[7], 2 Gaarde i Kuosum[8]
og 11 Gaarde i Klinthen[9] i Liungsø Sogn samt 1 Gaard i Stag-
sted, hvilket Gods hun har indløst fra Jens Kaas's Arvinger for
3333 gl. Dlr. 1 Mk. danske. Naar Fru Karen Krabbe dør, skulle
hendes Arvinger beholde saa meget af ovennævnte Gods, som til-
skiftes hende ved det Mageskifte, som Kongen er i Færd med at
slutte med hende, medens Resten skal falde tilbage til Kronen mod
Tilbagebetaling af Pantesummen. P. 350 b.

**20. Dec. (Koldinghus).** Følgebrev for Otthe Banner til
Astdal til Kronens Bønder i Store Nesum, Lille Nesum, Rafnsholt,
Ofuenstrup, Stagstedt, Ofuenkiød, Solholt, Bydal og Olgersaadt i
Schifue Sogn, i Liungsøe By og Sogn, Pilvetter, Kousum og Klin-
ten, som Jens Kaas sidst havde i Pant. Udt. i J. R. 2, 332.

— [10] Til Coruitz Viffert og Absolon Gøye. Da Peder Toth
har begæret 1 Gaard i Renninge[11] By og Sogn i Gudme Herred til
Mageskifte for 1 Gaard i Kiønninge[12] i Bog Herred, skulle de
straks besigte dette Gods, ligne det og indsende klare Registre der-
paa. F. T. 1, 126.

— Til Jørgen Rossenkrantz og Biørn Anderssen. Da Hans
Brun har bevilget Kronen 3 Gaarde, hvoraf han selv bor paa den
ene, 2 Bol og 1 Møllested i Piedste og 1 Bol i Schofbølling til
Mageskifte for Therupgaard i Vester Liusberig Herred og saa
meget af Kronens Gods i Therup[13] By, at det kan gaa lige op
mod hans Gods, skulle de med det første besigte begge Parters
Gods og indsende klare Registre derpaa. Udt. i J. T. 1, 353.

**21. Dec. (—).** Til nedennævnte Lensmænd og andre. Da Kongen
behøver Penge til sine Hofjunkeres og andre daglige Tjeneres Maa-
nedspenge, skulle de straks sende alle de rede Penge, som de
bleve skyldige i deres sidste Regnskab, og de Penge, som de have
solgt Korn for af deres Beholdning ved sidste Regnskabs Afslutning,
til Kolding til Renteskriver Hans Meckelborg, efterdi det
er Kongen meget magtpaaliggende at faa dem; de skulle med dette

---

[1] Nejsum, Dronninglund H.  [2] Er glemt i P.  [3] Avnkødt.  [4] Byrdal.  [5] Aal-
gaardsodde.  [6] Lyngsaa.  [7] Pielven.  [8] Knøsene (?).  [9] N. og S. Klit.  [10] F. T.
har urigtigt: 1579.  [11] Ring.  [12] Køng.  [13] Terp.

34

Bud melde Renteskriveren i Kolding, hvor mange Penge han straks
kan faa hos dem.  Endvidere skulle de straks sende deres Skriver
til Rentemesteren med klare Registre over den sidste Beholdning
og Udgiften deraf og gøre alt klart hos ham. — Erich Løcke for
Riiberhus Slots Regnskab og Riiber Stifts Indkomst til 1. Maj 1578;
han skal give Matz Kock i Riibe, der trods gentagne Befalinger
endnu ikke har betalt hvad han skylder Kongen, Ordre til ufortøvet
at sende alle de Penge, han har af Kongens, til Renteskriveren i
Kolding og selv rejse til Kiøpnehafn for at gøre sit Regnskab klart.
Jørgen Schram for Drotningborg Lens Regnskab til 1. Maj 1578;
Jørgen Rossenkrantz for Regnskabet af Kalløe Len til 1. Maj 1578;
Nils Jonssen for Hald Slots og Viborg Stifts Regnskab til 1. Maj
1578; Biørn Anderssen for Aarhus Stifts Regnskab til 1. Maj 1576
og 1. Maj 1578; han skal desuden, saaledes som han tidligere har
faaet Ordre til, indkræve de Penge, som Peder Skriver blev skyldig
i sit Regnskab for Aarhus Stift til 1. Maj 1572, af Peder Skrivers
Hustru og Arvinger og straks sende Pengene til Kolding; Søfrin Hof-
mandt og Nils Skriver i Randers og Michel Bagers Arvinger skulle
straks sende alle de Kongen tilkommende Penge, som de have;
Hendrich Norby skal med det første sende de 1798 Dlr. 1 Ort,
som han blev skyldig i Nykiøping Slots Regnskab til 1. Maj 1577,
til Renteskriveren i Kolding og straks sende sit Mandtalsregister paa
Landeskatten til Juledag 1576 til Kiøpnehafn og gøre det klart;
Tolderne i Riibe, Kolding, Assens og Medelfard skulle straks sende
alle de Penge, som de have af Tolden, til Renteskriveren i Kolding
og begive sig til Kiøpnehafn med deres Regnskaber for at gøre disse
klare.  J. T. 1, 353 b.  Origg. (til Søren Kær, Tolder i Kolding, og
Henrik Bang, Tolder i Middelfart).

**22. Dec. (Koldinghus).** Mageskifte mellem Chrestoffer
Lindenov og Kronen.  J. R. 2, 332 b.  (Se Kronens Skøder.)

— Aabent Brev, at Pouel Anderssen, Skolemester i Vedle,
aarlig skal have 4 Pd. Korn til sin Underholdning af Kol-
dinghus, saalænge den forhenværende Skolemester Niels Bredal lever;
naar denne er død, skal han have den Tiende, som denne er for-
lenet med, uden Afgift.  Udt. i J. R. 2, 341 b.

— Til Søfren Kier, Tolder i Kolding.  Da Oluf Jørgens-
sen, Borger i Horsens, har tilbudt at tilskøde Kronen sin jord-
egne Bondegaard i Gangstedt for de 350 Dlr., han skylder i
Øksentold for sidste Aar, og Kongen har givet Lensmanden paa

Aaker Ordre til at tage nøjagtigt Skøde paa Gaarden, skal Søfren
Kier afkvitte de 350 Dlr. i Tolden.   J. T. 1, 355.

**22. Dec. (Koldinghus).**  Befaling til Christen Munck om paa
Tinge at tage nøjagtigt Skøde paa ovennævnte Gaard i Gang-
stedt, forhøje Landgilden og indskrive Gaarden i Jordebogen.   J.
T. 1, 356.

— Til Christen Munck.  Kongen er tilfreds med hans Und-
skyldning i Anledning af en i menige Bønders Navn i Hadtz
Herred til Kongen indleveret Klage over, at han ikke, som sæd-
vanlig, vil tage Penge for Brændsvinene, men forlanger, at de skulle
beholde dem hos sig, indtil der bliver Olden, da han har erklæret,
at Klagen kun er stillet af nogle faa, men ikke med Menigmands
Samtykke, der indtil forledent Aar godvillig er gaaet ind paa denne
Ordning.  Kongen bevilger hans Begæring om at maatte tiltale disse
Klagere og tillige nogle andre, der have klaget over, at han har
givet dem Ordre til at køre nogen Havre til Aarhus Pinsedag, skønt
det slet ikke er sket paa nogen Højtidsdag.   J. T. 1, 355 b.

— Befaling til Lauritz Skram om paa Tinge at tage nøjagtigt
Skøde af Oluf Pouelssen i Viuf paa den jordegne Bondegaard
smstds., som han vil tilskøde Kronen, lade ham og hans Hustru
beholde den for sædvanlig Afgift, saalænge de leve, og først efter
deres Død forhøje Landgilden.   J. T. 1, 356.

— Befaling til samme straks at lægge 1 Gaard i Egum [1],
Halvparten af Egums [1] Mølle og 1 Gaard i Bredstrup By og Sogn
i Endle Herred, som tilhøre Steen Bilde til Kiersgaardt, 1 Gaard
og 2 Bol i Hersløf og 5 Gaarde i Folerup, som tilhøre Anders Pe-
derssen og Eyller Brockenhus, og 1 Gaard og 1 Bol i Skierbeck
og 5 Gaarde og 6 Bol i Brening [2], som tilhøre Knud Venstermand,
ind under Koldinghus og indskrive dem i Jordebogen.   J. T.
1, 356.

**23. Dec. (—).**  Mageskifte mellem Ebbe Munck til Fielle-
bro og Kronen.  F. R. 1, 158 b.  (Se Kronens Skøder.)

— Aabent Brev, hvorved Niels Søfrenssen i Huosløfgaard [3],
der har tilskødet Kronen 11 Mark Sølvs Jord over al Vetten [4] Mark
til det Byggested i Vetten, som Peder Jenssen nu bruger, og hans
Hustru Elle Thamisdatter for Livstid fritages for Landgilde,

---

[1] Igum, Elbo H.        [2] Brejning, Holmans H.        [3] Hvorslevgaard, Hovlbjærg H.
[4] Vitten, Sabro H.

Ægt, Arbejde og al anden Tynge af deres jordegne Bondegaard
Huosløfgaard. J. R. 2, 336 b.

**23. Dec. (Koldinghus).** Befaling til Claus Glambeck straks at
tage nøjagtigt Skøde paa Tinge af Nils Sørenssen i Huosløf-
gaard paa ovennævnte 11 Mark Sølvs Jord paa Vetten Mark i Sau-
bro Herred og opbevare det blandt Slottets Breve. J. T. 1, 356 b.

— Befaling til Mouritz Podebusk at være Værge for Chri-
stoffer Thommessen og hans Børn. Udt. i J. T. 1, 357.

— Til Lauritz Skram. Da denne Brevviser Peder Peders-
sen, der for nogen Tid siden har givet en Kvinde nogle Skældsord
i Kirken og for den Sag har optinget til Lauritz Skram for 16 Dlr.,
ikke har meget at bøde med og tilmed lider af en farlig Sygdom,
har Kongen eftergivet ham de 8 Dlr. J. T. 1, 357. Orig.

— Til Mandrup Parsberg og Albret Friis. Da Christen
Schiel har bevilget Kronen noget Gods i Endle Herred til Mage-
skifte for 2 Gaarde i Bering[1] og 2 Gaarde i Hiermid, skulle de
med det første besigte begge Parters Gods og indsende klare Re-
gistre derpaa. Orig. Udt. i J. T. 1, 357 b.

**24. Dec. (—).** Mageskifte mellem Erich Lange til Engelst-
holm og Kronen. J. R. 2, 337. (Se Kronens Skøder.)

**25. Dec. (—).** Befaling til Hach Ulfstand at levere Kirke-
værgerne for Sognekirken i Nykiøping paa Falster 1 Læst
Korn til Kirkens Istandsættelse, da den er meget bygfalden,
men ikke selv kan bekoste Istandsættelsen. F. T. 1, 123 b.

**27. Dec. (—).** Til Christoffer Valckendorff. Da Kongen har
bevilget, at Mickel Skrædder, Borger i Kiøpnehafn, maa faa de
78 Dlr., som Skibskaptejnerne Johan og Jørgen Gardoen have
fortæret for hos ham, betalt af deres Aarsbesolding, skal Christoffer
Valckendorff levere ham de 78 Dlr. mod Kvittans, for at Pengene
siden kunne blive afkortede dem i deres Besolding for i Aar. Sj.
T. 14, 151.

— Til Hendrich Vind. Da Stheen Bilde til Kiersgaardt vil
udlægge Kronen en Gaard i Hørbye i Dragsholm Len til Mage-
skifte, skal Hendrich Vind straks begive sig til Hørbye, kalde Bon-
den for sig, tage en edelig bekræftet Erklæring af ham om Gaardens
Landgilde, Udsæd, Engbjærgning, Skov og Olden, optage Register
derover og indsende dette til Kancelliet. Sj. T. 14, 151 b.

---

[1] Bjerring. Middelsom H.

**29. Dec. (Koldinghus,** 1579). Til Lunde Kapitel. Da Kongen
har bevilget, at Johan Lindenou til Øethofte maa faa 1 Gaard
eller Fæste i Bønstrup[1] i Haragers Herred til Mageskifte af Ka-
pitlet for 1 Gaard i Reersløf By og Sogn i Ons Herred, skal Kapit-
let med det første lade Mageskiftet gaa for sig og paase, at det faar
fuldt Vederlag. Sk. T. 1, 164.

**31. Dec.** (—). Befaling til nedennævnte Herremænd at staa
Fadder ved Kongens nyfødte Søns[2] Daab paa Koldinghus
Søndagen den 11. Jan. og siden gøre sig glade med Kongen.
— Register: Hendrick Belou, Marskalk, Farensbech, Arrild Huitfeld,
Caspar Paslick, Petther Redtz, Godslaf Buddi, Niels Parsberg, Cas-
par Wiis, Pouel Biber, Godsche von Allefeld, Jørgen Urne, Niels
Skram, Hans Krausse, Frederich Hub, Brede Rantzou, Henrich
Løcke, Frandtz Rantzou, Oluf Bilde, Anders Tot, Knud Rud, Johan
Rud, Benedietz von Allefeld, Bertrams Søn, Jacop Krabbe og Det-
lef Brocktorp den ældre. Sj. T. 14, 154.

— Lignende Breve paa tysk til den frandsøske Legat og de
meckelborgske Herremænd Cutzbod, Henning Refuenlou, Thim Fin-
neke, Halberstad og Jochum Strollendorff. Sj. T. 14, 154.

— Til Erick Løcke. Hr. Staffen Søfrenssen i Viersted[3]
har berettet, at hans Sogne ere meget ringe, og at hans Anneks-
præstegaard er taget fra ham og lagt ind under Riiberhus, uagtet
han bor paa en Alfarvej og derfor besværes meget; da Erick Løcke
selv har skrevet, at Gaarden nu bruges under Riiberhus, men at
den er frataget Præsten før hans Tid, befales det ham igen at lade
Hr. Staffen faa Annekspræstegaarden i Becke Sogn. J. T. 2, 1.

---

# 1579.

**1. Jan. (Koldinghus).** Aabent Brev, hvorved de nuværende
Sandemænd i Gudme Herred fritages for Ægt og Arbejde
af deres Gaarde, saalænge de ere Sandemænd. Udt. i F. R. 1, 168.

---

[1] Benstorp.    [2] Ulrik.    [3] Verst, Anst H.

**1. Jan.** (**Koldinghus**). Til Hilleuig Hardenberg. Breyde Rant-
zovs Fader og Moder, Hendrich Rantzov og Fru Kirstine von Hall,
have henvendt sig til Kongen som den, der har bragt Ægteskabs-
aftalen mellem Breyde Rantzov og hendes Datter Jomfru Sophi
Rossenkrandtz i Stand, og bedt ham udvirke hos hende, at Bryl-
luppet maatte finde Sted om en 7 Ugers Tid samtidig med Kon-
gens Kæmmerers[1] Bryllup, da de, hvis Brylluppet skal finde Sted
senere paa Sjælland eller andensteds, ikke saa let ville kunne
faa saa mange af deres Venner over Bæltet som nu. Kongen beder
hende derfor samtykke i, at Brylluppet finder Sted samtidig med
Kongens Kæmmerers, hvilket bliver om en 6 Uger, rette Datterens
Udredelse derefter og med dette Bud sende Kongen skriftlig Besked.
Kongen har skrevet til Jomfruens Farbroder Jørgen Rossenkrandtz og
Farsøsteren Fru Anne Rosenkrandtz derom og haaber, at de give
deres Minde dertil. F. T. 1, 125 b.

— Til Mandrup Parsberg og Claus Glambeck. Da Ifuer
Lunge til Thiersbeck har begæret Kronens Rettighed i 2 jordegne
Bøndergaarde i Bølling Herred, den ene i Astrup med en øde Jord,
kaldet Fasterlund, den anden, kaldet Fastergaard, samt 4 Gaarde i
Stensiig, 1 Gaard i Klockmos, 2 Gaarde i Anfasterkier[2] med Bier-
rebo Eng og Hussted, Kronens Herlighed af Præstegaardene i Se-
ding og Faster Sogne, 1 Gaard, kaldet Oemvraa, i Nøruongs Herred
til Mageskifte for 2 Gaarde i Sundtz Sogn i Hammerum Herred,
hvoraf den ene kaldes Ildtzhorn, 1 Gaard i Viibye i Bierre Herred
i Fyen, 2 Gaarde i Heden i Saling Herred, 1 Gaard i Ebberup og 1
øde Byggested, der bruges af en Bonde i Smerup, skulle de med
det første besigte begge Parters Gods og indsende klare Registre
derpaa. Udt. i J. T. 2, 1 b.

**3. Jan.** (—). Følgebrev for Fru Kirstine Pedersdatter,
Erich Kaassis Enke, til Kronens Bønder under Børlum Klo-
ster, at de fremdeles skulle svare hende til førstkommende 1.
Maj. Udt. i J. R. 2, 343.

**4. Jan.** (—). Aabent Brev, at jordegne Bønder og Kron-
bønder i Koldinghus Len, hvoraf en Del lider Mangel paa
Bygnings- og Vogntømmer, Gærdsel og Ildebrændsel,
særlig hvor der ingen Skov er, og ikke kan faa noget til Købs der-
omkring, herefter maa faa saadant frit i Kronens Skove i Lenet,

---

[1] Niels Parsberg.     [2] Fasterkær, Bølling H.

dog paa den Betingelse, at Lensmandens Fuldmægtige skulle anvise
dem, hvor og hvormeget de maa hugge; hugge de uden saadan
Anvisning, skulle de straffes paa deres Boslod. Lensmanden skal
paase, at Bønderne ikke sælge noget af det Tømmer, Gærdsel og
Ildebrændsel, de faa, men selv bruge det. J. R. 2, 343 b.

**4. Jan. (Koldinghus).** Befaling til de jordegne Bønder i
Andst og Malt Herreder, der høre under Koldinghus og Skod-
borig Slotte, om herefter at gøre Ægt, Arbejde, Pløjning og
anden Tynge til disse Slotte ligesom Kronens Bønder, da
Kongen ikke ved, med hvad Ret en Del af dem hidtil har vægret
sig derved, eftersom han hverken har givet eller stadfæstet dem Pri-
vilegier paa saadan Frihed. J. T. 2, 2.

**5. Jan. (—).** Indbydelse til nedennævnte Adelsmænd og
Fruer til med deres Hustruer og disses Jomfruer at deltage i Kongens
Kæmmerer Niels Parsbergs Bryllup med Dronningens Jomfru
Lisebet Seested, hvilket Kongen vil holde paa Koldinghus Faste-
lavns Søndag d. 1. Marts. — Register: Peder Gyldenstiern, Hans
Skougord med Frue, Axel Veffert med Frue, Steen Brahe med Frue,
Manderup Parsberg med Frue, Michel Seested, Mouritz Podebusk
med Frue, Folmar Rossenkrantz med Frue, Albret Friis med Frue,
Malthi Jenssen med Frue, Niels Friis med Frue, Arrild Uggerup
med Frue, Axel Gyldenstiern med Frue, Coruitz Veffert med Frue,
Hendrich Gyldenstiern paa Ifuersnes med Frue, Thønne Parsberg,
Preben Gyldenstiern, Erich Lange, Fru Anne Holck, Hr. Verner Pars-
bergs Enke, Fru Anne Parsberg, Christopher Gyldenstierns Enke,
Fru Karen Gyldenstiern, Holger Rossenkrantzis Enke, Fru Vibeke
Podebusk, Euert Bildis Enke, Giordt Pederssen med Frue, Claus
Glambeck med Frue, Fru Beathe Bilde, Otte Bradis Enke, Fru Bir-
gite Bilde, Chrestopher Galdis Enke, Fru Sitzele Bilde, Jost Høgs
Enke, Fru Lene Veffert, Jacob Seesteds Enke, og Fru Anne Veffert,
Gierdt Bryskes Enke. Sj. T. 14, 154 b.

— Befaling til Niels Kaas, Kansler, Peder Gyldenstiern, Jørgen
Rossenkrantz, Jacop Ulfeld og Casper Paslich, der paa Kronens
Vegne skulle deltage i de Forhandlinger mellem Kongen og
hans Farbrødre, Hertugerne Hans den ældre og Adolf, som
skulle aabnes i Otthense Fastelavns Søndag [1. Marts], om at
møde Lørdagen før og rette sig efter den dem medgivne Instruks.
Sj. T. 14, 156.

— Til Mandrup Parsberg. Hoslagt sendes ham et paa Lius-

gardtz Herredsting udgivet Skødebrev paa Halvparten af en
jordegen Bondegaard i Viom By og Sogn, som Peder Chri-
stenssen paa egne og Broder Nils Christenssens Vegne har afhændet
til Kronen, med Ordre til at henlægge det i god Forvaring blandt
Slottets Breve, lægge den halve Gaard ind under Silckeborg og ind-
skrive den i Jordebogen. J. T. 2, 3.

**5. Jan. (Koldinghus).** Til Peder Munck, Admiral, Jørgen Daae,
Underadmiral, Jørgen Abildegord, Niels Kaas, Kaptejn Alexander Dur-
ham, Erich Munck, Peder Brochenhus, Tøstel Barssen, Jørgen Kaas,
Chresten Munck, Lasz Offessen og Michel Knudssen. Da Kongen
straks paa Foraaret vil udruste nogle Orlogsskibe dels for at holde
Søen ren, dels fordi alting ser saa sælsomt ud udenlands, og vil
bruge dem derpaa, skulle de møde i Kiøpnehafn 20. Marts for
at faa nærmere Besked af Admiralen. Sj. T. 14, 156.

**6. Jan. (—).** Befaling til nedennævnte Købstæder, Øer og Len
at stille N. Baadsmænd, duelige Folk, der tidligere have været
til Søs, til Brug paa Orlogsskibene til Foraaret og sørge for, at de
møde i Kiøpnehafn senest til 20. Marts; de skulle samtidig sende
Chrestopher Valckendorff en Seddel med alle Baadsmændenes Navne
og et Register over, hvad hver Baadsmand har kostet dem at ud-
gøre. Kongen vil give disse Baadsmænd samme Besolding, som der
gives Kongens andre Baadsmænd. — Register: I Sjælland: Kiøpne-
hafn 70; Hollænderbyen paa Amager 50; Kiøge, Skielskiør og Stege
hver 10; Nestued 8; Heddinge, Prestøe, Vordingborg, Holbeck og
Nykiøping i Odtz Herred hver 5. — I Skaane: Malmøe 50; Landtz-
krone 20; Ydsted 15; Helsingborg 10; Sømmershafn 8; Falsterboe
med Skaanøer, Aahus og Halmsted hver 6; Laugholm 5. — I Fyen:
Kiertheminde 10; Nyborg, Suinborg og Assens hver 8; Faaborrig
6; Medelfardt 4; Rudkiøping paa Langeland 10. — I Smaalandene:
Nagskouf 15; Stubbekiøping og Nykiøping hver 8; Nistedt 3; Sax-
kiøping 2. — I Jylland: Riibe og Aalborrig hver 30; Aarhus 15;
Randers, Horsens, Kolding og Grindov hver 10; Ebbelthoft 8; Ska-
fuen, Seeby, Varde og Ringkiøping hver 6; Vedle, Lemuig og Ny-
kiøping p. Mors hver 4. — Samsøe 5; Endelau 8; Therrøe og Lye,
Biørnøe og de andre omliggende Øer tilsammen 10; Langeland 20;
Serøe ved Dragsholm 10; Jørgen Marsuin [i Sølvitsborg Len] af
Købstæderne og Landet 25; Johan Urne af Lykov Len 15. —
Summa 689[1] Baadsmænd. Sj. T. 14, 157 b.

---

[1] En Sammentælling giver: 651.

**6. Jan. (Koldinghus).** Forleningsbrev for M. Anders Mariager, Sognepræst ved St. Nicolai Kirke i Kiøpnehafn, paa Afgiften af Kronens Part af Tienden af Hammers Sogn i Hammers Herred. Udt. i Sj. R. 12, 1[1].

— Befaling til nedennævnte Lensmænd straks at indsende Registre over det Flæsk og Smør, som de have i Forraad af Kongens, til Rentemesteren og beholde Flæsket og Smørret hos sig, indtil de faa nærmere Ordre. — I Jylland: Jørgen Rossenkrandtz, Jørgen Skram, Manderup Parsberg, Claus Glambeck, Niels Jonssen, Biørn Anderssen og Chresten Munck om Smør og Flæsk, Erich Løcke om Flæsk alene. — I Fyen: Jacop Ulfeld og Coruitz Veffert om Smør og Flæsk, Axel Veffert om Flæsk alene. — I Falster og Laaland: Hach Ulfstand om Flæsk alene og Henning Giøe om Smør og Flæsk. — I Skaane: Biørn Kaas, Jørgen Marsuin, Pouel Huitfeld, Johan Urne og Axel Gyldenstiern om Flæsk alene, Hans Skougord om Smør og Flæsk. Udt. i Sj. T. 14, 156 b.

— Aabent Brev, at Peder Jørgenssen, Borgemester i Bogense, i Aar maa oppebære Afgiften af Korntienden af Syndersø Sogn i Fyen. Udt. i F. R. 1, 168.

— Forleningsbrev for Nils Joenssen til Tostedlund paa Hald Slot og Len og det derunder lagte tilskiftede Gods, saaledes som han nu selv har det i Værge. Han skal aarlig svare 800 gl. Dlr. i Afgift af den visse Rente, den ene Halvpart til Paaske, den anden til Mikkelsdag, gøre Regnskab af al uvis Rente, hvoraf han selv maa beholde Halvdelen, tjene Riget med 10 geruste Heste, underholde Kongen og dennes egne Heste 2 Nætter om Aaret, naar Kongens Vej falder dér forbi, og holde Slottet og Ladegaarden i Stand, dog vil Kongen, hvis der skal bygges noget mærkeligt, selv give Ordre dertil og betale det. Nils Joenssen maa selv beholde Sund- og Brokornet i Lenet, mod at holde Broer og Færger i Stand, og ligesaa Ladegaarden og al Avlen til Slottet. J. R. 2, 344 b. Orig.

— Til Mandrup Parsberg og Claus Glambeck. Da Kronen ved Mageskiftet med Mandrup Holck i Følge den af Jørgen Rossenkrantz og Lauritz Schram indleverede Fortegnelse over Mageskiftegodset bliver Mandrup Holck nogle Ørtuger Korns Ejendom skyldig og desuden yderligere ønsker noget af Mandrup Holcks Gods i Velling til Mageskifte, hvorimod den til Gengæld vil udlægge denne

---

[1] Tr.: O. Nielsen, Kbhvns Dipl. II. 386 f.

2 Gaarde i Kles [1], 1 Gaard i Nøttrup, 1 Gaard i Vregsted [2], 1 Gaard i Huorum [3] og 2 Gaarde i Klackrund, skulle de med det første besigte først Godset i Velling og siden Kronens Gods, udlægge Mandrup Holck Fyldest, ligne Godset og indsende klare Registre derpaa. J. T. 2, 3.

**6. Jan. (Koldinghus).** Til Christopher Valkendorff, Rentemester, og Coruitz Viffert, Embedsmand paa Otthenssøøgaard. Da Johan Buckholt, Befalingsmand paa Island, har bevilget Kronen noget Gods i Koldinghus Len, paa Hindtzholm og paa Sjælland til Mageskifte for Gods i Skorpe [4] og Bruager Sogne paa Fyen, skulle de med det første besigte begge Parters Gods, ligne det og indsende klare Registre derpaa. F. T. 1, 128.

**7. Jan. (—).** Befaling til Axel Veffert at lægge 1 Gaard ved Eschebierg, som Kongen har faaet til Mageskifte af Johan Bocholt, ind under Slottet [Nyborg] og igen lade ham faa saa meget Gods i Brugagger og Skerpe [4] Sogne, som Chrestopher Valchendorp og Coruitz Veffert, der have faaet Ordre til at besigte Mageskiftegodset, finde rimeligt. Udt. i Sj. T. 14, 161.

— Befaling til Peder Bilde at lægge 1 Gaard i Salthofte og 2 Gaarde i Kelleklenthe, som Kongen har faaet til Mageskifte af Johan Bockholdt, ind under Kallundborg Slot. Udt. i Sj. T. 14, 161 b.

— Befaling til Prioren i Andtuorskouf at lægge 1 Gaard i Biere By og Sogn i Falchenbiergs Herred, som Kongen har faaet til Mageskifte af Johan Bockholdt, ind under Klosteret. Udt. i Sj. T. 14, 161 b.

— Til Borgemestre og Raad i Kiøbnehafn. Da Kongen til sin store Forundring har bragt i Erfaring, at Byens Tønde, som de maale Korn med, endnu er større end 6 Skpr., hvilket strider mod den af Kongen og nogle Rigsraader for Sjælland trufne Ordning, befales det dem straks at indrette deres Korntønde efter Skæppen, saaledes at der ikke gaar mere end 6 Skpr. Korn i den; befindes deres Korntønde herefter at være større end 6 Skpr., vil Kongen ikke optage dem det gunstigt. Udt. i Sj. T. 14, 159 b [5].

— Til samme. Da Christopher Valchendorp efter deres Begæring har meddelt, at de nu ville bebygge den øde Plads, som

[1] Kleis, Bjærge H., Jylland.   [2] Vrigsted, samme H.   [3] Hornum, samme H. Skaarup, Sunds H.   [5] Tr.: O. Nielsen, Kbhvns Dipl. IV. 634.

de tidligere have købt af Kongen, men det tidligere er berettet
denne, at denne Plads ikke kan bebygges uden Skade for den Kro-
nens Gaard, hvori Befalingsmanden paa Holmen bor, vil Kongen
ikke tillade dem at bebygge den, men har befalet Christopher
Valchendorp at købe den af dem og betale dem derfor. Udt. i Sj.
T. 14, 160 [1].

**7. Jan. (Koldinghus).** Til Christopher Valchendorff. Paa hans
Forespørgsel om, hvorvidt Kongen fremdeles selv vil lade Svovl-
havnene for Norden paa Island besejle eller ej, da der nu til-
bydes Kongen 1500 Dlr. og 2 Læster lutret Svovl i Afgift af dem,
hvilket Kongen ikke uden stor Bekostning og Risiko har kunnet
have i den Tid, han selv har ladet dem besejle, meddeles ham, at
Kongen ikke længere selv vil lade Havnene besejle, medmindre der
kan opnaas større Fordele deraf end hidtil, og det befales ham at
bortforpagte dem paa nogen Tid, hvis han af nogen af Kongens
Undersaatter kan faa 2000 Dlr. og 2 Læster lutret Svovl af dem.
Udt. i Sj. T. 14, 159.

— Befaling til samme at blive enig med de Borgere fra
Bergen, der ønske at faa Ferøø enten paa Afgift eller
Regnskab, og vælge den Maade, han finder mest gavnlig for
Kongen. Udt. i Sj. T. 14, 159.

— Befaling til samme at forhandle med Lauritz Bene-
dict om, hvad denne skal have for den Bog, han har
trykt for Kongen, betale ham hvad de blive enige om og ind-
skrive det i sit Regnskab. Udt. i Sj. T. 14, 159 b.

— Til Pouel Huitfeld. Da Kongen har befalet Christopher
Valchendorp i Forening med Johan Bockholt og Dr. Pouel [2] i Kiøp-
nehafn at overveje Præsternes Rente og Rettighed og an-
dre Forhold paa Island, skal han møde førstkommende Faste-
lavn i Kiøpnehafn, overveje hele Sagen i Forening med Christopher
Valchendorp, affatte en skriftlig Betænkning derom og sende Kongen
den. Udt. i Sj. T. 14. 160.

— Lignende Brev til Johan Bockholt. Udt. i Sj. T. 14, 160 b.

— Til Christopher Valchendorp. Da Kongen har skænket
Præsten Hr. Christopher, som 16 Mænd havde dømt fra Hal-
sen, fordi han skulde have været Aarsag i sin første Hustrus Død,
Livet paa den Betingelse, at han, under sit Livs Fortabelse uden

---

[1] Tr.: O. Nielsen, Kbhvns Dipl. IV. 654 f.     [2] Povl Madsen, Superintendent i Sjæl-
land.

al videre Rettergang, forpligter sig til straks at rømme Riget, ikke mere komme tilbage hertil eller til Norge eller Fyrstendømmet og ej heller begive sig til Sverrig eller et andet Sted under svensk Beskyttelse, skal Christopher Valchendorp, hvis Præsten er villig hertil, tage en saadan stærk Forskrivning af ham og lade ham drage sin Vej. Udt. i Sj. T. 14, 160 b.

**7. Jan. (Keldingbas).** Til Lauritz Krusse. Da Kongen har befalet Chrestopher Valchendorp at lade nogle Skibe udruste, der straks til Foraaret skulle sendes til Østersøen, befales det Lauritz Krusse baade heri og i andet at rette sig efter Chrestopher Valchendorps Ordrer. Udt. i Sj. T. 14, 161.

— Befaling til Erich Munch at møde i Kiøpnehafn 8 Dage efter Fastelavns Søndag [1. Marts] for at lade sig bruge paa Kongens Skibe i Østersøen. Udt. i Sj. T. 14, 161 b.

— Befaling til Lauritz Skram at lade Chresten Vind faa et af Husene paa Skougord, hvilket han igen maa opsætte paa sin Gaard. Udt. i Sj. T. 14, 161.

— Befaling til nedennævnte Lensmænd og Købstæder at sende Brød, Øl og Gryn til Kiøpnehafn inden 12. April. — Borgerne i Kiøpnehafn skulle brygge 400 Læster Øl af 50 Læster Malt; Chresten Vind skal levere Borgerne i Kiøpnehafn 50 Læster Malt med tilhørende Humle og Tønder; Borgerne i Kiøge skulle brygge 60 Læster Øl af $7\frac{1}{2}$ Læst Malt; Borgerne i Skelskøer skulle brygge 40 Læster Øl af 5 Læster Malt; Borgerne i Nestved ligesaa; Borgerne i Prestøø skulle brygge 20 Læster Øl af $2\frac{1}{2}$ Læst Malt; Borgerne i Kallundborg ligesaa; Lauge Bech skal levere Kiøge $7\frac{1}{2}$ Læst Malt, Skelskøer 5 Læster Malt, Nestved 5 Læster Malt, Prestøø $2\frac{1}{2}$ Læst Malt og Kallundborg $2\frac{1}{2}$ Læst Malt, skaffe Humle og Tønder til Øllet eller levere Borgerne Penge til at købe Humle og Tønder for; Nykiøping i Otz Herred skal brygge 40 Læster Øl af 5 Læster Malt; Hendrick Vind skal levere Nykiøping 5 Læster Malt samt Humle og Tønder eller Penge til at købe Humle og Tønder for; Hach Ulfstand skal lade brygge 100 Læster Øl i Oleholms Len og levere Almuen Humle og gode Tønder dertil; Henning Giøye ligesaa i Nykiøpings Len, endvidere skal han levere Borgerne i Nykiøping 5 Læster Malt samt Humle og Tønder eller Penge til at købe Humle og Tønder for; Borgerne i Nykiøping skulle brygge 40 Læster Øl af 5 Læster Malt; Borgerne i Malmøe skulle brygge 200 Læster Øl, hvortil Biørn Kaas skal levere dem Maltet; Lauritz Skri-

ver, Tolder i Malmøe, skal levere Borgemestre og Raad smstds.
Penge til Humle og Tønder til 200 Læster Øl; Borgerne i Landtz-
krone skulle brygge 80 Læster Øl, hvortil Biørn Kaas skal levere
dem 10 Læster Malt; Lauritz Skriver, Byfoged i Landtzkrone, skal
levere Borgerne smstds. Humle og Tønder til 80 Læster Øl eller
Penge til at købe Humle og Tønder for; Borgerne i Helsingborg
skulle brygge 80 Læster Øl, hvortil Hans Skougord skal levere dem
10 Læster Malt; Lauritz Paasche, Byfoged i Helsingborg, skal levere
Borgemestre og Raad i Helsingborg Penge til Humle og Tønder til
80 Læster Øl; Axel Veffert skal lade brygge 60 Læster Øl i Ny-
borg Len og købe gode Træer til Øllet samt levere Erich Harden-
berg 10 Læster Rug af Tiendekornet, Hans Johanssen 9 Læster Rug,
Kierteminde 5 Læster Malt, Nyborg 5 Læster Malt, Faaborg 2¹/₂
Læst Malt og Assens 5 Læster Malt; Borgerne i Kierteminde skulle
brygge 40 Læster Øl af 5 Læster Malt, og Byfogden smstds. skal
levere dem Penge til at betale Humlen og Tønderne med; Borgerne
i Nyborg skulle brygge 40 Læster Øl af 5 Læster Malt, og Peder
Holste, Tolder smstds., skal levere dem Penge til at betale Humlen
og Tønderne med; Borgerne i Suinborg skulle brygge 40 Læster
Øl, hvortil Axel Veffert skal levere dem 5 Læster Malt; Rasmus
Skriver, Tolder smstds., skal levere dem Penge til at betale Hum-
len og Tønderne med; Borgerne i Faaborg skulle brygge 20 Læster
Øl af 2¹/₂ Læst Malt, og Byfogden smstds. skal levere dem Penge
til at betale Humlen og Tønderne med; Borgerne i Assens skulle
brygge 40 Læster Øl af 5 Læster Malt, og Villom Bang, Tolder
smstds., skal levere dem Penge til at betale Humlen og Tønderne
med; Coruitz Veffert skal lade bage 40 Læster Brød af 10 Læster
Rug og lade male 6 Læster Gryn af 4 Læster Byg; Erich Harden-
berg skal lade 10 Læster Rug bage i Kavringbrød i Hagenskouf
Len og fragte Skibe til at føre Brødet til Kiøpnehafn; Tolderen i
Aasens skal betale Fragten og paase, at Brødet bliver godt bagt;
Hans Johanssen skal lade 9 Læster Rug bage i Kavringbrød og
fragte Skibe til at føre Brødet til Kiøpnehafn; Tolderen i Medelfard
skal betale ham Fragten; Claus Glambech skal foruden det, som
han tidligere har faaet Skrivelse om, i Skanderborg Len lade bage
100 Læster Brød og lade male 6 Læster Gryn af 4 Læster Byg,
saa Brød og Gryn med det første kunne komme til Kiøpnehafn,
samt henimod St. Hans Dag lade brygge 100 Læster Øl i Lenet;
Biørn Anderssen skal lade bage 40 Læster Brød af 10 Læster Rug,

lade male 6 Læster Gryn af 4 Læster Byg og med det allerførste sende Brødet og Grynene til Kiøpnehafn; det Byg, som bliver tilovers af Tiendekornet, skal han lade gøre i Malt og opbevare indtil videre; Jørgen Skram skal lade bage 80 Læster Brød af 20 Læster Rug, lade male 9 Læster Gryn af 6 Læster Byg og til Fastelavn sende Brødet og Grynene til Kiøpnehafn; endvidere skal han lade 40 Læster Byg gøre i Malt og til Foraaret sende det til Kiøpnehafn; Niels Jonssen skal lade al Stiftets Rug og Malt oplægge i Forvaring i Hofbro indtil videre og, hvis der endnu er noget Byg, som ikke er gjort i Malt, sørge for, at det bliver gjort i Malt; Jens Kaasis Enke skal lade alt Tiendekornet i Vendelbo Stift indlægge i Olborrig og sørge for, at alt Bygget bliver gjort i Malt; Erich Løche skal købe 10 Læster godt saltet Torsk til Kongen og til Fastelavn sende den til Kiøpnehafn. Udt. i Sj. T. 14, 162. Origg. (til Henrik Bang, Tolder i Middelfart, og Lavrids Skriver, Byfoged i Landskrone).

**7. Jan. (Koldinghus).** Til Chrestopher Valchendorff. Da Rienhold thor Smede, Borger i Flensborg, har begæret at faa de 750 Dlr. betalt, som Kongen skylder ham for noget for nogle Aar siden leveret Salt, og som han har Rentemester Otte Brochenhussis Bevis paa, skal Chrestopher Valchendorff, naar det forlanges, betale ham disse Penge med Korn og andre Varer og tage Otte Brochenhussis Bevis til sig. Sj. T. 14, 166.

— Aabent Brev, hvorved Kongen lover at udlægge Anders Bing, Embedsmand paa Vardbierg, Fyldest for de 6 Gaarde i Tiufkierdt, 1 Gaard og 3 Bol i Horstrup i Brysk Herred og 2 Gaarde i Vilstrup i Jerløf Herred, som Anders Bing har bevilget Kronen til Mageskifte og tilladt denne straks at overtage. Sk. R. 1, 263.

**8. Jan. (—).** Til Lauge Bech. Da han for nogen Tid siden indberettede, at Peder Øgord var kommen til at slaa Mogens Mørch i Kattinge ihjel, men i høj Grad var bleven ægget dertil, idet Mogens Mørch havde siddet næsten en hel Dag i Gaarden med det Forsæt at slaa Peder Øgord ihjel, fik han Ordre til at lyse Fred over Peder Øgord, fordi den dræbtes Slægt og Venner alligevel truede og undsagde denne. Nu have imidlertid Peder Bilde og Eyler Krausse indberettet og med Tingsvidner bevist, at Sagen er gaaet til paa en anden Maade, idet den dræbte har været budt til Gæst af Peder Øgords Søn og ikke har givet Anledning til nogen Strid, og de have i Henhold hertil begæret, enten at Sagen efter

Loven maa blive paadømt ved Nævn eller den dræbtes Slægt og Venner stillede tilfreds, hvilket endnu ikke er sket. Det befales derfor Lauge Bech at formane Peder Øgord til at ordne Sagen i Mindelighed med den dræbtes Arvinger, saafremt Kongen ikke skal tillade disse at gaa frem efter Loven. Sj. T. 14, 166 b.

**8. Jan. (Koldinghus).** Aabent Brev, at Kongen og de hos ham værende Rigsraader have vedtaget, at naar en Sag er begyndt paa Tinge og skal paadømmes dér, skulle Parterne udføre Hovedsagen med Retten og maa ikke, som hidtil sket, for et Ords Skyld, som kan falde mellem dem under Rettergangen, slippe Hovedsagen og for dette Ords Skyld tiltale og forfølge hinanden, medmindre det da gælder nogens Ære og Lempe; dette har nemlig aldrig været Recessens Mening, og den bør heller ikke udtydes saaledes. Det forbydes alle, der sidde som Dommere, herefter at give nogen Vidnesbyrd om saadanne Ord, medmindre de ere ærerørige. Sj. T. 14, 167 [1]. Orig.

— Befaling til alle Lensmændene [2], der have Herreder, i Jylland, Fyen, Smaalandene, Sjælland og Skaane at forkynde ovenstaaende aabne Brev paa Herredstingene og i Købstæderne i deres Len og paase dets Overholdelse. Sj. T. 14, 168.

— Aabent Brev, at Koldinge Hospital herefter altid skal have fri Olden til 30 Svin i Kronens Skove, naar der er Olden, og en 50 Læs Ved aarlig af Koldinghus, da Hospitalsforstanderen har klaget over, at Hospitalet nu lider Mangel paa Ildebrændsel og Olden, idet 4 af dets Gaarde i Høgsholt, hvortil der laa Skov, ere blevne bortmageskiftede til Albret Fris til Haritzkier, medens der ingen Skov er til de Gaarde, som Hospitalet har faaet i Stedet. Lensmanden paa Koldinghus skal anvise dem, hvor de maa drive Svinene paa Olden, og levere dem de 50 Læs Ved. J. R. 2, 345 b. Orig. i Provinsark. i Viborg.

**9. Jan. (—).** Til Peder Munch og Chrestopher Valchendorp. Da Hendrich Rudenkrandtz har tilbudt Kongen sin Tjeneste som Skibskaptejn og Peder Munch har anbefalet ham, vil Kongen antage ham paa Prøve og befaler dem derfor at underhandle med ham om hans Besolding, dog skal han, da han ikke tidligere har tjent til Søs, først bruges som Løjtnant, men Kongen vil saa siden

---

[1] Tr.: Dsk. Mag. VI. 220 (med Dato: 18. Jan.). Secher, Forordninger II. 122 ff.
[2] De opregnes alle med deres Len og Købstæder.

forbedre hans Besolding i Forhold til hans Duelighed. De skulle
med det første underrette Kongen om, hvilken Besolding de fast-
sætte, for at han kan give Hendrich Rudenkrandtz Brev derpaa. Sj.
T. 14, 170 b.

**9. Jan. (Koldinghus).** Til Axil Tønnissen. Da Lauritz Strolle,
Hofsinde, har begæret 2 Gaarde i Nerdu Torpe[1] i Nerdu Sogn i Vin-
dinge Herred og 1 Gaard i Nerdu By og Sogn i Aasum Herred til
Mageskifte for 6 Gaarde og Bol i Magelbye i Sønder Herred
paa Langeland, skulle de med det første besigte begge Parters Gods
og indsende klare Registre derpaa. F. T. 1, 129.

— Til Coruitz Viffert. Lauritz Mus i Bedisløf i Skam
Herred har berettet, at den Gaard, han bor i, tidligere har været
en jordegen Bondegaard, og at meget af Jorden er taget derfra si-
den dens Afhændelse til Kronen, medens derimod Landgilden er
bleven forhøjet, hvorfor ogsaa to Mænd have maattet flytte fra Gaar-
den, fordi de ikke have kunnet udrede Landgilden; da han nu og-
saa klager i høj Grad og erklærer at maatte fraflytte Gaarden, med-
mindre den fratagne Jord bliver lagt tilbage dertil eller Landgilden
nedsat, skal Coruitz Viffert straks undersøge, hvorledes det forholder
sig med Gaarden og meddele Kongen det, for at denne kan give
Lauritz Mus Besked, naar han kommer igen. F. T. 1, 130.

— Aabent Brev, at Giertrud, Hr. Peder Liusgaardtz
Enke, maa blive boende i Ribe og være fri for Skat, Hold,
Vagt og al anden kgl. og borgerlig Tynge, saalænge hun er
Enke, i Overensstemmelse med den af Kongens Fader til Præster-
nes Enker givne Frihed, der indeholdes i den derom gjorte Skik,
som nu findes i de højlærdes Værge. J. R. 2, 355 b.

— Til Kronens Bønder i Hagentorp under Aahusgaard.
Kongen har bragt i Erfaring, at de selv ville raade for de til deres
Gaarde liggende Skove, idet de, naar der er Olden, indtage saa
mange Svin, de ville, deri, uden at svare mere end 8 Bolgalte til
Aahusgaard, og tilholde sig Jagt og anden Frihed i Skovene, og at
de ikke ville yde deres Smør i Pundetal, men støde det i Tønder,
skønt Kronen derved mister nogle Pund og de tidligere have ydet
Smørret i Pundetal. Da de imidlertid ere Stubbebønder, ikke jorde-
egne Bønder, og Skovene tilhøre Kronen, forbydes det dem her-
efter at indtage andre end deres egne hjemmefødte Svin

---

[1] Nærraa-Torp, S. Nærraa Sogn, Aasum H.

paa Olden i Skovene og at befatte sig med Jagten, da
Lensmanden paa Aahusgaard skal oppebære al den Oldengæld, der
falder, og Jagten skal følge Kronen; ligeledes paabydes det dem
at yde deres Smør i Pundetal. Sk. T. 1, 164 b[1].

**9. Jan. (Koldinghus).** Gavebrev til Sognepræsteembedet
i Tyrgod og Vester Sogne i Nørrevongs Herred (Hr. Niels Mi-
chelssen Sognepræst). J. R. 2, 346. Orig. i Provinsark. i Viborg.
(Se Kronens Skøder.)

— Forleningsbrev for Melcker Baltzersen, Kongens
Køkkenskriver, paa 4 Pd. Rug og 5 Pd. Byg af Afgiften af Kro-
nens Part af Korntienden af Gylling Sogn; derimod maa han
ikke befatte sig med Havreafgiften af Tienden, der vedblivende skal
følge Stiftslensmanden i Aarhus Stift paa Kronens Vegne. Udt. i
J. R. 2, 347.

— Til Mandrup Parsberg. Da Hr. Gregers i Veyersløf,
der for nogen Tid siden har fæstet Kronens Part af Korntien-
den af Veyersløf Sogn af Biørn Anderssen, Stiftslensmand i Aar-
hus Stift, og faaet Kongens Livsbrev derpaa, har klaget over, at
Bønderne alligevel ikke ville yde ham Tienden, fordi den tidligere
har ligget under Silckeborg, befales det Mandrup Parsberg at lade
ham faa Tienden og ikke lade Sognemændene gøre ham Hinder der-
paa. J. T. 2, 4 b.

— Til Biørn Anderssen og Claus Glambeck. Da Hans Brun
har bevilget Kronen noget Gods i Koldinghus Len, som for kort
Tid siden er blevet besigtet af Biørn Anderssen, og hvorover der
sendes dem et Register, til Mageskifte for Kierbygaard, 2 Gaarde
i Kadsted og saa meget Gods i Søfthen i Vester Lisbierre Herred,
at det kan svare til hans Gods, samt ligesaa meget af Kronens
Skov i Vester Lisbierre Herred, som Skoven til hans Gods beløber
sig til, skulle de straks besigte Godset i Vester Lisbierre Herred,
udlægge Hans Brun Fyldest deraf, ligne Godset og indsende Besig-
telsen. Da Hans Brun har afstaaet det Livsbrev, som Kongen havde
givet hans Hustru[2] paa 1 Gaard i Piedsted og 1 Bol i Store Vel-
ling, der ogsaa ere optagne paa ovennævnte Register, skal Biørn
Anderssen igen udlægge ham ligesaa meget Gods i Vester Lisbierre
Herred, hvorpaa Kongen saa siden vil give ham Forleningsbrev.
J. T. 2, 5.

---

[1] Tr.: Secher, Forordninger II. 124.  [2] Anne Nielsdatter.

35*

**10. Jan. (Koldinghus).** Indbydelse til nedennævnte Adels-
mænd til med deres Hustruer og disses Jomfruer at deltage i
Niels Parsbergs Bryllup med Lisebet Seested, hvilket
Kongen vil holde paa Koldinghus 1. Marts. — Register: Jørgen
Rossenkrandtz, Chrestopher Giøye, Pouel Huitfeld, Ifuer Lunge, Lauge
Urne, Hans Lange, Hans Rostrup, Axel Brahe og Hans Johanssen
paa Fobitzslet med deres Hustruer, Thyge Brahe, Ottis Søn, Johan
Urne, Fru Anne Albredt Giøyes og Fru Kirstine Bøller. Sj. T. 14,
155. Orig. (til Kristoffer Gjøe).

— Til Fru Maren Lauritz Skrams, Fru Karen Ifuer Lungis,
Fru Karen Holger og Fru Margrete Hans Johanssens. Da Kongen
vil gøre sin Kæmmerér Niels Parsbergs Bryllup med Jomfru Lise-
bedt Seested 1. Marts paa Koldinghus, skulle de møde 14 Dage
forinden med Tapetseri og flamske Sengklæder for at drage den
store Sal paa Slottet. Sj. T. 14, 171.

— Til Chrestopher Valchendorp. Da Kongen vil beholde det
Mønterværk, som Casper Gogel har ført ind i Riget, og betale
denne 1400 Dlr. derfor og Casper Gogel har lovet at ville sætte
en af Møntsvendene i Kiøpnehafn ind i Brugen af det, skal Chre-
stopher Valchendorp enten straks betale Casper Gogel de 1400 Dlr.
eller fastsætte en Tid for Betalingen og sende en af Møntsvendene
til ham for at lære at bruge det. Sj. T. 14, 171 b.

— Befaling til samme straks at levere Pouel Verniche 10
fede Svin, 1 Tønde Smør og ½ Læst Malt, som Kongen har
givet denne. Udt. i Sj. T. 14, 171 b.

— Til samme. Da Arvingerne efter afdøde Peder Skriver, for-
hen Stiftsskriver i Aarhus Stift, have begæret Eftergivelse af de
Mangler i Peder Skrivers Regnskab, som han har gjort An-
tegnelser om, nemlig om noget Brød, som er indtaget med Aarhus
Maal, og om Penge til Vognleje og andet paa Rejsen fra Aarhus til
Kiøpnehafn, til en Kornmaalers og en Skriverdrengs Løn, til Maat-
ter til Garnering og til Loftsleje til Kronens Korn, har Kongen
eftergivet Arvingerne disse Mangler og befaler Chrestopher Val-
chendorp at give dem endelig Kvittans, naar de have betalt hvad
de ellers blive skyldige i Følge Peder Skrivers Regnskab. Sj. T.
14, 172.

— Aabent Brev, hvorved Kongen, der til Foraaret vil faa Brug
for en Del Skytter, giver Michel Giøding Fuldmagt til at an-
tage 5—600 Skytter, duelige og erfarne Folk, i Skaane, Ble-

kinge og Halland og holde dem i Bestilling indtil nærmere Ordre; Kongen vil give disse Skytter samme Maanedsbesolding som andre Hageskytter. Sk. R. 1, 263 b.

**10. Jan. (Koldinghus).** Befaling til Mickel Giøding straks at begive sig over til Rentemester Christopher Valkendorff for at faa nærmere Besked og siden gøre sit Bedste for at skaffe en 5—600 duelige Skytter i Skaane, Blekinge og Halland, saa han kan være vis paa dem, om det skulde gøres behov. Han maa give dem noget paa Haanden, og Christopher Valkendorff har faaet Ordre til at give ham en 300 Dlr. til dette Brug. Sk. T. 1, 165.

— Befaling til Chrestopher Valchendorp, med hvem Kongen har talt om at lade Michel Gønge antage en 5—600 danske Skytter, straks at kalde Michel Gønge til sig, tilkendegive ham Kongens Mening og give ham 300 Dlr. til at give Knægtene paa Haanden. Sj. T. 14, 171.

— Livsbrev for Hans Olsen, Olluf Baggers Søn, paa Kirkens Part af Korntienden af Sanderum Sogn, dog først at tiltræde efter den nuværende Indehaver M. Jens Pouelsens Død; han skal fæste Tienden af Stiftslensmanden efter den derom gjorte Skik, svare sædvanlig Afgift deraf og levere denne senest inden Fastelavn, da dette Brev ellers skal være forbrudt. Det befales Sognemændene at tiende retfærdigt, da Hans Olsen ellers skal have Fuldmagt til at lade deres Korn kaste i Lensmandens eller hans Fuldmægtigs Nærværelse og lade dem straffe, hvis de have forset sig. F. R. 1, 168.

— Aabent Brev, at Olluf Bagger, Borger i Odense, og hans Hustru Mergrette Clausdatter for Livstid maa være fri for at svare Afgift og al anden Tynge af en Dallum Klosters Gaard, kaldet Ny Østerløfgaard, som de nu selv have i Værge; efter deres Død maa deres Sønner, den ene efter den anden, faa Gaarden uden Stedsmaal og beholde den deres Livstid, mod aarlig at svare 4 Ørt. Korn til Dallum Kloster. F. R. 1, 168 b.

— Skøde til Oluf Bagger, Borger i Ottense, paa den Grund, hvorpaa Biskopsgaarden [i Odense] har staaet, med de gamle Sten, der nu findes i Huset, og med den lille Holm, der ligger ved Siden af; der skal ingen Jordskyld svares af Grunden, men derimod $^1/_2$ Dlr. aarlig af den lille Holm til Lensmanden i St. Hans Kloster. Han skal have fri Vej til Grunden ad den gamle

Adelvej, og Lensmanden skal anvise ham, hvor han maa lægge en Bro over til Holmen. F. R. 1, 170 b.

**10. Jan. (Koldinghus).** Befaling til Olluf Bagere at betale Cristopher Busk, Borger i Otthensøøe, de 800 Dlr., som endnu restere af den Sum, Kongen skylder denne for Tilførsel til Lejren i sidste Fejde, tage Daniel Rantzous Gældsbevis til sig og siden indlevere det til Rentekammeret. F. T. 1, 130 b.

— Aabent Brev, hvorved Kongen — i Anledning af at Jens Christensen, Borger i Ottense, har berettet, at Karen, Jens Skrædders Datter, i Ottense, med hvem han for nogen Tid siden med hendes og hendes Forældres Samtykke og i Godtfolks Nærværelse er bleven trolovet, idet Præsten efter kristelig Skik og Brug har lagt deres Hænder sammen, siden ikke har villet holde Trolovelsen, men var rømt, da han efter foregaaende Lysning til Ægteskab mødte i Kirken paa den Dag, Brylluppet var bestemt, hvorfor han har indstævnet Sagen for Stiftslensmanden, Superintendenten, Provster og Præster i Ottense, der have dømt Jens Christensen og Karen sammen, medmindre Kongen som højeste Øvrighed vil træffe anden Bestemmelse — bevilger, at Jens Christensen, der er uden Skyld i Trolovelsens Hævelse, frit maa indlade sig i et andet Ægteskab, medens derimod Karen Jensdatter, der uden Grund har nægtet at holde Trolovelsen, ikke nogensinde maa gifte sig og desuden skal lide tilbørlig Straf. F. R. 1, 169 b. Orig. i Provinsark. i Odense.

— Livsbrev for Hans Friis, Borger i Ottense, paa Kirkens Part af Korntienden af Marløf og Lyngby[1] Sogne, saafremt han overlever Fru Karen Kottis, der nu har Livsbrev derpaa; han skal svare sædvanligt Stedsmaal og samme Afgift som Karen Kottis og levere Afgiften til Kirkeværgerne inden Fastelavn, saafremt han ikke vil have dette Brev forbrudt. Udt. i F. R. 1, 170.

— Følgebrev for Gregers Ulfstand, Embedsmand paa Rafnsborg, til alle de Købstæder og Havne i Rafnsborg Len, som Peder Oxe tidligere havde til Lenet. F. R. 1, 536 b.

— Aabent Brev, at Peder Veyne i Høstrup[2] for Livstid maa være fri for at gøre Ægt og Arbejde af sin Gaard. K. Udt. i J. R. 2, 347.

— Aabent Brev, at Kapellanembedet ved Almindeligt

[1] Vistnok Fejlskrift for: Rynkeby. [2] Haastrup, Holmans H.

Hospital i Aarhus indtil videre aarlig maa oppebære 2 Pd.
Korn af Aarhusgaard. Udt. i J. R. 2, 347 b.

**10. Jan. (Koldinghns).** Aabent Brev, at Forstanderen for Al-
mindeligt Hospital i Aarhus paa Hospitalets Vegne frit maa
handle med inden- og udenlandske Købmænd i Aarhus og
andre Købstæder, afsætte Hospitalets Indkomst til dem og igen købe
Fisk, Smør og andet af dem, hvilket han nu forhindres i; dog maa
han ikke under det Skin bruge nogen Handel til Fordel for sig selv.
J. R. 2, 347 b.

— Til Borgemestre og Raad i Aarhus. Kongen har efter-
givet Byen de 300 Dlr., som den resterer med af den for 2 Aar
siden paalagte Hjælp, da en stor Del af Borgerne er død af Pesten;
endvidere har Kongen bevilget Byen 100 Bøge til dens Havns
og Mindes Istandsættelse og sender dem hermed Brev til Jør-
gen Rosenkrantz om at anvise dem disse 100 Bøge i Kalløe Skove,
dog skulle de selv lade Bøgene hente. Orig. [1] (i Aarhus Raadhusarkiv).

— Aabent Brev, at Anne Chrestoffer Skonings, Borgerske
i Horsens, for Livstid maa være fri for at svare Overskat,
saaledes som hendes afdøde Husbonde har maattet gøre, og her-
efter maa nøjes med at svare Skat og Tynge af de Gaarde, hun har
i Horsens. Udt. i J. R. 2, 348.

— Aabent Brev, hvorved Kongen forbyder alle andre
end de i Ribe bosatte Bartskærere, der ere Borgere i Byen,
at bruge Bartskærembede med Forbinding af Saar og Skader
i Ribe, da Bartskærerne i Ribe have klaget over, at der gøres dem
stor Skade paa deres Haandværk af Kvaksalvere, Landfæringe og an-
dre, der undertiden bruge alle Slags Medicin og Lægedom for at
kurere tilskadekomne og syge, hvorpaa de dog have liden eller ingen
Forstand, saa flere Folk derved miste baade deres Helbred og Penge.
Forser nogen sig herimod, skal han have forbrudt hvad han oppe-
bærer derfor og straffes. J. R. 2, 348 b [2].

— Mageskifte mellem Chrestoffer Jul til Estrup og Kro-
nen. J. R. 2, 349. (Se Kronens Skøder.)

— Befaling til Lauritz Skram at handle med Nis og Staf-
fen Krag i Gamst om den jordegne Bondegaard i Koldinghus
hus Len, som de have tilbudt at afhænde til Kronen, faa at vide,
hvad de forlange derfor, og underrette Kongen derom. J. T. 2, 6.

[1] Tr.: Hübertz, Aktst. vedk. Aarhus I. 207.    [2] Tr.: Secher, Forordninger II. 124 f.

**10. Jan. (Koldinghus).** Til Søfren Hofmand og Nils Skriver i Randers. Da Michel Bagger er bleven Kongen en stor Sum Penge skyldig for Korn og andre Varer, som han i Forening med dem har faaet fra Drotningborg Len, og hans Enkes og Børns Værge klager over, at disse ikke vide, hvor meget de skulle betale, skulle Søfren Hofmand og Nils Skriver inden Maanedsdagen herefter begive sig til Ottense og gøre Regnskab med Michel Baggers Enkes og Børns Værge, for at hver Part kan vide, hvor meget han skal betale. J. T. 2, 6.

—— Til Jørgen Rossenkrantz og Jørgen Skram. Da Thyge Krusse har tilbudt at udlægge Kronen Fyldest i 3 Gaarde i Lynne og Lønne Sogne i Nørrejylland for det, som han i Følge deres Besigtelse bliver Kronen skyldig ved det mellem ham og Kronen paatænkte Mageskifte, skulle de straks besigte Godset i Lynne og Lønne Sogne, udlægge Kronen Fyldest deraf og indsende Besigtelse derpaa. J. T. 2, 6 b.

**11. Jan. (—).** Følgebrev for Lauritz Brockenhus til de Kronens og Stiftets Tjenere, som ligge under Nyborg Slot, og som Axel Veffert hidtil har haft i Værge, at de fra førstkommende 1. Maj skulle svare ham; de skulle hjælpe til med at saa og pløje til Nyborg og Eskebierg Ladegaarde. Udt. i F. R. 1, 171.

**15. Jan. (—).** Aabent Brev, at Matz Pors til Klitgaard, der som Kirkeværge for sin Sognekirke, Sundby Kirke, har berettet, at Kirken er meget bygfalden paa Tag, Loft og Mur og mangler Messehagler og andre Alterklæder, men ikke kan hjælpes med sin egen Indkomst, indtil videre aarlig maa oppebære Afgiften af Kronens Part af Tienden af Sundby Sogn til Kirkens Istandsættelse, dog skal han gøre klart Regnskab for Anvendelsen baade af Kronens og Kirkens Part af Tienden. J. R. 2, 355.

**23.[1] Jan. (Krempe).** Indbydelser til nedennævnte Herremænd og Fruer til Brede Randtzous Bryllup med Jomfru Sophi Rossenkrandtz Erichsdatter, hvilket Kongen vil holde paa Koldinghus Søndag Esto mihi, som er 1. Marts; de skulle møde med deres Hustruer og disses Jomfruer i Kolding Lørdagen før. — Register: Peder Munck, Hr. Jørgen Løcke, Peder Bilde, Jørgen Rossenkrandtz, Eyler Grubbe, Axel Veffert, Steen Brahe, Jørgen

---

[1] Efter Overskriften til Brevene ere disse udstedte i Krempe 25. Januar.

Skram, Greers Ulfstand til Estrup, Chresten Munck, Eyler Krausse,
Hans Johanssen, Erich Hardenberg, Knud Ulfeld, Jacop Seefeld,
Ofue Juel til Aabierig, Hach Ulfstand, Lauritz Brochenhus, Absalon
Giøe til Løgthued, Eyler Brochenhus til Nachebølle, Fru Eddel Har-
denberg, Frandtz Bildis Enke, Fru Kirstine Bølle, Jesper Kraussis
Enke, Fru Anne Rossenkrandtz, Albret Giøes Enke, Fru Ide Ulf-
tand, Falch Giøes Enke, Fru Magdalene Banner, Ifuer Krabbis Enke,
Fru Sibille Gyldenstiern, Eskild Giøes Enke, Fru Karen Gyldenstiern,
Holger Rossenkrandtzis Enke, Fru Karin Rønnou, Jens Bildis Enke,
Fru Dorethe Krabbe, Benedictz von Allefeldtz Enke, Fru Mette Røn-
nou, Jacob Veffertz Enke, og Fru Birgite Rønnou, Henning Quitzous
Enke. Sj. T. 14, 172 b.

**29. Jan. (Flensborg).** Befalinger til Hr. Christopher van Dohna,
Jørgen Biilde, Hans Spegel, Hendrich Brade, Tyge Brade Jenssøn
og Gabriel Sparre at holde sig rede med deres Svende og Heste,
saa de straks kunne møde paa Grænsen, naar de faa Bud derom
fra Lensmanden i Halmstad, og siden ledsage Hertug Karl gen-
nem Riget. Sk. T. 1, 165 b.

**30. Jan. (—).** Til Pofuel Huidtfeld. Da Hertug Karl paa
sin Rejse her igennem Riget vil lægge Vejen over Halland,
skal Pofuel Huidtfeld, uanset at han tidligere er kaldt hid, blive i
Halmstad og, saasnart han faar Meddelelse fra Hertugen om dennes
Komme, underrette Jørgen Marsuin, Hr. von Dohna, Jørgen Biilde,
Hans Spegel, Hendrich Brade, Tyge Brade og Gabriel Sparre hver
især derom. Han skal baade i sit Len og ved Grænsen sørge for,
at Hertugen kan blive fyrstelig behandlet. Sk. T. 1, 166.

— Til Jørgen Marsuin. Da Hertug Karl af Sverrig har
begæret frit Pas her igennem Riget, hvilket ogsaa er bleven med-
delt ham, har Kongen bestemt, at Jørgen Marsuin, Hr. von Dhon,
Jørgen Biilde, Hans Spegel, Hendrich Brade, Tyge Brade og Gabriel
Sparre skulle modtage Hertugen paa Grænsen i Halland og led-
sage ham igennem Riget. Da Hertugen i sin Skrivelse ikke har
angivet, paa hvilken Dag han vil komme til Grænsen, og Kongen
ikke ved andet derom, end at Hertugens Tjener, der var hos Kon-
gen, mente, at Rejsen vilde foregaa lige efter Fastelavn, har Kongen
skrevet til Hertug Karl om en 8 Dages Tid i Forvejen at advare
Pofuel Huitfeldt, Embedsmand i Halmstedt, derom, hvilken saa atter
skal meddele Jørgen Marsuin, naar de skulle møde. Jørgen Mar-
suin skal holde sine Svende og Heste rede, saa han straks, naar

han faar Bud, kan møde paa Grænsen, hvor han som Formand for
de andre skal holde Ordet paa Kongens Vegne, ønske Hertugen til
Lykke til hans Ankomst og meddele ham, at de have faaet Ordre
til at ledsage ham paa Rejsen igennem Riget, og at Kongen gerne
saa, at Hertugen paa sin Gennemrejse kom til ham. Naar de have
faaet Hertugens Vilje at vide, skulle de ordne alt med bekvemme
Nattelejer, drage Omsorg for hos Lensmændene og i Købstæderne,
at Hertugen med Følge bliver fyrsteligt trakteret og udkvittet over-
alt. Der sendes ham et Pasbord til Benyttelse. Sk. T. 1, 166 b. K.

**3. Febr. (Koldinghus).** Indbydelse til Herlof Skafue og Fre-
derich Lange med deres Hustruer til at deltage i Niels Parsbergs
Bryllup med Lisebet Seested, hvilket Kongen vil holde paa
Koldinghus 1. Marts. Sj. T. 14, 155 b.

— Til Johan Thaube. Denne Brevviser, Mosbech, har le-
veret Kongen hoslagte Seddel paa Jærnfang og andet, som kan
bestilles gennem ham og behøves til Kroneborg Slot og det der-
værende Arkeli; da Johan Thaube imidlertid selv har set denne
Seddel og ikke udtrykkelig har anført deri, hvor meget der behøves
af hver Slags, skal han overveje dette og sende Kongen en klar
Fortegnelse derover, for at denne derefter kan give Mosbech en
Bestilling. Sj. T. 14, 173 b.

— Til Chrestopher Valcbendorp. Da Mosbech har tilbudt
Kongen al Slags Jærnfang, som behøves til Orlogsskibene
og Arkeliet, og som han plejer at handle med, skal Chrestopher
Valchendorp tale med Mosbech om, hvad der behøves og hvad han
kan bestille deraf, og siden sende ham til Kongen, for at denne
kan give ham en Bestilling. Udt. i Sj. T. 14, 173 b.

— Til Eggert Ulfeld, Greers Ulfstand, Hendrich Gyldenstiern,
Jørgen Skram, Ifuer Kaas, Malthi Jenssen, Prebiørn Gyldenstiern,
Johan Urne, Hans Lindenou, Erich Brochenhus og Hans Offessen.
Da Kongen af Rentemesteren har erfaret, at der undertiden er stor
Mangel paa Penge paa Rentekammeret, væsenlig fordi en Del af
Lensmændene ikke i rette Tid fremsender deres Regnskab og de
Penge og andet, som de i Følge Regnskabet blive Kongen skyldige.
og da dette medfører, at det, som skal bestilles paa Kongens Vegne,
ofte maa forsømmes, befales det dem enten selv at møde i Kiøp-
nehafn 8 Dage efter førstkommende 1. Maj eller sende deres
Skrivere did med deres Regnskab og de Penge, som de
blive Kongen skyldige. Lider Kongen nogen Skade ved deres

Forsømmelighed, kunne de sikkert forlade sig paa, at han vil kræve Erstatning af dem og siden give Lenene til Folk, der ville svare deres Afgifter i rette Tid. Sj. T. 14, 174.

**3. Febr. (Koldinghus).** Befaling til nedennævnte Lensmænd om Levering af Brød, Øl og andet: Axel Veffert, der har erklæret, at den Del af Stiftets Indkomst, som hører under Nyborg Slot, ikke kan udrede saa meget Rug og Malt, som han har faaet Ordre til at bage og brygge Brød og Øl af, skal levere Erich Hardenberg alt det Rug, han har af Stiftets, til Bagning i Hagenschoufs Len og, hvis der ikke er Malt nok af Stiftets Korn til det Øl, han skal brygge, tage det manglende af Slottets Indkomst, saa Kongen kan faa alt det Øl hos ham, som han tidligere har faaet Skrivelse om; Kongen vil siden afkorte Maltet i hans Afgift; Claus Glambech skal sende alt det Brød, Øl og Gryn, som han tidligere to Gange har faaet Skrivelse om, til Kiøpnehafn og beholde 40 Læster Rug og 100 Læster Malt i Forraad, hvilke Kongen saa til Foraaret vil lade hente til Kiøpnehafn af sine egne Skibe, for at de dér kunne blive bagte i Brød og bryggede i Øl; Lauritz Skram skal lade 24 Læster Rug bage i Kavringbrød, 4 Tdr. Kavringbrød af hvert Pd. Rug, sende Brødet til Kiøbnehafn til Midfaste i det allerseneste og beholde 15 Læster godt Malt i Forraad, hvilke siden skulle sendes til Kiøbnehafn; Manderup Parsberg skal lade Bønderne i Silcheborrig Len bage 10 Læster Rug i Kavringbrød, 4 Tdr. Kavringbrød af hvert Pd. Rug, og levere Brødet tilligemed 10 Læster godt Malt i Aarhus til Fastelavn; Kongen vil selv sende Skibe til Aarhus efter Brødet og Maltet; Jørgen Skram skal sende det Brød, Øl og Gryn, som han tidligere har faaet Skrivelse om, og foruden de 40 Læster Malt, som han tidligere har faaet Ordre til at holde i Forraad, yderligere holde 60 Læster Malt i Forraad, saa Kongen sikkert kan faa 100 Læster Malt hos ham; foruden den Rug, han lader bage i Brød, skal han holde 30 Læster Rug i Forraad, saa Kongen sikkert kan faa Maltet og Rugen, naar han sender Skibe did efter det; Biørn Andersen skal foruden de 10 Læster Tienderug, som han har faaet Ordre til at bage i Kavringbrød, yderligere lade 10 Læster Tienderug bage i Kavringbrød, sende alle 80 Læster Kavringbrød tilligemed de Byggryn; han tidligere har faaet Skrivelse om, til Kiøpnehafn med det første, lade det Tiendebyg, han faar tilovers, gøre i Malt og opbevare Maltet indtil videre; Borgemestre og Raad i Aarhus skulle hjælpe Biørn Andersen med at faa Skibe i Byen

til at føre ovennævnte Brød og Gryn til Kiøbnehafn; Niels Jonssen,
der tidligere har faaet Ordre til at lægge Rug og Malt af Stiftets
Indkomst i Viiborg Stift i Forvaring i Hoobroe, skal straks meddele
Kongen, hvor meget Rug og Malt denne kan faa hos ham; Jens
Kaas's Enke skal lade alt Tiendekornet, Rug og Byg, af Vendelbo
Stift indlægge i Olborg, lade Bygget gøre i Malt og straks meddele
Kongen, hvor meget Rug og Malt denne kan faa fra Vendelbo Stift;
Jørgen Rossenkrantz skal meddele Kongen, hvor meget Rug og Malt
denne kan faa hos ham, Kongen vil saa henimod Foraaret sende
Skibe efter det; Erich Løche skal købe 12,000 Hvillinger, 30,000
Flyndere og 150 Vorder Kabliav og med det første sende dem til
Kiøbnehavn. Udt. i Sj. T. 14, 174 b.

   **3. Febr. (Koldinghus).** Til Hack Ulfstand. Da Kongen for
visse Aarsagers Skyld har indsat en anden Præst i Rødby, hvortil
Hr. Jacob Ibsen lovlig var kaldet, og befalet Biskoppen at skaffe
Hr. Jacob et andet Kald, skal han hjælpe Hr. Jacob til det før-
ste ledige Kald paa Laaland eller Falster, da han ikke havde
forbrudt sit Embede og siden den Tid har siddet uforsørget med
Kone og Børn.[1]

   — Til Erich Lycke, Embedsmand paa Riberhus, og Kapitlet i
Riiber Domkirke. Da der er Trætte mellem Find Jespersen og
Hans Thomessen Skomager, Borgere i Vedle, i Anledning af en
Ægteskabshandel mellem Hans Thomessen og Find Jes-
persens Søster, skulle de, naar Find Jespersen besøger dem
med dette Brev, straks stævne Parterne for sig med deres Bevis-
ligheder, undersøge Sagen og afsige Dom deri. Orig.

   **4. Febr. (—).** Befaling til nedennævnte Lensmænd og Køb-
stæder straks at sende nogle Skibstømmermænd til Kiøbne-
hafns Slot for at arbejde med paa Kongens Skibe og Baade og
sende Rentemester Chrestopher Valchendorp en Seddel med An-
givelse af hver enkelts Navn og Bolig. Chrestopher Valchendorp
skal give Skibstømmermændene en til deres Duelighed svarende Dag-
løn, og de skulle blive sendte tilbage, saasnart Arbejdet med Ski-
bene er tilendebragt. — Register: Henning Giøye af Nykiøping Len
8; Hach Ulfstand af Aaleholms Len 6; Gregers Ulfstand af Rafns-
borg Len, Hendrich Vind af Øerne i Dragsholm Len, Jørgen Mar-
suin af Søluitzborg Len og Johan Urne af Lychou Len hver 4;

---

[1] Tr.. Kirkehist. Saml. 4. R. II. 10 f.

Nykiøping. Stubbekiøping og Saxkiøping hver 3; Nysted, Nagschouf,
Prestøe, Vordlingborg og Skielskør hver 2. Sj. T. 14, 177.

**4. Febr. (Koldlnghus).** Lignende Befaling til nedennævnte Lens-
mænd om at sende Savskærere til Kiøpnehafn. — Register:
Axel Veffert af Nyborg Len, Coruitz Veffert af Othensegaards Len,
Lauritz Skram af Koldinghus Len, Claus Glambech af Skanderborg
Len, Jørgen Skram af Drotningborg Len og Biørn Anderssen af Aar-
husgaards Len hver 3 Par; Erich Hardenberg af Hagenschouf Len,
Hans Johanssen af Hindtzgafuel Len og Otte Emichssen af Rud-
gordtz Len hver 2. Udt. i Sj. T. 14, 177.

— Befaling til nedennævnte Lensmænd at sende Fetalje til
Koldinghus til Fastelavn. — Register: Jørgen Schram 100 fede
Faar og Lam, 60 fede Øksne, 1 Td. Ost og 60 Vol Æg; Biørn
Anderssen 15 fede Svin, 100 fede Faar og Lam, 200 ferske Gæs,
300 Høns. 10 Kalve, 2 Tdr. fersk Smør, 1 Td. Ost, 60 Vol Æg
og 2 Tdr. Sennep; Manderup Parsberg 100 fede Faar og Lam, 150
ferske Gæs, 200 Høns og 100 Vol Æg; Chresten Munch 100 fede
Faar og Lam, 100 ferske Gæs, 200 Høns, 100 Vol Æg, 10 Kalve,
3 Tdr. fersk Smør, 2 Tdr. Ost og 20 Grise; Peder Randtzou 100
Beder; Erich Løche 200 Høns, 50 Vol Æg, 30 Grise, 1 Td. fersk
Smør; Axel Veffert 200 Høns, 60 Vol Æg, 15 fede Svin, 20 Grise,
5 Kalve og 3 Tdr. fersk Smør; Corvitz Veffert 100 fede Faar og
Lam, 300 Høns, 60 Vol Æg, 5 Kalve, 10 Grise, 15 fede Svin, 2
Tdr. fersk Smør og 50 ferske Gæs; Erich Hardenberg 200 Høns,
150 ferske Gæs, 60 Vol Æg, 5 Kalve, 10 Grise og 10 fede Svin;
Otte Emichssen 100 ferske Gæs; Hans Johanssen 100 ferske Gæs,
200 Høns, 50 Vol Æg, 5 Kalve, 10 Grise og 10 fede Svin; Claus
Glambech 20 fede Øksne, 100 fede Faar og Lam, 50 Grise, 20
fede Svin, 30 Kalve, 3 Tdr. fersk Smør og 200 Høns. Udt. i Sj.
T. 14, 178. Orig. (til Erik Hardenberg).

— Befaling til Biørn Anderssen, Jørgen Skram og Nils Jons-
sen, der have faaet Ordre til at besigte noget Gods i Anledning af
Kronens Mageskifte med Josua van Quallen, men have udsat
dette, indtil nu Jens Kaas, der var med i den første Befaling, er
død, om med det allerførste at foretage Besigtelsen, da Kronen for
længe siden har overtaget Josua van Quallens Gods. J. T. 2, 7.

— Til Biørn Anderssen, Jørgen Schram og Nils Jonssen. Da
Josua van Quallen har bevilget Kronen 4 Gaarde i Smestrup[1]

---

[1] Smidstrup, Holmans H.

By og Sogn, 1 Gaard i Gammelby, 1 Gaard i Piedsted, 1 Gaard i Høn, 1 Gaard i Oggersuig[1], 1 Gaard i Gres, 1 Gaard i Hatting, 1 Gaard i Hersløf, Gammelby og Smestrup[2] Møller, 3 Gaarde i Vorbassi, 1 Gaard i Øster Vidste[3], 2 Gaarde og 2 Boliger i Vester Vidste[3], 2 Gaarde i Hellerup[4] og 1 Gaard i Kierbøl af sin Hustrus[5] Arvegods i Kolling og Riberhus Len til Mageskifte for 16 under St. Hans Kloster i Viiborg hørende Gaarde i Hammerum Herred, 1 Gaard i Sundtz Sogn, 2 Gaarde, kaldede Brøedgaard[6] og Laulundt, i Hørning[7] Sogn, 3½ Gaard i Sundtz By og Sogn, 1 Gaard, kaldet Birck, i Hiellerup[8] Sogn, 2 Gaarde i Hørning[7], 2 Gaarde, kaldede Fastrup, i Giellerup Sogn, 1 Gaard i Hammerum, 1 Gaard, kaldet Aakal[9], i Rind Sogn, 4 Bol i Hørning[7], 1 Gaard, kaldet Amtrup, i Sneberre Sogn, 1 Gaard, kaldet Vester Høgeld, og Kronens Rettighed i 2 jordegne Bøndergaarde, kaldede Hollingholt og Kiergaard, i Sundtz Sogn og i 1 Gaard, kaldet Threlund, i Tørring Sogn, skulle de inden Paaske besigte begge Parters Gods og indsende klare Registre derpaa. Udt. i J. T. 2, 7 b.

4. Febr. (Keldinghus). Aabent Brev, at Mogens Hennessen, Borger i Bergen, og hans Medredere, Borgere smstds., indtil videre alene maa besejle Ferøøe og faa alle de Varer til Købs, som tilkomme Kronen paa Ferøøe, enten i vis Landskyld eller i andre Maader, mod at give en god gammel Dlr. for hver ferøisk Gyldens Værdi for de Varer, de faa af Kongens Foged eller Skriver der paa Landet; Aaret skal regnes fra sidste Mikkelsdag til næste Mikkelsdag, og de skulle paa egen Bekostning og Risiko betale Pengene til den paafølgende Jul paa Rentekammeret i Kiøpnehafn. De skulle aarlig give Fogden et klart Bevis for de Varer, de modtage, og forpligte sig til at betale dem til Jul. De skulle sælge gode Købmandsvarer til Almuen paa Ferøøe til det gamle Køb, ligesom de selv faa gammelt Køb af Kongen og Almuen paa de Varer, de føre af Landet, og skulle købe og sælge med Alen og Vægt, som Loven byder. De skulle være forpligtede til at indføre saa meget Købmandsgods og Varer af alle Slags samt Tømmer og Deler til Husbygning, at hver Mand paa Landet kan faa hvad han behøver, og de maa hverken hemmelig eller offentlig optage fremmede og udenlandske Købmænd i denne Handel. Baade de selv

---

[1] Oksviggaard, Jerlev H.  [2] Smidstrup, Holmans H.  [3] V. og Ø. Vedsted, Ribe H.  [4] Hillerup, samme H.  [5] Magdalene Munk.  [6] Brændgaard, Hammerum H.  [7] Herning, samme H.  [8] Fejlskrift for: Giellerup.  [9] Okkels, Hammerum H.

og deres Folk skulle opføre sig retfærdigt mod Almuen, og de
skulle være forpligtede til paa deres Skibe at befordre Kongens Fo-
ged og Skriver paa Ferøøe til og fra Landet. De skulle, forinden
de sejle fra Bergen til Ferøøe efter Varer, stille Hans Lindenov,
Befalingsmand paa Bergenhus, Borgen for Betalingen. Det befales
Fogden og Skriveren paa Ferøøe at levere Mogens Hennessen og
hans Medredere de Varer, der tilkomme Kongen paa Ferøøe. N.
R. 1, 234[1].

**5. Febr. (Koldinghus).** Følgebrev for Gotschlaf Buddi,
Kongens Skænk, til Bønderne under Børglum Kloster, at de fra
førstkommende 1. Maj skulle svare ham og forinden, som sædvan-
ligt, pløje og saa til Klosteret, naar de tilsiges. Udt. i J. R. 2,
355 b.

— Følgebrev fra 1. Maj af for Axel Veffert til Bønderne
under Olborghus. Udt. i J. R. 2, 356.

— Livsbrev for Oluf Pouelssen i Viuf, der har tilskø-
det Kronen sin jordegne Bondegaard smstds., paa samme Gaard,
fri for Ægt, Arbejde og anden Tynge, dog mod at svare samme
Landgilde deraf som hidtil; efter hans Død skal Gaarden tilfalde
Kronen og skal da sættes for saa høj en Landgilde, som den kan
taale. Han maa kun hugge i Skoven efter Anvisning af Skovfogden.
J. R. 2, 356.

— Befaling til Claus Glambeck, der har erklæret, at han ikke
kan skaffe Tønder til de 100 Læster Øl, som han har faaet Or-
dre til at lade brygge, medmindre han maa købe dem meget dyrt
eller lade dem lave, om at købe en Del, lade en Del lave og
hugge Tømmer i Skovene til Tønderne, saa Øllet til Orlogsskibene
kan blive fremsendt til den bestemte Tid. Af de paa Slottet op-
satte Øksne vil Kongen lade alle dem, som Claus Glambeck ikke
behøver til Slottets [Skanderborgs] Brug, slagte til Orlogsskibenes
Forsyning, hvorfor han skal holde dem paa Foder indtil videre. Af
de 300 Svin, som han har faaet Ordre til at købe, maa han le-
vere Oluf Bager, Borger i Ottense, de 50. J. T. 2, 8.

— Til M. Hans Suanning. Da Bertel Lassen, Herreds-
foged i Nørre Herred, har klaget over, at han har meget Besvær
med sin Stilling og med at underholde Kongens Folk, og at hans
Jord er ødelagt af Sand, saa han maa købe Korn, har Kongen paa

---

[1] Tr.: Norske Rigsregistr. II. 306 f.

hans Begæring bevilget, at han maa faa 10 Pd. Korn af Afgif-
ten af Kirkens Part af Korntienden af Sønder Borck Sogn
og ½ Læst Korn, som samme Kirke har i aarlig Jordskyld og
sælger, til Købs til samme Pris, som andre ville give. J. T. 2, 8 b.

**5. Febr. (Koldinghus).** Til Borgemestre og Raad i Vedle. Da
Kongen vil gøre nogle af sine Hofsinders Bryllupper paa Kol-
dinghus Fastelavns Søndag [1. Marts], skulle de sende 2 fornemme
Borgersker af Byen did 8 Dage i Forvejen med 100 Tinfade,
100 Tintallerkener, 20 Skiveduge, 15 Messinglysestager, 10 Salt-
sirkener, 2 Kedler, hver paa 2 Tdr., 3 Kedler, hver paa 1 Td., 2
Kedler, hver paa ½ Td., 3 Kedler, hver paa 1 Fjerd., og 3 Træ-
fødder og give dem Ordre til at blive, medens Bryllupperne staa
paa, og hjælpe til med at dække Skiverne og andet. Orig. i Pro-
vinsark. i Viborg.

**6. Febr.** (—). Befaling til samme at lade Bagerne i Byen
bage 1 Læst Skonrog, beregnet til 12 Tdr. Læsten, til Kongen
og sende Brødet til Koldinghus Onsdag før Fastelavns Søndag [25.
Febr.], hvor Kongen saa vil betale det. De skulle sørge for, at
Kongen faar rigtig godt Brød, og, hvis Bagerne ikke kunne faa Rug
nok i Byen, straks sende dem, der mangle, hid til Slottet, hvor
Lensmanden skal skaffe dem den Rug, de mangle. De skulle straks
meddele Lensmanden her paa Slottet, hvad han kan forlade sig til.
Orig. i Provinsark. i Viborg.

— Forleningsbrev for M. Lauritz Pedersen, Prædikant
ved den tyske Kirke i Kiøpnehafn, paa et Kannikedømme i
Roskild Domkirke, som er ledigt efter Dr. Matz Pouelsen, mod
til Gengæld at opgive saa meget af sin nuværende Løn, som den
visse Indtægt af Kannikedømmet kan beløbe sig til. Naar han ikke
længere er Prædikant ved den tyske Kirke, skal han residere ved
Domkirken. Sj. R. 12, 1.

— Livsbrev for Jens Hanssen i Høybye og hans Hu-
stru Mette paa deres jordegne Bondegaard smstds., som Jens
Hanssen nu har lovet at afhænde til Kronen og med det første paa
Tinge skal give Lensmanden Skøde paa. De skulle svare sædvan-
lig Afgift deraf, med Undtagelse af, at de herefter skulle være fri
for de 20 Læs Ved, som de hidtil aarlig have svaret, og være Lens-
manden paa Koldinghus lydige. J. R. 2, 357.

**7. Febr.** (—). Stadfæstelse paa det i Henhold til Fundat-
sens Bestemmelser af Superintendenten, Prælater, Kirkeværger, Kan-

niker og Sognepræst ved Domkirken i Roskilde foretagne Valg af
Hans Leyel, Kannik i Roskilde, til Forstander for Due-
brødre Hospital smstds., efterat han nu har aflagt Ed til Kon-
gens tilforordnede Fuldmægtig. Han skal oppebære al Hospitalets
Indtægt, aarlig gøre Regnskab derfor og rette sig efter Fundatsen;
det skal staa ham frit for at oppebære den i Fundatsen bevilgede
Løn. Sj. R. 12, 2.

**7. Febr. (Koldinghus).** Til Chrestopher Valchendorff. Da Dr.
Madtz Pouelssen, der en Tid har været Kannik i Roschylde Dom-
kirke og Forstander for Almindeligt Hospital i Roschylde, nu er
død og Hans Leygel, Kannik i Roschylde, er udvalgt til at være
Forstander for Duebrødre Hospital, skal Christopher Valchendorff
kalde Hans Leygel til sig, tage ham i Ed og siden levere ham
hoslagte aabne Brev paa Hospitalet. Sj. T. 14, 179 b.

— Til Hendrich Mogenssen. Da Henrich Moesbech har be-
rettet, at nogle af de Jærnovne, som Kongen fik af ham sidste
Aar til Kroneborg og Frederichsborg, endnu ikke ere be-
talte, skal Hendrich Mogenssen undersøge Sagen og straks betale
Henrich Moesbech hvad der endnu resterer. Sj. T. 14, 180.

— Til Biørn Anderssen. Da Hans Brun, hvem Kongen har
tilskiftet Kierbygaard med mere Gods i Aarhusgaardtz Len, har be-
rettet, at de paa Kierbygaard boende to Bønder have ladet
sig forlyde med at ville overfalde ham og tilføje ham Skade, skal
Biørn Anderssen tage en stærk Borgen af dem paa, at de ikke
i nogen Maade ville tilføje Hans Brun Skade, sørge for, at
de til Paaske fraflytte Gaarden, og foreholde dem, at de ikke ved
Udflytningen maa beskadige Husene. Han skal tilbagebetale de to
Bønder det Stedsmaal, de have udgivet, eller skaffe dem andre
Gaarde i Stedet, naar der bliver nogle ledige, og blive enig med
dem om, hvad Hans Brun skal give dem for Rugsæden, saa han
kan faa den til en rimelig Pris. J. T. 2, 9.

**8. Febr. (—).** Mageskifte mellem Hans Brun og Kronen.
J. R. 2, 358. (Se Kronens Skøder.)

— Livsbrev for Anne Nielsdatter, Hans Bruns Hu-
stru, paa 2 Gaarde i Søfthen By og Sogn i Vester Lisbierg
Herred, uden Afgift, i Stedet for 1 Gaard i Piedsted og 1 Bol i
Store Velling, som Anne Nielsdatter havde Kong Frederich I's Livs-
brev paa, men som Hans Brun nu paa sin Hustrus Vegne har af-
staaet. J. R. 2, 362.

36

**8. Febr. (Koldinghus).** Aabent Brev[1], hvorved de 12 Syns-
mænd — der for en rum Tid siden paa Lugude Herredsting ere blevne
udtagne til at undersøge den Skovhugst, som har fundet Sted i
Hielmsholtis Skov i de 3 Aar, da Erich Pederssen i Gadegaard
var Skovfoged dér, og efter hvis Vidnesbyrd Erich Pederssen er
bleven dømt og har maattet optinge til Lensmanden paa Helsing-
borg for en Sum Penge — fritages for al yderligere Tiltale i An-
ledning af denne Granskning, da de gode Mænd og 24 Bønder, som
i Anledning af Erich Pederssens Klager over Synsmændenes Gransk-
ning havde faaet Ordre til at undersøge Sagen, have erklæret, at det
næsten er umuligt at kende Stubbene, da det er saa længe siden,
Skovhugsten fandt Sted, og derfor meget besværligt at afsige en
endelig Dom i denne Sag; ligeledes fritages Erich Pederssen og
hans Forlovere for de Penge, som endnu restere af den Sum, han
har maattet love Lensmanden paa Helsingborg. Sk. R. 1, 263 b.

— Aabent Brev, at Peder Hanssen Skomager, Borger i
Kolding, der en Tid har arbejdet for Koldinghus og lavet de
Sko og andet Arbejde, der har kunnet falde, og i Betaling faaet de
Okse- og Kohuder, som have kunnet afhændes fra Slottet, og som har
lovet fremdeles at arbejde for Slottet til den gamle Pris, ogsaa frem-
deles maa faa de Okse- og Kohuder, som han behøver til sit
Embede, fra Slottet til den gamle Pris. Hvis han ved sit Ar-
bejde for Slottet ikke kan betale alle de Huder, han behøver, maa
han betale Resten med Penge ligeledes efter den gamle Pris. J.
R. 2, 357 b.

— Til Erich Løcke. Da Kongen har bevilget, at Christoffer
Lindenov maa tilskifte sig nogen Jord, som Præsten i Hierup[2]
bruger, skal Erich Løcke med det første lade dette Mageskifte
gaa for sig og paase, at Præsten faar tilbørligt Vederlag. J. T.
2, 9 b.

— Befaling til Lauritz Skram at modtage de Faar, Lam,
Gæs og Høns, der sendes hid fra de andre Len og skulle
bruges til de Bryllupper, som skulle staa paa Koldinghus Faste-
lavns Søndag [1. Marts], og lade dem fede, indtil de skulle bruges.
J. T. 2, 10. Orig.

— Til samme. Da Forstanderen for Almindeligt Hospital i
Kolding, der har faaet Ordre til at give Sognepræsten Hr. Jør-

---

Hans Skovgaard fik Brevet.        [2] Hjarup. Anst H.

gen Hanssen en Klædning, har erklæret, at Hospitalet ikke
formaar dette, førend det kan faa det Vikarie, som er henlagt der-
til efter Hr. Hans Lanckens Død, skal Lauritz Skram, indtil dette
sker, aarlig levere Hr. Jørgen Hanssen ovennævnte Klædning og
betale Husleje for ham ligesom i Kongens Moders Tid. J.
T. 2, 11.

**8. Febr. (Koldinghus).** Til Søfren Kier, Tolder i Kolding.
Kongen har nu ladet gøre Afregning i Herbergerne over det, som
Hertuginden af Meklenborgs Folk og Heste sidst have
fortæret i Kolding, og befaler ham straks at betale det efter
Afregningen og indskrive det i Regnskabet. J. T. 2, 10.

— Befaling til Biørn Anderssen at indsætte en duelig Mand
af Borgerne til Borgemester i Byen [Aarhus] i nu afdøde Lau-
ritz Fogs Sted, tage ham i Ed og meddele Kongen det, for at denne
siden kan give ham Brev derpaa. Den Told og anden Kronens
Rettighed, som Lauritz Fog har oppebaaret, skal han give den an-
den Borgemester, der var Lauritz Fogs Medhjælper, Ordre til at
oppebære og gøre Rentemesteren Regnskab for. J. T. 2, 10 b.

**14. Febr. (—).** Til Christoffer Valckendorff, Rentemester. Da
M. Hans Monssen, der er udnævnt til Superintendent i
Trundhiem Stift i Norge, straks til Foraaret vil rejse derop, men
erklærer, at det vil falde ham besværligt paa egen Bekostning at
hyre sig et Skib, skal Christoffer Valckendorff frit lade ham faa
sit Gods med det Skib, der til Foraaret skal sendes til Trund-
hiem med Sejlredskaber og andet til de Skibe, som Kongen lader
bygge i Trundhiem Len. Orig.

— Aabent Brev, at Hr. Peder Morthenssen, Sognepræst
til Hie Sogn, der har fæstet Kronens Part af Korntienden af
Hie Sogn paa Livstid for en aarlig Afgift af 30 Ørt. Korn, herefter
maa svare Penge i Stedet for Kornet, 1 gl. Dlr. for hver
smal Tønde Korn. Han skal betale Pengene til Lensmanden paa
Riberhus inden Fastelavn, saafremt han ikke vil have Livsbrevet
forbrudt. J. R. 2, 363.

— Lignende Tilladelse for Vincentz Jul til at give 1 Dlr.
for hver smal Td. Korn af Kronens Part af Korntienden
af Aal Sogn, som er 16 Ørt. Rug og 4 Ørt. Byg, og af Billum
Sogn, som er 10 Ørt. Rug og 6 Ørt. Byg. Udt. i J. R. 2, 363 b.

— Aabent Brev, at Jens Chrestenssen, der er beskikket
til Byfoged i Vahre og formedelst dette Embede maa forsømme

36*

sin egen Næring meget, uden dog at faa noget derfor, herefter maa oppebære Fjerdedelen af det Sagefald og anden saadan uvis Rente, som tilfalder Kronen der i Byen. J. R. 2, 364.

**14. Febr. (Koldinghus).** Forleningsbrev for Hr. Niels Olufssen, Sognepræst til Bølling og Seding Sogne, paa Kronens Part af Tienden af disse Sogne. Udt. i J. R. 2, 364.

**15. Febr. (—).** Til Lauritz Krusse, Underadmiral. Gregers Anderssen, Borger i Nykiøping paa Mors, har berettet, at han sidste Aar har sendt et Skib til Norge, men da det kom til Olborg, befalede Jens Kaas ham at løbe til Mariagger for at føre en Skibsladning Kalk til Kroneborg, saa han til sin store Skade maatte udskibe sit eget Gods i Olborg; da han havde leveret Kalken paa Kroneborg, er han desuden bleven overfalden af en stærk Storm, har mistet 2 Ankere og Tove og faaet Hul paa Skibet, saa han kun med stor Livsfare har bjærget Skibet til Kiøpnehafn. Da han har lidt denne Skade paa en Rejse for Kongen, skal Lauritz Krusse paa Holmen frit lade ham faa 2 gamle Ankere og 2 gamle Tove med nogle smaa Tove, der ikke ere Kongen til nogen særlig Nytte, men kunne hjælpe ham. Sj. T. 14, 180 b.

**16. Febr. (—).** Til Chrestopher Valchendorp. Da Morthen Venstermand har berettet, at nogle Bønder i Rafuensborg Len restere med Penge- og Madskat og ere saa forarmede, at de ikke kunne udrede den, hvilket han erklærer at kunne bevise med Tingsvidner, skal Chrestopher Valchendorp fritage dem, der bevisligt ikke kunne udrede Restancen, for at svare den og kvittere derfor. Sj. T. 14, 181.

— Mageskifte mellem Knud Venstermand til Findstrup og Kronen. F. R. 1, 171 b. (Se Kronens Skøder.)

— Til Axel og Coruidts Viffert. Da Kongen blandt andet Gods har tilmageskiftet Knudt Venstermandt 2 Gaarde i Fyen, den ene i Findstrup, den anden kaldet Kragbierg, der skulle have svaret Landgilde og Herlighed til Sognepræsten i Faaborrig, skulle de med det allerførste udlægge Sognepræsten i Faaborrig 2 af Kronens Gaarde nærmest Byen, der aarlig kunne rente ligesaa meget som de til Knudt Venstermandt udlagte Gaarde, og indsende klare Registre derpaa til Kongen, der saa siden vil give Præsten Brev paa Gaardene. F. T. 1, 131.

— Lignende Brev til samme om at udlægge Kapellanen

i Faaborg Fyldest for 2 Gaarde i Diernes, som Knudt Ven-
stermandt har faaet. Udt. i F. T. 1, 131 b.

**16. Febr. (Koldinghus).** Til Jacop Ulfeldt og Coruitz Viffert.
Da Steen Biilde til Kiersgaardt har begæret Vederlag af Kronens
Gods i Harrendrup under Dallum Kloster for de $2^1/_2$ Td. $2^1/_2$ Skp.
$1^1/_3$ Fjerdingkar Hartkorn, som Kongen er bleven ham skyldig i et
tidligere Mageskifte, og for 2 Gaarde, som han yderligere har be-
vilget Kronen til Mageskifte, den ene i Bygholm Len i Jylland
og den anden i Dragsholm Len i Sjælland, hvorover der sendes
dem 2 Besigtelser, skulle de med det første besigte Godset i Har-
rendrup, udlægge Steen Biilde Fyldest deraf, hvis Kronen da kan
undvære det, men ellers udlægge Fyldest andensteds i Fyen paa et
for ham belejligt Sted, ligne Godset og indsende klare Registre der-
paa. F. T. 1, 131 b.

— Aabent Brev, hvorved Kongen i Anledning af Klager fra
Borgerskabet i Nykiøping paa Mors over, at Kongens Kaptejner,
der ligge i Bæltet (osv. som i Brev af 19. Juni 1578), paa-
byder, at Kaptejnerne skulle lade Kongens Undersaatter i
Nykiøping uhindret passere (osv. som i Brev af 19. Juni).
J. R. 2, 364 b.

— Befaling til Byfogden i Vaarde at tage 1 Mk., som før gik,
eller 8 Sk., som Mønten nu gaar, i Sise af hver Td. Husumerøl,
som indføres og sælges, og samme Sise som andensteds af Ham-
borgerøl, Rostocksøl og anden fremmed Drik. J. T. 2, 11.

— Til Mandrup Parsberg og Claus Glambeck. Da Kongen har
bevilget, at Fru Mette, Ifuer Kieldtzens Enke, maa faa 1 Gaard,
kaldet Holmgaardt, i Lem Sogn, 3 Gaarde i Røusterup[1], 1 Gaard i
Bølling, Gammelgaard og 1 Gaard i Nørby, alt i Bølling Herred,
til Mageskifte for 2 Gaarde og 3 Bol i Lyddum By og Sogn, 1
Gaard i Tharp i Lund Sogn, 2 Gaarde i Lunde, 1 Gaard i Ottrup[2]
By og Sogn og 2 Gaarde i Hie, alt i Vester Herred, 1 Bol i Hemme
Sogn, 1 Bol, kaldet Riiddersholm, 1 Bol i Viem Sogn og 1 Gaard
i Bandtzbylle, alt i Nørre Herred, samt 1 Gaard i Starup i Skadtz
Herred, skulle de med det første besigte begge Parters Gods og
indsende klare Registre derpaa. Udt. i J. T. 2, 11 b.

**17. Febr. (—).** Til Biørn Kaas. Bønderne i Daxstrup og
Lachelenge Len have berettet, at da de nu leverede deres Landgilde-

---

[1] Rævstrup.    [2] Ovtrup.

korn paa Malmøø Slot paa gammel Vis, krævedes der i Henhold til Forordningen om Indførelsen af ens Skæppe i Skaane 4 Skpr. Korn mere paa hvert Pund, end de hidtil have svaret, hvilket de ikke ville kunne udrede uden at blive ødelagte. Da Meningen med Indførelsen af ens Skæppe imidlertid kun var at afskaffe de Misbrug, der fandt Sted, ikke at besvære Bønderne mere end sædvanligt, skal han beregne, hvad Bøndernes Landgilde i ovennævnte Len kan beløbe sig til efter den ny Skæppe, lade Jordebogen forandre i Overensstemmelse hermed og indsende den forandrede Jordebog til Rentekammeret. Sk. T. 1, 167 b. K.

**17. Febr. (Koldinghus).** Aabent Brev, hvorved Sandemændene i Sundtz Herred fritages for Ægt og Arbejde, saalænge de ere Sandemænd. Udt. i F. R. 1, 177 b.

— Mageskifte mellem Almindeligt Hospital i Kolding og Kronen. J. R. 2, 365. Orig. i Provinsark. i Viborg. (Se Kronens Skøder.)

— Aabent Brev, at Las Søfrenssen, Degn til Siello Kirke, der hidtil ikke har haft nogen bestemt Degnebolig, saa han har maattet give største Delen af sin ringe Løn af Sognene ud til Husleje, til førstkommende Fardag i Aar maa faa en Kirkejord, kaldet Døftoft, med et lille Stykke Eng, kaldet Kirkeeng, og et lille Stykke Skov, kaldet Kirkehoved, i samme Eng, dog skal han tilbagebetale den Bonde i Siello, der hidtil har brugt ovennævnte Ejendom til sin Gaard, det af denne udgivne Stedsmaal og blive enig med ham om Sæden. Han skal aarlig svare 6 Skpr. Byg og 6 Sk. danske til Siello Kirke. J. R. 2, 366 b.

— Til Lauritz Schram, Embedsmand paa Koldinghus. Da Matz Giødtzen i Lille Giesten har berettet, at hans Hustru er kommen til stor Skade, saa han har maattet lade hendes ene Arm save af, hvilket paa Grund af de store Udgifter til Bartskær har medført, at han med sine mange smaa Børn er kommen i stor Armod, har Kongen eftergivet ham Halvdelen af hans Landgilde for sidste Aar. Orig.

**18. Febr. (—).** Befaling til Hendrick Bang, Tolder i Medelfardt, at skaffe Kongen alle de Skælfisk, der kunne faas i Byen, og efterhaanden sende dem herover i den tilkommende Uge til de Bryllupper, der skulle holdes paa Koldinghus Fastelavns Søndag [1. Marts]; han skal betale Fiskene. Orig.

— Aabent Brev, hvorved Kongen lover Anders Bing,

Embedsmand paa Vardbierg, der har tilladt Kronen straks at faa 6
Gaarde og 3 Bol i Tiufkier i Brusk Herred, 2 Gaarde og 1 Bol i
Huilsbierg og 1 Gaard i Andkier i Holmindtz Herred, 1 Gaard og
Herligheden af 1 Gaard i Vilstrup i Jerlof Herred af hans Gods,
med det allerførste at udlægge ham Fyldest derfor paa et belej-
ligt Sted. Hvad Landgilde, Sagefald og anden uvis Rente der oppe-
bæres af ovennævnte Gods, indtil Mageskiftet kommer i Orden, vil
Kongen erstatte Anders Bing eller hans Arvinger. J. R. 2, 367.

18. Febr. (Koldinghus). Aabent Brev, hvorved de nuværende
Sandemænd i Nørhald, Støfring, Vonsyl og Gierlof Her-
reder i Drotningborg Len fritages for Ægt og Arbejde, saa-
længe de ere Sandemænd. Udt. i J. R. 2, 367 b.

— Til Kapitlet i Viiborg. Da Nils Jonssen, Embedsmand
paa Hald, har berettet, at der paaføres ham Trætte paa Ejen-
dommen til et Bol, kaldet Thorsagger, som han har faaet til
Mageskifte af Kronen, og han formener, at der endnu blandt Hos-
pitalets Breve findes noget til at forsvare Ejendommen med, skal
det i Kisterne opsøge de paa ovennævnte Bols Ejendom lydende
Breve og enten levere ham Vidisser deraf under dets Segl eller
selve Brevene mod Reversal for, at han inden en bestemt Tid vil
levere dem tilbage. J. T. 2, 12.

— Til Erich Løcke og Anders Bing. Da Jacob Høg har be-
vilget Kronen 2 Gaarde i Østed By og Sogn i Jerløf Herred og 1
Gaard i Skierup By og Sogn i Holmindtz Herred til Mageskifte
for Vederlag af Kronens Gods i Hiem By og Sogn og i Skrøstrup
i Onsild Herred, hvorom han selv skal give dem nærmere Under-
retning, skulle de inden Midfaste i det allerseneste besigte begge
Parters Gods og indsende klare Registre derpaa. Udt. i J. T.
2, 12 b.

— Til Hendrich Holck. Kongens Sekretær har forelæst
Kongen hans Svar paa Kongens Skrivelse til ham om at afstaa no-
get af sit Gods i Coldinghus Len til Kronen, og Kongen ser deraf,
at Hendrich Holck for sin Skrøbeligheds Skyld enten ønsker Mage-
skiftet udsat til Foraaret, for at han selv kan udse sig noget Gods
i Stedet, eller til efter sin og sin Hustrus Død, men hvis Kongen
endelig vil have Godset, vil han gerne afstaa det, dog haaber han
saa, at Kongen tillige vil tilskifte sig noget Hedegods, for største
Delen i Riberhus Len, af ham. Kongen takker ham for hans Er-
klæring og vil optage den paa det bedste, men kan ikke godt tage

Hedegodset, derimod vil han give fuldt Vederlag og mere til for
det andet Gods; Kongen haaber derfor, at han lader sin Begæring
om Hedegodset falde og viser sig villig, ligesom de andre, som Kon-
gen har mageskiftet med. Hvis det, som Kongen nok kan tænke,
er ham for besværligt selv at udse sig Gods i Stedet, beder Kongen
ham lade sin Hustru eller en af sine Sønner gøre det og med det
første erklære sig om Sagen, da Kongen nu paa det nærmeste har
udskiftet alle Lodsejerne eller har deres Samtykke. J. T. 2, 13.

**18. Febr. (Koldinghus).**  Til Christen Munck og Claus Glam-
beck.  Da Fru Anne Nils Anderssens har bevilget Kronen 1
Gaard i Fiellerup i Aakier Len til Mageskifte for 1 Gaard, kal-
det Øland, i Thy, skulle de inden Midfaste besigte begge Parters
Gods og indsende klare Registre derpaa.  Udt. i J. T. 2, 13 b.

— Til de samme.  Da Ifuer Grøn har bevilget Kronen sit
Gods i Velling og Schierrup i Koldinghus Len til Mageskifte for 4
smaa Krongaarde i Thollestrup og 1 Gaard, kaldet Thulstrup, ved
Semidsted[1] Bro, skulle de inden Midfaste besigte begge Parters Gods
og indsende klare Registre derpaa.  Udt. i J. T. 2, 14.

— Aabent Brev, hvorved Kongen, der vil opelske en Fredejagt
i Koldinghus Len og i den Anledning til ikke ringe Skade for sig
selv har udskiftet Adelen, indsætter Peder Ulf til at beride Vin-
dinge, Andkier, Sellerup, Bregninge, Gorslunde[2] og Ga-
fuersløf[3] Skove i Fredejagten.  Han skal paa egen Bekostning
holde en Klipper til at ride paa og paase, at ingen jager eller skyder i
Skovene, ligesom han ogsaa, hvor han kommer frem, skal have Op-
sigt med, at ingen fisker i Aaer eller Bække efter Laksforeller,
Grundlinger eller Elritser.  Faar han fat i nogle, der jage eller fiske,
skal han føre dem til Lensmanden paa Koldinghus, men ere de
ham for stærke eller han ikke er til Stede, naar Gerningen sker,
skal han se at faa at vide, hvem de ere eller tilhøre, og meddele
Lensmanden det.  Han skal ogsaa paase, at ingen, der ikke har
Lov til det, forhugger eller bortstjæler Skoven, og melde mulige Over-
trædelser til Lensmanden.  For denne sin Tjeneste skal han herefter
nøjes med at svare 25 Dlr. aarlig af Sellerupgaard og være fri for
Ægt, Arbejde og anden Tynge, ligesom han ogsaa skal have fri
Ildebrændsel til eget Brug i Sellerup Skov af Vindfælder og fornede
Træer.  J. R. 2, 368.

---

[1] Simested, Rinds H.    [2] Gaverslund, Holmans H.    [3] Gaarslev, samme H.

**18. Febr. (Koldinghus).** Aabent Brev, hvorved det forbydes alle andre end Kongens egne Fiskere at fiske med Garn og andre saadanne Redskaber efter Foreller, Grundlinger og Elritser i Koldinghus Len, da dette vil medføre, at Bække og Aaer med Tiden blive forfiskede, saa der intet vil være at faa, naar Kongen selv vil forlyste sig med at fiske. Enhver, der gør det, vil blive straffet paa sin Boslod. J. R. 2, 369[1].

**19. Febr. (—).** Aabent Brev, at Kongen har sat Hans Hanssen i Skierup til at have Opsigt med, at ingen andre end Kongens Fiskere fiske efter Laksforeller, Grundlinger og Elritser i Bredstrup Spangs Aa, der løber mellem Holmindtz Herred og Eld Herred, i Follerup Aa, der løber mellem Holmindtz Herred og Brusk Herred, i Borkup[2] Aa fra Suinholt til Rafuensfior[3], i Fischebech mellem Veil Skov og Vindinge Skov, i Ikier mellem Andkier Skov og Vindinge Skov, i Marbeck mellem Gafuerslund Skov og Gordsløf[4] Skov, i Bækken mellem Breninge Skov og Sellerup Skov, i 2 Bække, den ene kaldet Østerbeck paa Skierup Mark, den anden Hollebeck mellem Nebbe Skov og Gordsløf[4] Skov, i Søndersbeck i Sellerup Skov, i Jeders Bæk og i Blanckdals Bæk i Vindinge Skov, i Salthe Bæk i Andkier Skov, i Herressens Bæk i Gafuerslund Skov og i Brygers Bæk i Breninge Skov. Træffer han paa nogle, der fiske i ovennævnte Bække, skal han gribe dem og føre dem hid til Slottet, men hvis han ikke kan faa fat paa dem, skal han opsøge, hvem det er, og melde Lensmanden det. Han skal være fri for Landgilde, Ægt, Arbejde og anden Besværing af sin Gaard, saalænge han har ovennævnte Bestilling. J. R. 2, 369 b[5].

— Mageskifte mellem Hans Hanssen i Skierup og Kronen. J. R. 2, 371. (Se Kronens Skøder.)

— Aabent Brev, hvorved Hans Hanssen i Skierup, der har tilskødet Kronen en jordegen Bondegaard i Gordtzløf[6] i Koldinghus Len, hans Hustru Anne Olufsdatter og deres 2 Sønner, Hans Hanssen og Oluf Hanssen, fritages for Ægt, Arbejde, Tov og anden Tynge af deres 4 jordegne Bøndergaarde, den ene i Skierup, som Hans Hanssen selv bor i, med 2 Ottinger Jord paa Skierup Mark, den anden i Damkier, som han har faaet til Mageskifte

---

[1] Tr.: Secher, Forordninger II. 126.  [2] Børkop.  [3] Randsfjord.  [4] Gaarslev. Tr.: Saml. t. jydsk. Hist. og Topogr. 2. R. II. 183 f.  [6] Gaarslev, Holmans H.

af Kronen, den tredje i Byrckop[1] og den fjerde i Ølstedt i Hatting Herred, saalænge de leve; derimod skulle de aarlig svare 1 Td. Smør og 2 Ørt. Korn til Kronen, de 3 Fjerd. Smør og de 2 Ørt. Korn til Koldinghus og den fjerde Fjerd. Smør til Aackier. Efter ovennævnte 4 Personers Død skal der svares af Godset som af andet Bondegods[2]. J. R. 2, 373[3].

**19. Febr. (Koldinghus).** Tilladelse for Gert von der Landtwehr til at bosætte sig i Kiøpnehafn og frit bruge sit Skrædderembede; han skal kun, som paabudt i Recessen, svare 1 Gylden i Lavet og indtil videre være fri for Lav og Lavsret, men skal være Borgemestre og Raad lydig og svare borgerlig Tynge til Kronen og Byen. Sj. R. 12, 3[4].

— Aabent Brev, at Peder Skriver i Refshofuid[5], der ejer Halvparten af en jordegen Bondegaard, kaldet Ballinggaard, i Balling Sogn i Røding Herred, medens den anden Halvpart for nogen Tid siden er forbrudt under Kronen, tillige maa faa sidstnævnte Halvpart og beholde den som frit Bondegods, indtil videre fri for at svare Landgilde og anden Bondetynge deraf; derimod skal han svare samme Rettighed deraf, som der svaredes, medens Gaarden var frit Bondegods. Han skal være Lensmanden paa Schifhus lydig. J. R. 2, 370 b.

— Forleningsbrev for Claus Glambeck, Embedsmand paa Schanderborg, der har opladt Kronen de Sognetiender i Kolding-hus Len, som Kongen har givet ham Livsbrev paa, indtil videre uden Afgift, paa Afgiften af Kronens Part af Korntienden af Kuorning[6] Sogn i Hatting Herred og Snee Sogn i Nøruongs Herred, indtil videre kvit og frit. Naar de, der have fæstet Kronens og Kirkens Parter af Korntienden af Kuorning Sogn, og den, der har fæstet Kronens Part af Tienden af Snee Sogn, ere døde, maa Claus Glambeck uden Stedsmaal faa disse Tiender for Livstid mod at svare samme Afgift deraf, som der nu svares; naar Kongen ikke længer vil lade ham beholde Kronens Part af Korntienden af ovennævnte to Sogne kvit og frit, skal han svare samme Afgift deraf, som der nu svares, og levere den tilligemed Afgiften af Kirkens Part af Korntienden af Kuorning Sogn inden Fastelavn i det seneste, saa-

---

[1] Børkop, Holmans H. [2] Tr.: Saml. t. jydsk Hist. og Topogr. 2. R. II. 154 f. [3] Derefter følger Hans Hausens Skødebrev af 19. Febr. til Kronen paa den jordegne Bonde-gaard i Gaarslev. [4] Tr.: O. Nielsen, Kbhvns Dipl. II. 386. [5] Refshoved, Refs H. [6] Korning.

fremt han ikke vil have Brevet forbrudt. Det skal staa ham frit for at minde de Bønder, der have fæstet Tienderne, disse af. J. R. 2, 375 b.

**19. Febr. (Koldinghus).** Befaling til Claus Glambeck med det første at lade det Tømmer hugge, som han tidligere mundtlig har faaet Ordre til at lade hugge og savskære i Lenets Skove til Stolper, Pæle, Ledde og Fjæle til Indplankning af Kobbeliet ved Slottet. J. T. 2, 15.

— Aabent Brev, hvorved Jes Hanssen i Sellerup, der er bleven »usindig og forbistret«, saa han ikke kan søge sin Næring som tidligere, og hans Hustru fritages for Halvdelen af Landgilden af deres Gaard, saalænge han er syg. J. R. 2, 376 b.

— Befaling til Kapitlet i Viiborg straks at opsøge de Breve vedrørende Loduig Munck til Quistrups Gaard Huidhofuet[1] ved Hald, som efter hvad der er berettet Kongen skulle findes ved Kapitlet, og med dette Bud sende dem velforvarede hid under Segl; naar Kongen har læst dem, vil han sende dem uskadte tilbage. J. T. 2, 14.

— Til Otte Banner og Hånnibal Guldenstiern. Da Jens Claussen til Boller har bevilget Kronen 2 Gaarde i Børup i Koldinghus Len og 2 Gaarde i Regom[2] og Herschyld i Skanderborg Len til Mageskifte for 1 Gaard, kaldet Agdrup, 1 Gaard, kaldet Clarup, 1 Gaard, kaldet Stendal, 1 Gaard, kaldet Gresdal, 1 Bol, kaldet Rouholm[3], 1 Bol i Graffom og 1 Bol i Thors i Børglum Herred, skulle de besigte begge Parters Gods og indsende klare Registre derpaa. Udt. i J. T. 2, 14 b.

— Befaling til samme at foretage Besigtelsen inden Midfaste og passe paa, at der ikke udlægges Jens Claussen Gods, som i Forvejen er tilskiftet eller lovet andre. Udt. i J. T. 2, 15.

— Befaling til Lauritz Skram at lade Hr. Daniel Michelssen, Sognepræst til Hiordrup[4] og Vandrup[5] Sogne, der har berettet, at hans Præstegaard er brændt to Gange i 6 Aar, og at han nu ikke formaar at genopbygge den uden Hjælp, faa nogen Hjælp til dens Genopførelse i Kronens Skove, hvor der sker mindst Skovskade. J. T. 2, 15 b.

— Til Mandrup Parsberg, Claus Glambeck og Nils Jonssen. Da Fru Karren Krabbe, Nils Schiels Enke, og Otte Banner til

---

[1] Vedhovedgaard, Fjends H.   [2] Røgen, Gern H.   [3] Rugholm.   [4] Hjarup, Anst H.   [5] Vamdrup, samme H.

Asdal paa sin Hustru Fru Ingeborg Schiels Vegne have bevilget
Kronen Vindersløfgaard og Schoufsgaard med tilliggende Gods, und-
tagen det til Gaardene liggende Gods i Thye, Mors og Hard Syssel,
som Kongen ikke ønsker at faa, til Mageskifte for Resten af Vor-
gaards Gods, der sidst ikke blev mageskiftet bort, og som Fru Kar-
ren nu selv har i Værge, og desuden Gods i Albeck, Skifue[1] og
Vore Sogne, skulle de inden Paaske i det allerseneste besigte Godset
og indsende klare Registre derpaa. J. T. 2, 15 b.

**19. Febr. (Koldinghus).** Til Erich Løcke. Da Kongen har til-
mageskiftet Christoffer Jul til Estrup det paa indlagte Register op-
førte Gods i Nørrejylland, som tidligere laa til Riiber Domkirke,
Kapitel og Hospital, skal han udlægge disse Institutioner Fyl-
dest derfor af det tiloversblevne af det til Hundtzbeck Gaard hø-
rende Gods, sørge for, at de faa nogen Skov igen, da de have mistet
Skovgods, udlægge dem Fyldest efter Godsets Landgilde, ikke efter
Ejendommen, og sende Kancelliet klar Besked om, hvad han ud-
lægger, for at Kongen derefter kan give Forvaring derpaa. J. T.
2, 16 b.

— Til Christen Munck og Claus Glambeck. Da Fru Karen
Guldenstiern, Holgier Rossenkrantzis Enke, i Følge vedlagte For-
pligtelsesbrev ved et tidligere Mageskifte er bleven Kronen 37
Tdr. 2½ Skp. ½ Fjerdingkar Hartkorn skyldig og derfor har lovet
at udlægge Kronen 1 Gaard i Halderup og 1 Gaard og 1 Bol i
Thuingstrup i Vor Herred og, hvis det ikke forslaar, desuden andet
Gods, skulle de med det første besigte ovennævnte 2 Gaarde og 1
Bol og, hvis de ikke beløbe sig til saa meget som det, hun skylder,
tage Fyldest af hende for det manglende i andet Gods, tage For-
varing af hende derpaa, tilsende Kongen den og tilbagelevere hende
Forpligtelsesbrevet. J. T. 2, 17.

**20. Febr. (—).** Befaling til nedennævnte Lensmænd og Køb-
stæder at lade det Brød, Øl [og Gryn], hvorom de tidligere
have faaet Skrivelse, bage, brygge [og male] i rette Tid, saa at
det, saasnart Vandet bliver aabent og Øllet kan sendes uden at
fryse, kan sendes til Kiøpnehafn. — Register: I Smaalandene: Hach
Ulfstand, Henning Gøye og Nykiøping om Øl. — I Skaane: Malmøe,
Landtzkrone og Helsingborrig om Øl. — I Fyen: Axel Veffert, Kierte-
minde, Nyborg, Suinborg, Faaborrig og Assens om Øl; Erich Harden-

---

[1] Skæve, Dronninglund H.

berg og Hans Johanssen om Brød og Coruitz Veffert om Brød og
Gryn. — I Jylland: Lauritz Skram og Manderup Parsberg om Brød;
Biørn Anderssen og Jørgen Skram om Brød og Gryn og Claus Glam-
bech om Øl, Brød og Gryn.  Sj. T. 14, 181.

**20. Febr. (Koldinghus).**  Befaling til nedennævnte Lensmænd
om, saasnart Vandet bliver aabent, at sende den Fetalje, hvorom
de tidligere have faaet Skrivelse, til Kiøpnehafn. — Register: I
Jylland: Jørgen Skram og Claus Glambech om Smør, Flæsk, Rug
og Malt; Jørgen Rossenkrandtz om Smør, Flæsk, Kød og Fisk;
Manderup Parsberg om Smør, Flæsk og Malt; Niels Jonssen, Biørn
Anderssen og Chresten Munch om Smør og Flæsk; Lauritz Skram
om Malt. — I Fyen: Jacop Ulfeld og Coruitz Veffert om Smør og
Flæsk; Axel Veffert om Flæsk. — Paa Falster og Laaland: Henning
Gøye om Smør og Flæsk; Hach Ulfstand om Flæsk. — I Skaane:
Biørn Kaas, Jørgen Marsuin, Pouel Huitfeld, Johan Urne og Axel Gyl-
denstiern om Flæsk.  Sj. T. 14, 182.

— Til Borgemestre, Raad og Byfoged i Medelfard.  Kongen
sender nu 250 Øksne over til Sjælland og befaler dem at skaffe
disse Hø og Foder en Nats Tid, naar de komme der til Byen, og
indskrive Udgiften i deres Regnskab; blive Øksnene formedelst deres
Forsømmelighed ikke godt behandlede, ville de komme til at staa
til Regnskab derfor.  Orig.

**21. Febr. (—).**  Aabent Brev, hvorved Jens Thomessen i
Børckop, Herredsfoged i Holmindtz Herred, der tidligere i lang
Tid har været Delefoged til Koldinghus og baade i dette Embede
og sit nuværende har haft meget Besvær med at søge og sidde Ting
uden at have haft noget derfor, og hans Hustru Karine Thomes-
datter for Livstid fritages for al Ægt og Arbejde og Halv-
delen af deres Landgilde.  J. R. 2, 377.

**22. Febr. (—).**  Til Chrestopher Valchendorp.  Da Malthi Jens-
sen, Landsdommer i Nørrejylland, har faaet noget af det Skarpen-
bierges Gods i Leyrskouf[1] og Votterup[2], som Ifuer Kaas har i
Forlening, til Mageskifte, skal Chrestopher Valchendorp herefter af-
korte saa meget, som dette Gods bevisligt renter, i Afgiften af
Skarpenbierges Gods.  Sj. T. 14, 183.

— Aabent Brev, hvorved Kongen, der har bragt i Erfaring, at
Borgerne i Vardbierg siden Byens Brand i sidste Fejde ikke be-

---

[1] Ljørslev, Mors Sønder H.    [2] Vittrup, samme H.

flitte sig paa at genopbygge Byen, saa at der endnu ligger en hel
Del Byggesteder øde, hvorpaa der tidligere har været Huse,
strengelig befaler alle Borgere samt Præster og andre udenbysboende,
der eje saadanne Byggesteder, inden 3 Aar at bebygge disse, saa-
fremt der tidligere har været Huse paa dem, da de ellers skulle
være forbrudte til Kronen, der saa frit kan give dem til andre.
Sk. R. 1, 264 b.   Orig.

**22. Febr. (Koldinghus).** Aabent Brev, at Pouel Pop, Borge-
mester i Aalborg, der formedelst Borgemesterbestillingen maa for-
sømme sin egen Næring meget, maa blive Borgemesterembedet
kvit til førstkommende 1. Maj og derefter altid maa være fri for
Borgemesterbefaling, Tov og anden Byens Befaling. J. R. 2, 378.

— Til Axel Viffert. Da Kongen har bevilget, at Pouel Pop,
Borgemester i Olborrig, til 1. Maj maa blive fri for Bestillingen,
skal Axel Viffert til den Tid indsætte en anden duelig Mand til
Borgemester i hans Sted og meddele Kongen det, for at denne
kan give den af Axel Viffert udnævnte Brev derpaa. F. T. 1,
132 b.

— Aabent Brev, hvorved det strengelig befales alle, som
tidligere have ligget til Seeby Kirke, herefter altid at
søge til Seeby Kirke og svare Sognepræsten, Kirken og Skolen
i Seeby den Tiende og Rente, som de have svaret dem fra Arilds
Tid af; Borgemester og Raad samt Sognepræsten i Seeby have nem-
lig berettet, at Sognepræsten i Seeby kun har en meget ringe Un-
derholdning, og at Fru Pernille Oxe har lagt 12 Gaarde og Bol, der
fra Arilds Tid have ligget til Seeby Kirke, Præst og Skole, til Vol-
strup Kirke paa Landet, saa Seeby Kirke, Præst og Skole nu ingen
Rente faa deraf. Ligeledes befales det, da Fru Pernille har taget
Kronens Part af Tienden af Lille Steens i Karup Sogn, hvilken
Sognetiende af Kongens Fader var henlagt til Seeby Præsts Under-
holdning, den paa Gaarden boende Bonde at svare Seeby Præst
Tienden, medmindre Ejerne af Seebygaard have særlige Kongebreve
paa, at de skulle være fri derfor.   J. R. 2, 378.

— Aabent Brev, hvorved Chresten Greersen i Nørre Kolle-
morthen, der bor paa en Alfarvej og besværes meget med at skaffe
Kongens Folk Fortæring og Vogne, indtil videre fritages for 1
Fjerd. Smør af sin Landgilde. J. R. 2, 379 b.

— Til Anders Dresselberg og Johan Brockenhus. Da Mogens
Juel til Julingsholm har bevilget Kronen 1 Gaard i Høyen i Jerlof

Herred, 1 Gaard i Vilstrup og 1 Bol i Nebel i Brusch Herred til
Mageskifte for 3 Gaarde i Nolund i Grensted Sogn i Slags Her-
red, 1 Gaard i Hallembeck i Nørreuongs Herred, 1 Gaard i Hoen [1]
Sogn og 1 Bol ved Hoen Kirke i Nør Herred, skulle de med det
allerførste besigte begge Parters Gods og indsende klare Registre
derpaa. Udt. i J. T. 2, 17 b.

**23. Febr. (Koldinghus).** Til Coruitz Viffert, Embedsmand paa
Otthensøøegaard, og Absolon Gøye. Da Fru Gesse Brockenhus,
Erich Bildis Enke, har bevilget Kronen 1 Gaard i Damkier i Hol-
mandtz Herred, 1 Gaard i Tiufker i Brusk Herred, 1 Gaard i Hø-
ling [2] i Jerløf Herred, 1 Gaard, kaldet Marskielgaard, og 2 Gaarde i
Ousbølle [3] i Vester Herred, 1 Gaard, kaldet Trangaardt, i Nørager,
1 Gaard i Bogensøøe og 1 Gaard og 1 Hus i Miskouf paa Hindtz-
holm til Mageskifte for Biørnemossegaard, 1 Gaard i Korsebierg,
3 Gaarde i Pederstruppe, 2 Gaarde i Trøstruppe og Riez Mølle [4] i
Fyen, skulle de inden Paaske besigte begge Parters Gods og ind-
sende klare Registre derpaa. F. T. 1, 133. Udt. i J. T. 2, 18.

— Til Lauritz Skram og Erich Løcke. Da Matz Raale har
bevilget Kronen 1 Gaard, som han selv bor i, med nogle til Gaar-
den hørende Stykker Stufjord og 1 Bol i Piedstedt til Mageskifte
for Vederlag af Kronens Gods i Allerup i Sneum Sogn i Skatz Her-
red, skulle de med det allerførste besigte begge Parters Gods og
indsende klare Registre derpaa. Udt. i J. T. 2, 18 b.

**24. Febr. (—).** Til Claus Glambeck. Paa hans Forespørgsel
om, hvad han skal gøre med den Herremand, Christen Prip,
der har skudt en Hjort paa Kronens Ejendom i Skanderborg Len,
hvorom han har taget forskellige Tingsvidner, befales det ham at
forfølge ham til Herredsting, Landsting og for Rigens Kansler,
saavidt han kan gøre det med Rette. J. T. 2, 19.

— Aabent Brev, at Hr. Lauritz Pouelssen, Sognepræst
i Søbye og Heden Sogne i Fyen, og hans Efterfølgere i Em-
bedet herefter altid maa oppebære baade Landgilde og Herlig-
hed med Stedsmaal, Ægt og Arbejde af deres Annekspræste-
gaard i Heden, da hans Formænd baade i Bispernes Tid og siden
have oppebaaret alt dette, indtil nu Herligheden for kort Tid siden
er bleven forment ham; Sagefaldet af Gaarden skal dog som hidtil
svares til Stiftslensmanden. F. R. 1, 177 b.

---

[1] Houen, N. Horne H.    [2] Hollund.    [3] Oksbøl.    [4] Ryds Mølle, Skovby H

**24. Febr. (Koldinghus).** Lignende Brev for Hr. Niels Adam-
sen, Sognepræst i Reinge[1] og Heringe Sogne, paa Her-
ligheden af hans Annekspr/æstegaard og Bol. Udt. i F. R.
1, 178[2].

— Til Anders Dresselberg og Johan Brockenhus. Da Søfren
Mund har bevilget Kronen 1 Gaard i Jerløf By og Herred, 1 Gaard
i Ankier i Holmindtz Herred og 1 Gaard i Faaborg i Skadtz Her-
red til Mageskifte for 1 Gaard, kaldet Merringgaard, i Hatting
Herred, 1 Gaard i Kiørup, 1 Gaard i Borup, 1 Gaard i Serritzløf
og 1 Bol i Nebel i Vor Herred, skulle de med det allerførste be-
sigte begge Parters Gods og indsende klare Registre derpaa. Udt.
i J. T. 2, 19.

— Til de samme. Da Knud Mogenssen har bevilget Kro-
nen 2 Gaarde i Høstrup[3] og 1 Gaard i Tiufker i Koldinghus Len
til Mageskifte for 1 Gaard i Fillerup i Oder Sogn, der tilhører
Fru Anne Pors, med hvem Kongen staar i Handel om den, Scheks
Mølle[4] i samme Sogn, 2 Agre i Knud Mogenssens egen Mark, et
Stykke Skov, kaldet Slippen, og et Stykke Jord i Bierreager Mark,
alt i Hadtz Herred, skulle de med det allerførste besigte begge Par-
ters Gods og indsende klare Registre derpaa. Udt. i J. T. 2, 19 b.

— Til de samme. Da Fru Kirstine Morthen Suendsens
Enke, har bevilget Kronen 2 Gaarde og 3 Bol i Trelle i Elde Her-
red, 1 Gaard i Viif, 2 Gaarde i Eysterup og 1 Gaard i Paaby i
Brusch Herred, 1 Gaard, kaldet Refsgaard, og 1 Gaard i Vorcke i
Jerlof Herred af hendes og hendes Børns Gods til Mageskifte
for 4 Gaarde i Gilballe og 4 Gaarde i Schanderup i Andst Herred,
skulle de med det allerførste besigte begge Parters Gods og ind-
sende klare Registre derpaa. Udt. i J. T. 2, 20 b.

— Til Erich Løcke og Anders Bing, Embedsmænd paa Riiber-
hus og Vardberg. Da Lauritz Schram, Embedsmand paa Kollinghus,
paa sin Søster Jomfru Anne Schrams Vegne har bevilget Kronen
1 Gaard, kaldet Ronshafue[5], 1 Gaard i Piedsted, 1 Gaard og 2 Bol
i Horstrup[3], et Bols Jord paa Smidstrup Mark, en øde Gaards Eje
paa Vilstrup Mark, 1 Gaard, kaldet Brødtzgaard, 1 Gaard, kaldet
Lundegaard[6], 1 Gaard i Førup[7] og 1 Gaard i Gamst i Kollinghus

[1] Ringe, Gudme H.    [2] Tr.: Kirkehist. Saml. 4. R. II. 481 f. (efter Kopi i Fyens
Bispearkiv).    [3] Haastrup, Holmans H.    [4] Skægs Mølle.    [5] Rønshave, Holmans
H.    [6] Lynggaard, Harte S., Brusk H.    [7] Fejlskrift for: Hørup, d. e. Højrup,
Anst H.

Len, 1 Gaard i Starup, 1 Gaard og 1 Bol i Horstrup, 2 Gaarde i Vesterup[1], 3 Gaarde og 2 Bol i Grimstrup, 3 Gaarde i Nebel og 2 Gaarde og 2 Bol i Brøndum i Skadtz Herred til Mageskifte for noget Kronens og Kapitlets Gods i Norring By og Norring Ris, Kronens Rettighed i 1 jordegen Bondegaard i Norring Ris og en By, kaldet Lyngby, skulle de inden Midfaste besigte begge Parters Gods og indsende klare Registre derpaa. Hvis Jomfru Anne Schrams Gods er bedre end ovennævnte Kronens Gods, forbeholder Kongen sig at vrage af Godset i Skadtz Herred. J. T. 2, 21.

**24. Febr. (Koldinghus).** Til de samme. Da Jacob Høg har bevilget Kronen 2 Gaarde i Østed By og Sogn i Jerløf Herred, 1 Gaard i Skierup By og Sogn i Holmindtz Herred, sin Part i Nebbe Hovedgaard, 2 Gaarde og 2 Bol i Gaasser Østeraa[2], 1 Bol i Gandrup, 1 Gaard og nogle Gadehuse paa Giøl i Olborghus Len til Mageskifte for 9 Gaarde og Kronens Rettighed i 1 Kirkegaard i Skrostrup[3] i Hiem Sogn og 1 Gaard i Komdrop[4], skulle de med det første besigte begge Parters Gods og indsende klare Registre derpaa. Udt. i J. T. 2, 22.

— Til M. Hans Suaning. Kongen har bragt i Erfaring, at han agter at skrive noget om de danske Historier og lade det udgaa paa Tryk, og at han har samlet adskillige gamle Dokumenter, særlig da han med Kongens Faders Brev rejste rundt til Klostrene for at opsøge saadant. Kongen bifalder hans Forehavende, der kan være baade Kongen og Riget nyttigt, men er dog betænkelig ved at lade samme danske Historier udgaa paa Tryk, førend de ere blevne gennemlæste ved Hove. Det befales ham derfor med det første at begive sig til Kongen med det, som han skriftlig har forfattet og sammendraget, enten det er helt færdigt eller ej, tage de gamle Dokumenter med, som han har samlet om den danske Historie, og levere alt til Kansler Nils Kaas, for at denne i Forening med de andre tilforordnede Raader med Flid kan gennemlæse alt og give Kongen grundig Beretning derom, saa de danske Historier med des større Fuldkommenhed kunne forfærdiges og udgaa. J. T. 2, 20.

**26. Febr. (—).** Bestalling for Johan Høye som Skibshøvedsmand; han skal lade sig bruge til Lands og til Vands,

---

[1] Vestterp. [2] Gaaseby og Østeraa, Kær H. [3] Skrødstrup, Onsild H. [4] Ø. Kondrup, Gerlev H.

hvor det gøres behov, og i aarlig Løn og Kostpenge have 100 gl.
Dlr. og 2 sædvanlige Hofklædninger. Sj. R. 12, 3 b.

**26. Febr. (Koldinghus).** Til Chrestopher Valchendorp. Da
Loduig Munch Olufssen, der efter Kongens Befaling har købt
6½ Skippd. Fjer til 12 Dlr. pr. Skippund til Slottet her [Kolding-
hus], har begæret at faa Betalingen derfor afkvittet i Skatte-
restancen af sit Len, skal Chrestopher Valchendorp gøre dette og,
hvis Skatterestancen ikke beløber sig til saa meget, betale Resten
med rede Penge. Sj. T. 14, 183 b.

— Mageskifte mellem Fru Anne Holck til Huiderup, Hr.
Verner Parsbiergs Enke, og Kronen. J. R. 2, 380. (Se Kronens
Skøder.)

— Ekspektancebrev for M. Lauritz Egidiisøn, Læse-
mester i Ribe, paa det første ledige Kannikedømme i Riber
Domkirke, dog tidligere udgivne Ekspektancebreve hermed uforkræn-
kede. J. R. 2, 386 b.

— Ekspektancebrev for Niels Søfrenssen i Kongens
Kantori paa det første ledige Vikarie i Aarhus Domkirke, dog
tidligere udgivne Ekspektancebreve hermed uforkrænkede. Udt. i J.
R. 2, 386 b.

— Forleningsbrev for Hr. Clemend Mickelssen, Sogne-
præst til Husbye og Nisum Sogne, paa 14 Tdr. Rug og Byg
af Kronens Part af Korntienden af ovennævnte Sogne, kvit og
frit. Udt. i J. R. 2, 387 [1].

— Aabent Brev, hvorved Kongen til Gengæld for, at Hr. Nils
Griis, Sognepræst til Elthang og Vilstrup Sogne, har lovet at gen-
opbygge sin meget bygfaldne Annekspræstegaard i Vilstrup, bevilger,
at hans Hustru og 2 Børn maa beholde ovennævnte Anneks-
præstegaard, saalænge de leve, mod at svare Præsten sædvanlig
Landgilde og anden Rettighed deraf. J. R. 2, 387.

— Aabent Brev, at Peder Stissen i Vridsted i det næste
Aar maa være fri for Landgilde, Ægt, Arbejde og anden
Tynge af sin Gaard. Udt. i J. R. 2, 387 b.

— Til Claus Glambeck. Da Fru Karine Krabbe, Nils Schiels
Enke, har berettet, at den Gaard i Vindinge, som hun har ud-
lagt Kronen, er bleven indskreven for 4 Ørt. Korn af de gode Mænd,

---

[1] Tr.: Hofman, Fundationer IV. 659 (efter Orig., med Dato 27. Febr.).

der besigtede Godset, uagtet den aldrig har svaret mere end 3 Ørt.,
befales det ham, der nu kræver den paa Gaarden boende Bonde
for 4 Ørt. Korn, at lade Gaarden indskrive i Jordebogen for 3 Ørt.
Korn og siden ikke kræve mere.   J. T. 2, 22 b.

**26. Febr. (Koldinghus).**  Til Biørn Anderssen, Jørgen Skram og
Nils Jonssen.  De have, da Bønderne paa Josue van Qualens
Hustrus[1] Gods i Koldinghus Len, som Kongen skal have til Mage-
skifte, have klaget over, at der er paasat dem nogen Landgilde,
besværet sig ved at medregne denne i Skiftet.  Da imidlertid Josue
van Qualen har erklæret, at han ikke har paalagt Bønderne paa
Godset nogetsomhelst udover de Afgifter, hvormed det med under-
skrevne Lodder er tilskiftet hans Hustru paa Søskendeskifte, har
Kongen bevilget at tage Godset til den Landgilde, som han kan be-
vise at det er tilskiftet hans Hustru med, og befaler ovennævnte 3
Mænd med det første at foretage Besigtelsen.   J. T. 2, 23.

—  Befaling til Lauritz Skram, Embedsmand paa Koldinghus, at
levere Johanne Laskone i Refsinghofuidt 1 Pd. Korn, som
Kongen har givet hende til hendes Underholdning.   Orig.

**27. Febr. (—).**  Aabent Brev, at Kirkeværgerne for Hun-
drup Kirke i det næste Aar maa oppebære Kronens Part af
Tienden (eller Afgiften deraf, hvis Tienden er fæstet bort) af
Hundrup Sogn til Kirkens Bygning.   Udt. i F. R. 1, 178.

—  Til Knudt Bilde.  Kongen har for nogen Tid siden skre-
vet til ham om en hans Hustru[2] tilhørende Gaard i Fiarup[3] i
Koldinghus Len, som Kongen ønsker til Mageskifte, og hans Hu-
stru har erklæret, at hun gerne vil afstaa Gaarden, men samtidig
begæret, at Kongen ved samme Lejlighed tillige vil tilskifte sig af
hende 1 Gaard i Fellisløf[4], som han tidligere har ønsket at faa, og
noget mere Gods i Droslebierg, Søsterup og Tingtuedt.  Da det imid-
lertid ikke er Kongen belejligt at tage mere af Godset i Sjælland
end Gaarden i Fellisløf og det er ham meget ubelejligt for de 2
Gaarde i Fiarup og Fellisløfs Skyld at slutte noget større Mageskifte,
venter Kongen, at han og hans Hustru ville lade Kongen faa disse
2 Gaarde uden de andre og med dette Bud tilskrive Kongen, hvor
de begære Vederlag derfor.   F. T. 1, 134 b.

—  Til Frandtz Skriver i Kierteminde.  Da Byfogden i Kierte-

---

[1] Magdalene Munk.     [2] Birgitte Banner.     [3] Faarup, Anst H.     [4] Føllesløv,
Skippinge H.

37*

minde har erklæret, at han ikke har Penge nok af Kongens til at
betale Humlen og Tønderne med til det Øl, som Borgerne
i Kiertemime have faaet Ordre til at brygge, skal Frandtz
Skriver af Kongens Penge udlægge det fornødne til Betaling af Tøn-
derne og Humlen og indskrive det i sit Regnskab eller, hvis han
ikke har Penge, der tilkomme Kongen, i Forraad, lægge ud af sine
egne og siden faa dem betalte paa Rentekammeret. Med Hensyn
til Fragten og den Forskaansel for at brygge Øl, som hans Med-
borgere have begæret, meddeles ham, at Kongen har givet Rente-
mesteren Ordre til at betale Fragten, men ikke kan indrømme dem
nogen Forskaansel for at brygge Øl. F. T. 1, 135 b.

**27. Febr. (Keldinghus).** Til Axel og Coruitz Viffert. Da Eyl-
ler Brochenhus har bevilget Kronen sin Part i 1 Gaard og i 2
Bol i Hersløf i Brusk Herred og i 5 Gaarde i Følerup[1] i Holmindtz
Herred til Mageskifte for 5 Gaarde i Bobierg i Fyen, skulle de
engang inden Midfaste besigte begge Parters Gods og indsende klare
Registre derpaa. F. T. 1, 136.

— Aabent Brev, at Las Jenssen i Ensløf, der nu en Tid
lang har været Herredsfoged i Huolbierg Herred og er villig til
at vedblive at være det, saalænge han kan, maa være fri for al-
mindelig Ægt og Arbejde, saalænge han lever, og for Land-
gilde, saalænge han er Herredsfoged; de 10 Øksne, som han har
lovet for Fritagelsen for Ægt og Arbejde, skal han inden Mikkelsdag
levere Lensmanden paa Drotningborg. J. R. 2, 388.

— Lignende Brev for Jep Bred i Engeløf[2], Delefoged til
Drotningborg. Udt. i J. R. 2, 388 b.

— Tilladelse for Hans Dirichssen, Borger i Kolding, til
paa én Gang sisefrit at indføre eller købe her i Riget 4 Læster
Rostockerøl. Udt. i J. R. 2, 388 b.

— Mageskifte mellem Erich Hardenbierg til Mattrup og
Kronen. J. R. 2, 389. (Se Kronens Skøder.)

— Aabent Brev, at Thomes Fasse indtil videre maa svare
Penge i Stedet for Kornafgiften af Kronens Part af Korn-
tienden af Ølsø og Stafning Sogne, 1 Dlr. for hver smal Tønde
Rug eller Byg; Pengene skulle leveres Stiftslensmanden i Riber Stift
inden Fastelavn. Udt. i J. R. 2, 391 b.

— Til Jørgen Rossenkrantz og Albret Fris. Da Kongen baade

---

[1] Follerup, Brusk H.  [2] ? Enslev, Gerlev H.

af dem og af Thomes Fassi selv har erfaret, at Kronen vil blive denne noget skyldig ved det paatænkte Mageskifte, har han bevilget, at Thomes Fassi yderligere maa faa 2 Gaarde og Herligheden af et Kirkebol i Olsrode[1] under Aarhusgaard dog paa den Betingelse, at Thomes Fassi, hvis dette Gods i Forening med det Krongods, som de tidligere have faaet Ordre til at besigte, er bedre end hans Gods, skal gøre Fyldest derfor i Gresse[2], Allen[3] og Foufling. De skulle med det første besigte Godset, udlægge Thomes Fassi Fyldest af Godset i Olsrode og indsende klare Registre. J. T. 2, 23 b.

**28. Febr. (Koldinghus).** Forleningsbrev for Hans Oldeland paa Afgiften af Kronens Part af Tienden af Lømløsse[4] Sogn, kvit og frit. Udt. i F. R. 1, 178.

— Mageskifte mellem Loduig Munck, Embedsmand paa Ørum, og Kronen. J. R. 2, 392. (Se Kronens Skøder.)

— Til Kapitlet i Viiborg. Da Otte Banner, hvem der paaføres Trætte paa noget af det ham for nogen Tid siden tilskiftede Gods, har berettet, at der i Kapitlet findes nogle Breve, hvormed Godset kan forsvares, skulle de straks opsøge de Godset vedrørende Breve og enten levere ham dem mod Reversal for, at de efter endt Benyttelse ville blive leverede tilbage igen, eller meddele ham klare Vidisser og Ekstrakter deraf. J. T. 2, 24. Orig. i Provinsark. i Viborg.

**2. Marts (—).** Forleningsbrev for Chresten Munck til Giessinggaard, der hidtil har tjent Riget trofast og har lovet fremdeles at ville lade sig bruge i Rigets Tjeneste til Lands og til Vands, paa alle Kronens Gaarde, Bol og Huse i Tødtzløf[5] [og Ilsehøfue] i Gierlof Herred, Kronens Herlighed af 1 Kirkegaard smstds., der svarer Landgilde til Tødtzløf Kirke, Kronens Gaarde i Halde og 1 Gaard, kaldet Bieregaard, i Nørrehald Herred, hvilket Gods Jørgen Skram hidtil har haft under Drotningborg. Han skal ingen Afgift svare, men til Gengæld opgive den aarlige Løn, som Kongen har givet ham Brev paa, dog undtages hvad der er fortjent til den Tid, da han faar ovennævnte Gods. Naar Kongen vil bruge ham, vil han efter hans Ankomst give ham Kostpenge til sig selvtredje, men er det paa Orlogsskibene, skal han have Underholdning, saalænge han er ude, men ingen Kostpenge. J. R. 2, 394 b. Jvfr. 19. Juni 1579.

---

[1] Aalsrode, Sønder H., Randers Amt.  [2] Grejs, Nørvang H.  [3] Aale, Vrads H.
[4] Vistnok Fejlskrift for: Flemløse (jvfr. 5. Marts).  [5] Ø. Tørslev.

**2. Marts (Koldinghus).** Følgebrev for samme til Kronens Bønder og Kirketjenerne i Tødtzløf og Ilsehøfue i Gierlof Herred og i Halle og Bieregaardt i Nørrehald Herred. Udt. i J. R. 2, 395 b.

**5. Marts (—).** Befaling til Kronens Bønder under Lyckov Slot, hvoraf en Del har vægret sig ved at høste, pløje og saa til Slottets Ladegaard, om herefter at gøre Ægt og Arbejde med Pløjen, Saaen og Høsten og paa anden Maade til Ladegaarden, naar Johan Urne, Embedsmand paa Lyckov, tilsiger dem, saafremt de ikke ville straffes for Ulydighed. Sk. T. 1, 168 b.

— Forleningsbrev for Hans Oldeland paa Afgiften af Kronens Part af Korntienden af Flemløse Sogn i Fyen, som er 7 Pd. Rug, 7 Pd. Byg og 2 Pd. Havre, kvit og frit. Udt. i F. R. 1, 178 b.

— Skøde til Jacob Ulfeld til Koxbøl, Embedsmand i Dallum Kloster. F. R. 1, 178 b. (Se Kronens Skøder.)

— Forleningsbrev for Chrestoffer Lauritzen til Haurom paa Afgiften af Kronens Part af Tienden af Fuolbye Sogn i Saubro Herred, kvit og frit. Udt. i J. R. 2, 395 b.

— Forleningsbrev for Chrestoffer Michelssen til Lundbeck paa Kronens Part af Korntienden af Voxløfue Sogn, som er 6 Pd. Rug, 6 Pd. Byg og 1 1/2 Pd. Havre, uden Afgift. Udt. i J. R. 2, 395 b.

**8. Marts (—).** Aabent Brev, at 4 Gaarde i Jenstrup i Flackebiergs Herred til evig Tid skulle søge til Hyllinge Kirke og holde den for deres rette Sognekirke, da Thønne Parsbierg til Harrested, der har Jus patronatus til Hyllinge Kirke, har berettet, at disse 4 Gaarde have ydet baade hans Fader og ham selv samt Præsten til Hyllinge Kirke deres Tiende, uagtet de ligge i et andet Sogn og ikke høre ham til; derimod maa Thønne Parsbierg og hans Arvinger ikke holde disse Bønder for Ugedagsmænd og derved befri dem for Kongeskat og anden Besværing. Sj. R. 12, 4.

— Til Chrestopher Valchendorp. Hoslagt sendes ham et Brev fra Statz von Wulfuen om dennes afdøde Broder Baltzer von Wulfuens Bestalling og resterende Løn med Ordre til at gøre op med denne Brevviser, Baltzer von Wulfuens Enkes Tjener, og betale denne hvad Kongen findes at være den afdøde skyldig af hans aarlige Pension. Sj. T. 14, 184.

— Til M. Baldser i Lund. Da Kongen har bevilget, at Otthe

Thott maa faa 2 Gaarde i Onse Herred, den ene i Grottinge[1], den anden i Søndre Jurup[2], som M. Baldser har i Forlening, til Mage-skifte, skal M. Baldser med det første lade Mageskiftet gaa for sig og i alle Maader tage god Fyldest. Sk. T. 1, 169.

**8. Marts (Koldinghus).** Aabent Brev, at Laufritz Hansen i Indsløf i de næste 2 Aar aarlig maa oppebære 2 Pd. Korn enten af Afgiften af Kronens Part af Korntienden af Indsløf Sogn eller af Stiftets Korn eller hvor Stiftslensmanden anviser ham det. Udt. i F. R. 1, 179.

— Aabent Brev, hvorved Arvingerne efter Pouel Bang, forhen Borgemester og Tolder i Assens, faa et Aars Henstand med den Rest, de endnu skylde af den store Sum, som Pouel Bang var Kronen skyldig, da de ikke formaa at udrede den saa hurtigt. F. R. 1, 179. Orig.

— Befaling til Coruitz Viffert at levere denne Brevviser, Lau-ritz Hendrichssen, Borgemester i Assens, 1 Læst Byg af Loftet eller Penge til at købe 1 Læst Byg for, hvis han intet kan undvære af Loftet formedelst det Øl, han skal lade brygge til Kongens Or-logsskibe. F. T. 1, 137.

— Aabent Brev, at Hr. Suend Matzen, Sognepræst til Seber Kloster og Lundby Sogne i Viborg Stift, der har berettet og med Superintendentens Brev bevist, at han ikke maa nyde sin Annekspræstegaard i Lundby Sogn med Landgilde og an-den Rettighed i Overensstemmelse med Ordinansen, indtil videre maa gøre dette. J. R. 2, 396. Orig. i Provinsark. i Viborg.

— Aabent Brev, hvorved Kongen lover Lauritz Brockenhus til Egeschouf, der har bevilget, at Kronen straks maa faa 3 ham til-hørende Gaarde i Follerup i Koldinghus Len, at give ham og hans Arvinger ligesaa megen vis og uvis Rente, som der oppebæres af ovennævnte 3 Gaarde, indtil Mageskiftet bliver bragt til Ende. J. R. 2, 396 b.

— Aabent Brev, at Hr. Eske Clemitzen, Sognepræst til Grimstrup og Orre[3] Sogne, der har berettet at have lidt Skade paa sit Kvæg i de sidste Aaringer, indtil videre aarlig maa oppe-bære alle de Tiendekalve og -grise, der kan tilfalde Kronen af hans 2 Sogne, mod at betale sædvanlig Pris for dem. J. R. 2, 397.

---

[1] Gryttinge.    [2] S. Djurup.    [3] Aarre, Skads H.

**8. Marts (Koldinghus).** Aabent Brev, at Nils Pouelssen, Byfoged i Ribe, herefter maa være fri for Halvparten af den Landgilde, der svares af Melbyegaard[1], som Erich Løcke har bortfæstet til ham. Udt. i J. R. 2, 397 b.

— Aabent Brev, hvorved Kongen tager Claus Hønborg, Herredsfoged i Eld Herred, der for 14 Aar siden er kommen for Skade at ihjelslaa en ved Navn Hans Chrestenssen, samt hans Børn og Arvinger i sin Beskærmelse, da Hans Chrestenssens Slægt og Venner stadig undsige og true ham, uagtet han var i Kongens Bestilling, da han begik Drabet, fordi Hans Chrestenssen ikke vilde give ham Besked om noget Kvæg, som han drev forbi Kongens Toldsted, og han derfor af Sandemænd er bleven svoren til sin Fred og efter Landsdommerens Dom har udlagt Landebod til den dræbtes Slægt og Venner. Al Tiltale mod dem skal ske for deres tilbørlige Dommere med Lov og Ret. J. R. 2, 397 b.

— Til Christen Munck. Peder Matzen i Løssing har klaget over, at han hverken har faaet noget Vederlag for den Ejendom og Eng, som er taget fra hans Gaard og lagt til en Kronens Mølle og et Bol, der er bygget i Sognet, eller faaet sin Landgilde nedsat, hvilket har medført, at han er kommen meget til Agters og i stor Armod, og han har begæret at faa 1 Fjerd. Smør af sin aarlige Landgilde eftergivet. Det befales derfor Christen Munck at undersøge Sagen og, hvis Peder Matzens Fremstilling er rigtig, slette ham i Jordebogen for 1 Fjerd. Smør. J. T. 2, 24 b.

— Til Lauritz Skram og Albret Friis. Da Kongen har bevilget, at Peder Rantzov maa faa 5 Gaarde i Skodborg og 1 Gaard i Badstrup til Mageskifte for 1 Gaard i Leerschouf, 1 Gaard i Glibstrup, 1 Gaard i Egholdt, 1 Gaard i Store Andst og, hvis de 6 Krongaarde ere mere værd, Vederlag for Resten i Asboe, skulle de paa Onsdag [11. Marts] besigte begge Parters Gods og indsende klare Registre derpaa. Udt. i J. T. 2, 25.

**9. Marts (—).** Til Christoffer Valckendorf. Da Kongen har forlenet Johan von Allefeld, Hofsinde, med alt St. Ollufs Klosters Gods i Norge, som Knud Grubbe hidtil har haft i Værge, skal han med det første lade Johan von Allefeld faa en klar Jordebog over Klosterets Gods og Rente. Orig.[2]

— Aabent Brev, at Hr. Olluf Claussen, Sognepræst til

---

[1] Mejlby, Ribe H.     [2] Tr.: Nye dsk. Magasin I. 49.

Trenne i Giers Herred, og hans Efterfølgere i Embedet altid, lige-
som tidligere, maa beholde de 2 Kirkeenge, som han nu har
fæstet af Stiftslensmanden i Lunde Stift, efterat disse, der i lang
Tid havde fulgt hans Præstegaard, for nogen Tid siden af Stiftsskri-
veren vare blevne fæstede bort til en Bonde i Vennestad, men siden
ere blevne fradømte denne. Engene skulle fæstes af Stiftslensman-
den, saa ofte de blive ledige, og der skal aarlig svares sædvanlig
Afgift deraf til Kirken. Sk. R. 1, 265.

**9. Narts (Koldinghus).** Til Erich Hardenberg. Da Kongen
har tilskiftet sig 1 Gaard i Virst[1] og 1 Gaard i Nielstrup[2], som han
har i Pant af Johan Skoufgaardt for 728 Dlr., sendes Pante-
summen ham hermed med Ordre til at modtage den og indsende
Pantebrevene. F. T. 1, 137 b.

— Til Absalon Gøye til Løgtued og Lauridtz Brockenhus til
Brangstrup. Da Peder Eggertssen har bevilget Kronen sin Part
i sin fædrene Hovedgaard i Hørup[3] i Herslef Sogn, 1 Bol smstds.,
1 Gaard i Piestedt, 1 Gaard og 1 Bol i Andkier og 1 Gaard i Lille
Andst i Holmandtz Herred og 1 Gaard i Fiistrup i Brusk Herred til
Mageskifte for 2 Gaarde i Ølsted og 1 Gaard i Heden i Salling
Herred og 2 Gaarde i Fangel i Odensøø Herred, skulle de inden
Midfaste besigte begge Parters Gods og indsende klare Registre der-
paa. F. T. 1, 138.

— Til de samme. Da Mickel Nielssen til Tøstrup har be-
vilget Kronen sin Part i sin fædrene Hovedgaard i Hørup i Brusk
Herred, 1 Gaard og 1 Bol smstds., 2 Gaarde i Egholt i Anst Her-
red og sin Part i 1 Gaard i Egstrup i Brusk Herred til Mage-
skifte for 1 Gaard, kaldet Kodekiil[4], og 7 Gaarde i Brede[5] i Vissen-
berg Sogn i Bog Herred, skulle de inden Midfaste besigte begge
Parters Gods og indsende klare Registre derpaa. F. T. 1, 139.

— Til Sognemændene i Merup[6] Sogn. Da der i Kongens Fa-
ders Tid er afsagt den Dom, at Merup Sogn ikke maa annekteres
til noget andet Sogn, men skal have sin egen Sognepræst, og da
den Præst, som de i nogen Tid have haft, er fradømt dem, fordi
han imod ovennævnte Dom og uden Superintendentens Samtykke
ulovlig har tiltaget sig Kaldet, befales det dem strengelig straks at
antage denne Brevviser Hr. Nils Erichssen, der trolig har

---

[1] Verst, Anst H.  [2] Fejlskrift for: Vilstrup, Tørrild H.  [3] Højrup, Brusk H.
[4] Kaadekilde.  [5] Brejd.  [6] Mejrup, Hjerm H.

ladet sig bruge i Kongens Tjeneste til Skibs og nu af Superinten-
denten er beskikket til Embedet, til Sognepræst i Merup Sogn,
svare ham sædvanlig Rente og opføre sig tilbørligt overfor ham,
saafremt de ikke ville straffes for Ulydighed. Det forbydes den
Præst, der hidtil har haft Sognet, herefter at befatte sig med det.
J. T. 2, 25 b[1].

**9. Marts (Koldinghus).** Til Anders Dresselberg og Johan Bro-
ckenhus. Da Hendrich Holck har bevilget Kronen Hovedgaarden,
1½ Gaard og 3 Gaardsæder i Knudtzbøl, 1 Gaard i Virste[2], 2
Gaarde i Mosvraa og 1 Enemærke smstds., kaldet Ulgersholm, af
sin Hustrus[3] Gods til Mageskifte for 1 Gaard, kaldet Hougaardt[4],
med mere Gods i Fløistrup og deromkring af Maribo Klosters Gods,
skulle de med det allerførste besigte begge Parters Gods og indsende
klare Registre derpaa. Udt. i J. T. 2, 26.

— Til Biørn Anderssen og Claus Glambeck. Da Erich Ve-
steni har begæret 4 Gaarde og 2 Bol i Thorsølund, 5 Gaarde i
Abdrup[5], 5 Gaarde, hvoraf den ene kaldes Kersgardt, i Sal i Hol-
bierg Herred og 2 Gaarde i Søby til Mageskifte for 3 Gaarde i
Vandløsse ved Kiøpnehafn, 1 Gaard i Vindinge, 1 Gaard i Uby, 1
Gaard i Grumløisse, 1 Gaard i Schullerup[6], 1 Gaard i Blancksløf,
1 Gaard i Ølleroup[7] og 3 Gaarde i Themmerup[8], alt i Sjælland,
skulle de med det første besigte begge Parters Gods og indsende
klare Registre derpaa. Udt. i J. T. 2, 26 b.

**10. Marts (—).** Til Borgerne i Helsingborg. Paa deres
Begæring har Kongen af Hensyn til det Besvær, de have ved Færge-
stedet, fritaget dem for at udruste Baadsmænd af deres By
i Aar. Sk. T. 1, 169 b.

— Til Jacop Ulfeld og Coruitz Viffert. Da Steen Biilde har
klaget over, at de endnu ikke have udført Besigtelsen i Anledning
af hans Mageskifte med Kronen og undslaa sig for at udlægge
ham Gods i Harrendrup, fordi Befalingen gaar ud paa, at de skulle
udlægge ham Fyldest enten i Harrendrup eller et andet Sted, hvis
Godset i Harrendrup ikke kan undværes fra Dallum Kloster, befales
det dem at bringe Mageskiftet i Orden og udlægge ham Fyldest
enten i Harrendrup eller et andet Sted. — Seddel i Brevet: Da
Kongen i Følge den første Besigtelse bliver Steen Biilde 10 Svins

---

[1] Tr.: Ny kirkehist. Saml. VI. 673 f.    [2] Verst, Anst H.    [3] Magdalene Reventlov.
[4] Højgaard, Nørvang H.    [5] Aptrup.    [6] Skuderup, Baarse H.    [7] Ollerup, Ø. Flakke-
bjærg H.    Tømmerup, Merløse H.

Olden skyldig, hvilke imidlertid ikke ere omtalte i den sidste Be-
faling, befales det dem nu ogsaa at regne disse med ved Udlæg-
ningen af Gods til ham. F. T. 1, 140.

**10. Marts (Koldinghus).** Til Lauritz Skram. Da Steen Biilde
til Kiersgaardt, af hvem Kongen har faaet noget Gods i Egum[1] og
Briistrup[2] til Mageskifte, har berettet, at en til samme Gods hø-
rende Skov ikke er lignet eller regnet med i Besigtelsen, fordi den
ikke tidligere har været sat for Svin, skal han lade uvildige Bønder
sætte Skoven til saa mange Svins Olden, som den kan taale, og
indsende klar Besked til Kancelliet om, hvor meget Steen Biildis
Part i Skoven beløber sig til. J. T. 2, 27 b.

— Aabent Brev, hvorved Kongen i Anledning af Klager fra
Borgerne i Thisted over, at de, naar de komme i Bæltet (osv. som
i Brev af 19. Juni 1578), befaler de Kaptejner, der ligge i Bæl-
tet, at lade Borgerne i Thisted uhindret passere (osv.
som i Brev af 19. Juni 1578). J. R. 2, 398 b.

— Gavebrev til Sognepræsteembedet i Tistedt, hvis
nuværende Indehaver M. Jørgen Lauritzen har klaget over, at han
ingen Præstegaard har, men maa leje sig en Bolig, paa Biskops-
gaarden i Tistedt til Præstegaard, da den efter M. Jørgens
Beretning tidligere har været brugt dertil og Godske Brockenhus
gerne vil afstaa ham den, saafremt Kongen vil give sit Samtykke
dertil. J. R. 2, 399 b.

— Aabent Brev, at Borgerne i Tisted, der før Møntens
Omsættelse kun have givet 200 Mk. danske i aarlig Byskat og
24 Mk. danske af deres Fædrift, men nu maa give det dobbelte,
hvorved de besværes over Evne, herefter maa nøjes med at give
74$\frac{1}{2}$ Dlr. i aarlig Byskat og Fædrift. J. R. 2, 400.

— Aabent Brev, at Kirkeværgerne og menige Sognemænd i
Grene Sogn maa oppebære Afgiften af Kronens Part af
Korntienden af Grene Sogn til deres Kirkes Bygnings og
Gælds Behov, kvit og frit. Udt. i J. R. 2, 399.

— Til Erich Løcke. Da Nils Suendssen og Nils Hans-
sen i Størsbøl have klaget over, at han har bortfæstet til Matz
Clemendtzen i Vong nogen Agerjord og en Toft i Vongs Mark, der
stedse have hørt til deres Gaard og ere indvordede dertil med Lav-
hævd, ligesom de ogsaa have Hr. Nils Langis Fæstebrev derpaa.

[1] Igum, Elbo H.    [2] Bredstrup, samme H.

skal han undersøge denne Sag og, hvis deres Fremstilling er rigtig, lade dem beholde Jorden og Toften, men hvis det forholder sig anderledes, meddele Kongen det, for at denne kan give dem tilbørlig Besked, hvis de komme med nye Klager. J. T. 2, 27.

**10. Marts (Koldinghus).** Til Biørn Anderssen og Hannibal Guldenstiern. Da Kongen har begæret 3 Gaarde og 1 Bol i Folderup i Hersløf Sogn, Anders Pedersens Part i Folderup Mølle, 1 Gaard og 2 Bol i Hersløf, 1 Gaard og 1 Gadehus i Kolt By og Sogn og 1 Gaard i Thulstrup i Ning Herred, 1 Gaard og 1 Gadehus i Hostrup[1] i Smedstrup Sogn i Brusk Herred til Mageskifte af Anders Pederssen for 8 Gaarde og Bol i Nør Hanle[2] i Bierstad Sogn i Vendsyssel, 1 Gaard i Nørkier, 2 Gaarde i Obye[3] By og Sogn, 1 Gaard i Kneppit, 1 Gaard i Bierstad By og Sogn, 1 Gaard i Thamstrup i Thorsløf Sogn, 1 Gaard i Byrum[4] i Vadum Sogn, 1 Gaard i Broerholdt, 2 Bol i Halagger, 1 Gaard, kaldet Riisagger, i Jedtzmarck Sogn, 1 Gaard i Rødtzløf og 1 Gaard i Hurupstrup i Hurup Sogn, skulle de med det allerførste besigte begge Parters Gods og indsende klare Registre derpaa. Udt. i J. T. 2, 28.

— Befaling til M. Hans Laugssen, Superintendent i Riber Stift, at være Claus Morthenssen, der en lang Tid har været Skolemester i Ringkiøping og nu har begæret at faa et andet godt Kald, behjælpelig med at faa det første ledige Kald i Riber Stift, saafremt han da kendes duelig dertil. Orig. i Provinsark. i Viborg.

**12. Marts (—).** Mageskifte mellem Predbiørn Gyldenstiern til Vosborg og Kronen. J. R. 2, 400 b. (Se Kronens Skøder.)

— Mageskifte mellem Chresten Skeil til Fussing og Kronen. J. R. 2, 404. (Se Kronens Skøder.)

— Følgebrev for samme til 3 Bønder og 6 Gadehusmænd i Ulstrup i Vingi Sogn i Medelsom Herred, 1 Bonde i Hofuelund, 3 Bønder i Vingi, 6 Bønder i Thaarup By og Sogn, 1 Bonde i Suinding i Aalum Sogn i Synderliung Herred og 1 Bonde i Hiorthede By og Sogn, at de herefter altid skulle svare ham. Orig.

— **(Nygaard).** Befaling til nedennævnte Lensmænd og andre at købe Torsk til Kongen: Axel Veffert skal i Nyborg Len købe 7 Læster Torsk foruden de 7 Læster, som han tidligere har

---

[1] Haastrup, Holmans H.  [2] Nørrehalne, Kær H.  [3] Aaby, samme H.  [4] Bjørrumgaard, samme H.

faaet Ordre til at købe; Borgemester og Raad i Assens skulle købe
4 Læster Torsk og med det allerførste sende dem til Kiøpnehafn;
Tolderen skal levere dem Penge til at betale Torskene med; Borge-
mester og Raad i Medelfardt skulle købe 4 Læster Torsk og Tol-
deren skal betale dem; Borgemester og Raad i Kierteminde skulle
købe 4 Læster Torsk og med det første sende dem til Kiøpnehafn,
Sisemesteren i Kierteminde skal betale Torskene; Borgemestre og
Raad i Suinborg skulle købe 3 Læster Torsk, og Sisemesteren skal
betale dem; Erich Løche skal købe 10 Læster Torsk foruden dem,
han tidligere har faaet Skrivelse om, og Tolderen i Ribe skal betale
dem; Jens Kaas's Enke skal bestille 10 Læster saltet Torsk hos
Tolderen paa Skafuen, sende dem til Kiøpnehafn med det første og
betale dem; Hach Ulfstand skal i Oleholms Len købe 6 Læster
Torsk og med det første sende dem til Kiøpnehafn. Udt. i Sj. T.
14, 184 b.

**12. Marts (Nygaard).** Ejendomsbrev for Olluf Bagger,
Borger i Ottense, hans Hustru og deres Arvinger paa Øster-
løfgaard. F. R. 1, 179 b. (Se Kronens Skøder.)

— Forleningsbrev for Hr. Chresten Nielssen, Sogne-
præst til Vedersøe Kirke, paa Afgiften af Kronens Part af
Korntienden af Rosted[1] Sogn, kvit og frit. Udt. i J. R. 2,
403 b.

— Til Claus Glambeck. Kongen har eftergivet Søfren
Michelssen i Thørrild, der for nogen Tid siden led stor Skade
ved Ildebrand og er kommen i Armod derved, Halvdelen af
hans Landgilde for i Aar. J. T. 2, 28 b.

**13. Marts (—).** Til alle Adelige, Provster, Præster,
Borgere og Bønder, der have fæstet Kronens Part af
Korntienden i Fyens Stift. Da flere af dem ikke ville svare
deres Afgift til den i Fæstebrevene fastsatte Tid, hvilket medfører,
at Kongen ikke kan faa sin Betaling af Købmændene til de Ter-
miner, disse have lovet, befales det dem strengelig inden Paaske
i det allerseneste at levere Stiftslensmændene hvad de endnu
restere med og enten selv eller ved deres Fuldmægtige overlevere
Stiftslensmændene de Kvittanser og Beviser, de have for de af dem
ydede Afgifter, for at Kongen deraf kan se, hvem der have leveret
deres Afgift i rette Tid og hvem ikke. De, der ikke efterkomme

---

[1] Raasted, Ulvborg H.

denne Befaling, skulle have deres Breve forbrudte. F. T. 1, 140 b.

**13. Marts (Nygaard).** Til Søfren Kier, Tolder i Kolding. Da det nu er paa den Tid, at Købmændene drive Øksne ud, og han er bange for, at de fleste af dem ikke have rede Penge til at betale Tolden med, bevilger Kongen af Hensyn til sine Undersaatter, uagtet Rentekammeret trænger til rede Penge, at de, der ikke kunne udrede Tolden straks, maa faa Henstand dermed til Pinsedag, dog skal Søfren Kier kræve nøjagtig Borgen for Pengene eller tage Købmændenes Huse og Gaarde i Pant for dem. J. T. 2, 28 c.

— **(Koldinghus).** Befaling til Coruitz Veffert, Embedsmand paa Otthensegaard, at lægge 2 Gaarde i Auernes By og Sogn i Auernes Birk, som ogsaa kaldes Kiørup Birk, i Skam Herred og 1 Gaard i Thøridtzøe, som Kongen har faaet til Mageskifte af Fru Anne Holck, Hr. Verner Parsbiergs Enke, ind under Otthensegaard og indskrive dem i Jordebogen blandt det tilskiftede Gods. Orig.

— Aabent Brev, at Jens Chrestenssen, Byfoged i Varde, indtil videre maa give Penge, 1 gl. Dlr. for hver smal Tønde Korn, i Stedet for den Afgift, han skal svare af Kronens Part af Korntienden af Quong Sogn, som han har fæstet; han skal aarlig inden Fastelavn betale Pengene til Stiftslensmanden i Riber Stift, saafremt han ikke vil have sit Livsbrev forbrudt. Udt. i J. R. 2, 409.

— Til Nils Jonssen. Da Kongen paa Viiborg Kapitels Vegne mener at have nogen Rettighed i Vedhofuit Gaard i Haldtz Len, som Loduig Munck, Embedsmand paa Ørum, har udlagt Kronen for Brenholdt[1] Gaard i Skodborg Herred, medens Loduig Munck erklærer, at hans Fader har forfulgt Gaarden til Laas, og da Loduig Munck ved hoslagte Brev har forpligtet sig til at afstaa begge Gaardene til Kronen, saafremt der kan tilkendes den nogen Ret til Vedhofuit, sendes ham nu alle Kapitlets Breve paa Vedhofuit med Ordre til at overtage Gaarden, undersøge Sagen og forfølge den til Herredsting og Landsting, indtil han faar Dom for sig. J. T. 2, 28 c.

— Til Erich Løcke. Da Kongen har tilskiftet Christoffer Juel til Estrup det paa vedlagte Register opførte Gods i Nørrejylland,

---

[1] Brejnholt.

som tidligere har ligget til Kapitlet, Domkirken og Hospitalet i Riibe, skal han med det første udlægge disse hver især Fyldest af Kronens Gods i Riiberhus Len, hvor han selv finder det belejligst, og indsende Registre over det udlagte Gods til Kancelliet, for at Kongen derefter kan give dem Forvaring paa Godset. — Register over Godset: Af Kapitlets Gods 1 Gaard i Askof i Malt Sogn og Herred, der tillige svarer Skyld af en Ejendom paa Moltbeck Mark, 1 Gaard i Estrup, 1 Gaard og Herligheden af 1 Kirkegaard i Eskelund i Brørup Sogn; af Domkirkens Gods 2 Gaarde i Askof; af Hospitalets Gods 1 Gaard i Estrup. J. T. 2, 29.

**13. Marts (Koldinghus).** Til Bønderne i Koldinghus og Skanderborg Len. Da en Del af dem holder mange Hunde, der løbe ud i Marken og Skovene og ikke alene ødelægge Harer og andre Dyr, men ogsaa gøre dem selv Skade paa Faar, Lam og Kvæg, og et tidligere Forbud herimod ikke overholdes, som det burde, forbydes det paany alvorligt alle at holde mere end én Hund i deres Gaard, og denne skal endda have det ene fremmer Ben afhugget ovenfor Knæet. Enhver, der forser sig herimod, skal have forbrudt en god, færdig Okse til sit Herskab. Lensmændene skulle føre Tilsyn hermed og maa ikke se gennem Fingre med nogen. J. T. 2, 30.

— Befaling til Lauritz Skram og Claus Glambeck straks at forkynde ovenstaaende aabne Brev paa alle Herredsting i deres Len og paase dets Overholdelse. J. T. 2, 30 b.

**14. Marts (—).** Aabent Brev, at Kongen har taget Berent Snuck i sin Tjeneste som Skiffertækker og bevilget ham 20 gl. Dlr. og en sædvanlig Hofklædning i aarlig Løn og 4 gl. Dlr. om Maaneden i Kostpenge; desuden skal Kongen skaffe ham de Redskaber, han behøver. Lensmanden paa Kroneborg skal levere ham alt ovennævnte. Sj. R. 12, 5.

— Aabent Brev, at Jesper Hast, der har lovet at passe paa Kongens Tenegaard ved Vedle, herfor aarlig skal have 10 Dlr., 1 sædvanlig Hofklædning og 4 Par Sko samt 4 Dlr. om Maaneden i Kostpenge af Koldinghus. J. R. 2, 409 b.

— Livsbrev for Marine Lauritzdatter paa det Kapel ved Emborg, som hendes Husbonde Verner Hesz tidligere boede i, med tilhørende Kaalgaardssted, uden Afgift. Udt. i J. R. 2, 409 b.

— Forleningsbrev for Hr. Chresten i Hierum paa

Afgiften af Kronens Part af Korntienden af Giemsing
Sogn, kvit og frit.  Udt. i J. R. 2, 410.

**14. Marts (Koldinghus).** Anmodning til Thommes Fassi og
Erich Lange om at lade Kronen faa deres Gaarde i Bendeballe [1]
til Mageskifte og enten selv begive sig herud straks i den anden
Uge eller erklære sig om, hvor de ønske Vederlag, saa Kongen kan
faa Mageskiftet bragt i Orden, inden han drager her fra Landet.
J. T. 2, 31.

— Befaling til [Lensmanden paa Koldinghus] at lægge 1
Gaard i Vindinge By og Sogn i Holmindtz Herred, som Kongen
har faaet til Mageskifte af Erich Hardenberg, Jacob Høgs Part i
Nebbegaard, 1 Gaard i Skierup By og Sogn i Holmindtz Herred og
2 Gaarde i Østed By og Sogn i Jerlof Herred, som Kongen har
faaet til Mageskifte af Jacob Høg, 1 Gaard i Kongstedt og 3 Gaarde
i Follerup, som Kongen har faaet til Mageskifte af Lauritz Brocken-
hus, 2 Gaarde og 2 Gadehuse i Knudtzbøl i Jorderup Sogn i Andst
Herred, 2 Gaarde i Vaarcke i Eythof Sogn i Jerlof Herred og 2
Gaarde i Holtom i Vindeløf Sogn i Nørrevongs Herred, som Kongen
har faaet til Mageskifte af Erich Lange, ind under Koldinghus.
Udt. i J. T. 2, 31.

— Til Erich Løcke og Kapitlet i Riibe.  Da Kongen har be-
vilget, at Luduig Nilssen til Høgsbrov maa faa 2 Gaarde i Høgs-
brov og 1 Gaard i Hueding [2] til Mageskifte af Kapitlet for noget
af sit Gods i Vester Herred, men Mageskiftet endnu ikke er bragt
i Orden, skønt Kongen tidligere har givet Kapitlet Ordre til at be-
sigte Godset og bringe Mageskiftet til Ende, skulle de nu besigte
begge Parters Gods og udlægge Luduig Nilssen Fyldest, hvorefter
Kapitlet skal give ham Mageskiftebrev derpaa.  J. T. 2, 32 b.

— Til Biørn Anderssen og Claus Glambeck.  Da Hans Axels-
sen har bevilget Kronen sin Hovedgaard, 1 Gaard og 4 Bol i Viuf,
1 Gaard og 1 Bol i Haastrup, 1 Gaard i Piedsted, 2 Parter af 1
Gaard i Hersløf, 2 Parter af 1 Gaard og 1 Bol i Jegum [3], 2 Gaarde
i Seest, 1 Gaard i Paaby, Steenvad Mølle, 1 Gaard i Amitzbøl, 2
Gaarde og 2 Bol i Jerløuf, 2 Ottinger Jord i Huolbøl Mark, 1 Bol
i Thiufkier, 4 Gaarde og 4 Bol i Høgen, 1 Gaard i Vinding, 1
Gaard i Vorck, 1 Gaard i Tudued, 3 Gaarde i Gordsløf [4], 1 Bol i
Mørckholt, 1 Gaard i Aaggisuig [5], 1 Gaard og 1 Bol i Gretterup, 1

---

[1] Bindeballe, Tørrild H.   [2] Hvidding, Hvidding H.   [3] Igum, Elbo H.   [4] Gaars-
lev, Holmans H.   [5] Oksviggaarde, Jerlev H.

Gaard i Skøgge[1], 1 Gaard i Bresse[2], 2 Gaarde i Huornstrup, 1 Gaard, kaldet Grauingaard, og 1 Gaards Eje i Høgum Mark, 3½ Gaard og 2 Bol i Borup[3], 1 øde Gaards Eje og 1 Bol i Giest-løuf[4], en Part i 1 Gaard i Giørslou, en Part i 1 Gaard i Jødit, 1 Gaard i Høre ved Draxholm og 1 Gaard i Thiereby i Ringsted Herred til Mageskifte for Rosmes Birk i Nørrejylland og, hvis det ikke forslaar, andet Krongods deromkring, skulle de, inden Kongen rejser her fra Landet, besigte begge Parters Gods og indsende klare Registre derpaa. Udt. i J. T. 2, 33.

**15. Marts (Koldinghus).** Aabent Brev, at Frandtz Frandt-zovs, der har lovet at tjene Kongen som Skibskaptejn paa Or-logsskibene og andensteds, hvor det gøres behov, aarlig skal have 200 Dlr. og en sædvanlig Hofklædning i Løn, mod at underholde sig selv. Sj. R. 12, 5 b.

— Til Hendrich Mogenssen. Trods Striden med Hamborg har Kongen af Hensyn til den Tjeneste, som Jochum Thim i Ham-borg tidligere har ydet, bevilget, at han og hans Medredere, som ere Johan Walche, Frands Walche og hans andre Svogre, i Sommer maa lade 2 Saltskibe paa omtrent 300 Læster Salt hvert løbe gennem Sundet uden at svare Lastepenge og dertil fragte hamborger Skibe eller andre Stæders Skibe, dog skal der svares sædvanlig Told og Købmændene paa Skibene skulle cer-tificere, at ingen Hamborgere uden Jochum Thim og hans Svogre have Part deri. Sj. T. 14, 185 b.

— Til Erich Løcke. Saafremt de 5 halve Fade Tin, som en Fribytter, der for nogle Aar siden blev greben og ført til Riibe, havde frataget Jochim Thinne i Hamborig, endnu ere til Stede, skal han uhindret lade Jochim Thinne eller hans Fuldmægtig faa dem. J. T. 2, 35.

— Til Hans Johanssen og Otte Emmichssen. Da Kongen med det første vil rejse herfra til Sjælland og paa Tirsdag eller Onsdag otte Dage [24. eller 25. Marts] ligge paa Hindtzgafuel [Rudgaard], skulle de sørge for Underholdning og Værelser til Kon-gen og Dronningen og for, at Kongens Følge kan blive fureret, naar Fodermarskalken kommer med Furérseddelen. F. T. 1, 141 b.

— Befaling til Hendrich Bang, Tolder i Medelfardt, om af

---

[1] Skygge, Hids H.    [2] Bredsten, Tørrild H.    [3] Buerup, Løve H.    [4] Gerslev, samme H.

Tolden at levere Hans Johanssen, Embedsmand paa Hindtz-
gafuel, der skal modtage 9 Læster Rug paa Nyborg Slot og lade
dem bage i Brød i Hindtzgafuel Len, Penge til at købe Tøn-
der for til Brødets Indpakning og indskrive Udgiften i sit Regn-
skab. Orig.

**15. Marts (Koldinghus).** Mageskifte mellem Jacob Høg til
Trudtzholm og Kronen. J. R. 2, 410. (Se Kronens Skøder.)

— Aabent Brev, hvorved Kongen — der ved det nu afsluttede
Mageskifte er bleven Jacob Høg Landgilde og Ejendom til ialt
11 Tdr. 1 Skp. Hartkorn og hans Part i den til den halve Part af
Nebbe Gaard og Gods, som han er Medarving til, liggende Sæd,
der ialt beløber sig til 51 Ørt. 1 Skp. Rug, 40¹/₂ Ørt. 4 Skpr. Byg,
71 Ørt. 4 Skpr. Havre, 80 Skpr. Boghvede og 500¹ Læs Eng, skyl-
dig — lover med det første at gøre Jacob Høg eller hans Arvinger
Udlæg i belejligt Gods herfor. J. R. 2, 415.

— Til Jørgen Skram og Nils Jonssen. Da Jacob Høg til
Vederlag for det, som Kongen er bleven ham skyldig ved det nu
afsluttede Mageskifte, begærer 2 Gaarde i Hem By og Sogn i
Oensyld Herred og en lille Lund, kaldet Hem Lund, skulle de med
det første besigte begge Parters Gods og indsende klare Registre
derpaa. J. T. 2, 34 b.

— Aabent Brev, at M. Peder Hegelund, Skolemester i Ribe,
der nok har faaet Løfte paa et Kannikedømme i Ribe, men har
andre med Ekspektancebreve paa det samme foran sig og nu har
tjent længe i Skolen, for det forløbne Aar og derefter indtil videre
maa oppebære Afgiften af Kronens Part af Korntienden
af Ølgodt Sogn, som er 20 Tdr. Rug og 9 Ørt. Byg, og af Horns
Sogn, som er 12 Tdr. Rug og 6 Ørt. Byg, kvit og frit. J. R.
2, 416.

— Mageskifte mellem Peder Rantzov til Vamdrupgaard
og Kronen. J. R. 2, 416 b. (Se Kronéns Skøder.)

— Aabent Brev, hvorved det strengelig befales Sognemæn-
dene i Ballom Sogn i Løy Herred, der er henlagt til 3 Præben-
der i Riber Domkirke, herefter at yde deres Tiende i Kærven
og ikke i Skæppen, da den Kapellan, der i Følge Kontrakt med
Kapitlet gør Tjeneste i Sognet mod at svare en vis Afgift til Ka-
pitlet, har klaget over, at han ikke kan faa Afgiften af Bønderne,

---

¹ I det følgende Brev har J. T.: 5.

fordi de svare deres Tiende i Skæppen, hvilken Skæppe endda er meget ringere end tilbørligt. J. R. 2, 420.

**15. Marts (Koldinghus).** Til Bønderne i Medolden Sogn, hvem de end tjene. Da deres Sognedegn med et beseglet Tingsvidne har bevist, at enhver, der har haft Sæd i Jorden, efter gammel Sædvane aarlig har givet ham 2 Skpr. Byg, $\frac{1}{2}$ Gaas og 2 Brød og hver Indeste $\frac{1}{2}$ Gaas og 2 Brød, hvilket nu ikke ydes ham saa fuldt som hans Formænd, befales det dem strengelig aarlig at yde ham ovennævnte Rente. J. T. 2, 34.

— Til Lauritz Skram. Da en Del af de Bønder, som have ligget under Skodborghus, er bortskiftet derfra og Avlen ikke kan drives med de tiloversblevne, medmindre disse helt skulle ødelægges, skal han af Kronens Bønder i Andst Herred lægge saa mange ind under Skodborghus, at de kunne drive Avlen, dog skulle disse Bønder som hidtil svare deres Rettighed ud over Pløjning og Høstarbejde til Koldinghus. J. T. 2, 33 b.

— Til samme. Kongen har eftergivet de 6 Dlr., der endnu restere af de 12 Dlr., som Boe Anderssen i Huilsbierig har udlovet til Vincentz Juel, medens denne var Lensmand paa Koldinghus, fordi hans Datter har ladet sig beligge af en Ægtemand. J. T. 2, 34.

— Til Claus Glambeck. Hoslagt sendes ham en Supplikats fra nogle af Kronens Bønder i Thørrild, hvori de berette, at deres Gaarde ere meget ringe baade paa Eng og Ager, men alligevel maa de gøre Ægt og Arbejde lige med de øvrige 4 Gaarde i Byen, skønt disse ere dobbelt saa gode, og de begære derfor, at Gaardene maa blive gjorte ens paa Ejendom og Landgilden skiftet over hele Byen. Hvis det med Lempe kan lade sig gøre, skal han gøre alle Gaardene ens paa Landgilde, men hvis det ikke kan det, skal han lade det blive, som det har været fra Arilds Tid af, da Kongen kan tænke, at flere ville følge dette Eksempel. J. T. 2, 35 b.

— Til Kapitlet i Viiborg. Da Kongen har bevilget, at Nils Stygge, Hanses Søn, maa faa en af Kapitlets Gaarde, kaldet Allestrup, i Gislom Herred til Mageskifte for Vederlag af sit Gods i Fanderup By i Gislom Herred, skal Kapitlet besigte Godset, lade Mageskiftet fuldbyrde og paase, at Kapitlet faar fuldt Vederlag. J. T. 2, 35 b.

— Aabent Brev, hvorved det strengelig befales Kronens Bønder

38*

i Starup, Fredstedt, Dons, Nebel, Bølling, Aagardt, Balesgardt, Ey-
thog[1], Bøguad, Ambiede, Thorstedt, Vollunde, Ley[2], Røgbiere, Allom-
stock, Beneballe[3], Refsgaardt, Oustrop, Vorcke, Riis, Vesterby, Ød-
stedt, Rogstedt[4], Tudued, Borlof, Hexelballe, Amesbølle, Mestling[5],
Hollind[6], Jerlof, Velstrop[7], Høne[8], Horstedt og Stobdrup[9] herefter
at gøre Ægt og Arbejde med Pløjning, Høstarbejde og andet
til Nygaardt, men de skulle alligevel være Lensmanden paa Kol-
dinghus lydige og svare ham deres Landgilde og anden Rettighed,
kun være fri for Pløjning og Høstarbejde til Koldinghus. J. T.
2, 36.

**15. Marts (Koldinghus).** Aabent Brev, hvorved Las Nielssen
i Kanckebøl, Herredsfoged i Øster Lisbierg Herred, fritages
for Landgilde, Ægt og Arbejde af sin Gaard, saalænge han
er Herredsfoged. Udt. i J. R. 2, 419 b.

**16. Marts (—).** Aabent Brev, hvorved Jens Nielssen i Siø-
bye, Herredsfoged i Sønderhald Herred, Las Nielssen i Kancke-
bøl, Herredsfoged i Øster Lissebierg Herred, Søfren Michelssen
i Glesborck, Herredsfoged i Nørre Herred, Søfren Matzen i Øster-
balle, Herredsfoged i Sønder Herred, og Chrestoffer Glad i Kne-
bel, Herredsfoged i Mols Herred, fritages for Landgilde, saa-
længe de ere Herredsfogder, og Sandemændene i samme Her-
reder for almindelig Ægt, dog skulle disse sidste fremdeles
gøre al anden Gerning, som de i Forening med andre Selvejer-
bønder fra Arilds Tid have gjort til Slottet. Udt. i J. R. 2, 420 b.

— Forleningsbrev for Fru Anne Lauritzdatter paa 1
Gaard i Asferri i Nørrehald Herred, uden Afgift. J. R. 2, 421.

— Aabent Brev, at Ofue Juel til Kieldgaard, der har ladet
de 400 Dlr. og 60 Lod Sølv, som Kronen skyldte ham, falde, i de
næste 10 Aar maa oppebære Afgiften af Kronens Part af
Korntienden af Selde Sogn i Salling, kvit og frit. J. R.
2, 421.

— Til Lauritz Skram. Da Michel Thyggessen i Jerlof og
Søren Ibssen i Meisling have tilbudt Kronen deres jord-
egne Bøndergods i Jerlof Herred til Købs, skal han un-
dersøge dette Gods, forhandle med dem om Prisen derfor og betale
det; for at han kan faa bedre Køb, maa han tillade dem at beholde

---

[1] Egtved, Jerlev H.   [2] Lihegaard, samme H.   [3] Bindeballe, Tørrild H.   [4] Roug-
sted, Jerlev H.   [5] Mejsling, samme H.   [6] Hollund, samme H.   [7] Vilstrup, Brusk H.
[8] Højen, Jerlev H.   [9] Stubberup, samme H.

Gaardene, saalænge de leve, for samme Afgift, som der nu svares deraf, hvilket han skal lade notere i Jordebogen. J. T. 2, 36 b.

**17. Marts (Koldinghus).** Tilladelse for Jørgen Huid, Borger i Kolding, til sisefrit at indføre nogle Læster Rostockerøl her i Riget, dog skal han lade notere paa Brevet, hvor meget Rostockerøl der indføres hvert Sted. Udt. i J. R. 2, 421 b.

— Til Mandrup Parsberg. Da Kongen blandt andet Gods har tilskødet Jørgen Seestedt en Gaard, kaldet Oderbeck, der var Annekspræstegaard til Thyrgod Kirke, har han nu udlagt Hr. Nils Michelssen, Sognepræst til Thyrgod og Vester Sogne, og hans Efterfølgere 1 Gaard i Vesterlundt til Annekspræstegaard og befaler Mandrup Parsberg at lade ham faa Gaarden. J. T. 2, 36 b.

— Til Byfogden i Riibe. I Anledning af hans Forespørgsel meddeles ham, at der skal betales Sise af alt det Hamborgerøl, som kommer ind paa Kongens Strømme, baade af det, som opskibes af Kongens egne Undersaatter og af de i Fyrstendømmet boende og siden føres til Haderslef og deromkring, og af det, som kommer til Riibe; i Henhold til de tidligere udstedte Breve om Sise af tysk Øl, som indføres i Riget, skal han tage $^1/_2$ gl. Dlr. i Sise af hver Td. Øl. J. T. 2, 37.

**18. Marts (—).** Til Lauritz Skram og Albret Friis. Da Fru Karen Palli Skrams har bevilget Kronen 2 Bol i Eressøe i Koldinghus Len til Mageskifte for Kronens Rettighed i 1 jordegen Bondegaard i Giøring, skulle de, inden Kongen rejser herfra, besigte begge Parters Gods og indsende klare Registre derpaa. Udt. i J. T. 2, 37 b.

**19. Marts (—).** Til Chrestopher Valchendorp. Da Marine Chrestens, Borgerske i Randers, har erklæret, at hun formedelst Armod ikke kan betale de c. 70 Dlr., som hendes afdøde Husbonde Chresten Perssen, der var Byfoged i Randers, er bleven Kongen skyldig i sit Regnskab, har Kongen eftergivet hende Halvparten af det, hendes Husbonde bliver Kongen skyldig i sit Regnskab. Sj. T. 14, 186.

— Til samme. Josias von Qualen skal istandsætte Befæstningen omkring Krømpen, saaledes som Kongen mundtlig har anvist ham, og dertil beholde den Restance, han nu resterer med, baade af Lenet og Skatten, hvorfor han saa siden skal gøre klart Regnskab. Sj. T. 14, 186.

**19. Marts (Koldinghus).** Forleningsbrev for Hr. Hans
Pouelssen, Sognepræst til Taulo og Erritzø Sogne — der har be-
rettet, at han er kommen til en øde Præstegaard, derfor har solgt
sin Ejendom i Kolding og igen købt et Stykke Jord i Taulo, som
han har opført Bygning paa, og har bevilget, at samme Ejendom
og Bygning fremdeles maa blive ved Sognepræsteembedet — paa
Afgiften af Kronens Part af Korntienden af Erritzø Sogn,
kvit og frit.   J. R. 2, 422.

— Forleningsbrev for Hr. Niels Pouelssen, Sognepræst
i Erst, paa Afgiften af Kronens Part af Korntienden af Bo-
ris Sogn, kvit og frit.   Udt. i J. R. 2, 422 b.

— Mageskifte mellem Søfren Mund og Kronen.   J. R. 2,
422 b.   (Se Kronens Skøder.)

— Til Lauritz Skram.   Kongen har faaet det Skovgods til Mage-
skifte, som Riiber Domkirke havde i Koldinghus Len, og har
givet Domkirken Brev paa, at Lensmanden paa Koldinghus herefter
skal skaffe den alt det Bygningstømmer, den har Brug for.   Da
Kirkeværgerne nu have berettet, at Domkirkens Taarn er meget byg-
faldent, og at der vil medgaa en stor Mængde Tømmer til dets
Istandsættelse, skal han i Sommer skaffe dem alt det Tømmer,
de have Brug for, i Skovene, hvor der sker mindst Skovskade.   J.
T. 2, 38.

— Til samme.   For at skaane Skovene paabød Kongen for
nogen Tid siden Kronens Bønder i Kolding Len at holde
Grøfter og Kogærder om deres Vange og Agre, medens de
tidligere kun havde holdt lukket med Gærder, men nu have Bøn-
derne klaget over, at det vil være dem meget besværligt og til stor
Skade paa deres Korn og Enge, om de saa hastigt skulle nedbryde
Gærderne og begynde at grave Grøfter.   Kongen har derfor bevilget,
at de maa faa en halvandet Aars Henstand med Gravnin-
gen af Grøfterne og i Aar som hidtil maa lukke med Gærder,
for at de efterhaanden kunne blive bedre i Stand til at grave Grøf-
terne; han skal lade dette forkynde paa Tinge.   J. T. 2, 38.

— Til samme.   Da Berthel Lassen i Thuedt har berettet,
at han for kort Tid siden har lidt stor Skade ved Ildsvaade og
mistet sit Salshus med det Gods, Fetalje og andet, som var deri,
og i den Anledning har begæret Eftergivelse af de 3 Ørt. Korn, 1
Dlr. Gæsteri og 2 Mk. for et Fødenød, som han resterer med
for sidste Aar, skal Lauritz Skram undersøge Sagen og, hvis han

virkelig har lidt saadan Skade, fritage ham for ovennævnte Re-
stance. Orig.

**19. Marts (Koldinghus).** Befaling til samme at levere denne
Brevviser Hans Sørenssen, der har lidt Skade ved Ildebrand,
4 Dlr., som Kongen har bevilget ham. Orig.

— Aabent Brev, at Anne Nielssis i Grenkrog maa være
fri for Ægt og Arbejde i et Aars Tid. Udt. i J. R. 2, 426.

**20. Marts (—).** Befaling til Lauritz Skram, Embedsmand paa
Koldinghus, at levere Anne Nielssis i Grenkrog 1 Pd. Korn
af Loftet. Orig.

— Aabent Brev, at Kongen for Godtfolks Forbøns Skyld nu
har ladet den Unaade falde, som den tidligere Foged i Anduor-
skov Kloster Jens Erichssen har været i hos ham for nogle
Forseelser; Jens Erichssen maa blive i Riget og bruge sin Næring,
men maa ikke betræde Sjælland i de næste 5 Aar, saafremt han
ikke vil straffes paa Liv og Gods. Han skal have forbrudt hvad
han har i Anduorskouf Kloster eller hos Bønderne. Sj. R. 12, 4.

— Til Christopher Valckendorff. Da Kongen vil antage Axel
Green, der har tilbudt at tjene Riget til Lands og til Vands, skal
han fastsætte en Besolding for ham, ligesom andre Skibshøveds-
mænd af Adelen have, og sende Kongen en Fortegnelse derover,
for at der kan gives ham Brev derpaa. Sj. T. 14, 186 b.

— Befaling til samme straks at sende et Skib til Gotland,
der kan føre de rydsche Gesandter og deres Følge, som
nu ligge paa Øen til stor Bekostning for Kongen, til Kiøpnehafn.
Sj. T. 14, 187.

— Mageskifte mellem Hendrich Holck til Rønhafue og
Kronen. J. R. 2, 426. (Se Kronens Skøder.)

— Befaling til Axel Viffert at lægge 1 Gaard i Dalby og 1
Gaard i Salby paa Hindtzholm i Fyen, som Kongen har faaet til
Mageskifte af Hendrich Holch, ind under Nyborrig. Udt. i F.
T. 1, 142.

— Befaling til at lægge Hendrich Holckes Hovedgaard, 2
Gaarde, 2 Bol og 1 Gadehus i Knudtzbøl i Jorderup Sogn og 1
Gaard i Virst[1] By og Sogn i Andst Herred samt 2 Gaarde i Mys-
vraa[2] i Almind Sogn i Brusk Herred, som Kongen har faaet til
Mageskifte af Hendrich Holck, 1 Gaard i Andkier i Gafuerslund

---

[1] Verst.   [2] Mosevraa.

Sogn i Holmindtz Herred og 1 Gaard i Jerlof By, Sogn og Herred, som Kongen har faaet til Mageskifte af Søfren Mundt, ind under Koldinghus. Udt. i J. T. 2, 38 b.

**20. Marts (Koldinghus).** Befaling til at lægge 1 Gaard i Skiestrup[1] i Ols Sogn i Vester Herred, som Kongen har faaet til Mageskifte af Hendrich Holck, og 1 Gaard og 1 Hus paa denne Gaards Grund i Faaborg By og Sogn i Skadtz Herred, som Kongen har faaet til Mageskifte af Seuerin Mundt, ind under Riiberhus. Udt. i J. T. 2, 40 b.

— Aabent Brev, at Hr. Jørgen Hanssen, Præst ved Hospitalet i Kolding, aarlig skal have Engelst og groft Klæde til en Hofklædning af Koldinghus, indtil Hospitalet faar det Vikarie, som det skal have efter Hr. Hans Lanckens Død. Udt. i J. R. 2, 430.

— Til Kapitlet i Riibe. Da Kongen har bevilget, at Erich Løcke, Embedsmand paa Riiberhus, maa faa Herligheden af 3 Darum Kirkes Gaarde i Darum, der tilhører Kapitlet, 1 Gaard i Lille Darum og 1 Gaard i Themmerbye til Mageskifte for andet Gods, der ligger ligesaa belejligt for Kapitlet, skal dette besigte begge Parters Gods, lade Mageskiftet udføre og paase, at Kapitlet faar fuldt Vederlag. J. T. 2, 40.

— Til Jacob Seefeld og Anders Banner. Da Erich Løcke. til Schoufgaardt har begæret 2 Gaarde og 1 Bol i Ouelstrup[2] og 1 Gaard i Dystrup i Ørum Sogn og 1 Gaard i Glesborg By og Sogn i Nør Herred, 2 Gaarde i Viuild By og Sogn i Sønderhald Herred, Herligheden af 3 Gaarde i Riiberhus Len, den ene i Seden[3] i Nebel Sogn, den anden i Prestbøl og den tredje i Rerup[4] i Lydom Sogn, 1 Gaard i Store Darum By og Sogn og 1 Gaard og 1 Bol i Lille Darum i Giøring Herred til Mageskifte for de 6 Tdr. 2 Skpr. Hartkorn, som Kronen i Følge den af Christen Munck og Claus Glambeck affattede Besigtelse er bleven ham skyldig ved et Mageskifte, og 1 Gaard og 2 Bol i Enner i Thamdrup Sogn i Nim Herred, 1 Gaard i Sandby i Saubro Herred, 1 Gaard i Lim i Sønderhald Herred, 1 Gaard i Hemmed Sogn og en Ejendom, kaldet Rostrups Mark, i Nør Herred og 1 Gaard i Nielstrup i Galthen Herred, skulle de med det første besigte begge Parters Gods og indsende klare Registre derpaa. Udt. i J. T. 2, 41.

---

[1] Skødstrup.　　[2] Ulstrup, Nørre H., Randers Amt.　　[3] Sædding, V. Horne H.　　[4] Rærup, samme H.

**21. Marts (Koldinghus).** Befaling til alle Kron-, Stifts-, Kloster-, Prælat-, Kannike-, Vikarie-, Kirke- og Præstetjenere i Froste, Fers og Thorn Herreder om efter nærmere Tilsigelse af Biørn Kaas eller hans Fuldmægtig at møde med Heste og Vogne i Kiøns Skove og 2 Gange hver føre 2 Læs Ved til Fullesang Teglovn, da der skal brændes en Del Sten og Kalk til Bygningen paa Lundegaard og det vil falde Bønderne under Lundegaard besværligt at føre det dertil nødvendige Ved til Fullesang. Sk. T. 1, 169 b.

— Aabent Brev, hvorved Michel Nielssen i Kongsted, Kongens Delefoged, der klager over at bo paa en Alfarvej og at have stort Gæsteri med Kongens Folk, indtil videre fritages for 1 Pd. 8 Skpr. Malt og 1¹/₂ Ørt. 2 Skpr. Havre af sin Landgilde. J. R. 2, 430.

— Forleningsbrev for Hans Kier paa Afgiften af Kronens Part af Korntienden af Øsse Sogn i Skadtz Herred til Hjælp til sine Studeringer udenlands. Udt. i J. R. 2, 430 b.

— Aabent Brev, hvorved Bønderne paa Kronens 7 Gaarde i Veyen By og Sogn ved Skodborg Slot indtil videre fritages for Kongeskat, da de ere Ugedagsmænd til Slottet og daglig bruges dertil, eftersom Kronen ikke har andre Bønder dér. J. R. 2, 430 b.

— Til Claus Glambeck. Kongen har givet Anne Christoffer Skonings, der skylder ham paa Kronens Vegne »udi de 1100 Dlr.« i Øksentold, Henstand med Betalingen til efter Pinsedag. J. T. 2, 42.

— Til de Kronens Bønder i Vester Herred, Lustrup Birk, Balum Birk, paa Vesterlandtzfiord og andensteds syd for og omkring Riibe, der ligge under Riiberhus. Da de under Riiberhus liggende Bønder i Skadtz og Giøring Herreder besværes meget med Arbejde til Riiberhus Slot og Ladegaard og ville blive helt ødelagte, hvis de ikke faa Hjælp, befales det ovennævnte Bønder herefter at arbejde til Slottet og Ladegaarden, naar Lensmanden tilsiger dem, lige med Bønderne i Skadtz og Giøring Herreder, saafremt de ikke ville straffes for Ulydighed. J. T. 2, 42.

— Til Claus Glambeck. Da Erich Løcke, Embedsmand paa Riiberhus, har begæret Vederlag for det Gods, han havde i Pant, men som Kongen har bortmageskiftet til Claus Glambeck,

skal denne straks erklære sig om, hvor i Nør Herred, der kan ud-
lægges ham Vederlag, for at Kongen siden kan give ham Forvaring
derpaa. J. T. 2, 42 b.

**21. Marts (Koldinghus).** Til Jørgen Rossenkrantz og Biørn An-
derssen. Da Kongen har bevilget, at Peder Rantzov maa faa 6
Gaarde i Nachbølle ved Coldinghus til Mageskifte for sit Gods
i Biørnstrup ved Kalløe og, hvis det ikke forslaar, Gods i Andst
Herred, ligesom Kongen ogsaa, hvis Peder Rantzovs Gods er det
bedste, vil give ham yderligere Vederlag i Andst Herred udenfor
Fredejagten, skulle de med det første besigte begge Parters Gods og
indsende klare Registre derpaa. Udt. i J. T. 2, 43.

— Til Otte Banner og Hannibal Gyldenstiern. Da Vogen
Suendssen har begæret 1 Gaard i Giørum[1] By og Sogn i Venne-
berg Herred og 1 Byggested, kaldet Lubeshof, i Giørum Sogn til
Mageskifte for 1 Gaard i Vester Hiermeslo i Huetbo Herred,
skulle de med det første besigte begge Parters Gods og indsende
klare Registre derpaa. Udt. i J. T. 2, 43.

— Til Erich Løcke og Hans Johanssen. Da Albret Friis
har begæret 2 Gaarde og Kronens Rettighed i 1 jordegen Bonde-
gaard i Jenum til Mageskifte for 1 Gaard i Jerlof i Jerlof Her-
red, 1 Gaard i Velstrop[2], 1 Gaard i Smidstrup og, hvis det ikke
forslaar, andet Gods, skulle de med det første besigte begge Parters
Gods og indsende klare Registre derpaa. Udt. i J. T. 2, 43 b.

— Befaling til Lauritz Skram, Embedsmand paa Koldinghus,
at levere Maren Thyges i Fredsted en Ko eller en gam-
mel Hest af Ladegaarden. Orig.

**22. Marts (—).** Til de højlærde i Kiøpnehafn. Da Madtz
Porssø, der en Tid har studeret her ved Universitetet og dertil
forbrugt det Gods, som var tilfalden ham ved hans Moders Død,
nu vil begive sig udenlands for at fortsætte sine Studier, men ikke
selv kan underholde sig og derfor har begæret nogen Hjælp, skulle
de, hvis de anse ham for duelig dertil og der er særligt Haab om,
at han i Fremtiden kan blive til Ære for Riget, hjælpe ham til
at blive en af de 4 Studenter, der underholdes uden-
lands, og faa et Hundrede Dlr. aarlig til at studere for, naar nogen
af de 4 Studenter, der nu ere udenlands, kommer hjem og bliver
forsynet med Kald. Orig.[3] i Konsistoriets Arkiv, Pk. 38.

---

[1] Gerum, Horns H.    [2] N. Vilstrup, Tørrild H.    [3] Tr.: Rørdam, Kbhvns Uni-
versitets Hist. 1537—1621 IV. 297 f.

**22. Marts (Koldinghus).** Aabent Brev, hvorved de nuværende Sandemænd i Huornum Herred fritages for Ægt og Arbejde, saalænge de ere Sandemænd. Udt. i J. R. 2, 431.

— Til Lauritz Skram. Da Peder Rantzov har pantet 2 Ottinger Jord af en jordegen Bonde i Lerschov for 110 Dlr. og hidtil brugt denne Jord under den Gaard i Lerschov, som han nu har tilskiftet Kronen, skal Lauritz Skram indløse Jorden, tage Pantebrevene til sig og vedblivende bruge Jorden under samme Gaard. J. T. 2, 44.

— Befaling til samme at give Anne Mouritzis, Vaskerkone her paa Slottet, Engelst til en Kjortel. Orig.

**23. Marts (—).** Aabent Brev, at Steen Braade, Embedsmand paa Solte, indtil videre maa grave saa meget Ler, han behøver til sin Teglovn, paa Kronens Grund i Broobye Mark, dog maa han ikke grave paa saadanne Steder i Marken, at det kan skade Broobye Bønders Ager og Eng, ej heller i Henhold hertil siden tilholde sig videre Brug eller Rettighed i Broobye Mark. Sj. R. 12, 6.

— Aabent Brev, hvorved Steen Braades aarlige Afgift af Solthe Len nedsættes med 200 Dlr. Udt. i Sj. R. 12, 6 b.

— Mageskifte mellem Fru Kirstine Ulfeld, Morthen Suendssens Enke, og Kronen. J. R. 2, 431. (Se Kronens Skøder.)

— Aabent Brev, at Erich Løcke, Embedsmand paa Riberhus, indtil videre maa give Penge, 1 gl. Dlr. for hver smal Td. Rug eller Byg, i Stedet for den Kornafgift, som han skal give af nogle Tiender, han har fæstet. Udt. i J. R. 2, 436.

— Befaling til Erich Løcke, der, i Anledning af Ordren til ham om at beslaglægge Matz Borgeskrivers Gods for dennes Gæld til Kongen, har berettet, at denne kun har én Gaard, som en Christen Skriver nu har i Pant, men som er omtrent 100 Dlr. mere værd end Pantet, at tilbagebetale Chresten Skriver de Penge, han har laant i Gaarden, betale Arvingerne hvad Gaarden yderligere kan være værd og derefter paa Kongens Vegne tage Gaarden. J. T. 2, 44 b.

— Befaling til Lauritz Skram at lade Hans Hanssen i Skierup faa det Hus i Brening, som Kongen har givet ham til Hjælp til de Værelser, Kongen har befalet ham at bygge der, og i Stedet lade de 2 Mænd i Brening faa Gafuerslundt Kirkelade. J. T. 2, 44 b.

— Befaling til samme at levere Oluf Pouelssen i Viifs

Hustru de 12 Al. Engelst, som Kongen ved Købet af Oluf Pouelssens jordegne Bondegaard har lovet at give hende. Orig.

**24. Marts (Koldinghus).** Mageskifte mellem Lauritz Skram, Embedsmand paa Koldinghus, paa hans Søster Jomfru Anne Skramsdatters Vegne og Kronen. J. R. 2, 436 b. (Se Kronens Skøder.)

— Aabent Brev, at Axel Veffert, Embedsmand paa Nyborg, og hans ægte Livsarvinger, der for nogen Tid siden have faaet fri Birkeret over Veffertzholm med mere af deres nærmest liggende Gods, tillige maa lægge 3 Gaarde og 3 Gadehuse i Hurup i Alse Sogn ind under dette Birk. J. R. 2, 443.

— Til Claus Glambeck. Peder Pederssen i Huilsted har berettet, at han til sin Bolig en Tid lang har brugt et Stykke Jord i Kongens Enemærke i Thommerstrop [1] Mark, hvoraf han aarlig har svaret 1 Ørt. Malt i Landgilde, og at Jorden for 3 Aar siden er lagt under Ring Kloster, men at han desuagtet er bleven tiltalt og pantet for de 3 Aars Landgilde, skønt han slet ikke har haft Jorden; Claus Glambeck skal undersøge Sagen og, hvis den forholder sig saaledes, sørge for, at Peder Pederssen bliver fri for de 3 Aars Landgilde og heller ikke siden bliver krævet for Landgilde af Jorden. J. T. 2, 45.

**25. Marts (—).** Søbrev for Adam Leistmand, Kongens Skibskaptejn, der skal ligge i Bæltet med Kongens Gallej Hillebrand for at passe paa, at ingen forløber Kongens Told, og at ingen fremmede, franske eller engelske, Skibe løbe gennem Bæltet, men kun de, der pleje at løbe der igennem; han maa ikke tvinge Kongens egne Undersaatter i Jylland og Fyen til at løbe til Nyborg, naar de have fremvist Søbrev, og ikke berøve eller fratage Kongens Undersaatter noget, saafremt han og hans Folk ikke ville have Kongens Unaade. Sj. R. 12, 6 b.

— Befaling til Peder Munch og Chrestopher Valchendorp at blive enige med Lauritz Krusse, som Kongen har antaget som Skibshøvedsmand, om hans Besolding, eftersom Kongen giver andre Skibshøvedsmænd af Adelen, og indsende Besked derom til Kancelliet, for at der kan gives ham Brev derpaa. Sj. T. 14, 188.

— Befaling til Hendrich Mogenssen herefter aarlig at lade

---

[1] Tammestrupgaarde, Vor H.

Hertug Hans den ældres Fuldmægtig faa 20 Stokke rigtig god Rinskvin i Sundet til den Pris, som sættes paa Toldboden, og som Kongen selv giver. Kongen vil desuden nu forære Hertugen 10 Stokke god Vin og Hertugens Sekretær Jørgen Beyer 1 Stok, hvilke Hendrich Mogenssen paa Kongens Vegne skal betale af Tolden. Sj. T. 14, 188.

**25. Marts (Koldinghus).** Til Erich Løcke. Da Kongen blandt andet Gods har tilskiftet Josua van Quallen paa hans Hustrus Vegne det paa vedlagte Register opførte Gods i Lundenes Len, som Fru Abbel Schiel, Hr. Nils Langis Enke, har Livsbrev paa, skal han udlægge Josua van Quallen saa meget Gods i Vester Herred, at det kan svare ligesaa megen vis Rente som det paa Registret opførte Gods i Lundenes Len, og indsende Register derover til Kongen, for at denne kan give Forleningsbrev derpaa. J. T. 2, 47.

— Lignende Befaling til Lauritz Skram at udlægge Josua van Quallen saa meget Gods i Øster Herred, at det kan svare ligesaa megen vis Rente som det paa det ham tilsendte Register opførte Gods i Lundenes Len. J. T. 2, 47 b.

— Til Lauritz Skram. Kongen har afsluttet et Mageskifte med Josua van Quallen og allerede i forrige Aar overtaget dennes Gods i de 5 Herreder, som Kongen har indtaget til Fredejagt. Da Josua van Quallen endnu ikke har faaet noget Vederlag for den af Kronen i det sidste Aar af dette Gods oppebaarne Rente, hvorover der sendes ham et af Josua van Quallen affattet Register, skal han nu af Slottet skaffe Josua van Quallen ligesaa megen Rente, som Registret udviser, og, hvis al Landgilden endnu ikke er oppebaaren af Godset, lade Josua van Quallen anvise ham hvad der resterer, for at han kan indkræve det. J. T. 2, 46 b.

— Aabent Brev, hvorved Kongen, der har bragt i Erfaring, at det gaar meget uskikkeligt til med Oppebørselen af Told ved Folling Bro, paabyder alle, der ville føre Øksne, Køer, Fæ, Heste, Øg, Foler og andet, som bør fortoldes, fra Riget til Fyrstendømmet over Folling Bro, først at fortolde det paa Skodborg Slot og tage klar Toldseddel af Slotsfogden til Bromanden ved Folling Bro paa, hvor meget de have fortoldet; Slotsfogden paa Skodborg skal oppebære Tolden og aarlig gøre Tolderen i Kolding Regnskab derfor. Enhver, der forser sig herimod, skal have forbrudt hvad han har med at fare og straffes. J. R. 2, 444 b[1].

**25. Marts (Koldinghus).** Til Lauritz Skram. Da det vil falde Kronens Bønder under Skodborg meget besværligt at besørge Ladegaardens Pløjning og Tærskning, skal han paa Kongens Bekostning holde en god, færdig Plov og 2 Tærskere i Ladegaarden, dog skulle Bønderne herfor yde Kronen den Betaling, de blive enige med ham om. J. T. 2, 45 b.

— Til samme. Da Mogens Kaas har bevilget Kronen 1 Gaard i Egholdt i Koldinghus Len til Mageskifte for Gods i Bøgeschouf eller andensteds i Sønderjylland, skulle de med det første besigte begge Parters Gods og indsende klare Registre derpaa. J. T. 2, 46.

— Til samme. Hans Nielsen i Vif har berettet, at der har været Uenighed mellem ham og hans Hustrus Fader Oluf Pouelsen smstds., hvorfor Lensmanden har taget Borgen af dem begge for 50 Dlr. hver; siden ere de blevne forligte og Borgenen opsagt paa Tinge, men efter lang Tids Forløb ere de igen komne i Trætte, og han tiltales nu for den gamle Borgen, hvilket han begærer at blive fri for. Kongen har eftergivet ham det halve af hans Part af Borgenen. Orig.

— Befaling til Søfren Kier om af Tolden at levere Lauritz Schram, Embedsmand paa Kollinghus, 4000 Dlr., da denne ikke har Penge nok i Forraad til Slottets Udgifter. J. T. 2, 46 b.

— Aabent Brev, hvorved Kongen — der har tilskiftet Josua von Qualen og hans Hustru Fru Magdalene Munck 3 jordegne Bøndergaarde i Hamerum Herred, de to i Sundtze Sogn, kaldede Hollenholt og Kiergaard, og den tredje i Tørring Sogn, kaldet Trelund, men ikke har kunnet hjemle dem mere end Kronens Rettighed i Gaardene, da Ejendommen tilhører Bønderne — lover at forhandle med disse om Ejendommen og, hvis han eller Josua von Qualen kunne blive enige med dem om Købet til en rimelig Pris, betale dem derfor eller stille dem tilfreds paa anden Maade, da Josua von Qualen i Mageskiftet har gjort Kronen Fyldest for Bøndernes Ejendom. J. R. 2, 443 b.

**26. Marts (—).** Befaling til Nils Jonssen at forhandle med de paa ovennævnte 3 jordegne Bøndergaarde boende Bøn-

---

[1] Tr.: Secher, Forordninger II. 128 f.

der om at afstaa deres Ejendomsret for en rimelig Pris og
tilskrive Kongen klar Besked om, hvad Bønderne forlange, hvad
Ejendommen er værd, og hvorledes de kunne tilfredsstilles paa an-
den Maade. J. T. 2, 48 b.

**26. Marts (Koldinghus).** Mageskifte mellem Mogens Jul
til Jullingsholm og Kronen. J. R. 2, 445. (Se Kronens Skøder.)

— Aabent Brev, at Hr. Jørgen Morthenssen, Kapellan i
Kolding, i Aar maa oppebære Afgiften af Kronens Part af
Korntienden af Brol(!) Sogn. Udt. i J. R. 2, 448.

— Aabent Brev, at Lauritz Diurschøt, Byfoged i Kol-
ding, maa være fri for Skat, Hold, Vagt og al anden borgerlig
Tynge og oppebære Tredjeparten af alt Sagefald og an-
den uvis Rente i Kolding, saalænge han er Byfoged. Udt. i
J. R. 2, 448 b.

— Aabent Brev, at Morthen Anderssen, Huskok paa
Koldinghus, maa blive boende i Kolding og være fri for Skat,
Hold, Vagt og al anden borgerlig Tynge, saalænge han er Hus-
kok. Udt. i J. R. 2, 449[1].

— Ejendomsbrev for Jørgen Matzen paa en øde Jord
paa St. Matiæ Kirkegaard i Viborg mod aarlig at svare en af
Borgemestre og Raad i Viborg fastsat Jordskyld til Lensmanden
paa Hald; svares Jordskylden ikke, skal dette Brev være forbrudt.
Der skal opføres god Købstadsbygning paa Jorden, og denne Byg-
ning skal, hvis den engang sælges, først tilbydes Kronen. J. R.
2, 448 b.

— Forleningsbrev for Hr. Søfren Hanssen i Veyen ved
Skodborg paa Afgiften af Kronens Part af Korntienden af
Molt Sogn, kvit og frit. Udt. i J. R. 2, 450 b.

— Aabent Brev, at Mogens Jul til Jullingsholm, der har
fæstet Kronens Part af Korntienden af Ome Sogn i Nørre-
vongs Herred og Green Sogn i Slaugs Herred for aarlig Afgift,
maa svare Penge i Stedet for Afgiften, 1 gl. Dlr. for hver
Td. Korn. Udt. i J. R. 2, 450 b.

---

[1] Derefter følger et Brev af 26. Marts, hvorved Josua von Qualen paa sin Hustrus
[Magdalene Munks] Vegne forpligter sig til ikke før Fru Abbel Skeels, Hr. Niels Langis
Enkes, Død at befatte sig med det Gods i Lundenes Len, som Kongen har udlagt ham
paa hans Hustrus Vegne til Mageskifte, men som Fru Abbel har Livsbrev paa, nemlig
3½ Gaard i Sundts By og Sogn, 1 Gaard, kaldet Laulund, 1 Gaard i Hørning og 1
Gaard, kaldet Brendgaard, i Hørning Sogn, 1 Gaard, kaldet Birck, og 1 Gaard i Hame-
rom i Gieldrup Sogn og Kronens Rettighed i 3 jordegne Bøndergaarde, de 2, kaldede
Hollenholt og Kiergaard, i Sundts Sogn, og den tredje, kaldet Threelund, i Tørning Sogn.

**26. Marts (Koldinghus).** Lignende Tilladelse for Fru Begge
Clausdatter, Peder Galschiøttis Enke, med Hensyn til Afgif-
ten af Kronens Parter af Korntienden af Leborg og Veyen Sogne.
Udt. i J. R. 2, 451.

— Til Erich Løcke. Kongen bevilger, at han maa bruge
Stenene fra den øde Køtrup[1] Kirke, der skal nedbrydes, til
at genopbygge den meget bygfaldne Brouist Kirke med. J.
T. 2, 48.

— Befaling til Erich Løcke og Hans Johanssen, der tidligere
have faaet Ordre til at besigte Godset i Anledning af Mageskiftet
med Albret Friis, om tillige at besigte 1 Bol i Jenum, som Al-
bret Friis har begæret at faa ved samme Mageskifte. J. T. 2, 48.

**27. Marts (—).** Til Henrich Norby, Jørgen Bilde, Pouel Huit-
feld, Jørgen Marsuin, Erich Munck, Pros Lauritzen, Axel Gynters-
berg, Henrich Brochenhus, Søfren Hofmand og Niels Skriver i Ran-
ders, Michel Baggers Arvinger i Otthense og Erich Rudtz Arvinger.
Da de til Kongens store Forundring trods alvorlig Paamindelse endnu
ikke have gjort deres Regnskab klart hos Rentemester Christopher
Valckendorff og betalt ham alt hvad de blive Kongen skyldige, be-
fales det dem nu alvorligt inden førstkommende 12. April at
begive sig til Rentemesteren, gøre alt klart hos ham og
betale ham hvad de blive Kongen skyldige til 1. Maj 1578
eller før; kunne de ikke selv komme til Kiøpnehafn paa den Tid,
skulle de sende deres Skriver eller et paalideligt Bud. Sj. T. 14,
188 b.

— Befaling til Biørn Anderssen, der tidligere har faaet Ordre
til at tiltale Peder Skrivers Arvinger i Aarhus for hvad
de ere Kongen skyldige, men endnu ikke har gjort det, skønt
Kongen havde ventet, at det var sket for længe siden, om nu uden
al Forsømmelse at indkræve Kongens Tilgodehavende. Udt. i Sj.
T. 14, 189.

— Befaling til Erich Løcke at indkræve alt hvad Madtz
Koch i Riibe skylder Kongen og, hvis han ikke betaler, be-
slaglægge hans Gods, indtil han betaler; han skal med det aller-
første tilskrive Rentemesteren Besked, for at denne kan vide at rette
sig derefter. Udt. i Sj. T. 14, 189 b.

---

[1] Kettrup, Hvetbo H.

**27. Marts (Koldinghus).** Mageskifte mellem Ribe Kapitel og Kronen. J. R. 2, 451. (Se Kronens Skøder.)

— Aabent Brev, at Hr. Hans Butthi i Kirckholm i Assens Sogn i Bierge Herred, der kun har et meget ringe Bolig at bo paa, uden Indfæstning maa faa den Gaard i Orbye[1], som Peder Lauritzen boede i, men som nu er ledig, og indtil videre bruge den under sin egen Avl. Han skal svare sædvanlig Landgilde og gøre sædvanlig Ægt, Arbejde og anden Tynge til Biugholm Slot og maa ikke lægge noget af denne Gaards Jord under Præstegaardens Brug, for at der ikke i Fremtiden skal blive Trætte derom. J. R. 2, 465.

— Forleningsbrev for Tyge Krusse paa 2 Gaarde i Sønder Borck By og Sogn, 1 Gaard i Nerild i Lynne Sogn, 4 Gaarde i Strello By og Sogn, 3 Gaarde i Forsum i Eguod Sogn, 1 Gaard i Neirbye[2] i Oddum Sogn, 1 Gaard i Tøstrup, 1 Gaard i Stoustrup, 1 Gaard i Nør Borck Sogn, Kronens Rettighed i følgende jordegne Bøndergaarde: 2 i Nør Borck By og Sogn, 3 i Sønder Borck By og Sogn, 2 i Obeling, 2 i Tarrum i Eguod Sogn, 1 i Bølbøl i Oddum Sogn, 2 i Seyrup, 3 i Stoustrup, 1 i Vibtarp[3], 1 i Paabøl, 1 i Nerild i Lynne Sogn, med de paa Gaardenes Grund værende Bol og Gadehuse, alt i Nør Herred, mod aarlig til 1. Maj at svare 100 gl. Dlr. i Afgift af den visse Rente og gøre Regnskab for al den uvisse, hvoraf han selv maa beholde Halvdelen. J. R. 2, 465 b.

— Befaling til Lauritz Skram at lægge 2 Gaarde i Benne-balle, som Kongen har faaet til Mageskifte af Thomas Fasse og Erich Lange, ind under Koldinghus. Udt. i J. T. 2, 49.

— Mageskifte mellem Josua van Qualen til Qualsholm paa hans Hustrus[4] Vegne og Kronen. J. R. 2, 467. (Se Kronens Skøder.)

**28. Marts (—).** Til Lauritz Skram. Da Kongen blandt andet Gods har tilskiftet Jusue van Qualen paa hans Hustrus[4] Vegne det paa vedlagte Register opførte Gods i Lundenes Len, som Fru Abbel Schiel har Livsbrev paa, skal han udlægge Jusue van Qualen saa meget Gods i Slaugs Herred, at det kan svare ligesaa megen Rente som det paa Registret opførte Gods i Lundenes Len, og indsende Register derover til Kongen, for at denne kan give Forleningsbrev derpaa. J. T. 2, 49 b.

---

[1] Overby, Bjærge H.    [2] Nederby.    [3] Vittarp.    [4] Magdalene Munk.

**28. Marts (Koldinghus).** Befaling til samme at levere Ja-
hanne Peders ½ Pd. Korn. Orig.

— Kvittans til Fru Margrette Uggerup, Jacop Mourid-
sens Enke, paa de 2000 Dlr., som hun for nogen Tid siden har
laant af Kongen og skulde betale tilbage til Midfaste Søndag [29.
Marts]; da Kongen ikke har hendes Forskrivning hos sig, erklæres
den herved for død og magtesløs. Sk. R. 1, 265 b.

— Mageskifte mellem Steen Bilde til Kiersgaard og Kro-
nen. F. R. 1, 180. (Se Kronens Skøder.)

— Til Seuerin Kier. Da Katrine, Nils Matzens Enke, i
Kolling, hvem han har tiltalt for 200 Dlr., som hendes Hus-
bonde var Kongen skyldig, har erklæret, at hun formedelst sine fat-
tige Vilkaar og store Gæld ikke saa hurtigt kan betale denne Sum,
har Kongen givet hende Henstand dermed et Aars Tid. J.
T. 2, 49.

— Til Mouritz Podebusk. Kathrine, Nils Matzens Enke,
i Kolding har berettet, at hun er bange for, at han skal forfølge
hende for de Penge, hendes afdøde Husbonde skyldte ham, og med
Rigens Ret lade sig indføre i hendes Gaard, da hun ikke kan be-
tale Pengene saa hurtigt, og har derfor bedt om en kgl. Skrivelse
til ham om at give hende Henstand. Da hun har erklæret ikke at
kunne betale sin Mands Kreditorer, medmindre hun faar Henstand
med Betalingen, har Kongen givet hende Henstand med Gælden til
Kronen og beder nu ogsaa ham om af Hensyn til Kongen at give
hende et Aars Henstand, for at hun og hendes Børn ikke
skulle blive helt forarmede; han skal med det første underrette
Kongen om, hvad han vil gøre. J. T. 2, 50.

**29. Marts (—).** Aabent Brev, at Fru Kirstine Ulfeld, Mor-
then Suendssens Enke, der har udlagt Kronen nogle af sine Uge-
dagsbønder i Sognet ved sin Hovedgaard til Mageskifte, i Stedet
maa have Bønderne paa 4 Gaarde og 1 Bol i Gilballi[1] i
Skanderup Sogn, som hun har faaet til Mageskifte af Kronen, som
Ugedagsmænd og bruge dem med samme Frihed, som andre ade-
lige bruge deres Ugedagsmænd. J. R. 2, 476 b.

— Livsbrev for Thomes Farssen, Foged paa Kolding-
hus, paa den Gaard i Velling, som han nu selv har i Værge, fri
for Landgilde, Ægt, Arbejde og anden Tynge. J. R. 2, 477.

---

[1] Gelballe, Anst H.

**29. Marts (Koldinghus).** Forleningsbrev for Josua van
Qualen paa hans Hustru Fru Magdalene Muncks Vegne paa 1
Gaard i Bierum i Gudum Sogn i Skodborg Herred, 1 Gaard i Hee
Sogn i Hing Herred, 1 Gaard og 2 Bol i Sunderbye, 1 Gaard, kaldet
Nørgaard, 1 Gaard i Øuig[1] i Hammerum Herred, 1 Gaard i Døuel-
mosse[2] i Borres Sogn, 3 Gaarde og 3 Bol i Vorbassi i Slags Her-
red, uden Afgift, indtil han ved Fru Abbel Skeels Død kan faa det
Gods i Lundenes Len, som Kongen har mageskiftet til ham paa
hans Hustrus Vegne, men som Fru Abbel Skeel har Livsbrev paa,
nemlig $3\frac{1}{2}$ Gaard i Sundtz By og Sogn, 1 Gaard, kaldet Laulund,
i Hørning Sogn, 1 Gaard i Hørning[3], 1 Gaard, kaldet Brendgaard,
i Hørning Sogn, 1 Gaard, kaldet Birck, i Gieldrup Sogn, 1 Gaard
i Hamerum By og Kronens Rettighed i 3 jordegne Bøndergaarde,
de 2, kaldede Hollenholt og Kiergaard, i Sundtz Sogn og den tredje,
kaldet Trellund, i Tørring Sogn. J. R. 2, 478[4].

— Til Thyge Sandbierg til Isgaardt. Kongen har tidligere
ved Kansler Nils Kaas forespurgt, om han vilde gaa ind paa et
Mageskifte, hvorved Kronen af hans afdøde Hustrus[5] Arvinger
fik det Gods i Koldinghus Len til Mageskifte, som han har faaet i
Forlening af sin Hustru, og han gik ind derpaa mod andensteds
igen at faa ligesaa meget Gods i Forlening. Kongen har derefter
forhandlet med Mouritz Stygge, Sekretær, og denne har paa egne
og andre Thyge Sandbiergs Hustrus Arvingers Vegne bevilget, at
Kronen maa faa Godset i Koldinghus Len til Mageskifte for Vederlag
i Halsnes Birk. Kongen, der allerede har lagt Godset ind under Kol-
dinghus, beder ham derfor overlade det til Kronen og lover igen at
udlægge ham ligesaa godt Gods som det, han mister. J. T. 2, 50 b.

**31. Marts (Odense).** Aabent Brev, hvorved Kongen — i An-
ledning af Hertug Hans den yngres Begæring om at faa det
Gods paa Alse og Arre, som tidligere har været brugt under
Synderborg, men efter Kongens Moders Død er lagt under Kronen, i
Forlening for sig og Arvinger mod at tjene Riget med et Antal
geruste Heste — lover at give Hertugen Livsbrev paa dette Gods, fri
for al Afgift, Tynge og Tjeneste, mod at Hertugen skriftlig forpligter
sig til, at Godset efter hans Død straks skal falde tilbage til Kronen,

---

[1] Ødvig.  [2] Debelmoseby, Bølling H.  [3] Herning, Hammerum H.  [4] Derefter
findes indført Josva von Qvalens Brev af 29. Marts, hvorved han forpligter sig til at af-
staa det Gods, som han nu har faaet i Forlening, saasnart han faar Godset i Lundenes
Len.  [5] Kirsten Stygge.

39*

og at han ikke befatter sig med den gejstlige Jurisdiktion eller gør Bispen i Fyens Stift eller dem, denne sætter til at høre Kirkernes Regnskab, nogen Hinder. Hvis Hertug Hans's Arvinger mene at have nogen Ret til Godset, maa de forbeholde sig den og søge deres Ret, naar de have afstaaet Godset. F. R. 1, 183 b.

**1. April (Nyborg).** Aabent Brev, hvorved Kongen tager Niels Jenssen og Niels Gregerssen i Brandstedt med deres Hustruer, Børn og Tyende i sin Beskærmelse, da de trues og undsiges af Peder Brade og hans Folk for et Mandtalsregister over Fers Herred, som de for nogen Tid siden lod skrive og overlevere til Kongen. Det forbydes alle at true eller overfalde dem, og al Tiltale mod dem skal udføres med Lov og Ret. Sk. R. 1, 266.

— Til Axel Gyldenstiern. Peder Hanssen og hans Medbrødre have berettet, at de tiltales af hans Foged, fordi de for nogen Tid siden paa Fers Herredsting have sat sig ned og givet Niels Jenssen i Brandstadt og hans Forlovere nogle Vidnesbyrd beskrevne, hvilket er blevet opfattet, som om de vilde splitte Tinget eller holde et Særting. Da imidlertid Niels Jenssen og hans Forlovere have erklæret, at Herredsfogden ikke vilde tilstede dem disse Vidnesbyrd, og at de af den Grund have bedt menige Herredsmænd derom, hvilket ogsaa de fleste have bevilget, maa han herefter hverken tiltale Peder Hanssen og hans Medbrødre, Niels Jenssen og hans Forlovere eller dem, som vidnede, for denne Sag. Sk. T. 1, 170.

— Aabent Brev, at Niels Bonde i Engeldrup, der har afhændet sin jordegne Bondegaard til Kronen, og hans Hustru Karen for Livstid maa være fri for Ægt, Arbejde, Kongeskat og al anden Tynge af Gaarden, derimod skulle de svare sædvanlig Landgilde til Lensmanden paa Ottense Bispegaard og maa kun hugge i Skovene efter Skovfogdens Anvisning; efter deres Død skal Gaarden af Oldinge sættes for den Landgilde, som Ejendommen kan taale. Niels Bonde skal med det første paa Tinge lovligt tilskøde Lensmanden paa Ottensegaard Gaarden. F. R. 1, 184 b.

**4. April (Sorø Kloster).** Befaling til Lauge Bech at anvise Pouel Werniche de 4000 Mursten, som Kongen har givet ham af St. Agnete Klosters Bygning i Roskylde, dog skal Pouel Werniche selv lade dem bryde ned og føre bort. Udt. i Sj. T. 14, 190.

— Til Chrestopher Valchendorff. Da Oluf Bagger efter Kongens Befaling har betalt Chrestopher Busk i Otthense 800

Dlr. foruden de 400 Tdr. Byg, som denne tidligere har faaet af
Niels Jonssen paa Haldt, hvilket ialt beløber sig til 1200 Dlr., og
Chrestopher Busk har givet Oluf Bagger endelig Kvittans, skal Chre-
stopher Valchendorff modtage Daniel Rantzovs Gældsbrev paa Pen-
gene og ovennævnte Kvittans og kvittere Oluf Bagger for de af ham
betalte 800 Dlr. Sj. T. 14, 189 b.

**4. April (Sorø Kloster).** Aabent Brev, at Christoffer Skri-
ver, Borgemester, og Olluf Bagger, Raadmand i Ottense, der
have sagt god for de Penge, som Michel Bagger smstds.
er bleven Kronen skyldig, maa faa 2 Aars Henstand med
Betalingen, for at de imidlertid kunne indkræve Michel Baggers
Børns og Arvingers Tilgodehavende. F. R. 1, 184 b.

— Befaling til Lauritz Skram at besigte 1 Gaard i Amitzbøl,
som Johan Bockholdt har bevilget Kronen til Mageskifte, lade
8 uvildige Dannemænd taksere den til Gaarden hørende Skov for
Oldensvin og sende Coruitz Veffert klart Register derpaa, for at han
derefter kan udlægge Johan Bockholdt Fyldest. J. T. 2, 51.

**5. April (—).** Aabent Brev, at Kirkeværgerne for Fenidtz-
løf[1] Kirke paa Kirkens Vegne herefter aarlig maa oppebære 2
Pd. Korn af Sore Klosters Loft, da Kirken endnu intet Veder-
lag har faaet for dens Gaard i Auidøre ved Kiøpnehafn, der i den
sidste svenske Fejde blev lagt under Kiøpnehafns Slot, hvortil den
endnu bruges; Gaarden skyldte 2 Pd. Korn. Sj. R. 12, 7.

— Til Eyler Krafse. Hoslagt sendes ham en Supplikats fra
Niels Anderssen i Ørsløf, hvori denne klager over noget Hus-
bondhold og over, at Eyler Krafse vil tvinge ham, der nu bor paa
Antuorskouf Klosters Gods, men er født paa Kronens Gods under
Korsør Slot, til at flytte; det befales ham at lade Niels Anderssen
være utiltalt for hans Fødested, da det jo er Kronens Gods
begge Dele. Sj. T. 14, 190.

**7. April (Kbhvn.).** Gavebrev til Chresten Pederssen,
Skipper, paa den Kronens Gaard ved Østervold i Kiøpnehafn,
som han nu selv bor i. Der skal holdes god Købstadsbygning
derpaa, saa der, naar han ikke længere er i Kongens Tjeneste, kan
gøres sædvanlig Tynge til Kronen og Byen deraf. Vil han eller
hans Arvinger sælge Gaarden, skulle de først tilbyde Kronen den.
Sj. R. 12, 7 b[2].

---

[1] Fjennesløv, Alsted H.   [2] Tr.: O. Nielsen, Kbhvns Dipl. II. 286.

**7. April (Kbhvn.).** Livsbrev for Herlof Skafue paa den Kronens Eng mellem Roskilde og Suafuersløf, som han nu selv har i Værge, uden Afgift. Sj. R. 12, 8.

— Befaling til nedennævnte Lensmænd og Købstæder, der tidligere have faaet Ordre til at brygge Øl til Orlogsskibene, om ikke at gøre det, saafremt det ikke allerede er sket, da Kongen nu har bestilt Øl nok i Kiøpnehafn og Sjælland alene; de skulle beholde Maltet hos sig indtil videre, sende det allerede bryggede Øl til Kiøpnehafn og med dette Bud sende Rentemesteren Besked. — Register: Kiøge, Skelskør, Nestued, Prestøe, Kallundborg og Nykiøping i Ortz Herred i Sjælland; Hach Ulfstand, Henning Giøye og Nykiøping p. Falster i Smaalandene; Landtzkrone og Helsingborg i Skaane; Axel Veffert, Kiertheminde, Nyborg, Suinborg, Faaborrig og Assens i Fyen; Claus Glambech i Jylland. Sj. T. 14, 190 b.

— Til Adam Liestmand. Da han, der er forordnet til at ligge i Bæltet, har forstaaet det i hans Bestalling indeholdte Forbud mod at tvinge Kongens egne Undersaatter fra Jylland og Fyen til at løbe ind til Tolderen i Nyborg, naar de have fremvist Søbrev, saaledes, at de frit maa passere, saasnart de have fremvist Søbrev, og dette har medført, at baade lybsk Gods og andre Stæders Gods ofte skibes igennem sammen med det andet, hvilket ingenlunde har været Kongens Mening, der kun har været den, at Skibene ikke skulde løbe af deres »Læ«, skal han, naar nogen af Kongens egne Undersaatter herefter kommer i Bæltet, give dem Ordre til at begive sig til Nyborg og hos Tolderen certificere, hvad Gods de have inde, men ellers ikke besvære dem. Sj. T. 14, 191.

— Til Biørn Kaas og Eyller Grubbe. Da Kongen har bevilget, at Axel Viffert maa faa noget af Sualle Gods i Skaane til Mageskifte for Gods i Afuensløf og Viibye paa Hindsholm i Fyen, skulle de med det første besigte begge Parters Gods og indsende klare Registre derpaa. Sk. T. 1, 170 b.

— Befaling til Lauritz Skram at besigte den Axel Veffert, Embedsmand paa Nyborg Slot, tilhørende Tredjepart af 1 Gaard i Egum[1] i Koldinghus Len, hvori Hans Axelssen ejer de to andre Parter, da han har bevilget Kronen den til Mageskifte, og sende Kancelliet skriftlig Besked. J. T. 2, 51.

— Befaling til Axel og Koruitz Viffert at udlægge Sogne-

---

[1] Igum, Elbo H.

præsten i Faaborg Gods (ligelydende med Befaling af 16. Febr. til de samme). Orig. i Provinsark. i Odense.

**7. April (Kbhvn.).** Livsbrev for Bodel Peder Matzens, Borgerske i Otthense, paa den Gaard smstds., hun selv bor i, uden Afgift. Udt. i F. R. 1, 185.

— Mageskifte mellem Peder Thott til Boltinggaard og Kronen. F. R. 1, 185 b. (Se Kronens Skøder.)

— Til Lauritz Brockenhus. Da Borgerne i Faaborrig have klaget over, at det nu, efterat de Græsbede og Fædrifter, som de en Tid lang have brugt til Byen, ere blevne fradømte dem, er meget besværligt for dem med deres Græsgang, idet de ikke vide, i hvor stor Udstrækning de maa bruge den, og der ofte opstaar Trætte mellem dem og de tilstødende Lodsejere, ligesom ogsaa deres Kvæg indtages og behandles ilde, fordi Modparten ikke holder sine Grøfter og Gærder i Stand, befales det ham, for at denne Sag en Gang for alle kan blive bragt i Orden, med det allerførste at opkræve Sandemænd og tilbyde Lodsejerne en Befaling til gode Mænd, der i Forening med Sandemændene kunne komme paa Aastederne og udvise et rimeligt Skel mellem Faaborrig Grund og de tilstødende Ejendomme. Han skal paase, at Borgerne i Faaborrig ikke blive forurettede. F. T. 1, 142 b[1].

—- Til Morten Brock, Landsdommer i Fyen, og Gregers Juul, Landsdommer paa Langeland. Da Kirkeværgerne i Nyborg Len og Salling Herred [og] paa Langeland ikke ville møde, naar Kirkernes Regnskab skal aflægges, idet de mene ikke at skylde noget Regnskab, eftersom Afgiften af Kirkernes Korntiende endnu beror hos dem, der have fæstet den, og ikke som paabudt i Brevene er fremsendt, skulle de med det første efter nærmere Anvisning af Axel Viffert eller hans Fuldmægtig stævne alle, der have Kirkernes Tiendekorn i Fæste og endnu ikke have svaret deres Afgift deraf, for sig og afsige Dom om, hvorvidt de ikke bør have deres Breve forbrudte og miste Tienderne; ligeledes skulle de stævne Kirkeværgerne for sig og dømme, om disse ikke bør staa Kirkerne til Rette for den bevislige Skade, disse have lidt ved deres Forsømmelighed. F. T. 1, 143 b.

— Til Jacop Ulfeldt, Coruitz Viffert og Lauritz Brockenhus.

---

[1] Tr.: Øst, Archiv for Psychologie, Historie etc. XIII. 22 f.   Schrøder, Meddelelser om Faaborg S. 10 f.

Da Alexander Duram har berettet, at hans Hustrus Moder, Fru Anne
Hr. Johan Urnis for nogle Aar siden har udlagt Kronen noget Gods
paa Sjælland, men ikke faaet Vederlag derfor, har Kongen, eftersom
dette Gods nu er tilfaldet Alexander Durams Hustru Fru
Metthe Urne, bevilget, at hun maa faa Udlæg af Ander-
skouf Klosters Gods paa Langeland, og befaler dem derfor
med det første at besigte baade Godset paa Sjælland og Godset paa
Langeland, udlægge Alexander Duram Fyldest af det sidstnævnte og
indsende klare Registre derpaa. F. T. 1, 144.

**7. April (Kbhvn.).** Befaling til Henning Gøye, Otthe Brocken-
hus, Coruitz Viffert og Ebbe Munch at være til Stede, naar
Axel Viffert førstkommende 1. Maj overleverer Inventarium,
Jordebøger, Breve, Registre og andet paa Nyborg Slot til Lau-
ritz Brockenhus, besigte Bygningerne paa Slottet og i Ladegaar-
den og de i Lenet liggende Skove og give alt beskrevet fra sig. F.
T. 1, 145 b.

— Aabent Brev, hvorved Kongen strengelig befaler, at alle
paa jordegne Bøndergaardes Grund i Koldinghus Len
opførte Gadehuse, som Bønderne ikke have Hævd paa,
men ere nylig opførte, skulle nedbrydes, og forbyder alle jord-
egne Bønder i Koldinghus Len herefter at opføre saadanne paa deres
Gaardes Grund, da den stærke Opførelse af disse, som ikke faar
nogen Ende, medfører. at Gaardmændene forhugge baade Kronens
og de jordegne Bønders Skove. Lensmanden paa Koldinghus skal
paase dette Brevs Overholdelse. J. R. 2, 481 b[1].

**[Omtr. 7. April[2]] (—).** Livsbrev for Eggert Hanssen paa
Baardestrande Syssel og Gods paa Island, som han nu selv
har det i Værge, uden Afgift. N. R. 1, 244.

**9. April (Kronborg).** Bestalling for Lauritz Krusse til
Balle som Befalingsmand paa Holmen ved Kiøpnehafns
Slot. Han skal paase, at Kongens Skibsfolk, Tømmermænd og
Savskærere passe deres Arbejde med Flid, at der ikke gaar noget
til Spilde ved Udspisningen paa Holmen og Skibene, at der ikke
paa Kongens Bekostning bespises andre end dem, som have Besked
derpaa, og at ingen andre faa Udspisning af Holmen end de, som
ere i Tjenesten, ere syge eller have faaet Skade i Kongens Tjeneste

---

[1] Tr.: Secher, Forordninger II. 129 f.    [2] Indført mellem Breve af 7. og 11. April.

og ligge med ferske Saar under Bartskær. Han skal paase, at der ikke sættes flere Skippere, Styrmænd og Baadsmænd paa Kongens Koffardiskibe end paa Købmændenes Skibe, at hverken Skippere eller Baadsmænd indtage fremmed Gods paa Kongens Skibe paa dennes Bekostning, medmindre det sker efter Kongens Befaling eller til Kongens Fordel, at Skipperne hos Skriveren ikke faa saa meget Hamp, Boldavit, Kabelgarn, Søm og andet, som de selv ville, men kun det nødvendige, og at det, der udtages hos Skriveren, bliver optegnet paa Sedler, der skulle underskrives af Lauritz Krusse. Han skal have Opsigt med, at Skipperne, Styrmændene og Baadsmændene passe deres Tjeneste og Skibene, saa Kongens Rejser ikke forsømmes for deres Skyld, holde strengt Regimente over Skibsfolkene og selv være saa meget som muligt til Stede paa Holmen. Han skal i aarlig Løn have 600 gl. Dlr. og sædvanlig Hofklædning til sig selv-tredje og i aarlig Genant 2 Læster Rug, 3 Læster Byg, 5 Tdr. Smør, 1 Læst Sild, 1 Læst Torsk, 6 Øksne, 24 Lam, 40 Gæs, 100 Høns, 80 Sider Flæsk, 20 Oldensvin, naar der er Olden, 12 Voger Berge-fisk, 1000 Hvillinger, 1500 Flyndere, 5 Vorder Kabliav, 30 Rokker, 1½ Td. Laks, 2 Tdr. Aal, 6 Tdr. Gryn, 6 Tdr. Ærter, 2 Tdr. Løn-borg Salt og 1 Læst grovt Salt samt fri Bolig i Kiøpnehafn. Han skal lade sig nøje med denne Løn og ikke kræve mere hos Kon-gen, ej heller tilholde sig nogen Rettighed paa Holmen, i Havnen eller af Kongens Undersaatters og de fremmedes Skibe, der ind-komme i Havnen, ligesaa lidt som han maa bruge Kongens Skibs-folk til sit eget Arbejde eller antage og afskedige Skibsfolk uden Kongens Ordre. Sj. R. 12, 8 b.

**10. April (Frederiksborg).** Befaling til Claus Nielssen, Byfoged i Helsingøer, at gøre op med Borgerne i Helsingøer for hvad Hertug Carl af Sverrig og hans Følge sidst have fortæret hos dem, betale det og indskrive det i sit Regnskab. Sj. T. 14, 191 b.

— Befaling til Hendrick Mogenssen, Tolder i Helsingøer, af Tolden at betale de til Koldinghus sendte 10 Læster Salt. Udt. i Sj. T. 14, 191 b.

**11. April (—).** Aabent Brev, at Kronens Bønder i Gie-fuinge, der for nogen Tid siden have faaet Fritagelse for Madskat, fordi de bo paa en Alfarvej og ofte besøges af Bøsseskytter, Baads-mænd og andre af Kongens Folk, som de skulle forsyne med Mad og Øl, men have forkommet Brevet, indtil videre maa være fri for Madskat, saafremt de kunne bevise, at de i Henhold til det tidligere Brev have været fri. Sj. R. 12, 10¹. K.

**11. April (Frederiksborg)**. Tilladelse for Benedictz von Anefeld til Hasseldorp til i Sommer at købe 100 Øksne her i Riget og toldfrit uddrive dem, dog skal han lade notere paa dette Brev, hvor mange Øksne han uddriver paa hvert Toldsted, for at ikke under det Skin flere Øksne skulle befris for Told. K. Udt. i Sj. R. 12, 10 b.

— Aabent Brev, at Jørgen Daae, der har faaet Forlenings-brev paa Øregaardtz Len² i Laaland for en aarlig Afgift af 500 Dlr. og Halvdelen af den uvisse Rente, indtil videre selv maa beholde al den uvisse Rente. F. R. 1, 540.

— Aabent Brev, hvorved Kongen, der vil opelske sig en Frede-jagt ved Koldinghus Slot og i den Anledning ikke uden ringe Tab har tilskiftet sig en Del Gods i Koldinghus Len af Adelen, strenge-lig forbyder alle at jage og skyde Vildt, stort eller lidet, indenfor den til Fredejagt indtagne og særlig afmær-kede Kreds. Enhver, der bliver grebet heri eller overbevist herom, skal tiltales og straffes efter Recessen, hvis det er en Adelsmand, og for vitterligt Tyveri, hvis det er en mindre Mand. J. R. 2, 483³.

— Forleningsbrev for Chresten Vind til Lydom, Em-bedsmand paa Kiøpnehafns Slot, paa 2 Gaarde i Kolle i Nebbe Sogn og 3 Gaarde og 3 Gadehuse i Skyehede i Utrup Sogn, som han nu har i Forlening paa Afgift, uden Afgift saavel for dette Aar som for Fremtiden. J. R. 2, 483 b.

**12. April (—)**. Til Hans Skougaard og Axel Gyllenstiern, Em-bedsmænd paa Helsingborg og Landtzkronne Slotte. Da Jacob Krabbe, Hofsinde, har begæret 1 Gaard i Ellekier, 3 Gaarde i Illenbierg og 1 Gaard og 1 lille Fæste i Axelstorp til Mageskifte for 1 Gaard i Velling, 1 Gaard i Skaufue, 1 Gaard i Tange, 1 Gaard i Uduellinge og 2 halve Gaarde i Kirckeuellinge, skulle de med det første besigte begge Parters Gods og indsende klare Registre der-paa. Sk. T. 1, 171 b.

— Befaling til Lauritz Skram, der tidligere har faaet Ordre til at lægge noget Jørgen Marsuin tilhørende Gods ind under

¹ Udenfor er skrevet: Absolon Juls Skrift.     ² Øen Len.     ³ Et hermed lige-lydende Brev af 7. April, hvori dog kun siges, at Overtrædelse af Brevet skal tiltales og straffes, er indført J. R. 2, 482 b., men derefter er skrevet: Blev denne Kopi, som for-skrevet staar, forandret, som herefter følger. Brevet er trykt: Secher, Forordninger II. 130.

Koldinghus Slot og har berettet, at Jørgen Marsuin i Koldinghus
Len kun ejer et Bol i Børkop, om straks at lægge dette Bol ind
under Slottet og indskrive det blandt det tilskiftede Gods. J. T.
2, 51 b.

**12. April (Frederiksborg).** Til samme. Da de Bønder i Kol-
dinghus Len, Kongen har faaet til Mageskifte af Josua van Qualen,
efter hans Beretning restere med 163 Dlr. og 1 Okse, som de skulde
have svaret til Josua van Qualen, dengang han fik Godset med sin
Hustru, og han har forespurgt, om han skal levere Josua van Qua-
len ovennævnte Penge og Okse i Henhold til Kongens Ordre om at
levere ham al Oppebørselen af Godset fra den Tid, Kongen fik det
af ham, og indtil Mageskiftets Afslutning, eller han skal lade Bøn-
derne selv stille ham tilfreds derfor, befales det ham hverken at
levere Josua van Qualen Pengene og Oksen eller tillade, at de ind-
drives hos Bønderne, men sige til Josua van Qualen, at han ikke
bør gøre sig skyldig i saadan Ubillighed, da det jo er ny Ind-
fæstning og Kongen finder det meget uretfærdigt, at Bønderne, der
tidligere have svaret Indfæstning, paany skulle svare Indfæstning,
naar de faa nyt Herskab. J. T. 2, 52[1].

**13. April (—).** Til Adel, Prælater, Kanniker, Provster, Præster,
Borgere og Bønder over hele Riget. Da Kongen af forskellige Grunde
i Aar er forhindret i personlig at holde Herredag Hellig Trefoldig-
heds Søndag [14. Juni], har han, for at hans Undersaatter alligevel
·kunne blive hjulpne til Rette, bestemt, at nogle Raader i For-
ening med hver Landsdels Landsdommere skulle møde Hellig
Trefoldigheds Søndag i Købstaden N, sidde Retterting og høre
de Sager, der lovlig indstævnes for dem. Det befales alle, der have
noget at klage over, at udtage Stævning over deres Modpart og søge
deres Ret hos dem. Sj. T. 14, 192 b.

— Befaling til nedennævnte Raader og Landsdommere at møde
i Købstaden N Hellig Trefoldigheds Søndag, meddele dem, der be-
gære det, Stævning, sidde Retterting og paadømme de Sager,
der lovlig indstævnes for dem; de skulle dømme angaaende de
Landstingsdomme, der indstævnes for dem, og maa ingen Sager ind-
sætte for Kongen, medmindre de ere saa vigtige, at kun Kongen
selv og Danmarks Riges Raad bør dømme deri. — Register: Peder
Gyldenstiern, Marsk, Hr. Jørgen Løcke, Jørgen Rosenkrantz, Biørn

---

[1] Tr.: Saml. t. jydsk Hist. og Topogr. VII. 96 f.

Anderssen, Jørgen Skram, Manderup Parsberg og Landsdommerne
Palli Jul og Malthi Jenssen i Jylland; Niels Kaas, Kansler, Peder
Munck, Admiral, Peder Bilde, Eiler Grubbe, Stheen Brahe og Lands-
dommer Herluf Skafue i Sjælland, Laaland og Falster; Jacob Ul-
feld, Axel Veffert, Christoffer Valkendorff, Rentemester, og Lands-
dommer Morthen Brock i Fyen, Langeland og Taasinge; Biørn Kaas,
Jørgen Marsuin, Hans Skoufgaard og Landsdommer Biørn Saxtrup
i Skaane, Halland og Blekinge. Sj. T. 14, 193. Orig. (dat. 14.
April, til Peder Bilde).

**13. April (Frederiksborg).** Til Superintendenterne over hele
Riget. Da der tit indkommer meget sælsomme Ægteskabssager for
Kapitlerne og der ikke haves nogen fast Regel, hvorefter man kan
dømme, hvilket har medført, at der i de forskellige Kapitler er
dømt forskelligt om ens Sager, har Kongen bestemt at lade alle
Bisperne træde sammen med nogle Raader og de højlærde for at
vedtage en Skik, hvorefter der kan dømmes i de for-
skellige Tilfælde af Ægteskabssager, og befaler dem til
den Ende at møde i Kiøpnehafn St. Hans Dag Midsommer for sam-
men med de andre at vedtage et Udkast, der saa siden kan præ-
senteres for Kongen, trykkes og udgaa paa Dansk. Sj. T. 14, 194 b.
Orig.[1] (dat. 14. April, til Superintendenten i Fyens Stift) i Provins-
ark. i Odense. Origg. (til Superintendenterne i Viborg og Vendelbo
Stifter) i Provinsark. i Viborg.

— Lignende Brev til de højlærde ved Kiøpnehafns Universitet.
Sj. T. 14, 194. Orig.[2] i Konsistoriets Arkiv, Pk. 183.

— Til Jacob Ulfeld, Embedsmand i Dallum Kloster, Coruitz
Veffert og Absolon Giøe. Da Fru Geeske Brockenhus, Erich
Bildis Enke, har bevilget Kronen 1 Gaard i Damkier i Holmindtz
Herred, 1 Gaard i Thiufkier i Brusk Herred, 1 Gaard i Hølling[3] i
Jerløf Herred, 1 Gaard, kaldet Marskielgaard, og 2 Gaarde i Ous-
bølle[4] i Vester Herred og 1 Gaard, kaldet Thrangaard, i Nøragger
By samt 1 Gaard i Bofuense og 1 Gaard og 1 Hus i Mischouf paa
Hindtzholm til Mageskifte for 1 Gaard i Korsebierg, 3 Gaarde i
Pederstrupe, 2 Gaarde i Thrøstruppe, 1 Mølle, kaldet Rindtz[5] Mølle,
1 Gaard, kaldet Greiftebierg[6] i Vissenbierg Sogn, 1 Gaard i Glads-
bølle[7], 2 Gaade i Ondebølle[8] og 2 Gaarde i Kolberg[9], skulle de

---

[1] Tr.: Rørdam, Dsk. Kirkelove II. 297 f.   [2] Tr.: Rørdam, Kbhvns Universitets Hist.
1537—1621 IV. 298 f.   [3] Hollund.   [4] Oksbøl.   [5] Ryds Mølle, Skovby H.   [6] Grøfte-
bjærg, Odense H.   [7] Gadsbølle, samme H.   [8] Andebølle, samme H.   [9] Kaalbjærg,
samme H.

med det allerførste besigte begge Parters Gods, udlægge Fru Geeske Fyldest i ovennævnte Gods og, hvis det ikke forslaar, tillige i andet Krongods i Vissenbierg Birk og indsende klare Registre derpaa. F. T. 1, 146.

**13. April (Frederiksberg).** Til Mandrup Parsberg og Claus Glambeck. Da Ifuer Lunge til Thiersbeck har begæret Kronens Rettighed i 2 jordegne Bøndergaarde i Bølling Herred, den ene i Astrup med en øde Jord, kaldet Fasterlund, den anden, kaldet Fastergaard, 1 Gaard i Steensiig, 2 Gaarde i Klackmosse[1], 1 Gaard, kaldet Lille Bølling, 2 Gaarde i Anfasterkier med Bierebo Eng og Hussted, Kronens Herlighed i Præstegaardene i Seding og Faster Sogne, 1 Gaard, kaldet Oemvraa, i Nørrevongs Herred til Mageskifte for 2 Gaarde i Sundtz Sogn i Hammerum Herred, hvoraf den ene kaldes Ildtzhorn, 1 Gaard i Vibye i Biere Herred, 2 Gaarde i Heden i Salling Herred, 1 Gaard i Ebberup og 1 øde Byggested, som Jens Hanssen i Smerup bruger, skulle de med det allerførste besigte begge Parters Gods og indsende klare Registre derpaa. Udt. i J. T. 2, 52 b.

**14. April (—).** Aabent Brev, at 10 Mænd i Store Magleby paa Amager straks maa overtage Kronens Ladegaard i Tornby paa Amager og beholde den under Store Magleby til Bedste for sig selv og de andre Hollændere i denne By, saalænge nogen af de 10 lever. De skulle straks svare 700 gl. Dlr. i Indfæstning og aarlig til St. Mortens Dag svare 100 gl. Dlr. i Landgilde til Lensmanden paa Kiøpnehafns Slot, holde Ladegaarden i god Stand og aarlig svare Tiende deraf til Præsten i Hollænderbyen. Naar alle 10 Mænd ere døde, skal Ladegaarden igen tilfalde Kronen. Sj. R. 12, 10 b. K.

— Mageskifte mellem Herluf Skafue til Eskildstrup og Kronen. Sj. R. 12, 11 b. K. (Se Kronens Skøder.)

**15. April (—).** Ekspektancebrev for Niels Anderssen, Landstingsskriver i Skaane, paa det første ledige Vikarie i Lunde Domkirke. Sk. R. 1, 266 b.

**17. April (—).** Forleningsbrev for Niels Pederssen, Renteskriver, paa et Vikarie i Aarhus Domkirke, som er ledigt efter Hans Stigssen. Naar han ikke længere bruges i Renteriet

---

[1] Klokmose, Bølling H.

eller i Kongens daglige Tjeneste, skal han residere ved Domkirken.
J. R. 2, 484.

**17. April (Frederiksberg).** Til Coruitz Viffert paa Ottenssegaard,
Lauritz Brokenhus paa Nyborg, Eiler Krafse paa Korsøer, Hr. Ber-
til Søfrenssen i Andtuorskouf, M. Ifuer Bertelssen i Soer, Bendt
Gregerssen i Ringsted Kloster, Lauge Beck paa Roskildegaard og
Borgemestre og Raad i Assens. Da Kongen har truffet den Aftale
med Hertugerne Hans den ældre og Adolf af Holsten, at de Breve,
som disse skrive til Kongen, først skulle sendes til Assens og der-
fra fra Lensmand til Lensmand, indtil de naa Kongen, skulle de
ufortøvet postvis fremsende de til Kongen adresserede
Breve fra Hertugerne og andre Herrer (og befale Borge-
mestre, Raad og Byfoged i Byen at gøre ligesaa, hvis der kommer
saadanne Breve til dem). Sj. T. 14, 195.

**18. April (—).** Aabent Brev, at M. Gudbrand Thorckels-
sen, Superintendent i Hole Stift, der har berettet, at der mangler
Tømmer, Jærn og andet til Domkirkens, Skolens og Bispegaardens
Bygning, og at han ikke kan faa det til Købs dér, maa paa Dom-
kirkens Vegne indtil videre holde et Skib, der kan løbe til
Norge eller andensteds i Kongens Riger efter Tømmer,
Jærn og andet til Domkirkens, Skolens og Bispegaardens Brug,
da saadant har været Skik tidligere; dog maa han ikke under det
Skin bruge nogen Handel, der kan være til Skade for de Skibe,
Kongen sender did. N. R. 1, 249 b. K.[1]

**19. April (—).** Til M. Jørgen Morthenssen, Superintendent i
Vendelbo Stift. Hr. Matz Pederssen har berettet, at M. Jørgen
for nogle Aar siden efter Kongens Skrivelse har sendt ham til en
gammel Præst, Hr. Christen Ebesen i Synderaa, Snedsted og
Høested Sogne, for at tjene dér som Kapellan, indtil der kunde
blive et Kald ledigt; efter 8 Aars Forløb er Hr. Christen død og
Sognemændene have kaldet ham til Præst, men desuagtet har M.
Jørgen først præsenteret en Hr. Niels Suendssen, der ogsaa har kgl.
Forskrift om Kald, til Sognene, og da Sognemændene paa ingen
Maade have villet have ham, paatvinges dem nu en anden. Da Hr.
Matz er lovlig kaldet og har tjent saa længe som Kapellan i Sog-
nene, skal M. Jørgen lade ham faa dem; kan han efter Ordinansen

---

[1] Tr.: M. Ketilson, Forordninger t. Island II. 93 f.

og uden saadan Vidtløftighed skaffe Hr. Niels Suendsen og den anden Kald, skal han gøre sit Bedste derfor. Orig.

**19. April (Frederiksborg).** Aabent Brev, hvorved M. Gudbrandt Thorlackssen, Superintendent i Hole Stift, der vil lade Bibelen trykke paa Islandsk, hvilket vil medføre stor Bekostning, faar Eneret paa at trykke Bibelen paa Islandsk og foruden den Hjælp, Kongen ellers har bevilget ham hertil, faar tillagt 1 Dlr. eller 1 Dalers Værdi af hver Kirke paa Island, dog skal han saa forpligte sig til at oversætte Bibelen paa Islandsk med største Omhu og selv se Oversættelsen igennem og korrigere den. N. R. 1, 245 [1].

— Til Christen Munck og Claus Glambeck. Da Kongen har bevilget, at Hr. Peder Skram maa faa 5 Gaarde, 1 Bol og Kronens Rettighed i 1 jordegen Bondegaard i Monbierre i Nørrejylland til Mageskifte for 1 Gaard i Saxild i Hatz Herred, 1 Gaard i Dyngby, 1 Gaard i Bolstrup [2], 1 Gaard i Hølcke [3], 1 Gaard i Bierreagger og 1 Gaard i Kongstedt i Kolding Len, skulle de med det første besigte begge Parters Gods og indsende klare Registre derpaa. Udt. i J. T. 2, 53.

**20. April (—).** Til de højlærde i Kiøpnehafn. Da M. Anders Krag, der i nogle Aar har studeret i Kiøpnehafn og siden udenlands, fremdeles vil studere i Udlandet, men ikke formaar selv at underholde sig, skulle de, da der næres særlig godt Haab om ham, naar nogen af de 4 Personer, der holdes udenlands, kommer hjem og faar Kald, sørge for, at han fremfor nogen anden faar Stipendiet. Da Præsten i Vrams Søn [4], som Kongen ogsaa har givet dem Ordre til at skaffe Stipendiet, endnu er ung og kan underholdes en Tid lang blandt de 100 Studenter, skulle de lade Anders Krag faa Stipendiet først. Orig. [5] i Kgl. Bibliothek, Ny kgl. Saml. Fol. 752 c.

— Forleningsbrev for Lauritz Hansen i Indsløf paa Fyen paa 2 Pd. Korn aarlig af Afgiften af Kronens Part af Korntienden af Vøfling [6] Sogn. Udt. i F. R. 1, 187 b.

— Ekspektancebrev for M. Chresten Lauritzen, Skolemester i Otthense, paa det Vikarie i Aarhus Domkirke, som M. Lauritz Bertelssen, Superintendent i Aarhus Stift, er forlenet med,

---

[1] Tr.: M. Ketilson, Forordninger t. Island II. 86 ff.    [2] Bovlstrup. Hads H.    [3] Hylken, samme H.    [4] Hans Kristoffersen Lyskander.    [5] Tr.: Rørdam, Kbhvns Universitets Hist. 1537—1621 IV. 299 f.    [6] Veflinge, Skovby H.

og som ikke hører til Embedet (»ad officium«), saafremt han over-
lever M. Lauritz.  J. R. 2, 484 b.

**20. April (Frederiksborg).** Forleningsbrev fra førstkom-
mende Mikkelsdag af for Hr. Hans Lauritzen, Sognepræst paa
Gildeleye, paa Gaarden Nillerup[1] med Tilliggende, fri for Ind-
fæstning, Ægt, Arbejde og anden saadan Tynge.  Han skal aarlig
svare 1 Fjerd. Smør til Kroneborg og, saasnart han faar Gaarden,
lade de 2 Pd. Korn falde, som han hidtil har oppebaaret af Esse-
rom.  Sj. R. 12, 14 b.  K.

**21. April (—).** Befaling til Johan Taube at opsige den
paa Nilderupgaard boende Bonde til Fraflytning til Mik-
kelsdag og tilbagebetale ham hvad han har givet i Indfæstning.
Hr. Hans Lauritzen skal efter Overtagelsen af Gaarden ikke mere
have de 2 Pd. Korn, som han hidtil har faaet af Esserom.  Sj.
T. 14, 196.

— Til Lauge Beck.  Da en Del Præster, der have Sogne
paa Landet omkring Roskilde, men ikke ere Vikarer
ved Domkirken og derfor ikke skulle bo i Roskilde, alligevel bo-
sætte sig dér, hvilket ofte medfører, at deres Sognefolk, naar de
blive hastig syge, blive forsømte med Saligheds Undervisning, be-
fales det ham at give alle saadanne Præster Ordre til at bo i
deres Sogne, saafremt de ikke, hvis der klages, ville afsættes og
straffes.  Sj. T. 14, 195 b[2].

— Til M. Morten N. og Hans Lauritzen i Roskilde, M. Niels
Koldings Testamentarii.  Kongen havde bevilget, at M. Niels Kol-
ding maatte være fri for den Skat, som han ligesom andre Kapi-
telsmedlemmer skulde komme Kongen til Hjælp med af forrige Aars
Indkomst, og uagtet M. Niels er død, ikke alene før Skatten er bleven
udredet, men ogsaa før Kongens Frihedsbrev er kommet ham i
Hænde, ville hans Arvinger nu tilholde sig alene denne Frihed i
Naadensaaret og ikke tilstede Universitetet nogen Frihed, idet de
kun ville tillægge Universitetet den ene Tredjedel og selv beholde
de to andre.  Da Kongen imidlertid kun har fritaget M. Niels, men
ikke hans Arvinger, og han er død, før han har faaet Brevet, skulle
de sørge for, at al Indkomsten i Naadensaaret bliver delt
saaledes mellem Arvingerne og Universitetet, at dette faar
hvad det skal have.  Sj. T. 14, 196 b.

---

[1] Nellerup, Holbo H.     [2] Tr.: Ny kirkehist. Saml. IV. 595 f.  Rørdam, Dsk. Kirke-
love II. 298 f.

**21. April (Frederiksborg).** Kvittans til Gregers Ulfstand, Embedsmand i Rafuensborg Len, paa 3333 gl. Dlr. 1 Mk. danske, som han nu har betalt paa Regnskab af sin Afgift til 1. Maj af Haldsted Kloster og Rafuensborg Len. F. R. 1, 540 b.

— Befaling til Jørgen Skram, Embedsmand paa Drotningborg, at lægge Roxe Herred og det øvrige paa vedlagte Seddel opførte Gods, som Kongen har indløst fra Gregers Ulfstand, ind under Drotningborg Slot. Udt. i J. T. 2, 53 b.

— Til Otte Banner. Da Peder Munck, Admiral, har klaget over, at han til Voergaard vil tilholde sig nogle ved Voergaard liggende Enge, der altid have hørt til Hundtzlund Kloster, og Peder Munck formedelst Kongens Bestilling nu ikke selv kan være til Stede og svare til Sagen, skal han lade denne staa hen, indtil Peder Munck selv kommer til Stede og kan svare til den, og, indtil der falder endelig Dom, ikke befatte sig med Engene. J. T. 2, 54.

**22. April (—).** Aabent Brev, hvorved det paalægges alle Kirkeværgerne paa Island for Kirkernes Penge at købe et Eksemplar af den islandske Bibel, som M. Gudbrandt Thorckelssen, Superintendent i Hole Stift, vil udgive, til hver Sognekirke paa Island og indlægge det i Kirken. N. R. 1, 250. K.[1]

— Til Superintendenterne for Sønden og Norden paa Island. Da Kongen har bragt i Erfaring, at der trods hans Faders Forbud mod at bortmageskifte eller paa anden Maade afhænde Gods fra Domkirkerne alligevel er kommet en Del Gods fra disse uden Kongens Tilladelse, befales det dem strengelig at paase, at saadant ikke skér, og paa Domkirkernes Vegne indtale det Gods, der er kommet fra dem uden Kongens Samtykke, og uden at de have faaet Fyldest derfor. N. T. 1, 161[2].

**23. April (—).** Mageskifte mellem Ifuer Grøn til Refstrup og Kronen. J. R. 2, 485. (Se Kronens Skøder.)

**24. April (—).** Til Christen Munck og Claus Glambeck. Deres tidligere Besigtelse af 1 jordegen Bondegaard i Thollestrup, som Ifuer Grøn har begæret til Mageskifte af Kronen, sendes dem med Ordre til at besigte 1 Gaard i Thued By i Hald Herred i Drotningborg Len, som Ifuer Grøn vil udlægge til Vederlag, ligne Gaardene og indsende klare Registre derpaa. J. T. 2, 54 b.

---

[1] Tr.: M. Ketilson, Forordninger t. Island II. 88 f.    [2] Tr.: Smstds. S. 89 f. Stephensen og Sigurdsson, Lovsaml. f. Island I. 107.

**24. April (Frederiksborg).** Til Peder Munck, Admiral, og Eiler Grubbe, Rigens Kansler. Da Kongen har bevilget, at F r e d e r i c h Lange til Marcke maa faa noget Kronens Gods i Marcke og nær- mest liggende Byer til M a g e s k i f t e for hans Gods paa Møen, saa- fremt det Gods, han begærer, ikke ligger i Kronens Fredejagt, skulle de med det første besigte begge Parters Gods og indsende klare Registre derpaa. Sj. T. 14, 197.

— Aabent Brev, hvorved det tillades K i ø n e Q u i t z o v, der har klaget over, at d e n a f S ø f r e n G l a d b e b o e d e G a a r d i Nørrejylland, som han har faaet Tilladelse til at t i l f o r h a n d l e s i g o g s e l v b r u g e s o m A v l s g a a r d, er meget ringe paa Avl, saa han ikke kan hjælpe sig med den, at lægge en af de andre Gaardes Ejendom, som han har i Forlening, ind under ovennævnte Gaards Avl, dog skal han selv udminde den paa Gaarden boende Bonde, saa der ingen Klage kommer derover. J. R. 2, 488.

**25. April (—).** Aabent Brev, at H a r m e n B o r c k e r s — der nu vil bosætte sig her i Riget under Kongens Beskyttelse, fordi Borgemestre og Raad i Hamborg ikke alene ikke have villet hjælpe ham til Rette i hans lange Strid med hans Svogre Jeronimus Lampe, Karsten Herr og Hendrick Ostmand, Borgere i Hamborg, angaaende deres Værgemaal for ham i hans umyndige Aar og andre Ting, men endog have ladet ham fængsle — m a a f a a A r r e s t p a a e n Ret paa det h a m b o r g e r Gods, han kan opspørge i Sundet og andensteds her i Riget, forsaavidt det da ikke allerede er arresteret af Kongen, indtil Sagen mellem ham og hans Svogre bliver afgjort ved Retten; dog undtages de Skibe med Gods, som Kongen har til- ladt Jacob Theme, Borger i Hamborg, og hans Medredere at lade løbe gennem Sundet i Sommer. Sj. R. 12, 15. K.

— Til S a n d e m æ n d e n e i V i n d i n g, G u d m e o g S u n d t z H e r r e d e r. Da det før deres Erhvervelse af de kgl. Breve, hvor- ved de bleve fritagne for Ægt og Arbejde, saalænge de ere Sande- mænd, har været Skik, at alle Bønderne under Nyeborg Slot have pløjet til Ladegaarden og hver haft sin Del af Gærdet om Lade- gaardsmarken at holde i Stand, befales det dem herefter at p l ø j e t i l L a d e g a a r d e n o g g æ r d e o m L a d e g a a r d s m a r k e n l i g e- s o m t i l f o r n, da Besværingen, hvis de, som de gøre Paastand paa i Henhold til de kgl. Breve, skulle være fri herfor, vil blive saa meget desto større for de andre; derimod skulle de være fri for al- mindelig Ægt og Arbejde, som daglig kan forefalde. F. T. 1, 147 b.

**25. April (Frederiksborg).** Befaling til Lauritz Skram at lægge
1 Gaard i Velling By i Smidstrup Sogn og 1 Gaard i Skierup By
og Sogn i Holmindtz Herred, som Kongen har faaet til Mageskifte
af Ifuer Grøn til Refstrup, ind under Koldinghus og indskrive
dem i Jordebogen blandt det tilskiftede Gods. J. T. 2, 55.

— Befaling til Otte Banner, Hannebal Gyldenstiern og Pred-
biørn Gyldenstiern at være til Stede ved Overleveringen af
Børglum Kloster til Godtzlaf Budde, Kongens Skænk, paase,
hvad Inventarium der overleveres ham, besigte Bygningerne i Klo-
steret og Ladegaarden og de til Klosteret hørende Skove og give alt
beskrevet fra sig. J. T. 2, 55.

**26. April (—).** Befaling til de samme at være til Stede,
naar Axel Viffert skal modtage Inventariet paa Olborg-
hus, og besigte Bygningerne paa Slottet og de i Lenet og Hals Birk
liggende Skove. Udt. i J. T. 2, 55 b.

— Til Johan Tavbe. Da Bønderne i Lillerød have klaget over,
at de have lidt Skade ved de Grøfter, som ere kastede gennem deres
Marker, og af den Grund ikke kunne overkomme herefter at svare
samme Landgilde som hidtil, skal han med det første lade Oldinge
komme paa Lillerød Mark og paany taksere hver Gaard for
den Landgilde, som den tilliggende Ejendom kan taale, samt
derefter indskrive Landgilden i Jordebogen. Da Kongen har ind-
taget en stor Del af Ølskiøb Mark og Bønderne kun have ringe
Brug tilbage og desuden skulle være Ugedagsmænd til Frederichs-
borg, skulle de herefter være helt fri for Landgilde. Sj. T.
14, 198. Orig.

— Til Christoffer Valckendorff. Da Gregers Trudssen har be-
gæret at faa Roxø Herred med det andet Gods, han havde i
Pant dertil, i Forlening paa Livstid for aarlig Afgift og derfor til-
budt at lade de Penge falde, som han har laant Kronen paa Aale-
gaard i Han Herred, skal Christoffer Valckendorff straks sætte
Herredet og Godset for en rimelig Afgift og sende Kongen en
Fortegnelse derpaa. Kongen sender ham det gamle Pantebrev, for
at han deraf kan se, hvad det Gods, der ikke hører til Herredet,
er for noget; hvad Gods Kongen har bortskiftet i Herredet, kan han
vel finde Besked om i Kancelliet. Sj. T. 14, 198 b.

— Til Dr. Pouel Matzen. Da Kongen nu har aftakket Hr.
Søfren Grønbeck, der en Tid har været Kapellan paa Fre-
derichsborg, og gerne i Stedet vilde have en fin og lærd Mand,

40*

som tillige, naar det gjordes behov, kunde være Hofprædikant M. Christoffer Knoffs Medhjælper, skal Dr. Pouel, hvem Kongen har befalet M. Christoffer at tale med om Sagen, gøre sig den største Flid for at opspørge en lærd Mand, der kan bruges her- til, men det maa ikke være nogen gemen Mand, men en Mand, der rager noget frem ved Lærdom og Levnet. Sj. T. 14, 198 b[1].

**26. April (Frederiksborg).** Forleningsbrev for Lauritz Brockenhus paa Nyborg Slot og Len, som Axel Viffert sidst har haft det i Værge. Han skal i aarlig Genant have 1500 Mk., 10 Læster Rug, 16 Læster Byg, 9 Læster Havre, 1 Læst Smør, 100 Bolgalte, 30 levende Øksne, 150 levende Faar og Lam, 150 Gæs, 1 Læst Gryn og alle de Høns, der svares af Lenet, og deraf tjene Riget med 10 geruste Heste. For Resten af den visse Rente skal han gøre Regnskab til hver 1. Maj og betale 1 Dlr. for hver Td. Rug eller Byg, 12 Dlr. for hver Td. Smør, 8 Dlr. for hver Td. Honning, 3 Dlr. for hver Bolgalt, ¹/₂ Dlr. for hver Td. Havre, 3 Dlr. for hver Ko, 1 Ort for hvert Lam, ¹/₂ Dlr. for hvert Faar og 2 Sk. for hver Gaas, dog skal han altid beholde saa meget af den visse Rente i Forraad, at han kan underholde Kongen med Følge, naar Kongen kommer did, optegne hvad han beholder paa klare Registre og gøre Regnskab derfor; han maa i Aar selv oppebære al Avlen til Slottet, kvit og frit, men derefter kun den ene Halv- part. Han skal gøre Regnskab for al uvis Rente, hvoraf han selv maa beholde den ene Tredjedel, holde Teglovnen i Stand paa Kon- gens Bekostning og gøre Kongen Regnskab for al Indtægten ved Sal- get af Tag- og Mursten. F. R. 1, 187 b.

**27. April (Kronborg).** Forleningsbrev for Godtzlaf Budde, Kongens Skænk, paa Børlum Kloster. Han skal svare 300 gl. Dlr. i aarlig Afgift og gøre Regnskab for al den uvisse Rente, hvoraf han selv maa beholde Halvdelen, men skal saa ingen yderligere Løn have af Kongen, og hans Bestalling skal herefter være død og magtesløs. Naar han ikke længere er i Kongens dag- lige Hoftjeneste, skal han tjene Riget med 6 geruste Heste. Kongen forbeholder sig al Sise og Vrag, som falder i Lenet. Bortskiftes der herefter noget Gods fra Lenet, skal der afkortes et tilsvarende Be- løb i hans Afgift. J. R. 2, 488 b.

— Til Lauritz Skram. Josua von Qualen har berettet, at nogle

---

[1] Tr.: Ny kirkehist. Saml. VI. 177 f. (med urigtig Dato: 6. April).

af de Gaarde, som ere blevne udlagte ham for hans Hustrus[1] Gods i Coldinghus Len, tidligere ere blevne tilskiftede Peder Gyldenstiern, Rigens Marsk, nemlig 1 Gaard i Hye[2] By og Sogn, 3 [Gaarde] i Synderby og Nørgaardt; det har undret Kongen ikke saa lidt, at Lauritz Skram ikke anderledes har holdt Jordebøgerne i Orden, og det befales ham straks at udlægge Josua von Qualen Fyldest for ovennævnte Gods udenfor den [til Fredejagt] indtagne Kreds og indsende klare Registre derpaa. J. T. 2, 56.

**29. April (Kronborg).** Til Jacob Ulfeld og Christoffer Valckendorff. Da Alexander Durham, Skibshøvedsmand, har begæret 2 Gaarde i Fyen, den ene i Thøringe, den anden i Olderup, til Mageskifte for noget af sin Hustrus[3] Arvegods i Nyeborg Len, hvorom han selv skal give dem nærmere Besked, skulle de med det første besigte begge Parters Gods og indsende klare Registre derpaa. F. T. 1, 148.

— Følgebrev fra 1. Maj af for Hendrich Belov til Bønderne i Koldinghus og Skodborg Len. Udt. i J. R. 2, 489 b.

— Til Jørgen Sestedt. Da Kongen, der tidligere har forlenet ham med Spøttrupgaard fra førstkommende 1. Maj af, siden har mageskiftet Spøttrupgaard med Gods til Hofmarskalk Henrich Belov for Gods i Skaane, der ligger mere belejligt for Kronen, skal han overlevere Spøttrupgaard med Gods og tilhørende Inventarium til Henrich Belov. J. T. 2, 56 b.

**30. April (—).** Kvittans til Claus Rytter, Johan von Gielder, Albret Albretssen og Niels Pederssen, Raadmænd i Kiøpnehafn, der nu have betalt Rentemester Chrestopher Valckendorff den Sum Penge, som de vare gaaede i Borgen med for en hamborger Skipper Pether Stoffesand, der var arresteret, men fik Tilladelse til at sejle. Sj. R. 12, 15 b. K.

— Kvittans til Albrit Albritsen og Hans Olufssens Arvinger paa 3000 Dlr., som de vare gaaede i Borgen med for en hamborger Skipper Hans Aldack, der var arresteret, men fik Tilladelse til at sejle. K. Udt. i Sj. R. 12, 16.

**1. Maj (—).** Forleningsbrev for Lic. Casper Passlick paa Snegaardtz Len i Sjælland, uden Afgift. Sj. R. 12, 16 b. K.

— Følgebrev for samme til Bønderne i Snegaardtz Len. Udt. i Sj. R. 12, 17. K. (i Udt.).

---

[1] Magdalene Munk.   [2] He, Hind H.   [3] Mette Urne.

**1. Maj (Kronborg).** Befaling til Biørn Anderssen, Manderup
Parsberg, Jørgen Skram og Mouritz Stygge at stile deres Sager saa-
ledes, at de kunne være rede, naar de faa nærmere Ordre, da Kon-
gen i Aar ligesom sidste Aar vil sende nogle Raader op til Norge
for at sidde Retterting. Udt. i Sj. T. 14, 199.

— Til Christoffer Valkendorff. Da Jacob Alday, Kongens
Skibshøvedsmand, skal vide Besked om Grøneland og derfor har
faaet Ordre til at søge efter dette Land, skal Christoffer Valken-
dorff straks lade 2 stærke, vel besejlede Skibe, det ene paa 30 og
det andet paa 16 Læster, udruste, forsyne med Fetalje, Skyts,
Krudt, Lod og særlig søkyndige Folk, der kende Vejen til Island,
og sørge for, at de senest kunne være færdige inden 3 Uger. Har
Kongen ikke selv saadanne Skibe, skal han i Kiøpnehafn eller an-
densteds tilhandle sig Skibe, der kunne bruges til denne Sejlads.
Sj. T. 14, 199 b[1].

— Befaling til Johan Taube, Embedsmand paa Kroneborig,
at levere denne Brevviserske, Margrette Siuerdtz, 1 Pd. Korn
af Loftet. Orig.

— Forleningsbrev for Johan Thaube, Embedsmand paa
Kroneborg, paa Dalbye Kloster i Skaane, som Fru Lehene Vif-
fert sidst havde det i Værge, uden Afgift. Sk. R. 1, 267.

— Følgebrev for samme til Bønderne under Dalbye Klo-
ster. Udt. i Sk. R. 1, 267 b.

— Til Steen Brahe og Knud Grubbe. Da Anders og Vil-
helm Dresselberg, Sekretærer, have bevilget Kongen noget af
deres og deres Søskendes Gods i Sjælland, nemlig alt deres Gods
i Elskelstrup, 2 Gaarde i Thiustrup, 2 Gaarde i Haldagger, 1 Gaard
i Krummerup, 1 Gaard i Vemløsse, $1/_2$ Gaard i Thredløsse, 1 Gaard
i Valdbye, 1 Gaard i Erderup, 1 Gaard i Helsinge, 3 Gaarde og 1
øde Jord i Hersløf, 1 Gaard i Kierbye, 1 Gaard i Rørbye, 1 Gaard
i Thyrnthued og 1 Gaard i Uglerup til Mageskifte for 1 Gaard i
Kastrup, 2 Gaarde og Kronens Herlighed i 2 Kirkegaarde i Stigs
Bierbye og saa meget af Harløsse og Gaardstange Len i Skaane,
som deres Gods kan beløbe sig til, skulle de med det første be-
sigte begge Parters Gods og sende klare Registre derpaa til Kan-
celliet og Dresselbergerne. Sk. T. 1, 172 b

— Livsbrev for Hertug Hans den yngre af Slesvig-Hol-

---

[1] Tr.: Grønlands hist. Mindesmærker III. 639 f.

sten paa noget Gods paa Alse og Erre, som Kongen efter sin
Moders Død 1571 har lagt fra Synderborg ind under Nyborig, da det
med Rette tilhørte Kronen og Fyens Stift: af Stiftets Gods paa Als 1
Gaard i Miang, 3 Gaarde i Maybølle, hvoraf den ene tillige svarer Af-
gift af en Hørup Kirkes Jord, ¹/₂ øde Gaards Jord og 1 Stykke Skov,
2 Gaarde i Lambierreskouf og 1 Stykke Eng, der siges at være Kro-
nens, men som Hertug Hans har taget under Synderborg, 2 [Gaarde] i
Hørup, 2 [Gaarde] i Mønthebierig¹, 5 [Gaarde], hvoraf en tillige sva-
rer Afgift af et Stykke Skov med ¹/₂ Ottings Jord i Skiellerup Skov,
og 1 Gadehus i Erckende², 6 [Gaarde], hvoraf en tillige svarer sær-
skilt Skyld af en Stufjord og 2 smaa Stykker Jord, og 1 [Gadehus]
i Elsmarck; af Faaborg Klosters Gods 6 [Gaarde] og 1 Gadehus i
Liusappel By og Sogn; af St. Giertrudtz Gods, som tidligere har
ligget til den nu nedbrudte St. Giertrudtz Kirke i Synderborg, paa
hvis Plads nu Sønder Herreds Ting holdes, 2 Gaarde i Eginde², 1
[Gaard] i Miang, 1 [Gaard] i Lambierre, 1 [Gaard] i Mønthebierig,
1 [Gaard] i Tandslet, 1 [Gaard] i Jestrup, 3 [Gaarde] og 2 Gade-
huse i Moumacke³ og 1 Jord i Sundtzmarcke; af St. Erasmi Vika-
ries Gods 1 Gaard i Backmosse, 1 [Gaard] og 3 Gadehuse i Siild-
rye i Thand Sogn, 1 Bonde, der svarer Jagtpenge til Kronen, men
Resten af sin Landgilde til Kapellanen i Synderborg, og 1 Gadehus
i Ulkebølle, 1 Bonde, der svarer Herlighed til Kronen og Landgilde
til Skolen i Synderborg, og 1 Bonde, der svarer en Del af sin Land-
gilde til Kronen, Resten til Skolen i Synderborg, begge i Sundtzmarcke,
1 [Gaard] i Selderup; af noget Kalentegods, der svarer Landgilde
til Sognepræster og Kapellaner og Herlighed til Kronen, 2 [Gaarde]
i Miang, 1 [Gaard] i Hørup, 1 Bonde i Sundtzmarcke, der svarer
Sognepræsten i Synderborg 2 Ørt. Byg af en Jord, der skal fæstes
af Kronen, 1 [Gaard] i Holbalig eller Thandslet, 1 [Gaard] i Dynod⁴,
2 [Gaarde] og 1 Gadehus i Mielse, 1 [Gaard] i Adtzerballig og 1
Gaard i Thandslet af Ramstrup Gods; af Sognepræsten til Thund-
thofts⁵ Tjenere svares Afgift til Kronen af 1 Gaard i Holme, der til-
lige svarer særlig Skyld af nogen Jord, som er tilrebet den fra Nør-
borre Tjenere; desuden beretter Kapellanen i Thundthoft, at Hr.
Johan i Sundet, der tidligere var Provst paa Alse, har sagt til ham,
at han vidste, hvor der laa Brev og Segl paa, at 2 Bønder i Holme
hver skulde svare 2 Ørt. Korn aarlig, den ene til Præsten, den

---

¹ Mintebjærg.    ² Igen.    ³ Mummark.    ⁴ Dyndved.    ⁵ Tontoft.

anden til Vikaren; af Kapellanen i Thundthofts Tjenere 2 Gaarde i
Oxbøl, hvoraf Kronen kun har Indfæstning og Sagefald, 1 [Gaard]
i Mielse, 1 Gadehus i Kiøbing; af Kapellanen i Hagendrups[1] Tje-
nere 1 [Gaard] i Lungsby[2] og en Synderborg Tjener, der svarer Af-
gift af en Stufjord, der er givet til det Vikarie, Kapellanen er
forlenet med; af Sognepræsten og Kapellanen i Suendstrups Tje-
nere 2 Gaarde, der tillige svare Afgift til Synderborg, og 1 Gadehus
i Stefninge; af Kapellanen i Erckendes[3] Tjenere 1 [Gaard] og 1
Gadehus i Stolbro og 1 [Gaard] i Adtzerballig; af Sognepræsten i
Nudtmarckes Tjenere 1 [Gaard] i Allumsted, 1 [Gaard] i Smørholt
og 2 Gadehuse i Allumstedskouf, der ere købte til Præstens Under-
holdning; af Sognepræsten i Adtzerballigs Tjenere 1 [Gaard]; af
Kapellanen i Thandslets Tjenere 1 [Gaard] og et Gadehus i Lonbierre-
skouf[4]; af Sognepræsten i Liusappels Tjenere 1 [Gaard] og 1 Gade-
hus i Rugsballe og 1 [Gaard] i Sarup; af Kapellanen i Hørups
Tjenere 3 [Gaarde] og 1 Gadehus i Miang, Maybølle og Lambierig;
af Kapellanen i Ulkebølles Tjenere 1 [Gaard] og 1 Gadehus i Vol-
derup, 2 [Gaarde] i Ulkebølle, 1 Stykke Jord i Klinthinge, hvoraf
der svares 1 Ørt. Byg og 1 Ørt. Havre, 1 [Gaard] i Sundtzmarke,
der tillige svarer Landgilde til Skolemesteren i Synderborg, 4 Gade-
husmænd, der ere Fiskere og bo paa Præsten i Hørups Grund; af
Sognepræsten i Tandslets Tjenere 1 Gadehus i Moumarck[5], 1 Bonde
i Sarup[6], der har en Fjerding Jord af Præsten, men tillige svarer
Skyld til Kronen, Gaarden siges at være af Rangstampe[7] Gods, der
blev forbrudt i Kong Hans's Tid, og 1 Gadehus i Tandslet; Herlig-
heden af 2 Bønder i Stolbrof, der svare Landgilde til Hospitalet i
Synderborg, og af nogle af samme Hospitals Tjenere: 1 i Brandtz-
bolle, 2 i Skalrof, 1 i Kier, 2 i Ulkebølle, 1 i Sundtzmarcke, 1 i
Synderborg, 1 i Valdrup[8]; i Sundved 1 i Ditbøl[9], 2 i Stenderup
og 1 i Dynid[10]; af St. Knudtz Klosters Gods paa Errøe, som tid-
ligere af Prior Chresten Pedersen var pantsat til Johan Reuentlof,
3 Gaarde i Lebølle[11], 2 Gaarde i Skouby, 4 Gaarde i Resing, 3
Gaarde i Dunkier, 10 Gaarde i Riisse, 1 Gaard i Oldov, 1 Gaard i
Thranderup og 2 Gaarde i Volderup[12]; af Holme Klosters Gods 6
Gaarde i Brenninge By og Sogn med 3 Stykker Jord, der tidligere
have hørt til den ene af Gaardene, men nu bruges for en aarlig

---

[1] Hagenbjærg.  [2] Lauensby (Langesøby).  [3] Igen.  [4] Lambjærgskov.  [5] F. R.
har ved en Fejlskrift: Noumarck.  [6] F. R. har ved en Fejlskrift: Harup.  [7] Rang-
strup.  [8] Volderup.  [9] Dybbøl.  [10] Dynt.  [11] Leby.  [12] Vodrup.

Afgift af en Bonde under Synderborg Slot, 11 [Gaarde] i Skouby;
af Dallum Klosters Gods 1 [Gaard] i Brenninge, 1 [Gaard] i Dun-
kier, 2 [Gaarde] i Torp, 5 [Gaarde] i Tranderup, 2 [Gaarde] i Vinde-
ballig og 2 [Gaarde] i Riisse; af noget Gods, som er kommet fra
Nackebølle, 5 [Gaarde] i Oldov, 1 Gaard i Skouby og 4 [Gaarde]
i Thranderup; nogle Kirketjenere paa Erre, der svare Herlighed til
Kronen og Landgilde til Kirken og Præsten i Riisse Sogn: 1 i Dun-
kier, 1 i Torup, 1 i Oldov, 1 i Dunkier, 2 i Thranderup og 1 i
Brenninge; 2 Kirketjenere, der svare Kapellanen i Synderborg. Her-
tugen skal være fri for Afgift, Tjeneste og anden Besværing paa de
i den af ham udstedte Revers indeholdte Vilkaar, dog forbeholder
Kongen sig udtrykkelig al den gejstlige Jurisdiktion over Kirkerne
og Præsterne, med hvem Hertugen aldeles ikke maa befatte sig,
ligesom han ej heller maa forhindre Bispen i Fyen i at visitere
Kirkerne eller Skriveren eller andre dertil forordnede i at høre Kir-
kernes Regnskab. Efter Hertugens Død skal alt Godset straks falde
tilbage til Kronen og Fyens Stift, men mene Hertugens Arvinger at
have nogen Ret til det, skal der derom gaa saa meget, som Ret er.
F. R. 1, 189.

**1. Maj (Kronborg).** Til Jørgen Rosenkrantz og Jørgen Schram
Da Fru Marene Stygge Rossenkrantzes har begæret Kronens
Rettighed i nogle jordegne Bøndergaarde i Engisløf[1], Vifuild og
Liustrup i Hald og Roxo Herreder til Mageskifte for noget af
hendes Gods i Nimtoft og Kaleby i Sønder og Nør Herreder, skulle
de med det første besigte begge Parters Gods og indsende klare
Registre derpaa med særlig Angivelse af de jordegne Bønders Ejen-
dom. Udt. i J. T. 2, 56 b.

— Til Peder Gyldenstiern og Christen Skiel. Da Nils Ros-
senkrantz til Halkier har bevilget Kronen 1 Gaard i Vorcke og
2 Bol i Skierup i Koldinghus Len til Mageskifte for 2 Gaarde i
Hollumagger i Bisløv Sogn i Horum Herred og 1 Bol i Gundersted
Sogn i Ars Herred, som Bodel Smed i Vornstrup bebor, skulle de
med det første besigte begge Parters Gods og indsende klare Re-
gistre derpaa. Udt. i J. T. 2, 57.

**2. Maj (—).** Befaling til Albret Friis straks at besigte 2 Bol
i Koldinghus Len, det ene i Velling, det andet i Borkop, som Jør-

---

[1] Ingerslev, Rugss H.

gen Marsuin har bevilget Kronen til Mageskifte, og indsende klare Registre derpaa. Udt. i J. T. 2, 57 b.

**2. Maj (Kronborg).** Til Arrild Ugerup til Uggerup og Henrich Brahe til Vidskølle. Da Jørgen Marsuin, Embedsmand paa Søluidtzborg, har bevilget Kongen 1 Bol i Velling og 1 Bol i Borkop i Koldinghus Len til Mageskifte for Gods i Blekinge, skulle de, saasnart de gode Mænd, der have faaet Ordre til at besigte Godset i Koldinghus Len, sende dem Besigtelsen derover, besigte Godset i Blekinge, ligne Mageskiftegodset og indsende klare Registre derpaa. Sk. T. 1, 173 b.

— Til Coruitz Viffert og Lauritz Brockenhus. Jørgen Marsuin og Hack Ulfstand, der for nogen Tid siden have været Stiftslensmænd i Fyens Stift, have berettet, at Olluf Bagger, Borger i Ottense, aarlig har givet dem fuld Kvittans for det Stiftskorn, som har været forpagtet til ham, skønt han ikke har faaet det altsammen, hvorimod de saa have givet ham deres Skadesløsbrev, at det manglende skal blive godtgjort ham, hvilket dog endnu ikke er sket. Da Kongen derved erfarer, at flere af dem, der have fæstet Tiendekornet, ikke svare deres Afgift deraf i rette Tid, skulle de undersøge, hvem det er, opsige dem Tienderne og forbyde Sognemændene at yde dem disse, medmindre de med Kvittanser kunne bevise, at de have svaret Tienden i rette Tid. F. T. 1, 149.

— Til Axel Viffert. Kongen har for kort Tid siden skrevet til ham, at mere end 20 af Kongens Foler ved Nyborig skulle være døde, og befalet ham at holde Fogden til Stede for den Tiltales Skyld, Kongen kan have til denne, da han ikke tvivler paa, at denne Sygdom og Død skyldes Fogdens Forsømmelighed sidste Aar, da Axel Viffert var i Norge; maaske har Berideren heller ikke efter Axel Vifferts Hjemkomst kunnet faa hvad han behøvede til Folerne. Axel Viffert skal nu straks sende Fogden til Kiøpnehafn og befale ham at blive dér, indtil Kongen kan lade baade ham og Berideren forhøre og faa afgjort, hvem der er den skyldige. F. T. 1, 150.

— Forleningsbrev for Axel Veffert paa Olborghus Len og Hals Birk, som Jens Kaas og Hendrich Gyldenstiern sidst have haft dem i Værge. Han skal gøre Regnskab for al vis og uvis Indtægt af Hals Birk og i aarlig Genant af Olborghus have 1500 Mk. danske, 15 Læster Rug og Mel, hver Læst paa 24 Tdr.,

26 Læster Byg, hver Læst paa 24 Tdr., 12 Læster Havre, hver
Læst paa 48 Tdr., 14 Tdr. Smør, 250 Faar og Lam, 250 Gæs,
600 Høns, 250 Skovsvin, 24 Skattekøer, 1 Læst saltet Sild, 81 Vol
røget Sild, 1300 tørre Flyndere, 2 Tdr. Honning og 15 Skpr. Gryn,
endvidere al Slottets Avl og Ladegaardens Korn, Smør og Affød-
ning, dog skal han saa skaffe Kongens Følges Heste frit Hø og
Strøelse, naar Kongen kommer did. Kongen vil aarlig give Slots-
skriveren den Løn og Klædning, han plejer at faa, og Foder og
Maal til en Klipper; endvidere maa Axel Veffert paa Kongens Foder
og Maal holde 2 Arbejdsheste til Slottets daglige Brug og paa Kon-
gens Bekostning købe de Tønder, han behøver til Indpakning af
Landgildesmørret. Da der hidtil altid har været Mangler i Regn-
skaberne, idet Møllerne ikke have formaaet at svare deres Landgilde
og holde Møllerne i Stand, skal han paa Tinge lade udtage 12 kyn-
dige Mænd, der skulle besigte Møllerne og sætte dem for en rime-
lig Landgilde, som saa skal indskrives i Jordebogen. For den visse
Rente udover Genanten og andre Udgifter skal han gøre Regnskab
til hver 1. Maj og betale 1 Dlr. for hver Td. Rug eller Byg, 1 Ort
for hver Td. Havre, 11 Dlr. for hver Td. Smør, 3 Dlr. for hver
Ko, 8 Dlr. for hver Td. Honning, 20 Sk. for hvert Brændsvin, $\frac{1}{2}$
Dlr. for hvert Faar, 1 Ort for hvert Lam, 2 Sk. for hver Gaas,
1 Sk. for hver Høne, 2 Dlr. for hver Td. saltet Sild, 1$\frac{1}{2}$ Dr. for
hver Td. saltet Torsk, 5 Dlr. for hver Td. Aal og 20 Sk. for hver
Td. dansk Salt. Han skal gøre Regnskab for al uvis Rente, hvoraf
han selv maa beholde Halvdelen tilligemed Halvdelen af Gæsteriet,
derimod forbeholder Kongen sig alene al Told, Sise og Vrag, som
falder i Lenet. Han skal tjene Riget med 12 geruste Heste. Han
skal oppebære Kronens Tiendekorn i Stiftet, paa Kongens Bekost-
ning lade Bygget gøre i Malt og beholde alt Kornet hos sig, ind-
til han faar Ordre om, hvad han skal gøre med det. Han skal
have Præsterne i Stiftet i Forsvar og i Forening med Superinten-
denten føre Tilsyn med dem. Han skal holde Slottet i Stand, som
det er, men skal der bygges noget særligt, vil Kongen selv give Or-
dre derom. J. R. 2, 489 b.

**4. Maj (Kronborg).** Til Biørn Anderssen, Manderup Parsberg,
Jørgen Skram og Mouritz Styge. Kongen har før skrevet til dem,
at han vilde sende dem til Norge for at sidde Retterting,
og for at de kunne blive færdige med Rejsen før Vinteren, har han
nu bestemt, at de med det første skulle begive sig afsted, være i

Oslo St. Hans Dag Midsommer, i Trundhiem 19. Juli og i Bergen
10. Aug. og alle 3 Steder sidde Retterting til de nævnte Tider.
De skulle rette sig herefter og blive enige med hinanden om, naar
de kunne rejse fra Jylland. (Kongen vil imidlertid lade Instruksen
for dem affatte og sende dem den tilligemed de Breve, han har
ladet udgaa angaaende de Besværinger, som Indbyggerne i Norge
have forebragt dem sidste Aar.)   Da de nu ikke kunne komme til
at sidde Retterting i Jylland sammen med de andre dertil forord-
nede Raader, fritager Kongen dem herfor og befaler dem med stør-
ste Flid at sørge for, at Indbyggerne i Norge blive hjulpne til Lov
og Ret.   Kongen har ladet aabent Brev[1] udgaa til Indbyggerne i
Norge, at alle, der have noget at klage over, skulle udtage Stævninger
hos Lensmændene og møde for ovennævnte 4 Mænd paa de oven-
for anførte Tider og Steder.   Sj. T. 14, 200.

    5. Maj (Kronborg). Tilladelse for Albrit Sommer til at
købe 100 Heste her i Riget eller i Norge og toldfrit udføre
dem til Tyskland, dog skal han lade notere paa Brevet, hvor mange
Heste han hver Gang udfører.   Udt. i Sj. T. 14, 200 b.

    — Aabent Brev, at Sognemændene i Vedinge[2] Sogn i
Sønder Halland — der have berettet, at det Brev, som Kongens
Fader havde givet dem paa at maatte oppebære Kronens Part
af Tienden af Vedinge Sogn for en aarlig Afgift af 13
Dlr., den ene Halvdel i Mønt, den anden i Dalere, for at de ikke
skulde besværes med at fremføre Tienden, i sidste Fejde er bort-
kommet — fremdeles maa beholde Tienden mod at svare samme
Afgift deraf som hidtil.   Sk. R. 1, 267 b.

    — Til Axel Gyllenstiern.   Da Kirkeværgerne for Quistofte
Kirke have berettet, at de ville lade deres brustne Klokke støbe
om, men det har vist sig, da Klokkestøberen kom, at de manglede
Klokkemalm, saa de ikke kunne faa saa stor en Klokke, som gøres
nødvendig, har Kongen paa deres Begæring bevilget, at de maa faa
den ene af de paa Landtzkrone Slot i Fejdens Tid indsatte Klokker
til at forbedre deres egen Klokke med, saafremt der da paa Slottet
findes saadanne, der tilhøre Kronen.   Sk. T. 1, 174 b.

    — Forleningsbrev for Hr. Hans Pederssen, Sognepræst
i Kiertheminde, og hans Efterfølgere i Embedet paa Kronens
Part af Tienden af Dristrup Sogn, for at han bedre kan holde

----

[1] Jvfr. Norske Rigsregistr. II. 319 f.      [2] Veinge, Høks H.

en Kapellan, der kan hjælpe ham med at gøre Tjeneste i Kiertheminde og Dristrup Kirker. K. Orig. i Provinsark. i Odense.

**5. Maj (Kronborg).** Gavebrev til Olluf Guldsmed, Borger i Nyeborg, paa en øde Jord ved den lille Bro i Nyeborg, hvilken Jord strækker sig fra Voldgaden langs ud med Peder Jægers Stræde til Graven. Han skal straks opføre god Købstadsbygning med Tegltag derpaa, og Gaard og Grund skulle, hvis de siden afhændes, først tilbydes Kronen. F. R. 1, 196 b.

— Til Axel Veffert. Da Søfren Pederssen, Borger i Kolding, der skylder ham omtrent 800 Dlr. og har sat ham sin Gaard i Kolding i Pant derfor, har berettet, at han nu kræver ham for Pengene, befales det ham at lade denne Tiltale falde, tage sin Betaling af Afgiften af Olborghus og sende Kongen Pantebrevet og de andre Breve, han har paa Gaarden i Kolding, for at Kongen kan faa Forvaring derpaa af Søfren Pederssen. J. T. 2, 57 b.

**7. Maj (Frederiksborg).** Befaling til Christoffer Valckendorff om enten med nøjagtige Haandskrifter eller Varer at betale de 80 Fade Vin, som Kongen har faaet af Johan von Dellen; denne skal med Tolderens Seddel bevise, hvor mange Amer Vin hvert Fad indeholder, og have 13 Dlr. for hver Ame. Udt. i Sj. T. 14, 201.

— Mageskifte mellem Fru Chrestense Ulfsthandt, Hendrich Bildis Enke, og Kronen. Sk. R. 1, 268. (Se Kronens Skøder.)

— Aabent Brev, hvorved Kongen, der for nogen Tid siden efter Rigens Raads Betænkning har gjort Falckenberg til en Landsby, saa de, der bleve boende dér og ikke flyttede til Vardbierg, skulde sættes for Landgilde og miste Købstadsfrihed, paa Begæring af de Indbyggere, som ikke formaa at flytte til Vardbierg og bygge der, bevilger, at deres Enker ikke skulle fæste paany, saalænge de sidde ugifte, da Enker paa Kronens Gods andensteds i Riget nyde denne Frihed[1]. Sk. R. 1, 271[2].

— Befaling til de Indbyggere i Falkenbierg, der ikke ere flyttede til Vardbierg eller andensteds, om herefter at tiende til Sognepræsten, ligesom der tiendes i andre Landsbyer, da Falkenbierg nu herefter ogsaa skal være en Landsby. Sk. T. 1, 176.

— Aabent Brev, at Hr. Peder Berthelssen, Sognepræst i

---

[1] Se Kanc. Brevbøger 1561—65 S. 675 f.    [2] Tr.: Secher, Forordninger II. 131.

Falckenbierg, og hans Efterfølgere i Embedet fremdeles uhindret maa sætte Garn i Falckenbierg Aa i saa vid Udstrækning, som de bevisligt have gjort før; Hr. Peder har nemlig udtalt Frygt for, at denne Ret, som Sognepræsterne altid have nydt, medens Falckenbierg havde Købstadsfrihed, nu skal blive dem forment, da Byen er bleven gjort til en Landsby. Sk. R. 1, 272.

**7. Maj (Frederiksberg).** Forleningsbrev for Knud Ulfeldt til Suenstrup paa Borestadt Len i Skaane, som Biørn Kaas sidst havde det i Værge. Han skal aarlig til 1. Maj svare 100 Dlr. i Afgift af den visse Indkomst og gøre Regnskab for al den uvisse, hvoraf han selv maa beholde Halvdelen. Sk. R. 1, 271 b.

— Til Axel Gyllenstiern og Anders Bing. Da Hr. Peder Skram til Urup har begæret Arløssegaard i Halland, som Biørn Knudssen, Landsdommer i Sønder Halland, nu er forlenet med, til Mageskifte for 2½ Gaard i Frenderup, Rodbyelille[1] og Mandemarch paa Møen og, hvis det ikke forslaar, 1 Gaard i Reesløf i Kallundborg Len, skulle de med det første besigte begge Parters Gods og indsende klare Registre derpaa. Sk. T. 1, 175.

— Til Axel Gyllenstiern. Da han i Anledning af, at Kongen har eftergivet Peder Hanssen og hans Medfølgere i Fiers Herred den Sag, at de have splittet Tinget og sat sig ned for at udgive Tingsvidner, har sendt Kongen en udførlig Fremstilling af denne Sag, der, som han mener, vil kunne give andre et ondt Eksempel, hvorfor den ikke bør gaa ustraffet hen, kan Kongen nok lide, at han fører den begyndte Tiltale til Ende. Sk. T. 1, 176 b.

— Til Biørn Kaas og Hans Skougaardt. Da Kongen har bevilget, at Fru Thalle Ulfstand, Pouel Laxmandtz Enke, maa faa 1 Gaard i Efuerlof og 1 Gaard i Søboe, der tilhøre hendes Brodersøn Holger Ulfstand, som Kongen er Værge for, til Mageskifte for hendes Part i Quisle Mølle, som er 5 Pd. Mel, saafremt hun vil forpligte sig til at lade Mageskiftet gaa tilbage, hvis Holger Ulfstand ønsker det, naar han er bleven myndig, skulle de med det første besigte begge Parters Gods og indsende klare Registre derpaa. Sk. T. 1, 177.

— Til Kapitlet i Lund. Da Kongen har bevilget, at Christoffer, Borggreve von Dhona, maa faa noget af Kapitlets Gods

--------

[1] Raabylille.

i Valkier i Thorne Herred til Mageskifte for Gods i Hullarp[1] i
Oens Herred, skal Kapitlet lade Mageskiftet gaa for sig, besigte
Mageskiftegodset og paase, at det faar fuldt Vederlag. Sk. T. 1,
177 b.

**7. Maj (Frederiksborg).** Til Biørn Kaas. Der var for nogen
Tid siden Trætte mellem Hans Sparre og Jørgen Bilde
om noget Gods, som Jørgen Bilde havde i Pant af Hans Sparre,
og Godset blev tildømt Hans Sparre, medens Jørgen Bilde skulde
have sine Penge tilbage, hvilke han dog ikke vilde modtage, hvor-
for de bleve indlagte i Landekisten under Biørn Kaas's Forvaring.
Da de nu have ligget dér over Aar og Dag, mener Kongen, at de
efter gammel Skik ere tilfaldne Kronen, og befaler Biørn Kaas straks
at sende dem til Kiøpnehafn til Rentemesteren; Kongen vil, saa-
snart Pengene komme til Kiøpnehafn, give Biørn Kaas Forvaring
for, at han ikke skal komme i nogen Skade for Pengene. Naar
han har sendt Pengene til Kiøpnehafn, skal han opbyde dem paa
Skaane Landsting og, hvis Jørgen Bilde eller nogen anden vedken-
der sig Pengene, straks byde sig i Rette med dem; blive Pengene
fradømte Kongen, hvad denne dog ikke venter, vil han straks sende
dem tilbage. Udt. i Sk. T. 1, 178.

— Aabent Brev, at den nuværende Lensmand paa Hald-
sted Kloster skal bortfæste de under Klosteret hørende
øde Jorder, som Bønderne pleje at fæste til deres Gaarde, og
ligesaa de følgende Lensmænd, saa ofte nogle af Jorderne blive
ledige. Bønderne, der fæste Jorderne, maa beholde disse paa
Livstid uden ny Indfæstning, medens de hidtil have maattet
fæste dem paany, naar der kom en ny Lensmand. F. R. 1, 541.

— Til Coruitz Veffert. Da der er klaget over, at Boense
Mænd uden at tale sig til Rette selv have ladet nogen Ejendom
indkaste, hvilket skal være til Skade for Eskelstrup, Tofte
og flere Lodsejere, skal han, hvis Grøften ikke er saa lovlig
gjort, som den burde være, give Boense Mænd Ordre til straks at
kaste den til; er der derimod nogen Strid om Markeskel, skulle
Sandemænd dømme derom. F. T. 1, 150 b.

— Befaling til Claus Glambeck at udlægge Hospitalet i
Aarhus en ligesaa god Gaard som den Hospitalet tilhørende Gaard
i Nørring, som Kongen har mageskiftet til Jomfru Anne Schram, og

---

[1] Hultorp.

indsende Fortegnelse derpaa; ligesaa skal han udlægge Kapitlet
i Aarhus Fyldest for dets Gods i Nørring og Nørring Ris, som
Kongen har mageskiftet bort, og sende Kongen al Besked derom,
dog maa han ikke udlægge Gods i Kongens Fredejagt. J. T. 2, 58.

**8. Maj (Frederiksborg).** Ejendomsbrev for Lauritz Po-
sche, Borgemester i Helsingborg, og hans Arvinger paa den Gaard
i Engelholm, som Bendt Vind har Livsbrev paa, dog først at til-
træde efter dennes Død. Gaarden skal holdes vedlige med god Køb-
stadsbygning, og der skal svares sædvanlig Afgift deraf til Helsing-
borg Slot. Sk. R. 1, 272 b.

— Mageskifte mellem Jens Claussen til Boller og Kronen.
J. R. 2, 491. (Se Kronens Skøder.)

— Til Otte Banner og Hannibal Gyldestiern. Da Kongen efter
den af dem i Anledning af Mageskiftet med Jens Klaussen
til Boller foretagne Besigtelse ved dette Mageskifte vil blive Jens
Klaussen 2¹/₂ Td. 2 Skpr. 1 Fjerdingkar Hartkorn skyldig, hvorfor
Jens Klaussen har begæret 1 Byggested, kaldet Feiesholt, i Thors
Sogn i Børlum Herred, skulle de med det første besigte dette Bygge-
sted, ligne det med det, Kongen bliver Jens Klaussen skyldig, og,
hvis Byggestedet ikke er saa godt som det, Kongen skylder ham,
udlægge ham Fyldest for det manglende andensteds i Vendsyssel og
indsende klare Registre derpaa. Udt. i J. T. 2, 58 b.

— Aabent Brev, hvorved det — i Anledning af, at Jon Krags-
sen paa Island har ment at have Ret til nogle Ejendoms-
gaarde, som Jon Arressen, forhen Biskop paa Island, og
dennes Sønner have haft af hans Forfædre, men som nu
ere lagte under Kronen som forbrudt Gods efter Biskoppen — paa-
lægges Kongens Befalingsmand paa Island at udnævne en Lagmand
og nogle uvildige Mænd til at undersøge denne Sag med alle
dertil hørende Breve og afsige Dom om, hvem Gaardene efter is-
landsk Lov bør følge. N. R. 1, 263 b. K.

— (Kronborg). Mageskifte mellem Albrit Fris til Haritz-
kier og Kronen. J. R. 2, 495. (Se Kronens Skøder.)

**9. Maj (Frederiksborg).** Tilladelse for Jørgen Meher og Morten
Skriver, Forstandere for Hospitalet i Helsingør, til at sætte en øde
Jord, lige over for Frandtz Skrivers Gaard og øst for Kloster-
kirken, for Leje og siden arvelig overdrage den til en,
der vil bebygge den og svare Hospitalet Jordskyld deraf. Udt. i
Sj. T. 14, 201.

**9. Maj (Frederiksborg).** Aabent Brev, at Arrild Uggerup til Uggerup til eget Bedste maa oppebære al den Told og Sise, der kan tilfalde Kronen i Aahus fra 1. Maj 1578 til 1. Maj 1580. Sk. R. 1, 273.

— Mageskifte mellem Hans Schoufgaardt til Gunderstorp og Kronen. Sk. R. 1, 273. (Se Kronens Skøder.)

— Aabent Brev, at Fru Karine Schoufgaard, Palle Schrams Enke, der for nogen Tid siden har faaet Livsbrev paa Kronens Part af Korntienden af Holdsted og Giøring Sogne i Riber Stift for en bestemt aarlig Afgift, herefter maa betale 34 Dlr. aarlig i Stedet for Afgiften, for at hun og hendes Tjenere kunne blive fri for at transportere denne; af disse Penge skal hun levere Kapellanen i Kolding hans Part og Stiftslensmanden Resten. J. R. 2, 498.

— Kvittans til Fru Kirstine Pedersdatter, Erich Kaas til Lindbierggaards Enke, paa hendes Regnskab for hendes Mands Afgift og uvisse Indtægt af Børglum Kloster i den Tid, han har haft det i Forlening. Hvad hun blev skyldig, har hun betalt Rentemester Chrestoffer Valckendorff. J. R. 2, 498 b.

**10. Maj (—).** Aabent Brev, at Karl Jacobssen, forhen Borgemester i Falckenberge, maa blive boende i Falckenberge og holde Kro og Gæstehus dér, da det trods den af Kongen trufne Bestemmelse om, at Indbyggerne i Falckenberge enten skulle flytte til Vardbierg eller sættes for Landgilde som Bønder, alligevel er nødvendigt, at der findes Natteleje i Byen for rejsende. Han skal være fri for Ægt, Arbejde og anden Tynge af sin Gaard og have Ret til at udsætte Laksegarn i Aaen til sit Huses Ophold, saalænge han holder Herberg, dog skal han saa ogsaa beflitte sig paa at traktere de rejsende tilbørligt, saa de kunne faa hvad de behøve til rimelig Pris. Sk. R. 1, 279.

— Forleningsbrev for Benedictz Haldumssøn paa Møderualde Kloster paa Island, som Lensmanden paa Island, Johan Bucholt, har givet ham i Forlening, mod at svare den i Lensmandens Brev fastsatte aarlige Afgift, 100 Dlr., paa det Sted, som befales. N. R. 1, 264. K.

**11. Maj¹ (—).** Til Hendrick Mogenssen, Tolder i Helsingøer.

---

¹ Brevet er indført mellem Breve af 10. og 13. April, saa Maj er maaske en Fejlskrift for: April.

Johan Mariaborck har til det ankomne Sepultur og andet laant
en Del Penge i Nederlandene og sendt Toldskriver Frederich Leil
en Veksel paa 1000 Dlr., der skulle betales til en Skipper, som
ventes til Sundet; heraf har Kongen af sit eget Kammer udredet
500 Dlr. og befaler Hendrick Mogenssen at levere Frederich Leil
de andre 500 Dlr., hvis han da kan undvære dem for Bygningens
Skyld eller kan skaffe dem; kan han ikke det, skal han enten i
Dandsken eller andensteds, hvor Skipperen nu agter sig hen, anvise
denne 500 Dlr. hos en af sine Bekendte og siden betale dem af
Tolden, naar der bliver bedre Raad. Sj. T. 14, 192.

**11. Maj (Frederiksborg).** Mageskifte mellem Biørn Kaas,
Embedsmand paa Malmøe, og Kronen. J. R. 2, 499. (Se Kronens
Skøder.)

— Til Jørgen Rosenkrantz. Kongen har for nogen Tid siden[1]
beskikket Hr. Jens Simenssen, forhen Abbed i Em Kloster, til
Sognepræst paa Rosnes[2] og givet ham Livsbrev paa Præste-
gaarden og 2 andre Gaarde i Birket, men har siden forhandlet med
ham om igen at afstaa disse 3 Gaarde, da Hans Axelssen skal
have dem til Mageskifte og ikke kan holde Avlsgaard andensteds
i Birket end dér. Jørgen Rosenkrantz skal derfor af det tidligere
Brev undersøge, hvor meget Hr. Jens derved mister, udlægge
ham Fyldest derfor af det nærmeste Krongods i Birket og un-
derrette Kongen derom. Hr. Jens skal vedblivende nyde baade
Kronens og Kirkens Part af Tienden og gøre Tjeneste i Sognet. J.
T. 2, 59[3].

**12. Maj (—).** Befaling til Jørgen Daa, der har berettet, at
Prinsens[4] Admiral er i Søen med nogle Orlogsskibe, og
har forespurgt, hvorledes han skulde forholde sig lige overfor dem,
hvis han traf dem paa Kongens Strømme, om at anholde dem
paa en Ret, saafremt de da ikke drives derind af Storm og Uvejr,
eller sende dem herned, indtil Prinsen selv skriver for dem, da de
jo ikke have noget at gøre der og Kongen selv kan forsvare sine
Strømme, dog maa han ikke gøre Skibene til Pris eller paa nogen
Maade beskadige dem. Den med Mickel Knudtzen hidsendte Busse
sendes ham tilbage udrustet og forsynet med Fetalje, for at han kan
bruge den ved Flaaden. De hjemkomne Folk har Kongen ladet

---

[1] Se Kanc. Brevbøger 1556—60 S. 461.  [2] Rosmus, Sønder H., Randers Amt.  [3] Tr.:
Kirkehist. Saml. 3. R. III. 104 f. (med urigtig Dato: 6. Maj).  [4] Af Oranien.

fængsle og anholde paa en Ret indtil videre. Prinsens Tjener (»Bestilter«), som han endnu har hos sig, skal han holde arresteret, indtil Prinsen skriver for ham. Sj. T. 14, 201 b.

**12. Maj (Frederiksborg).** Mageskifte mellem Anders Pederssen til Birckels og Kronen. J. R. 2, 503 b. (Se Kronens Skøder.)[1]

— Forleningsbrev for Siurder Jonssen paa Rønnestedt Kloster paa Island, som Johan Bucholt, Befalingsmand paa Island, har forundt ham, mod at svare sædvanlig Afgift deraf. N. R. 1, 264 b. K.

— Til Johan Bockholt, Befalingsmand paa Island, og begge Superintendenter smstds. For at forebygge, at de 300 Dlr., som Befalingsmanden paa Island aarlig skal uddele til trængende Præster, kunne blive uddelte til Personer, der ikke trænge, befales det dem at overveje hver enkelt Præsts Forhold og efter hans Trang tillægge ham en Del af de 300 Dlr., optage klart Register over Uddelingen og sende det til Kongen, der saa vil give Præsterne Brev paa, at det altid skal blive saaledes. N. T. 1, 166 b[2].

— Til Johan Bockholdt. Da de Præster paa Island, der ere Provster, ville tilholde sig en Rettighed, kaldet Provstegjaftolden, der tidligere har fulgt de gamle Bisper og efter deres Tid er bleven ved Kronen, skal han, for at Kongen kan blive fri for Provsternes Overløb i denne Sag, med det første lade gaa Dom om, hvorvidt Tolden skal følge Provsterne eller Kronen, og paase, at Kronen beholder hvad den har Ret til. N. T. 1, 167.

**15. Maj (Kbhvn.).** Kvittans til Marcus Hess, Borgemester i Kiøpnehafn, paa 2000 Dlr., som han nu har betalt for det Jørgen von Bergen tilhørende hamborger Skib, han var gaaet i Borgen for, da det blev løsladt af Arresten. Sj. R. 12, 17. K.

— Lignende Kvittans til samme paa 1000 Dlr., som han har betalt for Kort Bødtker. Udt. i Sj. R. 12, 17. K. (i Udt.).

— Forleningsbrev for Steen Brahe til Knudstrup paa Kronens Herlighed af nogle Kirkegaarde i Sjælland, nemlig 2 i Engelstofthe og 3 i Nesby, uden Afgift; derimod skal Landgilden som hidtil følge Kirken. Sj. R. 12, 17 b. K.

---

[1] Udenfor er skrevet: Dette Mageskifte er for nogen Lejligheds Skyld forandret og findes indskrevet i det jydske Register Aar 1582. Jvfr. 16. Marts 1582.     [2] Tr.: F. Johannæus, Hist. Eccl. Isl. III. 24 f. M. Ketilson, Forordninger t. Island II. 91 f.

41*

**15. Maj (Kbhvn.).** Aabent Brev, hvorved Kongen giver Pe-
der Monssen, der er født paa Kronens Gods i Holløse i Flacke-
bergs Herred, fri for hans Fødested. K. Udt. i Sj. R. 12, 18.

— Til Kapitlet i Roskilde. Da Kongen har bevilget, at Matz
Erickssen maa faa en Kapitlet tilhørende Gaard i Vinstrup i As-
mindrup Sogn til Mageskifte for noget af hans Arvegods i Sjæl-
land, skal Kapitlet med det første besigte begge Parters Gods,
bringe Mageskiftet i Orden og paase, at Kapitlet faar Fyldest. Sj.
T. 14, 202.

— Befaling til Rigsraaderne Niels Kaas, Kansler, Peder Gylden-
stiern, Marsk, Peder Munck, Admiral, Hr. Jørgen Løck, Peder Bilde,
Jørgen Rosenkrandtz, Biørn Kaas, Biørn Anderssen, Eiler Grubbe,
Jørgen Marsuin, Hans Skoufgaardt, Axel Viffert, Christoffer Valken-
dorff, Jørgen Skram, Steen Brahe og Manderup Parsberg at møde
i Roskilde 13. Juli, da Kongen har noget særligt vedrørende sig
selv og Riget at tale med dem om. (I Brevene til Biørn Anders-
sen, Jørgen Skram og Mandrup Parsberg tillige: uanset den tid-
ligere trufne Bestemmelse om, at de skulde til Norge.) Sj. T.
14, 202.

— Forleningsbrev for Johan Urne paa Lyckov Slot
og Len i Blekinge, som han nu selv har det i Værge. Han skal
aarlig fra 1. Maj 1579 af svare 300 Dlr. i Afgift af den visse Ind-
komst, gøre Regnskab for den uvisse, hvoraf han selv maa beholde
Halvdelen, og tjene Riget med 4 geruste Heste. Sk. R. 1, 279 b.

— Til Hr. Peder Skram. Da Borgerskabet i Halmstedt har
klaget over, at der rundt omkring i hans Len bruges Købmands-
skab i mange ulovlige Havne, befales det ham herefter at for-
hindre saadant, for at Borgerskabet i Halmstedt ikke skal have noget
at klage over i den Sag. Sk. T. 1, 178 b.

— Til Pofuel Huitfeld. Da han har berettet, at det Kloster
i Halmstad, som Kongens Fader har givet de fattige til Hospital,
og som Kongen siden har givet Lauritz Jenssen [1], men igen købt
tilbage af dennes Arvinger for 300 Dlr., for at bruge det til Hospital,
vil koste for meget at bygge om, og at der kan findes et belejligere
Sted i Byen til at bygge et Hospital paa med mindre Bekostning,
maa Lauritz Jenssens Arvinger beholde Klosteret og sælge
det mod at tilbagebetale de 200 Dlr., de allerede have faaet betalt.

---

[1] Se Kanc. Brevbøger 1561—65 S. 557 f.

Han skal anvende disse til Opførelsen af et Hospital og paa Kongens Vegne købe en belejlig Plads dertil. Sk. T. 1, 179 b.

**15. Maj (Kbhvn.).** Befaling til Sisemesteren i Halmstedt at betale Lauritz Jenssens Arvinger de 100 Dlr., som de endnu have til gode af de 300 Dlr., Kongen skulde betale dem for det fra dem tilbagekøbte Kloster, der nu skal bruges til Hospital. Sk. T. 1, 180[1].

— Til alle Kron-, Kannike-, Vikarie-, Kirke- og Præstetjenere samt Herremandstjenere, saavel Danskes som Svenskes, i Vardbierg Len. Da Kongen har befalet Lensmanden paa Vardbierg at istandsætte Befæstningen omkring Vardbierg og de hidtil have skullet holde Volden i Stand, befales det dem alle at møde med Heste, Vogne og Folk, naar Anders Bing tilsiger dem, og hjælpe til med Arbejdet paa Volden, indtil det er færdigt. Sk. T. 1, 179.

— Mageskifte mellem Mogens Hendrichsen, Borgemester i Ottense, og Kronen. F. R. 1, 197 b. (Se Kronens Skøder.)

— Til Erich Hardenbierg. Da Axel Veffert, der har faaet Ordre til sammen med de andre Tilforordnede at sidde Retterting i Ottense Hellig Trefoldigheds Søndag [14. Juni], er forhindret i at være til Stede, skal Erich Hardenbierg træde i hans Sted. F. T. 1, 150 b.

— Lignende Brev til Absolon Giøe om at træde i Jacob Ulfeldtz Sted. Udt. i F. T. 1, 151.

— Aabent Brev, at afdøde Jens Sundssens Arvinger, den ene efter den anden, til evig Tid maa beholde den øde Gaard og Grund i Aarhus. som forhenværende Borgemester Peder Skriver havde i Forlening af Essenbeck Kloster, og som' Biørn Anderssen, Embedsmand paa Aarhusgaard, siden har undt Jens Sundssen og hans Arvinger for aarlig Jordskyld, med tilhørende Have, Ager og Jord i Marken. De skulle svare 8 Sk. danske i Jordskyld og opføre god Købstadsbygning derpaa. Hvis Gaarden i Fremtiden skal sælges, skal den først tilbydes Kronen. J. R. 2, 509.

— Aabent Brev, at Vogen Jenssen i Glarup[2] i Gridsted Sogn i Rindtz Herred, der nu er beskikket til Foged over Fru Anne Hardenbiergs Tjenere der omkring og derfor efter hendes Beretning formedelst de dermed forbundne Besværinger ikke godt kan bruges

---

[1] Som det vil ses, stemme dette og det foregaaende Brev ikke sammen.     [2] Glerup.

i Sandemænds- og Nævningetov, herefter maa være fri for Sande-
mænds-, Nævninge- og andre Tov, saalænge han er i Anne
Hardenbiergs Tjeneste. J. R. 2, 510.

**15. Maj (Kbhvn.).** Aabent Brev, at Lauritz Barfod maa
svare 1 gammel Dlr. for hver Td. Rug eller Byg af Af-
giften af Kronens Part af Korntienden af Nebbel Sogn i
Vester Herred, som han har fæstet. Udt. i J. R. 2, 510.

— Befaling til Axel Veffert, der for nogen Tid siden har faaet
Ordre til at lægge Halsnes Birk, som Hendrich Gyldenstiern en Tid
har haft i Forlening, ind under Aalborghus, om tillige at lægge
de Gaarde der omkring af det tiloversblevne Vidschyld Klo-
sters Gods, som Hendrich Gyldenstiern ogsaa har haft i For-
lening, ind under Aalborghus. J. T. 2, 59 b.

— Til samme. Da Kongen har bevilget, at Nils Jonssen,
Embedsmand paa Hald, maa faa 1 Gaard, kaldet Raakeldt, i El-
ritzhyf Sogn i Huorum Herred til Mageskifte for 1 Gaard i Fyl-
holm og, hvis den ikke forslaar, desuden Gods i Han Herred, skal
han med det første besigte Godset og indsende klare Registre der-
paa. J. T. 2, 60.

— Til Christen Munck og Claus Glambeck. Da Hans Lange
har bevilget Kronen 1 Gaard i Eigtug[1] i Koldinghus Len til Mage-
skifte for 1 Gaard i Hostuedt i Kalløe Len, skulle de med det
første besigte begge Parters Gods og indsende klare Registre derpaa.
Udt. i J. T. 2, 60 b.

— Fornyet Befaling til Christoffer Gøye, Mouritz Podebusch,
Fru Anne Hardenberg, Oluf Mouritzens Enke, og andre Oluf Mou-
ritzens Arvinger, der trods gentagne Paamindelser endnu ikke have
gjort Oluf Mouritzens resterende Regnskab af Helsing-
borg Len klart, om uden længere Forhaling at gøre dette inden
St. Hans Dag Midsommer, saafremt Kongen ikke skal tiltænke an-
derledes derom. Orig.[2]

**16. Maj (Frederiksborg).** Befaling til Coruitz Veffert straks at
indløse de Gaarde i Fyen, som Steen Bilde til Kiersgaard
har i Pant, betale denne Pantesummen, indskrive denne i sit
Regnskab, indsende Pantebrevet til Kancelliet og lægge Gaardene
ind under Otthensegaard. F. T. 1, 151.

— Til Matz Pouelssen, kgl. Foged paa Ferrøe. Da det Gods,

---

[1] Egtved, Jerlev H.  [2] Tr.: Bricka, Frederik II's Ungdomskjærlighed S. 259 f.

som Anders Jude, forhen Foged paa Ferrøe, har efterladt sig i
Kiøpnehafn, er blevet tildømt Kronen, fordi hans Arvinger ikke
vilde svare til hans Regnskab og Gæld til Kronen, har Kongen til-
ladt disse at opkræve og selv beholde det Tilgodehavende,
som Anders Jude paa Kronens Vegne maatte have paa
Ferrøe, dog undtages hvad Kongen har Jordegods i Pant for;
Matz Pouelssen skal være dem behjælpelig hermed. N. T. 1, 169[1].

18. Maj (Frederiksborg). [Til Niels Kaas[2]?]. Kongen har ladet
sig hans Brev om Jacob Ulfelds Undskyldning for Over-
trædelsen af den ham og de andre Gesandter til Rus-
land medgivne Instruks forelæse og ligesaa Jacob Ulfelds Brev
til ham desangaaende og har deraf mærket, at Jacob Ulfeld vil und-
skylde sig med, at Storfyrsten ikke har villet gaa ind paa et evigt
Forbund med Kongen og har staaet i Rustning, hvorfor han har
fundet det raadeligere at antage en 15 Aars Fred end at belæsse
Riget med en offentlig Krig og udsætte Grænsen i Norge og Øssel
for et pludseligt Overfald; har han fejlet, saa er det af Uforstan-
dighed, og han begærer, at Kongen fremdeles vil være ham en gun-
stig Herre. Kongen kan dog ikke tage denne Undskyldning for god,
hverken for ham eller de andre, da de have haft en skriftlig In-
struks om, hvor vidt de maatte gaa, som de havde burdet rette sig
efter, ligesom alle andre Sendebud i det romerske Rige og andensteds
gøre; i det mindste burde de, om de af vigtige Grunde eller tvungne
(som han foregiver) havde indrømmet noget, der ikke stod i deres
Instruks, kun have gjort det paa Kongens Ratifikation, men dette For-
behold er, som Kongen mærker, ikke taget. Kongen giver ham derfor
som sin fornemste Raad, der ved Besked om hele Sagen og de Punk-
ter, hvori den er Riget ulidelig, at betænke, om han i et saadant Til-
fælde vilde have handlet mod sin Instruks, uden under Forbehold
af Kongens Samtykke, og beder ham erklære sig herom. Dette kan
han lade Jacob Ulfeld vide. Sj. T. 14, 203.

— Til Arrild Ugerup og Gregers Trudssen. Efter de rydske
Sendebuds Ankomst har Kongen ladet sig forelæse, hvad de og de
andre Gesandter have forhandlet med Storfyrsten, og har deraf til
sin store Forundring set, at de have overtraadt deres Instruks og
ere gaaede ind paa Artikler, der ere Kongen og Riget meget ulide-
lige. Da ellers alle Sendebud i det ganske romerske Rige pleje at

[1] Tr.: Norske Rigsregistr. II. 336 f.    [2] I Registranten nævnes Adressaten ikke.

rette sig efter deres Instruks, skulle de straks skriftlig erklære sig om, hvorfor de have overtraadt Instruksen, saafremt de ville være undskyldte deri. Sj. T. 14, 202 b.

**18. Maj (Frederiksborg).** Til Emicke Kaas. Da Hertug Hans den ældre af Holsten, der har Brug for nogle Fyrrebjælker, 18—19 Al. lange, til en Bygning, har berettet, at der dér paa Landet [Gulland] ligger nogle dertil brugelige Bjælker, som Christen Munch, daværende Embedsmand paa Visborg, har ladet hugge til Kongen, har Kongen foræret Hertugen disse og befaler Emicke Kaas at lade Hertugens Fuldmægtig faa 9 Tylter Bjælker af ovenstaaende Længde, naar der sendes Skibe efter dem; ligge Bjælkerne der ikke endnu, skal han straks lade dem hugge i Kronens Skove. Sk. T. 1, 180 b.

— Pantebrev til Hannibal Gyldenstiern til Restrup paa Lund Slot og Len paa Mors for 1500 Dlr., 1500 Mk. danske, 600 rinske Gylden, 75 Lod ungersk Guld, 19 Lod 1 Kvintin Kroneguld og 480 Lod Sølv, hvormed han har indløst Godset fra Biørn Kaas til Starupgaard. Han skal gøre tilbørlig Tjeneste deraf. P. 352[1].

— Skøde til Viborg Kapitel. J. R. 2, 510 b. (Se Kronens Skøder.)

— Til Erich Løcke. Paa hans Forespørgsel om, hvad han skal gøre med et hamborger Skib paa omtrent 60 Læster, der for kort Tid siden er indkommet paa Riiber Dyb og kun har nogle Deler og Uldsække inde, og med et i Andorpe hjemmehørende Skib, ladet med Kramgods og alle Slags Urter og Specerier, der skulde have været til Hamborg, men ligeledes er blevet indtrængt i en Havn ved Riibe, befales det ham at besætte Skibet fra Hamborg med sine egne Folk og lade dem løbe til Kiøpnehafn med det og derpaa værende Gods og Folk, medens han skal lade det i Andorpe hjemmehørende Skib frit passere med det Gods, som hører hjemme i Andorpe eller »derfra er overskreven«, dog skal han undersøge, om noget af Godset er betalt i Andorpe af Hamborgere eller indskibet i Andorpe af Hamborgere, og, hvis saa er, arrestere det paa en Ret. I Anledning af hans Erklæring angaaende Hussom Borgeres Besværinger over Tolderen i

---

[1] Ovenover er skrevet: Dette Pantebrev haver Hannibal Gyldenstiern overantvordet fra sig hid ind i Kancelliet den 10. Juni 1592, og skal hannem Pengene betales til Martini førstkommende.

Varde meddeles ham, at Kongen lader det bero derved og ikke finder Tolderens Ulempe deri. J. T. 2, 60 b.

**19. Maj (Frederiksborg).** Aabent Brev, hvorved Kongen befaler alle, særlig sine Fogder, Embedsmænd og Toldere, at lade denne Brevviser, Thomas Jack, der har en i Fere i Zeeland af nogle Skibsredere i Skeedam udstedt Fuldmagt til at opsøge et Skib, som er frataget dem af nogle engelske Fribyttere, og lade det arrestere paa en Ret, faa Arrest paa Skibet, hvor i Kongens Riger eller paa Kongens Strømme han eller hans Fuldmægtig kan opspørge det, dog skal han eller hans Fuldmægtig være forpligtet til uden Forhaling at lade Sagen afgøre ved Retten. Sj. R. 12, 18.

— Aabent Brev, at Købstadmænd og Bønder i Blekinge — der have berettet, at de hidtil have været fri for at svare Told af Øksne, Køer, Heste og andet, som de udføre, og Sise af fremmed Drik, som de indføre, fordi der ikke vokser synderligt Korn i Landet, medens de nu besværes dermed — herefter maa være fri for halv Told af det, de udføre, og halv Sise af den fremmede Drik, de indføre. Sk. R. 1, 280.

— Mageskifte mellem Christoffer Valckendorff til Glorup og Kronen. F. R. 1, 200. K. (Se Kronens Skøder.)

— Forleningsbrev for Jon Jonssen, Lagmand paa Island, paa Tingøre Kloster paa Island, som Hendrich Giørckes nu har afstaaet til ham, mod at svare sædvanlig Afgift deraf. N. R. 1, 264 b.

— Aabent Brev til Indbyggerne paa Island, at Kongen har befalet Johan Bockholt, Befalingsmand smstds., at købe hvide Bjørne, hvide Falke, Rosmartænder, Enhjørninger og hvad andet underligt og sælsomt der kan findes paa Landet til sig, hvorfor det befales dem at sælge ham saadant til en rimelig Pris. N. T. 1, 169 b [1].

**21. Maj (—).** Befaling til Johan Thaube, Embedsmand paa Frederiksborg, at levere denne Brevviser, Skeg, en grov Klædning og en Skjorte. Orig.

— Befaling til Albret Friis og Hans Johanssen at være til Stede og paase, hvad Inventarium, Jordebøger, Breve, Registre og andet Hendrich Belov modtager paa Koldinghus Slot, Nye-

---

[1] Tr.: M. Ketilson, Forordninger til Island II. 94 f.

gaard og i Ladegaarden, besigte Skovene og give alt beskrevet fra sig. J. T. 2, 61.

**21. Maj (Frederiksborg).** Aabent Brev, at Kongen har sendt Jacob Aldax afsted med 2 Skibe for at opsøge Grønland og skaffe sig bestemt Kundskab om de Havne, der findes under Landet, da Grønland med Rette hører under Norges Rige, men i mange Aar ikke har været besøgt, hverken af Kongen eller de tidligere Konger, hvorfor Kongen nu igen vil bringe det under sin rette Øvrighed, forsyne Indbyggerne med tilstrækkelig Tilførsel og bringe dem til den kristne Tro. For at alle Folkene paa Skibene skulle gøre sig mere Umage med at finde Landet og være Kaptejnen des lydigere, skulle de indtil deres Hjemkomst have dobbelt Aarsbesolding, og Kongen lover at betænke baade dem og Kaptejnen, hvis Gud giver dem Held til at finde Landet. De 2 Personer, der ere givne ham med for Sprogets Skyld, skulle lønnes som Højbaadsmænd. N. R. 1, 265[1]. K. Orig.

**23. Maj (Kronborg).** Aabent Brev, at Hans von Andorff, Kongens Bygmester, der har paataget sig paa egen Bekostning, hvad Svende og Pligtsfolk angaar, at opføre et Hus af Grund paa Reberbanen ved Kiøpnehafns Slot, 100 Al. langt, 16 Al. bredt inden Muren og 3 Lofter højt, det første 8 Al. højt og hvert af de andre 7 Al. eller noget mere, eftersom det gøres behov, og med 4 smaa Gavle imod Holmen, herfor skal have 1700 Dlr., 1 Læst Rug, 1 Læst Malt, 1 Td. Smør, 1 Læst Sild, 6 Tdr. Ærter og 4 levende Nød, som Rentemesteren skal levere ham; ligeledes skal denne paa Kongens Vegne levere ham Sten, Kalk. Tømmer og Jærn til Bygningen. Sj. R. 12, 18 b[2]. K.

— Meddelelse til Biørn Anderssen, Jørgen Skram, Manderup Parsberg og Mouritz Styge, der have faaet Ordre til at sidde Retterting i Norge i Aar, om, at Rettertinget er opsat til St. Hans Dag næste Aar. Sj. T. 14, 204.

— Aabent Brev, hvorved det i Henhold til en af Kongens Fader udstedt Forordning om, at alle Kirkejorder i Gydinge, Nørre Asbo, Sønder Asbo, Bierge og Lugude Herreder skulle fæstes af Lensmanden paa Helsingborg, strengeligt paalægges alle, der have Kirkejorder i disse Herreder, at fæste dem af Lensmanden paa Helsingborg, saafremt det ikke allerede

---

[1] Tr.: Norske Rigsregistr. II. 337 f.　　[2] Tr.: O. Nielsen, Kbhvns Dipl. II. 386 f.

er sket; alle Kirkejorder, der herefter blive ledige i disse Herreder, skulle ligeledes fæstes af Lensmanden paa Helsingborg. Sk. R. 1, 280 b.

**23. Maj (Kronborg).** Mageskifte mellem Fru Merretthe, Matz Stenssens Enke, og Kronen. Sk. R. 1, 281. (Se Kronens Skøder.)

— Tilladelse for Johan Bockholt, Befalingsmand paa Island, til herefter at besejle de under Bessested Gaard hørende Havne, Holm, Hafnefiordt, Strøm, Vadløsse, Kibleuig og Bossande i Guldbrings Syssel, der endnu ikke ere forpagtede bort, saa Indbyggerne dér ikke faa tilbørlig Tilførsel. Han skal gøre Tilførsel med de nødvendige Varer, sælge disse til en rimelig Pris, igen tilforhandle sig de Fisk og andre Varer, som Indbyggerne godvillig ville afstaa, bruge ret Alen, Maal og Vægt og svare Kronen samme Told som de Købmænd, der have forpagtet Havne. N. R. 1, 266 b. K.

**25. Maj (—).** Aabent Brev, hvorved Kongen eftergiver Knud N. i Hielmholt de 10 Dlr., som han er bleven Kronen skyldig for Told og Sise, medens han boede i Falkenbierg. Sk. R. 1, 283 b.

— Befaling til Knud Ulfeld og Johan Urne at være til Stede, naar Hendrich Brahe overtager Hammershus Slot, paase, at Inventarium, Jordebøger, Breve, Registre og andet overleveres ham, besigte Bygningerne paa Slottet og i Ladegaarden og de under Slottet hørende Skove og give alt beskrevet fra sig. Sk. T. 1, 181 b.

— Aabent Brev, hvorved Kongen overlader Chresten Munck, Embedsmand paa Aackier, sin Rettighed i den Gaard i Kolding, som Niels Matzen, Borger smstds., har sat Kronen i Pant for 200 Dlr., da Chresten Munck nu har betalt Kongen disse 200 Dlr.: Tolderen i Kolding skal levere det Pantebrev, som Niels Matzen har givet ham paa Kronens Vegne, til Chresten Munck. J. R. 2, 511 b.

— Tilladelse for Anders Skram, Hofsinde, til at indløse 1 Gaard i Drumstrup[1] i Felling Sogn i Hamerum Herred, 1 Gaard i Tarp, 1 Gaard i Høgsvig, 1 Gaard i Gaesuig[2] og 1 Gaard i Nerbye, som hans Fader havde i Pant for 500 gl. Dlr., fra hans Søskende og Medarvinger. J. R. 2. 512.

---

[1] Droøgstrup.     [2] Gaardsvig.

**26. Maj (Kronberg).** Mageskifte mellem Eyler Grubbe til Lystrup og Kronen. Sj. R. 12, 19 b. K. (Se Kronens Skøder.)

— Aabent Brev, at Kongen har truffet Aftale med Gert Fadder om, at denne straks skal rejse til Gotlandt for at hugge og forarbejde saa mange Bloksten som muligt, saa lange og tykke, som han kan skaffe dem. Han skal udføre Arbejdet paa sin egen Bekostning, naar undtages, at Kongen skal skaffe ham de nødvendige Jærnredskaber, og skal for hver 100 Fod Sten, baade i Længden og Tykkelsen, hver Fod regnet til $1/_2$ sjællandsk Alen, have 4 gl. Dlr. Naar Stenene ere huggede, skal han tilsige Lensmanden paa Gotlandt om at skaffe Skibe, der efterhaanden kunne indtage dem og føre dem til Kronneborg; han skal selv være forpligtet til at hjælpe til med Indskibningen af Stenene. Sk. R. 1, 284.

— Til Hans Johanssen og Albret Friis. Da Christen Munck har begæret Kronens Rettighed i 3 jordegne Gaarde i Skanderup og i 4 Gaarde i Gielballe til Mageskifte for 1 Gaard, kaldet Nørlundt, 1 Gaard, kaldet Huilom, 1 Gaard, kaldet Bregel, 2 Gaarde, kaldede Fruergaarde, 1 Gaard, kaldet Thorup, 1 Gaard, kaldet Tyckelund, og 1 Gaard, kaldet Thorlund, i Vradtz Herred og 1 Gaard i Eskeberg i Sjælland, skulle de med det første besigte begge Parters Gods og indsende klare Registre derpaa. Udt. i J. T. 2, 61 b.

**28. Maj (Frederiksborg).** Aabent Brev, at Jørgen von Brunsuig, der har lovet at tjene Kongen som Sadelmager og paa egen Bekostning istandsætte de Sadler, Kumpter og andet af Kongens Rustvognstøj, som gaar i Stykker, herfor aarlig skal have 16 gl. Dlr. og fri Bolig i Kiøpnehafn eller Penge til at leje sig en Bolig for samt være fri for Skat, Hold, Vagt og al anden borgerlig Tynge, saalænge han er i Kongens Tjeneste. De Sadler og andet Arbejde, som han laver fra nyt af, vil Kongen betale ham særskilt. Sj. R. 12, 22 b[1]. K. Orig.

— Til Christoffer Valckendorff. Da Kongen ikke vil lade Ladegaardsfogden i Andtuorschouf Kloster, heller ikke denne Brevviser, Christen Nielssen, der nu er beskikket til Ladegaardsfoged, beholde den Avl, han hidtil har haft paa Ladegaardsmarken, har han tilladt, at Ladegaardsfogden foruden sin hidtidige Løn aarlig maa oppebære 12 Dlr. af Skriverstuen, hvilke Chri-

---

[1] Tr.: O. Nielsen, Kbhvns Dipl. II. 387 f.

stoffer Valckendorff herefter skal godtgøre Prioren i hans Regnskab.
Sj. T. 14, 204 b.

**28. Maj (Frederiksborg).** Befaling til samme at gennemse det
Register over den til St. Jørgens Hospital udenfor Kal-
lundborg liggende Rente, som Peder Bilde, Embedsmand paa
Kallundborg, har faaet Ordre til at sende ham, og fastsætte, hvor
mange syge Mennesker der kunne underholdes af denne Rente og
Avlen; Kongen vil saa siden give en evig Fundats derpaa. Sj. T.
14, 204 b.

— Befaling til samme at sende saa mange Skibe fra Kiøpne-
hafn til Erik Brokenhus i Norge, at de kunne indtage 500 Tylter
Savdeler og føre dem til Koldinghus. Udt. i Sj. T. 14, 205.

— Til Steen Bilde. Paa hans Begæring tillades det, at en
Klosterbonde i Sønnerup, der svarer 6 Pd. Smør og gør Herlighed
til Herritzuad Kloster, herefter ogsaa maa svare de 1½ Pd.
Smør, som han hidtil aarlig har svaret til Lundegaard, til Klosteret;
Steen Bilde skal lade Bonden indskrive i Jordebogen derfor. Sk.
T. 1, 182.

— Til Christen Munck og Claus Glambeck. Da Jørgen Ros-
senkrantz har begæret 2 Gaarde, 2 Bol og Kronens Herlighed af
1 Kirkegaard, der svarer Landgilde til Præsten i Mørcke, i Huils-
agger i Sønderhald Herred og 1 Aarhus Kapitel tilhørende Gaard i
Kastrup til Mageskifte for 1 Gaard i Harndrup[1] og 1 Gaard i
Ullerup i Eld Herred, 1 Gaard i Balleboe i Vor Herred, 1 Gaard
i Ersløf i Galthen Herred, 1 Gaard i Leem i Støfring Herred og 2
Gaarde i Thødstløf i Nørrehald Herred, skulle de med det første be-
sigte begge Parters Gods og indsende klare Registre derpaa. Udt.
i J. T. 2, 62.

— Til Lauge Beck. Da Fru Mergret Basse, der er for-
lenet med Slaugelse Hospital, ikke underholder de fattige, som
hun efter sit Livsbrev bør, og lader Hospitalet forfalde, skønt der
ligger en temmelig stor Rente dertil, mener Kongen efter de med-
følgende Klager og Borgemestres og Raads Undersøgelse deraf, at
hun har forbrudt sit Livsbrev paa Hospitalet. Han skal derfor straks
tage Syn over Hospitalet, stævne Fru Mergret Basse, Emicke Otzens
Enke, for Retten og tage endelig Dom om, hvorvidt hun ikke bør
have sit Livsbrev forbrudt. Sj. T. 14, 205.

---

[1] Handerup.

**[Omtr. 28. Maj** [1]]. Til Peder Bilde og Eiler Grubbe. Da de fattige og syge i Slaugelse Hospital ofte have klaget over, at de underholdes meget daarligt, skulle de med det første begive sig til Hospitalet, kalde Fru Mergret Basse, der er forlenet med Hospitalet, for sig, undersøge dettes Indkomst og Antallet af de Personer, der ere og bør underholdes dér, gøre en endelig Skik om, hvor mange Personer der bør underholdes i Hospitalet, og hvad Kost de skulle have hver Maanedsdag, efterlade Skikken skriftlig affattet hos Borgemestre og Raad eller Sognepræsten og befale Fru Mergret i alle Maader at rette sig efter den. Sj. T. 14, 205 b.

**30. Maj (Frederiksborg).** Livsbrev for Fru Maren Fixdatter, Mouritz Pederssens Enke, og hendes Datter Kirstine paa en Gaard i Simendrup i Ringsted Herred fra første Fardag af, uden Afgift, til Gengæld for at de nu have afstaaet St. Jørgens Hospital i Ringsted og de 4 Pd. Korn aarlig af Ringsted Kloster, som de havde faaet Livsbrev paa mod at tilskøde Kronen 3 Gaarde i Gundestrup i Aatz Herred; de maa selv bo paa Gaarden i Simendrup. Sj. R. 12, 23. K.

— Befaling til Lauge Beck om paa Kronens Vegne at udminde Bonden af den Gaard i Simendrup, som Fru Maren Ficksdatter skal have, og enten tilbagebetale ham hans Indfæstning eller uden Indfæstning skaffe ham en anden Gaard efter hans Lejlighed i Lenet. Sj. T. 14, 206.

**31. Maj (—).** Befaling til nedennævnte Lensmænd og andre, der endnu ikke have klargjort deres Regnskaber og indbetalt hvad de skyldte Kongen til sidste 1. Maj, straks at sende deres Skriver til Kiøpnehafn med deres Afgift og hvad de blive Kongen skyldige, da Kongen med det første behøver en stor Sum Penge; forsømme de det, vil Kongen søge sin Oprejsning hos dem. — Register: Niels Jonssen af Hald; Biørn Anderssen med sit Regnskab til sidste 1. Maj og Restancen af Stiftets Regnskab; Erick Løcke med Riberhus og Stiftets Regnskab; Peder Gyldenstiern med Afgiften af Vesteruig og Restancen af Bahus Regnskab; Hendrick Norbye med Restancen af Nykiøpings Len til 1. Maj 1577; Hendrick Bang med Regnskabet af Tolden i Medelfart; Lauritz Jørgenssen, Tolder i Malmøe, med Regnskabet af Tolden smstds.; Knud Jørgenssen i Ottense og Oluf Meckelborg i Flensborg med de Penge,

---

[1] Indført mellem Breve af 28. og 30. Maj.

som de skylde Kongen for de Varer, de have faaet af Kongens Lensmænd; Søfren Hofmand og Niels Skriver i Randers ligesaa. Sj. T. 14, 206 b.

**1. Juni (Frederiksborg).** Til Anders Bing. Paa hans Begæring tillades det ham at brygge Øl til de Bønder, der arbejde paa Volden omkring Vardbierg, 3 Tdr. Øl af hver Td. Malt, uddele Øllet til Bønderne og indskrive Bekostningen i Regnskabet. Sk. T. 1, 182.

— Til samme. Da han har berettet, at han efter Kongens Befaling har haft Oldinge paa Falckenberg, Gammelbye og Kongsbacke Ejendom, hvilke have sat denne for Landgilde og fastsat, at Falckenberg kan være 12 Bøndergaarde, Gammelbye 5 Gaarde og Kongsbacke 3 Gaarde, foruden de 13 Mænd i Falckenberg, der kun have en Toft og en Kaalhave hver, og desuden har forespurgt, om det skal blive ved denne Ansættelse eller ej, særlig om der skal være 12 Gaarde i Falckenberg eller hver skal beholde den Ejendom, han nu har, om de skulle være Kronbønder eller jordegne Bønder, om de 12 Bønder i Falckenberg maa købslaa med hverandre eller ej, og hvorledes ovennævnte 13 Mænd i Falckenberg skulle anslaas, har Kongen bestemt, at der skal være 12 Gaarde i Falckenberg, som skulle regnes for jordegne Bøndergaarde, men dog sættes for tilbørlig Landgilde, og til disse skal lægges al Jorden i Marken, dog skulle saa de Mænd, der besidde de 12 Gaarde, enten købe den Jord, der tillægges dem fra de andre, eller give de tidligere Indehavere Skæppeskyld deraf som andre jordegne Bønder; de 13 Mænd i Falckenberg skulle herefter være Gadehusmænd og hver beholde den Jord, han har, mod at svare tilbørlig Landgilde deraf. Der skal være 5 Gaarde i Gammelbye og 3 Gaarde i Kongsbacke, hvilke skulle være Krongaarde, da de i Gammelbye have faaet Fyldest for deres Ejendom i Nybys Ejendom og Kongsbackis Ejendom tidligere har været 2 Krongaarde, førend disse ere ødelagte under Kongsbackis Brugning. Sk. T. 1, 182 b[1].

· **2. Juni (—).** Aabent Brev, at Jonas Jacobssen, der i nogle Aar har været i Frederichsborg Skole og siden studeret ved Universitetet i Rostoch, indtil videre aarlig maa oppebære 100 gl. Dlr. til sine videre Studier udenlands, da lærde Mænd

---

[1] Tr.: Secher, Forordninger II. 182 f.

have erklæret, at der er godt Haab om, at han i Fremtiden vil kunne tjene Kongen i Kirken eller Skolen. Sj. R. 12, 24[1]. K.

**2. Juni (Frederiksborg).** Forleningsbrev for Henrich Brahe paa Hammershus Slot med Bornholm, saaledes som Mogens Gøie hidtil har haft det. Han skal aarlig, regnet fra 1. Maj 1579 af, svare 1500 gl. Dlr. i Afgift af den visse Indkomst der paa Landet, heri medregnet det Gods, som Kongen har faaet af Peder Oxis Arvinger og Erich Hardenberge, gøre Regnskab for al den uvisse Indkomst, hvoraf han selv maa beholde Halvdelen, dog undtages Told, Sise og Vrag, som Kongen forbeholder sig alene, og tjene Riget med 8 geruste Heste der paa Landet; Resten af den visse Rente og al Slottets Avl maa han beholde til sin og sine Folks Underholdning. Han skal indsætte forstandige Folk til at oppebære og gøre ham Regnskab for Kronens Told og Sise, have den gejstlige Jurisdiktion paa Bornholm og gøre Regnskab for al vis og uvis Indkomst deraf. Sk. R. 1, 284 b.

**3. Juni (—).** Aabent Brev, hvorved Kongen, der har bragt i Erfaring, at man undertiden ikke kan faa Vin til Købs i Ribe, stadfæster den af Borgemestre og Raad smstds. i Forening med 24 af de bedste Borgere paa Byens Vegne trufne Ordning, at Borgemester Peder Heggelund med en eller to Mænds Bistand i de næste 8 Aar maa bruge Byens Vinkælder med den Frihed, som altid har fulgt denne Kælder, mod aarlig at svare Byen 20 gl. Dlr. i Leje, dog skal Byen selv holde Kælderen i Stand; der maa kun udtappes Vin i hele og halve Kander, Pindekrus og mindre Maal, medens de Borgere i Byen, der ville handle med Vin, ikke maa sælge i mindre Maal end hele og halve Amer, saafremt de ikke, hver Gang det sker, ville bøde 10 gl. Dlr., Halvparten til Kronen og Halvparten til Byen. Han skal holde Kælderen vel forsynet med Vin, saa man altid kan faa Vin til Købs hos ham til en rimelig Pris. J. R. 2, 512 b[2].

— Mageskifte mellem Fru Citzelle Oxe, Erich Paadebuschis Enke, og Kronen. J. R. 2, 513 b. (Se Kronens Skøder under 13. Juli 1579.)

**4. Juni (—).** Kvittans til Peder Bilde, Embedsmand paa Kallundborg, paa 1650 Dlr. 1 Ort. 6 Sk. 2 Pend., som han

---

[1] Tr.: Rørdam, Kbhvns Universitets Hist. 1537—1621 IV. 300 f. Kirkehist. Saml. 3. R. I. 243.    [2] Tr.: Secher, Meddelelser om Slægten Secher S. 13 f.

har betalt til Kongen selv i dennes Kammer paa Frederichsborg for den visse og uvisse Rente fra 1. Maj 1577 til 1. Maj 1578 af det Gods, Kongen har tilmageskiftet sig paa Sjælland og lagt under Kallundborg. Sj. R. 12, 24 b. K.

**4. Juul (Frederiksborg).** Til Johan Taube, Embedsmand paa Kroneborg. Da Peder Skavboe i Gilleleye har berettet, at han er meget fattig og kun har et lille Hus at bo i, og at han og hans Hustru have været syge i lang Tid, har Kongen fritaget ham for at svare den Tønde Fisk, som nu kræves af ham i aarlig Landgilde. Orig.

**5. Juul (—).** Befaling til Christoffer Valckendorff at betale Ritmester Plettenberg, der nu er aftakket, hvad han efter sin Bestalling har til gode og tage Bestallingen til sig. Udt. i Sj. T. 14, 207.

— Til Hendrich Belov. Da Bønderne i Borlof i hoslagte Supplikats have udtalt Frygt for, at der skal blive gjort dem Hinder paa den Græsgang, de hidtil have haft paa Schougaardtz og Damsgaardtz Marker, efterdi Kongen nu vil lade indgrave og opelske et Enemærke dér, skal han, hvis de blive brøstholdne, udlægge dem nogen Græsgang paa et andet for dem og Kronen bekvemt Sted. J. T. 2, 62 b.

— Til Erich Løcke. Da det i Riiberhus Len indkomne hamborger Skib, som han tidligere har faaet Ordre til at sende til Kiøpnehafn, ikke er sejlfærdigt og mangler Master, Tove og andet, skal han med det første paa Kongens Bekostning lade Skibet gøre i Stand med Master, Tove og andet, forsyne det med Fetalje og sende det til Kiøpnehafn. De Folk, der have været paa Skibet, skal han sende over Land til Kiøpnehafn. J. T. 2, 63.

— Befaling til Borgemestre og Raad i Riibe at skaffe de nødvendige Skibsfolk til at føre ovennævnte Skib til Kiøpnehafn. J. T. 2, 63 b.

**6. Juul (—).** Stadfæstelse paa det Skøde, som Borgemestre og Raad i Roschilde med de fornemste Borgeres Samtykke have givet Lauge Beck, Embedsmand paa Roschildegaard, paa en Mose og et Uføre paa Roschilde Overdrev, syd for Mabierge Munkesø. Sj. R. 12, 25.

— Aabent Brev, at Christen Skøt, Byfoged i Roskilde, indtil videre aarlig maa oppebære $\frac{1}{2}$ Læst Korn af Roskildegaard. K. Udt. i Sj. R. 12, 25 b.

42

**6. Juni (Frederiksborg).** Aabent Brev, at Theodorus Martius i de næste 2 Aar aarlig maa oppebære 20 Dlr. af Rentekammeret til sine Studeringer udenlands, heraf skulle de 20 Dlr. leveres ham straks. K. Udt. i Sj. R. 12, 25 b[1].

— Befaling til Christoffer Valckendorff at levere M. Hans Mogenssen, Superintendent i Trundhiems Stift, 100 gl. Dlr., som Kongen har skænket ham til at begynde hans Husholdning i Trundhiem med. Udt. i Sj. T. 14, 207 b.

— Mageskifte mellem Tyge Krusse til Vimgaard og Kronen. J. R. 2, 515 b. (Se Kronens Skøder.)

— Til Jørgen Skram. I Anledning af hans Skrivelse om Muren paa Drotningborg Slot, der »indgiver« sig meget, hvilket han ikke vil undlade at indberette, for at det ikke senere skal bebrejdes ham at have forsømt det, om Sendelsen af en Murmester derover og om Mursten, befales det ham, da Istandsættelsen ikke kan opsættes, men Kongen ingen Bygmester kan undvære fra Byggeriet paa Kronenborg og ingen Mursten kan skaffe, selv at høre sig om efter en Bygmester og Mursten, gøre Muren paa Drotningborg i Stand og indskrive Udgiften dertil i sit Regnskab, men paase, at der ingen unødvendig Bekostning gøres. J. T. 2, 63 b.

— Til Nils Jonssen. Fru Sitzille Oxe, Erich Podebuskis Enke, er efter den af ham og Jørgen Schram foretagne Besigtelse af Thougordt i Haldtz Len, som hun med Arvingernes Samtykke har udlagt Kronen af hendes Mands Gods, og 1 Gaard i Grandsløf ved Bidstrup, som Kronen har udlagt hende, bleven Kronen 7¹/₂ Td. 2 Skpr. Hartkorn skyldig, og Fru Inger Oxe, Dronningens Hofmesterinde, har paa Søsterens Vegne forpligtet sig til at gøre Kronen Udlæg derfor, saaledes som hoslagte Brev viser. Da Fru Sitzille Oxe nu er villig til at udlægge Kronen Fyldest derfor af sit Gods i Haldtz Len, skal han med det allerførste gøre Anfordring hos hende derom, tage Fyldest af hende for ovennævnte 7¹/₂ Td. 2 Skpr. Hartkorn, lade hende give nøjagtigt Skøde, indsende dette til Kongen og tilbagelevere hende Søsterens Forpligtelsesbrev. J. T. 2, 64.

— Livsbrev for Hr. Jens Simenssen, forhen Abbed i Emb Kloster, der nu har opgivet sit Livsbrev paa Rosmes Sogn med Præstegaarden i Rosmes og 2 Gaarde i Birket samt Kro-

---

1 Tr.: Ny kirkehist. Saml. V. 625.

nens, Kirkens og Præstens Part af Tienden af Sognet, da de 3
Gaarde ere blevne bortmageskiftede til Hans Axilssen, paa Liungby
Sogn, som Hr. Rasmus nu har, med al Præstetiende og anden
Rettighed samt Kronens og Kirkens Part af Tienden med Forplig-
telse til at holde Kirken i Stand. Da Hr. Rasmus, der i Stedet for
Liungby faar Rosmes Sogn, beholder sin nuværende Præstegaard til
Liungby Sogn, maa Hr. Jens faa en Gaard, kaldet Freveldt[1], i Liungby
Sogn til Præstegaard. J. R. 2, 520 b.

**6. Juni (Frederiksberg).** Livsbrev for Hr. Rasmus, der
nu godvillig har afstaaet Liungby Sogn, paa Rosmes Sogn og
hans tidligere Anneks til Liungby Sogn, Albøge Sogn, med Præste-
tiende og anden Rettighed; da Præstegaarden i Rosmes Sogn er
bortskiftet til Hans Axilssen, skal Hr. Rasmus beholde sin nu-
værende Præstegaard. Han maa indtil videre oppebære Kronens
Part af Korntienden af Rosmes Sogn, kvit og frit. J. R. 2, 520.

— Til Jørgen Rosenkrantz og Biørn Anderssen. Da de paa
Kongens Vegne ere komne overens med Hr. Jens Simenssen,
forhen Abbed i Emb Kloster, om, at han skal afstaa Rosnes[2]
Præstegaard og de Gaarde i Birket, han har Livsbrev
paa, saa de kunne udlægges til Hans Axelssen, og have bragt den
Ordning i Stand mellem Hr. Jens Simenssen og Hr. Rasmus, Præst
i Lyngby Sogn med Anneks, at Hr. Jens skal have Lyngby Sogn
og Hr. Rasmus Rosnes Sogn med det Anneks, han hidtil har haft
til Lyngby Sogn, har Kongen givet Hr. Jens Livsbrev paa Lyngby
Sogn med Kronens, Kirkens og Præstens Parter af Tienden paa den
Betingelse, at han holder Kirken i Stand, og givet ham Frevelde-
gaard[1] til Præstegaard; Hr. Rasmus har faaet Brev paa Rosnes og
Albøge Sogne med den Gaard, han hidtil har boet i, til Præste-
gaard og Kronens Part af Korntienden af Rosnes Sogn, uden Afgift
indtil videre. Da Hr. Jens endnu ikke har faaet Udlæg for de 2
andre Gaarde, han har mistet, skulle de blive enige om, hvor Ve-
derlaget bedst kan gives, straks udlægge ham Fyldest af Kronens
Gods i Aarhusgaards eller Kalløe Len paa et for ham belejligt Sted,
udlægge ham nogen Skov til Ildebrændsel og Olden, saa han ikke
skal have noget at klage over, og tilskrive Kongen klar Besked, for
at denne kan give ham Livsbrev derpaa. Da der af Freveldegaard
er svaret nogen Landgilde til Aarhus Domkirkes Bygning, skulle

---

[1] Fævejle, Sønder H., Randers Amt.    [2] Rosmus, samme H.

42*

de straks udlægge Domkirken ligesaa megen Rente igen. J. T.
2, 65.

**6. Juni (Frederiksberg).** Befaling til Biørn Anderssen at sørge
for, at den paa Freveldegaard boende Bonde med det
første rømmer Gaarden for Hr. Jens Simenssen, tilbagebetale
Bonden hans udgivne Indfæstning eller skaffe ham en anden Gaard
i Lenet. Hr. Jens Simenssen maa bruge den paa Liungby Kirke-
gaard staaende gamle Kirkelade til at lægge Korn i. J. T. 2, 66.

**7. Juni (—).** Til Christoffer Valckendorff. Da Kongen er ble-
ven enig med denne Brevviser om, at han skal opholde sig ved
Kroneborg, saalænge Byggeriet staar paa, og med sin Skude
hente Sten og andet til Bygningen nødvendigt, og har lovet at
skaffe ham de Folk, Fetalje, Ankertove og andre Skibsredskaber,
han skal bruge paa Skuden, skal Christoffer Valckendorff skaffe
ham hvad han begærer og indskrive det i sit Regnskab. Sj. T.
14, 207 b.

— Befaling til Hendrick Mogenssen, Tolder i Helsingøer, at
blive enig med den Mand fra Nyborg, der skal føre Sten,
Kalk og andet til Bygningen paa Kroneborg, om, hvad
han skal have for sig selv og sin Skude, saalænge han bruges, og
indskrive det i sit Regnskab. Udt. i Sj. T. 14, 208.

— Til Christoffer Valckendorff. Da der paa det af Jørgen Daa
tagne hamborger Skib findes noget Købmandsgods, som har hjemme
i Lybeck, Bremen, Defuenther, Kampen og andre Stæder, og han
begærer Ordrer om, hvorledes han skal forholde sig med det, efterdi
Jørgen Daa vil have det til Prise ligesaa vel som hamborger Godset,
befales det ham at lægge alt det paa Skibet værende Gods,
der ikke tilhører Hamborgere, i god Forvaring indtil vi-
dere. Sj. T. 14, 208.

— Til Jørgen Rossenkrantz. Da Kongen har bevilget, at Fru
Giertrud Krabbe, Anders Sandbiergs Enke, maa faa 1 Aarhus
Kapitels Gaard i Siuested, som M. Lauritz Bertelssen, Superintendent
i Aarhus Stift, nu har i Værge, til Mageskifte for 1 Gaard i
Kongsted i Koldinghus Len, skal han med det første besigte begge
Parters Gods og indsende klare Registre derpaa; han skal tillige
udlægge M. Lauritz en ligesaa god Gaard igen i Kalløe Len som
den, han mister, og sende Kongen Besked derom, for at han kan
give M. Lauritz paa Kapitlets Vegne Forvaring derpaa. J. T. 2, 66.

— Til Landsdommerne i Nørrejylland. Der er Trætte mel-

lem Peder Munck, Admiral, paa den ene og Godtzlauf Budde,
Kongens Skænk, paa Kronens Vegne paa den anden Side an-
gaaende et Stykke Eng, som Peder Munck vil tilholde sig i Henhold
til en for nogen Tid siden erhvervet Herredstingsdom, medens Godtz-
lauf Budde mener, at den aldrig har fulgt Peder Munck eller det
Brev, hans Hustrus Moder[1] havde paa Hammermosegaard, hvilket
han forfølger Trætten efter; Godtzlauf Budde har tillige klaget over,
at naar hans Fogder komme paa Tinge for at udføre Sager mod
Peder Munck, ville dennes Fogder ikke svare dertil og holde dem
fra deres Ret med et Kongebrev, hvorved det forbydes at paaføre
Peder Munck Trætte paa hans Gods, saalænge han er forhindret i
Kongens Ærinde, men alligevel maa Godtzlauf Buddes Fogder svare
Peder Muncks Fogder til de Trætter, disse paaføre dem. Da Peder
Munck nu ikke længere er til Skibs eller uden Riget i Kongens
Ærinde og det ikke var Meningen med Kongens Brev, at han der-
med skulde holde nogle fra deres Ret og alligevel forfølge sine egne
Sager, skulle de, naar Sagen kommer for dem paa Landstinget,
undersøge den og, uanset det Peder Munck givne Brev, afsige ende-
lig Dom deri. Hvis Godtzlauf Buddes Foged efter denne Dag ind-
stævner andre Sager for Landstinget, skulle de ligeledes hjælpe ham
til Ret. J. T. 2, 67.

**8. Juni (Kbhvn.).** Befaling til nedennævnte Købstæder at mod-
tage Bøsseskytter i Borgeleje. — Register: I Skaane Malmøe
50; Ydsted 20; Lund 15; Trelborg 12; Landtzkrone, Helsingborg
og Aahus hver 10; Væ 8; Semershafn 6; Falsterboe og Skaanøer
hver 2. — I Sjælland Kiøge 20; Nestved, Skielskøer og Slaugelse
hver 15; Roskilde 14; Kallundborg 12; Store Hedinge, Prestøe og
Holbeck hver 10; Vordingborg 8; Ringsted 6. — I Falster Nykiø-
ping og Stubbekiøping hver 15. — I Laaland Nagskouf 15; Nysted
12; Mariboe og Rudkiøping hver 10; Saxkiøping 6. — I Fyen
Ottense 50; Assens 16; Suinborg og Faaborg hver 12; Medelfart
og Kiertheminde hver 10; Nyborg 8. — I Halland Halmstad 12;
Laugholm 8. Udt. i Sj. T. 14, 208 b.

— **(Frederiksborg).** Befaling til Fru Kirstine Erich Kaassis,
der endnu skal have en Del Breve vedrørende Børglum Klosters
Gods, som hendes Husbonde tildels har faaet af Kapitlet i Viiborgs
Brevkiste og indlagt Reversal for, straks at tilbagelevere Kapit-

---

[1] Kirsten Sandberg.

let de Breve, hendes Husbonde har faaet, tilligemed de andre Breve, hun har vedrørende Børglum Kloster. J. T. 2, 67 b.

**8. Juni (Frederiksborg).** Befaling til Kapitlet i Viiborg at modtage ovennævnte Breve af Erich Kaassis Hustru, tilbagelevere hende hendes Mands Reversal, opsøge de Børglum Klosters Gods vedrørende Breve, der findes ved Kapitlet, og levere dem alle til Godtzlauf Buddi, Kongens Skænk, naar denne forlanger det, da der paaføres ham Trætte paa Børglum Klosters Gods; Godtzlauf Buddi skal give en Reversal, der skal indlægges i Brevkisten. J. T. 2, 68.

— Til Otte Banner og Hannibal Gyldenstiern. Da Godtzlauf Budde, Embedsmand i Børglum Kloster, i Anledning af deres Besigtelse vedrørende Mageskiftet med Jens Klaussen har berettet, at der fra Arilds Tid skal have ligget mere Skov til nogle af de Børglum Klosters Gaarde, som Jens Klaussen har faaet, end de have udlagt ham, og at de ikke have udvist og afmærket, hvor meget de have udlagt ham af Skovene, hvilket med Tiden kan give Anledning til stor Trætte, skulle de med det første begive sig til de Skove, Jens Klaussen har faaet af Kronen, og, hvor der tidligere har ligget mere Skov til Gaardene, end der er udlagt ham, udvise Skel og Grundtræer mellem den Skov, der er udlagt ham, og den, Kronen bør beholde. J. T. 2, 68 b.

**10. Juni (—).** Forleningsbrev for Tyge Brahe, Ottis Søn, paa Hellig 3 Kongers Kapel i Roschilde Domkirke, som Hendrick Holck hidtil har haft det. Han skal daglig lade synge nogle Salmer og andre Sange i Kapellet og til den Ende underholde 2 smaa Sinker med Mad, Øl og Klæder, hvilke Sinker i Forening med de Vikarer, der have Forleninger i Kapellet, skulle synge Salmer og Sange i Kapellet efter den i Ordinansen fastsatte Skik; endvidere skal han underholde 2 fattige Studenter i Kiøpnehafn med Mad, Øl og Klæder og føre Tilsyn med, at baade Sinkerne og Studenterne ere Personer, der have Evne og Vilje til at studere. Sj. R. 12, 26[1]. K.

— Følgebrev for Lauritz Skram til Hastrup til Bønderne i Strøe og Ønnestad Len i Skaane, som Henrich Belov sidst har haft i Værge. Sk. R. 1, 285 b.

---

[1] Tr.: Dsk. Mag. II. 204 ff. (med urigtig Dato: 5. Juni). Friis, Tyge Brahe S. 93 f (efter Dsk. Mag.).

**11. Juni (Frederiksborg).** Gavebrev til Hans Mosse, Borger i Nyborg, paa en Jord ved Volden smstds., nærmest op til den Jord, som Kongen har givet Olluf Guldsmed. Han skal opføre god Købstadsbygning med Tegltag derpaa. F. R. 1, 205. K.

— Gavebrev til Gotslaf Budde, Embedsmand i Børglum Kloster, paa alt det Inventarium, han har modtaget i Børglum Kloster. J. R. 2, 521 b.

**12. Juni (—).** Livsbrev for Anne Jensdatter, Jacob Hanssens Enke, i Helsingør paa Kronens Part af Korntienden af Grefuinge Sogn i Otz Herred mod at svare Afgift deraf til Kroneborg; hun skal være fri for at svare Afgift for 1578, men skal dog have Tienden for dette Aar. K. Udt. i Sj. R. 12, 26 b.

— Ekspektancebrev for M. Isach Mouritzen, Skolemester i Lundt, paa det første ledige Vikarie i Lunde Domkirke. Sk. R. 1, 286.

— Befaling til Gregers Trudsen uden Betaling at anvise 5 af Kronens Bønder i Throelse paa Laaland, hvis Gaarde og Gods ere brændte sidste 25. Maj, saa meget Tømmer, som de nødtørftelig behøve til Gaardenes Genopbyggelse, i Rafnsborg Lens Skove, hvor der sker mindst Skovskade, eftersom de ikke selv ere i Stand til at købe Tømmeret. F. T. 1, 309.

— Til Hr. Jørgen Løcke og Otte Banner. Da Coruitz Viffert har begæret 3 Gaarde i Horsens, 4 Gaarde i Dollerup, 4 Gaarde i Haelse[1], 4 Gaarde og 2 Bol i Eystrup, der ligge til Aalborghus, 1 Gaard i Eystrup, 1 Gaard i Komdrup, 1 Gaard i Nørre Kongesløf og 1 Gaard i Kongstedt i Hellum Herred, der ligge til Mariagger Kloster, til Mageskifte for 2 Gaarde i Aastrup[2] i Giellof Herred, 1 Gaard i Stofby og 1 Gaard i Dyrby i Nørre Hald Herred, 1 Gaard i Farschouf og 1 Gaard i Suestrup[3] i Safbro Herred, 1 Gaard i Vium i Liusgordtz Herred, et Stykke Skov i Salthen Skov, 1 Gaard i Andrup i Nesbyhofuidtz Birk i Fyen, 1 Gaard i Otterup og 1 Gaard i Hiadstrup i Lunde Herred, 2 Gaarde i Uggersløf, 3 Gaarde i Afuernes og 1 Gaard i Kiørup i Schame Herred, 1 Gaard i Ørstedt i Sjælland og Tredjeparten af 1 Gaard i Vellebye[4] i Aaleholms Len paa Laaland, skulle de med det allerførste besigte begge Parters Gods og indsende klare Registre derpaa. Udt. i J. T. 2, 69.

---

[1] Haals, Fleskum H.    [2] Ajstrup.    [3] Svejstrup.    [4] Vejleby, Fuglse H.

**13. Juni (Frederiksborg).** Ekspektancebrev, udstedt paa Tyge Brahe til Knudstrups Forbøn, for Peder Jacobssen paa det første ledige Kannikedømme i Roskilde Domkirke; han skal være forpligtet til at lade sig bruge hos Tyge Brahe ved mathematiske Studier, indtil denne vil forløve ham. Naar han ikke længere er hos Tyge Brahe eller er forhindret ved Studier andensteds, skal han residere ved Domkirken. Sj. R. 12, 27[1]. K.

— Aabent Brev, hvorved Kongen tillader Margrete og Anne Nielsdøtre af Kiøpnehafn, der have bevist at være Hr. Peders rette og nærmeste Arvinger, at faa al den efter Hr. Peder faldne Arv, da der ingen andre ere mødte, som kunde være nærmere til den. Sj. R. 12, 27b. K.

— Til Johan Taube. Da Kongen har givet sin Hofprædikant M. Christoffer Knopf Ordre til fra Kiøpnehafn at hidforskrive 2 Personer, der kunne tjene som Hørere i Skolen, hvor der hidtil efter Fundatsen kun har været 1 Hører, men hvor der nu er flere Personer, end Fundatsen formelder, skal han straks levere hver af Hørerne saa meget sort Engelst, som behøves til en Klædning, siden aarlig give dem den i Fundatsen fastsatte Løn og indskrive det i Regnskabet. Sj. T. 14, 209 b. Orig.

**14. Juni (—).** Til Christoffer Valkendorff. Da Steen Bilde, Embedsmand i Herridtzvad Kloster, der for nogen Tid siden har laant Kronen 1000 gl. Dlr. og faaet disse tilbagebetalte af Tolderen i Helsingøer med 1000 ny Dlr., klager over derved at have mistet 62$\frac{1}{2}$ Dlr., som han begærer afkortede i sin Afgift af Herridtzvad Kloster, skal han undersøge Sagen og eventuelt afkorte de 62$\frac{1}{2}$ Dlr. i Steen Bildis Afgift af Klosteret. Sj. T. 14, 209 b.

**18. Juni (—).** Til Lauge Beck. Da Kronens Bønder i Roskildegaardtz Len, baade de i Skovbyerne og paa Heden, have klaget over Mangel paa Bygningstømmer og Ildebrændsel, skal han, hvor der hører Skov til Gaardene, uden Betaling lade de paa Gaardene boende Bønder faa Bygningstømmer, Gærdsel og Ildebrændsel deri til Nødtørft og, hvor der ikke hører Skov til Gaardene, for en rimelig Pris lade Bønderne paa disse Gaarde faa det samme, dog skal han selv anvise dem det og passe paa, at det udvises dem, hvor der sker mindst Skovskade. Sj. T. 14, 210.

— Til Hendrich Belov. Da Josua von Qualen, der paa

---

[1] Tr.: Dak. Mag. II. 206 f.

sin Hustrus[1] Vegne har faaet det paa vedlagte Register[2] opførte
Gods i Koldinghus Len i Forlening, indtil han kan faa det Gods i
Lundenes Len, som Kronen har udlagt ham paa hans Hustrus Vegne
til Mageskifte, men som Fru Abbel Schiel, Hr. Nils Langis Enke,
har Livsbrev paa, har berettet, at den paa Registret opførte Gaard
og 2 Bol i Synderby og Nørgaard tidligere ere mageskiftede bort
til Peder Gyldenstiern, Marsk, skal Hendrich Belov straks i Slags
Herred eller andensteds, dog ikke indenfor den Kreds, som Kongen
har indtaget til Fredejagt, udlægge ham Gods i Stedet til ligesaa
stor en Rente og sende Kongen Register derpaa, for at denne kan
give Josua von Qualen nyt Forleningsbrev. Da Josua von Qualen
trods en tidligere Ordre til Lauritz Schram endnu ikke har faaet
nogen Erstatning for den Landgilde, som Kongen i 1578 har
oppebaaret af Josua von Qualens Hustrus Gods fra sin
Overtagelse af det til den endelige Afslutning af Mageskiftet, skal
han med det første enten af Loftet eller med Penge efter den Pris,
Landgilden gjaldt sidste Aar, stille Josua von Qualen tilfreds
derfor. Han kan enten hos Lauritz Schram eller Josua von Qualen
forlange Register derover og faa at vide i Skriverstuen, hvor meget
det beløber sig til. J. T. 2, 69 b.

**19. Juni (Frederiksborg).** Gavebrev til Thomas Anders-
sen, der en Tid har været Foged i Herridtzuad Kloster, paa en
Gaard paa Nørregade i Landtzkronne, som har ligget til Her-
ridtzuad Kloster, liggende syd for Steen Bildis Gaard. Der skal
aarlig svares en af Borgemestre og Raad i Landtzkronne fastsat Jord-
skyld til Herridtzuad Kloster og holdes god Købstadsbygning paa
Gaarden. Sk. R. 1, 286 b.

— Stadfæstelse for Kronens Bønder i Rafuensborg Len
paa deres Privilegier af 5. Aug. 1569[3], der hidtil kun foreligge
i et Papirsbrev, men som Bønderne nu have ønsket at faa paa Per-
gament. F. R. 1, 541 b.

— Kvittans til Niels Joenssen, Embedsmand paa Hald,
paa 63½ Dlr. 3 Sk., som Mønten nu gaar, hvilke han fra 1. Maj
1578 til 1. Maj 1579 har oppebaaret for den visse Landgilde af
det Gods i Sønder Herred paa Mors, som Kongen har faaet til Mage-
læg af Steen Bilde, Embedsmand i Herritzvad Kloster, og lagt ind
under Hald. J. R. 2, 522.

---

[1] Magdalene Munck. [2] Registret findes indført. [3] Se Kanc. Brevbøger 1566—70
S 486 f.

**19. Juni (Frederiksborg).** Mageskifte mellem Fru Vibicke Paadebusch, Efuert Bildtz Enke, og Kronen. J. R. 2, 522 b. (Se Kronens Skøder.)

— Forleningsbrev for Daniel Skielderup paa Skals Præbende i Viborg Domkirke, da den nuværende Indehaver Chresten Heggelund har været udenlands i lang Tid og man ikke bestemt ved, om han er levende eller død, dog bortfalder Forleningen, hvis Chresten Heggelund selv vender tilbage til Riget. Naar han ikke længere studerer, skal han residere ved Domkirken. J. R. 2, 526.

— Forleningsbrev for Chresten Munck til Giessinggaard (ligelydende med Forleningsbrev af 2. Marts 1579 for samme paa det nær, at Ilshøj nævnes, og at Kongen tillige lover at give ham Hofklædning til 3 Personer). J. R. 2, 526 b.

**20. Juni (—).** Aabent Brev, at Frandtz Lauritzens Hustru Bente Pouelsdatter, saafremt hun overlever sin Husbonde, maa beholde den Gaard i Kieldstrup i Vig Sogn i Odtz Herred, som denne nu har i Forlening, med dertil hørende 2 Engstykker, kaldede Truelsmandtz Hætten, og 2 Gaardsædehuse, og maa oppebære Kronens Part af Korntienden af Vig Sogn, begge Dele uden Afgift og saalænge hun sidder som Enke. Sj. R. 12, 28 b.

— Forleningsbrev for Søfuerin Olufssen, Foged i Esserum, paa Nygaard i Aadtz Herred med tilliggende Mølle og Hestehave, uden Afgift, dog skal han, naar Kongen selv kommer did, skaffe frit Hø og Strøelse til dennes egne Heste. Sj. R. 12, 29. K.

— Befaling til Hendrick Vind endelig at sørge for, at Søfren Olufssen, Foged i Esserom Ladegaard, til Mikkelsdag faar Nygaard i Aatz Herred med tilliggende Mølle, og enten skaffe den paa Nygaard boende Bonde en anden god Gaard i Lenet uden Indfæstning eller tilbagebetale ham den paa Nygaard udgivne Indfæstning. Sj. T. 14, 210.

— Livsbrev for Jens Mogenssen i Honsinge[1], der har tilskødet Kronen sin jordegne Gaard i Gulmendrup i Hyby Sogn, paa den Kronens Gaard i Honsinge, som Jens Nielssen rømte fra, fri for Indfæstning, Ægt og Arbejde, men mod at svare sædvanlig Landgilde deraf til Draxholm. Sj. R. 12, 43 b. K. Orig.

— Aabent Brev, hvorved Kongen lover at betale Hans

---

[1] Hønsinge, Ods H.

Rossenov i Lybeck — der har paataget sig fremdeles at være Kongens Faktor og skaffe alt, hvad enten Kongen selv eller Rentemesteren paa dennes Vegne bestiller hos ham, til den Pris, han selv giver derfor — de af denne udlagte Penge enten med rede Penge eller gode Varer, hvilket Hans Rossenov helst vil have; endvidere skal Hans Rossenov, der besværes meget med Rejser her ind i Riget og paa anden Maade, til hver 1. Maj have 1 Læst Rug, 1 Læst Byg, 50 Tdr. Havre, 3 Par fede Øksne, 10 fede Svin og 10 Lam af Nykiøping Slot paa Falster og 2 Tdr. Kabliav, 1 Td. Aal, 1 Td. Laks, 1½ Td. Smør og 1 Td. Vildtbrad af Kiøpnehafns Slot; han maa straks faa Genanten for sidste Aar, som han skulde have haft til sidste 1. Maj. Sj. R. 12, 29 b. K.

**20. Juni (Frederiksborg).** Til Christen Vind. Da Kongen har bevilget sin Faktor i Lybeck Hans Rossenov en bestemt aarlig Genant til hans Husholdning, hvoraf 2 Tdr. Kabliav, 1 Td. Aal, 1½ Td. Smør og 1 Td. Vildtbrad skulle udredes af Kiøpnehafns Slot, skal Christen Vind straks levere Hans Rossenov den Genant, han skulde have haft til sidste 1. Maj, og derefter til hver 1. Maj levere ham ovennævnte Genant. Sj. T. 14, 211.

— Lignende Befaling til Henning Gøye aarlig at levere Hans Rossenov 1 Læst Rug, 1 Læst Byg, 50 Tdr. Havre, 3 Par fede Øksne, 10 fede Svin, og 10 Lam af Nykiøping Slot. Udt. i Sj. T. 14, 211 b.

— Til Bønderne, hvem de end tjene, i Roskildegaards og Skioldenes Len. Da flere af dem holde mange Hunde i deres Gaarde, baade store Ulvehunde og andre, der løbe ud paa Marken og i Skovene og ikke alene forjage og ødelægge Harer og andre Dyr, men ogsaa gøre Bønderne selv Skade paa Faar, Lam og andet Kvæg, forbydes det enhver herefter at holde saadanne Hunde, der kunne gøre Skade paa Dyr, medmindre det ene fremmer Ben er afhugget ovenfor Knæet eller de staa bundne. Overtræder nogen dette Forbud, skal han bøde en god Okse til sit Herskab. Lensmændene skulle have Opsigt med Brevets Overholdelse og maa ikke se gennem Fingre med nogen, saafremt de ikke selv ville staa til Rette. Sj. T. 14, 211 b[1].

— Til de højlærde i Kiøpnehafn. For nogen Tid siden have de i Forening med Rentemester Chrestopher Valckendorp og andre

---

[1] Tr.: Seoher, Forordninger II. 133 ff.

gode Mænd forhørt en Sag mellem denne Brevviser, Hr. Chri-
sten Anderssen, og hans Modparter paa Gulland, men nu
har Hr. Christen atter været hos Kongen og berettet, at de ikke
have afsagt nogen Dom i Sagen eller givet noget skriftligt fra sig,
samt klaget over, at han i høj Grad forurettes af sin Modpart, til
stor Skade ikke alene for hans Gods og Næring, men ogsaa for
hans Ære, og begæret, at han igen maatte faa sine Sogne. Da
Kongen ikke véd, hvorledes Sagen forholder sig, skulle de tilskrive
Kongen al Besked herom og meddele, om de finde det rimeligt, at
Hr. Christen formedelst de af hans Modpart mod ham rettede Be-
skyldninger mister sine Sogne eller ej. Orig.[1] i Konsistoriets Ar-
kiv, Pk. 184.

**20. Juni (Frederiksborg).** Til menige Sognemænd i Bursø og
Krøginge Sogne. Da en Del af dem ikke har villet rette sig efter
det af Kongens Fader udstedte aabne Brev om, at Krøginge Kirke
skulde tillukkes og Sognefolket i Krøginge Sogn søge til Bursø Kirke,
der saa skulde være Annekskirke til Horeby[2] Kirke, befales det
nu strengelig Sognemændene i Krøginge Sogn at søge til
Bursø Kirke, efterdi Krøginge Kirke herefter skal være aldeles
tillukket og ødelagt. Da deres Sognepræst Hr. Christoffer Pedersen
er gaaet ind paa at tage Hr. Jacob Ibsen til sin Kapellan i Bursø
Sogn, indtil han kan faa et andet Kald, overlade ham Bursø Præste-
gaard med tilliggende Ejendom og selv blive enig med ham om,
hvad han skal have for sin Umage, skulle de herefter regne Hr. Ja-
cob Ibsen for deres Sognepræsts Kapellan. F. R. 1, 544 b[3].

**25. Juni (—).** Befaling til Hendrick Mogenssen at levere
den frandtzoske Legat[4] og Hr. von Dhona den af Køns-
bergerne udstedte Forskrivning for de Penge, de skyldte
Kongen, da disse Penge ere betalte for en rum Tid siden. Udt. i
Sj. T. 14, 212.

— Befaling til Lunde Kapitel at bringe det Mageskifte til
Ende, som Kongen har bevilget Hr. Christoffer, Borggreve von
Dhona, da denne har klaget over, at det trods Kongens tidligere
Skrivelse derom trækker Afslutningen ud; for at Kapitlet ikke paa
nogen Maade skal komme til kort, har Kongen befalet Jørgen Bilde
og Axel Gyllenstiern at besigte Mageskiftegodset. Sk. T. 1, 183 b.

---

[1] Tr.: Dsk. Mag. 3. R. III. 208.      [2] Holeby, Fuglse H.      [3] Tr.: Kirkehist. Saml.
4. R. II. 11 f.      [4] Charles Dançay.

**25. Juni (Frederiksborg).** Til Jørgen Bilde og Axel Gylden-stiern. Da Hr. Christoffer, Borggreve von Dhona, har klaget over, at han ikke kan komme til Ende med det Mageskifte med Lunde Kapitel, som Kongen har bevilget ham, skulle de med det første tilskrive Kapitlet, at de have faaet Ordre til i Forening med Kapitlets Fuldmægtige at besigte Mageskiftegodset. Sk. T. 1, 184.

**27. Juni (—).** Mageskifte mellem Thomes Fassi og Kro-nen. J. R. 2, 527 b. (Se Kronens Skøder.)

— Til Jørgen Rossenkrantz og Jørgen Schram. Da Kongen har bevilget, at Thomes Fasse maa faa 3 Gaarde i Fladstrup i Drotningborg Len til Mageskifte for 1 Gaard, en Part i 1 Gaard og 1 Bol i Skafteløf, 1 Gaard i Dalby og 1 Gaard i Algedstrup[1] i Løfue Herred, 1 Gaard i Uglerup paa Thudtznes og 1 Gaard i Holum[2] paa Møen, som Michel Sested og Lauge Beck have faaet Ordre til at besigte og sende dem Registre paa, skulle de med det allerførste besigte Gaardene i Fladstrup, hertil lægge det, som Thomes Fasse ved det sidste Mageskifte, hvorved Jørgen Rossenkrantz deltog i Besigtelsen, blev Kronen skyldig, ligne det med det sjællandske og møenske Gods og indsende klare Registre derpaa. J. T. 2, 71 b. K.

— Befaling til Michel Seested og Lauge Beck straks, naar Tomas Fassi besøger dem med dette Brev, at besigte ovennævnte Gods paa Sjælland og Møen og sende Jørgen Rosenkrandtz og Jørgen Skram klare Registre derpaa, som disse kunne rette sig efter, naar de udlægge ham Vederlag i Jylland. Sj. T. 14, 212 b.

— Befaling til Hack Ulfstand, der ved det Mageskifte med Kronen, hvorved denne fik Skaftheløf Gaard og Gods for Gods i Skaane, er bleven Kronen noget Gods skyldig, med det første at udlægge Fyldest derfor og meddele Biørn Kaas og Hans Skoufgaardt, der have besigtet det andet Gods, hvor han vil udlægge det mang-lende. Sk. T. 1, 185.

— Befaling til Biørn Kaas og Hans Skougaard at foreholde Hack Ulfstandt, at han uden længere Forhaling udlægger Kro-nen Fyldest for det Gods, han i Følge deres Besigtelse er bleven skyldig, besigte det udlagte Gods og indsende klare Registre derpaa. Sk. T. 1, 184 b.

**28. Juni (—).** Bestalling for Anthonius N., der skal beride

---

[1] Alkestrup, Skippinge H.    [2] Hjelm.

Homble Ore, Slimmige Ore, Norderup Ore, Bested, Ski-
binge, Ørløsse og andre Kronens Skove deromkring samt
Skovene i Ramsøe Herred til Ringsted Vejen (ligelydende med Be-
stalling af 12. Aug. 1574 for Gert von Bremen). Sj. R. 12,
30 b. K.

**28. Juni (Frederiksborg).** Til Superintendenterne over hele Ri-
get. Da de nu i Følge Kongens Ordre ere forsamlede der i Byen
[København] for at affatte nogle Artikler om, hvorledes der skal
dømmes i de forskellige Ægteskabssager, vil Kongen i Gunst og
Naade advare dem om, at han har bragt i Erfaring og selv befun-
det, at der mange Steder findes store Mangler hos Præster og Prov-
ster paa Landet og i Købstæderne, idet manges Levnet og Lærdom
ikke følges ad, men de føre et utilbørligt Levnet i idelig Drukken-
skab, Horeri og andre saadanne grove Laster og give dermed andre
Forargelse, hvilket tildels er Superintendenterne vel vitterligt, men
de bære paa det bedste over med dem; skønt Kongen havde ven-
tet, at de uden Paamindelse vilde have ført Tilsyn hermed, maa
han, da saadanne Laster nu findes og de ikke sømme sig for det
præstelige Embede, ej heller kunne taales af Kongen, befale dem
hver især at føre tilbørligt Tilsyn med, hvorledes Præster
og Provster skikke sig, og, hvis nogle føre et forargeligt Lev-
net, da ikke af Vild og Venskab eller for nogen Fordels Skyld se
gennem Fingre med dem, men straks afsætte dem og indsætte an-
dre i deres Sted, saafremt Kongen ikke skal kræve dem selv til
Regnskab derfor eller befale Stiftslensmændene at raade Bod derpaa
uden at spørge dem. Sj. T. 14, 213[1].

— Til M. Ifuer Bertilssen. Da Kongen har bevilget, at Niels
Grubbe, Sekretær, maa faa en Ager i Eggeskoufs Mark, der hører
til en af Klosterets Gaarde i Bindtzløfue[2] i Krumerup Sogn i Flacke-
biergs Herred, til Mageskifte for en anden ligesaa god Ager i
samme Mark, skal han med det første undersøge Sagen, lade Mage-
skiftet gaa for sig og paase, at Klosteret faar Fyldest i alle Maader.
Sj. T. 14, 214.

— Forleningsbrev for Hr. Niels Jenssen, Sognepræst i
Nørho Sogn, paa Halvparten af Afgiften af Kronens Part af
Korntienden af Nørho Sogn. Udt. i J. R. 2, 531 b.

---

[1] Tr.: Ny kirkehist. Saml. IV. 396 f. Rørdam, Dsk. Kirkelove II. 299 f. Secher, For-
ordninger II. 135 f. Pontoppidan, Annal. eccles. Danic. III. 438 f. (i tysk Oversættelse
og dateret 8. Juni 1574). [2] Rendslev.

**28. Juni (Frederiksborg).** Til Claus Glambeck. Da Kongen har antaget denne Brevviser til Kapellan paa Skanderborg Slot med en aarlig Løn af 30 gl. Dlr. og en Klædning, skal han lade ham søge Disk og Dug paa Claus Glambecks eget Kammer, skaffe ham Bolig paa Slottet, give ham ovennævnte Løn og underrette Kongen om, hvorledes han skikker sig. J. T. 2, 72 b. K.

**29. Juni (—).** Til Christoffer Valckendorff. Da Fru Giertrud Krabbe, Anders Christenssens Enke, hvem han har faaet Ordre til at betale de Penge, hun havde laant Kronen i sidste Fejde, har berettet, at han har henvist hende til Biørn Anderssen for at faa Pengene betalte, og at denne kun har givet hende 5 Dlr. i Rente af Hundredet, skønt hun selv har maattet give 6 Dlr., befales det ham at betale hende 6 Dlr. i Rente og indfri Kongens Gældsbrev. Sj. T. 14, 214 b.

**30. Juni (Borsholm).** Aabent Brev, at Kongen den 25. Juni er bleven enig med Casper Dumler van Suartzburg om, at denne af Kongens eget Jærn skal forarbejde støbte eller smeddede Jærnlod, store og smaa, hele og halve, eftersom Kongen forlanger det, Stanglod, gesmitten Lod, Stangjærn, Jærnbolte til Skibene, Jærnplader til Hjul til Skytset og andet saadant groft Arbejde og for Forarbejdelsen af hvert Skippd. have 1½ Dlr.; endvidere skal han have Jærnhytten med tilliggende Ager, Eng og Vandløb, kvit og frit, ligesom hans Formand M. Anders havde den, og aarlig en sædvanlig Hofklædning, 2 Pd. Rug, 4 Pd. Malt og 1 Td. Smør af Helsingborg Slot. Han skal altid holde duelige Karle, saa Kongens Arbejde ikke skal blive forsømt. Kongen skal holde Møllen i Stand for ham. Udt. i Sk. R. 1, 287.

— Befaling til Peder Bilde og Eyler Grubbe at besigte 3 Gaarde paa Sjælland, som Jahan Bucholt har bevilget Kronen til Mageskifte, og indsende klare Registre derpaa. K. Udt. i F. R. 1, 205 b.

— Til Lauritz Brockenhus. Da Christoffer Valckendorff har berettet, at Borgemestre og Raad i Nyborg ville opføre en Teglovn ved Byen, hvilken vil kunne være Byen til stor Gavn, og begære, at Kongen vil yde dem nogen Hjælp til Bygningen, befales det ham af Slottets Indkomst at laane dem 300 Dlr., indtil Kongen kræver dem tilbage. F. T. 1, 161.

**1. Juli (Frederiksborg).** Til Hendrick Mogenssen, Tolder i Helsingøer. Kongen har paa Begæring af Dronningen i England bevilget, at hun maa være fri for at svare Told af det Gods, hun nu har sendt til Narfuen med sin egen Tjener og sit eget Skib, efter Tjenerens Beretning 40 Læster Salt og 36 Stykker Klæde, og ligesaa af det Gods, som Tjeneren skal føre tilbage fra Narfuen til Dronningens eget Brug, efter Tjenerens Formening 400 Skippd. Hamp og 80 Skippd. Voks, hvilket meddeles ham til Efterkommelse. Sj. T. 14, 214 b.

**1. Juli (Frederiksborg).** Kvittans til Fru Anne Harden-berg til Brendthuedt, Olluf Mouritzens Enke, paa hendes Regnskab for Indtægt og Udgift af Helsingborg Len fra hendes Mands Over-tagelse af Lenet indtil den Dag, da hun overleverede det til Coruitz Viffert, og for de i samme Tid oppebaarne Penge- og Madskatter. Hvad hun blev skyldig har Kongen eftergivet hende. Sk. R. 1, 287[1].

**2. Juli (—).** Befaling til Hr. Bertil Søfrenssen, Prior i Andt-vorskouf, at lade Oluf Pederssen være utiltalt for hans Fødested, saalænge han bor paa Kronens Gods under Kallund-borg. Udt. i Sj. T. 14, 215.

— Forleningsbrev for M. Hans, Dronningens Hof-skrædder, paa Halvparten af Kronens Part af Korntien-den af Bobierg[2] Sogn i Hierom Herred, uden Afgift. Udt. i J. R. 2, 531 b.

— Til Erich Lycke, Embedsmand paa Riberhus. Hr. Matz Nielssen, Kapellan ved Vor Frue Kirke i Riibe, har kla-get over, at Erich Lycke paa Kronens Vegne tilholder sig Herlig-heden af det Vikarie i Riiber Domkirke, som Kong Christian III har henlagt til Kapellanens Underholdning, og begæret at maatte nyde Vikariet med Herlighed og al anden Rente i Overensstemmelse med Kong Christian III's Brev, og ligesom andre Gejstlige i Kapitlet nyde deres Gods; da Kongen ikke véd, hvorfor han tilholder sig Herligheden af Vikariet, skal han tilskrive Kongen Besked derom. Orig. i Provinsark. i Viborg.

**3. Juli (—).** Aabent Brev, at Morthen Olssen, Glarmester, maa bosætte sig i Kiøpnehafn, bruge sit Haandværk dér og indtil videre være fri for Skat, Hold, Vagt og al anden borger-lig Tynge. K. Udt. i Sj. R. 12, 31 b[3].

— Befaling til Christoffer Valckendorff straks at betale Mel-

---

[1] Tr.: Bricka, Frederik II's Ungdomskjærlighed S. 260 f.   [2] Borbjærg.   [3] Tr.: O. Nielsen, Kbhvns Dipl. II. 388.

kior Skrædder, Borger i Kiøpnehafn, de 200 Dlr., Caspar Go-
beler har fortæret for hos ham. Udt. i Sj. T. 14, 215.

**3. Juli (Frederiksborg).** Livsbrev for Oluf Thomessen i
Store Darum, der nu har tilskødet Kronen al den Part, han dels
har arvet, dels har tilkøbt sig i det Bondegods i Velslef[1], som Ifuer
Thomessen tidligere boede paa, og en af hans Sønner paa dette
Gods i Velslef, mod at svare sædvanlig Afgift og gøre Ægt, Ar-
bejde og anden Tynge deraf, dog skal Sønnen fæste Ejendommen
af Lensmanden paa Riberhus. J. R. 2, 531 b.

**4. Juli (—).** Befaling til nedennævnte Lensmænd at sende
Fetalje til Kiøpnehafn: Prioren i Andtuorskouf skal købe 200
gode Lam og 200 Gæs for fornet Skov og Vindfælder og sende dem
til Kiøpnehafn til den Tid, de ere bedst at slagte; Abbeden i Soer
ligesaa 230 Lam og 200 Gæs; Abbeden i Ringsted ligesaa 170 Lam
og 140 Gæs; Anders Bing skal sende 8 Læster Smør af Vardbierg
Slots Indkomst; Hendrick Gyldenstiern paa Bahus 4 Læster Smør;
Emmicke Kaas 40 Læster Tjære til Skibene og 15 Læster smeltet
Talg fra Gotland. Udt. i Sj. T. 14, 215 b. Orig. (til Prioren i
Antvorskov).

— Befaling til Jacob Ulfeld straks at sende Kongen den
Instruks, som han og de andre Gesandter havde med til
Rusland. F. T. 1, 151 b.

**5. Juli (—).** Forleningsbrev for Anders Vildtskytte
paa det Hus, som tilhørte Eyler Vildtskytte i Roskilde og er for-
faldet til Kronen efter denne, uden Afgift. Sj. R. 12, 32. K.

— Gavebrev til Sognepræsteembedet ved Børglum
Kloster paa Østergaard i Børglum By, der nu er ledig, til
Præstegaard, da Godtzlauf Buddi, kgl. Skænk og Embedsmand
i Børglum Kloster, har erklæret, at den gamle Ordning, hvorefter
Præsten har haft Bolig ved Klosteret og brugt en Del af Klosterets
Jord, saa han har haft Græsgang og Fælled sammen med Klosteret,
er meget ubelejlig baade for Præsten og Klosteret. J. R. 2, 532 b.

**6. Juli (—).** Mageskifte mellem Fru Marine Knob,
Stygge Rosenkrantzis Enke, og Kronen. J. R. 2, 533. (Se Kro-
nens Skøder.)

**7. Juli (—).** Til de højlærde i Kiøpnehafn. Da Kongen
har befalet Lauge Beck, Embedsmand paa Roschyldegaard, med det

---

[1] Vilslev, Gørding H.

første at opføre en Bygning ved Suenstrupgaard og Kronens Bønder under Roschyldegaard alene ikke kunne overkomme at udføre Arbejdet saa hurtigt, anmodes de om at lade deres Bønder i Thune og Ramsøe Herreder gøre en Dags Ægt og Arbejde ved Suenstrupgaard. Orig. i Konsistoriets Arkiv, Pk. 145.

**8. Juli (Frederiksborg)**. Aabent Brev, at Ejerne af Drotninggaarden i Roschilde, som Kongens Fader har tilskødet Hans Barckeler smstds.[1], herefter til evig Tid skulle være fri for at svare Jordskyld af den; der er nemlig klaget over, at uagtet Skødet ikke taler om nogen Jordskyld, er Gaarden alligevel siden bleven sat for en saadan. Sj. R. 12, 32. K.

— Mageskifte mellem Hans Axelssen til Palsgaard og Kronen. J. R. 2, 537 b. (Se Kronens Skøder.)

**9. Juli (—)**. Til Christoffer Valckendorff. Hendrick Norbye har berettet, at Christoffer Valckendorff kræver Forklaring af ham for Pengeskatten af Nykiøpings Len 1576, men at hans Skriver, der skulde indkræve og gøre Regnskab for Skatten, er undvegen; største Delen af Skatten er dog givet ud, skønt han ikke kan skaffe Kvittanserne derfor. I Betragtning heraf befales det Christoffer Valckendorff at give ham endelig Kvittans, ogsaa for Pengeskatten, naar han har betalt hvad han i Følge sit Regnskab ellers bliver skyldig. Sj. T. 14, 216.

— Til Erich Valckendorff og Michel Seestedt. Da Biørn Anderssen og Claus Glambeck, der tidligere have faaet Ordre til at besigte noget Gods i Anledning af Mageskiftet med Erich Vesteni, nu have berettet, at de formedelst andre Kongens Bestillinger ikke kunne besigte det Gods, Kongen skal have af denne paa Sjælland, men have sendt et beseglet Register over det af dem besigtede Gods i Nørrejylland, hvilket nu sendes Erich Valckendorff og Michel Seestedt, skulle disse straks besigte Godset i Sjælland, ligne det med Godset i Nørrejylland og indsende klare Registre derpaa. J. T. 2, 73. K.

**10. Juli (—)**. Aabent Brev, hvorved Kongen fritager Hendrick Mogenssen, Tolder i Helsingør, for Borgemesterembedet i Byen og Frederich Leyel og Dauid Hanssen, Toldskrivere smstds., for Raads Ed og Tynge, saa de herefter aldeles intet skulle have med Byens Bestillinger at gøre, da disse Hverv

---

[1] Se Erslev og Mollerup, Dsk. Kancelliregistr. 1535—50 S. 77.

ofte have hindret dem i tilbørligt at varetage deres Embeder som
Tolder og Toldskrivere og de ved Siden deraf endda skulle føre
Regnskab over Udgifterne ved Byggeriet paa Kroneborg, hvilken sid-
ste Bestilling, som Kongen selv har sét, alene vilde kunne give dem
nok at bestille. Sj. R. 12, 32 b. K.

**10. Juli (Frederiksborg).** Befaling til alle Landsbypræster,
der have fri Sogne i Sjælland, saavel de, der hidtil have
været fri, som de, der for nylig ere blevne frigjorte og udlagte fra
Klostrene, herefter at svare Dr. Pouel Matzen, Superintendent i
Sjællands Stift, samme Gæsteri, som han faar af andre
Kirker, da Gæsteriet af de fri Sogne er tillagt Superintendenten;
hidtil har nemlig kun en Del af de oprindelig fri Sogne svaret Su-
perintendenten Gæsteri, ligesom ej heller de fra Kirkerne udlagte
Sogne have svaret noget. Sj. T. 14, 216.

— Aabent Brev, hvorved Kongen eftergiver Peder Hans-
sen i Sniberup, Jens Nielssen i Brandsted og deres Medføl-
gere, 12 Mænd — der ere blevne tiltalte af Axel Gyldenstiern,
Lensmand paa Landtzkronne, for et Stokkenævn, som de for nogen
Tid siden uden Herredsfogdens Tilladelse have udgivet paa Feers
Herredsting om nogle af Niels Jenssen i Brandstedtz Forlovere førte
Vidnesbyrd —, denne Sag, da de nu·have optinget til Kongen der-
for og lovet at levere 8 gode Slagteøksne paa Frederichsborg til
førstkommende Mikkelsdag. Sk. T. 1, 185.

— Skøde til Hendrich Belov paa Spøttrup Gaard m. m.
J. R. 2, 550. (Se Kronens Skøder.)

**11. Juli (—).** Til Johan Taube, Embedsmand paa Frederichs-
borg. Da Kronens Bønder i Ølskiøping en Tid have lidt
stor Skade og Afbræk paa deres Jorder ved de Grøfter, der ere
gravede her ved Slottet, og ved den Kohave, som Kongen nylig
har ladet indhegne her, og de desuden ere Ugedagstjenere her til
Slottet og besværes med idelig Ægt og Arbejde, har Kongen fri-
taget dem for herefter at svare Landgilde. Orig.

— Befaling til Biørn Kaas at udlægge Fru Inger Oxe,
Dronningens Hofmesterinde, en Gaard af Kronens Gods under
Malmøe Slot eller Lundegaard, der er ligesaa god paa Herlighed og
Rente som den under St. Peders Kloster, som Fru Inger har Livs-
brev paa, hørende Gaard, som Kongen har mageskiftet bort til Fru
Kristendtze Ulfstandt, Hendrich Bildis Enke, og tilskrive Kongen al Be-
sked derom, for at han kan give Fru Inger Brev derpaa. Sk. T. 1, 185 b.

43*

**11. Juli (Frederiksborg).** Til Hendrich Belov. Da Kongen har
udlagt Albret Friis til Harridtzkier 4 Gaarde og 1 Gadehus i Høgs-
holdt i Thorrild Herred af Kolding Hospitals Gods for noget af hans
Gods i Sjælland, men Godset paa begge Sider endnu ikke er be-
sigtet, skønt der allerede er gjort Hospitalet Fyldest for dettes Gods,
skal han med det første besigte Godset i Høgsholdt og ind-
sende klart Register derpaa; Kongen vil siden give andre Ordre til
at besigte Godset i Sjælland. J. T. 2, 73 b. K.

**13. Juli (Roskilde).** Forleningsbrev for M. Hans Mi-
chelssen, Sognepræst ved Herlofsholms Sognekirke, paa Afgiften
af Kronens Part af Korntienden af Hammers Sogn i Ham-
mers Herred, kvit og frit. K. Udt. i Sj. R. 12, 33[1].

— Befaling til Hans Lindenov paa Bergenhus og Tolderne i
Helsingøer, Nyborg og Medelfart herefter at lade alle hambor-
ger Skibe og Gods passere og lade Hamborgerne være fri
for Lastepenge af deres eget Gods, da de nu ere blevne
forligte med Kongen. (I Brevet til Hans Lindenov tillige: han skal
lade Hamborgerne faa det Gods, han har arresteret for dem). Sj.
T. 14, 217.

**14. Juli (—).** Aabent Brev til Indbyggerne i Skaane, at Kon-
gen har beskikket Axel Gyldenstiern, Embedsmand paa
Landtzkronne Slot, til Landsdommer i Skaane, da han nu har
aflagt Landsdommered til Kongen. Sk. T. 1, 186.

— Forleningsbrev for Axel Gyldenstiern, Embedsmand
paa Landtzkronne Slot, paa Landtzkronne Slot og Len med
Fers Herred, uden Afgift, saalænge han er Landsdommer; For-
leningen skal regnes fra sidste 1. Maj. Sk. R. 1, 288.

— Forleningsbrev for Niels Anderssen i Lundt, Lands-
tingsskriver paa Skaane Landsting, paa Afgiften af Kronens
Part af Korntienden af Hørby og Lybye Sogne i Skaane, kvit
og frit. Sk. R. 1, 289.

— Aabent Brev, at Borgemestre og Raad i Landtz-
kronne i de næste 2 Aar maa oppebære den aarlige Byskat
og al den Sise, som kan tilfalde Kronen af det Rodstochsøl og
anden fremmed Drik, der indføres til Byen, mod udelukkende at
anvende Pengene til Istandsættelse af Byens forfaldne Be-
fæstning og opfyldte Havn, da Byen ikke alene formaar at

---

[1] Tr.: Ny kirkehist. Saml. VI. 158.

istandsætte dem. Lensmanden skal paase dette og passe paa, at
intet anvendes til Unytte. Sk. R. 1, 289 b.

**14. Juli (Roskilde).** Aabent Brev, at de 2000 Dlr., som
Kongen havde laant Gabriel Sparre til Suanholm og nu har
opsagt denne, maa blive staaende indtil videre, dog skal
Gabriel Sparre være forpligtet til, naar det forlanges, uden videre
Forhaling at betale Pengene. Sk. R. 1, 290.

— Aabent Brev, at Fru Doretthe Gyldenstiern, Enke efter
nu afdøde Chresten Munck til Tobberup, maa beholde Aackier
Slot til 1. Maj paa samme Betingelser, som hendes Mand havde
det. J. R. 2, 555.

**15. Juli (—).** Pantebrev til Hans Skougaard til Gun-
derstorf, Embedsmand paa Helsingborg, paa Refuinge By i Skaane,
som er 15 Gaarde og Fæster og 1 Gadehus, hvilken By han nu
har i Forlening, og 2 Gaarde i Østre Gardstange for 3333 gl.
Dlr. 1 Mk. danske, som han for nogle Aar siden paa Kongens Vegne
har betalt til Daniel Rantzau og hans Høvedsmænd. P. 349 b[1].

— Forleningsbrev for Hr. Anders Tierebro, Kapellan i
Kallundborg, paa Halvparten af Afgiften af Kronens Part af
Korntienden af Schuallerup Sogn, som er 6 Pd. Korn og 4
Tdr. Havre, kvit og frit. K. Udt. i Sj. R. 12, 33.

— Forleningsbrev for Chresten Elkier paa Atterup-
gaard i Ringsted Herred, uden Afgift. Sj. R. 12, 33 b. K.

— Aabent Brev, at Lorentz von Nørenberg, Kongens En-
spænder, indtil videre maa være fri for at svare Jordskyld af
den Gaard i Nestved, som Kongen for nogen Tid siden har til-
skødet ham. K. Udt. i Sj. R. 12, 33 b.

— Forleningsbrev for Mickel Jenssen paa St. Jør-
gens Gaard udenfor Kallundborg, som Anne Lauritzdatter
Vincentz Brockmandtz sidst har haft den i Værge; han skal stedse
underholde 4 fattige Personer i Hospitalet med Føde, Klæder og
Senge, hvilket Lensmanden paa Kallundborg skal føre Tilsyn med.
Sj. R. 12, 34. K. Orig.

— Aabent Brev, at Hr. Cresten Crestenssen, Sognepræst
til Jungshofuit, indtil videre aarlig maa oppebære 2 Pd. Korn
af Jungshofuit Slot. K. Udt. i Sj. R. 12, 34 b[2].

---

[1] Udenfor er skrevet: De to Gaarde i Gaardstange fik de Dresselberger til Mage-
skifte. [2] Tr.: Rørdam, Dsk. Kirkelove II. 802.

**15. Juli (Roskilde [1]).** Til Christoffer Valkendorff. Kongen har forlenet Steen Brahe med Solthe Slot og Len for en ringere Afgift, end han tidligere har givet, og har nu bevilget, at Steen Brahe maa være fri for den Afgift, som det første Forleningsbrev er højere end det sidste, baade før og efter Brevets Forandring. Sj. T. 14, 217.

— Til alle Købstæderne [2] ved Søsiden i Danmark og Norge. Da Kongen har bestemt, at hans egne Undersaatter ligesaa vel som Udlændinge skulle sætte for Helsingøer og give Besked hos Tolderen, for at der ikke skal underslaas noget fremmed Gods, som der bør svares Told og Rettighed af, skulle de straks sammenkalde deres Medborgere og foreholde dem, at de, saa ofte de komme i Øresund frem for Kroneborg, skulle sætte, melde sig hos Tolderen og fremvise deres Søbrev og den Besked, de have med at fare, da de ellers, hvis de lide nogen Skade, maa tage Skade for Hjemgæld. Sj. T. 14, 217 b [3]. Orig. (til Vejle) i Provinsark. i Viborg.

— Til Christoffer Valckendorff. Da der i det med Hamborgerne sluttede Forlig er bevilget, at de skulle have de dem tilhørende Skibe og Gods, der endnu findes til Stede, og noget Salt, som Kongen har taget til sit Brug, tilbage, skal han, naar de forlange det, lade dem faa de endnu tilstedeværende Skibe og Gods og blive enig med dem om Betaling af Saltet til visse Terminer. Sj. T. 14, 218 b.

— Aabent Brev, at Hr. Jens Mickelssen, Sognepræst til Høri og Munckarps Sogne, der har berettet, at Præstegaarden i hans Annekssogn Munckarp er øde, og at han maa svare Stiftslensmanden Gæsteri deraf, skønt han slet intet faar af den Bonde, der bruger Gaardens Ejendom, fordi Fru Giøruel Fadersdatter, Hr. Lauge Brahis Enke, har Livsbrev paa Gaarden, maa være fri for at svare Gæsteri af Præstegaardene i Munckarp og Høri, saalænge Fru Giøruel lever. Sk. R. 1, 290 b.

— Tilladelse for Jens Ennertzen, Borger i Landtzkronne, til sisefrit at indføre 10 Læster Rostockerøl her i Riget. Udt. i Sk. R. 1, 291.

— Bestalling for Jacob Fisker som Byfoged i Helsingborg, efterat han nu har aflagt Ed til Lensmanden paa Hel-

---

[1] Sj. T. har ved en Fejlskrift: Frederiksborg.　　[2] De opregnes alle.　　[3] Tr.: O. Nielsen, Kbhvns Dipl. VI. 149 f. (efter en Afskrift med urigtig Dato: 16. Juli). Secher, Forordninger II. 136 f.

singborg. Han skal oppebære den Told, Sise og Sagefald, der falder i Helsingborg. Sk. R. 1, 291.

**15. Juli (Roskildegaard).** Aabent Brev, at Hendrich Brahe, der nu er bleven forlenet med Bornholm, men i Følge sit Forleningsbrev skal frede Jagten og ikke maa skyde noget Adelvildt der paa Landet, aarlig til sit eget Brug maa skyde et Stykke Vildt, men ikke mere, saalænge han er forlenet med Bornholm. Sk. R. 1, 291 b.

— Aabent Brev, at Borgerskabet i Ydsted altid herefter maa bruge og beholde al den Ejendom, Jord og Grund, som fra Arilds Tid og før den svenske Fejde har ligget og været brugt til Byen; Byens Breve paa dens Jorder ere nemlig blevne brændte af Rigens Fjender i sidste Fejde. Sk. R. 1, 292.

— Til Jørgen Marsuin. Borgerne i Søluitzborg have berettet, at han formener dem Brug og Skovhugst i et udenfor Søluitzborg liggende Stykke Surskov, som fra Arilds Tid har tilhørt dem og deres Forfædre, og at hans Formand Jørgen Bilde har gjort det samme, men siden har ladet det falde, da han fik rigtig Underretning om Sagen; ligesaa have de berettet, at der, lige siden Axel Uggerup havde Søluitzborg Slot i Forlening, er tilhævdet Slottet et lille Stykke Oldenskov, som tidligere har ligget til deres By, og hvoraf Halvparten af Oldengælden, naar der var Olden, tilfaldt Kronen, Halvparten Byen. Da Kongen ikke bryder sig meget om Skovene i Blekinge og Søluitzborg Slot desuden har Skove nok, maa Borgerne i Søluitzborg uden nogen Forhindring beholde ovennævnte Surskov, ligesom de ogsaa uformænt maa søge Vidnesbyrd og tale paa Oldenskoven, saa vidt de kunne gøre med Retten. Sk. T. 1, 186 b.

— Til Axel Gyldenstiern til Lyndbyegaard, Landsdommer i Skaane, og Anders Bing til Smidstrup, Embedsmand paa Vardbierg. Da Pouel Huidtfeld paa egne og Medarvingers Vegne har bevilget Kronen 9 Gaarde, Bol og Gadehuse i Eskilstrup i Liunge Sogn i Alsted Herred, 4 Gaarde i Thiugstrup i Flackebiergs Herred, 1 Gaard i Gielsted i Hellof Sogn i Thyebiergs Herred, 6 Gaarde, Bol og Gadehuse i Siøholt[1] i Snessøer Sogn i Borsse Herred, 8 Gaarde, Bol og Gadehuse i Brederup[2], 1 Vandmølle udenfor Siøholt[1], 1 Gaard i Eskebierg i Egespor Sogn, 2 øde Jorder i Rye og 1 Gaard i

---

[1] Sjolte.  [2] Brøderup, Baarse H.

Kircke Helsinge i Gierløf Sogn i Løfue Herred, 1 Gaard i Franckerup i Ars Herred, 1 Gaard i Skipping By og Herred, samt hans eget Gods i Robyelille, Tostenes og Frenderup paa Møen til Mageskifte for Gods i Andsted [1] Herred i Sønderhalland, hvorom han selv skal give dem nærmere Oplysning, skulle de med det allerførste besigte begge Parters Gods og indsende klare Registre derpaa. Sk. T. 1, 187 b.

**15. Juli (Roskilde).** Til Hans Skougaardt og Axel Gyllenstiern. Da **Borgere og Bønder i Blekinge**, som vedlagte Supplikats udviser, have forebragt Kongen adskillige **Besværinger**, skulle de med det første begive sig op til Blekinge, stævne Købstædernes og Bøndernes Fuldmægtige for sig paa belejlig Tid og Sted, undersøge **Klagerne og gøre en kristelig Skik og Ordning om alle Punkter, der ikke ere afgjorte af Kongens Fader, Kongen eller dennes Forordnede.** Hvis der kommer Spørgsmaal, som Kongen selv skal afgøre, skulle de tilskrive Kongen fuld Besked og deres Betænkning om Sagen. Den af dem trufne Ordning skulle de besegle og indsende til Kancelliet. Sk. T. 1, 188 b.

— **Fuldmagt for Hans Skoufgaardt og Axel Gyldenstiern paa deres Sendelse til Blekinge.** Sk. T. 1, 189.

— **Følgebrev for Absolon Giøe til Kronens Bønder under Dallum Kloster.** Udt. i F. R. 1, 206. K. (i Udt.).

— **Forleningsbrev for Hans Valther**, Borger i Nyborg, **paa Afgiften af Kronens Part af Korntienden af Vindinge Sogn**, kvit og frit. F. R. 1, 206. K.

— **Forleningsbrev for Manderup Parsbierg**, Embedsmand paa Silckeborg, **paa Allinge Klosters Len i Nørrejylland**, som han nu selv har i Værge, uden Afgift, at regne fra sidste 1. Maj af. J. R. 2, 555.

— **Aabent Brev**, at Kongen har eftergivet Mickel Thomessen Klyne, der er kommen til at skylde Kronen 873 Dlr. i Told af Staldøksne, som han har uddrevet af Riget, Halvdelen af denne Sum, da han har klaget over, at han har lidt stor Skade paa Øksnene og er kommen meget til Agters; Resten skal han betale med det første. Det Klæde og de Haandskrifter, som Tolderen har beslaglagt for Tolden, skulle nu frigives. J. R. 2, 555 b.

— **Til Jørgen Skram.** Rasmus Steen, Borger i Aarhus, har

---

[1] Aarstad.

berettet, at han med Bevilling af Kongens Moder, hvem hans Hustru tjente, har brugt en øde Mark, kaldet Ulstrup Mark, men at Jørgen Skram, fordi han siden Kongens Moders Død intet Brev har haft derpaa, nu tiltaler ham for Gæsteri deraf for 1574 og for Land-gilde og Gæsteri for 1575—78, ialt 8 Ørt. Rug, 15¹/₂ Ørt. Byg og 8 Ørt. Havre; paa hans Begæring har Kongen eftergivet ham dette. J. T. 2, 74. K.

**15. Juli (Roskilde).** Til Riiber Kapitel. Da det til Kongens store Forundring endnu ikke har efterkommet den tidligere Ordre om at bringe Mageskiftet mellem det og Christen Jul i Orden, befales det nu paany Kapitlet straks at gøre det. J. T. 2, 74 b. K.

**16. Juli (—).** Aabent Brev, at de 500 gl. Dlr., som Chre-stopher von Vestenberg, kaldet Packisch, Embedsmand paa Holbeck Slot, skylder Kongen og skulde betale til førstkommende St. Bartolomei Dag [24. Aug.], maa blive staaende hos ham til St. Bartolomei Dag 1580, medmindre Kongen selv behøver dem forinden, dog skal saa Chrestopher von Vestenberg advares 6 Uger i Forvejen. Sj. R. 12, 35. K.

— Aabent Brev, hvorved Kongen paa Danmarks Riges Raads Forbøn og for Jacob Ulfelds Slægts og Venners Skyld eftergiver Jacob Ulfeld al den Tiltale, han paa egne og Rigets Vegne kunde have til ham i Henhold til den af Rigsraadet afsagte Dom, hvorved Jacob Ulfeld er bleven dømt til at staa til Rette, fordi han paa sin Gesandtskabsrejse til Rusland har handlet imod sin Instruks. Kongen vil herefter ligesom tidligere være ham en naadig Herre og Konge. Sj. R. 12, 35. K.

— Lignende Breve for Gregers Ulfstand og Arrild Uggerup. Sj. R. 12, 35 b. K.

— Aabent Brev, hvorved Borgerne i Kallundborg indtil videre fritages for at holde Borgeleje, da de bo paa et al-mindeligt Færgested og besværes haardt med at overføre og under-holde Kongens Folk, Bøsseskytter og andre; dog skulle de, naar Kongens Bøsseskytter og Baadsmænd paa Vejen til eller fra Jylland komme til deres By, herberge og underholde disse én Nat eller mere, eftersom Forholdene ere. Sj. R. 12, 36. K.

— Skøde til Vincentz Juel. Sj. R. 12, 36 b. K. (Se Kronens Skøder.)

**16. Juli (Roskilde).** Til Tygge Brahe, Ottis Søn. Da Kongen har bragt i Erfaring, at der ved Roschilde Kapitel findes et særligt Brev, gaaende ud paa, at Arvingerne efter en, som har været forlenet med Hellig 3 Kongers Kapel i Roschilde Domkirke, og Universitetet skulle have Naadensaar af den dertil liggende Rente ligesom af andet Kapitelsgods, skal han i dette Aar lade Hendrick Holckis Enke og Arvinger og Universitetet oppebære Renten af Kapellets Gods. Sj. T. 14, 219 [1].

— Til Bønderne over hele Riget, hvem de end tjene. Da der forestaar adskillige Pengeudgifter, have Danmarks Riges Raader bevilget Kongen en almindelig Skat og Landehjælp, saaledes at hver 10 jordegne Bønder, fattige og rige, skulle lægges i Læg og give 10 Dlr., hvilket ogsaa skal gælde de jordegne Bønder, som Kongen har mageskiftet bort til Adelen, men som ikke have afhændet deres Ejendom og Bønderrettighed; hver 10 Bønder, som sidde for Gaarde og ikke have frit Jordegods, men have fæstet deres Gaarde og bruge Avl, skulle lægges i Læg og give 5 Dlr., og den rige skal hjælpe den fattige: hver Smed, Skomager, Skrædder, Murmester, Tømmermand, Kæltring og Møller, som bor paa Landsbyerne og bruger Avl, skal give $\frac{1}{2}$ Dlr. og hver, som ikke bruger Avl, 1 Ortsdlr. eller 8 Sk., som Mønten nu gaar; hver Pebersvend skal give $\frac{1}{2}$ Dlr. og hver Husmand og Inderste 1 Ortsdlr.; hver Tjenestedreng, som tjener for fuld Løn, hvad enten han har Kornsæd eller ikke, skal give 1 Ortsdlr. og den, som ikke tjener for fuld Løn, $\frac{1}{2}$ Ortsdlr. eller 4 Sk., alt regnet i enkelte Dlr. eller Mønt; Ugedagsmændene, der bo ved Kongens egne Slotte, Klostre og Gaarde, skulle give 1 Ortsdlr. eller 8 Sk. Skatten skal være ude inden førstkommende St. Mortens Dag. Kun Adelens Ugedagsmænd, der bo osv., skulle være fri. Lensmændene skulle være personlig til Stede, naar Skatten skrives, og ikke lade den skrive ved deres Fogder, samt paase, at ingen regnes for Ugedagsmænd, som ikke ere det. Skriveren skal ingen Penge have, fordi han skriver Skatten. Sj. T. 14, 221.

— Befaling til Lensmændene [2] i Jylland, Fyen, Sjælland, Falster, Laaland, Skaane og Bornholm straks at forkynde ovenstaaende Brev for Bønderne i deres Len, selv personlig skrive Skatten og lægge Bønderne i Læg, paase, at alt gaar retfærdigt til, opkræve

---

[1] Tr.: Dsk. Mag. II. 208.   [2] De opregnes alle med deres Len.

Skatten og inden Mortensdag sende den til Kiøpnehafn til Rente-
mesteren, ledsaget af klare Skattemandtal. Sj. T. 14, 219 b.

**16. Juli (Roskilde).** Til Bønderne over hele Riget, hvem de
end tjene. Skønt Kongen ikke staar i fjendtligt Forhold til no-
gen, vil han dog, da nogle trænge sig ind i Østersøen med Skibe
og der have deres Brug, som de aldrig tidligere have haft, med at
plyndre og overfalde Kongens egne Undersaatter og den søfarende
Mand, til Foraaret udruste nogle Orlogsskibe til at have Opsigt med
alt, og da han hertil behøver en stor Hob Fetalje, have Danmarks
Riges Raader bevilget en almindelig Madskat, saaledes at hver 10
Bønder, der sidde for Gaarde, skulle lægges i Læg og give 1 Fjerd.
Smør, 5 Sider Flæsk, 5 Faarekroppe, $^1/_2$ Oksekrop, 10 Gaasekroppe,
5 Tdr. Brød, 10 Tdr. Øl og 5 Skpr. Gryn og hver 10 jordegne
Bønder dobbelt saa meget, overalt skal den rige hjælpe den fattige;
kun Adelens egne Ugedagsmænd, der bo osv., skulle være fri. Skat-
ten skal være ude i Sjælland inden Fastelavn, i Jylland til Pinse-
dag, i Skaane, Halland, Blekinge, Smaalandene, Langeland og Fyen
14 Dage før Paaske. (I de hallandske og blekingske Breve ind-
førtes følgende Klausul: Da de tidligere have faaet Brev paa kun
at skulle give halv Skat, skulle de kun svare det halve.) Sj. T.
14, 223.

— Befaling til Lensmændene[1] over hele Riget straks at for-
kynde ovenstaaende Brev for Bønderne i deres Len, skrive dem for
Madskatten, opkræve den og sende den til Kiøpnehafn til den i
Skattebrevet fastsatte Tid. Sj. T. 14, 224.

— Aabent Brev, at Lauge Urne til Belthebierg skal være
Værge for Florian Luckes Søn Bastian, da der her i Riget
ikke er nogen af hans fædrene Slægt til at være Værge for ham.
Sk. R. 1, 292 b.

— Følgebrev for Jørgen Marsuin, Embedsmand paa
Søluitzborg, til alle Provster, Præster, Degne, Præste- og
Kirketjenere i Blekinge, som Biørn Kaas, Embedsmand paa
Lundt Gaard, hidtil har haft i Værge. Sk. R. 1, 293.

— Tilladelse for Steen Brahe til at indløse en Gaard i
Kaagerød By og Sogn i Lugude Herred, som Frederich Hobe har
faaet med sin Hustru[2], og som dennes Forældre havde i Pant. Sk.
R. 1, 293 b.

---

[1] De samme som ved Pengeskatten, kun fik Axel Brahe Brevet til Rudgaard Len i
Stedet for Otte Emmiksen. [2] Sidsel Urne.

**16. Juli (Roskilde).** Aabent Brev, at Otthe Otssen, der er beskikket til at sidde i Dommers Sted i Blekinge, men klager over af denne Grund at maatte forsømme sin egen Næring uden at have faaet tillagt nogen Løn derfor, indtil videre aarlig maa oppebære 1 Læst Byg af det Tiendekorn, som leveres i Aahus. Sk. R. 1, 294.

— Skøde til Mickel Pederssen, kaldet Giøding. Sk. R. 1, 294 b. (Se Kronens Skøder.)

— Gavebrev til Adelen i Skaane, der ikke har noget Domhus at holde Ret og Forsamling i, paa det Stenhus i Lundt, som gaar fra Biskopsgaarden til Domkirken, med Jordsmon og paastaaende Bygninger til deraf at indrette et Domhus. Sk. R. 1, 296 b.

— Livsbrev for Peder Jude, Borgemester i Malmøøe, og hans Hustru Maren Andrissedatter paa den Gaard i Burlof i Malmøøe Len, som Peder Jude alene for nogen Tid siden fik Livsbrev paa; de skulle svare sædvanlig Landgilde til Malmøe Slot, men ellers være forskaanede for al anden Tynge. Sk. R. 1, 296 b.

— Til Hans Skougaard. Da Kongen har bevilget, at de Kronbønder i Gyding, Nørre Asbo og Bierge Herreder i Skaane, der i en 3 Aars Tid paa egen Bekostning have skaffet Hjulbøre til Arbejdet paa Befæstningen af Kronneborg, maa faa Betaling for disse, for at de siden skulle være villigere, naar der befales dem noget, skal han handle med Bønderne om Hjulbørene og afkorte Betalingen derfor i deres Gæsteri eller Landgilde. Sk. T. 1, 190.

— Til Hans Skoufgaard og Axel Gyldenstiern. Da Otthe Thott har begæret 1 Gaard i Langerødt i Oense Herred til Mageskifte for noget af sit Gods, enten i Aureskouf[1] eller Bieretoft, hvilket der er Kronen belejligst, skulle de med det første besigte begge Parters Gods og indsende klare Registre derpaa. Sk. T. 1, 190 b.

— Befaling til Otte Brockenhus og Lauritz Brockenhus, Embedsmand paa Nyborg Slot, at være til Stede, naar Jacob Ulfeld overleverer Inventarium, Jordebøger, Breve og Registre paa Dallum Kloster til Absolon Giøye, føre Tilsyn med Overleveringen og besigte Klosterets Bygninger. Det befales Jacob

---

[1] Araskoga, Færs H.

Ulfeld straks med det første at overlevere Inventariet og andet. F.
R. 1, 206. K.

**16. Juli (Roskilde).** Aabent Brev om, at der i lang Tid har
været Trætte mellem Borgerne i Faaborg paa den ene og
de Lodsejere, der have Jord, som støder op til Byens
Ejendom, paa den anden Side, og at Lauritz Brockenhus, Lens-
mand paa Nyborg, for nogen Tid siden har kaldt alle Lodsejerne
sammen og opkrævet Sandemænd for at gøre Skel mellem de stri-
dende Parter, hvilket imidlertid har maattet opsættes 14 Dage, da
Emicke Kaas, Embedsmand paa Visborg, har fremlagt et Kongebrev,
hvorved det forbydes at føre Trætte paa ham eller hans Gods, me-
dens han er borte i Rigens Ærinde og 6 Uger efter hans Hjem-
komst. Da imidlertid Emicke Kaas jo er til Stede her i Riget og
kan møde til den Tid, Sandemændstovet skal gøres, paabyder Kon-
gen, at det ovennævnte Kongebrev ikke i nogen Maade maa forhin-
dre Sandemændstovet. F. R. 1, 206 b. K.

— Til Peder Gyllenstiern, Marsk, og Jørgen Rosenkrantz. Da
Hr. Jørgen Lycke har begæret 2 Gaarde i Fyen, den ene i Vy-
bye og den anden i Malø[1], til Mageskifte for Fyldest i 1 Gaard
i Hersnap i Dalbye Sogn i Hindtzbo Herred, 1 Gaard og 1 Hus i
Skoven til samme Gaard i Skaldendrup i Auensløf Sogn i Vinding
Herred og 2 Bol og 1 Hus i Bouensse Skov i Bouensse Sogn,
skulle de med det første besigte begge Parters Gods og indsende
klare Registre derpaa. F. T. 1, 152.

— Til Lauritz Brockenhus. Da Fru Marine Suale, Seuerin
Johansens Enke, blandt andet har begæret 1 Bol i Biølstrup[2] i
Fyen til Mageskifte for noget af hendes Børns Gods i Kolding-
hus Len, som Kongen ønsker at faa, skal han straks besigte Bolet
og indsende klart Register derpaa. F. T. 1, 153.

— Aabent Brev, at alle, der bruge Fiskeri under An-
holt, skulle svare den sædvanlige Told, før de løbe bort,
og, mens de ligge der, forholde sig stille uden Modvillighed
og ingen overfalde eller forurette; Kongen har nemlig bragt i Er-
faring, at en Del af hans egne Undersaatter og andre, der aarlig
fiske under Anholt, løbe bort, naar de have affisket, uden at svare
Kronen Told og Rettighed, løbe op paa Landet, hvor de røve fra
hinanden, bortføre Vrag og andet, overfalde og forurette skibbrudne

---

[1] Maalø, Bjærge H., Fyen.  [2] Fejlskrift for: Kjølstrup, Bjærge H.

Folk og andre, der komme did for at fiske, alt fordi der ingen
Straf følger efter, idet de løbe bort, naar de have bedrevet noget
saadant. Forse nogle sig herefter herimod, skal Fogden optegne
deres Navne, hvem de tilhøre, og hvor de have hjemme og straks
melde det til Lensmanden paa Kalløe, for at han kan lade dem
straffe paa deres Gods, hvis han kan faa fat i dem, eller, hvis de
undkomme, skrive til Kongens Lensmænd eller Borgemestre og Raad,
hvor de have hjemme, hvad de have bedrevet, hvilke saa skulle
være forpligtede til at lade dem straffe. J. R. 2, 556[1].

**16. Juli (Roskilde).** Mageskifte mellem Peder Rantzov,
Embedsmand paa Flensborghus, og Kronen. J. R. 2, 557. (Se
Kronens Skøder.)

— Til Erich Løcke og Hans Johanssen, Embedsmænd paa Rii-
berhus og Hindtzgafuel. Da Kongen har bevilget, at Peder Rant-
zov maa faa Præstegaarden i Nagbøl til Mageskifte for en ligesaa
god Gaard i Skanderup, paa den Betingelse, at han, hvis denne
ikke er saa god paa Bygning som Præstegaarden, vil betale For-
skellen med Penge efter Vurdering, skulle de besigte begge Parters
Gods, vurdere de 2 Gaardes Bygninger og indsende klare Registre
derpaa. J. T. 2, 75 b. K.

— Til Christen Lange, Kantor i Riibe. Da Kongen har be-
vilget, at Peder Rantzov maa faa nogle til hans Gaarde i Skanderup
Sogn liggende Kirkejorder, som Christen Lange paa Kapitlets Vegne
har i Forsvar og nyder Herligheden af, til Mageskifte mod at
gøre Fyldest i en af sine Gaarde baade for Ejendom, Rente og
Herlighed, skal han med det første blive enig med Peder Rantzov
om Mageskiftet, ligne Godset og indsende klare Registre derpaa.
J. T. 2, 76. K.

— Mageskifte mellem Jørgen Rosenkrantz til Rosen-
holm og Kronen. J. R. 2, 561. (Se Kronens Skøder.)

— Befaling til Biørn Anderssen straks at lægge alt det Gods,
som Kongen har faaet til Mageskifte af Jørgen Rossenkrantz, und-
tagen de 2 Gaarde i Koldinghus Len, ind under Aarhusgaard
og udlægge Kapitlet i Aarhus Fyldest af Stiftets Gods for
den Gaard, som Kongen har mageskiftet til Jørgen Rossenkrantz af
dets Gods. J. T. 2, 76 b. K.

---

[1] Tr.: Secher, Forordninger II. 138 f.

**16. Juli (Roskilde).** Mageskifte mellem Ifuer Lunge til Tirsbeck og Kronen. J. R. 2, 564 b. (Se Kronens Skøder.)

— Aabent Brev, at Ifuer Lunge til Thirsbeck, hans Hustru Fru Karine Bryske og deres Arvinger maa beholde 1 Gaard i Viby i Biere Herred i Fyen, 2 Gaarde i Heden By og Sogn i Salling Herred, 1 Gaard i Ebberup i Kerum Sogn i Bog Herred, en Jord og et øde Byggested i Smerup Mark i Holuad Sogn, 1 Gaard i Hingde i Smerup Sogn i Løfue Herred og 1 Gaard i Kuolbye[1] i Finderup Sogn af det Gods, som de nu have udlagt Kronen til Mageskifte, indtil de kunne faa det Gods i Lundenes Len, som Kongen har udlagt dem, men som Fru Abbel Skeel, Hr. Niels Langis Enke, har Livsbrev paa. J. R. 2, 570.

— Mageskifte mellem Jacob Høg til Trudtzholm og Kronen. J. R. 2, 571. (Se Kronens Skøder.)

— Til Biørn Anderssen, Axel Viffert og Niels Jonssen. Da Kongen har bevilget, at Biørn Kaas maa faa noget Gods i Lyøngbye i Nørrejylland til Mageskifte for noget Gods i Hasseriis ved Olborg og, hvis det ikke forslaar, tillige Gods i Kallundborg Len, skulle de med det første besigte begge Parters Gods og indsende klare Registre derpaa. K. Udt. i J. T. 2, 75.

**17. Juli (—).** Aabent Brev, at Mierløsse Herredsting, der for nogle Aar siden[2] er flyttet fra Uggersløsse til Holbeck, igen skal flyttes tilbage til Uggersløsse, hvor det fra Arilds Tid har været holdt, og for Fremtiden altid blive dér, da det er Bønderne besværligt at søge til Holbeck, som ligger alleryderst i Herredet. Sj. R. 12, 37. K.

— Aabent Brev, at Jens Pederssen, der trolig har ladet sig bruge paa Bahus i den sidste svenske Fejde og nu er skrøbelig og gammel, herefter skal have Underholdning i Andtuorschof Kloster samt en grov Klædning hvert Aar. Ud. i Sj. R. 12, 37 b.

— Aabent Brev, at Købstadmænd og Bønder paa Bornholm herefter maa være fri for at svare Told af de Heste, Øg, Foler, Øksne, Køer og andet Kvæg, som de udføre, og for Halvdelen af den Sise, som ellers svares andensteds, af den fremmede Drik, som indføres og sælges der paa Landet. Sk. R. 1, 297[3].

---

[1] Kulby, Løve H. [2] Se Kancelliets Brevbøger 1571—76 S. 651. [3] Tr.: Thura, Beskrivelse over Bornholm S. 147 f.

**17. Juli (Roskilde).** Befaling til Lauge Beck at sørge for, at Christen Elckier, der har faaet Forleningsbrev paa Attrupegaard i Ringsted Herred og selv vil bebo den, faar Gaarden overladt til første Fardag, og uden Stedsmaal skaffe den paa Gaarden boende Bonde en anden Gaard i Stedet, som han kan være hjulpen med. Sj. T. 14, 225.

— Til Axel Veffert. Da det er meget nødvendigt, at der bliver bygget paa Olborghus, og Kongen derfor har givet ham Ordre til at opføre et Hus dér, skal han paa Kongens Vegne antage en Bygmester til at forestaa Bygningen, tage af Slottets Indkomst til at købe det nødvendige for til Bygningen og sørge for, at Bygningen bliver hurtig fremmet. Han skal opføre en Teglgaard i Halsnes Birk eller et andet Sted i Olborghus Len og indskrive Udgiften dertil i sit Regnskab. J. T. 2, 77. K.

**20. Juli (Ballerup).** Til Eiler Grubbe, Rigens Kansler, og Eiler Krausse, Embedsmænd paa Vordingborg og Korsøer Slotte. Da Biørn Anderssen og Claus Glambeck, der have faaet Ordre til at besigte noget Gods i Anledning af Mageskiftet med Erich Vesteni, have berettet, at de formedelst anden Bestilling for Kongen ere forhindrede i at besigte det Gods, Kongen skal have af Erich Vesteni i Sjælland, og have tilsendt Kongen hoslagte beseglede Register paa det Gods i Jylland, som de have besigtet, befales det Eiler·Grubbe og Eiler Krausse straks at besigte Godset paa Sjælland, ligne det med Godset i Jylland og indsende klare Registre derpaa. Sj. T. 14, 225 b.

— Aabent Brev, at Peder Nielssen i Ringkiøping, der har tilskødet Kronen sin jordegne Bondegaard i True i Braband Sogn i Hasløf Herred, maa beholde denne Gaard, fri for Landgilde, Ægt, Arbejde og anden Tynge i de næste 10 Aar, hvis han lever saa længe; dør han forinden, skal den straks følge Kronen. De 26 Dlr. 8 Sk., han er bleven Kronen skyldig, medens han var Byfoged i Ringkiøping, og den Landgilde, han siden Mikkelsdag skylder af ovennævnte Gaard til Aarhusgaard, har Kongen eftergivet ham. J. R. 2, 574.

**21. Juli (Ibstrup).** Tilladelse for Aage Perssen i Balderup til i Sommer at købe 1 Læst Rostockerøl i Kiøpnehafn eller ved Bommen og være fri for at svare Sise deraf. K. Udt. i Sj. R. 12, 38.

— Til Christoffer Valckendorff. Da Possementmager Robbert

Heralt siden sin Afskedigelse har udført forskellige Arbejder for Kongen og Dronningen til et Beløb af 207 Dlr. 3 Mk. 8 Sk., hvilket nærmere kan ses af hoslagte 2 Registre, befales det Christoffer Valckendorff straks at betale ham disse Penge, da han er en fattig Mand, der skal ernære sig af sit Haandværk, og ikke kan vente, og det jo er Kongens, ikke Christoffer Valckendorffs Penge, det drejer sig om. Da han er særlig kunstfærdig, saa Kongen ikke kan undvære ham, og det, han kan fortjene om Aaret, løber højere op, end hvis han var i Kongens Tjeneste, skal Christoffer Valckendorff igen optage ham blandt Kongens Pensioner med samme Løn som tidligere og betale ham hvad han havde til gode, da han blev afskediget, hvilket efter hans Beretning skal beløbe sig til 20 Dlr. Sj. T. 14, 225.

**21. Juli (Ibstrup).** Befaling til N. N.[1] med det første at begive sig til Kiøpnehafn for i Forening med de andre dertil forordnede Raader at forhøre Rentemester Chrestopher Valchendorffs Regnskab 30. Juli. Orig.

— Livsbrev for Jacob Møller, Borger i Malmøe, og hans Hustru Maren Hansedatter paa en Giødersløf Kirkes Jord, som Peder Hanssen i Giødersløf tidligere havde og Jacob Møller nu selv har i Værge, mod at svare sædvanlig Landgilde deraf til Giødersløf Kirke. Efter deres Død skal et af deres Børn være nærmest til at faa Jorden i Fæste. Sk. R. 1, 298.

— Forleningsbrev for Almindeligt Hospital i Ve paa Afgiften af Kronens Part af Korntienden af Kiøbing Sogn i Giers Herred, kvit og frit. Sk. R. 1, 299.

— Til Coruitz Veffert. Da Lauritz Mus i Bedisløf har klaget over, at en Del af hans Gaards Tilliggende er kommen derfra, skal Coruitz Veffert med det første lade Synsmænd komme derpaa og nedsætte Landgilden med et Pund Korn eller hvad de finde rimeligt samt afkorte saa meget for sidste Aar, som Synsmændene nedsætte Landgilden. Udt. i F. T. 1, 153 b.

— Til Erich Hardenbierg og Absolon Giøe, Embedsmænd paa Hagenskouf og Dallum Kloster (ligelydende med Brev af 13. April til Jakob Ulfeld, Korfits Viffert og Absalon Gjøe, dog omtales de 3 Gaarde i Pederstruppe ikke). F. T. 1, 154.

— Forleningsbrev for Jørgen Skram, Embedsmand paa

---

[1] Navnet er bortrevet.

44

Drotningborg, der har klaget over, at Afgiften af Drotningborg Len
i Forhold til de nuværende Priser paa Korn, Smør og andre Varer
er sat saa højt, at han ikke uden sin store Skade kan udrede den,
paa Synderliung Herred, der nu ligger under Drotningborg,
med Stiftets Gods og Herligheden af Kirkegodset, saaledes som Fru
Anne. Hr. Otthe Krumpens, tidligere havde det i Værge, uden Af-
gift. J. R. 2, 575.

**21. Juli (Ibstrup).** Aabent Brev, hvorved Michel Nielssen,
Borger i Viborg, — der i 1578 er bleven Kongen 236 Dlr. skyldig
i Øksentold, hvoraf Niels Joenssen, Embedsmand paa Hald, har
ladet udlægge Søfren Kier. Tolder i Kolding, 59 Dlr. og nogle Skil-
ling af Michel Nielssens Gods, efterat først Palle Jul, Landsdommer
i Nørrejylland, efter Kongens Befaling havde faaet de Penge, han i
Følge Pantebrev havde til gode hos Michel Nielssen — faar Hen-
stand med Resten i N Aar, da Øksendriverne have lidt stor Skade
i 1578 og han ikke saa hurtigt kan udrede Pengene: dog skal han
siden betale Kongen før nogen anden. J. R. 2, 575 b.

— Til Axel Veffert. Da Søfren Pederssen, Borger i Kol-
ding, der skylder ham en c. 800 Dlr. og har sat ham sin Gaard i
Kolding i Pant derfor, har berettet, at han nu kræver ham for Pen-
gene, befales det ham at lade Tiltalen falde, tage Pengene af sin
Afgift af Nyborg Len til sidste 1. Maj og sende Kongen Pantebrevet
og hvad andre Breve, han maatte have paa Gaarden, for at Kongen
igen kan faa Forvaring af Søfren Pederssen. J. T. 2, 77 b. K.

— Til Hendrick Brahe. Paa hans Forespørgsel om, hvorvidt
han som hans Formand skal lade Bønderne der paa Landet [Born-
holm] faa Hjælp til Bygningstømmer og Ildebrændsel af Almindings-
skovene eller ej, og hvorvidt de Præster, som Kongen i Mogens Gøies
Tid har forlenet med Gaarde til deres Underholdning, skulle beholde
disse eller ej, svares ham, at han ligesom hidtil skal lade Bøn-
derne faa frit Bygningstømmer og Ildebrændsel, men
paase, at Skovene ikke forhugges til Upligt, undersøge de Præ-
sters Vilkaar, der have faaet Gaarde i Forlening, Grundene der-
til, og om de ellers have Underholdning nok eller ej; siden skal
han faa nærmere Besked. I Anledning af hans Begæring om, at
det, som han anvender paa Slottets [Hammershus] og Ladegaardens
Bygning, maa blive afkortet i hans Afgift, meddeles ham, at der
ikke skal foretages nogen ny Bygning, men han skal holde den

gamle Bygning ved Magt saa godt som muligt, saa Kongen ikke faar nogen synderlig Bekostning dermed. Sk. T. 1, 191 [1].

**22. Juli (Ibstrup).** Aabent Brev, hvorved Kongen — der har bragt i Erfaring, at Kronens vornede Bønder paa Bornholm hidtil, naar der er kommen ny Lensmand, have maattet fæste deres Gaarde paany eller svaret Lensmanden en Bekendelse, ligesom de ogsaa have maattet give Senge til Slottet, hvilke ulovlige Paalæg og Beskattelser Kongen ellers har afskaffet alle andre Steder — paabyder, at disse Misbrug herefter ligeledes skulle være afskaffede paa Bornholm; de Bønder paa Bornholm, der have fæstet Gaarde, maa herefter beholde disse, saalænge de ikke forbryde dem efter Loven og Recessen, og ligesaa efter deres Død deres Enker uden nyt Stedsmaal, saalænge de sidde ugifte. Sk. R. 1, 297 b [2].

— Aabent Brev, hvorved Sognepræsteembedet i Søllerød Sogn, da Sognet i sig selv er ringe og Præstegaarden lille, fritages for den Pens af 18 Mk. danske, som det tidligere har svaret til Hiortholm, og som Skriveren paa Kiøpnehafns Slot vil tilholde sig efter Hiortholms Henlæggelse under Kiøpnehafns Len; ligeledes fritages Embedet for alt hvad der indtil nu maatte restere af Pensen. Sj. R. 12, 38. K.

— Til Christen Vind. Peder Villumssen i Jonstrupgaardt har berettet, at han aarlig har svaret 6 Pd. Korn, 3 Fjerd. Smør, 3 Lam, 3 Gæs og 4 Par Høns i Landgilde til Kiøpnehafns Slot og, medens Kronens Part af Korntienden af Verløsse Sogn oppebares til Kiøpnehafns Slot, tillige 1 Pd. Korn aarlig for hans Part af Tienden; nu, da Ingeborg Oluf Skrivers har fæstet ovennævnte Tiende, svarer han 1 Pd. Korn til hende for sin Part af Tienden, men Skriveren paa Kiøpnehafns Slot kræver alligevel 7 Pd. Korn af ham foruden den øvrige Landgilde, ligesom da Tienden oppebares til Slottet. Christen Vind skal derfor undersøge Sagen og, hvis det kan bevises, at Peder Villumssen har svaret ovennævnte Pd. Korn til Slottet for sin Part af Tienden og nu svarer det til den, der har fæstet Tienden, lade ham slette i Jordebogen derfor og fritage ham for det, han resterer med. Sj. T. 14, 226 b.

---

[1] Tr.: Hübertz, Aktstykker til Bornholms Hist. S. 481. [2] Tr.: Smstds. S. 482. Seohor, Forordninger II. 140 f.

44*

**22. Juli (Ibstrup).** Aabent Brev, hvorved Kongen — der nu
har betalt Erich Lunge 1000 Dlr. af de 1500 Dlr., han har lovet
at give ham til at købe Bønderrettigheden for i de 3 jordegne
Bøndergaarde, den ene i Søschouf, de to andre i Sønder Kolle-
morthen, som Kronen har tilskiftet ham — lover at betale de
resterende 500 Dlr., naar han kommer til Koldinghus. J. R.
2, 576[1].

— Til Nils Jonssen og Kapitlet i Viiborg. Da Fru Karen
Krabbe, Nils Skiels Enke, har berettet, at der paaføres hende
Trætte paa det Gods, hun har Livsbrev paa af Kronen, og at
Brevene vedrørende Trætten findes i Viiborg Kapitel, skulle de op-
søge disse Breve, særlig Brevene vedrørende Høygaard i Jersløf
Herred med mere Gods i Vendsyssel, ligesaa Brevene vedrørende
Øregaard og Øregaards Fiskeri, og levere hende dem mod Reversal
for, at hun vil levere dem tilbage, naar Trætten er endt eller det
forlanges. J. T. 2, 78.

**23. Juli (—).** Forleningsbrev for Lic. Casper Paslich
paa Snegordtz Len i Sjælland, afgiftsfrit i 10 Aar. Sj. R. 12,
38 b. K.

— Til Steen Brahe og Knud Grubbe. I Anledning af det
Mageskifte, som Kongen vil slutte med Pouel Huidtfeld og
de Dresselberger, have de faaet Ordre til at besigte de Dres-
selbergers Gods, medens andre have faaet Ordre til at besigte Pouel
Huidtfelds; da der blandt Godset findes noget i Eskelstrup, som hører
begge Parter til, have de gode Mænd, der skulle besigte Pouel Huidt-
felds Gods, ikke villet sætte den dertil hørende Skov for Oldensvin,
fordi de ikke vidste, hvor højt Steen Brahe og Knud Grubbe vilde
taksere den anden Part, og fordi der for nogle Aar siden har været
taget Synsvidne over, hvor mange Svin de Dresselbergers Part kunde
taale, hvilken Taksering dog formenes at være for høj. Da Pouel
Huidtfeld nu har bevilget, at hans Part maa takseres af Steen Brahe
og Knud Grubbe i Forening med nogle uvildige Mænd, skulle de
med det første, naar de besigte de Dresselbergers Gods, tage 6
uvildige Adelsbønder til sig, besigte begge Skovparter og lade Bøn-
derne sætte dem hver især for, hvor mange Svin de kunne taale

---

[1] Derefter følger et af Peder Rantzov til Vamdrup udstedt Brev, dat. Vamdrup, 24.
Juli 1579, hvorved han lover at udlægge Kronen Fyldest for en Gaard, der skylder 6½
Td. Landgildekorn og 1 Td. 1½ Skp. Kornsæd, hvilken han er bleven skyldig ved det med
Kronen sluttede Mageskifte.

baade i Vangen og den rette Skov, naar der er god Olden. De skulle lade Bønderne sværge paa, at de ville sætte Skoven, som de ville forsvare for Gud, da Kongen ikke søger den anden Parts Skade, ja bedre kan taale Tab end denne. Sj. T. 14, 227 b.

**24. Juli (Ibstrup).** Til Christoffer Giøye til Gundersløfholm. Da hans Søsterdatter Jomfru Johanne Oxe har berettet, at der er Trætte mellem hende og Eyler Kraufsse om nogle Bundgarnssæt ved Bramsnæs, og at gode Mænd have faaet Ordre til at dømme dem imellem, skal han som hendes lovlige Værge forhandle med disse gode Mænd om straks at begive sig paa Aastederne og efterkomme Kongens Befaling og selv være til Stede ved samme Lejlighed og forsvare hendes Sag. Orig.

— Til Axel Gyldenstiern. I Anledning af hans Begæring om, at der alligevel maa gaa Dom i Sagen mod Peder Hanssen i Fers Herred og hans Medfølgere for det af dem begaaede Tingbrud, hvorfor de have optinget til Kongen og lovet 8 Øksne, tillader Kongen ham at tage Dom i Sagen, men forbeholder sig siden Fastsættelsen af Faldsmaalet. Sk. T. 1, 191 b.

— Til Biørn Anderssen og Claus Glambeck. Da det Gods i Sønderløng og Medelsom Herreder, som de i deres Besigtelse havde udlagt Moritz Stygge til Holbeckgaard, Sekretær, og hans Medarvinger for disses Gods i Koldinghus og Riberhus Len, ikke kan undværes fra Hald Slot, har Kongen bevilget, at Moritz Stygge i Stedet maa faa Huetthuedgaard og Rosthued i Øster Lisbierg Herred, en By, kaldet Borup, 1 Gaard, kaldet Skorupgaard, Liunge, Leggerholm, Bouens og Bouensholm i Mols Herred og, hvis det ikke kan forslaa, andet Gods i de nærmest liggende Herreder, som ikke ligger i Kongens Fredejagt eller saa nær Kongens Slotte, at det ikke kan undværes derfra, samt nogle øde Jorder og Enge ved Ebelthoft, der høre under Aarhusgaard, og Kronens Rettighed i noget selvegent Bondegods i Roxøe Herred, som han selv kan give dem nærmere Besked om; hvis imidlertid ovennævnte Gods i Øster Lisbierg og Mols Herreder ligger i Kongens Fredejagt eller ikke kan undværes fra Aarhusgaard, eller Moritz Stygge mener ikke at kunne faa Fyldest deri, maa han faa Fyldest i andet Krongods i Nørrejylland, hvor han selv kan opsøge det, men det maa ikke ligge i Kongens Fredejagt eller saa nær Kongens Slotte, at det ikke kan undværes derfra. De skulle med det første besigte begge Parters Gods, udlægge Moritz Stygge Fyldest og indsende klare Registre derpaa. J. T. 2, 78 b. K.

**24. Juli (Frederiksborg).** Kvittans til Pouel Huitfeld, Befalingsmand i Halmstad Herred, paa hans Regnskaber for Indtægt og Udgift af Aggershus Len fra St. Hans Dag Midsommer 1572, da han overtog Lenet efter Christen Munch til Thobberup, til 7. Sept. 1577, da han overleverede Slottet med Inventarium til Loduig Munch, for de i samme Tid oppebaarne Kongeskatter, for de 1000 ny Dlr., som 1573 bleve sendte op til ham fra Rentekammeret med Christen Munch til Giessinggaard til at købe Deler for, for de Arbejdspenge, som Bønderne i Aggershus Len 1574 svarede til Voldenes Opbygning, og for de Penge, Korn, Fetalje, Klæde, lange Spyd (»Spedtze«) og andre Varer, som han har oppebaaret, medens han laa i Befæstningen i Halmstad By, fra 1. Maj 1563 til 1. Maj 1570 og igen udgivet. Hvad Kongen blev ham skyldig i det sidste Regnskab er bleven afkvittet ham i Regnskabet for Aggershus, og hvad han ellers i de andre Regnskaber blev Kongen skyldig har han betalt. Sk. R. 1, 299.

**25. Juli (—).** Livsbrev for Andres Freimudt, Skarpretter i Kiøpnehafn, paa den Genant og Pension, han hidtil har haft, uagtet han nu er bleven fritaget for at rette nogen med Sværdet: han maa herefter hjælpe Folk med at sætte forrykkede Ledde sammen og hele gamle Skader, hjælpe dem, der ere faldne og have slaaet sig, men ikke forbinde friske Hug-, Stik- eller Skudsaar. K.[1]

— Befaling til alle de Bønder i Stockelundtz[2] Herred, der sidde for hele Gaarde, aarlig at yde deres Herredsfoged, Lauritz Knudssen i Ibstrup, 1 Skp. Korn hver, da han maa forsømme sin egen Næring meget for at holde Ting og møde paa Landstinget og det andensteds i Landet er sædvanligt, at enhver, der sidder for Gaard, aarlig giver Herredsfogden 1 Skp. Korn. Sj. R. 12, 39 b. K.

— Forleningsbrev for Lauritz Skram paa Strøe og Ønnestadt Len i Skaane, som Hendrich Belov, Embedsmand paa Koldinghus, sidst havde dem i Værge. Han skal fra sidste 1. Maj at regne aarlig til 1. Maj svare 150 gl. Dlr. i Afgift. Sk. R. 1, 300.

**26. Juli (—).** Til Borgemestre og Raad i Kiøpnehafn. Kongen har bragt i Erfaring, at deres Medborgere, medens hans Hof-

---

[1] Et hermed ligelydende Brev, dat. Ibstrup, 24. Juli, dog ikke indeholdende Bestemmelsen om, at han skal være fri for at rette Folk med Sværdet, findes i Koncept og indført i Sj. R. 12, 39, men med den Tilføjelse paa sidstnævnte Sted: Item blev denne Kopi forandret og blev tilsat, at han herefter maa blive forskaanet at rette nogen med Sværdet. Brevet i Sj. R. er trykt hos O. Nielsen, Kbhvns Dipl. II. 388 f.　[2] Sokkelunds.

sinder og Enspændere sidste Vinter vare i Jylland, for største Delen
have nedbrudt deres Stalde og anvendt dem paa anden Maade, fordi
de ingen vilde have hos sig; han havde ganske vist ventet, at der
for hans Skyld snarere var vist hans Folk Villighed end en saadan
Uhøflighed, og han befaler dem nu at skaffe Stalde i Byen til
N¹ Heste og sørge for, at de blive færdige med det første. De
skulle forbyde Borgerne at nedbryde Staldene. Sj. T. 14, 228².

**26. Juli (Frederiksborg).** Til Stheen Brahe og Knud Grubbe.
Da Kongen har bevilget, at Christoffer Rossengaard, Hofsinde,
maa faa 2 Gaarde i Borup³ i Seeby Sogn, som Kongen har
faaet af Hans Axelssen, til Mageskifte for 2 Gaarde i Markisløf
og 1 Gaard i Renge i Store Hedinge Sogn i Sthefuens Herred, skulle
de med det allerførste besigte begge Parters Gods og indsende klare
Registre derpaa. Sj. T. 14, 228 b.

— Forleningsbrev for Hendrich Frederichs. Sise-
mester i Halmstedt, der i den svenske Fejde har været Proviant-
mester og som saadan efter Rentemesterens Afregning med ham
har faaet en Del Penge til gode hos Kronen, paa Afgiften af
Kronens Part af Tienden af Thourup Sogn, som er 1 Td.
Smør, og af Eftra Sogn, som er 14½ Pd. Smør, kvit og frit,
mod at lade sin Fordring falde. Sk. R. 1, 301.

— Stadfæstelse for Throels Nielssen i Suertingstrup⁴
i Giødinge Herred og hans Medarvinger paa et af Kong Christian II
udgivet Brev, dat. Kiøpnehafn, Tirsdagen efter Søndag Vocem ju-
cunditatis [7. Maj] 1521, hvorved denne bevilger, at Niels Thøstes-
sen i Suertingstrup og hans Arvinger herefter maa beholde 2
Bol, kaldede Kirkebol og Biskopsbol, i Suertingstrup mod at svare
Kirken og Bispen sædvanlig Landgilde deraf, da Niels Thøstessen
har berettet, at hans Forældre have givet Bolene til Fennie⁵ Kirke
med det Forbehold, at Bolene skulle blive hos deres Arvinger for
den fastsatte Landgilde. Sk. R. 1, 301 b.

**27. Juli (—).** Til Byfogden i Kiøpnehafn. Kongen har be-
vilget, at Pether von Slesuig maa faa den Kronen tilfaldne
Part i hans Hustrus Gods paa den Betingelse, at han selv for-
liger sig med hendes rette Arvinger, hvis de inden Aar og Dag gøre
Fordring paa Godset. Udt. i Sj. T. 14, 229 b⁶.

---

¹ Der er ladt Plads aaben til Tallet. ² Tr.: O. Nielsen, Kbhvns Dipl. IV. 635.
³ Buerup. Løve H. ⁴ Svartingstorp. ⁵ Finja. ⁶ Tr.: O. Nielsen, Kbhvns Dipl.
IV. 635.

**28. Juli (Kronborg).** Aabent Brev, at Hamborgerne, der nu ere blevne forligte med Kongen, igen maa faa de dem tilhørende Skibe og Gods, som ere blevne arresterede i Danmark, Norge eller andensteds under Kongens Jurisdiktion, forsaavidt Skibene og Godset endnu ere i Behold. Sj. R. 12, 40. K.

— Befaling til Erich Løcke at lade Hamborgerne faa det hamborger Skib, som for nogen Tid siden er anholdt der for Byen [Ribe], og ligesaa lade Hamborgerne faa hvad andet dem tilhørende Gods der findes i Byen, da Uenigheden mellem Kongen og Hamborgerne nu er bilagt. J. T. 2, 80. K.

— (**Frederiksborg**). Aabent Brev til Indbyggerne i Danmark, at Kongen, der formedelst forskellige Ærinder vil rejse udenlands en kort Tid, har befalet Niels Kaas, Kansler, Peder Munck. Admiral, og Christoffer Valckendorff, Rentemester, at være til Stede paa Kiøpnehafns Slot i Kongens Fraværelse for at varetage Rigets Tarv, besørge de daglige Forretninger og hjælpe alle til Rette, der søge dem. Det befales alle at rette sig efter deres Befalinger som efter Kongens egne. Sj. T. 14, 229 b.

— Befaling til Landsdommerne over hele Riget straks at lade ovenstaaende Brev forkynde paa Landstingene. Sj. T. 14, 230 b.

— Til Peder Bilde og Eiller Grubbe, Embedsmænd paa Kalundborg og Vordingborg Slotte. Da Kongen har bevilget, at Hendrick Arenfeld maa faa 1½ Gaard i Borup[1] i Seeby Sogn, som Kongen har faaet af Hans Axelssen, til Mageskifte for 1 Gaard og 1 Hus i Ryge, 1 Gaard og 1 lille Gaard i Yderbye i Odtz Herred og 1 Gaard i Halendtzløf, skulle de med det første besigte begge Parters Gods og indsende klare Registre derpaa. Sj. T. 14, 231.

— Til nedennævnte, der have Gaarde, Huse og Jorder i Malmøe. Kongen har for nogen Tid siden efter Raadslagning med Danmark Riges Raad bestemt, at den Husleje, som svaredes af Gaarde, Huse og Jorder i Malmøe i 1575, skulde anvendes til Byens Befæstning, og dette er ogsaa sket med Undtagelse af den Husleje, som tilkom Adelen, hvilken endnu resterer og forholdes Borgemestre og Raad. Da Befæstningens Vedligeholdelse imidlertid lige saa vel er til Gavn for Adelen som for Borgerne, skulle de straks levere den dem i 1575 tilfaldne Husleje til Borgemestre og Raad i Malmøe. — Register over Restancen: Af Fru Merretthe

_____

[1] Buerup, Løve H.

Matz Stenssens Bolig 6 Mk.; af Mickel Gødings Gaard med tilliggende Mølle og Bolig 75 Mk.; af Fru Marren Styggis Gaard 30 Mk.; af Niels Thruidssens Arvingers Gaard, 2 Boliger, 72 Mk.; af Byrge Throllis Arvingers Gaard, kaldet Axelgaarden, med tilliggende Boliger og Skur, som Niels Friis til Hesselagger svarer for, 200 Mk., som Niels Friis vil erlægge, naar han faar Kongens Vilje derom at vide; af Albrit Oxis Gaard og Salterboden 80 Mk.; af Peder U's Bolig 9 Mk.; af Gabriel Sparris Gaard, 2 Boliger, 70 Mk.; af Knud Ulfeldtz Gaard 18 Mk.; af Jomfru Else Pors's Gaard 40 Mk.; af Hr. Verner Parsbiergs Arvingers Gaard med tilliggende 2 Boder 30 Mk.; af Hr. Jørgen Lyckis Gaard 32 Mk.; af Mouritz Podebusks Gaard 30 Mk.; af de Boder, Fru Anne paa Krapperup ejede, 26 Mk. og af det Bolig, Olluf Stissen ejede, 9 Mk., for disse 35 Mk. svarer Mouritz Podebusk; af Jomfru Johanne Oxis Gaard med tilhørende Bolig 74 Mk.; af de til Eygler Grubbis Gaard hørende Boliger 44$^1/_2$ Mk.; af Eggert Bildis Gaard 24 Mk.; af den skotske Kaptejn Gilbert Jungis Gaard, kaldet Rodstochsgaarden, 69 Mk.; af Peder Brahis Gaard 40 Mk.; af Fru Thalle paa Bossies Gaard 42 Mk.; af den Hr. Mogens Gyldenstierns 2 Døtre i Maribo Kloster tilhørende Gaard 48 Mk. — Summa 1068 Mk. 8 Sk. — Claus Ungers Gaard, 2 Boliger, er der intet givet af; Hendrich Brahis Gaard stod øde; Fru Christensse til Monstrups Gaard gaves der intet af; Hans Sparris Gaard er ikke sat for Landgilde. — Landgilde, som M. Baltzar har oppebaaret af Lunde Hospitals Gods: af en Bolig, som Anders Sjællandsfar bor i, 24 Mk., af en Jord, Helmicke Ottersen har i Leje, 12 Mk., af en Gaard, Jens Katt bor i, 15 Mk., ialt 51 Mk.; M. Joen af en Gaard, Hans Villumssen boede i, 48 Mk.; M. Vedssel, Kantor i Lund, af 2 Skur 30 Mk. — Summa 129 Mk. — Summa Summarum 1198 Mk. Sk. T. 1, 192.

[Omtr. 28. Juli?[1].] Til Kronens Bønder under Øfuedtz Kloster i Skaane. Hr. Christoffer, Borggreve von Dhona, har berettet, at en Del af dem vægrer sig ved at svare ham samme Gæsteri og Hold, som de have svaret de tidligere Lensmænd, fordi de anse det for et Paalæg, der først er paalagt dem for nogle Aar siden, da Klosteret laa under Malmøe Slot, og fordi Holdet og Gæsteriet nu efter Møntens Omsættelse er højere end før;

---

[1] Indført mellem Breve af 28. og 30. Juli. Efter Brevet er tilføjet: Denne forskrevne Kopi fandtes aldeles udateret.

da han imidlertid har erhvervet en Herredstingsdom over dem, at
de ere pligtige til at svare ham det samme som de tidligere Lens-
mænd, og en Landstingsdom, der paabyder dem det samme under
deres Freds Fortabelse, befales det dem at være ham lydige og
svare ham hvad de ere dømte til, saafremt de ikke ville lide den
i Landstingsdommen fastsatte Straf. Sk. T. 1, 194 b.

**29. Juli (Frederiksborg).** Til Niels Kaas, Kansler. Da Kon-
gen af højvigtige Aarsager har bestemt, at Dr. Niels Hemmings-
sen i Kiøpnehafn for en Tid skal afsættes og ikke mere læse
ved Universitetet, skal han meddele ham dette og befale ham
straks at begive sig til sit Kannikedømme i Roskilde, saa han er
der, inden Kongen rejser af Landet. Sj. T. 14, 231 b[1].

— Til Christoffer Valckendorff. Da Kongen vil begive sig paa
sin Udenlandsrejse 10. Aug. og Hofsinderne behøve Penge til
deres Udrustning, skal han se at skaffe saa mange Penge, at en-
hver, der skal med paa Rejsen, kan faa 3 Maaneders Løn
forud; hvis han ikke har Penge nok i Forraad, maa han hellere
laane nogle paa en Tid, for at Hofsinderne ikke skulle komme til
kort med Penge. Sj. T. 14, 232.

— Til M. Niels Jesperssen, Superintendent i Fyens Stift. Lau-
ritz Ifuerssen i Assens har berettet, at han i sidste Fejde er
bleven stillet som Baadsmand fra Assens, er bleven fangen i Sver-
rig og ved sin Hjemkomst har fundet sin Hustru gift med Bevilling,
medens det nu formenes ham at indlade sig i Ægteskab med en
Dannemands Datter i Assens. Da hans Hustru har faaet Tilladelse
til at gifte sig, medens han sad fangen, og han ellers har et ærligt
Rygte, skal M. Niels tillade ham at gifte sig, medmindre hans
Sag forholder sig anderledes, saa det ikke kan tillades. Orig. i
Provinsark. i Odense.

**30. Juli (—).** Aabent Brev, hvorved Kongen — der har bragt
i Erfaring, at de adelige, der ere udenlands i Rigens Be-
stilling og af den Grund undertiden erhverve Kongebreve,
hvorved det forbydes alle at rejse Trætte paa dem eller
det Gods, de have i Forsvar, saalænge de ere borte og 6
Uger efter deres Tilbagekomst, misbruge disse Breve, idet de i
deres Fraværelse ved deres Fogder paaføre andre Trætte og, naar
Modparten vil svare til Sagen eller føre Vidnesbyrd, som den vil

---

[1] Tr.: Ny kirkehist. Saml. IV. 311.

have beskrevne, imod dem i de af dem selv begyndte Sager, frem-
lægge Forbydelsesbrevene, saa Modparten bliver afvist og intet kan
faa beskrevet, hvorved mange komme fra deres Ret — forbyder
Indehaverne af saadanne Breve i deres Fraværelse at paaføre andre
Trætter ved deres Fogder og, naar Modparten vil svare dertil eller
føre Vidnesbyrd mod dem, da at forholde dem deres Ret ved disse
Breve; begynder nogen selv en Sag eller lader den forfølge ved
sine fuldmægtige, skulle saadanne Breve ikke i nogen Maade hjælpe
ham, men der skal gaa Parterne hvad Lov og Ret er imellem, som
om Husbonden selv var til Stede. Sj. R. 12, 40 b[1].

**30. Juli (Frederiksborg).** Aabent Brev, at Chresten Vind,
Embedsmand paa Kiøpnehafns Slot, hans Moder, Søskende og
deres Arvinger til evig Tid maa beholde alt det Gods, baade
Arve- og Købegods, som de indtil denne Dag have haft i
rolig Hævd og Besiddelse; alle deres Breve paa Godset ere
nemlig brændte for nogen Tid siden ved deres Hovedgaard Plog-
strups Brand. Sj. R. 12, 42. K.

— Forleningsbrev for Elias Eysenberge, Sekretær i
tyske Kancelli, der har faaet Ekspektancebrev paa det første ledige
Prælatur eller det første Kannikedømme, han kan være tjent med,
men maaske kan komme til at vente længe paa et saadant, paa
det Kannikedømme i Roschilde Domkirke, som er ledigt efter
Otte Emmichssen, indtil han kan blive forsørget med et godt Præ-
latur eller et bedre Kannikedømme. Sj. R. 12, 42 b. K.

— Tilladelse for Hertug Adolf af Holsten til at købe 300
Øksne her i Riget og udføre dem toldfrit. K. Udt. i Sj. R.
12, 43 b.

— Livsbrev for Fru Benedicte Mortensdatter, M.
Hans Gaassis Enke, der har foræret Kongen 500 Dlr., paa Kro-
nens Part af Korntienden af Store Heddinge Sogn i Stefuen
Herred, uden Afgift; efter Fru Ide Muncks, Hr. Oluf Rossenkrandt-
zis Enkes, Død maa hun oppebære Tienden i Negene. Udt. i Sj.
R. 12, 44.

— Til Christoffer Valckendorff. Da de Penge, som denne Brev-
viser Hans Møller har laant ham paa Kongens Vegne, medens
han var paa Øssel, og som han tidligere har faaet Ordre til at
betale, endnu ikke ere betalte, befales det ham straks at betale

---

[1] Tr.: Secher, Forordninger II. 142 f.

Hans Møller med Penge eller Varer eller vise ham et Sted hen, hvor han kan faa sine Penge, saa Kongen kan blive fri for videre Overløb i den Sag, og Hans Møller ikke skal have behov at gøre vderligere Bekostning paa Rejser i den Anledning. Sj. T. 14, 232 b.

**30. Juli (Frederiksborg).** Befaling til Johan Thaube, Embedsmand paa Frederichsborg, at levere Karine Hr. Lauretzis[1] de 4 Pd. Korn, som Kongen har bevilget hende. Orig.

— Til Hans Skoufgaard. Kongen, der skal rejse udenlands, har givet Niels Kaas, Kansler, Peder Munck, Admiral, og Christoffer Valkendorff, Rentemester, Ordre til under hans Fraværelse at blive liggende paa Kiøpnehafns Slot for at have Opsigt med alt og besørge de løbende Forretninger; da Kansleren imidlertid tillige har faaet Ordre til at begive sig til Nørrejylland, saasnart Kongen vender tilbage dertil, men der alligevel maa være nogen til Stede i Kiøpnehafn til at besørge Forretningerne, skal Hans Skoufgaard straks begive sig til Kiøpnehafn, saasnart han hører, at Kansleren rejser til Nørrejylland, og i Forening med Peder Munck og Christoffer Valkendorff varetage Forretningerne. Sk. T. 1, 195.

— Til Absolon Giøe og Lauritz Brockenhus, Embedsmænd paa Dallum Kloster og Nyborg. Da Knud Venstermand har begæret 1 Gaard i Broby, som Morthen Brock, Landsdommer i Fyen, har i Forlening, Kronens Rettighed i 2 jordegne Bøndergaarde i Fyen, den ene i Allerup, den anden i Vefuestruppe[2], og Herligheden af 2 Kirkegaarde i Ulbølle til Mageskifte for 2 Gaarde i Aarsløf ved Nyborg, 1 Gaard i Ørsbiere og mere Gods, hvis det ikke kan slaa til, skulle de med det første besigte begge Parters Gods og indsende klare Registre derpaa. F. T. 1, 155.

— Mageskifte mellem Fru Karine Krabbe, Niels Skeels Enke, og Otthe Banner paa sin Hustrus, Fru Ingeborg Skeels, Vegne paa den ene og Kronen paa den anden Side. J. R. 2, 577. (Se Kronens Skøder.)

— Følgebrev for Fru Karine Krabbe og Otthe Banner til de i ovennævnte Mageskiftebrev nævnede Kronbønder. Udt. i J. R. 2, 586 b.

— Aabent Brev, at Hr. Oluf Knudssen, Sognepræst i Ørting og Gosmer Sogne, der foruden andre Ubekvemmeligheder mang-

---

[1] Efter Paaskrift bag paa Brevet: fra Malmø. [2] Vejstrup, Salling H.

ler Vand ved sin Præstegaard i Ørting og maa hente det langvejs fra, herefter maa bo i sin Annekspræstegaard, Prestholm, i Gosmer Sogn, som Præsterne tidligere have boet i, dog skal han som hidtil svare 4 Ørt. Rug af Prestholm til St. Annæ Vikarie i Aarhus og tilfredsstille den paa Prestholm boende Bonde. J. R. 2, 595 b.

**31. Juli (Frederiksborg).** Aabent Brev, at Anders Frimut, Skarpretter, maa blive boende i Kiøpnehafn og være fri for Skat, Vagt, Hold og al borgerlig Tynge, saalænge han lever. K. Udt. i Sj. R. 12, 44 b. (dat. 30. Juli)[1].

— Fæstebrev for Hans Jenssen paa den Kronens Gaard i Ganløsse i Sjælland, som Nilaus boede i; han skal fæste Gaarden af Lensmanden paa Kiøpnehafns Slot og svare sædvanlig Landgilde deraf. Sj. R. 12, 44 b. K.

— Kvittans til Jens Fox, Enspænder, paa 1753 Dlr., som Kongen for nogle Aar siden har leveret ham af sit Kammer til at købe sølvbeslaaede Daggerter, Bælter og Pukler for hos Augustin Peyne i Brunsuig; han har nu for nogen Tid siden leveret Kongen disse Ting og med Augustin Peynes Haandskrift bevist, hvortil Pengene ere blevne anvendte. Sj. R. 12, 45. K.

— Til Christoffer Valckendorff. Da der er Mangel paa Penge paa Rentekammeret, saa de, der skulle med Kongen udenlands, ikke deraf kunne faa nogle Maaneder forud paa Haanden, har Kongen af sit eget Kammer leveret Mønsterskriveren 7000 Dlr. og bevilget, at han deraf straks maa give de Herremænd og Enspændere, der skulle med udenlands, 2 Maaneder forud paa Haanden foruden denne Maaneds Løn, som Christoffer Valckendorff har betalt dem af Rentekammeret, eller som ogsaa skal betales dem af de 7000 Dlr., inden Kongen rejser, saafremt de Penge, som Mønsterskriveren har faaet af Christoffer Valckendorff, ikke kunne slaa til; Vogndriverne og de gemene Folk skulle intet have forud af de 7000 Dlr., men Mønsterskriveren skal følge med og betale dem efterhaanden. Christoffer Valckendorff maa derfor se at skaffe de Penge, der endnu mangle til Løn for alle Kongens Hoffolk for denne Maaned. Da der kun bliver 8 Herremænd tilbage her, har Kongen bevilget, at de ogsaa maa faa 3 Maaneder paa Haanden, før de rykke op, hvilket han skal skaffe dem. Sj. T. 14, 232 b.

[1] Tr.: O. Nielsen, Kbhvns Dipl. II. 389 (efter Sj. R.).

**31. Juli (Frederiksborg).** Til Johan Thaube, Embedsmand paa
Frederichsborg. Kongen har eftergivet sin Enspænder Chre-
stoffer Sternberg de 2 Fjerd. Smør, som han i Fjor og i Aar
skulde give af Parckensborg. Orig.

— Befaling til Mickel Giønge om paa Kongens Vegne at
antage 300 duelige Hageskytter i Skaane, helst danske Karle,
om han kan faa dem, saa de med det første kunne være til Stede;
behøver han Penge til at give dem paa Haanden, kan han forlange
disse hos Rentemester Christoffer Valkendorff. Sk. T. 1, 195 b. Orig.

— Gavebrev til Knud Venstermand paa Kronens
Stenhus i Klostergaarden i Faaborg med 2 tilliggende Abild-
haver; han og hans Arvinger maa altid have frit Fiskeri i Faaborg
Sø. Der skal svares sædvanlig Afgift af de to Abildhaver til Hos-
pitalet i Ottens. F. R. 1, 207 b. K.

**1. Aug. (—).** Skøde til Skipper Chresten Pederssen og
hans Arvinger paa et Hus ved Østervold i Kiøpnehafn,
nærmest op til det af ham selv beboede Hus, som Kongen tidligere
har tilskødet ham. Der skal holdes god Købstadsbygning paa Grun-
den, saa der altid kan svares Kronen og Byen tilbørlig Tynge deraf,
og hvis Huset i Fremtiden skal sælges, skal det først tilbydes Kro-
nen. Sj. R. 12, 46 b[1]. K.

— Bestalling for Frandtz Lauritzen som Borgemester
i Helsingør. Sj. R. 12, 47 b[2]. K.

— Anmodning til nedennævnte adelige og andre om at laane
Kongen N Dlr. og senest inden 3 Uger sende dem til Rentemester
Christoffer Valkendorff, der skal give dem Forvaring paa, at de
skulle faa dem tilbagebetalte senest til førstkommende Mortensdag.
Hvis de ikke kunne skaffe saa meget, som begæret, i Dalere og
Guld, skulle de sende saa meget, de kunne. — Register: Fru Mette
Peder Oxis 2000 Dlr.; Lauge Beck, Fru Mette Bernekov, Fru Ide,
Fru Anne Albrit Goies og Erick Hardenberg hver 1000 Dlr.; Eiller
Krafse 600 Dlr.; Hack Ulfstand, Eiller Grubbe, Hans Mønter i Kiøp-
nehafn, Hans Johanssen, Steen Bilde i Fyen, Coruitz Viffert, Hans
Skoufgaardt og Biørn Kaas hver 500 Dlr.; Herluf Skafue, Gregers
Trudssen, Michel Seested, Erick Valckendorff, Stheen Brahe og Frantz
Lauritzen, Borger i Helsingøer, hver 300 Dlr. Sj. T. 14, 233 b.

---

[1] Tr.: O. Nielsen, Kbhvns Dipl. II. 389. [2] Tr.: Aarsberetn. fra Geheimearchivet III.
Till. S. 62 f.

**1. Aug. (Frederiksborg).** Aabent Brev, hvorved Kongen for-
pligter sig til at indløse det af Erich Rossenkrandtz til
Langtind til Fru Inger Oxe, Dronningens Hofmesterinde, ud-
stedte Gældsbrev paa 500 Dlr. og levere Erich Rossenkrandtz
det efter den med ham trufne Aftale. Sk. R. 1, 302 b.

— Aabent Brev, at Axel Brade, der har faaet Tilladelse til
at indløse Rudgaard Len i Fyen og beholde det mod aarlig at
svare 100 gl. Dlr. i Afgift, i Aar maa være fri for at svare
denne Afgift, da Smørlandgilden af Lenet allerede var opkrævet,
før han indløste Lenet. F. R. 1, 208. K.

— Skøde til Niels Kaas, Kansler, paa Skoufsgaard i
Fiendtz Herred m. m. J. R. 2, 596. (Se Kronens Skøder.)

— Mageskifte mellem Provstiet i Jelling Syssel og
Kronen. J. R. 2, 597 b. (Se Kronens Skøder.)

— Skøde til Peder Gyldenstiern til Tim, Marsk. J. R.
2, 598 b. (Se Kronens Skøder.)

**2. Aug. (—).** Aabent Brev, hvorved Possementmager Robert
Herolds aarlige Genant af Kiøpnehafns Slot fra sidste 25. Marts
af forhøjes med 1 Okse, 2 Pd. Malt, 2 Pd. Mel, 1 Fjerd. Smør
og 100 Bergefisk. Sj. R. 12, 48. K.

— Aabent Brev, at Lauritz Skiøt Sack von Giøttingen,
der har paataget sig at passe Sejerværket paa Kiøpnehafns
Slot, aarlig fra sidste Pinsedag af, da han overtog Sejerværket,
skal have 10 Dlr. og en halv Klædning, 4 Dlr. om Maaneden i
Kostpenge og Bolig i det Hus i Kongensgade, som Blasius Rørmester
boede i. Sj. R. 12, 48 [1]. K.

— Aabent Brev, at Jacob Sefeld, der en Tid lang har tjent
Kongen som Gigler, men nu formedelst Alderdom er forløvet
af Tjenesten, alligevel indtil videre aarlig fra sidste Pinsedag af
maa oppebære $2\frac{1}{2}$ Pd. Rug, 3 Pd. Malt, 2 Slagtenød, 3 levende
Svin, 4 Sider Flæsk, 6 Lam, 8 Gæs, 1 Td. Smør, 2 Tdr. Sild, 3
Pd. Bergefisk, 1 Td. Gryn, 1 Td. Ærter, 2 Lispd. Lys, 10 Læs
Ved, som Bønderne yde det, og 6 Tdr. Kul af Kiøpnehafns Slot.
Sj. R. 12, 48 b [2]. K.

— Til Christoffer Valckendorff. Skønt han tidligere har be-
rettet, at Johan Marie skylder Kongen Penge for Salpeter, har
Kongen dog nu bevilget, at dennes Broder Benedicht paa Johan

---

[1] Tr.: O. Nielsen, Kbhvns Dipl. II. 389 f.    [2] Tr.: Nye dsk. Magazin VI. 47 f.

Maries Vegne maa faa 1000 Dlr. paa Regnskab for Klokke-
malm og Udlæg, som han har gjort i Nederlandene, da han trænger
stærkt til dem for at skaffe det Salpeter hid, som han har lig-
gende i Hamborg, og betale de Penge, han har laant i Nederlan-
dene. Chrestoffer Valckendorff maa endelig se at skaffe ham Pen-
gene af de første, der komme ind i Rentekammeret, senest inden
3 Uger, eller anvise ham dem i Lybeck eller Hamborg, hvis han
kan skaffe dem dér, da Kongen har Brug for Salpeteret og nødig
vil, at Johan Marie skal komme i Skade, fordi han efter Kongens
Befaling har skaffet det til Veje. Sj. T. 14, 234.

**2. Aug. (Frederiksborg).** Befaling til Johan Taube, Embeds-
mand paa Kroneborig, at levere denne Brevviser, Jens Niels-
sen 2 Pd. Korn af Loftet, som Kongen har skænket ham for
den Skade, han har lidt paa Søen og ved Ildebrand. Orig.

— Til samme. Hoslagt sendes ham en Supplikats fra denne
Brevviserske, Anne Claus Jenssens, om Hjælp til hendes Hus-
bonde, der paa Pligtsarbejde er falden ned af Taarnet paa Krone-
borig, med Ordre til at give hende en 4—5 Dlr. Orig.

— [1] Aabent Brev, at Jacob Møller, Borger i Malmøe, indtil
videre maa bruge Thoppedals Fiskeri i Norge, som Bendt
Vind sidst havde det i Værge, mod at svare samme Afgift deraf
som denne. Sk. R. 1, 303.

— Kvittans til Mogens Gøye til Galmindrup paa hans
Regnskab for Indtægt og Udgift af Hammershus Slot og Len fra
14. Aug. 1577, da han overtog Lenet efter Manderup Parsbierg, til
sidste 28. Juli, da han overleverede det til Hendrich Brahe, og for
en Pengeskat og en Madskat. Hvad han blev skyldig har han dels
betalt, dels leveret fra sig til Inventarium. Sk. R. 1, 303.

— Pantebrev paa Livstid til Fru Inger Oxe, Jørgen Bra-
his Enke, paa 1 Gaard i Kommelthoft i Skaane, som Biørn
Kaas har udlagt hende i Stedet for en til Fru Krestendtze Ulfstandt,
Hendrich Bildis Enke, bortmageskiftet Gaard i Skaane, der hørte
under St. Peders Kloster i Lundt, som Fru Inger har i Pant paa
Livstid. Sk. R. 1, 303 b.

— Befaling til Lauritz Brockenhus at forhøre Kirkernes
Regnskab paa Alse og Erre, ligesom de tidligere Lensmænd

---

[1] Sk. R. har: 12. Aug., hvilket sikkert er en Fejlskrift, da Brevet er indført mellem
Breve af 1. og 2. Aug. og Kongen 12. Aug. var paa Vordingborg.

paa Nyborig have gjort, for at Kronens Rettighed ikke skal fravendes denne. F. T. 1, 155 b.

**2. Aug. (Frederiksborg).** Livsbrev for Hendrich Gyldenstiern til Aagaard paa Hals Birk i Nørrejylland, som Axel Veffert, Embedsmand paa Aalborghus, nu har det i Værge; han skal aarlig til 1. Maj svare 50 gl. Dlr. i Afgift af den visse og uvisse Rente, dog forbeholder Kongen sig alene al Told, Sise og Vrag. J. R. 2, 599. Orig.

— Til Biørn Anderssen, Mandrup Parsberg og Claus Glambeck. Da Kongen har bevilget, at Hendrich Gyldenstiern til Aagordt maa faa Ulfschoufs Gods i Vendsyssel, 1 Gaard i Giettrup med nogle paa Gaardens Grund byggede Byggesteder, 1 Gaard i Aslund, 1 Gaard i Lindholm, 1 Bol i Gylsy, Nergaard[1] i Slet Herred, 1 Gaard i Engelstrup, 1 Gaard i Leysted[2], 1 Gaard i Aarup, 1 Gaard i Grønning[3], 1 Gaard i Biudstrup[4] i Giedtsted Sogn, 1 Gaard i Sønderstrup i Han Herred, 1 Gaard i Nørrebierre, 1 Gaard i Manstrup, 1 Gaard i Thimmerbye[5], Kronens Rettighed i 2 jordegne Bøndergaarde, den ene i Drøstrup, den anden i Bunderup, Kronens Herlighed i 4 Kirkegaarde, den første i Thanderup, den anden i Drøstrup, den tredje i Gunderstrup og den fjerde i Aarup, Kronens Rettighed i nogle jordegne Bøndergaarde i Rindtz Herred, nemlig 5 i Thorup, 1 i Castrup og 1 i Glerup, til Mageskifte for 1 Gaard i Salthing i Vradtz Herred, 1 Gaard i Ranløf i Hadtz Herred, 1 Gaard i Dyngbye, 1 Gaard i Aathrup[6], 3 Søsterlodder i Fiellerup Skov, Kellerup Hovedgaard med tilliggende Skov og Ejendom, 8 Gaarde i Kellerup, 6 Gaarde i Gunderup, 3 Gaarde i Randrup, 2 Gaarde i Diurbye, 1 Gaard i Aarsløf i Hald Herred, Kellerup Mølle, Kierby Mølle, Aarsløf Mølle, 1 Gaard i Alminge[7] i Giern Herred med Lod i Alminge Skov, Gragaard i Liusgordtz Herred, 1 Gaard i Stenkelstrup i Ringsted Herred og, hvis det ikke kan forslaa, mere Gods i Skanderborg, Droningborg og Silkeborg Len, skulle de med det første besigte begge Parters Gods og indsende klare Registre derpaa. J. T. 2, 80. K.

**3. Aug. (—).** Aabent Brev, at Valentin Rhadevorm, der har tilbudt at skaffe Lumper til den i Kiøpnehafns Len begyndte Papirmølle, aarlig skal have 30 gl. Dlr. i Løn mod at for-

---

[1] Nørgaard.   [2] Løgsted, Slet H.   [3] Grønning, samme H.   [4] Bystrup, Rinds H   [5] Tømmerby, V. Han H.   [6] Attrup, S. Hald H.   [7] Alling, Gern H.

pligte sig til at skaffe Papirmageren Materie nok at bearbejde og
til at rejse omkring i Riget og andensteds for at samle det nød-
vendige. Sj. R. 12, 49 b[1].  K.

**3. Aug. (Frederiksborg).** Forleningsbrev for Hr. Søfren
Grønnebech paa et Vikarie i Lunde Domkirke, kaldet Nicolai
in choro aquilonari, som Hr. Madtz, Sognepræst til Serløf[2] og Gø-
deløf[3] Sogne, hidtil har haft. Han skal residere ved Domkirken.
Sk. R. 1, 304 b.

— Aabent Brev, at Kongen har tilladt Frederich Hobe at lade
Hans Christoffersen, der en Tid har tjent ham og hans Hustru
som Skriver, men nu er rømt med hans Regnskab og for Skovhugst
og andre Forseelser, paagribe, hvor han kan træffe ham i Køb-
stæderne eller andensteds paa Kronens Gods, og derefter lade ham
føre til sin Gaard og holde ham til Stede der, indtil han har for-
klaret sit Regnskab og forsvaret sig mod de mod ham rejste Be-
skyldninger. Det befales alle at hjælpe ham hermed. F. T. 1,
309 b.

**4. Aug. (—).** Kvittans til Chrestopher Valchendorff
til Glorup, Rentemester, der nu i Overværelse af Niels Kaas,
Kansler, Peder Munck, Admiral, Peder Bilde, Biørn Kaas, Eyler
Grubbe, Rigens Kansler, og Hans Skougaard har gjort Regnskab for
sin Indtægt og Udgift fra Nytaarsdag 1578 til Nytaarsdag 1579,
heri iberegnet hvad han blev skyldig i sidste Regnskab. Han blev
Kongen skyldig 110 Rosenobler, 257 Goltgylden, 67 gl. Dlr. $^1/_2$ Ort,
1647 lød. Mark, 7 Lod Sølv og 69 Mk. $1^1/_2$ Pend. dansk, som Møn-
ten nu gaar, hvorfor han fremdeles skal staa til Regnskab. Sj. R.
12, 50.  K.

— Aabent Brev, hvorved Forbuddet mod Udførsel af
Rug ophæves, da Undersaatterne her i Riget ere tilstrækkelig for-
synede med Korn og alt tyder paa et frugtbart Aar. Sj. T. 14, 235.

— Til Hr. Christoffer, Borggreve von Dhona, og Axel Gylden-
stiern. De have indberettet, at de nu have faaet de Bønder i
Fers Herred, der have begaaet Tingbrud og uden Tilladelse
selv holdt Ting og udgivet Tingsvidner, dømte i Kongens og deres
Husbonders Minde, og derfor forespurgt, hvorledes de skulle for-
holde sig med dem. Kongen husker jo nok, at han har givet Bøn-
derne sit Brev paa, at de skulle være fri for yderligere Tiltale for

---

[1] Tr.: Nyrop, Strandmøllen S. 6.    [2] Skrslöf, Oksle H.    [3] Görslöf, Bars H.

den Sag mod at svare 8 Øksne, men da han indser, at de have
gjort det altfor groft, paalægger han dem yderligere at udrede
10 Øksne. De skulle derfor tage Borgen af dem for 18 Øksne og
derefter lade dem være fri for Sagen, da Kongen vil, at de paa den
ene Side skulle beholde noget tilbage, men paa den anden ogsaa
lide nogen Straf for deres Ulydighed. Da Dommen gaar ud paa,
at Bønderne skulle være i deres Husbonders Minde, gør Kongen
opmærksom paa, at de for Tingbrud kun kunne falde til Kongen,
og befaler dem derfor tillige at oppebære Sagefaldet af Adelens Bøn-
der, hvis der er saadanne med i Sagen. De skulle sørge for, at
Øksnene blive drevne hid. Sk. T. 1, 196.

**4. Aug. (Frederiksborg).** Forleningsbrev for Gregers
Trudssen paa Roxø Herred, 2 Gaarde i Veilbye i Hald Her-
red, 1 Gaard i Vette[1] i Galthen Herred, 1 Gaard i Skeibye, 1 Gaard
paa Helnes, 1 Gaard i Suinebo i Øster Lisbierg Herred, Herligheden
af 2 Kirkegaarde, den ene i Afning, den anden i Fauxing, 2 Gaarde
i Salthen[2] i Vendsyssel, 1 Gaard i Alstrup og Herligheden af Høe-
mested[3] Kirkegaard. Han skal aarlig til 1. Maj svare 100 gl. Dlr.
af den visse og uvisse Rente, dog forbeholder Kongen sig alene al
Told, Sise og Vrag. J. R. 2, 599 b.

**5. Aug. (—).** Forleningsbrev for Niels Pederssen,
Slotsskriver paa Frederichsborg, paa Kronens Part af Korntien-
den af Melby Sogn paa Halsnes, uden Afgift. K. Udt. i Sj.
R. 12, 51.

— Forleningsbrev for Eyler Krafse paa Korsør Slot
og Len, saaledes som han nu selv har det i Værge. Han skal fra
1. Maj 1579 at regne aarlig svare 200 Dlr. i Afgift, underholde
Kongen og Dronningen med Følge og Heste, saa ofte de komme
did, og gøre Riget tilbørlig Tjeneste. Sj. R. 12, 51. K.

— Befaling til Christoffer Valckendorff, Rentemester, straks at
bestille en tæt og vel istandsat Bojert, der, saasnart Kongen er
rejst til Meklenborg, kan indtage Dronningens Kister og
Gods, som Dronningen vil lade føre til Nørrejylland, samt Kon-
gens Apothekeri og Sølvkammer med de dertil hørende Folk
og løbe til Kolding med det; han skal sætte duelige Baads-
mænd paa Skibet og sørge for, at alt kommer velbeholdent frem. Orig.

— Befaling til samme at levere Jesper Vintapper noget

---

[1] Væt.    [2] Saltum, Hvetbo H.    [3] Hørmested, Horns H.

45*

Tømmer, Sten og Kalk, som Kongen har foræret ham til hans Gaards Bygning.  Orig.[1]  Udt. i Sj. T. 14, 235.  K. (i Udt.).

**5. Aug. (Frederiksborg).**  Befaling til samme at sende Fetalje, Tjære, Tov, Takkel og andet nødvendigt til Bahus med Wohl Herr, som der igen skal bygges paa smstds.  Udt. i Sj. T. 14, 235 b.  K. (i Udt.).

— Befaling til samme straks at sende Michel Giønge 300 Dlr. til Antagelse af 300 Knægte; da Knægtene skulle sendes til Øssel for det Tilfælde, at der skulde komme noget hastigt paa dér, skal han sende Fetalje did for et Aars Tid baade til ovennævnte 300 Knægte og til Slotsfolkene, der vel beløbe sig til en 100, tilligemed Krudt, Lod, Jærn, Skovle, Spader, Hakker, Økser og andet, som han kan tænke behøves, dog skal han hente ligesaa meget Krudt tilbage fra Slottet paa Øssel, som han nu sender did af den gode Slags.  Han skal sende saa meget Silketøj, Klæde, Lærred, Sardug og andet, som han kan tænke gøres behov i en rimelig Tid, til Kommissen baade for de 300 Knægte og Slotsfolkene samt 1000 Dlr.  Udt. i Sj. T. 14, 235 b.  K. (i Udt.).

— Befaling til samme at sørge for, at de Folk, der skulle sendes til Vardhus og blive liggende dér en Tid, blive forsynede med Fetalje, Klæder, Penge og andet, saalænge de ligge der.  Udt. i Sj. T. 14, 235 b.  K. (i Udt.).

— Befaling til Mickel Giøding at antage 300 Hageskytter i Skaane, Halland og Blekinge og sende dem til Kiøpnehafn; Christoffer Valckendorff har faaet Ordre til at levere ham 300 Dlr. hertil.  Udt. i Sk. T. 1, 200.

— Befaling til Christoffer Packisk med det første igen at flytte Mierløsse Herredsting fra Holbeck til Uggerløsse, blive enig med Herredsmændene om, hvad de skulle give derfor, og siden paase, at der bliver holdt god Orden paa Tinget.  Sj. T. 14, 236.

— Ekspektancebrev for M. Anders Kiøge, Kannik i Lunde Domkirke, paa det første ledige Vikarie smstds., dog tidligere Ekspektancebreve hermed uforkrænkede.  Sk. R. 1, 305.

— Til Kapitlet i Lund.  Da M. Anders Kiøge, Kannik i Lund, har klaget over, at Kapitlet, medens han var Professor ved Universitetet, har skiftet bona communia mellem dets Medlemmer,

---

[1] Tr.: Nye dsk. Mag. l. 49.

uden at han dog har faaet noget, hvilket han mener strider mod
Universitetsfundatsens Bestemmelse, at Professorer skulle have bona
communia, skal Kapitlet i Fremtiden betænke M. Anders med
noget af bona communia, saa han ikke skal have noget at
klage over. Sk. T. 1, 196 b.

**5. Aug. (Frederiksborg).** Befaling til Hans Skougaardt at re-
gistrere alt, hvad der findes efter Bendt Vindt, og tage det
til sig indtil videre. Udt. i Sk. T. 1, 200. K. (i Udt.).

— Befaling til Axel Gyllenstiern om inden Mikkelsdag at sende
en klar Jordebog over Landtzkronne Lens visse Land-
gilde og Rettighed til Rentemester Christoffer Valcken-
dorff. Udt. i Sk. T. 1, 200.

— Forleningsbrev for Morthen Brock, Landsdommer i
Fyen, paa 6 Gaarde og 1 Gadehus i Langsted i Onse Herred
i Fyen, uden Afgift. F. R. 1, 208 b. K.

— Til Lauritz Brockenhus. Da Husene paa Slottet [Ny-
borg] ere meget bygfaldne, særlig paa Tagene, skal han efter-
haanden, som Lejligheden tilbyder sig, lade Taget istandsætte og
lade de Smaabyggerier paa Slottet, der ere nødvendige, udføre; der
sendes ham en Skrivelse[1] til Loduig Munck, Statholder i Norge,
om at skaffe ham 1000 gode Stenlægter, naar han sender Skibe
efter dem. Han skal lade den ny Kornlade ved Slottet, der
formedelst Tømmermandens Forseelse er gaaet noget af Lave,
besigte af forstandige Tømmermænd og, hvis de erklære, at det er
Tømmermandens Forseelse, da lade denne tiltale og staa til Rette
derfor, dog skal han ikke desto mindre lade det af Laden, der er
gaaet af Lave og ikke kan blive staaende, tage ned og forbedre det.
Det forfaldne Stakitværk omkring Slottet skal han ikke gøre noget
ved, da Kongen ikke bryder sig om det, derimod skal han forny
det omkring Kohaven og holde det i Stand med Enebærstager. De
smaa Fiskediger i Kohaven, som Axel Viffert har begyndt paa,
men ikke er bleven helt færdig med, skal han lade gøre færdige.
Hvad han anvender til disse Ting skal han lade indskrive i Regn-
skabet, men han maa ikke uden at indhente nærmere Ordrer fra
Kongen anvende mere derpaa end 500 Dlr. eller deres Værdi. F.
T. 1, 156.

— Til samme. Paa hans Forespørgsel, om han maa holde 2

---

[1] Se Norske Rigsregistr. II. 349.

Postvogne eller 3 Holdsvogne daglig af Bøndernes Vogne til at befordre dem af Kongens Folk, der komme did og skulle hurtig afsted, befales det ham, saasnart han erfarer, at Kongen er kommen til Kolling, at holde en Postvogn, men forskaane Bønderne for Holdsægter; Udgiften til Postvogn, Heste og deres Underholdning maa han lade indskrive i Regnskabet. Der sendes ham et Brev til Hendrich Mogensen, Tolder i Helsingør, om at skaffe ham 8 Læster groft Salt af Tolden, naar han sender Skib efter det. F. T. 1, 158.

**5. Aug. (Frederiksborg).** Befaling til Hendrick Mogenssen, Tolder i Helsingøer, at levere Lauritz Brokenhussis Fuldmægtig 8 Læster groft Salt af Tolden. Udt. i Sj. T. 14, 234 b.

— Til Erich Hardenbierg og Absolon Giøe, Embedsmænd paa Hagenskouf og Dallum Kloster. Da Kongen, der af Fru Gieske Brockenhus, Erich Bildis Enke, har faaet hendes Gods i Koldinghus Len til Mageskifte, har bevilget ved samme Lejlighed tillige at overtage hendes øvrige Gods i Nørrejylland, hvorfor hun skal have Udlæg i 1 Gaard, kaldet Grefthebierg[1], 1 Gaard i Gadtzbøl, 2 Gaarde i Ondebølle[2], 2 Gaarde i Kuolbierg[3], 1 Gaard i Magthenbølle og 2 Gaarde i Skousbye, [skulle de med det første besigte begge Parters Gods og indsende klare Registre derpaa]. F. T. 1, 157.

— Ekspektancebrev for M. Anders Søfrenssen Vedle, Slotsprædikant paa Kiøpnehafns Slot, der har lovet at beskrive danske Historier og Kongernes Bedrifter og straks at begynde paa Arbejdet, paa det Prælatur i Riber Domkirke, som M. Hans Suaning nu er forlenet med, dog først at tiltræde efter dennes Død. Naar M. Anders faar Prælaturet, skal han residere ved Domkirken. J. R. 2, 600 b.

— Til Anders Pederssen. Da Otthe Banner har Livsbrev paa Thamstrupgaard, som Kongen for nogen Tid siden har tilskiftet Anders Pederssen, og nu i Henhold til et tidligere Tilsagn af Kongen har tilskiftet sig den, skal han lade Otthe Banner faa Gaarden, igen opsøge sig en anden ligesaa god Gaard paa et belejligt Sted og underrette Kongen derom. J. T. 2, 81 b. K.

— Befaling til Peder Gyldenstiern, Christen Skiel og Nils Jonssen inden Mikkelsdag at sende en klar Jordebog over deres Len til Rentemesteren i Kiøpnehafn (i Nils Jonssens Brev til-

---

[1] Grøftebjærg, Odense H.    [2] Andebølle, samme H.    [3] Kaalbjærg, samme H.

lige: han skal i Jordebogen ogsaa opføre det Brokorn, der aarlig
oppebæres, og hvorledes det oppebæres. Udt. i J. T. 2, 82.

**6. Aug. (Frederiksborg).** Aabent Brev, at Albret Albrets-
sen og Niels Pederssen, Raadmænd i Kiøpnehafn, i de næste
2 Aar maa oppebære alt det Korn og Smør af den visse
Indkomst i Frederichsborg og Kroneborg Len og Hørs-
holm Birk, som kunne undværes fra Slottene; Kornet og Smørret
fra Frederichsborg Len og Hørsholm Birk skulle leveres dem inden
hver 1. Maj i Kiøpnehafn, fra Kroneborg Len i Helsingør til samme
Tid, og der skal regnes 24 Skpr. Byg paa hvert Pd., 12 Pd. paa
hver Læst og 42 Tdr. paa hver Læst, 20 Skpr. Rug paa hvert Pd.,
12 Pd. paa hver Læst og 36 Tdr. paa hver Læst; Kornet skal til-
maales dem med Skæppen. De maa ogsaa i disse 2 Aar oppebære
de Oste, som kunne undværes fra Kronens Ladegaarde i ovennævnte
Len. De skulle give 1 enkelt Dlr. for hver Td. Rug eller Byg,
12 gl. Dlr. for hver Td. Smør og 7 gl. Dlr. for hver Td. Ost og
indbetale Pengene i Kongens eget Kammer til hver St. Bertolomei
Dag [24. Aug.]. Sj. R. 12, 52. K.

— Til Hendrick Mogensen, Tolder i Helsingør. Da Kongen
vil beholde det Sukker, som hans Søn Villem Hendricksen har
tilbudt ham, og nu har sendt sin Apotheker over for at modtage
det og tage Vægt paa det, skal han i sin egen Nærværelse lade Suk-
keret veje og siden efter Lejligheden betale det. Orig.

— Til Johan Thaube, Embedsmand paa Frederichsborg. Da
Jens Chrestenssen i Nillerup[1] ved Gildeleye, der for nogen
Tid siden har fæstet sin Gaard af ham for 12 Dlr. og 1 Td. Torsk
og siden forbedret den, har begæret at faa sit Stedsmaal igen,
da Sognepræsten paa Gildeleye skal have Gaarden til førstkommende
Mikkelsdag, skal han tilbagetale ham Stedsmaalet, for at han kan
se sig om efter en anden Bolig. Orig.

— Aabent Brev, at Lensmanden paa Ottensegaard herefter alene
i Forening med Superintendenten, Provsterne og de andre gejstlige
skal forhøre og paadømme alle de Ægteskabssager fra Fyens
Stift, der lovlig indstævnes for dem, medens Lensmanden paa
Nyeborg Slot, der en Tid ogsaa har været Medlem af denne
Ret, herefter skal være fritaget derfor, da mange Sager hidtil
ere blevne forhalede, fordi begge Lensmænd ofte formedelst andet

---

[1] Nellerup, Holbo H.

Forfald ikke have kunnet møde sammen. F. R. 1, 209. K. Orig. i Provinsark. i Odense [1].

**6. Aug. (Frederiksborg).** Befaling til Couitz [Viffert] med det første at sende sin Skriver til Kiøpnehafn med sit Regnskab baade for Gaardens [Odensegaard] og Stiftets Indkomst og opkræve al Indkomsten, saafremt han ikke selv vil betale det manglende. Er der nogle, der ikke ville betale deres Afgift af Tienderne til den i Brevene fastsatte Tid, skal han indtil videre tage Tienderne til sig. F. T. 1, 161 b.

**7. Aug. (—).** Forleningsbrev for Dauid Hanssen, Toldskriver i Helsingør, paa 3 Gaarde i Rørtang, uden Afgift; han maa selv bruge den ene af Gaardene, saafremt han kan faa den Bonde, der bor deri, til godvillig at rømme Gaarden. Sj. R. 12, 54. K.

— Skøde til Hendrick Holdst, Foged paa Hørsholm, paa et Hus paa 8 Bindinger i Kongens Gade i Kiøpnehafn, hvilket Ambrosius Sværdfeger har boet i. Sj. R. 12, 54 b [2]. K.

— Aabent Brev, at Bønderne i Kastrup og Maglebylille paa Amager herefter altid maa have deres Køer paa Græs paa Saltholmen om Sommeren ligesaa vel som de andre Bønder der paa Landet, da de kun have meget snæver Græsmark til deres Byer og derfor ogsaa fra Arilds Tid have haft Ret dertil, hvilket nu de Mænd, der bo paa den vestre Side af Landet og have stor Mark at bruge, hindre dem i ved at drive deres Kvæg bort fra Saltholmen; dog maa Bønderne i Kastrup og Maglebylille, ikke tage andre Byers Heste og køre med dem paa Saltholmen, naar de ville have nogen over til deres Køer, men skulle bruge deres egne Heste. Sj. R. 12, 55. K.

— Til Christoffer Valckendorff. Da han har berettet, at der baade hos Lensmændene og af Stiftets Korn endnu ligger Rug, Malt og Smør til flere Tusinde Dalers Værdi usolgt, særlig fordi han, naar bortses fra det lidt, han har solgt af Nød og Trang, ikke tør sælge Kornet til ringere Pris end 1 Dlr. pr. Tønde, medens der i Kiøpnehafn er solgt mange Læster Malt til 3 Ort pr. Tønde og undertiden mindre, befales det ham, ligesom tidligere mundtlig, at gøre sig sin største Flid for at sælge Kornet og Smørret til

---

[1] Tr.: Rørdam, Dsk. Kirkelove II. 303 f. (efter Orig.). Secher, Forordninger II. 143 f.
[2] Tr.: O. Nielsen, Kbhvns Dipl. II. 390.

den Pris, som gives i Kiøpnehafn blandt Købmændene, da det ikke er Kongen gavnligt, at det ligger usolgt, medens der daglig er Mangel paa Penge til Kongens og Rigets Udgifter. Udt. i Sj. T. 14, 236 b.

**7. Aug. (Frederiksborg).** Befaling til Absolon Giøe og Lauritz Brockenhus, Embedsmænd paa Dallum Kloster og Nyborg, at være til Stede, naar Rudgaard overleveres til Axel Brade, føre Tilsyn med, hvad Inventarium, Bo og Boskab der overleveres ham, besigte Bygningerne paa Slottet og i Ladegaarden og de under Slottet hørende Skove og give alt beskrevet fra sig. F. R. 1, 209. K.

— Til de samme. Da den Gaard i Bierge Herred i Nyborg Len, som Kongen havde bevilget Fru Marine Suale, Sefren Johansens Enke, til Mageskifte for hendes Børns Gaard i Gamst, ikke kan undværes fra Slottet, fordi den ligger paa Vejen mellem Nyborg og Eschebierg, skulle de med det allerførste besigte Gaarden i Gamst, derefter straks udlægge hende Fyldest i Nyborg Len paa et for hende og Kronen belejligt Sted, da det nu er længe siden Kongen fik hendes Gaard, og indsende klare Registre derpaa. F. T. 1, 158 b.

— Kvittans til Peder Munck, Admiral, for de i Aastrup Len fra 1. Maj 1566 til hans Fratrædelse af Lenet oppebaarne Skatter. Hvad han blev skyldig har han betalt. J. R. 2, 601.

— Skøde til Fru Citzelle Oxe og Erich Podebuskis Arvinger. J. R. 2, 601 b. (Se Kronens Skøder.)

— Følgebrev for Pouel Huidtfeld til 8 Bønder i Eskildstrup, den paa Hovedgaarden i Eskildstrup boende Bonde, 4 Bønder i Thiustrup, 1 i Gielsted, 1 i Franckerup, 1 i Buckerup, 3 i Siøholt[1], 3 i Brøderup, desuden alle de Bønder i Brøderup, som tidligere have ligget til Eskildstrup, 1 i Eskebierg, 1 i Rygget[2] og 1 i Kircke Helsinge i Sjælland, 4 i Raabylilde i Ermelund Sogn paa Møen, de paa de to Gadehuse smstds. og paa de 10 Fiskerboder under Raaby Skov boende Bønder, 2 i Thostenes og 2 i Frenderup. Sj. R. 12, 53 b. K.

— Befalinger til Peder Munck, Eiller Grubbe, Lauge Beck og M. Ifuer Bertilssen straks at levere Pouel Huidtfeld eller hans Fuldmægtig al den visse og uvisse Rente, som de til denne Dag have oppebaaret af hans Gods, der for nogen Tid siden

---

[1] Sjolte, Baarse H.  [2] Ryc, Løve H.

blev lagt ind under deres Len; have de allerede gjort Regnskab
derfor paa Rentekammeret, skulle de levere ham ligesaa meget af
Slottets Indkomst og indskrive det i deres Regnskab. Sj. T. 14, 237.

**8. Aug. (Frederiksborg).** Til Pouel Huitfeld. Kongen har bragt
i Erfaring, at det Gods i Aasted Herred, som Pouel Huitfeld
har begæret til Mageskifte for sit Gods paa Sjælland og Møen,
ikke uden stor Skade baade for Lenet og Lensmanden kan mistes
fra Laugholm Slot, og vil derfor hellere give Pouel Huitfeld Veder-
lag af Snidstruppe Len, som han og hans Hustru have Livsbrev
paa, og i Stedet give ham og hans Hustru Livsbrev paa noget Halm-
sted Gods eller andet Gods i Skaane. Kongen beder ham gaa ind
herpaa og udlægge saa meget af Snidstruppe Len, som hans Gods
kan beløbe sig til. Sk. T. 1, 197.

— Befaling til Axel Gyldenstiern, Landsdommer i Skaane, og
Anders Bing, der have besigtet det Gods paa Sjælland og Møen,
som Pouel Huidtfeldt har bevilget Kronen til Mageskifte, og
nu skulle besigte det Gods i Aasted Herred, som Pouel Huitfeldt
skulde have, om i Stedet at besigte det Gods af Snidstruppe Len,
som Pouel Huitfeldt anviser dem, da Kronen ikke kan undvære
Godset i Aasted Herred, og indsende klare Registre derpaa. Kon-
gen har bevilget, at den tredje Mark ikke skal afkortes Pouel Huidt-
feldt i det sjællandske og møenske Gods, saafremt der kun findes
en Mark til det hallandske, ej heller, selv om der findes 2 Marker
til det hallandske Gods, naar der til det sjællandske og møenske
Gods hører Skov, hvori Bønderne kunne have deres Fægang for-
uden paa den tredje Mark. Sk T. 1, 197 b.

— Til Christoffer Valckendorff. Da den skotske Kaptejn Vil-
lum Stefuart, som nu er i Nederlandene med Johan Gardon,
der ogsaa er i Kongens Tjeneste, har begæret at faa deres aar-
lige Pension betalt, fordi de have været nødte til at laane hen-
ved 400 Dlr., og har begæret, at disse maa blive tilstillede denne
Brevviser, der er kommen fra Nederlandene, da det er dem meget
magtpaaliggende, skal han straks mod Kvittans levere denne Brev-
viser 400 Dlr. af deres Pension. Sj. T. 14, 237 b.

— Til samme. Da Kongen vil sende denne Skibshøvedsmand
Petter Adrian til Rusland med Breve til Storfyrsten, skal han
levere ham en Æresklædning af Damask, betale ham
hans Løn forud foruden det, han skal have med til Tæring, og

lade ham faa en af de gemene Skibskokke og en Bartskærsvend
med sig. Sj. T. 2, 237 b.

**8. Aug. (Frederiksborg).** Befaling til nedennævnte Rigens Raa-
der og Adelige at møde i Ottense 8 Dage før Fastelavns Søndag
(Rigsraaderne selvsjette med Folk og Heste, Lensmændene selvfemte
og de Adelige, der ingen Len have, selvfemte eller med saa mange,
de kunne stille), da Striden mellem Kongen og hans Farbrødre og
Brødre om Slesvigs og Femerns Tagen til Len af Riget nu, Gud
være lovet, ved venlig Underhandling er bilagt og de nu til Faste-
lavn skulle tage Slesvig og Femern til Len af Riget i Ottense. De
skulle udstaffere sig selv, deres Folk og Heste saa godt som muligt.
— Register. Rigsraader: Niels Kaas, Kansler, Peder Gyldenstiern,
Marsk, Peder Munck, Admiral, Hr. Jørgen Løcke, Peder Bilde, Jør-
ger Rosenkrantz, Biørn Kaas, Biørn Anderssen, Eiler Grubbe, Rigens
Kansler, Jørgen Marsuin, Axel Viffert, Hans Skoufgaardt, Christoffer
Valckendorff, Rentemester, Steen Brahe, Jørgen Skram og Manderup
Parsberg. — Adelige: Palli Juel, Landsdommer, Erick Løcke til
Skoufgaard, Mouritz Podebusk, Niels Joenssen, Hans Lange, Christen
Skiel, Otte Banner, Claus Glambeck, Ifuer Lunge, Lauritz Skram,
Luduig Munck, Jacob Seefeldt, Ofue Lunge, Christoffers Søn, Gregers
Trudssen, Tomas Fasse, Albrit Friis, Anders Banner, Mogens Juel,
Pallis Søn, Jacob Høg, Jens Claussen, Giordt Pederssen, Gregers Hol-
gerssen, Ofue Juel, Nielsis Søn, Peder Jul, Hans Rostrup, Anders
Malthessen, Hendrick Sandbierg, Niels Stygge, Anders Pederssen,
Tygge Sandbierg, Hannebal Gyldenstiern, Glob Krabbe, Jørgen Friis
til Krastrup, Themme Rosenkrantz, Christen Munck til Giesing, Offe
Skram, Ifuer Skram, Hendrick Belov, Erick Løcke til Eskier, Lau-
ritz Rostrup, Chield Juel, Predbiørn Gyldenstiern, Benedictz von
Rantzov, Claus Strangessen, Mogens Jul til Julingsholm, Godsk v.
Allefeld, Erick Lunge, Jacob Rostrup, Falck Gøye, Mogens Gøye,
Erick Lange, Marcur Jenssen, Herman Jul, Kield Brockenhus, Kiøne
Quidtzov, Niels Krabbe, Tygge Krabbe, Ifuer Munck, Jacob Skram,
Albrit Skiel, Sthygge Høg og Mogens Jul til Knifholt i Jylland;
Erick Hardenberg, Coruitz Viffert, Lauritz Brockenhus, Hans Johans-
sen, Absolon Gøye, Niels Friis, Axel Brahe, Eiller Brokenhus til
Nackebøl, Hendrick Gyldenstiern, Christoffers Søn, Ebbe Munck, Eiller
Brokenhus til Syndergaardt, Knud Venstermand, Henrick von Alle-
feld til Voergaard, Lauritz Straale, Brede Rantzov, Knud Bilde til
Flintholm, Peder Thott, Karl Bryske, Jørgen Quitzov, Christen Quit-

zov, Frantz Urne, Peder Bilde, Ericks Søn, Ofue Lunge, Ifuers Søn, Hendrick Norbye, Morten Skienckel, Niels Skienckel, Mogens Bilde, Ericks Søn, Hans Oldeland, Christoffers Søn, og Hans Norbye i Fyen; Michel Seestedt, Christoffer v. Festenberg, Jørgen Daa, Hening Gøye, Hertuig Høicken, Erick Valckendorff, Mogens Gøye til Galmendrup, Christoffer Lindenov, Knud Bilde, Stheens Søn, Morthen Venstermand, Friderich Hube, Friderich Friis, Thønne Parsberg, Knud Grubbe og Oluf Daa i Sjælland og Smaalandene; Jørgen Bilde, Hack Ulfstand, Axel Gyldenstiern, Tygge Brahe, Jenssis Søn, Ofue Brahe, Knud Ulfeld, Hans Speigel, Anders Bing, Niels Krabbe, Peder Brahe, Lauge Urne, Arrild Uggerup, Pouel Huidtfeld, Hr. von Dhona, Gabriel Sparre, Mogens Gyldenstiern, Otte Tott, Niels Parsberg, Johan Urne, Johan Lindenov, Christen Gyldenstiern, Reinholt von Bommelberg, Pouel Laxmand, Niels Pederssen, Holger Ulfeld og Valdemar Parsberg i Skaane. Sj. T. 14, 237. Orig. (til Peder Bilde).

**8. Aug. (Frederiksborg).** Mageskifte mellem Fru Eddel Hardenbierg til Huedholm, Frandtz Bildis Enke, og Kronen. F. R. 1, 210. K. (Se Kronens Skøder.)

— Forleningsbrev for Absolon Giøe paa Dallum Kloster, som Jacop Ulfeld sidst havde det i Værge. Han skal svare Kronen 9 Læster Rug, 19 Læster Byg, 10 Læster Havre, 25 Tdr. Smør, 5 fede Køer og 4 Bolgalte i aarlig Afgift, levere den, hvor i Fyen det befales, underholde Jomfruerne i Klosteret paa sædvanlig Vis af den Afgift, han svarer til Kronen, tjene Riget med 8 geruste Heste og gøre Regnskab for al uvis Rente, hvoraf han selv maa beholde den ene Tredjedel. Hans Afgift skal regnes fra sidste 1. Maj, men den fra 1. Maj til hans Overtagelse af Lenet forløbne Tid skal afkortes i hans første Regnskab. Han skal anvise Bønderne den Hjælp, de skulle have i Skovene til Bygningstømmer, Ildebrændsel, Hegn og Vogntømmer, hvor der sker mindst Skovskade, og gøre Regnskab for alt, hvad han oppebærer derfor. Da Husene i Klosteret ere bygfaldne, skal han holde Teglovnen i Stand og bruge den udelukkende til Kongens Bedste. F. R. 1, 212 b. K.

— Befaling til Coruitz Veffert herefter paa Ottensegaard at holde 2 Par Postvognsheste, der altid kunne være rede, naar nogen kommer did med Kongens Brøve eller i andet kgl. Ærinde, og fritage Bønderne for at holde Holdsvogne. Da den ny Vindeltrappe paa Ottensegaard kun er tækket med Fjæl og det regner ned, hvorved Tømmeret ødelægges, skal han straks lade Vindeltrappen tække med Bly eller Skifer, hvilket han bedst kan komme afsted med, og indskrive Udgiften dertil i sit Regnskab. F. T. 1, 159.

**8. Aug. (Frederiksborg).** Kvittans til Vincentz Jul til Hesselmid paa hans Regnskab for Indtægt og Udgift af Kolding- hus, Hønborg og Skodborg Len fra 7. Aug. 1574, da han overtog Lenene, til 16. Maj 1577, da han blev dem kvit, for de i samme Tid oppebaarne Skatter og for det af Fru Kirstine Ulfeld, Morthen Suendssens Enke, modtagne Inventarium. Hvad han blev skyldig, har han betalt og leveret Lauritz Skram til Inventarium. J. R. 2, 602 b.

— Til Crestoffer Valkendorpf, Rentemester. Da Fru Kir- stenne Ulfeldt, Morthen Suendssens Enke, der nu er i Kiøpne- hafn for at gøre sin Husbondes Regnskab af Coldinghus Len klart, ikke kan fremlægge Mandtalsregistre paa Øksenskatterne 1566, 1567, 1568, 1569 og 1570, skønt hun har Kvittanser for mange til Olluf Kuld leverede Øksne, men Mandtalsregistrene godt kunne være forkomne i Olluf Kuldz Værge, har Kongen eftergivet hende denne Mangel og ligesaa det Sagefald til et Beløb af c. 50 Dlr., der endnu resterer hos Bønderne, men ikke kan faas formedelst deres Armod, og fordi flere ere døde. Han skal derfor give hende endelig Kvittans, naar hun ellers har betalt hvad hun er skyl- dig. Orig.

**9. Aug. (—).** Kvittans til Fru Kirstine Ulfeld, Morthen Suendssens Enke, paa hendes Regnskab for Indtægt og Udgift af Koldinghus, Hønborg og Skodborg Len fra 29. Dec. 1571, da hendes Mand overtog Lenene, til 7. Aug. 1574, da Fru Kirstine blev dem kvit, for de i samme Tid oppebaarne Skatter og for det af Holgier Rosenkrantz til Boluer modtagne Inventarium. Hvad hun blev skyldig, har hun leveret Vincentz Jul til Inventarium. Kongen har fritaget hende for de manglende Mandtalsregistre paa de oppe- baarne Øksenskatter og for det Sagefald, som Bønderne stode til Restance med. J. R. 2, 603.

— Aabent Brev, at Kathrine von Isleuen indtil videre aar- lig maa oppebære $\frac{1}{2}$ Pd. Korn af Kiøpnehafns Slot. K. Udt. i Sj. R. 12, 56.

— Skøde til Johan Thaube, Embedsmand paa Kronne- borg, og hans ægte Livsarvinger paa Ønnestadt og Strøe Len i Skaane. Sk. R. 1, 305 b. (Se Kronens Skøder.)

**9. Aug. (Frederiksborg).** Til Erich Hardenbierg og Lauritz Brockenhus. Da Kongen har bevilget, at Knud Bilde paa sin Hustru Fru Birgette Banners Vegne maa faa 1 Gaard og Kronens Rettighed i 3 jordegne Bøndergaarde i Ulbølle og 2 Gaarde i Møndrup[1] i Salling Herred til Mageskifte for 1 Gaard i Fierup[2] i Nørrejylland og 1 Gaard i Felitzløf[3] i Sjælland af Fru Birgettes Gods, skulle de med det første besigte begge Parters Gods og indsende klare Registre derpaa. F. T. 1, 159 b.

— Aabent Brev, at Godsche van Annefeld, der har faaet Livsbrev paa Lønborg Bispegaard i Nørrejylland, maa nyde samme Frihed med Fiskeri og anden Rettighed, som de tidligere Indehavere af Gaarden og Godset bevislig have nydt. J. R. 2, 603 b.

— Aabent Brev, hvorved Kongen lover Godske van Anefeld, der har faaet Livsbrev paa Lønborg Bispegaard mod at lade den Sum falde, han har laant Kronen derpaa, at han, hvis Godske van Anefeld faar ægte Livsarvinger, efter gode Mænds Vurdering vil betale disse de ny Bygninger, som Godske van Anefeld lader opføre paa Gaarden, der nu er meget bygfalden; dør han uden ægte Livsarvinger, skulle hans Arvinger intet have. J. R. 2, 604.

— Til alle Herredsprovster i Riiberhus Stift. Da flere af dem have trykket sig ved aarlig at gøre Stiftsskriveren Regnskab, hvilket medfører, at han ikke kan gøre sit Regnskab klart hos Rentemesteren, befales det strengelig alle Herredsprovster, der høre under Kronen, at gøre Skriveren klart Regnskab, naar han drager ud til dem, og betale ham hvad de blive skyldige, saafremt de ikke ville staa til Rette derfor. J. T. 2, 82 b. K.

— Til alle Adelige og Uadelige, der have fæstet Tiender i Riiberhus Stift. Da en Del af dem, der have Kronens Afgift af Tienderne i Forlening for en vis Pengeafgift, ikke betaler denne til den bestemte Tid, inden Fastelavn, hvilket medfører, at Stiftsskriveren igen ikke kan betale paa Rentekammet, og da en Del af dem, der have fæstet Kirkens Tiender, ikke svarer den Kongen for Kirkens Regnskab tilkommende Kirkeskat, ligesom ogsaa flere understaa sig til tillige at oppebære Kvægtienden, uagtet deres Breve ikke lyde derpaa, befales det dem herefter at svare Stiftsskri-

---

[1] Mynderup.  [2] Faarup, Anst H.  [3] Følleslev, Skippinge H.

veren deres Pengeafgift i rette Tid og lade Kronen faa
den den tilkommende Kirkeskat, saafremt de ikke ville have
deres Breve forbrudte; ligeledes forbydes det alle herefter at
oppebære Kvægtienden uden særlig kgl. Tilladelse; har nogen
gjort det, skal han med det første gøre Stiftsskriveren Regnskab
derfor. J. T. 2, 84 b.

**9. Aug. (Frederiksborg).** Befaling til alle Kirke- og Præste-
annekstjenere i Riiberhus Stift, som ikke ville fremdrive de Tiende-
lam, der tilkomme Kronen, til de Steder, det befales, om paa egen
Bekostning at gøre det, da de af gammel Sædvane ere pligtige der-
til og ellers kun i ringe Grad besværes af Kronen; hvis ikke, skulle
Herredsprovsterne og Stiftsskriveren tiltale dem og lade dem straffe.
J. T. 2, 82 b. K.

— Aabent Brev, hvorved det forbydes Bromanden ved
Skern Aa som hidtil at tage Bropenge af Stiftsskriveren i
Riiberhus Len, naar han rejser i Kongens Bestilling, og af
Kongens Tiendelam, der drives over Broen, da Broen jo til-
hører Kongen. J. T. 2, 84 b. K.

— Til Anders Banner og Claus Glambeck. Da Erich Løcke,
Embedsmand paa Riiberhus, har begæret 2 Gaarde og 1 Bol i Øl-
strup[1], 1 Gaard i Diustrup og Kronens Rettighed i 1 jordegen Bonde-
gaard i Glesborg i Nørre Herred, 1 Bol og Kronens Rettighed i 1
jordegen Bondegaard i Lille Darm, 1 Gaard i Store Darm og 4
Gaarde, 2 Bol og 3 Gadehuse i Thimmerbye[2] i Giøring Herred, 3
Gaarde, 1 Bol og 1 Gadehus i Sneom og 1 Bol i Allerup i Skatz
Herred til Mageskifte for de 6 Tdr. 2 Skpr. Hartkorn, som Kon-
gen ved et tidligere Mageskifte er bleven Erich Løcke skyldig, 1
Gaard og 2 Bol i Enner i Nim Herred, 1 Gaard i Sandbye i Sauf-
bro Herred, 1 Gaard i Lim By og Sogn og 1 Gaard i Nielsbye[3]
i Synderhald Herred, 1 Gaard i Hemmed By og Sogn og Roestrup
Mark i Nør Herred, 1 Gaard i Seden[4] i Nebel Sogn, 1 Gaard i
Prestbøl og 1 Gaard i Lyddom i Vester Herred, skulle de med det
første besigte begge Parters Gods og indsende klare Registre derpaa.
J. T. 2, 83. K.

**10. Aug. (Roskilde).** Aabent Brev, at Frederick Lange,
der har overladt Kronen sit Gods paa Møen, i Stedet maa faa

---

[1] Ulstrup, Nørre H., Randers Amt.    [2] Tømmerby, Skads H.    [3] Vel Nielstrup,
S. Hald H.    [4] Sædding, V. Horne H.

følgende Kronens og Roskylde Kapitels Gods i Tudtze Herred: 5 Gaarde i Marcke, 1 Gaard, kaldet Sadtzerup, og 4 Gaarde i Skiellersthued, og beholde dem, indtil begge Parters Gods bliver besigtet og Mageskiftet bragt til Afslutning. Sj. R. 12, 56. K.

**10. Aug. (Roskilde).** Register paa Fetalje, der skal sendes til Ottense til den Tid, de fremmede Fyrster ventes did: Axel Viffert skal, inden Vandet lægges til, sende 700 Tdr. Havre af Vendelboe Stifts Indkomst; Biørn Anderssen 900 Tdr. Havre af Aarhus Stifts Indkomst; Jørgen Skram skal fra Drotningborg sende 24 Læster Rug, 20 Læster Malt, 1 Læst Smør, 60 Læster Havre og 1 Td. saltede Ørreder, inden Frosten begynder; Niels Joenssen skal sende 400 Tdr. Havre af Viiborg Stifts Indkomst; Coruitz Viffert skal holde Rufoder til Hø og Strøelse til 800 Heste i en Maaneds Tid i Forraad og, hvis han mærker, at Rufoderet af Avlen til Ottensegaard ikke vil slaa til, i Tide købe saa meget, som han finder nødvendigt, saa der ikke skal være nogen Mangel, naar Kongen kommer; endvidere skal han holde 7 Læster Rug, 15 Læster Malt, 1 Læst Smør og 300 Sider Flæsk af Gaardens og Stiftets Indkomst i Forraad til Kongens Behov, købe Honning til 2 Tdr. skær Honning, 250 Gæs og 400 Høns i Lenet, fede 5 Bolgalte godt til Kongens Ankomst og købe de nødvendige Kalve, Æg og Grise i Lenet; Erick Hardenberg skal holde Kongen 300 fede Lam til Bedste for et billigt Køb, købe 150 Gæs og 300 Høns i Lenet og sende dem til Othense, naar det befales; Hans Johanssen paa Hindtzgafuel ligesaa 200 fede Lam, 150 Gæs og 300 Høns; Lauritz Brockenhus skal holde 250 Gæs og 400 Høns i Forraad hos Bønderne i Nyborg Len; Mouritz Podebusk skal lade 2¹/₂ Læst Torsk salte paa Langeland; Niels Paaske skal sende 6 Tdr. skaanske Sild, ¹/₂ Læst saltet Laks, ¹/₂ Læst saltet Aal, 4 Tdr. Bergefisk, 1¹/₂ Læst Mjød, 100 røde Fade, 200 røde Tallerkener, 1 Td. Tantej, ¹/₂ Td. Hvalspæk, 4 Skippd. Talg, 1 Td. Sennep og 12 Skippd. Humle; Hack Ulfstand skal købe og inden Jul sende 2¹/₂ Læst Hvede og 2 Læster Ærter; Axel Brahe skal i Rudgaards Len købe 150 Gæs og 300 Høns og sende dem til Otthense; Christen Christenssen, Tolder i Marstrand, skal med de første Skuder, der løbe fra Norge til Fyen, sende 4 Læster Sild; Erick Løcke skal købe i Riberhus Len og sende 6000 Hvillinger, 30 Vorder Kabliav, 12,000 Flyndere, 150 Rokker og 4 Tdr. Sund og Mave; Peder Holdst, Tolder i Nyborge, skal ved Nyborge købe 4 Tdr. Lonneborgsalt og 3 store Læster

Baysalt og sende dem til Ottense; Oluf Bagger skal købe 1½ Skippd. Voks og 1½ Læst Eddike og levere det til Coruitz Viffert; Mickel von Kemnitz skal købe og sende Coruitz Viffert 8 Skokke Hvidkaal, 6 Tdr. syltet Kaal, 2 Tdr. Persillerødder, 2 Tdr. Peberrod, 6 Tdr. skaanske Roer, 6 Tdr. Gulerødder, 4 Tdr. Rødløg, 6 Tdr. Pærer, 1 Læst Æbler, 2 Tdr. Valnødder, 18 Fade Emmistøl, 2 Læster Barstøl, 4000 Pasglas, 6 Tdr. Bægere, 150 store og smaa Stenkruse, 150 røde Kander, 2 Tdr. Peberkager, 1 Td. Kastanier, 1 Fjerd. Figner, 2 Kurve Rosiner, 100 Pd. Mandler, 1 Td. Svedsker, 1 Otting Korender, 2 Ottinger Oliven, 2 Fjerd. Agurker (»Agariter«), 300 Pd. Husblas og 2 Dusin Brødkurve; Hendrick Mogenssen skal i Helsingøer købe 2 halve Tønder Camperlaks og 3 Skippd. Voks og sende det til Ottense; Bunde Morthenssen, Tolder i Rødbye, skal købe 1½ Læst Ærter; Hans Rossenov skal i Lybeck købe 30 Snese Netzeraal, 10 Skokke riiske Butter, 4 Ottinger syltede Negenøjen, 4 Skokke tørre Negenøjen, 2 Tdr. brunsvigske Roer, 2 halve Tdr. Stør (»Styrre«), 100 Pd. Ris, 1 Td. Hirsegryn, 2 Ottinger Limoner, 1 Otting Copsiis, 6 spegede Elvelaks og 10 gode spegede Skinker og sende det til Nyborg, hvorfra Lauritz Brockenhus skal sende det videre til Ottense; fra Kroneborg er der bestilt 300 Amer Rinskvin, og desuden er der bestilt 100 Amer Rinskvin, 3 Piber fransk Vin, 3 Amer Vineddike, 50 Læster Rostocksøl og 4 Fade Pryssing. Sj. T. 14, 245 b.

**10. Aug. (Roskilde).** Aabent Brev til Købstadmænd og Bønder i Landtzkronne Len, der bruge meget Skytteri i Lenet efter Dyr og Fugle, at de herefter ikke maa skyde efter Dyr, Fugle eller andet Vildt, lidet eller stort, da det i Recessen er forbudt Almuesfolk. Sk. T. 1, 198 b.

— Aabent Brev, hvorved Kongen giver Afkald paa Sagefald af Peder Hanssen i Fers Herred og hans Medfølgere, der for nogen Tid siden ere blevne dømte til at straffes som oprørske, fordi de have gjort Tingbrud, rottet sig sammen og udgivet Stokkenævn og Vidnesbyrd i Nørre Nielssis Sag og siden have optinget til Kongen for nogle Øksne, inden Kongen rigtig kendte Sagen og der var gaaet Dom i den. Sagen er bleven ordnet saaledes, at Hr. Christoffer, Borggreve von Dhona, der har Øuidtz Kloster i Forlening, skal oppebære 100 Dlr. for den Sag af Peder Jenssen i Vressel, Gumme i Thorp, Vester Jens og Vester Jep i Brandste; Pengene skulle betales i forskellige Terminer, eftersom de kunne blive enige med ham om, og tilfalde det nærmeste Hospital; ville de andre Bønder, der have begaaet samme Gerning og faaet samme Dom, hjælpe dem med Betalingen deraf, skal det staa dem frit for. Peder Hanssen og hans Medfølgere skulle herefter være fri for Faldsmaal til Kronen.  Sk. T. 1, 199.

**11. Aug. (Roskilde).**  Ekspektancebrev for Jacob Biørn paa det første ledige Kannikedømme i Roskilde Domkirke. Udt. i Sj. R. 12, 56 b.  K. (i Udt.).

— Befaling til Erich Hardenbierg daglig at sende 2 Holdsvogne fra sit Len til Assens for at hjælpe til med at befordre Kongens Folk, der rejse gennem Byen, da Borgerne i Assens have erklæret, at de nu ere saa besværede med Ægter, at de ville blive helt ødelagte, hvis det skal blive længe ved.  F. T. 1, 160 b.

— Lignende Befaling til Hans Johanssen om daglig at stille 2 Holdsvogne i Medelfar.  Udt. i F. T. 1, 160 b.

— (**Tryggevælde**).  Til Kapitlet i Roskilde.  Da Kongen har bevilget, at Johan Venstermand maa faa 2 Gaarde i Olstrup og 2 Gaarde i Krimplinge[1], der tilhøre Kapitlet, til Mageskifte for Vederlag af hans Arvegods i Sjælland, skal Kapitlet med det første lade Mageskiftet gaa for sig og paase, at det faar fuldt Vederlag. Sj. T. 14, 242.

**12. Aug. (Vordingborg).**  Til Eiler Grubbe, Rigens Kansler, og Erick Valkendorff, Embedsmænd paa Vordingborg og Høgstrup. Da Johan Venstermand har bevilget Kronen 2 Gaarde i Skalderup i Vordingborg Len, 1 Gaard i Sundbye i Sophieholms Sogn paa Falster, 1 Gaard og 1 lille Gaard i Koxebye paa Møen og 1 Gaard i Brandstrup i Tersløsse Sogn til Mageskifte for noget af Kronens Gods i Tybierrigs Herred nærmest ved hans Gaard Olstrup, skulle de med det første besigte begge Parters Gods, udlægge ham Fyldest af Godset i Tybierrigs Herred og indsende klare Registre derpaa.  Sj. T. 14, 243.

— Forleningsbrev for Hospitalet i Kiøge paa Afgiften af Kronens Part af Korntienden af Strøby Sogn paa Sjælland, kvit og frit.  K.

— Aabent Brev, hvorved Kongen, der har bragt i Erfaring, at der i Kiøge findes mange øde Gaarde og Jorder, tilhørende Adelsfolk, Præster, Fogder og andre, hvilket formindsker Kronens

---

[1] Krømlinge, Baarse H.

og Byens Rettighed, befaler Borgemestre og Raad i Kiøge at give alle Indehavere af saadanne Gaarde og Jorder Ordre til inden en bestemt Tid at bebygge dem, da de ellers skulle være forbrudte, den ene Halvdel til Kronen, den anden til Byen. Sj. R. 12, 56 b[1]. K.

**12. Aug. (Vordingborg).** Til Eiler Grubbe. Da Erick Vestenii har bevilget, at Kronen maa faa 1 Gaard i Ubye By og Sogn og 1 Gaard i S[k]uderup i Bors Herred, 1 Gaard i Grumløsse, 1 Gaard i Vindinge i Suerborg Sogn og 1 Gaard i Bla[n]cksløf i Moenstrup Sogn i Hammers Herred, 1 Gaard i Øllerup[2] i Vallensved Sogn og 1 Gaard i Egisløfmagle By og Sogn i Flackebiergs Herred til Mageskifte af ham, skal Eiler Grubbe, indtil Mageskiftet bliver afsluttet, lægge Godset ind under Vordingborg Slot og derefter lade det indskrive i Jordebogen blandt det tilskiftede Gods. Sj. T. 14, 242 b.

— Aabent Brev, at Erich Vesteni, der har bevilget Kronen noget Gods i Sjælland til Mageskifte for Gods i Nørrejylland, hvilket Mageskifte dog endnu ikke er bragt i Orden, straks maa faa 4 Gaarde, 1 Bol og 1 Gadehus paa Torsøegaards Ejendom i Torsøelund i Torsøe Sogn, 5 Gaarde i Attrup[3] i Sal Sogn og 4 Gaarde og 1 Gaard, kaldet Kiersgaard, i Sal Sogn i Huolberg Herred samt 2 Gaarde i Søbye By og Sogn i Giern Herred og beholde dem, indtil Mageskiftet kommer i Stand, da Kongen allerede har overtaget Erich Vestenis Gods i Sjælland. J. R. 2, 604 b.

— Til Lauritz Skram. Da Kongen for nogen Tid siden har forlenet ham med Strøe og Ønnestadt Len paa Afgift, men nu har truffet anden Bestemmelse, maa han uden Afgift beholde hvad han allerede har oppebaaret af Lenene. Sk. T. 1, 199 b.

— Aabent Brev, hvorved det befales Herredsfogder og Delefogder i Koldinghus Len at være Lauritz Schram eller hans Fuldmægtige behjælpelige med at indkræve de Restancer af Landgilde, Skatter, Sagefald og andet, som Lauritz Schram har til gode i Koldinghus Len fra den Tid, han var Lensmand, og, hvis nogen ikke godvillig vil betale, med at udpante dem af hans Bo, saafremt de ikke selv ville staa til Rette derfor. J. T. 2, 85.

— Aabent Brev, hvorved Kongen afkvitter 1000 Dlr. i den Sum, som afdøde Pouel Bang er bleven Kronen skyl-

---

[1] Tr.: Secher, Forordninger II. 144 f.  [2] Ollerup, Ø. Flakkebjærg H.  [3] Aptrup, Hovlbjærg H.

dig i sit Toldregnskab for Assens og paa anden Maade, for
en jordegen Bondegaard, kaldet Thogemossegaard, i Stubberup
i Sandagger Sogn i Bog Herred, som Pouel Bangs Arvinger nu have
tilskødet Kronen; endvidere eftergiver Kongen dem 400 Dlr. og gi-
ver dem Henstand med de 2000 Dlr., som de endnu skulle betale,
et Aars Tid ud over den tidligere indrømmede Henstand. F. R.
1, 214. K. Orig.

**12. Aug. (Vordingborg).** Befaling til Coruitz Veffert straks at
lage nøjagtigt Skøde paa Tinge af Pouel Bangs Arvinger paa
Thogmossegaard, indlægge Skødet i god Forvaring, lægge Gaar-
den ind under Ottensegaard og lade den sætte for en rimelig Land-
gilde. F. T. 1, 160 b.

— Til Kapitlet i Aarhus. Da M. Ifuer Bertelssen, Abbed
i Soer Kloster, formedelst sin Bestilling i Klosteret ikke kan resi-
dere ved sit Kannikedømme, beder Kongen Kapitlet lade M. Ifuer
faa hans Part af de bona communia, der falde i Aarhus
Domkirke, ligesom de residerende Kanniker og Kongens egne dag-
lige Tjenere faa. J. T. 2, 85 b. K.

— Jvfr. 2. Aug. 1579.

**13. Aug. (—).** Kvittans til Fru Inger Oxe til Tostrup,
Dronningens Hofmesterinde, der nu paa egne og Søskendes Vegne
har gjort Regnskab for deres Broder Pedder Oxes Indtægt og Ud-
gift af Nykiøping Len med Søruppe og Giedisgaard fra 1.
Maj 1569 til hans Død og af Rafuensborge Len fra 1. Maj 1571
til hans Død og for de af ham i Nykiøping og Vordingborg
Len efter de til Kongen indleverede Mandtalsregistres Lydelse oppe-
baarne Skatter. Hvad der fandtes efter Pedder Oxe paa Nykiøping
Slot, Søruppe og Giedisgaard samt paa Vordingborg Slot er efter
Kongens Befaling leveret til Hendrich Norby og Eyller Grubbe. Da
Fru Inger har berettet, at Mandtalsregistrene paa nogle af de i Le-
nene oppebaarne Skatter ere frakomne hende og hendes Søskende
sammen med Inventarierne, har Kongen eftergivet dem hvad de
kunde blive skyldige heraf. F. R. 1, 547.

— **(Sofieholm).** Aabent Brev, at N. N., der er indsat til Fo-
ged paa Suenstrupgaard og har lovet at tjene Kongen trofast,
i aarlig Løn skal have 16 gl. Dlr., en Hofklædning ligesom andre
Kongens Svende og Foder til 1 Hest, hvilket Lensmanden paa Ros-
kildegaard skal levere ham altsammen. Sj. R. 12, 57. K.

— Bestalling for N. N., der skal beride Kronens Skove

under Suenstrupgaard, som Gierdt von Bremen tidligere har haft i Befaling (ligelydende med Bestallingen for Gert von Bremen af 2. Dec. 1573 og 12. Aug. 1574¹). Sj. R. 12, 57b. K.

**13. Aug. (Softeholm).** Aabent Brev, at Østerløfgaard udenfor Ottense, der hidtil har hørt til Sanderum Sogn, herefter i Olluf Baggers, hans Hustrus og deres Arvingers og Efterkommeres Tid maa høre til Graabrødre Sogn i Ottense, da han nu har flyttet Gaarden fra dens gamle Plads og hans Folk i Gaarden nu søge til hans egen Sognekirke, Graabrødre Kirke i Ottense, saa Sognepræsten i Sanderum ikke gør ham eller hans Folk nogen Tjeneste. Der skal af Gaarden aarlig svares 3 Pd. rent Korn i Tiende til Kronen, Kirken og Præsten i Ottense og desuden gøres Sognepræsteembedet i Sanderum Sogn nogen Fordel, saa Forandringen kan være uden Skade for det; klager Sognepræsten i Sanderum Sogn over at være brøstholden ved Forandringen, skal Gaarden lægges tilbage til Sanderum Sogn. F. R. 1, 214b. K.

— Brev for Hr. Lauritz Pedersen, Sognepræst her i Sognet, og hans Efterfølgere i Embedet paa den Gaard i Sundby, som Kongen har udlagt ham til Præstegaard i Stedet for den tidligere Præstegaard, der er bleven lagt ind under Sophieholm. F. R. 1, 545 b.

— Aabent Brev, at samme indtil videre uden Afgift maa beholde et Stykke Jord, der fra Arilds Tid har fulgt Præstegaarden og hans Formænd, og hvoraf der hidtil aarlig har været svaret 1 Pd. Byg til Kronen. Udt. i F. R. 1, 546.

— **(Gedesgaard).** Aabent Brev, at Bønderne i Maybølle Birk — der have klaget over, at de undertiden ikke uden stort Besvær kunne tilvejebringe deres Landgilde til Nykiøping Slot, der er meget stor, og at Landgilden, naar de ikke kunne skaffe den, anslaas meget højere i Penge end andensteds i Riget — indtil videre maa svare 12 gl. Dlr. for hver Td. Smør, de skulle give i Landgilde. F. R. 1, 546.

**14. Aug. (Gedsør).** Aabent Brev, hvorved den nye Fundats² for Duebrødre Hospital i Roskilde, der blandt andet indeholder, at Hospitalsforstanderen foruden den ham tillagte Indtægt maa oppebære Avlen til Hospitalet afgiftsfrit mod paa sin Bekostning at holde de til de fattiges Tjeneste nødvendige Folk og holde

¹ Se Kanc. Brevbøger 1571—75 S. 358 og 502.   ² Jvfr. Smstds. 1566—70 S. 614.

det halve af Bygningen i Stand, forandres derhen, at Hospitalet
selv af sin Rente skal underholde og lønne en Foged, en Brygger
selvanden, 2 Kvinder til at koge og en Vognsvend samt holde hele
Bygningen i Stand og Forstanderen have Avlen frit for sit Arbejde,
da de 2 eller 3 Forstandere, som have været i Hospitalet, have
klaget over, at Fundatsen er for streng for dem. Sj. R. 12, 58.

**14. Aug. (Gedesgaard).** Forleningsbrev for Albret von
der Rosenborg paa en Gaard i Lundby, uden Afgift og Tynge.
F. R. 1, 546 b.

— Til Hening Giøe. Da Bønderne i den nærmest Sophie-
holm liggende By, Lundby, ikke have faaet nogen Afkortning i
deres Landgilde for den Mark, som Kongen har taget fra Byen og
henlagt under Sophieholms Avl, hvilket har medført, at flere Gaarde
ere komne til at staa øde, og vil medføre, at flere komme til det,
og da nogle Gaarde i Sundby staa øde, fordi de ere »forsatte og
forsiddede«, skal han, for at Gaardene ikke skulle blive helt øde,
lade Oldinge sætte dem for en rimelig Landgilde. Hvis
nogle af disse Gaarde ere saa forfaldne, at ingen vil overtage dem,
maa han bortfæste dem uden Stedsmaal, ja endog give et eller to
Aars Frihed for Landgilde, for at de igen kunne blive bebyggede.
F. T. 1, 310.

— Forleningsbrev for Las Krusse til Balle, Befalings-
mand paa Holmen, paa Falsløfgaards Mark i Vindbles Sogn i
Gierlof Herred undtagen den Del deraf, som 2 Bønder bruge. J.
R. 2, 605.

**16. Aug. (—).** Til Abbederne i Ringsted og Sorøe og
Prioren i Andtuorskouf Klostre. Der sendes dem en af Kon-
gen egenhændig underskreven Forordning om, hvorledes der her-
efter skal forholdes med Folkenes Løn og Udspisning og
andet i Klostrene med Ordre til at rette sig efter den; de maa i
det højeste bruge 1 Fjerd. Smør om Ugen. Hvis de mene, at de
ikke i alle Maader kunne rette sig efter Forordningen, skulle de
melde det til Rentemester Christoffer Valckendorff, der saa skal give
dem nærmere Besked. Udt. i Sj. T. 14, 244.

— Befaling til Christoffer Valckendorff at betale Rydtzerne
de 30 Dlr., der bleve stjaalne fra dem paa Godtland, da
Storfyrsten har gjort det samme lige overfor Kongens Gesandter i
Rusland. Udt. i Sj. T. 14, 244 b.

— Til samme. Da Albrit Albritssen og Johan von Gellern,

Raadmænd i Kiøpnehafn, paa egne og flere Medborgeres Vegne have
anmodet Kongen om at lade de Penge falde, som de endnu staa i
Borgen for til Kongen for hamborger Skibe, hvilket ialt skal
beløbe sig til omtrent 5000 Dlr., og om at maatte faa deres Haand-
skrifter og Forløfter tilbage, har Kongen fritaget dem for at ud-
rede de Penge, de endnu staa i Forløfte for, og befaler Christoffer
Valckendorff at tilbagelevere dem deres Haandskrifter til et Beløb
af en 5000 Dlr.  Sj. T. 14, 244 b[1].

**16. Aug. (Gedesgaard).**  Til samme.  Kongens Apotheker[2] har
leveret Kongen hoslagte Register paa de Varer, han har købt
og udtaget til Kongen, men da denne ikke ved, om Varerne ere
satte for højt eller ej, har han ikke villet underskrive det, men sen-
der Christoffer Valckendorff det, for at denne kan regne det igen-
nem med Apothekeren og siden betale ham hvad der med Rette
tilkommer ham.  Han skal ogsaa gøre op med de Guldsmede,.
Possementmagere, Perlestikkere, Sadelmagere, Remme-
snidere, Klejnsmede og andre Haandværksfolk, der have
arbejdet for Kongen til den nu forestaaende Udenlandsrejse, og be-
tale hvad der med Rette tilkommer dem.  Udt. i Sj. T. 14, 245.

— Befaling til samme at betale de 600 Dlr., som Kon-
gen endnu skylder den Italiener[3], der har støbt Kontrafejerne
i Kobber.  Udt. i Sj. T. 14, 245.

— Til Bispen i Fyen.  I Anledning af den for nogen Tid siden
udgaaede kgl. Skrivelse om Tillukning af Kronge[4] Kirke,
Henvisning af Sognefolkene til Borsøe[5] Kirke og Udnævnelsen af
Hr. Jacob til Kapellan ved Borsøe Kirke har Morthen Venstermand
nu været hos Kongen og tilkendegivet, at ganske vist er det i Kon-
gens Faders Tid bestemt, at Kronge Kirke skulde tillukkes og Borsøe
Kirke være Anneks til Hørbye[6], og siden har Kronge Kirke ogsaa
ligget til Hørbye, men alligevel har Kronge Kirke ikke været til-
lukket og kan ikke godt være det, da Borsøe Kirke ikke kan rumme
Sognefolkene baade fra Borsøe og Kronge Sogne; desuden kunne han
og Sognefolket ikke godt nøjes med den nye Kapellan, Hr. Jacob;
han har derfor begæret, da han og Sognefolkene ere villige til at
svare Præsten i Hørbye og hans Kapellan hvad der med Rette til-
kommer dem af Kronge Sogn, at Kronge Kirke maa blive ved Magt,

---

[1] Tr.: O. Nielsen, Kbhvns Dipl. IV. 636.    [2] Antonius Preus.    [3] Johan Gregorii
(efter Rentemesterregnskabet).    [4] Krønge, Fuglse H.    [5] Bursø, samme H.    [6] Hole-
by, samme H.

og at de maa faa en anden Præst i Hr. Jacobs Sted. Det befales Bispen at undersøge Sagen og, hvis den forholder sig som af Morthen Venstermand berettet, lade Kronge Kirke blive ved Magt og lade Kapellanen i Hørbye gøre Tjeneste deri ligesaa vel som i Borsøe Kirke, men hvis den forholder sig anderledes, da underrette Kongen derom. F. T. 1, 162 [1].

**28. Aug. (Kbhvn.).** Befaling til Korsøer, Horsens, Aarhus, Lemuig, Holdstebroe, Malmøe og Trelborg straks at fremsende de Restancer, som de endnu staa tilbage med af den til Juledag 1576 paabudte Hjælp, til Rentemesteren, da det er lang Tid, siden de skulde have betalt den, og Kongen nu har Brug for Pengene. Sj. T. 12, 248 b:

— Til Anders Bing. Da Kongen har givet Ordre til Bygningen af en Gallej i Vardbierg Len, skal han, saasnart Tømmermanden, der skal bygge Gallejen, kommer derop, skaffe ham Folk til at hugge Tømmeret og ellers hvad der behøves til Bygningen; Rentemesteren har faaet Ordre til at sende hvad der ikke kan faas i Vardbierg Len. Udt. i Sk. T. 1, 200 b.

**7. Sept. (Reinfeld Kloster).** Tilladelse for Berent Prenger, Borger i Rostock, til sisefrit at indføre 40 Læster Rostockerøl til Danmark foruden det Øl, han tidligere har faaet Tilladelse til at indføre; dog skal han lade notere paa dette Brev, hvor meget Øl han hver Gang indfører. Udt. i Sj. R. 12, 58 b.

**24. Sept. (Koldinghus).** Til Christoffer Valckendorff. Da han har berettet, at der i Aar vil blive Mangel paa Hamp og Kabelgarn til Orlogsskibene, fordi de 2 Skibe, som Kongen havde sendt til Naruen med Sild, skulle være blevne anholdte af de Svenske, og derfor har foreslaaet at lade Faktoren i Dantzick bestille det nødvendige, bifalder Kongen, at han skriver til Faktoren om at udtage Kabelgarn og andet for en 4000 Dlr., og sender ham en Skrivelse til Borgemestre og Raad i Dantzick om at betale Faktoren de 4000 Dlr. af de Penge, de skylde Kongen. Paa hans Forespørgsel, om Kongen vil købe et Borgemester Marcus Hess tilhørende Skib, der er kommet fra Spanien med Salt og passende kan bruges til Admiralskib, naar en ringe Flaade skal løbe ud, ligesaa 18 til Sundet ankomne Klokker, der tilhøre Johan Falckener, befales det ham at købe Skibet til den Pris, han mener

---

[1] Tr.: Kirkehist. Saml. 4. R. II. 16 f.

det kan være værdt, og betale det enten med Varer eller Penge
samt sende Tolderen i Sundet hoslagte Ordre til at købe Klokkerne.
Kongen vil for Bekostningens Skyld, at Orlogsskibene skulle
paneles med Fyrdeler, ikke med Vognskud. Sj. T. 14,
249 b.

**24. Sept. (Koldinghus).** Befaling til de Rigsraader, Lensmænd
og Adelige, der have faaet Ordre til at møde i Othense med
deres Folk og Heste 8 Dage før Fastelavns Søndag, om i Stedet at
møde Mandagen efter Søndag Jubilate [25. April], da Lensmodtagelsen
først skal finde Sted Dominica Cantate, som er 4. Sønd. efter Paa-
ske [1. Maj]. Sj. T. 14, 250 b.

— Til Coruitz Veffert. Da han har indberettet, at der paa
Ottensegaard er Mangel paa Værelser til Kongens Svende
og Drenge, men at der i Ladegaarden ved Ottense staar et Hus, 8
eller 9 Bindinger langt og 2 Lofter højt, der godt kunde flyttes til
Gaarden, da det ikke bruges, befales det ham med det første at
lade dette Hus nedrive og igen opsætte paa Ottensegaard ved den
søndre Ende af Stalden, saa Kongens Staldmester, Svende og Drenge
kunne bo deri, naar Kongen kommer did, samt indskrive Bekost-
ningen derved i Regnskabet. F. T. 1, 163.

**25. Sept. (—).** Kvittans til Hansken Dreyer, Kongens
Kammerdreng, for de Penge, han har faaet leveret af Kongen fra
1. Jan. 1578 til 1. Jan. 1579 og igen udgivet efter Kongens Be-
faling. Han blev intet skyldig. Sj. R. 12, 58 b.

— Til Allexander Durham. Da der er Trætte mellem
Lundby og Thiereby Mænd paa den ene og Vidschølle
Mænd paa den anden Side om et Markeskel, som Eyller Krausse
for nogen Tid siden har ladet drive, hvilket Skel baade Kronens
og andre Lodsejeres Bønder mene er gjort med Urette, har Kongen
udstedt en Befaling til nogle gode Mænd om at møde paa Aastederne
og undersøge Sagen. Da Allexander Durham, der er en af Lods-
ejerne og har lidt Skade ligesaa vel som Kronen, som boende uden-
for Landet skal have 6 Ugers Varsel, beder Kongen ham erkende
at være varslet og sende Hr. Berthel Søfrenssen, Prior i Andvor-
skov Kloster, Befalingen med Erklæring om at være tilfreds med
Varselet, skønt de 6 Uger endnu ikke ere forløbne, for at Sagen
kan blive endt inden Vinteren. F. T. 1, 163 b.

— Befaling til Erick Løcke at paatage sig Værgemaalet
for Jørgen Muncks og Fru Dorrete Pedersdatters Børn, da

begge Forældrene nu ere døde og Kongen, der har staaet Fadder
til flere af Børnene, og hvem de ere blevne særligt anbefalede af For-
ældrene, medens Faderen var Lensmand paa Frederichsborrig, gerne
ser deres Bedste og derfor vil give dem en Værge, for at de ikke
skulle behøve at betale Værgepenge, hvilket han ogsaa har ladet
deres Farbroder Christoffer Munck forstaa.  J. T. 2, 86.

**25. Sept. (Koldinghus).** Brev til Christoffer Munck om, at Kongen
for at spare Jørgen Muncks umyndige Børn for Værgepenge
har befalet Erick Løcke at paatage sig Værgemaalet for
dem; han skal derfor i andre gode Mænds Nærværelse overlevere
denne Værgemaalet.  J. T. 2, 86 b.

**26. Sept. (—).** Til Olluf Bagger. Da Kongen har befalet
Coruitz Veffert, Embedsmand paa Ottensegaard, at bygge no-
get dér inden Vinteren, skal Olluf Bagger, der jo oppebærer Stiftets
Korn i Fyen, paa Kongens Vegne skaffe Coruitz Veffert hvad Bly,
Tømmer, Deler, Søm, Jærn, Ankere og andet han begærer og op-
tegne, hvad det koster, for at Beløbet kan blive afkortet, naar han
skal betale Kornet.  F. T. 1, 164.

— Mageskifte mellem Coruitz Veffert, Embedsmand paa
Otthensegaard, og Kronen.  J. R. 2, 605 b.  (Se Kronens Skøder.)

— Til Bønderne i Holmindtz, Brisk, Eld, Jerlof og Ans Her-
reder i Koldinghus Len. Da Kongen med Hofsinder, Folk og Heste
vil opholde sig en Tid i Kolding og der i Byen er Mangel
paa Hø, Havre, Straafoder og andet, har Kongen bestemt, at
ovennævnte Herreder, hvert i sin Uge, skulle gøre Tilførsel til
Byen, og at Lensmanden skal dele hvert Herred i Sogne og Dage;
Eld Herred skal begynde førstkommende Mandag [28. Sept.]. Det
befales derfor strengelig alle at føre Øksne, Lam, Gæs, Høns, Hø,
Havre og Straafoder til Kolding og sælge det til en rimelig Pris,
for at Hofsinderne ikke selv skulle ride ud i Landsbyerne og be-
svære dem; Kongen har givet Ordre til, at Bønderne skulle have
Betaling med rede Penge og fastsat følgende Takst for Betalingen:
2 Mk., som Mønten før gik, for 1 Td. Havre, 4 Sk. for 1 Skp.
Havre, 1 Mk. for 1 Lam, 4 Sk. for en mager Gaas, 8 Sk. for en
fed Gaas, 4 Sk. for et Par Høns, 1 Dlr. for et godt Læs Hø, 3 Mk.
for et lempeligt Læs Hø og $^1/_2$ Dlr. for et Læs Strøelse; for Øksne,
Slagtefæ, Kalve, Svin og andet saadant skulle Borgerne eller andre,
der købe det, betale dem den Pris, de blive enige om.  J. T. 2, 86 b.

**27. Sept. (—).** Til Claus Glambeck. Da Kongen i Vinter,

medens han ligger paa Skanderborg, vil lade en Del af Hofsinderne
med deres Folk og Heste ligge i Horsens og det kan befrygtes,
at de dér ville komme til at lide Mangel paa Underholdning,
særlig paa Hø, Havre og Strøelse til Hestene, skal han straks give
Borgerne Ordre til at købe det, de mangle. Der sendes ham til
Forkyndelse et aabent Brev til Bønderne i Bugholm og Schander-
borre Len om at gøre Tilførsel. J. T. 2, 88.

**27. Sept. (Koldinghus).** Befaling til Bønderne i Skanderborre
og Bygholm Len om baade før og efter Hofsindernes Ankomst
til Horsens at gøre Tilførsel dertil med Øksne, Lam, Gæs,
Høns, Hø, Havre og Strøelse; Lensmanden skal dele dem i Sogne,
saa hver kan vide sin Uge. Varerne skulle betales efter følgende
Takst (som i Brev af 26. Sept. om Tilførsel til Kolding). J. T.
2, 88 b.

— Gældsbrev til Fru Inger Oxe til Søllested, Dronningens
Hofmesterinde, paa 500 gl. Dlr. for noget Gods paa Falster, som
hun havde i Pant af Erick Rosenkrantz til Langtind, og som Kon-
gen nu har købt til Kronen; Kongen forpligter sig til at betale Pen-
gene, naar Pantebrevet overleveres ham. P. 351 b.

— Befaling til Christoffer Valckendorff at levere Jørgen
Urne, Hofsinde, som Kongen nu har sendt herfra til Sverrig til
Kong Johan og Hertug Karl, saa mange Tærepenge, som han
redeligt kan komme ud af det med. Sj. T. 14, 254.

— Forleningsbrev for Lauritz Skram til Hastrup paa
Nørrevongs Herred, som tidligere har ligget under Koldinghus.
Han skal aarlig fra førstkommende Mikkelsdag af svare 150 Dlr. i
Afgift. J. R. 2, 614 b.

— Følgebrev for samme til Bønderne i Nørrevongs
Herred. Udt. i J. R. 2, 615.

— Til Sefren Kier, Tolder i Colding. Da Kongen har ladet
baade de fremmede Fyrster og andre, som vare forsamlede her,
da han gjorde sin Kammerjunkers Bryllup, udkvitte, men
Pengene endnu ikke ere betalte, skal han forhandle med Borgerne
om Betalingen og betale dem, efterhaanden som han faar Penge
ind. J. T. 2, 87 b.

— Til Borgemestre og Raad i Ribe. For at forhindre, at den
i deres By herskende Pestilens skal udspredes og komme til
Kongens Hoflejr, forbydes det dem strengeligt at lade nogen fra
deres By komme til Coldinge, saalænge Kongen er her; de skulle

forkynde dette for Borgerne, og de, der alligevel komme hid, ville blive fængslede. J. T. 2, 88.

**27. Sept. (Koldinghus).** Til Biørn Andersen og M. Laurentz Bertelsøn, Superintendent i Aarhus Stift. Kongen har af deres Skrivelse set, at Hr. Jens Simensøn, forhen Abbed i Em Kloster og nu kaldet til Lyngby Sogn, er død, at Hr. Rasmus i Alboegi har henvendt sig til dem for igen at faa Lyngby Sogn, som han havde opladt Hr. Jens for Rosmes Sogn, og at de mene, at Rosmes Sogn igen kan annekteres til Hillested[1]. Da Kongen imidlertid ser, at Præsten i Hillested i Forvejen har 2 Sogne, finder han det for Tjenestens Skyld ikke passende, at han faar et til, men vil lade det bero ved den tidligere trufne Ordning, hvorefter Lyngby skal være et Sogn for sig med Freuelde[2] til Præstegaard og Alboegi og Rosmes være Annekser, særlig da det, da Forandringen skete, er tilkendegivet Kongen, at Kronen intet Gods har omkring Rosmes, hvoraf der kan udlægges en Præstegaard. De skulle derfor lade præsentere en duelig Person til Lyngby og lade ham kalde efter Ordinansen; hvis denne Brevviser, Hr. Matz Christensøn, som Kongen en Tid har givet Underholdning i Sorø Kloster, findes duelig og kan faa Kald efter Ordinansen, skulle de befordre ham hertil fremfor nogen anden. J. T. 2, 89[3].

— Til Aarhus, Horsens, Lemuig og Holdstebroe. Da de Restancer af den til Juledag 1576 paabudte Hjælp, som de for nogen Tid siden fik Ordre til straks at indsende til Rentemesteren, endnu ikke ere fremkomne, befales det dem straks at sende dem til Kolding og mod Kvittans levere dem til Renteskriver Hans Meckelborg, da han paa Kongens Vegne skal give dem ud; sende de ikke Pengene med det første, vil Kongen drage dem til Ansvar. Sj. T. 14, 251.

— Lignende Skrivelser til Kiøge, Korsøer, Malmøe og Trelborg, dog skulle disse sende Pengene til Rentemesteren i Kiøpnehafn. Udt. i Sj. T. 14, 251 b.

— Befaling til Viiborg, Aarhus, Horsens, Varde, Ringkiøping, Holdstebroe, Tyested, Seebye, Høring, Nyborge, Ottense og Kierteminde ufortøvet at sende deres Restancer af deres aarlige Byskat til Kolding og mod Kvittans levere dem til Renteskriver

---

[1] Hyllested, Sønder H., Randers Amt.  [2] Fævejle, samme H.  [3] Tr.: Kirkehist. Saml. 3. R. III. 106 f.

Hans Meckelborg, da Kongen nu til Mikkelsdag har Brug for en stor Sum Penge. Sj. T. 14, 252 b.

**27. Sept. (Koldinghus).** Til Christen Skiel i Bøuling Len, Hendrick Gyldenstiern i Han Herred, Predbiørn Gyldenstiern i Aastrup Len, Fru Abbel Skiel, Hr. Niels Langis, i Lundenes Len, Otte Banner i Segelstrup Len, Peder Gyldenstiern i Hing og Uldborg Herreder, Gregers Ulfstand i Roxø Herred, Loduig Munck i Ørum Len, Peder Gyldenstiern i Vesteruig Birk, Steen Brahe i Froste Herred, Tygge Brahe i Villandtz Herred, Jørgen Marsuin i Søluitzborg Len og Fru Mergret Randtzov, Otte Emeckssens Enke, i Rudgaardt Len. Da de endnu ikke have indsendt Mandtalsregistrene paa den i deres Len til Mortensdag 1578 paabudte Skat til Rentekammeret og forklaret dem, hvilket burde være sket for længe siden, befales det dem at skaffe de Penge, de endnu restere med af denne Skat, ufortøvet sende dem til Kolding og mod Kvittans levere dem til Renteskriver Hans Meckelborg samt sende Mandtalsregistrene til Rentemester Christoffer Valckendorff i Kiøpnehafn og gøre dem klare, saafremt de ikke ville staa Kongen til Rette, hvis de vise sig forsømmelige. Sj. T. 14, 252.

— Til nedennævnte Lensmænd og andre. Da de i deres til sidste 1. Maj aflagte Regnskaber bleve Kongen en Del Penge skyldige og denne nu til Mikkelsdag har Brug for en stor Sum Penge, skulle de skaffe alle de Penge, de bleve skyldige, og straks sende dem til Kolding til Renteskriver Hans Meckelborg; hvis Pengene ikke straks fremsendes, vil Kongen kræve Erstatning af dem, da han ikke ved, at Pengene ere udgivne til noget. — Register: Manderup Parsberg af Silckeborg Slots Regnskab; Niels Jonssen af Viborg Stifts Regnskab, af Hald Slots Regnskab og af Landeskatten i Haldtz Len til Mortensdag 1578; Biørn Anderssen af Aarhusgaardtz Regnskab og af Landeskatten i Lenet til Mortensdag 1578; Erick Løcke af Riberhus Regnskab og af Landeskatten i Lenet til Mortensdag 1578; Peder Gyldenstiern af Afgiften af Vesteruig; Morthen Venstermand af Rafnsborg Lens Regnskab til 1. Maj 1578; M. Ifuer Bertilssen af Sorøe Klosters Regnskab 475 Mk. 2 Sk. 2 Alb. danske Penge, som Mønten nu gaar; Søfren Kier, Tolder i Kolding; Peder Heggelund, Tolder i Riibe; Matz Kock i Riibe af Stiftets Indkomst i Riberhus Len til 1. Maj 1576, han skal desuden straks begive sig til Kiøpnehafn for at gøre Rede for og betale de Penge,

han skylder Kongen for det af ham siden 1. Maj 1576 oppebaarne
Tiendekorn. Sj. T. 14, 253.

**28. Sept. (Koldinghus).** Befaling til nedennævnte Lensmænd,
der i Følge deres Forleningsbreve skulle gøre Kongen Regnskab for
al vis og uvis Rente udover den dem tillagte Genant, herefter i
Tide at indkræve Landgilde og andet hos Bønderne, opbevare
Kornet tilligemed det Korn, de bleve skyldige i sidste Regnskab, og
ikke uden Kongens Ordre afhænde noget deraf, med-
mindre Kongens Tarv nøder dem dertil eller de faa Ordre fra Rente-
mesteren paa Kongens Vegne derom; Kongen staar nemlig i Handel
med nogle Købmænd om Kornet. Hvis de uden Kongens Ordre
afhænde Korn eller andet, har Rentemesteren Ordre til ikke at godt-
gøre dem det i Regnskabet, medmindre det har været i høj Grad nød-
vendigt. Herefter skulle de rette sig, saafremt Kongen ikke skal
tænke et andet Sind dertil. — Register: Borckort von Papenheim i
Abramstrup Len, M. Ifuer i Soerø Kloster, Hr. Bendt Gregerssen i
Ringsted Kloster, Hr. Bertil Søfrenssen i Andtuorskouf Kloster, Cor-
uitz Viffert i Othensegaardtz Len med Stiftets Indkomst i samme
Len, Absolon Gøye i Dallum Kloster, Hening Gøye i Nykiøping Len
med Stiftets Indkomst paa Falster, Hack Ulfstand med Stiftets Ind-
komst paa Laaland, Niels Joenssen i Medelsom Herred og Viborg
Stift, Biørn Anderssen i Aarhus Stift, Erick Løcke i Riiber Stift,
Manderup Parsberg i Silckeborg Len, Jørgen Skram i Drotningborg
Len, Anders Bing i Vardbierrig Len og Emmicke Kaas paa Godtland.
Sj. T. 14, 254 b.

— Befaling til nedennævnte Lensmænd, der i Følge deres For-
leningsbreve skulle svare en rimelig Afgift til hver 1. Maj og ind-
betale den tilligemed den uvisse Indtægt paa Rentekammeret, her-
efter at betale deres fulde Afgift til hver 1. Maj og intet
udgive deraf uden særlig Ordre fra Kongen eller Rentemester
Christoffer Valkendorff; Rentemesteren har faaet Ordre til ikke at
lade de Udgifter i deres Regnskab passere, der ere afholdte uden
Kongens Befaling, og hvorfor der ikke findes Bevis af dem, der have
faaet Pengene, medmindre de have været særlig nødvendige. Her-
efter skulle de rette sig, saafremt Kongen ikke skal tænke et andet
Sind dertil. — Register: Christoffer Packisch af det magelagte Gods
under Holbeck, Eggert Ulfeld af Vinstrup Gods, Axel Brahe af Rud-
gaardtz Len, Gregers Trudssen af Rafnsborg Len og Haldsted Kloster,
Hack Ulfstand af Aaleholms Len, Jørgen Daae af Øegaardtz Len,

Niels Joenssen af Hald Len, Biørn Anderssen af Aarhusgaardtz Len, Erick Løcke af Riberhus Len, Fru Dorrethe Christen Munckis af Aackier Len, Hendrick Gyldenstiern af Han Herred, Hals Birk og Vildsted. By, Peder Gyldenstiern af Vesteruig Kloster, Ifuer Kaas af Scharpenbergs Gods paa Mors, Godslaf Buddi af Børglum Kloster, Malthi Jenssen af Øsløf Kloster, Predbiørn Gyldenstiern af Aastrup Len, Erick Løcke af noget Krongods i Han Herred, Steen Bilde af Herridtzuad Kloster, Steen Brahe af Froste Herred, Pouel Huidtfeld af Halmsted Herred, Tygge Brahe af Villandtz Herred, Niels Pasberg af Beckeskouf Kloster, Jørgen Marsuin af Søluitzborg Len. Sj. T. 14, 255 b.

**28. Sept. (Koldinghus).** Aabent Brev, at Rasmus Smed, der nu er sat til at beslaa Kongens Foler paa Suenstrupgaard og desuden skal smedde for Gaarden, herfor skal have 15 gl. Dlr., 1 Hofklædning, 3 Pd. Mel, 3 Pd. Malt, $^1/_2$ Td. Smør, 5 levende Svin, 1 levende Okse, $^1/_2$ Oksekrop, 10 levende Faar, 1 Td. Sild, 1 Td. Torsk, 1 Fjerd. Gryn og 1 Td. Salt i aarlig Løn af Roskyldegaard samt Bolig i det lille Hus ved Suenstrup, som Gert von Bremen tidligere boede i. Sj. R. 12, 59.

— Aabent Brev, hvorved det tillades at udføre saltet Oksekød af Riget fra nu af og til Pinse, for at der igen kan avles Penge her i Riget, da det er en daarlig Fodertid i Aar, saa fattige Folk maa slaa deres Kvæg ihjel; der skal svares $^1/_2$ Dlr. i Told af hver Td. Kød, som udføres. Sj. T. 14, 256 b.

— Befaling til de Lensmænd[1], der have Købstæder i Befaling, i Jylland, Sjælland, Smaalandene, Fyen og Skaane straks at forkynde ovenstaaende Brev i Købstæderne, medens Borgerne endnu kunne sejle og have Gavn deraf. Sj. T. 14, 257.

— Forleningsbrev for Hendrich Belov paa Koldinghus og Skodborg Len, som Lauritz Skram hidtil har haft dem i Værge. Han skal aarlig fra sidste 1. Maj at regne have 300 Dlr. for sin egen Person, Foder og Maal til 8 Heste og Løn til 8 Karle og skal gøre Regnskab for al vis og uvis Rente, der skal tilfalde Kronen altsammen med Undtagelse af Tiendedelen af den uvisse Rente, som han maa beholde. J. R. 2, 615.

— Befaling til Bønderne i Coldinghus Len herefter at yde deres Tiendelam paa Coldinghus Slot i Stedet for som hidtil

---

[1] De opregnes alle med deres Købstæder.

paa Riberhus; Lensmandens Fuldmægtige skulle oppebære Lammene
af dem og være til Stede, naar der skal tiendes. J. T. 2, 93.

**28. Sept. (Koldinghus).** Befaling til Erick Lucke herefter ikke
at befatte sig med at oppebære Tiendelam af Colding-
hus Len, da Kongen har bestemt, at de herefter skulle ydes til
Coldinghus. J. T. 2, 89 b.

— Til Henrick Belov. Da Peder Poulsen i Fierup[1] har
tilbudt Kongen sin Part, som er Halvparten, i sin Gaard til
Købs, skal Henrick Belov bese Gaarden, blive enig med ham om
Købet og betale en rimelig Pris for Gaarden; da Peder Poulsen
endvidere har berettet, at der paa en Kronens Gaard i Glibstrup
bor en Bonde, der formedelst Armod ikke kan holde Gaarden ved
Magt, og har begæret, at hans Børn maatte være nærmest til at faa
denne Gaard i Fæste, efterdi han selv er født i denne Gaard, kunde
Kongen nok lide, at et af hans Børn faar denne Gaard, hvis den
Bonde, der nu bor i Gaarden, opsiger den eller vil oplade ham
den. J. T. 2, 93.

**29. Sept. (—).** Befaling til Coruitz Veffert at lægge det paa
hoslagte Register opførte Gods i Fyen, som Kongen har faaet til
Mageskifte af ham, ind under Otthensegaard og indskrive det i
Jordebogen blandt det tilskiftede Gods. Orig.

**3. Okt. (Gamst).** Aabent Brev, at Niels Thomessen i Fie-
rup[1], Skovfoged, maa være fri for at gøre Ægt og Arbejde af
sin Gaard, saalænge han er Skovfoged. Udt. i J. R. 2, 616.

— 4. Okt. se 4. Nov.

**5. Okt. (Nygaard).** Til Niels Kaas, Kansler, Peder Munck, Ad-
miral, Hr. Jørgen Løcke, Jørgen Rosenkrantz, Biørn Anderssen, Axel
Viffert, Jørgen Skram og Manderup Parsberg. Kongen sender dem
med Sekretær Enuold Krusse den for nogen Tid siden mellem
Kongen og Riget paa den ene og Hertugerne af Holsten,
Kongens Farbrødre, paa den anden Side af det hellige romerske
Riges Kurfyrsters og Fyrsters samt begge Parters Kommissærer i
Ottense oprettede Overenskomst om Hertugdømmet Sles-
vig og Femern, som Hertugerne skulle tage til Len af Kongen
og Riget, og beder dem straks underskrive og besegle den og
sende den tilbage med Sekretæren. Sj. T. 14, 258 b.

**6. Okt. (—).** Til Albrit Fris til Harridtzkier, Erick Lunge til

---

[1] Faarup, Anst H.

Stoufgaard og Erick Lange til Engelstholm. Da Jurgen Sested
har begæret Kronens Rettighed i følgende jordegne Bøndergaarde:
1 i Ølholm, 1 i Niebore[1], 1 i Koldemorten og 1 i Lund[2], til Mage-
skifte for 1 Gaard i Brande, 1 Gaard i Moyvig[3], 1 Gaard i Grend-
sted[4], Odderbeck Gaard og Mølle og 2 Gaarde i Skanderup, skulle
de med det første besigte begge Parters Gods og indsende klare
Registre derpaa. J. T. 2, 92.

**7. Okt. (Nygaard).** Befaling til nedennævnte Købstæder at
modtage N Bøsseskytter og Baadsmænd i Borgeleje og
skaffe dem Herberg og tilbørlig Underholdning med Mad og Øl, der-
iblandt 6 Potter Øl om Dagen, men ikke mere. Hvis nogle af
Bøsseskytterne og Baadsmændene opføre sig utilbørligt mod deres
Værter og Værtinder, disses Folk eller nogen af Borgerne, saa der
med Rette kan klages derover, skulle de lade dem fængsle, stille
for Retten og lide deres tilbørlige Straf; er Forseelsen ikke saa stor,
at de bør straffes paa Livet, skulle de enten straffe dem i Stok og
Jærn hos sig selv eller sende dem til Kiøpnehafns Slot for at gaa
i Lænken en Tid og arbejde. De skulle dog ogsaa vaage over, at
Bøsseskytterne og Baadsmændene ikke blive overfaldne og forurettede
af Borgerne, og sørge for, at de blive rigtig fordelte i Byen, saa
Tyngen ikke kommer til at gaa ud over de fattige alene, men og-
saa over dem, der have noget, hver efter sin Evne. — Register:
I Skaane Malmøe 70; Landtzkrone 40; Ydsted 20; Lund 15; Trel-
borig 13; Vehe og Halmsted hver 12; Helsingborg 10; Aahus 8;
Laugholm og Semershafn hver 6; Falsterboe og Skannøer hver 4
Bøsseskytter; Falckenberg og Vardberg[5]. — I Jylland Riibe og Aal-
borrig hver 60; Aarhus 30; Horsens og Randers hver 25; Viiborg
22; Vedle og Varde hver 15; Tysted 12; Kolding, Grindov, Ring-
kiøping, Skaufuen, Lemuig og Nykiøping hver 10; Ebelthoft og See-
bye hver 8; Hofbroe, Høring og Skifue hver 6 Bøsseskytter. — I
Sjælland Kiøge, Nestued, Skelskøer og Stege hver 30; Roskilde 25;
Slagelse 20; Callundborg 12; Nykiøping 10; Holbeck 9; Vording-
borg, Prestøer, Heddinge og Ringsted hver 8; Korsøer 4 Baads-
mænd; Helsingøer og Slangerup[5]. — I Smaalandene Nagskouf 40;
Nykiøping og Stubekiøping hver 15; Mariboe 10; Nysted 9; Sax-
kiøping 8 Baadsmænd. — I Fyen Ottense 80 og Suenborg 20 Bøsse-

---

[1] Nyborg, Nørvang H. [2] Sindbjærglund, samme H. [3] Modvig, Slavs H. [4] Grind-
sted, samme H. [5] Tallet mangler.

skytter; Assens 30 og Medelfart, Kierteminde, Faaborg og Rudkiø-
ping hver 15 Baadsmænd. Sj. T. 14, 259.

**10. Okt. (Koldinghus).** Til Christoffer Valckendorff. I Anled-
ning af hans Forespørgsel befales det ham at sælge og forpagte
Indkomsten af Drotningborg, Silckeborge, Skanderborre,
Kalløe og Riberhus Len til paalidelige Købmænd for en
bestemt Tid, ligesom det tidligere er sket, dog skal han, da Bøn-
derne her i Landet i høj Grad mangle Byg og Havre, som ere mis-
lykkede i Aar, tilskrive hver enkelt Lensmand, at Indkomsten af
Lenet nok er lovet bort til Købmænd, men hvis Bønderne ville købe
Byg og Havre til samme Pris, som Købmændene skulle give, og
enten straks betale det eller Lensmændene ville være gode derfor,
maa de lade Bønderne faa, hvad de ville have, indbetale
Pengene derfor paa Rentekammeret og levere Købmændene Resten
af Indkomsten. Hvad Omslagshandelen og Pensioner an-
gaar, saa vil Kongen ingen Hovedstol tilbagebetale i Aar udover
det, der er bevilget Josias von Qualen, men alene forrente den
gamle Gæld; Pensionerne ere de samme som før Kongen rejste til
Meklenborg; der er nu skrevet til Lensmændene i Holsten baade
om Forraadet og dette Aars Indkomst og om Restancen af den be-
vilgede Hjælp fra sidste Aar, og saasnart der kommer Besked, vil
Kongen lade ham det vide. Angaaende den hos Johan Marine be-
stilte Salpeter husker Kongen saa meget, at Johan Marine gennem
sin Broder og ved Skrivelser ofte har anmodet om at faa nogle
Penge til den og meddelt, at den laa i Hamborrig, saa hvis Kongen
blev forsømt, var det hans egen Skyld; han skal derfor tale med
Johan Marines Broder derom og skaffe ham endnu en 1000 Dlr.,
men Kongen kunde desuden nok lide, at han traf Aftale med en
anden Købmand foruden Johan Marine om aarlig at levere Kongen
nogle Centner Salpeter, da Kongen altid behøver et temmelig stort
Forraad deraf. Han skal straks inden Vinteren sende 100 Amer
god Vin, 12 Skippd. Humle, 2 Læster Hvede, 4 Tdr. Løg, 3 Tdr.
skaanske Sild, 4 Tdr. saltet Laks og 1 Td. Sennep til Kolding-
hus til Kongens eget Brug; Kongen vil sørge for, at Vintapperen
med det første kommer over til ham for at prøve og udtage Vinen.
Han skal straks bestille rødt Fløjl til Køllerter og Hoser, gult
Damask til Trøjer og Undertøj under Hoserne og rødt Fløjl til
Baretter til 50 Drabanter, ligeledes rødt Damask til en Klædning,
Hoser og Trøje til hver, gult Skellert til Undertøj og sort

Klæde til Kapper, forbræmmede med Fløjl, til alle de Trompetere, Spillemænd og Instrumentister, der nu ere i Tjenesten, samt sort Klæde til lange Kjortler, sort Damaskfor til disse og Fløjlsbonneter til Kongens Kantori. Han skal sørge for, at alt bliver færdigt inden Hyldingsdagen.   Sj. T. 14, 261.

**10. Okt. (Koldinghus).** Stadfæstelse paa følgende af Jacob Ulfeld og Axel Viffert, Befalingsmænd paa Dallum og Nyborg, i Forening med en Borgemester og en Raadmand fra hver Købstad i Fyen i Ottense den 18. Febr. 1579 trufne Ordning om Skæppe, Alen og Vægt i Fyen: da de forskellige Byers Skæpper have været ulige store, har man hverken approberet den største eller den mindste, men en Kobberskæppe, der i Ottense i nogle Aar har været anerkendt som ret Skæppe af Kongens Befalingsmænd, og hvoraf der gaar 8 paa Tønden; hvad Alen angaar, er det blevet bestemt, at der herefter skal maales med den sjællandske Alen efter det Ottense givne Mønster; med Hensyn til Vægt er det bestemt, at der herefter skal holdes Kiøpnehafns Vægt, saaledes at et Skippund holder 20 Lispund og et Lispund 16 Skaalpund; Skippundvægten skal hænge i hver By og være i Byens Gemme, hvor enhver skal lade sit Gods veje, derimod maa alle have en Bismer i deres Hus, men den maa ikke være paa mere end 4 Lispund.   Enhver, der forser sig herimod, skal have forbrudt hvad der maales og vejes og desuden straffes for Ulydighed.   F. R. 1, 215 b [1].

— Til Nyborg, Otthense, Suinborg, Faaborg, Assens, Medelfart, Kiertheminde, Bogense og Landsdommeren. Hoslagte kgl. Stadfæstelse paa den af Kongens Forordnede fastsatte Skik om Skæppe, Alen og Vægt i Fyen sendes dem til Forkyndelse i Købstæderne [og paa Landstinget] med Ordre til at opbevare den vel og paase dens Overholdelse.   F. T. 1, 166. Orig. (til Kerteminde) i Provinsark. i Odense.

— Aabent Brev, hvorved Kongen, der har bragt i Erfaring, at der ved Adelgaden i Otthense findes mange aldeles forfaldne Byggesteder, hvilket formindsker Kronens og Byens Indtægt, befaler alle Indehavere af saadanne inden 3 Aar efter dette Brevs Forkyndelse at opføre god Købstadsbygning derpaa, saa der kan bo Folk deri, som kunne skatte og skylde, eller sælge dem til andre, der formaa at bebygge dem inden 3 Aar.   Enhver, der

---

[1] Tr.: Secher, Forordninger II. 145

ikke retter sig herefter, skal have forbrudt sin Jord, den ene Halv-
del til Kronen, den anden til Byen. F. R. 1, 217. Orig. i Pro-
vinsark. i Odense.

**10. Okt. (Koldinghus).** Til Borgemestre og Raad i Otthense.
Da Kongen til Foraaret venter en Del fremmede Fyrster ind i Riget,
der ville komme med en stor Hob Heste og blive liggende i Ot-
thense en Tid, og samtidig Kongens Hofsinder og en stor Del af
Adelen ville komme did med deres Folk og Heste, har Kongen tid-
ligere givet dem Ordre til at berede Staldrum i Byen til aller-
mindst 2000 Heste, men erfarer nu til sin store Forundring,
at det endnu ikke er sket, ja at der end ikke er begyndt paa det;
det befales dem derfor endnu en Gang alvorligt straks at tage fat
paa Bygningen af Staldene, saa der, naar de fremmede komme, kan
være Staldrum til mindst 2000 Heste; vise de sig forsømmelige, vil
Kongen drage dem til Ansvar. Da den vestre Port i Byen skal
være meget forfalden, saa den kan ventes at ville falde ned, hvilket
vil være Byen til ikke ringe Spot, og da der udenfor Porten er lagt
en stor Hob Møg og Urenlighed langs hele Stenbroen, saa den ligger
højere, end Broen er høj, hvilket baade er meget ubehageligt at se
for dem, der rejse gennem Byen, og giver en slem Stank, skulle
de inden Paaske lade Porten sætte i Stand og give Borgerne
Ordre til ligeledes inden Paaske at føre den Møg og Uren-
lighed, der ligger langs Stenbroen udenfor Porten, over
paa den anden Side af Grøften ved Stenbroen og herefter ikke
tillade nogen at lægge Urenlighed eller Møg mellem Grøften og Byen.
Da der mange Steder i Byen er sat Tornegærder langs med
Adelgaden i Stedet for Huse eller Plankeværker, der vilde være Byen
til større Sir, skulle de alvorligt befale Ejerne af Jorderne, baade
adelige og uadelige, inden Paaske at nedbryde disse Gærder og
i Stedet opføre Huse eller sætte Plankeværker, da Gær-
derne ellers skulle være til Pris for hver Mand. F. T. 1, 164 b.

— Til Niels Kaos, Kansler, og Albrit Friis til Harritzkier. Da
Peder Rantzov har bevilget Kronen sin Hovedgaard Vamdrup med
tilliggende Gods i Nørrejylland til Mageskifte for Trøyborg med
saa meget af det tilliggende Gods, som hans Gods kan beløbe sig
til, skulle de med det første besigte begge Parters Gods samt Byg-
ningerne paa Vamdrup og Trøyborg og indsende klare Registre der-
paa. J. T. 2, 91 b.

— Befaling til Søfren Hofmand og Niels Skriver i Randers, der endnu ikke have gjort op med Mickel Bagers Hustrus og Børns Værge i Othensee for den af dem og Mickel Bager oppebaarne Indkomst af Dronningborg Len, inden 3 Uger efter dette Brevs Datum at begive sig til Othensee med deres Kvittanser og Regnskaber og foretage et endeligt Opgør, saafremt Kongen ikke paa anden Maade skal hjælpe Mickel Bagers Hustru og Børn til Rette. J. T. 2, 92.

**10. Okt. (Koldinghus).** Til Borgemestre og Raad i Vedtle. Da Kongen med det første vil rejse fra Koldinghus til Skanderborg og blive dér nogen Tid, skulle de straks sende de Breve, der i den Tid maatte komme til Kongen fra Kurfyrsten af Sachen og Hertugerne Hans den ældre og Adolf, til Bygholm Slot eller Horsens. Orig. i Provinsark. i Viborg.

**11. Okt. (—).** Til Anders Bing. Kongen har bevilget, at Haagen Hellessen, der boede i Kongsbach og havde købt to Gaardes Ejendom dér samt anvendt stor Bekostning paa at sætte Bygninger derpaa, nu, da Kongsbach af Anders Bing er omdannet til 3 Bøndergaarde, maa faa den ene af disse mod at svare den fastsatte Afgift deraf. Sk. T. 1, 201.

— Forleningsbrev for M. Jens Søfrenssen, Skolemester i Kolding, paa Kronens Part af Korntienden af Gadbierg Sogn i Tøreld Herred, uden Stedsmaal og Afgift. Udt. i J. R. 2, 616.

— Til Anders Dresselberg og Niels Grubbe, Sekretærer. Da Otte Huitfelt har begæret 3 Gaarde og 1 Bol i Anderup og 1 Bols Eje i Else Mark, der plejer at ligge til den ene Gaard i Anderup, i Sønder Herred paa Mors til Mageskifte for 3 [Gaarde] i Brandstrup i Øster Lisbierg Herred, skulle de med det første besigte begge Parters Gods og indsende klare Registre derpaa. J. T. 2, 90 b.

— Befaling til Lauritz Skram, der endnu ikke har besigtet det Bol i Erressøs, som Kongen har begæret til Mageskifte af Fru Karen Skougaard, Palli Skrams Enke, og den jordegne Bondegaard, hun begærer til Vederlag, om straks at gøre det og ligne baade Bondens Ejendom og Kronens Rettighed i Gaarden; hvis den jordegne Bondegaard er bedre end Bolet, vil Fru Karen selv enes med Kongen derom. J. T. 2, 100 b.

— Til Biørn Anderssen, Jørgen Skram, Palli Jul og Malthi Jensen, Landsdommere i Nørrejylland, Chresten Skiel og Lauritz Rostrup. Da der er Trætte mellem Niels Joenssen, Embeds-

mand paa Hald, og Fru Kierstine Pedersdatter, Erich Kaas'
Enke, om Markeskellet mellem Hemestrup[1] og Mamen
Marker i Medelsom Herred og der er opkrævet Sandemænd til at
gøre Skel mellem Byerne, skulle de, da begge Parter have givet
deres Minde dertil, møde paa Aastederne samtidig med Sandemæn-
dene og i Forening med disse gøre Skel mellem Byerne og uden
videre Opsættelse skille Parterne til Minde eller Rette. Faar nogen
Forfald, maa de andre tiltage en anden i hans Sted. Orig.[2]

**11. Okt. (Koldinghus).** Til Hendrick Vind. Paa hans Fore-
spørgsel om, hvad han skal gøre med den paa Draxholm fangne
Kvinde, der for nogen Tid siden er sendt did fra Kallundborg,
fordi der hos hende er fundet 4 smaa Raalamsskind og hun har
erklæret at have taget Raalammene i Skovene der i Herredet (Ods),
befales det ham at frigive hende, mod at hun forsværger Her-
redet. Da han har indberettet, at han trods nøje Undersøgelse ikke
har kunnet opdage, hvem der har dræbt de 3 store Dyr, der
bleve fundne døde i Skovene i Herredet, befales det ham strengelig
at gøre sig sin yderste Flid for at opdage det, da Kongen ikke
noksom kan undre sig over en saadan Dristighed. Medfølgende
aabne Brev til Bønderne sendes ham til Forkyndelse. Sj. T.
14, 263.

**12. Okt. (—).** Til Bønderne i Otz Herred. Da der paany er
fundet nogle store Dyr skudte i Skovene i Kongens Fredejagt der i
Herredet, hvilket undrer Kongen ikke saa lidt, eftersom ingen andre
end Kronen har Bønder i Herredet, og da han ikke tvivler paa, at
flere af dem vide Besked med disse Krybskytters og Tyves Skyden,
skønt Lensmanden klager over, at de ikke ville aabenbare det, be-
fales det enhver, der maatte vide eller herefter faa noget at vide
om dette Krybskytteri, straks at melde det til Hendrick Vind,
Lensmand paa Draxholm, saafremt de ikke ville lide samme Straf
som den, der har bedrevet Gerningen, samt herefter, saasnart de
høre Bøsseskud i Kongens Fredejagt, straks at søge efter det, faa at
vide, hvem det er og hvor de drage hen, og melde det til Lens-
manden paa Draxholm, saafremt de ikke ville have forbrudt deres
Gaarde og straks forvises af Herredet; kunne de faa fat i Gernings-
mændene, skulle de gribe dem og overlevere dem til Lensmanden.
Sj. T. 14, 263 b[3].

---

[1] Himmestrup.   [2] Tr.: Saml. t. jydsk Hist. og Topogr. II. 181 f. (Jvfr. Rettelse S.
337).   [3] Tr.: Secher, Forordninger II. 147 ff.

**12. Okt. (Koldinghus).** Til Christoffer Valckendorff. Da Skibs-
høvedsmand **Lauritz Krusse Tygissen** har berettet, at han paa
sin Rejse til Øssel har mistet baade **Klæder og hvad andet
han havde paa det Skib, der gik under med ham,** skal
Christoffer Valckendorff give ham en passende Erstatning der-
for. Sj. T. 14, 264 b.

— Stadfæstelse af et Mageskifte mellem **Luduig Nielssen**
til Høgsbrof og Kapitlet i Riber Domkirke. J. R. 2, 616 b. (Se
Kronens Skøder.)

— **Forleningsbrev for Hr. Jørgen Mortenssen,** Kapel-
lan i Kolding, paa **Afgiften af Kronens Part af Korntienden
af Veyleby Sogn,** kvit og frit. Udt. i J. R. 2, 618.

**13. Okt. (—).** Til Christen Vind, Høvedsmand paa Kiøpne-
hafns Slot. Kongen har bevilget, at **Jesper Skamelssen** ind-
til videre maa faa **Foder og Maal til en Hest** paa Slottet. Udt.
i Sj. T. 14, 264 b.

— Befaling til Christoffer Valckendorff at betale **Thomis
Tennicker** 400 Dlr. for 2 Stykker isprængt (»indsprendt«) En-
gelst til 2 Dlr. pr. Alen, som Kongen har faaet af ham. Udt. i
Sj. T. 14, 267.

— Aabent Brev, hvorved Kongen — der har bragt i Erfaring,
at Borgerne i **Medelfard** i tidligere Kongers Tid have købt et Stykke
Jord til Byen, som de ogsaa have kgl. Skøde og Stadfæstelser paa,
og have delt Jorden mellem flere af Gaardene i Byen, der svare
aarlig Landgilde, ialt 20 Ørt. Byg, deraf til Kronen og desuden
holde Vogne og Baade til Kronens daglige Buds og Tjeneres Brug,
og at nu flere Adelige have tilhandlet sig nogle af disse Gaarde
med den dertil liggende Jord, men hverken ville svare deres Part
af Landgilden af Jorden eller tillade dem, der bo i Gaardene, at
gøre nogen kgl. Tynge med Vognægt, Baade eller andet — befaler
**alle Adelige, der have købt eller herefter købe Gaarde
i Medelfard, herefter at svare deres Part af Landgilden
lige med de Borgere,** der have lignende Gaarde og Jorder, og at
**sætte Folk i Gaardene, der kunne holde samme kgl.
Tynge med Vognægt, Baade og andet** som Borgerne og
fra Arilds Tid af sædvanligt, for at ikke Afgiften og Tyngen skulle
paahvile Borgerne alene. F. R. 1, 217 b[1].

---

[1] Tr.: Secher, Forordninger II. 1491.

**13. Okt. (Koldinghus).** Til Knud Venstermand. Efterat han havde faaet Brev paa det Stenhus med 2 Abildhaver i F a a b o r g, der tidligere har hørt til Helligaands Kloster smstds., med Ret til Fiskeri i Faaborg Sø, har Kongen bragt i Erfaring, at ovennævnte Hus, Abildhave og Fiskeri ved Helligaands Klosters Ophævelse ere henlagte til Hospitalet i Ottense, og at Hospitalsforstanderen har bort-fæstet det hele til nogle Borgere i Faaborg for aarlig Landgilde, ligesom disse ogsaa holde Bys Tynge deraf ligesom i Klosterets Tid, hvilket skal være den tredje Part af Byens Tynge, undtagen den aarlige Skat. Da Kongen ikke har faaet nogen Underretning om disse Forhold, dengang Knud Venstermand erhvervede Brevet, og ikke vil formindske·det, som er henlagt til Hospitalet, maa han her-efter ikke befatte sig med ovennævnte S t e n h u s, A b i l d h a v e r  o g F i s k e r i, men skal lade Hospitalet i O t t e n s e faa dem og straks tilbagesende sit Brev derpaa til Kongen. F. T. 1, 166 b.

— Til Kronens Bønder i Vissenbierg Birk. Da Kongen vil blive en Tid lang her i Landet, hvorfor det vil være nødvendigt daglig at befordre Kongens Bud og Gods gennem Fyen, og det vil falde Bønderne under Rudgaard meget besværligt alene at besørge dette, skulle de, saalænge Kongen bliver her i Landet, efter nær-mere Tilsigelse af Axel Brade, Embedsmand paa Rudgaard, h o l d e Holdsvogne og befordre Kongens Bud og Gods lige med Rudgaards Tjenere. F. T. 1, 167 b.

— Til Borgemestre og Raad i Colding. S k o m a g e r n e  i  C o l-d i n g have klaget over, at mange bruge Skomagerembede i Byen og arbejde for Borgerne, skønt de ikke ere eller ville være med i La-vet, at ofte fremmede Skomagere fra Landet og andensteds optages i Byen og sidde og arbejde i Borgernes Huse uden at svare nogen Tynge, og at ofte fremmede Skomagere fra Landet og andre Køb-stæder komme til Byen og sælge Sko og Støvler paa Tider, da der ikke er noget frit Marked. Da dette strider mod Skomagernes Pri-vilegier og Lavsret, skulle de undersøge Sagen og alvorligt paase, at sligt ikke finder Sted; klages der, skulle de hjælpe Klagerne til Rette og konfiskere Varerne til Fordel for Hospitalet. J. T. 2, 90.

— Til Henrick Belov. Da disse Brevvisere, som Kongen har faaet til Mageskifte af Fru Karen Krabbe, have k l a g e t  o v e r, at de ere blevne skrevne for højere Landgilde end i Fru Karens Tid — en i Eyto[1] er sat for 3 Ørt. Rug i Stedet for tidligere

[1] Egtved, Jerlev H.

2 Ørt., en smstds. har faaet et Paalæg af 2 Skpr. Byg, og to i Fred-
sted ere blevne skrevne hver for 1 Fjerd. Smør i Stedet for tidligere
1 Otting — og med Fru Karens Jordebog have bevist, at saadant
er paalagt dem nu, skal han lade Jordebogen forandre og ikke kræve
mere af dem, end de have givet i Fru Karens Tid. J. T. 2, 90.

**13. Okt. (Koldinghus).** Til Henrick Belov. Da Mickel Thige-
sen i Jerlo og Sefren Ibsen i Meisling have berettet, at Albret
Friis for nogen Tid siden paa Kronens Vegne har lovet dem 300
Dlr. for deres jordegne Bøndergods og tillige, at de og deres
Hustruer, saalænge de levede, maatte beholde Gaardene for samme
Landgilde som hidtil, skal han hos Albret Friis faa at vide, om
Godset kan være saa meget værd, og, hvis det er det, betale Bøn-
derne de 300 Dlr., tage nøjagtige Skøder af dem paa Tinge der-
paa, indlægge dem i Forvaring blandt Slottets Breve, forandre Jorde-
bogen og indskrive de 300 Dlr. i sit Regnskab. J. T. 2, 96.

— Til Christoffer Valckendorff. Kongen har med Sorg hørt
den Ulykke, der har ramt Vincentz Jul og dem, der vare sendte
afsted med ham til Undsætning for Øssel, og vil, da Arnsborrig
nødvendigvis maa »bestilles« inden Vinteren, med det første ind-
sætte en anden til Statholder smstds.; Christoffer Valckendorff skal
derfor straks lade et godt Skib gøre rede, der kan føre den
ny Statholder med Folk og andet til Øssel, skaffe 100
Knægte eller saa mange, han kan, til at sende did, give hver af
de Knægte, der bleve bjærgede og fremdeles ville lade sig bruge i
Kongens Tjeneste paa Øssel, Engelst til en Klædning forlods og
med samme Skib tillige sende hvad andet han kan tænke behøves
og i en Fart kan skaffe. Sj. T. 14, 265.

**14. Okt. (—).** Følgebrev for Hospitalet i Kolding til
Bønderne under det Vikarie i Riber Domkirke, som nu afdøde
Hr. Hans Lancken hidtil har haft i Værge. Orig. i Provins-
ark. i Viborg.

— Til Christoffer Valckendorff. Da Jørgen Farensbeck er
gaaet ind paa at være Statholder paa Øssel Vinteren over, skal
Christoffer Valckendorff straks lade et godt Skib udruste, skaffe Krigs-
munition og andet nødvendigt til Veje, ligesom der var medgivet
Vincentz Jul, lade Jørgen Farensbeck selv mønstre og udse sig 150
rigtig gode Hageskytter og sørge for, at Skibet kommer afsted saa
snart som muligt; Jørgen Farensbeck skal rejse over Land, og Kon-
gen har medgivet ham nogle Hofsinder, hver med 3 Heste, saa han

ialt faar 30 Heste paa Slottet i Vinter; Christoffer Valckendorff skal
skaffe Penge til Besolding af Hofsinderne, der skulle have samme
Løn som her. Sj. T. 14, 265 b.

**15. Okt. (Koldinghus).** Til samme. Jørgen Farensbeck,
der skal være Statholder paa Øssel Vinteren over, skal aarlig have
200 Dlr. i Løn og Foder og Maal til 6 Heste og Folk foruden
det, Statholderne smstds. tidligere have haft; nogle af Kongens Hof-
sinder og Enspændere, ialt en 24 Heste, skulle drage med
ham og skulle baade paa Rejsen og sidenefter have 10 Dlr. om
Maaneden for hver Hest, ligesom de pleje at faa, og aarlig
sædvanlig Hofklædning til ligesaa mange Personer, som de have
Heste. Christoffer Valckendorff skal give dem 2 eller 3 Maaneders
Besolding paa Haanden, give Jørgen Farensbeck 1000 Dlr. til Be-
fæstningens Forbedring og andet Brug, hvorfor der saa siden skal
gøres Regnskab, og desuden 300 Dlr., som Kongen har foræret ham
til Tæring paa Rejsen; Jørgen Farensbeck med Hofsinderne og En-
spænderne skal rejse over Land til Lifland, nemlig fra Koldinghus
til Kiøpnehafn og derfra over Giedtzør til Tyskland. Han skal med
det allerførste lade udruste et eller to Skibe, hvilket han selv
synes, og med disse sende Krigsmunition, Folk, Fetalje og andet
nødvendigt samt 150 duelige Hageskytter med gode, stærke Rør,
heri dog iberegnet de Knægte, som for nylig maatte være sendte
til Øssel. Sj. T. 14, 266.

— Befaling til Biørn Andersen og Manderup Pasberg, der tid-
ligere have faaet Ordre til at besigte noget Gods i Anledning af
Mageskiftet med Henrick Gyldenstiern, om samtidig at be-
sigte 1 Gaard i Flitterup[1], som han tillige har bevilget Kronen til
Mageskifte, og udlægge ham Fyldest derfor. J. T. 2, 95 b.

— Til Henrick Belou. Da Kongen har bevilget Hr. Niels Griis
i Stenderup, at hans Søn Anders Nielssen til 1. Maj maa faa
den Gaard i Vif[2], som Kongen har faaet til Mageskifte af Hans
Axelsen, i Fæste og straks lade pløje og saa Rug til Gaarden,
skal Henrick Belou blive enig med Hans Nielssen om et rimeligt
Stedsmaal og lade ham faa Gaarden fremfor nogen anden. J.
T. 2, 95 b.

**16. Okt. (—).** Aabent Brev, at Berent Plattenslager, der
har lovet at tjene Kongen som Rustmester og at passe Kongens

---

[1] Fillerup, Hads H.    [2] Viuf, Brusk H.

Rustkammer i Kiøpnehafn, indtil videre aarlig skal have 20 Dlr. i
Løn og til Husleje, en Hofklædning, 2 Øksne, 4 Svin, 6 Faar, 6
Gæs, 1 Td. Smør, 3 Pd. Mel, 4 Pd. Malt, 1 Td. Gryn, 1 Td. Ær-
ter, 1 Td. Sild og 4 Voger tør Fisk af Kiøpnehafns Slot. Sj.
R. 12, 59 b.

**16. Okt. (Koldinghus).** Befaling til Christoffer Valckendorff at
betale Laurentz Martens, Sekretær, der er sendt til Øssel med
Farensbeck og derfor behøver Penge til at ordne sine Sager for,
hans tilgodehavende Løn og 100 Dlr. af det kommende
Aars Løn. Sj. T. 14, 267 b.

— Mageskifte mellem Jørgen Sested til Huolgaard og
Kronen. J. R. 2, 618 b. (Se Kronens Skøder.)

— Til Erich Hardenbierg. Kongen har nu ikke Brug for de
Gæs og Høns, som han tidligere har givet ham Ordre til at købe
i Lenet og sende til Ottense, naar han fik nærmere Ordre, saa han
behøver ikke at købe dem; derimod skal han holde de Fede-
lam, hvorom han tidligere har faaet Skrivelse, paa godt Foder
til efter Paaske, Kongen vil saa betale ham hvad de ere værd. Udt.
i F. T. 1, 168.

— Lignende Brev til Hans Johanssen. Udt. i F. T. 1, 168 b.

— Brev til Axel Brade om ingen Gæs eller Høns at købe
og sende til Otthense. Udt. i F. T. 1, 168 b.

— Brev til Lauritz Brockenhus, at han ingen Bolgalte,
Gæs eller Høns behøver at holde i Forraad. Udt. i F. T.
1, 168 b.

— Til Coruitz Viffert. Han skal lade det, der allerede
er kommet til Otthense af det, som Kongen har ladet forskrive,
indlægge i god Forvaring og have Tilsyn med, at det ikke
bliver fordærvet. Hvis han henimod den Tid, da Kongen agter at
komme did efter Paaske, mærker, at Foderet i Klosteret ikke vil
slaa til til Kongens Heste, skal han hos Bønder og Præster, hvor
der er noget at faa, købe saa meget Hø og Strøelse, som han
kan tænke Kongen vil have Brug for i en 14 Dage eller 3 Uger;
ligeledes skal han befale Borgerne i Otthense at sørge for at have
Hø og Strøelse i Forraad efter Paaske til alle de Heste, de have
Staldrum til; Gæs og Bolgalte behøver han ikke at holde i
Forraad. Udt. i F. T. 1, 168 b.

**17. Okt. (—).** Til Borgerskabet i Otthense. Da der vil blive
Brug for en stor Mængde Hø og Strøelse til de Heste, som Kongen

formoder ville komme til Otthense straks efter Paaske, skal enhver
Borger efter Paaske have Hø og Strøelse i Forraad til alle
de Heste, han kan have Staldrum til, og i Overensstemmelse
med Kongens tidligere Ordre holde Staldrum til saa mange Heste
som muligt.  Orig. i Provinsark. i Odense.

**17. Okt. (Koldinghus).**  Mageskifte mellem Axel Viffert
til Axeluold og Kronen.  Sk. R. 1, 309 b.  (Se Kronens Skøder.)

— Til Hospitalsforstanderne i Ottense.  Kongen havde i An-
ledning af Klage fra de Borgere i Faaborg, der havde fæstet
Stenhuset med de to Abildhaver og frit Fiskeri i Faa-
borg Sø af Hospitalet i Ottense, skrevet til Knud Venstermand,
at han igen skulde afstaa ovennævnte Ejendom og Fiskeri, men vil
nu, da denne paany har ansøgt om at maatte beholde dem,
bevilge dette paa den Betingelse, at han straks betaler Hospitalet
100 Dlr. i Indfæstning og tilbagebetaler de ovennævnte Borgere i
Faaborg den Indfæstning, de have givet.  De skulle forhandle med
ham om, hvad han aarlig skal svare til Hospitalet deraf, og paase,
at det kan blive Hospitalet og Borgerne i Faaborg aldeles uden
Skade; men hvis Stenhuset med Abildhaver og Fiskeri paa ingen
Maade kan undværes, skulle de straks, inden de forhandle med
Knud Venstermand, give Kongen al Underretning derom.  F. T.
1, 169 b.

— Mageskifte mellem Peder Rantzov til Woldehorn og
Kronen.  J. R. 2, 622 b.  (Se Kronens Skøder.)

— Livsbrev for Peder Rantzov, der havde Livsbrev paa
Trøyborg Slot og Len, men nu har faaet det til Mageskifte for sin
Hovedgaard Vamdrup med mere Gods, paa Balum Birk, som
Erich Løcke, Embedsmand paa Riberhus, nu har det i Værge, uden
Afgift; efter hans Død maa hans Søn Daniel Rantzov beholde Le-
net afgiftsfrit i 10 Aar.  De skulle tjene Riget med 2 geruste Heste.
J. R. 2, 647 b.

— Følgebrev for Peder Rantzov til Bønderne i Balum
Birk, at de skulle svare ham i hans Livstid og hans Søn Daniel
Rantzov i 10 Aar derefter, dog skulle de levere Lensmanden paa
Riberhus den Landgilde, de skulle svare til Mortensdag i Aar.  Udt.
i J. R. 2, 648.

**18. Okt. (—).**  Befaling til Christoffer Valckendorff at bestille
5 Læster Æbler, 3 Læster Bradepærer, 8 Tdr. Gulerødder, 8 Tdr.
Hvideroer, 3 Tdr. botfeldske Roer, 8 Tdr. Løg, 6 Tdr. Valnødder,

6 Skokke Kabudskaalshoveder, 3 Tdr. tykke Peberkager, 4 Tdr. Peberrod, 6 Tdr. Persillerødder og 4 Tdr. Pastinakrødder i Forraad til Forsamlingen i Ottense og sende det did til den Tid. Udt. i Sj. T. 14, 267 b.

**18. Okt. (Koldinghus).** Til Benedictus Rantzov. Hertug Hans den ældre har berettet, at Digerne baade i Møgenthønder og Lillethønder Len ere brudte igennem mellem Hogles[1] Herred, Ruttebuttel[2] og Vinding[3] Herred; da der kan komme stor Ødelæggelse heraf og Bønderne i hans Len ere forpligtede til at deltage i Vedligeholdelsen af Digerne, skal han befale alle dem, der skulle holde Diger i Stand, i Forening med Hertug Hans's Tjenere at istandsætte Digerne saa godt som muligt inden Vinteren, saafremt han ikke selv vil staa til Rette, hvis det bliver forsømt. J. T. 2, 94.

— Til Fru Ane Giordzdatter. Da Hertug Hans den ældre har klaget over, at hendes Tjenere ved Møgenthønder og Lillethønder ikke ville istandsætte deres Part af de ved Høyes Herred, Ruttebuttel[2] og Vinding[3] Herred gennembrudte Diger, skønt de ere fundne pligtige dertil og Fru Ane selv lider ikke ringe Skade derved, befales det hende, eftersom det kan befrygtes, at baade Kongen, Hertug Hans og det hele Land ville lide stor Skade, hvis der ikke i Tide gøres noget, straks at give sine Bønder Ordre til inden Vinteren at gøre deres Part af de gennembrudte Diger i Stand saa godt som muligt, dog hendes Rettighed for Fremtiden uforkrænket, hvis hun for Kongens og Hertugens Forordnede kan befri sine Tjenere for en saadan Pligt. J. T. 2, 94.

— Befaling til Lauritz Skram at lægge 1 Gaard i Gremsted[4] By og Sogn og 1 Gaard, kaldet Moyuig[5], i Slaugs Herred, 1 Gaard i Brand By og Sogn og Odderbeck Gaard og Mølle i Thingoe[6] Sogn i Nørvogens Herred — som Kongen har faaet til Mageskifte af Jørgen Sested for Kronens Rettighed i 4 jordegne Bøndergaarde: 1 i Olholm[7] og 1 i Niborre i Langskof Sogn, 1 i Lund i Zinbierg Sogn og 1 i Vinderløf By og Sogn, 1 Gaard i Nørre Kollemorten i Niekirke Sogn, 1 Gaard i Hollem[8] i Synderbierge[9] Sogn og 1 Gaard i Synderbierge Sogn, alt i Nørvogens Herred, hvilket Gods Lauritz Skram havde i Forlening — ind under sig og indskrive dem i Jordebogen. J. T. 2, 94 b.

---

[1] Højers. [2] Rudbøl. [3] Hvidding. [4] Grindsted. [5] Modvig. [6] Tyregod. [7] Ølholm. [8] Holtum. [9] Sindbjærg.

**19. Okt. (Koldinghus).** Til Peder Eggerssen. Da det Krongods, som han har begæret til Mageskifte for sit Gods i Nørrejylland, skal være ulige bedre baade paa Ejendom og Skyld end hans Gods og desuden ligge saa belejligt for Kronen, at denne ikke kan undvære det, skal han med det første opsøge noget andet Gods, der kan svare til hans Gods og ikke ligger i Kongens Fredejagt eller saa nær ved Kronens Slotte, at det ikke kan undværes derfra. F. T. 1, 170 b.

— Lignende Brev til Mickel Nielssen. Udt. i F. T. 1, 170 b.

— Følgebrev for Hendrich Belov til de Bønder i Andst Herred, som Erich Løcke havde i Forsvar, at de skulle svare ham til Koldinghus. Udt. i J. R. 2, 648.

— Til samme. Kongen har for nogen Tid siden tilskiftet sig det Skovgods, som Riber Domkirke havde i Coldinghus Len, for Slettegods og samtidig lovet at forsyne Domkirken med Tømmer; Lauritz Skram har derfor ogsaa faaet Ordre til at skaffe Domkirken noget Tømmer til dens Bygning, men da han i det samme kom af med Coldinghus Len, er det endnu ikke sket. Hendrick Belov skal derfor paa Kongens Vegne enten købe saa meget norsk Tømmer, som Kirkeværgerne erklære fornødent, og levere dem det, for at de kunne føre det videre, eller, hvis han ikke kan faa noget til Købs, lade det hugge i Lenets Skove, hvor der sker mindst Skovskade, dog skulle Kirkeværgerne modtage Tømmeret paa Stedet og selv føre det til Ribe. J. T. 2, 93 b.

**21. Okt. (—).** Mageskifte mellem Knud Venstermand til Findstrup og Kronen. F. R. 1, 218 b. (Se Kronens Skøder.)

**22. Okt. (—).** Til Biørn Kaas og Kapitlet i Lund. Da Jacob Møller, Borger i Malmøe, har berettet, at han har en meget forfalden Gaard i Malmøe, men gerne vilde opbygge den, saa der kunde svares Kronen og Byen Tynge deraf, hvis der ikke skulde svares saa høj en Jordskyld, 24 Mk. danske, til Lunde Kapitel, skulle de med det første lade uvildige Dannemænd sætte Gaarden for en rimelig Jordskyld, saa baade Jacob Møller og Kapitlet kunne være tjente dermed. Sk. T. 1, 201.

— Til Anders Bing. Da Thomes Pryss, der havde købt nogen Jord i Kongsbache, førend Kongen bestemte, at Byen skulde nedbrydes og omdannes til Landsby, har klaget over, at Jorden efter den stedfundne Forandring kommer fra ham, saa han mister baade den og sine udlagte Penge, har Kongen bevilget, at han uden Stedsmaal maa faa en af de tre Gaarde, hvoraf Kongsbache nu bestaar, mod at svare den fastsatte Landgilde deraf. Sk. T. 1, 201 b.

**22. Okt. (Koldinghus).** Forleningsbrev for Claus Hønborg i Siøholm, der er sat til at have Opsigt med Kronens Skove, Vildtbane og Fiskeri i Endle Herred, paa Sønderbierig Aalegaard, uden Indfæstning og Afgift. J. R. 2, 648 b.

— Forleningsbrev for Fru Vibicke Lunge, Jens Juels Enke, paa en Kronens Eng, kaldet Hestehave, ved Varde, som hun nu selv har i Værge, uden Afgift. J. R. 2, 649. K.

— Til Giort Persen. Da Seuren Mund, der har faaet 1 Bol i Nebel til Mageskifte af Kronen, har berettet, at Giort Persen har begæret Byens Mark rebet, hvilket vil være til stor Skade ikke alene for Seuren Mund, men ogsaa for Kronen, der er den største Lodsejer i Byen, og desuden forhindrer Bønderne i at komme til at saa Rug, befaler Kongen, eftersom der, siden Christen Munck, Lensmand paa Akier, døde, ikke er nogen, der paa Kronens Vegne svarer hertil, ham at opsætte Rebningen, indtil Kongen selv kommer til Skanderborg og kan beskikke nogle gode Mænd til at undersøge Sagen; hvis han da findes brøstholden, skal han faa rimelig Fyldest. Han skal lade Bønderne uhindret saa Rug i den Jord, de hidtil have brugt. J. T. 2, 101.

— Befaling til alle Bønder, baade jordegne og Kronens, i Koldinghus Len herefter at svare deres Skyld, Landgilde og anden Rettighed til Kronen i rette Tid, saafremt de ikke efter Recessen ville have deres Gaarde forbrudte, da deres Forsømmelse heraf medfører, at Lensmanden saa heller ikke kan aflægge sit Regnskab i rette Tid; rette de jordegne Bønder sig ikke herefter, skal der kræves Skursnævn paa deres Gaarde, der saa skulle sværges i Fald og være forbrudte under Kronen. J. T. 2, 101 b.

— Til Erick Løcke og M. Hans Laurtzen. Da Borgerskabet i Varde har anmodet Kongen om at betænke Byens Hospital, hvori der er nogle fattige, med nogen Rente, fordi det nu ikke har synderlig anden aarlig Rente end det, Borgerne selv kunne forsyne det med, og disse have endda ellers nok med at føde de fattige, der løbe omkring i Byen, skulle de undersøge Sagen, og hvis Hospitalet har saa ringe Rente, overveje, hvorledes det bedst kan hjælpes enten med Bønder eller paa anden Maade, samt tilskrive Kongen deres Betænkning derom. J. T. 2, 102.

**23. Okt. (Koldinghus).**  Aabent Brev, at de Kirkejorder i
Oleholms Len, som Bønderne i Mosse og Fuelse Herreder fæste
til deres Gaarde, og som hidtil stadig have maattet fæstes paa ny,
naar der kom ny Lensmand, herefter skulle bortfæstes af Lens-
manden paa Oleholm, efterhaanden som de blive ledige, og
indehaves af Bønderne paa Livstid uden yderligere Steds-
maal, men for sædvanlig Landgilde, saafremt da Bønderne ikke paa
anden Vis forbryde dem.  F. R. 1, 548.

**24. Okt. (—).**  Kvittans til Niels Pederssen, Renteskriver,
der nu har gjort Regnskab for de Materialier, som han fra 16.
Marts 1573, da han overtog Pladsen efter Matz Skriver, til 20. Juli
1576, da han igen blev den kvit, har modtaget i Kongens Sejlhus
og i Vejerhuset paa Bremmerholm og igen udgivet til Kongens Or-
logs- og Koffardiskibe, til Reberbanen og Holmen, til Kongens Slotte,
Klostre og Gaarde og til Kongens Toldere i Norge samt leveret sin
Eftermand som Skriver paa Holmen Wulf Røttingk til Inventarium.
Han blev Kongen skyldig 4 Sk. danske Penge, 8 Al. krakouisk Bol-
davit, $1^1/_2$ Kvarter Pecklin, $^1/_2$ Lispd. Bly og 1 Skippd. $1^1/_2$ Lispd.
gammelt Kedelkobber, som Kongen har afkvittet ham i de 4 Styk-
ker 9 Al. dansker Boldavit, 6 Al. fransk Boldavit, 15 Al. 1 Kvarter
Haardug, 4 Skippd. 9 Lispd. $3^1/_2$ Skaalpd. Kabelgarn, $27^1/_2$ Skippd.
6 Lispd. $1^1/_2$ Skaalpd. Stangjærn, $13^1/_2$ Lispd. 6 Skaalpd. Osmund
og Flisejærn, 4 Skippd. $4^1/_2$ Lispd. $2^1/_2$ Skaalpd. Grydekobber, $2^1/_2$
Lispd. 6 Skaalpd. nyt Kedelkobber, 4 Lispd. 6 Skaalpd. uklaret
Kedelkobber, 1928 Kravels- og 5 Dunspigre, 2804 Middellappe og
Pumpespigre, 50 Overløbs- og Lægtespigre, 1600 Klinkejærn og
1688 Nodter, som hans Udgift har været større end hans Indtægt.
Sj. R. 12, 59 b.

— Mageskifte mellem Jacob Krabbe til Rydtzholm, Hof-
sinde, og Kronen.  Sk. R. 1, 312 b.  (Se Kronens Skøder.)

— Befaling til Coruitz Veffert at lægge 1 Gaard i Ørsbierg
i Bog Herred, som Kongen har faaet til Mageskifte af Knud Venster-
mand, ind under Otthensegaard og indskrive den i Jordebogen
blandt det tilskiftede Gods.  Orig.

— Aabent Brev, at Anders Nielssen til 1. Maj maa faa
den Hovgaard i Viuf i Brusk Herred, som Kongen har faaet til
Mageskifte af Hans Axelssen, og som hans Fader, Hr. Niels Griis,
Sognepræst til Elthang, har fæstet til ham, med Ager, Eng, Ene-
mærker og Indelukker, saaledes som Hans Axelssen har brugt den.

Han skal svare den Landgilde, som Gaarden nu er bleven sat til, være Lensmanden paa Koldinghus lydig og maa kun hugge i Skovene efter Anvisning af Skovfogderne. J. R. 2, 649.

**25. Okt. (Koldinghus).** Befaling til Christoffer Valckendorff straks og siden hvert Aar at sende Kongens Søster Kurfyrstinden af Sachsen forskellige Slags god Fisk, saaledes som hun hidtil har plejet at faa, og levere dem til Hans Rossenov i Lybeck eller Joachim Weichmann i Hamborg, for at Kurfyrstinden siden kan lade dem hente der. Da Kurfyrstinden har begæret at faa Skrivelse om Fiskenes Afsendelse og en Fortegnelse over hvad der sendes, har Kongen skrevet til hende, at han selv vil underrette hende derom, naar han selv er paa Sjælland, men ellers skal Christoffer Valckendorff gøre det, hvilket denne skal iagttage, saa ofte han sender Fisk til Kurfyrstinden. Sj. T. 14, 268.

–– Aabent Brev, at Hr. Jens Pederssen, Sognepræst til Starup Kirke, der ved Nedbrydelsen af de 12 Gaarde og Bol i Schoufbølling i Starup Sogn mister sin Korntiende, Kvægtiende og Offer deraf, herefter maa oppebære al den Kronen tilkommende Kvægtiende af Starup Sogn og indtil videre være fri for at svare Afgift af den Toft paa Starup Mark, som han nu bruger til sin Gaard og tidligere har fæstet af dem paa Skoufgaard. J. R. 2, 650.

– Til Erick Løcke og Henrick Belov, Embedsmænd paa Riiberhus og Koldinghus. Da Fru Bege Clausdatter, Peder Galskøttis Enke, har bevilget Kronen sit Gods i Sieste[1] udenfor Kolding til Mageskifte for 1 Gaard i Høybrov[2], 3 Gaarde i Moltbeck[3], 2 Gaarde og 1 Bol i Gammelbye, en øde Mark, kaldet Kielberg Mark, 1 Gaard i Surhafue, 2 Gaarde i Gierendrup og 1 Gaard i Tudtzbøl, saavidt hendes Gods kan naa, skulle de besigte begge Parters Gods og, hvis hendes Gods er det bedste, udlægge hende yderligere Fyldest af det nærmeste Gods i Molt Herred og indsende klare Registre derpaa. J. T. 2, 102 b.

**26. Okt. (—).** Aabent Brev, at Thomes Pryss, Kongens Enspænder, der har købt nogen Jord i Kongsbache, før denne blev gjort til Landsby, men ikke efter Forandringen har faaet noget Vederlag derfor, straks uden Indfæstning maa faa en af de 3 Bøndergaarde i Kongsbache og beholde den indtil videre, kvit og

---

[1] Sest, Anst H.  [2] Høgsbro, Hvidding H.  [3] Maltbæk, Malt H.

frit; ere disse 3 Gaarde allerede bortfæstede, skal Lensmanden paa
Vardbierg til Fardag tilbagebetale en af Bønderne hans Stedsmaal
og skaffe Thomes Pryss Gaarden, medmindre Bonden kan blive enig
med Thomes Pryss om at blive boende. Thomes Pryss maa have
fri Ildebrændsel i de nærmest liggende Skove under Vardbierg Slot,
dog kun efter Udvisning af Lensmandens Foged. Sk. R. 1, 316.

**26. Okt. (Koldinghus).** Livsbrev for Niels Krag i Gamst
paa den jordegne Bondegaard smstds., som han for nogen Tid
siden har tilskødet Kronen, mod at svare samme Landgilde deraf
som hidtil; naar han er død, skal Gaarden sættes for saa høj en
Landgilde, som den kan taale, og indskrives i Jordebogen som en
ufri Gaard. J. R. 2, 650.

**1. Nov. (Skanderborg).** Mageskifte mellem Christoffer
von Festenberg, kaldet Packisk, og Kronen. Sj. R. 12, 60 b.
(Se Kronens Skøder.)

— Aabent Brev, hvorved Kongen, der ved et Mageskifte
med Christoffer von Festenberg, kaldet Packisch, er bleven
denne 1½ Td. 2 Skpr. Hartkorn skyldig og i samme Mageskifte har
udlagt denne en øde Jord i Grandløsse Mark i alle 3 Vange, hvorpaa
han og hans Hustru havde Livsbrev sammen med det øvrige Holbeck
Gods, lover med det første at udlægge Christoffer von Festenberg
eller hans Arvinger Fyldest for 1½ Td. 2 Skpr. Hartkorn og at
udlægge ham og hans Hustru Fyldest for ovennævnte øde Jord.
Sj. R. 12, 63.

— Befaling til Johan Taube at blive enig med den Sles-
siger, som Musseluitz har ført med sig did, om, hvad han skal
have i Kostpenge om Maaneden til sig og en Dreng og hvad han
skal have i Løn, for at Kongen siden kan give Slessigeren Brev
derpaa; denne skal have Kostpenge, indtil han faar sin Bestalling,
og maa faa et Kammer paa Slottet eller et andet Sted, hvor han
vil nøjes med det. Sj. T. 14, 268 b.

— Til Christoffer Valckendorff. Da Matz Pouelssen, for-
hen Skriver i Andtuorskouf, skal kræve en stor Restance af
Bønderne, uagtet Prioren skal have faaet fuld Kvittans, og det der-
for maa formodes, at denne Restance skyldes Overmaal og Over-
gærd paa det i hans Tid indkomne Korn, har Kongen beslaglagt
Restancen hos Bønderne og ligesaa 4 Læster Korn, som vare ind-
førte i Klosteret, og 2½ Læst, som Skriveren har ladet føre til
Kallundborg. Da Kongen imidlertid ikke véd, om Priorens Kvittans

er endelig eller ej, og om der er ført noget til Restance deri, skal
Christoffer Valckendorff undersøge, om Restancen skyldes Overmaal
og Overgærd eller ej, kalde Matz Pouelssen og Fogden i Andtuor-
skouf til sig, give Fogden Besked om, hvad han skal oppebære og
befatte sig med, og siden meddele Kongen alt. — Efterskrift: Da
Prioren er skrøbelig og ikke godt kan forestaa Befalingen, skal
Christoffer Valckendorff med det første indsætte en anden i
hans Sted. Sj. T. 14, 268 b. Orig.

1. Nov. (Skanderborg). Aabent Brev, at Rasmus Hendrich-
sen i Marbeck paa Giedtzøer indtil videre maa være fri for
Halvdelen af sin Landgilde. F. R. 1, 548 b.

— Til Coruitz Veffert. Da han har berettet, at Bønderne i
Vissenberg Birk i Anledning af det aabne Brev til dem om at
holde Holdsvogne ved Rudgaard have nægtet at gøre Ægt og Ar-
bejde til Ottensegaard, meddeles ham, at Kongens Brev ikke
fritager Bønderne i Vissenberg Birk for anden Ægt og Arbejde; Kon-
gen har kun, da Bønderne under Rudgaard ikke alene kunde be-
fordre hans Bud og Gods, befalet Bønderne i Vissenberg Birk at
holde Holdsvogne lige med Rudgaards Tjenere, men derimod ikke
fritaget dem for Ugedagsgerning og sædvanlig Redsel til Ottense-
gaard; der sendes ham til Forkyndelse et aabent Brev til dem om
at være ham lydige. Da han i Anledning af Kongens Ordre til
ham om at købe Hø og Strøelse til Kongens Heste hos Præster
og andre i Lenet har berettet, at der ikke skal være Rufoder at
faa til Købs der i Lenet, hverken hos Præster eller andre, og der-
for foreslaaet, at der forskrives Rufoder fra andre Lensmænd, har
Kongen skrevet til Absolon Giøe, Embedsmand i Dallum Kloster,
om at holde saa meget Rufoder som muligt til Stede til Kon-
gens Brug og om at lade hugge Ved i Klosterets Skove og, naar
det bliver Føre dertil, lade hver af Klosterets Bønder føre 6 Læs
Ved til Ottensegaard; han skal ogsaa selv gøre sig Umage for at
skaffe saa meget Rufoder som muligt i Forraad. Det indskærpes
ham paany at sørge for, at det gamle murede Hus sønden i
Gaarden [Odensegaard], som Kongen tidligere mundtlig har givet
ham Ordre til at rette paa, bliver istandsat; da der er Mangel
paa Staldrum, billiger Kongen hans Forslag om at flytte det Hus,
han skriver om, fra Ladegaarden til Gaarden og indrette Staldrum
deri til saa mange Heste som muligt; Udgiften til begge disse Ar-
bejder skal han indskrive i Regnskabet. Da han har klaget over,

48*

at der ikke er Loftsrum paa Gaarden til Kronens Part af Korn-
tienden af Lenet, som han har faaet Ordre til at oppebære og op-
bevare indtil videre, og derfor foreslaaet, at alle, der have fæstet
Kronens Part af Tienden, skulle lade den gøre i Malt og opbevare
det indtil videre, saa maa han selv betænke, om Kongen med Bil-
lighed kan besvære de Undersaatter, der have fæstet Tienderne, med
at gøre deres Afgift i Malt og beholde det hos sig, og det befales
ham at gøre samme Udvej for Loftsrum til Tiendekornet
enten hos Borgerne i Byen eller andensteds, som han selv hidtil
og de tidligere Lensmænd have gjort. Da han har faaet Skrivelse
fra Jørgen Skram, Embedsmand paa Drotningborg, om at modtage
noget Rug, Malt og Havre, som denne efter kgl. Befaling har sendt
til Kiertheminde, men erklærer ikke at kunne skaffe Loftsrum dertil
og i det hele anser det for unødvendigt at forskrive Rug og Malt
fra andre Len til Ottensegaard, da dér i Forvejen er en hel Del Rug
og Malt af Stiftets og Gaardens Indkomst, meddeles ham, at Kon-
gen har ladet Rentemester Christoffer Valckendorff gøre et Overslag
over, hvad Fetalje og andet der vil gøres behov til Forsamlingen i
Ottense; efter dette Overslag har Kongen forskrevet Fetalje og andet
fra de andre Len til Ottense, og deri kan der ikke gøres nogen For-
andring; han skal derfor modtage hvad der sendes did,
lade det indlægge i Kiertheminde og siden lade det føre til
Ottense, naar det gøres behov. Der sendes ham et Brev til Borge-
mester og Raad i Kiertheminde om at skaffe ham Loftsrum. F.
T. 1, 171.

1. **Nov. (Skanderborg)**. Befaling til Kronens Bønder i Vis-
senbierge Birk, der hidtil have tilholdt sig større Frihed for
Ægt og Arbejde til Ottensegaard end andre Bønder' og maaske ville
tilholde sig endnu større, siden Kongen nu har paalagt dem at holde
Holdsægt, medens han er her i Landet, om herefter at være Lens-
manden paa Ottensegaard lydige, naar han tilsiger dem, og
ikke desmindre holde Holdsægt ved Rudgaard, da de ikke ere mere
privilegerede end andre Tjenere og jordegne Bønder under Ottense-
gaard og ikke alle paa én Gang holde Holdsægt. F. T. 1, 173 b.

— Til Borgemestre og Raad i Assens. For at de Stufjor-
der, som nogle af deres Medborgere bruge og svare Stud-
penge af til Hagenskov Slot, ikke skulle komme bort fra Slottet og
lægges ind under Byen, som det maaske allerede er sket, skulle
de inden 5 Uger give Lensmanden paa Hagenskov klar Besked om,

hvad Jorderne hedde, og hvor vidt de strække sig, for at han der-
efter kan give Kongen Besked og gøre Jordebogen klar. F. T.
1, 174.

**1. Nov. (Skanderborg).** Til Knud Venstermand. Paa hans Be-
gæring om trods den tidligere Ordre til at sende Skødebrevet
paa Stenhuset med de 2 Abildhaver i Faaborg og frit Fi-
skeri i Faaborg Sø tilbage til Kongen alligevel at maatte
beholde ovennævnte Hus, Haver og Fiskeri mod at give Hospitalet
i Ottense 100 Dlr. i Indfæstning og betale de Borgere i Faaborg,
der have fæstet dem, den »Interesse«, de kunde have deraf, bevil-
gede Kongen dette, saafremt Hospitalsforstanderne mente, at det
kunde ske uden Skade for Hospitalet. Hospitalsforstanderne have
nu erklæret, at ovennævnte Stenhus og Kloster med alt Tilliggende
er givet Hospitalet i Ottense til Avlsgaard eller andet Brug, og de
formene, at Hospitalet ikke kan være tjent med, at hans Arvinger
skulle beholde Klosteret for de 100 Dlr. i Indfæstning, da det un-
dertiden i faa Aar kan faa større Stedsmaal ved de Borgeres Død,
der have fæstet noget af Ejendommen; desuden er der tidligere
budt Hospitalet 400 Dlr. for Stenhuset alene uden Ejendommen, og
Fiskeriet i Faaborg Sø er fæstet bort til Borgemestre og Raad i Faa-
borg for en aarlig Afgift. Kongen vil derfor hverken afhænde Hus,
Haver eller Fiskeri mod Hospitalsforstandernes Vilje og paalægger
ham at tilbagesende Skødet derpaa og ikke mere befatte sig der-
med. F. T. 1, 174 b.

— Til Henning Gøye. Da Kronens Bønder i Volnes[1]
under Sophieholm have klaget over, at de maa holde Senge paa
Sophieholm og alligevel aarlig svare Sengepenge til Nykiøping Slot,
maa han herefter ikke besvære dem med at holde Senge
paa Sophieholm. F. T. 1, 307 b.

— Til Hans Johansen og Henrick Belov, Embedsmænd paa
Hindtzgafuel og Koldinghus, og Erick Lange til Engelstholm. Da
Claus Skiel har bevilget Kronen sin Hovedgaard i Hesselballe og
sit øvrige Gods i Kolding Len til Mageskifte for 3 Gaarde og 1
Kapitelsgaard i Enderup i Niekirck Sogn, 4 Gaarde i Vong, 4 Gaarde
i Omme, hvoraf den ene er en Kapitels- eller Hospitalsgaard, 1
Gaard i Sitørsbal[2], 3 Gaarde, hvoraf den ene er en Kapitelsgaard,
i Hiordkier i Grindstrup Sogn og 3 Gaarde i Nørre Veirup i Veirup

---

[1] Valdnæs.   [2] Størsbøl, Skads H.

Sogn, skulle de med det allerførste besigte begge Parters Gods og indsende klare Registre derpaa. J. T. 2, 99 b.

**2. Nov. (Skanderborg).** Til Christoffer Valckendorff. I Anledning af hans Meddelelse om, at Engelskmanden Jacob Alday, der var sendt ud for at opsøge Grønland, er kommen tilbage og har berettet, at han har været under Grønland og sét det, men formedelst Is ikke har kunnet naa det, hvilket han dog mener at kunne, saafremt han kan komme afsted tidlig paa Aaret, skal Christoffer Valckendorff straks paa Foraaret lade 2 Skibe udruste og skaffe alt til Skibene og Rejsen nødvendigt, saa Jacob Alday igen kan komme afsted saa tidlig paa Foraaret som muligt. Da Jacob Alday endvidere har meldt, at den Sørøver Klerck, som sidste Sommer plyndrede Ferrøe og Island, ligger i Vinterleje under Hedtland, og har tilbudt at drage did for paa Kongens Vegne at anklage ham, skal Christoffer Valckendorff forhandle med ham om straks at begive sig paa denne Rejse; der sendes en Fuldmagt for ham og en Skrivelse til Kongen af Skotland om at hjælpe ham til Ret over Sørøveren. Sj. T. 14, 269 b[1].

— Aabent Brev, at den Bonde, til hvis Gaard tidligere Peders Eng, som Jørgen Munck og hans Hustru Fru Dorette en Tid have haft i Værge, har ligget, igen maa faa Engen mod at svare sædvanlig Landgilde deraf. J. R. 2, 651.

— Til Henrick Belov. Da Borgemester og Raad i Veile have erklæret, at det vil falde Byen meget besværligt alene at befordre Kongens Folk og Gods frem og tilbage, medens Kongen er her i Landet, skal han straks sende 2 Postvogne med Heste did til Befordring af Kongens Folk og Gods, saalænge Kongen bliver her i Egnen, skaffe Havre, Hø og Strøelse til Hestene did og give Vognsvendene Ordre til at køre, naar Borgemesteren tilsiger dem, da denne ellers maa lade dem straffe. J. T. 2, 99.

**3. Nov. (—).** Til Absalon Giøe og Lauritz Brockenhus, Embedsmænd paa Dallum Kloster og Nyborg Slot. Da Kronen ikke kunde undvære det Gods, som Michel Nielsen til Tøstrup først begærede til Mageskifte for sit Gods i Koldinghus Len, har Kongen nu bevilget, at han maa faa Fyldest i 1 Gaard, kaldet Langkiel, og 2 Gaarde i Høge i Høgs Sogn i Lunde Herred og, hvis det ikke forslaar, noget mere af det nærmestliggende Gods. De skulle der-

---

[1] Tr.: Grønlands hist. Mindesmærker III. 647 f.

for med det allerførste besigte dette Gods, ligne det med Godset i Koldinghus Len, som de tidligere have besigtet, udlægge Michel Nielsen Fyldest og indsende klare Registre derpaa. F. T. 1, 175 b.

**3. Nov. (Skanderborg).** Til Borgemestre og Raad i Ottense. De have meldt, at der i Byen kun er skaffet Plads til 1250 Heste, medens Oluf Bager har ment, at der var Plads til 1300; da Kongen imidlertid til den forestaaende Forsamling i Ottense har bestilt Plads til 2000 Heste, skulle de i Forening med Kongens Furér anstille Undersøgelser om Pladsen og sørge for, at der bliver bestilt Staldrum til mindst 2000 Heste. Orig. i Provinsark. i Odense.

**4. Nov. (—).** Aabent Brev, at Borgemestre og Raad i Ottense, der have berettet, at Byen endnu resterer med Halvdelen af den aarlige Byskat til Mortensdag 1578 og til førstkommende Mortensdag, maa beholde denne Restance til Istandsættelse af den vestre Port ved Byen, der er meget bygfalden, eller til andet Byens Bedste. F. R. 1, 222 b.

— [1] Til Bønderne i Ottense Herred, hvem de end tilhøre. Da der er en meget daarlig Vej ved Grøften udenfor Ottense paa Vejen til Assense, paalægges det dem, for hvem Istandsættelsen af Vejen ogsaa vil være til Gavn, hver at køre 2 gode Læs Kampesten til Grøften, senest inden Fastelavn, saa Borgerne i Ottense siden kunne lade Grøften fylde og lave en god Stenbro dér. F. T. 1, 177.

— Tilladelse for Olluf Bagger, Christoffer Busch, Hans Dionisen og Anders Bagger, Borgere i Ottense, til sisefrit hver at indføre 10 Læster Rostockerøl til den Forsamling, som til Foraaret skal holdes der i Byen. F. R. 1, 223.

**5. Nov. (—).** Aabent Brev, at Kongen har sluttet den Kontrakt med Olluf Bagger, Raadmand i Ottense, at han og hans Søn Claus Bagger i de næste 5 Aar paa egen Bekostning og Risiko aarlig skulle skaffe Kongen 500 Amer rigtig god rinsk Vin til en rimelig Pris; Kongen lover paa den anden Side, at han, naar alle 500 Amer Vin ere leverede, vil afkorte Halvdelen af Betalingen derfor i den Sum, som Olluf Bagger aarlig skal betale Kronen for det Korn og andre Varer, som han i samme Aaringer oppebærer af Skandelborg Len og nogle Len i Fyen, og lade Rentemesteren betale den anden Halvdel med rede Penge til Claus Bagger i 2 Ter-

---

[1] F. T. har: 4. Okt., hvilket sikkert er en Fejlskrift, da Brevet er indført mellem 3. og 18. Nov. og Kongen 4. Okt. var paa Koldinghus.

miner, den ene, saasnart Claus Bagger er kommen hjem fra Rejsen, den anden til St. Knud Konges Dag [10. Juli]. F. R. 1, 223.

**5. Nov. (Skanderborg).** Livsbrev for Oluf Bagger, Borger i Ottense, og hans Hustru Margret Clausdatter paa en Kronens Gaard paa Vegelsøe[1], de første 5 Aar fri for Landgilde og al anden Tynge og Besværing og derefter mod at svare sædvanlig Landgilde deraf, derimod ikke Indfæstning, Ægt og Arbejde; vil han selv bruge Avl paa Gaarden, skal han udminde Bonden af Gaarden og stille ham tilfreds derfor. Han skal bygge en Færgebro ved Gaarden til at opskibe Gods paa og bygge Pramme til at føre Gods paa ind i Ellemose Aa og op imod Ottense. F. R. 1, 224.

— Aabent Brev, at Østerløfgaard (ligelydende med Brev af 13. Aug., dog nævnes ikke noget om nogen Erkendtlighed til Sognepræsteembedet i Sanderum Sogn og Tienden sættes til 3 Pd. hart Korn, nemlig 1 til Kronen, 1 til Kirken og 1 til Præsten). F. R. 1, 224 b.

— Aabent Brev, at de Kronens Bønder paa Falster under Nykiøping Slot, der svare Køer i deres Landgilde, herefter enten maa svare en god Ko eller 3 gl. Dlr. eller 6 Mk. danske, som Mønten nu gaar, for hver Ko, saaledes som de selv ønske, da de have klaget over, at de ikke der i Egnen kunne faa saadanne Køer, som de kunne levere til Lensmanden. F. R. 1, 549.

**6. Nov. (—).** Mageskifte mellem Hans Johanssen til Fobitzlet og Kronen. J. R. 2, 651. (Se Kronens Skøder).

**7. Nov. (—).** Skøde til Hans Johansen til Fobitzlet. F. R. 1, 225 b. (Se Kronens Skøder).

— Til Eiler Grubbe, Rigens Kansler, og Erick Valckendorff. Da Ericke Kaas til Aas har bevilget Kronen 1 Gaard i Kulbye i Løfue Herred, 2 Gaarde i Uggerløsse i Merløs Herred, 2 Gaarde i Uglestrup i Valbirgs Herred, 1 Gaard i Vetterslef, 1 Gaard og Tredjeparten af 1 Gaard i Renge[2] i Hammers Herred, 1 Gaard i Vindinge i Thune Sogn og Tostrup Mølle i Merløs Herred af hans og hans Hustrus Gods til Mageskifte, skulle de straks besigte Godset og indsende klare Registre derpaa. Sj. T. 14, 270.

— Til Axel Viffert og Otte Banner, Embedsmænd paa Olborghus og Segelstrup. Da Kongen har bevilget, at Erick Kaas til Aas maa faa 1 Gaard, kaldet Bastholm, i Verløf Sogn, 1 Gaard,

---

[1] Vigelsø, Lunde H.    [2] Ring.

kaldet Vinderup[1], og Kronens Gods i Rønneberg By, alt i Vendsys-
sel, til Mageskifte for noget af hans og hans Hustrus Gods paa
Sjælland, som Eiler Grubbe, Rigens Kansler, og Erick Valckendrup
have faaet Ordre til at besigte og sende dem Register paa, skulle
de, saasnart de faa dette, besigte ovennævnte Gods i Vendsyssel,
ligne det og, hvis Erick Kaas's Gods er bedre end Kronens, ud-
lægge ham Fyldest for det manglende i Tollestrup samt indsende
klare Registre derpaa. J. T. 2, 98.

**7. Nov. (Skanderborg).** Befaling til Biørn Andersen og Claus
Glambeck at udlægge 1 Gaard i Nøring[2], der hører under Drot-
ningborg, til Hospitalet i Aarhus i Stedet for den Hospitalet
tilhørende Gaard smstds., som er bleven udlagt til Jomfru Anne
Skram, og hvis det ikke forslaar, udlægge Hospitalet Fyldest for det
manglende af Kronens Gods i Skanderborg Len. J. T. 2, 97.

— Befaling til Biørn Andersen at udlægge Aarhus Kapi-
tel Fyldest af Kronens og Stiftets Gods under Aarhusgaard for
det Kapitelsgods, som Kongen har mageskiftet bort til Ade-
lige, men endnu ikke givet Vederlag for; ligesaa skal han særskilt
udlægge M. Christofforus Knopf Fyldest for 2 Gaarde og 2 Bol i
Hillested[3], som hørte til hans Kannikedømme i Aarhus, men nu
ere mageskiftede bort af Kongen. Han skal sende Kongen et Re-
gister over det, han udlægger, for at Kongen derefter kan give Ka-
pitlet Breve derpaa. Da M. Christofforus og de andre i Kapitlet
have mistet Landgilden for dette Aar af det Kapitelsgods, som Kon-
gen har mageskiftet bort, skal han i Stedet lade dem faa dette Aars
Landgilde af det Gods, som udlægges dem. J. T. 2, 97 b.

— Til Benedictus Rantzov. Forbedelsesfolkene i Møgelt-
hunder Sogn have klaget over, at det, medens Fru Magdalene
Rantzov havde Møgelthunder Len, er blevet paalagt dem at gøre
deres Del af Præstediget til Møgelthunder Præstegaard lige med Gaard-
mændene, der have stor Ejendom at bruge; da det er et nyt Paa-
læg og Forbedelsesfolkene ingen Brugning have til deres ringe Huse,
men alligevel svare Slottet den Rettighed, de ere pligtige til, skal
han herefter aldeles fritage dem for at gøre Diger. J. T. 2, 97 b.

**8. Nov. (—).** Aabent Brev, at Erich Lunge til Stoufgaard
maa svare Penge, 1 enkelt Dlr. eller 2 Mk., som Mønten nu

---

[1] Vistnok Fejlskrift for: Gynderup.  [2] Norring, Sabro H.  [3] Hyllested, Sønder H.,
Randers Amt.

gaar, for hver smal Td. Rug eller Byg og ¹/₂ Dlr. for hver smal
Td. Havre, i Stedet for Afgiften af Kronens Part af Korn-
tienden af Tøring Sogn i Aarhus Stift og af Uggerby Sogn i
Vendelbo Stift. Udt. i J. R. 2, 653 b.

**8. Nov. (Skanderborg).** Livsbrev for Jens Matzen, Hus-
foged paa Skanderborg Slot, paa 1 Gaard i Freersløf med et
Stykke Enemærkejord, kaldet Hollum, som Claus Glambeck, Em-
bedsmand paa Skanderborg, har bortfæstet til ham; han skal svare
Halvparten af den sædvanlige Landgilde. J. R. 2, 653 b.

— Ejendomsbrev for Lauritz Chrestenssen, Borgemester
i Aarhus, paa den Del af den af Kongen til et Kornhus ved Aar-
hus indtagne Jord ved den ny Bro, som Biørn Anderssen, Em-
bedsmand paa Aarhusgaard, har bortfæstet til ham. Han maa op-
føre Bygning derpaa og skal aarlig til Paaskeaften svare 1 Ort i
Jordskyld til Lensmanden paa Aarhusgaard. J. R. 2, 654 b.

— Mageskifte mellem Mouritz Styge, Sekretær, og hans
Medarvinger paa den ene og Kronen paa den anden Side. J.
R. 2, 655. K. (Se Kronens Skøder).

— Til Henrick Belov. Da Seufren Bol i Lerskouf har til-
budt at sælge sin jordegne Bondegaard smstds. til Kronen,
skal Henrick Belov blive enig med ham om Købet, betale Prisen,
tage nøjagtigt Skøde paa Gaarden paa Tinge og lade Gaarden sætte
for en rimelig Landgilde og indskrive i Jordebogen. J. T. 2, 96 b.

— Til Sandemændene i de under Coldinghus lig-
gende Herreder. Kongen har givet dem Brev paa at være fri
for Ægt og Arbejde, saalænge de ere Sandemænd, men da hver af
dem tidligere har haft sin Del af Gærderne og Digerne ved Slottet
og Ladegaardene at holde i Stand og det vil blive meget besvær-
ligt for de andre Bønder alene at besørge dette, hvis de, som de
gøre Fordring paa i Henhold til Brevene, skulle være fri, skulle de
herefter holde den Part af Gærder og Diger, der tilskiftes dem,
i Stand og kun være fri for almindelig Ægt og Arbejde.
J. T. 2, 96 b¹.

**12. Nov. (—).** Kvittans til Elias Eysenberg, Sekretær,
Hans Rottmand, Borgemester i Itzehou, og Blasius Eicken-
borg i Flensborg, der nu ved Elias Eysenberg have fremlagt en af
Rentemester Christoffer Valckendorf og Renteskriver Peder Hanssen

---

¹ Tr.: Saml. t. jydsk Hist. og Topogr. 2. R. III. 354 f.

den 3. April 1574 udgiven Kvittans, lydende paa, at Elias Eysen-
berg har gjort dem Regnskab for 1000 Dlr., som han og Hans Rott-
mand have modtaget af Blasius Eickenberg af den dytmerske Ind-
komst 1564, for 3000 Dlr., modtagne af Claus Rantzou som Rest
af den Sum, han laante Kongen paa Møgelthønder Slot og Len, for
8000 Mk., som udgør 4125 Dlr. 25 Sk., af Steenborg og Kremper
Indkomst, for 3000 Dlr., modtagne af Christoffer Godendorff som
Rest af den Sum, han laante Kongen paa Thosing, for 1000 Dlr.,
som Jesper Blumme laante Kongen paa Hindtzgafuel, for 5400 Dlr.,
som Jochim Brochtorff laante Kongen paa Hagenskouf Slot og Len,
for 4376 Mk. 12 Sk. 9 Pend., som udgør 2270 Dlr. 9 Pend., som
Bartrum von Allefeld har leveret dem af Tolden for Rendersborg og
Gottorp for 1564, og for 6211 Dlr. 16 Sk. 4 Pend., som de i Ja-
nuar 1565 have oppebaaret af Frøkenskatten i Holsten, ialt 25,996
Dlr. 10 Sk. 4 Pend., hvoraf de igen paa Omslaget i Kiel Hell. 3
Kongers Dag 1565 have betalt de aftakkede Høvedsmænd Frederich
Citteris, Viet Soltuelder og Jørgen Mangler 12,000 Dlr. i Lybeck,
Hr. Meinhart von Byren og Peder Kleine 5000 Dlr. og Høveds-
manden Baltzer Brede 3000 Dlr., givet Skipperne Reinholt, Jurgen
Dancklef von Buchen, Pether Stegen, Pether Smercken og Hermand
Pedich 3644 Dlr. 16 Sk. paa Regnskab for de Skibe, som Kongen
har faaet af dem og brugt til Rigets Behov, og udgivet 2339 ¹/₂
Dlr. 4 Sk. til Rente og Tjenestepenge, Fortæring ved Omslaget, Vogn-
leje, »Baadeløn« og andet. De bleve derefter 12 Dlr. 5 Sk. 10 Pend.
skyldige, som de have udgivet til Tæring i Lybeck, hvor en Del af
Høvedsmændene blev betalt. Sj. R. 12, 63 b.

**12. Nov. (Skanderborg).** Kvittans til Elias Eysenberg,
Sekretær, der nu har fremlagt 4 Kvittanser: 1. Rentemester Otte
Brockenhusses og Renteskriver Peder Hanssens Kvittans, dat. 31. Juli
1572, til Elias Eysenberg paa hans Regnskab for de 400 gl. Dlr.,
som han Tirsdagen i Paaskeugen [17. April] 1571 fik af dem til
Tæring paa Rejsen til Hertug Magnus i Lifland og Grotfyrsten i
Muschow; han brugte derudover 11¹/₂ Dlr. 1 Mk. 15 Sk. liflandsk,
11 Deninger og 21 Mk. 4 Sk. danske, som bleve betalte ham af
den Rest, der blev tilovers af de 200 Dlr., han fik med til Tæring
paa Rejsen til Synderborg 1571 med Holger Rosenkrantz og Peder
Bilde. 2. Sammes Kvittans, dat. 7. April 1572, til Holger Rosen-
krantz, Statholder i Nørrejylland, Peder Bilde og Elias Eysenberg
paa deres Regnskab for de 130 gl. Dlr. og 70 ny Dlr., som de 20.

Okt. 1571 fik med til Tæring paa Rejsen til Synderborg; de brugte
70¹/₂ Dlr. 13¹/₂ Sk. lybsk og 36 Mk. 3 Sk. danske paa Rejsen og
desuden fik Elias Eysenberg heraf sin aarlige Pension, 100 Dlr., den
24. Marts 1572 samt sit Tilgodehavende fra den liflendiske og
muschowitiske Rejse, hvorefter de bleve 3 ny Dlr. skyldige, hvilke
Elias Eysenberg betalte.   3. Rentemester Christoffer Valckendorffs
Kvittans, dat. 23. Nov. 1574, til Elias Eysenberg paa hans Regnskab
for de 150 Dlr., han fik 6. Maj samme Aar til Tæring paa en
Rejse fra Kiøpnehafn til Bremen og Rostock og tilbage igen og paa
en ny Rejse fra Kiøpnehafn til Rostock; han brugte derudover 6
Dlr. 11 Sk. 3 Pend., som Christoffer Valckendorff betalte ham.  4.
Sammes Kvittans, dat. 23. Juli 1579, til samme paa hans Regn-
skab for de 400 Dlr., som han 7. Maj 1575 fik med til Tæring
paa en Rejse til Grotfyrsten i Rusland; han brugte heraf 396 Dlr.
1 Mk. 11 Sk. danske, deraf de 85 Dlr. til Kostpenge for sig selv
i 4 Maaneder, hvilke Kostpenge vare bevilgede ham foruden Tæ-
ringen; Resten, 3¹/₂ Dlr. 5 Sk. danske, blev eftergivet ham. —
Han blev herefter aldeles intet skyldig. Sj. R. 12, 65.

   **12. Nov. (Skanderborg).** Følgebrev for Claus Glambeck
til Kronens Bønder i Hatz Herred og Aackier Birk; dog skulle
Bønderne svare deres Landgilderestancer indtil denne Dag til Fru
Dorette Gyldenstiern.  Udt. i J. R. 2, 675 b.

   — Befaling til Bønderne i Akier Birk herefter at søge til Her-
redstinget, da Akier Birk med Birkeret og Frihed nu skal være
afskaffet. J. T. 2, 104.

   **13. Nov. (—).** Til Lensmændene i Nørrejylland, Fyen, Smaa-
landene og Skaane.  Saa ofte der udskrives Madskat, har det af
mange Lensmænds Regnskab vist sig, at det fremsendte Brød og
Øl ikke paa langt nær kunne holde Tal og Maal, og Lensmændene
paastaa, at Brødet indpakkes og Øllet indfyldes saaledes i Kiøpne-
hafn, at det ikke kan holde det Tal og Maal, som de have mod-
taget det til, medens derimod Slotsskriverne paa Kiøpnehafns Slot,
der skulle modtage Madskatten, hævde, at det Brød, de modtage,
bliver modtaget med en ret Tønde, som de ville forsvare, og hvad
Øllet angaar, saa fremsendes en Del af det i daarlige Tønder; de
mene desuden, at naar de skulle modtage og kvittere for Brødet
og Øllet og siden udlevere fuldt Tal og Maal til Skibene, er det
ikke ubilligt, at de faa leveret det samme.  Da Kongen ogsaa maa
bekende, at flere af Skibshøvedsmændene og Skipperne ofte have

klaget over, at Skatteøllet fremsendes i daarlige Tønder, skulle Lens-
mændene, for at Kongen kan blive fri for disse Klager og Overløb
fra alle Sider og ikke skal bære hele Skaden, forhandle med
Almuen i deres Len om godvillig at give Penge i Stedet
for Øl ved Udredelsen af denne Madskat, 3½ Ort i Dalere eller
Mønt for hver Td. Øl, opkræve Pengene sammen med Madskatten
og straks sende dem til Rentemester Christoffer Valckendorff; hvis
Almuen hellere vil svare Øl end Penge, skulle de rette sig efter at
modtage Øllet i gode, stærke Tønder og Brødet med fuld Pakning,
saaledes som de kunne forsvare at levere det fra sig igen. De skulle
straks meddele Rentemesteren, hvad de blive enige med Almuen
om. Sj. T. 14, 271. Orig. (til Erik Hardenberg).

**13. Nov. (Skanderborg).** Befaling til Erick Løcke, Axel Viffert,
Peder Gyldenstiern og Christen Skiel om hver i sit Len at for-
handle med Almuen i de Egne, hvor der er Fisk at faa, om
at give Fisk for Madskatten, og i de Egne, hvor der ikke er
Fisk at faa, om at give Penge for Madskatten og siden købe Fisk
for Pengene, baade tørre Fisk og saltede Fisk, hvad de mene Kon-
gen vil have mest Gavn af til at bespise Skibsfolkene med; Mad-
skatten maa beregnes til 1 Dlr. for hver Td. Brød eller Øl, 2½
Mk. for hver Side Flæsk, 4 Dlr. for hver Oksekrop, 3 Dlr. for hver
Fjerd. Smør, 1 Ort for hver Lammekrop, 2 Dlr. for hver Td. Gryn
og ½ Ort for hver Gaasekrop, men kunne de udbringe Madskatten
til mere, maa de gøre det. De skulle med det første forhandle
med Almuen derom, gøre sig al Flid for at faa det bragt i Orden
og straks sende Rentemesteren Besked. J. T. 2, 103 b.

— Til Thyge Brahe, Otthis Søn. Da Hans Skoufgaardt, Em-
bedsmand paa Helsingborg, — der havde faaet Ordre til igen at
lægge Kuldegaarden, som Thyge Brahe tidligere har faaet i For-
lening, ind under Helsingborg Slot for bedre at kunne holde Lygten
paa Kulden i Stand, saa der ikke, som hidtil ofte er sket, skulde
komme Klager derover — nu har berettet, at Thyge Brahe klager
stærkt over ikke at kunne undvære Gaarden, da han saa ingen Ste-
der kan faa Ildebrændsel til Brug paa Huen, og lover, hvis han
maa beholde Gaarden, at ville holde Lygten paa Kulden bedre i
Stand end nogensinde tidligere, tillades det ham at beholde Kul-
degaarden paa samme Vilkaar som tidligere mod at holde Lyg-
ten saaledes i Stand, at der ikke klages derover. Sk. T. 1, 202 [1].

---

[1] Tr.: Friis, Tyge Brahe S. 95 f.

**14. Nov. (Skanderborg).** Aabent Brev, at Hans Skriver, Borger i Nyborg, der har faaet Livsbrev paa Kronens Part af Korntienden af Flødstrup Sogn i Fyen for en aarlig Afgift af 9 Pd. Korn, maa være fri for at svare de 9 Pd. Korn, som han nu skulde udrede til førstkommende Fastelavn. F. R. 1, 226 b.

— Til Claus Glambeck, Embedsmand paa Skanderborg. Da Kronens Bønder i Ydinge i Bygholms Len have berettet, at de bo paa en Alfarvej og daglig besværes med at befordre Kongens Folk og Gods, og at deres Bjærgning baade paa Ager og Eng i Aar har været meget ringe, skal han fritage dem for Halvdelen af deres Landgilde for i Aar. Orig.

**15. Nov. (—).** Aabent Brev, at Forstanderne for de fattige i de ny Boder i Kiøge indtil videre maa oppebære Afgiften af Kronens Part af Korntienden af Magleby Sogn i Stefuens Herred til de fattiges Underholdning. Orig.[1] i Provinsark. i Kbhvn. Udt. i Sj. R. 12, 68.

**18. Nov. (Borum).** Til Korvitz Viffert og Lauritz Brockenhus, Embedsmænd paa Ottensegaard og Nyborg Slot. Da Fru Gieske Brockenhus, Erich Bildis Enke, for sit Gods i Koldinghus Len og sit øvrige Gods i Nørrejylland, som Kongen er gaaet ind paa at tilmageskifte sig sammen med Godset i Koldinghus Len, har begæret Vederlag af Kronens Gods i Fyen, Skovgods for Skovgods og Slettegods for Slettegods, hvor det kan være Kronen belejligt, skulle de med det allerførste besigte begge Parters Gods, udlægge Fru Gieske Fyldest og indsende klare Registre derpaa. F. T. 1, 177 b.

**21. Nov. (Skanderborg).** Til Hack Ulfstan og Hening Giøe. Kongen har bragt i Erfaring, at Pfalzgrevens Gesandter samt en Pfalzgreve af Suerbruck[2] og en Ringreve, der have ledsaget Hertug Carl ind i Sverrig, nu ere paa Tilbagevejen og ville drage her igennem Riget. Da Kongen imidlertid ikke erindrer, at de have erhvervet hans Pas, og nødig vil paadrage sig nogen Spot over, at de uden at spørge ham ad og uden hans Vidende ere rejste gennem Riget, skulle de, naar ovennævnte Gesandter, Pfalzgreve og Ringreve komme til Falster (i Hacks Brev: Laaland) anholde dem, hvis de ikke have Kongens Pasbord, og ikke lade dem drage videre, før de faa nærmere Besked fra Kongen; dog

---

[1] Tr.: Hofman, Fundationer VII. 442 f. Weinwich, Beskrivelse over Stevns Herred, 2. Udg., S. 123 f. Petersen, Kjøge Byes Hist., Aktst. S. 14 f. [2] Zweibrücken.

maa de ikke lade sig mærke med, at de have nogen særlig Be-
faling dertil, men skulle alene henholde sig til, at det er dem for-
budt at lade nogen passere, der ikke har Kongens Pasbord; de
skulle straks melde Kongen deres Ankomst. F. T. 1, 310 b.

**22. Nov. (Skanderborg).** Til Folmer Rosenkrantz, Giord Persen,
Fru Karen Holgers og Fru Ane paa Østergaard. Da Kongen i Skander-
borg Lens Skove har ladet noget Tømmer hugge, som han gerne
straks skulde bruge til noget Arbejde og derfor med det allerførste
vil have ført ud af Skovene, men det vil falde Kronens Bønder i
de nærmeste Len for besværligt alene at besørge dette Arbejde saa
hurtigt, anmoder Kongen dem om at tillade, at deres Tjenere
deromkring maa møde med Heste og Vogne i Skanderborg Lens
Skove, naar Claus Glambeck tilsiger dem, og hver føre 2 Læs
Tømmer til det Sted, som befales; Kongen vil erkende det med
al Naade. J. T. 2, 107.

— Befaling til alle Kron-, Stifts-, Kloster-, Prælat-, Kannike-,
Vikarie-, Kirke- og Præstetjenere i Aarhus, Drottingborg og Silcke-
borg Len at møde, naar Claus Glambeck, Embedsmand paa Skan-
derborg, tilsiger dem, med deres Heste og Vogne i Skanderborg Lens
Skove og hver føre 2 Læs Tømmer til de Steder, som befales,
saafremt de ikke ville tiltales for Ulydighed. J. T. 2, 108.

— Befaling til Biørn Andersen, Manderup Pasberg og Jørgen
Skram at forkynde ovenstaaende Brev for Bønderne i deres Len og
passe paa, at ingen bliver siddende hjemme. J. T. 2, 107 b.

**23. Nov. (—).** Til Thyge Brahe, Jensis Søn, til Hammer. Da
Kronens Bønder i Kieby Sogn, der ere Ugedagsmænd til Beckeskouf,
i en Supplikats til Kongen have erklæret, at de formedelst det Ægt
og Arbejde, der paahviler dem, ikke kunne udrede den Skat, som
de ere takserede for i Aar, befales det ham i Aar og herefter altid
at lade Ugedagsmændene til Beckeskouf Kloster nøjes
med at svare halv Skat ligesom andre Ugedagsmænd. Sk. T.
1, 202 b.

**25. Nov. (Havreballegaard).** Til Johan Taube. Han har be-
rettet, at den did ankomne Slessiger forlanger 300 Dlr. i aarlig
Løn, hvilket han paastaar at Mutzelwitz har lovet at udvirke til ham
hos Kongen, og desuden Maanedspenge til sig selvtredje og en Kusk
samt Hofklædning. Da Kongen finder det altfor meget og Mutzel-
witz nok ikke nægter at have lovet Slessigeren det, men siger, at
han selv skulde blive enig med Kongen derom, skal Johan Taube

tilbyde ham 100 Dlr. i aarlig Løn, N Dlr. om Maaneden i Kost-
penge og Hofklædning til ham selvenden, men mere vil Kongen
ikke give; Johan Taube skal med det første sende Kongen Besked.
Sj. T. 14, 273.

**25. Nov. (Havreballegaard).** Aabent Brev, at Hr. Jens Sam-
sing, Sognepræst til Kuolby[1] Kirke paa Samsøe, maa give Penge,
1 gl. Dlr. for hver smal Td. Rug eller Byg og ¹/₂ Dlr. for hver
Td. Havre, i Stedet for Kornafgiften af Kronens Part af
Korntienden af Kuolby Sogn; Pengene skulle betales inden
Fastelavn. Udt. i J. R. 2, 675 b.

— Til Biørn Andersen. Da Kongen har givet Arvingerne
efter afdøde Peder Skriver i Aarhus Henstand til Mikkelsdag
med den Sum, Peder Skriver ved sin Død skyldte Kongen, maa
han før den Tid ikke tiltale dem for Pengene, men til den Tid
skulle de ogsaa betale. J. T. 2, 104 b.

— Følgebrev for Lauritz Brockenhus, Embedsmand
paa Nyborg, til Provster og Præster paa Alse og Erre, at de
skulle anse ham for deres Stiftslensmand, da den gejstlige Juris-
diktion paa Alse og Erre altid har hørt til Danmarks Krone. F. T.
1, 178 b.[2]

**26. Nov. (—).** Befaling til Forstanderne for almindeligt Ho-
spital i Synderborg om efter nærmere Tilsigelse af Lauritz Brocken-
hus, der skal høre Kirkernes Regnskab paa Alse og Erre og have
den gejstlige Jurisdiktion i Forsvar, at gøre denne eller hans Fuld-
mægtig Regnskab for Hospitalets Indtægt og Udgift. F.
R. 1, 227.

— Til Corvitz Veffert og Lauritz Brockenhus, Embedsmænd
paa Ottensegaard og Nyborg Slot. Da Kronen ikke kunde undvære
det Gods, som Peder Eggertsen til Vestergaard først begærede
til Mageskifte for sit Gods i Koldinghus Len, har Kongen nu be-
vilget, at han maa faa Fyldest i 2 Gaarde i Ølsted i Salling Herred
og 3 Gaarde i Fangel. De skulle derfor med det allerførste besigte
begge Parters Gods og indsende klare Registre derpaa. F. T. 1, 179.

— Aabent Brev om Kontrakt mellem Kronen og Peder
Heggelund, Borgemester i Ribe, at denne i de næste 3 Aar skal
oppebære al Kornafgiften af Kronens Part af Korntienden
i Riber Stift til en Pris af 1 gl. Dlr. eller 2 Mk., som Mønten

---

[1] Koldby.    [2] Tr.: Rørdam, Dsk. Kirkelove II. 805 f.

nu gaar, for hver smal Td. Rug eller Byg og $^1/_2$ Dlr. for hver Td. Havre; han skal paa egen Bekostning og Risiko betale Pengene paa Rentekammeret til hver Mikkelsdag, modtage Kornet til den Tid, det skal svares, og selv bære Tabet, hvis Kornet ved hans Forsømmelse kommer til at ligge over. Faar Kongen selv Brug for noget af Kornet i disse 3 Aar, dog ikke til Salg til andre Købmænd, forbeholder han sig det, men skal da lade ham det vide senest til foregaaende Mortensdag, for at han ikke skal komme til at lide nogen Skade ved at love Kornet til Købmænd. Hvis Kongen udsteder Forbud mod Udførsel af Korn, maa Peder Heggelund, saafremt han ønsker det, betale med Korn til den ovenfor ansatte Pris. J. R. 2, 676.

**26. Nov. (Havreballegaard).** Til Matz Kock. Da Kongen har sluttet Kontrakt med Peder Heggelund, Borgemester i Ribe, om, at denne i nogle Aar maa oppebære det Korn, som svares i Afgift af de i Riber Stift bortfæstede Krontiender, skal Matz Kock, der tidligere har haft dette Korn, skaffe Peder Heggelund et klart Register over alle de i Riber Stift bortfæstede Krontiender, som han har oppebaaret Afgiften af. J. T. 2, 104 b.

— Befaling til Erick Løcke at skaffe Peder Heggelund et klart Register over alle de i Riber Stift bortfæstede Krontiender. J. T. 2, 106.

— Befaling til alle, der have fæstet Kronens Part af Korntienden i Riber Stift for aarlig Afgift, om herefter at levere Peder Heggelund, Borgemester i Ribe, Afgiften i rette Tid, saafremt de ikke ville have deres Fæstebreve forbrudte. Udt. i J. T. 2, 106.

— Til Christen Skiel. Da Kongen — der husker, at han har givet Jens Hansen og hans Hustru Brev paa for Livstid at maatte være fri for at gøre Ægt og Arbejde af en Gaard i Ulstrup i Medersom Herred, som Christen Skiel siden har faaet til Mageskifte, fordi Jens Hansen har givet Kronen en jordegen Bondegaard — nu har bragt i Erfaring, at Christen Skiel siden sin Overtagelse af Gaarden har forfulgt Jens Hansen med adskillige Lovmaal, fordi han i Henhold til Kongens Brev har nægtet at gøre Ægt og Arbejde, har ladet sværge Hærværk over ham og udvist ham af Gaarden, anmoder han Christen Skiel om at lade Lovmaalet falde og indtil Mikkelsdag lade ham være fri for Ægt og Arbejde; fra Mikkelsdag af har Kongen paa anden Maade sørget for Jens Hansen. J. T. 2, 105.

— Befaling til Niels Jonsen om til første Fardag at lade Jens

49

Hansen faa 1 Gaard, kaldet Bisballe, i Hal Len, .som Kongen har bevilget ham paa de samme Vilkaar som Gaarden i Ulstrup, forhandle med den paa Gaarden boende Bonde om at rømme den og enten skaffe Bonden en anden Gaard i Stedet eller paa anden Maade stille ham tilfreds. J. T. 2, 106 b.

**26. Nov. (Navreballegaard).** Livsbrev for Jens Hanssen og hans Hustru paa Bisballegaard i Liusgaard Herred, fri for Ægt og Arbejde, men mod at svare sædvanlig Landgilde, i Stedet for den til Chresten Scheel, Embedsmand paa Bøuling, bortmageskiftede Gaard Ulstrup, som de først havde faaet Livsbrev paa, fordi Jens Hanssen godvillig havde tilskødet Kronen sin jordegne Bondegaard i Alminde i Holbierg Herred; gifter Jens Hanssens Hustru sig igen efter hans Død, skal hun fæste Gaarden. J. R. 2, 677.

— Mageskifte mellem Niels Joenssen til Thostelund og Kronen. J. R. 2, 677 b. (Se Kronens Skøder).

— Mageskifte mellem Otthe Huitfeld og Kronen. J. R. 2, 680 b. (Se Kronens Skøder).

— Aabent Brev, at Niels Jørgenssen, Herredsfoged i Nørrevongs Herred, maa være fri for Landgilde, Gæsteri, Ægt og Arbejde af sin Gaard, saalænge han er Herredsfoged. Udt. i J. R. 2, 680 b.

-- Til Borgemestre og Raad i Viborg. Da de have berettet, at den øde Jord i Viborg, som Kongen har givet Jørgen Matzen, er St. Matthie Kirkegaard, hvilken Kongens Fader har givet Byen, tilbagekalder Kongen herved det til Jørgen Matzen udstedte Brev. J. T. 2, 105 b. Orig. i Provinsark. i Viborg.

— Til Manderup Pasberg og Claus Glambeck, Embedsmænd paa Silckeborg og Skanderborg. Da Giordt Pedersen til Tørrestrup har bevilget Kronen 1 Gaard i Nebbel, 1 Gaard i Daugardt og 2 Gaarde i Bret i Bierre Herred til Mageskifte for 2 Gaarde og Herligheden i 1 Kirkegaard i Klackerund og Kronens Rettighed i 1 jordegen Bondegaard i To[f]tum og i 1 øde Bygge smstds., kaldet Kackens Bygge, skulle de med det allerførste besigte begge Parters Gods og indsende klare Registre derpaa. J. T. 2, 108.

— Til Manderup Parsberg, Embedsmand paa Silckeborg. Kongen har paa Begæring af 5 Bønder i Horup[1] bevilget, at de i Aar maa være fri for Halvdelen af deres Landgilde, da deres Korn i Aar har været meget ringe. Orig.

---

[1] Haarup, Gern H.

**27. Nov. (Havreballegaard).** Pantebrev til Axel Brahe til Elvid paa Rudgaard i Fyen for 4000 gl. Dlr.; han skal tjene Riget med 4 geruste Heste, aarlig svare 100 Dlr. i Afgift og skaffe Kongen med Hofsinder og Følge god Underholdning, saa ofte Kongens Vej falder der forbi, samt underholde Kongens Tjenere, der komme til ham med Kongens Pasbord. P. 353 b (overstreget).

— Aabent Brev, at Olluf Kat i Diufretorp i Blekinge, der af Kongens Forordnede var indsat til Tingfoged i Medelsted Herred og, da han vægrede sig ved at overtage Bestillingen, fordi han følte sig uduelig dertil, er bleven tiltalt af Jørgen Marsuin for Ulydighed, bleven dømt af Landsdommeren og har optinget til Jørgen Marsuin for den Sag, herefter maa være fri for at være Tingfoged, hvilket han alligevel har været bange for at han i Fremtiden skulde blive besværet med. Sk. R. 1, 316 b.

Mageskifte mellem Erich Vesteni til Seebygaard og Kronen. J. R. 2, 684. (Se Kronens Skøder).

— Aabent Brev, at Anders Pederssen i Borum, der har fæstet Kronens Part af Korntienden af Borum Sogn for en aarlig Afgift af 18 Ørt. Korn af Biørn Anderssen, Stiftslensmand i Aarhus Stift, men har klaget over, at denne Afgift er for høj, indtil videre maa nøjes med at svare 4 Ørt. Rug, 4 Ørt. Byg og 2 Ørt. Havre deraf; dog forbeholder Kongen sig at tage Tienden tilbage mod Tilbagebetaling af det udgivne Stedsmaal, saafremt det senere skulde findes belejligt at bruge Tienden til noget af Kronens Slotte, Klostre eller Gaarde; Afgiften skal senest inden Fastelavn leveres til Stiftslensmanden i Aarhus Stift. J. R. 2, 688 b.

— Aabent Brev, at Stiftlensmanden i Aarhus Stift herefter aarlig skal betale Superintendenten i Aarhus Stift 16 gl. Dlr., saaledes som nu Biørn Anderssen, Stiftslensmand i Aarhus Stift, en Tid lang har gjort, i Stedet for de af Kongens Fader til Superintendentens Underholdning udlagte Tiender i Rogsø Herred, der siden ere henlagte til Hospitalet i Randers. J. R. 2, 689 b.

— Aabent Brev, at Krontjenerne i Gylling og Lierdrup i Hadtz Herred indtil videre maa være fri for at svare Gæsterimalt. Udt. i J. T. 2, 690.

— Aabent Brev, at Kronens Bønder i Vester Herred og Vester Herreds Birk under Riberhus, der have klaget over, at de maa betale ubillig meget for Brændsvin, naar der ikke er

Olden, herefter skulle svare 3 Ort for hvert Brænd-
svin; derimod skal det være som sædvanligt, naar der er Olden.
J. R. 2, 690.

**27. Nov. (Havreballegaard).** Til Erick Løcke. Kronens Bøn-
der i Vester Herred og Vester Herreds Birk have klaget
over, at de besværes med usædvanligt Høstarbejde og ere blevne
fordelte af ham derfor, men Kongen har dog ikke villet gøre nogen
Forandring i den Anledning, da han jo for nogen Tid siden har
ladet udgaa Brev til de Kronens Bønder i Vester Herred, Lustrup
Birk, Ballum Birk, paa Vesterlandtzfiord og andensteds syd for og
omkring Ribe, der ligge under Riberhus, om, at de, naar de til-
siges, skulle gøre Arbejde til Riberhus Slot og Ladegaard lige med
Kronens Bønder i Skatz og Giørring Herreder, da disse sidste be-
sværes over Evne med Arbejde, siden Kongen har bortskiftet en Del
af Godset under Riberhus, og ville blive helt ødelagte, hvis de alene
skulle besørge Arbejdet; derimod har Kongen for denne Gang efter-
givet Bønderne i Vester Herred og Vester Herreds Birk deres Falds-
maal og det dem overgaaede Delemaal. Da disse Bønder endvidere
have klaget over, at de ofte besværes med Vedægt og have
en 24 Mil frem og tilbage at køre med Veddet, hvilket ikke er
sket i tidligere Lensmænds Tid, og have berettet, at hver Gaard har
maattet give 5 Mk. danske, fordi de ikke have kunnet overkomme
hver at køre 1 Timmer Træ fra Skovene til Riberhus, hvilket ogsaa
efter deres Mening er en usædvanlig Besværing, skal han, da Kon-
gen ikke ved, hvorledes det forholder sig med disse 2 Punkter,
med det første sende Kongen Besked derom. J. T. 2, 109.

— Til Peder Gyldenstiern, Marsk, og Gregers Ulstand, Embeds-
mænd paa Vesteruig Kloster og Skifuehus. Da Kongen har bevilget,
at Palle Jul, Landsdommer i Nørrejylland, maa faa 1 Gaard i
Bure By og Sogn og 1 Bygge i Vester Ven i Hierom Herred til
Mageskifte for 1 Gaard, kaldet Oeboeklit, og 1 Bygge i Hie Sogn
i Hueg[1] Herred, skulle de med det allerførste besigte begge Parters
Gods og indsende klare Registre derpaa. J. T. 2, 110.

**28. Nov. (—).** Til Lauge Beck og Albrit Beck. Eiler Grubbe,
Rigens Kansler og Embedsmand paa Vordingborg, har berettet, at
deres Søster Fru Vibeke Beck har understaaet sig til at
fiske i Kongsbeck tværtimod den mellem Kongen og deres Fader,

---

[1] Hind.

Jochim Beck, trufne Forligelse, hvorved han har afstaaet Kronen et Ridemandsbrev, som han havde erhvervet paa Halvdelen af Kongsbeck over imod Bekeskoufs Fang, saa at han og hans Arvinger ikke mere maa befatte sig med Fiskeriet deri, mod at Kongen paa gode Folks Forbøn har ladet sin Tiltale til ham falde, fordi han med Urette lod nogle Kronens Ejendomme ved Oregaard indgrøfte. Da Kongen ikke saa snart kan komme til ovennævnte Ridemandsbrev og de andre Breve, som deres Fader har givet ham i denne Sag, skulle de med det allerførste skriftlig erklære sig om, hvorvidt de ville holde ovennævnte Forpligtelse eller ej, da Kongen, hvis de ikke ville og deres Søster skal have noget Fiskeri i Kongsbeck, vil søge sin Ret hos dem saavel for den Skade og Hovmod, deres Fader har gjort Kronen ved Gravningen af ovennævnte Grøfter, som for Kongsbeck og har givet Eiler Grubbe Ordre til at handle efter deres Erklæring. Sj. T. 14, 273 b.

28. Nov. (Havreballegaard). Aabent Brev, at Niels Bagger, Borger i Ottense, maa faa alt det Rug og Malt, som i Aar tilkommer Kongen af Kalle Lens Indkomst og kan undværes fra Slottet, til en Pris af 1 gl. Dlr. for hver smal Td. Rug eller Malt; Pengene skulle betales til Rentemesteren til St.[1] Dag. F. R. 1, 227 b.

— Befaling til Jørgen Rosenkrantz at lade Niels Bager faa alt det Rug og Malt, som i Aar kan undværes fra Kallø Slot. J. T. 2, 111.

— Mageskifte mellem Lauritz Straalle og Kronen. F. R. 1, 228. (Se Kronens Skøder).

— Aabent Brev, at Hr. Matz Nielssen i Solbierg, der har en meget ringe Gaard át bo paa, maa beholde den af Niels Joenssen, Stiftslensmand paa Hald, fæstede Ramsing Jord, som er et Afbygge af en Kronens Gaard i Solbierg, mod aarlig at svare 4 gl. Dlr. deraf til Hald Slot og holde Afbygget ved Magt, hvis der findes Huse derpaa, dog maa han ikke lægge noget af denne Jord ind under Præstegaarden; han maa indtil videre være fri for at gøre Ægt, Arbejde og anden Tynge af Jorden. J. R. 2, 690 b[2].

— Til Biørn Andersen. Han har en Tid lang givet de 12 Personer i Aarhus Skole, der i Følge Kong Christian III's For-

---

[1] Derefter er ladt Plads aaben til Navnet.  [2] Tr.: Saml. t. jydsk Hist. og Topogr. 2. R. II. 896.

ordning skulle have deres Underholdning af Aarhusgaard, Penge i
Stedet, men da M. Lauritz Bertelsen, Superintendent i Aarhus Stift,
har ment, at det formedelst de Øvelser, de kunde have sammen,
vilde være nyttigere for disse Personers Studeringer, om de fik deres
Underholdning i Fællesskab, enten i Hospitalet eller et andet
Sted i Byen, hvilket Kongen ogsaa billiger, skal han med det første
gøre et Overslag over, hvor megen Fetalje der behøves til disse 12
Personers nødtørftige Underholdning, og sende Kongen Besked der-
om, for at han kan fastsætte en endelig Ordning, der skal træde i
Kraft førstkommende 1. Maj. J. T. 2, 111 b.

**29. Nov. (Havreballegaard).** Til Kronens Bønder i Søluidtzborg
og Elleholm Len. Da der er Mangel paa Ildebrændsel paa Kiøpne-
hafns Slot, skulle de efter nærmere Tilsigelse af Jørgen Marsuin,
Embedsmand paa Søluidtzborg, begive sig til de Skove, han an-
viser dem, hver hugge saa mange Læs Ved, han befaler dem, og
føre Veddet ned til de sædvanlige Ladesteder. Sk. T. 1, 203 b.

— Til Jørgen Marsuin. Ovenstaaende Brev sendes ham med
Ordre til at forkynde det for Bønderne og sørge for, at disse med
det første hugge ligesaa mange Læs Ved til Kiøpnehafns Slot, som
der blev hugget ifjor eller som Christen Vind, Embedsmand paa
Kiøpnehafns Slot, giver Ordre til, og føre Veddet ned til de sæd-
vanlige Ladesteder, saa Christen Vind siden kan hente det dér med
Skibe. Sk. T. 1, 203.

— Aabent Brev, hvorved Bogense, der for nogen Tid siden
er afbrændt, fritages for Byskat, Hold og al anden kgl. Tynge
i de næste 3 Aar. F. R. 1, 231 b. K.

— Aabent Brev, at Kronens Bønder i Horn, der ere Uge-
dagsmænd til Tuillom Ladegaard, formedelst deres Armod maa
nøjes med at svare halv Madskat i Aar. Udt. i J. R. 2, 691.

— Aabent Brev, at Hr. Chresten N. i Sønder Ontzil i Aar
maa faa Halvparten af Afgiften af Kronens Part af Korn-
tienden af Snerild Sogn. Udt. i J. R. 2, 691.

— Aabent Brev, at Lauritz Huering i Aar maa faa Af-
giften af Kronens Part af Korntienden af Engum Sogn.
Udt. i J. R. 2, 691.

**30. Nov. (—).** Aabent Brev, at Rentemester Christoffer
Valckendorff i Kongens Fraværelse skal have god Opsigt
med alt paa Kiøpnehafns Slot, paa Holmen og i Byen.
Det befales Befalingsmanden paa Bremmerholm, Arkelimesteren,

Skibskaptejner, Skippere, Styrmænd, Baadsmænd, Bøsseskytter, Tøm-
mermænd og alle andre Kongens Skibsfolk at være ham lydige, som
om Kongen selv var til Stede, da han ellers skal have Magt til at
straffe dem. Kun han alene skal have Fuldmagt til at antage og
forløve Skibsfolk. Sj. R. 12, 68 [1].

**30. Nov. (Havreballegaard).** Befaling til M. Rullof, Kongens
Arkelimester, om under Kongens Fraværelse at rette sig efter
Rentemester Christoffer Valckendorffs Ordrer og uden hans
Befaling ikke udlevere noget af Arkeliet eller antage eller afskedige
Bøsseskytter; hvis der mangler noget i Arkeliet, skal han melde
Christoffer Valckendorff det, for at denne kan købe det. Han skal
ogsaa meddele de andre Kongens Tjenere og Bøsseskytter i Arkeliet
dette. Sj. T. 14, 275 b.

— Til Christoffer Valckendorff. Da Kaptejn Jacob Alday,
der sidste Sommer var paa den grønlandske Rejse, i Bergen
har maattet købe en anden Pinke for 1200 Dlr. i Stedet for den
ham medgivne Pinke, som Kongen havde købt af Richardus Wed-
derborn, og Borgerne i Bergen, der havde taget sidstnævnte Pinke
i Bytte til den Pris, den har kostet Kongen, men desuden skulle
have en Sum Penge, nu have begæret disse betalte, skal han straks
betale dem eller skrive til Lensmanden paa Bergenhus om at be-
tale dem, for at de ikke skulle manes af dem paa Bryggen, hos
hvem de ere gaaede i Borgen for Pinken. Han skal med det første,
hvis det ikke allerede er sket, betale de Skibsfolk, der vare med
Jacob Alday paa den grønlandske Rejse, den dobbelte Besolding,
som var lovet dem ved deres Hjemkomst, for at de Folk, som Kon-
gen til Foraaret vil bruge paa samme Rejse, kunne blive desto vil-
ligere. Da Jacob Alday i Bergen har hyret en Hans Tonissen til
at følge med som Styrmand og Sejllægger og lovet ham 4 Dlr.
om Maaneden, og Hans Tonissen har tjent 4 Maaneder til Skibs,
hvorefter Jacob Alday har holdt ham 1 Maaned paa sin egen Be-
kostning, skal Christoffer Valckendorff betale Hans Tonissen 4 Dlr.
for hver af disse 5 Maaneder. Da Jacob Alday har berettet, at
Dauid Jenssen, der var med paa Rejsen som Kaptejn, endnu har
sin Løn for Rejsen til gode og er god som Kaptejn, skal Christoffer
Valckendorff betale ham en saadan Løn, som han kan tænke han

---

[1] Tr.: Rothe, C. Walckendorffs Levnet S. 37 f. Rothe, Brave danske Mænd og Qvin-
ders berømmelige Eftermæle II. 38 f.

har fortjent, forhandle med ham om at blive i Kongens Tjeneste som Skibskaptejn og blive enig med ham om en rimelig Løn, som Kongen saa siden vil give ham Brev paa. Han skal sørge for, at Jacob Alday til Foraaret igen faar de samme 2 Pinker med sig som sidst, skaffe ham alt nødvendigt med og hos Bygmesteren paa Holmen bestille en Baad paa 18 eller 20 Aarer efter den største Pinkes Lejlighed, hvilken Baad skal kunne indtages i Skibet, naar man sejler, og kunne deles i 2 Dele, saa man kan sætte den ene ind i den anden, saaledes som Jacob Alday har talt med Mester-tømmermanden paa Holmen om. Sj. T. 14, 276 [1].

**30. Nov. (Havreballegaard).** Til Eiler Grubbe, Rigens Kansler, og Christoffer Valckendorff, Rentemester. Da Christoffer Linde-nov har bevilget Kronen sit Gods i Hierup [2] og sit øvrige Gods i Koldinghus Len og Sønderjylland til Mageskifte for Vendslef Len i Sjælland med saa meget af det nærmest liggende Gods, som hans Gods kan beløbe sig til, skulle de med det allerførste besigte begge Parters Gods og indsende klare Registre derpaa. Sj. T. 14, 274 b.

— Til Absalon Giøe og Axel Brae. Da Niels Bild har be-gæret Kronens Rettighed i 13 jordegne Bøndergaarde i Herrested Sogn i Vindinge Herred til Mageskifte for 1 Gaard i Skød, 2 Gaarde og 1 Bol i Vetten og 3 Gaarde i Lynge i Saubro Herred, 1 Gaard i Bastballe i Mols Herred, 1 Gaard i Monstrup, 1 Gaard i Krasbierg og 1 Gaard i Voldbye i Nør Herred, skulle de med det første besigte begge Parters Gods og indsende klare Registre derpaa. F. T. 1, 180.

— Til Kronens Bønder i Rafuensborg Len. Gregers Ulfstan, Embedsmand i Haldsted Kloster, har berettet, at flere af dem ikke ville svare deres Landgilde og anden Rettighed, som det sig bør, og som de have svaret den til de tidligere Lensmænd, men i Henhold til det Kongebrev, som de for nogen Tid siden have er-hvervet, ville give ham Penge for Landgilden. Da Korn, Smør og anden Landgilde imidlertid ikke hvert Aar ere lige dyre og Gregers Ulfstan har Lenet for en stor Afgift, og da Brevet ikke udtrykkelig fastsætter, hvor meget de skulle give i Penge for deres Landgilde, og desuden forbeholder Kongen Ret til at forandre det, befales det dem strengelig herefter at svare Gregers Ulfstan deres Landgilde, ligesom de have svaret den til de tidligere Lens-

---

[1] Tr.: Grønlands hist. Mindesmærker III. 648 ff.  [2] Hjarup, Anst H.

mænd, og, hvis de ville give Penge i Stedet, da betale, som Varerne nu gælde, og som Lensmanden kan sælge dem til andensteds. F, T. 1, 311 b.

**30. Nov. (Havreballegaard).** Mageskifte mellem Hendrich Gyldenstiern til Aagaard, Embedsmand paa Bahus, og Kronen. J. R. 2, 691 b. (Se Kronens Skøder.)

— Aabent Brev, at Mouritz Stygge, Sekretær, — der i Anledning af Tilladelsen for Palle Jul til Strandit, Landsdommer i Nørrejylland, til at indløse Buldrup[1] By i Gislum Herred fra Hans Styggis Børn og Arvinger, har berettet, at hans Fader under samme Pant har haft Kronens Rettighed af nogle Kirke- og Præstetjenere i Roxø Herred, som han nu ønsker at beholde for Halvparten af Pantesummen, medens Palle Jul faar Buldrup mod at betale den anden Halvpart — fremdeles maa beholde Kronens Rettighed af disse Præste- og Kirketjenere i Pant; naar Palle Jul har indløst Buldrup, vil Kongen give Mouritz Stygge nyt Pantebrev. J. R. 2, 709.

—- Aabent Brev, at Hr. Hans Jørgenssen, Sognepræst i Dalbynedre, i Aar maa faa Afgiften af Kronens Part af Korntienden af Thued Sogn i Mols Herred, som er $6\frac{1}{2}$ Ørt. Rug, $5\frac{1}{2}$ Ørt. Byg og 1 Ørt. Havre, og af Eigens Sogn, som er 1 Ørt. Rug, 2 Ørt. Byg og 1 Ørt. Havre. Udt. i J. R. 2, 710.

— Aabent Brev, hvorved Kongen bevilger, at det Brev, som Jacob Hagemester, der har givet sig ind i Aarhus Hospital med alt sit rørlige og urørlige Gods og er bleven beskikket til Forstander for Hospitalet, har faaet af Lensmanden, Superintendenten, Sognepræsterne og Borgemestre og Raad paa, at han for Livstid maa faa god Underholdning til sig og en Dreng og hver 14. Dag 1 Td. Øl, ubrydeligt skal holdes, saalænge han lever; han har nemlig udtalt Frygt for, at Underholdningen skal blive formindsket, naar han ikke længere kan være Forstander. J. R. 2, 710 b.

— Til Jørgen Rosenkrantz og Biørn Andersen. Da Fru Madelene Baner, Ifuer Krabbis Enke, har begæret 2 Gaarde i Homo By og Sogn i Sønder Herred i Kallø Len til Mageskifte for 1 Gaard i Fogelslef[2] By og Sogn og 1 Gaard med en øde Jord, kaldet Borumkier, i Klarup[3] i Nødagger Sogn i Sønder Herred, skulle de med det første besigte begge Parters Gods og indsende klare Registre derpaa. J. T. 2, 112.

---

[1] Boldrup.   [2] Fugllev.   [3] Krarup.

**30. Nov. (Havreballegaard).** Til Jørgen Rosenkrantz og Jørgen Skram. Da Anders Blick har begæret 4 Gaarde og 1 Bol i Nør-beck i Sønderliung Herred til Mageskifte for 1 Gaard i Hostrup[1] i Spentrup Sogn i Nørhald Herred, 1 Gaard i Utrup i Thranders Sogn og ¹/₂ Gaard i Vaerst i Gunnerup Sogn i Fleskom Herred samt ¹/₂ Gaard i Fladholt i Borlum Herred, skulle de med det første besigte begge Parters Gods og indsende klare Registre derpaa. J. T. 2, 112 b.

— Til Kapitlet i Riibe. Da Kongen har bevilget, at Fru Mette Munck, Ifuer Kieldsens Enke, maa faa 1 af Kapitlets Gaarde i Velling Sogn i Hing Herred til Mageskifte for 1 Gaard i Norup i Skatz Herred, skal Kapitlet med det første besigte begge Parters Gods, paase, at Kapitlet faar fuldt Vederlag, og bringe Mageskiftet i Orden. J. T. 2, 113 b.

— Befaling til Otte Banner, der for nogen Tid siden har faaet noget af Astrup Gods, som Prebiørn Gyldenstiern har Brev paa et bestemt Antal Aar, til Mageskifte, igen at udlægge ligesaa meget af Segelstrup Gods til Prebiørn Gyldenstiern. J. T. 2, 113 b.

— Til Jørgen Skram. Da nogle af Indbyggerne i Synder-lung Herred have klaget over, at Herredstinget ligger dem i høj Grad til Trængsel og til Skade for deres Ejendom, skal han med det første flytte Tinget til et belejligt Sted i Herredet, enten paa Heden eller andensteds, og sende Kongen Besked derom, for at han kan lade Brev udgaa om Flytningen. J. T. 2, 114.

— Til Gregers Ulstand. Ved Udstedelsen af det aabne Brev om Madskatten laa Roxø Herred under Drotningborg, hvorfor Brevet lyder paa, at Jørgen Schram skal oppebære Skatten i dette Herred, men da Gregers Ulstand siden har faaet det i Forlening, skal han kræve Skattebrevet af Jørgen Schram, skrive Bønderne for Skatten og sende denne til Kiøpnehafn til den i Brevet fastsatte Tid. J. T. 2, 114 b.

— Befaling til Lauritz Skram til Hastrup og Hartvich Stafuer-schov til Honnegaard[2] at begive sig til Oxevong og Vissel-berg, naar Erick Løcke, Embedsmand paa Riberhus, tilsiger dem, være til Stede, naar Christoffer Munck overleverer Vær-gemaalet for Jørgen Muncks Børn med Inventarium, Breve

---

[1] Hastrup.    [2] ɔ: Hennegaard.

og andet til Erick Løcke, og give alt beskrevet fra sig. J. T.
2, 115.

**30. Nov. (Havreballegaard).** Aabent Brev, at Mogens Heyg-
nessen, Borger i Bergen, der med Kongens Tilladelse aarlig be-
sejler Ferøe og har berettet, at en Sørøver, ved Navn Klerck, og
andre undertiden gøre Indfald der paa Landet, røve fra Indbyggerne
og overfalde Kongens Undersaatter paa Søen, maa udruste og
bemande sit eget Skib med Skyts og Folk, naar han sej-
ler til og fra Ferøerne, og frit angribe ovennævnte Sørø-
vere og føre dem for Retten, for at de kunne blive tilbørligt straf-
fede, dog maa han ikke paa nogen Maade overfalde søfarende Folk,
der ere paa deres rette Rejse. N. R. 1, 284[1]. K.

— Lignende Breve for Søfren Anderssen og Joen Broch i Ber-
gen. N. R. 1, 284[1]. K.

**1. Dec. (—).** Skøde til Albrit Albritssen, Raadmand i
Kiøpnehafn, og hans Arvinger paa en Kronens Jord i Kiøpne-
hafn mellem hans eget og Jørgen Skrædders Huse paa den ene
og Lauritz Krusses og Niels Pederssens Huse paa den anden Side.
Der skal opføres god Købstadsbygning derpaa. Sj. R. 12, 68 b[2].

— Skøde til Niels Pederssen, Raadmand i Kiøpnehafn,
og hans Arvinger paa en Kronens Jord i Kiøpnehafn bagved
Lauritz Krussis Hus og ned imod Stranden. Der skal opføres god
Købstadsbygning derpaa. Sj. R. 12, 69 b[3].

— Til nedennævnte Købstæder. Da Kongen formedelst de Fri-
byttere, der undertiden lade sig se paa hans Havne og Strømme,
til Foraaret vil udruste nogle Orlogsskibe til at holde Havne og
Strømme rene og dertil vil faa Brug for et stort Antal Baadsmænd,
skulle de hver stille N gode Baadsmænd og sende dem til Kiøpne-
hafn, for Jyllands Vedkommende til Midfaste Søndag [13. Marts],
for Sjællands, Fyens og Smaalandenes til Fastelavn [14. Febr.] og
for Skaanes til 8 Dage efter Fastelavn, ledsagede af klare Registre
over deres Navne. Kongen vil give disse Baadsmænd samme
Maanedspenge som andre Baadsmænd og sende dem tilbage, saa-
snart Skibene vende hjem. — Register: I Sjælland Hollænderbyen
paa Amager 50; Kiøpnehafn 30; Skielskøer og Stege hver 8; Kiøge
7; Nestued 6; Holbeck og Nykiøping i Otz Herred hver 5; Hed-

---

[1] Tr.: Norske Rigsregist. II. 356.  [2] Tr.: O. Nielsen, Kbhvns Dipl. II. 390 f.  [3] Tr.:
O. Nielsen, Kbhvns Dipl. II. 390.

ding, Prestøe og Vordingborg hver 4. — I Skaane Malmøe 28;
Landtzkrone 15; Ysted 10; Helsingborg 8; Semershafn 6; Falster-
boe med Skanøer, Aahus og Halmested hver 4; Laugholm 3. — I
Fyen Rudkiøping paa Langeland 12; Kierteminde 8; Assens 6;
Nyborge og Suinborg hver 5; Faaborrig 4; Meddelfart 3. — I Smaa-
landene Nagskouf 12; Stubbekiøping 7; Nykiøping 5; Nysted 3;
Saxkiøping 2. — I Jylland Riibe 30; Aalborrig 26; Kolding 10;
Randers, Ebbelthoft og Grindov hver 8; Aarhus og Horsens hver 6;
Skafuen, Seeby og Varde hver 5; Ringkiøping 4; Vedtle, Lemuig
og Nykiøping paa Mors hver 3. — Samsøe 5; Endelave 8; Thierøe,
Lye, Biørnøe og andre omliggende Øer 10; Langeland 24; Serøe
ved Draxholm 10; Jørgen Marsuin af Købstæderne og Lenet [Søl-
vitsborg] 24; Johan Urne af Lykou Len 12. Sj. T. 14, 277 b.
Orig. (til Skagen) i Provinsark. i Viborg.

    **1. Dec. (Havreballegaard).** Befalinger til Christen Munck at
udtage Baadsmænd i Købstæderne i Jylland, Kaptejn Durham
i Fyen, Jørgen Skulle i Sjælland og Smaalandene og Lauritz Krusse
Tyggissen i Skaane. Udt. i Sj. T. 14, 278.

    — Til Christoffer Valckendorff. Da der i Sommer vil blive
Brug for en stor Mængde Fisk til Holmen og Skibene, skal
han bestille saa mange Fisk, der behøves, hos Johan Buckholt,
Hans Lindenov og Henning Falster og andre, i hvis Len der er
Fisk at faa, og med det første lade dem sende til Kiøpnehafn. Udt.
i Sj. T. 14, 279 b.

    — Befalinger til Lauritz Brockenhus, Mouritz Podebusk og Hans
Johanssen paa Hindtzgafuel at købe henholdsvis 10, 6 og 4 Læster
saltet Torsk og sende dem til Kiøpnehafn, vel forvarede med Salt
og Træ. Udt. i Sj. T. 14, 279 b.

    — Befaling til Christoffer Valckendorff at skaffe og udruste
endnu et Skib til at gøre Tilførsel til Norden paa Island.
Udt. i Sj. T. 14, 280.

    — Til Lauritz Krusse Pedersen. Kongen har givet Christof-
fer Valckendorff, Rentemester, Ordre til at føre Befalingen i
Kiøpnehafn i Kongens Fraværelse og befalet alt Skibsfolket at være
ham hørigt og lydigt; da det skal gaa noget uskikkeligt til paa Hol-
men, har Kongen ogsaa givet ham Ordre til at ordne Forhol-
dene paa Holmen og Skibene, som han finder det gavnligst,
hvorfor det befales Lauritz Krusse ikke at foretage sig noget uden
hans Ordre, hverken med at antage eller afskedige Folk eller andet,

og at paase, at den af Christoffer Valckendorff fastsatte Skik for Holmen og Skibene overholdes. Han skal give de øvrige Skibsfolk Ordre til at rette sig herefter. Sj. T. 14, 280.

**1. Dec. (Havreballegaard).** Befaling til Borgerskabet i Kiøpnehafn at være Rentemester Christoffer Valckendorff hørigt og lydigt, som om Kongen selv personlig var til Stede. Sj. T. 14, 281[1].

— Skøde til Christoffer Valckendorff til Glorup. F. R. 1, 231 b. (Se Kronens Skøder.)

— Til Lauritz Brockenhus. Da Kongen har bevilget, at Christoffer Valckendorff, Rentemester, der har opladt Kronen sin Rettighed til noget Vikariegods, som en af hans Forfædre har givet til et Alter i St. Knudtz Kirke i Ottense, maa faa Jordegods i Stedet til en ret gammel aarlig Landgilde af 1 Læst Hartkorn, alene beregnet i Korn, Smør, Bolgalte og Køer, foruden andre Smaabede, Penge eller Gæsteri, som kunne falde af Godset, og at han straks deraf maa faa 3 Gaarde i Brenderup i Gudme Herred med al Kronens Ejendom paa Brenderup Mark indenfor alle 4 Markeskel og desuden 6 Pund Saaland til en Skyld af 2 Pd. Landgildekorn paa Frøruppe Mark henimod Suininge Aa og vest for Broen, skal Lauritz Brockenhus udlægge ham ovennævnte Jord paa Frøruppe Mark, undersøge, om denne i Forening med de 3 Gaarde i Brenderup kan rente 1 Læst Hartkorn, og, hvis dette ikke er Tilfældet, udlægge ham det manglende af Nyborg Slots Gods. F. T. 1, 180 b.

— Aabent Brev, hvorved Kongen forbyder alle at drive deres Kvæg og Svin ind paa de i Mærsket ved Sønder Borck liggende Enge, som Chresten Vind for nogen Tid siden har faaet tilskiftet af Kronen, fra 14 Dage før Paaske til Engenes Indhøstning og at have nogen Brugning med Fædrift eller andet i disse Enge uden Chresten Vinds Samtykke; han har nemlig berettet, at Engene altid have været brugte til hans Hovedgaard Lydom, og at Bønderne i Sønder Borck og Abøling[2] have haft Fædrift i dem efter Indhøstningen mod at høste den ene af dem, men nu driver en Del Bønder deres Kvæg og Svin ind paa Engene om Sommeren, naar de skulle fredes, imod hans Vilje og gøre ham dermed stor Skade. J. R. 2, 711. K.

---

[1] O. Nielsen, Kbhvns Dipl. IV. 636 f.    [2] Obling, N. Horne H.

**1. Dec. (Havreballegaard).** Aabent Brev, at 5 Kronens Bøn-
der i Vegt[1] i Galten Herred, der hidtil have maattet svare Fede-
svin, medens andre Kronens Bønder kun have svaret Brændsvin,
herefter ogsaa maa nøjes med at svare Brændsvin. J. R. 2,
712 b.

— Til Erick Kaas til Aas. Da det Gods i Vendsyssel, som
Kongen havde bevilget ham til Mageskifte for hans Hustrus Gods
paa Sjælland, ikke kan mistes fra Astrup Slot, som Predbiørn Gil-
denstiern har Brev paa i et vist Antal Aar, maa han ikke lade de
dertil forordnede gode Mænd besigte Godset eller sætte sig i nogen
Bekostning i den Anledning. J. T. 2, 100 b.

— Til Peder Gyldenstiern, Marsk, og Peder Munck, Admiral.
Da Knud Mogensen har bevilget Kronen 3 Gaarde i Koldinghus
Len, der tidligere ere besigtede, samt Laustrupgaard[2] og 8 Gaarde i
Hannum[3] Herred til Mageskifte for Kielderupgaard med saa meget
af det tilliggende Gods, som hans Gods kan beløbe sig til, skulle
de med det allerførste besigte det ikke allerede besigtede Gods, ligne
alt Mageskiftegodset og indsende klare Registre derpaa. J. T. 2, 115.

— Til Jørgen Rosenkrantz og Jørgen Skram. Da det Gods i
Sjælland, som Thomas Fasse vil udlægge Kronen for det Gods
i Jylland, de have faaet Ordre til at besigte, er bedre end Kronens
Gods, har Kongen bevilget, at Thomas Fasse maa faa Vederlag for
det manglende i 1 Gaard i Olsrode[4], der hører til Aarhus Kapitel,
1 Gaard i Olsø[5] og 1 Gaard i Veileby; de skulle derfor med det
første udlægge ham Fyldest heraf og bringe alt i Orden. J. T.
2, 116.

— [6]Befaling til Biørn Andersen at udlægge Kapitlet i Aar-
hus Fyldest af Aarhusgaards Gods for 1 af Kapitlets Gaarde i
Olsrode, som Kongen har bevilget Thomas Fasse til Mageskifte, og
sende Besked derom til Kongen. J. T. 2, 116 b.

— Til Chresten Skiel og Mouritz Stygge, Sekretær. Da An-
ders Maltissen til Albeck har begæret 2 Gaarde og Kronens Her-
lighed i 1 Kirkebol i Suldrup og 6 Gaarde i Hetze[7] i Vegerbye
Sogn i Huorum Herred til Mageskifte for 1 Gaard i Saxeld By
og Sogn i Hadtz Herred, 2 Gaarde i Bierup[8] i Skanderup Birk, 1
Gaard i Liungbye i Giern Herred og 1 Gaard i Nørho i Snee Sogn,

---

[1] Vet, Galten H.    [2] Loverstrup (nu Rathlovsdal), Hads H.    [3] Hammerum.    [4] Aals-
rode, Sønder H., Randers Amt.    [5] Aalsø, samme H.    [6] J. T. har ved en Fejlskrift: 1580.
[7] Hjeds.    [8] Brørup, Vor H.

skulle de med det allerførste besigte begge Parters Gods og indsende klare Registre derpaa. J. T. 2, 116 b.

**1. Dec. (Havreballegaard).** Aabent Brev, at Mogens Heygnessen, Borger i Bergen, maa udruste sig til Søs med Skibe, Folk og Krigsmunition, saa godt han kan, og dermed angribe og erobre de Hollændere, der understaa sig til at løbe norden om Vardhus i Norge med deres Skibe og Varer og handle med Russerne, da denne Kaas er usædvanlig og strider mod de gamle Forbund og Kongens Told i Sundet derved forringes; han maa føre de erobrede Skibe med Gods til Bergen og dér dele Godset, hvoraf den ene Halvdel skal tilfalde ham, den anden Kronen; derimod maa han ikke paa nogen Maade forurette Kongens egne Undersaatter eller den søfarende Mand, der er paa sin rette Rejse. N. R. 1, 285[1]. K.

— Lignende Bestallinger for Søfren Anderssen og Joen Broch, Borgere i Bergen. Udt. i N. R. 1, 285[1]. K.

— Livsbrev for Godtzlaf Buddi, kgl. Skænk, paa Børglum Kloster med alle de Kronens Tjenere i Børglum Birk, der hidtil have ligget under Børglum Kloster, 3 Gaarde i Børglum Birk, kaldede Bisgaarde, der hidtil have ligget under Segelstrup, en Børglum Klosters Gaard, kaldet Steenbieregaard, Møllegaard, Gunderslef Mølle, Birckumgaard paa Giøel og alle de Skove, der bleve tilovers fra det Gods, som Jens Claussen fik til Mageskifte, og som tidligere hørte under Børglum Kloster, uden Afgift; overlever hans tilkommende Hustru[2] ham, maa hun beholde alt ovennævnte Gods uden Afgift, saalænge hun sidder som Enke. De skulle gøre Riget tilbørlig Tjeneste deraf, naar de tilsiges og det gøres behov. J. R. 2, 711 b.

**3. Dec.** (—). Til Lauritz Brockenhus. Da Lauritz Straalle, der er bleven Kronen 4½ Skp. ½ Fjerd. Korn i Ejendom og Landgilde skyldig ved et Mageskifte, nu vil udlægge Fyldest derfor, skal Lauritz Brockenhus besigte det Gods, Lauritz Straalle vil udlægge, og give Kongen fornøden Underretning, for at denne kan bringe Mageskiftet i Orden. F. T. 1, 181 b.

— **(Todbjærg).** Forleningsbrev for Godtzlaf Budde, kgl. Skænk, paa følgende under Børglum Kloster hørende Gaarde, som han nu selv har i Værge: 15 Gaarde og Bol og 1

---

[1] Tr.: Norske Rigsregistr. II. 356 f.    [2] Dorothea Skinkel.

Mølle i Fuorrebye, 1 Enstedgaard, kaldet Dalmarck, 18 Gaarde og Bol i Vrensted, 1 Gaard, kaldet Holmid, ved Vrensted og 8 Bol i Veeby[1], at bruge under Børglum Kloster uden Afgift. Han skal gøre tilbørlig Tjeneste deraf. J. R. 2, 714.

**3. Dec. (Todbjærg).** Til Tygge Brahe til Knudstrup. Fru Mag dalene Reuentløf, Hendrick Holckis Enke, har berettet, at han trods den tidligere Ordre om at lade hende nyde Naadensaar af det til Hellig 3 Kongers Kapel hørende Gods gør hende Hinder derpaa, har forbudt Bønderne at yde hende nogen Rente og ligesaa den Gaardfæstning, som hun skulde have haft til sidste St. Dionisii Dag [9. Okt.], og selv har oppebaaret Lam, Gæs, Høns, Arbejds penge, Gæsteri og hvad andet han kunde faa; da det imidlertid med et ved Roskilde Kapitel bevaret Kongebrev er bevist for Kongen, at Hellig 3 Kongers Kapel med Hensyn til Naadensaar er lige stillet med andet Kapitelsgods, befales det ham uhindret at lade baade hende og Universitetet faa deres Naadensaar og tilbage levere dem det, han allerede har oppebaaret, samt levere hende den Gaardfæstning, som var tilfalden hende paa hendes Husbondes Vegne. Sj. T. 14, 281 b[2].

— Aabent Brev, at Sandemændene i Refs, Hassing, Hundborg og Hilderslef Herreder i Ørum Len indtil videre maa være fri for almindelig Ægt og Arbejde, derimod skulle de, naar nogen, der er forsynet med Kongens egenhændig underskrevne Pasbord, kommer gennem Ørum Len, være forpligtede til at befordre ham lige med andre Kronens Bønder i Lenet. Udt. i J. R. 2, 713[3].

— Aabent Brev, hvorved Kongen paa Begæring af Borgemestre og Raad i Aarhus bevilger, at de maa beholde Byskatten for forgangent Aar, som de endnu restere med, til Istandsættelse af deres Havn, der er bleven stærkt ødelagt i stor Storm og Uvejr og vil kræve stor Bekostning. J. R. 2, 713 b[4].

— Aabent Brev, at Borgerskabet i Horsens, der har klaget over, at mange Gaarde i Byen ere ødelagte og flere købte af Adelen, saa der nu ingen Skat og Tynge svares af dem til Kronen og Byen, medens Byens aarlige Byskat og anden Tynge og Besværing

---

[1] Vejby, Børglum H. Topogr. 2. R. III. 355. Raadhusarkivet).    [2] Tr.: Dsk. Mag. II. 208 f.    [3] Tr.: Saml. t. jydsk Hist. og    [4] Tr.: Hübertz, Aktst. vedk. Aarhus I. 208 (efter Orig.

stadig ere lige store, herefter maa nøjes med at svare samme
Byskat som Borgerskabet i Kolding. J. R. 2, 714 b.

**3. Dec. (Todbjærg).** Til Christopher Valckendorff. Kongen
har bevilget, at Horsens herefter i aarlig Byskat og ved Ud-
redelsen af andre Skatter og Hold maa takseres lige med
Kolding. Sj. T. 14, 282.

— Aabent Brev, hvorved Kongen, der har bragt i Erfaring,
at nogen lodskiftet Jord i begge Marker ved Horsens, som
tidligere har ligget under Horsens By, nu er indtaget og inde-
lukket til stor Skade for Borgerne i Byen, befaler alle, der maatte
have indtaget og indhegnet saadan lodskiftet Jord, igen at udlægge
den til Fælled, saafremt Kongen ikke paa anden Maade skal hjælpe
Borgerne i Horsens til deres Ret. J. R. 2, 715. Orig. i Provins-
ark. i Viborg.

— Til Axel Viffert. Da Anders Pedersen har begæret
Fyldest af Kronens Gods i Kier eller Jersløf Herred for Tham-
strup Gaard i Børlum Herred, skal Axel Viffert udlægge ham Fyl-
dest og indsende Register over det udlagte Gods til Kancelliet. J.
T. 2, 117 b.

— Til Biørn Andersen. Kongen har bevilget, at nogle Bøn-
der i Søfthen maa beholde Kronens og Kirkens Parter
af Korntienden af Søfthen Sogn, saafremt de ikke allerede ere
bortfæstede, og at Tienden, hvis den, som Bønderne erklære, er
anslaaet for højt, maa anslaas til en rimelig Afgift. J. T. 2, 118.

— Befaling til Niels Jonsen om, saasnart han faar Claus Glam-
becks Besigtelse over Chresten Prips Gods i Skanderborg Len, at
udlægge Chresten Prip Fyldest derfor paa Mors, hvor
Kronen bedst kan undvære Gods, og sende Kongen Besked derom.
J. T. 2, 118.

— Til Undersaatterne paa Ferøe. I Anledning af deres
Beretning om, at de sidste Sommer ere blevne overfaldne og
plyndrede af Sørøvere, har Kongen søgt Oplysning om denne
Fribytter og efter at have faaet at vide, hvor han opholder sig,
sendt paalideligt Bud derhen for at anklage ham; det befales dem
strengelig at have deres Vaaben og Værger rede, for at de, hvis
Sørøvere herefter maatte gøre Indfald paa Landet, kunne værge sig.
Paa deres Begæring om at blive fri for den usædvanlige Jord-
fæstning, som de siden 1556 besværes med, svares dem, at de,
indtil anden Bestemmelse træffes, maa svare som hidtil, men Kon-

50

gen vil lade Sagen undersøge paa Rentekammeret og ikke besvære
dem mere end fra gammel Tid sædvanligt og Jordebogen formelder.
De Bønder, der formedelst Gæld have pantsat Jorder til An-
ders Jude, forhen Befalingsmand paa Ferøe, maa indløse disse
og selv beholde dem, dog gælder dette ikke de Jorder, som de
have solgt til Kronen. N. R. 1, 288 b[1]. K.

**3. Dec. (Todbjærg).** Til Christoffer Valckendorff. Da Mogens
Heynessen af Bergen og hans Konsorter i Besejlingen af
Ferø have berettet, at den Fribytter, som sidste Aar faldt ind paa
Ferø, har bortrøvet Gods til et Beløb af c. 350 ferøske Gylden af
det Gods, de skulde have haft, og derfor have begæret at maatte
blive fri for at svare Afgift af dette Gods, har Kongen fri-
taget dem for Halvparten af Afgiften. N. T. 1, 183. Orig.[2]

— Til Fru Helleuig Hardenbierg, Erick Rosenkrantzis Enke.
Da Niels Hellessen i Bergen, som hun har faaet Tilladelse
til at lade sejle til Ferø for at hente hendes aarlige Land-
gilde, samtidig driver egen Handel til Skade for Mogens Heynessen
og hans Konsorter og disse ere villige til paa hendes Risiko at føre
hendes Varer derfra, har Kongen tilbagekaldt den for Niels Hel-
lessen givne Tilladelse, hvorom hun skal underrette denne; vil hun
have sin Landgilde fra Ferøerne, maa hun forhandle med Mogens
Heynessen derom. N. T. 1, 183[3].

**4. Dec. (—).** Aabent Brev, at Mouritz Stygge til Hol-
beckgaard, Sekretær, og hans Medarvinger straks maa faa
Buorup[4] By i Helnis Sogn og Birk i Mols Herred og beholde
den ligesaa frit som deres Arvegods, indtil de ved Landsdommer
Palli Juls Død kunne faa Viskum Gaard og By i Sønderliung Her-
red, som Kongen nu har udlagt dem til Mageskifte, men som Palli
Jul har Livsbrev paa. J. R. 2, 715 b.

— Til Hendrick Belov. Skønt Kongen herefter ikke vil
købe jordegent Bondegods, vil han dog give Staffen Bul i
Leerskouf 300 Dlr. og 10 Al. Engelst for hans jord-
egne Bondegods i Leerskouf og Egholdt, saaledes som
han under sit Ophold i Coldinghus Len blev enig med denne om;
Hendrick Belov skal derfor med det første tage Skøde paa Godset,
betale de 300 Dlr. og 10 Al. Engelst og indskrive Godset i Jorde-

---

[1] Tr.: Norske Rigsregistr. II. 362 f.     [2] Tr.: Nye dsk. Mag. I. 50 (efter Orig.). Nor-
ske Rigsregistr. II. 363 (efter N. T.).     [3] Tr.: Smstds. II. 363 f.     [4] Borup.

bogen som ufrit med Angivelse af de Vilkaar, paa hvilke det er solgt. J. T. 2, 118 b[1].

**4. Dec. (Todbjærg).** Til Absolon Giøe og Axel Brahe, Embedsmænd paa Dallum Kloster og Rudgaard. Da Jahan Bockholt, Befalingsmand paa Island, har begæret noget ved hans Gaard[2] i Sundtz Herred liggende Krongods til Mageskifte for 1 Gaard i Kolding Len, 1 Gaard paa Huidtzholm[3] og 3 Gaarde paa Sjælland, hvorom han selv skal give dem nærmere Besked, skulle de med det første besigte begge Parters Gods og indsende klare Registre derpaa. F. T. 1, 182.

**8. Dec. (—).** Til Fru Dorrethe Gyldenstiern, Chresten Muncks Enke. Kongen har formedelst hendes godvillige Opgiven af Aakier Len fritaget hende for den Afgift, hun skulde svare deraf til 1. Maj, og befalet Lensmanden paa Skanderborg at give Bønderne i Aakier Len Ordre til at levere hende de Restancer, de staa tilbage med, og at skaffe hende saa mange Vogne, som hun behøver til at flytte sit Gods fra Aakier paa. J. T. 2, 118 b.

**— (Havreballegaard).** Til Christoffer Valckendorff. Kongen har besluttet at sende Oluf Matzen, der var Købmand paa de 2 Skibe, som Kongen af Sverrigs Udliggere have taget fra Kongen ved Narfuen, til Sverrig for at forlange Skibenes Restitution og Betaling af de Sild, der vare paa dem, og af den Rest, der endnu skyldes Kongen for det tidligere tagne Skib, og sender hermed Christoffer Valckendorff en Skrivelse til Kongen af Sverrig med Ordre til at levere Oluf Matzen den, sende ham afsted, medgive ham de nødvendige Tærepenge og underrette ham om, til hvilken Pris han maa modtage det Kobber og Jærn, der maatte tilbydes ham som Betaling. Sj. T. 14, 282 b.

**— Befaling** til Hendrich Mogenssen, Tolder i Helsingøer, straks at optage et Register over alle de Hansestæder og andre Stæder, der pleje at sejle paa Narfuen, og ufortøvet sende Kongen det. Orig.

**— Til M. Ifuer Bertilssen,** Abbed i Sorøe Kloster. Kongen har bevilget, at denne Brevviser, Peder Jenssen, maa faa Underholdning i Klosteret blandt de andre Skolepersoner udover det normerede Antal. Orig.

---

[1] Tr.: Saml. t. jydsk Hist. og Topogr. VII. 97.  [2] Klingstrup.  [3] Hindsholm.

50*

**8. Dec. (Havreballegaard).** Aabent Brev, hvorved Kongen til-
lader Mogens Hendrichsen og Hans Dionisen, Forstandere for
Almindeligt Hospital i Ottense, at sælge 2 Hospitalet til-
hørende Stenhuse i Faaborg, som nogle Borgere i Faaborg ville
købe, til de højstbydende og derefter sætte Pengene paa Rente til
Bedste for Hospitalet. Hvad Forstanderne enten i disse eller andre
Maader gøre og handle med det til Hospitalet henlagte skal i alle
Maader staa ved Magt. F. R. 1, 232 b. K.

— Befaling til Hening Giøe, der har indberettet, at Hertug
Frederich af Sueibruck, en Ringreve og 2 heydelberg-
sche Sendebud ere ankomne til Nyekiøpping, og at han ikke
har vovet at lade dem passere uden Kongens Vidende, da de ikke
have fremvist noget Lejde fra Kongen, uhindret at lade dem
passere og hjælpe dem med Vogne og andet. F. T. 1, 312.

— Aabent Brev, hvorved det strengelig forbydes alle, sær-
lig fremmede, der bruge Fiskeri under Anholt, som hidtil
at besøge det paa usædvanlige Tider, da det Sælfiskeri,
som Kongen driver smstds., ødelægges derved; ligeledes forbydes
det dem at overfalde og forurette Kongens Undersaatter
paa Anholt og at forhugge Kronens Skove. Overtrædelse
heraf medfører Konfiskation af Varerne og Straf. J. R. 2, 717[1].

— Til Hendrick Belov. Kongen bifalder hans Forslag om,
at Sandemændene i de 5 nærmest ved Koldinghus lig-
gende Herreder, der tidligere have faaet Fritagelse for Ægt
og Arbejde, fordi de ofte stævnedes til Landstinget og derfor
maatte forsømme deres egen Næring, herefter kun skulle fri-
tages for Ægt og Arbejde en Maanedstid eller to for
hver Gang, de blive stævnede til Landstinget, da dette
kun sjælden hænder, efterat Kongen har tilskiftet sig alt God-
set i disse Herreder; et aabent Brev desangaaende sendes ham
til Forkyndelse, og det befales ham at tilbagebetale Sandemæn-
dene det, som de have givet Kongen for Fritagelsen. Kongen bil-
liger ligeledes hans Forslag om, at en Del af de til Claus Skiels
og Fru Kisten Ulfeldts Hovedgaarde hørende Enge maa blive hen-
lagte til Nyegaard og Kolding, da hine Gaarde alligevel kunne faa Eng
nok, og vil sende ham nærmere Ordrer, saasnart Mageskifterne ere
bragte i Orden. J. T. 2, 119.

---

[1] Tr. Secher, Forordninger II. 151.

**9. Dec. (Havreballegaard).** Til Oluf Kock, Foged i Andtuor-skouf Kloster. Da Ugedagsmændene under Klosteret have klaget over, at de ved Udredelsen af den nu paabudte Madskat ere blevne takserede for hel Skat, skønt de aldrig tidligere have svaret mere end halv Skat og ikke kunne udrede hel Skat formedelst den store, daglige Trældom med Ægt og Arbejde, skal han undersøge Sagen ved Hjælp af andre Mandtal og, hvis de tidligere kun have svaret halv Madskat, herefter ikke kræve mere af dem. Sj. T. 14, 283.

— Til Borgemestre og Raad i Malmøe. Da de have erklæret, at Byen formedelst allehaande besværlige Vilkaar ikke kan udrede de 2000 Dlr. resterende Skat, som de tidligere havde faaet Henstand med indtil videre, men nu for kort Tid siden have faaet Ordre til at indsende til Rentekammeret, har Kongen givet dem Henstand med det ene Tusinde til førstkommende 1. Maj og med det andet indtil videre. Sk. T. 1, 204.

— **(Skanderborg).** Forleningsbrev for Hr. Pouel Søfrenssen, Sognepræst i Todbierg Sogn, paa Afgiften af Kronens Part af Korntienden af Meelby Sogn. Udt. i J. R. 2, 717 b.

— Aabent Brev, at Mogens Heygnessen, Borger i Bergen, og hans Konsorter, der i Følge deres Kontrakt med Kongen om Indkomsten af Ferø skulle svare deres Afgift deraf til hver Jul, indtil videre først skulle betale Afgiften til hver 1. Maj, da Sommeren næsten er forbi, inden de komme hjem, og de derfor ikke inden Jul kunne faa Varerne gjorte i Penge; Afgiften for den i Aar oppebaarne Rente skulle de dog svare til Jul. N. R. 1, 290[1]. K.

**10. Dec. (Havreballegaard).** Til Sandemændene i de 5 nærmest ved Koldinghus liggende Herreder. Da de nu, efterat Kongen har tilskiftet sig næsten alt Godset i disse Herreder, kun sjælden stævnes til Landstinget og de andre Bønder have klaget over, at Tyngen efter Sandemændenes Fritagelse for Ægt og Arbejde bliver større for dem, skønt Sandemændene have de bedste Gaarde, har Kongen ophævet denne Fritagelse, men givet Lensmanden Tilladelse til at fritage de Sandemænd, der maatte blive stævnede til Landstinget, en eller to Maaneder for Ægt og Arbejde for hver Gang, de stævnes. Har nogen af dem betalt noget for

---

[1] Tr.: Norske Rigsregistr. II. 364 f.

den tidligere Fritagelse, skal Hendrick Belov tilbagebetale dem det. J. T. 2, 120[1].

**10. Dec. (Skanderborg).** Til de højlærde i Kiøpnehafn. Da M. Anders Christenssen, der en Tid har været en af de 4 Stipendiater, som underholdes udenlands, nu vil rejse til Italien for at studere Medicin og dertil behøver yderligere Hjælp, hvortil han ogsaa er anbefalet af de højlærde i Wittemberg, skulle de straks lade ham faa Halvparten af det Stipendium for et Aar, som er ledigt efter Dr. Knuppert, og levere den anden Halvpart til Eskil Christenssen, der ligeledes vil studere Medicin og rejse til Italien. Sj. T. 14, 283 b. Orig.[2] i Kgl. Bibl., Ny kgl. Saml. Fol. 752 c.

— Forleningsbrev for Luduig Skriver paa Afgiften af Kronens Part af Korntienden af Malling Sogn i Ning Herred, kvit og frit. Udt. i J. R. 2, 717 b.

— Livsbrev for Hendrich Gyldenstiern til Aagaard paa Kronens Gods i Vilsted Sogn og Kronens Part af Tienden af samme Sogn, som han hidtil selv har haft i Værge, for en aarlig Afgift af 100 gl. Dlr. J. R. 2, 717 b[3].

**11. Dec. (—).** Til Christoffer Valckendorff. Da det herefter vil være nødvendigt, at Befalingsmanden paa Island bliver der paa Landet baade Sommer og Vinter for at paase, at Fribyttere og Sørøvere ikke falde ind i Landet og plyndre Indbyggerne, saaledes som det skete sidste Sommer, og for bedre at kunne opkræve Kronens Told og Rettighed af de Engelske og andre, der bruge Fiskeri under Island, har Kongen forhandlet med Johan Buckholt derom, og denne har lovet i et Aars Tid eller to altid at blive paa Island. Christoffer Valckendorff skal derfor straks til Foraaret lade et godt, stærkt Skib udruste med alt Tilbehør, forsyne det med Skyts og Folk, for at han kan forsvare sig mod Sørøverne, give ham Skyts, Krudt og Lod med til Brug paa Landet samt en eller to Roder Hageskytter med gode Rør og Underholdning til Hageskytterne. Sj. T. 14, 284.

— Til Coruitz Viffert, Embedsmand paa Ottensegaard. Da Kongen har sendt sin Fiskemester Jochim von der Liep med sine Fiskere til Fyen for at fiske til Forsamlingen i Ottense, skal han efter Jochim von der Lieps Anvisning lade grave nogle

---

[1] Tr.: Saml. t. jydsk Hist. og Topogr. 2. R. III. 355 f.    [2] Tr.: Rørdam, Kbhvns Universitets Hist. 1537—1621 IV. 303 f.    [3] Udenfor er skrevet: Dette gik ikke for sig.

Damme ved Ladegaarden og paa andre belejlige Steder, hvori de
Fisk, der fanges af ham, kunne indsættes, indtil de skulle bruges.
Han skal anvise Fiskemesteren de bedste Søer og Fiskevande i Le-
net og i det hele hjælpe ham med hvad han forlanger. Orig.

**11. Dec. (Skanderborg).** Mageskifte mellem Corporis
Christi Kannikedømme i Aarhus Domkirke, som M. Chre-
stoffer Knopf, Kongens Hofprædikant, nu har i Forlening, og Kro-
nen. J. R. 2, 718 b. (Se Kronens Skøder.)

— Befaling til Claus Glambeck straks at afskaffe Ring Klo-
sters Birketing og befale Bønderne i Birket herefter at søge til
Vor Herredsting, ligesom de tidligere have gjort. J. T. 2, 120 b.

— Tilladelse for Jochim Kølnigk up dem Huck til at
besejle Kommervoge Havn paa Island, der endnu ikke er
forpagtet bort (osv. som i Brev af 23. Maj for Johan Bockholt).
N. R. 1, 291 b. K.

**12. Dec. (—).** Lignende Tilladelse for Egert Hanssen til
at besejle Skutelsfior og Diurefior Havne paa Island. K.
Udt. i N. R. 1, 291 b.

— Befaling til Christoffer Valckendorph med det allerførste at
sende hoslagte 3 Breve til Dronningen af England, Kongen af
Skotland og Prinsen af Uranien afsted med paalidelige Bud. Orig.[1]

—— Til Eiler Grubbe, Rigens Kansler, og Steen Brahe. Da
Knud Grubbe til Alsløf har begæret 7 Gaarde i Buonerød[2] og 1
Gaard, kaldet Holthegaard, i Sjælland til Mageskifte for 2 Gaarde
i Kiesserup i Faxe Herred, 1 Gaard i Botterup og 1 Gaard i Sties-
bierbye, skulle de med det første besigte begge Parters Gods og
indsende klare Registre derpaa. Sj. T. 14, 285.

— Til de højlærde i Kiøpnehafn. Da M. Hans Rasmussen,
der en Tid lang har studeret udenlands og er bleven anbefalet til
Kongen af Hertug Ulrich af Meklenborg og af Universitetet i
Wittenberg, som har givet ham et godt Vidnesbyrd for Lærdom,
har berettet, at han ikke har noget at underholde sig for, og be-
gæret ved første Lejlighed at maatte blive hjulpet til et Kald, skulle
de, naar der dér i Byen eller andensteds bliver et Kald enten i
Skolen eller Kirken ledigt, som kan være ham bekvemt, befordre
ham paa det bedste, saa han kan faa det fremfor nogen anden.
Orig.[3] i Kgl. Bibl., Ny kgl. Saml. Fol. 752 c.

---

[1] Tr.: Nye dsk. Mag. I. 50.　　[2] Bonderød, Faxe H.　　[3] Tr.: Rørdam, Kbhvns
Universitets Hist. 1537—1621 IV. 304 f.

**12. Dec. (Skanderborg).** Til Hans Skoufgaard og Axel Gyllen-
stiern. Da Erich Lange til Engelstholm paa sin Søsters[1]
Vegne har tilbudt Kronen 2 Gaarde i Bangstrup, 1 Gaard i Staalpe-
rup og 4 Gaarde og 1 Bol i Halmstad i Helsingborg Len til Mage-
skifte, skulle de med det første besigte ovennævnte Gods, indsende
klare Registre derpaa og skriftlig erklære sig om, hvorvidt Godset
ligger belejligt for Helsingborg Slot eller ej. Sk. T. 1, 204 b.

— Til Henrick Belov og Claus Glambeck. Da Erich Lange
til Engelstholm paa sin Søsters Vegne har begæret 6 Gaarde i
Borris i Versløf Sogn, Kronens Rettighed i 1 jordegen Bondegaard
i Versløf[2] og i 1 Selvejergaard i Bøstrup og 5 Gaarde og Kronens
Rettighed i 1 jordegen Bondegaard i Giøring[3] i Huolbierg Herred
samt 2 Gaarde i Høgstemarck i Fleskum Herred til Mageskifte for
1 Gaard, kaldet Frausing, i Hengi Sogn i Liusgordt Herred, 1 Gaard
i Huilsted[4] By og Sogn i Nørhald Herred, 1 Gaard i Kumstrup[5] i
Støfring Herred, 2 Gaarde i Amitzbøl i Koldinghus Len, 2 Gaarde
i Refsuindinge i Nyborg Len samt noget Gods i Skaane, som Kon-
gen har givet nogle andre gode Mænd Ordre til at besigte, skulle
de med det første besigte begge Parters Gods i Nørrejylland og
Fyen og indsende klare Registre derpaa; Kongen vil saa siden,
naar Besigtelsen paa Godset i Skaane indkommer, lade alt Godset
ligne. J. T. 2, 120 b.

**13. Dec. (—).** Befaling til Borgemestre og Raad i Kiøpne-
hafn, Helsingøer, Kiøge, Malmøe, Landtzkrone, Olborg, Helsingborg,
Ydsted og Marstrand at give deres Medborgere Ordre til at af-
holde sig fra den naruiske Fart og al Handel med Rydt-
zen, da de ellers maa tage Skade for Hjemgæld. Sj. T. 14, 286.

— Til Christoffer Valckendorff. Efter Afsendelsen af den sid-
ste Skrivelse til ham om i rette Tid at sende de tørre Fisk, der
aarlig pleje at sendes til Kurfyrstinden af Sachsen, til Lybeck
eller Hamborg, har Kongen paany faaet Skrivelse fra Kurfyrstinden
med Anmodning om aarlig inden Vinterens Begyndelse at sende
Fiskene til Jacob Weichmand i Hamborg; han skal derfor,
hvis Fiskene ikke allerede ere sendte, ufortøvet sende dem did og
for Fremtiden aarlig sende dem did inden Vinteren, da Skylden for
Forsømmelsen ellers skal være hans. Sj. T. 14, 286 b. Orig.

---

[1] Margrete Lange, Jens Kaas's Enke.	[2] Vejerslev.	[3] Gerning.	[4] Hvidsten.
[5] Kondrup.

**13. Dec. (Skanderborg).** Aabent Brev, at Hr. Niels Thamissen og hans Efterfølgere som Sognepræster i Hem og Siem[1] Sogne herefter aarlig maa faa fri Olden til 15 Svin i Drotningborg Slots Skove, naar der er Olden, og nødtørftig Bygningstømmer til Præstegaarden efter Lensmandens Udvisning, da Kongen for nogen Tid siden til Jacob Høg har bortskiftet en lille Skov, kaldet Hem Lund, i Hem Sogn i Vonsild Herred, hvori Præsteembedet hidtil har haft en Part, der kunde fede 15 Svin aarlig og afgive Bygningstømmer til Præstegaardens Brug. J. R. 2, 719 b.

— Til Claus Glambeck, Embedsmand paa Skanderborg, og Anders Dresselberg, Sekretær. Da Hr. Peder Skram har begæret 6 Gaarde og 1 Bol, Kronens Herlighed af 1 Kirkebol og Kronens Rettighed af 1 jordøgen Bondegaard, hvis Jord skal bruges under Kirkebolet, i Moebierge[2] til Mageskifte for 1 Gaard i Saxild, 1 Gaard i Dingbye[3], 1 Gaard i Bolstrup[4], 1 Gaard i Hølcke[5] og 1 Gaard i Bierreager i Hadtz Herred samt 1 Gaard i Kongsted i Koldinghus Len, skulle de med det første besigte begge Parters Gods og indsende klare Registre derpaa. J. T. 2, 121 b.

— Til Claus Glambeck, Embedsmand paa Skanderborg. Da Staffen Jenssen i Sondrup i Hadtz Herred, hvis Gaard med Korn og alt hvad han havde ved hans Nabos Forsømmelighed er brændt, har begæret nogen Forskaansel for Landgilde, efterdi han lider stor Armod med Hustru og Børn, skal Claus Glambeck lade ham være fri for Landgilde, Ægt og Arbejde i Aar. Orig.

— Til Johan Bockholt. Da Kongen vil tilskifte sig 2 Gaarde paa Island, kaldede Kirckeuogegaard og Galmatiøden, der ligge meget belejligt for Kronens Gaard Bessegaarden, skal han forhandle med Ejerne om at afstaa dem, udlægge disse Fyldest, tage nøjagtigt Skøde af Ejerne og igen give disse Brev paa det Gods, der udlægges dem. N. T. 1, 184.

**14. Dec. (—).** Tilladelse for Hendrick Slyther, Borger i Lybeck, til at besejle Flattøe Havn i Bardestrands Syssel paa Island (osv. som i Brev af 23. Maj 1579 for Johan Bockholt). K. Udt. i N. R. 1, 292.

**16. Dec. (—).** Aabent Brev, at 5 Bønder i Thørning[6], 3 Bønder i Huorndrup og 1 Bonde i Hafuerballe i Thørning Sogn, der

---

[1] Sem, Onsild H.    [2] Mondbjærg, Vor H.    [3] Dyngby,    [4] Bovlstrup.    [5] Hylken. Taaning, Vor H.

ingen Havresæd have til deres Gaarde og derfor ikke kunne svare deres aarlige Havreskyld, som er 1 Ørt. Havre af hver Gaard, indtil videre maa være fri for Halvdelen deraf. J. R. 2, 720 b[1].

**16. Dec. (Skanderborg).** Til Mandrup Parsberg, Embedsmand paa Silckeborg. Kongen har for denne Gang fritaget Anders Nielssen i Liungby for 1 Fjerd. Smør af hans aarlige Landgilde. Orig.

**18. Dec. (—).** Til M. Hans Michelssen. Da Kongen herefter vil holde en dansk Hofprædikant, der altid skal følge ham og være Hofprædikant M. Christoffer Knoffs Medhjælper, og dertil har valgt ham, anmodes han om uden al Undskyldning at modtage Kaldet og rette sig efter at møde hos Kongen til Paaske. Kongen vil give ham 200 Dlr. i aarlig Løn, fri Bolig og Kostpenge ligesom Christoffer Knoff samt i andre Maader være ham bevaagen. Sj. T. 14, 287[2].

— Aabent Brev, at Hr. Rasmus Johanssen, Sognepræst i Hundtzlund Sogn, der i sit Anneks, Oldrup Sogn, har en Præstegaard, hvoraf han aarlig svarer Gæsteri, indtil videre selv maa beholde det Pund Korn, der hidtil aarlig har været svaret i Landgilde af Oldrup Præstegaard til Aarhusgaard. J. R. 2, 721.

— Aabent Brev, at Hr. Jacob Knudtzen, Sognepræst i Handberig Sogn, i Aar maa være fri for at svare sin aarlige Afgift, 5 Tdr. 4 Skpr. Korn, af Kronens Part af Korntienden af Handberig Sogn, som han har fæstet. Udt. i J. R. 2, 721 b.

— Til Manderup Pasberg. Da Kronens Bønder og Ugedagsmænd i Funder, Balle og Leno[3] skulle være meget forarmede, har Kongen fritaget dem for Halvdelen af den Madskat, de nu skulle svare. Efterdi flere af Kronens Bønder saavel der i Lenet [Silkeborg] som andensteds finde sig besværede ved at skulle give saltet Oksekød og bedre kunne give røget, maa han tage røget Oksekød af dem, der ikke kunne svare saltet. J. T. 2, 122.

**19. Dec. (—).** Til samme. Da Mette Pedersdatter i Dalby har berettet, at hun har ligget til Sengs i nogle Aar, og at hendes Husbonde er død i Aar, hvilket har medført, at hun ikke

---

[1] Baade i Overskriften til Brevet og i Slutningen af Brevet staar der: tretten Bønder, men der opregnes kun ovennævnte 9.   [2] Tr: Ny kirkehist. Saml. VI. 178.   [3] Linaa, Gern H.

har kunnet faa sit Korn indhøstet, har Kongen eftergivet hende
Halvdelen af hendes Landgilde for i Aar. Orig.

**19. Dec. (Skanderborg).** Til Mandrup Parsbierg. Kongen har
fritaget Niels Thøresen i Fare i Giern Herred, hvis Gaard og
Gods nylig er afbrændt ved Vaadeild, hvorved han er kommen i
stor Armod, for Halvdelen af dette Aars Landgilde og for
Ægt, Arbejde og anden Tynge i ½ Aar. Orig.

— Aabent Brev, at Hr. Anders Pederssen i Vinding indtil
videre uden Afgift maa beholde det ved hans Præstegaard i
Vinding byggede Gadehus, som af Ejermænd er indrebet til hans
Præstegaards Ejendom, og hvoraf han hidtil aarlig har svaret 1. Mk.
dansk til Skanderborg. J. R. 2, 722.

— Aabent Brev, at Rasmus Nielssen herefter skal beride
Vinding, Velling og Salten Skove og passe paa, at ingen
jager eller skyder i Skovene; griber han nogle heri, skal han føre
dem til Lensmanden paa Skanderborg, men ere de ham for stærke,
skal han se at faa at vide, hvem de ere, og siden melde Lensman-
den det; ligeledes skal han paase, at ingen hugger i Skovene uden
Tilladelse af Lensmanden eller Anvisning af Skovfogderne. For
denne hans Tjeneste skal han have Afgiften af Kronens Part af
Korntienden af Them Sogn, kvit og frit. J. R. 2, 722 b.

— Til Claus Glambeck. Da Kronens Bønder paa Enge-
lafue lide stor Mangel paa Bygningstømmer og Ildebrændsel og
formedelst deres Armod ikke altid kunne købe det, skal han an-
vise dem nødtørftig Bygningstømmer og Ildebrændsel i
Kronens Skove i Akier Len, hvor der sker mindst Skovskade.
J. T. 2, 122 b.

**20. Dec. (—).** Befalinger til de Rigsraader, Lensmænd og
Adelige, der have faaet Ordre til at møde med Folk og Heste i
Ottense Mandag efter Søndagen Jubilate [25. April] for at over-
være Hertugerne af Slesvig-Holstens Lensmodtagelse af Slesvig og
Femern, om i Stedet at møde den 18. April, da Kongen noget
tidligere venter nogle fremmede Fyrster til Ottense. Sj. T. 14, 288.
Orig.[1] (til Kristoffer Valkendorff).

— Befalinger til Hans Axelssen, Jørgen Munck, Claus Hunder-
marck, Niels Bild, Manderup Holck og Thomis Malthessen at møde
i Ottense førstkommende 18. April selv femte med Heste og

---

[1] Tr.: Nye dsk. Mag. I. 50 f.

Folk eller med saa mange Heste, de kunne, og være til Stede,
naar Hertugerne af Holsten, Kongens Farbrødre og Brødre, tage
Slesvig og Femern til Len af Riget Søndag Cantate [1. Maj]. Sj.
T. 14, 291.

**20. Dec. (Skanderborg).** Aabent Brev, at H ans Holst, Ride-
foged til Malmøe Slot, uden Indfæstning maa faa en Gaard,
kaldet Vestergaard, i Buderup i Skaane og beholde den uden
Afgift og Tynge, saalænge han er Ridefoged, og derefter mod at
svare sædvanlig Landgilde deraf til Malmøe Slot. Hvis han selv vil
bruge Avlen til Gaarden, skal han tilfredsstille den Kvinde, der nu
bor paa Gaarden, saa hun godvillig rømmer den. Sk. R. 1, 317.

— Aabent Brev, at Anders Mickelssen i Albøgi, der en Tid
har været Foged paa Kalløe Slot og endnu bruges af Lensmanden
i Lenet i Kongens Bestilling, naar det gøres behov, indtil videre
skal have Broen ved Grindov i Befaling og oppebære det
Brokorn, som svares til Broens Vedligeholdelse, mod at holde Broen
i Stand. J. R. 2, 723.

**23. Dec. (—).** Til Dr. Pouel Matzen, Superintendent i Sjællands
Stift. Da han har berettet, at de Islændere, der begive sig ned til
Universitetet for at studere, ikke ere saa formuende, at de selv
kunne underholde sig længe der, at det er længe for dem at vente,
indtil de kunne faa Kost blandt de 100 Studenter, og at der ikke
sendes Islændere ned for at studere, om hvilke der ikke næres gode
Forhaabninger, har Kongen bevilget, at saadanne fattige Islændere
fremfor andre maa faa Kost blandt de 100 Studenter,
naar der bliver Plads ledig, og være fri for den Tid, som de tid-
ligere skulde »complere«, før de maatte indtages dér, dog Fundat-
sen i alle andre Maader ukrænket. Sj. T. 14, 292[1].

— Til Christoffer Valckendorff. Da Kongen har eftergivet
Fru Dorrethe Gyldenstiern, Christen Muncks Enke, al den
Afgift, hun til førstkommende 1. Maj skulde svare af Aakier Len,
mod at hun nu straks afstaar Lenet, skal han kvittere hende derfor,
naar hun skal gøre sit Regnskab klart. Sj. T. 14, 292 b.

— Til Henrich Brahe. Da Bønderne paa Borringholm
have erklæret, at der er saa ringe Formue blandt Almuen dér, at
de ikke formaa at udrede den til Foraaret paabudte Madskat, har

---

[1] Tr.: L. Engelstoft, Univ.-Annaler 1810. I. 188 ff. Stephenssen og Sigurdsson, Lovsaml.
for Island I. 109. Rørdam, Kbhvns Universitets Hist. 1537—1621 II. 365.

Kongen denne Gang fritaget dem for Halvdelen deraf. Sk.
T. 1, 204 b[1].

**23. Dec. (Skanderborg).** Bestalling for Niels Krasse som
Herredsskriver paa Huornum Herredsting med samme
Rente, som hans Formænd have haft, saalænge han er duelig til
Herredsskriver. J. R. 2, 724. K.

**24. Dec. (—).** Livsbrev for Chresten Viiborg, Kongens
Kok, paa det 4 Bindinger lange Hus i Kongens Gade i Kiøpne-
hafn, som Lauritz Pligtsfoged nu bor i. Sj. R. 12, 70[2].

— Aabent Brev, at Peder Suenske, Kok paa Skanderborg,
indtil videre maa have det Hus ved Slottet, som M. Chrestoffer
Knopf hidtil har haft, kvit og frit. Udt. i J. R. 2, 724.

— Aabent Brev, at Kronens Bønder i Skanderborg Len
og Hadtz Herred i Aackier Len, der have klaget over Mangel
paa Bygningstømmer, Vogntømmer og Ildebrændsel, hvilket det fal-
der dem meget besværligt at købe altsammen, indtil videre maa
faa frit Bygnings- og Vogntømmer til Nødtørft i Kronens
Skove i ovennævnte Len efter nærmere Anvisning af Lensmanden
eller hans Foged og ligesaa fri Ildebrændsel af Vindfælder og
fornede Træer ogsaa efter nævnte Anvisning; Lensmanden skal paase,
at de kun faa til deres eget Brug, og at det anvises dem, hvor det
skader Skoven mindst. Sælge Bønderne noget af det, der anvises
dem, skulle de straffes som for Tyveri. J. R. 2, 724 b.

— Aabent Brev, at de Markeder, der for nogen Tid siden
henlagdes fra Rye til Horsens, herefter atter skulle holdes i Rye
paa de sædvanlige Tider, da det vil være bedre og belejligere for
Indbyggerne deromkring. J. R. 2, 725 b.

— Til Thygge Kruse. Da han har berettet, at Nørre Herreds[3]
Ting for nogle Aar siden er flyttet til et ubelejligt Sted, og de
fleste Herredsmænd have ønsket det flyttet, skal han henlægge Her-
redstinget til et Sted, som de fleste Herredsmænd synes om, og
melde Kongen, hvor det bliver lagt. Udt. i J. T. 2, 123.

— Til Selvejerbønderne i Nørre Herred[3]. Da mange af
dem under deres Bøndergaarde bruge nogle Kronens Bygge-
steder, baade bebyggede og ubebyggede, og nogle Stufenge og
løse Enge uden at svare Stedsmaal deraf, hvilket med Tiden kan

---

[1] Tr.: Hübertz. Aktst. til Bornholms Hist. S. 485.   [2] Tr.: O. Nielsen, Kbhvns Dipl.
II. 391.   [3] Nørre Horne Herred.

medføre, at Ejendommene borthævdes fra Kronen, skulle alle, der bruge saadanne Ejendomme, straks melde sig hos Thygge Kruse og meddele, hvad det er, og hvad Skyld der svares deraf, saafremt de ikke ville have Ejendommene forbrudte og straffes; alle, der ikke have Fæstebreve og ikke kunne bevise at have fæstet Ejendommene, skulle have dem i Lensmandens Minde, saafremt de ville beholde dem. J. T. 2, 124.

**24. Dec. (Skanderborg).** Aabent Brev, hvorved Kongen — der har bragt i Erfaring og selv set, at Kronens Gaarde i Jegssen i Skanderborg Len ere meget daarlig istandholdte, skønt Gaardene have saa megen Ejendom, at de ligesaa godt kunne holdes vedlige som andet Gods — fritager Bønderne i Jegssen for dette Aars Landgilde, mod at de forpligte sig til inden Aar og Dag at genopbygge deres Gaarde; forsømme de dette, skal Lensmanden have Fuldmagt til straks at udvise dem af Gaardene. J. R. 2, 726.

— Til Claus Glambeck. Kronens Bønder i Alling og Thiring[1] have berettet, at deres Gaarde ere satte for højt i Landgilde, hvilket har medført, at de ere blevne meget forarmede, og have begæret, at de herefter maa beholde deres Gaarde for den Landgilde, som nogle med Claus Glambecks Tilladelse udtagne uvildige Dannemænd for nogen Tid siden have sat dem til, hvilket Kongen ogsaa har bevilget; Claus Glambeck skal derfor lade denne Langilde indskrive i Jordebogen. J. T. 2, 123 b.

— Til samme. Da Kronens Bønder i Skanderborg Len tit overløbe Kongen med Klager over, at der, medens Holger Rosenkrantz var Lensmand og Christoffer Bang Slotsskriver, er paalagt dem noget Gæsteri, og at flere maa svare dobbelt Gæsteri, hvilket ogsaa skal være paalagt dem i tidligere Lensmænds Tid, har Kongen, for at blive fri for dette Overløb, bevilget, at det Gæsteri, som er blevet paalagt Bønderne i Holger Rosenkrantzis og Christoffer Bangs Tid, igen maa blive afskaffet, og at ingen indtil videre skal svare mere end 3 Skpr. Malt i Gæsteri for hver Ørt. Korn, de svare i Landgilde; Claus Glambeck skal lade Jordebogen forandre i Overensstemmelse hermed og ligeledes slette de Skriverpenge, som maatte være paasatte i Christoffer Bangs Tid. J. T. 2, 124 b.

**26. Dec. (—).** Til Fru Abbel Hr. Niels Langis, Fru Beatte

---

[1] Tørring, Gern H.

Brahe Hr Jørgen Løckis, Fru Magdelene Banner, Fru Karrine Banner,
Fru Ingeborg Skiel, Fru Sophie Bilde Malthi Jenssens, Fru Karrine
Holger Rosenkrantzis, Fru Eddil Frandtz Bildes, Fru Anne Erick Har-
denbergs, Fru Mergret Hans Johanssens, Fru Kierstine Bølle, Fru
Hyldeborg Bilde Eiler Kraussis, Fru Anne Holck Hr. Verner Pas-
bergs, Fru Beate Otte Brahes, Fru Tale Tott Arrild Ugerups og Fru
Anne Parsberg Hans Skoufgaardtz. Da Kongen venter en 18—20
fremmede Fyrster og andre, baade indenlandske og udenlandske, i
temmeligt Antal til Kolding noget efter Paaske, skulle de rette sig
efter at møde paa Koldinghus 14 Dage efter Paaske, skaffe saa
mange Tapeter og flamske Sengklæder som muligt og drage den
store Sal og de andre Herrekamre paa Slottet samt nogle Kamre
nede i Byen. Sj. T. 14, 295.

**26. Dec. (Skanderborg).** Forleningsbrev for Hans Due i
Neienskouf paa Afgiften af Kronens Part af Korntienden af
Thøning Sogn, kvit og frit. J. R. 3, 1.

— Forleningsbrev for Niels Mundt, Sekretær, paa Af-
giften af Kronens Part af Korntienden og Kvægtienden
af Vetzlet Sogn i Vor Herred, kvit og frit, saaledes som han
ogsaa har oppebaaret den 1579. J. R. 3, 2.

— Til Claus Glambeck. Da Kronens Bønder i Seberup[1] i
Aakier Len, der for nogen Tid siden klagede over, at deres Gaarde
vare satte alt for højt i Landgilde, nu have berettet, at den i den
Anledning udgaaede Ordre til Chresten Munck om at omsætte Land-
gilden endnu ikke er bleven udført, skal han med det første lade
uvildige Dannemænd komme paa Byens Jord og nedsætte Landgil-
den, hvor den maatte være for høj, og siden indskrive den ny Land-
gilde i Jordbogen. J. T. 2, 127.

— [2] Forleningsbrev for Claus Glambeck, Embedsmand
paa Skandelborg, der har afstaaet de Tiender i Koldinghus Len,
han havde Livsbrev paa, paa 3 Gaarde og 1 Gadehus i Threbierig
i Huirring Sogn i Nim Herred, uden Afgift. J. R. 3, 1 b.

**27. Dec. (—).** Forleningsbrev for samme, der har af-
staaet de Tiender i Koldinghus Len, han havde Livsbrev paa, paa
Afgiften af Kronens Part af Korntienden af Kuorning Sogn
i Hatting Herred, kvit og frit; naar de, der nu have fæstet Kro-
nens og Kirkens Parter af Korntienden af Kuorning Sogn, dø, maa

---

[1] Smbberup, Hatting H.    [2] J. R. har ved en Fejlskrift: 16. Dec.

han faa Kronens Part uden Stedsmaal og Kirkens Part for Steds-
maal og beholde dem, saalænge han lever; naar Kongen ikke læn-
gere vil lade ham beholde Kronens Part af Korntienden uden Af-
gift, skal han svare samme Afgift, som der nu svares, og levere den
tilligemed Afgiften af Kirkens Part inden Fastelavn, saafremt han
ikke vil have dette Brev forbrudt. Det skal staa ham frit for at
afminde de Bønder, der nu have fæstet Tienden, denne. J. R. 3, 2 b.

**27. Dec. (Skanderborg).** Til Christoffer Valckendorff. Da den
Gallej og den Bark, som Kongen har ladet bygge paa Holmen i Styre-
dal i Trundhiem Len, nu ere sejlfærdige, men der mangler forskellige
Redskaber, som ikke kunne faas der oppe, skal han straks til For-
aaret sende et Skib did med Sejl, Tov, Redskaber og andet, saa det
kan være ved Trundhiem til 1. Maj; da der til ovennævnte Skibes Ud-
rustning og Udfetaljering og til den anden Skibsbygning, der nu
foretages, vil blive Brug for en stor Del Fetalje til de Folk, der daglig
holdes paa Holmen, en 200 Sommeren igennem, skal han med samme
Skib sende saa meget Malt, Mel, Gryn og Flæsk, som han kan
tænke behøves. Da Kongen har skrevet til Loduig Munck, Stathol-
der i Norge, om efter nærmere Tilsigelse af Jacob Huidtfeld til
Foraaret at sende 200 gode Baadsmænd til Trundhiem for at føre
Gallejen og Barken herned, skal Christoffer Valckendorff med det
første instruere Loduig Munck, om han skal sende de 200 Baads-
mænd af dem, han for nogen Tid siden efter Kongens Befaling har
udskrevet søndenfjælds, eller han skal udskrive dem særskilt. Han
skal med ovennævnte Skib sende noget Kørnekrudt til lange
Rør, hvilket Lensmanden skal have i Forvaring, da Kongen af Jacob
Huidtfeldz Skrivelse ser, at der ikke haves noget Krudt, som man
kunde undsætte Bønderne med, hvis det blev nødvendigt, og des-
uden sende nogle Krigsfolk med til Undsætning for Nordlandene
og Vardhus. Sj. T. 14. 296.

— Befaling til samme at sætte alt det Rug og Malt, som
svares i Afgift af Kronens Part af Korntienden af Aarhus Stift,
til en rimelig Pris og lade Knud Olufssen faa det til den, saa-
fremt han er vederhæftig og det ikke er lovet bort til andre. Udt.
i Sj. T. 14, 297.

— Aabent Brev, at Knud Ollufsen, Borger i Aarhus, maa
svare Penge, 1 gl. Dlr. for hver smal Td. Rug eller Byg og
$\frac{1}{2}$ Dlr. for hver Td. Havre, i Stedet for Kornafgiften af Kro-

nens Part af Korntienden af N Sogn i Aarhus Stift, som han for
nogen Tid siden har fæstet. J. R. 3, 3.

**27. Dec. (Skanderborg).** Aabent Brev, at Kronens Bønder
i Salthen og Porup indtil videre maa være fri for de 7 Ørt.
Gæsterimalt, som i Holgier Rosenkrandtzis Tid er paalagt dem ud
over deres Landgilde. J. R. 3, 3 b.

— Til Claus Glambeck. Da 14 Kronens Bønder i Treden
have klaget over, at der i Holger Rosenkrantzis Tid er paalagt dem
hver 15 Skpr. Gæsterimalt udover den aarlige Landgilde, som de
fra Arilds Tid have svaret, hvilket er dem til stort Besvær, har Kon-
gen fritaget dem herfor og befaler Claus Glambeck at slette dem
i Jordebogen for dette Gæsterimalt. J. T. 2, 127 b.

**28. Dec. (—).** Aabent Brev, hvorved Peder Therckelsen
til Føuling, der har fæstet Kronens Part af Korntienden af
Føuling Sogn for aarlig Afgift, indtil videre fritages for at
svare nogen Afgift. J. R. 3, 4.

**29. Dec. (—).** Aabent Brev, at Søfueren Morthensen i
Thegelgaard, Herredsfoged i Hollum Herred, i de næste 2 Aar maa
være fri for at svare Afgift af en Mølle ved Thegelgaard med
et Stykke Jord, kaldet Abildgaard, som han har fæstet af Lens-
manden paa Olborghus. J. R. 3, 4.

**30. Dec. (—).** Til Hans Skoufgaard. Da det, som hoslagte
Seddel viser, er berettet Kongen, at Olluf Mouritzens Arvinger
have skiftet noget i St. Ollufs Sogn i Albo Herred liggende Gods,
kaldet Lunckrud, der tidligere har ligget til St. Ollufs Alter smstds.,
imellem sig, men Kongen ikke ved, med hvad Ret Godset er kommet
under dem, skal han paa Kongens Vegne sætte Dele paa Godset
og tale derpaa, undersøge, hvad Adkomstbreve Olluf Mouritzens Ar-
vinger have paa Godset, og tilskrive Kongen al Besked derom. Sk.
T. 1, 208.

— Til Claus Glambeck. Kongen har bevilget, at Jens Mogen-
sen i Røgen, der har lovet at ville have Tilsyn med Kronens Skove
i Giarn Herred, i de næste 3 Aar maa være fri for Skat og
Landgilde. J. T. 2, 128 b.

— Til samme. Da Bønderne i Vrolle her ved Slottet have
begæret, at den paa deres Markeskel staaende Vandmølle, Illerup
Mølle, maa blive fjærnet, fordi den gør dem stor Skade paa deres
Enge, og da Kongen med det første vil indtage noget af Byens Mark
mellem Byen og Kobbelet til Kobbelet, skal han straks til Foraaret

51

lade Møllen nedbryde og lade Bønderne i Vrolle faa den til Møllen liggende Ejendom, uden Landgilde, i Stedet for den Jord, de skulle miste, dog paa den Betingelse, at de stille Mølleren tilfreds for hans udgivne Stedsmaal. J. T. 2, 128 b.

**30. Dec. (Skanderborg).** Til Jacob Havemester. Da Kongen til sin Forundring har bragt i Erfaring, at den Gaard i Tuorsøe, han har givet ham paa Hospitalets Vegne Brev paa, og som Biørn Andersen og Claus Glambeck have udlagt Hospitalet i Aarhus i Stedet for en Hospitalsgaard i Nøring[1], som Kongen har tilskiftet Jomfru Ane Skram, hører til det Gods, som Kongen for nogen Tid siden har tilskiftet Erick Vesteni til Sebygaardt, maa han herefter ikke befatte sig med denne Gaard. Der sendes ham en Befaling til Biørn Andersen og Claus Glambeck om at udlægge Hospitalet andet Gods i Stedet. J. T. 2, 128.

**31. Dec. (—).** Til Biørn Andersen og Claus Glambeck. Da Kongen til sin store Forundring har bragt i Erfaring, at den Gaard i Tuorsøe, som de i Forening med 1 Gaard i Hafrom have udlagt Hospitalet i Aarhus for 1 Gaard i Nøring[1], i Forvejen er tilskiftet Erick Vesteni, skulle de med det første undersøge, hvor der belejligt kan udlægges Hospitalet Fyldest for Gaarden i Tuorsøe, foretage Udlæget og sende klart Register derover til Hospitalsforstander Jacob Havemester. J. T. 2, 129.

— Aabent Brev, at Kirkeværgerne for Brandsted Kirke i Feers Herred i Aar maa oppebære Afgiften af Kronens Part af Tienden af Brandsted Sogn til Istandsættelsen af den bygfaldne Brandsted Kirke, da Kirken kun har ringe Midler. Sk. R. 1, 320.

— Aabent Brev, at Hr. Jacob Hanssen i Lund i de næste 2 Aar maa oppebære Afgiften af Kronens Part af Tienden af Haerløsse og Hammerlund Sogne i Froste Herred, kvit og frit. Sk. R. 1, 320 b.

— Til Axel Gyllenstiern. Da Bønderne i Feers Herred have klaget over at være blevne meget forarmede ved den langvarige Fejde og derfor begæret Fritagelse for Halvdelen af den paabudte Madskat, har Kongen givet dem Henstand med den ene Halvpart indtil videre. Sk. T. 1, 208 b.

— Til Hr. Christoffer, Borggreve von Donha. De Bønder i

---

[1] Norring, Sabro H.

Feers Herred, der høre under Øfuidtz Kloster, have baade tidligere og nu berettet, at der udover deres rette Landgilde er paalagt dem et Hold, medens Jacob Borringholm var Ridefoged, og at dette Hold er indskrevet i den ham leverede Jordebog, hvorfor de stadig besværes dermed; flere af dem ere blevne fordelte derfor og gjorte fredløse. Skønt Kongen nu nok ved, at dette Hold paa Landstinget er tildømt Hr. Christoffer, fordi Bønderne have svaret det under hans Formand og findes indskrevne i Jordebogen derfor, vil han dog af Hensyn til den Maade, hvorpaa Holdet er opstaaet, eftergive Bønderne dette og befaler Hr. Christoffer at slette dem derfor i Jordebogen, naar de Aar ere forløbne, paa hvilke han har faaet Klosteret. Kongen beder ham dog overveje vel, om han ikke, følgende Kongens Eksempel, hellere vil skaane Bønderne i Aar. Sk. T. 1, 209.

**31. Dec. (Skanderborg).** Aabent Brev, at Maren Ifuersdatter, Jørgen Sørrensens Hustru i Hiebov, maa, saafremt hun overlever sin Mand, faa de Enge og Korntiender, han har i Brug, for en rimelig Indfæstning og mod at svare samme Afgift deraf som han. J. R. 3, 4 b.

— Aabent Brev, at Kirkeværgerne for Kattrup Kirke i de næste 2 Aar maa oppebære Afgiften af Kronens Part af Korntienden af Kattrup Sogn til Kirkens Bygning. J. R. 3, 5.

— Aabent Brev, at Kirkeværgerne i Astrup Sogn i Ning Herred i et Aars Tid maa oppebære Afgiften af Kronens Part af Korntienden af Astrup Sogn til Kirkens Bygning. Udt. i J. R. 3, 5.

— Følgebrev for Niels Stygge til Nøraggergaard til Kronens Bønder i Buldrup[1] i Gislum Herred. Udt. i J. R. 3, 5.

— Til Palli Jul. For nogen Tid siden have Biørn Andersen, Embedsmand paa Aarhusgaard, og Arild Huitfeldt, Sekretær, henvendt sig til Kongen om, at Sekretær Moritz Stygge, Hans Styggis Søn, maatte faa det Gods i Bulderup, som Kongen har tilladt Palli Jul at indløse fra Hans Styggis Børn og Arvinger, men Kongen svarede dem dengang, at Palli Jul havde faaet Tilladelse til at indløse Godset; da han nu har erklæret, at han vil lade Niels Stygge til Nøragergaard, men ikke Moritz Stygge, faa Godset, saafremt Kongen vil give skriftlig Tilladelse dertil, befales det ham at

---

[1] Boldrup.

levere Niels Stygge, der har begæret at maatte faa Godset i Bulderup i Pant, Tilladelsen til at indløse Godset. J. T. 2, 130.

**31. Dec. (Skanderborg).** Til Claus Glambeck. Da Chresten Prip har bevilget Kronen det Gods i Skanderborg Len, hvorpaa han skød det Dyr, han er kommen i Trætte for, til Mageskifte for noget Krongods i Hersom i Huorum Herred, skal han med det første besigte Godset og sende Biørn Andersen klart Register der-over, for at denne derefter kan udlægge Fyldest af Godset i Her-som. J. R. 2, 130.

— Befaling til Niels Jonsen at hjælpe Jens Jespersen, der skal afstaa sin Gaard Bisballegaard til Jens Hansen, til uden Stedsmaal at faa en anden Gaard i Lenet, som han kan være hjulpen med, til førstkommende 1. Maj, for at han ikke med Bil-lighed skal kunne have noget at klage over. J. T. 2, 131 b.

# Supplement.

**1576. 11. Jan. (Sorø Kloster).** Befaling til Rentemester Christoffer Valckendorff straks at sende 4 Tdr. gode skaanske Sild, 3 Tdr. hvide Ærter og ¹/₂ Td. Sennep til Kongen. Orig.

— **22. Febr. (Frederiksborg).** Til Christoffer Valckendorff. Poul Huitfeldt, Statholder i Norge, har indberettet, at han nu har ladet hugge Tømmer til de 3 Gallejer, der skulle bygges i Norge, og saa snart som muligt vil lade det udføre af Skovene, saa der straks til Foraaret kan tages fat paa Gallejerne, og at Hugo Bedav, Kongens Skibsbygger, mener at kunne faa Gallejerne færdige til førstkommende St. Olufs Dag [29. Juli]; ligesaa har han berettet, at Lange Hercules, som er sendt did, er sat op paa Land og Overparten brudt af til det nederste Overløb, og at Hugo Bedav mener, at der deraf kan laves en statelig stor Gallej, hvorpaa der kan bruges 16 halve Kartover, hvilket Kongen ogsaa har bifaldet og befalet Pouel Huitfeldt at lade udføre. Christoffer Valckendorff skal derfor i Tide bestille Redskaber og andet til ovennævnte Gallejer og sende det til Norge inden St. Olufs Dag. Orig.

**1577. 25. Nov. (—).** Til Christopher Valckendorph. Kongen sender ham Registre over Statholder Henrich Rantzovs og de andre holstenske Raaders Fortæring i Kongens Bestillinger og over de Pensioner, som Kongen til Omslaget skal betale sine ›Bestillter‹, med Ordre til at gennemse dem og sørge for, at Pengene blive betalte til Omslaget. Orig.

**1578. 27. Febr. (Antverskov).** Pantebrev til Folmer Rossenkrantz til Stiensballe paa 1 Gaard i Keylstrup og 1 Gaard i Lemert i Nør Herred i Stedet for 1 Gaard i Daustrup i Haldt Herred, som han hidtil har haft i Pant, men som nu er mageskiftet bort til Jørgen Rossenkrantz. P. 345.

# Rettelser.

S. 184 L.  8 f. o.  Anders Matthissen, læs: Anders Malthissen.
·  316 ·  16  —  Klosteret, læs: Hospitalet.
·  407 ·   1 f. n.  Hindsted H., læs: Hind H.
·  426 ·   4 f. o.  Axel Olssens. læs: Arel Olssens.
·  440 ·  18 f. n.  Elruf er sikkert en Fejlskrift for Eleuf, d. e. Elev.
·  470 ·   2  —  Brandstrup, læs: Brandstub.
·  632 ·   9  —  Chresten Pedersen maa være en Fejlskrift for
                 Chresten Pouelsen.
·  746 ·   5  —  Hans Nielsen, læs: Anders Nielsen.

# Navneregister.

Udlejre 201. — Simonsen, Ho-spitalsforstander i Kolding, 276, 400. — Thomesen, Hr., Vikar i Aarhus, 141. — Vadtsen, Mag., 58.

Anderup, Lunde H., 380, 663.

Andkær, Holmans H., 100, 567, 576, 585, 599. — Skov 568 f.

Andorp se Antwerpen.

Andrup, Sønder H., Mors, 741.

Andsøgaard, Vrads H., 467. — Mølle 467.

Anetz, Vilhelm, Skipper fra Dieppe, 269.

Anfasterkær se Fasterkær.

Anholt 12, 294, 685, 788.

Anna, Kurfyrstinde af Sachsen, 753, 792.

Anne, Fru, paa Krapperup se Krognos. — paa Østergaard se Kaas. — Albrekt Gjøes se Ro-senkrantz. — Erik Hardenbergs se Rønnov. — Frans Banners se Oxe. — Hr. Johan Urnes se Rønnov. — Jørgen Pedersens i Ribe 128, 131, 481. — Kristoffer Skaanings i Horsens 426 f., 476, 551, 601. — Lavrids Skrivers 220. — Mag. Lavrids Nielsens 521 f. — Movrids's, Vaskerkone paa Koldinghus, 603. — Niels An-dersens se Pors. — Niels Lu-novs se Blick. — Niels Munks 155. — Hr. Ottes se Lykke. — Rasmus Jepsens i Varde 382. — Rentemesters se Anne Jørgen Pedersens. — Rikards 298. — Verner Parsbergs se Holck. — Hansdatter, Jomfru, 2. — Jens-datter, Jakob Hansens, i Hel-singør 663. — Lavridsdatter, Fru, 596. — Lavridsdatter, Vincens Brockmands, 677. — Mortens-datter i Aalborg se Vognsen. — Nielsdatter, Hans Bruns, 547, 561. — Nielsdatter i Kbhvn. 664. — Olufsdatter, Klavs Pode-buskes, se Krognos. — Olufs-datter, Hans Hansens i Skærup, 569. — Rasmusdatter, Erik Mik-kelsens, 484. — Rasmusdatter, Jens Nielsens, 484. — Stisdatter se Ulfeld.

Anst, Anst H., 330, 595. — Lille-, 585. — Store-, 584.

— Herred 407, 537, 602, 730, 750.

Antonius Apotheker se Preus. — Skovrider 669 f.

Antwerpen 648.

Antvorskov Kloster 1 ff., 5, 9, 20, 47, 50, 83, 88, 121, 124, 132, 153, 165 f., 212 f., 224, 228, 233, 240, 242-5, 251, 259, 272, 286, 289, 307, 317, 330, 362, 374, 388, 393, 402, 422, 430, 486, 511 f., 540, 599, 613, 616, 652, 673, 687, 726, 734, 754 f., 789. Dat. 240-56, 307-15, 361 f. — Prior se Bertel Søren-sen; Foged se Jens Eriksen, Oluf Kock; Skriver se Mads Povlsen. — Birk 47.

Aptrup, Hovlbjærg H., 586, 723.

Arden, Store-, Hindsted H., 230, 265.

Arenfeldt, Hans Akselsen, 282, 592, 614, 642, 659, 674, 695 f., 746, 752, 795. — Henrik 696.

Arent Bøssemager 384.

Areskov, Færs H., 684.

Arild Olsen se Gyldensø.

Arløse, Tønnersø H., 56. — Gaard 638.

Arnakke, Merløse H., 227.

Arngrim Jonsen, Præst i Grenja-darstad, 303.

Arnsborg Slot p. Øsel 73, 96, 266, 358, 404, 489, 745.

Arresø 150.

Asbo, Anst H., 584.

—, Nørre-, Herred 124, 342, 650, 684.

—, Sønder-, Herred 124, 650.

Asfærg, N. Hald H., 596.

Askov, Malt H., 591.

Askø, Fuglse H., 109.
Aslund, Kær H., 705.
Asmild Kloster 221 f.
Asmundtorp, Onse H., 220.
—, Rønnebjærg H., 222.
Asnæs, Arts H., 106.
Asperup, Vends H., 389, 393.
Asseballe, Als, 631 f.
Assendrup, Sjælland, 286.
Assens 30, 95, 120-3, 134, 163, 201,
   231, 252, 254, 262, 271, 301, 308,
   375, 377, 397 f., 442, 538, 543, 572,
   589, 614, 622, 661, 722, 724, 738 f.,
   756, 759, 780. — Borgemester se
   Lavrids Henriksen; Byfoged se
   Lavrids Andersen; Toldere se
   Povl Bang, Villum Bang. — Bor-
   gere 308, 698.
—, Bjærge H., Jylland, 609.
Assertorp, Bare H., 335.
Astelbol, Vends H., 308.
Astofte, Malt H., 146.
Astrup, Bølling H., 536, 621.
—, Ning H., 803.
Astruplund Skov, Hads H., 52,
   159.
Atlingebo, Gulland, 485.
Atterupgaard, Ringsted H., 677,
   688.
Attrup, S. Hald H., 256, 451, 705.
—, Sønder H., Randers Amt, 436.
Augsburg 173.
Avaskær, Blekinge, 227, 264.
Avedøre, Smørum H., 613.
Avgust, Kurfyrste af Sachsen, 11,
   61, 126, 155 f., 280, 312, 327, 741.
Avning, S. Hald H., 707.
Avnkødt, Dronninglund H., 531.
Avnslev, Vinding H., 250, 614.
Avnstrup, Voldborg H., 6.

Baadstad, Bjærge H., Skaane,
   183, 285. — Len 35, 318.
Baag Herred 471.
Baahus Slot og Len 23, 88, 114,
   177, 213, 225, 254 f., 285, 341, 431,
   654, 673, 687, 708.

Baardesø, Skam H., 401.
Baaslund, Nørvang H., 495.
Baatsand, Havn p. Island, 293, 651.
Baden, Kirstine Movridsdatter, 240,
   654. — Lavrids Jensen 119, 644 f.
   — Movrids Pedersen 228, 240,
   654.
Bager, Anders, i Odense 759. —
   Hans Olufsen 549. — Klavs Oluf-
   sen 759 f. — Mikkel i Odense
   115, 177, 226, 255, 341, 416, 463,
   524, 532, 552, 608, 613, 741. —
   Niels i Odense 773. — Oluf
   Nielsen, Raadmand i Odense,
   52 f., 111 ff., 115, 126, 177, 225,
   244, 255, 273, 278 ff., 300, 312 f.,
   344, 346, 466, 513, 549 f., 559, 589,
   612 f., 634, 721, 725, 730, 759 f. —
   Oluf Olufsen 126, 466.
Bagge, Birgitte, Mads Grøns, 155.
—, Hans, Borgemester i Lands-
   krone, 835.
Baggedybet 172.
Bajlum, Harre H., 235.
Bakken Tøstesen, Præst i Nebel,
   366, 481.
Bakmose (?), Als, 631.
Balle, Hads H., 429.
—, Hids H., 452, 794.
—, Ø. Lisbjærg H., 101.
—, Tørrild H., 495.
Ballebo, Vor H., 653.
Ballerup, Smørum H., 276, 688.
   Dat. 217, 688.
Ballesgaarde, Jerlev H., 596.
Balling, Rødding H., 570.
Ballum, Lø H., 594.
— Birk 601, 748, 772.
Balskov, Ø. Lisbjærg H., 140.
Baltser, Mag., se Baltser Jakobsen.
   — Bogfører se Kaus. — Hansen
   p. Asnæs 106. — Jakobsen, Mag.,
   Ærkedegn i Lund, 582 f., 697. —
   Maltesen se Viffert.
Bandsbøl, N. Horne H., 565.
Bang, Hans, Borgemester og Tol-
   der i Middelfart, 137, 389. —

52*

585, 620, 645; 1579 Lensmand
p. Dalum Kloster 680, 684, 689,
700, 710, 713, 715 f., 729, 734,
755, 758, 776, 787, 795. — Al-
brekt 548, 553, 702. — Eskild
Henriksen 426, 553. — Falk
Falksen 27, 518, 715, 729, 795.
— Falk Mogensen 435, 492. 553.
— Henning 27, 74, 106; 1577
Lensmand p. Nykøbing 161, 172,
179. 184 f., 190, 208, 212, 222,
252, 255, 273, 332, 388, 422. 490,
499, 506, 539, 542, 556, 572 f.,
614, 616, 667, 716, 726, 729, 734,
757. 766, 788, 795. — Kristoffer
4, 168, 364, 548, 646, 693. — Mo-
gens Andersen 27, 184; 1577
Lensmand p. Hammershus 202.
205, 234, 300, 346, 365 f., 656,
690, 704, 716, 729, 795. — Mo-
gens Falksen 27, 184, 715, 729.
795.

Glad, Ingvor Mikkelsen. Slots-
foged p. Kbhvns. Slot, 33, 351.
— Kristoffer i Knebel, Herreds-
foged i Mols H., 596. — Severin,
Enspænder, 31, 143, 186 f., 626.

Gladsakse, Jerrestad H., 350.

— Slot og Len 225, 510.

Glambæk, Klavs, Lensmand p.
Skanderborg og Bygholm, 35 f.,
41. 54, 62 f., 69, 74, 78, 123, 133,
136, 146, 157, 168, 176, 180, 203,
212, 223 f., 232, 246, 255 ff., 260,
267, 273, 277 ff., 322, 325, 339 ff.,
346, 364, 402, 406, 416, 420, 422,
425, 427, 429 ff., 434, 436, 438-41,
448, 450, 463, 466 ff., 473 f., 485 ff.,
489, 497, 499, 501 f., 507-10, 513 ff.,
519, 527, 530, 534, 536 f., 539 f.,
543. 547. 555, 557, 559, 565, 568,
570-3, 575, 578, 586, 589, 591 f.,
595, 600 f., 604, 614, 621, 623,
625, 639, 646, 653, 671, 674, 688,
693. 705, 715. 719, 729 ff., 761 f.,
764, 766 f., 770, 785, 787, 791 ff.,
795. 798 f., 801 f., 804.

Glattrup, Bjærge H., Jylland, 402.

Glerup, Rinds H., 645, 705.

Glibstrup, Anst H., 584, 736.

Glob, Oluf, 37, 515.

Glumslev, Rønnebjærg H., 334.

Glæsborg, Nørre H., Randers Amt,
28, 596, 600, 719.

Gogel (Gobeler), Kasper, 548. 673.

Gordon, Johan, Skibshøvedsmand,
275, 356. 534, 714. — Jørgen,
Skibshøvedsmand, 276, 356, 534.

Gosmer, Hads H., 159, 700 f.

Gottorp 763.

Graagaarde, Lysgaard H., 705.

Gram, Lage, Bjørn Andersens
Foged, 495.

Grandløse, Merløse H., 61, 754.

Granslev. Hovlbjærg H., 311, 658.

Graum, Børglum H., 571.

Gravengaard, Tørrild H., 593.

Gredsted, Gørding H., 60.

Green, Aksel, 599. — Anders, kgl.
Sekretær, 209, 517.

Gregers, Præst i Vejerslev, 547.
— Andersen i Nykøbing p. M.
564. — Holgersen se Ulfstand.
— Truidsen se Ulfstand.

Gregorii, Johan, Italiener, 727.

Grejs, Nørvang H., 421, 487, 558,
581.

Grenaa 30, 64, 71, 120, 163, 201,
226, 231, 271, 416, 422, 442, 538,
737, 780. — Bro 796.

Grene, Slavs H., 587, 607.

Grenjadarstad p. Island 303.

Grenkrog, Koldinghus Len, 599.

Grettrup. Nørre H., Salling, 495,
519.

—, Vrads H., 423, 592.

Grevefejden 236.

Grevinge, Ods H., 663.

Griis (Vaaben: en Stjærne), Erik,
262.

—, Anders Nielsen, 746, 752. —
Niels, Præst i Eltang og Vil-
strup, 578, 746, 752.

Grimstrup, Skads H., 413, 577, 583.

og i Han Herred, 34, 46, 53, 88,
113, 155, 176, 213, 225, 234, 254,
256, 285, 329, 340, 554, 634, 646,
673, 705, 733, 735, 746, 777, 790.
— Henrik Kristoffersen 27, 184,
537, 715, 729, 795. — Karen,
Holger Rosenkrantz's, 23 f., 36,
136, 402 f., 406, 411 ff., 470, 494,
499, 502, 537, 548, 553, 572, 767,
799. — Karen, Jørgen Marsvins,
168. — Kristiern 183 f., 716, 729,
795. — Kristoffer 537. — Lisbet,
Jens Holgersen Ulfstands, 23. —
Magdalene, Ture Trolles, 321,
326. — Margrete, Folmer Rosen-
krantz's, 135, 168. — Mogens
(† 1569) 697. — Mogens Mogen-
sen 27, 183 f., 250, 374, 426, 497,
716, 729, 795. — Otte († 1551)
438. — Otte Ludvigsen 437. —
Peder, Marsk, 23, 28, 31; 1576
Lensmand p. Vestervig Kloster
37 f., 53, 64, 111, 114, 141, 148,
167, 176 f., 225, 233, 255, 297,
317, 341, 345, 416, 431, 434, 437,
446, 457, 467 f., 496, 516, 537,
619, 629, 633, 644, 654, 665, 685,
703, 710, 715, 729, 733, 735, 765,
772, 782, 795. — Predbjørn, Lens-
mand p. Aastrup, 27 f., 37, 69,
157, 168, 193, 216, 264, 434, 537,
554, 588, 627, 715, 729, 733, 735,
778, 782, 795. — Sybille, Eskild
Henriksen Gjøes, 136, 359, 426,
553.

Gyldensø, Arild Olsen, Befalings-
mand p. Holmen, 50, 96, 263,
426 (jvfr. 806).

Gyllebo, Jerrestad H., 496.

Gylling, Hads H., 51, 159, 435,
465, 504 f., 547, 771. Dat. 426 f.

Gyllingnæs Skov, Hads H., 52,
159, 465. 484.

Gynderup, Børglum H., 761.

Gynge Herred 77, 303, 334, 650,
684.

Gynge se Mikkel Pedersen.

Gyntersberg, Aksel, 225, 608.

Güstrow, Meklenborg. Dat. 67.

Gærs Herred 34, 47, 114 f., 134,
138, 222, 345, 349, 475.

Gødsbøl, Tørrild H., 322, 432.

Gødstrup, Hammerum H., 471.

Gødvad, Hids H., 452, 461.

Gøl i Limfjorden 21, 577.

Gørckes, Henrik, se Jerickens.

Gørding, Gørding H., 597, 641.

—, Nørre-, Hjerm H., 419.

— Herred 601, 772.

Gørslev, Bare H., 689, 705.

—, Bjæverskov H., 54, 593.

—, Luggude H., 358.

Gørvel Lage Trudsens se Gylden-
stjerne. — Faddersdatter, Lage
Brahes, se Sparre.

Göttingen, Tyskland, 703.


Haagen Hellesen i Kongsbakke
741.

Haagenrød, Villands H., 151.

Haals, Fleskum H., 663.

Haarlev, Bjæverskov H., 128.

Haarup, Gern H., 272, 459, 770.

Haastrup, Holmans H., 544, 550,
576, 588, 592.

—, Salling H., 379, 384, 464.

Hadbjærg, Galten H., 485.

Haderslev 428, 597. — Borger 431.

Hadrup, Hads H., 429, 496.

Hads Herred 41, 429, 470, 496,
533, 764, 797.

Hage, Mogens, i Vetterslev 361.

Hage, Vrads H., 430.

Hagebrogaard, Ginding H., 519. —
Mølle 495, 519.

Hagenbjærg, Als, 632.

Hagenskov Slot og Len 114, 122,
212, 252, 377, 388, 404, 501, 543,
555, 557, 756, 763.

Hagentorp, Aahus Len, 546.

Halberstadt, meklenborgsk Adels-
mand, 535.

Hald, Svend, Byfoged i Halmstad, 19.

Hald, N. Hald H., 448, 581 f.

—, Nørre-, Herred 567.

—, Sønder-, Herred 408. Herreds-
foged se Jens Nielsen.

— Slot og Len 33 f., 63, 114 f.,
143, 155, 176, 199, 213, 224, 254,
372 f., 415, 434, 441, 445, 447,
449, 452, 459, 461, 463, 498, 519,
523, 532, 539, 571, 607, 654, 658,
665, 693, 733, 735, 773. Dat.
442-6.

Haldager, Ø. Flakkebjærg H., 630.

—, Kær H., 588.

Haldrup, Vor H., 572.

Halkær, Hads H., 51, 159.

Halland 28 f., 36, 178, 249, 283,
286, 289, 497, 549, 553, 620, 683,
708.

—, Nørre-, 271.

—, Sønder-, 283.

Halle, Kirstine von, Henrik Rant-
zaus, 536.

Halle, Tyrsting H., 474.

Hallebro, Favraas H., 218, 339.

Hallendrup, Galten H., 484.

Hallenslev, Løve H., 696.

Hallerød, Onse H., 345.

Hallum, V. Horne H., 370.

Hallundbæk, Nørvang H., 495, 575.

Halme, Jep, i Varde 245, 309.

Halmstad 19, 30, 71, 119 f., 164,
178, 200, 230, 271, 288, 335, 349,
442, 538, 553, 644 f., 661, 694,
737, 780. — Borgemestre se Gert
Markussen, Niels Hansen; By-
foged se Svend Hald; Tolder se
Henrik Frederiksen. — Borgere
65, 342. — Aa 342. — Hospital
119, 644 f. — Kirke 342. — Klo-
ster 119, 644 f.

—, Luggude og Rønnebjærg H.,
792.

— Herred 91, 213, 349, 714, 735.

Hals (Halsnæs) Birk, Kær H., 340,
611, 627, 634 f., 646, 688, 705,
735.

Halsnæs Jagthus. Dat. 202 f.

Halsted Kloster og Len 5, 46, 140,
325, 341, 353, 625, 639, 734.

Hamborg 47, 50, 85, 88, 125, 157,
164, 167, 180, 240, 323, 336, 593,
597, 626, 648, 657, 660, 676, 678,
696, 704, 727, 738, 792. — Bor-
gere 5, 10, 593, 626, 753, 792.

Hammelev, Nørre H., Randers
Amt, 28.

Hammelmose, Børglum H., 661.

Hammer, Hammer H., 539, 676.

Hammerlund, Froste H., 492, 802.

Hammershus Slot og Len 58, 79,
91, 93, 194, 202, 205, 243, 268,
363, 651, 656, 690, 704.

Hammershøj, Sønderlyng H., 464.

Hammerum, Hammerum H., 558,
607.

— Herred 487, 558, 611, 782.

Hammerø, Halland, 90.

Hamsfort, Kornelius, Dr., 228,
311 f., 316, 358, 375, 525.

Han Herred 34, 113, 176, 225, 340,
520, 646, 733, 735.

Hanbjærg, Hjerm H., 794.

Handerup, Elbo H., 653.

Handingmand, Tøstel Baardsen,
270, 588.

Hannibal Nielsen i Albjærg, Her-
redsfoged i Gudme H., 490.

Hans, Konge, 371, 632.

Hans d. ældre, Hertug, 13, 38, 61,
186, 190 f., 280, 285, 308, 327,
387, 537, 605, 622, 648, 715, 736,
741, 749, 795 f.

Hans d. yngre, Hertug, 611 f., 630
-3, 795 f.

Hans, Præst i Asmundtorp og
Tofte, 222. — Præst i Raabelev
og Fjelkestad 36. — Præst i
Skelskør 94. — Billedstøber 340,
514. — Brolægger, Hr., 323 f. —
Bygmester 7, 61. Jvfr. Hans v.
Antwerpen, Hans Paaske. —
Dynniker 86. — Fyrverfer i
Kbhvn. 11 f., 151. — Kok i
Treenstrup 244. — Maler 333.

Hilleborg Ejler Krafses se Bilde.
Hillerslev, Salling H., 32.
— Herred 520, 784.
Hillerup, Ribe H., 487, 558.
Hillerød 187.
Himle Herred 145.
Himmer Syssel 250.
Himmestrup, Middelsom H., 742.
Hinck, Joakim, Dr., Domdekant i
  Bremen, 157, 169, 198, 280, 293.
Hind Herred 114, 341, 733.
Hindberg, Lysgaard H., 452, 459,
  497.
Hindborg, Hindborg H., 495, 519.
— Herred 520, 522, 784.
Hindby, Oksie H., 368.
Hindekuld, Halmstad H., 56, 288.
Hindsgavl Slot og Len 60, 63, 122,
  212, 252, 255, 275, 388, 557, 593 f.,
  720, 763.
Hindsholm, Fyen, 397, 540, 787.
Hindsted Herred 520.  Herreds-
  foged se Søren Block.
Hingde (?), Løve H., 687.
Hinge, Galten H., 485.
—, Lysgaard H., 458.
Hjadstrup, Lunde H., 11, 663.
Hjallese, Odense H., 108.
Hjarup, Anst H., 526, 562, 571, 776.
Hjeds, Hornum H., 782.
Hjedsgaard, Hindsted H., 234.
Hjelm, Møen, 669.
Hjelmsholt, Luggude H., 46, 651.
  — Skov 265, 290, 562.
Hjelmskulle, Fjære H., 218, 339.
Hjelmslev Herred 472.
Hjelmsøgaard, Tybjærg H., 318.
Hjerk, Harre H., 456.
Hjerm, Hjerm H., 406, 428 f., 457,
  591.
—— Herred.  Herredsfoged se Jør-
  gen Nielsen.
Hjermeslev, Vester-, Hvetbo H.,
  602.
Hjermind, Middelsom H., 448, 534.
Hjernerup, Bjærge H., Skaane,
  342.

Hjerting, Skads H., 523.
Hjort, Jens, i Landbytorp 265. —
  Søren, Præst p. Gulland, 512.
Hjorthede, Middelsom H., 519, 588.
Hjortholm Slot, Sokkelunds H.,
  691. — Mølle 126.
Hjortkær, Skads H., 757.
Hjortsbjærg, Medelstad H., 194.
Hjortsvang, Vrads H., 430.
Hjørring 30, 71, 163, 201, 226, 416,
  442, 732, 737.
Ho, V. Horne H., 370, 489.
Hobe, Frederik, 535, 683, 706, 716,
  729, 795.
Hobro 30, 71, 163, 201, 416, 422,
  442, 450, 453, 544, 556, 737. —
  Skolemester se Kristiern Lam-
  bertsen.
Hoby Birk, Laaland, 499.
Hofmann, Hans, i Helsingør 296.
  — Søren i Randers 115, 177,
  226, 255, 341, 415, 509, 532, 552,
  608, 655, 740.
Hofvel Skov, Lysgaard H., 497.
Holballe, Als, 631.
Holbo Herred 92, 153.  Herreds-
  foged se Hans Olsen.
Holbæk 30, 95, 120, 163, 201, 295,
  310, 442, 538, 661, 687, 737, 779.
  — Byfoged og Tolder se Anders
  Hansen.
— Slot og Len 87, 122, 132, 212,
  225, 252, 271, 388, 486, 734, 754.
—, Rugsø H., 370.
Holck, Anne, Verner Parsbergs,
  96 f., 107, 135, 168, 247, 383, 521 f.,
  527, 537, 578, 590, 799. — Hen-
  rik 567, 586, 599 f., 662, 682, 784.
  — Manderup 267, 492, 539 f., 795.
Holeby, Fuglse H., 668, 727 f.
Holland se Nederlandene.
Hollebæk, Holmans H., 569.
Hollingholt, Hammerum H., 487,
  558, 606 f., 611.
Hollund, Jerlev H., 575, 596, 620.
Hollænderbyen p. Amager se
  Store Magleby.
53

Højrup, Salling H., 521.

—, Nørre-, Skam H., 401.

Højstrup, Stævns H., 259.

Høks Herred 199.

Hønborg, Klavs, i Søholmsgaard, Herredsfoged i Elbo Herred, 277, 405, 419, 584, 751.

Hønborg Slot og Len 53 f., 364, 409 428, 717.

Hønsinge, Ods H., 507, 666.

Hørby, Pros Lavridsen, 103, 608.

Hørby, Froste H., 676. — Len 96 f., 247, 383.

—, Hindsted H.. 378.

—, Tudse H., 3, 534. — Gaard 358 f.

Hørdum, Vester-, Hassing H., 462. — Øster-, 462.

Hørishavn, V. Flakkebjærg H., 24.

Hørje, Froste H., 678.

—, Gynge H., 220, 342.

Hørmested, Horns Herred, Jylland, 707.

Hørrød, Gærs H., 155.

Hørsholm Slot og Len 96, 146, 203, 281, 358. Dat. 8, 10 ff., 116, 186, 215 f. — Foged se Henrik Holst. — Birk 86, 181, 188, 711.

Hørslev, Framlev H., 260, 519.

Hørsted, Hassing H., 622.

Hørup. Als, 631 f.

—, Tørrild H., 518.

Hørve, Ods H., 593.

Høst, Jep, i Krarup, Herredsfoged, 394.

Høstemark, Fleskum H., 792.

Høvelund. Middelsom H., 588.

Høye, Johan, Skibshøvedsmand, 577.

Høyer, Jakob, kgl. Sekretær, 67, 233.


Ibsker, Bornholm, 231.

Ibstrup (nu Jægersborg), Sokkelunds H., 694. Dat. 8-11, 216 f., 688-94.

Ide. Fru, se Munk. — Hr. Olufs se Munk. — Andersdatter, Povl Skinkels, se Dresselberg.

Idestrup, Falster, 223.

Idom, Ulvborg H., 436.

Igeløse, Torne H., 370.

Igen, Als, 631 f.

Igum, Elbo H., 402, 413, 420, 489, 533, 587, 592, 614. — Mølle 100, 420. 466, 482. 533.

Ikær, Holmans H., 569.

Ildshorn, Hammerum H., 536, 621.

Ildved, Nørvang H., 402.

Illenbjærg (?), N. Asbo H., 618.

Illerup Mølle, Hjelmslev H., 801 f.

Illuga Gudmundsen, Hr., p. Island, 305.

Ilsbjærg. Tønnersø H., 231.

Ilshøj, Gerlev H., 581 f., 666.

Indslev, Vends H., 583, 623.

Indstedskov, Lunde H., 380.

Ingeborg Oluf Skrivers 691.

Ingelstad Herred 53, 496.

Ingelstrup, Sjælland, 2.

Ingelstræde, Luggude H., 358.

Inger Enevold Lavridsens se Væbner.

Ingerslev, Rugsø H., 633.

Ingvald Kristensen, Præst ved St. Olufs Kirke p. Bornholm, 365 f.

Ingvor Mikkelsen, Foged p. Kbhvns. Slot, se Glad.

Isak Movridsen, Mag., Skolemester i Lund, 58, 663.

Isefjord, Havn p. Island, 151.

Island 5, 13, 15 f., 37, 41, 66, 151, 164, 177, 179, 233, 246, 249, 255, 293, 305, 311, 325 f., 333, 353, 356, 487, 541, 623, 625, 630, 640, 643, 649, 651, 758, 780, 790 f., 796.

Italien 38, 790.

Itzeho. Borgemester se Hans Rottmann.

Iver Smed p. Skanderborg 434. — Bertelsen, Mag., Abbed i Sorø Kloster. 2, 4, 186, 189, 191, 262,

Præst i Starup, 524, 753. — Pedersen, Kapellan i Varde, 515. — Pedersen i Næstved 527. — Pedersen i Sæby 302. — Pedersen 687. — Povlsen, Mag., 549. — Simonsen, fhv. Abbed i Em Kloster, Præst i Rosmus, siden i Lyngby, 642, 658 ff., 732. — Sundsen i Aarhus 645. — Sørensen, Præst i Brørup. 410. — Sørensen, Hospitalsforstander i Aalborg. 217. — Sørensen, Mag., Skolemester i Kolding. 7. 424, 522, 741. — Thomesen til Hjermeslevgaard 445, 480. — Thomesen, Kannik i Lund, 265. — Thomesen i Børkop, Herredsfoged i Holmans H., 573.

Jenstrup, Ø. Flakkebjærg H., 582.

Jep Hansen i Gamby 245. — Lavridsen i Resendal, Herredsfoged i Hids H., 461. — Nielsen i Rosted 3, 244. — Offesen 112 f. — Pedersen, Byfoged i Middelfart, 386, 518. — Thomesen i Lejrskov, Delefoged i Anst Herred. 419.

Jerickens (Jurckens, Gerckens, Gørckes), Henrik, p. Island 22, 292, 649.

Jerlev, Jerlev H., 576, 592, 596, 600, 602, 745.

— Herred 407, 596, 730.

Jernit, Gern H., 458.

Jeronimus, Succentor i Viborg, se Justus.

Jerrestad, Jerrestad H., 350.

— Herred 53, 496.

Jersie, Tune H., 205, 237.

Jerslev, Børglum H., 302.

— Herred 520, 785.

Jersøre, Skam H., 398, 401.

Jesper. Præst i Elmelunde, 10. — Snedker 7. — Vintapper se Jesper Skammelsen. — Skammelsen, kgl. Kældersvend, 108, 243, 302. 308. 384, 707, 743.

Jestrup, Als, 631.

Jetsmark, Hvetbo H., 480.

Joakim Frederik, Markgreve af Brandenburg, 388.

Johan III, Konge af Sverrig, 731, 787.

Johan, Provst p. Als, 631. — Baptist, Herold, 67, 135. — de Vian i Kongens Kantori 229. — Berendtsen, Falkefænger, 98. — Gregorii, Italiener, 727. — Jørgensen, Borgemester i Næstved, 18 f., 81, 239. — Maria se Marieborck. — Otsen, Høvedsmand. 195.

Johanne Kuntzes i Sorø Kloster 262. — Andersdatter, Hr. Niels Jensens i Randlev, 507. — Nielsdatter se Rotfeld. — Nielsdatter i Horsens 529.

Jon, Mag., se Jon Tursen. — Aresen, Biskop p. Island, 640. — Jensen, Hr., se Kolding. — Jensen, Bogtrykker p. Island, 311. — Jonsen, Lagmand p. Island, 387, 649. — Kragsen p. Island 640. — Tursen, Mag., Kannik i Lund, 144, 697.

Jonas Jakobsen se Venusin.

Jonstrup, Luggude H., 358.

Jonstrupgaard, Smørum H., 691.

Jordløse, Salling H., 529.

Jordrup, Anst H., 461, 527.

Josef Tømmermand i Grønholt 103.

Juel, Herman, 113, 525, 715, 729, 795. — Iver Keldsen 565, 778. — Jens 751. — Keld 27, 715, 729, 795. — Kristen 523, 681. — Kristoffer Thomesen 488, 584, 551, 572, 590. — Marine, Kristoffer Pallesens, 31, 109. — Mogens til Jullingsholm 574, 607, 715, 729, 795. — Mogens til Knivholt 111, 172, 715, 729, 795. — Mogens Pallesen 715, 729, 795. — Mogens 184. — Niels Keldsen 155. — Ove Nielsen 27, 113, 184,

97, 107, 119, 122, 126 f., 133 f.,
187, 148 f., 155, 164, 168, 175, 213,
218 ff., 222, 232, 250, 253, 263,
268, 271, 283. 287, 292, 303, 313,
317 f., 335 f., 342, 350, 352, 368 f.,
374, 401, 415, 422, 426, 456, 490,
496-9, 501 ff., 539, 542 f., 565, 573,
601, 614, 620, 638 f., 642, 644, 648,
669, 675, 683, 687, 702, 704, 706,
715, 729, 750, 795. — Erik til
Aas 516 f., 760 f., 782. — Erik til
Lindbjærg, Lensmand p. Børg-
lum Kloster. 74, 146, 502, 596,
641, 661 f., 742. — Iver 554, 573,
735. — Jens, Oberst, Lensmand
p. Silkeborg, 9 f., 49, 63, 69, 85,
91 f., 111, 132, 136, 189, 146, 172,
180, 184, 201; 1577 Lensmand
p. Aalborghus 209 f., 213, 217 f.,
230, 233, 253, 257, 265 ff., 301,
322, 334, 351 f., 368, 372, 378, 388,
395, 430, 446, 477, 480, 482, 487,
489, 496, 499, 502, 506, 523, 531,
544, 556 f., 564, 589, 634, 792. —
Niels, kgl. Kansler, 8, 11, 13,
28, 40, 42, 57 f., 66 f., 70, 79, 92,
116, 120, 147, 155, 164, 167, 174,
179, 202, 221, 280, 282, 310, 317,
331, 338, 403 f., 427, 434, 446 f.,
465, 467, 469 f., 473, 483, 494, 505,
509, 524, 537, 577, 611, 620, 644,
647, 696, 698, 700, 703, 706, 715,
729, 736, 740, 795. — Niels 271,
274, 538.

Kaas (Vaaben: en Murtinde), Em-
mike, 1576 Lensmand p. Visborg,
19 f., 88, 155, 171, 173, 213, 215,
269 f., 304, 320, 337, 346, 354,
512, 518, 648, 673, 685, 734. —
Jørgen, Skibshøvedsmand, 382 f.,
538. — Mogens 606.

Kagerup, Merløse H , 227.

Kagstrup, Tune H., 223, 237.

Kalhave, Nim H., 479.

Kalleko, Salling H., 465.

Kallerup, Smørum H., 348.

— Mark ved Odense 488.

Kallundborg 18, 30, 51, 95, 105,
121, 163, 201, 231, 268, 271, 313,
422. 442, 542, 614, 661, 677, 681,
737, 742, 754. — Borgemester se
Jens Jæger; Byfoged se Oluf
Jensen. — St. Jørgens Hospital
653, 677.

— Slot og Len 62, 87, 106. 121,
132, 163, 170, 196, 211, 225, 241,
252, 257, 272, 289, 311, 358, 362,
373, 388, 486, 540, 657, 672, 677,
687. Dat. 105-10.

Kallø Slot og Len 31, 110, 115,
140, 257, 307, 374, 414. 420, 482,
488, 519, 530, 532, 551, 659 f., 685,
738, 773. — Foged se Anders
Mikkelsen. — Flaske 31.

— Birk, Laaland, 235, 289 f., 500.

Kalmar 443.

Kalsbøl, Bjærge H., Jylland, 470.

Kammersgaard, V. Horne H., 423.

Kampe, Asmus, Fribytter, 82 ff.

Kampen, Holland. 660.

Kankbølle, Ø. Lisbjærg H., 596.

Kanne (nu Rantzavsgave). Hads
H., 429.

Kappendrup, Aasum H., 375.

Kareby, Vester-, Harjager H., 229.

Karen Bagges 352. — Holger Ro-
senkrantz's se Gyldenstjerne. —
Iver Lunges se Bryske. — Jens
Bildes se Rønnov. — Jens Skræd-
ders Datter i Odense 550. — Jep
Halmes 245. — Kottes i Odense
285, 550. — Hr. Lavrids fra
Malmø 700. — Mogens Krabbes
se Ged. — Movrids's 232. —
Niels Skeels se Krabbe. — Palle
Skrams se Skovgaard. — Jør-
gensdatter, Mogens Henriksens,
se Friis. — Pedersdatter, Peder
Skrivers i Folby, 481. — Sørens-
datter, Jakob Eskesens, i Skive
447. — Thomasdatter, Jens Tho-
mesens, 573.

Karl, svensk Hertug, 221, 553.
617, 731, 766.

Krapperup, Luggude H., 426.

Krarup, Ø. Horne H., 495.

—, Sønder H., Randers Amt, 777.

—, Jylland, 894.

Krasberg, Ø. Lisbjærg H., 776.

Krasse, Niels, Herredsskriver i
Hornum H., 797.

Krause, Joakim, meklenborgsk
Adelsmand, 38.

Krempe, Holsten, 597. Dat. 552.
— Slot og Len 763.

Kreuett, Henrik, i Hamborg 10.

Kreye, Hans, Kromand ved Fre-
deriksborg, 173.

Kristence, Fru, til Mogenstrup se
Ulfstand. — Henrik Bildes se
Ulfstand. — Nielsdatter, Bjørn
Kaas's, se Rotfeld.

Kristiern (Kristen, Kristian), Hr.,
i Aalborg 352. — Præst i Aare-
strup 154. — Præst i Hjerm 591.
— Præst i S. Onsild se Kristiern
Jensen. — Præst i Raabelev
36. — Glarmester 81. — Skriver
603. — Jude, Byfoged i Ystad,
123, 254. — Jyde 239. — Ander-
sen, Præst p. Gulland, 485, 512,
668. — Ebbesen, Præst i Søn-
derhaa og Snedsted, 622. —
Eriksen, Hr., Vikar i Aarhus,
235. — Eskildsen, Præst i Vel-
ling, 194 f., 303. — Hansen, Præst
i Ørsted, 384. — Jakobsen, Ride-
foged p. Skabersø, 149, 251. —
Jensen, Præst i Alling, 175. —
Jensen, Præst i Gødvad og Balle,
452. — Jensen, Præst i Sønde-
rup, 267. — Jensen, Præst i S.
Onsild, 511, 774. — Jensen, Hr., 98,
418. — Jørgensen, Præst i Ribe
Hospital, 297. — Kristiernsen,
Præst i Jungshoved, 677. —
Kristiernsen. Tolder i Marstrand,
720. — Lambertsen, Hr., Skole-
mester i Hobro, 453. — Lavrid-
sen, Mag., Skolemester i Odense,
623. — Madsen, Præst i Ravn-

kilde, 295. — Nielsen, Præst i
Fakse, 75, 344. — Nielsen, Præst
i Kragelund, 446. — Nielsen,
Præst i Vedersø, 589. — Nielsen,
Hr., 189. — Nielsen, Ladegaards-
foged i Antvorskov Kloster, 652.
— Nielsen i Jersøre 398 f. —
Nielsen i Nykøbing p. Mors 369,
513. — Pedersen, Præst i Aj-
strup, 445. — Pedersen, Præst
i Hjerm, 457. -- Pedersen, By-
foged i Randers, 597. — Peder-
sen i Tinning, Herredsfoged i
Sabro Herred, 490, 527. — Pe-
dersen, kgl. Skipper, 151, 219,
618, 702. — Pedersen i Hobro
453. — Povlsen. Prior i St.
Knuds Kloster i Odense, 632
(jvfr. 806). — Troelsen i Bregne-
dal 170.

Kristoffer, Præst, 541 f. — kgl.
Buntmager 182. — Hospitals-
forstander i Kbhvn. 216, 302. —
Skriver, Borgemester i Odense,
613. — Skriver i Ruds-Vedby
116. — Fynbo i Vordingborg
197 f. — Skaaning i Horsens
426 f., 476, 551, 601. — Bjørnsen,
Tolder i Vordingborg, 196. —
Eriksen se Mormand. — Lav-
ridsen se Udsøn. — Mikkelsen
se Tornekrans. — Nielsen se
Rosenkrantz. — Pallesen se Ul-
feld. — Pedersen, Præst i Bursø
og Holeby, 668. — Pedersen i
Kaaberbølgaard 33. — Svend-
sen, Præst i Stenmagle og Sten-
lille, 246.

Krogagergaard, Langeland, 20, 83,
158.

Krogen se Kronborg.

Krogerup, Lynge-Kronborg H.,
148.

Krognos, Anne Olufsdatter, Klavs
Podebuskes, 294, 305, 697. —
Oluf Movridsen 4, 646, 672, 697,
801.

Lønborg, N. Horne H., 153.
— Gaard og Birk 350, 422, 718.
Lønne, V. Horne H., 552.
Lønstrup, Vennebjærg H., 193.
Løsning, Hatting H., 584.
Løve Herred 233.
Løvel, Nørlyng H., 370.
Løvenbalk, Knud Mogensen, 494, 576, 782.
Løvet, Tyrsting H., 406.

Maale, Bjærge H., Fyen, 685.
Maaneskjold, Bjørn Knudsen, Landsdommer i Sønderhalland, 56, 288, 638.
Maare, Vinding H., 469.
Mabjærg Munkesø ved Roskilde 657.
Mads, Præst i Særslev og Gørslev, 706. — Borgeskriver 603. — Knivsmed i Odense 456. — Skriver p. Bremerholm 752. — von Gifhorn, Skovrider, 217. — Ankersen i Ribe 416. — Eriksen se Vasspyd. — Jensen, Kapellan i Odense, 192. — Knudsen i Næstved 80. — Kristensen, Præst i Vallensbæk, 77. — Kristensen, Hr., 732. — Nielsen, Præst i Solbjærg, 773. — Nielsen, Kapellan ved Vor Frue Kirke i Ribe, 672. — Pedersen, Præst i Sønderhaa og Snedsted, 622. — Povlsen, Dr., Kannik i Roskilde og Forstander for Duebrødre Hospital, 144, 483, 560 f. — Povlsen, kgl. Foged p. Færøerne, 646 f. — Povlsen, Skriver i Antvorskov Kloster, 754 f. — Stensen se Laxmand. — Sørensen, Byfoged i Slagelse, 316.
Magdeburg 156.
Magleby, Langeland, 546.
—, Møen, 10.
—, Stævns H., 766.
—, Store-, Amager, 120, 271, 538, 621, 779.

Maglebylille, Amager, 712.
Magnus, Christian III's Søn, 352, 417, 763.
Magnus, Hertug af Sachsen-Lauenburg, 162, 168, 174, 198, 221.
Magtenbølle, Odense H., 710.
Mahr, Jørgen, Borgemester i Helsingør, 353, 447, 640.
Majbøl, Als, 631 f.
Majbølle, Musse H., 73. — Birk 725.
Malgers, Peder, p. Gulland 485.
Malle, Hillerslev H., 465.
Malling, Ning H., 790.
Malmø 30, 71, 79, 94, 119-23, 137, 142, 164, 173, 178, 180 f., 192, 200, 230, 253 f., 260, 271, 292, 385, 415, 422, 442 f., 538, 542 f., 572, 661, 696 f., 728, 732, 737, 750, 780, 789, 792. — Borgemester se Peder Jude; Byfoged se Jørgen Bornholm; Tolder se Lavrids Jørgensen. — Borgere 10, 276, 304, 337, 343, 415, 443, 689, 698, 704, 750. — Akselgaarden 697. Rostocksgaarden 697. Salterboden 697.
Malmøhus Slot og Len 17, 39, 154 f., 213, 267, 320, 482, 566, 675, 684, 697, 796. Ridefoged se Hans Holst.
Malt, Malt H., 607.
— Herred 537, 753.
Maltbæk, Malt H., 591, 753.
Malte Jensen se Sehested.
Mammen, Middelsom H., 742.
Mandemark, Møen, 638.
Mandix, Peder, i Eckernførde 94.
Mangler, Jørgen, Høvedsmand, 763.
Mansfeld se Jakob.
Manstrup, Ø. Han H., 705.
Manø 407.
Marbæk, Holmans H., 569.
Marine (Maren), Fadeburskvinde p. Skanderborg, 471. — Albrets i Kallundborg 105. — Kristiern

54*

179, 184, 201, 231, 271, 422, 442,
538, 557, 572, 614, 661, 737, 780,
788. — Hospital 74, 96, 172. —
Kirke 534.
Nykøbing Slot og Len p. F. 15,
22, 46, 69, 75, 114, 122, 161, 172,
186, 191, 208, 212, 252, 388, 416,
436, 509, 532, 542, 556, 654, 667,
674, 724 f., 734, 757, 760. Da t.
65 f. — Slotsskriver se Jørgen
Blancke.
— p. M. 30, 71, 120, 201, 231, 271,
369, 372, 416, 422, 442, 513, 538,
565, 737, 780. — Byfoged se
Thomas Knudsen. — Borgere
369, 372, 513, 564.
— p. Sjælland 6, 30, 95, 120 f., 201,
203, 271, 290, 441 f., 538, 542, 614,
737, 779.
Nyløse i Sverrig 395.
Nyminde Fiskerleje, V. Horne H.,
407.
Nürnberg 406.
Nysted 30, 95, 120 f., 164, 167, 201,
226, 231, 271, 422, 442, 538, 557,
661, 737, 780. — Kirke 526. —
Kloster 167, 470.
Nystrupgaard, Hundborg H., 426 f.
Næraa, Aasum H., 546. — Torp
546.
Nærild, N. Horne H., 609.
Nærum, Sokkelunds H., 342.
Næsby, Tybjærg H., 643.
Næsbyhoved Birk 192, 376.
— Slot og Len 273, 350, 390, 393 f.
Næstved 2, 19, 30, 42, 72 f., 95, 113,
120 f., 123, 163, 180, 186, 196,
201, 231, 251, 253, 271, 422, 442,
527, 538, 542, 614, 661, 677, 737,
779. Dat. 196. — Borgemester
se Johan Jørgensen; Raadmand
se Niels Lavridsen; Byskriver
se Anders Ibsen; Sisemester se
Otte Hansen.—Borgere 80 ff., 219 f.
— Brogade 80 f. Herrestræde
81. Købmandsgade 81, 86. Mølle-
gade 80 ff. Peblingestræde 82.

Ringstedgade 80 ff. Torvegade
80. Østergade 81. — Skomager-
haven 82. — Hospital 82, 239.
— St. Olufs Hus 81. — St. Mor-
tens Kirke 86. — Teglgaarden
81. — Hjultorvet 81.
Næstved Minde 2.
—, Lille-, Ø. Flakkebjærg H., 113.
Nødholm Skov, S. Hald H., 110.
Nølev, Hads H., 427.
Nørager, S. Hald H., 451, 575.
Nørbjærggaard, V. Han H., 705.
Nørby, Bølling H., 565.
Nørbæk, Sønderlyng H., 778.
Nørgaard, Hind H., 611, 629, 665.
—, Slet H., 705.
Nørhaa, Hundborg H., 670.
Nørholm, Hornum H., 21.
Nørhoved, Vrads H., 782.
Nørkær, Kær H., 588.
Nørlev, Vennebjærg H., 193.
Nørlund, Vrads H., 652.
Nørlykke, N. Asbo H., 99.
Nørre Herred p. Langeland. Her-
redsfoged se Lavrids Skriver.
— Herred p. Mors 446, 498.
— Herred, Randers Amt, 602.
Herredsfoged se Søren Mik-
kelsen.
— Herred, Salling, 522.
— Mose, Laaland, 376.
Nørreby, Skam H., 259, 316.
Nørrehalne, Kær H., 588.
Nørtaa, Froste H., 96.
Nørup, Merløse H., 196.
Nørvang Herred 731. Herreds-
foged se Niels Jørgensen.
Nøttrup, Bjærge H., Jylland, 492,
540.

Obling, N. Horne H., 609, 781.
Oboklit (?), Hind H., 772.
Odder, Hads H., 464, 497.
Odderbæk, Nørvang H., 597, 737,
749.
Odense 28, 30, 35, 60, 95, 105, 108 f.,

Sisemester i Svendborg, 123, 253, 543, 589. — Smed i Svendstrup 735. — Hojnsen, Mag., 402. — Hemmingsen, Borgemester i Landskrone, 328, 357. — Jensen, Foged i Tudse, 359. — Jensen i Sim, Birkefoged i Rye Birk, 464. — Jepsen i Varde 382. — Johansen, Præst i Hundslund, 794. — Kristiernsen, Vikar i Aarhus, 469. — Lavridsen i Pine Mølle 40. — Nielsen. Skovrider, 795. — Olufsen i Lindelse 182. — Pedersen, Byfoged i Kbhvn., 84, 305, 695. — Pedersen, Vikar i Aarhus, 12. — Pedersen, kgl. Købmand p. Island, 249. — Pedersen i Aalborg 321, 351.

Ravnholt, Lysgaard H., 365.
—, Ning H., 484.
Ravning, Tørrild H., 495.
Ravnkilde, Aars H., 97, 275, 295.
Ravnsborg Slot og Len 46, 66f., 114, 117, 122. 176, 212, 253f., 279, 324f., 353, 370, 376, 388, 550. 556, 564. 625, 663, 665. 724, 733f., 776.
Ravnsholt, Dronninglund H., 530.
Rebuck, Kasper, Trompeter, 101. Jvfr. Kasper Trompeter.
Reedtz, Peder, kgl. Staldmester, 153, 535.
Reff, Anders, i Ringsted 2.
Refs Herred 520, 784.
Refsgaarde, Jerlev H.. 418, 576, 596.
Refshoved, Refs H., 570.
Reinfeld Kloster. Dat. 728.
Rejnholt, Skipper, 763.
Rejnholt, Klavdi, kgl. Skrædder, 323.
Rejstrup, Merløse H., 196.
Remmerslund, Hatting H., 466, 470, 484.
Rendsborg, 1, 763.
Renge, Stævns H., 695.

Rerslev, Løve H., 163, 335, 638.
—, Onse H., 535.
Resing (?), Ærø, 632.
Revelbjærg, Bjærge H., Skaane, 352.
Reventlov, Henning, meklenborgsk Adelsmand, 585. — Johan 632. — Magdalene, Henrik Holcks, 586, 784.
Revet, Havn p. Island, 5, 326.
Revinge, Torne H., 677.
Revn, Sønder H., Randers Amt. 518.
Reynenæs Kloster p. Island 337.
Rhadewurm, Valentin, 705.
Rhingrever 766, 788.
Ribe 13, 23, 26 f., 30, 40, 60, 71, 120 f., 131, 156 f., 188, 200, 231, 240, 271. 372, 375, 378, 399, 416, 422, 442, 491, 538, 546, 551, 593, 597, 601. 648, 656 f., 696, 731, 737, 772, 780. — Borgemester se Peder Hegelund; Byfoged se Niels Povlsen; Tolder se Peder Hegelund. — Borgere 104, 124, 131, 226, 255, 310, 415 f., 490, 532, 608. Nørrebro 127, 403, 493. Skibsbroen 127 f., 403, 493. — Korsbrødregaard 378. — Grønnegade 378. Præstegade 378. — Hospital 297, 327. 407, 488 f., 492. 525, 572, 591. Forstandere se Peder Becke, Thomas Bonum. — Domkirke 110, 327, 372. 412, 421, 556, 572. 591, 594, 598, 672, 745. 750. — Kapitel 223, 327, 386, 407, 412, 417. 421, 424, 436 ff., 458, 468, 523. 525 f.. 572, 578, 591 f.. 594, 600, 609, 681, 710. 743, 778. Ærkedegnedømme 402. Ærkedegn se Jens Viborg. Kantordømme 436 f. Kantor se Kristiern Lange. Læsemester se Lavrids Ægidiussen. — Vor Frue Kirke 491. 672. — Nørreport 403. Pilisport 378. — Skolemester se Peder Jensen Hegelund.

28, 31, 40, 42, 61, 63, 110, 132,
136, 139f., 148, 167, 213, 257,
267, 276, 280, 307, 317, 414, 422,
451, 482, 488f., 492, 502, 518f.,
531f., 536f., 539, 548, 551f., 556,
573, 580, 602, 619, 633, 642, 644,
653, 659f., 669, 685f., 715, 729,
736, 773, 777f., 782, 795, 805. —
Kristoffer Nielsen 192. — Lud-
vig Nielsen 417, 592, 743. — Mar-
grete, Hans Johansens, 548, 799.
— Mette, Peder Oxes, 2f., 42,
46, 63, 72f., 83, 136, 149, 154,
159, 163, 168, 233f., 349, 379,
426, 702. — Niels 155, 633. —
Oluf Nielsen 14, 136, 699. —
Sofie, Brejde Rantzaus, 536, 552.
— Stygge 633, 673, 697. —
Timme 27, 715, 729, 795. — Vin-
cens 155.

Rosenvinge, Henrik Mogensen,
Tolder i Helsingør, 7f., 14, 19,
22, 25, 43f., 47f., 52, 54, 61, 77,
85f., 88f., 99, 102, 112, 144, 151,
156, 165, 171, 176f., 182, 188,
190, 213, 229, 288, 296f., 303, 306,
319f., 332f., 335, 340, 344, 354f.,
357, 379, 406, 424f., 442, 445, 462,
472, 478ff., 493f., 496, 501, 561,
593, 604f., 617, 641f., 660, 664,
668, 671, 674, 676, 710f., 721, 729.
— Mogens Henriksen, Borge-
mester og Hospitalsforstander
i Odense, 32, 34f., 120, 395f.,
410, 645, 788. — Niels Henrik-
sen 211. — Villum Henriksen
7, 711.

Rosgaarde, Fjends H., 447.

Roskilde 8, 27, 30, 35, 83, 95, 100,
117, 140, 182, 190f., 201, 216,
263, 270, 303, 365, 377, 422, 442,
491, 614, 624, 644, 657, 661, 673,
737. — Byfoged se Kristiern
Skøt. — Borgere 85. — Biskops-
gaarden 35. Dronninggaarden
674. — Raadmandshaven 477.
Lillehede 477. Peblingehøjen

477. — Duebrødre Hospital 6,
144, 154, 483, 561, 725f. For-
standere se Hans Leiel, Mads
Povlsen. — Domkirke (St. Lu-
cius) 85, 112, 144, 162, 228, 245,
266, 353, 419, 561, 624. Altre:
St. Antonii 85. St. Michaels
228. Primæ 228. Præbender:
Januæ 143. Hell. 3 Kongers
Kapel 662, 682, 784. St. Lau-
rentii Kapel 469. — Kapitel 8f.,
56, 67f., 83, 127, 154, 211, 227,
245, 247, 353, 469, 483, 511, 560,
644, 664, 682, 698f., 720, 722, 784.
Ærkedegnedømme 469, 483.
Ærkedegne se Jakob Vind, Niels
Kaas. Kantordømme 8f. Kan-
torer se Kristoffer Knopf. Oluf
Offesen. — Vor Frue Kirke 116.
— Agnete Kloster 237, 612. —
Biskopsporten 35. — Skole-
mester se Desiderius Foss.

Roskilde Gaard og Len 6, 33, 61f., 85,
87, 113f., 119, 121, 127, 132, 141,
143, 145, 148, 164f., 169, 190,
207, 211, 225, 237, 240, 252, 254,
257, 270, 285, 306, 312, 326ff.,
341, 347f., 361, 388, 416, 430,
477, 486, 491, 515, 657, 664, 667,
674, 724, 735. Dat. 55f., 62ff.,
110, 196, 305f., 317, 359, 676-88,
719-22.

— Stift se Sjællands Stift.

Rosmus, Sønder H., Randers Amt,
642, 658f., 732. — Birk 593.

Rosserhøit se Rixhøft.

Rosted, V. Flakkebjærg H., 3,
243ff.

Rostock 104, 164, 197, 304, 764. —
Borgere 67, 104, 141, 728. —
Universitet 655.

Rostrup, Hans, 27, 140, 184, 548,
715, 729, 795. — Jakob 28, 61f.,
142, 184, 715, 729, 795. — Lav-
rids 715, 729, 741, 795.

Rostrup, Hindsted H., 234f.

—, Nørre H., Randers A., 600, 719.

Søllemarksgaard (nu Brattings-
borg), Samsø, 435.
Søllerød, Sokkelunds H., 56, 691.
Søllested, Baag H., 236.
Sølvitsborg 178, 231, 264, 538, 679.
— Kirke 4.
— Slot og Len 120, 213, 225, 240f.,
255, 258, 263f., 285, 389f., 393,
556, 679, 733, 735, 774, 780.
Sømme Herred 216. Herredsfoged
se Peder Olsen.
Sømmershavn 30, 120f., 164, 178,
200, 230, 271, 350, 442, 538, 661,
737, 780.
Søndag, Henrik, 58.
Sønder Herred p. Als 631.
— Herred p. Laaland 255.
— Herred p. Mors 446, 498, 665.
— Herred, Randers Amt. Her-
redsfoged se Søren Madsen.
Sønderbjærg Aalegaard, Elbo H.,
751.
Sønderborg 96, 631ff., 763f. — Ho-
spital 632, 768. — St. Gertruds
Kirke 631. — Skole 631f.
— Slot og Len 611, 631ff.
Sønderby, Hind H., 611, 629, 665.
Søndergaarde, Vends H., 308.
Sønderhaa, Hassing H., 622.
Sønderjylland 61, 111, 118, 418,
478, 542, 606, 715, 736, 776, 795f.
Sønderlyng Herred 34, 192f., 690,
693, 778.
Søndersbæk, Holmans H., 569.
Sønderside Havn 309, 407.
Sønderslev, Gærs H., 155.
— Bro, Skaane, 118f.
Sønderstrupgaard, Ø. Han H., 705.
Søndersø, Skovby H., 539.
Sønderup, Hornum H., 267, 465.
Søndrum, Halmstad H., 404.
Sønnerup, Nørrehalland, 262.
—, Skaane, 653.
Sørbymagle, V. Flakkebjærg H.,
245.
Søren Borgesmed i Tørring, Her-
redsfoged i Vrads H., 453. —

Skriver, Tolder i Kolding, se
Kær. — Smaasvend, Borge-
mester i Væ, 335. — Andersen
i Bergen 779, 783. — Andersen
i Nykøbing p. Mors 372. — Han-
sen, Præst i Vejen, 607. — Han-
sen, Byfoged i Svendborg, 61.
— Ibsen i Mejsling 745. — Jen-
sen, Præst i Helgenæs, 306. —
Jensen, Præst i Odder, 497. —
Jensen, Foged i Ry, 437. — Jen-
sen i Kosterlev 430, 438. — Jo-
hansen (af Adel) 685, 713. —
Madsen i Østerballe, Herreds-
foged i Sønder Herred, 596. —
Mikkelsen i Glæsborg, Herreds-
foged i Nørre H., 596. — Mor-
tensen i Teglgaard. Herreds-
foged i Hellum H., 801. — Niel-
sen, Præst i Havrum og Søby,
477. — Olufsen, Foged p. Esrom,
666. — Pedersen i Fillerup 502.
— Pedersen i Kolding 637, 690.
— Pedersen i Spørring 390. —
Pedersen i Hindberg 452, 459,
496.
Sørup Birk, Laaland, 5, 325, 353,
436.
— Gaard, Falster, 74, 724. Dat.
68-72.
Søskov, Tørrild H., 407, 451, 456,
516, 692.
Søstrup, Merløse H., 579.
Søsum, Ølstykke H., 87.


Taagerup, Holbo H., 153.
Taaning. Vor H., 497, 507, 510, 793.
Taarnby, Amager, 259, 621.
Taars, Børglum H., 571.
Taarup, Elbo H., 519.
—, Falster, 223.
—, Middelsom H., 519, 588.
—, Vrads H., 652.
Taasing se Hans.
Taasinge 29, 44, 128, 148, 367, 620,
763.

Tingøre Kloster p. Island 22, 292, 321, 649.
Tinnet, Nørvang H., 430.
Tinning, Sabro H., 490, 527.
Tise, Børglum H., 302.
Tjennemarke, Sønder H., Laaland, 876.
Tjerrild, Ø. Lisbjærg H., 110.
Tjustrup, Ø. Flakkebjærg H., 289, 630, 679, 713.
Tjærebro, Anders, Kapellan i Kallundborg, 677.
Tjæreby, Falster, 223.
—, V. Flakkebjærg H., 94, 729.
—, Høks H., 59.
—, Ringsted H., 593.
—, Sømme H., 270.
— Sø, Strø H., 173.
Tjørntved, Merløse H., 630.
Tobberis, Langeland, 158.
Tobberup. Sokkelunds H., se Tøbberup.
Todbjærg, Ø. Lisbjærg H., 789. Dat. 783-7.
Tofte, Hindsted H. 523.
—, Rønnebjærg H., 222.
—, Skovby H., 639.
Tofthøj, Tørrild H., 495.
Toftum, Vor H., 770.
Togemosegaard, Baag H., 724.
Tollestrup, Børglum H., 761.
—, Rinds H., 568, 625.
Tolstrup, Vennebjærg H., 293.
—, Vor H., 515.
Tommerup, S. Asbo H., 284.
—, Jerrestad H., 350.
Tontoft, Als, 631f.
Topdal Laksefiskeri, Norge, 10, 704.
Torborn Madsen (Vaaben: en halv Buk med et Blad i Munden) 385.
Toreby, Sønder H., Laaland, 255.
Torekov, Bjærge H., Skaane, 183.
Torkil se Terkel.
Torlaks (Torslafs) Havn p. Island 325.
Torlund, Vrads H., 652.

Tornbjærg, Aasum H., 307.
Tornby, Vennebjærg H., 421, 520.
Torne Herred 498, 601.
Tornekrans, Dorothea Nielsdatter, Jens Markvardsens, 382. — Kristoffer Mikkelsen 582. — Niels Mikkelsen 155.
Torning, Lysgaard H., 447.
Torp, Færs H., 721.
—, Ærø, 633.
Torpe, Laaland, 223.
Torpen, Kronborg Len, 297.
Torrild, Hads H., 509.
Torsager, Sønderlyng H., 200, 465, 567.
— Skov, Ø. Lisbjærg H., 110.
Torsted, Anst H., 526.
—, Øster-, Jerlev H., 596.
Torsø, Hovlbjærg H., 802. — Gaard 723.
Torsøgaard, Vemmenhøg H., 175, 204, 218f., 233f., 310, 320, 325, 327, 329.
Torsølund, Hovlbjærg H., 586, 723.
Torup, Aasum H., 375.
—, Halmstad H., 695.
—, Hellum H., 229.
—, Merløse H., 227.
—, Hammer-, Hammers H., 237.
—, Store-, Rinds H., 705.
Tostenæs, Møen, 282f., 289, 680, 713.
Tostrup, N. Asbo H., 342.
—, Merløse H., 760.
Tovgaard, Fjends H., 486, 658.
Tramme, Jakob, i Lybæk 198.
Tranderup, Ærø, 632f.
Tranekær Slot og Len p. Langeland 83, 122, 133, 220, 252, 371, 401.
Trangaard i Nørager, S. Hald H., 575, 620.
Trebjærg, Nim H., 799.
Tredholt Skov, Middelsom H., 503.
Treenstrup, Sjælland, 244.
Trelde, Elbo H., 100, 421, 466, 482, 494, 519, 576.

Treldenæs. Elbo H., 418, 421.

Trelleborg 30. 71, 90, 120-3. 142, 164, 178, 200, 226, 231, 253f., 422, 442, 661. 728, 732, 737. — Byfoged se Lavrids Nielsen.

Trellund, Lage Pedersen, Kapellan i Lønborg. 153.

Trevad, Fjends H., 503.

Trige, V. Lisbjærg H., 440.

Trindelen ved Læsø 76.

Troels, Præst i Taarnby, 259. — Nielsen i Svartingstorp 695. — Olufsen i Næstved 80, 82.

Troelse, Sønder H., Laaland, 663.

Troldehætten, Bro p. Sjælland, 64.

Trolle, Børge, 697. — Niels 285. — Ture 326.

Trollerup. Tørrild H., 495.

Trondhjem 406, 563, 636, 658, 800.

— Gaard og Len 563.

— Stift 563.

Trudsholm, Gerlev H., 447, 461.

True, Hasle H., 468, 688.

—, Hindsted H.. 234.

—, Onsild H., 451, 528.

Trustrup, Hads H., 496.

Tryggelev, Langeland, 370.

Tryggevælde Gaard og Len 64. 75, 182, 186, 191, 197,' 205, 388. Dat. 64, 722.

Træden, Tyrsting H., 801.

Trælund, Hammerum H., 487, 558, 606f., 611.

Træløse, Tybjærg H.. 630.

Træne, Gærs H., 135, 585.

Trøjborg Slot og Len 398, 740, 748.

Trøndelagen, Norge, 103.

Trøstrup, Odense H., 575, 620.

Tudse, Tudse H.. 359.

Tudvad, Jerlev H., 592, 596.

Tuesbøl, Malt H., 753.

Tulsgaard, (?) Bjørge H., Jylland, 402.

Tulstrup, Gern H., 175.

—, Ning H., 588.

—, Rinds H., 568.

—, Nørre-, Middelsom H., 74.

Tune Herred 216, 674.

Tureby Gaard og Len 171, 182, 216.

Turø, Sunds H., 120, 271, 538, 780.

Tustrup, Hellum H.. 133.

Tved, Elbo H.. 430, 598.

—, Mols H., 370, 777.

Tvede, N. Hald H., 625.

—, Torne H., 482.

Tvedskov, Nørre-, Hellum H., 387.

— Sønder-. 387.

Tvenstrup, Hads H., 378, 496.

Tvilum Birk, Gern H., 525. Birkefoged se Hans Nielsen.

Tvilumgaard, Gern H., 774.

Tving, Medelstad H., 194.

Tvingstrup, Vor H., 485, 572.

Tybjærg, Tybjærg H., 87, 318, 379.

— Herred 37, 722.

Tyche, Jakob, Hr., 240.

Tyge Smed i Kolding 525. — Asmundsen, Mag., Superintendent i Skaane, 36. 265, 269, 321.

Tyk Skov, Gern H., 458.

Tyklund, Vrads H., 652.

Tyregod. Nørvang H., 495, 528, 547, 597.

Tyregodlund, Nørvang H., 495.

Tyrsting Herred 453.

Tyskland 6, 11, 38, 48, 67, 102, 358, 506, 524, 636, 746.

Tyvkær, Holmans H., 544, 567, 575f., 592, 620.

Tøbberup (nu Hjortespring), Sokkelunds H., 87, 351.

Tøfting, Hillerslev H., 427.

Tøger Olufsen, Degn i Aasted og Selde, 99f.

Tømmerby, V. Han H., 705.

—, Skads H., 600, 719.

Tømmerup, Merløse H.. 586.

Tønder 38.

Tønnersø, Tønnersø H., 231.

— Herred 199.

Tønning, Tyrsting H., 799.

Tørresø, Skam H., 590.

Tørrild, Tørrild H., 509, 589, 595.

Tørring, Gern H., 798.
—, Vrads H., 451, 453, 762.
Tørringe, Favraas H., 262.
—, Salling H., 629.
Tørskind, Tørrild H., 495.
Tørslev, Vester-, N. Hald H., 653.
—, Øster-, Gerlev H., 581 f.
Tøstel Baardsen se Handingmand.
Tøstrup, N. Horne H., 609.
Tøtterup, Hornum H., 351, 465.

**U**, Peder, 697.
Udby, Baarse H., 586, 723.
—, Vends H., 390.
Udesundby, Lynge-Frederiksborg H., 354.
Udlejre, Ølstykke H., 6, 201.
Udsøn, Ebbe Lavridsen, 77 f. — Enevold Lavridsen 420, 476. — Kristoffer Lavridsen 582.
Udvellinge, Luggude H., 618.
Uexkull, Otte, Ritmester, 290 f., 472. — Rejnhart 472.
Ugelbølle, Ø. Lisbjærg H., 101, 490.
Ugelstrup, Voldborg H., 760.
Ugerup, Arild, Lensmand p. Aahusgaard og Elleholm, 28, 43, 93, 113, 148, 151, 168, 184, 213, 321, 345, 352, 359, 537, 634, 641, 647, 679, 681, 716, 729, 795, 799. — Margrete, Jakob Movridsens, 610. — Ove 135.
Uggerby, Vennebjærg H., 762.
Uggerløse, Arts H., 145.
—, Merløse H., 687, 708. 760.
Uggerslev, Skam H., 663.
Uglerup, Skyts H., 190.
—, Tudse H., 630, 669.
Ulbølle, Salling H., 375, 700, 718.
Ulgersholm (?), Brusk H., 586.
Ulf, Peder, Skovrider, 568.
Ulfeld, Anne Stisdatter, 258, 291, 310. — Eggert, Lensmand p. Roskildegaard og Skjoldenæs, 2, 27, 33, 37, 57, 61 f., 72, 83, 87 f., 95, 119, 121 f., 124, 132, 134, 143,

164; 1577 Lensmand p. Vinstrup 169, 190, 225, 240, 254, 257, 328, 341, 416, 554, 734. — Holger 221, 716, 729, 795. — Jakob. Lensmand p. Dalum Kloster, 28, 31 f., 42, 61, 103. 109, 112, 126 f., 136, 148, 167 f., 191, 250, 257, 280, 297, 339, 352, 383, 396 f., 537. 539, 565. 573, 582. 586, 615, 620, 629, 645, 647, 678, 681, 684 f., 689, 716, 739. — Jens 425. — Just 504. — Kirstine, Arild Olsens, 426. — Kirstine, Morten Svendsens, 414, 418, 489, 576, 603, 610, 717, 788. — Knud 17, 27, 168, 222, 370, 553, 638, 651, 697, 716, 729, 795. — Kristoffer Pallesen 109. — Margrete, Knud Gjeddes, 284.
Ulfstand, Gert Jensen. 296. — Gregers Holgersen, Lensmand p. Skivehus, 23, 64, 91, 109, 114, 149, 237, 250, 715, 729, 772, 795. — Gregers Truidsen 42. 114, 184, 224, 309; 1578 Lensmand p. Halsted Kloster og Ravnsborg 325, 352 f., 370, 388, 408, 506 550, 553 f., 556, 625, 627, 647, 663, 681, 702, 707, 715. 729, 733 f., 776, 778, 795. — Hak Holgersen, Lensmand p. Lykaa. 27, 34, 60 f., 68, 83, 114, 120, 128, 168, 184, 196, 213, 225, 254 f., 264, 271, 283, 288 ff.; 1578 Lensmand p. Aalholm 313 f., 323, 327, 343, 353, 371, 375, 388, 390, 399, 422, 426, 436, 470, 486, 490, 500, 506, 526, 534, 539, 542, 553, 556, 572 f., 589, 614, 634, 669. 702, 716, 720, 729, 734, 766, 795. — Holger Jensen 17, 23, 91, 109. 149, 199, 237, 250 f., 292, 359, 638. — Ide, Falk Gjøes, 435, 492, 553. — Jens Holgersen († 1523) 174. — Jens Holgersen († 1566) 17, 23, 109, 237, 250, 359. — Kristence, Henrik Bildes, 369, 426, 637,

56

Bjørnsen. — Borgere 197f. — Skole 239.

Vordingborg Slot og Len 3, 42, 46, 65, 76, 88, 121, 132, 138, 169, 186, 191, 197, 212, 234, 238 f., 251, 289, 340, 388, 415, 486, 489, 508 f., 512, 723 f. Dat. 64 f., 75, 196 f., 722 ff. — Foged se Peder Holst.

Vorgaard. Dronninglund H., 15, 48 f., 56, 69, 85, 100, 111, 172, 218, 387, 530, 625. — Birk 530.

Vork, Jerlev H., 418, 451, 509, 576, 592, 596, 633.

Vorladegaard, Tyrsting H., 441.

Vormstrup, Slet H., 633.

Vorret, Vrads H., 451.

Vraamose, Fakse H., 75.

Vrads, Vrads H., 107, 467.

— Herred 450. Herredsfoged se Søren Borgesmed.

Vrangstrup, Tybjærg H., 4, 158, 816.

Vrejlev Kloster, Børglum H., 92, 157, 216, 334.

Vrensted, Børglum H., 302, 784.

Vressel, Færs H., 721.

Vridsted, Fjends H., 495, 519.

Vrigsted, Bjærge H., Jylland, 492, 540, 578.

Vrinders, Mols H., 109.

Vrold, Hjelmslev H., 801 f.

Wulf, Hans, Hertug Magnus af Sachsen-Lauenburgs Tjener, 174.

Wulfen, Baltser von, 582. — Statius von 582.

Væ 30, 71, 138, 178, 200, 226, 442, 661, 737. — Borgemester se Søren Smaasvend. — Borgere 47, 115, 226, 345, 349. — Hospital 689.

Væbner, Inger Terkelsdatter, Enevold Lavridsens, 420, 476. — Peder Terkelsen 801.

Værløse, Smørum H., 691.

Væt, Galten H., 707, 782.

Vøjstrup, Salling H., 529, 700.

Yderby, Ods H., 697.

Yding, Vor H., 425, 464, 766.

Ystad 3, 30, 53, 71, 92, 120-3, 142, 157, 164, 178, 200, 204, 231, 253 f., 260, 271, 343, 422, 442, 444, 538, 661, 679, 737, 780, 792. — Borgemester se Simon Mikkelsen; Byfoged se Kristiern Jude.

Zacharias, Bedrager, 66.

Zigders, Oluf, Landsdommer p. Gulland, 485.

Zweibrücken 766, 788. Pfalzgreve se Frederik, Otte Henrik.

Zybern, Kasper, 444.

Æbeltoft 30, 71, 120, 163, 201, 231, 271, 416, 422, 442, 492, 538, 693, 737, 780.

Æbelø, Skam H., 224, 402.

Ædituus, Martin, Dr., 54.

Ærø 301, 366, 411 f., 611, 631 ff., 704, 768.

Ø Kloster 15, 100, 530.

Ødsted, Jerlev H., 425, 567, 577, 592, 596.

Ødvig, Hammerum H., 611.

Øen Gaard og Len, Laaland, 75, 178, 181, 246, 388, 618, 784.

Øgaard, Peder, se Peder Nielsen.

Øje, Herrestad H., 368.

Øksenbjærg, Nørvang H., 495.

Øksendrup, Gudme H., 371.

Øland, Hassing H., 568.

— i Limfjorden 21.

Ølby, Hjerm H., 465.

Ølgod, Ø. Horne H., 594.

Ølholm, Nørvang H., 737, 749.

Øllegaard Peder Falsters se Valkendorf.

Øls, Hindsted H., 378, 580.

Ølsen, Henrik von, Skovrider, 141, 285.

Ølskøb, Strø H., 627, 675.

# Sagregister.

Byfoged, Udnævnelser til, 309, 386,
473, 678. Afsættelse 19. Løn
171, 236f., 305, 309. 386, 473, 500,
563f., 607, 657. Fritagelse for
Afgift 61, 136, 309f.. 316, 468,
473, 499f.. 607. Regnskab 416.
Restance 124, 416, 597, 688.

Bygmester se Hans Bygmester,
Hans v. Andorf, Hans Paaske.

Bygningsarbejder paa Slotte se
Slotte.

Byskatter. Restancer 157. 226f.,
383, 416f., 732, 759. Eftergivelse
90. 157. 192, 220, 238, 242, 263,
268, 313, 320. 373, 393, 427, 774.
Nedsættelse 374, 587. Byskat
maa oppebæres af Adelsmand
193. Jvfr. Købstæder.

Bægere 500, 721. Jvfr. Drikke-
glas.

Bønder tilsiges til offentligt Ar-
bejde 64f., 107, 118f., 124, 140,
145, 178, 195, 199, 237, 281, 286,
320, 366, 377, 390, 513, 518, 523,
530, 601, 645, 759; til at male
Korn og bage Brød 106, 123f.,
237; til at brygge Øl 251 ff.; til
at male Gryn 337; til at istand-
sætte Gærder og Diger 508,
749; til at arbejde paa Befæst-
ning 199; til at hugge Ved 774;
skulle gøre Tilførsel til Hoffet
730f., til en bestemt' Pris for
Varerne 404. 730f. Bønder fri-
tages for at holde Postvogne
4; skulle stille Holdsvogne 722,
fritages herfor 710, 716; skulle
stille Vogne til Transport af
Sten og Kalk 53, 498; af Adels-
mands Gods 9. Universitetets
Bønder skulle hjælpe Kronens
Bønder med Ægt og Arbejde
195, 674. Jvfr. Ægt. Hoveri
60, 63, 75, 93, 306, 317, 326, 346,
362, 376, 406, 430. 475f., 507, 537,
582, 595f., 601, 772. Fritagelser
for Hoveri 138, 195, 203, 205,

220, 242. 265, 353, 371. 380, 394.
404, 410, 412f., 417, 419-22. 427.
429, 433ff., 437, 440, 445f., 448.
450. 452f., 458, 460f., 466, 468,
471, 479, 481, 484f., 490, 493, 498,
503, 507f., 522, 525, 527, 533ff.,
550. 559, 566-9, 573. 578, 580,
596, 599, 603, 606, 610, 612, 624,
641, 666, 688, 736, 760, 770, 784,
788f., 793, 795. Vornedskab 334.
Fritagelser for at deles til Stavns
259, 284f., 295. 351, 362, 419, 613,
644, 672. Livsfæste 92, 359, 382,
399f., 430. 438, 452, 460, 471, 473.
507f., 559f.. 610, 666, 673, 684,
689, 691, 752, 754, 762, 770. Bøn-
der maa ikke mod deres Vilje
eller uden Erstatning eller Til-
bagebetaling af Indfæstning ud-
sættes af deres Gaarde 187, 201,
203. 215, 270, 277, 419, 450, 452,
473, 561, 624, 626. 654, 660, 666,
688, 701, 711, 754, 770. Privi-
legier (174f.), 665. Bønder fri-
tages for at holde Knægte 9f.;
for at give Hjælpesvin 33. Uge-
dagsmænd fritages for Skat 220.
250, 262, 307, 601, 767, 774, 789;
for Boløksne 245. Bønder nægte
at svare Gæsteri og Hold 697f.;
at gøre Hoveri og Ægt 93, 475.
582, 755. Bønder klage over
Fogder 73. Oprørske og ulydige
Bønder 77, 107. 371, 386, 405f.,
453f., 483. 496, 546, 755f. Bøn-
der begaa Tingbrud 612, 688,
675, 698, 706f., 721. Kongens
Omsorg for Bønder 2, 33f., 47,
73f., 98, 102, 135, 151, 187, 205,
281, 354, 361, 364, 376f., 380f.,
403, 470. 495, 510, 534, 536f., 566,
584, 601, 603. 738, 756, 794f.,
803. Mølle, der ligger Kronens
Bønder til Trængsel, maa ned-
brydes 435, 502, 801f. Jvfr.
Fiskeri, Handel, Indfæstning.
Korn, Landgilde, Skatter, Søfart.

maa være fri for at svare ny Indfæstning efter Mandens Død 348, 637, 691. Jvfr. Købstæder, Præster.

Enspændere 69f., 166, 192, 204, 332, 382, 677, 701f., 746, 753.

Fadebur, Kongens, 4, 197, 354.

Falke 70, 649. Falkelejer 70, 98.

Fattigforsørgelse 421, 428. Jvfr. Hospitaler.

Finanser se Pengevæsen.

Fisk, Handel med. 243, 588f. Enkelte Arter Fisk 2f., 6. 10, 89, 132f., 171, 500f., 569, 720f.

Fiskeri, Ret til, 62, 127f., 173, 305, 307, 408, 433, 638, 641, 702, 704, 718, 744, 748, 757. Strid om Fiskeri 481, 493, 692f. Forbud mod Fiskeri 569. Ulovlige Fiskeredskaber 22, 468. Kongens Eneret til at købe Fisk paa visse Ugedage 21, 150, 322. Hospital skal have en Part af de Fisk, der fanges en bestemt Dag, 407. Bønders Ret til Fiskeri 22. 355, 468. Fiskegaard 91. Aalegaard (-kiste) 398, 440, 751. Laksefiskeri 10, 342. Laksegaard 283. Sælfiskeri 788. Fiskeriet under Anholt 685f., 788. Sildefiskeriet i Skaane 45, 69. Det norske Fiskeri 172, 322. Saltning af Fisk 21, 150, 301, 522. Kongens Saltere 21, 150, 301, 322.

Fiskemester, kgl.. 790f.

Fjerkræ 132. Fjederhøns 43, 337, 342. Urhøns 43, 342. Kapuner 132, 500.

Flaaden. Skibes Bygning, Udstyrelse og Istandsættelse 46, 240, 563, 708, 728f., 800, 805. Indkøb og Leverancer af Skibsrekvisiter (Tov, Sejl, Søm osv.) 66, 267, 554, 728, 800. Proviantering 66, 121-4, 162, 197, 238, 251-4,

300, (542ff.), 780. Skibes Udrustning og Udsendelse 13. 45, 58. 66, 71. 128, 162, 197, 206, 240, 250, 258, 266, 306. 319f., 345. 538, 542, 563, 630, 683, 745f., 758, 779f., 790, 800. Flaadens Virksomhed 73, 162, 168, 199f., 206, 217, 221, 238, 345, 355. Antagelse og Udskrivning af Baadsmænd 120, 271, 274, 538, 779f., 800; i Borgeleje 95, 200f., 442. 787; forulæmpe Borgere og Bønder 144f., 248; Antagelse og Udskrivning af Skibsbyggere og Savskærere 121. 230f., 556f. Uorden paa Holmen 780f. Rigens Admiral se Peder Munk. Admiraler Aleksander Durham, Erik Munk, Raf Klethan. Befalingsmand p. Holmen se Arild Olsen Gyldensø, Lavrids Pedersen Kruse. Instruks 385, 616f. Søofficerer 3, 8, 44, 51, 66 72, 75f., 86, 94, 149, 151f., 174, 181, 198, 206, 270, 275f., 298, 306. 320f., 328, 330, 345, 356, 358, 882f.. 408, 534, 538, 542, 545f., 564, 577f.. 593, 599. 604, 614, 630, 642, 714, 743. 775, 780. Ulydighed 206. Kgl. Skippere 138, 151, 219, 613, 702. Mangel paa Skibspræster 214. Kgl. Skibe: Elefanten 345, 355; Fortuna 210; Gott sei mit uns 68. 179, 258; Lange Herkules 805: Enckhuyzer Jomfru 45, 210; Jupiter 45; Krabaten 320: Løven 71; Gyldne Løve 276; Hamborger Løve 162; St. Morten 45, 206; Nattergalen 45f., 197, 206, 345; St. Oluf 51, 398; Strudsen 45; Svalen 45, 206; Wohl Herr in Gottes Namen 46. 708. Køb af Skibe 16, 45f.. 728f., 763, 775.

Forbrydelse af Gods og Penge til Kronen 186, 244f., 269, 453, 483, 570, 639f. Tilbagegivelse deraf 134.

Forbud se Udførselsforbud.

Forprang se Handel.

Forsvarsanstalter og Forsigtig-
hedsforanstaltninger 128. Jvfr.
Fæstningsarbejder.

Forvisning 483, 542, 599, 742.

Fredejagt se Vildtbane.

Fredløshed, Fredebreve 231, 246,
440. 483. 507, 598.

Fremmede se Udlændinge.

Fribyttere 45. 82f., 128. 162. 168,
199f., 238, 250, 262, 269, 333f.,
345, 355, 398, 593, 649, 758, 779,
785f., 790.

Frugter 132, 500, 721, 748. Syd-
frugter se Specerier.

Fugle. Kanarifugle 160.

Furér, kgl., 176, 759.

Fyr 230, 249, 765.

Fyrstebesøg 143, 179, 184, 186,
190f., 731.

Fædrift se Kvægavl.

Fællesskab i Jord 220, 361.

Færger 130, 150, 166, 197, 203f.,
216, 300f., 332, 518. Færgemænd
427f.

Fæstemø medindbefattes i Forle-
ning 783.

Fæstningsarbejder 23, 39f., 130,
199, 285, 357, 597, 645, 676, 696.


Geder 2, 272, 507.

Gejstlighed. Forbedringer af dens
Kaar 10ff., 18. 31, 33, 49, 57, 75,
77, 82. 86. 94, 100, 111. 113, 119,
127, 141, 144, 148, 154, 175, 179-
82, 189f., 192, 194. 207, 228, 239,
244f., 262, 267, 273, 275, 294,
306, 311, 338, 352, 370, 384, 392,
398, 405, 425, 434, 436, 445f.,
452, 456. 465f., 469. 471, 476,
492, 508f., 511, 515, 524f., 535,
539, 541. 547, 550f., 562ff., 578,
583ff., 587, 589, 591f., 598, 600,
607, 609, 624, 636f., 643, 670,
673, 676f.. 691, 700f., 725, 743,

773f., 777, 789, 794, 802. Strid
om den gejstlige Jurisdiktion i
Sønderjylland 61, 280, 327. Jvfr.
Kapellan, Præst, Superinten-
dent.

Gesandter til Hertugen af Lieg-
nitz 165; til Rostock 764; til Rus-
land 297, 345, 348, 352, 355, 518,
647f., 673, 714, 763f.; til Sverrig
731; fra Danzig 217, 221, 238,
258, 302f.; fra England 294; fra
Frankrig 36, 608; fra Hamborg
323, 336; fra Lybæk 8; fra Rus-
land 336, 518, 599, 647, 726; fra
Sachsen 312; fra de vendiske
Stæder 164,179,188f. Gesandters
Overtrædelse af Instruks 647,
681.

Gilder se Lavsvæsen.

Gravmonument 31f., 68, 149, 332,
348, 642.

Grynmalen 87f., 211f., 237, 293.
486, 543f., 573.

Gærder 598.

Gæsteri 302, 498, 675. Klager
over Gæsteri 61, 140, 261, 302,
318, 438, 448, 678, 798, 801. Fri-
tagelser for Gæsteri 280, 360,
441, 498, 503, 508, 527, 678, 770f.,
798, 801. Restancer eftergives
681. Fogedgæsteri 318. Herre-
gæsteri 174. Jægergæsteri 438.


Haandværkere, Mangel paa, 323.
Haandværkere maa ikke bruge
hinandens Mærke 410f. Forskel-
lige Haandværkere, Arbejdere
og Industridrivende [Betegnelsen
er for nogles Vedkommende
maaske kun et Navn]: Bager
80, 104, 161 (Simlebager 178);
Billedstøber 340, 514; Buntmager
182; Bødker 81, 304; Bøssestøber
84, 98f., 384, 409. 494; Dynniker
25, 86; Fyrverfer 11, 151, 211,
480; Glarmester 81, 672; Glas-

besegle Traktat 736. Rigsraader, Landsdommere og andre skulle sidde Retterting 28, 147f., 406, 619f., 630, 635f.; skulle deltage i Fastsættelse af ens Maal og Vægt 178, 739.

Ringning ved Begravelse 83, 418.

Rustkammer, Kongens, 747. Rustmester 746f.

Rustning. Befaling til at sidde rede med Rustning 138.

Rygter, farlige, 134.

Rømning se Bortrømning.

Salpeter 266. Indkøb af Salpeter 47, 703f., 738.

Salt 2, 6, 52, 77, 85, 89, 158, 211, 213, 229, 246, 301, 303f., 354, 379, 434, 441f., 464, 544, 593, 617, 672, 678, 710, 720f. Tolderen skal fastsætte Pris for Salt 229. Jvfr. Fiskeri.

Sandemænd 685, 742; fritages for Ægt og Arbejde 375, 379, 420, 422, 429, 433, 435, 440, 446, 450, 453, 466, 468, 471f., 479, 484f., 496, 498, 522, 527, 535, 566f., 603; dog med visse Indskrænkninger 498, 596, 626, 762, 784, 788f.

Sandflugt 43, 193, 220, 264, 368, 440, 525, 559.

Sandtold 388.

Sangere, kgl., 229, 283. Jvfr. Kantori.

Sangmester, kgl., se Kapelmester.

Sejerværk 703. Sejermager 703.

Sekretær, kgl., se Kancelliets Tjenere.

Seletøj se Vogne.

Selvmord 179.

Senge se Bohave.

Signet 23.

Sindssyge 571.

Sise. Takst 97, 153, 164, 207, 597. Sise af Øl 94, 97, 153, 164, 189,

207, 264, 346, 565, 597. Fritagelser for Sise 11, 58, 65, 67, 69, 84, 108, 141f., 148, 151, 163, 175, 192, 196ff., 256, 276, 298, 301, 332f., 335, 337, 348, 431, 474f., 482, 580, 597, 649, 678, 687f., 728. 759. Restancer 448; eftergives 651.

Sisemestre, Udnævnelse af, 92, 97, 189.

Skarpretter 348. 418. 520, 694, 701.

Skatter af Købstæder 30, 199, 227, 239, 303, 417; af Kapitler 30, 100, 110, 227, 267f. Konge- og Landeskatter 29, 366f., 444, 505, 682. Madskat 128, 250, 300, 314f., 683, 764f. Kvittanser for Skat 146, 181, 455, (674), 713. Restancer 33f., 113f., 118, 138, 142f., 199, 224ff., 242, 254f., 303, 324, 341, 417, 431, 505, 578, 723, 728, 732f., 789; eftergives 234, 239, 258f., 270, 408f., 427, 431, 551, 564. Skatteansættelse 381. Skattebegunstigelser 29f., 49, 74, 79, 90, 100, 105, 110, 117, 119, 130, 185, 192, 203, 220, 255, 268, 286, 300, 307, 314f., 331, 379, 382, 413, 447, 461, 473, 484, 490, 496, 522, 601, 612, 617f., 767, 774, 789, 794, 796f., 801f.

Skibe. Fragtning af. 7, 19, 53, 65, 70, 104, 133, 138, 152, 173, 222f., 336, 369, 653, 660, 707. Jvfr. Flaaden.

Skilsmisse 64.

Skoler. Aarlig Indtægt tillagt Skole 363. Fattige Peblinges Underhold og Almisser 239, 392, 773f. Tilsyn med Skole 511. Istandsættelse 380, 383. Skolemestre 17, 20, 58, 143, 148, 222, 330, 357, 405, 424, 453f., 513, 521f., 532, 588, 594, 741; deres Underhold 20, 58f., 148, 357, 363, 423, 522, 532, 594. Residens 137, 356. Hørere 664. Jvfr. Degne.

Tøndepenge se Søtønder.
Tørvegravning 62, 462f., 503.

Udførselsforbud. Forbud mod Ud-
førsel af Fetalje (Undtagelser
223, 228); Korn 247, 318, 320,
506 (Undtagelser 223, 228, 333,
336, 343); saltet Oksekød 102,
207 (Undtagelser 192, 223, 228,
260, 448, 735); Tømmer og Ved
95; Øksne 207 (Undtagelser 223,
227, 244, 444, 473). Udførsels-
forbud hæves eller ændres 352,
706, 735.
Udlændinge, Forsigtighedsforholds-
regler m. H. t., 84, 134. Til-
ladelse for Udlændinge, fordrevne
for Religionens Skyld, til at bo-
sætte sig i visse Købstæder 15.
Universitetets Domsmyndighed 64,
116, (668). Irettesættelse 331.
Universitet skal nyde Naadens-
aar af Kapitelsgods 682, 784.
Universitetet lukkes formedelst
Sygdom 477f. Privilegier 811.
Professor foreløbig afsat 698.
Urtegaard (Kaalgaard) 418. Urte-
gaardsmand 232, 418. Jvfr. Have.
Urter, Køb af, 26, 445. Køb af
Urtefrø 25.
Utugt 64, 116, 284, 356. 485, 595.

Vaaben 267. Daggerter 701. Spyd
694.
Vadsæk 355.
Vagt 480.
Vandkunst 277, 374. Render 173,
277.
Varder 172, 265f.
Ved, Hugning af, 35, 285, 400, 774.
Forbrug 87, 183, 185, 319, 601.
Veje, Istandsættelse af, 24, 195,
247, 281, 390, 518, 759. Jvfr.
Brolægning.
Vikarier, Breve paa, 12, 20, 82,

141, 144, 187. 228, 235, 294, 433f.,
454f., 466, 469, 621f., 706.
Vikariegods 100, 491f.. 631. 781;
bortskænkes 521.
Vildtbane, Kongens, 74, 161, 274,
285, 329, 358f., 459, 462, 525f.,
568, 605, 618, 626, 640, 665, 693,
742, 751. Kgl. Vildtskytte 469,
673.
Vildttyveri 78, 243, 273, 472, 474,
479, 507, 575. 742.
Vin 14, 20, 43f., 153, 178f., 188,
243, 261, 303f., 308, 348, 384,
454, 474, 501. 605, 637, 656, 721,
738, 759. Vineddike 348.
Vinduer 378. Vinduesglas 99.
Vintapper. kgl., 108, 707f., 738,
743.
Visitats af Superintendent 411.
Vogne. Jagtvogne 295. Kusk-
vogne 27. Postvogne 430f., 518,
710, 758. Rustvogne 40, 158.
Seletøj 40, 652. Hjulbøre 684.
Vognmester 355. Vogndrivere
355. Vognmænd 396.
Vognskud 729.
Voks 88, 183, 672, 721.
Vornedskab se Bønder.
Vrag og Strandingsgods 12, 18,
23, 96, 194, 269f., 294f., 447.
Vrager 12, 18, 518.
Vægt, Bestemmelser om, 188. Ind-
førelse af ens Vægt 178, 397,
739.
Værgemaal 23, 91, 109, 135, 199,
221. 236f., 271f., 307, 440, 534.
626. 683, 729f., 778f.

Ægt 53, 93, 118f., 124, 188, 216,
237, 317, 326, 346, 362, 405, 475,
507, 537, 582, 596, 744, 755f., 767,
772. Klager over Ægt 245,
306, 359, 376f., 380, 722, 772.
Fritagelser for Ægt 74, 138,
195, 203, 220, 242, 265, 353,
371, 380, 394. 404, 410, 412f.,
417, 419-22, 427, 429f., 433ff.,

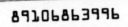

Lightning Source UK Ltd.
Milton Keynes UK
UKOW012245090312

188670UK00008B/136/P